As Per Latest CBSE Syllabus 2022-23
Issued on 21 April, 2022

All in One

संपूर्ण अध्ययन | संपूर्ण अभ्यास | संपूर्ण मूल्यांकन

हिंदी 'ब'

CBSE कक्षा 10

लेखक

डॉ. मंजू तिवारी
एम.ए. (हिंदी साहित्य), बी. एड., पी. एच. डी., डी. लिट.

विनोद कुमार तिवारी
एम.ए., बी.एड., पी.जी.डी.ए.

arihant

अरिहन्त प्रकाशन (स्कूल डिवीज़न सीरीज़)

arihant

अरिहन्त प्रकाशन (स्कूल डिवीज़न सीरीज़)

सर्वाधिकार सुरक्षित

रजि. कार्यालय

'रामछाया' 4577/15, अग्रवाल रोड, दरिया गंज, नई दिल्ली-110002
फोन: 011-47630600, 43518550; फैक्स: 011-23280316

मुख्य कार्यालय

कालिन्दी, टी०पी० नगर, मेरठ (यूपी)-250002 फोन: 0121-7156203, 7156204

शाखा कार्यालय

आगरा, अहमदाबाद, बरेली, बंगलुरु, चेन्नई, दिल्ली, गुवाहाटी, हैदराबाद, जयपुर, झाँसी, कोलकाता, लखनऊ, नागपुर तथा पुणे

PO No : TXT-XX-XXXXXXX-X-XX

Published by Arihant Publications (India) Ltd.

'अरिहन्त' की पुस्तकों के बारे में अधिक जानकारी के लिए हमारी वेबसाइट www.arihantbooks.com पर लॉग इन करें या info@arihantbooks.com पर सम्पर्क करें।

Follow us on

9789326196918

प्रोडक्शन टीम

पब्लिशिंग मैनेजर
महेन्द्र सिंह रावत, केशव मोहन

प्रोजेक्ट हैड
करिश्मा यादव

प्रोजेक्ट कॉर्डिनेटर
मनीष कुमार

कवर डिज़ाइनर
शानू मंसूरी

इनर डिज़ाइनर
अंकित सैनी

पेज लेआउट
जितेन्द्र कुमार, दीपक

प्रूफ रीडर
प्राची मित्तल, जयश्री शर्मा

आमुख

All in One हिंदी 'ब' कक्षा–10 विशेष रूप से उन विद्यार्थियों के लिए तैयार की गई है, जो CBSE पाठ्यक्रम के अनुसार कक्षा–10 में अध्ययनरत् हैं। अनुभवी शिक्षक व परीक्षक द्वारा लिखी गई इस पुस्तक में वह सामग्री दी गई है, जो विद्यार्थियों को सभी प्रकार के प्रश्नों को हल कराने में समर्थ है तथा परीक्षा में उन्हें संपूर्ण सफलता दिलाने में सहायक होगी।

पाठ्यक्रम के अनुसार, इस पुस्तक में सभी खंडों, **अपठित बोध, व्याकरण, पाठ्यपुस्तक** (स्पर्श भाग–2) व **पूरक पाठ्यपुस्तक** (संचयन भाग–2) तथा **लेखन** से सम्बन्धित पाठ्य सामग्री दी गई है। प्रत्येक खंड के आरंभ में संबंधित अध्याय का संपूर्ण परिचय, उसमें से पूछे जाने वाले प्रश्न की प्रकृति, साधित उदाहरण तथा परीक्षा अभ्यास व स्वमूल्यांकन के लिए प्रश्न दिए गए हैं। पुस्तक में दिए गए सभी प्रश्नों के संपूर्ण हल दिए गए हैं।

पाठ्य सामग्री के अध्ययन के साथ–साथ विद्यार्थियों को अभ्यास कराने के लिए पुस्तक में उचित सामग्री उपलब्ध है। परीक्षा के अभ्यास के लिए पुस्तक के अंत में 5 प्रतिदर्श प्रश्न–पत्र दिए गए हैं।

इस पुस्तक की कुछ मुख्य विशेषताएँ निम्न हैं

- सभी खंडों का पूर्णतया अध्ययन, परीक्षा अभ्यास व स्वमूल्यांकन।
- NCERT पुस्तकों (स्पर्श भाग–2 व संचयन भाग–2) के अध्यायों के सभी प्रश्नों का उत्तर सहित समावेश, परीक्षा में पूछे जाने वाले सभी प्रकार के प्रश्नों (गद्यांश एवं काव्यांश पर आधारित अतिलघु उत्तरीय, लघु उत्तरीय प्रश्न तथा पाठ्यपुस्तक पर आधारित लघु उत्तरीय प्रश्न व निबंधात्मक प्रश्न) का।
- संपूर्ण पाठ्यक्रम पर आधारित 5 प्रतिदर्श प्रश्न–पत्र एवं पीरियोडिक टेस्ट का समावेश।

हम इस बात को लेकर पूरी तरह आश्वस्त हैं कि यह पुस्तक अपने नाम *All in One* के अनुरूप ही अपने आप में संपूर्ण पुस्तक है। यह निश्चित रूप से आपको परीक्षा में उच्च श्रेणी दिलाने में सफल होगी।

हम अरिहन्त प्रकाशन, मेरठ का धन्यवाद व्यक्त करते हैं कि उन्होंने हमें इस पुस्तक को लिखने का अवसर प्रदान किया। इस पुस्तक के बनने में अरिहन्त की डीटीपी यूनिट व प्रूफ रीडिंग टीम का सहयोग अति प्रशंसनीय है। इस पुस्तक को और उपयोगी बनाने के लिए आपकी ओर से हमें जो भी सुझाव प्राप्त होंगे हम उनको इस पुस्तक के अगले संस्करण में निश्चित रूप से स्थान देंगे।

शुभकामनाओं सहित!

डॉ. मंजू तिवारी
विनोद कुमार तिवारी

All in one®

संपूर्ण अध्ययन | संपूर्ण अभ्यास | संपूर्ण मूल्यांकन

की एक झलक

अपठित बोध

अपठित गद्यांश को पूर्ण रूप से समझाने के लिए उसका व्यापक परिचय, हल करने के चरणबद्ध तरीके आदि भली-भाँति दिए गए हैं।

अपठित गद्यांश से संबंधित प्रश्नों को हल करना सीखने के लिए सैंपल उदाहरण दिए गए हैं। अंत में परीक्षा के अभ्यास के लिए परीक्षा अभ्यास व स्वमूल्यांकन दिए गए हैं।

अध्याय

01

अपठित गद्यांश

अपठित गद्यांश का अर्थ

गद्य का ऐसा अंश जिसका पहले अध्ययन नहीं किया गया हो, वह अपठित गद्यांश कहलाता है। प्रायः अपठित गद्यांश का उद्‌देश्य किसी विषय को समझना, भाषा और शैली के बीच के संबंधों को खोजना तथा विद्यार्थियों की अवबोध क्षमता को परखना होता है।

सैंपल गद्यांश (हल सहित)

गद्यांश 1

स्वस्थ व्यक्ति ही जीवन के सभी सुखों का उपभोग कर सकता है। अस्वस्थ व्यक्ति जीवनभर दुःख भोगता है, इसलिए तंदुरुस्ती को 'हज़ार नेमत' कहा जाता है। शरीर को स्वस्थ बनाए रखने के लिए विशेष प्रकार की जो क्रियाएँ या यत्न किए जाते हैं, वे व्यायाम कहलाते हैं। जीवन की सफलता उत्तम स्वास्थ्य पर निर्भर करती है। अच्छा स्वास्थ्य ईश्वर का वरदान है। व्यायाम करने से व्यक्ति स्वस्थ रहता है, उसकी पाचन शक्ति ठीक रहती है तथा शरीर चुस्त और फुर्तीला बना रहता है। व्यायाम करने से आलस्य कोसों दूर भागता है। विद्यार्थी जीवन में व्यायाम का अभ्यास डाल लेना चाहिए, क्योंकि इस समय पड़ी हुई

उत्तर *(ख)* **विद्यार्थी जीवन के समय की**
गद्यांश में व्यायाम से होने वाले लाभों का वर्णन करते हुए कहा गया है कि विद्यार्थी जीवन में ही व्यायाम का अभ्यास डाल लेना चाहिए, क्योंकि इस समय पड़ी आदतें उम्रभर साथ चलती हैं।

IV. गद्यांश में प्रयुक्त 'दुर्बल' शब्द में निहित उपसर्ग को चुनिए।
(क) दु (ख) दुर
(ग) दुर् (घ) दुर्ब

उत्तर *(ग)* **दुर्**
गद्यांश में प्रयुक्त 'दुर्बल' शब्द में मूल शब्द 'बल' है, जिसमें 'दुर्' उपसर्ग जोड़ा गया है।

परीक्षा अभ्यास

निम्नलिखित गद्यांशों को ध्यानपूर्वक पढ़कर इनसे संबंधित पूछे गए बहुविकल्पीय प्रश्नों में से सही विकल्प का चुनाव करें।

गद्यांश 1

भारत में हरित क्रांति का मुख्य उद्‌देश्य देश को खाद्यान्न के मामले में आत्मनिर्भर बनाना था, लेकिन इस बात की आशंका किसी को नहीं थी कि रासायनिक उर्वरकों और कीटनाशकों का अंधाधुंध इस्तेमाल न सिर्फ़ खेतों में, बल्कि खेतों से बाहर मंडियों तक में होने लगेगा। विशेषज्ञों के मुताबिक रासायनिक उर्वरकों और कीटनाशकों का प्रयोग खाद्यान्न की गुणवत्ता के लिए सही नहीं है। लेकिन जिस रफ़्तार से देश की आबादी बढ़ रही है, उसके मद्‌देनज़र फसलों की अधिक पैदावार जरूरी थी। समस्या सिर्फ़ रासायनिक खादों के प्रयोग की ही नहीं है। देश के ज्यादातर किसान परंपरागत कषि से

प्रश्न

I. हरित क्रांति अपने साथ क्या नहीं लाई?
(क) खाद्यान्न के लिए आत्मनिर्भरता
(ख) रासायनिक उर्वरक और कीटनाशक
(ग) परंपरागत खेती से किसानों की दूरी
(घ) बेहतर गुणवत्ता वाली फसल

II. गोबर खाद की क्या विशेषता है?
(क) जैविक खाद है और उर्वरा-शक्ति को बनाए रखती है
(ख) गाँव में गोबर आसानी से मिल जाता है
(ग) मंडी तक आसानी से ले जाई जा सकती है
(घ) किसान की पसंद है

स्वमूल्यांकन

निम्नलिखित गद्यांशों को ध्यानपूर्वक पढ़कर इनसे संबंधित पूछे गए प्रश्नों के उत्तर दीजिए।

गद्यांश 1

मानव ममत्व की प्रतिमूर्ति है। वह अपने ही में इतना रमा हुआ है कि संसार को अपनेपन के रंग में डुबोकर ही देखता है। जगत् की अन्य वस्तुओं के साथ मेरा क्या संबंध है—मेरी स्थिति, मेरी सापेक्षता में क्या महत्त्व रखती है, यही एक बात अनेक रूपों में उसके मन में बनी रहती है। एक ओर वह अपने में ही समस्त जगत् की स्थिति देखता है और दूसरी ओर जगत् की भिन्न-भिन्न वस्तुओं में अपने को ढूँढ निकालने का प्रयत्न करता है। कविता उसकी इसी जिज्ञासावृत्ति का प्रतिफलन है। आधुनिक आचार्यों ने कविता को मनुष्य के शेष सृष्टि के साथ रागात्मक संबंध स्थापित करने का साधन माना है। कविता मनुष्य को सबसे प्रिय रही है, क्योंकि वह उसके ममत्व की भख मिटाने में सबसे अधिक समर्थ

प्रश्न

I. कविता मनुष्य को अधिक प्रिय है, क्योंकि
(क) वह मनुष्य की रागात्मक साधना है
(ख) वह मानव की ममता-क्षुधा को शांत करती है
(ग) वह मानव की जिज्ञासा-वृत्ति का प्रतिफलन है
(घ) मानव स्वयं ममत्व की प्रतिमूर्ति है

II. कवि की परीक्षा का निष्कर्ष है
(क) अभिव्यंजना की उदारता और क्षमता
(ख) विचारों की महानता और गहनता
(ग) भावों की विशालता एवं गंभीरता
(घ) कल्पना की व्यापकता एवं चारुता

अध्याय

01

पदबंध

पदबंध शब्द दो शब्दों के संयोजन से बना है– पद + बंध। अतः पदबंध को जानने से पहले 'पद' शब्द को जानना आवश्यक है। स्वतंत्र और सार्थक ध्वनि समूह को 'शब्द' कहते हैं; जैसे– कपड़ा। किसी शब्द का जब किसी वाक्य में प्रयोग होता है, तो वह 'पद' बन जाता है; जैसे– कपड़ा बहुत सुंदर है। यहाँ कपड़ा शब्द न रहकर पद बन गया है।

पदबंध का अर्थ एवं परिभाषा

जब दो या अधिक पद (शब्द) नियत क्रम और निश्चित अर्थ में किसी पद का कार्य करते हैं तो उन्हें पदबंध कहते हैं।

दूसरे शब्दों में, कई पदों के योग से बने वाक्यांशों को, जो एक ही पद का काम करते हैं, पदबंध कहते हैं।

'**डॉ. हरदेव बाहरी**' ने पदबंध की परिभाषा इस प्रकार दी है–"वाक्य के उस भाग को, जिसमें एक से अधिक पद परस्पर संबद्ध होकर अर्थ तो देते हैं, किंतु पूरा अर्थ नहीं देते, पदबंध या वाक्यांश कहते हैं; जैसे– यह लड़की **अत्यंत सुशील और परिश्रमी** है।" इस वाक्य में 'अत्यंत सुशील और परिश्रमी' चार पद हैं, किंतु वे मिलकर एक ही पद अर्थात् विशेषण का काम कर रहे हैं।

एक अन्य उदाहरण– "नदी **बहती चली जा रही है**" इस वाक्य में 'बहती चली जा रही है' पाँच पद हैं, किंतु वे मिलकर एक ही पद अर्थात् क्रिया का काम कर रहे हैं।

इस प्रकार, रचना की दृष्टि से पदबंध में तीन बातें आवश्यक हैं– एक तो यह कि इसमें एक से अधिक पद होते हैं। दूसरी, ये पद इस तरह से संबद्ध होते हैं कि उनसे एक इकाई बन जाती है। तीसरी, पदबंध किसी वाक्य का अंश होता है।

परीक्षा अभ्यास

बहुविकल्पीय प्रश्न

1 रोगी दूध पी रहा था—वाक्य में रेखांकित पदबंध है
(क) संज्ञा पदबंध (ख) सर्वनाम पदबंध
(ग) क्रिया पदबंध (घ) विशेषण पदबंध

2 वह लड़का अच्छा लिखता है—रेखांकित में पद है
(क) क्रिया पद (ख) संज्ञा पद
(ग) सर्वनाम पद (घ) क्रिया विशेषण पद

3 भारत की राजधानी दिल्ली है—रेखांकित में पद है
(क) संज्ञा पद (ख) सर्वनाम पद
(ग) विशेषण पद (घ) क्रिया पद

4 सीमा बहुत बुद्धिमान छात्रा है—वाक्य में संज्ञा पदबंध है
(क) सीमा (ख) बहुत
(ग) बुद्धिमान (घ) छात्रा है

11 सामने के मकान में रहने वाला नीरज कुशल चित्रकार है। रेखांकित में पद है
(क) संज्ञा पद (ख) विशेषण पद
(ग) क्रिया पद (घ) क्रिया विशेषण पद

12 नानी कहानी सुनाती रहती है। वाक्य में संज्ञा-पदबंध है
(क) नानी (ख) कहानी
(ग) सुनाती (घ) रहती है

13 तेज चलने वाली गाड़ी हमेशा जल्दी पहुँची है। वाक्य में रेखांकित पदबंध है
(क) क्रिया पदबंध (ख) संज्ञा पदबंध
(ग) विशेषण पदबंध (घ) सर्वनाम पदबंध

14 मुझे छत से चाँद दिखाई दे रहा है। वाक्य में रेखांकित पदबंध है
(क) क्रिया विशेषण पदबंध (ख) सर्वनाम पदबंध
(ग) क्रिया पदबंध (घ) विशेषण पदबंध

स्वमूल्यांकन

बहुविकल्पीय प्रश्न

1 अनिरुद्ध बहुत जल्दी-जल्दी खाना खा रहा है। रेखांकित पद है
(क) संज्ञा पद (ख) क्रिया विशेषण पद
(ग) सर्वनाम पद (घ) विशेषण पद

2 काला कुत्ता मर गया-रेखांकित में पद है
(क) संज्ञा पद (ख) सर्वनाम पद
(ग) विशेषण पद (घ) क्रिया पद

3 'चाय में कुछ पड़ा है'-वाक्य में सर्वनाम पदबंध है
(क) चाय (ख) कुछ (ग) में (घ) पड़ा है

4 मोहित कल दिल्ली जाएगा-रेखांकित में पदबंध है
(क) विशेषण पदबंध (ख) क्रिया पदबंध
(ग) सर्वनाम पदबंध (घ) संज्ञा पदबंध

(ग) बहुत अधिक बोलने वाली मेरी सहेली कल चली जाएगी।
(घ) पुत्र के पास होने की खबर सुनकर पिता खुश हुआ।

11 निम्नलिखित वाक्यों में रेखांकित पदबंध के नाम लिखिए।
(क) सदा हँसते रहने वाले तुम आज सुस्त क्यों हो?
(ख) लकड़ी से बनी यह अलमारी बहुत सुंदर है।
(ग) काजल पढ़ते-पढ़ते सो गई।
(घ) मैं तो तेज भागते-भागते बहुत थक गया था।

12 निम्नलिखित वाक्यों में रेखांकित पदबंध के नाम बताइए।
(क) सरिता सप्ताह के अंत तक आ जाएगी।
(ख) कमरे में इधर से उधर तक सामान बिखरा पड़ा है।

व्याकरण

व्याकरण के सभी अध्यायों में, प्रत्येक अध्याय से संबंधित संपूर्ण पाठ्य सामग्री दी गई है।

व्याकरण से संबंधित प्रश्नों को हल करना सीखने एवं परीक्षा के अभ्यास के लिए परीक्षा अभ्यास व स्वमूल्यांकन दिए गए हैं।

पाठ्यपुस्तक

पाठ्यपुस्तक के सभी अध्यायों की संपूर्ण व्याख्या/पाठ का सार दिया गया है। परीक्षा अभ्यास में प्रत्येक अध्याय से संबंधित प्रश्नों के उत्तर तथा साथ ही परीक्षोपयोगी अन्य महत्त्वपूर्ण प्रश्नोत्तर दिए गए हैं। प्रत्येक अध्याय के साथ ही उससे संबंधित स्वमूल्यांकन भी दिया गया है।

अध्याय **पद्य भाग**

01

साखी (कबीर)

" पाठ की रूपरेखा

कबीर ने प्रस्तुत साखियों में दैनिक जीवन के महत्त्वपूर्ण पहलुओं को अभिव्यक्त किया है। उन्होंने मधुर वचन के महत्व, मानव की प्रकृति, प्रेम के स्वरूप, आलोचकों की उपयोगिता आदि को विशेष रूप से उजागर किया है, जन ही संबंधन के त्याग, अर्थ से जुड़े प्रेम, सांसारिक सुखों और रागात्मकता के त्याग पर बल देते हैं।

साखियों का सार

पहली साखी

ऐसी वाणी बोलिए, मन का आपा खोइ।
अपना तन सीतल करै, औरन कौ सुख होइ।।

पाठ्यपुस्तक (स्पर्श भाग–2) के प्रश्नोत्तर

(क) निम्नलिखित प्रश्नों के उत्तर दीजिए

1 मीठी वाणी बोलने से औरों का सुख और अपने तन को शीतलता कैसे प्राप्त होती है? **CBSE 2011**

उत्तर मीठी वाणी बोलने से औरों का सुख इस प्रकार प्राप्त होता है कि लोग आदर और सम्मान भरे वचनों को सुनकर सुखी होते हैं। इसी

6 'एक अंचर पीय का, पढ़ै सु पंडित होइ।'—इस पंक्ति द्वारा कबीर क्या कहना चाहता है?

उत्तर इस पंक्ति द्वारा कबीर ने प्रेम की महत्ता को बताया है। ईश्वर को पाने के लिए एक अक्षर प्रेम का अर्थात् ईश्वर को पढ़ लेना ही पर्याप्त है। बड़े-बड़े पोथे या ग्रंथ पढ़कर कोई पंडित नहीं

परीक्षा अभ्यास

लघु उत्तरीय प्रश्नोत्तर

(प्रत्येक 1 अंक)

1 मनुष्य की वाणी में निर्मल मन कहाँ से आता है?
उत्तर मनुष्य की वाणी से निराला सा आता है। जब उसके अंदर के अहंकार समाप्त हो जाता है और फिर सभी मनुष्यों को एक ही ईश्वर की संतान मानकर उससे एक समान व्यवहार करता है।

9 मन का आपा खोने का आशय भटकाए। **CBSE 2015**

उत्तर मन का आपा खोने का आशय अपने मन के अहंकार भाव को विलीन कर देने से है।

10 कबीर की वाणी को किन नामों से याद किया जाता है? किन्हीं दो का उल्लेख कीजिए।

निबंधात्मक प्रश्नोत्तर

(प्रत्येक 5 अंक)

1 अपने अंदर का दीपक दिखाई देने पर कौन-सा अँधियारा कैसे मिट जाता है? कबीर की साखी के संदर्भ में स्पष्ट कीजिए। **CBSE 2015**

उत्तर 'दीपक' प्रकाश फैलाने का माध्यम है। इससे अँधकार का नाश होता है। कबीर ने अपनी साखी में 'दीपक' को ज्ञान के प्रतीक के रूप में रखा है। ज्ञान

2 कबीरदास की साखियों के मुख्य उद्देश्य स्पष्ट कीजिए। **CBSE 2016, 10**

उत्तर कबीरदास की साखियों के मुख्य उद्देश्य निम्न हैं

(i) मनुष्य को ईश्वर की प्राप्ति के लिए अच्छे कार्य करने हेतु प्रेरित करना एवं सच्चे मार्ग पर चलने पर जोर देना।

(ii) सांसारिक सुखों और सामाजिक बाँधों को छोड़कर अपने अहंकार को त्यागकर मधुर वचन बोलना।

स्वमूल्यांकन

लघु उत्तरीय प्रश्न

(प्रत्येक 1 अंक)

1 निम्नलिखित प्रश्नों के उत्तर दीजिए
(i) कबीर ने कैसी वाणी का प्रयोग करने के लिए कहा है?
(ii) कबीर पंडित किसे मानते हैं?

अध्याय

01

अनुच्छेद लेखन

प्रश्न की प्रकृति

इस प्रश्न में सामसामयिक एवं व्यावहारिक जीवन से जुड़े विषयों पर व्यावहारिक जीवन के आधार पर तीन में से किसी एक विषय पर 80 से 100 शब्दों में अनुच्छेद लिखने के लिए

अनुच्छेद लेखन को लघु निबंध भी कहा जा सकता है। इसमें सीमित शब्दों का प्रयोग सुचारित एवं समग्र दृष्टिकोण से किया जाता है। शब्द संख्या सीमित होने के कारण लिखते समय थोड़ी सावधानी बरतनी चाहिए।

निबंध और अनुच्छेद लेखन में मुख्य अंतर यह है कि जहाँ निबंध में प्रत्येक बिंदु को अलग-अलग अनुच्छेद में लिखा जाता, वहाँ अनुच्छेद लेखन में एक ही परिच्छेद (पैराग्राफ) में प्रस्तुत विषय को

अनुच्छेद लेखन का प्रारूप

1 दिए गए संकेत बिंदुओं के आधार पर अनुच्छेद लिखिए।

जीवन संघर्ष है, स्वप्न नहीं

संकेत बिंदु

• जीवन संघर्ष का ही नाम है
• जीवन गतिशील एवं बाधाओं से पूर्ण है
• स्वप्न असत्य, जबकि जीवन सत्य

मनुष्य का जीवन वास्तव में सुख-दु:ख, आशा-निराशा, खुशी-दर्द आदि का मिश्रण है। यह न तो केवल फूलों की सेज है और न ही काँटों का ताज। वस्तुत: जीवन एक अनवरत संघर्ष का नाम है।

जीवन की तुलना एक प्रवाहमान नदी से की जा सकती है। जिस प्रकार एक सरिता अविरल बहती रहती है, समुद्र में लहरें सदा गतिशील रहती हैं, वायु एक क्षण के लिए भी रुकती, सूर्य, चंद्रमा, तारे सभी अपने-अपने नियत समय पर उदित एवं अस्त होते हैं, ठीक उसी प्रकार जीवन की गति अविरल है। समय के साथ-साथ आगे बढ़ते रहने की प्रबल मानवीय लालसा ही जीवन है।

1/2 अंक

3 अंक

कुछ महत्त्वपूर्ण अनुच्छेद

1. लोकतंत्र और चुनाव **CBSE 2011, 10**

संकेत बिंदु

• लोकतंत्र से तात्पर्य
• चुनाव का महत्त्व

नहीं लेते और इस पर गेम खेलते रहते हैं। इस कारण उनका शारीरिक विकास ठीक से नहीं हो पाता। कंप्यूटर आज जीवन की आवश्यकता बन गया है। बस इसका सही ढंग से प्रयोग कर हम अपने जीवन में प्रगति कर सकते हैं।

परीक्षा अभ्यास

निम्नलिखित विषयों पर दिए गए संकेत बिंदुओं के आधार पर अनुच्छेद लिखिए

1 युवावस्था और जागरुकता
संकेत बिंदु
• युवावस्था का महत्त्व
• भारत में युवा राजनीति
• राजनीति के क्षेत्र में युवाशक्ति की आवश्यकता

2 चुनाव प्रौद्योगिकी : वर्तमान और भविष्य
संकेत बिंदु
• प्राचीन काल में चुनाव टेक्नोलॉजी
• वर्तमान दिनों में चुनाव
• सामाजिक विकास में चुनाव

10 'बदी चाह नहीं राह' **CBSE 2016, 15**
संकेत बिंदु
• इच्छाशक्ति का महत्त्व
• इच्छाएँ और जीवन मूल्य (व्यक्तिगत, पारिक, सफल आदि)
• चाह को राह का निर्माण

11 देश में सदाचार-पर्वों की भूमिका
संकेत बिंदु
• सदाचार-पर्वों का महत्त्व
• सदाचार-पर्वों को प्रश्रय

लेखन

संपूर्ण अध्ययन के लिए अनुच्छेद लेखन का व्यापक परिचय, प्रारूप, विशेषताएँ, पत्र लेखन के प्रकार; औपचारिक प्रकार के पत्रों के उदाहरण अनुच्छेद लेखन, पत्र लेखन, सूचना लेखन, विज्ञापन लेखन, लघु कथा लेखन आदि दिए गए हैं। अंत में छात्रों के अभ्यास के लिए परीक्षा अभ्यास व स्वमूल्यांकन दिए गए हैं।

विषय-सूची

*चिन्हित पाठों से परीक्षा में प्रश्न नहीं पूछे जाएँगे।

पाठ्यक्रम

प्रश्न-पत्र में दो खंड होंगे – खंड 'अ' और खंड 'ब'।

खंड 'अ' में बहुविकल्पीय प्रश्न पूछे जाएँगे जिसमें 45 बहुविकल्पीय प्रश्न होंगे जिनमें से केवल 40 प्रश्नों के ही उत्तर देने होंगे।

खंड 'ब' में वर्णनात्मक प्रश्न पूछे जाएँगे। प्रश्नों में उचित आंतरिक विकल्प दिए जाएँगे।

भारांक – 80   **परीक्षा भार विभाजन**   **समय – 3 घण्टे**

खण्ड-अ (बहुविकल्पीय प्रश्न)

		विषयवस्तु	उप भार	कुलभार
1		**अपठित गद्यांश**		10
	(अ)	दो अपठित गद्यांशों (लगभग 200 शब्दों के) बिना किसी विकल्प के (1×5 = 5) + (1×5 = 5) (दोनों गद्यांशों में एक अंकीय पाँच-पाँच प्रश्न पूछे जाएँगे।)	10	
2		**व्यावहारिक व्याकरण के आधार पर बहुविकल्पीय प्रश्न (1 ×16)** **कुल 21 प्रश्न पूछे जाएँगे, जिनमें से केवल 16 प्रश्नों के उत्तर देने होंगे।**		16
	1	पदबंध (5 में से किन्हीं 4 के उत्तर)	4	
	2	रचना के आधार पर वाक्य रूपांतरण (5 में से किन्हीं 4 के उत्तर)	4	
	3	समास (5 में से किन्हीं 4 के उत्तर)	4	
	4	मुहावरे (6 में से किन्हीं 4 के उत्तर)	4	
3		**पाठ्य-पुस्तक स्पर्श भाग-2**		14
	(अ)	**काव्य खंड**	7	
		पठित पद्यांश पर एक अंकीय पाँच बहुविकल्पीय प्रश्न। (1×5)	5	
		स्पर्श (भाग-2) से निर्धारित कविताओं के आधार पर एक अंकीय दो बहुविकल्पीय प्रश्न पूछे जाएँगे (1×2)	2	
	(ब)	**गद्य खंड**	7	
		पठित गद्यांशों पर एक अंकीय पाँच बहुविकल्पीय प्रश्न। (1×5)	5	
		स्पर्श (भाग-2) से निर्धारित गद्य पाठों के आधार पर विद्यार्थियों की उच्च चिंतन क्षमताओं एवं अभिव्यक्ति का आकलन करने हेतु एक अंकीय दो बहुविकल्पीय प्रश्न पूछे जाएँगे।(1×2)	2	

खंड-ब (वर्णनात्मक प्रश्न)

4		**पाठ्य-पुस्तक स्पर्श भाग-2**		
	1	स्पर्श (गद्य खंड) से निर्धारित पाठों के आधार पर तीन में से दो प्रश्न पूछे जाएँगे। (3 अंक × 2 प्रश्न) (लगभग 60 शब्द)	6	
	2	स्पर्श (काव्य खंड) से निर्धारित पाठों के आधार पर तीन में से दो प्रश्न पूछे जाएँगे। (3 अंक × 2 प्रश्न) (लगभग 60 शब्द)	6	18

		पूरक पाठ्य-पुस्तक संचयन भाग-2		
		पूरक पाठ्यपुस्तक संचयन के निर्धारित पाठों से तीन में से दो प्रश्न पूछे जाएँगे, जिनका उत्तर लगभग 60 शब्दों में देना होगा। (3 अंक ×2 प्रश्न)	6	
5		**लेखन**		
	(अ)	संकेत बिंदुओं पर आधारित समसामयिक एवं व्यावहारिक जीवन से जुड़े हुए किन्हीं तीन विषयों में से किसी एक विषय पर लगभग 100 शब्दों में अनुच्छेद लेखन। (5 अंक ×1 प्रश्न) (विकल्प सहित)	5	
	(ब)	अभिव्यक्ति की क्षमता पर केंद्रित औपचारिक विषयों में से किसी एक विषय पर लगभग 100 शब्दों में पत्र। (5 अंक ×1 प्रश्न)	5	22
	(स)	व्यावहारिक जीवन से संबंधित विषयों पर आधारित लगभग 80 शब्दों में सूचना लेखन। (4 अंक ×1 प्रश्न) (विकल्प सहित)	4	
	(द)	विषय से संबंधित लगभग 60 शब्दों के अंतर्गत विज्ञापन लेखन। (3 अंक ×1 प्रश्न) (विकल्प सहित)	3	
	(य)	दिए गए विषय/शीर्षक आदि के आधार पर रचनात्मक सोच के साथ लगभग 100 शब्दों में लघु कथा लेखन। (5 अंक ×1 प्रश्न) *अथवा* विविध विषयों पर आधारित लगभग 100 शब्दों में औपचारिक ई-मेल लेखन	5	
		कुल		**80**
3	(क)	आंतरिक मूल्यांकन (अ) सामयिक आकलन (ब) बहुविध आकलन (स) पोर्टफोलियों (द) श्रवण एवं वाचन	5 5 5 5	20
		कुल अंक		**100**

निर्धारित पुस्तकें

1. स्पर्श, भाग-2 एन.सी.ई.आर.टी., नई दिल्ली द्वारा प्रकाशित नवीनतम संस्करण
2. संचयन, भाग -2 एन.सी.ई.आर.टी., नई दिल्ली द्वारा प्रकाशित नवीनतम संस्करण

नोट : निम्नलिखित पाठों से प्रश्न नहीं पूछे जाएँगे।
पाठ्य पुस्तक स्पर्श, भाग–2
बिहारी–दोहे (पूरा पाठ)
महादेवी वर्मा– मधुर–मधुर मेरे दीपक जल (पूरा पाठ)
अंतोन चेखव – गिरगिट (पूरा पाठ)
पूरक पुस्तक संचयन, भाग–2
पुस्तक में कोई परिवर्तन नहीं। कोई भी पाठ नहीं हटाया गया है।

अपठित बोध

अध्याय

01

अपठित गद्यांश

अपठित गद्यांश का अर्थ

गद्य का ऐसा अंश जिसका पहले अध्ययन नहीं किया गया हो, वह अपठित गद्यांश कहलाता है। प्रायः अपठित गद्यांश का उद्देश्य किसी विषय को समझना, भाषा और शैली के बीच के संबंधों को खोजना तथा विद्यार्थियों की अवबोध क्षमता को परखना होता है।

अपठित गद्यांश के अंतर्गत विद्यार्थियों को भावार्थ (मूल भाव) को समझकर उसका सावधानीपूर्वक, गंभीरता व गहनता से अध्ययन करना अत्यंत आवश्यक है। परीक्षा में 5-5 अंक के दो अपठित गद्यांश दिए जाएँगे, जिससे 1-1 अंक के 5-5 बहुविकल्पीय प्रश्न पूछे जाएँगें।

अपठित गद्यांश को हल करने के चरणबद्ध तरीके

अपठित गद्यांश को हल करने के चरणबद्ध तरीके निम्नलिखित हैं

- सर्वप्रथम दिए गए अपठित गद्यांश को दो-तीन बार ध्यानपूर्वक पढ़कर उसके मूल भाव को आत्मसात् (समझना) करना चाहिए।
- गद्यांश में दी गई महत्त्वपूर्ण सूचनाओं को रेखांकित करते रहना चाहिए। इससे विषय-वस्तु व पठन कौशल वाले प्रश्नों को हल करने में आसानी होती है।
- भाषिक संरचना एवं व्याकरण संबंधी प्रश्नों के लिए गद्यांश में दिए गए कठिन शब्दों, मुहावरों आदि को रेखांकित करना चाहिए।
- शीर्षक संबंधी प्रश्न पर विशेष ध्यान देना चाहिए तथा पूरे गद्यांश को पढ़ने व समझने के पश्चात् ही उचित शीर्षक का चयन करना चाहिए।
- अंत में एक बार सभी प्रश्नों के उत्तरों को पुनः ध्यानपूर्वक पढ़कर जाँच लेना चाहिए।

परीक्षा अभ्यास

नीचे दिए गए गद्यांश को ध्यानपूर्वक पढ़िए और उस पर आधारित प्रश्नों के सही विकल्प चुनकर लिखिए

गद्यांश 1

अच्छा नागरिक बनने के लिए भारत के प्राचीन विचारकों ने कुछ नियमों का प्रावधान किया है। इन नियमों में वाणी और व्यवहार की शुद्धि, कर्त्तव्य और अधिकार का समुचित निर्वाह, शुद्धतम पारस्परिक सद्भाव और सेवा की भावना आदि नियम बहुत महत्त्वपूर्ण माने गए हैं। ये सभी नियम यदि एक व्यक्ति के चारित्रिक गुणों के रूप में भी अनिवार्य माने जाएँ तो उसका अपना जीवन सुखी और आनंदमय हो सकता है। सभी गुणों का विकास एक बालक में यदि उसकी बाल्यावस्था से ही किया जाए तो वह अपने देश का श्रेष्ठ नागरिक बन सकता है। इन गुणों के कारण वह अपने परिवार, आस पड़ोस, विद्यालय में अपने सहपाठियों एवं अध्यापकों के प्रति यथोचित व्यवहार कर सकेगा। वाणी एवं व्यवहार की मधुरता सभी के लिए सुखदायक होती है, समाज में हार्दिक सद्भाव की वृद्धि करती है, किंतु अहंकारहीन व्यक्ति ही स्निग्ध वाणी और शिष्ट व्यवहार का प्रयोग कर सकता है। अहंकारी और दंभी व्यक्ति सदा अशिष्ट वाणी और व्यवहार का अभ्यासी होता है, जिसका परिणाम यह होता है कि ऐसे आदमी के व्यवहार से समाज में शांति और सौहार्द का वातावरण नहीं बनता। जिस प्रकार एक व्यक्ति समाज में रहकर अपने व्यवहार से कर्त्तव्य और अधिकार के प्रति सजग रहता है, उसी तरह देश के प्रति भी उसका व्यवहार कर्त्तव्य और अधिकार की भावना से भावित रहना चाहिए। उसका कर्त्तव्य हो जाता है कि न तो वह स्वयं कोई ऐसा काम करे और न ही दूसरों को करने दे, जिसमें देश के सम्मान, संपत्ति और स्वाभिमान को ठेस लगे। समाज एवं देश में शांति बनाए रखने के लिए धार्मिक सहिष्णुता भी बहुत आवश्यक है। यह वृत्ति तभी आ सकती है जब व्यक्ति संतुलित व्यक्तित्व का हो। वह आंतरिक व बाहरी संघर्ष से परे सामाजिकता की अनुभूति से परिपूर्ण व्यक्तित्व होना चाहिए।

CBSE Term, 2021

I. गद्यांश के संदर्भ में अच्छा नागरिक बनने के लिए नियमों का प्रावधान आवश्यक है, क्योंकि यह
(क) स्वतंत्रता को बढ़ावा देता है जिससे वातावरण को शांति से परिपूर्ण करता है
(ख) व्यक्तित्व को निखारकर जीवन को आमोद-प्रमोद से परिपूर्ण करता है
(ग) व्यक्तित्व को निखारकर जीवन को सुख और मंगलकामना से परिपूर्ण करता है
(घ) व्यक्ति को अहंकार, स्निग्ध वाणी और शिष्ट व्यवहार से परिपूर्ण करता है

II. वाणी एवं व्यवहार की मधुरता सभी के लिए सुखदायक होती है। इस कथन के लिए उपयुक्त तर्क है
(क) देश के सम्मान, संपत्ति और स्वाभिमान को ठेस पहुँचती है
(ख) देश व समाज में शांति और सौहार्द का वातावरण नहीं बनता
(ग) कर्त्तव्य और अधिकार का समुचित निर्वाह बहुत आवश्यक है
(घ) समाज में हार्दिक सद्भाव की वृद्धि और सुख की प्रतिष्ठा होती है

III. अहंकारी और दंभी व्यक्ति सदा अभ्यासी होता है
(क) अशिष्ट वाणी और व्यवहार का
(ख) मधुर एवं अशिष्ट व्यवहार का
(ग) अशिष्ट वाणी एवं व्यवहार की शुद्धि का
(घ) स्निग्ध वाणी और अशिष्ट व्यवहार का

IV. संतुलित व्यक्तित्व से तात्पर्य है
(क) आंतरिक व बाहरी संघर्ष से संपूर्ण सामाजिकता की अनुभूति से परिपूर्ण व्यक्तित्व
(ख) देश में पूर्णतः आदर्श नागरिक का व्यवहार करने वाला सुखदायक व्यक्तित्व
(ग) आंतरिक व बाहरी संघर्ष से रहित संपूर्ण सामाजिकता की अनुभूति से परिपूर्ण व्यक्तित्व
(घ) कर्त्तव्य और अधिकार के प्रति सजग रहने वाला भावुक प्रवृत्ति से परिपूर्ण व्यक्तित्व

V. धार्मिक सहिष्णुता की स्थापना आवश्यक है, क्योंकि इससे
(क) अधिकार और कर्त्तव्य पर विजय प्राप्त हो जाएगी
(ख) देश की संपत्ति को नुकसान नहीं पहुँचेगा
(ग) भारतीय संविधान की प्रतिष्ठा बनी रहेगी
(घ) समाज एवं देश में शांति व्यवस्था बनी रहेगी

गद्यांश 2

बड़ा बनने के लिए हमें विशाल काम करने की जरूरत नहीं होती, बल्कि प्रत्येक काम में विशालता के चिह्न खोजने पड़ते हैं। अपने अंतर्मन में सदैव जिज्ञासा को जन्म देना होता है। दुनिया में ज्ञान का जो बोलबाला है, उसमें हमारे कौतूहल की केंद्रीय भूमिका है। अल्बर्ट आइंस्टीन ने एक बार अपने साक्षात्कार में कहा था कि हमारी जिज्ञासा ही हमारे अस्तित्व का आधार है। बिना प्रश्न के हमारे जीवन में न गति आएगी और न कोई रस होगा जब हम चिंतन करते हैं, तब नई बातें सामने आती हैं। सवाल करने का ही परिणाम है कि नई तकनीक ऑटोमेशन और आर्टिफिशियल इंटेलिजेंस जैसी चीजें आज दुनिया में आ रही हैं। जब हम कहते हैं क्यों, कैसे, क्या, तब हमारे अंदर की स्नायु प्राण ऊर्जा और संकल्प एक नई गति और उत्साह के साथ नवीनता की यात्रा करने लगते हैं।

हमें इस दुनिया की इतनी आदत पड़ चुकी है कि लीक से हटकर सोचना नहीं चाहते। कोई विभिन्नता नहीं, न ही कोई नवीनता है। यह कैसा जीवन है, जिसमें कोई कौतूहल नहीं कोई आश्चर्य नहीं? इस जगत में हमारी स्थिति एक कीटाणु या विषाणु की तरह है, जो अपनी सुखमयी व्यवस्था में पड़े रहते हैं। लेकिन जो स्वतंत्र होते हैं, वे हृदय की आवाज सुनते हैं। जो बड़ा होना चाहते हैं, इस दुनिया और इसकी प्रत्येक घटना, वस्तु एवं स्थिति पर अपना आश्चर्य प्रकट करते हैं।

प्रत्येक घटना और वस्तु से परे हटकर सोचने और उसको देखने की कोशिश जो करते हैं, यही बड़ा बनते हैं। जिज्ञासु मन और बुद्धि ही दर्शन और विज्ञान की दुनिया बनाते हैं। **CBSE Term, 2021**

I. प्रत्येक काम में विशालता के चिह्न खोजने से लेखक का अभिप्राय है
(क) बड़ी सोच व्यक्ति को बड़ा बनने की प्रेरणा देती है
(ख) प्रत्येक काम को महत्त्व देकर गहराई से समझें
(ग) प्रत्येक काम को करने के लिए सदैव तत्पर रहें
(घ) प्रत्येक काम का आयोजन बड़े पैमाने पर करें

II. अस्तित्व शब्द का अर्थ है
(क) विद्यमानता (ख) जिज्ञासु प्रवृत्ति
(ग) गतिमान (घ) नवीनता

III. नवीनता की यात्रा करने से हम परंपरागत प्रणालियों से विमुख हो रहे हैं। नवीनता के पक्षधर के रूप में इसकी आवश्यकता के लिए उपयुक्त तर्क है
(क) हमारी मानसिक स्थिति एक कीटाणु या विषाणु की तरह है
(ख) हमारे शारीरिक, मानसिक, चारित्रिक व राष्ट्रीय विकास के लिए है
(ग) जो स्वतंत्र मानसिकता वाले होते हैं, वे दूसरों की आवाज सुनते हैं
(घ) जब हम चिंतन करते हैं, तब नई बातें सामने आती हैं

IV. लीक से हटकर सोच को विकसित करने के लिए आवश्यक है
(क) सुखमय व्यवस्था (ख) हृदय की आवाज सुनना
(ग) अंतर्मन में सदैव जिज्ञासा (घ) दर्शन और विज्ञान की दुनिया

V. जिज्ञासा ही हमारे अस्तित्व के आधार की परिचायक है, क्योंकि यह
(क) व्यक्ति को नए जमाने का वैज्ञानिक दर्शाती है
(ख) शारीरिक व मानसिक रूप से क्रियाशील रखती है
(ग) आर्टिफिशियल इंटेलिजेंस की उपयोगिता दर्शाती है
(घ) विश्वव्यापी स्तर पर स्थिति निर्धारित करती है

गद्यांश 3

साहित्य की शाश्वतता का प्रश्न एक महत्त्वपूर्ण प्रश्न है। क्या साहित्य शाश्वत होता है? यदि हाँ, तो किस मायने में? क्या कोई साहित्य अपने रचनाकाल के सौ वर्ष बीत जाने पर भी उतना ही प्रासंगिक रहता है, जितना वह अपनी रचना के समय था? अपने समय या युग का निर्माता साहित्यकार क्या सौ वर्ष बाद की परिस्थितियों का भी युग-निर्माता हो सकता है। समय बदलता रहता है, परिस्थितियाँ और भावबोध बदलते हैं, साहित्य बदलता है और इसी के समानांतर पाठक की मानसिकता और अभिरुचि भी बदलती है।

अत: कोई भी कविता अपने सामयिक परिवेश के बदल जाने पर ठीक वही उत्तेजना पैदा नहीं कर सकती, जो उसने अपने रचनाकाल के दौरान की होगी। कहने का तात्पर्य यह है कि एक विशेष प्रकार के साहित्य के श्रेष्ठ अस्तित्व मात्र से वह साहित्य हर युग के लिए उतना ही विशेष आकर्षण रखे, यह आवश्यक नहीं है। यही कारण है कि वर्तमान युग में इंगला पिंगला, सुषुम्ना, अनहद नाद आदि पारिभाषिक शब्दावली मन में विशेष भावोत्तेजन नहीं करती।

साहित्य की श्रेष्ठता मात्र ही उसके नित्य आकर्षण का आधार नहीं है। उसकी श्रेष्ठता का युगयुगीन आधार है, वे जीवन मूल्य तथा उनकी अत्यंत कलात्मक अभिव्यक्तियाँ, जो मनुष्य की स्वतंत्रता तथा उच्चतर मानव-विकास के लिए पथ-प्रदर्शक का काम करती हैं। पुराने साहित्य का केवल वही श्री-सौंदर्य हमारे लिए ग्राह्य होगा, जो नवीन जीवन-मूल्यों के विकास में सक्रिय सहयोग दे अथवा स्थिति रक्षा में सहायक हो। कुछ लोग साहित्य की सामाजिक प्रतिबद्धता को अस्वीकार करते हैं। वे मानते हैं कि साहित्यकार निरपेक्ष होता है और उस पर कोई भी दबाव आरोपित नहीं होना चाहिए। किंतु वे भूल जाते हैं कि साहित्य के निर्माण की मूल प्रेरणा मानव-जीवन में ही विद्यमान रहती है।

जीवन के लिए ही उसकी सृष्टि होती है। तुलसीदास जब स्वांत: सुखाय काव्य-रचना करते हैं, तब अभिप्राय यह नहीं रहता कि मानव-समाज के लिए इस रचना का कोई उपयोग नहीं है, बल्कि उनके अंत:करण में संपूर्ण संसार की सुख भावना एवं हित कामना सन्निहित रहती है। जो साहित्यकार अपने संपूर्ण व्यक्तित्व को व्यापक लोक जीवन में सन्निविष्ट कर देता है, उसी के हाथों स्थायी एवं प्रेरणाप्रद साहित्य का सृजन हो सकता है। **CBSE Term, 2021**

I. साहित्य की श्रेष्ठता का निर्धारण सुनिश्चित करता है कि वह
(क) व्यक्ति को बहुमुखी प्रतिभा का धनी बनाता है
(ख) लोक व्यवहार की पराकाष्ठा पर प्रतिक्रिया देता है
(ग) सांस्कृतिक व ऐतिहासिक विरासत को बाधित करता है
(घ) पथ-प्रशस्त कर मूल्यों का समावेशन करके कला भाव जगाता है

II. नवीन जीवन-मूल्यों के विकास में सक्रिय सहयोग से आशय है
(क) स्वांत: सुखाय की कामना कर आगे बढ़ना
(ख) श्री-सौंदर्य को प्राथमिकता देकर आगे बढ़ना
(ग) नवाचार व मूल्यों को आत्मसात् कर आगे बढ़ना
(घ) वर्तमान में साहित्य के माध्यम से आगे बढ़ना

III. 'कोई साहित्य अपने रचनाकाल के सौ वर्ष बीत जाने पर भी उतना ही प्रासंगिक रहता है।' कथन के आधार पर उचित तर्क है
(क) साहित्य की श्रेष्ठता मात्र ही उसके नित्य आकर्षण का आधार नहीं है
(ख) संपूर्ण साहित्य का स्थायी व स्पष्ट आधार नहीं है
(ग) लोक कल्याणकारी, स्थायी एवं प्रेरणाप्रद साहित्य होने की दशा में
(घ) पारिभाषिक शब्दावली द्वारा स्पष्टीकरण करने की दशा में

IV. 'साहित्यकार निरपेक्ष होता है और उस पर कोई भी दबाव आरोपित नहीं होना चाहिए।' कथन किस मनोवृत्ति को प्रकट करता है?
(क) सामाजिक कार्यकर्ता की विचारधारा
(ख) साहित्य की शाश्वत क्रियाशील विचारधारा
(ग) समाज के प्रति वचनबद्धता का अभाव
(घ) निरपेक्ष व्यक्तियों की सकारात्मकता

V. गद्यांश में प्रयुक्त मानव जीवन समस्त पद का विग्रह एवं समास भेद होगा
(क) मानव या जीवन–द्वंद्व समास
(ख) मानव का जीवन–तत्पुरुष समास
(ग) मानव रूपी जीवन–द्विगु समास
(घ) मानव जो जीवन जीता है–अव्ययीभाव समास

गद्यांश 4

मानव सभ्यता पर औद्योगिक क्रांति की धमक अभी थमी भी नहीं कि एक नई तकनीकी क्रांति ने अपने आने की घोषणा कर दी है। 'नैनो-तकनीक' के समर्थक दावा करते हैं कि जब यह अपने पूरे वजूद से आएगी तो धरती का नामोनिशान मिट जाएगा और नैनो रोबोट की स्वनिर्मित फौज पूरी तरह क्षत-विक्षत शव को पलक झपकते ही चुस्त-दुरुस्त इंसान में तबदील कर देगी।

दूसरी ओर नैनो-तकनीक की असीमित शक्ति से आशंकित इसके विरोधी इसे मिस्र के पिरामिडों में सोई ममियों से भी ज्यादा अभिशप्त समझते हैं। इन दोनों अतिवादी धारणाओं के बीच इतना अवश्य कहा जा सकता है कि हम तकनीकी क्रांति के एक सर्वथा नए मुहाने पर आ पहुँचे हैं, जिसके बाद उद्योग, चिकित्सा, दूरसंचार, परिवहन सहित हमारे जीवन में शामिल तमाम तकनीकी जटिलताएँ अपने पुराने अर्थ खो देंगी। इस अभूतपूर्व तकनीकी बदलाव के सामाजिक-सांस्कृतिक निहितार्थ क्या होंगे, यह देखना सचमुच दिलचस्प होगा।

आदमी ने कभी सभ्यता की बुनियाद पत्थर के बेडौल हथियारों से डाली थी, अनगढ़ शिलाओं को छीलकर उन्हें कुल्हाड़ों और भालों की शक्ल में ढाला और इस उपलब्धि ने उत्पादकता की दृष्टि से उसे दूसरे जंतुओं की तुलना में लाभ की स्थिति में ला खड़ा किया। औज़ारों को बेहतर बनाने का यह सिलसिला आगे कई विस्मयकारी मसलों से गुज़रा और औद्योगिक क्रांति ने तो मनुष्य को मानो प्रकृति के नियंत्रक की भूमिका सौंप दी।

तकनीकी कौशल की हतप्रभ कर देने वाली इस यात्रा में एक बात ऐसी है, जो पाषाण युग के बेढब हथियारों से चमत्कारी माइक्रोचिप निर्माण तक एक जैसी बनी रही। हम अपने औजार, कच्चे माल को तराशकर बनाते हैं। यह सर्वविदित तथ्य है कि सारे पदार्थ परमाणुओं से मिलकर बने हैं, लेकिन पदार्थों के गुण इस बात पर निर्भर करते हैं कि उनमें परमाणुओं को किस तरह सजाया गया है। कार्बन के परमाणुओं की एक खास बनावट से कोयला तैयार होता है, तो दूसरी खास बनावट उन्हें हीरे का रूप दे देती है। परमाणु और अणुओं को इकाई मानकर मनचाहा उत्पाद तैयार करना ही 'नैनो-तकनीक' का सार है।

CBSE 2020

I. नैनो तकनीक के वजूद में आने का क्या परिणाम होगा?
(क) बेरोजगारी को बढ़ावा मिलेगा
(ख) देश में समृद्धि आएगी
(ग) धरती का नामो-निशान मिट जाएगा
(घ) सुविधाओं में वृद्धि होगी

II. नैनो तकनीक के विरोधी द्वारा इसे मिस्र के पिरामिडों में सोई ममियों से भी ज्यादा अभिशप्त क्यों माना गया?
(क) यह तकनीक संपूर्ण मानव जाति के लिए हानिकारक सिद्ध हो सकती है
(ख) यह तकनीक विकास के नए प्रतिमान स्थापित करेगी
(ग) यह तकनीक कौशल को बढ़ाने के बजाय घटा देगी
(घ) यह तकनीक नए युग में चार चाँद लगा देगी

III. मानव प्रकृति का नियंत्रक किस आधार पर बन गया?
(क) औजारों के निर्माण करके
(ख) औद्योगिक क्रांति करके
(ग) (क) और (ख) दोनों
(घ) प्रकृति को प्रोत्साहित करके

IV. गद्यांश के अनुसार 'नैनो-तकनीक' क्या है?
(क) छोटी-छोटी मशीनों का प्रयोग करके बड़ी चीज बनाना
(ख) परमाणु और अणुओं को मूलभूत इकाई मानकर इच्छानुसार उत्पाद तैयार करना
(ग) परमाणु और अणुओं में भेद न करते हुए इनका प्रयोग उत्पाद बनाने में करना
(घ) तकनीक के क्षेत्र में मनुष्य को सर्वाधिक महत्त्व प्रदान करना

V. गद्यांश के अनुसार नैनो तकनीक के महत्त्व के बारे में कौन-सा कथन सही है?
(क) यह ऐसी तकनीक है, जो मनुष्य की सोच की सीमा बढ़ा देगी
(ख) यह मनुष्य के विकास के लिए अत्यंत आवश्यक है
(ग) यह मनुष्य को केवल विनाश की ओर ले जाएगी
(घ) यह ऐसी तकनीक है, जो मनुष्य की सोच को सीमित कर देगी

गद्यांश 5

अपनी सभ्यता का जब मैं अवलोकन करता हूँ, तब लोगों को काम के संबंध की उनकी विचारधारा के अनुसार उन्हें विभाजित करने लगता हूँ। एक वर्ग में वे लोग आते हैं, जो काम को उस घृणित आवश्यकता के रूप में देखते हैं, जिसकी उनके लिए उपयोगिता केवल धन अर्जित करना है। वे अनुभव करते हैं कि जब दिनभर का श्रम समाप्त हो जाता है, तब वे जीना सचमुच शुरू करते हैं और अपने आप में होते हैं।

जब वे काम में लगे होते हैं, तब उनका मन भटकता रहता है। काम को वे उतना महत्त्व देने का कभी विचार नहीं करते, क्योंकि केवल आमदनी के लिए ही उन्हें काम की आवश्यकता है। दूसरे वर्ग के लोग अपने काम को आनंद और आत्मपरितोष पाने के एक सुयोग के रूप में देखते हैं। वे धन इसलिए कमाना चाहते हैं, ताकि अपने काम से अधिक एकनिष्ठता के साथ समर्पित हो सकें। जिस काम में वे संलग्न होते हैं, उसकी पूजा करते हैं।

पहले वर्ग में केवल वे लोग ही नहीं आते हैं, जो बहुत कठिन और अरुचिकर काम करते हैं। उसमें बहुत-से संपन्न लोग भी सम्मिलित हैं, जो वास्तव में कोई काम नहीं करते हैं। ये सभी धन को ऐसा कुछ समझते हैं, जो उन्हें काम करने के अभिशाप से बचाता है। इसके सिवाय कि उनका भाग्य अच्छा रहा है, वे अन्यथा उन कारखानों के मजदूरों की तरह ही हैं, जो अपने दैनिक काम को जीवन का सबसे बड़ा अभिशाप समझते हैं। उनके लिए काम कोई घृणित वस्तु है और धन वांछनीय, क्योंकि काम से छुटकारा पाने के साधन का प्रतिनिधित्व यही धन करता है।

यदि काम को वे टाल सकें और फिर भी धन प्राप्त हो जाए, तो खुशी से यही करेंगे। जो लोग काम में अनुरक्त हैं तथा उसके प्रति समर्पित हैं, ऐसे कलाकार, विद्वान् और वैज्ञानिक दूसरे वर्ग में सम्मिलित हैं।

वस्तुओं को बनाने और खोजने में वे हमेशा दिलचस्पी रखते हैं। इसके अंतर्गत परंपरागत कारीगर भी आते हैं, जो किसी वस्तु को रूप देने में गर्व और आनंद का वास्तविक अनुभव करते हैं। अपनी मशीनों को ममत्वभरी सावधानी से चलाने और उनका रख-रखाव करने वाले कुशल मिस्त्री और इंजीनियर इसी वर्ग से संबंधित हैं। **CBSE 2020**

I. पहले वर्ग के लोग काम को किस रूप में देखते हैं?

(क) कर्त्तव्य भावना के रूप में

(ख) धन प्राप्ति के साधन के रूप में

(ग) आनंद प्राप्ति के साधन के रूप में

(घ) समाज सेवा के रूप में

II. दूसरे वर्ग के लोग धन क्यों कमाना चाहते हैं?

(क) क्योंकि यही उनका एकमात्र उद्देश्य होता है

(ख) क्योंकि धन से ही इच्छाओं की पूर्ति होती है

(ग) क्योंकि वे अपने काम से अधिक एकनिष्ठता के साथ समर्पित हो सकें

(घ) क्योंकि वे दिनभर की थकान मिटा सकें

III. काम करना किनके लिए घृणित है?

(क) जो काम की तुलना में धन को प्राथमिकता देते हैं

(ख) जो धन की तुलना में काम को प्राथमिकता देते हैं

(ग) जो दैनिक जीवन की आवश्यकताओं की पूर्ति करते हैं

(घ) जो धन और काम को समान नहीं मानते हैं

IV. दूसरे वर्ग के लोगों के विषय में कौन-सा कथन सही नहीं है?

(क) वे काम में अनुरक्त रहते हैं

(ख) वे काम के प्रति समर्पित होते हैं

(ग) वे वस्तुओं को रूप देने में आनंद का अनुभव करते हैं

(घ) वे काम से छुटकारा पाना चाहते हैं

V. प्रस्तुत गद्यांश के अनुसार काम के प्रति समर्पित लोगों में शामिल है

(क) कलाकार   (ख) विद्वान

(ग) वैज्ञानिक   (घ) ये सभी

गद्यांश 6

वर्तमान युग कंप्यूटर का युग है। यदि भारतवर्ष पर नज़र दौड़ाकर देखें तो हम पाएँगे कि जीवन के लगभग सभी क्षेत्रों में कंप्यूटर का प्रवेश हो गया है। बैंक, रेलवे-स्टेशन, हवाई-अड्डे, डाकखाने, बड़े-बड़े उद्योग-कारखाने, व्यवसाय हिसाब-किताब तथा रुपये गिनने तक की मशीनें कंप्यूटरीकृत हो गई हैं। आज भी कंप्यूटर का प्रारंभिक प्रयोग है तथा आने वाला समय इसके विस्तृत फैलाव का संकेत दे रहा है। प्रश्न उठता है कि कंप्यूटर आज की ज़रूरत है? इसका उत्तर है—कंप्यूटर जीवन की मूलभूत अनिवार्य वस्तु तो नहीं है, किंतु इसके बिना आज की दुनिया अधूरी जान पड़ती है। सांसारिक गतिविधियों, परिवहन और संचार उपकरणों आदि का ऐसा विस्तार हो गया है कि उन्हें सुचारु रूप से चलाना अत्यंत कठिन होता जा रहा है।

पहले मनुष्य जीवन-भर में यदि सौ लोगों के संपर्क में आता था, तो आज वह दो-हज़ार लोगों के संपर्क में आता है। पहले वह दिन में पाँच-दस लोगों से मिलता था, तो आज पचास-सौ लोगों से मिलता है। पहले वह दिन में काम करता था, तो आज रातें भी व्यस्त रहती हैं। आज व्यक्ति के संपर्क बढ़ रहे हैं, व्यापार बढ़ रहे हैं, गतिविधियाँ बढ़ रही हैं, आकांक्षाएँ बढ़ रही हैं तथा साधन बढ़ रहे हैं।

इस अनियंत्रित गति को सुव्यवस्था देने की समस्या आज की प्रमुख समस्या है। कहते हैं आवश्यकता आविष्कार की जननी है। इस आवश्यकता ने अपने अनुसार निदान ढूँढ़ लिया है।

कंप्यूटर एक ऐसी स्वचालित प्रणाली है जो कैसी भी अव्यवस्था को व्यवस्था में बदल सकती है। हड़बड़ी में होने वाली मानवीय भूलों के लिए कंप्यूटर रामबाण औषधि है। क्रिकेट के मैदान में अंपायर की निर्णायक भूमिका हो या लाखों-करोड़ों की लंबी-लंबी गणनाएँ, कंप्यूटर पलक झपकते ही आपकी समस्या हल कर सकता है। पहले इन कामों को करने वाले कर्मचारी हड़बड़ाकर काम करते थे, एक भूल से घबराकर और अधिक गड़बड़ी करते थे। परिणामस्वरूप काम कम, तनाव अधिक होता था। अब कंप्यूटर की सहायता से काफी सुविधा हो गई है। **CBSE प्रतिदर्श प्रश्न-पत्र 2020**

I. वर्तमान युग कंप्यूटर का युग क्यों है?

(क) क्योंकि कंप्यूटर के बिना जीवन की कल्पना असंभव सी हो गई है

(ख) क्योंकि कंप्यूटर ने पूरे विश्व के लोगों को जोड़ दिया है

(ग) क्योंकि कंप्यूटर जीवन की अनिवार्य मूलभूत वस्तु बन गई है

(घ) क्योंकि कंप्यूटर मानव सभ्यता के सभी अंगों का अभिन्न अवयव बन चुका है

II. गद्यांश के अनुसार, कंप्यूटर के महत्त्व के विषय में कौन-सा विकल्प सही है?

(क) कंप्यूटर काम के तनाव को समाप्त करने का उपाय है

(ख) कंप्यूटर कई मानवीय भूलों को निर्णायक रूप से सुधार देता है

(ग) कंप्यूटर के आने से सारी हड़बड़ाहट दूर हो गई है

(घ) मानव की सारी समस्याओं का हल कंप्यूटर द्वारा ही संभव है

III. गद्यांश के अनुसार, किस आवश्यकता ने कंप्यूटर में अपना निदान ढूँढ़ लिया है?

(क) अनियंत्रित कर्मचारियों को अनुशासित करने की

(ख) अनियंत्रित गति को सुव्यवस्था देने की

(ग) अधिक-से-अधिक लोगों से जुड़ जन-जागरण लाने की

(घ) अधिक-से-अधिक कार्य कभी भी व कहीं भी करने की

IV. कंप्यूटर के प्रयोग से पहले अधिक तनाव क्यों होता था?

(क) लंबी-लंबी गणनाएँ करनी पड़ती थीं

(ख) गलतियाँ होने के डर से कर्मचारी घबराए हुए रहते थे

(ग) क्रिकेट मैचों में गलत निर्णय का ख़तरा रहता था

(घ) मानवीय भूलों के कारण बड़ी दुर्घटनाएँ होती थीं

V. कंप्यूटर के बिना आज की दुनिया अधूरी है, क्योंकि

(क) सारी व्यवस्था, उपकरण और मशीनें कंप्यूटरीकृत हैं

(ख) कंप्यूटर ही मानव एकीकरण का आधार है

(ग) कंप्यूटर ने सारी प्रक्रियाएँ आसान बना दी हैं

(घ) कंप्यूटर द्वारा मानव सभ्यता अधिक समर्थ हो गई है

गद्यांश 7

पाठक आमतौर पर रूढ़िवादी होते हैं, वे सामान्यत: साहित्य में अपनी मर्यादाओं की स्वीकृति या एक स्वप्न-जगत में पलायन चाहते हैं। साहित्य एक झटके में उन्हें अपने आस-पास के उस जीवन के प्रति सचेत करता है, जिससे उन्होंने आँखें मूँद रखी थीं। शुतुरमुर्ग़ अफ्रीका के रेगिस्तानों में नहीं मिलते, वे हर जगह बहुतायत में उपलब्ध हैं। प्रौद्योगिकी के इस दौर का नतीजा जीवन के हर गोशे में नक़द फ़सल के लिए बढ़ता हुआ पागलपन है और हमारे राजनीतिज्ञ, सत्ता के दलाल, व्यापारी, नौकरशाह- सभी लोगों को इस भगदड़ में नहीं पहुँचने, जैसा दूसरे करते हैं वैसा करने, चूहादौड़ में शामिल होने और कुछ-न-कुछ हासिल कर लेने को जिए जा रहे हैं।

हम थककर साँस लेना और अपने चारों ओर निहारना, हवा के पेड़ में से गुज़रते वक़्त पत्तियों की मनहर लय-गतियों को और फूलों के जादुई रंगों को, फूली सरसों के चमकदार पीलेपन को, लिखे मैदानों की घनी हरीतिमा को मर्मर ध्वनि के सौंदर्य, हिमाच्छादित शिखरों की भव्यता, समुद्र तट पर पछाड़ खाकर बिखरती हुई लहरों के घोष को देखना-सुनना भूल गए हैं।

कुछ लोग सोचते हैं कि पश्चिम का आधुनिकतावाद और भारत तथा अधिकांश तीसरी दुनिया के नव-औपनिवेशिक चिंतन के साथ अपनी जड़ों से अलगाव, व्यक्तिवादी अजनबियत में हमारा अनिवार्य बे-लगाम धँसाव, अचेतन के बिंब, बौद्धिकता से विद्रोह, यह घोषणा कि दिमाग अपनी रस्सी के अंतिम सिरे पर है, यथार्थवाद का विध्वंस, काम का ऐन्द्रिक सुख मात्र रह जाना और मानवीय भावनाओं का व्यावसायीकरण तथा निम्नस्तरीय- करण इस अंधी घाटी में आ फँसने की वहज है। लेकिन वे भूल जाते हैं कि आधुनिकीकरण इतिहास की एक सच्चाई है, जो नई समस्याओं को जन्म देने और विज्ञान को अधिक जटिल बनाने के बावजूद, एक तरह से, मानव जाति की नियति है।

मेरा सुझाव है कि विवेकहीन आधुनिकता के बावजूद आधुनिकता की दिशा में धैर्यपूर्वक सुयोजित प्रयास होने चाहिए। एक आलोचक किसी नाली में भी झाँक सकता है, पर वह नाली-निरीक्षक नहीं होता। लेखक का कार्य दुनिया को बदलना नहीं, समझना है, साहित्य क्रांति नहीं करता; वह मनुष्यों का दिमाग बदलता है और उन्हें क्रांति की आवश्यकता के प्रति जागरूक बनाता है। **CBSE *प्रतिदर्श प्रश्न-पत्र* 2020**

I. गद्यांश में 'शुतुरमुर्ग़' की संज्ञा किसे दी गई है?
(क) लेखक, जो संसार को समझना चाहता है
(ख) राजनीतिज्ञ, जो अपनी स्वार्थ साधना चाहता है
(ग) पाठक, जो सपनों की दुनिया में रहना चाहता है
(घ) नौकरशाह, जो दूसरों जैसा बनने की होड़ में शामिल है

II. आधुनिकता की दिशा में सुयोजित प्रयास क्यों होने चाहिए?
(क) इससे जीवन सुगम हो जाएगा तथा मानव प्रकृति का आनंद ले सकेगा
(ख) इससे नई समस्याओं को जन्म लेने से पहले ही रोका जा सकेगा
(ग) आधुनिक होने की प्रक्रिया सदा से मानव सभ्यता का अंग रही है
(घ) इससे विज्ञान सरल हो अधिक मानव कल्याणी हो सकेगा

III. 'नक़द फ़सल के लिए बढ़ता हुआ पागलपन' से क्या तात्पर्य है?
(क) लोग तुरंत व अधिक-से-अधिक लाभ कमाना चाहते हैं
(ख) लोग प्रकृति को समय नहीं देना चाहते हैं
(ग) लोग थके हुए हैं पर विश्राम नहीं करना चाहते
(घ) लोग भौतिकवादी तथा अमीर लोगों की नकल करना चाहते हैं

IV. पाठक साहित्य से आमतौर पर क्या अपेक्षा रखते हैं?
(क) साहित्य को हमारे मन की बात कहनी चाहिए
(ख) साहित्य को संसार को यथावत समझना चाहिए
(ग) साहित्य तनाव कम करने वाला होना चाहिए
(घ) साहित्य को जीवन कौशलों व मूल्यों की शिक्षा देनी चाहिए

V. लेखक के अनुसार साहित्य क्या कार्य करने के लिए प्रेरित करता है?
(क) लोगों को यथार्थ से अवगत करा बदलाव लाने के लिए
(ख) लोगों को जीवन की समस्याओं को भुला आगे बढ़ते जाने के लिए
(ग) लोगों को यथार्थवाद का विध्वंस करने के लिए
(घ) लोगों को भावनाओं व ऐन्द्रिक सुख से ऊपर उठ कार्य करने के लिए

गद्यांश 8

व्यक्ति चित्त प्रत्येक समय आदर्शों द्वारा चालित नहीं होता। जितने बड़े पैमाने पर मनुष्य की उन्नति के विधान बनाए गए, उतने ही बड़े पैमाने पर लोभ, मोह जैसे विकार भी विस्तृत होते गए, लक्ष्य की बात भूल गए, आदर्शों को मज़ाक का विषय बनाया गया और संयम को दकियानूसी मान लिया गया। परिणाम जो होना था, वह हो रहा है। यह कुछ थोड़े-से लोगों के बढ़ते हुए लोभ का नतीजा है, परंतु इससे भारतवर्ष के पुराने आदर्श और भी अधिक स्पष्ट रूप से महान और उपयोगी दिखाई देने लगे हैं।

भारतवर्ष सदा कानून को धर्म के रूप में देखता आ रहा है। आज एकाएक कानून और धर्म में अंतर कर दिया गया है। धर्म को धोखा नहीं दिया जा सकता, परंतु कानून को दिया जा सकता है। यही कारण है कि जो धर्मभीरू हैं, वे भी त्रुटियों से लाभ उठाने में संकोच नहीं करते।

इस बात के पर्याप्त प्रमाण खोजे जा सकते हैं कि समाज के ऊपरी वर्ग में चाहे जो भी होता रहा हो, भीतर-बाहर भारतवर्ष आज भी यही अनुभव कर रहा है कि धर्म, कानून से बड़ी चीज़ है। आज भी सेवा, ईमानदारी, सच्चाई और आध्यात्मिकता के मूल्य बने हुए हैं। वे दब अवश्य गए हैं, लेकिन नष्ट नहीं हुए हैं। आज भी वह मनुष्य से प्रेम करता है, महिलाओं का सम्मान करता है, झूठ और चोरी को गलत समझता है तथा दूसरों को पीड़ा पहुँचाने को पाप समझता है।

I. मनुष्य ने आदर्शों को मज़ाक का विषय किस कारण बना दिया?
(क) कानून के कारण
(ख) उन्नति के कारण
(ग) लोभ के कारण
(घ) धर्मभीरुता के कारण

II. धर्म एवं कानून के संदर्भ में भारत के विषय में कौन-सा कथन सबसे अधिक सही है?
(क) महिलाओं का सम्मान करना धर्म तो है, पर कानून नहीं है
(ख) धर्म और कानून दोनों को धोखा दिया जा सकता है
(ग) भले लोगों के लिए कानून नहीं चाहिए और बुरे लोग इसकी परवाह नहीं करते हैं
(घ) भारत का निचला वर्ग कदाचित अभी भी कानून को धर्म के रूप में देखता है

III. भारतवर्ष में सेवा और सच्चाई के मूल्य ·········। (रेखांकित के लिए विकल्प छाँटिए।)
(क) मनुष्य की समाज पर निर्भरता में कमी होने के कारण ह्रासित हुए हैं
(ख) जीवन में उन्नति के बड़े पैमाने के कारण कहीं छिप से गए हैं
(ग) न्यायालयों में कानून की सत्याभासी धाराओं में उलझ कर रह गए हैं
(घ) परमार्थ के लिए जीवन की बाज़ी लगाने वाले व्यक्ति के मन को अभी भी नियंत्रित कर रहे हैं

IV. भारतवर्ष का बड़ा वर्ग बाहर-भीतर कदाचित क्या अनुभव कर रहा है?
(क) धर्म, कानून से बड़ी चीज़ है
(ख) कानून, धर्म से बड़ी चीज़ है
(ग) संयम अशक्त और अकर्मण्य लोगों के लिए है
(घ) आदर्श और उसूलों से यथार्थ जीवन असंभव है

V. निम्नलिखित में से सर्वाधिक उपयुक्त शीर्षक का चयन कीजिए।
(क) उन्नति के संदर्भ में जीवन मूल्यों की प्रासंगिकता
(ख) मानव चित्त के आकर्षण निवारण में आदर्शों की भूमिका
(ग) समाज कल्याण हेतु धर्म और कानून का सहअस्तित्व
(घ) धार्मिक व सार्वभौमिक मूल्यों का एकीकरण

गद्यांश 9

एक ज़माना था जब मुहल्लेदारी पारिवारिक आत्मीयता से भरी होती थी। सब मिल-जुलकर रहते थे। हारी-बीमारी, खुशी-गम सब में लोग एक-दूसरे के साथ थे। किसी का किसी से कुछ छिपा नहीं था। आज के लोगों को शायद लगे कि लोगों की अपनी 'प्राइवेसी' क्या रही होगी, लेकिन इस 'प्राइवेसी' के नाम पर ही तो हम एक-दूसरे से कटते रहे और कटते-कटते ऐसे अलग हुए कि अकेले पड़ गए।

पहले अलग चूल्हे-चौके हुए, फिर अलग मकान लेकर लोग रहने लगे, निजी स्वतंत्रता की अपनी नई परिभाषा देकर यह एकाकीपन हमने स्वयं अपनाया है। मुहल्ले में आपस में चाहे कितनी चखचख हो, यह थोड़े ही संभव था कि बाहर का कोई आकर किसी को कड़वी बात कह जाए! पूरा मोहल्ला टिड्डी-दल की तरह उमड़ पड़ता था। देखते-देखते ज़माना हवा हो गया। मुहल्लेदारी टूटने लगी, आबादी बढ़ी, महँगाई बढ़ी, पर सबसे ज़्यादा जो चीज़ दुर्लभ हो गई वह था आपसी लगाव, अपनापन। लोगों की आँखों का शील मर गया।

देखते-देखते कैसा रंग बदला है! लोग अपने-आप में सिमट कर पैसे के पीछे भागे जा रहे हैं। सारे नाते-रिश्तों को उन्होंने ताक पर रख दिया है, तब फिर पड़ोसी से उन्हें क्या लेना-देना है। यह नीरस महानगरीय सभ्यता महानगरों से चलकर कस्बों और देहातों तक को अपनी चपेट में ले चुकी है। मकानों में रहने वाले एक-दूसरे को नहीं जानते। इन जगहों में आदमी का अस्तित्व समाप्त हो गया है। यदि आपको फ्लैट नंबर मालूम नहीं है तो उसी बिल्डिंग में जा कर भी वांछित व्यक्ति को नहीं ढूँढ पाएँगे। ऐसी जगहों में किसी प्रकार के संबंधों की अपेक्षा ही कहाँ की जा सकती है?

I. 'प्राइवेसी' से तात्पर्य है
(क) निजता (ख) आत्मीयता
(ग) मेल-जोल (घ) भाईचारा

II. मुहल्लेदारी के बारे में क्या सच नहीं है?
(क) आपस में मिल-जुलकर रहना
(ख) दुःख-सुख में साथ देना
(ग) अपनी बात किसी से गुप्त न रखना
(घ) आस-पड़ोस का हस्तक्षेप पसंद न करना

III. आज के व्यक्ति को 'प्राइवेसी' के नाम पर प्राप्त हुआ है
(क) अलगाव और अकेलापन
(ख) अपने में ही सीमित होने का आनंद
(ग) संयुक्त परिवार की समस्याओं से मुक्ति
(घ) मुहल्ले के झंझटों से छुटकारा

IV. 'ताक पर रखना' का अर्थ है
(क) उपेक्षा करना (ख) आशा रखना
(ग) छोड़ देना (घ) निंदा करना

V. प्रस्तुत गद्यांश का उचित शीर्षक है
(क) बदलते समय में संबंधों का ह्रास
(ख) बदलते समय में आत्मीयता का भाव
(ग) बदलते समय में पारिवारिक आत्मीयता
(घ) उपरोक्त में से कोई नहीं

गद्यांश 10

नेहरू के संबंध में लोगों के मानस-पटल पर जो चित्र अंकित हैं, उनमें नेहरू ऐसे व्यक्ति के रूप में विद्यमान हैं जो वैभव में पले, जिन्हें सदा मोटर और हवाई-जहाज़ की सुविधाएँ प्राप्त रहीं, जिनको नेतृत्व पैदायशी हक के रूप में मिल गया, जिन्होंने कभी धन का अभाव जाना ही नहीं। नेहरू के ये चित्र ध्यान में आते ही नहीं कि पिता की मोटर और बग्घी है, किंतु नेहरू धूप में गाँव-गाँव पैदल घूम रहे हैं; थकान के बाद चाय पीने को मन करता है तो जेब में इतने पैसे नहीं कि पाँच-सात साथी चाय पी सकें। विदेशों में प्रचार के लिए डाक-व्यय मुश्किल से ही जुट पाता है।

घर में कर्ज़ बढ़ गया है—चुकाने के लिए माता और पत्नी के ज़ेवर, चाँदी के बरतन और कीमती क्रॉकरी कलकत्ते के बाज़ार में चुपके-चुपके ले जाई गई हैं। माता-पिता की मृत्यु हो गई है और क्षय से पीड़ित पत्नी विदेश में पड़ी है। देश में दमन-चक्र चल रहा था, स्वयं जेल में बंद चिंता से छटपटा रहे थे। किंतु कर्मयोगी नेहरू ने जेल

की नौ वर्ष की इस यातना-भरी अवधि में ही विश्व-साहित्य की अमर कृतियाँ रचीं।

मानसिक वेदनाओं का लंबा इतिहास! आज़ादी मिली, तो देश के टुकड़े हो गए; आदमी जानवर बन गया, लाखों इंसानों के लंबे काफ़िले कुटुंबियों की बेकफ़न लाशों को छोड़कर राजधानी आ गए। अहिंसा, सत्य, प्रेम, त्याग—सारा दर्शन और आदर्श ध्वस्त हो गए और गांधी की हत्या कर दी गई है। भारत गणतंत्र की डगर पर डगमग कदमों से चलना सीख ही रहा था कि चीन ने भारत के गले में मित्रता की एक बाँह डाले-डाले, दूसरे हाथ से कमर में छुरा भोंक दिया। इन परिस्थितियों में भी उस कर्मयोगी ने साहस का परित्याग नहीं किया।

I. नेहरू के विषय में देशवासियों की धारणा थी कि वे
(क) देश का प्रधानमंत्री बनने का स्वप्न देखते थे
(ख) जन्मजात वैभवशाली एवं सुविधासंपन्न व्यक्ति थे
(ग) प्रधानमंत्री बनकर तानाशाही करना चाहते थे
(घ) पुस्तकें लिखकर आमदनी बढ़ाना चाहते थे

II. देश की आज़ादी के लिए नेहरू ने क्या नहीं भोगा?
(क) धन का अभाव
(ख) जेल-यात्रा
(ग) पत्नी से वियोग
(घ) वैभवपूर्ण जीवन

III. विभिन्न समस्याओं से जूझते हुए भी उनका अमूल्य योगदान किस क्षेत्र में था?
(क) नवयुवकों में देश-प्रेम के भाव जगाना
(ख) अशिक्षित समाज में शिक्षा का प्रचार-प्रसार
(ग) अहिंसा के आधार पर आज़ादी के लिए प्रयास
(घ) नौ वर्ष तक जेल में रहकर अमर कृतियों की रचना

IV. ''विदेशों में प्रचार के लिए पत्र-व्यवहार करना पड़ता है, किंतु जितना डाक-व्यय चाहिए पूरा नहीं पड़ता'' वाक्य का प्रकार है
(क) सरल
(ख) संयुक्त
(ग) मिश्र
(घ) साधारण

V. प्रस्तुत गद्यांश का उचित शीर्षक है
(क) अशिक्षित समाज में शिक्षा का प्रचार करते नेहरू
(ख) देशभक्ति की भावना से ओत-प्रोत नेहरू
(ग) देश की आज़ादी में नेहरू का योगदान
(घ) उपरोक्त में से कोई नहीं

गद्यांश 11

संसार में अमरता ऐसे ही लोगों को मिलती है, जो अपने पीछे कुछ आदर्श छोड़ जाते हैं, जिनका स्थायी मूल्य होता है। बहुधा यही देखा गया है कि ऐसे व्यक्ति संपन्न परिवार में बहुत कम पैदा होते हैं। अधिकांश ऐसे लोगों का जन्म मध्यम वर्ग के घरों में या गरीब परिवार में ही होता है। इस तरह का पालन-पोषण साधारण परिवार में होता है और वे सादा जीवन बिताने के आदी हो जाते हैं। मनुष्य में विनय, उदारता, कष्ट-सहिष्णुता, साहस आदि चारित्रिक गुणों का विकास अत्यावश्यक है। इन गुणों का प्रभाव उनके जीवन पर पड़ता है। ये गुण व्यक्ति को अहंकारहीन या सादा-सरल बनाते हैं। सादा जीवन या सादगी का अर्थ है, रहन-सहन, वेशभूषा और आचार-विचार का एक

निर्दिष्ट स्तर। जीवन में सादगी लाने के लिए दो बातें विशेष रूप से अनुकरणीय हैं, प्रथम कठिन-से-कठिन परिस्थितियों में धैर्य को न छोड़ना, द्वितीय अपनी आवश्यकताओं को न्यूनतम बनाना।

सादगी का विचारों से भी घनिष्ठ संबंध है। सादा जीवन व्यतीत करना चाहिए और अपने विचारों को उच्च रखना चाहिए। व्यक्ति की सच्ची पहचान उसके विचारों और करनी से होती है। मनुष्य के विचार उसके आचरण पर प्रभाव डालते हैं और उसके विवेक को जाग्रत रखते हैं। विवेकशील व्यक्ति ही अपनी आवश्यकताओं को सीमित रखता है, उन्हें अपने ऊपर हावी नहीं होने देता। सादा जीवन व्यतीत करने वाले व्यक्ति को कभी हतप्रभ होकर अपने आत्मसम्मान पर आँच नहीं आने देनी चाहिए। सादगी मनुष्य के चरित्र का अंग है, वह बाहरी चीज नहीं है।

महात्मा गाँधी सादा जीवन पसंद करते थे और हाथ के कते और बुने खद्दर के मामूली वस्त्र पहनते थे, किंतु अपने उच्च विचारों के कारण वे संसार में वंदनीय हो गए।

I. महापुरुष प्रायः कैसे परिवार में जन्म लेते हैं?
(क) गरीब वर्गीय परिवार में
(ख) मध्यवर्गीय परिवार में
(ग) (क) और (ख) दोनों
(घ) उच्चवर्गीय परिवार में

II. कौन-सा गुण व्यक्ति को अहंकारहीन बनाता है?
(क) विनय
(ख) साहस
(ग) उदारता
(घ) ये सभी

III. जीवन को सरल और सादा बनाने के लिए हमें क्या करना चाहिए?
(क) ईर्ष्या-द्वेष का परित्याग
(ख) सांसारिक मोह-माया से मुक्ति
(ग) कठिन-से-कठिन परिस्थितियों में भी धैर्य न छोड़ना
(घ) अपनी आवश्यकताओं को अधिकतम बनाए रखना

IV. व्यक्ति की सच्ची पहचान किससे होती है?
(क) उसके रहन-सहन के ढंग से
(ख) उसकी भाषा से
(ग) उसके विचारों और करनी से
(घ) उसके सामाजिक स्तर से

V. प्रस्तुत गद्यांश का सर्वाधिक उपयुक्त शीर्षक क्या हो सकता है?
(क) सादा जीवन उच्च विचार
(ख) मनुष्य की विचारधारा
(ग) जीवन का रहस्य
(घ) सामाजिक स्थिति का निर्धारण

गद्यांश 12

मनुष्यता बौद्धिकता में निवास न करके, उसके व्यवहार में निवास करती है। व्यवहार में बौद्धिकता का समावेश तब ही हो सकता है, जब सद्बुद्धि मौजूद हो, सद्विवेक उपस्थित हो और सद्बुद्धि या सद्विवेक यथार्थ में सुमति ही है। सुमतिसंपन्न व्यक्ति को अनेक अनमोल निधियाँ प्राप्त होती हैं।

व्यक्ति को सुमतिसंपन्न बनाने में महत्त्वपूर्ण भूमिका उसकी शिक्षा एवं समाजीकरण निभाता है। इसी से किसी व्यक्ति के विवेकयुक्त व्यक्तित्व

का निर्माण होता है। उचित शिक्षा व्यक्ति को विनम्रता एवं शालीनता का पाठ पढ़ाती है और उसे स्वावलंबी बनाती है। शिक्षा ही उचित-अनुचित, अच्छे-बुरे आदि में अंतर करने की दिव्य-दृष्टि प्रदान करती है, जिससे व्यक्ति सही-गलत, सत्य-असत्य की पहचान कर सकने में सक्षम बनता है। इसके अतिरिक्त, शिक्षा विद्यार्थियों में उच्च चारित्रिक गुणों का निर्माण करके उनमें देश एवं समाज के प्रति उदात्त भावनाओं का विकास करती है अर्थात् समाज के अन्य सदस्यों के प्रति सद्‌विचार उत्पन्न करती है और सुमतिसंपन्न व्यक्ति निरंतर न सिर्फ़ अपने व्यक्तित्व का विकास करता है, बल्कि इससे समाज एवं राष्ट्र भी प्रगति के पथ पर अग्रसर होता है। जब मनुष्य में सद्‌विवेक उत्पन्न होगा, तो वह एक-दूसरे से ईर्ष्या एवं द्वेष करना छोड़ देगा।

जातीयता, सांप्रदायिकता, प्रांतीयता, अंध-क्षेत्रीयता आदि से संबंधित स्थापित संकीर्ण मान्यताओं को अस्वीकार कर सकेगा। धर्म एवं जाति की संकीर्ण कलुषित मानसिकता की जकड़न को तोड़कर वह इतना अहसास कर पाएगा कि सभी बंधनों से पूर्व सर्वप्रथम हम मानव हैं और मानव होने के नाते हमारे कुछ सामान्य लक्ष्य हैं, जिन्हें प्राप्त करना सभी मनुष्यों का धर्म है। इससे धर्म, सत्ता, अर्थ एवं वि-संस्कृति की अंधानुकृति के कारण लोप हो रही मानवता की पुनर्स्थापना की जा सकती है।

I. कुशल बुद्धि के निर्माण में किसका महत्त्वपूर्ण योगदान है?
(क) विनम्रता का
(ख) शिक्षा का
(ग) समाजीकरण का
(घ) (ख) और (ग) दोनों

II. शिक्षा किस प्रकार समाज एवं देश की प्रगति में सहयोग करती है?
(क) व्यक्ति में चारित्रिक गुणों का विकास करके
(ख) समाज के अन्य व्यक्तियों के प्रति सद्‌भावना विकसित करके
(ग) समाज के प्रति आदर सम्मान की भावना विकसित करके
(घ) उपरोक्त सभी

III. मनुष्य किसके माध्यम से स्वावलंबी बनता है?
(क) उच्च विचार के
(ख) उच्च आदर्श के
(ग) शिक्षा के
(घ) ईर्ष्या के

IV. मनुष्य जातीयता, सांप्रदायिकता, प्रांतीयता की संकीर्ण मान्यताओं को अस्वीकार कब करता है?
(क) जब वह धनी हो जाता है
(ख) जब वह निर्धन हो जाता है
(ग) जब उसमें सद्‌विवेक उत्पन्न होता है
(घ) जब वह बंधनपूर्ण जीवन जीता है

V. प्रस्तुत गद्यांश का सर्वाधिक उपयुक्त शीर्षक क्या होगा?
(क) सांप्रदायिकता का जहर
(ख) मनुष्य का धर्म
(ग) बौद्धिकतापूर्ण मानवता की पुनर्स्थापना
(घ) शिक्षा और समाज

गद्यांश 13

सिनेमा जगत के अनेक नायक-नायिकाओं, गीतकारों, कहानीकारों और निर्देशकों को हिंदी के माध्यम से पहचान मिली है। यही कारण है कि गैर-हिंदी भाषी कलाकार भी हिंदी की ओर आए हैं। समय और समाज के उभरते सच को परदे पर पूरी अर्थवत्ता में धारण करने वाले ये लोग दिखावे के लिए भले ही अंग्रेज़ी के आग्रही हों, लेकिन बुनियादी और ज़मीनी हकीकत यही है कि इनकी पूँजी, इनकी प्रतिष्ठा का एकमात्र निमित्त हिंदी ही है।

लाखों- करोड़ों दिलों की धड़कनों पर राज करने वाले ये सितारे हिंदी फ़िल्म और भाषा के सबसे बड़े प्रतिनिधि हैं। 'छोटा परदा' ने आम जनता के घरों में अपना मुकाम बनाया तो लगा हिंदी आम भारतीय की जीवन-शैली बन गई। हमारे आद्यग्रंथों रामायण और महाभारत को जब हिंदी में प्रस्तुत किया गया तो सड़कों का कोलाहल सन्नाटे में बदल गया। 'बुनियाद' और 'हम लोग' से शुरू हुआ सोप ऑपेरा का दौर हो या सास-बहू धारावाहिकों का, ये सभी हिंदी की रचनात्मकता और उर्वरता के प्रमाण हैं। 'कौन बनेगा करोड़पति' से करोड़पति चाहे जो बने हों, पर सदी के महानायक की हिंदी हर दिल की धड़कन और हर धड़कन की भाषा बन गई।

सुर और संगीत की प्रतियोगिताओं में कर्नाटक, गुजरात, महाराष्ट्र, असम, सिक्किम जैसे गैर-हिंदी क्षेत्रों के कलाकारों ने हिंदी गीतों के माध्यम से पहचान बनाई। ज्ञान गंभीर 'डिस्कवरी' चैनल हो या बच्चों को रिझाने-लुभाने वाला 'टॉम एंड जेरी'। इनकी हिंदी उच्चारण की मिठास और गुणवत्ता अद्‌भुत, प्रभावी और ग्राह्य है। धर्म-संस्कृति, कला-कौशल, ज्ञान-विज्ञान सभी कार्यक्रम हिंदी की संप्रेषणीयता के प्रमाण हैं।

I. गैर-हिंदी भाषी कलाकारों के हिंदी सिनेमा में आने का क्या कारण था?
(क) हिंदी के माध्यम से अपनी पहचान बनाना
(ख) हिंदी के माध्यम से अंग्रेजी को बढ़ावा देना
(ग) अंग्रेजी भाषा का महत्त्व बताना(घ) अंग्रेजी भाषा को विश्वस्तरीय भाषा बनाना

II. फिल्मों तथा टी.वी. ने हिंदी के प्रचार-प्रसार में क्या भूमिका निभाई है?
(क) हिंदी का विकास अवरुद्ध हो गया
(ख) हिंदी का क्षेत्र सीमित हो गया
(ग) हिंदी साधारण भारतीय की जीवन-शैली बन गई
(घ) हिंदी अंग्रेजी के समक्ष कमजोर पड़ गई

III. निम्नलिखित में से किसकी हिंदी ने दर्शक वर्ग को सर्वाधिक प्रभावित किया?
(क) रामायण की (ख) सास-बहू धारावाहिक की
(ग) सदी के महानायक की (घ) डिस्कवरी चैनल की

IV. प्रस्तुत गद्यांश का सर्वाधिक उपयुक्त शीर्षक क्या होगा?
(क) टी.वी. चैनल का इतिहास
(ख) हिंदी भाषा की गुणवत्ता एवं उपयोगिता
(ग) हिंदी भाषा बनाम अंग्रेजी भाषा
(घ) हिंदी धारावाहिक

V. गद्यांश के आधार पर बताइए कि हिंदी की संप्रेषणीयता के क्या प्रमाण हैं?
(क) गैर-हिंदी क्षेत्रों के कलाकारों द्वारा हिंदी को अपनाना
(ख) गैर-हिंदी राज्यों के कलाकारों द्वारा हिंदी को अपनी पहचान के रूप में चुनना
(ग) डिस्कवरी चैनल का हिंदी में अनुवाद होना
(घ) उपरोक्त सभी

गद्यांश 14

राष्ट्रीय भावना के अभ्युदय एवं विकास के लिए भाषा भी एक प्रमुख तत्त्व है। मानव समुदाय अपनी संवेदनाओं, भावनाओं एवं विचारों की अभिव्यक्ति हेतु भाषा का साधन अपरिहार्यत: अपनाता है। इसके अतिरिक्त उसके पास कोई विकल्प नहीं है। दिव्य ईश्वरीय आनंदानुभूति के संबंध में भले ही कबीर ने 'गूंगे केरी शर्करा' उक्ति का प्रयोग किया था, परंतु इससे उनका लक्ष्य शब्दरूपी भाषा के महत्त्व को नकारना नहीं था।

प्रत्युत उन्होंने भाषा को 'बहता नीर' कहकर भाषा की गरिमा प्रतिपादित की थी। विद्वानों की मान्यता है कि जिस प्रकार किसी एक राष्ट्र के भू-भाग की भौगोलिक विविधताएँ तथा उसके पर्वत, सागर, सरिताओं आदि की बाधाएँ उस राष्ट्र के निवासियों के परस्पर मिलने-जुलने में अवरोधक सिद्ध हो सकती हैं, उसी प्रकार भाषागत विभिन्नता से भी उनके पारस्परिक संबंधों में निर्बाधता नहीं रह पाती। आधुनिक विज्ञान के युग में यातायात एवं संचार के साधनों की प्रगति से जिस प्रकार भौगोलिक बाधाएँ अब पहले की तरह बाधित नहीं करतीं, उसी प्रकार यदि राष्ट्र की एक संपर्क भाषा का विकास हो जाए तो पारस्परिक संबंधों के गतिरोध बहुत सीमा तक समाप्त हो सकते हैं।

मानव का अपना एक निश्चित व्यक्तित्व होता है। भाषा अभिव्यक्ति के माध्यम से इसके व्यक्तित्व को साकार करती है। उसके अमूर्त मानसिक वैचारिक स्वरूप को मूर्त एवं बिंबात्मक रूप प्रदान करती है। मनुष्यों के विविध समुदाय हैं। उनकी विविध भावनाएँ हैं, विचारधाराएँ हैं, संकल्प एवं आदर्श हैं। उन्हें भाषा ही अभिव्यक्त करने में सक्षम होती है। साहित्य, शास्त्र, गीत-संगीत आदि में मानव समुदाय अपने आदर्शों, संकल्पनाओं, अवधारणाओं एवं विशिष्टताओं को वाणी देता है।

भाषा ही एक ऐसा साधन है, जिससे मनुष्य एक-दूसरे के निकट आ सकते हैं। उनमें परस्पर घनिष्ठता स्थापित हो सकती है। अत: राष्ट्रीय भावना के विकास के लिए भाषा- तत्त्व परम आवश्यक है।

I. देश के हित के लिए संपर्क भाषा क्यों आवश्यक है?
(क) देश की एकता व अखंडता बनाए रखने के लिए
(ख) एक-दूसरे को समझने के लिए
(ग) अपने विचार प्रकट करने के लिए
(घ) उपरोक्त सभी

II. राष्ट्र की एक संपर्क भाषा का विकास होने से क्या होगा?
(क) विभिन्न समुदायों में आपसी मतभेद
(ख) मानव जीवन का स्वरूप बदलना
(ग) पारस्परिक संबंधों के गतिरोध की समाप्ति
(घ) साहित्य और संगीत का मिलन

III. मनुष्य को परस्पर जोड़ने का कार्य कौन करता है?
(क) समाज (ख) परिवार
(ग) देश (घ) भाषा

IV. कबीर ने भाषा को किस प्रकार गरिमा प्रदान की?
(क) गूँगे केरी शर्करा कहकर
(ख) भाषा बहता नीर कहकर
(ग) भाषा के शब्दरूपी महत्त्व को नकारकर
(घ) भाषा को अपरिहार्य साधन कहकर

V. प्रस्तुत गद्यांश का सर्वाधिक उपयुक्त शीर्षक क्या होगा?
(क) कबीर की भाषा
(ख) राष्ट्र की भाषा
(ग) भाषा की उपयोगिता
(घ) भाषा और मानव का इतिहास

गद्यांश 15

फिजूलखर्ची एक बुराई है, इसके पीछे बारीकी से नज़र डालें तो अहंकार नज़र आएगा। अहं के प्रदर्शन से तृप्ति मिलती है। अहं की पूर्ति के लिए कई बार बुराइयों से रिश्ता भी जोड़ना पड़ता है। अहंकारी लोग बाहर से भले ही गंभीरता का आवरण ओढ़ लें, लेकिन भीतर से वे उथलेपन से भरे रहते हैं।

जब कभी समुद्र तट पर जाने का मौका मिले, तो आप देखेंगे कि लहरें आती हैं, जाती हैं और चट्टानों से टकराती हैं। पत्थर वहीं रहते हैं, लहरें उन्हें भिगोकर लौट जाती हैं। हमारे भीतर हमारे आवेगों की लहरें भी हमें ऐसे ही टक्कर देती हैं।

इन आवेगों, आवेशों के प्रति अडिग रहने का अभ्यास करना होगा, क्योंकि अहंकार यदि लंबे समय तक टिकने की तैयारी में आ जाए, तो वह नए-नए तरीके ढूँढेगा। स्वयं को महत्त्व मिले अथवा स्वेच्छाचारिता के प्रति आग्रह, ये सब धीरे-धीरे सामान्य जीवन-शैली बन जाती है। ईसा मसीह ने कहा है—"मैं उन्हें धन्य कहूँगा, जो अंतिम हैं।" आज के भौतिक युग में यह टिप्पणी कौन स्वीकारेगा, जब 'चारों ओर नंबर वन' होने की होड़ लगी है।

ईसा मसीह ने इसी में आगे जोड़ा है कि "ईश्वर के राज्य में वही प्रथम होंगे, जो अंतिम हैं और जो प्रथम होने की दौड़ में रहेंगे, वे अभागे रहेंगे।" यहाँ 'अंतिम' होने का संबंध लक्ष्य और सफलता से नहीं है। जीसस ने विनम्रता, निरहंकारिता को शब्द दिया है 'अंतिम'। आपके प्रयास व परिणाम प्रथम हों, अग्रणी रहें, पर आप भीतर से अंतिम हों यानी विनम्र, निरहंकारी रहें। अन्यथा अहं अकारण ही जीवन के आनंद को खा जाता है।

I. प्रस्तुत गद्यांश में फिजूलखर्ची को सूक्ष्म दृष्टि से क्या कहा गया है?
(क) पैसे का बेहतर उपयोग (ख) अहंकार का प्रदर्शन
(ग) बुराइयों की जड़ (घ) सामान्य जीवन-शैली

II. अहंकारी व्यक्तियों की किन कमियों की ओर संकेत किया गया है?
(क) अहंकारी व्यक्ति भीतर से उथलेपन से भरे होते हैं
(ख) अहंकारी व्यक्ति सतही मानसिकता रखते हैं

(ग) अहंकारी व्यक्ति किसी भी प्रकार से अपने अहं का प्रदर्शन करना चाहते हैं
(घ) उपरोक्त सभी

III. लेखक ने मानव मन में उद्वेलित होने वाली भावनाओं की तुलना किससे की है?
(क) ईसा मसीह से (ख) समुद्र तट की लहरों से
(ग) भौतिक आकांक्षाओं से (घ) निरहंकार से

IV. जीसस के अनुसार, मनुष्य को भीतर से कैसा होना चाहिए?
(क) विनम्र (ख) निरहंकारी
(ग) (क) और (ख) दोनों (घ) स्वेच्छाचारी

V. प्रस्तुत गद्यांश का सर्वाधिक उपयुक्त शीर्षक क्या होगा?
(क) अहंकार: एक बड़ा अवगुण
(ख) फिजूलखर्ची का महत्त्व
(ग) मनुष्य की जीवन-शैली
(घ) जीसस के विचार

गद्यांश 16

शिक्षा ही मानव को मानव के प्रति मानवीय भावनाओं से पोषित करती है। शिक्षा से मनुष्य अपने परिवेश के प्रति जाग्रत होकर कर्त्तव्याभिमुख हो जाता है। 'स्व' से 'पर' की ओर अग्रसर होने लगता है। निर्बल की सहायता करना, दु:खियों के दु:ख दूर करने का प्रयास करना, दूसरों के दु:ख से दु:खी हो जाना और दूसरों के सुख से स्वयं सुख का अनुभव करना जैसी बातें एक शिक्षित मानव में सरलता से देखने को मिल जाती हैं।

इतिहास, साहित्य, राजनीतिशास्त्र, समाजशास्त्र, दर्शनशास्त्र इत्यादि पढ़कर विद्यार्थी विद्वान् ही नहीं बनता, वरन् उसमें एक विशिष्ट जीवन-दृष्टि, रचनात्मकता और परिपक्वता का सृजन भी होता है। शिक्षित सामाजिक परिवेश में व्यक्ति अशिक्षित सामाजिक परिवेश की तुलना में सदैव ही उच्च स्तर पर जीवनयापन करता है। आज आधुनिक युग में शिक्षा का अर्थ बदल रहा है। शिक्षा भौतिक आकांक्षा की पूर्ति का साधन बनती जा रही है। व्यावसायिक शिक्षा के अंधानुकरण में छात्र सैद्धांतिक शिक्षा से दूर होते जा रहे हैं, जिसके कारण रूस की क्रांति, फ्रांस की क्रांति, अमेरिका की क्रांति, समाजवाद, पूँजीवाद, राजनीतिक व्यवस्था, सांस्कृतिक मूल्यों आदि की सामान्य जानकारी भी व्यावसायिक शिक्षा ग्रहण करने वाले छात्रों को नहीं है। यह शिक्षा का विशुद्ध रोज़गारोन्मुखी रूप है। शिक्षा के प्रति इस प्रकार का संकुचित दृष्टिकोण अपनाकर विवेकशील नागरिकों का निर्माण नहीं किया जा सकता।

I. निम्नलिखित में से प्रस्तुत गद्यांश का सर्वाधिक उपयुक्त शीर्षक क्या होगा?
(क) शिक्षा का दुरुपयोग
(ख) शिक्षा का महत्त्व
(ग) शिक्षित व्यक्ति और शिक्षा
(घ) आधुनिक शिक्षा व्यवस्था

II. विद्यार्थी में नवीन जीवन-दृष्टि का निर्माण किसके द्वारा होता है?
(क) विभिन्न प्रकार की यात्राओं से (ख) विभिन्न प्रकार की पुस्तकों के अध्ययन से
(ग) दूसरों की सहायता करने से
(घ) अपने परिवेश के प्रति जागरूक होने से

III. शिक्षा के प्रति संकुचित दृष्टिकोण किसे माना जाता है?
(क) सैद्धांतिक शिक्षा को
(ख) मौलिक शिक्षा को
(ग) व्यावसायिक शिक्षा को
(घ) नैतिक शिक्षा को

IV. व्यावसायिक शिक्षा का दुष्परिणाम किस रूप में सामने आता है?
(क) व्यावसायिक शिक्षा ग्रहण करने वाले छात्रों को सामान्य विषयों की जानकारी न होना
(ख) व्यावसायिक शिक्षा ग्रहण कर आत्मनिर्भर न बनना
(ग) व्यावसायिक शिक्षा द्वारा रोजगारोन्मुखी न बनना
(घ) उपरोक्त में से कोई नहीं

V. 'शिक्षा भौतिक आकांक्षा की पूर्ति का साधन बनती जा रही है' पंक्ति का क्या आशय है?
(क) शिक्षा व्यक्ति को आत्मनिर्भर बना रही है
(ख) शिक्षा मात्र धन कमाने का साधन बनती जा रही है
(ग) शिक्षा से जीवन में साधन प्राप्त किए जा रहे हैं
(घ) शिक्षा से मानवीय मूल्यों का विकास हो रहा है

गद्यांश 17

भारत की जलवायु में काफी क्षेत्रीय विविधता पाई जाती है। संपूर्ण विश्व आज जिस बड़ी समस्या से जूझ रहा है, वह है—जलवायु परिवर्तन। जलवायु परिवर्तन आज एक ऐसी विश्वस्तरीय समस्या का रूप ले चुका है, जिसके समाधान के लिए संपूर्ण विश्व को संयुक्त रूप से अंतर्राष्ट्रीय स्तर पर सतत प्रयास करने की आवश्यकता है। सामान्य मौसमी अभिवृत्तियों में किसी विशेष स्थान पर होने वाले विशिष्ट परिवर्तन को ही जलवायु परिवर्तन कहते हैं। मौसम में अचानक परिवर्तन, फसल-चक्र का परिवर्तित होना, वनस्पतियों की प्रजातियों का लुप्त होना, तापमान में वृद्धि, हिमनदों का पिघलना और समुद्र जल-स्तर में लगातार वृद्धि ऐसे सूचक हैं, जिनसे जलवायु परिवर्तन की परिघटना का पता चलता है।

हिमनदों का पिघलना जलवायु परिवर्तन का सबसे संवेदनशील सूचक माना जाता है। पृथ्वी पर हिमनदों के लगातार कम होने तथा उनके स्तर के नीचे खिसकने से समुद्र के जल-स्तर में वृद्धि हुई है। जलवायु परिवर्तन के पीछे कोई एक कारण नहीं है, किंतु वातावरण में ग्रीन हाउस गैसों की मात्रा के निरंतर बढ़ते रहने को इसका सबसे बड़ा कारण माना जाता है। पृथ्वी पर आने वाली सौर ऊर्जा की बड़ी मात्रा अवरक्त किरणों के रूप में पृथ्वी के वातावरण से बाहर चली जाती है। इस ऊर्जा की कुछ मात्रा ग्रीन हाउस गैसों द्वारा अवशोषित होकर पुन: पृथ्वी पर पहुँच जाती है, जिससे तापक्रम अनुकूल बना रहता है। ग्रीन हाउस गैसों में मीथेन, कार्बन डाइऑक्साइड, नाइट्रस ऑक्साइड

इत्यादि शामिल हैं। वातावरण में ग्रीन हाउस गैसों का होना अच्छा है, किंतु जब इनकी मात्रा बढ़ जाती है, तो तापमान में वृद्धि होने लगती है। इससे जो समस्या सामने आई है, उसे 'ग्लोबल वार्मिंग' अर्थात् 'वैश्विक तापवृद्धि' की संज्ञा दी गई है। वास्तव में, ग्लोबल वार्मिंग जलवायु परिवर्तन का ही एक रूप है।

I. निम्नलिखित में से प्रस्तुत गद्यांश का सर्वाधिक उपयुक्त शीर्षक क्या होगा?
(क) जलवायु परिवर्तन की समस्या
(ख) ग्रीन हाउस का प्रभाव
(ग) पृथ्वी का बढ़ता तापमान
(घ) हिमनदों का पिघलना

II. गद्यांश में जलवायु परिवर्तन का सबसे संवेदनशील सूचक किसे माना जाता है?
(क) तापमान में वृद्धि को (ख) मौसम में परिवर्तन को
(ग) हिमनदों के पिघलने को (घ) समुद्र जल स्तर में वृद्धि को

III. वातावरण में ग्रीन हाउस गैसों की मात्रा बढ़ जाने के फलस्वरूप किसकी समस्या उत्पन्न होती है?
(क) तापमान में वृद्धि की (ख) वैश्विक तापवृद्धि की
(ग) तापमान में कमी की (घ) वैश्विक प्रदूषण की

IV. समुद्र के जल स्तर में वृद्धि होने का एक प्रमुख कारण क्या है?
(क) फसल चक्र में परिवर्तन होना
(ख) वनस्पति प्रजातियों का लुप्त होना
(ग) हिमनदों के स्तर का नीचे खिसकना
(घ) ये सभी

V. सौर ऊर्जा की कुछ मात्रा ग्रीन हाउस गैसों द्वारा अवशोषित होकर पुनः पृथ्वी पर पहुँच जाती है, इसका तापक्रम पर क्या प्रभाव पड़ता है?
(क) तापक्रम कम हो जाता है
(ख) तापक्रम अनुकूल बना रहता है
(ग) तापक्रम बढ़ जाता है
(घ) तापक्रम में आंशिक परिवर्तन होता है

गद्यांश 18

समाज-कल्याण क्या है, इसकी पूर्ण तथा सांगोपांग परिभाषा देते समय मतभेद हो सकता है, किंतु जहाँ तक इसके सार-तत्त्व को समझने की बात है, लोगों में एक प्रकार से सामान्य सहमति मालूम पड़ती है। इसका तात्पर्य एक व्यक्तिगत सेवा से है, जो विशेष प्रकार की न होकर सामान्य प्रकार की होती है। इसका उद्देश्य किसी ऐसे व्यक्ति की सहायता करना है, जो असमर्थता की भावना से दुःखी होने पर भी अपने जीवन का सर्वोत्तम सदुपयोग करना चाहता है अथवा उन कठिनाइयों पर विजयी होना चाहता है, जो उसे पराजित कर चुकी हैं अथवा पराजय की आशंकाएँ उत्पन्न करती हैं।

समाज-कल्याण की भावना दुर्बल की सहायता करती है तथा अपरिवर्तनीय स्थितियों के साथ संबंध सुधारने या सामंजस्य स्थापित करने का प्रयत्न करती है। इसके सर्वोच्च आदर्शों का सही-सही निरूपण स्वास्थ्य-मंत्रालय के एक परिपत्र द्वारा निर्दिष्ट वाक्य में किया गया है, जिसका संबंध विकलांगों के कल्याण से है। इसके अनुसार, कल्याणकारी सेवाओं का उद्देश्य यह सुनिश्चित करना है कि "सभी विकलांग व्यक्तियों को चाहे उनकी अक्षमता कुछ भी हो, सामुदायिक जीवन में हाथ बँटाने तथा उसके विकास में योगदान देने के लिए अधिक-से-अधिक अवसर दिए जाएँगे, ताकि उनकी क्षमताओं का पूर्ण क्रियान्वयन हो सके, उनका आत्मविश्वास जाग सके तथा उनके सामाजिक संपर्क मजबूत बन सकें।"

I. प्रस्तुत गद्यांश के आधार पर बताइए कि समाज-कल्याण का उद्देश्य क्या है?
(क) ऐसे व्यक्ति की सहायता करना, जो असमर्थता के बाद भी अपने जीवन का सर्वोत्तम सदुपयोग करना चाहता है
(ख) ऐसे व्यक्ति की सहायता करना, जो उन कठिनाइयों पर विजय प्राप्त करना चाहता है, जो उसे पराजित कर चुकी हैं
(ग) (क) और (ख) दोनों
(घ) ऐसे व्यक्ति की सहायता करना, जो पूर्णतः समर्थ है

II. गद्यांश के आधार पर बताइए कि समाज-कल्याण की भावना किसकी सहायता करती है?
(क) दुर्बल व्यक्ति की (ख) सक्षम व्यक्ति की
(ग) आदर्श व्यक्ति की (घ) इनमें से कोई नहीं

III. "उनका आत्मविश्वास जाग सके तथा उनके सामाजिक संपर्क मजबूत बन सकें", वाक्य में 'उनका' शब्द किसके लिए प्रयुक्त हुआ है?
(क) केवल दृष्टिहीन व्यक्ति के लिए
(ख) केवल दुर्बल व्यक्ति के लिए
(ग) सभी विकलांग व्यक्तियों के लिए
(घ) उपरोक्त सभी

IV. स्वास्थ्य मंत्रालय ने अपने परिपत्र में समाज-कल्याण के लिए जो लक्ष्य निर्धारित किए हैं, वे हैं
(क) विकलांग व्यक्तियों को अधिक-से-अधिक अवसर देना
(ख) उनकी क्षमताओं का पूर्ण क्रियान्वयन करना
(ग) उनमें आत्मविश्वास जगाना
(घ) उपरोक्त सभी

V. गद्यांश के आधार पर समाज-कल्याण का तात्पर्य है
(क) व्यक्तिगत सेवा से (ख) अव्यक्तिगत सेवा से
(ग) निरव्यक्तिगत सेवा से (घ) ये सभी

गद्यांश 19

चरित्र का मूल भी भावों के विशेष प्रकार के संगठन में ही समझना चाहिए। लोकरक्षा और लोकरंजन की सारी व्यवस्था का ढाँचा इन्हीं पर ठहरा है। धर्म-शासन, राज-शासन, मत-शासन सबमें इनसे पूरा काम लिया गया है। इनका सदुपयोग भी हुआ है और दुरुपयोग भी। जिस प्रकार लोक-कल्याण के व्यापक उद्देश्य की सिद्धि के लिए मनुष्य के मनोविकार काम में लाए गए हैं, उसी प्रकार संप्रदाय या संस्था के संकुचित और परिमित विधान की सफलता के लिए भी। सब प्रकार के

शासन में चाहे धर्म-शासन हो, चाहे राज-शासन हो, मनुष्य-जाति से भय और लोभ से पूरा काम लिया गया है।

दंड का भय और अनुग्रह का लोभ दिखाते हुए राज-शासन तथा नरक का भय और स्वर्ग का लोभ दिखाते हुए धर्म-शासन और मत-शासन चलते आ रहे हैं। प्राय: इसके द्वारा भय और लोभ का प्रवर्तन सीमा के बाहर भी हुआ है और होता रहता है। जिस प्रकार शासक वर्ग अपनी रक्षा और स्वार्थसिद्धि के लिए भी इनसे काम लेते आए हैं, उसी प्रकार धर्म-प्रवर्तक और आचार्य अपने स्वरूप वैचित्र्य की रक्षा और अपने प्रभाव की प्रतिष्ठा के लिए भी।

शासक वर्ग अपने अन्याय और अत्याचार के विरोध की शांति के लिए भी डराते और ललचाते आए हैं। मत-प्रवर्तक अपने द्वेष और संकुचित विचारों के प्रचार के लिए भी कँपाते और डराते आए हैं। एक जाति को मूर्ति-पूजा करते देख दूसरी जाति के मत-प्रवर्तकों ने उसे पापों में गिना है। एक संप्रदाय को भस्म और रुद्राक्ष धारण करते देख दूसरे संप्रदाय के प्रचारकों ने उनके दर्शन तक को पाप माना है।

I. लोकरंजन की व्यवस्था का ढाँचा किस पर आधारित है?
(क) सामाजिक न्याय पर
(ख) मनुष्य के भावों के विशेष प्रकार के संगठन पर
(ग) धर्म व्यवस्था के मत पर
(घ) मनुष्य के समुचित क्रिया कर्म पर

II. धर्म-प्रवर्तकों ने स्वर्ग-नरक का भय और लोभ क्यों दिखाया है?
(क) धर्म के मार्ग पर चलने के लिए
(ख) अपने स्वरूप वैचित्र्य की रक्षा के लिए
(ग) अन्याय के पथ पर चल रहे लोगों को सही मार्ग दिखाने के लिए
(घ) उपरोक्त सभी

III. शासन व्यवस्था किन कारणों से भय और लालच का सहारा लेती है?
(क) अन्याय और अत्याचार के विरोध को रोकने के लिए
(ख) द्वेष और संकुचित विचारों के प्रचार को बनाए रखने के लिए
(ग) उनके द्वारा किए गए अत्याचार के विरुद्ध आवाज न उठाने के लिए
(घ) उपरोक्त सभी

IV. किसी जाति विशेष के किन कार्यों को अन्य जाति अनिष्ट कार्य मानती है?
(क) मूर्ति पूजा करना
(ख) भस्म या रुद्राक्ष धारण करना
(ग) (क) और (ख) दोनों
(घ) अन्य धर्म का सम्मान न करना

V. आपके अनुसार, प्रस्तुत गद्यांश का सर्वाधिक उपयुक्त शीर्षक क्या हो सकता है?
(क) शासन व्यवस्था और समाज
(ख) धर्म और संस्कृति
(ग) मनुष्य के मनोविकार
(घ) सामाजिक दंड विधान

गद्यांश 20

हरियाणा के पुरातत्त्व विभाग द्वारा किए गए अब तक के शोध और खुदाई के अनुसार लगभग 5500 हेक्टेयर में फैली यह राजधानी ईसा से लगभग 3300 वर्ष पूर्व मौजूद थी। इन प्रमाणों के आधार पर यह तो तय हो ही गया है कि राखीगढ़ी की स्थापना उससे भी सैकड़ों वर्ष पूर्व हो चुकी थी।

अब तक यही माना जाता रहा है कि इस समय पाकिस्तान में स्थित हड़प्पा और मोहनजोदड़ो ही सिंधुकालीन सभ्यता के मुख्य नगर थे। राखीगढ़ी गाँव में खुदाई और शोध का काम रुक-रुक कर चल रहा है। हिसार का यह गाँव दिल्ली से मात्र एक सौ पचास किलोमीटर की दूरी पर है। पहली बार यहाँ वर्ष 1963 में खुदाई हुई थी और तब से इसे सिंधु-सरस्वती सभ्यता का सबसे बड़ा नगर माना गया। उस समय के शोधार्थियों ने सप्रमाण घोषणाएँ की थीं कि यहाँ दबे नगर कभी मोहनजोदड़ो और हड़प्पा से भी बड़े रहे होंगे।

अब सभी शोध विशेषज्ञ इस बात पर सहमत हैं कि राखीगढ़ी, भारत-पाकिस्तान और अफ़गानिस्तान का आकार और आबादी की दृष्टि से सबसे बड़ा शहर था। प्राप्त विवरणों के अनुसार समुचित रूप से नियोजित इस शहर की सभी सड़कें 1.92 मीटर चौड़ी थीं। यह चौड़ाई कालीबंगा की सड़कों से भी ज्यादा है। एक ऐसा बर्तन भी मिला है, जो सोने और चाँदी की परतों से ढका है। इस स्थल पर एक 'फाउंड्री' के भी चिह्न मिले हैं, जहाँ सम्भवत: सोना ढाला जाता होगा।

इसके अलावा टैराकोटा से बनी असंख्य प्रतिमाएँ ताँबे के बर्तन और कुछ प्रतिमाएँ और एक 'फ़र्नेस' के अवशेष भी मिले हैं। मई, 2012 में 'ग्लोबल हैरिटेज फंड' ने इसे एशिया के दस ऐसे 'विरासत स्थलों' की सूची में शामिल किया है, जिनके नष्ट हो जाने का खतरा है।

राखीगढ़ी का पुरातात्त्विक महत्त्व विशिष्ट है। इस समय यह क्षेत्र पूरे विश्व के पुरातत्त्व विशेषज्ञों की रुचि और जिज्ञासा का केंद्र बना हुआ है। यहाँ बहुत से काम बाकि हैं, जो अवशेष मिले हैं, उनका समुचित अध्ययन अभी शेष है। उत्खनन का काम अब भी अधूरा है।

I. अब सिंधु-सरस्वती सभ्यता का सबसे बड़ा नगर किसे माने जाने की संभावनाएँ हैं?
(क) मोहनजोदड़ो (ख) राखीगढ़ी
(ग) हड़प्पा (घ) कालीबंगा

II. चौड़ी सड़कों से स्पष्ट होता है कि
(क) यातायात के साधन थे
(ख) अधिक आबादी थी
(ग) शहर नियोजित था
(घ) बड़ा शहर था

III. इसे एशिया के 'विरासत स्थलों' में स्थान मिला, क्योंकि
(क) नष्ट हो जाने का खतरा है
(ख) सबसे विकसित सभ्यता है
(ग) इतिहास में इसका नाम सर्वोपरि है
(घ) यहाँ विकास की तीन परतें मिली हैं

IV. पुरातत्त्व विशेषज्ञ राखीगढ़ी में विशेष रुचि ले रहे हैं, क्योंकि
(क) काफ़ी प्राचीन और बड़ी सभ्यता हो सकती है
(ख) इसका समुचित अध्ययन शेष है
(ग) उत्खनन का कार्य अभी अधूरा है (घ) इसके बारे में अभी-अभी पता लगा है

V. निम्नलिखित में से प्रस्तुत गद्यांश का सर्वाधिक उपयुक्त शीर्षक क्या होगा?
(क) राखीगढ़ी : एक सभ्यता की संभावना
(ख) सिंधु-घाटी सभ्यता
(ग) विलुप्त सरस्वती की तलाश
(घ) एक विस्तृत शहर राखीगढ़ी

गद्यांश 21

युगों-युगों से मानव इस धरती पर आसरा लिए हुए हैं। प्रत्येक युग प्रतिक्षण परिवर्तित हुआ है, इसलिए कहा गया है कि समय परिवर्तनशील है, जो आज हमारे साथ नहीं है, कल हमारे साथ होंगे और हम अपने दु:ख और असफलता से मुक्ति पा लेंगे, यह विचार ही हमें सहजता प्रदान कर सकता है। हम दूसरे की संपन्नता, ऊँचा पद और भौतिक साधनों की उपलब्धता देखकर विचलित हो जाते हैं कि यह उसके पास तो है, किंतु हमारे पास नहीं है, वह हमारे विचारों की गरीबी का प्रमाण है और यही बात अंदर विकट असहज भाव का संचालन करती है। जीवन में सहजता का भाव न होने के कारण अधिकतर लोग हमेशा ही असफल होते हैं। सहज भाव लाने के लिए हमें नियमित रूप से योगासन-प्राणायाम और ध्यान करने के साथ-साथ ईश्वर का स्मरण अवश्य करना चाहिए।

इसमें हमारे तन-मन और विचारों के विकार बाहर निकलते हैं और तभी हम सहजता के भाव का अनुभव कर सकते हैं। याद रखने की बात है कि हमारे विकार ही हमारे अंदर असहजता का भाव उत्पन्न करते हैं। ईर्ष्या-द्वेष और परनिंदा जैसे गुण हम अनजाने में ही अपना लेते हैं और अंतत: जीवन में हर पल असहज होते हैं। उससे बचने के लिए आवश्यक है कि हम अध्यात्म के प्रति अपने मन और विचारों का रुझान रखें।

I. गद्यांश के आधार पर मनुष्य की वैचारिक गरीबी को प्रकट करने वाले विचार हैं
(क) दूसरों की संपन्नता से विचलित होना
(ख) दूसरों के ऊँचे पद से विचलित होना
(ग) (क) और (ख) दोनों
(घ) योगासन से विचलित होना

II. जीवन में सहजता का भाव न होने से अधिकतर लोगों पर क्या प्रभाव पड़ता है?
(क) जीवन में सफल होते हैं
(ख) जीवन में असफल होते हैं
(ग) असफलता में मुक्ति पाते हैं
(घ) इनमें से कोई नहीं

III. गद्यांश के आधार पर स्पष्ट कीजिए कि सहज भावों को धारण करने के लिए हमें क्या करना चाहिए?
(क) योगासन-प्राणायाम (ख) ईश्वर का स्मरण
(ग) ध्यान करना (घ) ये सभी

IV. मनुष्य में असहजता का विकास कैसे होता है?
(क) अध्यात्म से (ख) विचारों से
(ग) अंदर बैठे विकारों से (घ) इनमें से कोई नहीं

V. गद्यांश के आधार पर स्पष्ट कीजिए कि यदि हम अध्यात्म के प्रति अपने मन और विचारों का रुझान रखें, तो किससे बचा जा सकता है?
(क) सहजता से (ख) असहजता से
(ग) सफलता से (घ) उपरोक्त सभी

गद्यांश 22

बाल मज़दूरी हमारे देश के लिए अक्षम्य अपराध है। देश में आज न जाने कितने बच्चे बाल मज़दूरी कर रहे हैं, क्या उन्हें हमारी तरह जीने का अधिकार नहीं है? राजेश जोशी ने बड़े ही मार्मिक तरीके से 'बाल-श्रमिक' के ऊपर करुण रस की कविता लिखी है। उनका कहना है 'बच्चे काम पर जा रहे हैं सुबह-सुबह' अर्थात् पढ़ाई-लिखाई छोड़कर बच्चे मज़दूरी करने काम पर जा रहे हैं। क्या उनके जीवन में खेल का मैदान नहीं है? क्या उनके लिए पुस्तकालय और पाठशाला नहीं हैं? इस तरह के भाव-बोध और पीड़ा-बोध से रचित राजेश जोशी की कविता आधुनिक सभ्य समाज के ऊपर एक प्रकार का व्यंग्य भी प्रस्तुत करती है।

वैश्विक स्तर पर शांति के लिए वर्ष 2014 के नोबल पुरस्कार प्राप्तकर्ता श्री कैलाश सत्यार्थी, जो 'बचपन बचाओ आंदोलन' के सृजनकर्ता माने जाते हैं, का कहना है कि "बाल-श्रमिकों की पहचान के संबंध में सबसे बड़ी समस्या उम्र का निर्धारण करना है।" उनके जागरूकता अभियान के कारण अब बहुत सीमा तक लोग जानने लगे हैं कि 14 साल के बच्चे से काम कराना एक दंडनीय अपराध है। इसमें उम्र का निर्धारण कर पाना बेहद कठिन काम है। इसमें बच्चों का शोषण करने वाले लोग उनकी उम्र-सीमा 14 वर्ष से ऊपर दिखाकर कानूनी प्रक्रिया से बंधनमुक्त हो जाया करते हैं। यदि कठोर नियम बनाकर उचित कार्यवाही की जाए, तो बाल मज़दूरी के ऊपर बहुत सीमा तक लगाम लगाई जा सकती है।

I. निम्नलिखित में से प्रस्तुत गद्यांश का सर्वाधिक उपयुक्त शीर्षक क्या होगा?
(क) नोबल पुरस्कार प्राप्त कैलाश सत्यार्थी
(ख) बालश्रम : समस्या और समाधान
(ग) पढ़ाई-लिखाई से वंचित बचपन
(घ) बालश्रम : कानूनी प्रक्रिया

II. राजेश जोशी की कविता का मूल आशय क्या है?
(क) कवि धर्म का पालन करना
(ख) बचपन का चित्रण करना
(ग) बच्चों के प्रति तत्कालीन समाज की संवेदनहीनता को व्यक्त करना
(घ) उपरोक्त सभी

III. बाल श्रमिकों की पहचान के संबंध में सबसे बड़ी समस्या किसे माना गया है?

(क) विद्यालयों की सीमित संख्या को

(ख) पढ़ाई के प्रति बच्चों की उदासीनता को

(ग) समाज में पढ़ाई को कम महत्त्व देने को

(घ) उम्र का निर्धारण करने को

IV. 'बचपन बचाओ आंदोलन' का समाज पर क्या प्रभाव पड़ा?

(क) लोग जानने लगे कि 14 वर्ष से कम आयु के बच्चों से काम कराना एक अपराध है

(ख) लोग जान गए कि शिक्षा का क्या महत्त्व है

(ग) लोग जानने लगे कि खेल भी बच्चों के लिए आवश्यक है

(घ) लोग जानने लगे कि बचपन जीवन का सर्वोत्तम समय है

V. गद्यांश के अनुसार बाल मजदूरी पर रोक कैसे लगाई जा सकती है?

(क) कठोर नियम बनाकर उचित कार्यवाही द्वारा

(ख) जागरूकता अभियान द्वारा

(ग) बच्चों को काम पर न भेजकर

(घ) बाल मजदूरी को महत्त्व न देकर

गद्यांश 23

भारत के लिए लोकतंत्र को अपनाया जाना भारत के राष्ट्रीय आंदोलन व जनता की आकांक्षाओं का स्वाभाविक परिणाम था। लोकतंत्र के मूलभूत तत्त्व को समझा नहीं गया है और इसलिए लोग समझते हैं कि सब कुछ सरकार को करना चाहिए, हमारी कोई जिम्मेदारी नहीं है।

लोगों में अपनी पहल से जिम्मेदारी उठाने और निभाने का संस्कार विकसित नहीं हो पाया है। फलस्वरूप देश की विशाल मानव शक्ति अभी ख़र्राटे लेती पड़ी है और देश की पूँजी उपयोगी बनने के बदले आज बोझ बन बैठी है, लेकिन उसे नींद से झकझोर कर जाग्रत करना है। किसी भी देश को महान बनाते हैं, उसमें रहने वाले लोग।

लेकिन अभी हमारे देश के नागरिक अपनी जिम्मेदारी से बचते रहे हैं। चाहे सड़क पर चलने की बात हो अथवा साफ़-सफ़ाई की बात हो, जहाँ-तहाँ हम लोगों को गंदगी फैलाते और बेतरतीब ढंग से वाहन चलाते देख सकते हैं। फिर चाहते हैं कि सब कुछ सरकार ठीक कर दे।

सरकार ने बहुत सारे कार्य किए हैं, इसे अस्वीकार नहीं किया जा सकता है। वैज्ञानिक प्रयोगशालाएँ खोली हैं, विशाल बाँध बनवाए हैं तथा फ़ौलाद के कारखाने खोले हैं आदि बहुत सारे काम सरकार के द्वारा हुए हैं, परंतु अभी भी करोड़ों लोगों को कार्य के प्रति प्रेरित नहीं किया जा सका है।

वास्तव में, होना तो यह चाहिए कि लोग अपनी सूझ-बूझ के साथ अपनी आंतरिक शक्ति के बल पर खड़े हों और अपने पास जो कुछ साधन-सामग्री हो उसे लेकर कुछ कार्य करना शुरू कर दें और फिर सरकार उसमें आवश्यक मदद करे।

उदाहरण के लिए, गाँव वाले बड़ी-बड़ी पंचवर्षीय योजनाएँ नहीं समझ सकेंगे, पर वे लोग यह बात जरूर समझ सकेंगे कि अपने गाँव में कहाँ कुआँ चाहिए, सिंचाई के लिए कौन-सा साधन सुलभ है और कहाँ पुल की आवश्यकता है। बाहर के लोग इन सब बातों से अनभिज्ञ होते हैं।

I. गद्यांश के आधार पर बताइए कि लोकतंत्र का मूल तत्त्व क्या है?

(क) कर्त्तव्यपालन   (ख) मानव शक्ति

(ग) आंतरिक शक्ति   (घ) उपरोक्त सभी

II. गद्यांश के आधार पर बताइए कि किसको नींद से झकझोर कर जाग्रत करने की आवश्यकता है?

(क) सरकार को

(ख) देश की विशाल मानव शक्ति को

(ग) लोकतंत्र को

(घ) इनमें से कोई नहीं

III. गद्यांश में सरकार द्वारा किए गए कौन-से कार्यों का उल्लेख किया गया है?

(क) वैज्ञानिक प्रयोगशालाएँ खुलवाई गईं

(ख) विशाल बाँध बनवाए गए

(ग) कारखाने खुलवाए गए

(घ) उपरोक्त सभी

IV. गद्यांश में लेखक द्वारा राष्ट्र के नागरिकों को क्या सुझाव दिए गए हैं?

(क) लोग अपनी समझ व आंतरिक ऊर्जा को आधार बनाएँ

(ख) जो भी साधन उपलब्ध हों, उनके आधार पर कार्य आरंभ करें

(ग) (क) और (ख) दोनों

(घ) कारखाने खोलें

V. प्रस्तुत गद्यांश में लेखक ने सरकारी व्यवस्था की किस कमी को उजागर किया है?

(क) सरकार द्वारा गाँव से जुड़ी समस्याओं के निदान में ग्रामीणों को प्रेरित न करना

(ख) पंचवर्षीय योजना को

(ग) वैज्ञानिक प्रयोगशालाओं को

(घ) उपरोक्त में से कोई नहीं

गद्यांश 24

शिक्षा किसी भी समाज की विकास प्रक्रिया का एक अभिन्न अंग है, इसलिए मानव समाज में इसे उच्च प्राथमिकता दी गई है। शिक्षा से तात्पर्य है— शक्ति को ग्रहण कर मनुष्य द्वारा सही अर्थ में अपनी क्षमताओं का उपयोग करना सीखना, अज्ञान के अंधकार से निकलकर ज्ञान के प्रकाश की ओर बढ़ना। शिक्षा द्वारा ही ज्ञान और अज्ञान के मध्य अंतर को समझकर मनुष्य सही दिशा की ओर बढ़ता है तथा सम्यक् ज्ञान के प्रकाश में जीवन का सर्वांगीण विकास कर पाता है, परंतु जब समुचित विकास का मार्ग अवरुद्ध होता प्रतीत होता है, तब ऐसा समझा जाना तर्कपूर्ण है कि प्रचलित शिक्षा प्रणाली दोषपूर्ण है।

ऐसी स्थिति में शिक्षा नीति में सुधार करना अनिवार्य हो जाता है। पाश्चात्य शिक्षा पद्धति का अनुकरण करने के कारण हम अपनी शिक्षा और संस्कृति को भूल रहे हैं और नैतिकता के पतन की ओर अग्रसर हैं।

प्राचीन भारतीय शिक्षा पद्धति की सबसे महत्त्वपूर्ण विशेषता यह मानी जाती है कि वह नीतियों से परिपूर्ण थी।

नीति अर्थात् सही दिशा-निर्देश, ये मनुष्य के ऊपर उठने का व आगे बढ़ने का सबसे बड़ा माध्यम होते हैं। शिक्षा मनुष्य का सम्यक् उत्थान करती है। नीति भी मूल रूप से शिष्ट आचरण का ही दिशा-निर्देश करती है। इस प्रकार शिक्षा और नीति का मुख्य उद्देश्य एक ही है।

I. गद्यांश के आधार पर बताइए कि समाज के विकास की प्रक्रिया का अभिन्न अंग क्या है?
(क) शिक्षा (ख) शक्ति
(ग) क्षमता (घ) इनमें से कोई नहीं

II. शिक्षा मनुष्य को किस ओर ले जाती है?
(क) अज्ञान के अंधकार से निकालकर ज्ञान के प्रकाश की ओर
(ख) ज्ञान से अज्ञान की ओर
(ग) ज्ञान से क्षमताओं की ओर
(घ) उपरोक्त में से कोई नहीं

III. गद्यांश के आधार पर बताइए कि पाश्चात्य शिक्षा पद्धति ने मनुष्य में किसे बढ़ावा दिया है?
(क) नीतियों को
(ख) अनुकरण की आदत को
(ग) पतन को
(घ) उपरोक्त में से कोई नहीं

IV. प्राचीन भारतीय शिक्षा पद्धति की विशेषता क्या है?
(क) अनुकरणीय
(ख) अज्ञान की ओर ले जाने वाली
(ग) नीतियों से परिपूर्ण
(घ) उपरोक्त में से कोई नहीं

V. प्रस्तुत गद्यांश में लेखक ने किस विषय में चर्चा की है?
(क) भारतीय शिक्षा पद्धति के विषय में
(ख) पाश्चात्य शिक्षा पद्धति के विषय में
(ग) (क) और (ख) दोनों
(घ) उपरोक्त में से कोई नहीं

गद्यांश 25

सवेरे हम अपनी मंज़िल काठमांडू की ओर बढ़े। पहाड़ी खेतों में मक्के और अरहर की फसलें लहरा रही थीं। छोटे-छोटे गाँव और परकोटे वाले घर बहुत सुंदर लग रहे थे। शाम होते-होते हम काठमांडू पहुँच गए। आज काठमांडू पर लिखते हुए अंगुलियाँ काँप रहीं हैं। वैसे ही जैसे पच्चीस अप्रैल को काठमांडू की धरती काँप उठी थी। न्यूज चैनल जब धरहरा स्तंभ को भरभराकर गिरते दिखा रहे थे, मेरा मन बैठा जा रहा था। क्या हुआ होगा धरहरा के इर्दगिर्द फेरी लगाकर सामान बेचने वालों का और उस बाँसुरी वादक का जिसके सुरों ने मन मोह लिया था? और वे पर्यटक जो धरहरा के सौंदर्य में बिंधे उसका सौंदर्य निहारते। सब कुछ जानते हुए भी मन यही कह रहा है कि सब ठीक हो।

रात को हम बाज़ार गए। बाज़ार इलेक्ट्रॉनिक सामानों से अटा पड़ा था और दुकानों की मालकिनें मुस्तैदी से सामान बेच रही थीं। हमारे हिमालयी क्षेत्रों की तरह यहाँ भी अर्थव्यवस्था का आधार औरतें हैं। क्योंकि पहाड़ों पर पर्याप्त ज़मीन नहीं होती और रोज़गार के साधन भी बहुत नहीं होते, सो घर के पुरुष नीचे मैदानी इलाकों में कमाने जाते हैं और घर परिवार की सारी ज़िम्मेदारी महिलाएँ उठाती हैं। यहाँ गाँव की महिलाएँ खेती और शहर की महिलाएँ व्यवसाय सँभालती हैं। मैंने देखा वे बड़ी कुशलता से व्यावसायिक दाँव-पेंच अपना रही थीं। हम पोखरा होते हुए लौट रहे थे।

रास्ते भर हिमाच्छादित चोटियाँ आँख मिचौली खेलती रहीं। राह में अनेक छोटे-बड़े नगर-गाँव और कस्बे आते रहे। नेपाली औरतें घरों में काम करती नज़र आ रही थीं। मक्का कटकर घर आ चुकी थी। उसके गुच्छे घर के बाहर खूँटियों के सहारे लटके नज़र आ रहे थे। अब हम काली नदी के साथ-साथ चल रहे थे।

I. काठमांडू पर लिखने के लिए लेखक की अँगुलियाँ क्यों काँप रही थीं?
(क) नेपाल में आया भूकंप याद आ गया
(ख) आतंकवादी हमले की आशंका थी
(ग) लेखक के हाथ में चोट थी
(ग) धरहरा स्तंभ अब कभी नहीं देख पाएगा

II. लेखक दु:खी और हताश क्यों था?
(क) धरहरा स्तंभ भूकंप में तहस-नहस हो गया था
(ख) न्यूज चैनल जब धरहरा स्तंभ दिखा रहे थे
(ग) लग रहा था जीवन क्षणभंगुर है
(घ) प्राकृतिक आपदा कहीं भी आ सकती है

III. फेरीवाले और बाँसुरी वादक के लिए लेखक क्यों दु:खी है?
(क) भूकंप में वे नहीं बचे होंगे
(ख) उनका काम-धंधा ठप्प हो गया होगा
(ग) उनकी मुलाकात को कुछ समय ही हुआ था
(घ) उनसे अच्छी दोस्ती हो गई थी

IV. नेपाल में अर्थव्यवस्था का आधार औरतें क्यों हैं?
(क) पुरुष रोज़गार के लिए बाहर जाकर काम करते हैं
(ख) महिलाएँ ज़्यादा ज़िम्मेदार होती हैं
(ग) महिलाएँ पुरुषों पर कम विश्वास करती हैं
(घ) महिलाएँ मोल-भाव अच्छी तरह करती हैं

V. गद्यांश के लिए उपयुक्त शीर्षक होगा
(क) काठमांडू की यात्रा
(ख) पर्यटन और नेपाल
(ग) बाज़ार सँभालती नेपाली औरतें
(घ) भूकंप के बाद का शहर

व्याख्या सहित उत्तर

1. I. *(ख)* **व्यक्तित्व को निखारकर जीवन को आमोद-प्रमोद से परिपूर्ण करता है** गद्यांश के अनुसार, भारत के प्राचीन विद्वानों ने अच्छा नागरिक बनने के लिए कुछ नियम बनाए हैं। यदि कोई व्यक्ति इन नियमों को अपनाता है, तो उसके व्यक्तित्व में एक निखार आ जाता है और उसका जीवन सुखपूर्वक व्यतीत होता है।

II. *(घ)* **समाज में हार्दिक सद्भाव की वृद्धि और सुख की प्रतिष्ठा होती है** गद्यांश के अनुसार, वाणी तथा व्यवहार की मधुरता सभी के लिए सुखदायक होती है, क्योंकि इससे समाज में अच्छी भावना का विकास होता है और सुख की स्थापना होती है अर्थात् सभी खुशी से रहते हैं।

III. *(क)* **अशिष्ट वाणी और व्यवहार का** गद्यांश के अनुसार, जो व्यक्ति अहंकारी होते हैं और सदा घमंड से भरे रहते हैं उनका व्यवहार किसी के प्रति अच्छा नहीं होता और उनकी वाणी में भी शिष्टाचार नहीं झलकता।

IV. *(ग)* **आंतरिक व बाहरी संघर्ष से रहित संपूर्ण सामाजिकता की अनुभूति से परिपूर्ण व्यक्तित्व** गद्यांश के अनुसार, संतुलित व्यक्तित्व वाला व्यक्ति वह होता है, जिसके अंदर सामाजिकता होती है और उसके मन में आंतरिक व बाहरी संघर्ष नहीं होता अर्थात् उसके मन में सभी के प्रति सहिष्णुता का भाव होता है।

V. *(घ)* **समाज एवं देश में शांति व्यवस्था बनी रहेगी** गद्यांश के अनुसार, समाज एवं देश में शांति की व्यवस्था बनाए रखने के लिए धार्मिक सहिष्णुता का होना आवश्यक है। धार्मिक सहिष्णुता से तात्पर्य सभी धर्मों के प्रति मन में आदर की भावना रखने से है।

2. I. *(ख)* **प्रत्येक काम को महत्त्व देकर गहराई से समझें** गद्यांश के अनुसार, प्रत्येक काम में हमें विशालता के चिह्न खोजने चाहिए। तात्पर्य यह है कि व्यक्ति को बड़ा काम करने के लिए किसी बड़े या महान् काम को करने की जरूरत नहीं होती, बल्कि उसे प्रत्येक काम को महत्त्वपूर्ण समझकर तथा जिज्ञासा के साथ करना चाहिए।

II. *(क)* ***विद्यमानता*** 'अस्तित्व' शब्द का अर्थ 'विद्यमानता' अर्थात् 'उपस्थित होना' होता है।

III. *(ख)* **हमारे शारीरिक, मानसिक, चारित्रिक व राष्ट्रीय विकास के लिए है** नवीनता की यात्रा करने से हम परंपरागत प्रणालियों से विमुख हो रहे हैं। कहने का आशय यह है कि अपने कार्यों, आचारों-विचारों में नवीनता लाने के लिए हम अपनी शारीरिक, मानसिक व चारित्रिक योग्यताओं से भी हटते जा रहे हैं, जो कि गलत है। अतः नवीनता की आवश्यकता हमारे शारीरिक, मानसिक, चारित्रिक उत्थान तथा राष्ट्र के विकास के लिए होनी चाहिए।

IV. *(ग)* **अंतर्मन में सदैव जिज्ञासा** गद्यांश के अनुसार, आज के समय में व्यक्ति एक ही विचारों व परंपराओं का अनुसरण करता आ रहा है, जिसमें न तो कोई विभिन्नता है और न ही कोई नवीनता। वह उस परंपरा से हटकर सोचना ही नहीं चाहता। अतः हमें अपने मन में सदैव जिज्ञासा को बढ़ाते हुए कुछ नया करने के बारे में अर्थात् परंपरा से हटकर सोचना चाहिए।

V. *(ख)* **शारीरिक व मानसिक रूप से क्रियाशील रखती है** गद्यांश के अनुसार, एक बार अपने साक्षात्कार में अल्बर्ट आइंस्टीन ने कहा था कि हमारी जिज्ञासा अर्थात् हर चीज को जानने, समझने व परखने की इच्छा ही हमारे अस्तित्व का आधार है। यह जिज्ञासा ही हमारे शरीर व मन-मस्तिष्क को हमेशा सक्रिय रखती है।

3. I. *(घ)* **पथ-प्रशस्त कर मूल्यों का समावेशन करके कला भाव जगाता है** गद्यांश के अनुसार, साहित्य की श्रेष्ठता मात्र उसका आकर्षण नहीं है, बल्कि उसमें जीवन-मूल्यों का निहित होना तथा व्यक्ति के विकास के लिए पथ-प्रदर्शक बन उसमें कलात्मक अभिव्यक्तियों को जाग्रत करना है।

II. *(ग)* **नवाचार व मूल्यों को आत्मसात् कर आगे बढ़ना** गद्यांश के अनुसार, पुराने साहित्य का वह भाग ही ग्रहण करने योग्य होता है, जो नवीन जीवन-मूल्यों के विकास में सक्रिय सहयोग करता है अर्थात् जिनसे मनुष्य नए आचार-विचारों व मूल्यों को सीखकर सफलता की ओर कदम बढ़ा सके।

III. *(ग)* **लोक कल्याणकारी, स्थायी एवं प्रेरणाप्रद साहित्य होने की दशा में** यदि किसी साहित्य में स्थायी रूप से समाज के लिए कल्याणकारी तथा प्रेरणा देने के गुणों का स्थायी समावेश होता है, तो वह अपने रचनाकाल के सौ वर्ष पश्चात् भी प्रासंगिक बना रहता है अर्थात् वह आज भी उतना ही महत्त्वपूर्ण साहित्य माना जाता है, जितना सौ वर्ष पहले था।

IV. *(ग)* **समाज के प्रति वचनबद्धता का अभाव** गद्यांश के अनुसार, कुछ लोगों का मानना है कि साहित्यकार निरपेक्ष होता है अर्थात् वह किसी अपेक्षा के बोझ के नीचे दबा नहीं होता, जिससे उस पर अपने साहित्य में जीवन-मूल्यों को इंगित करने का दबाव बनाया जा सके। लेकिन लेखक की नजरों में ऐसा नहीं है, उसके अनुसार, ऐसे साहित्य में समाज के प्रति वचनबद्धता का अभाव होता है। साहित्य का निर्माण मानव-मूल्यों को ध्यान में रखकर किया जाना चाहिए।

V. *(ख)* **मानव का जीवन-तत्पुरुष समास** 'मानवजीवन' का समास-विग्रह होगा—मानव का जीवन।

यहाँ प्रथम पद व पूर्व पद के बीच में संबंध कारक की विभक्ति 'का' का लोप होने के कारण तत्पुरुष समास है।

4. I. *(ग)* **धरती का नामो-निशान मिट जाएगा** गद्यांश के अनुसार नैनो तकनीक के वजूद में आने का परिणाम यह होगा कि इससे धरती का नामो-निशान मिट जाएगा अर्थात् धरती के अस्तित्व पर खतरा उत्पन्न हो जाएगा।

II. *(क)* **यह तकनीक संपूर्ण मानव जाति के लिए हानिकारक सिद्ध हो सकती है** नैनो तकनीक के विरोधी द्वारा इसे मिस्र के पिरामिडों में सोई ममियों से भी ज्यादा अभिशप्त इसलिए माना गया, क्योंकि यह तकनीक संपूर्ण मानव जाति के लिए हानिकारक सिद्ध हो सकती है।

III. *(ग)* **(क) और (ख)** दोनों मानव औजारों का निर्माण करके तथा औद्योगिक क्रांति करके प्रकृति का नियंत्रक बन गया। अतः विकल्प (ग) सही उत्तर है।

IV. *(ख)* **परमाणु और अणुओं को मूलभूत इकाई मानकर इच्छानुसार उत्पाद तैयार करना** गद्यांश के अनुसार नैनो तकनीक परमाणु और अणुओं को मूलभूत इकाई मानकर इच्छानुसार उत्पाद तैयार करना है।

V. *(क)* **यह ऐसी तकनीक है, जो मनुष्य की सोच की सीमा बढ़ा देगी** गद्यांश के अनुसार नैनो तकनीक के महत्त्व के बारे में यह कथन सही है कि यह ऐसी तकनीक है, जो मनुष्य की सोच की सीमा बढ़ा देगी। जबकि अन्य तीनों विकल्प नैनो तकनीक के महत्त्व के संबंध में गलत हैं।

5. I. *(ख)* **धन प्राप्ति के साधन के रूप में** पहले वर्ग के लोग काम को केवल धन प्राप्ति के साधन के रूप में देखते हैं। वे काम कम तथा धन को अधिक महत्त्व देते हैं।

II. *(ग)* **क्योंकि वे अपने काम से अधिक एकनिष्ठता के साथ समर्पित हो सकें** दूसरे वर्ग के लोग धन इसलिए कमाना चाहते हैं, क्योंकि वे अपने काम से अधिक एकनिष्ठता के साथ समर्पित हो सकें। ये लोग काम को पूजा मानते हैं तथा उसे महत्त्व देते हैं।

III. *(क)* **जो काम की तुलना में धन को प्राथमिकता देते हैं** काम करना उनके लिए घृणित है, जो काम की तुलना में धन को प्राथमिकता देते हैं। ऐसे लोग काम को काम न समझकर उसे बोझ समझते हैं और धन कमाने को प्रमुखता प्रदान करते हैं।

IV. *(घ)* **वे काम से छुटकारा पाना चाहते हैं** दूसरे वर्ग के लोगों के विषय में यह कथन सही नहीं है कि वे काम से छुटकारा पाना चाहते हैं, क्योंकि ये लोग काम से छुटकारा नहीं पाना चाहते, बल्कि काम को आनंद के साथ करते हैं। अतः विकल्प (घ) सही उत्तर है।

V. *(घ)* **ये सभी** प्रस्तुत गद्यांश के अनुसार काम के प्रति समर्पित लोगों के वर्ग में कलाकार, विद्वान, वैज्ञानिक, परंपरागत कारीगर, कुशल मिस्त्री और इंजीनियर लोग आते हैं, क्योंकि इन वर्गों के लोग वस्तुओं को बनाने और सीखने में रुचि लेते हैं।

6. I. *(क)* **क्योंकि कंप्यूटर के बिना जीवन की कल्पना असंभव सी हो गई है** गद्यांश के आधार पर कह सकते हैं कि वर्तमान युग कंप्यूटर का युग है, क्योंकि कंप्यूटर के बिना जीवन की कल्पना करना असंभव सा हो गया है। इसके बिना दुनिया अधूरी जान पड़ती है।

II. *(ख)* **कंप्यूटर कई मानवीय भूलों को निर्णायक रूप से सुधार देता है** गद्यांश में स्पष्ट किया गया है कि हड़बड़ी में होने वाली मानवीय भूलों के लिए यह कंप्यूटर रामबाण औषधि है। अतः कंप्यूटर के महत्त्व के विषय में यह कथन सही है कि कंप्यूटर कई मानवीय भूलों को निर्णायक रूप से सुधार देता है।

III. *(ख)* **अनियंत्रित गति को सुव्यवस्था देने की** गद्यांश के अनुसार, अनियंत्रित गति को सुव्यवस्था देने की आवश्यकता ने कंप्यूटर में अपना निदान ढूँढ लिया है।

IV. *(ख)* **गलतियाँ होने के डर से कर्मचारी घबराए हुए रहते थे** कंप्यूटर के प्रयोग से पहले अधिक तनाव इसलिए होता था, क्योंकि पहले इन पर काम करने वाले कर्मचारी हड़बड़ाकर काम करते थे, एक भूल से घबराकर और अधिक गड़बड़ी करते थे। इसके परिणामस्वरूप काम कम और तनाव अधिक होता था।

V. (क) **सारी व्यवस्था, उपकरण और मशीनें कंप्यूटरीकृत हैं** कंप्यूटर के बिना आज की दुनिया अधूरी इसलिए है, क्योंकि वर्तमान समय में सारी व्यवस्था, उपकरण और मशीनें कंप्यूटरीकृत हो गई हैं।

7. I. *(ग)* **पाठक, जो सपनों की दुनिया में रहना चाहता है** गद्यांश में शुतुरमुर्ग की संज्ञा 'पाठक, जो सपनों की दुनिया में रहना चाहता है' को दी गई है। ऐसे लोग रूढ़िवादी होते हैं।

II. *(ग)* **आधुनिक होने की प्रक्रिया सदा से मानव सभ्यता का अंग रही है** गद्यांश के अनुसार आधुनिकता की दिशा में सुयोजित प्रयास इसलिए होने चाहिए, क्योंकि आधुनिकता होने की प्रक्रिया सदा से ही मानव सभ्यता का अंग रही है।

III. (क) **लोग तुरंत व अधिक-से-अधिक लाभ कमाना चाहते हैं** 'नकद फसल के लिए बढ़ता हुआ पागलपन' से तात्पर्य यह है कि लोग तुरंत व अधिक-से-अधिक लाभ कमाना चाहते हैं।

IV. *(ख)* **साहित्य को संसार को यथावत समझना चाहिए** गद्यांश की आरंभिक पंक्तियों से स्पष्ट होता है कि पाठक साहित्य से आमतौर पर यह अपेक्षा रखते हैं कि साहित्य को संसार को यथावत समझना चाहिए।

V. *(क)* **लोगों को यथार्थ से अवगत करा बदलाव लाने के लिए** लेखक के अनुसार साहित्य लोगों को यथार्थ से अवगत करा बदलाव लाने के लिए कार्य करने हेतु प्रेरित करता है ताकि मनुष्य जागरूक बन सके।

8. I. *(ग)* **लोभ के कारण** मनुष्य ने आदर्शों को मज़ाक का विषय लोभ के कारण बना दिया है। अपने लोभ के कारण मनुष्य अपने आदर्शों को ताक पर रख देता है।

II. *(ग)* **भले लोगों के लिए कानून नहीं चाहिए और बुरे लोग इसकी परवाह नहीं करते हैं** गद्यांश के अनुसार, धर्म एवं कानून के संदर्भ में भारत के विषय में कथन सबसे अधिक सही है कि भले लोगों के लिए कानून नहीं चाहिए और बुरे लोग इसकी परवाह नहीं करते हैं।

III. *(ख)* **जीवन में उन्नति के बड़े पैमाने के कारण कहीं छिप से गए हैं** भारतवर्ष में सेवा और सच्चाई के मूल्य जीवन को उन्नति के बड़े पैमाने के कारण कहीं छिप गए हैं।

IV. *(क)* **धर्म, कानून से बड़ी चीज़ है** गद्यांश के आधार पर कह सकते हैं कि भारतवर्ष का बड़ा वर्ग आज बाहर-भीतर कदाचित यह अनुभव कर रहा है कि धर्म, कानून से बड़ी चीज है।

V. (क) **उन्नति के संदर्भ में जीवन मूल्यों की प्रासंगिकता** प्रस्तुत गद्यांश का सर्वाधिक उपयुक्त शीर्षक 'उन्नति के संदर्भ में जीवन मूल्यों की प्रांसगिता' होगा, क्योंकि गद्यांश में स्पष्ट किया गया है कि वर्तमान समय में उन्नति के लिए जीवन मूल्य बहुत आवश्यक हैं।

9. I. *(क)* **निजता** 'प्राइवेसी' मूलतः अंग्रेज़ी भाषा का शब्द है जिसका अर्थ है–निजता।

II. *(घ)* **आस-पड़ोस का हस्तक्षेप पसंद न करना** उपरोक्त गद्यांश के अनुसार, आपस में मिल-जुलकर रहना, एक-दूसरे के दुःख-सुख में साथ देना और आपस में कुछ भी न छिपाना मुहल्लेदारी के लक्षण हैं।

III. *(क)* **अलगाव और अकेलापन** प्रस्तुत गद्यांश में स्पष्ट रूप से कहा गया है कि प्राइवेसी के नाम पर हम एक-दूसरे से कटते रहे और कटते-कटते ऐसे अलग हुए कि अकेले पड़ गए अर्थात् आज के व्यक्ति को प्राइवेसी के नाम पर अलगाव और अकेलापन ही मिला है।

IV. *(क)* **उपेक्षा करना** 'ताक पर रखना' एक मुहावरा है, जिसका अर्थ है–उपेक्षा करना।

वाक्य-प्रयोग का उदाहरण–खिलाड़ियों ने अनुशासन का ध्यान न रखते हुए सारे नियमों को ताक पर रख दिया।

V. *(क)* **बदलते समय में संबंधों का ह्रास** प्रस्तुत गद्यांश का केंद्रीय विषय संबंधों में आए परिवर्तन को उजागर करना है। इसलिए बदलते समय में संबंधों का ह्रास ही इस गद्यांश का उपयुक्त शीर्षक है।

10. I. *(ख)* **जन्मजात वैभवशाली एवं सुविधासंपन्न व्यक्ति थे** नेहरू के विषय में देशवासियों की धारणा थी कि उन्होंने कभी धन का अभाव जाना ही नहीं। वह जन्मजात वैभवशाली एवं सुविधा- संपन्न व्यक्ति थे।

II. *(घ)* **वैभवपूर्ण जीवन** देश की आज़ादी के लिए नेहरू ने उस वैभवपूर्ण जीवन का भोग नहीं किया, जो उन्हें जन्मजात मिला था।

III. *(घ)* **नौ वर्ष तक जेल में रहकर अमर** कृतियों की रचना विभिन्न व्यक्तिगत और देशव्यापी समस्याओं से जूझते हुए भी उनका अमूल्य योगदान साहित्य के क्षेत्र में था। उन्होंने जेल की नौ वर्ष की यातना-भरी अवधि में ही विश्व साहित्य की अमर कृतियों की रचना की।

IV. *(ग)* **मिश्र** प्रस्तुत वाक्य मिश्र वाक्य है, क्योंकि प्रधान उपवाक्य और आश्रित उपवाक्य को 'किंतु' व्याधिकरण समुच्चयबोधक से जोड़ा गया है।

V. *(ग)* **देश की आजादी में नेहरू का योगदान** प्रस्तुत गद्यांश के केंद्र में नेहरू जी के विषय में देश की आज़ादी में उनकी भूमिका के विषय में बताया गया है।

11. I. *(ग)* **(क) और (ख) दोनों** गद्यांश के अनुसार महापुरुष प्रायः मध्यवर्ग के घरों या गरीब परिवार में जन्म लेते हैं। ऐसे व्यक्ति संपन्न परिवार में बहुत कम पैदा होते हैं।

II. *(घ)* **ये सभी** विनय, साहस, उदारता, कष्ट सहिष्णुता, साहस आदि गुण मनुष्य को अहंकारहीन बनाते हैं। इन गुणों का प्रभाव व्यक्ति के जीवन पर पड़ता है।

III. *(ग)* **कठिन-से-कठिन परिस्थितियों में भी धैर्य न छोड़ना** गद्यांश में स्पष्ट रूप से कहा गया है कि जीवन को सरल और सादा बनाने के लिए हमें

कठिन-से-कठिन परिस्थितियों में भी धैर्य नहीं छोड़ना चाहिए व अपनी आवश्यकताओं को न्यूनतम रखना चाहिए।

IV. *(ग)* **उसके विचारों और करनी से** गद्यांश के अनुसार सच्चे व्यक्ति की पहचान उसके विचारों और करनी से होती है। इसलिए हमें सादा जीवन व्यतीत करना चाहिए और अपने विचारों को उच्च रखना चाहिए।

V. *(क)* **सादा जीवन उच्च विचार** प्रस्तुत गद्यांश का सर्वाधिक उचित शीर्षक 'सादा जीवन उच्च विचार' हो सकता है, क्योंकि यहाँ सरल जीवन-शैली अपनाने तथा विचार की उच्चता पर बल दिया गया है।

12. I. *(घ)* **(ख) और (ग) दोनों** गद्यांश के अनुसार, व्यक्ति को सुमतिसंपन्न बनाने में महत्त्वपूर्ण भूमिका उसकी शिक्षा एवं समाजीकरण निभाता है। इस प्रकार स्पष्ट है कि कुशल बुद्धि के निर्माण में शिक्षा और समाजीकरण का महत्त्वपूर्ण योगदान है।

II. *(घ)* **उपरोक्त सभी** गद्यांश में बताया गया है कि शिक्षा व्यक्ति में चारित्रिक गुणों का विकास करके, समाज के अन्य व्यक्तियों के प्रति सद्भावना विकसित करके तथा समाज के प्रति आदर सम्मान की भावना विकसित करके समाज एवं राष्ट्र (देश) की प्रगति में सहयोग करती है।

III. *(ग)* **शिक्षा के** गद्यांश के अनुसार, शिक्षा व्यक्ति को विनम्रता एवं शालीनता का पाठ पढ़ाती है और उसे स्वावलंबी बनाती है। इस प्रकार कह सकते हैं कि शिक्षा के माध्यम से मनुष्य स्वावलंबी बनता है।

IV. *(ग)* **जब उसमें सद्विवेक उत्पन्न होता है** गद्यांश में स्पष्टतः बताया गया है कि जब मनुष्य में सद्विवेक उत्पन्न होगा तब वह एक-दूसरे से ईर्ष्या एवं द्वेष करना छोड़ देगा। जातीयता, सांप्रदायिकता, प्रांतीयता की संकीर्ण मान्यताओं को अस्वीकार कर सकेगा।

V. *(ग)* **बौद्धिकतापूर्ण मानवता की पुनर्स्थापना** गद्यांश का सर्वाधिक उपयुक्त शीर्षक बौद्धिकतापूर्ण मानवता की पुनर्स्थापना होगा, क्योंकि इसमें इस तथ्य पर प्रकाश डाला गया है कि विवेकपूर्ण मानव को दोबारा स्थापित किया जाए।

13. I. (क) **हिंदी के माध्यम से अपनी पहचान बनाना** गद्यांश की आरंभिक पंक्तियों में स्पष्ट किया गया है कि सिनेमा जगत के अनेक नायक-नायिकाओं, गीतकारों, कहानीकारों और निर्देशकों को हिंदी के माध्यम से पहचान मिली। इसी कारण गैर-हिंदी भाषी कलाकार भी हिंदी की ओर आए।

II. *(ग)* **हिंदी साधारण भारतीय की जीवन-शैली बन गई** गद्यांश के आधार पर कह सकते हैं कि टी.वी. ने हिंदी के प्रचार-प्रसार में महत्त्वपूर्ण भूमिका निभाई है। विभिन्न हिंदी धारावाहिकों ने आम जनता के घरों में अपना मुकाम हासिल किया, जिससे हिंदी साधारण भारतीय की जीवन-शैली बन गई।

III. *(ग)* **सदी के महानायक की** गद्यांश के अनुसार, सदी के महानायक अभिताभ बच्चन की हिंदी ने दर्शक वर्ग को सर्वाधिक प्रभावित किया। इस कारण हिंदी हर दिल की धड़कन और धड़कन की भाषा बन गई।

IV. *(ख)* **हिंदी भाषा की गुणवत्ता एवं उपयोगिता** प्रस्तुत गद्यांश का सर्वाधिक उपयुक्त शीर्षक 'हिंदी भाषा की गुणवत्ता एवं उपयोगिता' होगा, क्योंकि इसमें हिंदी भाषा के गुणों; जैसे-सरल, सहजता, प्रवाहमय तथा उसके उपयोग पर बल दिया गया है।

V. *(घ)* **उपरोक्त सभी** गद्यांश से स्पष्ट होता है कि गैर-हिंदी क्षेत्रों के कलाकारों द्वारा हिंदी को अपनाना, गैर-हिंदी राज्यों के कलाकारों द्वारा हिंदी को अपनी पहचान के रूप में चुनना तथा डिस्कवरी चैनल का हिंदी में अनुवाद होना, ये सभी हिंदी की संप्रेषणीयता के प्रमाण हैं।

14. I. *(घ)* **उपरोक्त सभी** गद्यांश के अनुसार, देश के हित के लिए संपर्क भाषा आवश्यक है, क्योंकि यह देश की एकता व अखंडता को बनाए रखती है, एक-दूसरे को समझने में सहायक है तथा अपने विचार प्रकट करने का माध्यम है। इस प्रकार सभी विकल्प सही हैं।

II. *(ग)* **पारस्परिक संबंधों के गतिरोध की समाप्ति** गद्यांश में स्पष्टतः कहा गया है कि यदि राष्ट्र की एक संपर्क भाषा का विकास हो जाए तो पारस्परिक संबंधों के गतिरोध बहुत सीमा तक समाप्त हो सकते हैं।

III. *(घ)* **भाषा** गद्यांश के अनुसार, भाषा ही एक ऐसा साधन है, जिससे मनुष्य एक-दूसरे के निकट जा सकते हैं एवं उनमें परस्पर घनिष्ठता स्थापित हो सकती है। इस प्रकार स्पष्ट है कि मनुष्य को परस्पर जोड़ने का कार्य भाषा करती है।

IV. *(ख)* **भाषा बहता नीर कहकर** गद्यांश में स्पष्टतः कहा गया है कि कबीर ने भाषा को बहता नीर कहकर भाषा की गरिमा प्रतिपादित की थी, लेकिन उनका लक्ष्य शब्दरूपी भाषा के महत्त्व को नकारना नहीं था।

V. *(ग)* **भाषा की उपयोगिता** प्रस्तुत गद्यांश का सर्वाधिक उपयुक्त शीर्षक 'भाषा की उपयोगिता' होगा, क्योंकि इसमें भाषा के उपयोग पर प्रकाश डालते हुए उसका महत्त्व स्वीकार किया गया है।

15. I. *(ख)* **अहंकार का प्रदर्शन** गद्यांश की आरंभिक पंक्तियों से स्पष्ट होता है कि फिजूलखर्ची को सूक्ष्म दृष्टि से अहंकार का प्रदर्शन करना कहा गया है।

II. *(घ)* **उपरोक्त सभी** गद्यांश में स्पष्ट रूप से कहा गया है कि अहंकारी लोग बाहर से भले ही गंभीरता का आवरण ओढ़ लें, लेकिन भीतर से वे उथलेपन से भरे होते हैं, वे सतही मानसिकता रखते हैं और किसी भी प्रकार से अपने अहं का प्रदर्शन करना चाहते हैं। इस प्रकार, सभी विकल्प सही हैं।

III. *(ख)* **समुद्र तट की लहरों से** लेखक ने मानव मन में उद्वेलित होने वाली भावनाओं की तुलना समुद्र तट की लहरों से की है। जिस प्रकार समुद्र की लहरें आते-जाते समय चट्टानों के पत्थरों को भिगोकर चली जाती हैं, उसी प्रकार हमारे भीतर आवेगों की लहरें भी हमें टक्कर देती रहती हैं।

IV. *(ग)* **(क) और (ख) दोनों** जीसस के अनुसार, मनुष्य को भीतर से अंतिम यानी विनम्र और निरहंकारी होना चाहिए।

V. *(क)* **अहंकार : एक बड़ा अवगुण** प्रस्तुत गद्यांश का सर्वाधिक उपयुक्त शीर्षक 'अहंकार : एक बड़ा अवगुण' होगा, क्योंकि यहाँ अहंकार के कारण होने वाली हानि पर प्रकाश डालते हुए उसे मनुष्य के लिए अनुपयुक्त माना है।

16. I. *(ख)* **शिक्षा का महत्त्व** प्रस्तुत गद्यांश का सर्वाधिक उपयुक्त शीर्षक 'शिक्षा का महत्त्व' होगा, क्योंकि इसमें शिक्षा की उपयोगिता एवं उसके महत्त्व पर प्रकाश डाला गया है।

II. *(ख)* **विभिन्न प्रकार की पुस्तकों के अध्ययन से** गद्यांश में स्पष्ट किया गया है कि इतिहास, साहित्य, राजनीतिशास्त्र, समाजशास्त्र, दर्शनशास्त्र आदि की विभिन्न प्रकार की पुस्तकों को पढ़कर विद्यार्थी विद्वान ही नहीं बनता, बल्कि उसमें एक विशिष्ट जीवन-दृष्टि का निर्माण भी होता है।

III. *(ग)* **व्यावसायिक शिक्षा को** गद्यांश के आधार पर कह सकते हैं कि व्यावसायिक शिक्षा को शिक्षा के प्रति संकुचित दृष्टिकोण माना जाता है, क्योंकि व्यावसायिक शिक्षा प्राप्त करने वाले विद्यार्थी सैद्धांतिक शिक्षा से दूर होते जा रहे हैं।

IV. *(क)* **व्यावसायिक शिक्षा ग्रहण करने वाले छात्रों को सामान्य विषयों की जानकारी न होना** गद्यांश के अनुसार, व्यावसायिक शिक्षा का दुष्परिणाम इस रूप में सामने आता है कि व्यावसायिक शिक्षा ग्रहण करने वाले छात्रों को सामान्य विषयों की जानकारी भी नहीं होती है। वे केवल रोजगार प्रदान करने वाली शिक्षा पर ही ध्यान देते हैं।

V. *(ख)* **शिक्षा मात्र धन कमाने का साधन बनती जा रही है** 'शिक्षा भौतिक आकांक्षा की पूर्ति का साधन बनती जा रही है' पंक्ति का आशय यह है कि शिक्षा मात्र धन कमाने का साधन बनती जा रही है।

17. I. *(क)* **जलवायु परिवर्तन की समस्या** प्रस्तुत गद्यांश में जलवायु परिवर्तन के कारण होने वाली समस्याओं पर प्रकाश डाला गया है। अतः इसका सर्वाधिक उपयुक्त शीर्षक 'जलवायु परिवर्तन की समस्या' होगा।

II. *(ग)* **हिमनदों के पिघलने को** गद्यांश में स्पष्ट रूप से बताया गया है कि हिमनदों का पिघलना जलवायु परिवर्तन का सबसे संवेदनशील सूचक माना जाता है।

III. *(ख)* **वैश्विक तापवृद्धि की** गद्यांश के अनुसार वातावरण में ग्रीन हाउस गैसों का होना अच्छा है, किंतु जब इनकी मात्रा बढ़ जाती है, तो तापमान में वृद्धि होने लगती है, जिसके कारण ग्लोबल वार्मिंग अर्थात् वैश्विक तापमान की समस्या उत्पन्न होती है।

IV. *(ग)* **हिमनदों के स्तर का नीचे खिसकना** गद्यांश में स्पष्ट रूप से कहा गया है कि पृथ्वी पर हिमनदों के लगातार कम होने तथा उनके स्तर के नीचे खिसकने से समुद्र के जल-स्तर में वृद्धि हुई है।

V. *(ख)* **तापक्रम अनुकूल बना रहता है** गद्यांश के आधार पर कह सकते हैं कि सौर ऊर्जा की कुछ मात्रा ग्रीन हाउस गैसों द्वारा अवशोषित होकर पुनः पृथ्वी पर पहुँच जाती है, जिससे तापक्रम अनुकूल बना रहता है।

18 I. *(ग)* **(क) और (ख) दोनों** समाज-कल्याण का उद्देश्य ऐसे व्यक्ति की सहायता करना है, जो असमर्थता की भावना से दुःखी होने पर भी अपने जीवन का सर्वोत्तम सदुपयोग करना चाहता है अथवा उन कठिनाइयों पर विजयी होना चाहता है, जो उसे पराजित कर चुकी हैं।

II. *(क)* **दुर्बल व्यक्ति की** गद्यांश में स्पष्ट रूप से बताया गया है कि समाज-कल्याण की भावना समाज के सबसे दुर्बल व्यक्ति की सहायता करती है।

III. *(ग)* **सभी विकलांग व्यक्तियों के लिए** ''उनका आत्मविश्वास जाग सके तथा उनके सामाजिक संपर्क मजबूत बन सकें'' वाक्य में 'उनका' शब्द सभी विकलांग व्यक्तियों के लिए प्रयुक्त हुआ है।

IV. *(घ)* **उपरोक्त सभी** स्वास्थ्य मंत्रालय ने अपने परिपत्र में समाज-कल्याण के लिए अपना लक्ष्य निर्धारित किया है कि सभी विकलांग व्यक्तियों को, चाहे उनकी अक्षमता कुछ भी हो, सामुदायिक जीवन में हाथ बँटाने तथा उसके विकास में योगदान देने के लिए अधिक-से-अधिक अवसर दिए जाएँगे, ताकि उनकी क्षमताओं का पूर्ण क्रियान्वयन हो सके, उनका आत्मविश्वास जाग सके तथा उनके सामाजिक संपर्क मजबूत बन सकें।

V. *(क)* **व्यक्तिगत सेवा से** गद्यांश में स्पष्ट रूप से बताया गया है कि समाज-कल्याण का तात्पर्य व्यक्तिगत सेवा से है और व्यक्तिगत सेवा भी ऐसी, जो विशेष प्रकार की न होकर सामान्य प्रकार की होती है।

19. I. *(ख)* **मनुष्य के भावों के विशेष प्रकार के संगठन पर** प्रस्तुत गद्यांश की आरंभिक पंक्ति में स्पष्ट किया गया है कि लोकरंजन की व्यवस्था का ढाँचा मनुष्य के भावों के विशेष प्रकार के संगठन पर आधारित है।

II. *(ख)* **अपने स्वरूप वैचित्र्य की रक्षा के लिए** गद्यांश के अनुसार धर्म-प्रवर्तकों ने स्वर्ग-नरक का भय इसलिए दिखाया है, जिससे वह अपने स्वरूप वैचित्र्य की रक्षा और अपने प्रभाव की प्रतिष्ठा को बनाए रख सकें। साथ ही उनके स्वार्थों की पूर्ति भी होते रहे।

III. *(घ)* **उपरोक्त सभी** गद्यांश के आधार पर कह सकते हैं कि शासन व्यवस्था कई कारणों से भय और लालच का सहारा लेती है, जिनमें से कुछ इस प्रकार हैं—अन्याय और अत्याचार के विरोध को रोकने के लिए, द्वेष और संकुचित विचारों के प्रचार को बनाए रखने के लिए तथा उनके द्वारा किए गए अत्याचार के विरुद्ध आवाज न उठाने के लिए।

IV. *(ग)* **(क) और (ख) दोनों** गद्यांश में स्पष्ट रूप से कहा गया है कि किसी जाति विशेष को मूर्ति पूजा करते देखना तथा भस्म या रुद्राक्ष धारण करना अन्य जातियों के प्रवर्तकों के लिए अनिष्ट कार्य है।

V. *(क)* **शासन व्यवस्था और समाज** प्रस्तुत गद्यांश का सर्वाधिक उपयुक्त शीर्षक 'शासन व्यवस्था और समाज' होगा, क्योंकि गद्यांश में समाज और शासन व्यवस्था पर चर्चा करते हुए बताया गया है कि शासन व्यवस्था अपने स्वार्थों की पूर्ति के लिए समाज में भय और लालच की भावना को बढ़ावा देती है।

20. I. *(ख)* **राखीगढ़ी** हरियाणा के पुरातत्त्व विभाग द्वारा किए गए शोध तथा खुदाई के अनुसार लगभग 5500 हेक्टेयर में फैली ईसा से लगभग 3300 वर्ष मौजूद राखीगढ़ी के सिंधु- सरस्वती सभ्यता का सबसे बड़ा नगर होने की संभावना है।

II. *(ग)* **शहर नियोजित था** गद्यांश के अनुसार राखीगढ़ी में चौड़ी सड़कों के पाए जाने से स्पष्ट होता है कि यह शहर नियोजित था। इसकी सड़कों की चौड़ाई 1.92 मीटर थी।

III. *(क)* **नष्ट हो जाने का खतरा है** मई, 2012 में राखीगढ़ी को 'ग्लोबल हैरिटेज फंड' ने एशिया के विरासत स्थलों में शामिल किया है, क्योंकि इसके नष्ट हो जाने का खतरा है।

IV. *(ख)* **इसका समुचित अध्ययन शेष है** पुरातत्त्व विशेषज्ञ राखीगढ़ी में विशेष रुचि ले रहे हैं, क्योंकि इसके बारे में समुचित अध्ययन शेष है। यहाँ से प्राप्त अवशेष हड़प्पा और मोहनजोदड़ो सभ्यता से भी पुरातन हैं।

V. *(घ)* **एक विस्तृत शहर राखीगढ़ी** प्रस्तुत गद्यांश में हरियाणा के हिसार जिले में खुदाई में मिले राखीगढ़ी शहर पर प्रकाश डाला गया है, इसलिए इसका उपयुक्त शीर्षक 'एक विस्तृत शहर राखीगढ़ी' होगा।

21. I. *(ग)* **(क) और (ख) दोनों** मनुष्य का दूसरों की संपन्नता, ऊँचा पद आदि देखकर विचलित हो जाना और यह सोचना कि यह सब उसके पास क्यों नहीं है, यही विचार उसकी वैचारिक गरीबी को प्रकट करते हैं।

II. *(ख)* **जीवन में असफल होते हैं** गद्यांश में स्पष्ट रूप से कहा गया है कि विचारों की गरीबी के परिणामस्वरूप जीवन में सहजता का भाव न होने से अधिकतर लोग जीवन में हमेशा ही असफल होते हैं।

III. *(घ)* **ये सभी** गद्यांश के आधार पर कह सकते हैं कि सहज भावों को धारण करने के लिए हमें नियमित रूप से योगासन- प्राणायाम और ध्यान करने के साथ-साथ ईश्वर का स्मरण भी करना चाहिए।

IV. *(ग)* **अंदर बैठे विकारों से** गद्यांश में स्पष्ट रूप से बताया गया है कि मनुष्य के भीतर व्याप्त ईर्ष्या-द्वेष और परनिंदा जैसे विकार ही उसके अंदर असहजता का भाव उत्पन्न करके उसके जीवन के हर पल को असहज बनाते हैं।

V. *(ख)* **असहजता से** गद्यांश के अनुसार, यदि हम अध्यात्म के प्रति अपने मन और विचारों का रुझान रखें, तो जीवन में हर पल उत्पन्न होने वाली असहजता से बच सकते हैं।

22. I. *(ख)* **बालश्रम : समस्या और समाधान** प्रस्तुत गद्यांश का सर्वाधिक उपयुक्त शीर्षक 'बालश्रम : समस्या और समाधान' होगा, क्योंकि गद्यांश में बालश्रम की समस्या का उल्लेख करते हुए उसका समाधान प्रस्तुत किया गया है।

II. *(ग)* **बच्चों के प्रति तत्कालीन समाज की संवेदनहीनता को व्यक्त करना** राजेश जोशी की कविता का मूल आशय बच्चों के प्रति तत्कालीन समाज की संवेदनहीनता को व्यक्त करना है। वह कैसा समाज है, जो अपने बच्चों के लिए पुस्तकालय, खेल का मैदान, पाठशाला उपलब्ध नहीं करा पा रहा है।

III. *(घ)* **उम्र का निर्धारण करने को** गद्यांश में बताया गया है कि कैलाश सत्यार्थी के अनुसार बाल श्रमिकों की पहचान के संबंध में सबसे बड़ी समस्या उम्र का निर्धारण करना है।

IV. *(क)* **लोग जानने लगे कि 14 वर्ष से कम आयु के बच्चों से काम कराना एक अपराध है** गद्यांश के आधार पर कह सकते हैं कि 'बचपन बचाओ आंदोलन' का समाज पर यह सकारात्मक प्रभाव पड़ा कि अधिकांश लोग इस तथ्य से

अवगत हो गए कि 14 वर्ष से कम आयु के बच्चों से काम कराना एक अपराध है।

V. *(क)* **कठोर नियम बनाकर उचित कार्यवाही द्वारा** गद्यांश में कहा गया है कि बाल मजदूरी पर रोक लगाने के लिए सरकार का कर्त्तव्य है कि वह इसके विरुद्ध कठोर नियम व कानून बनाए तथा जो इन नियमों की अवहेलना या उल्लंघन करे, उनके प्रति कठोर कार्यवाही की जाए।

23. I. *(क)* **कर्त्तव्यपालन** गद्यांश में स्पष्ट रूप से बताया गया है कि लोकतंत्र का मूल तत्त्व कर्त्तव्यपालन है, जबकि लोग समझते हैं कि उनकी सभी आवश्यकताओं की पूर्ति की जिम्मेदारी सरकार की है।

II. *(ख)* **देश की विशाल मानव शक्ति को** गद्यांश में बताया गया है कि देश की विशाल मानव शक्ति अभी सोई पड़ी है। अतः उसे नींद से झकझोर कर जाग्रत करने की आवश्यकता है।

III. *(घ)* **उपरोक्त सभी** गद्यांश में सरकार द्वारा किए गए विभिन्न कार्यों का उल्लेख किया गया है; जैसे—सरकार ने वैज्ञानिक प्रयोगशालाएँ खुलवाईं, देश में विशाल बाँध बनवाए तथा विभिन्न कारखाने खुलवाए आदि।

IV. *(ग)* **(क) और (ख) दोनों** गद्यांश में लेखक नागरिकों को यह सुझाव देता है कि लोग अपनी समझ व आंतरिक ऊर्जा को आधार बनाकर खड़े हों और उनके समक्ष जो भी साधन उपलब्ध हों उनके आधार पर ही उन्हें कार्य आरंभ करना चाहिए।

V. *(क)* **सरकार द्वारा गाँव से जुड़ी समस्याओं के निदान में ग्रामीणों को प्रेरित न करना** गद्यांश में लेखक ने सरकार द्वारा गाँव से जुड़ी समस्याओं के निदान में ग्रामीणों को प्रेरित न करने की समस्या को उजागर किया है।

24. I. *(क)* **शिक्षा** गद्यांश में उल्लेख है कि शिक्षा किसी भी देश की विकास प्रक्रिया का एक अभिन्न अंग है। शिक्षा से व्यक्ति शक्ति को ग्रहण कर सही अर्थ में अपनी क्षमताओं का उपयोग करना सीखता है।

II. *(क)* **अज्ञान के अंधकार से निकालकर ज्ञान के प्रकाश की ओर** शिक्षा मनुष्य को अज्ञान के अंधकार से निकालकर ज्ञान के प्रकाश की ओर ले जाती है तथा सम्यक् ज्ञान के प्रकाश में जीवन का सर्वांगीण विकास कर पाती है।

III. *(ख)* **अनुकरण की आदत को** पाश्चात्य शिक्षा पद्धति ने मनुष्य में अनुकरण की आदत को बढ़ावा दिया है, जिसके कारण वह अपनी शिक्षा पद्धति व संस्कृति को दिन-प्रतिदिन भूलते जा रहे हैं।

IV. *(ग)* **नीतियों से परिपूर्ण** प्राचीन भारतीय शिक्षा पद्धति की सबसे महत्त्वपूर्ण विशेषता यह मानी जाती है कि वह नीतियों से परिपूर्ण थी। नीति अर्थात् सही दिशा-निर्देश, ये मनुष्य के ऊपर उठने का व आगे बढ़ने के सबसे बड़े माध्यम होते हैं।

V. *(ग)* **(क) और (ख) दोनों** प्रस्तुत गद्यांश में लेखक ने भारतीय व पाश्चात्य शिक्षा पद्धति के विषय में चर्चा की है। साथ ही पाश्चात्य शिक्षा पद्धति के भारतीय शिक्षा पद्धति पर पड़ने वाले प्रभाव को भी स्पष्ट किया गया है।

25. I. *(क)* **नेपाल में आया भूकंप याद आ गया** गद्यांश में कहा गया है कि लेखक को पच्चीस अप्रैल को नेपाल में आया भूकंप याद आ गया था। धरती के उस कंपन को याद कर आज काठमांडू पर लिखते हुए लेखक की अँगुलियाँ काँप रही थीं।

II. *(ख)* **न्यूज चैनल जब धरहरा स्तंभ दिखा रहे थे** गद्यांश में स्पष्ट रूप से कहा गया है कि काठमांडू में आए भूकंप के दौरान न्यूज चैनल जब धरहरा स्तंभ को भरभराकर गिरते दिखा रहे थे तब मेरा (लेखक) मन बैठा जा रहा था।

III. *(क)* **भूकंप में वे नहीं बचे होंगे** लेखक यह जानता है कि उस भयावह भूकंप में कुछ भी शेष नहीं रह गया। फिर भी फेरी लगाकर सामान बेचने वाले तथा वह बाँसुरी वादक जिसके सुरों ने मन को मोह लिया था, इनके लिए लेखक दुःखी हैं।

IV. *(क)* **पुरुष रोज़गार के लिए बाहर जाकर काम करते हैं** गद्यांश में स्पष्ट रूप से कहा गया है कि पहाड़ों पर पर्याप्त ज़मीन नहीं होती और रोज़गार के साधन भी बहुत नहीं होते, इसलिए घर के पुरुष मैदानी इलाकों में कमाने जाते हैं और घर-परिवार की सारी ज़िम्मेदारी महिलाएँ उठाती हैं।

V. *(ख)* **पर्यटन और नेपाल** प्रस्तुत गद्यांश में नेपाल और वहाँ की स्थिति व वहाँ के सौंदर्य को रेखांकित किया गया है। अतः इसलिए सर्वाधिक उचित शीर्षक 'पर्यटन और नेपाल' ही होगा।

व्यावहारिक व्याकरण

अध्याय

01

पदबंध

पदबंध शब्द दो शब्दों के संयोजन से बना है– पद + बंध। अतः पदबंध को जानने से पहले 'पद' शब्द को जानना आवश्यक है। स्वतंत्र और सार्थक ध्वनि समूह को 'शब्द' कहते हैं; जैसे– कपड़ा। किसी शब्द का जब किसी वाक्य में प्रयोग होता है, तो वह 'पद' बन जाता है; जैसे– कपड़ा बहुत सुंदर है। यहाँ कपड़ा शब्द न रहकर पद बन गया है।

पदबंध का अर्थ एवं परिभाषा

जब दो या अधिक पद (शब्द) नियत क्रम और निश्चित अर्थ में किसी पद का कार्य करते हैं तो उन्हें पदबंध कहते हैं।

दूसरे शब्दों में, कई पदों के योग से बने वाक्यांशों को, जो एक ही पद का काम करते हैं, पदबंध कहते हैं।

'**डॉ. हरदेव बाहरी**' ने पदबंध की परिभाषा इस प्रकार दी हैं–''वाक्य के उस भाग को, जिसमें एक से अधिक पद परस्पर संबद्ध होकर अर्थ तो देते हैं, किंतु पूरा अर्थ नहीं देते, पदबंध या वाक्यांश कहते हैं; जैसे– यह लड़की **अत्यंत सुशील और परिश्रमी** है।'' इस वाक्य में 'अत्यंत सुशील और परिश्रमी' चार पद हैं, किंतु वे मिलकर एक ही पद अर्थात् विशेषण का काम कर रहे हैं।

एक अन्य उदाहरण– ''नदी **बहती चली जा रही है**'' इस वाक्य में 'बहती चली जा रही है' पाँच पद हैं, किंतु वे मिलकर एक ही पद अर्थात् क्रिया का काम कर रहे हैं।

इस प्रकार, रचना की दृष्टि से पदबंध में तीन बातें आवश्यक हैं– एक तो यह कि इसमें एक से अधिक पद होते हैं। दूसरी, ये पद इस तरह से संबद्ध होते हैं कि उनसे एक इकाई बन जाती है। तीसरी, पदबंध किसी वाक्य का अंश होता है।

पदबंध में ध्यान रखने योग्य बातें

- पदबंध वाक्य के एक अंश के रूप में होता है न कि एक पूरा वाक्य होता है।
- पदबंध में एक से अधिक पद का समावेश होता है, इसी कारण यह पदबंध कहलाता है।
- ये पद आपस में इस तरह जुड़े होते हैं कि एक व्याकरणिक इकाई का रूप ले लेते हैं।
- हर पदबंध में एक मुख्य पद होता है और शेष पद उस पर आश्रित होते हैं; जैसे— 'आसमान में रंग-बिरंगे सुंदर पंखों वाले पक्षी उड़ रहे हैं।' यहाँ 'पक्षी' मुख्य पद है और 'रंग-बिरंगे सुंदर' आश्रित पद है।
- पदबंध का निर्धारण मुख्य पद के आधार पर होता है। यदि पदबंध का अंतिम पद संज्ञा पद है, तो पूरा पद संज्ञा पदबंध कहलाता है। यह स्थिति अन्य भेदों पर भी लागू होती है फिर चाहे वह सर्वनाम, क्रिया, विशेषण या क्रिया विशेषण कोई भी हो; जैसे— ''आजकल बाजार में स्वादिष्ट तरबूज आए हुए हैं।'' यहाँ 'तरबूज' मुख्य पद है और 'बाजार में स्वादिष्ट' आश्रित पद हैं। लेकिन संपूर्ण पद संज्ञा की ओर संकेत कर रहा है, क्योंकि तरबूज एक संज्ञा शब्द है।

पदबंध के भेद/प्रकार

पदबंध के निम्न पाँच भेद/प्रकार होते हैं–

1. **संज्ञा पदबंध** वह पदबंध, जो वाक्य में संज्ञा का कार्य करे, संज्ञा पदबंध कहलाता है।
   दूसरे शब्दों में, पदबंध का अंतिम अथवा शीर्ष शब्द यदि संज्ञा हो और अन्य सभी पद उस पर आश्रित हों, तो वह संज्ञा पदबंध कहलाता है; जैसे–

हरे रंग की पुस्तक मेज पर रखी है।
पैर में लगी चोट दर्द कर रही है।
अयोध्या के राजा दशरथ के चार पुत्र थे।
रीबॉक का जूता पहनकर वह पार्टी में गया।
उपर्युक्त वाक्यों में रेखांकित पद संज्ञा पदबंध हैं।

2. **सर्वनाम पदबंध** जो पदबंध वाक्य में सर्वनाम पदों का काम करते हैं, वे सर्वनाम पदबंध कहलाते हैं; जैसे–
विरोध करने वाले छात्रों में कोई नहीं बोला।
दिल्ली के डॉक्टरों में कुछ डॉक्टर अच्छे हैं।
भाग्य की मारी तुम कहाँ जाओगी?
जो लड़की हँस रही है वह रतन की बहन है।
उपर्युक्त वाक्यों में रेखांकित अंश सर्वनाम पदबंध हैं, क्योंकि इनमें कोई, कुछ, तुम वह सर्वनाम शब्द हैं।

3. **विशेषण पदबंध** वह पदबंध, जो संज्ञा अथवा सर्वनाम की विशेषता बताता हुआ विशेषण का कार्य करे, विशेषण पदबंध कहलाता है। दूसरे शब्दों में, पदबंध का शीर्ष अथवा अंतिम शब्द यदि विशेषण हो और अन्य सभी पद उसी पर आश्रित हों, तो वह विशेषण पदबन्ध कहलाता है; जैसे–
अजय का मोबाइल फोन सस्ता, सुंदर और टिकाऊ है।
नीम की घनी छाँव में व्यक्ति आनंद का अनुभव कर रहा है।

अरुणा सुंदरता के साथ-साथ पेंटिंग, डांस तथा खाना बनाने में माहिर है।
तेज चलने वाली गाड़ी हमेशा की तरह जल्दी पहुँची है।
उपर्युक्त वाक्यों में रेखांकित पद विशेषण पदबंध हैं।

4. **क्रिया पदबंध** वह पदबंध, जो अनेक क्रिया-पदों से मिलकर बना हो, क्रिया पदबंध कहलाता है।
क्रिया पदबंध में मुख्य क्रिया पहले आती है। उसके बाद अन्य क्रियाएँ मिलकर एक समग्र इकाई बनाती हैं; जैसे–
गीतकार गीत गा रहा है।
अनुज मैदान में खेल रहा है।
बच्चा नदी में डूब गया है।
मुझे छत से चाँद दिखाई दे रहा है।
उपर्युक्त वाक्यों में रेखांकित पद क्रिया पदबंध हैं।

5. **क्रिया विशेषण पदबंध** किसी भी वाक्य में क्रिया विशेषण का कार्य करने वाले पदबंध, क्रिया विशेषण पदबंध कहलाते हैं; जैसे–
आज रेलगाड़ी बहुत जल्दी आ गई।
खिलाड़ी मैदान की ओर गए हैं।
मैं इस माह के अंत तक आ जाऊँगा।
पक्षी पिंजरे के अंदर बैठा है।
उपर्युक्त वाक्यों में रेखांकित पद क्रिया विशेषण पदबंध हैं।

परीक्षा अभ्यास

बहुविकल्पीय प्रश्न

1 रोगी दूध पी रहा था—वाक्य में रेखांकित पदबंध है
(क) संज्ञा पदबंध (ख) सर्वनाम पदबंध
(ग) क्रिया पदबंध (घ) विशेषण पदबंध

2 वह लड़का अच्छा लिखता है—रेखांकित में पद है
(क) क्रिया पद (ख) संज्ञा पद
(ग) सर्वनाम पद (घ) क्रिया विशेषण पद

3 भारत की राजधानी दिल्ली है—रेखांकित में पद है
(क) संज्ञा पद (ख) सर्वनाम पद
(ग) विशेषण पद (घ) क्रिया पद

4 'कमरे में आते ही भाई साहब का वह रौद्र रूप देखकर प्राण सूख जाते।'—रेखांकित पदबंध है **CBSE Term I 2021**
(क) सर्वनाम पदबंध (ख) विशेषण पदबंध
(ग) संज्ञा पदबंध (घ) क्रियाविशेषण पदबंध

5 सीमा बहुत बुद्धिमान छात्रा है—वाक्य में संज्ञा पदबंध है
(क) सीमा (ख) बहुत
(ग) बुद्धिमान (घ) छात्रा है

6 'तताँरा की तलवार एक विलक्षण रहस्य थी।' इस वाक्य में से संज्ञा पदबंध छाँटिए। **CBSE SQP Term I 2021**
(क) तलवार एक (ख) ततँारा की तलवार
(ग) रहस्य थी (घ) विलक्षण रहस्य

7 बच्चे बगीचे में खेल रहे हैं—रेखांकित में कौन-सा पदबंध है?
(क) संज्ञा पदबंध (ख) सर्वनाम पदबंध
(ग) क्रिया पदबंध (घ) विशेषण पदबंध

8 लाल रंग की पुस्तक मेज पर रखी है। रेखांकित में पद है
(क) सर्वनाम पद (ख) क्रिया पद
(ग) विशेषण पद (घ) संज्ञा पद

9 'उसने ततँारा को तरह-तरह से अपमानित किया।'—इस वाक्य में रेखांकित पदबंध का प्रकार है **CBSE Term I 2021**
(क) विशेषण पदबंध (ख) क्रियाविशेषण पदबंध
(ग) सर्वनाम पदबंध (घ) क्रिया पदबंध

10 नीम की घनी छाँव में व्यक्ति आनंद का अनुभव करता है। वाक्य में विशेषण पद है
(क) नीम की घनी छाँव में (ख) व्यक्ति
(ग) आनंद का (घ) अनुभव करता है

11 महँगी खरीदी हुई शॉल फट गई है। रेखांकित में पदबंध है
(क) क्रिया पदबंध (ख) क्रिया विशेषण पदबंध
(ग) विशेषण पदबंध (घ) संज्ञा पदबंध

12 'फैलते हुए प्रदूषण ने पंछियों को बस्तियों से भगाना शुरू कर दिया।'—रेखांकित पदबंध का भेद है **CBSE Term I 2021**
(क) संज्ञा पदबंध (ख) सर्वनाम पदबंध
(ग) क्रिया पदबंध (घ) विशेषण पदबंध

13 विरोध करने वाले व्यक्तियों में कोई नहीं बोला। रेखांकित में कौन-सा पदबंध है?
(क) सर्वनाम पदबंध (ख) क्रिया पदबंध
(ग) संज्ञा पदबंध (घ) विशेषण पदबंध

14 मंजू मैदान में खेल रही है। रेखांकित में पदबंध है
(क) क्रिया विशेषण पदबंध (ख) संज्ञा पदबंध
(ग) विशेषण पदबंध (घ) क्रिया पदबंध

15 'बढ़ती हुई आबादियों ने समंदर को पीछे सरकाना शुरू कर दिया है।' रेखांकित पदबंध का प्रकार है **CBSE SQP Term I 2021**
(क) विशेषण पदबंध (ख) सर्वनाम पदबंध
(ग) क्रिया पदबंध (घ) संज्ञा पदबंध

16 सामने के मकान में रहने वाला नीरज कुशल चित्रकार है। रेखांकित में पद है
(क) संज्ञा पद (ख) विशेषण पद
(ग) क्रिया पद (घ) क्रिया विशेषण पद

17 नानी कहानी सुनाती रहती है। वाक्य में संज्ञा-पदबंध है
(क) नानी (ख) कहानी
(ग) सुनाती (घ) रहती है

18 'वह तलवार को अपनी तरफ़ खींचते-खींचते दूर तक पहुँच गया।'—रेखांकित पदबंध का भेद छाँटिए **CBSE Term I 2021**
(क) क्रिया पदबंध (ख) विशेषण पदबंध
(ग) क्रियाविशेषण पदबंध (घ) सर्वनाम पदबंध

19 मुझे छत से चाँद दिखाई दे रहा है। वाक्य में रेखांकित पदबंध है
(क) क्रिया विशेषण पदबंध (ख) सर्वनाम पदबंध
(ग) क्रिया पदबंध (घ) विशेषण पदबंध

20 'ततँारा एक नेक और मददगार व्यक्ति था।' वाक्य में रेखांकित पदबंध का भेद है **CBSE SQP Term I 2021**
(क) विशेषण पदबंध (ख) संज्ञा पदबंध
(ग) क्रिया पदबंध (घ) क्रियाविशेषण पदबंध

लघु उत्तरीय प्रश्न

1 पदबंध किसे कहते हैं? उदाहरण सहित स्पष्ट कीजिए।

2 पदबंध का अर्थ बताते हुए उसके भेदों पर प्रकाश डालिए।

3 संज्ञा पदबंध की परिभाषा देते हुए इसके कोई दो उदाहरण लिखिए।

4 सर्वनाम पदबंध किसे कहते हैं? उदाहरण सहित बताइए।

5 विशेषण पदबंध का अर्थ उदाहरण देकर स्पष्ट कीजिए।

6 'मेरा बड़ा बेटा लंदन जा रहा है।' रेखांकित पदबंध का नाम बताते हुए स्पष्ट कीजिए।

7 क्रिया पदबंध किसे कहते हैं? उदाहरण सहित लिखिए।

8 निम्नलिखित वाक्यों में रेखांकित पदबंध का नाम बताइए
(क) अंजली धीरे-धीरे चलते हुए वहाँ जा पहुँची।
(ख) जो लड़की कल गा रही थी, वह प्यारी है।
(ग) महँगी खरीदी हुई साड़ी फट गई है।
(घ) जंग में मरने वाले सैनिक आदरणीय होते हैं।
(ङ) मोहन का बड़ा भाई संजय कल आया था।

व्याख्या सहित उत्तर

बहुविकल्पीय प्रश्न

1 (ग) क्रिया पदबंध
2 (ग) सर्वनाम पद
3 (क) संज्ञा पद
4 (ग) संज्ञा पदबंध
5 (क) सीमा
6 (ख) ततोंरा की तलवार
7 (क) संज्ञा पद
8 (घ) संज्ञा पद
9 (ख) क्रियाविशेषण पदबंध
10 (क) नीम की घनी छाँव में
11 (ग) विशेषण पदबंध
12 (क) संज्ञा पदबंध
13 (क) सर्वनाम पदबंध
14 (घ) क्रिया पद
15 (ग) क्रिया पदबंध
16 (क) क्रिया पद
17 (क) नानी
18 (ग) क्रियाविशेषण पदबंध
19 (ग) क्रिया पदबंध
20 (क) विशेषण पदबंध

लघु उत्तरीय प्रश्न

1 कई पदों के योग से बने वाक्यांशों को, जो एक पद का काम करता है, उसे पदबंध कहते हैं। **डॉ. हरदेव बाहरी** के अनुसार, वाक्य के उस भाग को, जिसमें एक से अधिक पद परस्पर संबद्ध होकर अर्थ तो देते हैं, किंतु पूरा अर्थ नहीं देते, पदबंध या वाक्यांश कहलाते हैं; जैसे– ''सबसे तेज दौड़ने वाला छात्र जीत गया।'' इस वाक्य के 'सबसे तेज दौड़ने वाला छात्र' में पाँच पद मिलकर एक ही पद अर्थात् संज्ञा का कार्य कर रहे हैं। अतः यह संज्ञा पदबंध का उदाहरण है।

2 पदबंध का अर्थ है कि दो या अधिक पदों का निश्चित क्रम और अर्थ में किसी पद का कार्य करना।
पदबंध को मुख्यतः पाँच भेदों में बाँटा गया है–
(i) संज्ञा पदबंध *(ii)* सर्वनाम पदबंध
(iii) क्रिया पदबंध *(iv)* विशेषण पदबंध
(v) क्रिया विशेषण पदबंध

3 वह पदबंध, जो वाक्य में संज्ञा का कार्य करे, संज्ञा पदबंध कहलाता है। दूसरे शब्दों में, पदबंध का अंतिम अथवा शीर्ष शब्द यदि संज्ञा हो और अन्य सभी पद उस पर आश्रित हों, तो वह संज्ञा पदबंध कहलाता है; जैसे–
(i) दशरथ के पुत्र राम ने रावण को मारा।
(ii) सामने के मकान में रहने वाला लड़का आज चला गया।

4 जो पदबंध वाक्य में सर्वनाम पदों का काम करते हैं, वे सर्वनाम पदबंध कहलाते हैं; जैसे–
''शेर की तरह दहाड़ने वाले तुम काँप क्यों रहे हो?''
उपर्युक्त वाक्य में 'तुम काँप क्यों रहे हो' सर्वनाम पदबंध है, क्योंकि इसमें 'तुम' सर्वनाम शब्द का प्रयोग हुआ है।

5 वह पदबंध, जो संज्ञा अथवा सर्वनाम की विशेषता बताता हुआ विशेषण का कार्य करे, विशेषण पदबंध कहलाता है। दूसरे शब्दों में, पदबंध का शीर्ष अथवा अंतिम शब्द यदि विशेषण हो और अन्य सभी पद उसी पर आश्रित हों, तो वह विशेषण पदबंध कहलाता है; जैसे–
''वह बहुत सुंदर चित्र बनाता है।''
उपर्युक्त वाक्य में 'बहुत सुंदर' विशेषण पदबंध है।

6 'मेरा बड़ा बेटा लंदन जा रहा है' वाक्य में रेखांकित पद 'मेरा बड़ा बेटा' संज्ञा पदबंध है, क्योंकि यहाँ शीर्ष शब्द मेरा बड़ा बेटा संज्ञा है और अन्य सभी पद यानी 'लंदन जा रहा है', उस पर आश्रित हैं।

7 वह पदबंध, जो अनेक क्रिया-पदों से मिलकर बना हो, क्रिया पदबंध कहलाता है। क्रिया पदबंध में मुख्य क्रिया पहले आती है। उसके बाद अन्य क्रियाएँ मिलकर एक समग्र इकाई बनाती हैं; जैसे–
''दादी कहानी सुनाती रहती हैं।''
यहाँ 'सुनाती रहती हैं' क्रिया पदबंध है।

8 (क) **क्रिया विशेषण पदबंध** 'यहाँ धीरे-धीरे चलते हुए' पद क्रिया विशेषण है, जो चलने क्रिया की विशेषता बता रहा है।
(ख) **सर्वनाम पदबंध** यहाँ 'वह प्यारी है' पद सर्वनाम पदबंध है, क्योंकि वह शब्द सर्वनाम है।
(ग) **विशेषण पदबंध** यहाँ 'महँगी खरीदी हुई साड़ी' विशेषण पदबंध है, जो 'साड़ी' संज्ञा शब्द की विशेषता 'महँगी खरीदी हुई' बता रहा है।
(घ) **संज्ञा पदबंध** यहाँ 'जंग में मरने वाले सैनिक' संज्ञा पदबंध है, जो वाक्य के शीर्ष में प्रयुक्त हुआ है और अन्य सभी पद यानी 'आदरणीय होते हैं' उस पर आश्रित हैं।
(ङ) **संज्ञा पदबंध** यहाँ 'मोहन का बड़ा भाई संजय' संज्ञा पदबंध है, जो वाक्य के शीर्ष में प्रयोग हुआ है और सभी पद अर्थात् 'कल आया था' उस पर आश्रित हैं।

स्वमूल्यांकन

बहुविकल्पीय प्रश्न

1 अनिरुद्ध बहुत जल्दी-जल्दी खाना खा रहा है। रेखांकित पद है
   (क) संज्ञा पद   (ख) क्रिया विशेषण पद
   (ग) सर्वनाम पद   (घ) विशेषण पद

2 काला कुत्ता मर गया-रेखांकित में पद है
   (क) संज्ञा पद   (ख) सर्वनाम पद
   (ग) विशेषण पद   (घ) क्रिया पद

3 'चाय में कुछ पड़ा है'-वाक्य में सर्वनाम पदबंध है
   (क) चाय   (ख) कुछ   (ग) में   (घ) पड़ा है

4 मोहित कल दिल्ली जाएगा-रेखांकित में पदबंध है
   (क) विशेषण पदबंध   (ख) क्रिया पदबंध
   (ग) सर्वनाम पदबंध   (घ) संज्ञा पदबंध

लघु उत्तरीय प्रश्न

5 निम्नलिखित वाक्यों में रेखांकित पदबंध के नाम लिखिए।
   (क) सामने की दुकान पर चाय पीने वाला लड़का अपने घर चला गया।
   (ख) मित्र-मंडली के साथ राम घर पर बैठा है।
   (ग) दूसरों के साथ मीठा बोलने वाले सुखी रहते हैं।
   (घ) नीली कमीज वाला बालक खेल रहा है।

6 सर्वनाम पदबंध के किन्हीं दो उदाहरणों को कारण सहित स्पष्ट लिखिए।

7 क्रिया पदबंध के उदाहरणों का वर्णन कीजिए।

8 विशेषण पदबंध के किन्हीं दो उदाहरणों का वर्णन कीजिए।

9 क्रिया विशेषण पदबंध के दो उदाहरणों का वर्णन कीजिए।

10 निम्नलिखित वाक्यों में रेखांकित पदबंध के नाम बताइए।
   (क) मुझे सुनाई पड़ रहा है।
   (ख) दादाजी प्रायः टहलने जाया करते हैं।

   (ग) बहुत अधिक बोलने वाली मेरी सहेली कल चली जाएगी।
   (घ) पुत्र के पास होने की खबर सुनकर पिता खुश हुआ।

11 निम्नलिखित वाक्यों में रेखांकित पदबंध के नाम लिखिए।
   (क) सदा हँसते रहने वाले तुम आज सुस्त क्यों हो?
   (ख) लकड़ी से बनी यह अलमारी बहुत सुंदर है।
   (ग) काजल पढ़ते-पढ़ते सो गई।
   (घ) मैं तो तेज भागते-भागते बहुत थक गया था।

12 निम्नलिखित वाक्यों में रेखांकित पदबंध के नाम बताइए।
   (क) सरिता सप्ताह के अंत तक आ जाएगी।
   (ख) कमरे में इधर से उधर तक सामान बिखरा पड़ा है।
   (ग) पिताजी अब तक दफ्तर से आ गए होंगे।
   (घ) बाहर से आए छात्रों में कुछ मांसाहारी हैं।

13 निम्नलिखित वाक्यों में रेखांकित पदबंध के नाम बताते हुए उसकी व्याख्या कीजिए।
   (क) विद्यालय के बच्चे इस समय राष्ट्रगान गा रहे हैं।
   (ख) अभय नीचे वाले कमरे में होगा।
   (ग) मीरा धीरे-धीरे सुबकते हुए कहने लगी।
   (घ) मैं ढाई हजार साल पुराने कुशीनगर को खोज रहा हूँ।

14 निम्नलिखित वाक्यों में रेखांकित पदबंध के नाम बताइए।
   (क) नियमित रूप से अध्ययन करने वाले छात्र अच्छे अंक लाते हैं।
   (ख) नदी कल-कल करती हुई बह रही थी।
   (ग) चार ताकतवर मजदूर इस भारी चीज को उठा पाए।
   (घ) बिजली-सी फुर्ती दिखाकर आपने बालक को डूबने से बचा लिया।

अध्याय

02

रचना के आधार पर वाक्य रूपांतरण

भाषा हमारे भावों-विचारों की अभिव्यक्ति का माध्यम है। भाषा की रचना वर्णों, शब्दों और वाक्यों से होती है। दूसरे शब्दों में, वर्णों से शब्द, शब्दों से वाक्य और वाक्यों से भाषा का निर्माण हुआ है। शब्दों का वह व्यवस्थित रूप जिसमें एक पूर्ण अर्थ की प्रतीति होती है, वाक्य कहलाता है।

वाक्य की परिभाषा

मनुष्य अपने भावों एवं विचारों को प्रकट करने के लिए वाक्य का प्रयोग करता है। यदि शब्द भाषा की लघुतम इकाई है, तो वाक्य उसका विकसित रूप। वाक्य वह सार्थक ध्वनि है, जिसके माध्यम से लेखक या वक्ता बोलकर या लिखकर अपने भावों एवं विचारों को श्रोता या पाठक के सामने प्रकट करता है। वाक्य रचना एक क्रम एवं व्याकरण संबंधी नियमों द्वारा अनुशासित की जाती है।

वाक्य के तत्त्व

वाक्य प्रयोग में एक प्रकार का क्रम तथा व्यवस्था रहने से भाषा में विशिष्टता आती है। 'व्याकरण' वाक्य संरचना को संचालित करने के नियमों का माध्यम है। किसी भी वाक्य में सार्थकता, क्रम, योग्यता, आकांक्षा, आसक्ति एवं अन्वय तत्त्वों का होना अनिवार्य है, जिनका वर्णन निम्नवत् है

(*i*) **सार्थकता** सार्थकता वाक्य का प्रमुख गुण है। इसके लिए आवश्यक है कि वाक्य में सार्थक शब्दों का ही प्रयोग हो, तभी वाक्य भावाभिव्यक्ति के लिए सक्षम होगा; *जैसे–* राम रोटी पीता है।
यहाँ 'रोटी पीना' सार्थकता का बोध नहीं कराता, क्योंकि रोटी खाई जाती है। सार्थकता की दृष्टि से यह वाक्य अशुद्ध माना जाएगा।
सार्थकता की दृष्टि से सही वाक्य होगा– **राम रोटी खाता है।**
इस वाक्य को पढ़ते ही पाठक के मस्तिष्क में वाक्य की सार्थकता उपलब्ध हो जाती है। कहने का आशय है कि वाक्य का यह तत्त्व वाक्य रचना की दृष्टि से अनिवार्य है। इसके अभाव में अर्थ का अनर्थ संभव है।

(*ii*) **क्रम** क्रम से तात्पर्य है– पदक्रम। सार्थक शब्दों को भाषा के नियमों के अनुरूप क्रम में रखना चाहिए। वाक्य में शब्दों के अनुकूल क्रम के अभाव में अर्थ का अनर्थ हो जाता है; *जैसे*–नाव में नदी है।
*इस वाक्य में सभी शब्द सार्थक हैं, फिर भी क्रम के अभाव में वाक्य गलत है। सही क्रम करने पर '**नदी में नाव है**' वाक्य बन जाता है, जो शुद्ध है।*

(*iii*) **योग्यता** वाक्य में सार्थक शब्दों के भाषानुकूल क्रमबद्ध होने के साथ-साथ उसमें योग्यता अनिवार्य तत्त्व है। प्रसंग के अनुकूल वाक्य में भावों का बोध कराने वाली योग्यता या क्षमता होनी चाहिए। इसके अभाव में वाक्य अशुद्ध हो जाता है; *जैसे*– हिरण उड़ता है।
*यहाँ पर हिरण और उड़ने की परस्पर योग्यता नहीं है, अतः यह वाक्य अशुद्ध है। यहाँ पर **उड़ता** के स्थान पर **चलता** या **दौड़ता** लिखें, तो वाक्य शुद्ध हो जाएगा।*

(*iv*) **आकांक्षा** आकांक्षा का अर्थ है– श्रोता की जिज्ञासा। वाक्य भाव की दृष्टि से इतना पूर्ण होना चाहिए कि भाव को समझने के लिए कुछ जानने की इच्छा या आवश्यकता न हो।
दूसरे शब्दों में, किसी ऐसे शब्द या समूह की कमी न हो जिसके बिना अर्थ स्पष्ट न होता हो।
उदाहरण के लिए कोई व्यक्ति हमारे सामने आए और हम केवल उससे 'तुम' कहें, तो वह कुछ भी नहीं समझ पाएगा। यदि कहें कि अमुक कार्य करो, तो वह पूरी बात समझ जाएगा। इस प्रकार वाक्य का आकांक्षा तत्त्व अनिवार्य है।

(*v*) **आसक्ति** आसक्ति का अर्थ है– समीपता। एक पद सुनने के बाद उच्चारित अन्य पदों के सुनने के समय में संबंध, आसक्ति कहलाता है। यदि उपरोक्त सभी बातों की दृष्टि से वाक्य सही हो, लेकिन किसी वाक्य का एक शब्द आज, एक कल और एक परसों कहा जाए, तो उसे वाक्य नहीं कहा जाएगा। अतएव वाक्य के शब्दों के उच्चारण में समीपता होनी चाहिए। दूसरे शब्दों में, पूरे वाक्य को एक साथ कहा जाना चाहिए।

(*vi*) **अन्वय** अन्वय का अर्थ है कि पदों में व्याकरण की दृष्टि से लिंग, पुरुष, वचन, कारक आदि का सामंजस्य होना चाहिए। अन्वय के अभाव में भी वाक्य अशुद्ध हो जाता है। अतः अन्वय भी वाक्य का महत्त्वपूर्ण तत्त्व है।
जैसे–नेताजी का लड़का का हाथ में बंदूक था।
*इस वाक्य में भाव तो स्पष्ट है, लेकिन व्याकरणिक सामंजस्य नहीं है। अतः यह वाक्य अशुद्ध है। यदि इसे **नेताजी के लड़के के हाथ में बंदूक थी,** कहें तो वाक्य व्याकरणिक दृष्टि से शुद्ध होगा।*

सामान्यतः वाक्य में शब्दों को इस प्रकार लिखा जाता है

कर्ता	**कर्म**	**क्रिया**
मंजरी	नृत्य	करती है।
ललित	पुस्तक	पढ़ता है।
अंकित	क्रिकेट	खेलता है।
डॉक्टर	मरीज़ को	दवाई देता है।
भिखारी	समोसा	खाता है।

यह जानना आवश्यक है कि किसी भी वाक्य में कर्ता तथा क्रिया, ये दोनों अंग होने अनिवार्य हैं।

वाक्य रचना से संबंधित आवश्यक तथ्य

वाक्य रचना से संबंधित आवश्यक तथ्य निम्नलिखित हैं

- वाक्य के सभी पदों का पूरा अर्थ अवश्य स्पष्ट होना चाहिए।
- वाक्य के सही अर्थ को जानने के लिए शब्दों का उचित क्रम में होना अत्यंत आवश्यक है। वाक्य में यदि शब्द सही क्रम में नहीं होते, तो वाक्य का अर्थ ही बदल जाता है।
- वाक्य में जो शब्द प्रयुक्त किए जा रहे हैं, उन्हें सार्थक होने के साथ-साथ प्रसंगानुकूल भी होना चाहिए।
- बोलते या लिखते समय वाक्य में प्रयुक्त शब्दों में निकटता का होना आवश्यक है, क्योंकि जब शब्दों को रुक-रुककर बोला जाता है, तो वे अर्थ में व्यवधान (रुकावट) उत्पन्न करते हैं।
- जो वाक्य लिखा जा रहा है, वह अपने आप में पूरा होना चाहिए।
- वाक्य में कर्ता, कर्म, क्रिया का लिंग, वचन, पुरुष तथा कारक में मेल होना अत्यंत आवश्यक है।

वाक्य के घटक

कर्ता और क्रिया वाक्य के मूल घटक होते हैं, क्योंकि उनकी अनुपस्थिति में वाक्य संभव नहीं है। कर्ता और क्रिया के अतिरिक्त विशेषण, क्रियाविशेषण, कारक आदि को ऐच्छिक घटक कहा जा सकता है।

कर्ता और क्रिया के आधार पर वाक्य के दो घटक होते हैं

1. उद्देश्य 2. विधेय

1. उद्देश्य

वाक्य में जिसके विषय में कुछ कहा जाता है, उसे उद्देश्य कहते हैं; *जैसे*–

- सरोज जाती है।

उपरोक्त वाक्य में 'सरोज' के विषय में बताया गया है। अतः इस वाक्य में 'सरोज' उद्देश्य है।

उद्देश्य का विस्तार

उद्देश्य के अर्थ में विशेषता प्रकट करने के लिए जो शब्द या वाक्यांश कर्ता के साथ जोड़े जाते हैं, उन्हें 'उद्देश्य का विस्तारक' कहा जाता है।

उद्देश्य का विस्तार निम्न प्रकार से होता है

(*i*) संज्ञा से
(*ii*) सर्वनाम से
(*iii*) विशेषण से
(*iv*) वाक्यांश से

जैसे–

- मेहनती व्यक्ति सदा सफल होता है।

यहाँ पर 'मेहनती' विशेषण, उद्देश्य 'व्यक्ति' का विस्तारक है।

2. विधेय

वाक्य में उद्देश्य के विषय में जो कुछ कहा जाता है, वह विधेय कहलाता है; जैसे—

* मनोज दौड़ता है।

उपरोक्त वाक्य में 'दौड़ता है' विधेय है, क्योंकि यहाँ 'दौड़ता है' पद उद्देश्य के विषय में कहा गया है।

विधेय के अंतर्गत आने वाले शब्द निम्नलिखित हैं

(i) कर्म　　　　　　　(ii) कर्म का विस्तार
(iii) क्रिया　　　　　(iv) क्रिया का पूरक
(v) अन्य

विधेय का विस्तार

वे शब्द जो विधेय के अर्थ में विशेषता बताने का कार्य करते हैं, 'विधेय के विस्तारक' कहलाते हैं।

विधेय (क्रिया) का विस्तार निम्न प्रकार से होता है

(i) कारक द्वारा　　　(ii) क्रियाविशेषण द्वारा
(iii) पूरक द्वारा　　　(iv) पूर्वकालिक क्रिया द्वारा

जैसे—

* मेरी छोटी बहन कजरी स्वादिष्ट भोजन बनाती है।

यहाँ पर 'बनाती है' विधेय का 'स्वादिष्ट भोजन' विस्तारक है।

वाक्य के भेद

रचना की दृष्टि से वाक्य के तीन भेद हैं

1. सरल वाक्य

जिन वाक्यों में एक उद्देश्य तथा एक ही विधेय होता है, सरल वाक्य कहलाते हैं। इन वाक्यों में एक मुख्य क्रिया होती है। यह आवश्यक नहीं कि सरल वाक्य लंबे हों वह छोटे भी हो सकते हैं; जैसे—

* रमेश प्रतिदिन घर का कार्य करने के पश्चात् भी समय से स्कूल पहुँचता है।
* लोग टोलियाँ बनाकर मैदान में घूमने लगे।
* रावण भूमंडल का स्वामी था।

उपरोक्त वाक्य सरल वाक्य हैं, क्योंकि इन वाक्यों में केवल एक ही मुख्य क्रिया है।

2. संयुक्त वाक्य

संयुक्त वाक्यों में दो या दो से अधिक उपवाक्य होते हैं। वे सभी उपवाक्य स्वतंत्र होते हैं तथा समान स्तर के अर्थात् किसी पर आश्रित नहीं होते हैं। ये उपवाक्य विभिन्न समानाधिकरण योजक (और, एवं, तथा, या, अथवा, इसलिए, अतः, फिर भी, तो, नहीं

तो, किंतु, परंतु, लेकिन आदि) शब्दों की सहायता से जुड़े रहते हैं; जैसे—

* ये वज़ीर अली आदमी है <u>या</u> भूत।
* मुझे बुखार था, <u>इसलिए</u> मैं विद्यालय नहीं जा सका।
* मैंने सुरेश की बहुत प्रतीक्षा की, <u>किंतु</u> वह नहीं आया।

ये सभी वाक्य विभिन्न समानाधिकरण योजकों (रेखांकित भाग) के द्वारा जुड़े हुए हैं।

3. मिश्र वाक्य

वे वाक्य जिनमें एक प्रधान (मुख्य) उपवाक्य हो तथा एक या एक से अधिक उपवाक्य उस पर आश्रित हो, मिश्र वाक्य कहलाते हैं अर्थात् इन वाक्यों की रचना एक से अधिक सरल वाक्यों से होती है। इसमें प्रयुक्त उपवाक्य परस्पर व्यधिकरण योजकों (जैसे—यदि, कि, तो, जो, अगर, इसलिए आदि) शब्दों से जुड़े होते हैं; जैसे—

* मैं भी वही भोजन खाऊँगा, जो मेरे पिता ने खाया है।
　(प्रधान उपवाक्य)　　　　　　　(आश्रित उपवाक्य)
* गाय ही ऐसा पशु है, जो हिंदुओं के लिए आदरणीय है।
　(प्रधान उपवाक्य)　　　　　　　(आश्रित उपवाक्य)
* यदि रमन परिश्रम करता, तो अवश्य सफल होता।
　(प्रधान उपवाक्य)　　　　　　　(आश्रित उपवाक्य)

नीचे दी गई तालिका के आधार पर वाक्य-भेद एवं उसकी पहचान को सहजतानुसार समझा जा सकता है

वाक्य के भेद	पहचान	उदाहरण
सरल वाक्य	एक उद्देश्य + एक विधेय = सरल वाक्य	सूर्योदय होने पर कुहासा जाता रहा। उद्देश्य — विधेय — सरल वाक्य
मिश्र वाक्य	प्रधान उपवाक्य + आश्रित उपवाक्य = मिश्र वाक्य **मिलाने वाले शब्द** (कि, जो वह, जितना …उतना,) (जैसे …वैसे…, जब… तब ….,) (जहाँ… वहाँ… अगर, यदि आदि)	जैसे ही सूर्योदय हुआ वैसे ही कुहासा जाता रहा। प्रधान उपवाक्य — आश्रित उपवाक्य जैसे - - - वैसे (प्रधान उपवाक्य और आश्रित उपवाक्य को मिलाने वाले शब्द)
संयुक्त वाक्य	सरल वाक्य + सरल वाक्य = संयुक्त वाक्य **जोड़ने वाले शब्द** (और, एवं, तथा, या, अथवा, इसलिए, फिर, भी, किंतु, परंतु, लेकिन, पर, अतः, तो, नहीं तो आदि)	सूर्योदय हुआ और कुहासा जाता रहा। सरल वाक्य योजक शब्द सरल वाक्य

उपवाक्य

कई बार एक वाक्य में अनेक उपवाक्य होते हैं, जिसमें एक प्रधान तथा शेष गौण या आश्रित होते हैं। प्रधान (मुख्य) उपवाक्य वह है, जिसकी क्रिया मुख्य होती है। आश्रित उपवाक्यों का आरंभ प्रायः 'कि', 'जो', 'जिसे', 'यदि', 'क्योंकि' आदि शब्दों से होता है; *जैसे–*

- मधु स्वस्थ हो गई, क्योंकि उसने दवाई समय पर ली।
- गांधीजी ने कहा कि हमें सदा सत्य बोलना चाहिए।
- जो जितना बड़ा होता है उसे उतना ही गुस्सा कम आता है।

आश्रित उपवाक्यों के भेद

मिश्र वाक्य में प्रयुक्त होने वाले आश्रित उपवाक्य तीन प्रकार के होते हैं

1. संज्ञा उपवाक्य

जो आश्रित उपवाक्य संज्ञा की तरह व्यवहार में आता हो, उसे संज्ञा उपवाक्य कहते हैं। यह कर्म या पूरक का काम करता है, जैसा संज्ञा करती है। संज्ञा उपवाक्य की पहचान यह है कि इस उपवाक्य के पूर्व 'कि' होता है; *जैसे–*

- माताजी ने कहा कि आज खीर बनाएँगी।
- युधिष्ठिर ने कहा कि हम युद्ध नहीं चाहते।
- नितिन जानता है कि पास होना कठिन है।

2. विशेषण उपवाक्य

विशेषण की तरह व्यवहार में आने वाला अर्थात् किसी संज्ञा या सर्वनाम शब्द की विशेषता बताने वाला वाक्यांश आश्रित उपवाक्य विशेषण उपवाक्य कहलाता है। मुख्य उपवाक्य के कौन, किसे, किन्हें आदि प्रश्न का जो उत्तर होता है, वह विशेषण उपवाक्य होता है। विशेषण उपवाक्य वाक्य के आरंभ या मध्य में कहीं भी आ सकता है; *जैसे–*

- उस लड़की को अंदर बुलाओ, जो बरामदे में बैठी है।
- यह वही लड़की है, जिसने कल शोर मचाया था।
- जो मेहनत करता है, उसे सफलता अवश्य मिलती है।

3. क्रियाविशेषण उपवाक्य

मुख्य उपवाक्य की क्रिया के संबंध में सूचना देने वाला अर्थात् क्रियाविशेषण की तरह व्यवहार में आने वाला उपवाक्य क्रियाविशेषण उपवाक्य कहलाता है; *जैसे–*

- जब मैं भारत में रहता था, तब रोज़ सुबह उठता था। *(समय)*
- जहाँ वह रहती थी, वहाँ अब पशु रहते हैं। *(स्थान)*
- जैसे वह बोलता है, वैसे कोई नहीं बोलता। *(रीति)*

क्रियाविशेषण उपवाक्य पाँच प्रकार के होते हैं

(i) कालवाची उपवाक्य (काल को दर्शाने वाले क्रियाविशेषण)

- जब मुन्नी रो रही थी, तब मैं सो रही थी।
- ज्यों ही मैं विद्यालय के द्वार पर पहुँचा, त्यों ही द्वार बंद हो गया।
- जब मैं मंदिर पहुँचा, तब आरती हो रही थी।

(ii) स्थानवाची उपवाक्य
(स्थान को दर्शाने वाले क्रियाविशेषण)

- जहाँ तुम रोज़ जाते हो, वहीं मेरा घर है।
- जिधर तुम जा रहे हो, उधर मेरे चाचा रहते हैं।
- जहाँ वह पढ़ती है, वहाँ एक स्टेडियम भी है।

(iii) रीतिवाची उपवाक्य
(रीति को दर्शाने वाले क्रियाविशेषण)

- सचिन उसी तरह खेलता है, जैसा उसे कप्तान खेलने को कहते हैं।
- मैंने वैसा ही बोला, जैसा माताजी ने बताया था।
- जैसा मैं चाहता हूँ, वैसा ही होता है।

(iv) परिमाणवाची उपवाक्य
(परिमाण को दर्शाने वाले क्रियाविशेषण)

- जैसे-जैसे गर्मी बढ़ती है, वैसे-वैसे बिजली की कटौती बढ़ती जाती है।
- जितना तुम दौड़ोगे, उतना ही तुम्हारा शरीर स्वस्थ रहेगा।
- उसने जितना परिश्रम किया, उसे उतना ही अच्छा परिणाम मिला।

(v) कार्य–कारणवाची उपवाक्य
(कार्य–कारण संबंध को दर्शाने वाले क्रियाविशेषण)

- वह पढ़ेगी ज़रूर, क्योंकि उसे अच्छे अंक लाने हैं।
- यदि रमेश ने मेहनत की होती, तो अवश्य प्रथम आता।
- यदि मैंने सही लिखा होता, तो अवश्य पास हो जाती।

वाक्य रूपांतरण

वाक्यों के एक स्वरूप को दूसरे स्वरूप में परिवर्तित करने को वाक्य परिवर्तन अथवा वाक्य रूपांतरण कहते हैं। वाक्य रूपांतरण करते समय यह ध्यान रखना चाहिए कि वाक्य रचना बदलनी चाहिए, किंतु उसका अर्थ नहीं बदलना चाहिए।

*उदाहरण के लिए–*कवि, लेखक, कलाकार, राजनेता, डॉक्टर, वैज्ञानिक आदि सभी अपनी योग्यता, रुचि तथा सामर्थ्य के अनुसार भाषा का प्रयोग करते हैं।

नोट नवीनतम पाठ्यक्रम के अनुसार केवल रचना के आधार पर वाक्य रूपांतरण ही पूछा जाएगा।

वाक्य परिवर्तन करते समय ध्यान रखने योग्य बातें

वाक्य परिवर्तन करते समय निम्नलिखित बातें ध्यान रखनी चाहिए

- केवल वाक्य रचना बदलनी चाहिए, अर्थ नहीं।
- सरल वाक्यों को मिश्र या संयुक्त वाक्य बनाते समय कुछ शब्द या संबंधबोधक अव्यय अथवा योजक शब्द आदि जोड़ना; जैसे—क्योंकि, कि, और, इसलिए, तब आदि।
- संयुक्त/मिश्र वाक्यों को सरल वाक्यों में बदलते समय योजक शब्दों या संबंधबोधक अव्ययों का लोप करना।

(अ) सरल वाक्य से संयुक्त वाक्य बनाना

सरल वाक्य	संयुक्त वाक्य
मैं मंदिर जाकर भजन भी सुनूँगा।	मैं मंदिर भी जाऊँगा और भजन भी सुनूँगा।
पिताजी ने मुझे पढ़ाकर सेना में भर्ती कराया।	पिताजी ने मुझे पढ़ाया और सेना में भर्ती कराया।
मेहनत न करने के कारण वह रह गया।	उसने मेहनत नहीं की, इसलिए वह रह गया।
दो सौ आदमियों का जुलूस लालबाज़ार जाकर गिरफ़्तार हो गया।	दो सौ आदमियों का जुलूस लालबाज़ार गया और वहाँ जाकर गिरफ़्तार हो गया।
वामीरो कुछ सचेत होने पर घर की तरफ़ दौड़ी।	वामीरो कुछ सचेत हुई और घर की तरफ़ दौड़ी।

(ब) सरल वाक्य से मिश्र वाक्य बनाना

सरल वाक्य	मिश्र वाक्य
साहसी व्यक्ति संकट में घबराते नहीं हैं।	जो व्यक्ति साहसी होते हैं, वे संकट में घबराते नहीं हैं।
सच्चा व्यक्ति सफल होता है।	जो व्यक्ति सच्चा होता है, वह सफल होता है।
वह जूते खरीदने के लिए बाज़ार गया।	उसे जूते खरीदने थे, इसलिए वह बाज़ार गया।
जीवन में पहली बार मैं इस तरह विचलित हुआ हूँ।	जीवन में पहली बार ऐसा हुआ कि मैं इस तरह विचलित हो गया।
रीति के अनुसार दोनों को एक ही गाँव का होना आवश्यक था।	रीति के अनुसार यह आवश्यक था कि दोनों एक ही गाँव के हों।

(स) मिश्र वाक्य से संयुक्त वाक्य बनाना

मिश्र वाक्य	संयुक्त वाक्य
ज्यों ही परीक्षक ने प्रश्न-पत्र बाँटे, त्यों ही परीक्षार्थी उत्तर लिखने लगे।	परीक्षक ने प्रश्न-पत्र बाँटे और परीक्षार्थी उत्तर लिखने लगे।
चौराहा उस स्थान को कहते हैं, जहाँ चार रास्ते आकर मिलते हैं।	यहाँ चार रास्ते आकर मिलते हैं, इसलिए इसे चौराहा कहते हैं।
यदि आप दवाई लेना चाहते हैं, तो लाइन में लग जाएँ।	आप दवाई लेना चाहते हैं, इसलिए लाइन में लग जाएँ।
पिताजी नहीं उठे, क्योंकि उनकी तबीयत खराब है।	पिताजी की तबीयत खराब है, इसलिए वह नहीं उठे।
जो बच्चा मेहनत करता है, वह अवश्य सफल होता है।	बच्चा मेहनत करता है और अवश्य सफल होता है।

(द) संयुक्त वाक्य से मिश्र वाक्य बनाना

संयुक्त वाक्य	मिश्र वाक्य
आप झूठ बोलते हैं, इसलिए आप झूठे हैं।	यदि आप झूठ बोलते हैं, तो आप झूठे हैं।
पंकज ने पेन माँगा और वह उसे मिल गया।	पंकज ने जो पेन माँगा था, वह उसे मिल गया।
माताजी ने गीत गाया और दादी झूमने लगी।	जब माताजी ने गीत गाया, तब दादी झूमने लगी।
मैंने अभ्यास किया और दौड़ में प्रथम आया।	जब मैंने अभ्यास किया, तब दौड़ में प्रथम आया।
मेरी पुस्तक में एक कविता है और उसके कवि नीरज हैं।	मेरी पुस्तक में एक कविता है, जिसके कवि नीरज हैं।

परीक्षा अभ्यास

बहुविकल्पीय प्रश्न

1 रात्रि के आठ बजते ही मैंने पढ़ना बंद कर दिया—वाक्य रचना की दृष्टि से है

(क) सरल वाक्य   (ख) मिश्र वाक्य
(ग) संयुक्त वाक्य   (घ) प्रधान वाक्य

2 हरीश ने एक बात कही और वह रोने लगा—का

सरल वाक्य होगा

(क) हरीश के रोने का कारण एक बात कहना था
(ख) यद्यपि हरीश ने एक बात कही तथापि वह रोने लगा
(ग) हरीश एक बात कहकर रोने लगा
(घ) हरीश ने एक बात कही इसलिए वह रोने लगा

3 वामीरो कुछ सचेत हुई और घर की तरफ दौड़ी। इस संयुक्त वाक्य को परिवर्तित करने पर सरल वाक्य होगा

CBSE SQP Term I 2021

(क) जैसे ही वामीरो सचेत हुई वैसे ही वह घर की तरफ दौड़ी
(ख) वामीरो कुछ सचेत हुई और वह घर की तरफ दौड़ी
(ग) वामीरो कुछ सचेत होने पर घर की तरफ दौड़ी
(घ) सचेत वामीरो हुई तथा घर की तरफ दौड़ी

4 निम्नलिखित में मिश्र वाक्य है

(क) जब वर्षा होगी, तब फसल अच्छी होगी
(ख) फसल का अच्छा होना वर्षा पर निर्भर है
(ग) फसल अच्छी होगी, क्योंकि वर्षा होगी
(घ) वर्षा हुई होगी तो फसल अच्छी होगी

5 निम्नलिखित में से उपयुक्त सरल वाक्य छाँटिए

CBSE Term I 2021

(क) जो कुछ पढ़ो, उसका अभिप्राय समझो
(ख) भाई साहब उपदेश देने की कला में निपुण थे
(ग) मैं उनकी लताड़ सुनता और आँसू बहाने लगता
(घ) वे तो वही देखते हैं जो पुस्तक में लिखा है

6 जैसे-जैसे उम्र बढ़ती है, वैसे-वैसे समझ भी बढ़ती है—वाक्य रचना की दृष्टि से है

(क) मिश्र वाक्य   (ख) संयुक्त वाक्य
(ग) सरल वाक्य   (घ) निषेधात्मक वाक्य

7 निम्नलिखित वाक्यों में मिश्र वाक्य है

(क) मेरे और भाई साहब के बीच अब केवल एक दरजे का अंतर और रह गया
(ख) आखिर आदमी को कुछ तो अपनी पोजीशन का ख्याल रखना चाहिए
(ग) जब से माता जी ने प्रबंध अपने हाथ में ले लिया है, तब से घर में लक्ष्मी आ गई है
(घ) मेरे रहते तुम बेराह न चलने पाओगे

8 उसने अपने आप को कभी पागल नहीं कहा—

का मिश्र वाक्य होगा—

(क) उसने अपने आप को कभी नहीं कहा कि वह पागल है
(ख) पागल नहीं कहा उसने कभी अपने आप को
(ग) कभी पागल नहीं कहा, क्योंकि उसने अपने आप को
(घ) उसने कभी नहीं कहा कि मैं पागल हूँ

9 'नूह ने उसकी बात सुनी और दुःखी हो मुद्दत तक रोते रहे।' —इस वाक्य का सरल वाक्य के रूप में रूपांतरित वाक्य है— **CBSE Term I 2021**

(क) जब नूह ने उसकी बात सुनी तब वे दुःखी हो गए और मुद्दत तक रोते रहे
(ख) नूह उसकी बात सुनकर दुःखी हो मुद्दत तक रोते रहे
(ग) नूह ने दुःखी होकर उसकी बात सुनी और मुद्दत तक रोते रहे
(घ) चूँकि नूह ने उसकी बात सुनी इसलिए वे दुःखी हो मुद्दत तक रोते रहे

10 निम्नलिखित में संयुक्त वाक्य है

(क) आप द्वार पर बैठ जाएँ, ताकि उसकी प्रतीक्षा कर सकें
(ख) आप द्वार पर बैठें और उसकी प्रतीक्षा करें
(ग) उसकी प्रतीक्षा करने के लिए आपको द्वार पर बैठना होगा
(घ) आप जब द्वार पर बैठें तो उसकी प्रतीक्षा करें

11 शायद राधा आए—का मिश्र वाक्य होगा

(क) हो सकता है कि राधा आए
(ख) राधा जरूर आएगी
(ग) राधा का आना तय है
(घ) यद्यपि राधा आएगी

12 तुमने जो घड़ी खरीदी, वह अच्छी थी—का सरल वाक्य होगा

(क) तुम अच्छी घड़ी खरीदकर लाए हो
(ख) तुम्हारी खरीदी हुई घड़ी अच्छी थी
(ग) तुम जो घड़ी खरीदो अच्छी खरीदना
(घ) अच्छी घड़ी तुम अवश्य खरीदना

13 निम्नलिखित वाक्यों में संयुक्त वाक्य है

CBSE Term I 2021

(क) संसार की रचना कैसे भी हुई हो लेकिन धरती किसी एक की नहीं है
(ख) सहसा नारियल के झुरमुटों में उसे एक आकृति कुछ साफ हुई
(ग) बार-बार तताँरा का याचना भरा चेहरा उसकी आँखों में तैर जाता था
(घ) मेरे जीवन में यह पहली बार है कि मैं इस तरह से विचलित हुआ हूँ

14 निम्नलिखित में संयुक्त वाक्य है

(क) जब वह वाचनालय जाएगा तब समाचार-पत्र पढ़ने लगेगा
(ख) वह वाचनालय जाने लगा, इसलिए समाचार-पत्र पढ़ने लगा
(ग) वह वाचनालय गया और समाचार-पत्र पढ़ने लगा
(घ) समाचार-पत्र पढ़ने के लिए वह वाचनालय जाने लगा

15 राम जानता है कि वह ईमानदार है—वाक्य रचना की दृष्टि से है

(क) संयुक्त वाक्य (ख) सरल वाक्य
(ग) मिश्र वाक्य (घ) सामान्य वाक्य

16 'सायंकाल हुआ और पक्षी अपने-अपने घोंसलों में लौट गए'—वाक्य रचना की दृष्टि से है

(क) मिश्र वाक्य (ख) सरल वाक्य
(ग) संयुक्त वाक्य (घ) सामान्य वाक्य

17 स्वावलंबी व्यक्ति सदा सुखी रहते हैं—का मिश्र वाक्य बनेगा

(क) जो स्वावलंबी होते हैं, वे सदा सुखी रहते हैं
(ख) सदा सुखी रहने वाला व्यक्ति स्वावलंबी होता है
(ग) यदि सदा सुखी रहना है, तो स्वावलंबी बनना चाहिए
(घ) जो सदा सुखी रहना चाहते हैं, वो स्वावलंबी बने

18 'सालाना इम्तिहान में मैं पास हो गया और दरजे में प्रथम आया।' रूपांतरित करने पार इस वाक्य का मिश्र वाक्य होगा **CBSE Term I 2021**

(क) सालाना इम्तिहान में मैं पास होकर दरजे में प्रथम आया
(ख) सालाना इम्तिहान हुआ, मैं पास हो गया और दरजे में प्रथम आया
(ग) मैं पास हो गया और दरजे में प्रथम आया क्योंकि सालाना इम्तिहान हुआ
(घ) जब सालाना इम्तिहान हुआ तो मैं उसमें पास हो गया और दरजे में प्रथम आया

19 निम्नलिखित में मिश्र वाक्य है

(क) विपत्ति आती है तो अपने भी साथ छोड़ देते हैं
(ख) जैसे ही विपत्ति आई वैसे ही अपनों ने साथ छोड़ दिया
(ग) विपत्ति आई और अपने चले गए
(घ) विपत्ति और अपने आते-जाते रहते हैं

20 'एक जमाना था कि लोग आठवाँ दरजा पास करके नायब तहसीलदार हो जाते थे।' रचना की दृष्टि से वाक्य है **CBSE SQP Term I 2021**

(क) सरल वाक्य (ख) संयुक्त वाक्य
(ग) मिश्र वाक्य (घ) सामान्य वाक्य

21 निम्नलिखित में सरल वाक्य है

(क) वामीरो कुछ सचेत होने पर घर की ओर दौड़ी
(ख) जैसे ही वामीरो सचेत हुई वैसे ही वह घर की ओर दौड़ी
(ग) जब वामीरो सचेत होगी तब वह घर की ओर दौड़ेगी
(घ) वामीरो सचेत हुई, क्योंकि उसे घर की ओर दौड़ना था

परीक्षा अभ्यास

लघु उत्तरीय प्रश्न

1 वाक्य किसे कहते हैं? स्पष्ट कीजिए।

2 वाक्य रचना से संबंधित आवश्यक तथ्य पर प्रकाश डालिए।

3 कर्ता व क्रिया के आधार पर वाक्य के कितने घटक हैं? उनके नाम लिखिए।

4 रचना के आधार पर वाक्य के कितने भेद होते हैं? **CBSE 2010**

5 सरल वाक्य किसे कहते हैं?

6 मिश्र वाक्य को स्पष्ट कीजिए।

7 उपवाक्य क्या होते हैं? इसके प्रकारों को स्पष्ट कीजिए।

8 क्रियाविशेषण उपवाक्य के कितने भेद हैं? उनके नाम लिखिए।

9 निम्नलिखित वाक्यों को मिश्र वाक्यों में बदलिए।

(*i*) कई सालों से बड़े-बड़े बिल्डर समंदर को पीछे धकेल कर उसकी ज़मीन हथिया रहे थे। **CBSE 2020**
(*ii*) तुम बस रुकने के स्थान पर चले जाओ।
(*iii*) अविनाश के झंडा फहराते समय उन्हें गिरफ्तार कर लिया गया। **CBSE 2020**
(*iv*) अध्यापक अपने शिष्यों को अच्छा बनाना चाहता है।
(*v*) पकड़े गए आदमियों की संख्या का पता नहीं चला।
(*vi*) लड़कों का एक झुंड पतंग के पीछे-पीछे दौड़ा चला आ रहा था। **CBSE 2020**
(*vii*) ग्वालियर में हमारा एक मकान था, उस मकान के दालान में दो रोशनदान थे। **CBSE 2019**
(*viii*) प्रैक्टिकल आइडियलिस्टों के जीवन से आदर्श धीरे-धीरे पीछे हटने लगते हैं।

10 निम्नलिखित वाक्यों को संयुक्त वाक्यों में बदलिए।

(*i*) कई बार मुझे डाँटने का अवसर मिलने पर भी बड़े भाई साहब चुप रहे। **CBSE 2020**
(*ii*) कहा जाना चाहिए कि यह सभा एक ओपन चैलेंज थी। **CBSE 2020**
(*iii*) मोनुमैंट के नीचे झंडा फहराने के बाद स्वतंत्रता की प्रतिज्ञा पढ़ी जाएगी। **CBSE 2020**
(*iv*) शेर को देखकर सब बच्चे डरकर भाग गए।
(*v*) भाई साहब ने उछलकर पतंग की डोर पकड़ ली। **CBSE 2020**
(*vi*) वे हरदम किताबें खोलकर अध्ययन करते रहते थे। **CBSE 2019**
(*vii*) ततँारा ने विवश होकर आग्रह किया।
(*viii*) ततँारा की व्याकुल आँखें वामीरो को ढूँढने में व्यस्त थीं। **CBSE 2018**

11 निम्नलिखित वाक्यों को पहचानकर उनके सामने संयुक्त अथवा मिश्र वाक्य लिखिए।

(*i*) मैंने नीलिमा से कहा कि वह मेरे साथ चले।
(*ii*) वे बीमार हैं, इसलिए बोलने में असमर्थ हैं।
(*iii*) जब वर्षा होती है, तब मोर नाचने लगते हैं।
(*iv*) वह नाराज़ थी, इसलिए उसने मुझसे बात नहीं की।
(*v*) उस युवती को बुलाओ जिसने जींस पहनी है।

12 निम्नलिखित प्रश्नों का निर्देशानुसार उत्तर दीजिए।

(क) निम्नलिखित मिश्र वाक्यों को सरल वाक्यों में परिवर्तित कीजिए।

(*i*) मैं इतना थक गया था कि चल भी नहीं पा रहा था। **CBSE 2020** (*ii*) आप जो कुछ कह रहे हैं वह बिलकुल सच है। **CBSE 2020**

(*iii*) ऐसी सभा पहले नहीं की गई थी, जिसमें खुला चैलेंज दिया गया हो। **CBSE 2020**

(ख) निम्नलिखित संयुक्त वाक्यों को सरल वाक्यों में परिवर्तित कीजिए।

(*i*) वह बीमार था, इसलिए परीक्षा में सफल न हो सका।

(*ii*) आपने जो कहा, मैंने सुन लिया। **CBSE 2020**

(*iii*) उसने न केवल गरीब को अपमानित किया, बल्कि उसको लूटा भी।

13 रचना के आधार पर निम्नलिखित वाक्यों का भेद बताइए।

(*i*) जो परिश्रम करते हैं, वे विद्यार्थी सदा सफल होते हैं।

(*ii*) सूर्य निकला और प्रकाश हो गया।

(*iii*) जो छात्र प्रथम आया है, वह वास्तव में प्रतिभावान है।

(*iv*) जब असफल हो गए, तो शोक करना व्यर्थ है।

(*v*) मैं बाज़ार गया और सामान खरीदा।

14 निम्नलिखित वाक्यों को निर्देशानुसार बदलिए।

(*i*) जैसे ही वह स्टेशन पहुँचा, त्यों ही गाड़ी चल दी। *(सरल वाक्य में)* **CBSE 2016**

(*ii*) चूहे ने मोटा कालीन काट डाला। *(मिश्र वाक्य में)*

(*iii*) अपराध सिद्ध होने पर उसे सज़ा हुई। **CBSE 2015** *(संयुक्त वाक्य में)*

(*iv*) इस संसार में दिखाई देने वाली सभी चीज़े नाशवान हैं। *(मिश्र वाक्य में)* **CBSE 2015**

(*v*) पिताजी की इच्छा के कारण मुझे छात्रावास में जाना पड़ा। *(संयुक्त वाक्य में)* **CBSE 2015**

(*vi*) वह लड़का गाँव जाकर बीमार हो गया। *(मिश्र वाक्य में)* **CBSE 2015**

(*vii*) वह रोज व्यायाम करता है, इसलिए स्वस्थ रहता है। *(सरल वाक्य में)* **CBSE 2017**

(*viii*) परिश्रमी व्यक्ति कभी खाली नहीं बैठता। *(मिश्र वाक्य में)* **CBSE 2017**

(*ix*) आज्ञाकारी श्याम माता-पिता की सेवा करता है। *(संयुक्त वाक्य में)* **CBSE 2017**

(*x*) कर्म करने वाले को फल की इच्छा नहीं करनी चाहिए। *(मिश्र वाक्य में)* **CBSE 2017**

(*xi*) जो विद्वान् और सत्यवादी है उनका सर्वत्र सम्मान होता है। *(सरल वाक्य में)* **CBSE 2017**

(*xii*) आकाश में बादल होते ही घनघोर वर्षा होने लगी। *(संयुक्त वाक्य में)* **CBSE 2017**

(*xiii*) वह बगल के कमरे से कुछ बरतन ले आया। तौलिए से बरतन साफ किए। *(संयुक्त वाक्य में)* **CBSE 2017**

(*xiv*) लिखकर अभ्यास करने से कुछ भूल नहीं सकते। *(मिश्र वाक्य में)* **CBSE 2017**

(*xv*) सीमा पर लड़ने वाले सैनिक ऐसे हैं कि जान हथेली पर लिए रहते हैं। *(सरल वाक्य में)* **CBSE 2017**

15 रचना के आधार पर निम्नलिखित वाक्यों का भेद बताइए।

(*i*) आप अंदर आइए और बैठ जाइए। **CBSE 2012**

(*ii*) वह दो दिन हमारे घर रहा और सबका प्रिय हो गया। **CBSE 2015**

(*iii*) यद्यपि वह बहुत मेहनती है फिर भी सफल नहीं हो सका।

(*iv*) अध्यापिका ने पाठ पढ़ाने के बाद प्रश्न पूछे। **CBSE 2015**

(*v*) जैसा उसका स्वभाव है, वैसा ही आचरण है।

(*vi*) शिक्षक कक्षा से निकले। छात्रों ने खेलना शुरू कर दिया।

16 निम्नलिखित वाक्यों को सरल वाक्यों में बदलिए।

(*i*) पैसा साध्य नहीं है, साधन है।

(*ii*) उसमें गुण थे, इसलिए उसका सब जगह आदर सत्कार होता था।

(*iii*) वह पंगु है, इसलिए घोड़े पर नहीं चढ़ सकता।

(*iv*) यदि पानी न बरसा, तो सूखा पड़ जाएगा।

(*v*) उसने कहा कि मैं निर्दोष हूँ।

(*vi*) वह धनी है पर लोग ऐसा नहीं समझते।

(*vii*) यह निश्चित नहीं है कि वह कब आएगा।

(*viii*) उसने खाना खाया और सो गया।

(*ix*) इतना कहा पर श्याम नहीं आया।

(*x*) जो परिश्रम करते हैं उनकी पराजय नहीं होती।

(*xi*) मैं सफल हुआ और कक्षा में प्रथम स्थान पर आया। **CBSE 2019**

(*xii*) वह छह मंजिली इमारत की छत थी, जिस पर एक पर्णकुटी बनी थी। **CBSE 2019**

(*xiii*) आप जो कुछ कह रहे हैं वह बिलकुल सच है। **CBSE 2019**

(*xiv*) जापान में चाय पीने की एक विधि है, जिसे 'चा-नो-यू' कहते हैं। **CBSE 2018**

17 निम्नलिखित वाक्यों को पहचानकर उनके सामने संयुक्त अथवा मिश्र वाक्य लिखिए।

(*i*) जिस मुनष्य में दया नहीं, वह जानवर के समान है।

(*ii*) बात करने में सब एक-से-एक बढ़कर हैं, लेकिन सही बात कोई नहीं बताता। **CBSE 2013**

(*iii*) मैं कल विद्यालय इसलिए नहीं आ सका, क्योंकि मैं बीमार था।

(*iv*) कैसे कह सकते हो कि वह अवश्य आएगा? **CBSE 2016**

(*v*) सालाना इम्तिहान हुआ और भाई साहब फेल हो गए।

(*vi*) जब रविवार आएगा, तब हम पढ़ेंगे। **CBSE 2016**

व्याख्या सहित उत्तर

बहुविकल्पीय प्रश्न

1. (क) सरल वाक्य
2. (ग) हरीश एक बात कहकर रोने लगा
3. (ग) वामीरो कुछ सचेत होने पर घर की तरफ दौड़ी
4. (क) जब वर्षा होगी, तब फसल अच्छी होगी
5. (ख) भाई साहब उपदेश देने की कला में निपुण थे
6. (क) मिश्र वाक्य
7. (ग) जब से माता जी ने प्रबंध अपने हाथ में ले लिया है, तब से घर में लक्ष्मी आ गई है
8. (घ) उसने कभी नहीं कहा कि मैं पागल हूँ
9. (ख) नूह उसकी बात सुनकर दु:खी हो मुद्दत तक रोते रहे
10. (ख) आप द्वार पर बैठें और उसकी प्रतीक्षा करें
11. (क) हो सकता है कि राधा आए
12. (ख) तुम्हारी खरीदी हुई घड़ी अच्छी थी
13. (क) संसार की रचना कैसे भी हुई हो लेकिन धरती किसी एक की नहीं है
14. (ग) वह वाचनालय गया और समाचार-पत्र पढ़ने लगा
15. (क) संयुक्त वाक्य
16. (ग) संयुक्त वाक्य
17. (क) जो स्वावलंबी होते हैं, वे सदा सुखी रहते हैं
18. (घ) जब सालाना इम्तिहान हुआ तो मैं उसमें पास हो गया और दरजे में प्रथम आया
19. (ख) जैसे ही विपत्ति आई वैसे ही अपनों ने साथ छोड़ दिया
20. (ग) मिश्र वाक्य
21. (क) वामीरो कुछ सचेत होने पर घर की ओर दौड़ी

लघु उत्तरीय प्रश्न

1. शब्दों का वह व्यवस्थित रूप, जिसमें एक पूर्ण अर्थ की प्रतीति होती है, वाक्य कहलाता है।
2. वाक्य रचना से संबंधित आवश्यक तथ्य निम्नलिखित हैं
   (i) वाक्य के सभी पदों का पूरा अर्थ स्पष्ट होना चाहिए।
   (ii) वाक्य के शब्दों में क्रमबद्धता होनी चाहिए अन्यथा अर्थ बदल जाता है।
   (iii) वाक्य में शब्द सार्थक व प्रसंगानुकूल होने चाहिए।
   (iv) शब्दों में निकटता होनी चाहिए।
   (v) वाक्य में कर्ता, कर्म, क्रिया का लिंग, वचन, पुरुष तथा कारक में मेल होना चाहिए।
   (vi) जो वाक्य लिखा जा रहा है, वह अपने आप में पूरा होना चाहिए।
3. कर्ता व क्रिया के आधार पर वाक्य के दो घटक हैं
   (i) उद्देश्य   (ii) विधेय

4. रचना के आधार पर वाक्य के तीन भेद होते हैं
   (i) सरल वाक्य (ii) संयुक्त वाक्य   (iii) मिश्र वाक्य
5. जिन वाक्यों में एक उद्देश्य तथा एक ही विधेय होता है, वह सरल वाक्य कहलाते हैं; जैसे–सुभाष स्कूल जाता है।
6. वे वाक्य जिनमें एक प्रधान (मुख्य) उपवाक्य हो तथा एक या एक से अधिक उपवाक्य उस पर आश्रित हों, मिश्र वाक्य कहलाते हैं; जैसे–लोग सोचने लगे कि यहाँ भी बहुत-सा काम हो सकता है।
7. कई बार एक वाक्य में अनेक उपवाक्य होते हैं, जिसमें एक प्रधान तथा शेष गौण या आश्रित होते हैं। प्रधान (मुख्य) उपवाक्य वह है, जिसकी क्रिया मुख्य होती है। आश्रित उपवाक्यों का आरंभ प्राय: कि, जो, जिसे, यदि, क्योंकि आदि शब्दों से होता है; जैसे–वह वामीरो थी, जो भयवश सामने आने में झिझक रही थी।

   इसके तीन प्रकार होते हैं
   (i) संज्ञा उपवाक्य   (ii) विशेषण उपवाक्य
   (iii) क्रियाविशेषण उपवाक्य

8. क्रियाविशेषण उपवाक्य पाँच प्रकार के होते हैं
   (i) कालवाची उपवाक्य   (ii) स्थानवाची उपवाक्य
   (iii) रीतिवाची उपवाक्य   (iv) परिमाणवाची उपवाक्य
   (v) कार्य-कारणवाची उपवाक्य

9. (i) कई सालों से बड़े-बड़े बिल्डर ने समंदर को पीछे धकेला, क्योंकि वे उसकी जमीन को हथियाना चाहते थे।
   (ii) तुम उस स्थान पर चले जाओ, जहाँ बस रुकती है।
   (iii) जब अविनाश ने झंडा फहराया तब उन्हें गिरफ्तार कर लिया गया।
   (iv) अध्यापक चाहता है कि उसके शिष्य अच्छे बनें।
   (v) जो आदमी पकड़े गए, उनकी संख्या का पता नहीं चला।
   (vi) लड़कों का जो झुंड था वह पतंग के पीछे-पीछे दौड़ा चला आ रहा था।
   (vii) ग्वालियर में जहाँ हमारा मकान था, वहाँ उस मकान के दालान में दो रोशनदान थे।
   (viii) जो प्रैक्टिकल आइडियलिस्ट होते हैं, उनके जीवन से आदर्श धीरे-धीरे पीछे हटने लगते हैं।

10. (i) कई बार मुझे डाँटने का अवसर मिला, किंतु बड़े भाई साहब चुप रहे।
    (ii) यह एक सभा थी और एक ओपन चैलेंज था।
    (iii) मोनुमैंट के नीचे झंडा फहराया जाएगा और स्वतंत्रता की प्रतिज्ञा पढ़ी जाएगी।
    (iv) शेर दिखाई दिया, इसलिए सब बच्चे डरकर भाग गए।
    (v) भाई साहब उछले और पतंग की डोर पकड़ ली।
    (vi) वे हरदम किताबें खोलते हैं और अध्ययन करते रहते हैं।
    (vii) तताँरा विवश हुआ और आग्रह करने लगा।
    (viii) तताँरा व्याकुल था, इसलिए उसकी आँखें वामीरो को ढूँढने में व्यस्त थी।

11. (i) मिश्र वाक्य   (ii) संयुक्त वाक्य
    (iii) मिश्र वाक्य   (iv) संयुक्त वाक्य
    (v) मिश्र वाक्य

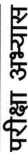
परीक्षा अभ्यास

12 *(क)* (i) अत्यधिक थकान के कारण मैं चल नहीं पा रहा था।
(ii) आपका कहना बिल्कुल सच है।
(iii) खुला चैलेंज देकर ऐसी सभा पहले कभी नहीं की गई थी।

(ख) (i) बीमार होने के कारण वह परीक्षा में सफल न हो सका।
(ii) आपका कहा मैंने सुन लिया।
(iii) उसने गरीब को अपमानित करने के अतिरिक्त उसे लूटा भी।

13 (i) मिश्र वाक्य (ii) संयुक्त वाक्य
(iii) मिश्र वाक्य (iv) मिश्र वाक्य
(v) संयुक्त वाक्य

14 (i) उसके स्टेशन पहुँचते ही गाड़ी चल दी।
(ii) एक मोटा कालीन था जिसे चूहे ने काट डाला।
(iii) उसका अपराध सिद्ध हुआ और उसे सज़ा मिल गई।
(iv) जो चीज़ें इस संसार में दिखाई देती हैं, वह सभी नाशवान् हैं।
(v) पिताजी की इच्छा थी, इसलिए मुझे छात्रावास जाना पड़ा।
(vi) जैसे ही वह लड़का गाँव गया, वैसे ही वह बीमार हो गया। अथवा जो लड़का गाँव गया था, वह बीमार हो गया।
(vii) रोज व्यायाम करने से वह स्वस्थ रहता है।
(viii) जो व्यक्ति परिश्रमी होता है, वह कभी खाली नहीं बैठता।
(ix) श्याम आज्ञाकारी है और माता-पिता की सेवा करता है।
(x) जो कर्म करने वाले हैं, उन्हें फल की इच्छा नहीं करनी चाहिए।
(xi) विद्वान् और सत्यवादी का सर्वत्र सम्मान होता है।
(xii) घनघोर वर्षा होने लगी, क्योंकि आकाश में बादल छाए हैं।
(xiii) वह बगल के कमरे से कुछ बरतन ले आया और उन्हें तौलिए से साफ किया।
(xiv) जो लिखकर अभ्यास करते हैं, वह कुछ भूल नहीं सकते।
(xv) सीमा पर लड़ने वाले सैनिक, जान हथेली पर लिए रहते हैं।

15 (i) संयुक्त वाक्य (ii) संयुक्त वाक्य
(iii) मिश्र वाक्य (iv) सरल वाक्य
(v) मिश्र वाक्य (vi) सरल वाक्य

16 (i) पैसा साध्य न होकर साधन है।
(ii) अपने गुणों के कारण उसका सब जगह आदर सत्कार होता था।
(iii) पंगु होने के कारण वह घोड़े पर नहीं चढ़ सकता।
(iv) पानी न बरसने पर सूखा पड़ जाएगा।
(v) उसने स्वयं को निर्दोष बताया।
(vi) लोग उसे धनी नहीं समझते।
(vii) उसके आने का समय निश्चित नहीं है।
(viii) वह खाना खाकर सो गया।
(ix) इतना कहने पर भी श्याम नहीं आया।
(x) परिश्रम करने वालों की पराजय नहीं होती।
(xi) मैं सफल होकर कक्षा में प्रथम स्थान पर आया।
(xii) छह मंजिली इमारत की छत पर एक पर्णकुटी बनी थी।
(xiii) आपका कहा बिल्कुल सच है।
(xiv) जापान में चाय पीने की विधि को 'चा-नो-यू' कहते हैं।

17 (i) मिश्र वाक्य (ii) संयुक्त वाक्य
(iii) संयुक्त वाक्य (iv) मिश्र वाक्य
(v) संयुक्त वाक्य (vi) मिश्र वाक्य

स्वमूल्यांकन

बहुविकल्पीय प्रश्न

1 निम्नलिखित में मिश्र वाक्य है
(क) वह बाजार गई और साड़ी खरीदी
(ख) वह साड़ी खरीदेगी, इसलिए बाजार गई
(ग) उसे साड़ी खरीदनी थी, इसलिए वह बाजार गई
(घ) जैसे ही वह बाजार गई वैसे ही उसने साड़ी खरीद ली

2 निम्नलिखित में सरल वाक्य है
(क) डॉक्टर के पहुँचने तक रोगी मर चुका था
(ख) डॉक्टर पहुँचा, क्योंकि रोगी मर चुका था
(ग) रोगी के मरते ही डॉक्टर पहुँचा
(घ) रोगी मर रहा था, इसलिए डॉक्टर पहुँचा

3 अध्यापक के बाहर जाते ही छात्र शोर मचाने लगे, का संयुक्त वाक्य बनेगा
(क) जैसे ही अध्यापक बाहर गए वैसे ही छात्र शोर मचाने लगे
(ख) छात्र शोर मचा रहे थे, क्योंकि अध्यापक बाहर चले गए
(ग) अध्यापक बाहर गए और छात्र शोर मचाने लगे
(घ) यदि अध्यापक बाहर गए तो छात्र शोर मचाने लगेंगे

4 उससे मिल लेना, परंतु प्रतीक्षा करनी पड़ेगी, का मिश्र वाक्य बनेगा
(क) उससे मिलने के लिए प्रतीक्षा करनी पड़ेगी
(ख) यदि उससे मिलना हो, तो प्रतीक्षा करनी पड़ेगी
(ग) जब उससे मिलें तब प्रतीक्षा करनी पड़ी
(घ) उससे मिलें परंतु प्रतीक्षा करनी पड़ी

लघु उत्तरीय प्रश्न

5 वाक्य के तत्त्वों पर प्रकाश डालिए।

6 संयुक्त वाक्य किसे कहते हैं? इसके प्रकारों को उदाहरण सहित समझाइए।

7 उद्देश्य व विधेय के विस्तार को स्पष्ट कीजिए।

8 संज्ञा उपवाक्य को उदाहरण सहित स्पष्ट कीजिए।

9 रचना की दृष्टि से निम्नलिखित वाक्यों का भेद बताइए।
(*i*) देवेंद्र कुछ सचेत हुआ और घर की तरफ़ दौड़ा।
(*ii*) उस जोकर को देखो, जो शरारत कर रहा है।
(*iii*) जहाँ कभी बंजर था, वहाँ अब सुंदर उपवन है।

10 निम्नलिखित वाक्यों को सरल वाक्यों में परिवर्तित कीजिए।
(*i*) वर्षा हुई। ठंडी-ठंडी हवा बहने लगी।
(*ii*) वह दो दिन गाँव में रहा और सबका प्रिय हो गया।
(*iii*) यदि भारत पाकिस्तान के सामने कमज़ोरी न दिखाए, तो कश्मीर-समस्या हल हो सकती है।
(*iv*) वह घायल था फिर भी खेलता रहा।

11 निम्नलिखित वाक्यों को संयुक्त वाक्यों में परिवर्तित कीजिए।
(*i*) दिनभर वर्षा होती रही। वह नहीं आया।
(*ii*) जब मैंने बालक को रोते हुए देखा, तो उससे रोने का कारण पूछा।
(*iii*) बच्चा मोटरसाइकिल से टकराने पर गिर गया।
(*iv*) बच्चा दौड़ कर मेरे पास आया।

12 निम्नलिखित वाक्यों को मिश्र वाक्यों में परिवर्तित कीजिए।
(*i*) तुम मन लगाकर पढ़ो। तुम अवश्य पास हो जाओगे।
(*ii*) रविवार के दिन हम पढ़ेंगे।
(*iii*) सत्याग्रह-आंदोलन के दौरान उन्हें कारावास की सज़ा भोगनी पड़ी।
(*iv*) शेर दिखाई दिया और सब डर गए।

13 निम्नलिखित वाक्यों के निर्देशानुसार उत्तर दीजिए।
(*i*) राजसिंह का पुत्र रमेश एक अच्छा नेता बनेगा। *(मिश्र वाक्य में बदलिए)*
(*ii*) सुबह होते ही सभी लोग काम पर निकल पड़ते हैं। *(संयुक्त वाक्य में बदलिए)*
(*iii*) संकल्प ने समझाया कि संयम में ही सुख है। *(सरल वाक्य में बदलिए)*

14 निम्नलिखित वाक्यों को पहचानकर उनके सामने संयुक्त अथवा मिश्र वाक्य लिखिए।
(*i*) गाड़ी इतने धीरे चल रही थी, जैसे बैलगाड़ी हो।
(*ii*) पिताजी ने मुझसे कहा कि वे बहुत बीमार हैं।
(*iii*) भाई साहब बाज़ार गए और बच्चों के लिए रसगुल्ले लाए।
(*iv*) मैंने वहीं मकान खरीदा है, जहाँ आप रहते हैं।

15 निम्नलिखित प्रश्नों के निर्देशानुसार उत्तर दीजिए।
(क) निम्नलिखित मिश्र वाक्य को संयुक्त वाक्य में परिवर्तित कीजिए।
(*i*) जब सुबह हुई, तो भौंरे गुनगुनाने लगे।
(*ii*) जब रावण मारा गया, तब विभीषण को गद्दी मिली।
(ख) निम्नलिखित सरल वाक्यों को मिश्र वाक्य में परिवर्तित कीजिए।
(*i*) विद्वान् व्यावहारिक होते हैं।
(*ii*) अच्छा आचार-विचार रखने वाले सफल होते हैं।

अध्याय

03

समास

समास शब्द का शाब्दिक अर्थ है–संग्रह, सम्मिलन, संक्षेप, मिश्रण आदि।

व्याकरणिक दृष्टि से दो-या-दो से अधिक पदों के मेल से जो नया शब्द बनता है, उसे समस्त-पद कहते हैं तथा शब्दों के मेल से नए शब्द बनाने की प्रक्रिया को समास कहते हैं; *जैसे*–गंगाजल, रामावतार, पत्रोत्तर आदि।

वास्तव में, कम-से-कम शब्दों में अधिक अर्थ प्रकट करना ही समास का मुख्य प्रयोजन है; *जैसे*–

परीक्षा का अर्थी	= परीक्षार्थी	लोक में प्रिय	= लोकप्रिय
शुभ है जो आगमन	= शुभागमन	कमल के समान नयन	= कमलनयन
चक्र है पाणि में जिसके	= चक्रपाणि (विष्णु)	माता और पिता	= माता-पिता

समास में दो पद होते हैं–पूर्व पद और उत्तर पद। कभी पूर्व पद, कभी उत्तर पद और कभी दोनों पद प्रधान होते हैं। कभी-कभी दोनों ही पद अप्रधान हो जाते हैं और उनका एक विशिष्ट अर्थ महत्त्वपूर्ण हो जाता है।

समास विग्रह

समस्तपदों को अलग करने की विधि को समास विग्रह कहते हैं; *जैसे*–

पत्रोत्तर	–	पत्र का उत्तर
गंगाजल	–	गंगा का जल
पथभ्रष्ट	–	पथ से भ्रष्ट
देशभक्ति	–	देश के लिए भक्ति

समास संबंधी आवश्यक तथ्य

समास संबंधी आवश्यक तथ्य निम्नलिखित हैं

- जो भाषा संश्लेषणात्मक होती है, उसमें समास की प्रवृत्ति अधिक होती है; *जैसे*—संस्कृत भाषा।
  हिंदी विश्लेषणात्मक भाषा है, लेकिन इसमें संस्कृत के सामासिक शब्दों के प्रयोग के कारण समास का महत्त्व है; *जैसे*—यथाशक्ति = शक्ति के अनुसार।
- कभी-कभी समास से संबंधित शब्दों को योजक चिह्न, हाइफन (-) से भी मिलाया जाता है;
  जैसे—मामा-मामी, मार्ग-दर्शक, रात-दिन, नाना-नानी।
- सामान्यतया सामासिक पद दो होते हैं; किंतु कभी-कभी तीन पद भी होते हैं;
  जैसे—तन-मन-धन, सुबह-दोपहर-शाम।

संधि और समास में अंतर

- समास में दो पदों का योग होता है, जबकि संधि में दो वर्णों का योग होता है।
- समास प्रथम तथा संधि उसके पश्चात् होती है।
- जब शब्द या पद समस्तपद बनते हैं, तो उनमें विभक्ति चिह्न या अन्य पद लुप्त हो जाते हैं; जैसे—कृष्णावतार में 'कृष्ण का अवतार' का 'का' लुप्त है।
- इसके विपरीत संधि में स्वरों या वर्णों का लोप होता है या रूप में परिवर्तन होता है; जैसे—देवेंद्र = देव + इंद्र। इसमें 'अ + इ' से 'ए' बना है।
- समास में पूरे शब्द या वर्ण का, जबकि संधि में एक मात्रा या व्यंजन का लोप होता है।
- समस्तपद बनाते समय यदि संधि के नियम के अनुसार संधि हो सकती है, तो वहाँ संधि कर दी जाती है।

समास के भेद

समास के मुख्यत: छ: भेद हैं

1. तत्पुरुष समास
2. कर्मधारय समास
3. द्विगु समास
4. बहुव्रीहि समास
5. द्वंद्व समास
6. अव्ययीभाव समास

1. तत्पुरुष समास

तत्पुरुष समास में **उत्तर पद प्रधान** होता है तथा **पूर्व पद गौण** होता है। इस समास में समस्तपदों का लिंग और वचन अंतिम पद के अनुसार ही होता है। तत्पुरुष समास में बहुधा दोनों पद संज्ञा या पहला पद संज्ञा और दूसरा विशेषण होता है।

इस समास में समस्तपद करते समय कारक - विभक्ति या एकाधिक शब्दों का लोप होता है, इसलिए लुप्त (गायब हुई) विभक्ति के कारक के अनुसार, *इस समास के निम्नलिखित भेद किए जाते हैं*

(i) कर्म तत्पुरुष

कर्म तत्पुरुष के अंतर्गत समस्तपद में कर्म कारक की विभक्ति **को** का लोप होता है; *जैसे*–

समस्तपद	विग्रह
आतिथ्यर्पण	अतिथि को अर्पण
गृहागत	गृह को आया हुआ
यशप्राप्त	यश को प्राप्त
मरणासन्न	मरण को पहुँचा हुआ
परलोकगमन	परलोक को गमन
ग्रामगत	ग्राम को गया हुआ
स्वर्गगत	स्वर्ग को गया हुआ
कष्टभोगी	कष्ट को भोगने वाला
गिरहकट	गिरह को काटने वाला

(ii) करण तत्पुरुष

करण तत्पुरुष के अंतर्गत समस्तपद में करण कारक की विभक्ति **से, के द्वारा** का लोप होता है एवं पूर्वपद का उत्तरपद से संबंध स्थापित किया जाता है; *जैसे*–

समस्तपद	विग्रह
गुणयुक्त	गुणों से युक्त
जन्मांध	जन्म से अंधा
भुखमरा	भूख से मरा हुआ
रोगपीड़ित	रोग से पीड़ित
रेखांकित	रेखा से अंकित
तुलसीकृत	तुलसी द्वारा कृत
मनगढ़ंत	मन से गढ़ा हुआ
बिहारीरचित	बिहारी द्वारा रचित

(iii) संप्रदान तत्पुरुष

संप्रदान तत्पुरुष के अंतर्गत समस्तपद में संप्रदान कारक की विभक्ति **के लिए** का लोप होता है; *जैसे*–

समस्तपद	विग्रह
रसोईघर	रसोई के लिए घर
युद्धक्षेत्र	युद्ध के लिए क्षेत्र
देवबलि	देव के लिए बलि
हथकड़ी	हाथ के लिए कड़ी
हवनसामग्री	हवन के लिए सामग्री
देशभक्ति	देश के लिए भक्ति
गुरुदक्षिणा	गुरु के लिए दक्षिणा
पुण्यदान	पुण्य के लिए दान

(iv) अपादान तत्पुरुष

अपादान तत्पुरुष के अंतर्गत समस्तपद में अपादान कारक की विभक्ति **से** का लोप होता है एवं पूर्वपद का उत्तरपद से संबंध स्थापित नहीं किया जाता है; *जैसे*–

समस्त पद	विग्रह	
ऋणमुक्त	ऋण से मुक्त	**CBSE 2012**
रोगमुक्त	रोग से मुक्त	
धर्मभ्रष्ट	धर्म से भ्रष्ट	
श्रापमुक्त	श्राप से मुक्त	
शक्तिहीन	शक्ति से हीन	
लक्ष्यभ्रष्ट	लक्ष्य से भ्रष्ट	
धर्मविमुख	धर्म से विमुख	
भयभीत	भय से भीत	
कामचोर	काम से जी चुराने वाला	

(v) संबंध तत्पुरुष

संबंध तत्पुरुष के अंतर्गत समस्तपद में संबंध कारक की विभक्ति **का, के, की** का लोप होता है;

जैसे–

समस्तपद	विग्रह
भारतरत्न	भारत का रत्न
अछूतोद्धार	अछूतों का उद्धार
गंगातट	गंगा का तट
जलधारा	जल की धारा
लखपति	लाखों का पति
कला-मर्मज्ञ	कला का मर्मज्ञ
राष्ट्रपति	राष्ट्र का पति
सेनानायक	सेना का नायक
विद्याभंडार	विद्या का भंडार
जीवनसाथी	जीवन का साथी
देशोद्धार	देश का उद्धार
आज्ञानुसार	आज्ञा के अनुसार
घुड़दौड़	घोड़ों की दौड़
द्वीपसमूह	द्वीपों का समूह

(vi) अधिकरण तत्पुरुष

अधिकरण तत्पुरुष के अंतर्गत समस्तपद में अधिकरण कारक की विभक्ति **में**, **पर** का लोप होता है; *जैसे–*

समस्तपद	विग्रह
कलाप्रवीण	कला में प्रवीण
गृहप्रवेश	गृह में प्रवेश
कुलश्रेष्ठ	कुल में श्रेष्ठ
आनंदमग्न	आनंद में मग्न
आपबीती	आप पर बीती
सिरदर्द	सिर में दर्द
व्यवहारकुशल	व्यवहार में कुशल
धर्मवीर	धर्म में वीर
घुड़सवार	घोड़े पर सवार
ध्यानमग्न	ध्यान में मग्न
लोकप्रिय	लोक में प्रिय

(vii) नञ् तत्पुरुष

जिस समस्तपद में पहला पद **नकारात्मक** होता है, उसे नञ् तत्पुरुष कहते हैं; *जैसे–*

समस्तपद	विग्रह	समस्तपद	विग्रह
अनिच्छा	न इच्छा	अयोग्य	न योग्य
अनदेखी	न देखी	अनंत	न अंत
अनुचित	न उचित	अज्ञान	न ज्ञान
अस्थिर	न स्थिर	असंभव	न संभव
असत्य	न सत्य	अधर्म	न धर्म

2. कर्मधारय समास

कर्मधारय समास में पहला पद विशेषण तथा दूसरा पद विशेष्य होता है। पूर्व पद तथा उत्तर पद में उपमेय-उपमान संबंध भी हो सकता है;

जैसे–

(i) विशेषण-विशेष्य कर्मधारय

समस्तपद	विग्रह
नीलकंठ	नीला है जो कंठ
नीलगाय	नीली है जो गाय
नीलकमल	नीला है जो कमल
नीलांबर	नीला है जो अंबर
लालबाज़ार	लाल है जो बाज़ार
परमानंद	परम है जो आनंद
अंधकूप	अंधा है जो कूप
महाजन	महान् है जो जन
मुख्याध्यापक	मुख्य है जो अध्यापक

(ii) उपमेय-उपमान कर्मधारय

समस्तपद	विग्रह
देहलता	देह रूपी लता
नरसिंह	सिंह रूपी नर
घनश्याम	घन के समान श्याम
वचनामृत	वचन रूपी अमृत
चंद्रमुख	चंद्र के समान मुख
स्त्रीरत्न	स्त्री रूपी रत्न
चरणकमल	कमल के समान चरण
प्राणप्रिय	प्राणों के समान प्रिय

3. द्विगु समास

जिस सामासिक शब्द (समस्तपद) का पहला पद संख्यावाची विशेषण हो, उसे द्विगु समास कहते हैं; जैसे–

समस्तपद	विग्रह
शताब्दी	शत (सौ) वर्षों का समूह
चौराहा	चार राहों का समूह
त्रिफला	तीन फलों का समूह
तिरंगा	तीन रंगों का समाहार
चारपाई	चार पैरों का समाहार
पंचामृत	पंच (पाँच) अमृतों का समूह
पंजाब	पाँच आबों का समूह
नवरत्न	नव रत्नों का समाहार
सप्ताह	सात दिनों का समाहार
चारदीवार	चार दीवारों का समाहार

4. बहुव्रीहि समास

जिस समस्त-पद में कोई भी पद प्रधान नहीं होता, दोनों पद मिलकर किसी तीसरे पद की ओर संकेत करते हैं, उसमें बहुव्रीहि समास होता है;

जैसे–

समस्तपद	विग्रह	
चतुर्मुख	चार हैं मुख जिसके	(ब्रह्मा)
चतुरानन	चार आनन है जिसके	(ब्रह्मा जी)
त्रिलोचन	तीन आँखें हैं जिसकी	(शिव)
कुसुमायुध	कुसुम है आयुध जिसका	(कामदेव)
घनश्याम	घन के समान श्याम है जो	(श्रीकृष्ण)
परशुधर	परशु धारण करता है जो	(परशुराम)
चक्रपाणि	चक्र है पाणि (हाथ) में जिसके	(श्रीकृष्ण)
दशानन	दस हैं आनन (मुख) जिसके	(रावण)
निशाचर	निशा में विचरण करने वाला	(राक्षस)
लंबोदर	लंबा है उदर जिसका	(गणेश)
वीणापाणि	वीणा है पाणि में जिसके	(सरस्वती)

कर्मधारय और बहुव्रीहि समास में अंतर

कर्मधारय समास में दूसरा पद प्रधान (विशेष्य) होता है तथा पहला पद विशेष्य के विशेषण का कार्य करता है। बहुव्रीहि समास में दोनों पद मिलकर किसी तीसरे पद की ओर संकेत करते हैं; *जैसे–*

लंबोदर	लंबे पेट वाला	(कर्मधारय)
	लंबा पेटा (उदर) जिसका (गणेश)	(बहुव्रीहि)
पीतांबर	पीत है जो अंबर	(कर्मधारय)
	पीत है अंबर जिसका *(कृष्ण)*	(बहुव्रीहि)

द्विगु और बहुव्रीहि समास में अंतर

द्विगु समास में पहला पद दूसरे पद (विशेष्य) की विशेषता संख्या में बताता है, किंतु जहाँ संख्यावाची पहला पद और दूसरा पद मिलकर किसी तीसरे पद की ओर संकेत करते हैं, वहाँ बहुव्रीहि समास होता है; *जैसे–*

अष्टाध्यायी	आठ अध्यायों का समूह	(द्विगु)
	आठ अध्याय हैं जिसमें (एक ग्रंथ का नाम)	(बहुव्रीहि)

5. द्वंद्व समास

जिस समास में दोनों पद प्रधान हों और जिसमें पदों को मिलाने वाले समुच्चयबोधक शब्दों (और, तथा, या, अथवा, एवं) का लोप हो गया हो, उसे द्वंद्व समास कहते हैं; जैसे–

समस्तपद	विग्रह
गंगा-यमुना	गंगा और यमुना
भूख-प्यास	भूख और प्यास
हानि-लाभ	हानि और लाभ
स्वर्ग-नरक	स्वर्ग और नरक
अथवा	स्वर्ग या नरक
ऊँच-नीच	ऊँच और नीच
अपना-पराया	अपना और पराया
माँ-बाप	माँ और बाप
रात-दिन	रात और दिन
गुल्ली-डंडा	गुल्ली और डंडा
हम-तुम	हम और तुम
सुख-दुःख	सुख और दुःख
घर-बाहर	घर और बाहर
लाभ-हानि	लाभ और हानि

6. अव्ययीभाव समास

जिस समास में पूर्व पद प्रधान हो और वह अव्यय हो तथा उसके योग से समस्तपद भी अव्यय बन जाए, उसे अव्ययीभाव समास कहते हैं; जैसे–

समस्तपद	विग्रह
यथाविधि	विधि के अनुसार
बेकाम	बिना काम के
यथासंभव	जितना संभव हो सके
दिनोंदिन	दिन ही दिन में
यथोचित	जो उचित हो
कानों-कान	कान ही कान में
आजन्म	जन्म से लेकर
आमरण	मरण तक

परीक्षा अभ्यास

बहुविकल्पीय प्रश्न

1 'सभाभवन' शब्द में कौन-सा समास है?
- (क) कर्मधारय समास
- (ख) तत्पुरुष समास
- (ग) द्विगु समास
- (घ) द्वंद्व समास

2 'आजन्म' का समस्त पद विग्रह होगा
- (क) जन्म से लेकर
- (ख) जन्म से रहित
- (ग) बिना जन्म के
- (घ) जीवन भर

3 तत्पुरुष समास का उदाहरण है   CBSE Term I 2021
- (क) थोड़ा-बहुत
- (ख) आगे-पीछे
- (ग) परिंदे-चरिंदे
- (घ) शब्द-रचना

4 'दाल-भात' शब्द में कौन-सा समास है?
- (क) द्वंद्व समास
- (ख) द्विगु समास
- (ग) बहुव्रीहि समास
- (घ) अव्ययीभाव समास

5 'परमेश्वर' समस्त पद का विग्रह होगा
- (क) परम और ईश्वर
- (ख) परम है जो ईश्वर
- (ग) ईश्वर में परम
- (घ) परम के लिए ईश्वर

6 'आँचरहित' शब्द के लिए सही समास विग्रह है   CBSE Term I 2021
- (क) आँच से रहित
- (ख) आँच और रहित
- (ग) आँच में रहित
- (घ) रहित आँच के

7 'मदमस्त' शब्द के सही समास-विग्रह का चयन कीजिए।
- (क) मदरूपी मस्त-कर्मधारय समास
- (ख) मद से मस्त-तत्पुरुष समास
- (ग) मस्त है जो मस्त-कर्मधारय समास
- (घ) मद के लिए मस्त-तत्पुरुष समास

8 'गुरुदक्षिणा' शब्द के सही समास-विग्रह का चयन कीजिए   CBSE SQP Term I 2021
- (क) गुरु से दक्षिणा–तत्पुरुष समास
- (ख) गुरु का दक्षिणा–तत्पुरुष समास
- (ग) गुरु की दक्षिणा–तत्पुरुष समास
- (घ) गुरु के लिए दक्षिणा–तत्पुरुष समास

9 'श्रम से जीवी' का समस्त पद है
- (क) श्रमीजीव
- (ख) श्रमजीव
- (ग) श्रमजीवी
- (घ) श्रमिजीवी

10 'रामायण' समस्त पद का विग्रह है
- (क) राम के लिए आयन
- (ख) राम के समान आयन
- (ग) राम और आयन
- (घ) राम का आयन

11 'अष्टाध्यायी' शब्द के लिए सही समास-विग्रह का चयन कीजिए।   CBSE SQP Term I 2021
- (क) आठ अध्यायों का समाहार–द्विगु समास
- (ख) आठ हैं जो अध्याय–बहुव्रीहि समास
- (ग) अष्ट और अध्याय–द्वंद्व समास
- (घ) अष्ट के अध्याय–तत्पुरुष समास

12 'वनवास' शब्द के सही समास विग्रह का चयन कीजिए।
- (क) वन में वास-तत्पुरुष समास
- (ख) वन का वास-तत्पुरुष समास
- (ग) वन रूपी वास-कर्मधारय समास
- (घ) वनों का समाहार-द्विगु समास

13. उत्तर पद प्रधान होता है   CBSE Term I 2021
- (क) बहुव्रीहि समास का
- (ख) अव्ययीभाव समास का
- (ग) द्वंद्व समास का
- (घ) तत्पुरुष समास का

14 'बेकाम' शब्द में कौन-सा समास है?
- (क) द्वंद्व समास
- (ख) कर्मधारय समास
- (ग) अव्ययीभाव समास
- (घ) तत्पुरुष समास

15 'गगन को चूमने वाला' का समस्त पद है
- (क) गगनचूमी
- (ख) गगनचुंबी
- (ग) गगनचूमि
- (घ) गगनचूंबी

16 'सज्जन' समस्तपद का विग्रह होगा   CBSE SQP Term I 2021
- (क) सद् है जो जन
- (ख) सत् है जो जन
- (ग) अच्छा है जो पुरुष
- (घ) सत् के समान जन

17 'नीलकमल' शब्द में कौन-सा समास है?
- (क) अव्ययीभाव समास
- (ख) तत्पुरुष समास
- (ग) द्विगु समास
- (घ) कर्मधारय समास

18 'तीन आँखें हैं जिसकी अर्थात् शिव' का समस्त पद है
- (क) तीनलोचन
- (ख) लोचन
- (ग) त्रिलोचन
- (घ) त्रयलोचन

19 'बाकायदा' शब्द के लिए सही समास-विग्रह का चयन कीजिए।   CBSE SQP Term I 2021
- (क) कायदे के अनुसार–अव्ययीभाव समास
- (ख) कायदे के बिना–अव्ययीभाव समास
- (ग) कायदे ही कायदे–अव्ययीभाव समास
- (घ) कायदे के द्वारा कृत–तत्पुरुष समास

20 'शरणागत' शब्द के सही समास विग्रह का चयन कीजिए।
- (क) शरण में आया हुआ–तत्पुरुष समास
- (ख) शरण में लिया हुआ–तत्पुरुष समास
- (ग) आया है जो शरण में–तत्पुरुष समास
- (घ) गया है जो शरण में–तत्पुरुष समास

21 'हाथ से लिखित' का समस्त पद क्या होगा?
- (क) हाथलिखित
- (ख) हाथलिखा
- (ग) हस्तलिखित
- (घ) हस्तालिखित

22 'शब्दहीन' शब्द के लिए सही समास विग्रह और भेद का चयन कीजिए **CBSE Term I 2021**
(क) शब्द है जो हीन-कर्मधारय
(ख) हीन है जो शब्द-तत्पुरुष
(ग) शब्द से हीन-कर्मधारय
(घ) शब्द से हीन-तत्पुरुष

23 'देवमूर्ति' शब्द में समास है
(क) कर्मधारय समास (ख) तत्पुरुष समास
(ग) द्वंद्व समास (घ) अव्ययीभाव समास

लघु उत्तरीय प्रश्न

1 समास का शाब्दिक अर्थ बताइए।

2 समास-विग्रह किसे कहते हैं? स्पष्ट कीजिए।

3 समास के कितने भेद हैं? प्रत्येक का नाम लिखिए।

4 द्विगु और बहुव्रीहि समास में अंतर स्पष्ट कीजिए।

5 अव्ययीभाव समास को स्पष्ट कीजिए।

6 निम्नलिखित समस्तपदों का विग्रह कीजिए तथा समास का नाम भी लिखिए।
(*i*) देवमूर्ति (*ii*) हस्तलिखित
(*iii*) क्रीड़ाक्षेत्र (*iv*) कुल-परंपरा
(*v*) अष्टसिद्धि **CBSE 2020**
(*vi*) यथाशक्ति **CBSE 2020**
(*vii*) पत्र व्यवहार **CBSE 2020, 18**
(*viii*) ईश्वरदत्त (*ix*) प्रसंगानुसार
(*x*) पदच्युत (*xi*) महाजन **CBSE 2019**
(*xii*) जलप्रदूषण **CBSE 2017**
(*xiii*) चंद्रमुखी
(*xiv*) पुष्पमाला **CBSE 2017**
(*xv*) चक्रधर **CBSE 2020**
(*xvi*) दिन-रात **CBSE 2018, 17**
(*xvii*) सप्तर्षि **CBSE 2020**
(*xviii*) शरणागत **CBSE 2020**

7 निम्नलिखित विग्रहों के समस्तपद बनाइए तथा समास का नाम भी लिखिए।
(*i*) कार्य में रत **CBSE 2015**
(*ii*) मही को धारण करने वाला **CBSE 2015**
(*iii*) चंद्रमा की कला **CBSE 2015**
(*iv*) नीला है जो गगन **CBSE 2017, 16**
(*v*) देश से निकला (निष्कासन) **CBSE 2019, 16**
(*vi*) लगाम के बिना **CBSE 2016**
(*vii*) गृह को आया हुआ
(*viii*) लंबा है उदर जिसका **CBSE 2020**
(*ix*) दान के लिए पात्र **CBSE 2020**
(*x*) भय से आकुल
(*xi*) तीन हैं लोचन जिसके अर्थात् शिव **CBSE 2020**
(*xii*) मृग जैसे लोचन **CBSE 2018**
(*xiii*) अमृत की धारा
(*xiv*) क्रोध रूपी अग्नि
(*xv*) तताँरा और वामीरो **CBSE 2020**
(*xvi*) महान् है जो नायक **CBSE 2020**
(*xvii*) मन से गढ़ी हुई **CBSE 2016**
(*xviii*) अश्रु लाने वाली गैस
(*xix*) शक्ति के अनुसार **CBSE 2014**
(*xx*) अकाल से पीड़ित **CBSE 2018, 14**
(*xxi*) कुल में श्रेष्ठ **CBSE 2014**
(*xxii*) ईश्वर की इच्छा
(*xxiii*) गुरु की भक्ति
(*xxiv*) तप के लिए वन **CBSE 2019, 13**
(*xxv*) फल के अनुसार **CBSE 2013**
(*xxvi*) कनक के समान लता **CBSE 2013**
(*xxvii*) आस और पास **CBSE 2017**
(*xxviii*) मुख है जो चंद्र के समान
(*xxix*) तीन राहों का समूह
(*xxx*) पानी की चक्की **CBSE 2017**
(*xxxi*) महान् है जो पुरुष
(*xxxii*) जन का आन्दोलन **CBSE 2018**
(*xxxiii*) नीला है जो कमल **CBSE 2020, 18**
(*xxxiv*) घर और परिवार **CBSE 2020**
(*xxxv*) तन-मन-धन **CBSE 2020**

8 निम्नलिखित समास विग्रहों के समास का नाम लिखिए।
(*i*) सेना का नायक (*ii*) धर्म से विमुख
(*iii*) पर्ण से बनी कुटी
(*iv*) कष्ट को भोगने वाला
(*v*) महान् है जो विद्यालय (*vi*) कष्ट से साध्य
(*vii*) स्त्री रूपी रत्न
(*viii*) मरण को पहुँचा हुआ
(*ix*) प्राणों के समान प्रिय (*x*) गुणों से युक्त

9 निम्नलिखित विग्रहों के लिए समस्तपद बनाइए। **CBSE 2018, 12**
(*i*) पढ़ने के लिए सामग्री (*ii*) कर रूपी कमल
(*iii*) अंधा है जो कूप (*iv*) आठ भुजाओं वाली
(*v*) सत् है जो धर्म (*vi*) हवन के लिए सामग्री
(*vii*) कुसुम के समान कोमल (*viii*) लाल है जो टोपी
(*ix*) वचन रूपी अमृत
(*x*) पानी से चलने वाली चक्की

10 निम्नलिखित प्रश्नों के उत्तर दीजिए।
(*i*) कर्मधारय समास का एक उदाहरण दीजिए। **CBSE 2016**
(*ii*) 'नीली है जो गाय' समास का कौन-सा भेद है? **CBSE 2016**

(iii) 'शक्तिविहीन' में कौन-सा समास है? **CBSE 2019**

(iv) 'जन्मांध' में निहित समास का भेद बताइए।
CBSE 2012

11 निम्नलिखित समस्तपदों का विग्रह कर समास का नाम लिखिए।

    (i) नवरात्रि   **CBSE 2016**

    (ii) चिंतामग्न   **CBSE 2016**

    (iii) वनवास   **CBSE 2019**

    (iv) एकदंत   **CBSE 2015**

    (v) रेखांकित   **CBSE 2015**

    (vi) यथाविवेक

    (vii) चतुर्भुज   **CBSE 2014**

    (viii) उद्योगपति   **CBSE 2014**

    (ix) हवन सामग्री

    (x) नीलमणि

    (xi) मरणासन्न   **CBSE 2016**

    (xii) कलानिधि

    (xiii) स्वर्गगत

    (xiv) नरसिंह   **CBSE 2018**

    (xv) राजकुमार   **CBSE 2012**

    (xvi) स्वर्णपदक

    (xvii) ग्रंथ रत्न   **CBSE 2016**

    (xviii) काठगोदाम   **CBSE 2018**

    (xix) राज-व्यवस्था

    (xx) जाति-भ्रष्ट

    (xxi) कुलश्रेष्ठ   **CBSE 2020**

12 अव्ययीभाव समास में किस पद की प्रधानता होती है?
CBSE 2019

13 किस समास में अंतिम पद प्रधान होता है?

14 बहुव्रीहि समास का उदाहरण लिखिए। **CBSE 2015**

15 निम्नलिखित समास विग्रहों से सामासिक पद बनाइए।

    (i) समुंद्रपर्यंत   *(ii)* कुल के निकट

    (iii) कपियों में है ईश जो   *(iv)* मृगों का इंद्र

    (v) क्षत्रियों में अधम   *(vi)* चार हैं आनन जिसके

    (vii) भाल पर चंद्रमा है जिसके   *(viii)* दिन प्रतिदिन

    (ix) चंद्रमा के समान बदन   *(x)* धर्म और अधर्म

व्याख्या सहित उत्तर

बहुविकल्पीय प्रश्न

1 (ख) तत्पुरुष समास   2 (घ) जीवन भर

3 (घ) शब्द-रचना   4 (क) द्वंद्व समास

5 (ख) परम है जो ईश्वर   6 (क) आँच से रहित

7 (ख) मद से मस्त-तत्पुरुष समास

8 (घ) गुरु के लिए दक्षिणा-तत्पुरुष समास

9 (ग) श्रमजीवी

10 (घ) राम का आयन

11 (क) आठ अध्यायों का समाहार-द्विगु समास

12 (क) वन में वास-तत्पुरुष समास

13 (घ) तत्पुरुष समास का

14 (ग) अव्ययीभाव समास

15 (ख) गगनचुंबी

16 (ख) सत् है जो जन

17 (घ) कर्मधारय समास

18 (ग) त्रिलोचन

19 (क) कायदे के अनुसार-अव्ययीभाव समास

20 (क) शरण में आया हुआ-तत्पुरुष समास

21 (ग) हस्तलिखित

22 (घ) शब्द से हीन-तत्पुरुष

23 (ख) तत्पुरुष समास

लघु उत्तरीय प्रश्न

1 समास का शाब्दिक अर्थ है-संग्रह, सम्मिलन, संक्षेप, मिश्रण आदि।

2 समस्तपदों को अलग करने की विधि को समास-विग्रह कहते हैं;
जैसे-कृष्णावतार-कृष्ण का अवतार।

3 समास के छ: भेद हैं

  (i) तत्पुरुष समास   (ii) कर्मधारय समास

  (iii) द्विगु समास   (iv) बहुव्रीहि समास

  (v) द्वंद्व समास   (vi) अव्ययीभाव समास

4 द्विगु समास में पहला पद दूसरे पद (विशेष्य) की विशेषता
संख्या में बताता है, किंतु जहाँ संख्यावाची पहला पद और
दूसरा पद मिलकर किसी तीसरे पद की ओर संकेत करते हैं,
वहाँ बहुव्रीहि समास होता है।

  जैसे-चतुर्भुज-चार भुजाओं का समूह (द्विगु)

         चार भुजाएँ हैं जिसकी अर्थात् विष्णु (बहुव्रीहि)

5 जिस समास में पूर्व पद प्रधान हो और वह अव्यय हो तथा उसके
योग से समस्तपद भी अव्यय बन जाए, उसे अव्ययीभाव समास
कहते हैं।

6

समस्तपद का विग्रह	समास का नाम
(i) देव की मूर्ति	संबंध तत्पुरुष
(ii) हस्त से लिखित	करण तत्पुरुष
(iii) क्रीड़ा के लिए क्षेत्र	संप्रदान तत्पुरुष

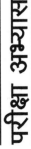

परीक्षा अभ्यास

(iv) कुल की परंपरा — तत्पुरुष समास
(v) आठ सिद्धियों का समाहार — द्विगु समास
(vi) शक्ति के अनुसार — अवययीभाव समास
(vii) पत्र से व्यवहार — तत्पुरुष समास
(viii) ईश्वर द्वारा दत्त — करण तत्पुरुष
(ix) प्रसंग के अनुसार — संबंध तत्पुरुष
(x) पद से च्युत — अपादान तत्पुरुष
(xi) महान् है जो जन/आदमी — कर्मधारय समास
(xii) जल में प्रदूषण — अधिकरण तत्पुरुष समास
(xiii) चंद्र के समान मुख वाला — कर्मधारय समास
(xiv) पुष्प की माला — तत्पुरुष समास
(xv) चक्र धारण करने वाला अर्थात् विष्णु — बहुव्रीहि समास
(xvi) दिन और रात — द्वंद्व समास
(xvii) सात ऋषियों का समाहार — द्विगु समास
(xviii) शरण में आगत — तत्पुरुष समास

7

समस्तपद का विग्रह	समास का नाम
(i) कार्यरत	अधिकरण तत्पुरुष
(ii) महीप	अपादान तत्पुरुष
(iii) चंद्रकला	संबंध तत्पुरुष
(iv) नीलगगन	कर्मधारय
(v) देश निकाला	अपादान तत्पुरुष
(vi) बेलगाम	संबंध तत्पुरुष
(vii) गृहागत	कर्म तत्पुरुष
(viii) लंबोदर	बहुव्रीहि समास
(ix) दानपात्र	संप्रदान तत्पुरुष
(x) भयाकुल	करण तत्पुरुष
(xi) त्रिलोचन	बहुव्रीहि समास
(xii) मृगलोचन	कर्मधारय समास
(xiii) अमृतधारा	संबंध तत्पुरुष
(xiv) क्रोधाग्नि	कर्मधारय समास
(xv) तताँरा-वामीरो	द्वंद्व समास
(xvi) महानायक	बहुव्रीहि समास
(xvii) मनगढ़ंत	करण तत्पुरुष
(xviii) अश्रुगैस	संप्रदान तत्पुरुष
(xix) यथाशक्ति	अव्ययीभाव
(xx) अकालपीड़ित	अपादान तत्पुरुष
(xxi) कुलश्रेष्ठ	अधिकरण तत्पुरुष
(xxii) ईश्वरेच्छा	तत्पुरुष समास
(xxiii) गुरुभक्ति	संबंध तत्पुरुष
(xxiv) तपोवन	संप्रदान तत्पुरुष
(xxv) फलानुसार	संबंध तत्पुरुष
(xxvi) कनकलता	कर्मधारय
(xxvii) आस-पास	द्वंद्व सामस
(xxviii) चंद्रमुख	कर्मधारय समास
(xxix) तिराहा	द्विगु समास
(xxx) पनचक्की	तत्पुरुष समास
(xxxi) महापुरुष	कर्मधारय समास
(xxxii) जनांदोलन	तत्पुरुष समास
(xxxiii) नीलकमल	कर्मधारय समास
(xxxiv) घर-परिवार	द्वंद्व समास
(xxxv) तन, मन और धन	द्वंद्व समास

8 (i) संबंध तत्पुरुष (ii) अपादान तत्पुरुष
(iii) कर्मधारय समास (iv) कर्म तत्पुरुष
(v) कर्मधारय समास (vi) करण तत्पुरुष
(vii) कर्मधारय समास (viii) कर्म तत्पुरुष
(ix) कर्मधारय समास (x) करण तत्पुरुष

9 (i) पाठ्य-सामग्री (ii) करकमल
(iii) अंधकूप (iv) अष्टभुजी
(v) सद्धर्म (vi) हवन-सामग्री
(vii) कुसुम कोमल (viii) लालटोपी
(ix) वचनामृत (x) पनचक्की

10 (i) मृगनयन (ii) कर्मधारय समास
(iii) अपादान तत्पुरुष समास (iv) करण तत्पुरुष समास

11

समस्तपद का विग्रह	समास का नाम
(i) नौ रातों का समाहार	द्विगु
(ii) चिंता में मग्न	अधिकरण तत्पुरुष
(iii) वन में वास	अधिकरण तत्पुरुष
(iv) एक दाँत है जिसका	बहुव्रीहि
(v) रेखा पर अंकित	अधिकरण तत्पुरुष
(vi) विवेक के अनुसार	अव्ययी भाव तत्पुरुष
(vii) चार भुजाएँ हैं जिसकी *(गणेश)*	बहुव्रीहि
(viii) उद्योग का पति	संबंध तत्पुरुष
(ix) हवन के लिए सामग्री	संप्रदान तत्पुरुष
(x) नीली है जो मणि	कर्मधारय
(xi) मृत्यु के निकट	संबंध तत्पुरुष
(xii) कला की निधि	संबंध तत्पुरुष
(xiii) स्वर्ग को गया हुआ	कर्म तत्पुरुष
(xiv) सिंह रूपी नर	कर्मधारय
(xv) राजा का कुमार	संबंध तत्पुरुष
(xvi) स्वर्ण का पदक	संबंध तत्पुरुष
(xvii) ग्रंथों में रत्न	अधिकरण तत्पुरुष
(xviii) काठ का गोदाम	संबंध तत्पुरुष
(xix) राज की व्यवस्था	संबंध तत्पुरुष
(xx) जाति से भ्रष्ट	अपादान तत्पुरुष
(xxi) कुल में श्रेष्ठ	अधिकरण तत्पुरुष

12 अव्ययीभाव समास में पूर्वपद की प्रधानता होती है।

13 तत्पुरुष समास में अंतिम (उत्तर) पद की प्रधानता होती है।

14 गजानन–गज के समान आनन (मुख) है जिसका अर्थात् गणेश।

15 (i) आसमुद्र (ii) उपकुल (iii) कपीश
(iv) मृगेंद्र (v) क्षत्रियाधम (vi) चतुरानन
(vii) चंद्रभाल (viii) दिनानुदिन (ix) चंद्रबदन
(x) धर्माधर्म

स्वमूल्यांकन

बहुविकल्पीय प्रश्न

1 'प्रधान है जो अध्यापक' का समस्त पद है
(क) प्रधानाध्यापक
(ख) प्रधानध्यापक
(ग) प्रधानाध्यपक
(घ) प्रधानाधयापक

2 तत्पुरुष समास में प्रधान पद किसे माना जाता है?
(क) पूर्वपद को (ख) उत्तरपद को
(ग) दोनों पदों को (घ) इनमें से कोई नहीं

3 'अल्पबुद्धि' शब्द में कौन-सा समास है?
(क) बहुव्रीहि समास
(ख) तत्पुरुष समास
(ग) द्वंद्व समास
(घ) अव्ययीभाव समास

4 'तुलसीकृत' का सही समास व समास विग्रह क्या होगा?
(क) तुलसी द्वारा रचित-तत्पुरुष समास
(ख) तुलसी के लिए रचित-तत्पुरुष समास
(ग) तुलसी की रचित-तत्पुरुष समास
(घ) तुलसी में रचित-तत्पुरुष समास

5 'तीन फलों का समाहार' का समस्त पद क्या होगा?
(क) त्रीफला (ख) त्रिफला
(ग) तिरफला (घ) त्ररिफला

लघु उत्तरीय प्रश्न

6 समास किसे कहते हैं? उदाहरण सहित स्पष्ट कीजिए।

7 समास और संधि में अंतर स्पष्ट कीजिए।

8 समास संबंधी आवश्यक तथ्यों पर प्रकाश डालिए।

9 कर्मधारय और बहुव्रीहि समास में अंतर स्पष्ट कीजिए।

10 तत्पुरुष समास किसे कहते हैं? विभक्ति के आधार पर इसके कितने भेद हैं?

11 द्वंद्व समास को स्पष्ट कीजिए।

12 निम्नलिखित समस्तपदों का विग्रह कीजिए।
(*i*) त्रिनेत्र (*ii*) लोकसभा
(*iii*) प्राण प्रिय (*iv*) स्नान-घर
(*v*) दुरात्मा (*vi*) महोत्सव
(*vii*) महायुद्ध (*viii*) सूक्ष्माणु

13 निम्नलिखित समास विग्रहों के समास का नाम लिखिए।
(*i*) पथ से भ्रष्ट (*ii*) खराब है जो यश
(*iii*) बसों का अड्डा (*iv*) सचिव के लिए आलय
(*v*) क्षमा का दान (*vi*) ग्रंथ को रखने वाला
(*vii*) गृह में प्रवेश (*viii*) कनक का घट
(*ix*) बिना संदेह के (*x*) संसद का सदस्य
(*xi*) नदी और नाले (*xii*) अवसर के अनुकूल
(*xiii*) आना और जाना (*xiv*) डिब्बे में बंद
(*xv*) कुल में श्रेष्ठ (*xvi*) कपड़े से छना हुआ

14 निम्नलिखित समस्तपदों का विग्रह कीजिए तथा समास का नाम भी लिखिए।
(*i*) आशातीत (*ii*) काली मिर्च
(*iii*) परलोकगमन (*iv*) चुनाव आयोग
(*v*) डाकघर (*vi*) महाजन
(*vii*) रेलगाड़ी (*viii*) बलहीन
(*ix*) मदमस्त (*x*) ग्रामसेवक
(*xi*) परीक्षाकेंद्र (*xii*) महापुरुष
(*xiii*) अनुभवजन्य (*xiv*) आत्मविश्वास
(xv) परमानंद (*xvi*) सुपुत्र

15 निम्नलिखित समास विग्रहों से सामासिक पद बनाइए।
(*i*) जितना संभव हो
(*ii*) काठ को खोदने वाला
(*iii*) श्रम से जीने वाला
(*iv*) नरों में उत्तम
(*v*) लोहे के समान पुरुष
(*vi*) धर्म या अधर्म
(*vii*) पाँच पात्रों का समाहार
(*viii*) दान में वीर
(*ix*) जल से रिक्त
(*x*) मन के अनुसार

16 निम्नलिखित प्रश्नों के उत्तर दीजिए।
(*i*) अधिकरण तत्पुरुष समास का एक उदाहरण दीजिए।
(*ii*) 'मन के अनुसार' समास का कौन-सा भेद है?
(*iii*) 'चिड़ीमार' में कौन-सा समास है?
(*iv*) 'मुँहचोर' में निहित समास का भेद बताइए।
(*v*) 'शोकाकुल' में निहित समास का भेद बताइए।

अध्याय

04

मुहावरे

जब कोई शब्द-समूह या वाक्यांश सामान्य अर्थ न देकर विशेष अर्थ देने लगता है, तो उसे मुहावरा कहते हैं।

मुहावरा अरबी भाषा का शब्द है, जिसका अर्थ है **अभ्यास**। मुहावरे में शाब्दिक अर्थ महत्त्वपूर्ण नहीं होता, बल्कि कोई दूसरा अर्थ अर्थात् लाक्षणिक या व्यंग्यार्थ मुख्य होता है; जैसे–वह 'काठ का उल्लू' है।

इसका अर्थ यह नहीं है कि वह लकड़ी का उल्लू है, बल्कि इससे यह अर्थ व्यंजित होता है कि जो उल्लू काठ का है, वह हमारे किस काम का। इस प्रकार, हम इसका अर्थ 'महामूर्ख' से लेते हैं। भाषा को स्पष्ट तथा प्रभावशाली बनाने के लिए मुहावरों का प्रयोग किया जाता है।

लोकोक्ति और मुहावरे में अंतर

- मुहावरा एक वाक्यांश होता है, जबकि लोकोक्ति अपने आप में पूरा वाक्य होता है। लोकोक्ति का अर्थ है–लोगों द्वारा प्रयोग किया जाने वाला वह कथन, जो परंपरागत तरीके से प्रचलित रहता है।
- लोकोक्ति का किसी घटना अथवा प्रसंग से संबंध होता है, लेकिन मुहावरे के बारे में ऐसा कहना सही नहीं है। लोकोक्ति का प्रयोग लोगों द्वारा अपने विचार संबंधी समर्थन, विरोध, शिक्षा या चेतावनी के लिए किया जाता है।
- मुहावरे में काल, वचन एवं पुरुष के अनुरूप परिवर्तन हो जाता है, जबकि लोकोक्ति में किसी प्रकार का परिवर्तन नहीं होता है।

मुहावरों के प्रयोग हेतु आवश्यक तथ्य

- मुहावरा पूरा वाक्य न होकर वाक्यांश होता है।
- मुहावरों का प्रयोग स्वतंत्र रूप से नहीं होता वरन् इनका वाक्य के बीच में प्रयोग किया जाता है।
- मुहावरों का अर्थ साधारण न होकर प्रतीक रूप में होता है।
- पूर्ण इकाई होने के कारण लोकोक्ति में किसी प्रकार का परिवर्तन नहीं होता। लोकोक्ति विशेष अर्थ को प्रकट करती है, जबकि मुहावरे में वाक्य के अनुसार परिवर्तन होता है।

प्रचलित मुहावरों का अर्थ सहित वाक्यों में प्रयोग

अ, आ

- **अक्ल पर पत्थर पड़ना** *(बुद्धि से काम न लेना)* आज उसका बुरा समय था, तभी तो उसकी *अक्ल पर पत्थर पड़ गए।*
- **अपने मुँह मियाँ मिट्ठू बनना** *(अपनी प्रशंसा आप करना)* श्याम के पास होने पर अपने गुण बताकर वह *अपने मुँह मियाँ मिट्ठू बन* रहा है।
- **अपना-सा मुँह लेकर रह जाना** *(लज्जित हो जाना)* शीला की बड़ी-बड़ी बातों पर किसी ने विश्वास नहीं किया, तो वह *अपना-सा मुँह लेकर* रह गई।
- **अपने पैरों पर खड़ा होना** *(स्वावलंबी होना)* गांधीजी ने देशवासियों को *अपने पैरों पर खड़े होकर* ही स्वावलंबी बनने की शिक्षा दी।
- **अपने पाँव पर कुल्हाड़ी मारना** *(जान-बूझकर संकट मोल लेना)* कॉलेज की नौकरी छोड़कर तुमने *अपने पाँव पर कुल्हाड़ी मार ली* है। **CBSE 2012**
- **अपना उल्लू सीधा करना** *(अपना मतलब निकालना)* रोशन इतना निर्लज्ज है कि अपने पिताजी की मृत्यु के समय भी *अपना उल्लू सीधा करने* में लगा रहा।
- **अंधे की लकड़ी/अंधे की लाठी** *(एकमात्र सहारा)* रामकुमार के एकमात्र बेटे की मृत्यु हो गई, वही तो अपने माता-पिता की *अंधे की लकड़ी* था।
- **अंधों में काना राजा** *(मूर्खों के बीच अल्पज्ञ व्यक्ति)* रवि 100 मी की दौड़ में प्रथम आ गया, क्योंकि वहाँ तो दौड़ने वाले दो-तीन छात्र ही थे। वह तो *अंधों में काना राजा* बन गया।
- **आकाश-पाताल एक करना** *(कोई प्रयत्न बाकी न रखना)* राजेश अपनी बेटी को बचा नहीं पाया, यद्यपि उसने उसे बचाने के लिए *आकाश-पाताल एक कर दिया* था। **CBSE 2020**
- **आँखों में धूल झोंकना** *(धोखा देना)* परीक्षा कक्ष में विनीत ने अपने अध्यापक की *आँखों में धूल झोंकने* की बहुत कोशिश की, लेकिन वह सफल नहीं हो पाया। **CBSE 2018, 12**
- **आँखों के आगे अँधेरा छा जाना** *(बहुत निराश हो जाना/संसार सूना-सा प्रतीत होना)* परीक्षा में अनुत्तीर्ण हो जाने पर राम की *आँखों के आगे अँधेरा छा* गया।
- **आँखें चुरा लेना** *(अनदेखा कर देना)* रीता को सीधा मत समझो, वह बहुत कपटी है, संकट आने पर वह अपने सगे-संबंधियों से भी *आँखें चुरा लेती* है। **CBSE 2015, 13**
- **आँखों पर परदा पड़ना** *(धोखा खाना/जानकारी न होना)* पुत्र-मोह के कारण उसकी *आँखों पर परदा पड़ा* हुआ है, तभी तो वह सच्चाई को जानना नहीं चाहता।
- **आँच न आने देना** *(हानि न होने देना)* कारगिल के युद्ध में वीर सैनिकों ने अपनी जान दे दी, किंतु देश पर *आँच न आने दी।*
- **आग-बबूला होना** *(बहुत क्रोध करना)* यार इतनी-सी बात पर *आग-बबूला* क्यों हो रहे हो? मैंने गलती मान ली, अब माफ़ कर दो। **CBSE 2020, 2014, 13, 10**
- **आग में घी डालना** *(क्रोध को और भड़काना)* एक तो सुरेखा सुबह से भूखी थी ऊपर से उसकी बहन ने उसके हिस्से का भोजन भिखारी को देकर *आग में घी* डाल दिया।
- **आटे-दाल का भाव मालूम होना** *(कठिनाई में पड़ना)* मैंने कभी भी पैसे का मूल्य नहीं समझा, लेकिन जब मैं दिल्ली गया, तो मुझे अकेले रहने पर *आटे-दाल का भाव* मालूम हुआ। **CBSE 2016**
- **आपे से बाहर होना** *(क्रोध में सुध-बुध खोना)* जैसे ही रमेश को यह पता चला कि सुरेश ने उसके छोटे भाई का हाथ तोड़ दिया है, वह *आपे से बाहर* हो गया।
- **आसमान सिर पर उठाना** *(बहुत शोर मचाना/अत्यधिक ज़िद करना)* ये छोटे-छोटे बच्चे थोड़ी ही देर में *आसमान सिर पर उठा* लेते हैं।
- **आस्तीन का साँप** *(नुकसान पहुँचाने वाला)* मैंने राम को अपना मित्र समझा, लेकिन वह तो *आस्तीन का साँप* निकला।

इ, ई, उ, ऊ, ए, ऐ, ओ, औ, अं

- **इज़्ज़त बिगाड़ना** *(किसी की मर्यादा भंग करना)* कुछ असामाजिक लोगों ने राजेश की *इज़्ज़त बिगाड़* दी।
- **इति-श्री करना** *(समाप्त करना)* आज संस्कृत के शिक्षक ने पाठ्य-पुस्तक के अंतिम अध्याय की *इति-श्री की* है।
- **इशारे पर नाचना** *(गुलाम बनकर रह जाना)* विनोद हमेशा अपनी पत्नी के *इशारों पर नाचता* है।
- **ईंट का जवाब पत्थर से देना** *(दुष्टता का उत्तर दुष्टता से ही देना)* पाकिस्तान ने कारगिल में घुसपैठ की। बदले में भारतीय सैनिकों ने *ईंट का जवाब पत्थर से* दिया।
- **ईद का चाँद होना** *(दर्शन दुर्लभ होना)* तुम कई महीनों से नज़र नहीं आते, लगता है *ईद का चाँद हो गए* हो। **CBSE 2013**
- **उँगली उठाना** *(आरोप लगाना, लांछन लगाना)* हमारे संस्कृत के अध्यापक इतने ईमानदार हैं कि उनके चरित्र पर कोई *उँगली नहीं उठा* सकता।
- **उड़ती चिड़िया के पर गिनना** *(देखते ही मन की बात समझ जाना)* मैं तो देखते ही समझ गया था कि वह स्त्री चालबाज़ है। मैं तो *उड़ती चिड़िया के पर* गिन लेता हूँ।
- **उँगली पर नचाना** *(वश में रखना)* गोपिकाएँ श्रीकृष्ण को *उँगली पर नचाती* थीं।
- **उलटी गंगा बहाना** *(अत्यधिक कठिन काम करना)* दुर्वासा ऋषि के क्रोध को शांत कर पाना *उलटी गंगा बहाने* के समान था।
- **उल्लू सीधा करना** *(स्वार्थ सिद्ध करना)* आजकल राजनेता सामान्य जनता को बहलाकर अपना *उल्लू सीधा* करते हैं।
- **ऊँट के मुँह में जीरा** *(अपर्याप्त या अत्यल्प वस्तु)* इतने विशाल हाथी के लिए दो दर्जन केले *ऊँट के मुँह में जीरे के* समान हैं।

- **एक आँख से देखना** *(समान भाव से देखना)* माता-पिता अपने सभी बच्चों को *एक आँख से देखते हैं*।
- **एड़ी-चोटी का ज़ोर लगाना** *(अत्यधिक प्रयास करना या परिश्रम करना)* पुलिस जब *एड़ी-चोटी का ज़ोर* लगाती है, तो शातिर-से-शातिर अपराधी भी बच नहीं पाते।
- **एक थैली के चट्टे-बट्टे होना** *(सभी का एक-सा होना)* आज के राजनीतिक दलों पर विश्वास करना ही बेकार है। सभी एक *थैली के चट्टे-बट्टे* हैं।
- **एक और एक ग्यारह होना** *(संगठन में शक्ति होना)* बालकों ने मिलकर बदमाश को गिरा दिया। सच ही है कि *एक और एक ग्यारह होते* हैं।
- **ऐब निकालना** *(दोष निकालना)* श्यामल हमेशा अपने मित्रों में *ऐब निकालता* रहता है।
- **ऐसी-तैसी करना** *(इज़्ज़त नष्ट करना या बुरी तरह अपमानित करना)* मोहन के कुकृत्य ने उसके परिवार की इज़्ज़त की *ऐसी-तैसी कर* दी।
- **ओले पड़ना** *(विपत्ति आना)* पिछले एक वर्ष से वाजिद के सिर पर *ओले ही पड़* रहे हैं।
- **ओखली में सिर देना** *(जान-बूझकर मुसीबत मोल लेना)* उस पेड़ पर मधुमक्खियों के छत्ते की जानकारी होते हुए भी मैंने उस पेड़ पर पत्थर मारकर *ओखली में सिर* दे दिया है।
- **औंधे मुँह गिरना** *(पराजित होना)* विरोधी ने ऐसा दाँव मारा कि भोला पहलवान *औंधे मुँह गिर* गया।

क

- **कब्र में पैर लटकना** *(मृत्यु के समीप होना)* देखो तो सही रामसजीवन ने इस उम्र में एक नया विवाह कर लिया, जबकि उसके *कब्र में पैर लटक* रहे हैं।
- **कटे पर नमक छिड़कना** *(दुःखी को और अधिक दुःखी करना)* एक तो वह पुलिस से पिटा और ऊपर से तुम्हारे पिताजी ने उसे खरी-खोटी सुनाकर *कटे पर नमक छिड़क* दिया।
- **कड़वे घूँट पीना** *(कष्टदायक बात सहन कर जाना)* मैंने उससे कुछ पैसा उधार ले रखा था, इसलिए उसकी बातों को *कड़वे घूँट* की तरह पी गया।
- **काला अक्षर भैंस बराबर** *(अनपढ़ होना)* मैं इसे नहीं समझ सकता। मेरे लिए तो यह *काला अक्षर भैंस बराबर* है।
- **कान पर जूँ न रेंगना** (*कोई असर न होना*) रविंद्र की छोटी बहन बहुत ढीठ है। कुछ भी कहो, उसके *कान पर जूँ तक नहीं रेंगती*।
- **कान का कच्चा होना** *(बिना सोचे-समझे विश्वास करने वाला)* हमारे देश की अवनति का कारण अधिकतर नेताओं का *कान का कच्चा होना* है।
- **काम तमाम करना** *(मार देना)* अभिमन्यु ने मरते-मरते भी न जाने कितनों का *काम तमाम कर* दिया। **CBSE 2020, 19**
- **कालिख पोतना** *(बदनाम कर देना)* किशोर ने अपने बुरे कामों से कैलाश नाथ जैसे सज्जन व्यक्ति के चेहरे पर कालिख पोत दी है।

ख, ग, घ

- **खरी-खोटी सुनाना** *(बुरा-भला कहना)* जब मैंने उसे अपने पेड़ से अमरूद तोड़ते हुए पकड़ लिया, तो खूब *खरी-खोटी सुनाई*।
- **खिचड़ी पकाना** *(गुप्त रूप से योजनाएँ बनाना)* ज़रूर कोई गड़बड़ वाली बात है। राम और श्याम आजकल बहुत देर तक *खिचड़ी पकाते रहते* हैं।
- **खून का प्यासा** *(भयंकर शत्रु)* जैसे ही रावण ने शूर्पनखा की कटी हुई नाक देखी, वह राम, लक्ष्मण और सीता के *खून का प्यासा* हो गया।
- **खून-पसीना एक कर देना** *(बहुत मेहनत करना)* अपने इकलौते बेटे को जज बनाने के लिए रामनरेश ने *खून-पसीना एक कर* दिया।
- **खून का घूँट पीकर रह जाना** *(गुस्सा सहन कर लेना)* श्याम की बेइज़्ज़ती तो बहुत हुई, लेकिन अपने साथियों की संख्या कम होने के कारण वह *खून का घूँट पीकर* रह गया।
- **गड़े मुर्दे उखाड़ना** (*बीती हुई बातों को व्यर्थ में दोहराना*) जो होना था सो हो गया, अब क्यों *गड़े मुर्दे उखाड़* रहे हो।
- **गिरगिट की तरह रंग बदलना** *(जल्दी-जल्दी विचार बदलना/बात-बात पर पाला बदलना)* मुझे रमेश की बात का विश्वास नहीं है, वह हरदम *गिरगिट की तरह रंग बदलता* रहता है।
- **गुड़ गोबर कर देना** *(बना बनाया काम बिगाड़ देना)* मैंने बड़ी मुश्किल से गीता को समझाया था, लेकिन तुमने आकर सब *गुड़ गोबर कर* दिया।
- **गीदड़ धमकी** *(व्यर्थ की धमकी)* तुम किसे डरा रहे हो? मैं तुम्हारी *गीदड़ धमकियों* से डरकर भागने वाला नहीं हूँ।
- **घी के दिये जलाना** *(खुशियाँ मनाना)* चौदह वर्ष का वनवास पूरा करने के बाद जब राम अयोध्या वापस आए, तो अयोध्यावासियों ने *घी के दिये* जलाए।
- **घुटने टेकना** *(अपनी हार मान लेना)* भारतीय सैनिक युद्ध में वीरगति प्राप्त करते हैं, वे कभी *घुटने नहीं टेकते*।
- **घुल-मिल जाना** *(एक हो जाना)* यह सिर्फ़ कहने की बात है कि होली के अवसर पर लोग आपसी रंजिश भूलकर आपस में *घुल-मिल जाते* हैं।
- **घोट कर पी जाना** *(एक-एक अक्षर याद कर लेना)* परीक्षा के दिनों में कनिका पुस्तक को *घोट कर पी* जाती है।
- **घोड़े पर चढ़े आना** *(उतावला होना)* थोड़ा धैर्य रखो भाई! यहाँ हर काम विधि-विधान से ही होगा। *घोड़े पर चढ़े आने* से काम जल्दी करा लोगे क्या?

च, छ, ज, झ

- **चकमा देना** *(धोखा देना)* मैं कहता था कि वह बहुत बदमाश है, किंतु तुमने उस पर विश्वास किया। देखा न हमें *चकमा देकर* पाँच सौ रुपये ले गया।

* **चार चाँद लगाना** *(शोभा बढ़ाना)* माली की बेटी के विवाह में आकर जिलाधीश महोदय ने विवाह में *चार चाँद लगा दिए।*

* **चेहरे पर हवाइयाँ उड़ना** *(घबरा जाना)* राम नकल कर रहा था, अचानक अध्यापक को अपने पीछे खड़ा देखकर उसके *चेहरे पर हवाइयाँ उड़ने लगीं।*

* **छक्के छूट जाना** *(बुरी तरह से हारना)* कारगिल में भारतीय सेना ने इतनी वीरता से युद्ध किया कि पाक सैनिकों के *छक्के छूट गए।*

* **छठी का दूध याद आना** *(दुर्गति होना)* एक तरफ़ से पुलिस और दूसरी तरफ़ से गाँव वालों से पिटते-पिटते उस अकेले चोर को *छठी का दूध याद आ गया।*

* **छाती पर साँप लोटना** *(ईर्ष्या से जल जाना)* कमलेश का विवाह अच्छे परिवार में होने पर उसके रिश्तेदारों की *छाती पर साँप लोटने* लगे हैं।

* **छोटा मुँह बड़ी बात** *(सीमा से अधिक बढ़कर बोलना)* जो लोग मोदीजी की विदेश-नीति का विरोध करते हैं, वे *छोटा मुँह बड़ी बात* करते हैं।

* **ज़मीन पर पैर न पड़ना** *(घमंड होना)* जब से रीना का प्रशासकीय सेवा में चयन हुआ है, उसके घरवालों के *ज़मीन पर पैर नहीं पड़* रहे हैं। **CBSE 2010**

* **जले पर नमक छिड़कना** *(दुःख पर और दुःख देना)* विमला तो पहले ही शोक-संतप्त है, ऊपर से पड़ोसी ताने मारकर उसके *जले पर नमक छिड़क* रहे हैं। **CBSE 2010**

* **जान हथेली पर रखना** *(प्राणों की परवाह न करना)* सीमा पर तैनात सैनिक हमेशा अपनी *जान हथेली पर रखकर* अपना कर्तव्य-निर्वहन करते हैं।

* **झख मारना** *(समय नष्ट करना या विवश होना)* अपने समय का अधिकतम उपयोग करो, *झख मारने* से क्या हासिल होने वाला है।

* **झंडा गाड़ना** *(पूर्णरूपेण अपना अधिकार जमाना)* सचिन तेंदुलकर ने विश्व क्रिकेट में अपना *झंडा गाड़ दिया* है।

* **झाड़ू फेरना** *(नष्ट या बर्बाद कर देना)* वार्षिक परीक्षा के दौरान दुर्घटनाग्रस्त हो जाने से रोहित की सारी मेहनत पर *झाड़ू फिर गई।*

ट, ठ, ड, ढ

* **टका-सा जवाब देना** *(साफ़ इनकार कर देना)* मैंने मुसीबत में अपने मित्र से मदद माँगी, किंतु उसने मुझे *टका-सा जवाब दे दिया।*

* **टाँग अड़ाना** *(व्यर्थ में दखल देना)* जब प्रवीण को बात का पता ही नहीं था, तो उसने बेकार में ही अपनी *टाँग क्यों अड़ाई?* **CBSE 2014**

* **टेढ़ी अंगुली से घी निकालना** *(बलपूर्वक काम निकालना)* रोहन मेरा पैसा काफ़ी समय से नहीं दे रहा है, लगता है *टेढ़ी अंगुली से घी निकालना* पड़ेगा।

* **ठोकरें खाना** *(मुसीबतें सहना)* जीवनलाल ने अपने पुत्र को अच्छी शिक्षा देने के लिए न जाने कहाँ-कहाँ की *ठोकरें खाईं।*

* **डींग हाँकना** *(अपनी बड़ाई करना)* सही व्यक्ति वह है, जो कार्य करके दिखाता है, केवल *डींग नहीं हाँकता।*

* **ढाक के तीन पात** *(सदा एक-सी दशा में रहना)* उसकी सोच ही ऐसी है कि वह हमेशा *ढाक के तीन पात* बना रहता है।

* **ढिंढोरा पीटना** *(प्रचार करना)* अपनी सफलता के राज़ का कभी *ढिंढोरा नहीं पीटना* चाहिए।

* **ढेर करना** *(मारकर गिरा देना)* यदि कोई शत्रु भिड़ जाए, तो उसे *ढेर कर देना* चाहिए।

त, थ, द, ध, न

* **तितर-बितर हो जाना** *(बिखरकर भाग जाना)* रसोई गैस सिलेंडर की लाइन में 'साँप-साँप' का शोर मचते ही लाइन में लगे सभी लोग एक ही क्षण में *तितर-बितर हो गए।*

* **तिल का ताड़ बनाना** *(छोटी-सी बात को बढ़ा देना)* सरला की बेटी ने संजना के बेटे को थप्पड़ मार दिया। इस पर दोनों में झगड़ा होने लगा और कुछ ही देर में *तिल का ताड़ बन गया।*

* **थूककर चाटना** *(अपने कहे हुए से फिरना)* उसने कहा था कि मैं कभी यहाँ नहीं आऊँगा। आज यहाँ आकर उसने *थूककर चाट लिया।*

* **दाँत खट्टे करना** *(हराना)* भारतीय सैनिकों ने युद्ध के मैदान में पाकिस्तानी सेना के *दाँत खट्टे कर दिए।*

* **दाल न गलना** *(सफल न होना)* रजनी बहुत चालाक बनती थी। उसे नहीं पता मैं उस जैसी कई लड़कियों को रोज़ पढ़ाती हूँ। उसकी मेरे आगे *दाल नहीं गलने* वाली।

* **दिन दूनी रात चौगुनी उन्नति करना** *(निरंतर उन्नति करना)* अपनी मेहनत और लगन के बल पर जे. सी. बोस ने *दिन दूनी रात चौगुनी उन्नति की।*

* **दाँतों तले उँगली दबाना** *(हैरान होना)* ताजमहल की सुंदरता को देखकर अच्छे-अच्छे *दाँतों तले उँगली दबा लेते हैं।*

* **दूध का दूध पानी का पानी** *(पक्षपात रहित न्याय करना)* यह न्यायाधीश उस गरीब को न्याय अवश्य देगा। यह *दूध का दूध पानी का पानी कर देगा।*

* **धज्जियाँ उड़ाना** *(बुरी तरह परास्त करना)* कनिका ने अपनी वाक्पटुता से विरोधियों की *धज्जियाँ उड़ाकर रख दीं।*

* **धाक जमाना** *(प्रभुता स्थापित करना)* शांति का नोबेल पुरस्कार पाने के बाद बराक ओबामा की पूरे विश्व में *धाक जम गई।*

* **धूल फाँकना** *(मारा-मारा फिरना)* उसकी शराब की लत ने उसे *धूल फाँकने* के लिए विवश कर दिया है।

* **नाक कटना** *(बेइज़्ज़ती होना)* भारतीय सेना में कुछ ऐसे व्यक्ति भी हैं, जो अपने कार्यों से देश की *नाक कटा देते* हैं।

* **नाकों चने चबवाना** *(खूब तंग करना)* कारगिल युद्ध में चोटियों पर तैनात भारतीय वीरों ने संख्या में कम होते हुए भी पाकिस्तानियों को *नाकों चने चबवा दिए।* **CBSE 2020**

- **नौ-दो ग्यारह होना** *(भाग जाना)* चोर ने जैसे ही उस घर में भारी-भरकम कुत्ते को आता देखा, तो वह जल्दी से *नौ-दो ग्यारह हो गया।* **CBSE 2020, 14**

प, फ, ब, भ, म

- **पत्थर की लकीर होना** *(अटल होना)* राजा दशरथ के वचन *पत्थर की लकीर* थे।
- **पाँचों उँगलियाँ घी में होना** *(लाभ-ही-लाभ होना)* श्याम ने ज़मीन बहुत सस्ती खरीदी थी, आज उसके भाव एकदम से ऊँचे हो गए। अब तो श्याम की *पाँचों उँगलियाँ घी* में हैं।
- **फूटी आँख न सुहाना** *(तनिक भी न सुहाना)* सुनीता की सौतेली माँ को सुनीता *फूटी आँख नहीं सुहाती*। वह हमेशा उस पर अत्याचार करती रहती है।
- **फूला न समाना** *(बहुत खुश होना)* राधिका के इंजीनियरिंग में प्रथम आने का समाचार सुनकर उसके परिवारजन फूले नहीं समा रहे थे।
- **बहती गंगा में हाथ धोना** *(अवसर का लाभ उठाना)* मुफ्त के बिस्कुट बँटते देखकर उसने भी *बहती गंगा में हाथ धोने* की सोची।
- **बाल भी बाँका न होना** *(कुछ भी न बिगड़ना)* वह सौ फुट गहरी खाई में गिरा, लेकिन उसका *बाल भी बाँका नहीं* हुआ।
- **बाल-बाल बचना** *(बहुत मुश्किल से बचना)* कल वायुसेना का एक हेलीकॉप्टर दुर्घटनाग्रस्त हो गया। उसमें सवार पायलट *बाल-बाल बचा*।
- **भांडा फोड़ना** *(भेद खोल देना)* जब एक चोर को पुलिस ने पकड़ा, तो मार के डर से उसने अपने सभी साथियों का *भांडा फोड़ दिया।*
- **भीगी बिल्ली बन जाना** *(भयभीत हो जाना)* अपराधी व्यक्ति पुलिस को देखते ही *भीगी बिल्ली बन* जाता है।
- **मक्खी मारना** *(व्यर्थ में समय नष्ट करना)* परीक्षा सिर पर होने के बावजूद सोहन *मक्खी मार रहा है*।
- **माथा ठनकना** *(अनिष्ट की आशंका होना)* घर पहुँचते ही मुख्य दरवाज़े को देखकर उसका *माथा ठनक* गया।
- **मिट्टी पलीद होना** *(दुर्दशा होना)* अपने कर्मों के कारण ही रावण की *मिट्टी पलीद हुई* थी।
- **मुट्ठी गर्म करना** *(रिश्वत देना)* आजकल कोई भी काम करवाने के लिए सरकारी कर्मचारियों की *मुट्ठी गर्म करनी* पड़ती है। **CBSE 2012**

र, ल, व, श, श्र, स, ह, त्र, ज्ञ,

- **रंग में भंग पड़ना** *(खुशी में अवरोध आना)* हम लोग मज़े से कक्षा में शोर मचा रहे थे कि अचानक हमारी अध्यापिका ने कमरे में प्रवेश किया। उन्हें देखकर हमारे *रंग में भंग पड़ गया*।
- **राई का पहाड़ बनाना** *(छोटी-सी बात को तूल देना)* तुम इतनी छोटी-सी बात का *राई का पहाड़* क्यों बना रहे हो? **CBSE 2014**
- **रफूचक्कर होना** *(गायब होना)* पिताजी को आते देखकर हम सब मैदान से *रफूचक्कर हो गए*।
- **लकीर का फकीर होना** *(पुरानी मान्यताओं, रीति-रिवाज़ों का अंधानुकरण करना)* कुछ क्षेत्रों में विज्ञान की प्रगति भी कुछ नहीं कर सकी है। इस कारण वहाँ के निवासियों का *लकीर का फकीर होना* है।
- **लट्टू होना** *(मुग्ध हो जाना)* विदेशी पर्यटक ताजमहल की सुंदरता को देखकर *लट्टू हो जाते* हैं।
- **लुटिया डुबोना** *(काम को बुरी तरह बिगाड़ना)* चमचागिरी करने वालों ने कांग्रेस पार्टी की *लुटिया ही डुबो दी* है।
- **विष उगलना** *(अत्यंत कटु वचन कहना)* कुछ दिनों से पाकिस्तानी राजनीतिज्ञ भारत विरोधी *विष उगलने* में लगे हुए हैं।
- **शहद की छुरी होना** *(ऊपर से मधुर और भीतर से कटु होना)* देवकीनंदन देखने में भोला लगता है, किंतु वह *शहद की छुरी* है।
- **सूली पर चढ़ना** *(मृत्यु या कठिनता की परवाह न करना)* भारतीय क्रांतिकारी हँसते-हँसते *सूली पर चढ़* जाते थे।
- **श्री गणेश करना** *(शुभारंभ करना)* मोदी सरकार द्वारा पड़ोसी देशों से संबंध सुधारने का *श्री गणेश करना* एक शुभ संकेत है।
- **सड़कों की धूल चाटना** *(व्यर्थ में ही भटकना)* कई बार भाग्य खराब होने पर प्रतिभावान व्यक्ति को भी *सड़कों की धूल चाटनी* पड़ती है।
- **सिर-आँखों पर बिठाना** *(बहुत आदर करना)* ईमानदार व्यक्ति को *सिर-आँखों पर बिठाया* जाता है।
- **सिर पर कफ़न बाँधना** *(अपने प्राणों की परवाह न करना)* हमारे देश के सैनिक रणभूमि में अपने सिर पर *कफ़न बाँधकर उतरते* हैं। **CBSE 2014**
- **सिर पर चढ़ाना** *(अधिक छूट देना)* जब बच्चा बिगड़ रहा हो, तो उसे *सिर पर चढ़ाना ठीक नहीं* है।
- **सोने पे सुहागा होना** *(अच्छी वस्तु का और अच्छा होना)* मेरी बेटी पढ़ने में होशियार थी। जब से उसने लंबी कूद में स्वर्ण पदक प्राप्त किया, तब से *सोने पे सुहागा* हो गया।
- **हक्का-बक्का रह जाना** *(आश्चर्यचकित रह जाना)* इतनी छोटी उम्र में किए गए अपराध की बात सुनकर मैं *हक्का-बक्का रह गया*। **CBSE 2012**
- **हवा से बातें करना** *(बहुत तेज़ दौड़ना)* हीरो होंडा मोटरसाइकिल जब चलती है, तब ऐसा लगता है जैसे *हवा से बातें कर रही* है। **CBSE 2012**
- **हाथ-पाँव मारना** *(प्रयास करना)* मधुर ने इस नौकरी को पाने के लिए बहुत *हाथ-पाँव मारे* थे।
- **हाथ धोकर पीछे पड़ना** *(पीछा न छोड़ना)* पुलिस इस बदमाश को पकड़े बिना मानने वाली नहीं है, वह *हाथ धोकर उसके पीछे* पड़ी है।
- **हुक्का-पानी बंद करना** *(जाति से बाहर कर देना)* जब राधेश्याम के लड़के ने गाँव के एक युवक की हत्या कर दी, तो गाँव के लोगों ने उसका *हुक्का-पानी बंद* कर दिया।
- **त्राहि-त्राहि करना** *(रक्षा के लिए पुकारना)* कंस के घोर अत्याचारों से सारी पृथ्वी *त्राहि-त्राहि करने* लगी थी।
- **ज्ञान छाँटना** *(अपने ज्ञान का दिखावा या प्रदर्शन करना)* उस पंडित को कुछ आता नहीं, लेकिन तिलक लगाकर वह अपना *ज्ञान छाँटता* रहता है।

पाठ्यपुस्तक (स्पर्श भाग-2) में प्रयुक्त मुहावरे

- **आपा खोना** *(अत्यधिक क्रोध में आना)* बस कंडक्टर की गाली सुनकर छात्र *अपना आपा खो बैठा* और उसने कंडक्टर का कॉलर पकड़ लिया।
- **अँधियारा मिटना** *(अज्ञानता दूर हो जाना)* राजेश ने जैसे ही ज्ञानी महात्मा की बातें सुनीं, उसका सारा *अँधियारा मिट* गया।
- **घर जलाना** *(सब कुछ बलिदान कर देना)* देश को स्वतंत्रता दिलाने के लिए बहुत से आंदोलनकारियों ने अपने *घर जलाने में* भी संकोच नहीं किया।
- **लाज रखना** *(सम्मान बचाना)* घर में अचानक मेहमान आ गए और उनके स्वागत-सत्कार के लिए फूटी कौड़ी नहीं थी। ऐसे में अलमारी में छिपाकर रखे हुए सौ रुपये के नोट ने उमा की *लाज रख ली*।
- **मुँह बंद होना** *(चुप हो जाना)* कविता बहुत होशियार बनी फिरती थी, आज कक्षा में अध्यापिका ने उससे ऐसे-ऐसे प्रश्न पूछे कि उसका *मुँह बंद हो गया*।
- **अंधे के हाथ बटेर लगना** *(अयोग्य व्यक्ति को मूल्यवान वस्तु प्राप्त हो जाना)* कमाल की बात है! रजनी ने बीए तृतीय श्रेणी में उत्तीर्ण की है और उसे शानदार नौकरी मिल गई। यह तो *अंधे के हाथ बटेर लगने* जैसी बात हुई। **CBSE 2012**
- **आड़े हाथों लेना** *(खरी-खोटी सुनाना)* आज शीला को विद्यालय में बहुत देर हो गई थी, इसलिए घर पहुँचते ही उसकी माताजी ने उसे *आड़े हाथों लिया*। **CBSE 2020, 12**
- **उड़ जाना** *(गायब हो जाना)* आज सुबह से ही मैं अपने पर्स को तलाश कर रहा हूँ, न जाने कहाँ *उड़ गया* है।
- **खून जलाना** *(कठिन परिश्रम करना)* रीता ने अपने भाई का भविष्य बनाने के लिए अपना *खून जलाने* में भी परहेज नहीं किया।
- **गाढ़ी कमाई** *(मेहनत से की गई कमाई)* मुझे इस बात का बहुत दुःख है कि मेरे मित्र के पुत्र ने अपने पिता की *गाढ़ी कमाई* को शराब और जुए में गँवा दिया।
- **गिरह बाँधना** *(मन में बैठा लेना)* मैंने छोटे भाई से कहा कि इस बात को *गिरह बाँध* लो कि ईमानदारी का कोई विकल्प नहीं है।
- **घुड़कियाँ खाना** *(डाँट-डपट सहना)* तुम्हारे कर्म ही ऐसे हैं, जो दिन-रात माताजी से *घुड़कियाँ खाते* रहते हो।
- **चक्कर खाना** *(परेशान हो जाना)* आज का प्रश्न-पत्र इतना कठिन और लंबा था कि अच्छे-अच्छे पढ़ाकू भी *चक्कर खा गए*।
- **चुल्लू भर पानी देने वाला** *(कठिनाई भरे समय में मदद करने वाला)* तुमने इतना बुरा काम किया है कि तुम्हें अंतिम समय में कोई *चुल्लू भर पानी देने* वाला भी नहीं होगा।
- **ज़हर लगना** *(बुरा लगना)* रमेश को मेरी अच्छी बातें भी *ज़हर लगती* हैं।
- **जी ललचाना** *(लालच आ जाना)* गरम-गरम जलेबियाँ देखकर मेरा *जी ललचा गया*।
- **जी तोड़ मेहनत करना** *(बहुत मेहनत करना)* प्रिया इस बार कक्षा में प्रथम आने के प्रति गंभीर है। इसलिए वह *जी तोड़ मेहनत कर* रही है।
- **जिगर के टुकड़े-टुकड़े होना** *(दिल को भारी दुःख पहुँचना)* जब से अंकित को अपने फेल होने का पता चला है, उसके *जिगर के टुकड़े-टुकड़े हो गए* हैं।
- **तलवार खींचना** *(लड़ने को तैयार हो जाना)* मोहन से बहस मत करना, वह बात-बात पर *तलवार खींच* लेता है।
- **तीर मारना** *(बड़ा काम करना)* तुम तो ऐसे इतरा रहे हो जैसे पचास प्रतिशत अंक लाकर तुमने कोई *तीर मार* लिया हो।
- **दाँतों पसीना आना** *(बहुत परेशानी उठाना)* यह मकान इतनी दूर था कि मुझे इस मकान को ढूँढने में *दाँतों पसीना आ* गया। **CBSE 2020**
- **दिमाग होना** *(घमंड होना)* तुमने इस बार यह छोटी-सी कविता क्या सुना दी कि तुम्हारा तो *दिमाग हो* गया है।
- **टूट पड़ना** *(झपट पड़ना)* रानी लक्ष्मीबाई अपने शत्रुओं पर तलवार लेकर *टूट पड़ी*।
- **पहाड़ होना** *(बड़ी मुसीबत होना)* रात में जब आमिर का पर्स खो गया, तो सुबह तक इंतजार करने में उसे एक क्षण काटना भी *पहाड़ हो गया*।
- **पास फटकना** *(नज़दीक आना)* जब मैं बीमार होकर अस्पताल में भर्ती हुआ था, उस समय कोई भी मित्र मेरे *पास नहीं फटकता* था कि कहीं उन्हें मेरी मदद न करनी पड़ जाए।
- **प्राण निकलना** *(भयभीत होना)* रात के बारह बजे घर से बीस किमी पहले उस अनजान सड़क पर मेरे स्कूटर का पेट्रोल खत्म हो गया, तो स्कूटर को पैदल खींचते-खींचते मुझे ऐसा लगा जैसे *मेरे प्राण निकलने* वाले हैं।
- **पन्ने रँगना** *(बेकार में लिखना)* मुझे संगीता का निबंध देखकर ऐसा लगा जैसे उसने यूँ ही *पन्ने रंगने* की कोशिश की है।
- **पापड़ बेलना** *(काम करना)* तुम्हें क्या लगता है कि मैं आज ऐसे ही मजे कर रहा हूँ? यहाँ तक आने के लिए मुझे बहुत *पापड़ बेलने पड़े* हैं।
- **पैसे-पैसे को मुहताज होना** *(बहुत गरीब हो जाना, भयंकर आर्थिक परेशानी होना)* गिरिराज को व्यापार में नुकसान क्या हुआ, वह *पैसे-पैसे को मुहताज* हो गया है।

- **बे-सिर-पैर की बातें** *(व्यर्थ की बातें)* कक्षा में जाकर पढ़ाई करो, यहाँ *बे-सिर-पैर की बातें* करने से कोई लाभ नहीं है।
- **बे-राह चलना** *(गलत मार्ग पर चलना)* कुछ दिनों से मुझे ऐसा लग रहा है कि शालिनी *बे-राह चलने* लगी है।
- **मुठभेड़ होना** *(आमना-सामना हो जाना)* कल रात तहसील रोड पर पुलिस और बदमाशों के बीच भयंकर *मुठभेड़ हुई।*
- **राह लेना** *(चले जाना)* यदि तुम्हें मुझसे कोई आवश्यक काम नहीं है, तो अपनी *राह लो।*
- **लगती बात** *(चुभती बात)* मुझे लगता है कि रजिया की बड़ी बहन रजिया से इसलिए नाराज़ है, क्योंकि रजिया ने उसे *लगती बात* कह दी थी।
- **लोहे के चने चबाना** *(बहुत संघर्ष करना)* इस बार दो माह तक बीमार होने के कारण उत्तीर्ण होने में मुझे *लोहे के चने चबाने पड़े।* **CBSE 2012**
- **शब्द चाटना** *(अच्छी तरह से पढ़ना)* दीपाली इस बार अपनी सफलता के लिए इसलिए निश्चिंत दिखाई दे रही है, क्योंकि उसने पुस्तकों का एक-एक *शब्द चाट लिया* है।
- **सिर फिरना** *(घमंडी हो जाना)* मुझे लगता है कि यशपाल को मिली इस सफलता से उसका *सिर फिर गया* है।
- **सिर पर तलवार लटकना** *(खतरा बने रहना)* बॉर्डर पर फौज़ियों के सिर पर *हमेशा नंगी तलवार लटकी रहती* है। **CBSE 2020**
- **हाथ लगना** *(मिल जाना, प्राप्त होना)* मुझे यह पुस्तक बहुत मेहनत करने के बाद *हाथ लगी* है।
- **हाथ डालना** *(काम आरंभ करना)* पिताजी कह रहे थे कि शुरू में उन्होंने जिस भी काम में *हाथ डाला,* उसी में नुकसान हुआ।
- **हाथों में लेना** *(काम की ज़िम्मेदारी स्वीकार करना)* मुझे अपने कर्त्तव्य का ज्ञान है, इसलिए मैंने इस काम को अपने *हाथों में लेने* का निश्चय किया है।
- **हाथ-पाँव फूल जाना** *(घबरा जाना)* जैसे ही गिरहकट ने स्वयं को दोनों ओर से पुलिस से घिरा हुआ देखा, उसके *हाथ-पाँव फूल गए।* **CBSE 2020**
- **हँसी-खेल होना** *(छोटी-मोटी बात होना)* ये डॉक्टरी की पढ़ाई है, कोई *हँसी-खेल* नहीं है।
- **हिम्मत टूटना** *(साहस समाप्त हो जाना)* आज मेरे मित्र ने ईमानदारी को व्यर्थ की बात कहा, तो मेरी ईमानदारी की *हिम्मत टूट गई।*
- **हेकड़ी जताना** *(अकड़ दिखाना, घमंड दिखाना)* आजकल के युवकों को पता नहीं क्या हो गया है, पहले तो एक युवक ने मेरी मोटरसाइकिल को टक्कर मारी और ऊपर से मुझे ही *हेकड़ी दिखाने लगा।* **CBSE 2010**
- **ठंडा पड़ना** *(कम हो जाना, ढीला पड़ जाना)* जैसे ही नेताजी का शहर का दौरा समाप्त हुआ, सड़कों पर होने वाला सरकारी काम *ठंडा पड़* गया।
- **रंग दिखाना** (असर दिखाना) जब से डीजल की कीमतें बढ़ी हैं, बस वालों ने भी *रंग दिखाना* शुरू कर दिया है।
- **आँखों में तैरना** *(याद आना, मन में प्रकट होने लगना)* कभी-कभी विभा को ऐसा लगता है कि जैसे उसके अपने बचपन के दिन *आँखों में तैरने* लगे हैं।
- **खुशी का ठिकाना न रहना** *(अत्यंत प्रसन्न होना)* जब मैंने अपनी पहली कमाई से यह साइकिल खरीदी थी, तो मेरी *खुशी का ठिकाना* न रहा।
- **बाट जोहना** *(इंतजार करना)* मीराबाई पूरी उम्र श्रीकृष्ण की *बाट जोहती* रही।
- **राह न सूझना** *(उपाय न मिलना)* मुसीबत की इस घड़ी में माधुरी को कोई *राह नहीं सूझ* रही।
- **आवाज़ उठाना** *(विद्रोह करना)* अंग्रेज़ों के विरुद्ध भारतीयों ने *आवाज़ उठाई।*
- **सुध-बुध खोना** *(अपने होश में न रहना, अपने वश में न रहना)* जैसे ही मीताली को अपने पुत्र की मृत्यु का दुःखद समाचार मिला, उसकी *सुध-बुध खो गई।* **CBSE 2019**
- **सुराग न मिलना** *(पता न चलना)* तीन दिन हो गए हैं, लेकिन मेरे कुत्ते का *सुराग ही नहीं मिल पा* रहा है।
- **तराजू पर तौलना** *(सही-गलत का निर्णय करना)* एक प्रसिद्ध महात्मा ने कहा था कि कोई बात कहने से पहले उसे सौ बार *तराजू पर तौल* लेना चाहिए।
- **सातवें आसमान पर होना** *(ऊँचाई पर होना)* जब से रंजीत के पुत्र की एयरफोर्स में नियुक्ति हुई है, उसका दिमाग *सातवें आसमान पर* है।
- **हावी होना** *(प्रभावी होना, सामने वाले को अपने प्रभाव में ले आना)* किशोर से सावधान रहना, ज़रा भी कमज़ोर हुए तो वह तुम पर *हावी हो* जाएगा।
- **चेहरा मुरझाना** *(उदास होना)* राकेश की माँ ने उसे खिलौना नहीं दिलाया तो उसका *चेहरा मुरझा* गया।
- **चक्कर खा जाना** *(उलझ जाना)* राधा की चतुराई देखकर पिताजी भी *चक्कर खा* गए।
- **दो से चार बनाना** *(हेरा-फेरी करना)* 'तीसरी कसम' फिल्म की संवेदना किसी *दो से चार बनाने* वाले की समझ से परे है।
- **आँखों से बोलना** *(इशारे में बोलना)* राजकपूर को *आँखों से बोलने* वाला अभिनेता माना जाता है।

पाठ्यपुस्तक (संचयन भाग-2) में प्रयुक्त मुहावरे

- **आँख भर आना** *(आँसू आ जाना)* मुझे यह फ़िल्म इतनी अच्छी लगी कि देखने के दौरान ही कई बार मेरी *आँखें भर आईं।*
- **खून खौलना** *(गुस्से में आ जाना)* कारगिल युद्ध में अनेक जवानों के शहीद होने का समाचार मिलते ही हर भारतवासी का *खून खौलने* लगा।
- **गिद्ध दृष्टि** *(बुरी नज़रें)* आजकल समय इतना खराब हो गया है कि छोटे बच्चों को बुरे लोगों की *गिद्ध दृष्टि* से हर समय बचाना पड़ता है।
- **तू-तू, मैं-मैं होना** *(झगड़ा होना)* आज सुबह मेरी अपनी बहन से *तू-तू, मैं-मैं हो* गई।
- **तूती बोलना** *(बहुत प्रभाव होना)* बांग्लादेश निर्माण के बाद इंदिरा गांधी की विश्वभर में *तूती बोलने* लगी।
- **दिल पसीजना** *(मन में दया का भाव आ जाना)* उस बूढ़े भिखारी को इतनी सर्दी में केवल एक फटी चादर ओढ़े देखकर *मेरा दिल पसीज गया।*

- **दूध की मक्खी** *(बेकार की वस्तु)* मैंने लंबे समय तक उस व्यापारी की सेवा की और आज मेरा हाथ टूट जाने पर वह मुझे *दूध की मक्खी* समझने लगा है।
- **धमाचौकड़ी मचाना** *(उछल-कूद करना, शैतानी करना)* जैसे ही छुट्टी का घंटा बजा, छात्रों की *धमाचौकड़ी मचनी* शुरू हो गई।
- **फरार होना** *(भाग जाना)* चोर इतना चालाक था कि उसने सिपाही की लापरवाही का फायदा उठाया और *फरार हो गया।*
- **फूटी आँख न सुहाना** *(तनिक भी न सुहाना (अच्छा लगना)* नीता की सौतेली माँ को नीता *फूटी आँख नहीं सुहाती।* वह हमेशा उस पर अत्याचार करती रहती है।
- **रँगे हाथ पकड़ना** *(गलती करते हुए पकड़े जाना)* आज सुबह कक्षा में विनीत, विनय के बैग से उसकी किताब चुराते हुए *रँगे हाथ पकड़ा गया।*

परीक्षा अभ्यास

बहुविकल्पीय प्रश्न

1 बहुत से लोगों की दूसरे के काम में .... बुरी आदत होती है। रिक्त स्थान की पूर्ति सटीक मुहावरे से कीजिए।
(क) डींग मारना (ख) तीन तेरह करना
(ग) टाँग अड़ाना (घ) ढोंग रचाना

2 'निराशा के बादल छँटना'—मुहावरे का सही अर्थ है **CBSE Term I 2021**
(क) कुछ अच्छा होना (ख) परेशान होना
(ग) उदासी दूर होना (घ) दु:खी हो जाना

3 व्यवस्था के खिलाफ लड़ना .... है। उपयुक्त मुहावरे से रिक्त स्थान की पूर्ति कीजिए।
(क) अंगूर खट्टे होना (ख) अंगारों पर पैर रखना
(ग) आँखों पर चर्बी होना (घ) आग-पानी साथ रखना

4 प्रत्येक बालक अपने माता-पिता की .... है। रिक्त स्थान की पूर्ति सटीक मुहावरे से कीजिए।
(क) आँखों का तारा (ख) अक्ल का अंधा
(ग) काठ का उल्लू (घ) कोल्हू का बैल

5 'व्यंग्य करना' वाक्यांश के लिए उपयुक्त मुहावरा है **CBSE Term I 2021**
(क) सूक्ति बाण चलाना (ख) आड़े हाथों लेना
(ग) दाँतों पसीना आना (घ) बहुत फज़ीहत करना

6 दुष्ट व्यक्ति को चाहे जितना समझाओ, उसके ....। उपयुक्त मुहावरे से रिक्त स्थान की पूर्ति कीजिए।
(क) छाँह न छूने देना
(ख) मक्खी नाक पर न बैठने देना
(ग) कान पर जूँ न रेंगना
(घ) बाल बाँक न होना

7 'अंधे के हाथ बटेर लगना' का अर्थ है **CBSE SQP Term I 2021**
(क) अच्छा भाग्य
(ख) अच्छी वस्तु प्राप्त होना
(ग) भाग्यवश अच्छी वस्तु प्राप्त होना
(घ) अंधे व्यक्ति को बटेर प्राप्त होना

8 भारतीय टेस्ट क्रिकेट टीम में शामिल होना कोई .... नहीं है। रिक्तस्थान की पूर्ति सटीक मुहावरे से कीजिए।
(क) मिट्टी का माधो (ख) हाथ का मैल
(ग) साँप सूँघना (घ) बच्चों का खेल

9 ईश्वर को पाने के लिए .... ही पड़ता है।—रिक्त स्थान की पूर्ति के लिए उपयुक्त मुहावरे का चयन कीजिए **CBSE Term I 2021**
(क) बेराह चलना (ख) आपा खोना
(ग) मुँह की खाना (घ) लोहा मानना

10 अध्यापक द्वारा प्रश्न पूछे जाने पर छात्र .... लगे। रिक्त स्थान की पूर्ति सटीक मुहावरे से कीजिए।
(क) दूज का चाँद होना (ख) बगले झाँकना
(ग) भेड़िया धसान होना (घ) प्राणों की बाजी लगाना

11 पुत्र की सरकारी नौकरी लगने पर पिता की ....। उपयुक्त मुहावरे से रिक्त स्थान की पूर्ति कीजिए।
(क) मुठ्ठी गर्म हो गई (ख) लॉटरी लग गई
(ग) बाँछे खिल गई (घ) नैया डूब गई

12 'गागर में सागर भरना' मुहावरे का सही अर्थ है **CBSE SQP Term I 2021**
(क) कुछ न करना
(ख) थोड़े में बहुत कुछ कह देना
(ग) गागर में सागर का पानी भर देना
(घ) लंबी-चौड़ी बातें करना

13 मेरे लिए अपने माता-पिता का आदेश .... है। उपयुक्त मुहावरे से रिक्त स्थान की पूर्ति कीजिए।
(क) सिर आँखों पर रखना (ख) मुहँ की खाता
(ग) मीन मेख निकालता (घ) जली-कटी सुनाता

14 दो दिन बाद भोजन मिलने पर वह उस पर ....। रिक्त स्थान की पूर्ति सटीक मुहावरे से कीजिए।
(क) पगड़ी रखना (ख) टूट पड़ना
(ग) नकेल हाथ में होना (घ) नानी याद आना

15 कभी नौकरी ढूँढ़ने निकलोगे तो .... । रिक्त स्थान की पूर्ति उचित मुहावरे से कीजिए **CBSE SQP Term I 2021**
(क) जमीन पर पाँव न रखना
(ख) आटे-दाल का भाव मालूम होगा
(ग) दीवार खड़ी करना
(घ) नाम निशान मिटाना

16 मुहावरे और अर्थ के उचित मेल वाले विकल्प का चयन कीजिए **CBSE Term I 2021**
(क) घुड़कियाँ खाना-साहस प्राप्त होना
(ख) तलवार खींचना-सब कुछ नष्ट करना
(ग) पन्ने रँगना-व्यर्थ में लिखना
(घ) आग-बबूला होना-अपने वश में रहना

17 अमित पर अमीर बनने का .... था। उपयुक्त मुहावरे से रिक्त स्थान की पूर्ति कीजिए।
(क) भूत सवार होना
(ख) सूरज को दीपक दिखाना
(ग) सिक्का जमाना
(घ) शान में बट्टा लगना

18 विद्यालय के वार्षिकोत्सव में इतने अधिक काम थे कि उन्हें निपटाते-निपटाते .... । उपयुक्त मुहावरे से रिक्त स्थान भरिए। **CBSE SQP Term I 2021**
(क) दीन-दुनिया से गया (ख) शब्द चाट डाला
(ग) दाँतों पसीना आ गया (घ) डेरा डाल दिया

19 राकेश अपने माँ-बाप के लिए .... के समान है। मुहावरे से रिक्त स्थान की पूर्ति कीजिए।
(क) एक पंथ दो काज (ख) अंधे की लाठी
(ग) अक्ल के अंधे (घ) अरण्य रोदन

20 सारा दिन काम करते-करते आज .... लग रहा है। उपयुक्त मुहावरे से रिक्त स्थान की पूर्ति कीजिए।
(क) अंग-अंग ढीला होना (ख) कपड़ा ढीला होना
(ग) पतलून ढीला होना (घ) रस्सी ढीली होना

21 बिना धन के कोई व्यापार करना .... है। रिक्त स्थान की पूर्ति सटीक मुहावरे से कीजिए।
(क) घर में उड़ना
(ख) आकाश में उड़ना
(ग) खुले मैदान में उड़ना
(घ) पैरों से उड़ना

22 'आटे-दाल का भाव मालूम होना' मुहावरे का अर्थ है **CBSE Term I 2021**
(क) किसी को सबक सिखाना
(ख) कठिनाइयों का ज्ञान होना
(ग) चीज़ों के भाव पता चलना
(घ) खरीदारी के गुरों का ज्ञान होना

लघु उत्तरीय प्रश्न

1 'मुहावरा' का अरबी भाषा में क्या अर्थ है?

2 मुहावरों का प्रयोग भाषा में क्यों किया जाता है?

3 मुहावरे और लोकोक्ति में अंतर स्पष्ट कीजिए।

4 निम्नलिखित मुहावरों का अपने वाक्यों में इस प्रकार प्रयोग कीजिए कि उनका अर्थ स्पष्ट हो जाए।
(*i*) बाएँ हाथ का खेल होना **CBSE 2020, 15**
(*ii*) नमक मिर्च मिलाना
(*iii*) लाल-पीला होना **CBSE 2014**
(*iv*) तूती बोलना **CBSE 2019**
(*v*) खुशी का ठिकाना न रहना **CBSE 2013**
(*vi*) अपना राग अलापना
(*vii*) दिल मसोस कर रह जाना **CBSE 2018**
(*viii*) पलकों पर बिठाना **CBSE 2013**
(*ix*) छाती पर मूँग दलना
(*x*) एक लाठी से हाँकना **CBSE 2016**
(*xi*) एकटक निहारना
(*xii*) सपनों के महल बनाना **CBSE 2020**
(*xiii*) बाट जोहना
(*xiv*) प्राणांतक परिश्रम करना **CBSE 2020**
(*xv*) प्राण सूखना (*xvi*) बूते से बाहर होना
(*xvii*) बेराह चलना (*xviii*) हाथ फैलाना **CBSE 2020**

5 निम्नलिखित वाक्यों को उचित मुहावरों से पूरा कीजिए।
(*i*) सच्चे शूरवीर देश की रक्षा में प्राणों की .... हैं। **CBSE 2015**
(*ii*) गरीब माँ-बाप अपना .... कर बच्चों को पढ़ाते हैं और वे उनकी चिंता नहीं करते। **CBSE 2016**
(*iii*) यह जानकर कि कुत्ता जनरल के भाई का है, ओचुमेलॉव ने .... लिया। **CBSE 2019, 15**
(*iv*) माँ अपने बच्चे को मुसीबत में देखकर .... देती है। **CBSE 2014**
(*v*) सफलता पाने के लिए बहुत .... पड़ते हैं। **CBSE 2012**
(*vi*) बुद्धिमान व्यापारी .... की कला में निपुण होते हैं। **CBSE 2018**
(*vii*) सुनामी के प्रकोप के बाद आम व्यक्ति के जीवन को .... में सालों लग गए। **CBSE 2012**
(*viii*) उसके विरुद्ध तुम मेरे .... हो। **CBSE 2016**
(*ix*) जब से रंजीत का पुत्र एयरफोर्स में नियुक्त हुआ है, उसका दिमाग .... पर है।
(*x*) रोशन इतना निर्लज्ज है कि अपने पिताजी की मृत्यु के समय भी अपना .... लगा रहा।
(*xi*) रोहन मेरा पैसा काफ़ी समय से नहीं दे रहा है, लगता है .... पड़ेगा।
(*xii*) एक तो वह पुलिस से पिटा और ऊपर से तुम्हारे पिताजी ने उसे खरी-खोटी सुनाकर उसके .... दिया।

6 सर्वाधिक उपयुक्त मुहावरे से निम्नलिखित वाक्यों के रिक्त स्थानों की पूर्ति कीजिए। **CBSE 2010**
(*i*) प्रधानाचार्य ने विद्यालय में अनुशासनहीनता के कारण सभी विद्यार्थियों को .... ।
(*ii*) वीर संतानों ने .... देश की रक्षा की।
(*iii*) प्रतियोगी परीक्षाएँ कोई मज़ाक नहीं हैं। प्रश्न हल करने में .... आ जाता है।
(*iv*) जैसे ही मीरा को पता चला कि उसे बोर्ड की परीक्षा में प्रथम स्थान प्राप्त हुआ है, तो उसकी .... ।
(*v*) श्रीकृष्ण के प्रेम में राधा अपनी .... खो बैठी।
(*vi*) रविवार को प्रदर्शनी देखने के लिए लोगों की भारी भीड़ .... ।
(*vii*) अन्याय के विरुद्ध .... हमारा कर्त्तव्य है।
(*viii*) लॉटरी निकल आने पर पूरे गाँव में रामू की .... लगी।
(*ix*) राजेश को चकमा देना सरल काम नहीं है, उसने तो .... पी रखा है।
(*x*) पुलिस ने रिश्वत लेकर मामले को .... दिया।

7 निम्नलिखित मुहावरों का अर्थ बताइए।
(*i*) चेहरा मुरझाना **CBSE 2016**
(*ii*) गिरह बाँधना **CBSE 2016**
(*iii*) घड़ों पानी पड़ना **CBSE 2012**
(*iv*) इल्म होना **CBSE 2018, 12**
(*v*) सिर पर खून सवार होना **CBSE 2012**
(*vi*) सिर पर नंगी तलवार लटकना **CBSE 2012**
(*vii*) कूट-कूट कर भरना **CBSE 2012**
(*viii*) कानों-कान खबर न होना **CBSE 2018**

(ix) मत्थे मढ़ना **CBSE 2012**

(x) बाट जोहना **CBSE 2010**

(xi) प्राण सूख जाना

(xii) दुआ माँगना

(xiii) सुराग न मिलना **CBSE 2010**

(xiv) आँखें फोड़ना **CBSE 2010**

8 नीचे लिखे वाक्यों के अर्थ लिखकर उनका वाक्यों में प्रयोग कीजिए।

(i) मिट्टी के मोल बिकना **CBSE 2015**

(ii) सजग रहना

(iii) मौत सिर पर होना **CBSE 2018**

(iv) चेहरा मुरझा जाना **CBSE 2020, 16**

(v) जान बख्श देना **CBSE 2020**

9 निम्नलिखित वाक्यों के रिक्त स्थानों की पूर्ति उचित मुहावरों द्वारा कीजिए।

(i) वज़ीर अली कर्नल की .... भाग गया।

(ii) राजकपूर की अभिनय क्षमता के कारण उन्हें देश में ही नहीं, विदेशों में भी .... गया। **CBSE 2012**

(iii) व्यर्थ .... से कुछ नहीं होगा, सच्चाई जानो।

(iv) चुनाव में दोनों दलों ने खूब प्रचार किया है, देखना है कि .... बैठता है।

(v) ईश्वर न करे, आज मैं बीमार पड़ जाऊँ, तो तुम्हारे ऊपर .... टूट जाएँगे।

(vi) दूसरों पर .... के बदले अपना काम ज़ल्दी पूरा करो।

(vii) वह मेरा धन नहीं दे रहा है, लगता है ....। **CBSE 2015**

(viii) विशेषज्ञ विद्वान को समझाना ऐसा ही है जैसे ....। **CBSE 2019**

(ix) गणित का गृहकार्य करना मुझे .... प्रतीत होता है।

(x) मनुष्य को विपरीत परिस्थितियों में हमेशा .... चाहिए। **CBSE 2019**

(xi) मुझे .... मत समझना, मैं तुम्हारी हर चाल समझता हूँ।

(xii) तुम तो हर छोटी-बड़ी बात पर .... लेते हो। **CBSE 2019**

(xiii) भारतीय सैनिकों ने दुश्मन की सेना के .... दिए। **CBSE 2019**

10 मुहावरा किसे कहते हैं?

11 लोकोक्ति किसे कहते हैं?

12 लोकोक्ति का भाषा में प्रयोग क्यों किया जाता है?

13 निम्नलिखित मुहावरों का अर्थ बताइए

(i) आग-बबूला होना **CBSE 2013**

(ii) आटे-दाल का भाव मालूम होना

(iii) ज़मीन पर पाँव नहीं पड़ना

(iv) हेकड़ी जताना **CBSE 2016**

14 निम्नलिखित मुहावरों को उनके उचित अर्थ से मिलाइए।

मुहावरे	अर्थ
(i) उँगली पर नचाना	(a) धोखा देना
(ii) ओले पड़ना	(b) वश में रखना
(iii) चकमा देना	(c) विपत्ति आना
(iv) दाँत खट्टे करना	(d) हराना

व्याख्या सहित उत्तर

परीक्षा अभ्यास

बहुविकल्पीय प्रश्न

1 (ग) टाँग अड़ाना
2 (ग) उदासी दूर होना
3 (ख) अंगारों पर पैर रखना
4 (क) आँखों का तारा
5 (क) सूक्ति बाण चलाना
6 (ग) कान पर जूँ न रेंगना
7 (ग) भाग्यवश अच्छी वस्तु प्राप्त होना
8 (घ) बच्चों का खेल
9 (ख) आपा खोना
10 (ख) बगले झाँकना
11 (ग) बाँछे खिल गई
12 (ख) थोड़े में बहुत कुछ कह देना
13 (क) सिर आँखों पर रखना
14 (ख) टूट पड़ना
15 (ख) आटे-दाल का भाव मालूम होगा।
16 (ग) पन्ने रँगना-व्यर्थ में लिखना
17 (क) भूत सवार होना
18 (ग) दाँतों पसीना आ गया
19 (ख) अंधे की लाठी
20 (क) अंग-अंग ढीला होना
21 (ख) आकाश में उड़ना
22 (ख) कठिनाइयों का ज्ञान होना

लघु उत्तरीय प्रश्न

1 मुहावरा अरबी भाषा का शब्द है, जिसका अर्थ है–अभ्यास।

2 मुहावरों का प्रयोग करने से भाषा का सौंदर्य, चमत्कार तथा प्रभाव बढ़ जाता है। इसलिए भाषा में मुहावरों का प्रयोग किया जाता है।

3 मुहावरे और लोकोक्ति में निम्नलिखित अंतर हैं
(i) मुहावरा एक वाक्यांश होता है, जबकि लोकोक्ति अपने आप में पूरा वाक्य होता है।
(ii) मुहावरे में काल, वचन एवं पुरुष के अनुरूप परिवर्तन हो जाता है, जबकि लोकोक्ति में किसी भी प्रकार का परिवर्तन नहीं होता है।

4 (i) चोरों के लिए ताले तोड़ना बाएँ हाथ का खेल है।
(ii) रमेश के दोस्त ने प्रधानाचार्य से उसकी नमक-मिर्च लगाकर शिकायत कर दी।
(iii) छोटी-छोटी बातों पर लाल-पीला होना व्यक्ति की चारित्रिक दुर्बलता होती है।
(iv) आजकल समाज में क्रिकेट खिलाड़ियों की तूती बोलती है।
(v) जब मैंने अपनी पहली कमाई से यह साइकिल खरीदी थी, तो मेरी खुशी का ठिकाना नहीं रहा था।
(vi) तुम दूसरों की तो सुनते नहीं हो, केवल अपना राग अलापते रहते हो।
(vii) राम सब कुछ जानते हुए भी दिल मसोस कर रह गया।
(viii) हमें अपने माता-पिता को पलकों पर बिठाना चाहिए।
(ix) आजकल अभिनव का पड़ोसी उसकी छाती पर मूँग दलता है।
(x) योग्यता को नज़रअंदाज़ कर सभी को एक लाठी से हाँकने की नीति अच्छी नहीं मानी जाती है।
(xi) अपने मित्र की राह में वह द्वार को एकटक निहार रही थी।
(xii) रमेश 12वीं कक्षा उत्तीर्ण करते ही सपनों के महल बनाने लगा।
(xiii) वह आज तक नहीं आया और मैं कब से उसकी बाट जोह रहा हूँ।
(xiv) सुरेश ने पुलिस अधिकारी की परीक्षा उत्तीर्ण करने के लिए प्राणांतक परिश्रम किया।
(xv) उस भयानक दृश्य को देखकर मेरे तो प्राण ही सूख गए।
(xvi) मैं हर काम कर सकता हूँ, लेकिन पैरवी करके तुम्हारी नौकरी लगाना मेरे बूते से बाहर है।
(xvii) सुबह से शाम हो गई, परंतु मंजिल नहीं मिली। यही होता है बेराह चलना।
(xviii) राधा की माताजी ने मंत्री से पुत्री के विवाह के लिए सहायता राशि लेने हेतु हाथ फैलाए।

5 (i) बाज़ी लगा देते (ii) पेट काट
(iii) गिरगिट की तरह रंग बदल
(iv) कलेजा निकाल कर रख
(v) पापड़ बेलने (vi) दो से चार बनाने
(vii) ढर्रे पर आने (viii) कान भर रहे
(ix) सातवें आसमान (x) उल्लू सीधा करने में
(xi) टेढ़ी अंगुली से घी निकालना
(xii) जले पर नमक छिड़क

6 (i) आड़े हाथों लिया (ii) सिर पर कफ़न बाँधकर
(iii) दाँतों पीसना (iv) खुशी का ठिकाना न रहा
(v) सुध-बुध (vi) टूट पड़ी
(vii) आवाज़ उठाना (viii) तूती बोलने
(ix) घाट-घाट का पानी (x) खटाई में डाल

7 (i) उदासी छा जाना
(ii) गाँठ बाँधना
(iii) बहुत लज्जित होना
(iv) जानकारी होना
(v) जान लेने के लिए आतुर होना
(vi) खतरा मँडराना
(vii) अधिकता होना
(viii) किसी को ज्ञात न होना
(ix) किसी और पर दोष लगाना
(x) राह देखना
(xi) अत्यधिक डर जाना
(xii) भलाई चाहना
(xiii) पता न चलना
(xiv) बड़े ध्यान से पढ़ना

8 (i) **अत्यधिक सस्ता होना** जल्दबाज़ी में व्यक्ति अपनी संपत्ति *मिट्टी के मोल* बेचा देता है।
(ii) **चौकन्ना रहना** हमें अपने कर्तव्यों के प्रति *सजग रहना* चाहिए।
(iii) **मौत सिर पर होना** (मृत्यु समीप होना) सोहनहाल अत्यधिक बीमार है लगता है कि अब उनकी मौत सिर पर है।
(iv) **चेहरा मुरझा जाना** (उदासी छा जाना) परीक्षा में असफल होने पर मीनू का चेहरा मुरझा गया।
(v) **जान बख्श देना** (जीवित छोड़ देना) बिल्ली का पेट भरा होने पर उसने चूहे की जान बख्श दी।

9 (i) आँखों में धूल झोंककर
(ii) सिर-आँखों पर बिठाया
(iii) खून जलाने
(iv) ऊँट किस करवट
(v) मुसीबत के पहाड़
(vi) उँगली उठाने
(vii) सीधी उँगली से घी नहीं निकलेगा
(viii) विशेषज्ञ विद्वान को समझाना ऐसा ही है **जैसे उल्टी गंगा बहाना।**
(ix) गणित का गृहकार्य करना मुझे **हथेली पर सरसों उगाने जैसा** प्रतीत होता है।
(x) मनुष्य को विपरीत परिस्थितियों में हमेशा **हिम्मत से काम लेना** चाहिए।

(xi) मुझे **उल्लू** मत समझना, मैं तुम्हारी हर चाल समझता हूँ।

(xii) तुम तो हर छोटी-बड़ी बात पर **मुँह फुला** लेते हो।

(xiii) भारतीय सैनिकों ने दुश्मन की सेना के **दाँत खट्टे कर** दिए।

10 जब कोई शब्द-समूह या वाक्यांश सामान्य अर्थ न देकर विशेष अर्थ देने लगता है, तो उसे मुहावरा कहते हैं।

11 लोकोक्ति का अर्थ है, लोगों द्वारा प्रयोग किया जाने वाला वह कथन, जो परंपरागत तरीके से प्रचलित रहता है और किसी प्रसंग विशेष में उद्धृत किया जाता है।

12 लोगों द्वारा लोकोक्ति का अपनी भाषा में प्रयोग अपने विचार संबंधी समर्थन, किसी के मत का विरोध, शिक्षा या चेतावनी के लिए किया जाता है।

13 (i) अत्यधिक गुस्सा होना (ii) असलियत पता चलना
(iii) बहुत इतराना (iv) घमंड दिखाना

14 (i) b (ii) c
(iii) a (iv) d

स्वमूल्यांकन

बहुविकल्पीय प्रश्न

1 शिक्षक की अनुपस्थिति में छात्रों ने ....। रिक्त स्थान की पूर्ति सटीक मुहावरे से कीजिए।
(क) एक घाट का पानी पीना (ख) औने-पौने करना
(ग) आसमान सिर पर उठाना (घ) आपे से बाहर होना

2 व्यापारी एवं बनिये .... के लिए कार्य करते हैं। मुहावरे से रिक्त स्थान की पूर्ति कीजिए।
(क) पौ बारह होने (ख) उड़न छू होने
(ग) उन्नीस बीस होने (घ) काफूर होने

3 जब रामपाल की करतूतों की पोल खुली तो वह ....। उपयुक्त मुहावरे द्वारा रिक्त स्थान की पूर्ति कीजिए।
(क) फरिशता हो गया (ख) पानी-पानी हो गया
(ग) मीठी छुरी हो गया (घ) राई का पहाड़ हो गया

4 बचपन से ही दिनेश और अजय का .... है। रिक्त स्थान की पूर्ति सटीक मुहावरे से कीजिए।
(क) नमक-मिर्च लगाना (ख) मिट्टी का माधो
(ग) मीन-मेख निकालना (घ) चोली-दामन का साथ

5 पेट की आग ही अच्छे-अच्छों की अक्ल .... है। रिक्त स्थान की पूर्ति सटीक मुहावरे से कीजिए।
(क) पत्थर पड़ना (ख) ठनक जाना
(ग) चकरा जाना (घ) ठिकाने लगाना

लघु उत्तरीय प्रश्न

6 मुहावरे के द्वारा कौन-सा अर्थ प्रकट होता है?

7 मुहावरे तथा लोकोक्ति का संबंध किससे होता है?

8 निम्नलिखित मुहावरों का अर्थ बताइए।
(*i*) अंगुली पर नचाना
(*ii*) आग लगने पर कुआँ खोदना
(*iii*) कंधे से कंधा मिलाना
(*iv*) डंके की चोट पर कहना

9 निम्नलिखित मुहावरों का अपने वाक्यों में इस प्रकार प्रयोग कीजिए कि उनका अर्थ स्पष्ट हो जाए।
(*i*) धूप में बाल सफ़ेद होना
(*ii*) बहती गंगा में हाथ धोना
(*iii*) लेने के देने पड़ना
(*iv*) हवाई महल बनाना
(*v*) सिर से पानी गुज़रना
(*vi*) सूर्य को दीपक दिखाना
(*vii*) सिर मुड़ाते ही ओले पड़ना
(*viii*) रग-रग पहचानना

10 सर्वाधिक उपयुक्त मुहावरे से निम्नलिखित वाक्यों के रिक्त स्थानों की पूर्ति कीजिए।
(*i*) अचानक वर्षा आने से समारोह का मज़ा .... हो गया।
(*ii*) रानी के एक ही वार ने अंग्रेज़ सिपाही का .... दिया।
(*iii*) शेर को सामने देखकर तो अच्छे-अच्छों के .... है।
(*iv*) बिना सोचे-समझे प्रकृति के साथ खिलवाड़ करना वास्तव में .... है।

11 निम्नलिखित मुहावरों को उनके उचित अर्थों से मिलाइए।

मुहावरे	अर्थ
(*i*) बिलबिला उठना	(a) अपने आप पर नियंत्रण न रहना
(*ii*) चेहरा मुरझाना	(b) दृढ़ निश्चय करना
(*iii*) गाँठ बाँधना	(c) उदासी छा जाना
(*iv*) आपा खोना	(d) हिम्मत से काम लेना
(*v*) धीरज से काम लेना	(e) तड़प जाना

पाठ्यपुस्तक
(स्पर्श भाग - 2)

पूरक पाठ्यपुस्तक
(संचयन भाग - 2)

अध्याय

01

साखी *(कबीर)*

पाठ की रूपरेखा

कबीर ने प्रस्तुत साखियों में दैनिक जीवन के महत्त्वपूर्ण पहलुओं को अभिव्यक्त किया है। उन्होंने मधुर वचन के महत्त्व, मनुष्य की प्रवृत्ति, प्रेम के महत्त्व, आलोचकों की उपयोगिता आदि को विशेष रूप से उजागर किया है, साथ ही अहंकार के त्याग, प्राणी मात्र से प्रेम, सांसारिक सुखों और वासनाओं के त्याग पर भी बल दिया है।

कबीर ने ईश्वर के प्रति प्रेम की उस प्रक्रिया को भी प्रदर्शित किया है, जिसके विरह में साधक का जीवन निरर्थक हो जाता है। उन्होंने स्पष्ट किया है कि सांसारिक ज्ञान प्राप्त करने के लिए सांसारिक सुख-सुविधाओं का त्याग कर, प्राणी मात्र से प्रेम करना होगा। इस प्रकार, प्रस्तुत साखियों के माध्यम से कबीर ने जन-सामान्य को सीख देने का प्रयास किया है।

कवि-परिचय

हिंदी भक्ति काव्यधारा के संत कवियों में महत्त्वपूर्ण स्थान रखने वाले कबीरदास जी का जन्म 1398 ई. में काशी में हुआ माना जाता है। इनके गुरु का नाम रामानंद था। कबीर पढ़े-लिखे नहीं थे। इनके पदों और साखियों में समाज-सुधारक का निर्भीक स्वर सुनाई देता है।

कबीरदास जी ने अपने समय में व्याप्त रूढ़ियों और धार्मिक कुरीतियों के विरुद्ध आवाज़ उठाई तथा राम-रहीम की एकता पर बल दिया। एक ओर धर्म के बाह्याडंबरों पर इन्होंने तीखा प्रहार किया, तो दूसरी ओर आत्मा-परमात्मा के विरह-मिलन के महत्त्वपूर्ण गीत गाए। कबीर की वाणी का संग्रह 'बीजक' नाम से प्रसिद्ध है। इसके तीन भाग हैं—साखी, सबद और रमैनी। इनकी भाषा को 'सधुक्कड़ी' या 'पंचमेल खिचड़ी' भाषा कहा जाता है। इन्होंने अपने जीवन के अंतिम कुछ वर्ष मगहर में बिताए और वहीं 1518 ई. में उनका देहांत हो गया।

साखियों का सार

पहली साखी

ऐसी बाँणी बोलिए, मन का आपा खोइ।
अपना तन सीतल करै, औरन कौं सुख होइ।।

≫ शब्दार्थ

बाँणी—वाणी, बोली, वचन; आपा—अहंकार; खोइ—खो जाए; तन—शरीर; सीतल—शीतल, ठंडा; औरन कौं—औरों को, दूसरों को।

भावार्थ

प्रस्तुत साखी में संत कबीरदास अहंकार और कटु वचन त्यागने का संदेश देते हुए कहते हैं कि लोगों को अपने मन का अहंकार त्यागकर ऐसे मीठे वचन बोलने चाहिए, जिससे उनका अपना शरीर शीतल अर्थात् शांत और प्रसन्न हो जाए और साथ ही सुनने वालों को भी उससे सुख मिले। अतः हमें आपस में मीठे बोल बोलकर मधुर व्यवहार करना चाहिए।

काव्य सौंदर्य

(i) इस साखी में मधुर वचन के महत्त्व को दर्शाया गया है।

(ii) 'बाणी बोलिए' में अनुप्रास अलंकार है।

(iii) सधुक्कड़ी भाषा अर्थात् उपदेश देने वाली साधुओं की खिचड़ी भाषा का प्रयोग हुआ है।

(iv) प्रस्तुत साखी में सरल एवं सहज भाषा का प्रयोग हुआ है और भाषा भावों की अभिव्यक्ति करने में पूर्णतः सक्षम है।

दूसरी साखी

कस्तूरी कुंडलि बसै, मृग ढूँढै बन माँहि।
ऐसैं घटि-घटि रॉम हैं, दुनियाँ देखै नाँहिं।।

» शब्दार्थ

कस्तूरी—एक ऐसा सुगंधित पदार्थ, जो एक विशेष हिरण की नाभि में पाया जाता है; कुंडलि—नाभि; बसै—बसता है, रहता है, निवास करता है; मृग—हिरण; बन—वन, जंगल; माँहि—के भीतर, मध्य में; घटि-घटि—घट-घट में, कण-कण में; नाँहिं—नहीं।

भावार्थ

कबीरदास कहते हैं कि जिस प्रकार कस्तूरी नामक सुगंधित पदार्थ हिरण की अपनी नाभि में ही होता है, किंतु वह उसकी सुगंध महसूस करके उसे पाने के लिए वन-वन में परेशान होकर भटकता रहता है, ठीक उसी प्रकार ईश्वर (राम) भी सृष्टि के कण-कण में तथा सभी प्राणियों के हृदय में निवास करते हैं, किंतु संसार में रहने वाले लोग अज्ञानतावश उसे देख नहीं पाते और परेशान होकर इधर-उधर ढूँढ़ते रहते हैं। इसलिए हमें ईश्वर को बाहर न खोजकर अपने भीतर ही खोजना चाहिए।

काव्य सौंदर्य

(i) बिंब और प्रतीक के प्रयोग द्वारा सामान्य भाषा में गूढ़ रहस्य अर्थात् ईश्वर के निवास को समझाने का प्रयास किया गया है।
(ii) 'कस्तूरी कुंडलि' तथा 'दुनियाँ देखै' में अनुप्रास अलंकार विद्यमान है, जबकि 'घटि-घटि' में पुनरुक्तिप्रकाश अलंकार है।
(iii) सरल एवं सहज रूप में सधुक्कड़ी भाषा का प्रयोग किया गया है।

तीसरी साखी

जब मैं था तब हरि नहीं, अब हरि हैं मैं नाँहि।
सब अँधियारा मिटि गया, जब दीपक देख्या माँहि।

» शब्दार्थ

मैं—मनुष्य का अहंकार, भक्तिरहित जीव; हरि—ईश्वर; अँधियारा—अंधकार (अज्ञान का); मिटि—मिटना, समाप्त होना; दीपक—दीया; देख्या—देखना; माँहि—अंदर।

भावार्थ

कबीरदास कहते हैं कि जिस समय मेरे अंदर 'मैं' अर्थात् अहंकार भरा हुआ था, उस समय मुझे ईश्वर नहीं मिल पा रहे थे। अब जब मुझे ईश्वर के दर्शन हो गए हैं, तो मेरे भीतर का 'मैं' अर्थात् अहंकार समाप्त हो गया है। जैसे ही मैंने उस ज्योतिस्वरूप ज्ञान रूपी दीपक को मन में देखा, तो मेरा सारा अज्ञान रूपी अंधकार समाप्त हो गया तथा मुझे इस सत्य का दर्शन हो गया है कि अहंकार ही ईश्वर का शत्रु और घोर विरोधी है।

काव्य सौंदर्य

(i) इस साखी में बताया गया है कि ईश्वर के दर्शन होने पर अज्ञान रूपी अँधेरा दूर हो जाता है।
(ii) 'मैं' शब्द अहंभाव के लिए प्रयुक्त हुआ है।
(iii) 'अँधियारा' अज्ञान का और 'दीपक' ज्ञान का प्रतीक है।
(iv) 'हरि है' तथा 'दीपक देख्या' में अनुप्रास अलंकार है।

चौथी साखी

सुखिया सब संसार है, खायै अरु सोवै।
दुखिया दास कबीर है, जागै अरु रोवै।।

» शब्दार्थ

सुखिया—सुखी; खायै—खाए; अरु—और; सोवै—सोना; दुखिया—दुःखी; दास—परमात्मा का सेवक, ईश्वर का भक्त; जागै—जागना; रोवै—रोता है।

भावार्थ

कबीरदास मौज-मस्ती में डूबे रहने वाले लोगों की तुलना चिंतनशील व्यक्तियों से करते हुए कहते हैं कि इस संसार में ऐसे व्यक्ति, जो केवल खाने-पीने और सोने का कार्य करते हैं, अपने जीवन को सबसे सुखी मानकर खुश रहते हैं। कबीरदास कहते हैं कि वह दुःखी हैं, क्योंकि वह जाग रहे हैं, उन्हें संसार की नश्वरता का ज्ञान है, इसलिए वे संसार की नश्वरता को देखकर रोते हैं।

काव्य सौंदर्य

(i) प्रस्तुत साखी में बताया गया है कि भौतिक सुख के पीछे भागने वाले लोग संसार की नश्वरता से अनजान रहते हैं।
(ii) सरल एवं सहज रूप में सधुक्कड़ी भाषा का प्रयोग हुआ है।
(iii) 'सुखिया सब संसार' तथा 'दुखिया दास' में अनुप्रास अलंकार है।

पाँचवीं साखी

बिरह भुवंगम तन बसै, मंत्र न लागै कोइ।
राम बियोगी ना जिवै, जिवै तो बौरा होइ।।

» शब्दार्थ

बिरह—मिलन न होना, वियोग; भुवंगम—साँप, भुजंग; तन—शरीर; बसै—बसता है, रहता है; मंत्र—उपाय, युक्ति, तरीका; लागै—लगना; बियोगी—प्रेम में व्याकुल रहने वाला; जिवै—जीता; बौरा—पागल।

भावार्थ

कबीरदास कहते हैं कि जिन व्यक्तियों के शरीर में परमात्मा (राम) का विरह (वियोग) रूपी साँप बस जाता है, उनके बचने की कोई आशा, कोई उपाय शेष नहीं रहता। वह राम के वियोग के बिना जीवित नहीं रह पाता और यदि किसी कारण से वह जीवित रह भी जाता है, तो परमात्मा को पाने के लिए वह पागलों की भाँति ही जीवन व्यतीत करता है। परमात्मा से मिलन ही इसका एकमात्र उपाय है।

काव्य सौंदर्य

(*i*) सांसारिक मोह-माया त्यागकर तथा ईश्वर से वैराग्य के कारण प्राणी पागल जैसा दिखाई देता है।
(*ii*) 'बिरह भुवंगम' में रूपक अलंकार विद्यमान है।
(*iii*) सर्प को विरह का प्रतीक बताया गया है।
(*iv*) सरल, सहज एवं सधुक्कड़ी भाषा का प्रयोग किया गया है।

छठी साखी

निंदक नेड़ा राखिये, आँगणि कुटी बँधाइ।
बिन साबण पाँणीं बिना, निरमल करै सुभाइ।।

» शब्दार्थ

निंदक—निंदा करने वाला; नेड़ा—करीब, पास में; राखिये—रखिए; आँगणि—आँगन; कुटी—कुटिया; बँधाइ—बनवाकर; साबण—साबुन; निरमल—पवित्र, साफ़; करै—करेगा; सुभाइ—स्वभाव, चरित्र, मन।

भावार्थ

कबीरदास कहते हैं कि जो व्यक्ति हमारी निंदा करता है, हमें उस व्यक्ति को सदा अपने पास में ही रखना चाहिए। यदि संभव हो तो उसके लिए अपने घर के आँगन में ही एक कुटिया बनवाकर दे देनी चाहिए, जिससे वह हमारे करीब ही रहे। वह हमारे बुरे कार्यों की निंदा करके, बिना साबुन और पानी के ही हमारे स्वभाव को अत्यंत स्वच्छ एवं पवित्र बना देता है।

काव्य सौंदर्य

(*i*) प्रस्तुत साखी में बताया गया है कि निंदक हमारी निंदा करके हमें आत्मसुधार करने का अवसर प्रदान करता है।
(*ii*) सधुक्कड़ी भाषा का प्रयोग हुआ है।
(*iii*) 'निंदक नेड़ा' में अनुप्रास अलंकार है।
(*iv*) भाषा सरल एवं सहज है तथा भावों की अभिव्यक्ति में पूर्णतः सक्षम है।

सातवीं साखी

पोथी पढ़ि-पढ़ि जग मुवा, पंडित भया न कोइ।
ऐकै अषिर पीव का, पढ़ै सु पंडित होइ।।

» शब्दार्थ

पोथी—ग्रंथ, धार्मिक पुस्तक; पढ़ि-पढ़ि—पढ़-पढ़कर; जग—संसार; मुवा—मर गया; पंडित—ज्ञानी व्यक्ति; भया—हुआ, बना; ऐकै—एक ही; अषिर—अक्षर या शब्द; पीव—प्रियतम, परमात्मा; सु—वह।

भावार्थ

कबीरदास कहते हैं कि इस संसार में लोग धार्मिक पुस्तकें पढ़-पढ़कर मर गए, किंतु कोई भी ज्ञानी नहीं बन सका। इसके विपरीत जो मनुष्य प्रियतम यानी परमात्मा या ब्रह्म के प्रेम से संबंधित एक भी अक्षर पढ़ या जान लेता है, वह सच्चा ज्ञानी अर्थात् पंडित हो जाता है।

भाव यह है कि जिसने परमात्मा को जान लिया, वही सच्चा ज्ञानी हो जाता है।

काव्य सौंदर्य

(*i*) इस साखी में परमात्मा को जानने वाले को सच्चा ज्ञानी बताया है।
(*ii*) इस पद में ज्ञानी वर्ग पर व्यंग्य किया गया है।
(*iii*) 'पोथी पढ़ि-पढ़ि' में अनुप्रास अलंकार विद्यमान है।
(*iv*) भाषा सरल, सहज एवं सधुक्कड़ी है, जो भावाभिव्यक्ति में पूर्णतः सक्षम है।

आठवीं साखी

हम घर जाल्या आपणाँ, लिया मुराड़ा हाथि।
अब घर जालौं तास का, जे चलै हमारे साथि।।

» शब्दार्थ

हम—मैंने; जाल्या—जलाया; आपणाँ—अपने; मुराड़ा—जलती हुई लकड़ी; हाथि—हाथ; जालौं—जलाऊँ; तास का—उसका; जे—जो; साथि—साथ।

भावार्थ

कबीरदास कहते हैं कि मैंने विरह और ईश्वर भक्ति से जलती हुई मशाल को हाथ में लेकर अपने घर को जला लिया है अर्थात् मैंने भक्ति में भरकर अपनी सांसारिक विषय-वासनाओं को पूरी तरह से नष्ट कर दिया है। अब जो-जो भक्त मेरे साथ भक्ति के मार्ग पर जाने को तैयार हों, मैं उनका सांसारिक विषय-वासनाओं का घर भी जला डालूँगा और उनके हृदय में ईश्वर के प्रति प्रेम की भावना जगा दूँगा।

काव्य सौंदर्य

(*i*) प्रस्तुत साखी की शैली प्रतीकात्मक है। 'घर' एवं 'मशाल' क्रमशः सांसारिकता एवं ज्ञान के प्रतीक हैं। इसमें सासांरिक विषय वासनाओं को नष्ट करने की बात कही गई है।
(*ii*) सधुक्कड़ी भाषा का प्रयोग हुआ है।
(*iii*) सरल एवं सहज भाषा का प्रयोग हुआ है, जो भावाभिव्यक्ति में पूर्णतः सक्षम है।

पाठ्यपुस्तक (स्पर्श भाग-2) के प्रश्नोत्तर

(क) *निम्नलिखित प्रश्नों के उत्तर दीजिए*

1 मीठी वाणी बोलने से औरों को सुख और अपने तन को शीतलता कैसे प्राप्त होती है? **CBSE 2011**

उत्तर मीठी वाणी बोलने से औरों को सुख इस प्रकार प्राप्त होता है कि लोग आदर और सम्मान भरे वचनों को सुनकर सुखी होते हैं। इसी प्रकार मीठी वाणी बोलने वाला व्यक्ति बातचीत करते हुए जब अहंकार का त्याग कर देता है, तो उसके तन को भी शीतलता प्राप्त होती है।

2 दीपक दिखाई देने पर अँधियारा कैसे मिट जाता है? साखी के संदर्भ में स्पष्ट कीजिए। **CBSE 2011, 10**

उत्तर यहाँ दीपक का अर्थ भक्तिरूपी ज्ञान तथा अंधकार का अर्थ अज्ञानता से है। जिस प्रकार दीपक के प्रकाश से अंधकार समाप्त हो जाता है, उसी प्रकार अहंकार नष्ट होने तथा ईश्वर के प्रेम रूपी प्रकाश को पाने से मन के सारे भ्रम, कलेश, परेशानियाँ, संदेह, प्रश्न आदि समाप्त हो जाते हैं, जिससे मनुष्य का सारा अज्ञान रूपी अंधकार मिट जाता है।

3 ईश्वर कण-कण में व्याप्त है, पर हम उसे क्यों नहीं देख पाते? **CBSE 2011, 10**

अथवा **कबीर की साखी के आधार पर लिखिए कि ईश्वर वस्तुत: कहाँ है। हम उसे क्यों नहीं देख पाते?** **CBSE 2019**

उत्तर ईश्वर कण-कण में व्याप्त है, पर हम उसे इसलिए नहीं देख पाते, क्योंकि हम अज्ञानी, अविश्वासी और अहंकारी हैं। हमारा अज्ञान, अविश्वास एवं अहंकार हमें ईश्वर तक पहुँचने नहीं देता और हम केवल सांसारिक आडंबरों में फँसकर रह जाते हैं।

4 संसार में सुखी व्यक्ति कौन है और दु:खी कौन? यहाँ 'सोना' और 'जागना' किसके प्रतीक हैं? इनका प्रयोग यहाँ क्यों किया गया है? स्पष्ट कीजिए। **CBSE 2016, 10**

अथवा **कबीर ने स्वयं को दुखिया और संसार को सुखिया कहा है''— कथन स्पष्ट कीजिए।**

अथवा **कबीरदास ने किस व्यक्ति को सुखी और किसको दुखी माना है? कबीर की साखी के आधार पर स्पष्ट कीजिए।** **CBSE 2016**

उत्तर संसार में सुखी व्यक्ति वह है, जो ईश्वर के प्रति प्रेम न रखकर तन-मन से सांसारिक सुखों को भोगता है और अपना जीवन सुख-समृद्धि आदि के बीच व्यतीत करता है। संसार में दु:खी व्यक्ति वह है, जो ईश्वर के प्रेम में पड़कर दिन-रात उससे मिलने के लिए जागता और तड़पता रहता है। यहाँ 'सोना' शब्द प्रतीक है–ईश्वर के प्रति उदासीनता का भाव रखने का, जबकि 'जागना' शब्द प्रतीक है–ईश्वर के प्रति आस्था रखने और उसे पाने के उपाय में प्रयासरत् रहने का। कबीरदास ने ईश्वर के प्रति उदासीन लोगों के भौतिक संसार के सुखों को व्यर्थ बताते हुए उन्हें 'सोया' हुआ बताया है। उनके अनुसार, ईश्वर के प्रति भक्तों की तड़प में ही जीवन और जागरण उपस्थित है।

5 अपने स्वभाव को निर्मल रखने के लिए कबीर ने क्या उपाय सुझाया है? **CBSE 2011, 10**

उत्तर अपने स्वभाव को निर्मल रखने के लिए कबीर ने उपाय सुझाते हुए बताया है कि हमें निंदा करने वाले मनुष्य को सदा अपने पास रखना चाहिए और उनकी बातों पर ध्यान देना चाहिए। इससे हम अपने स्वभाव और चरित्र को निर्मल बना सकते हैं।

6 'ऐकै अषिर पीव का, पढ़ै सु पंडित होइ।'—इस पंक्ति द्वारा कवि क्या कहना चाहता है?

उत्तर इस पंक्ति द्वारा कवि ने प्रेम की महत्ता को बताया है। ईश्वर को पाने के लिए एक अक्षर प्रेम का अर्थात् ईश्वर को पढ़ लेना ही पर्याप्त है। बड़े-बड़े पोथे या ग्रंथ पढ़कर कोई पंडित नहीं बन जाता। केवल परमात्मा का नाम स्मरण करने से ही सच्चा ज्ञानी बना जा सकता है।

7 कबीर की उद्धृत साखियों की भाषा की विशेषता स्पष्ट कीजिए।

उत्तर कबीर की भाषा में सधुक्कड़ी प्रभाव दिखाई देता है। उन्होंने ब्रज, पंजाबी, अवधी, राजस्थानी, फ़ारसी, अरबी आदि भाषाओं के शब्दों का प्रयोग किया है। उन्होंने संस्कृत, तद्भव तथा देशी शब्दों के अद्भुत मेल ('शीतल' का 'सीतल', 'वियोगी' का 'बियोगी' आदि) को प्रस्तुत किया है। उनकी साखियों में मुक्तक शैली का प्रयोग हुआ है, उन्होंने समाज में चेतना जागृत करने के लिए जनसामान्य में बोली जाने वाली भाषा का ही प्रयोग किया। साथ ही, अनुप्रास एवं रूपक अलंकारों का स्वाभाविक प्रयोग किया है। डॉ. हजारी प्रसाद द्विवेदी ने उन्हें 'भाषा का डिक्टेटर' कहा है। उनके अनुसार, कबीर ने अपनी बात को जिस रूप में प्रकट करना चाहा, उसे उसी रूप में भाषा से कहलवा दिया।

(ख) *निम्नलिखित का भाव स्पष्ट कीजिए*

1 ''बिरह भुवंगम तन बसै, मंत्र न लागै कोइ।''

उत्तर इस पंक्ति का भाव है कि जिस व्यक्ति के हृदय में ईश्वर के प्रति प्रेम रूपी विरह का सर्प बस जाता है, उस पर कोई मंत्र असर नहीं करता है अर्थात् भगवान के विरह में कोई भी जीव सामान्य नहीं रहता है। उस पर किसी बात का कोई असर नहीं होता है।

2 ''कस्तूरी कुंडलि बसै, मृग ढूँढै बन माँहि।''

उत्तर इस पंक्ति में कबीरदास कहते हैं कि कस्तूरी नामक सुगंधित पदार्थ हिरण की अपनी नाभि में ही होता है, किंतु वह उसे पाने के लिए परेशान होकर वन-वन भटकता फिरता है। उसी प्रकार ईश्वर भी सभी प्राणियों के हृदय में निवास करते हैं, किंतु लोग अज्ञानतावश उन्हें इधर-उधर ढूँढते रहते हैं।

3 ''जब मैं था तब हरि नहीं, अब हरि हैं मैं नाँहि।''

उत्तर इस पंक्ति द्वारा कबीर का कहना है कि जिस समय मेरे अंदर 'मैं' अर्थात् अहंकार भरा हुआ था, उस समय मुझे ईश्वर नहीं मिल पा रहे थे। अब मुझे ईश्वर के दर्शन हो गए हैं, क्योंकि मेरे भीतर का अहंकार समाप्त हो गया है।

4 ''पोथी पढ़ि-पढ़ि जग मुवा, पंडित भया न कोइ।''

उत्तर कबीरदास कहते हैं कि इस संसार में लोग धार्मिक पुस्तकें पढ़-पढ़कर मर गए, किंतु कोई भी ज्ञानी नहीं बन सका अर्थात् ईश्वर की प्राप्ति नहीं कर पाया। लेकिन जिसने परमात्मा को जान लिया, वही सच्चा ज्ञानी है। सांसारिक और धार्मिक ज्ञान से कोई ज्ञानी नहीं बन सकता।

परीक्षा अभ्यास

काव्यांश पर आधारित बहुविकल्पात्मक प्रश्न

- *निम्नलिखित काव्यांश को ध्यानपूर्वक पढ़कर पूछे गए प्रश्नों के सही विकल्प चुनिए।*

1. ऐसी बाँणी बोलिए, मन का आपा खोइ।
अपना तन सीतल करैं, औरन कौ सुख होइ।।

(क) प्रस्तुत पद्यांश का शीर्षक और कवि का क्या नाम है?
(i) पद—मीरा
(ii) साखी—कबीर
(iii) मनुष्यता—मैथिलीशरण गुप्त
(iv) पर्वत प्रदेश में पावस—सुमित्रानंदन पंत

उत्तर *(ii)* साखी–कबीर

(ख) व्यक्ति पर मीठे वचनों का क्या प्रभाव पड़ता है?
(i) मन शांत और प्रसन्न हो जाता है
(ii) सुनने वालों को सुख का अनुभव होता है
(iii) (i) और *(ii)* दोनों
(iv) सुनाने वाले को कष्ट का अनुभव होता है

उत्तर *(iii) (i)* और *(ii)* दोनों

(ग) 'अपना तन सीतल करैं' पंक्ति का क्या भावार्थ है?
(i) अपने ऊपर ठंडा जल डालना
(ii) अपने मन को शांत और प्रसन्नचित्त रखना
(iii) दूसरों के कटु वचन सुनकर शांत बने रहना
(iv) कष्टों में भी मुस्कुराते रहना

उत्तर *(ii)* अपने मन को शांत और प्रसन्नचित्त रखना

(घ) प्रस्तुत पंक्तियों के माध्यम से कवि ने क्या संदेश दिया है?
(i) अहंकार और कटु वचन त्यागने का
(ii) स्वयं का आत्मज्ञान करने का
(iii) ईश्वर को समझ पाने का
(iv) पुस्तकीय ज्ञान को त्यागने का

उत्तर *(i)* अहंकार और कटु वचन त्यागने का

(ङ) 'अपना तन सीतल करैं' पंक्ति में किसकी बात कही गई है?
(i) वाणी की *(ii)* व्यवहार की
(iii) खाने की *(iv)* जल की

उत्तर *(i)* वाणी की

2. जब मैं था तब हरि नहीं, अब हरि हैं मैं नाँहि।
सब अँधियारा मिटि गया, जब दीपक देख्या माँहि।।

CBSE SQP Term I 2021

(क) प्रस्तुत पद्यांश के अनुसार, कवि को ईश्वर किस स्थिति में नहीं मिल पा रहे थे?
(i) जब वह सांसारिक भव बंधनों में पड़ा था
(ii) जब उसमें अहंकार भरा हुआ था
(iii) जब उसे आध्यात्मिक ज्ञान नहीं था
(iv) जब तक उसने ईश्वर का स्मरण नहीं किया था

उत्तर *(ii)* जब उसमें अहंकार भरा हुआ था

(ख) कवि का अज्ञान रूपी अंधकार किसके माध्यम से दूर हो गया?
(i) ईश्वर के दर्शन मात्र से
(ii) ईश्वर के स्मरण मात्र से
(iii) ज्ञानरूपी दीपक के माध्यम से
(iv) गुरु के उपदेश के माध्यम से

उत्तर *(iii)* ज्ञानरूपी दीपक के माध्यम से

(ग) कवि को ईश्वर के दर्शन होने पर क्या लाभ हुआ?
(i) वह बहुत ज्ञानी हो गया
(ii) उसके भीतर का 'मैं' समाप्त हो गया
(iii) उसको अपनी शक्ति का आभास हो गया
(iv) उसे संसार व्यर्थ लगने लगा

उत्तर *(ii)* उसके भीतर का 'मैं' समाप्त हो गया

(घ) 'दीपक' किसका प्रतीक है?
(i) उजाले का *(ii)* ज्ञान का
(iii) संसार का *(iv)* खुशियों का

उत्तर *(ii)* ज्ञान का

(ङ) सब अँधियारा मिट गया, पंक्ति में किसके विषय में कहा गया है?
(i) हरि के विषय में *(ii)* गुरु के विषय में
(iii) मित्र के विषय में *(iv)* ये सभी

उत्तर *(i)* हरि के विषय में

3. निंदक नेड़ा राखिये, आँगणि कुटी बँधाइ।
बिन साबण पाँणीं बिना, निरमल करै सुभाइ।।

(क) निंदा करने वाले व्यक्ति को किस स्थान पर रखना चाहिए?
(i) अपने से दूर *(ii)* सदा अपने पास
(iii) घर के बाहर *(iv)* परिवार के साथ

उत्तर *(ii)* सदा अपने पास

(ख) 'निंदक नेड़ा राखिये' पंक्ति में कौन-सा अलंकार है?
(i) यमक अलंकार *(ii)* रूपक अलंकार
(iii) अनुप्रास अलंकार *(iv)* अतिशयोक्ति अलंकार

उत्तर *(iii)* अनुप्रास अलंकार

(ग) निंदक को समीप रखने पर व्यक्ति पर क्या प्रभाव पड़ता है?
　　(i) हमारा स्वभाव निर्मल हो जाता है
　　(ii) हम निंदा करना सीख जाते हैं
　　(iii) हम निंदक से घृणा करने लगते हैं
　　(iv) हम बिना कारण ही चिंतित रहने लगते हैं
उत्तर (i) हमारा स्वभाव निर्मल हो जाता है

(घ) निंदक हमारी निंदा करके हमें कौन-सा अवसर प्रदान करता है?
　　(i) दूसरों की निंदा करने का
　　(ii) ईर्ष्या-द्वेष करने का
　　(iii) आत्मसुधार करने का
　　(iv) आत्मग्लानि करने का
उत्तर (iii) आत्मसुधार करने का

(ङ) 'निंदक नेड़ा राखिये' पंक्ति का आशय है
　　(i) निद्रा करने वाले को याद रखिए
　　(ii) निंदा से दूर रहिए
　　(iii) निंदा को पहचानिए
　　(iv) निंदा मत कीजिए
उत्तर (i) निद्रा करने वाले को याद रखिए

4. पोथी पढ़ि-पढ़ि जग मुवा, पंडित भया न कोइ।
　ऐकै अषिर पीव का, पढ़ै सु पंडित होइ।।

(क) पद्यांश के अनुसार, इस संसार में लोग क्या करते हुए मर गए?
　　(i) धार्मिक पुस्तकें पढ़-पढ़कर
　　(ii) अनुष्ठान करते हुए
　　(iii) पूजा-पाठ करते हुए
　　(iv) कर्मकांड करते हुए
उत्तर (i) धार्मिक पुस्तकें पढ़-पढ़कर

(ख) पद्यांश के अनुसार पंडित कौन है?
　　(i) जो कठोर तप करता है
　　(ii) जिसने स्वयं की पहचान कर ली
　　(iii) जिसने परमात्मा का एक अक्षर भी पढ़ लिया
　　(iv) उपरोक्त में से कोई नहीं
उत्तर (iii) जिसने परमात्मा का एक अक्षर भी पढ़ लिया

(ग) 'पीव' से क्या तात्पर्य है?
　　(i) गुरु से　　　　(ii) परमात्मा से
　　(iii) जीवन के दुःखों से　(iv) अज्ञानता से
उत्तर (ii) परमात्मा से

(घ) पद्यांश के अनुसार, सच्चा ज्ञानी कैसे बना जा सकता है?
　　(i) गुरु का स्मरण करने से
　　(ii) परमात्मा का नाम स्मरण करने से

　　(iii) बड़ी-बड़ी पुस्तकें पढ़ने से
　　(iv) संतों का संग करने से
उत्तर (ii) परमात्मा का नाम स्मरण करने से

(ङ) प्रस्तुत पद्यांश का शीर्षक और कवि का क्या नाम है?
　　(i) पद—मीरा
　　(ii) साखी—कबीर
　　(iii) मनुष्यता—मैथिलीशरण गुप्त
　　(iv) पर्वत प्रदेश में पावस—सुमित्रानंदन पंत
उत्तर (ii) साखी—कबीर

5. हम घर जाल्या आपणाँ, लिया मुराड़ा हाथि।
　अब घर जालौं तास का, जे चलै हमारे साथि।।

(क) कबीर जी का अपना घर जलाने से क्या तात्पर्य है?
　　(i) उन्होंने अपना घर जला दिया है, जो कि लकड़ी का बना था
　　(ii) उन्होंने अपनी सांसारिक विषय-वासनाओं को नष्ट कर दिया है
　　(iii) उन्होंने अपने ज्ञान को जलाकर नष्ट कर दिया है
　　(iv) उपरोक्त में से कोई नहीं
उत्तर (ii) उन्होंने अपनी सांसारिक विषय-वासनाओं को नष्ट कर दिया है

(ख) 'मुराड़ा' से यहाँ क्या तात्पर्य है?
　　(i) जलती हुई लकड़ी से
　　(ii) पगड़ी बाँधने से
　　(iii) घर जलाने से
　　(iv) लकड़ी उठाने से
उत्तर (i) जलती हुई लकड़ी से

(ग) कबीर जी अब किसका घर जलाने की बात कर रहे हैं?
　　(i) अपने पड़ोसियों का
　　(ii) जो उनकी बात नहीं मानेगा
　　(iii) जो उनके साथ भक्ति मार्ग पर चलेगा
　　(iv) अपने गुरु का
उत्तर (iii) जो उनके साथ भक्ति मार्ग पर चलेगा

(घ) प्रस्तुत साखी की शैली कौन-सी है?
　　(i) गवेषणात्मक　(ii) उपदेशात्मक
　　(iii) अन्वेषणात्मक　(iv) प्रतीकात्मक
उत्तर (iv) प्रतीकात्मक

(ङ) 'आपणाँ' से यहाँ क्या तात्पर्य है?
　　(i) अपना　　　(ii) अर्पणा
　　(iii) अनुराग　　(iv) अर्पण
उत्तर (i) अपना

परीक्षा अभ्यास

कविता पर आधारित बहुविकल्पीय प्रश्न

1. कबीर के अनुसार कौन ज्ञानी नहीं बन पाया?
   (i) मोटी पुस्तकें पढ़ने वाला
   (ii) दूसरों को ज्ञान देने वाला
   (iii) संन्यास ग्रहण करने वाला
   (iv) अपनी प्रशंसा करने वाला
   उत्तर (i) मोटी पुस्तकें पढ़ने वाला

2. अपने स्वभाव को निर्मल रखने के लिए कबीर ने क्या सुझाव दिया है?
   (i) निंदक से दूर रखने का
   (ii) सज्जन की संगत में रहने का
   (iii) निंदक को पास रखने का
   (iv) ईश्वर भक्ति में ध्यान लगाने का
   उत्तर (iii) निंदक को पास रखने का

3. कबीर की साखियों के अनुसार सुखी कौन हैं?
   (i) सांसारिक लोग जो सोते और खाते हैं
   (ii) आध्यात्मिक लोग जो ईश्वर का नाम लेते हैं
   (iii) जो स्वार्थों से ऊपर उठ गए हैं
   (iv) जिसने स्वयं को नियंत्रित कर लिया
   उत्तर (i) सांसारिक लोग जो सोते और खाते हैं

4. दीपक दिखाई देने से अँधेरा कैसे मिट जाता है?
   (i) बादलों से छट जाने पर
   (ii) अहंकार रूपी माया के दूर हो जाने पर
   (iii) सूर्य के उदय हो जाने पर
   (iv) अकारण चिंता न करने पर
   उत्तर (ii) अहंकार रूपी माया के दूर हो जाने पर

5. कबीर की साखियों पर किस भाषा का प्रभाव दिखाई देता है?
   (i) अवधी (ii) राजस्थानी
   (iii) भोजपुरी व पंजाबी (iv) ये सभी
   उत्तर (iv) ये सभी

6. ईश्वर कण-कण में व्याप्त है, किंतु हम उसे देख नहीं पाते, क्यों?
   (i) आँखें बंद होने के कारण
   (ii) मन की चंचलता के कारण
   (iii) आँखों से स्पष्ट न दिखाई देने के कारण
   (iv) मन में छिपे अहंकार के कारण
   उत्तर (iv) मन में छिपे अहंकार के कारण

7. कबीर ने राम और कस्तूरी में क्या समानता बताई है?
   (i) दोनों वन में रहते हैं (ii) दोनों सुगंधित हैं
   (iii) दोनों तरल पदार्थ हैं (iv) दोनों भीतर स्थित हैं
   उत्तर (iv) दोनों भीतर स्थित हैं

8. 'बिरह भुवंगम तन बसै, मंत्र न लागे कोइ' पंक्ति का भावार्थ क्या है?
   (i) मंत्र जपने से स्वास्थ्य अच्छा रहता है
   (ii) विरह के समय मंत्र ही काम करते हैं
   (iii) जब शरीर में किसी के बिछुड़ने का दु:ख हो तो कोई दवा या मंत्र काम नहीं करता
   (iv) विरह व्यक्ति को मंत्रों की ओर ले जाता है
   उत्तर (iii) जब शरीर में किसी के बिछुड़ने का दु:ख हो तो कोई दवा या मंत्र काम नहीं करता

9. 'कस्तूरी कुंडलि बसै ...... ' पंक्ति में कुंडलि का क्या अर्थ है?
   (i) मृग (ii) नाभि
   (iii) आँख (iv) पाँव
   उत्तर (ii) नाभि

10. मन का आपा खोने से क्या अभिप्राय है?
    (i) मन में अहंकार उपस्थित होना
    (ii) मन में प्रभु का लीन होना
    (iii) अहंकार का त्याग करना
    (iv) स्वयं में खोए रहना
    उत्तर (iii) अहंकार का त्याग करना

11. कबीर की साखी में 'जलती हुई मशाल' किसका प्रतीक है?
    (i) मोह का
    (ii) त्याग का
    (iii) ज्ञान का
    (iv) तपस्या का
    उत्तर (iii) ज्ञान का

12. 'जिवै तो बौरा होइ' पंक्ति से क्या आशय है?
    (i) जीवित रहने पर सुखी नहीं रहता
    (ii) जीवन नहीं के समान हो जाता है
    (iii) जीवित रहता है तो पागल जैसा हो जाता है
    (iv) मर जाता है
    उत्तर (iii) जीवित रहता है तो पागल जैसा हो जाता है

13. 'सुखिया सब संसार है ...... जागै अरु रोवै' दोहे में 'सोना' और 'जागना' किसके प्रतीक हैं?
    (i) सोना-भोग विलास का, जागना-गरीबी का
    (ii) सोना-अज्ञान का, जागना-ज्ञान का
    (iii) सोना-अवसर को गँवाने का, जागना-अवसर का लाभ उठाने का
    (iv) सोना-सुख का, जागना-दु:ख का
    उत्तर (ii) सोना-अज्ञान का, जागना-ज्ञान का

विषय-वस्तु का ज्ञान, बोध अभिव्यक्ति पर आधारित प्रश्न

1 मनुष्य की वाणी में मिठास कब आती है?

उत्तर मनुष्य की वाणी में मिठास तब आती है, जब उसके अंदर का अहंकार समाप्त हो जाता है और वह सभी मनुष्यों को एक ही ईश्वर की संतान मानकर उनसे एक समान व्यवहार करता है। इसके साथ ही जब मनुष्य कटु वचनों का त्याग कर सभी प्राणियों के साथ शांत एवं प्रसन्नचित्त होकर बात करता है तब उसकी वाणी में मिठास आ जाती है।

2 कबीर ने सच्चा भक्त किसे कहा है? CBSE 2016

उत्तर कबीर ने सच्चा भक्त उस व्यक्ति को कहा है, जिसने ईश्वर के प्रेम का अनुभव किया हो और वह ईश्वर को सच्चे हृदय से प्रेम करता हो तथा अपना कर्त्तव्य पूरी निष्ठा के साथ पूर्ण करता है वह ही ईश्वर का सच्चा भक्त है।

3 कबीर के अनुसार, विरही जीवित क्यों नहीं रहता?

उत्तर कबीर के अनुसार, विरही जीवित इसलिए नहीं रहता क्योंकि परमात्मा का विरह रूपी साँप उसके मन में बस जाता है। जिसके परिणामस्वरूप वह परमात्मा से मिलने के लिए दिन-रात तड़पता रहता है। उसे स्वयं अपने बचने की कोई उम्मीद या उपाय नजर नहीं आता। सांसारिक सुखों की प्राप्ति की भी उसे कोई इच्छा नहीं रहती। अतः परमात्मा के वियोग में विरही का जीवित रहना असंभव है।

4 'पोथी पढ़ि-पढ़ि' तथा 'घटि-घटि' में कौन-सा अलंकार है?

उत्तर 'पोथी पढ़ि-पढ़ि' में 'प' वर्ण की आवृत्ति होने के कारण अनुप्रास अलंकार तथा 'घटि-घटि' में पुनरुक्तिप्रकाश अलंकार है।

5 कबीर के अनुसार, निंदा क्यों उपयोगी है?

उत्तर कबीर के अनुसार, निंदा इसलिए उपयोगी है, क्योंकि यदि कोई मनुष्य अपनी निंदा को सहन कर उससे सीख ले, तो वह स्वयं में बहुत से सुधार लाकर सदाचारी और निर्मल बना सकता है।

6 मन का आपा खोने का आशय बताइए। CBSE 2015

उत्तर मन का आपा खोने का आशय अपने मन से अहंकार भाव को विलीन कर देने से है। 'मन का आपा खोने' का आशय अपने मन से अहंकार भाव को विलीन कर देने से है कबीर कहते हैं कि मनुष्य को अपने मन का अहंकार त्यागकर, अमृत के समान पवित्र एवं मीठे वचन बोलने चाहिए, जिससे स्वयं के साथ-साथ अन्य प्राणियों के हृदय को भी सुख एवं शान्ति प्रदान की जा सके तथा आलौकिक आनंद का अनुभव किया जा सके। अतः प्रत्येक मनुष्य को मीठे वचन बोलकर सभी प्राणियों के साथ सद् व्यवहार करना चाहिए।

7 कबीर की भाषा को किन नामों से जाना जाता है और क्यों?

उत्तर कबीर की भाषा को पंचमेल खिचड़ी और सधुक्कड़ी आदि नामों से जाना जाता है। इनके काव्य की भाषा में मुख्य रूप से ब्रज, अवधी एक खड़ी बोली का मिश्र रूप दिखाई पड़ता है, जिसमें कहीं-कहीं भोजपुरी, पंजाबी एवं राजस्थानी भाषा के तत्त्व भी सरलता से देखें जा सकते हैं। चूँकि कबीर का ज्ञान विस्तृत था तथा उन्होंने पर्याप्त देशाटन भी किया था, इसलिए उनकी काव्य भाषा में विभिन्न भाषाओं का मिश्रण होना स्वाभाविक है।

8 कबीर के अनुसार, मैं और हरि में क्या विरोध है?

उत्तर कबीर के अनुसार, मैं और हरि एक-दूसरे के घोर विरोधी हैं। यहाँ 'मैं' का अर्थ मनुष्य का अहंकार है, जबकि 'हरि' के द्वारा ईश्वर को संबोधित किया गया है। कबीर कहते हैं कि जब तक मनुष्य के मन में 'मैं' अर्थात् अहंकार रहता है, तब तक ईश्वर की प्राप्ति नहीं हो सकती। यह अहंकार दूर होने के बाद ही संभव है। निष्कर्ष यह है कि व्यक्ति का अहंकार उसके हरि मिलन के मार्ग में सबसे बड़ी बाधा है।

9 कबीर निंदक को अपने निकट रखने का परामर्श क्यों देते हैं? CBSE 2020

उत्तर कबीर निंदक को अपने निकट रखने का परामर्श इसलिए देते हैं, क्योंकि निंदक अपने स्वभाववश दूसरों के दोष प्रकट करता रहता है। इस प्रकार वह हमें आत्मनिरीक्षण और आत्मसुधार का अवसर देता है। इससे बिना साबुन और पानी के ही हमारा स्वभाव स्वच्छ और निर्मल बन जाता है।

10 पोथी पढ़-पढ़कर भी ज्ञान प्राप्त न होने से कबीर का क्या तात्पर्य है? CBSE 2016, 15

उत्तर पोथी पढ़-पढ़कर भी ज्ञान प्राप्त न होने से कबीर का तात्पर्य यह है कि केवल ग्रंथों को पढ़ लेने मात्र से कोई ज्ञानी नहीं हो जाता।

ज्ञानवान होने के लिए 'प्रेम' की परिभाषा को जानना अधिक महत्त्वपूर्ण है, जो व्यक्ति बिना किसी भेदभाव के मनुष्य के अस्तित्व को मानते हुए एक-दूसरे से प्रेम का भाव रखता है, वही सही मायनों में ज्ञानी है।

11 'साखी' से आप क्या समझते हैं?

उत्तर 'साखी' शब्द का तद्भव रूप है 'साक्षी' जो 'साक्ष्य' शब्द से निर्मित हुआ है और जिसका अर्थ है-प्रत्यक्ष ज्ञान। यही साक्षी शब्द बिगड़ते-बिगड़ते साखी बन गया।

कबीरदास ने जिन बातों को अपने अनुभव से जाना तथा सत्य पाया, उन्हें साखी के रूप में प्रस्तुत किया। ये साखियाँ सत्य की प्रतीक हैं।

12 **कबीर की भक्ति-भावना का वर्णन अपने शब्दों में स्पष्ट कीजिए।** **CBSE 2012**

उत्तर कबीरदास निराकार भक्ति के उपासक थे, जिन्होंने सगुण भक्ति मूर्ति पूजा का खंडन एवं बाह्याडम्बरों का विरोध करते हुए, निर्गुण भक्ति के महत्त्व को उजागर किया है। कबीर ने ईश्वर भक्ति के लिए मंदिर, मस्जिद, गुरुद्वारे आदि सथानों पर जाना अनुचित माना है तथा ईश्वर को स्वयं में खोजने पर बल दिया है। कबीर कहते हैं

मोको कहाँ ढूँढे रे बन्दे, मैं तो तेरे पास रे
ना मैं देवल, ना मैं मस्जिद, ना काबे कैलास में।।

13 **कबीर ने ईश्वर का निवास कहाँ बताया है?** **CBSE 2016**

उत्तर कबीर ने ईश्वर का निवास सृष्टि के कण-कण में बताया है। वे किसी विशेष स्थान पर नहीं रहते हैं, बल्कि उनका निवास प्रत्येक प्राणी के हृदय में है। कबीर का मानना है कि ईश्वर कण-कण में निवास करते हैं, किंतु इस संसार में रहने वाले लोग अज्ञानतावश उन्हें देख नहीं पाते और परेशान होकर इधर-उधर ढूँढ़ते रहते हैं।

14 **विरह रूपी सर्प कबीर के अनुसार कौन है और 'मंत्र' किसे कहा गया है?** **CBSE 2018**

उत्तर कबीर के अनुसार, ईश्वर से मिलन न हो पाने की दशा में साधक के जीवन में विरह व्याप्त हो जाता है।

यह विरह उस सर्प की तरह अपना विष शरीर में छोड़ता है, मानो वह शरीर में ही रहता हो। इस विष का कोई निदान नहीं सूझता। यहाँ 'मंत्र' उपाय को कहा गया है।

15 **कबीर ने किस प्रकार के ब्रह्म की आराधना की है?**

उत्तर कबीर भक्तिकाल की निर्गुणभक्ति धारा की ज्ञानमार्गी शाखा के प्रतिनिधि संत कवि हैं। वे निराकार ब्रह्म में विश्वास करते हैं। उनका ब्रह्म फूलों की सुगंध से भी पतला, अजन्मा और निर्विकार है।

उनका मत है कि ईश्वर धरती के कण-कण में विद्यमान है। ईश्वर (राम) जीव के अंदर समाया हुआ है, उसे इधर-उधर खोजने की आवश्यकता नहीं है। उसे अपने भीतर ही खोजना चाहिए।

16 **"सुखिया सब संसार है, खावै अरु सोवै ....।" में कबीर ने किस तथ्य पर प्रकाश डाला है?**

उत्तर कबीर ने प्रस्तुत पंक्तियों में बताया है कि संसार की नश्वरता से अनजान मनुष्य सांसारिक सुख-साधनों के पीछे भागता रहता है और उनमें ही डूबा रहता है। ऐसे लोगों की ब्रह्म के प्रति आसक्ति नहीं है, लेकिन कबीर संसार की नश्वरता को देख चिंतित होकर रोते हैं।

17 **अपने अंदर का दीपक दिखाई देने पर कौन-सा अँधियारा कैसे मिट जाता है? कबीर की साखी के संदर्भ में स्पष्ट कीजिए।** **CBSE 2015**

उत्तर 'दीपक' प्रकाश फैलाने का माध्यम है। इससे अंधकार का नाश होता है। कबीर ने अपनी साखी में 'दीपक' को ज्ञान के प्रतीक के रूप में रखा है। ज्ञान आंतरिक दुष्प्रवृत्तियों को नष्ट करता है।

मनुष्य की दुष्प्रवृत्तियाँ अंधकार के समान ही हैं। ज्ञान की ज्योति से अंधकार का मिटना मनुष्य को एक नई पहचान देता है। ईश्वरीय ज्ञान मनुष्य को आंतरिक अंधकार के कारण नहीं हो पाता। इस अंधकार के समाप्त होते ही मनुष्य का ईश्वर से एकाकार हो जाता है।

अपने अंदर का दीपक दिखाई देने पर अपने-पराए का भेद मिट जाता है। जिस प्रकार दीपक के प्रकाश से अंधकार समाप्त हो जाता है, उसी प्रकार जब मनुष्य का ईश्वर के प्रेम रूपी प्रकाश से साक्षात्कार होता है तो उसके मन के सारे प्रश्न, भ्रम, संदेह समाप्त हो जाते हैं, और अज्ञान रूपी अंधकार मिट जाता है।

18 **कबीरदास की साखियों के मुख्य उद्देश्य स्पष्ट कीजिए।** **CBSE 2016, 10**

उत्तर *कबीरदास की साखियों के मुख्य उद्देश्य निम्न हैं*

(*i*) मनुष्य को ईश्वर की प्राप्ति के लिए अच्छे कार्य करने हेतु प्रेरित करना एवं सच्चे मार्ग पर चलने पर ज़ोर देना।
(*ii*) सांसारिक सुखों और सामाजिक ढोंगों को छोड़कर अपने अहंकार को त्यागकर मधुर वचन बोलना।
(*iii*) मीठे वचन बोलकर ईश्वर भक्ति में लगे रहना।
(*iv*) अपनी निंदा को सकारात्मक अर्थ में लेते हुए स्वयं के व्यक्तित्व व स्वभाव में सुधार करना।
(*v*) ईश्वर की प्राप्ति के लिए उन्हें अपने भीतर टटोलना अर्थात् अपनी आत्मा में ईश्वर के अंश का साक्षात्कार करना।

19 **कबीर की साखियों से हमें क्या शिक्षा मिलती है?**

अथवा **कबीर की किसी साखी के आधार पर बताइए कि कबीर किन जीवनमूल्यों को मानव के लिए आवश्यक मानते है?** **CBSE 2014**

उत्तर महान् संत कवि कबीर की साखियों से हमें नैतिकता एवं ज्ञान की शिक्षा मिलती है। उनकी साखियों में अहंकार से दूर रहने, मीठे वचन बोलने, सच्चे मन से ईश्वर को याद करने, सामाजिक रूढ़ियों को दूर करने आदि संबंधी शिक्षा मिलती है। प्रस्तुत साखियाँ मनुष्य को नीति संबंधी शिक्षा भी प्रदान करती हैं। बाह्याडंबरों से दूर रहने, आपसी बैर भाव एवं धार्मिक मतांतरों को भूलने तथा जीवन के वास्तविक लक्ष्य को प्राप्त करने संबंधी प्रेरणा देने के अतिरिक्त ये साखियाँ आत्म-सुधार की प्रेरणा भी देती हैं। पुस्तकीय ज्ञान की अपेक्षा व्यावहारिक ज्ञान उपयोगी है।

वास्तव में, जनमानस में व्याप्त सामाजिक-धार्मिक रूढ़ियों एवं कुरीतियों को दूर करना तथा आध्यात्मिक एवं नैतिक उन्नति करने में सहायता करना ही कबीर का लक्ष्य था, जिसके लिए उन्होंने अपनी साखियों को माध्यम बनाया।

20 **कबीर के दोहे के आधार पर कस्तूरी की उपमा को स्पष्ट कीजिए। मनुष्य को ईश्वर प्राप्ति के लिए क्या करना चाहिए? स्पष्ठ कीजिए।**

उत्तर कबीर का कहना है कि जिस प्रकार 'कस्तूरी' (कस्तूरी नामक सुगंधित पदार्थ) मृग की नाभि में ही होता है, लेकिन अज्ञानतावश वह इसे पाने के लिए वन में भटकता रहता है, ठीक उसी प्रकार ईश्वर का निवास भी मनुष्य के हृदय में ही है, लेकिन मनुष्य को इसका ज्ञान नहीं होने के कारण वह ईश्वर को अन्यत्र खोजता फिरता है। अपने कथन की सटीक पुष्टि के लिए ही कबीर ने ईश्वर के संदर्भ में कस्तूरी मृग की उपमा दी है।

कबीर के अनुसार, ईश्वर कण-कण में व्याप्त है, किंतु हमारी अज्ञानता, अविश्वासी प्रवृत्ति और अहंकारी स्वभाव ईश्वर की प्राप्ति में बाधक बनता है, जिसके परिणामस्वरूप मनुष्य केवल सांसारिक विषय-वासनाओं और आडंबरों में ही फँसा रह जाता है। अतः मनुष्य को ईश्वर प्राप्ति के लिए अज्ञानता, अविश्वास और अहं भाव को त्यागकर ईश्वर के प्रति अनुरक्त होना चाहिए। इस प्रकार ईश्वरीय ज्ञान के बल पर तथा ईश्वर पर अटूट विश्वास रखकर तथा मधुर व्यवहार के द्वारा ही ईश्वर को प्राप्त किया जा सकता है।

21 **कबीर ने कस्तूरी मृग का उदाहरण देकर क्या स्पष्ट करने का प्रयास किया है?**

अथवा **कबीर ने अपने दोहे में 'हिरण' का उदाहरण किस संदर्भ में दिया है? क्या आप भी कबीर के विचार से सहमत हैं? अपना उत्तर स्पष्ट से लिखिए। कस्तू नामक सुगंधित पदार्थ** **CBSE 2016**

उत्तर कबीर का कहना है कि जिस प्रकार कस्तूरी (कस्तूरी नामक सुगंधित पदार्थ) मृग की नाभि में ही होता है, लेकिन अज्ञानतावश वह इसे पाने के लिए वन में भटकता रहता है, ठीक उसी प्रकार ईश्वर का निवास भी मनुष्य के हृदय में ही है, लेकिन मनुष्य को इसका ज्ञान नहीं होने के कारण वह ईश्वर को अन्यत्र खोजता फिरता है। अपने कथन की सटीक पुष्टि के लिए ही कबीर ने ईश्वर के संदर्भ में कस्तूरी मृग का उदाहरण दिया है।

हाँ, मैं कबीर इस विचार में पूर्णरूपेण सहमत हूँ , क्योंकि हम सभी प्राणी परमात्मा का एम अंश हैं, जो हमारे भीतर ही विद्यमान है। परमात्मा न तो मंदिर में है न मस्जिद में और न ही गुरुद्वारे में, बल्कि ईश्वर हमारे अंतर्मन में व्याप्त है, परंतु हम परमात्मा को मंदिर-मस्जिद में ढूँढते फिरते है और अंत में निराशा हाथ लगती है। यदि हमें ईश्वर को पाना है तो हमें अहम् भाव का तिरस्कार करना होगा और स्वयं के अंदर झाँकना होगा। क्योंकि ईश्वर कण-कण में, प्रत्येक मानव में विद्यमान है।

22 **कबीर ने अपने दोहे में निंदक को समीप रखने की सलाह दी है। क्या आप भी अपने निंदक को पसंद करते हैं? निंदक के प्रति सकारात्मक दृष्टिकोण रखते हुए उससे होने वाले लाभों के में लिखिए।** **CBSE 2016**

उत्तर कबीर ने अपने दोहे में निदंक को समीप रखने की सलाह दी है, क्योंकि यदि कोई मनुष्य अपनी निंदा को सहन कर उससे सीख ले, तो वह स्वयं में बहुत से सुधार लाकर सदाचारी और निर्मल बन सकता है। यही कारण है कि मैं भी अपने निंदक को पसंद करता हूँ। जब मैं कोई कार्य करता हूँ, तो बहुत से निंदक मेरे समीप होते हैं और वे मेरे द्वारा किए गए कार्यों में से कमियों को निकालते हैं। इन कमियों को मैं गंभीरता से लेते हुए सुधार के प्रयास करता हूँ और उसी कार्य को और अधिक मेहनत के साथ करते हुए पहले वाली त्रुटियों का समाधान करता हूँ। यदि मेरे समीप निंदक नहीं होगा, तो मेरी कमियों को उजागर करने वाला कोई नहीं होगा। इस कारण में एक ही त्रुटि को बारंबार दोहराता रहूँगा। अतः कहा जा सकता है कि हमें निंदक को अपने ही समीप रखकर उसकी निंदा से लाभ उठान चाहिए।

23 **'ऐकै अषिर पीव का पढ़ै सु पंडित होम' पंक्ति का आप क्या अर्थ समझते हैं? प्रेम का एक अक्षर सभी ग्रंथों से किस प्रकार भारी है, अपने जीवन के एक अनुभव के आधार पर स्पष्ट कीजिए।** **CBSE 2019, 15**

उत्तर इस पंक्ति द्वारा कबीरदास ने प्रेम की महत्ता को प्रकाशित किया है। ईश्वर को पाने के लिए एक अक्षर प्रेम का अर्थात् ईश्वर को पढ़ लेना ही पर्याप्त है। बड़े-बड़े पोथे था ग्रन्थ पढ़कर कोई पण्डित नहीं बन जाता। केवल परमात्मा का नाम स्मरण करने से ही सच्चा ज्ञानी बना जा सकता है।

प्रेम का ज्ञान एक प्रकार का व्यावहारिक ज्ञान होता है, जो हमें मनुष्य से जोड़ने में सहायता प्रदान करता है; परन्तु पोथि पढ़ कर अर्जित किया ज्ञान सैद्धांतिक श्रेणी के अंतर्गत आता है।

इस बात का तर्क में अपने जीवन में घाटित एक घटना के आधार पर स्पष्ट कर रहा हूँ, जो निम्नलिखित है–

मैं कॉलेज जा रहा था। एक बुजुर्ग व्यक्ति पर मेरी नज़र पड़ी। वह सड़क पार करने का प्रयास कर रहा था; परन्तु बारम्बार उसे असफलता मिल रही थी। उसके बगल में सूट-बूट धारण किया व्यक्ति आया, और उसको धक्का देते हुए निकल गया। सामने से एक रिक्शावाला आया, बुर्जुग को उठाया और सड़क पार करवाई। इस उदाहरण से स्पष्ट है कि पोथि पढ़कर भी मनुष्य विद्वान या बुद्धिमान नहीं बन सका; जबकि प्रेम के अक्षर पढ़ने वाला रिक्शाचालक एक विद्वान के रूप में हमारे समक्ष प्रस्तुत हुआ है।

स्वमूल्यांकन

काव्यांश पर आधारित बहुविकल्पात्मक प्रश्न

- *निम्नलिखित काव्यांश को ध्यानपूर्वक पढ़कर पूछे गए प्रश्नों के सही विकल्प चुनिए।*

1 पोथी पढ़ि पढ़ि जग मुवा, पण्डित भया न कोइ।
  ऐकै अषिर पीव का, पढ़ै सु पण्डित होइ।।

  (क) कबीर के अनुसार कौन ज्ञानी नहीं बन पाया?
      (i) मोटी-मोटी पुस्तकें पढ़ने वाले व्यक्ति
      (ii) गुरु के बिना रहने वाले व्यक्ति
      (iii) माता-पिता का अनादर करने वाले व्यक्ति
      (iv) हमेशा अलग-अलग रहने वाले व्यक्ति

  उत्तर (i) मोटी-मोटी पुस्तकें पढ़ने वाले व्यक्ति

  (ख) कबीर के अनुसार पण्डित कौन है?
      (i) जिसने गुरु का सान्निध्य प्राप्त कर लिया
      (ii) जिसने प्रभु का एक अक्षर भी पढ़ लिया
      (iii) जिसने कठोर तपस्या कर ली
      (iv) जिसने स्वयं को पहचान लिया

  उत्तर (ii) जिसने प्रभु का एक अक्षर भी पढ़ लिया

  (ग) 'पीव' किसका प्रतीक है?
      (i) जीवन साथी का
      (ii) दीपक का
      (iii) अज्ञान का
      (iv) परमात्मा का

  उत्तर (iv) परमात्मा का

  (घ) प्रस्तुत पद में किस पर व्यंग्य किया गया है?
      (i) साहित्यकारों पर
      (ii) ज्ञानी वर्ग पर
      (iii) धार्मिक आडंबरों पर
      (iv) समाज पर

  उत्तर (ii) ज्ञानी वर्ग पर

कविता पर आधारित बहुविकल्पीय प्रश्न

1. कबीर दूसरों का घर क्यों जलाना चाहते हैं?
   (i) उनको पीड़ा पहुँचाने हेतु
   (ii) अपना स्वार्थ पूरा करने हेतु
   (iii) उनको सन्मार्ग पर लाने हेतु
   (iv) उनको मोह छोड़कर ईश्वर भक्ति में लगाने हेतु

   उत्तर (iv) उनको मोह छोड़कर ईश्वर भक्ति में लगाने हेतु

2. पोथी पढ़ने से व्यक्ति पंडित क्यों नहीं बन सकता?
   (i) क्योंकि पोथी साधारण व्यक्ति द्वारा लिखी होती है
   (ii) क्योंकि पोथी ज्ञान को प्रदान करती है, परंतु हमारे आचरण को नहीं बदल सकती
   (iii) क्योंकि पंडित लोगों के मानने से बनते हैं, पोथी पढ़ने से नहीं
   (iv) क्योंकि पोथी हमें अच्छा मनुष्य नहीं बनाती

   उत्तर (ii) क्योंकि पोथी ज्ञान को प्रदान करती है, परंतु हमारे आचरण को नहीं बदल सकती

विषय-वस्तु का ज्ञान, बोध अभिव्यक्ति पर आधारित प्रश्न

- *निम्नलिखित प्रश्नों के उत्तर दीजिए*
  (i) कवि ने कैसी वाणी का प्रयोग करने के लिए कहा है तथा क्यो?
  (ii) कबीर पंडित किसे मानते हैं? प्रस्तुत दोहे के आधार पर स्पष्ट कीजिए।
  (iii) कबीर ने ऐसा क्यों कहा कि निंदक के लिए घर के आँगन में कुटिया बनवा देनी चाहिए।
  (iv) कबीर किसका घर जलाना चाहते हैं? यहाँ घर जलाने से क्या आशय है?
  (v) कबीर ईश्वर की प्राप्ति के लिए किस-किस बात पर बल देते हैं? विस्तारपूर्वक बताइए।

अध्याय

02

पद *(मीरा)*

पाठ की रूपरेखा

प्रस्तुत पद 'मीरा' के आराध्य देव 'श्रीकृष्ण' को संबोधित हैं। पहले पद में मीरा ने श्रीकृष्ण को अपना संरक्षक मानकर उनसे प्रार्थना की है कि मेरे कष्टों को भी दूर करके मेरी रक्षा करो। दूसरे पद में मीरा, श्रीकृष्ण के समीप सेविका बनकर रहना चाहती हैं, ताकि वह सुबह उठकर प्रभु कृष्ण के दर्शन कर सकें। वह दिन-रात उनका स्मरण करते हुए, उनकी लीलाओं का गुणगान करते हुए भगवान की आराधना (भक्ति) में लीन हो जाना चाहती हैं। तीसरे पद में, मीरा ने श्रीकृष्ण के रूप-सौंदर्य का वर्णन किया है। वह श्रीकृष्ण के दर्शन के लिए इतनी व्याकुल हैं कि कृष्ण को यमुना नदी के किनारे दर्शन देने के लिए पुकारती हैं। इस प्रकार इन सभी पदों में मीरा अपने आराध्य देव से मनुहार भी करती हैं, लाड़ भी लड़ाती हैं और अवसर आने पर उलाहना देने से भी नहीं चूकतीं। वह उनकी क्षमताओं का गुणगान करती हैं, तो उन्हें उनके कर्तव्य याद दिलाने में भी देर नहीं लगाती हैं।

कवि-परिचय

मीराबाई का जन्म 1503 ई. में जोधपुर के चोकड़ी (कुड़की) गाँव में हुआ। इनका विवाह मेवाड़ के महाराणा सांगा के पुत्र कुँवर भोजराज से 13 वर्ष की आयु में ही हो गया, परंतु दुर्भाग्यवश आठ-दस वर्षों के उपरांत इनके पति की मृत्यु हो गई। मीरा का मन राज घरानों की चहल-पहल में नहीं रम सका तथा भौतिक जीवन से निराश होकर उन्होंने घर त्याग दिया और मंदिर में जाकर श्रीकृष्ण की भक्ति करते हुए कृष्णमय हो गईं।

मीरा, संत रैदास की शिष्या थीं। इनकी सात-आठ कृतियाँ उपलब्ध हैं। इनकी भक्ति दैन्य और माधुर्य भाव की भक्ति है। साधु संतों की संगति में रहने के कारण इन पर योगियों, संतों और वैष्णव भक्तों का प्रभाव पड़ा। इनके पदों की भाषा में राजस्थानी, ब्रज और गुजराती भाषा का मिश्रण देखा जा सकता है। इसलिए इन्हें हिंदी और गुजराती दोनों भाषाओं की कवयित्री माना जाता है। मध्यकालीन भक्ति आंदोलन में योगदान देने वाले कवियों में मीरा का विशेष स्थान है।

काव्यांशों की व्याख्या

काव्यांश 1

हरि आप हरो जन री भीर।
द्रोपदी री लाज राखी, आप बढ़ायो चीर।
भगत कारण रूप नरहरि, धर्‌यो आप सरीर।
बूढ़तो गजराज राख्यो, काटी कुण्जर पीर।
दासी मीराँ लाल गिरधर, हरो म्हारी भीर।।

» शब्दार्थ

हरि—श्रीकृष्ण; हरो—दूर करो; जन री—सेवक की (मीरा की); भीर—पीड़ा; द्रोपदी री लाज राखी—दुर्योधन द्वारा दुःशासन से द्रौपदी का चीरहरण कराने पर श्रीकृष्ण ने चीर (द्रौपदी की साड़ी) को बढ़ाते-बढ़ाते इतना बढ़ा दिया कि दुःशासन थक गया; बढ़ायो—बढ़ाना; चीर—वस्त्र; भगत—भक्त, सेवक; धर्‌यो—धारण किया; बूढ़तो—डूबते हुए; गजराज—ऐरावत हाथी; राख्यो—रक्षा की, बचाया; काटी कुञ्जर पीर—हाथी का कष्ट दूर करने के लिए मगरमच्छ को मारा; लाल गिरधर—श्रीकृष्ण; म्हारी—मेरी; पीर—दुःख।

भावार्थ

मीराबाई अपने आराध्य देव से प्रार्थना करती हैं कि हे ईश्वर! केवल आप ही अपनी इस दासी के कष्टों को दूर कर सकते हैं। आपने ही द्रौपदी की लाज बचाकर उसे अपमानित होने से बचाया था। जिस समय दुःशासन ने भरी सभा में द्रौपदी का चीरहरण करने का प्रयास किया था, तब आपने ही उसके चीर को बढ़ाया था। इसी प्रकार अपने प्रिय भक्त प्रह्लाद को बचाने के लिए आपने भगवान नरसिंह का रूप धारण किया था। आपने ही डूबते हुए हाथी को मगरमच्छ के मुँह से बचाकर उसके जीवन की रक्षा की थी और उसकी पीड़ा को दूर किया था। दासी मीरा प्रार्थना करती है कि हे गिरिधर! आप मेरे कष्टों को भी दूर कर मुझे (आपकी दासी मीरा को) भी हर प्रकार के सांसारिक बंधन से छुटकारा दिला दीजिए।

काव्य सौंदर्य

(*i*) सरल एवं सहज भाषा का प्रयोग हुआ है , जो अत्यधिक प्रभावोत्पादक है।

(*ii*) इसमें ब्रजभाषा के शब्दों के साथ-साथ राजस्थानी भाषा के शब्दों का भी प्रयोग हुआ है।

(*iii*) 'काटी कुण्जर' में अनुप्रास अलंकार है, जबकि पूरे पद में दृष्टांत अलंकार का प्रयोग हुआ है।

(*iv*) गेयात्मक या गीतात्मक शैली का प्रयोग हुआ है तथा प्रत्येक पंक्ति का अंतिम शब्द (पद) तुकांत है।

काव्यांश 2

स्याम म्हाने चाकर राखो जी,
गिरधारी लाला म्हाँने चाकर राखो जी।
चाकर रहस्यूँ बाग लगास्यूँ नित उठ दरसण पास्यूँ।
बिन्दरावन री कुंज गली में, गोविंद लीला गास्यूँ।
चाकरी में दरसण पास्यूँ, सुमरण पास्यूँ खरची।
भाव भगती जागीरी पास्यूँ, तीनूं बाताँ सरसी।

» शब्दार्थ

स्याम–श्रीकृष्ण; म्हाने–मुझे; चाकर–नौकर, दासी, सेवक; राखो जी–रख लीजिए; रहस्यूँ–रहूँगी; बाग लगास्यूँ–बाग लगाऊँगी; नित–प्रतिदिन; दरसण–दर्शन; पास्यूँ–करूँगी, पाऊँगी; बिन्दरावन री–वृंदावन की; कुंज–बाग; लीला–विभिन्न कार्य; गास्यूँ–गाऊँगी; चाकरी–नौकरी; सुमरण–स्मरण; खरची–जेब खर्च; भाव भगती–भावों से भरी भक्ति; जागीरी–संपत्ति, साम्राज्य; सरसी–पूर्ण होंगी।

भावार्थ

मीरा, श्रीकृष्ण से प्रार्थना करते हुए कहती हैं कि हे श्याम! तुम मुझे अपनी दासी (सेविका) बनाकर रख लो। मीरा, श्रीकृष्ण से प्रार्थना करती हुई दोबारा कहती हैं। हे गिरिधारी लाल! तुम मुझे अपने यहाँ सेविका के रूप में रख लो। मैं तुम्हारी सेविका के रूप में रहते हुए तुम्हारे लिए बाग-बगीचे लगाया करूँगी, जिसमें तुम घूम सको। जब तुम रोज़ सुबह यहाँ घूमने आओगे, तो मैं तुम्हारे दर्शन कर लिया करूँगी। मैं वृंदावन के बागों और गलियों में तुम्हारी लीलाओं के गीत गाया करूँगी। तुम्हारी सेवा करते हुए मुझे तुम्हारे दर्शन करने का अवसर भी मिल जाएगा। तुम्हारे नाम-स्मरण के रूप में मुझे जेब-खर्च भी प्राप्त हो जाया करेगा। इस प्रकार मुझे तुम्हारे दर्शन, स्मरण और भक्ति रूपी जागीर–तीनों आसानी से मिल जाएँगी, जिससे मेरा जीवन सफल हो जाएगा।

काव्य सौंदर्य

(*i*) मुख्यतः राजस्थानी भाषा के शब्दों का प्रयोग हुआ है, जो भावों की अभिव्यक्ति में पूर्णतः सक्षम हैं।

(*ii*) 'भाव भगती' में अनुप्रास अलंकार विद्यमान है।

(*iii*) संपूर्ण पद में माधुर्य गुण विद्यमान है।

(*iv*) इसमें गेयात्मक शैली का प्रयोग किया गया है।

काव्यांश 3

मोर मुगट पीताम्बर सौहे, गल वैजन्ती माला।
बिन्दरावन में धेनु चरावे, मोहन मुरली वाला।
ऊँचा ऊँचा महल बणावं बिच बिच राखूं बारी।
साँवरिया रा दरसण पास्यूँ, पहर कुसुम्बी साड़ी।
आधी रात प्रभु दरसण, दीज्यो जमनाजी रे तीरां।
मीराँ रा प्रभु गिरधर नागर, हिवड़ो घणो अधीराँ।

» शब्दार्थ

मोर मुगट—मोर के पंखों से बना हुआ मुकुट; पीतांबर—पीले वस्त्र; सौहे—सुशोभित हो रहे हैं; गल—गले में; वैजन्ती माला—वन में उगने वाले एक प्रकार के फूलों की माला; धेनु—गाय; बणावं—बनाऊँ; बिच बिच—बीच-बीच में; बारी—फुलवारी, फूलों की छोटी-सी क्यारी; साँवरिया—श्रीकृष्ण, जिन्हें उनके साँवले रंग के कारण साँवरिया भी कहा जाता है; रा—का; पहर—पहनकर; कुसुम्बी—लाल रंग वाली; दीज्यो—दे दिया; तीरां—किनारे; नागर—चतुर; हिवड़ो—हृदय में; घणो—बहुत; अधीराँ—व्याकुलता, बेचैनी।

भावार्थ

मीराबाई, श्रीकृष्ण के रूप-सौंदर्य पर अत्यंत मोहित हैं। वह उनके रूप-सौंदर्य का वर्णन करते हुए कहती हैं कि श्रीकृष्ण के माथे पर मोरपंखों से बना हुआ सुंदर मुकुट सुशोभित हो रहा है। उनके शरीर पर पीले वस्त्र शोभा पा रहे हैं। उनके गले में फूलों की वैजन्ती माला बहुत सुंदर लग रही है।

मन को मोहित कर लेने वाले और मधुर-मधुर बाँसुरी बजाने वाले श्रीकृष्ण वृंदावन में गाय चराते हैं। वृंदावन में मेरे श्रीकृष्ण का भव्य और ऊँचा महल है। मैं इस महल के बीचों-बीच सुंदर फूलों से सजी फुलवारी बनवाऊँगी। इसके पश्चात् मैं लाल रंग की साड़ी पहनूँगी और अपने साँवले के दर्शन करूँगी।

मीरा, श्रीकृष्ण से निवेदन करती हैं कि हे प्रभु! तुम आधी रात को यमुना नदी के किनारे अपने दर्शन देने के लिए अवश्य आना, क्योंकि मेरा मन तुम्हारे दर्शन के लिए अत्यंत व्याकुल हो रहा है।

काव्य सौंदर्य

(*i*) इसमें मुख्यतः राजस्थानी भाषा के शब्दों का प्रयोग किया गया है, जो भावाभिव्यक्ति में पूर्णतः सक्षम हैं।

(*ii*) संपूर्ण पद में माधुर्य गुण विद्यमान है।

(*iii*) इस पद में गेयात्मक शैली का प्रयोग किया गया है।

(*iv*) 'मोर मुगट' तथा 'मोहन मुरली' में अनुप्रास अलंकार विद्यमान है।

पाठ्यपुस्तक (स्पर्श भाग-2) के प्रश्नोत्तर

(क) *निम्नलिखित प्रश्नों के उत्तर दीजिए*

1 पहले पद में मीरा ने हरि से अपनी पीड़ा हरने की विनती किस प्रकार की है? **CBSE 2016, 11, 10**

अथवा मीराबाई ने श्रीकृष्ण से अपनी पीड़ा हरने की प्रार्थना किस प्रकार की है? **CBSE 2019**

उत्तर पहले पद में मीरा हरि से अपना उद्धार करने तथा अपनी पीड़ा हरने की विनती करते हुए कहती हैं। आपने ही द्रौपदी की लाज बचाकर उसे अपमानित होने से बचाया था। आपने ही अपने प्रिय भक्त प्रहलाद को बचाने के लिए भगवान नरसिंह का रूप धारण किया था और आपने ही तो डूबते हुए हाथ्एी को मगरमच्छ के मुँह से बचाकर उसके जीवन रक्षक की भूमिका निभाई थी। जिस प्रकार आपने द्रौपदी, प्रहलाद और हाथी की रक्षाकी है, उसी प्रकार आप मेरे कष्ट भी हर लेजिए, मुझे हर प्रकार के सांसारिक बंधनों से छुटकारा दिला दीजिए।

2 दूसरे पद में मीराबाई श्याम की चाकरी क्यों करना चाहती हैं? स्पष्ट कीजिए। **CBSE 2018, 10**

अथवा मीरा कृष्ण की चाकरी क्यों करना चाहती हैं? अनका लक्ष्य सांसारिक सुखों की प्राप्ति क्यों नहीं है? मीरा के पद के आधार पर स्पष्ट कीजिए। **CBSE 2014**

उत्तर दूसरे पद में मीरा बाई श्याम की चाकरी इसलिए करना चाहती है क्योंकि वह प्रत्येक क्षण श्रीकृष्ण के सान्निध्य में रहकर उनके दर्शन करना चाहती है। दर्शन हेतु वह श्रीकृष्ण के लिए बाग-बगीचे लगाना। चाहती हैं, जिसमें वे सुबह-शाम विचरण कर सके और जब वे सुबह-शाम प्पूमने के लिए बाग में आएँ, तो मीरा उनके दर्शन प्राप्त कर सकें। मीरा श्रीकृष्णा की चाकरी करते हुए उनका नाम-स्मरण करेंगी, जिससे मीरा को नाम-स्मरण के रूप में जेब-खर्च भी अर्जित हो जाएगा। इस प्रकार श्याम की चाकरी करते हुए मीरा के दर्शन, स्मरण एवं भक्ति के रूप में तीनों भावों की पूर्ति हो जाएगी।

मीराबाई का लक्ष्य सांसारिक सुखों की प्राप्ति इसलिए नहीं है क्योंकि सांसारिक सुख स्थाई नहीं होता है। सांसारिक सुखों के अंतर्गत धन-दौलत, रिश्ते-नाते आदि भौतिक सुखों का समावेश होता है। ये सुख नाशवान होते हैं, जो हमें सोसारिक मोह-माया में जकड़ लेते हैं। इसके विपरीत आध्यात्मिक सुख जीवन के सत्य को उजागर करता है, जिससे आत्मा जीवन-मरण के बंधन से मुक्ति पाकर मोक्ष प्राप्त करती है।

3 मीराबाई ने श्रीकृष्ण के रूप-सौंदर्य का वर्णन कैसे किया है? **CBSE 2016, 11, 10**

उत्तर मीराबाई ने श्रीकृष्ण के रूप-सौंदर्य का अलौकिक वर्णन करते हुए बताया है कि उनके माथे पर मोर के पंखों से बना सुंदर मुकुट शोभायमान हो रहा है। उनके गले में वनफूलों से बनी हुई माला सुशोभित हो रही है। वे पीले वस्त्र पहनकर मुरली बजाते हुए वृंदावन में गाय चरा रहे हैं।

4 मीराबाई की भाषा शैली पर प्रकाश डालिए।

उत्तर मीरा के काव्य की भाषा मुख्य रूप से साहित्यिक ब्रजभाषा है, किंतु उनकी रचनाओं में राजस्थानी, पंजाबी, गुजराती आदि भाषाओं के शब्दों का भी प्रयोग हुआ है। मीरा की पदावली में बहुमत शब्द का प्रयोग हुआ है। तद्भव हैं। मुहावरों के प्रयोग से भाषा प्राणमयी और सजीव हो उठी है। उन्होंने बिना किसी आडंबर के सहज रूप से अपनी बात कह दी। शांत, भक्ति तथा करुण रसों के सुंदर प्रयोग से उनकी रचनाओं के सौंदर्य में वृद्धि हुई है। उन्होंने पर्यायवाची शब्दों (हरि, गिरधर, मोहन, श्याम, गोविंद, मुरलीवाला आदि) तथा अनुप्रास एवं रूपक अलंकार आदि का पर्याप्त प्रयोग किया है।

उन्होंने गेय शैली को अपनाया, जिसके कारण उनकी रचनाएँ लोक गायकों से लेकर शास्त्रीय संगीत के गायकों तक में बहुत लोकप्रिय हैं।

5 वे श्रीकृष्ण को पाने के लिए क्या-क्या कार्य करने को तैयार हैं? **CBSE 2011**

उत्तर *मीराबाई श्रीकृष्ण को पाने के लिए निम्नलिखित कार्य करने को तैयार हैं*

(i) वह उनकी चाकर यानी सेवक बनने के लिए तैयार हैं।
(ii) वह श्रीकृष्ण के घूमने के लिए बाग-बगीचे लगाने को तैयार हैं।
(iii) वह वृंदावन की गलियों में घूमकर उनका गुणगान करने को तैयार हैं।

(ख) *निम्नलिखित पंक्तियों का काव्य सौंदर्य स्पष्ट कीजिए*

1 "हरि आप हरो जन री भीर।
द्रोपदी री लाज राखी, आप बढ़ायो चीर।
भगत कारण रूप नरहरि, धर्यो आप सरीर।"

उत्तर **भाव सौंदर्य**

मीराबाई श्रीकृष्ण से प्रार्थना करती हैं कि हे ईश्वर! केवल आप ही अपनी इस दासी के कष्टों को दूर कर सकते हैं। आपने ही द्रौपदी की साड़ी को बढ़ाकर उसकी लाज बचाकर उसे अपमानित होने से बचाया था। इसी प्रकार अपने प्रिय भक्त प्रह्लाद को बचाने के लिए आपने भगवान नरसिंह का रूप धारण किया था। इन पंक्तियों में मीरा ने द्रौपदी तथा प्रहलाद के उदाहरण द्वारा श्रीकृष्ण के भक्त-रक्षक रूप को साकार किया है।

शिल्प सौंदर्य

(i) ब्रज भाषा की मधुरता एवं राजस्थानी भाषा का पुट स्पष्ट रूप से दिखाई देता है।
(ii) प्रस्तुत पंक्तियों में भक्ति रस मौजूद है जिसमें मीरा का दास्य भाव स्पष्ट रूप से दिखाई देता है।
(iii) प्रस्तुत पंक्तियाँ गेयात्मक हैं।

(*iv*) भाषा में कोमलता के प्रभाव के कारण कुछ शब्दों (उदाहरण के लिए, 'शरीर' का 'सरीर') में परिवर्तन आ गया है।
(*v*) दृष्टांत अलंकार का सुंदर प्रयोग किया गया है।

2 "बूढ़तो गजराज राख्यो, काटी कुञ्जर पीर।
दासी मीराँ लाल गिरधर, हरो म्हारी भीर।।"

उत्तर **भाव सौंदर्य**

मीराबाई श्रीकृष्ण से प्रार्थना करती हैं कि हे गिरिधर! आपने ही डूबते हुए गजराज को मगरमच्छ के मुँह से बचाकर उसके जीवन की रक्षा की थी और उसकी पीड़ा को दूर किया था। उसी प्रकार आप मेरे (आपकी दासी मीरा के) कष्टों को दूर कर मुझे भी हर प्रकार के सांसारिक बंधन से छुटकारा दिला दीजिए।

शिल्प सौंदर्य

(*i*) ब्रज भाषा की मधुरता एवं राजस्थानी भाषा का पुट स्पष्ट रूप से दिखाई देता है।
(*ii*) प्रस्तुत पद में भक्ति रस की प्रधानता है।
(*iii*) यह गेय पद है।
(*iv*) भाषा में कोमलता और याचना स्पष्ट रूप से दिखाई देती है।
(*v*) प्रथम पंक्ति में दृष्टांत अलंकार का प्रयोग किया गया है।
(*vi*) 'काटी कुण्जर' में अनुप्रास अलंकार है।

3 "चाकरी में दरसण पास्यूँ, सुमरण पास्यूँ खरची।
भाव भगती जागीरी पास्यूँ , तीनूं बाताँ सरसी।"

उत्तर **भाव सौंदर्य**

मीरा श्रीकृष्ण से प्रार्थना करते हुए कहती हैं कि हे श्याम! तुम मुझे अपनी दासी (सेविका) बना लो, जिससे आपकी सेवा करते हुए मुझे आपके दर्शन करने का अवसर मिल जाएगा। आपके नाम-स्मरण के रूप में मुझे जेब-खर्च भी प्राप्त हो जाया करेगा। इस प्रकार मुझे आपके दर्शन, स्मरण और भक्ति रूपी जागीर–तीनों आसानी से मिल जाएँगी, जिससे मेरा जीवन सफल हो जाएगा।

शिल्प सौंदर्य

(*i*) ब्रज भाषा की मधुरता एवं राजस्थानी भाषा का पुट स्पष्ट रूप से दिखाई देता है।
(*ii*) इन पंक्तियों में भक्ति रस विद्यमान है।
(*iii*) प्रस्तुत पंक्तियाँ गेयात्मक हैं।
(*iv*) भाषा में कोमलता और याचना स्पष्ट रूप से दिखाई देती है।
(*v*) अनुप्रास (भाव भगती) और रूपक अलंकार ('सुमरण' पर 'खरची' तथा 'भाव भगती' पर 'जागीरी' का आरोप) का अत्यंत सुंदर प्रयोग है।

भाषा अध्ययन

1 उदाहरण के आधार पर पाठ में आए निम्नलिखित शब्दों के प्रचलित रूप लिखिए

उदाहरण-भीर – पीड़ा / काष्टा / दुख: री – की

चीन	....	बूढ़ता	....
धर्‌यो	....	लगास्यूँ	....
कुण्जर	....	घणा	....
बिन्दरावन	....	सरसी	....
रहस्यूँ	....	हिवड़ा	....
राखो	....	कुसुम्बी	....

उत्तर

चीन	– वस्त्र	बूढ़ता	– डूबता
धर्‌यो	– धारण करना	लगास्यूँ	– लगाया
कुण्जर	– हाथी	थणा	– पाना
बिन्दरावन	– वृंदावन	सरसी	– रसीली
रहस्यूँ	– रहूँ/रहना	हिवड़ा	– हृद्‌य
राखो	– रखो	कुसुम्बी	– केसरिया रंग

योग्यता-विस्तार

1 मीरा के अन्य पदों को याद करके कक्षा में सुनाइए।

उत्तर छात्र स्वयं करें।

2 यदि आपको मीरा के पदों के कैसेट मिल सकें, तो अवसर मिलने पर उन्हें सुनिए।

उत्तर छात्र स्वयं करें।

परियोजना कार्य

1 मीरा के पदों का संकलन करके उन पदों को चार्ट पर लिखकर भित्ति पत्रिका पर लगाइए।

उत्तर छात्र स्वयं करें।

2 पहले हमारे यहाँ दस अवतार माने जाते थे। विष्णु के अवतार राम और कृष्ण प्रमुख हैं। अन्य अवतारों के बारे में जानकारी प्राप्त करके एक चार्ट बनाइए।

उत्तर छात्र स्वयं करें।

परीक्षा अभ्यास

काव्यांश पर आधारित बहुविकल्पात्मक प्रश्न

- *निम्नलिखित पद्यांश को ध्यानपूर्वक पढ़कर पूछे गए प्रश्नों के सही विकल्प चुनिए।*

1 हरि आप हरो जन री भीर।
द्रौपदी री लाज राखी, आप बढ़ायो चीर।
भगत कारण रूप नरहरि, धर्‌यो आप सरीर।
बूढ़तो गजराज राख्यो, काटी कुण्जर पीर।
दासी मीराँ लाल गिरधर, हरो म्हारी भीर।।

(क) प्रस्तुत पद्यांश में मीरा ने किसे संबोधित किया है?
(i) भगवान नरसिंह को
(ii) भक्त प्रह्लाद को
(iii) आराध्य देव श्रीकृष्ण को
(iv) श्रीकृष्ण के भक्तों को

उत्तर *(iii)* आराध्य देव श्रीकृष्ण को

(ख) 'द्रौपदी री लाज राखी, आप बढ़ायो चीर' पंक्ति से क्या आशय है?
(i) द्रौपदी के चीरहरण के समय उसकी लाज रखने के लिए आपने (श्रीकृष्ण ने) उसके चीर (साड़ी) को बढ़ाया
(ii) द्रौपदी के वस्त्र को बढ़ाकर आपने उसकी रक्षा की
(iii) हरि का यहाँ साड़ी (चीर) से कोई संबंध नहीं है
(iv) उपरोक्त में से कोई नहीं

उत्तर *(i)* द्रौपदी के चीरहरण के समय उसकी लाज रखने के लिए आपने (श्रीकृष्ण ने) उसके चीर (साड़ी) को बढ़ाया

(ग) उपरोक्त पद्यांश में 'चीर' शब्द का क्या अभिप्राय है?
(i) चीरना *(ii)* फाड़ना
(iii) वस्त्र *(iv)* काटना

उत्तर *(iii)* वस्त्र

(घ) 'भगत कारण रूप नरहरि, धर्‌यो आप सरीर' पंक्ति के माध्यम से कवयित्री क्या कहना चाहती है?
(i) भक्त की रक्षा के लिए आपने (श्रीकृष्ण ने) भगवान नरसिंह का रूप धारण किया
(ii) नरसिंह का रूप भक्त की सेवा के लिए धारण करना पड़ा
(iii) भक्त के लिए आपको नरसिंह बनना पड़ा
(iv) उपरोक्त में से कोई नहीं

उत्तर *(i)* भक्त की रक्षा के लिए आपने (श्रीकृष्ण ने) भगवान नरसिंह का रूप धारण किया

(ङ) प्रस्तुत पद किस कवि द्वारा रचित है
(i) मीरा (ii) रविदास
(iii) कबीर *(iv)* तुलसीदास

उत्तर *(i)* मीरा

2. स्याम म्हाने चाकर राखो जी,
गिरधारी लाला म्हाँने चाकर राखो जी।
चाकर रहस्यूँ बाग लगास्यूँ नित उठ दरसण पास्यूँ।
बिन्दरावन री कुंज गली में, गोविंद लीला गास्यूँ।
चाकरी में दरसण पास्यूँ, सुमरण पास्यूँ खरची।
भाव भगती जागीरी पास्यूँ, तीनूं बाताँ सरसी।

CBSE SQP Term I 2021

(क) प्रस्तुत पद्यांश में मीरा द्वारा श्रीकृष्ण से क्या प्रार्थना की गई है?
(i) मेरे कष्ट हर लो
(ii) मुझे अपनी दासी बना लो
(iii) मेरे जीवन को सुखों से भर दो
(iv) मेरा संसार में नाम कर दो

उत्तर *(ii)* मुझे अपनी दासी बना लो

(ख) मीरा श्रीकृष्ण की सेवा किस कारण करना चाहती हैं?
(i) धन लाभ के लिए
(ii) दर्शन करने के लिए
(iii) यशस्वी बनने के लिए
(iv) अपना वर्चस्व स्थापित करने के लिए

उत्तर *(ii)* दर्शन करने के लिए

(ग) श्रीकृष्ण के नाम स्मरण से कवयित्री को कौन-सा लाभ प्राप्त होगा?
(i) यश प्राप्त करने का
(ii) श्रीकृष्ण के दर्शन करने का
(iii) *(i)* और *(ii)* दोनों
(iv) उपरोक्त में से कोई नहीं

उत्तर *(iii)* *(i)* और *(ii)* दोनों

(घ) पद्यांश के अनुसार कवयित्री श्रीकृष्ण की सेवा कैसे करना चाहती है?
(i) चाकर बनकर
(ii) भक्तिन बनकर
(iii) सखी बनकर
(iv) उपरोक्त में से कोई नहीं

उत्तर *(i)* चाकर बनकर

(ङ) पद्यांश के आधार पर बताइए कि मीरा का जीवन किस प्रकार सफल हो जाएगा?
(i) श्रीकृष्ण के दर्शन करके
(ii) श्रीकृष्ण का स्मरण करके
(iii) श्रीकृष्ण की भक्तिरूपी जागीर प्राप्त करके
(iv) उपरोक्त सभी

उत्तर *(iv)* उपरोक्त सभी

3. मोर मुगट पीतांबर सौहे, गल वैजंती माला।
बिन्दरावन में धेनु चरावे, मोहन मुरली वाला।
ऊँचा ऊँचा महल बणावं बिच बिच राखूँ बारी।
साँवरिया रा दरसण पास्यूँ, पहर कुसुम्बी साड़ी।
आधी रात प्रभु दरसण, दीज्यो जमनाजी रे तीरां।
मीराँ रा प्रभु गिरधर नागर, हिवड़ो घणो अधीराँ।

(क) श्रीकृष्ण ने अपने गले में निम्नलिखित में से क्या पहना हुआ है?
(i) मोतियों की माला *(ii)* फूलों की माला
(iii) सोने का हार *(iv)* वैजंती माला

उत्तर *(iv)* वैजंती माला

(ख) 'आधी रात प्रभु दरसण, दीज्यो जमनाजी रे तीरां' पंक्ति में 'तीरां' किसका प्रतीक है?
(i) किनारा *(ii)* नदी *(iii)* तीर *(iv)* मध्य

उत्तर *(i)* किनारा

(ग) प्रस्तुत पद्यांश में किसका वर्णन किया गया है?
(i) दासी मीरा का
(ii) श्रीकृष्ण के रूप सौंदर्य का
(iii) मीरा की विरह वेदना का
(iv) मीरा की पीड़ा का

उत्तर *(ii)* श्रीकृष्ण के रूप सौंदर्य का

(घ) मीरा श्रीकृष्ण के महल के बीच में क्या बनवाना चाहती हैं?
(i) स्वयं के लिए घर
(ii) सुंदर फूलों से सजी फुलवारी
(iii) भव्य मंदिर
(iv) गाय के लिए गौशाला

उत्तर *(ii)* सुंदर फूलों से सजी फुलवारी

(ङ) पद्यांश के आधार पर बताइए कि मीरा श्रीकृष्ण से क्या निवेदन कर रही है?
(i) उसके दुःख हरने का
(ii) भक्तों पर कृपा बनाए रखने का
(iii) आधी रात में मिलने आने का
(iv) स्वयं के लिए महल बनवाने का

उत्तर *(iii)* आधी रात में मिलने आने का

अध्याय पर आधारित बहुविकल्पीय प्रश्न

1. मीरा आधी रात को श्रीकृष्ण को कहाँ पर मिलना चाहती है?
(i) अपने घर पर
(ii) यमुना के तट पर
(iii) सखी के घर पर
(iv) मंदिर के आँगन में

उत्तर *(ii)* यमुना के तट पर

2. मीराबाई अपने वेतन के रूप में क्या पाना चाहती हैं?
(i) सुंदर वस्त्राभूषण
(ii) महलों का सुख
(iii) कृष्ण जी का स्मरण
(iv) कृष्ण जी का दर्शन

उत्तर *(iv)* कृष्ण जी का दर्शन

3. मीरा श्रीकृष्ण के पास रहने का क्या लाभ बताती हैं?
(i) उसे श्रीकृष्ण को याद करने की जरूरत नहीं होगी
(ii) उसे हमेशा दर्शन प्राप्त होंगे
(iii) उसकी भाव भक्ति का साम्राज्य बढ़ता ही जाएगा
(iv) उपरोक्त सभी

उत्तर *(iv)* उपरोक्त सभी

4. मीरा अपने साँवरिया का दर्शन कैसी साड़ी पहनकर प्राप्त करना चाहती हैं?
(i) रेशमी साड़ी
(ii) खद्दर की साड़ी
(iii) केसरिया रंग की साड़ी
(iv) हरे रंग की साड़ी

उत्तर *(iii)* केसरिया रंग की साड़ी

5. पाठ 'पद' के आधार पर 'हिवड़ो घणो अधीराँ' से क्या आशय है?
(i) हृदय बहुत मजबूत है
(ii) हृदय घड़े के समान है
(iii) हृदय मिलन के लिए अधीर है
(iv) हृदय बहुत पीड़ित है

उत्तर *(iii)* हृदय मिलन के लिए अधीर है

6. मीरा के भक्ति भाव का साम्राज्य कैसे बढ़ेगा?
(i) मीरा के कृष्ण के पास रहने से
(ii) मीरा के गली-गली घूमने से
(iii) मीरा के दोहे लिखने से
(iv) मीरा के नृत्य करने से

उत्तर *(iii)* मीरा के कृष्ण के पास रहने से

7. श्रीकृष्ण के गले में कैसे फूलों की माला सुशोभित हो रही है?
   - (i) गेंद के फूलों की
   - (ii) गुलाब के फूलों की
   - (iii) वैजंती के फूलों की
   - (iv) चमेली के फूलों की

   उत्तर (iii) वैजंती के फूलों की

8. मीराबाई श्रीकृष्ण को पाने के लिए क्या-क्या करने को तैयार हैं?
   - (i) बाग-बगीचे लगाने को
   - (ii) नाम स्मरण करने को
   - (iii) दासी बनने को
   - (iv) ये सभी

   उत्तर (iv) ये सभी

9. 'तीनूं बाताँ सरसी' से क्या आशय है?
   - (i) मीरा श्रीकृष्ण से तीन बातें करेंगी
   - (ii) मीरा श्रीकृष्ण से तीन बार मुलाकात करेंगी
   - (iii) मीरा श्रीकृष्ण से तीन वचन पूरे करेंगी
   - (iv) मीरा भक्ति के तीनों रूपों का सुख प्राप्त करेंगी

   उत्तर (iv) मीरा भक्ति के तीनों रूपों का सुख प्राप्त करेंगी

10. 'सुमरण पास्यूँ खरची' से क्या तात्पर्य है?
    - (i) जेब खर्च के लिए बहुत रुपये मिलेंगे
    - (ii) याद करने से पैसे प्राप्त हो जाएँगे
    - (iii) जेब खर्च के रूप में प्रभु स्मरण का उपहार पाऊँगी
    - (iv) स्मरण करने में पैसे खर्च नहीं होंगे

    उत्तर (iii) जेब खर्च के रूप में प्रभु स्मरण का उपहार पाऊँगी

11. मीराबाई श्रीकृष्ण से क्या चाहती हैं?
    - (i) उच्च पद पर आसीन होना
    - (ii) श्रीकृष्ण के साथ जाना
    - (iii) अपनी सभी आवश्यकताओं की पूर्ति
    - (iv) श्रीकृष्ण उन्हें दर्शन दें

    उत्तर (iv) श्रीकृष्ण उन्हें दर्शन दें

12. 'काटी कुण्जर पीर' से क्या आशय है?
    - (i) हाथी को मोक्ष प्रदान करना
    - (ii) हाथी को पीड़ा से मुक्त कराना
    - (iii) हाथी का पाँव काटना
    - (iv) हाथी को पीर के पास ले जाना

    उत्तर (ii) हाथी को पीड़ा से मुक्त कराना

विषय-वस्तु का ज्ञान, बोध अभिव्यक्ति पर आधारित प्रश्न

1 मीरा ने अपने पदों में प्रभु को क्या-क्या नाम दिए हैं तथा कृष्ण के दर्शन हेतु मीरा की वेश-भूषा किस प्रकार की है? CBSE 2016, 10

उत्तर मीरा ने अपने पदों में अपने आराध्य देव श्रीकृष्ण को अनेक नामों से संबोधित किया है; जैसे–हरि, गिरधर, स्याम (श्याम), गिरधारी, लाला, गोविंद, मोहन, मुरलीवाला, साँवरिया, नागर इत्यादि। दूसरे पद में कृष्ण के दर्शन हेतु मीरा ने कुसुंबी साड़ी धारण की है। इस प्रकार की वेशभूषा मीरा के वैरागी रूप को दर्शाती है।

2 मीराबाई द्वारा भाव-भक्ति को जागीर कहे जाने का कारण लिखिए।

उत्तर मीराबाई द्वारा अपनी भाव-भक्ति को जागीर कहे जाने का कारण यह है कि उनके लिए श्रीकृष्ण ही उनकी सबसे बड़ी जागीर हैं। कृष्ण के प्रति उनकी आराधना एवं भक्ति-भावना ही उनकी वास्तविक संपत्ति अथवा जागीर है। वह अपनी इस जागीर का जितना अधिक उपयोग करती हैं, वह उतनी ही बढ़ती जाती है तथा उनकी इस जागीर को कोई उनसे छीन भी नहीं सकता। उनका मानना है कि यदि उन्हें श्रीकृष्ण को पाना है, तो भक्ति का मार्ग अपनाना ही होगा

3 श्रीकृष्ण गायों को चराने कहाँ जाया करते थे?

उत्तर श्रीकृष्ण अपनी 1 लाख गायों को चराने वृंदावन के घने जंगलों में जाया करते थे और जंगल के वृक्ष के नीचे बैठकर मधुर बाँसुरी बजाया करते थे।

4 ''द्रोपदी री लाज राखी, आप बढ़ायो चीर।'' इस कथन का भाव स्पष्ट कीजिए। CBSE 2020

उत्तर ''द्रोपदी की लाज राखी, आप बढ़ायो चीर'' कथन का भाव यह है कि मीराबाई, द्रोपदी के उदाहरण के माध्यम से, श्रीकृष्ण से यह निवेदन करती हैं कि वह (कृष्ण) द्रोपदी की भाँति उसके (मीरा) भी सभी कष्टों का निवारण करें। वह कहती हैं कि जिस समय दुःशासन ने भरी सभा में द्रोपदी का चीरहरण करने का प्रयास किया था, तब आपने ही चीर बढ़ाकर उसके स्वाभिमान की रक्षा की थी। इसी प्रकार आप मेरे सभी कष्टों को दूर कर सांसारिक बंधनों से मुक्ति दिला दीजिए।

5 मीराबाई कौन-कौन-से तर्क देकर श्रीकृष्ण से दर्शन देने की प्रार्थना कर रही हैं? CBSE 2019, 10

उत्तर मीराबाई निम्नलिखित तर्क देकर श्रीकृष्ण से दर्शन देने की प्रार्थना कर रही हैं

(*i*) हे प्रभु! आपने द्रौपदी की लाज बचाकर उसे उबारा था, इसलिए मुझे भी उबारें।

(*ii*) आपने गजराज को मगरमच्छ से बचाकर उबारा था, इसलिए मुझे भी उबारें।

(*iii*) आपने नरसिंह रूप धारण कर भक्त प्रहलाद को हिरण्यकश्यप से बचाया था, इसलिए मुझे भी उबारें।

(*iv*) मैं आपकी भक्त हूँ, आपकी भक्ति के लिए मैं आपकी सेविका भी बनने को तैयार हूँ।

6 "हरि अपने भक्तों की रक्षा करते हैं।" मीरा के प्रस्तुत पदों में इस बात को किस प्रकार सिद्ध किया गया है?

अथवा **"हरि आप हरों ......" फद में मीरा ने किन-किन भक्तों पर की गई कृपा को स्मरण करते हुए हरि से अपनी पीड़ा हरने की विनती की है?** **CBSE 2018**

उत्तर "हरि अपने भक्तों की रक्षा करते हैं।" *इस बात को निम्न उदाहरणों से सिद्ध करने का प्रयास किया गया है*

(*i*) जब दु:शासन ने द्रौपदी का चीरहरण करने का प्रयास किया था, तो हरि ने द्रौपदी की मदद की, जिससे दु:शासन अपने उद्देश्य में सफल नहीं हो सका।

(*ii*) हरि ने अपने भक्त प्रहलाद की रक्षा करने के लिए नरसिंह का रूप धारण करके हिरण्यकश्यप का वध किया था।

(*iii*) गजराज के मुख से हरि नाम सुनकर उसे मगरमच्छ के मुँह से बचाकर हरि ने उसकी रक्षा की थी।

7 मीरा ने कृष्ण से स्वयं के दु:ख हरने का आग्रह क्यों किया है?

उत्तर मीरा ने कृष्ण से स्वयं के दु:ख हरने का आग्रह इसलिए किया है, क्योंकि श्रीकृष्ण अपने भक्तों का कल्याण करते हैं और मीरा श्रीकृष्ण की अनन्य भक्त है जो उनपर सबकुछ नोछावर करने के लिए तत्पर है। मीरा श्रीकृष्ण से अनन्य प्रेम करती हैं और उन्हें अपना सर्वस्व मानती है।

8 कृष्ण की चाकरी करने से मीरा को कौन-कौन-से तीन लाभ मिलेंगे? **CBSE 2010**

उत्तर कृष्ण की चाकरी करने से मीरा को तीन लाभ मिलेंगे, अर्थात् उनकी तीन इच्छाएँ पूरी होंगी। उनकी पहली इच्छा यह है कि श्रीकृष्ण के लिए बाग लगाकर वह नित्य अपने प्रभु के दर्शन कर पाएँ। उनकी दूसरी इच्छा यह है कि वह वृंदावन की गलियों में कृष्ण की लीलाओं का यशोगान करें, जिससे उन्हें जेब-खर्च भी प्राप्त हो जाएगा।

उनकी तीसरी और अंतिम इच्छा यह है कि किसी प्रकार उन्हें श्रीकृष्ण की भक्ति प्राप्त हो जाए। अपनी इन्हीं तीन इच्छाओं (भक्ति, दर्शन तथा स्मरण) को उन्होंने अपने तीन लाभ बताए हैं।

9 मीरा ऊँचे-ऊँचे महलों और बीच-बीच में खिड़कियों की कल्पना क्यों करती हैं? **CBSE 2015**

अथवा **दूसरे पद में भीरा में कृष्ण के दर्शन पाने के लिए किस युक्ति का सहारा लिया?**

उत्तर मीरा ऊँचे-ऊँचे महलों और बीच-बीच में खिड़कियों की कल्पना इसलिए करती हैं, क्योंकि वृंदावन में कृष्ण का भव्य और ऊँचा महल है। वह इस महल के बीचों-बीच सुंदर फूलों से सजी फुलवारी बनाना चाहती हैं, ताकि जब कृष्ण अपनी गायों को चराने के लिए वहाँ आएँ, तो इन फूलों से सजी फुलवारी को देखकर वे खुश हो जाएँ और मीरा खिड़कियों में से उनके इस मोहित करने वाले रूप के दर्शन कर सकें।

10 मीरा यमुना तट पर आधी रात में श्रीकृष्ण दर्शन क्यों करना चाहती हैं? **CBSE 2015**

उत्तर मीरा यमुना तट पर आधी रात में श्रीकृष्ण दर्शन इसलिए करना चाहती हैं, क्योंकि उनका मन श्रीकृष्ण के दर्शन करने के लिए व्याकुल हो रहा है। वह अपने आराध्य श्रीकृष्ण को आधी रात में यमुना किनारे दर्शन करने की आकांक्षा से पुकारती हैं, ताकि उनके दर्शन करके वह आनंद का अनुभव कर सकें।

11 मीरा के पदों में कृष्ण लीलाओं एवं महिला के वर्णन का उद्देश्य क्या है? **CBSE 2013**

उत्तर मीरा के पदों में कृष्ण लीलाओं एवं महिमा के वर्णन का उद्देश्य यह है कि मीरा अपने परमात्मा श्री कृष्ण की कृपा, दयालुता एवं भक्त वत्सलता को प्रदर्शित करना चाहती है। मीरा बताना चाहती है कि किस प्रकार उनके आराध्य श्री कृष्ण आपने भक्तों की कठिन समय में सहायता करते हैं और उनपर सदैव कृपा दृष्टि बनाए रखते हैं।

12 मीरा की रचनाओं में भक्ति-भावना निहित है—स्पष्ट कीजिए।

उत्तर मीराबाई श्रीकृष्ण की अनन्य भक्त हैं। उन्होंने श्रीकृष्ण की भक्ति करते हुए अपना सारा जीवन बिता दिया। वह उनकी भक्ति में इतनी दीवानी बन गईं कि उन्हें लोक-लाज, कुल-वंश, सामाजिक मर्यादा आदि का भी ध्यान नहीं रहा। मीरा ने अपने आराध्य देव के गुणों का भरपूर बखान किया है। उनकी भक्ति में समर्पण की भावना है। उनके काव्य में अनुभूति की गहराई है। वह श्रीकृष्ण को अपना आराध्य भी मानती हैं तथा प्रियतम भी। वह उनसे प्रिया की भाँति भी मिलना चाहती हैं तथा एक सच्चे भक्त की भाँति भी। वह उनकी सेवा में समर्पित हैं। वह उनके दर्शन की तीव्र अभिलाषा रखती हैं। उनके अनुसार, प्रभु का दर्शन, स्मरण और भक्ति, ये तीनों ही भक्तों की सच्ची जागीर होती हैं। उन्होंने भगवान श्रीकृष्ण को ही अपना सर्वस्व मानकर अपने आपको उनके चरणों में समर्पित कर दिया। उनकी रचनाओं में भक्ति भावना की प्रधानता स्पष्ट रूप से द्रष्टव्य है।

13 मीराबाई के काव्य में विरह की अनुभूति अपनी चरम सीमा पर है—स्पष्ट कीजिए। **CBSE 2016**

उत्तर मीराबाई का रचना संसार ईश्वरीय प्रेम के दोनों पक्षों–संयोग और वियोग पर आधारित है। यदि प्रेम को किसी कसौटी पर परखा जा सकता है, तो वह है–विरह वेदना की अनुभूति।

मीराबाई के विरह वर्णन में स्पष्ट रूप से प्रेम में तड़पते हुए अपने प्रेमी की प्रतीक्षा करने का सजीव चित्रण है। वह श्रीकृष्ण के दर्शन के लिए तड़पती रहती हैं। वह विरह में इतनी व्याकुल हैं कि अपने प्रेमी से मिलने के लिए कुछ भी करने को तैयार हैं।

वह अर्द्ध-रात्रि के समय श्रीकृष्ण से यमुना नदी के किनारे मिलने की विनती करती हैं। यहाँ तक कि वह उनकी सेविका बनने को भी तैयार हैं। मीरा श्रीकृष्ण के दर्शन के लिए कुसुंबी साड़ी पहनने को तैयार हैं। वे अपनी भाव-भक्ति को अपनी सबसे बड़ी जागीर मानकर कृष्ण-दर्शन की अभिलाषिणी हैं। इस प्रकार यह कहा जा सकता है कि मीरा के काव्य में विरह वेदना की अनुभूति अपनी चरम सीमा पर है।

14 26 जनवरी, 1931 में कोलकाता में हुए घटनाक्रम की उन बातों का वर्णन कीजिए, जिनके कारण लेखक ने डायरी में लिखा, "आज जो बात थी वह निराली थी।"

उत्तर *26 जनवरी, 1931 में कोलकाता में हुए घटनाक्रम की उन बातों का वर्णन निम्नलिखित है, जिनके कारण लेखक ने डायरी में लिखा, "आज जो बात थी वह निराली थी"*

- 26 जनवरी, 1931 के दिन कोलकाता में हजारों की संख्या में स्त्री-पुरुष उत्साहपूर्वक राष्ट्रीय ध्वज को फहराने के लिए घरों से बाहर निकले थे। उन्होंने अंग्रेज़ी सरकार के कानून का उल्लंघन प्रसन्नतापूर्वक किया था।
- भारी पुलिस बल की तैनाती के बाद भी लोग निर्भय होकर जुलूस के रूप में अपने-अपने घरों से बाहर निकले थे।
- इस दिन को इतने भव्य रूप से मनाया गया कि केवल प्रचार में ही दो हजार रुपये खर्च किए गए थे।
- बड़े बाज़ार में स्थित सभी मकानों पर राष्ट्रीय ध्वज फहराया जा रहा था।
- अनेक मकान ऐसे भव्य रूप से सजाए गए थे, जिन्हें देखकर ऐसा लग रहा था जैसे देश को स्वतंत्रता प्राप्त हो गई है।
- शहर की सड़कों पर बड़ी संख्या में गोरखे सैनिक, सारजेंट तथा घुड़सवार पुलिस की तैनाती लोगों को बहुत प्रभावित कर रही थी।

स्वमूल्यांकन

काव्यांश पर आधारित बहुविकल्पात्मक प्रश्न

- *निम्नलिखित पद्यांश को ध्यानपूर्वक पढ़कर पूछे गए प्रश्नों के सही विकल्प चुनिए।*

1 हरि आप हरो जन री भीर।
द्रोपदी री लाज राखी, आप बढ़ायो चीर।
भगत कारण रूप नरहरि, धरयो आप सरीर।
बूढ़तो गजराज राख्यो, काटी कुण्जर पीर।
दासी मीराँ लाल गिरधर, हरो म्हारी भीर।।

(क) 'चीर' का क्या अर्थ है?
(i) काटना *(ii)* चीरना
(iii) फाड़ना *(iv)* वस्त्र

उत्तर *(iv)* वस्त्र

(ख) श्रीकृष्ण ने नरहरि का रूप क्यों धारण किया?
(i) जंगल में विचरण करने के लिए
(ii) अपने शत्रुओं से बदला लेने के लिए
(iii) अपने भक्त की रक्षा करने के लिए
(iv) कंस को मारने के लिए

उत्तर *(iii)* अपने भक्त की रक्षा करने के लिए

(ग) मीरा स्वयं को किसकी दासी बताती है?
(i) भक्त प्रह्लाद की
(ii) अपने पति भोजराज की
(iii) प्रभु श्रीराम की
(iv) गिरधारी लाल की

उत्तर *(iv)* गिरधारी लाल की

(घ) श्रीकृष्ण ने गजराज की रक्षा किससे की?
(i) साँप से *(ii)* सिंह से
(iii) नरसिंह से *(iv)* मगरमच्छ से

उत्तर *(iv)* मगरमच्छ से

(ङ) श्रीकृष्ण ने नरहरि का रूप क्यों धारण किया?
(i) कंस को मारने के लिए
(ii) अपने शत्रुओं से बदला लेने के लिए
(iii) जंगल में विचरण करने के लिए
(iv) अपने भक्तों की रक्षा करने के लिए

उत्तर *(iv)* अपने भक्तों की रक्षा करने के लिए

कविता पर बहुविकल्पीय आधारित प्रश्न

1. मीराबाई ने 'हरि' शब्द का प्रयोग किसके लिए किया है?
(i) भगवान शिव के लिए
(ii) भगवान विष्णु और उनके विभिन्न अवतारों के लिए
(iii) ब्रह्मा के लिए
(iv) साधारण मनुष्य के लिए

उत्तर *(ii)* भगवान विष्णु और उनके विभिन्न अवतारों के लिए

2. मीरा वृंदावन में क्यों जाकर बसी थीं?
(i) कृष्ण के लिए
(ii) रासलीला देखने के लिए
(iii) पारिवारिक संतापों से मुक्ति पाने के लिए
(iv) काव्य रचना करने के लिए

उत्तर *(iii)* पारिवारिक संतापों से मुक्ति पाने के लिए

विषय-वस्तु का ज्ञान, बोध अभिव्यक्ति पर आधारित प्रश्न

- *निम्नलिखित प्रश्नों के उत्तर दीजिए*

(i) प्रस्तुत पदों में मीरा स्वयं को किसकी दासी बता रही हैं?

(ii) मीरा को श्रीकृष्ण का नाम स्मरण करके क्या प्राप्त होगा?

(iii) मीराबाई ने भगवान की भक्त वत्सलता को सिद्ध करने के लिए किस-किस का उदाहरण दिया है?

(iv) मीरा का मन श्रीकृष्ण पर मोहित क्यों है? स्पष्ट कीजिए।

(v) मीराबाई द्वारा किए गए श्रीकृष्ण के रूप-सौंदर्य का वर्णन कीजिए।

(vi) भगवान की भक्ति का दूसरा अर्थ पूर्ण समर्पण है। मीराबाई द्वारा रचित पदों के आधार पर इस कथन को स्पष्ट कीजिए।

अध्याय

03

दोहे *(बिहारी)**

पाठ की रूपरेखा

प्रस्तुत दोहों में बिहारी ने लोक व्यवहार, नीति ज्ञान आदि विषयों पर लिखा है। संकलित दोहों में सभी प्रकार की छटाएँ हैं। इन दोहों में बिहारी ने भक्ति में निहित बाह्य-आडंबरों का खंडन किया है तथा नायक-नायिका की चेष्टाओं तथा हाव-भाव का चित्रण सामासिक शैली में किया है। इन दोहों में उन्होंने कम शब्दों में अधिक बात कहने का सामर्थ्य दिखाया है। बिहारी के यह दोहे 'गागर में सागर' भरने का काम करते हैं।

कवि-परिचय

रीतिकालीन प्रसिद्ध कवि बिहारी का जन्म ग्वालियर में 1595 ई. में हुआ था। बिहारी सात-आठ वर्ष की आयु में अपने पिता के साथ ओरछा आ गए। यहाँ उन्होंने आचार्य केशवदास से काव्य शिक्षा ग्रहण की तथा यहीं वे रहीम के संपर्क में भी आए। जयपुर में भी उन्होंने अपना कुछ समय बिताया। बिहारी की एक ही रचना 'सतसई' उपलब्ध है जिसमें लगभग 700 दोहे संकलित हैं जिसका वर्ण्य विषय श्रृंगारपरक है। बिहारी की भाषा शुद्ध साहित्यिक ब्रज है। इनकी भाषा में पूर्वी प्रयोग के साथ-साथ बुंदेलखंडी शब्दों का प्रयोग मिलता है। इनका देहांत 1663 ई. में हुआ।

*इस पाठ से परीक्षा में प्रश्न नहीं पूछे जाएँगें।

दोहों की व्याख्या

दोहा 1

सोहत ओढ़ैं पीतु पटु स्याम, सलौनैं गात।
मनौ नीलमनि-सैल पर आतपु पर्यौ प्रभात।।

» शब्दार्थ

सोहत–अच्छा लगना, सुशोभित होना; ओढ़ैं–धारण किया हुआ; पीतु–पीला; पटु–वस्त्र; स्याम–साँवला; सलौनें–सुंदर; गात–शरीर, तन; मनौ–मानो; नीलमनि-सैल–नीलम मणि का पर्वत; आतपु–धूप; पर्यौ–पड़ा है; प्रभात–सूर्य।

भावार्थ

प्रस्तुत दोहे में नायक की नील छवि पर पीले वस्त्र की शोभा का वर्णन किया गया है। कवि बिहारी, भगवान श्रीकृष्ण की भव्य शोभा का वर्णन करते हुए कहते हैं कि श्रीकृष्ण ने अपने सुंदर श्यामल शरीर पर पीले वस्त्रों को धारण कर रखा है। इस अनुपम वेश में वे इस प्रकार सुशोभित हो रहे हैं, जैसे प्रातःकालीन सूर्य की किरणों की आभा नीलमणि पर्वत पर पड़ रही हो तथा संपूर्ण वातावरण उस छटा से आलौकित हो रहा है।

काव्य सौंदर्य

(*i*) भाषा भावाभिव्यक्ति में सक्षम है तथा इसमें ब्रजभाषा का प्रयोग हुआ है।
(*ii*) काव्यांश में प्रयुक्त 'पीतु पटु' में अनुप्रास अलंकार है।
(*iii*) 'मनौ नीलमनि-सैल पर' में उत्प्रेक्षा अलंकार है।
(*iv*) इसमें 'दोहा' छंद का प्रयोग हुआ है।

दोहा 2

कहलाने एकत बसत अहि मयूर, मृग बाघ।
जगतु तपोबन सौ कियो दीरघ-दाघ निदाघ।।

» शब्दार्थ

कहलाने–व्याकुल; एकत–एकत्र; बसत–निवास करना; अहि–सर्प; मयूर–मोर; मृग–हिरण; जगतु–संसार; तपोबन–वह वन, जहाँ तपस्वी रहते हैं; सौ–सा; दीरघ-दाघ–भीषण गर्मी; निदाघ–ग्रीष्म ऋतु।

भावार्थ

प्रस्तुत दोहे में कवि अत्यधिक गर्मी के कारण वन्य जीवों में समाप्त हुए बैर भाव और उसके कारण उत्पन्न हुए आपसी सौहार्द के भाव को वर्णित करते हुए कहता है कि ग्रीष्म ऋतु के प्रचंड प्रभाव के कारण चारों ओर अत्यधिक गर्मी का प्रकोप है। ऐसे वातावरण में सर्प, मोर, हिरण और बाघ, जिनमें परस्पर स्वभावगत शत्रुता होती है, वे भी आपसी शत्रुता को भुलाकर साथ-साथ अहिंसक रूप से निवास कर रहे हैं। ऐसा लग रहा है मानो संपूर्ण वन प्रदेश का हिंसक वातावरण तपोवन की भूमि के रूप में परिवर्तित हो गया है अर्थात् अत्यधिक गर्मी के कारण सभी वन्यजीव निढाल (शांत) हैं और सभी अहिंसक बन कर एक साथ रह रहे हैं।

काव्य सौंदर्य

(*i*) शुद्ध ब्रजभाषा का सरल एवं सहज प्रयोग हुआ है।
(*ii*) 'मयूर मृग' तथा 'दीरघ-दाघ' में अनुप्रास अलंकार है।
(*iii*) यह 'दोहा' छंद में लिखा गया है।
(*iv*) श्रृंगार रस का प्रयोग किया गया है।

दोहा 3

बतरस-लालच लाल की मुरली धरी लुकाइ।
सौंह करैं भौंहनु हँसै, दैन कहैं नटि जाइ।।

» शब्दार्थ

बतरस–बात करने का आनंद, वार्ता का सुख; लाल–श्रीकृष्ण; लुकाइ–छिपाना; सौंह–शपथ, कसम खाना; भौंहनु–भौंह से; दैन–वापस करना; नटि जाइ–मना करना, मुकर जाना।

भावार्थ

प्रस्तुत दोहे में भक्ति एवं श्रृंगार का अद्भुत संगम बिहारी की काव्य प्रतिभा का प्रमाण है तथा इसमें राधा, गोपियों एवं श्रीकृष्ण के मनोरम भावों की झाँकी प्रस्तुत है। बिहारी कहते हैं कि श्रीकृष्ण से वार्ता सुख प्राप्त करने को उत्सुक गोपी ने भगवान कृष्ण की मुरली को छिपा दिया। एक ओर वह कृष्ण के सामने बाँसुरी न चुराने की सौगंध (कसम) खाती हैं और दूसरी ओर भौंहों के माध्यम से हँसने लगती हैं और संकेत भी देती है कि मुरली उसी के पास है, परंतु जब श्रीकृष्ण मुरली देने को कहते हैं, तो वह मना कर देती है कि मुरली उसके पास नहीं है। गोपी कृष्ण से ऐसा व्यवहार इसलिए करती हैं, जिससे वह अधिक-से-अधिक समय श्रीकृष्ण का सान्निध्य (आश्रय), सुख और उनकी बातों का आनंद प्राप्त कर सकें।

काव्य सौंदर्य

(*i*) 'लालच लाल' में अनुप्रास अलंकार मौजूद है।
(*ii*) 'दोहा' छंद का प्रयोग किया गया है।
(*iii*) शुद्ध ब्रजभाषा का प्रयोग है।
(*iv*) इस काव्यांश में 'लुकाइ' और 'जाइ' तुकांत पद हैं।

दोहा 4

कहत, नटत, रीझत, खिझत, मिलत, खिलत, लजियात।
भरे भौन मैं करत हैं नैननु हीं सब बात।।

» शब्दार्थ

नटत–मना करना; रीझत–मोहित होना; खिझत–बनावटी गुस्सा दिखाना; खिलत–प्रसन्न होना; लजियात–शरमाना; भरे भौन–भरा हुआ भवन; नैननु–आँखों से।

भावार्थ

प्रस्तुत दोहे में नायक और नायिका की चातुरी से, आँखों की चेष्टा के द्वारा, हृदय, के सभी भावों को प्रकट कर देने का वर्णन किया गया है। लोक व्यवहार एवं नगरीय जीवन के अनुभवी, बिहारी ने गुरुजनों से भरे हुए भवन में नायक एवं नायिका के प्रेम व्यापार संबंधी भावों को अत्यंत सूक्ष्मता से प्रस्तुत किया है। नायक नायिका से संकेतों के माध्यम से मिलने का निवेदन करता है, जिसको नायिका नकार देती है।

जब नायक नायिका के मना करने की भंगिमा (मुखाकृति/वक्रता) पर रीझता है, तो वह बनावटी गुस्से का भाव दिखाती है। तब दोनों की आँखें मिलती हैं, जिससे वे प्रफुल्लित होते हैं और अंत में नायिका अपनी व्यक्त प्रसन्नता से लज्जित हो जाती है। इस प्रकार नायक और नायिका दोनों ही लोगों से भरे भवन में आँखों-ही-आँखों में सारी बातें कर लेते हैं।

काव्य सौंदर्य

(*i*) प्रभावोत्पादक ब्रजभाषा का प्रयोग किया गया है।
(*ii*) 'भरे भौन' में अनुप्रास अलंकार है।
(*iii*) यह 'दोहा' छंद में लिखा गया है तथा प्रथम पंक्ति में ध्वन्यात्मकता मौजूद है।
(*iv*) इसमें संयोग श्रृंगार रस का प्रयोग दर्शनीय है।

दोहा 5

बैठि रही अति सघन बन, पैठि सदन-तन माँह।
देखि दुपहरी जेठ की छाँहौं चाहति छाँह।।

» शब्दार्थ

अति–अत्यधिक; सघन–घना; बन–जंगल; पैठि–प्रवेश करना; सदन-तन–भवन में/भवन के भीतर; माँह–बीच, भीतर; जेठ–ज्येष्ठ माह (ग्रीष्म ऋतु); छाँहौं–छाया।

भावार्थ

प्रस्तुत दोहे में ज्येष्ठ मास की प्रचंड गर्मी के प्रकोप का वर्णन करते हुए बिहारी कहते हैं कि भीषण गर्मी में जब पृथ्वी का संपूर्ण धरातल जल रहा होता है, ऐसे में हो सके तो बाहर जाने की अपेक्षा घर में ही निवास करना चाहिए। सूर्य की तीक्ष्ण किरणों के प्रभाव के कारण कहीं भी छाया के दर्शन नहीं होते, ऐसा लगता है मानो छाँव को भी छाँव की आवश्यकता है। अतः ऐसा लगता है कि ज्येष्ठ मास की भीषण गर्मी से त्रस्त होकर छाया भी छाँव की आकांक्षा में या तो सघन वनों में जाकर बैठ गई है अथवा लोगों के घरों में छिपकर बैठ गई है।

काव्य सौंदर्य

(*i*) सरल एवं सहज ब्रजभाषा यहाँ अत्यंत प्रभावपूर्ण ढंग से प्रयुक्त की गई है।
(*ii*) 'देखि दुपहरी' में अनुप्रास अलंकार तथा 'सदन-तन' में रूपक अलंकार मौजूद है।
(*iii*) 'दोहा' छंद में रचित काव्य-पंक्तियों में 'माँह', 'छाँह' तुकांत पद हैं।
(*iv*) छाया का मानवीकरण किया गया है।

दोहा 6

कागद पर लिखत न बनत, कहत सँदेसु लजात।
कहिहै सबु तेरौ हियौ, मेरे हिय की बात।।

» शब्दार्थ

कागद–कागज़; न बनत–असमर्थ होना; सँदेसु–संदेश; कहिहै–कहना; हियौ–हृदय।

भावार्थ

प्रस्तुत दोहे में बिहारी ने नायिका की विकल मनोस्थिति, उसकी दुविधा, उसके लजाने आदि संबंधी वियोग पक्ष का अत्यंत सटीक शब्दों में मार्मिक चित्रण किया है। नायिका अपने प्रिय को अपने मन की स्थिति से परिचित कराना चाहती है, परंतु अनेक प्रयासों के बाद भी वह असफल रहती है। बिहारी कहते हैं कि अत्यधिक स्वेद (पसीना), कंपन एवं अश्रुपात के कारण नायिका अपने प्रिय को संदेश लिखने में असमर्थ है और अपने हृदय के भावों को दूत के माध्यम से संदेश रूप में व्यक्त करने में उसे लज्जा आती है। अतः वह अपने प्रिय से कहती है कि विरह की इस स्थिति में तुम्हारा हृदय ही मेरे हृदय की सारी बातें कह देगा, क्योंकि मेरी और तुम्हारी स्थिति एक जैसी ही है।

काव्य सौंदर्य

(*i*) ब्रजभाषा का अत्यंत प्रभावी ढंग से प्रयोग हुआ है।
(*ii*) द्वितीय काव्य-पंक्ति में अतिशयोक्ति अलंकार है।
(*iii*) 'दोहा' छंद में रचित काव्य-पंक्तियों में वियोग श्रृंगार रस का सुंदर एवं स्वाभाविक स्वरूप द्रष्टव्य है।
(*iv*) माधुर्य गुण का प्रयोग किया गया है।

दोहा 7

प्रगट भए द्विजराज-कुल, सुबस बसे ब्रज आइ।
मेरो हरौ कलेस सब, केसव केसवराइ।।

» शब्दार्थ

प्रगट–प्रकट होना; द्विजराज–ब्राह्मण, चंद्रकुल वंश; सुबस–स्वेच्छा; बसे–बसना; कलेस–दुःख; केशव–कृष्ण; केसवराइ–केशवराय (बिहारी के पिता)।

भावार्थ

इस दोहे के दो अर्थ हैं–पिता के प्रसंग में एवं कृष्ण के प्रसंग में प्रस्तुत दोहे में कवि, भगवान कृष्ण का रूपक अपने पिता केशवराय से करके, उनसे अपने क्लेशों को दूर करने की प्रार्थना करता है। पिता से रूपक इसलिए किया गया है, क्योंकि पिता संतान का दुःख स्वभाव से ही हरता है। बिहारी भक्ति के मर्म के ज्ञाता हैं। अतः एक पिता की मनःस्थिति के अनुसार अपने सांसारिक दुःखों को हरने के लिए केशवराय भगवान श्रीकृष्ण से प्रार्थना कर रहे हैं।

कवि बिहारी कहते हैं कि आप चंद्रकुल के यदुवंश में उत्पन्न हुए और अपनी इच्छा से ब्रज में आकर रहने लगे। अतः हे श्रीकृष्ण! आप मेरे सभी सांसारिक कष्टों को दूर करें।

काव्य सौंदर्य

(*i*) ब्रजभाषा का प्रयोग उचित भावाभिव्यक्ति में अत्यंत सक्षमता के साथ किया गया है।
(*ii*) 'केसव केसवराइ' में यमक अलंकार तथा 'बसे ब्रज' में अनुप्रास अलंकार है।
(*iii*) 'दोहा' छंद में रचित काव्य-पंक्तियों में 'आइ', 'केसवराइ' तुकांत पद हैं।
(*iv*) इसमें भक्ति रस मौजूद हैं।
(*v*) पिता और ईश्वर दोनों को ही पूज्य मानते हुए दोनों से ही संरक्षण माँगा है।

दोहा 8

जपमाला, छापै, तिलक सरै न एकौ कामु।
मन-काँचै नाचै बृथा, साँचै राँचै रामु।।

» शब्दार्थ

जपमाला–जपने की माला; छापै–रामनामी छापे के वस्त्र; सरै–पूरा होना; एकौ–एक भी; कामु–कार्य; मन-काँचै–कच्चा मन; बृथा–बेकार; साँचै–सच्ची भक्ति वाला; राँचै–प्रसन्न; रामु–भगवान, ईश्वर।

भावार्थ

प्रस्तुत दोहे में कवि ने ईश्वर भक्ति में ढोंग, आडंबर और पाखंड की निंदा करते हुए सच्चे मन से ईश्वर की उपासना करने पर बल दिया है। माला का जाप, शरीर पर रामनामी वस्त्र धारण करना, माथे पर चंदन का तिलक लगाना आदि ये सब बाह्य आडंबर हैं। इन सब प्रयासों से प्रभु-भक्ति नहीं की जा सकती। कच्चे मन वाले व्यक्ति ही व्यर्थ की बातों की ओर आकर्षित होते हैं। राम तो सच्चे मन की भक्ति से ही प्रसन्न होते हैं अर्थात् ढोंग और पाखंड से प्रभु की प्राप्ति संभव नहीं है। उन्हें तो केवल शुद्ध और पवित्र मन से ही प्राप्त किया जा सकता है।

काव्य सौंदर्य

(*i*) ब्रजभाषा का अत्यंत सुंदर एवं सहज स्वाभाविक प्रयोग किया गया है।

(*ii*) 'राँचै रामु' में अनुप्रास अलंकार मौजूद है।

(*iii*) 'दोहा' छंद में रचित उपरोक्त काव्य-पंक्तियों में 'कामु', 'रामु' तुकांत पद हैं।

(*iv*) निश्छल भक्ति की अभिव्यक्ति हुई है तथा बाह्य आडंबरों का विरोध किया गया है।

पाठ्यपुस्तक (स्पर्श भाग–2) के प्रश्नोत्तर

(क) *निम्नलिखित प्रश्नों के उत्तर दीजिए*

1 छाया भी कब छाया ढूँढ़ने लगती है? **CBSE 2012, 11**

अथवा **छाया भी कब छाया को ढूँढ़ने लगती है? 'बिहारी' के दोहे के आधार पर उत्तर दीजिए।** **CBSE 2019**

उत्तर ज्येष्ठ मास में ग्रीष्म ऋतु प्रचंड रूप धारण कर लेती है। गर्मी बढ़ जाती है। धरातल सूर्य की तेज़ किरणों से मानो जलने लगता है। पेड़-पौधे झुलसने लगते हैं। मनुष्यों के अतिरिक्त पशु-पक्षी भी गर्मी से बचने के लिए छाया की खोज करते घूमते रहते हैं। छाया भी कहीं दिखाई नहीं पड़ती और जो छाया मिलती भी है, उसमें शीतलता नहीं है। इसी कारण कवि ने कहा है कि छाया भी ज्येष्ठ मास की दोपहरी में छाया ढूँढ़ने लगती है।

2 बिहारी की नायिका यह क्यों कहती है ''कहिहै सबु तेरौ हियौ, मेरे हिय की बात''—स्पष्ट कीजिए। **CBSE 2012, 11**

उत्तर बिहारी की नायिका कागज़ पर कुछ भी नहीं लिख पाती और न ही अपने प्रिय को मौखिक संदेश ही भेज पाती है। संदेश भेजने में उसे लज्जा का अनुभव हो रहा है। संदेश भेजने में असमर्थ नायिका को ऐसा लगता है कि उसके हृदय की सारी बातें नायक के हृदय को स्वयं ही मालूम हो जाएँगी, क्योंकि प्रेम अनुभूति का विषय होता है। यह मूक होता है, इसके बावजूद, इसे समझना कठिन नहीं है, क्योंकि प्रेम करने वालों के हृदय आपस में जुड़े होते हैं। कवि इसे स्पष्ट करने के लिए नायिका की आंतरिक भाव-चेष्टा का सहारा लेता है।

3 'सच्चे मन में राम बसते हैं'—दोहे के संदेश को संदर्भानुसार स्पष्ट कीजिए।

उत्तर कवि बिहारी ने अपने दोहे में जपमाला, छापा-तिलक जैसी रूढ़ियों को व्यर्थ माना है। उनके अनुसार, इन प्रवृत्तियों से किसी उद्देश्य को नहीं साधा जा सकता है। हृदय की शुद्धता ही ईश्वर की प्राप्ति का माध्यम है। यदि हमारा हृदय शुद्ध नहीं है, तो रूढ़ियों से हम ईश्वर को प्रसन्न नहीं कर सकते, क्योंकि ईश्वर का निवास सच्चे हृदय में होता है। कवि ने अपने दोहे में ईश्वर की प्राप्ति तथा मन की शांति के लिए हृदय की शुद्धता को महत्त्व दिया है।

4 गोपियाँ श्रीकृष्ण की बाँसुरी क्यों छिपा लेती हैं?

अथवा **गोपियों द्वारा श्रीकृष्ण की बाँसुरी छिपाए जाने में क्या रहस्य है? 'दोहे' के आधार पर अपने शब्दों में लिखिए।** **CBSE 2014**

अथवा **गोपियाँ श्रीकृष्ण की बाँसुरी क्यों छिपा लेती हैं? 'बिहारी के दोहे' के आधार पर लिखिए।** **CBSE 2019**

उत्तर गोपियाँ श्रीकृष्ण के साथ वृंदावन में 'रासलीला' के दौरान बतरस (बातों) के आनंद का अनुभव कर रही हैं। इस बीच कृष्ण जब जाने लगते हैं, तो गोपियाँ कृष्ण की बाँसुरी छिपा देती हैं। गोपियों के बीच राधा शपथ लेती हुई बाँसुरी छिपाने से इनकार करती है, किंतु उसकी भौहों की कुटिल मुसकान से कृष्ण को पता चल जाता है कि बाँसुरी को राधा ने ही गोपियों की सहायता से छिपा दिया है। गोपियाँ कृष्ण के साथ 'बतरस' (बातें करना) के आनंद को लंबे समय तक प्राप्त करना चाहती हैं और इसी कारण वे कृष्ण की बाँसुरी को छिपा देती हैं।

5 कवि बिहारी ने सभी की उपस्थिति में भी कैसे बात की जा सकती है, इसका वर्णन किस प्रकार किया है? अपने शब्दों में लिखिए। **CBSE 2019**

उत्तर बिहारी शृंगार के प्रतिनिधि कवि हैं। मिलन की विभिन्न स्थितियों तथा चेष्टाओं का उन्होंने सुंदर चित्र सामने रखा है। नायक-नायिका अनेक लोगों की उपस्थिति में भी अपने प्रणय निवेदन की अभिव्यक्ति संकेतों के माध्यम में करते हैं। नायक सांकेतिक रूप में नायिका से कुछ कहता है।

नायिका के रूठने की चेष्टा से नायक रीझ जाता है। नायक को खुश देखकर नायिका और खीझ जाती है तथा दोनों के नयनों का मिलन होता है। प्रेम की स्वीकृति से उनके चेहरे खिल उठते हैं, जिससे नायिका शरमा जाती है। इस प्रकार दोनों आँखों-आँखों में ही बातें करते हैं। नायिका विभिन्न

भाव-चेष्टाओं को दर्शाती है। इस प्रकार सभी की उपस्थिति में नायक-नायिका परस्पर बातें करते हैं तथा संकेत के माध्यम से ही अपने प्रेम को पुष्ट करते हैं।

(ख) *निम्नलिखित का भाव स्पष्ट कीजिए*

1 मनौ नीलमनि-सैल पर आतपु पर्यौ प्रभात।

उत्तर बिहारी ने श्रीकृष्ण के मनोहारी रूप का वर्णन करने के लिए यहाँ उत्प्रेक्षा अलंकार का सुंदर प्रयोग किया है। नीलमणि पर्वत में श्रीकृष्ण के शरीर तथा उनके पीले वस्त्रों में प्रातःकालीन सूर्य की किरणों की संभावना प्रकट की गई है।

2 जगतु तपोबन सौ कियौ दीरघ-दाघ निदाघ।

उत्तर साँप एवं मोर तथा मृग एवं बाघ एक-दूसरे के स्वभावगत शत्रु हैं, किंतु छाया तथा शीतलता पाने की कामना से सब एक साथ निवास कर रहे हैं।

इस प्रचंड गर्मी में जंगल का हिंसक वातावरण तपोवन के समान शांत एवं पवित्र बन गया है। बिहारी ने इस पद में गर्मी की भीषणता के साथ प्राणियों की एकता को दर्शाकर मनुष्यों को शिक्षा दी है कि हमें भी विपत्ति काल में शत्रुता को भूलकर एक-दूसरे का भला सोचना चाहिए।

3 जपमाला, छापै, तिलक सरै न एकौ कामु।
मन-काँचे नाचै बृथा, साँचै राँचै रामु।

उत्तर कवि ने इस दोहे में धार्मिक रूढ़ियों तथा अंधविश्वासों को व्यर्थ माना है। उसके अनुसार, माला जपने, छापा-तिलक लगाने भर से कोई भक्त सिद्ध नहीं हो सकता, यदि मन ही शुद्ध नहीं है। हृदय की कालिमा लेकर तीर्थ-यात्रा करना व्यर्थ है, क्योंकि ईश्वर का निवास शुद्ध तथा सत्य से पूर्ण आत्मा में ही होता है। मन में ईश्वर के प्रति सच्ची भक्ति-भावना होने से ही ईश्वर की प्राप्ति संभव है।

कवि बिहारी इस पद के माध्यम से नीति का उपदेश देते हुए ढोंग करने वालों को सचेत करते हैं। ईश्वर को पाने के लिए मनुष्य को सच्चे हृदय का होना आवश्यक है। इसके लिए किसी बाह्य आडंबर की आवश्यकता नहीं है।

योग्यता विस्तार

1 सतसैया के दोहरे, ज्यों नावक के तीर।
देखन में छोटे लगैं, घाव करें गंभीर।।

अध्यापक की मदद से बिहारी विषयक इस दोहे को समझने का प्रयास करें। इस दोहे से बिहारी की भाषा संबंधी किस विशेषता का पता चलता है?

उत्तर दोहे को समझने के लिए अपने अध्यापक की सहायता लें। दिए गए दोहे से कवि बिहारी की 'गागर में सागर' भरने की कवित्व-कला का बोध होता है। बिहारी के दोहों में संक्षिप्तता और सारगर्भिता उपस्थित रहती है। बिहारी बड़ी-से-बड़ी बात को एक छोटे-से दोहे के माध्यम से कहने में कुशल हैं। अलंकार का प्रयोग बिहारी की भाषा की एक बड़ी विशेषता है। बिहारी उपमा, उत्प्रेक्षा, रूपक, अनुप्रास, श्लेष आदि अलंकारों का प्रयोग करने में अति कुशल हैं।

परियोजना कार्य

1 बिहारी के विषय में जानकारी एकत्रित कीजिए और परियोजना पुस्तिका में लगाइए।

उत्तर विद्यार्थियों द्वारा स्वयं, अध्यापक व माता-पिता आदि की सहायता से किया जाने वाला क्रियाकलाप।

परीक्षा अभ्यास

काव्यांश पर आधारित बहुविकल्पात्मक प्रश्न

निम्नलिखित पद्यांश को ध्यानपूर्वक पढ़कर पूछे गए प्रश्नों के सही विकल्प चुनिए।

1 सोहत ओढ़ैं पीतु पटु स्याम, सलौनैं गात।
मनौ नीलमनि-सैल पर आतपु पर्‌यौ प्रभात।।

(क) श्रीकृष्ण के अनुपम सौन्दर्य का वर्णन करने के लिए किस उपमान का प्रयोग किया गया है?

(i) नीलमणि *(ii)* शिरोमणि
(iii) नागमणि *(iv)* भक्त शिरोमणि

उत्तर *(i)* नीलमणि

(ख) श्रीकृष्ण के साँवले शरीर पर कौन शोभा पा रहा है?

(i) घुँघराले काले बाल *(ii)* पीले वस्त्र
(iii) सुरीली बाँसुरी *(iv)* मोहक मुस्कान

उत्तर *(ii)* पीले वस्त्र

(ग) 'आतपु' शब्द का क्या तात्पर्य है?

(i) अधीर होना *(ii)*अत्यधिक ठंड
(iii) धूप *(iv)* आज्ञा देना

उत्तर *(iii)* धूप

(घ) किसका दिव्य आलोक सम्पूर्ण वातावरण को प्रकाशित कर रहा था?

(i) नीलमणि पर्वत का
(ii) श्रीकृष्ण की शोभा का
(iii) प्रात:कालीन वातावरण का
(iv) सायंकाल का

उत्तर *(ii)* श्रीकृष्ण की शोभा का

2 कहलाने एकत बसत अहि मयूर, मृग बाघ।
जगतु तपोबन सौ कियौ दीरघ-दाघ निदाघ।।

(क) प्रस्तुत दोहे में किसका वर्णन किया गया है?

(i) ग्रीष्म ऋतु के प्रचण्ड वातावरण का
(ii) शीत ऋतु के आनन्ददायी वातावरण का
(iii) बसंत ऋतु के मोहक वातावरण का
(iv) वर्षा ऋतु के वातावरण का

उत्तर *(i)* ग्रीष्म ऋतु के प्रचण्ड वातावरण का

(ख) पूरा संसार भीषण गर्मी के कारण कैसा हो गया है?

(i) अग्नि की भट्‌टी की तरह
(ii) रेगिस्तान की तरह गर्म
(iii) तपोवन की तरह
(iv) चन्दन की तरह शीतल

उत्तर *(iii)* तपोवन की तरह

(ग) 'दीरघ-दाघ' से क्या तात्पर्य है?

(i) लम्बी साँसें *(ii)* भीषण गर्मी
(iii) स्वाभाविक शत्रु *(iv)* कठिन तपस्या

उत्तर *(ii)* भीषण गर्मी

(घ) परस्पर विरोधी पशु भी एक साथ निवास क्यों कर रहे हैं?

(i) सन्त स्वभाव के कारण
(ii) अपनी आदर्शवादिता के कारण
(iii) छाया तथा शीतलता पाने की कामना के कारण
(iv) परस्पर मित्रता धर्म निभाने के कारण

उत्तर *(iii)* छाया तथा शीतलता पाने की कामना के कारण

3 बतरस-लालच लाल की मुरली धरी लुकाइ।
सौंह करैं भौंहनु हँसै, दैन कहैं नटि जाइ।।

(क) गोपियों ने कृष्ण से बात करने के लिए उनकी किस चीज़ को छिपा लिया है?

(i) मुकुट *(ii)* बाँसुरी
(iii) मोरपंख *(iv)* पीताम्बर

उत्तर *(ii)* बाँसुरी

(ख) गोपियों के अनुसार मुरली उनकी क्या है?

(i) सखी *(ii)* शत्रु
(iii) सौत *(iv)* सहयोगी

उत्तर *(iii)* सौत

(ग) श्रीकृष्ण के सामने अपनी बात को सिद्ध करने के लिए गोपियाँ क्या करती है?

(i) सौंगध खाती हैं
(ii) अपनी तलाशी लेने को कहती हैं
(iii) वहाँ से भाग जाती हैं
(iv) नदी में खोजने को कहती हैं

उत्तर *(i)* सौंगध खाती हैं

(घ) गोपियों द्वारा भौहों के माध्यम से हँसना क्या सिद्ध करता है?

(i) मुरली देना नहीं चाहती हैं
(ii) मुरली उनके पास नहीं है
(iii) उन्होंने मुरली को देखा ही नहीं है
(iv) मुरली उनके पास ही है

उत्तर *(iv)* मुरली उनके पास ही है

4 कहत, नटत, रीझत, खिझत, मिलत, खिलत, लजियात।
भरे भौन मैं करत हैं नैननु हीं सब बात।।

(क) प्रस्तुत दोहे में कवि ने किसका वर्णन किया है?

(i) राजसभा के दृश्य का
(ii) नायक-नायिका के मनोभावों का

(iii) पारिवारिक स्थितियों का
(iv) वियोग श्रृंगार का

उत्तर (ii) नायक-नायिका के मनोभावों का

(ख) सभी आत्मीय जनों के सामने प्रेमी-प्रेमिका किस प्रकार बात करते हैं?
(i) धीरे-धीरे बोलकर
(ii) आँखों ही आँखों में
(iii) निर्लज्जता के साथ
(iv) बेझिझक होकर

उत्तर (ii) आँखों ही आँखों में

(ग) प्रस्तुत दोहे में नायक और नायिका के किस मनोभाव का चित्रण हुआ है?
(i) धैर्य का (ii) सहनशीलता का
(iii) मिलने की आतुरता का (iv) ईर्ष्या-द्वेष का

उत्तर (iii) मिलने की आतुरता का

(घ) नायक किस पर खीजता है?
(i) नायिका की मना करने की भंगिमा पर
(ii) नायिका के रूप सौंदर्य पर
(iii) नायिका के अन्य नायक से बात करने पर
(iv) नायिका के द्वारा बात न करने पर

उत्तर (i) नायिका की मना करने की भंगिमा पर

विषय-वस्तु का ज्ञान, बोध अभिव्यक्ति पर आधारित प्रश्न

1 किस कारण साँप और मोर तथा मृग और बाघ आपसी बैर-भाव भूलकर इकट्ठे निवास कर रहे हैं?

उत्तर ग्रीष्म ऋतु के प्रचंड प्रभाव के कारण सर्वत्र अत्यधिक गर्मी का प्रकोप है। इसी कारण साँप और मोर तथा मृग और बाघ जिनमें परस्पर स्वभावगत शत्रुता होती है, वे भी आपसी शत्रुता को भुलाकर साथ-साथ अहिंसक रूप से निवास कर रहे हैं। उन्हें देखकार ऐसा लग रहा है, मानो वन प्रदेश का हिंसक वातावरण तपोवन की भूमि के समान शान्त एवं सद्भाव रूप में परिवर्तित हो गया हो।

2. गोपियों ने क्या छिपाया है और क्यों?

उत्तर गोपियों ने श्रीकृष्ण की बाँसुरी को छिपाया है, क्योंकि जब श्रीकृष्ण अपनी बाँसुरी ढूँढ़ने आएँगे, तो गोपियों को उनसे बातें करने का अवसर प्राप्त हो सकेगा। कृष्ण सदैव मुरली बजाने में ही व्यस्त रहते थे, जिसके कारण गोपियों को उनसे बात करने का अवसर नहीं मिल पाता था। अतः श्रीकृष्ण से वार्तासुख प्राप्त करने की इच्छा से वह उनकी मुरली छिपा लेती हैं, ताकि जब कृष्ण उनसे मुरली माँगने आएँ, तो उन्हें अधिक-से-अधिक कृष्ण का सान्निध्य और उनकी बातों का आनंद प्राप्त हो सके।

3 नायिका को लज्जा किसलिए तथा क्यों आती है?

उत्तर नायिका को लज्जा अपने हृदयगत भावों को दूत के माध्यम से संदेश रूप में व्यक्त करने में आती है, क्योंकि संदेश में नायिका के प्रेम की निजी भावनाएँ छिपी हैं। ये भावनाएँ केवल प्रेमी से ही अभिव्यक्त की जा सकती हैं, परंतु वहाँ बहुत-से लोग हैं। इसी कारण नायिका को लज्जा आना स्वाभाविक है। अन्ततः अपने भावों को संदेश रूप में अभिव्यक्त करने में असमर्थ नायिका कहती हैं कि विरह की इस अवस्था में हम दोनों (नायक-नायिका) के हृदय की स्थिति एवं भावनाएँ एकसमान हैं। अतः तुम्हारा हृदय ही मेरे हृदय की समस्त पीड़ा और भावों को व्यक्त कर देगा।

4 'कहिहै सबु तेरौ हियौ' पंक्ति का अभिप्राय स्पष्ट कीजिए।

उत्तर इस पंक्ति में बिहारी ने प्रेम की भावना का अत्यंत सूक्ष्म व मनोवैज्ञानिक चित्रण किया है। उनके अनुसार, प्रेम का प्रभाव प्रिय व प्रेयसी दोनों में समान रूप से होता हैं। दोनों की मन स्थिति एक-सी होती है। इसलिए एक-दूसरे के वियोग में दूसरे की मनःस्थिति को शब्दों के माध्यम से नहीं, अपितु अपनी मनःस्थिति के आधार पर ही अनुभूत किया जा सकता है।

5 कवि बिहारी ने बाह्य आडंबर किन्हें कहा है और क्यों?

अथवा बिहारी के दोहे के आधार पर लिखिए कि माला जपने और तिलक लगाने से क्या होता है? ईश्वर किससे प्रसन्न रहते हैं? **CBSE 2013**

अथवा बिहारी ने माला जपने और तिलक लगाने को व्यर्थ कहकर क्या संदेश देना चाहा है? **CBSE 2015**

उत्तर बिहारी ने तिलक-चंदन लगाने, रामनामी वस्त्र धारण करना एवं माला जाप करने को बाह्य आडंबर कहा है, क्योंकि इन सबसे वस्तुतः ईश्वर की प्राप्ति नहीं होती। ईश्वर तो सच्चे मन की भक्ति से प्राप्त होते हैं, लेकिन समाज के पाखंडी लोग धर्म के बाह्य रूप को ही अधिक महत्त्व देते हैं। ईश्वर उस व्यक्ति से ही प्रसन्न रहते हैं, जो छल-कपट रहित एवं मन से शुद्ध प्रवृत्ति के होते हैं, जो बाह्याडंबरों से दूर रहते हैं तथा शुद्ध मन से ईश्वर का स्मरण करते हैं, उनसे ईश्वर सदैव प्रसन्न रहते हैं।

6 बिहारी के अनुसार ईश्वर का वास कहाँ होता है तथा ईश्वर की प्राप्ति किस प्रकार संभव है? **CBSE 2016, 11**

उत्तर बिहारी के अनुसार ईश्वर का वास सच्चे हृदय में होता है। पूजा पाठ का दिखावा, माला जपना आदि का ढोंग करने से ईश्वर प्राप्ति संभव नहीं है। ये सब व्यर्थ आडंबर हैं। शुद्ध और पवित्र मन के भावों द्वारा ही ईश्वर को प्राप्त किया जा सकता है तथा सच्चे मन से की गई भक्ति से ही ईश्वर प्रसन्न होते हैं और उन्हें प्राप्त भी किया सकता है।

परीक्षा अभ्यास

7 महान् लक्ष्यों की प्राप्ति के लिए क्या अनिवार्य है?

उत्तर महान् लक्ष्यों की प्राप्ति के लिए साहस, धैर्य व दृढ़ संकल्प अनिवार्य है। आडंबर, प्रदर्शन, कृत्रिमता व प्रलोभन सदैव हमें पथ-भ्रष्ट करते हैं। इसलिए हमें इन सांसारिक आकर्षणों से विरक्त रहते हुए अपने लक्ष्य-पथ पर अविचल भाव से आगे बढ़ते रहना चाहिए, तभी अपने लक्ष्य की प्राप्ति संभव है।

8 बिहारी द्वारा वर्णित कृष्ण के रूप सौंदर्य को अपने शब्दों में लिखिए।   CBSE 2018

अथवा नीलमणि पर्वत से बिहारी ने श्रीकृष्ण की तुलना क्यों की है?   CBSE 2014

अथवा बिहारी के दोहों में श्रीकृष्ण के सौंदर्य का वर्णन किस प्रकार किया गया है?   CBSE 2012

उत्तर शृंगार शिरोमणि कवि बिहारी ने भगवान श्रीकृष्ण के अनुपम सौंदर्य व उनके आलौकिक स्वरूप को स्पष्ट करने के लिए नीलमणि के उपमान का प्रयोग किया है। कवि के अनुसार, भगवान श्रीकृष्ण ने पीतांबर धारण किया हुआ है, उनके श्यामल शरीर पर पीले वस्त्रों की आभा ऐसी लग रही है, जैसे प्रातःकालीन सूर्य की किरणें नीलमणि पर्वत पर पड़ रही हों और उसका दिव्य आलौक संपूर्ण वातावरण को प्रकाशित कर रहा हो।

9 गोपियाँ श्रीकृष्ण की बाँसुरी न लौटाने के लिए क्या बहाने बनाती हैं?

उत्तर गोपियाँ भगवान श्रीकृष्ण की आराधिका व अनन्य भक्त हैं। वे भगवान श्रीकृष्ण के सान्निध्य में अधिक-से-अधिक समय व्यतीत करना चाहती हैं और उनसे संवाद सुख की भी आकांक्षा रखती हैं। यही कारण है कि वे श्रीकृष्ण की मुरली को अपनी सौत (सौतन) समझती हैं और उसे छिपा लेती हैं। जब श्रीकृष्ण मुरली वापस माँगते हैं, तो गोपियाँ कसम खाती हैं कि उन्होंने मुरली नहीं छिपाई है और भौंहों से हँसते हुए कृष्ण को मुरली देने से मना कर देती हैं।

10 'मेरे हरौ कलेस सब, केसव केसवराइ' इस पंक्ति में केसव शब्द का प्रयोग करते हुए बिहारी ने किसकी महत्ता को प्रतिपादित किया है?

उत्तर प्रस्तुत पंक्ति के माध्यम से बिहारी ने अपनी काव्य प्रतिभा का परिचय देते हुए अपने पिता और भगवान कृष्ण दोनों को ही पूज्य माना है तथा भगवान कृष्ण व अपने पिता केशवराय को अपना संरक्षक माना है। यहाँ पर कवि ने भक्ति के मर्म को पहचानते हुए मनःस्थिति के अनुरूप सांसारिक कष्टों को हरने के लिए केसव (श्रीकृष्ण एवं अपने पिता) से निवेदन किया है। 'केसव' शब्द के प्रयोग से यमक अलंकार का कुशलतापूर्वक प्रयोग तथा भगवान कृष्ण व अपने पिता की महत्ता को प्रतिपादित किया गया है।

11 बिहारी के दोहों से क्या संदेश मिलता है?   CBSE 2016, 14

उत्तर बिहारी के दोहे मात्र शृंगारपरक नहीं हैं, अपितु उनमें नीति एवं लोक व्यवहार का गुणार्थ भी निहित है। उनके दोहे हमें मिल-जुलकर रहने का संदेश देते हैं। बैर-भावना को भुलाकर 'वसुधैव कुटुंबकम्' की भावना को धारण कर परस्पर सद्भावना के साथ रहने का संदेश देते हैं। कृत्रिमता, प्रदर्शन और बाह्य आडंबरों को त्यागकर अहिंसापूर्ण जीवन जीने का संदेश भी देते हैं।

12 बिहारी ने ''जगतु तपोबन सौ कियो'' क्यों कहा है तथा इसके माध्यम से क्या शिक्षा दी है?   CBSE 2018

उत्तर बिहारी ने 'जगतु तपोबन सौ कियौ' अर्थात् धरती तपोवन के समान प्रतीत होती है इसलिए कहा है, क्योंकि जिस प्रकार तपोवन में तपस्वी आपसी स्पर्द्धा और शत्रुता को भूलकर तपस्या करते हैं उसी प्रकार ग्रीष्म ऋतु में भीषण गर्मी पड़ने के कारण सभी जीव-जंतु आपसी शत्रुता भूलकर एक साथ जंगल में रह रहे हैं। इसके माध्यम से कवि ने यह शिक्षा दी है कि हम अपने सत्कर्मों एवं अहिंसा के पालन से वातावरण को शुद्ध और पवित्र बना सकते हैं और पारस्परिक भेदभाव को भुलाकर वसुधैव कुटुंबकम् की भावना को साकार कर सकते हैं।

13 पीले वस्त्रों से सुसज्जित श्रीकृष्ण के बारे में बिहारी ने क्या कल्पना की है? अपने शब्दों में लिखिए।   CBSE 2013

अथवा श्रीकृष्ण के पीले वस्त्र पर बिहारी ने क्या कल्पना की है? इस कल्पना का सौंदर्य समझाइए।   CBSE 2020

उत्तर पीले वस्त्रों से सुसज्जित श्रीकृष्ण के मनोरम रूप को देखकर कवि बिहारी कहते हैं कि श्रीकृष्ण के साँवले सुंदर शरीर पर पीले वस्त्र ऐसे शोभा पा रहे हैं, जैसे नीलमणि के पत्थर पर प्रातःकालीन सूर्य की किरणें शोभा बढ़ाती हैं। कहने का आशय यह है कि सूर्य की पीले रंग की किरणें तथा साँवले रंग का नीलमणि पत्थर (कृष्ण रूपी) एक-दूसरे के संयोग में आने पर अत्यंत मनोहारी दृश्य उत्पन्न करते हैं। इसी तरह श्रीकृष्ण का साँवला शरीर और पीले रंग का वस्त्र मिलकर उनकी शोभा में चार चाँद लगा रहे हैं। उनका सौंदर्य अद्भुत लग रहा है, जो किसी भी प्राणी का मन मोह सकता है।

14. तपोवन से क्या तात्पर्य है? तपोवन की विशेषता पर प्रकाश डालते हुए स्पष्ट कीजिए कि मानवता को उससे क्या शिक्षा मिलती है?

अथवा बिहारी ने जगत को तपोवन क्यों कहा है और इससे क्या संदेश देना चाहा है?   CBSE 2018, 15, 11

उत्तर तपोवन एक ऐसा वन प्रदेश, जो साधु-संतों के निरंतर यज्ञ व तप से पवित्र एवं अहिंसक हो गया हो। तपोवन में शांति व अहिंसा प्रमुख होती है और निरंतर साधु-संतों की मंत्र ध्वनि से वातावरण गुंजित होता रहता है, जिससे वहाँ रहने वाले प्राणी एवं पशु-पक्षियों का स्वभाव भी शांत हो जाता है और उनमें हिंसा की प्रवृत्ति पूर्ण रूप से समाप्त हो जाती है।

तपोवन से मानवता को यही शिक्षा मिलती है कि आज के वातावरण में चारों ओर हिंसा का बोलबाला है और संवेदनशीलता का अभाव है। हम अपने सत्कर्मों एवं अहिंसा के पालन से वातावरण को शुद्ध एवं पवित्र बना सकते हैं और लोग पारस्परिक भेदभाव को भुलाकर 'वसुधैव कुटुंबकम्' की भावना को साकार कर सकते हैं। इन्हीं कारणों से बिहारी ने जगत को तपोवन की संज्ञान दी है।

15 विरोधी स्वभाव वाले जानवर कौन-कौन-से हैं और किस कारण वे एक-दूसरे के पास रहने को बाध्य हैं? इसमें निहित शिक्षा पर प्रकाश डालिए।

उत्तर हमारी सृष्टि 'जीव जीवस्य भोजनम्' के आधार पर चल रही है, जिसमें अनेक पशु-पक्षी स्वाभाविक रूप से एक-दूसरे के परस्पर विरोधी स्वभाव वाले हैं; *जैसे*–मोर-सर्प, बाघ-हिरण आदि। वन प्रदेश ग्रीष्म ऋतु के प्रचंड ताप से जल रहा है। ऐसी विषम परिस्थिति में पशुओं ने अपनी स्वाभाविक प्रतिकूलता को त्याग दिया और वे एक-दूसरे के साथ प्रेमपूर्वक रह रहे हैं। इससे हमें यह शिक्षा मिलती है कि जब संकट (प्राकृतिक, दैवीय या मानवकृत) की स्थिति हो, तो हमें अपनी भेदभावना व विरोधों को भुला देना चाहिए और एकजुट होकर संगठित रूप से आपदाओं का सामना करना चाहिए। तभी मनुष्यों और इस सृष्टि का अस्तित्व बचेगा।

16 बिहारी के अनुसार, ज्येष्ठ मास में व्याप्त ग्रीष्म ऋतु की प्रचंडता और दोपहरी का वर्णन कीजिए। **CBSE 2009**

अथवा **बिहारी के दोहों के आलोक में ग्रीष्म-ऋतु की प्रचंडता और प्रभाव का विस्तृत चित्रण अपने शब्दों में कीजिए।** **CBSE 2019**

उत्तर बिहारी ने ज्येष्ठ मास की प्रचंड गर्मी का सजीव चित्रण किया है। कवि के अनुसार, ज्येष्ठ मास की भीषण गर्मी में सूर्य अपनी प्रचंड किरणों के ताप से संपूर्ण पृथ्वी के तल को दग्ध कर देता है। ऐसे में दोपहरी के समय जब सूर्य आकाश के ठीक बीचों-बीच होता है, तब छाया कहीं भी दिखाई नहीं देती और पृथ्वी का तल जलता हुआ महसूस होता है। राहें सूनी और पथिकविहीन दिखाई देती हैं। छाया की परछाईं मानो अदृश्य हो जाती है। ऐसा लगता है मानो प्रचंड गर्मी के ताप से व्याकुल होकर छाया भी छाँह की आकांक्षा में सघन वनों में चली गई है अथवा लोगों के घरों में आराम कर रही है।

17 जिस व्यक्ति के प्रति हमारे मन में प्रेम की भावना होती है, उसे शब्दों के माध्यम से अभिव्यक्त करने की आवश्यकता क्यों नहीं होती?

उत्तर प्रेम हृदय की वह पवित्र भावना है, जो हृदय की संवेदनाओं से ही अनुभूत की जा सकती है। भावनाओं को अभिव्यक्त करने के लिए शब्दों की आवश्यकता नहीं होती। जिस व्यक्ति के प्रति हमारे मन में प्रेम भावना होती है, वह हमारी भावनाओं से अवश्य ही परिचित एवं प्रभावित रहता है और उसके मन में भी हमारे लिए वही भावना होती है। इसलिए भावनाओं को अभिव्यक्त करने के लिए किसी प्रदर्शन, कविता या माध्यम की आवश्यकता नहीं होती। इसे मन से अनुभूत किया जा सकता है।

18 बिहारी को गागर में सागर भरने वाला कवि कहा जाता है—अपनी पाठ्यपुस्तक से एक उदाहरण देकर सिद्ध कीजिए। **CBSE 2015**

उत्तर दोहे जैसे छोटे छंद में गहरी अर्थव्यंजना समाहित कर देने के कारण कवि बिहारी को गागर में सागर भरने वाला कवि कहा जाता है।

उनके दोहों के अर्थगांभीर्य को देखकर ही कहा जाता है

"सतसैया के दोहरे, ज्यों नावक के तीर।
देखन में छोटे लगैं, घाव करें गंभीर।।"

बिहारी की अर्थव्यंजना को इस दोहे से भली-भाँति समझा जा सकता है

"जपमाला, छापै, तिलक सरै न एकौ कामु।
मन-काँचै नाचै बृथा, साँचै राँचै रामु।।"

इस छोटे से दोहे के माध्यम से कवि बिहारी ने भक्ति के नाम पर किए जाने वाले बाह्य आडंबरों का खंडन कर कहा है कि ईश्वर को केवल शुद्ध एवं पवित्र मन से ही प्राप्त किया जा सकता है। भक्ति के लिए माला का जाप, शरीर पर रामनामी वस्त्र, माथे पर चंदन का तिलक आदि की कोई आवश्यकता नहीं, ये सब बाह्य आडंबर हैं।

इन सबसे ईश्वर को प्रसन्न नहीं किया जा सकता। प्रभु का प्रसाद, उनकी कृपा पाने के लिए मन की शुद्धि आवश्यक है। इस तरह, एक गंभीर एवं व्यापक तथ्य को कवि बिहारी ने अपने छोटे-से दोहे में समेट लिया। यही कारण है कि बिहारी को 'गागर में सागर' भरने वाला कवि कहा जाता है।

स्वमूल्यांकन

काव्यांश पर आधारित बहुविकल्पात्मक प्रश्न

निम्नलिखित पद्यांश को ध्यानपूर्वक पढ़कर पूछे गए प्रश्नों के सही विकल्प चुनिए।

1 बैठि रही अति सघन बन, पैठि सदन-तन माँह।
देखि दुपहरी जेठ की छाँहौं चाहति छाँह।।

(क) जेठ की दोपहरी में छाया कहाँ मिलती है?
   (i) संघन वनों में   (ii) घरों के अन्दर
   (iii) (i) और (ii) दोनों (iv) दूर-दराज के क्षेत्रों में

उत्तर (iii) (i) और (ii) दोनों

(ख) ज्येष्ठ मास की गर्मी में क्या होता है?
   (i) तेज यू चल रही होती है
   (ii) धरती का सम्पूर्ण धरातल जल रहा होता है
   (iii) पशु-पक्षियों को छाँव नहीं मिलती है
   (iv) लोग घरों में आराम से रहते हैं

उत्तर (ii) धरती का सम्पूर्ण धरातल जल रहा होता है

(ग) जेठ की दोपहरी में छाया वृक्षों एवं घरों के बाहर क्यों नहीं आती?
   (i) क्योंकि सूरज सिर पर होता है
   (ii) क्योंकि हवा बहुत तेज चल रही होती है
   (iii) क्योंकि छाया सूर्य के साथ होती है
   (iv) क्योंकि छाया का अस्तित्व समाप्त हो गया होता है

उत्तर (i) क्योंकि सूरज सिर पर होता है

(घ) ज्येष्ठ माह में ग्रीष्म ऋतु कैसा रूप धारण कर लेती है?
   (i) सहज (ii) शान्त (iii) गम्भीर (iv) प्रचण्ड

उत्तर (iv) प्रचण्ड

2 कागद पर लिखत न बनत, कहत सँदेसु लजात।
कहिहै सबु तेरौ हियौ, मेरे हिय की बात।।

(क) नायक को दूत के माध्यम से सन्देश भेजने में नायिका को किसका अनुभव हो रहा है?
   (i) भय का   (ii) लज्जा का
   (iii) असन्तोष का   (iv) आत्मग्लानि का

उत्तर (ii) लज्जा का

(ख) विरह-वेदना के कारण नायिका की स्थिति कैसी हो गई है?
   (i) उसका शरीर विरह-वेदना से जल रहा है
   (ii) उसके हाथ-पैर काँप रहे हैं
   (iii) वह अपना सन्देश कागज पर नहीं लिख पा रही है
   (iv) उपरोक्त सभी

उत्तर (iv) उपरोक्त सभी

(ग) नायक का हृदय नायिका के मन की बात किस प्रकार समझ लेगा?
   (i) नायक की स्थिति नायिका से भिन्न है
   (ii) नायक के मन में वही है जो नायिका के मन में है
   (iii) नायक नायिका से कोई बात नहीं करना चाहता है
   (iv) नायक परम ज्ञानी है

उत्तर (ii) नायक के मन में वही है जो नायिका के मन में है

(घ) नायिका के सन्देश में क्या छिपा होता है?
   (i) प्रेम की निजी भावनाएँ
   (ii) मिलन की असमर्थता
   (iii) भिन्न भावों की अभिव्यक्ति
   (iv) लोगों का भय

उत्तर (i) प्रेम की निजी भावनाएँ

विषय-वस्तु का ज्ञान, बोध अभिव्यक्ति पर आधारित प्रश्न

निम्नलिखित प्रश्नों के उत्तर दीजिए

(i) बिहारी की नायिका को नायक से बात करने के लिए नयनों का सहारा क्यों लेना पड़ता है?

(ii) नायिका कागज़ पर संदेश क्यों नहीं लिख पाती है, बिहारी के दोहे के आधार पर स्पष्ट कीजिए।

(iii) श्रीकृष्ण के शरीर की तुलना किससे की गई है और क्यों?

(iv) बिहारी की नायिका क्यों खीझ उठती है?

(v) "सौंह करै भौहनु हँसै" —पंक्ति का आशय स्पष्ट कीजिए।

(vi) बिहारी के दोहों का प्रतिपाद्य लिखिए।

अध्याय

04

मनुष्यता *(मैथिलीशरण गुप्त)*

पाठ की रूपरेखा

प्रस्तुत कविता में मनुष्य को परोपकार, राष्ट्र-हित और उदारता की भावना को अपने जीवन में अपनाने के लिए प्रेरित किया गया है। इस कविता में 'स्व' की भूमि से उठकर 'पर' की भूमि तक जाने के लिए प्रत्येक व्यक्ति को संबोधित किया गया है। कवि ने मानवता (मनुष्यता) के पूरे-पूरे लक्षण उसी मनुष्य में माने हैं, जिसमें अपने और अपनों के हित चिंतन से कहीं पहले और सर्वोपरि दूसरों का हित चिंतन हो।

कवि-परिचय

राष्ट्रकवि मैथिलीशरण गुप्त का जन्म 1886 ई. में झाँसी के नज़दीक चिरगाँव में हुआ था। इनकी शिक्षा-दीक्षा घर पर ही हुई। अंग्रेज़ी, संस्कृत, बांग्ला व मराठी भाषा पर इनका समान अधिकार था। गुप्त जी राष्ट्रीयता के साथ-साथ राम भक्त कवि थे। राम का यशोगान इनकी चिरसंचित आकांक्षा रही। उन्होंने अपनी कविता के माध्यम से भारतीय जीवन को समग्रता में समझने और प्रस्तुत करने का भी यथासंभव प्रयास किया। गुप्त जी की काव्य भाषा विशुद्ध खड़ी बोली है। इनकी भाषा संस्कृत से प्रभावित है। गुप्त जी की प्रमुख कृतियाँ-साकेत, यशोधरा, जयद्रथ वध आदि हैं। इनका देहावसान 78 वर्ष की आयु में वर्ष 1964 में दिल का दौरा पड़ने के कारण हुआ।

काव्यांशों की व्याख्या

काव्यांश 1

विचार लो कि मर्त्य हो न मृत्यु से डरो कभी,
मरो, परंतु यों मरो कि याद जो करें सभी।
हुई न यों सुमृत्यु तो वृथा मरे, वृथा जिए,
मरा नहीं वही कि जो जिया न आपके लिए।
वही पशु-प्रवृत्ति है कि आप-आप ही चरे,
वही मनुष्य है कि जो मनुष्य के लिए मरे।

» शब्दार्थ

मर्त्य–मरणशील, जिसका मरना तय है; सुमृत्यु–गौरवशाली मृत्यु; वृथा–बेकार, व्यर्थ; पशु-प्रवृत्ति–पशु जैसा स्वभाव; चरे–उदर पूर्ति करना, भोग करना, खाए-पिए।

भावार्थ

प्रस्तुत पंक्तियों में कवि मनुष्य जीवन के महत्त्व पर प्रकाश डालते हुए कहता है कि मानव जीवन नश्वर है, मनुष्य मरणशील है, जिसका जन्म हुआ है, उसकी मृत्यु भी अवश्य होनी है। इसलिए जब मृत्यु निश्चित है, तो फिर उससे भयभीत नहीं होना चाहिए। हमारी मृत्यु ऐसी होनी चाहिए कि मृत्यु के उपरांत भी लोग महान् कार्यों के लिए हमें सदैव स्मरण करें। कोई ऐसा महान् और गौरवशाली काम करते-करते मरो, ताकि तुम्हारी मृत्यु गौरवशाली मृत्यु कहलाए। हमारी मृत्यु के पश्चात् लोग हमें याद नहीं करते और हमारी याद में आँसू नहीं बहाते, तो हमारा जीवन-मरण दोनों ही व्यर्थ हैं। हमारी मृत्यु भी लोक कल्याण के हितार्थ होनी चाहिए।

जो मनुष्य अपने जीवन में लोकमंगलकारी कार्य में अपना समय नहीं बिताते, उनका जीवन पशुतुल्य होता है, क्योंकि मात्र पशु ही अपने व्यक्तिगत स्वार्थ की पूर्ति हेतु जीवन जीता है। सच्चा मनुष्य वह है, जो संपूर्ण मनुष्यता के लिए जीता और मरता है। इसलिए वास्तव में, मनुष्य कहलाने का अधिकारी वही है, जिसमें स्वार्थ भाव के स्थान पर परमार्थ भाव है। जो दूसरों की हितपूर्ति के लिए अपना जीवन जीता है।

काव्य सौंदर्य

(*i*) कवि ने परोपकार के लिए जीने वाले की मृत्यु को 'सुमृत्यु' कहा है।
(*ii*) संस्कृतनिष्ठ खड़ी बोली का प्रयोग हुआ है।
(*iii*) 'आप-आप' में पुनरुक्तिप्रकाश अलंकार है।
(*iv*) संपूर्ण काव्यांश तुकांत शैली के साथ उद्बोधन शैली में लिखा गया है।
(*v*) सामासिक शब्दावली का प्रयोग किया गया है।

काव्यांश 2

उसी उदार की कथा सरस्वती बखानती,
उसी उदार से धरा कृतार्थ भाव मानती।
उसी उदार की सदा सजीव कीर्ति कूजती;
तथा उसी उदार को समस्त सृष्टि पूजती।
अखंड आत्म भाव जो असीम विश्व में भरे,
वही मनुष्य है कि जो मनुष्य के लिए मरे।।

» शब्दार्थ

उदार–दानी, सहृदय; बखानना–वर्णन करना; धरा–धरती, पृथ्वी; कृतार्थ–धन्य होने का भाव, सौभाग्य; कीर्ति–यश; सृष्टि–ब्रह्मांड, संसार; कूजती–गूँजती; पूजती–सम्मान करना; असीम–अनंत, विशाल; विश्व–संसार; अखंड आत्म भाव–सब में अपना दर्शन करना।

भावार्थ

प्रस्तुत पंक्तियों में कवि उदारता के भाव पर प्रकाश डालते हुए कहता है कि सरस्वती उसी उदार मनुष्य का गुणगान करती है, जो इस अनंत संसार के साथ अखंड आत्मीयता रखता है। पृथ्वी भी ऐसे उदार व्यक्तियों के प्रति कृतज्ञ होती है। संसार भर में उनकी कीर्ति का यशोगान होता है।

सब व्यक्ति उस उदार चेतना का सम्मान करते हैं। कवि का मानना है कि यही वह भाव है, जिससे वैश्विक एकता और अखंडता को एक नई दिशा मिलती है। वही मनुष्य सच्चे अर्थों में मनुष्य कहलाने के अधिकारी होते हैं, जो मनुष्यता की रक्षा के निमित्त अपने प्राणों का बलिदान देते हैं।

काव्य सौंदर्य

(*i*) कवि के अनुसार उदार व्यक्तियों का यश ही विश्व में फैलता है।
(*ii*) संस्कृतनिष्ठ खड़ी बोली का सुंदर प्रयोग है।
(*iii*) 'सदा सजीव', 'समस्त सृष्टि', 'कीर्ति कूजती', 'अखंड आत्म', 'उसी उदार' आदि में अनुप्रास अलंकार है।
(*iv*) 'सजीव कीर्ति कूजती' में मानवीकरण अलंकार का प्रयोग किया गया है।
(*v*) वीर रस का प्रयोग है।

काव्यांश 3

क्षुधार्त रंतिदेव ने दिया करस्थ थाल भी,
तथा दधीचि ने दिया परार्थ अस्थिजाल भी।
उशीनर क्षितीश ने स्वमांस दान भी किया,
सहर्ष वीर कर्ण ने शरीर-चर्म भी दिया।
अनित्य देह के लिए अनादि जीव क्या डरे?
वही मनुष्य है कि जो मनुष्य के लिए मरे।

» शब्दार्थ

क्षुधार्त–भूख से पीड़ित; रंतिदेव–एक दानवीर राजा; करस्थ–हाथ में; दधीचि–एक प्रसिद्ध ऋषि, जिन्होंने देवताओं के कल्याणार्थ अपनी अस्थियाँ इंद्र को दे दीं, जिनके वज्र से इंद्र ने वृत्रासुर को हराया; अस्थिजाल–कंकाल, हड्डियों का ढाँचा; उशीनर–गांधार का राजा; क्षितीश–नृप; स्वमांस–अपने शरीर का मांस; सहर्ष–प्रसन्नतापूर्वक; कर्ण–कुंती का पुत्र (दान देने के लिए प्रसिद्ध); शरीर-चर्म–कवच कुंडल; अनित्य–नश्वर; अनादि–अमर; जीव–आत्मा।

भावार्थ

प्रस्तुत पंक्तियों में कवि ने महान् दानवीर राजाओं का उल्लेख करते हुए मनुष्यता शब्द का वास्तविक अर्थ परिभाषित किया है और मानव शरीर को नश्वर बताया है।

कवि के अनुसार, परमदानी राजा रंतिदेव तीव्र भूख से व्याकुल होते हुए भी उन्होने एक भूखे व्यक्ति को देखकर अपने भोजन की थाली उसे दे दी थी। दधीचि ने मानवता के हितार्थ देवताओं एवं दानवों के युद्ध में देवताओं की विजय के लिए, योगबल से अपने अस्थि-पंजर को भी दान कर दिया था।

गांधार देश में राजा उशीनर ने एक पक्षी के प्राण बचाने के लिए अपने शरीर का मांस दान कर दिया। कुंती पुत्र दानवीर कर्ण ने अपने वचन की रक्षा के लिए अपने शरीर के अंग कवच और कुंडल भी दान कर दिए। यह संसार नश्वर है और मानव शरीर क्षणभंगुर है, इसलिए भयभीत होने से कोई लाभ नहीं है अर्थात् जब आत्मा अमर है तो फिर मनुष्य को इस नश्वर शरीर के नष्ट होने से भय नहीं होना चाहिए। अतः सच्चा मनुष्य वही है, जो संपूर्ण मानव जाति के लिए जीता है और मरता है।

काव्य सौंदर्य

(*i*) कवि ने परोपकार की महत्ता को समझाने के लिए पौराणिक प्रसंगों का उल्लेख किया है।
(*ii*) सरल-सहज खड़ी बोली के साथ संस्कृतनिष्ठ तत्सम शब्दों का भी पर्याप्त प्रयोग किया गया है।
(*iii*) भाषा भावाभिव्यक्ति में पूरी तरह सक्षम है।
(*iv*) समस्त काव्यांश में दृष्टांत अलंकार मौजूद है।
(*v*) वीर रस का प्रयोग किया गया है।

काव्यांश 4

सहानुभूति चाहिए, महाविभूति है यही;
वशीकृता सदैव है बनी हुई स्वयं मही।
विरुद्धवाद बुद्ध का दया-प्रवाह में बहा,
विनीत लोकवर्ग क्या न सामने झुका रहा?
अहा! वही उदार है परोपकार जो करे,
वही मनुष्य है कि जो मनुष्य के लिए मरे।।

❯❯ शब्दार्थ

सहानुभूति—एक-दूसरे के प्रति दुःख के भाव को अनुभव करना; महाविभूति—महान् व्यक्ति की गुणरूपी पूँजी; वशीकृता—सम्मोहित करना; मही—पृथ्वी; विरुद्धवाद—विरोधी बातें; विनीत—झुका हुआ; लोकवर्ग—लोगों के विभिन्न वर्ग।

भावार्थ

राष्ट्र कवि मैथिलीशरण गुप्त इन पंक्तियों में सहानुभूति और परोपकार की भावना एवं करुणा को मनुष्यता का सर्वोत्तम गुण मानते हैं। कवि ने इसी गुण को 'महाविभूति' के नाम से विभूषित किया है। सहानुभूति एक श्रेष्ठ गुण है। दूसरों के दुःख को अपना दुःख मानना और उसी के अनुसार आचरण करना मनुष्य की संचित पूँजी है। पृथ्वी भी ऐसे महान् मनुष्यों की सेवा करती है। सहानुभूति के गुण से सुसज्जित ऐसे मनुष्यों को ही पूजनीय माना जाता है।

महात्मा बुद्ध का तत्कालीन समाज उनका विरोधी था, परंतु उनकी दया भावना, सत्य, अहिंसा, प्रेम भावना ने विरोध के स्वर को धूमिल कर दिया। जो व्यक्ति उनके कट्टर विरोधी थे, वे भी उनकी महानता के सामने नतमस्तक हो गए और बौद्ध धर्म अपनाया। कवि के अनुसार, वही मनुष्य 'मनुष्यता के गुणों' का प्रतिनिधि बन सकता है, जो उदार तथा परोपकारी है। दूसरों के हितार्थ अपना त्याग करने वाला मनुष्य ही बुद्ध जैसा महान् व परोपकारी बन सकता है। सच्चा मनुष्य वही है, जो अन्य मनुष्य के काम आता है तथा सबके लिए जीता-मरता है।

काव्य सौंदर्य

(i) उदारता, विनम्रता के सम्मुख सभी नतमस्तक हो जाते हैं।
(ii) सरल, सुबोध एवं सहज भाषा का प्रयोग हुआ है, जो भावाभिव्यक्ति में पूरी तरह सक्षम है।
(iii) खड़ी बोली के साथ-साथ तत्सम शब्दों का भी प्रयोग हुआ है।
(iv) प्रश्न शैली के कारण सौंदर्य में वृद्धि हुई है।
(v) दया-प्रवाह में रूपक अलंकार है।
(vi) वीर रस की अभिव्यक्ति हुई है।

काव्यांश 5

रहो न भूल के कभी मदांध तुच्छ वित्त में,
सनाथ जान आपको करो न गर्व चित्त में।
अनाथ कौन है यहाँ? त्रिलोकनाथ साथ हैं,
दयालु दीनबंधु के बड़े विशाल हाथ हैं।
अतीव भाग्यहीन है अधीर भाव जो करे,
वही मनुष्य है कि जो मनुष्य के लिए मरे।।

❯❯ शब्दार्थ

मदांध—गर्व से अंधा; तुच्छ—महत्त्वहीन, थोड़ा; वित्त—धन, संपत्ति; सनाथ—जिसके साथ ईश्वर हो, सर्वसमर्थ; अनाथ—बेसहारा; त्रिलोकनाथ—तीनों लोकों के स्वामी; दीनबंधु—दीनों के रक्षक; अतीव—अत्यधिक; भाग्यहीन—अभागा; अधीर—धैर्य न होना।

भावार्थ

प्रस्तुत पंक्तियों में कवि ने धन के उन्माद में अहंकारी न होने की प्रेरणा दी है। कवि के अनुसार, धन की प्राप्ति कोई बहुत बड़ी उपलब्धि नहीं है, यह मात्र एक तुच्छ उपलब्धि है। इस पर कभी भूलकर भी घमंड मत करना। धन के बल पर या सांसारिक दृष्टि से स्वयं को सुरक्षित अनुभव करके अपने मन में अभिमान न करना यह न सोचना कि तुम तो सनाथ हो। धन या परिवार-जन तुम्हारे नाथ हैं, जो तुम्हारी रक्षा कर लेंगे। सोच कर देखो, इस संसार में कोई अनाथ नहीं है। सबके ही सिर पर भगवान त्रिलोकीनाथ का साया है वह ईश्वर दीनों का, गरीबों का सहारा है, दयालु है। उसकी शक्ति बहुत अधिक है। वह सबको सुरक्षा और सहारा देता है। अतः जो भी मनुष्य अपने मन में अधीरता रखता है, वह बहुत अभागा है। सच्चा मनुष्य तो वही है, जो दूसरे मनुष्यों के काम आता है। उनके लिए जीता और मरता है।

काव्य सौंदर्य

(i) कवि ने स्पष्ट किया है धन-दौलत देख कभी अहं भावना नहीं आनी चाहिए।
(ii) सरल, सहज एवं भावानुकूल भाषा का प्रयोग हुआ है।
(iii) संस्कृतनिष्ठ खड़ी बोली का प्रयोग।
(iv) 'दयालु दीनबंधु' में अनुप्रास अलंकार मौजूद है।
(v) तुकांत रचना है।
(vi) सामासिक शब्दावली के साथ उद्बोधन शैली का भी प्रयोग किया गया है।

काव्यांश 6

अनंत अंतरिक्ष में अनंत देव हैं खड़े,
समक्ष ही स्वबाहु जो बढ़ा रहे बड़े-बड़े।
परस्परावलंब से उठो तथा बढ़ो सभी,
अभी अमर्त्य अंक में अपंक हो चढ़ो सभी।
रहो न यों कि एक से न काम और का सरे,
वही मनुष्य है कि जो मनुष्य के लिए मरे।।

❯❯ शब्दार्थ

अनंत—जिसका अंत न हो, असीमित; समक्ष—सामने; स्वबाहु—अपनी भुजाएँ; परस्परावलंब—एक-दूसरे की सहायता से; अमर्त्य-अंक, देवताओं की गोद; अपंक—कलंक रहित; काम सरे—काम निकले।

भावार्थ

कवि के अनुसार, इस अपरिमित आकाश में असंख्य देवगण विराजमान हैं। वे अपने हाथ बढ़ाकर उदार हृदय, दयालु तथा परोपकारी मनुष्यों के स्वागतार्थ खड़े हैं। इसलिए तुम परस्पर एक-दूसरे के सहयोग से उन ऊँचाइयों को प्राप्त करो, जहाँ देवता स्वयं तुम्हें अपनी पवित्र गोद में बैठाने के लिए उत्सुक हों। देवताओं की पावन गोद में स्थान पाने के लिए अर्थात् अमरत्व प्राप्त करने के लिए तुम इस मरणशील संसार में निष्कलंक जीवन व्यतीत करते हुए एक-दूसरे के कल्याणार्थ कर्मरत् रहो। इन्हीं गुणों के माध्यम से हम जीवन में उत्कृष्टता को प्राप्त कर सकते हैं। हमारे जीवन का उद्देश्य दूसरों का कल्याण करते हुए स्वयं अपना उद्धार करना होना चाहिए। तुम इस तरह मत जियो कि एक-दूसरे के किसी काम न आ सको। तुम्हारे होने से किसी का कोई काम न बने। सच्चा मनुष्य वही है कि जो अन्य मनुष्यों के काम आए। कवि परस्पर सहायता द्वारा कार्यों की सिद्धि को महत्त्वपूर्ण मानता है।

काव्य सौंदर्य

(i) कवि यहाँ कलंक रहित जीवन जीने की प्रेरणा दे रहा है।

(ii) खड़ी बोली की रचना में प्रसंगानुसार तत्सम शब्दों का प्रयोग किया गया है।

(iii) 'बड़े-बड़े' में पुनरुक्तिप्रकाश अलंकार है।

(iv) 'अनंत अंतरिक्ष' और 'अमर्त्य अंक' में अनुप्रास अलंकार है।

(v) संपूर्ण काव्यांश में तुकांत पद है।

(vi) उद्बोधन शैली के साथ ही सामासिक शब्दावली का प्रयोग किया गया है।

काव्यांश 7

'मनुष्य मात्र बंधु हैं' यही बड़ा विवेक है,
पुराणपुरुष स्वयंभू पिता प्रसिद्ध एक है।
फलानुसार कर्म के अवश्य बाह्य भेद हैं,
परंतु अंतरैक्य में प्रमाणभूत वेद हैं।
अनर्थ है कि बंधु ही न बंधु की व्यथा हरे,
वही मनुष्य है कि जो मनुष्य के लिए मरे।।

» शब्दार्थ

मात्र–केवल; बंधु–भाई; विवेक–भले-बुरे का ज्ञान; पुराणपुरुष–पुराणों में जिसे पुरुष की संज्ञा दी गई; स्वयंभू–परमात्मा; बाह्य–बाहरी; भेद–अंतर; अंतरैक्य–आत्मा की एकता; प्रमाणभूत–साक्षी; अनर्थ–दुर्भाग्य; व्यथा–पीड़ा, दुःख; हरे–दूर करना।

भावार्थ

प्रस्तुत पंक्तियों में राष्ट्रकवि मैथिलीशरण गुप्त ने बंधुत्व की भावना को मनुष्य की सबसे बड़ी विवेकशीलता माना है। कवि कहता है–मनुष्य के लिए सबसे बड़ा विवेक यही है कि वह संसार के सभी मनुष्यों को अपना बंधु समझे। पुराणों के अनुसार, सभी मनुष्यों का एक ही पिता है। वह स्वयंभू (परमात्मा) है। यह ठीक है कि विविध कर्मों के फलानुसार सब आपस में भिन्न हैं अर्थात् जिसने जैसे कर्म किए उसे वैसा ही जन्म मिला, परंतु आंतरिक दृष्टि से सभी एक हैं, समान हैं। स्वयं वेद इस आंतरिक एकता के साक्षी हैं। अतः संसार में यह सबसे बड़ा पाप है कि कोई व्यक्ति अपने बंधु का कष्ट न हरे। सच्चा मनुष्य वही है कि जो अन्य मनुष्यों के लिए जीता है और मरता है।

काव्य सौंदर्य

(i) कवि ने इस काव्यांश के माध्यम से मनुष्यों को मिल-जुलकर एक-दूसरे का सहयोग करने का संदेश दिया है।

(ii) सरल, सुबोध एवं सहज भाषा भावों की अभिव्यक्ति में पूरी तरह सक्षम है।

(iii) खड़ी बोली की रचना में प्रसंगानुसार तत्सम शब्दों का भी प्रयोग किया गया है।

(iv) 'मनुष्य मात्र', 'पुराणपुरुष', 'पिता प्रसिद्ध' में अनुप्रास अलंकार है।

(v) संपूर्ण काव्यांश में तुकांत पद का प्रयोग सहज रूप में हुआ है।

(vi) वीर रस की अभिव्यक्ति हुई है।

काव्यांश 8

चलो अभीष्ट मार्ग में सहर्ष खेलते हुए,
विपत्ति, विघ्न जो पड़ें उन्हें ढकेलते हुए।
घटे न हेलमेल हाँ, बढ़े न भिन्नता कभी,
अतर्क एक पंथ में सतर्क पंथ हों सभी।
तभी समर्थ भाव है कि तारता हुआ तरे,
वही मनुष्य है कि जो मनुष्य के लिए मरे।।

» शब्दार्थ

अभीष्ट–इच्छित; सहर्ष–प्रसन्नतापूर्वक; विपत्ति–कठिनाइयाँ; विघ्न–बाधाएँ; हेलमेल–मेल-जोल; भिन्नता–अलग होने का भाव; अतर्क–तर्क से परे; सतर्क पंथ–सावधान यात्री; समर्थ–शक्तिशाली; तारता–उद्धार करता हुआ।

भावार्थ

प्रस्तुत पंक्तियों के माध्यम से कवि ने संघर्षपूर्ण जीवन व्यतीत करते हुए लक्ष्य पथ की ओर आगे बढ़ते रहने की प्रेरणा दी है। कवि कहता है– हे पाठकों! तुम जीवन में जिस मार्ग पर भी चलना चाहते हो, हँसी-खुशी से चलते चलो। रास्ते में जो भी संकट आएँ, बाधाएँ आएँ, उन्हें ढकेलते हुए आगे बढ़ते जाओ, परंतु यह ध्यान रखो कि तुम्हारा आपसी मेलजोल न घटे, मित्रता और एकता का भाव कम न हो। आपस की भिन्नता में वृद्धि न हो। मनुष्य-मनुष्य में वर्ग, जाति, रंग, रूप, प्रांत देश आदि के अंतर न बढ़ें, सभी मत-पंथ और संप्रदाय सतर्क होकर उस तर्कातीत एकता को बढ़ाने में सहयोग दें। मनुष्य के लिए सबसे बड़ी सामर्थ्य यही है कि वह औरों का भी उद्धार करे तथा स्वयं भी तरे। वह जनकल्याण करते-करते तरे। सच्चा मनुष्य वही है जो औरों के काम आए।

काव्य सौंदर्य

(i) कवि ने इस काव्यांश के माध्यम से विश्वबंधुत्व की भावना उजागर की है।

(ii) सरल, सहज भाषा भावाभिव्यक्ति में पूरी तरह समर्थ है।

(iii) खड़ी बोली की रचना में तत्सम शब्दों का आवश्यकतानुसार समुचित प्रयोग हुआ है।

(iv) 'विपत्ति, विघ्न' में अनुप्रास अलंकार है।

(v) संपूर्ण काव्यांश में तुकांत पदों का प्रयोग है।

(vi) उद्बोधन शैली के साथ सामासिक शब्दावली का प्रयोग किया गया है।

पाठ्यपुस्तक (स्पर्श भाग-2) के प्रश्नोत्तर

(क) निम्नलिखित प्रश्नों के उत्तर दीजिए

1 कवि ने कैसी मृत्यु को 'सुमृत्यु' कहा है?   CBSE 2012, 11

उत्तर 'मनुष्यता' कविता के कवि ने कहा है कि जिस व्यक्ति की मृत्यु के बाद लोग उसे याद करें और उसके कार्यों को अपना आदर्श मानकर उसका अनुसरण करें, उस व्यक्ति की मृत्यु ही 'सुमृत्यु' है। कहने का आशय यह है कि जो लोग परोपकार, सेवा, बलिदान, त्याग आदि का जीवन जीते हैं, उनकी मृत्यु ही 'सुमृत्यु' कहलाती है।

2 उदार व्यक्ति की पहचान कैसे हो सकती है?

उत्तर उदारता मनुष्य का श्रेष्ठतम गुण है। ऐसे उदार लोगों की दूर-दूर तक चर्चा होती है। उनका यशोगान साहित्य एवं इतिहास में वर्णित होता है। धरती उदार लोगों की ऋणी होती है। ऐसे उदार मनुष्यों की सजीव कीर्ति असीम विश्व की प्रवृत्ति को प्रभावित करती है। उदार मनुष्य को संसार श्रद्धा की दृष्टि से देखता है। ऐसा मनुष्य ही सच्चे अर्थों में मनुष्य होता है, जिसमें प्राणी मात्र के लिए उदारता का भाव होता है।

3 कवि ने दधीचि, कर्ण आदि महान् व्यक्तियों का उदाहरण देकर 'मनुष्यता' के लिए क्या संदेश दिया है?   CBSE 2018, 11

अथवा 'मनुष्यता' कविता में कवि ने उदार व्यक्ति की क्या पहचान बताई है?   CBSE 2016, 09

अथवा 'मनुष्यता' कविता में कवि ने किन महान् व्यक्तियों के उदाहरणों से मनुष्यता के लिए क्या संदेश दिए हैं? किन्हीं तीन का उल्लेख कीजिए।   CBSE 2014

उत्तर कवि ने परोपकार, दया तथा उदारता जैसे गुणों के संदर्भ में दधीचि, कर्ण इत्यादि महान् व्यक्तियों की चर्चा कविता में की है। दधीचि ने देवताओं की रक्षा के लिए अपनी हड्डियों को दान कर दिया, जिससे इंद्र के अस्त्र वज्र का निर्माण हुआ तथा असुरों की पराजय हुई। दधीचि का परोपकार मनुष्यता के इतिहास में प्रशंसित है। दानवीर कर्ण ने अपने वचन को पूरा करने के लिए, अपने शरीर-चर्म के रूप में विद्यमान कवच-कुंडल का दान कर दिया। राजा शिवि ने पक्षी के प्राणों की रक्षा हेतु अपने शरीर का माँस काटकर दे दिया। रंतिदेव ने भूखे अतिथियों के लिए अपने हिस्से का भोजन उन्हें ग्रहण करने हेतु दे दिया। इस प्रकार कहा जा सकता है कि ये उदाहरण हमें त्याग बलिदान व परोपकार का संदेश देते हैं।

4 कवि ने किन पंक्तियों में यह व्यक्त किया है कि हमें गर्व-रहित जीवन व्यतीत करना चाहिए?

अथवा मैथिलीशरण गुप्त ने गर्व-रहित जीवन बिताने के लिए क्या तर्क दिए हैं?   CBSE 2015

उत्तर ''रहो न भूल के कभी मदांध तुच्छ वित्त में, सनाथ जान आपको करो न गर्व चित्त में।''
प्रस्तुत पंक्तियों के माध्यम से कवि ने हमें गर्व-रहित जीवन व्यतीत करने की सलाह दी है। हमें तुच्छ धन-संपत्ति पर अहंकार कर मनुष्यता की प्रवृत्तियों की अवहेलना नहीं करनी चाहिए। अपनी मदांधता में स्वयं को वर्चस्वशाली तथा अन्य लोगों को अनाथ समझने की भूल कदापि नहीं करनी चाहिए। मनुष्य-मनुष्य को समान समझते हुए, सृष्टि की एकता को समझना ज़रूरी है। कवि का मानना है कि दयालु ईश्वर ही सृष्टिकर्ता है और वह किसी को अनाथ नहीं रहने देता, क्योंकि उसकी विशाल भुजाएँ हमेशा सहायता के लिए उठी रहती हैं।

5 ''मनुष्य मात्र बंधु हैं'' से आप क्या समझते हैं? 'मनुष्यता' कविता के आधार पर लिखिए।   CBSE 2013, 12, 11

उत्तर 'मनुष्यता' कविता में प्रयुक्त काव्य-पंक्ति 'मनुष्य मात्र बंधु हैं' से कवि का अभिप्राय यह है कि सभी मानव एक ही परमपिता की संतानें हैं। सभी का एक ही पिता होने के कारण सभी आपस में एक-दूसरे के भाई हैं, बंधु हैं। कवि के कहने का आशय यह है कि सभी मनुष्यों को आपसी भेदभाव भूलकर भाईचारे के साथ रहना चाहिए।

6 कवि ने सबको एक होकर चलने की प्रेरणा क्यों दी है?

अथवा 'मनुष्यता' कविता में कवि ने सबको एक होकर चलने की प्रेरणा क्यों दी है?   CBSE 2017

अथवा 'मनुष्यता' कविता में कवि ने सबको एक साथ होकर चलने की प्रेरणा क्यों दी है? इससे समाज को क्या लाभ हो सकता है? स्पष्ट कीजिए।   CBSE 2019

उत्तर कवि समाज में एकता, बंधुत्व और मेल-जोल की प्रक्रिया को मज़बूत बनाने के लिए सबको एक होकर चलने की प्रेरणा देता है। आपस में भिन्नता नहीं बढ़नी चाहिए। सबके एक होकर चलने से जीवन आसान हो जाता है। बैर-भाव समाप्त हो जाते हैं तथा सबके कार्य सहजता से सिद्ध होते हैं। एकता में बल होता है। एक साथ चलने से मार्ग की विपत्तियाँ तथा विघ्न-बाधाएँ दूर हो जाती हैं।

7 **व्यक्ति को किस प्रकार का जीवन व्यतीत करना चाहिए? इस कविता के आधार पर लिखिए।** **CBSE 2011**

उत्तर मनुष्य को परोपकारी होना चाहिए। उसे अपने या अपनों के हित-चिंतन से अधिक दूसरों के हित-चिंतन में संलग्न होना चाहिए। केवल अपने बारे में सोचना पशु-प्रवृत्ति है। पशु जब चरागाह में होता है, तो केवल अपने चरने की चिंता करता है। मनुष्यों को एक-दूसरे के बारे में भी सोचना चाहिए, यही मनुष्यता है।

उदारता, सहानुभूति तथा बंधुत्व 'मानवता' (मनुष्यता) के प्रमुख गुण हैं। परोपकारी तथा उदार मनुष्य को दुनिया सदा याद रखती है।

8 **'मनुष्यता' कविता के माध्यम से कवि क्या संदेश देना चाहता है?** **CBSE 2012, 08**

अथवा **'मनुष्यता' कविता के द्वारा कवि ने क्या प्रतिपादित करना चाहा है? विस्तार से स्पष्ट कीजिए।** **CBSE 2020**

उत्तर 'मनुष्यता' कविता के माध्यम से राष्ट्रकवि मैथिलीशरण गुप्त मनुष्य मात्र के बंधुत्व को परिभाषित करते हुए, हमें मनुष्यता से आवृत्त गुणों के मार्ग पर चलने की सलाह देते हैं। उनके अनुसार, जीना या मरना उसी मनुष्य का सार्थक है, जो दूसरों के लिए जीता या मरता है। परोपकार, दयालुता तथा उदारता के गुण जीवन को सार्थक बनाने में सक्षम हैं। दूसरों का हित-चिंतन भी अपने और अपनों के हित-चिंतन की तरह ही महत्त्वपूर्ण होना चाहिए। केवल अपने लिए जीना पशु प्रवृत्ति है, जबकि दूसरों के लिए जीना ही 'मनुष्यता' है।

(ख) *निम्नलिखित का भाव स्पष्ट कीजिए*

1 **"सहानुभूति चाहिए, महाविभूति है यही;**
वशीकृता सदैव है बनी हुई स्वयं मही।
विरुद्धवाद बुद्ध का दया-प्रवाह में बहा,
विनीत लोकवर्ग क्या न सामने झुका रहा?"

उत्तर राष्ट्रकवि मैथिलीशरण गुप्त कविता की इन पंक्तियों में 'सहानुभूति' और 'परोपकार' अर्थात् करुणा की भावना को मनुष्यता का उदात्त गुण मानते हैं। इसे कवि ने 'महाविभूति' की संज्ञा दी है। कवि का मानना है कि सहानुभूति श्रेष्ठ गुण है। दूसरों के दुःख को अपने दुःख के रूप में देखने की प्रवृत्ति ही मनुष्य की संचित पूँजी है।

ऐसे ही लोगों की पृथ्वी दासी है अर्थात् पृथ्वी पर ऐसे लोगों को ही पूज्य माना जाता है। कवि बुद्ध की दया-भावना को महत्त्व देते हैं। उनके अनुसार, बुद्ध के दया भाव और अहिंसा के उपदेश ने विरोध के स्वर को धूमिल कर दिया। जो लोग बुद्ध के धुर-विरोधी थे, वे भी उनकी महानता के सामने स्वयं ही झुक गए।

2 **"रहो न भूल के कभी मदांध तुच्छ वित्त में,**
सनाथ जान आपको करो न गर्व चित्त में
अनाथ कौन है यहाँ? त्रिलोकनाथ साथ हैं,
दयालु दीनबंधु के बड़े विशाल हाथ हैं।"

उत्तर कवि इन काव्य-पंक्तियों द्वारा हमें धन के उन्माद में अहंकारी होने से रोकना चाहता है। कवि कहता है कि धन के घमंड में व्यक्ति को अंधा नहीं होना चाहिए। इसमें अपने को प्रभावशाली मानकर गर्व नहीं करने की सलाह कवि ने दी है। कवि मानता है कि यहाँ अनाथ कोई नहीं है। तीनों लोकों का संचालक ईश्वर सबकी रक्षा तथा सहायता करता है। दयालु ईश्वर दीनबंधु है। उसके विशाल हाथ हमेशा वंचितों की सहायता के लिए उठते हैं।

3. **"चलो अभीष्ट मार्ग में सहर्ष खेलते हुए,**
विपत्ति, विघ्न जो पड़े उन्हें ढकेलते हुए।
घटे न हेलमेल हाँ, बढ़े न भिन्नता कभी;
अतर्क एक पंथ में सतर्क पंथ हों सभी।"

उत्तर कवि ने इन पंक्तियों में हमें संघर्ष के साथ अपने लक्ष्य की ओर बढ़ने की प्रेरणा दी है। कवि का कहना है कि विपत्ति तथा विघ्न-बाधाओं को रास्ते से दूर करते हुए एकता और समग्रता की प्रवृत्तियों के साथ हमें अपनी लक्ष्य प्राप्ति की ओर अग्रसर रहना चाहिए।

बिना किसी आशंका के सावधानीपूर्वक मनुष्य को अपने उद्देश्य की प्राप्ति के लिए आगे बढ़ना होगा। इस प्रक्रिया में अन्य लोगों का सहायक बनना भी मनुष्य का महत्त्वपूर्ण विवेक हो सकता है। सबसे बेहतर यह है कि सभी मनुष्य एक-दूसरे को लक्ष्य तक पहुँचाने का माध्यम बन सकें।

योग्यता विस्तार

1 **अपने अध्यापक की सहायता से रंतिदेव, दधीचि, कर्ण आदि पौराणिक पात्रों के विषय में जानकारी प्राप्त कीजिए।**

उत्तर अध्यापक की सहायता से छात्रों द्वारा स्वयं किया जाने वाला क्रियाकलाप।

2 **'परोपकार' विषय पर आधारित दो कविताओं और दो दोहों का संकलन कीजिए, उन्हें कक्षा में सुनाइए।**

उत्तर पुस्तकों तथा अध्यापक की सहायता से छात्र स्वयं करें।

परियोजना कार्य

1 **अयोध्यासिंह उपाध्याय 'हरिऔध' की कविता 'कर्मवीर' तथा अन्य कविताओं को पढ़िए तथा कक्षा में सुनाइए।**

उत्तर पुस्तकों तथा अध्यापकों की सहायता से विद्यार्थियों द्वारा कक्षा में किया जाने वाला क्रियाकलाप।

2 **भवानी प्रसाद मिश्र की 'प्राणी वही प्राणी है' कविता पढ़िए तथा दोनों कविताओं के भावों में व्यक्त हुई समानता को लिखिए।**

उत्तर यह प्रश्न परीक्षोपयोगी नहीं है तथा विद्यार्थी पुस्तकालय से पुस्तक लेकर अथवा इंटरनेट के माध्यम से 'प्राणी वही प्राणी है' कविता पढ़कर अपने अध्यापक से उसका भावार्थ समझें तथा दोनों कविताओं के भावों में व्यक्त समानताओं को लिखें।

परीक्षा अभ्यास

काव्यांश पर आधारित बहुविकल्पात्मक प्रश्न

• *निम्नलिखित पद्यांश को ध्यानपूर्वक पढ़कर पूछे गए प्रश्नों के सही विकल्प चुनिए।*

1. 'मनुष्य मात्र बंधु है' यही बड़ा विवेक है,
पुराणपुरुष स्वयंभू पिता प्रसिद्ध एक है।
फलानुसार कर्म के अवश्य बाह्य भेद हैं,
परंतु अंतरैक्य में प्रमाणभूत वेद हैं।
अनर्थ है कि बंधु ही न बंधु की व्यथा हरे,
वही मनुष्य है कि जो मनुष्य के लिए मरे।।

(क) प्रस्तुत पद्यांश के माध्यम से कवि ने क्या संदेश दिया है?
(i) जीवन जीने का
(ii) मृत्यु से न घबराने का
(iii) एक-दूसरे का सहयोग करने का
(iv) निर्धन की सहायता करने का
उत्तर (iii) एक-दूसरे का सहयोग करने का

(ख) पद्यांश के अनुसार, सबसे बड़ा अनर्थ क्या है?
(i) माता-पिता की सेवा न करना
(ii) मनुष्य द्वारा दूसरे मनुष्य का दुःख दूर न किया जाना
(iii) भाई-भाई में सहानुभूति का अभाव
(iv) भाई का भाई से लगाव
उत्तर (ii) मनुष्य द्वारा दूसरे मनुष्य का दुःख दूर न किया जाना

(ग) पद्यांश के आधार पर बताइए कि सबसे बड़ा विवेक किसे माना गया है?
(i) परमात्मा के साक्षात् दर्शन करना
(ii) ईश्वर के अस्तित्व को जानना
(iii) संसार के रहस्य का ज्ञान होना
(iv) मनुष्य मात्र को भाई समझना
उत्तर (iv) मनुष्य मात्र को भाई समझना

(घ) कर्म भिन्नता के कारण मनुष्य में कौन-सा अंतर दिखाई देता है?
(i) मात्र बाहरी अंतर
(ii) मानव का विभिन्न देशों के कारण अंतर
(iii) समानता का भाव
(iv) विभिन्नता की स्थिति
उत्तर (i) मात्र बाहरी अंतर

(ङ) प्रस्तुत पद्यांश किस कवि द्वारा रचित है?
(i) मैथिलीशरण गुप्त
(ii) सुमित्रानंदन पंत
(iii) कैफी आज़म
(iv) रैदास
उत्तर (i) मैथिलीशरण गुप्त

2. विचार लो कि मर्त्य हो न मृत्यु से डरो कभी,
मरो, परंतु यों मरो कि याद जो करें सभी।
हुई न यों सुमृत्यु तो वृथा मरे, वृथा जिए,
मरा नहीं वही कि जो जिया न आपके लिए।
वही पशु-प्रवृत्ति है कि आप आप ही चरे,
वही मनुष्य है कि जो मनुष्य के लिए मरे।।

(क) कवि के अनुसार, मृत्यु की सार्थकता किसमें है?
(i) देशहित में
(ii) यश-कीर्ति में
(iii) सबके याद करने में
(iv) बलिवेदी पर चढ़ने में
उत्तर (iii) सबके याद करने में

(ख) किस प्रकार के मनुष्य का जीवन पशु के समान होता है?
(i) जो अपने जीवन में परोपकार करते हैं
(ii) जो मृत्यु का वरण करते हैं
(iii) जो अपने जीवन को लोक मंगलकारी कार्य में नहीं लगाते हैं
(iv) जो मृत्यु आने तक दुःखी रहते हैं
उत्तर (iii) जो अपने जीवन को लोक मंगलकारी कार्य में नहीं लगाते हैं

(ग) कवि के अनुसार, वास्तव में मनुष्य कहलाने का अधिकारी कौन होता है?
(i) जो स्वयं के जीवन को सुखमयी बनाता है
(ii) जो दूसरों की हितपूर्ति के लिए अपना जीवन जीता है
(iii) जो मृत्यु से भयभीत नहीं रहता है
(iv) जो हमारी याद में आँसू बहाता है
उत्तर (ii) जो दूसरों की हितपूर्ति के लिए अपना जीवन जीता है

(घ) काव्यांश में सुमृत्यु किसे कहा गया है?
(i) अपने कर्त्तव्यों का पालन करते हुए मिली मृत्यु को
(ii) परोपकार के लिए जीने वाले की मृत्यु को
(iii) स्वार्थ पूर्ति के लिए जीने वाले की मृत्यु को
(iv) स्वर्ग की चाह करने वाले की मृत्यु को
उत्तर (ii) परोपकार के लिए जीने वाले की मृत्यु को

(ङ) 'वृथा' शब्द का अर्थ है?
(i) बेकार
(ii) अनेक
(iii) कथा
(iv) दूसरा

उत्तर (i) बेकार

3. अनंत अंतरिक्ष में अनंत देव हैं खड़े,
समक्ष ही स्वबाहु जो बढ़ा रहे बड़े-बड़े।
परस्परावलंब से उठो तथा बढ़ो सभी,
अभी अमर्त्य-अंक में अपंक हो चढ़ो सभी।
रहो न यों कि एक से न काम और का सरे,
वही मनुष्य है कि जो मनुष्य के लिए मरे।।

(क) 'परस्परावलंब' से क्या अभिप्राय है?
(i) एक-दूसरे का सहयोग लेना
(ii) एक-दूसरे से शत्रुता करना
(iii) एक-दूसरे से छल-कपट करना
(iv) दूसरे से स्वार्थ सिद्ध करना

उत्तर (iii) एक-दूसरे से छल-कपट करना

(ख) अंतरिक्ष में खड़े देव अपनी बाहु को क्यों बढ़ा रहे हैं?
(i) समृद्धि के लिए (ii) स्वस्थता के लिए
(iii) मार्गदर्शन के लिए (iv) मदद के लिए

उत्तर (iii) मार्गदर्शन के लिए

(ग) कवि मनुष्य को किस प्रकार रहने की सलाह देता है?
(i) हिंसा की भावना से
(ii) प्रतिशोध की भावना से
(iii) सहयोग की भावना से
(iv) पराधीनता की भावना से

उत्तर (iii) सहयोग की भावना से

(घ) प्रस्तुत पद्यांश के माध्यम से कवि ने क्या संदेश देना चाहा है?
(i) जीवन की सार्थकता स्वार्थ सिद्धि में है
(ii) जीवन की सार्थकता देवों के व्यवहार में है
(iii) जीवन की सार्थकता कुटिल व्यवहार में है
(iv) जीवन की सार्थकता परोपकार में है

उत्तर (iv) जीवन की सार्थकता परोपकार में है

(ङ) प्रस्तुत पद्यांश किस कवि द्वारा रचित है?
(i) मैथिलीशरण गुप्त
(ii) सुमित्रानंदन पंत
(iii) कैफी आज़म
(iv) रैदास

उत्तर (i) मैथिलीशरण गुप्त

4. रहो न भूल के कभी मदांध तुच्छ वित्त में,
सनाथ जान आपको करो न गर्व चित्त में।
अनाथ कौन है यहाँ? त्रिलोकनाथ साथ हैं,
दयालु दीनबंधु के बड़े विशाल हाथ हैं।
अतीव भाग्यहीन है अधीर भाव जो करें,
वही मनुष्य है कि जो मनुष्य के लिए मरे।।

(क) प्रस्तुत पद्यांश में कवि ने क्या प्रेरणा दी है?
(i) ईश्वर का स्मरण करने की
(ii) धन के उन्माद में अहंकारी न होने की
(iii) संघर्षों से न घबराने की
(iv) अन्याय के विरुद्ध आवाज उठाने की

उत्तर (ii) धन के उन्माद में अहंकारी न होने की

(ख) पद्यांश के अनुसार हमें किस बात पर गर्व नहीं करना चाहिए?
(i) हम धनी हैं
(ii) हम सनाथ हैं
(iii) हम अपने आप में पूर्ण हैं
(iv) हम उन्नति के लिए समक्ष हैं

उत्तर (ii) हम सनाथ हैं

(ग) कवि ने अति भाग्यहीन किसे कहा है?
(i) जो डरता रहता है
(ii) जो मदांध है
(iii) जो धैर्य नहीं रखता
(iv) जो उच्चता का भाव रखता है

उत्तर (iii) जो धैर्य नहीं रखता

(घ) पद्यांश के आधार पर बताइए कि यहाँ कोई अनाथ क्यों नहीं है?
(i) क्योंकि समाज सबका ध्यान रखता है
(ii) क्योंकि सबको परिवार का सहारा है
(iii) क्योंकि ईश्वर सबके साथ है
(iv) क्योंकि हमें अपने परिश्रम पर विश्वास है

उत्तर (iii) क्योंकि ईश्वर सबके साथ है

(ङ) 'मदांध' से क्या अभिप्राय है?
(i) मद से अंधा
(ii) गर्व से अंधा
(iii) अंधों का राजा
(iv) अंधा

उत्तर (ii) गर्व से अंधा

5. चलो अभीष्ट मार्ग में सहर्ष खेलते हुए,
विपत्ति, विघ्न जो पड़ें, उन्हें ढकेलते हुए।
घटे न हेलमेल हाँ, बढ़े न भिन्नता कभी,
अतर्क एक पंथ के सतर्क पंथ हों सभी।
तभी समर्थ भाव है कि तारता हुआ तरे,
वही मनुष्य है कि जो मनुष्य के लिए मरे।।

(क) प्रस्तुत पद्यांश में कवि ने क्या प्रेरणा दी है?
(i) संघर्षों से मुख मोड़ने की
(ii) संघर्षपूर्ण जीवन व्यतीत न करने की
(iii) लक्ष्य पथ की ओर आगे बढ़ते रहने की
(iv) भेदभाव सहन करने की

उत्तर (iii) लक्ष्य पथ की ओर आगे बढ़ते रहने का

(ख) जीवन में विघ्न बाधा आने पर क्या करना चाहिए?
(i) ईश्वर का स्मरण करना चाहिए
(ii) सहर्ष खेलना चाहिए
(iii) बाधा को दूर करना चाहिए
(iv) डटकर मुकाबला करना चाहिए

उत्तर (iv) डटकर मुकाबला करना चाहिए

(ग) कवि परस्पर मेलजोल बढ़ाने का परामर्श क्यों देता है?
(i) प्रेम से रहने के लिए
(ii) समर्थ भाव बढ़ाने के लिए
(iii) भेदभाव न बढ़ाने के लिए
(iv) एक ही मार्ग पर आगे बढ़ने के लिए

उत्तर (iii) भेदभाव न बढ़ाने के लिए

(घ) पद्यांश के अनुसार अभीष्ट मार्ग से क्या अभिप्राय है?
(i) अपनी इच्छा का मार्ग
(ii) पूर्वजों द्वारा अपनाया गया मार्ग
(iii) रुचि-योग्यता के अनुसार मार्ग
(iv) दूसरों द्वारा बताया गया मार्ग

उत्तर (i) अपनी इच्छा का मार्ग

(ङ) प्रस्तुत पद्यांश किस कवि द्वारा रचित है?
(i) मैथिलीशरण गुप्त (ii) सुमित्रानंदन पंत
(iii) कैफी आज़म (iv) रैदास

उत्तर (i) मैथिलीशरण गुप्त

कविता पर आधारित बहुविकल्पीय प्रश्न

1. कवि मैथिलीशरण गुप्त जी के अनुसार मनुष्य को किस बात का ज्ञान होना चाहिए?
(i) मनुष्य अमर है (ii) मनुष्य मरणशील है
(iii) मनुष्य पशु-प्रवृत्ति है (iv) मनुष्य उदारशील है

उत्तर (ii) मनुष्य मरणशील है

2. कवि का 'सुमृत्यु' शब्द से क्या तात्पर्य है?
(i) मनुष्य का मरणशील होना
(ii) मनुष्यता के लिए जीना
(iii) मृत्युपर्यंत भी याद किया जाना
(iv) साधारण मुत्यु को प्राप्त करना

उत्तर (iii) मृत्युपर्यंत भी याद किया जाना

3. कवि के अनुसार किस तरह का जीवन जीना व्यर्थ है?
(i) सिर्फ स्वयं के लिए ही जीना
(ii) मनुष्यता के लिए जीना
(iii) व्यर्थ ही जीवन जीना
(iv) उपरोक्त सभी

उत्तर (i) सिर्फ स्वयं के लिए ही जीना

4. कवि के अनुसार कौन व्यक्ति पशु-प्रवृत्ति का होता है?
(i) स्वयं के लाभ का कार्य करने वाला
(ii) दूसरों की कोई सहायता न करने वाला
(iii) स्वयं के विषय में ही सोचने वाला
(iv) उपरोक्त सभी

उत्तर (iv) उपरोक्त सभी

5. कवि के अनुसार किस प्रकार के मनुष्य का बखान सरस्वती करती है?
(i) पशु-प्रवृत्ति मनुष्य का (ii) उदारशील मनुष्य का
(iii) स्वार्थी मनुष्य का (iii) ये सभी

उत्तर (ii) उदारशील मनुष्य का

6. उदार व्यक्ति की कथा का बखान सरस्वती किस प्रकार करती है?
(i) उदार व्यक्तियों की उदारशीलता को पुस्तकों तथा इतिहास में स्थान देकर
(ii) उदार व्यक्तियों का आभार मानकर
(iii) उदार व्यक्तियों की पूजा करके
(iv) उपरोक्त में से कोई नहीं

उत्तर (i) उदार व्यक्तियों की उदारशीलता को पुस्तकों तथा इतिहास में स्थान देकर

7. 'उसी उदार से धरा कृतार्थ भाव मानती' पंक्ति का क्या अर्थ है?
(i) उदारशील व्यक्ति का समस्त लोग आभार मानते हैं
(ii) उदार व्यक्ति का सभी विरोध करते हैं
(iii) मनुष्य वही है जो मनुष्य के लिए मरे
(iv) उदार व्यक्ति को सभी मनुष्य पूजते हैं

उत्तर (i) उदारशील व्यक्ति का समस्त लोग आभार मानते हैं

8. किस प्रकार के व्यक्ति की कीर्ति का गुणगान सारे संसार में होता है?
(i) कृतघ्न व्यक्ति का (ii) स्वार्थी व्यक्ति का
(iii) उदारशील व्यक्ति का (iv) उपरोक्त में से कोई नहीं

उत्तर (iii) उदारशील व्यक्ति का

9. समस्त सृष्टि किस प्रकार के व्यक्ति की पूजा करती है?
(i) जो व्यक्ति किसी की सहायता नहीं करता
(ii) जो व्यक्ति विश्व में एकता और अखंडता को फैलाता है
(iii) जो व्यक्ति यह जानता है कि वह मरणशील है
(iv) उपरोक्त में से कोई नहीं

उत्तर (ii) जो व्यक्ति विश्व में एकता और अखंडता को फैलाता है

10. कवि ने किसका उदाहरण दान करने के संदर्भ दिया है?
(i) रंतिदेव (ii) दधीचि
(iii) कर्ण (iv) ये सभी

उत्तर (iv) ये सभी

11. अपने भोजन के थाल का दान किस राजा ने किया था?
(i) दधीचि (ii) कर्ण
(iii) रंति देव (iv) उशीनर

उत्तर (iii) रंति देव

12. देवताओं की रक्षा के लिए दधीचि ने क्या किया था?
(i) अपने भोजन का दान (ii) अपनी हड्डियों का दान
(iii) स्वमांस का दान (iv) अपने पुत्र का दान

उत्तर (ii) अपनी हड्डियों का दान

13. राजा उशीनर की प्रसिद्धि का क्या कारण है?
(i) मनुष्यों की सहायता के लिए
(ii) स्वमांस का दान करने के लिए
(iii) सिंह को मारने के लिए
(iv) उदारता के कारण

उत्तर (ii) स्वमांस का दान करने के लिए

14. वीर कर्ण किस कारण से प्रसिद्ध हैं?
(i) अपनी मनुष्यता के लिए
(ii) अपनी दानवीरता के लिए
(iii) अपने पराक्रम के लिए
(iv) इनमें से कोई नहीं

उत्तर (ii) अपनी दानवीरता के लिए

15. वीर कर्ण ने अपनी किस वस्तु का दान किया था?
(i) हड्डियों का
(ii) भोजन का
(iii) स्वमांस का
(iv) शारीरिक कवच-कुंडलों का

उत्तर (iv) शारीरिक कवच-कुंडलों का

विषय-वस्तु का ज्ञान, बोध अभिव्यक्ति पर आधारित प्रश्न

1 पृथ्वी स्वयं को धन्य कब मानती है?

उत्तर इस संसार में जो व्यक्ति उदारतापूर्वक मानव सेवा में संलग्न रहते हैं और दूसरों के सुख के लिए अपना तन-मन-धन सब न्योछावर कर देते हैं, ऐसे उदार पुरुषों को पाकर धरती भी स्वयं को धन्य मानती है। सम्पूर्ण विश्व के उदार मनुष्यों का यशोगान किया जाता है। उदारवादी मनुष्य बिना किसी भेद-भाव के सम्पूर्ण पृथ्वीवासियों के साथ परस्पर आत्मीयता एवं सद्भावना को बनाए रखते हैं। ऐसे मनुष्यों के प्रति धरती पूर्णतः कृतज्ञ रहती है।

2 कवि मैथिलीशरण गुप्त के अनुसार, मनुष्य कब अहंकारी हो जाता है और क्यों? **CBSE 2019**

उत्तर कवि मैथिलीशरण गुप्त का मानना है कि मनुष्य धन-संपत्ति आने पर अहंकारी हो जाता है, क्योंकि वह इस तुच्छ धन-संपत्ति की प्राप्ति होने पर स्वयं को बड़ा महत्त्वपूर्ण समझने लगता है। उसे अपनी संपत्ति का अभिमान हो जाता है। वह संपत्तिविहीन लोगों को तुच्छ एवं व्यर्थ समझने लगता है। धन के बल पर स्वयं को सुरक्षित अनुभव करके वह व्यर्थ घमण्ड करने लगता है तथा धन-सम्पत्ति को ही अपना सर्वस्व मानने लगता है। वह यह भूल जाता है कि सम्पूर्ण विश्व के मनुष्यों की रक्षा करने वाला ईश्वर ही सर्वशक्तिमान है तथा वही सबका नाथ अथवा स्वामी है।

3 'मनुष्यता' कविता में 'अभीष्ट मार्ग' किसे कहा गया है और क्यों? **CBSE 2012**

उत्तर 'मनुष्यता' कविता में अभीष्ट मार्ग ऐसे मार्ग को कहा गया है, जिसके माध्यम से सभी व्यक्तियों की इच्छाओं को पूरा किया जा सके, जिससे समस्त समाज का कल्याण हो, उसका लाभ हो क्योंकि ऐसे मार्ग पर चलते हुए मनुष्य किसी भी संकट एवं बाधाओं को पार करता हुआ, निन्तर निर्धारित लक्ष्य की ओर बढ़ता रहता है। इस मार्ग पर चलने वाला व्यक्ति मित्रता और एकता का भाव बनाए रखते हुए जनकल्याण हित कार्य करता रहता है।

4 कवि ने मनुष्य को मृत्यु से भयभीत न होने की प्रेरणा क्यों दी है? कौन-से व्यक्ति मरकर भी अमर हो जाते हैं?

उत्तर कवि के अनुसार, मानव जीवन क्षणभंगुर है। जिसका जन्म हुआ है, उसकी मृत्यु अवश्यंभावी है। इसलिए जब मृत्यु ही अंतिम सत्य है और प्रत्येक प्राणी को मृत्यु का वरण करना ही है, तो मनुष्य को मृत्यु का सामना करने से भयभीत नहीं होना चाहिए। इस संसार में वही व्यक्ति मरकर अमर हो जाता है, जो अपना संपूर्ण जीवन मानव हितार्थ समर्पित कर देता है। जिनका जीवन लोक सेवा के लिए ही होता है, वे व्यक्ति ही अपने महान् कार्यों से संसार में अमर हैं।

5 मनुष्य को किस प्रकार का सामाजिक जीवन जीना चाहिए?

उत्तर मनुष्य एक सामाजिक प्राणी है। समाज के बिना उसके अस्तित्व की कल्पना करना भी असंभव है।

दैनिक जीवन में मनुष्यों में परस्पर आदान-प्रदान, संवाद व सहभागिता हमेशा चलती रहती है। इसलिए मनुष्य जीवन में उदारता, सहयोग, भाईचारा व प्रेम का अत्यंत महत्त्व है। हमें सबका सहयोग करना चाहिए। ज़रूरतमंदों की मदद करनी चाहिए। अपनी समृद्धि व संपन्नता पर घमंड नहीं करना चाहिए। सबके साथ चलने से ही सबका कल्याण होता है। मानव सेवा को ही जीवन का उद्देश्य मानना चाहिए।

6 जो व्यक्ति शुभ कर्म करते हैं, उन्हें उनके महान् कार्यों का प्रतिदान कैसे मिलता है?

उत्तर जो व्यक्ति शुभ कर्म करते हैं, उनका अंतरिक्ष में विराजमान देवता भी अभिषेक करने व स्वागत करने को तत्पर रहते हैं। मानव सेवा करने वाले सच्चे व पवित्र मन वाले व्यक्तियों को देवताओं की गोद में स्थान प्राप्त होता है अर्थात् वह अपने सद्कार्यों व निष्काम परोपकार की भावना से ईश्वर तुल्य होकर संसार में लोगों द्वारा पूजे जाते हैं। संपूर्ण विश्व उनका यशोगान करता है और इतिहास में उनकी कीर्ति गाथाएँ लिखी जाती हैं।

7 "विरुद्धवाद बुद्ध का दया-प्रवाह में बहा" —पंक्ति से कवि का क्या आशय है?

उत्तर बुद्ध के विरुद्धवाद का अर्थ समाज में व्याप्त गलत नीतियों का विरोध करने से है। बुद्ध ने समाज में व्याप्त गलत धारणाओं का विरोध किया। उसी विरोध के दौरान लोगों ने बुद्ध का समर्थन नहीं किया, परंतु जब बुद्ध की करुणा, दया का भाव सबके समक्ष प्रस्तुत हुआ, तो लोग बुद्ध के सामने नतमस्तक हो गए।

8 'मनुष्यता' कविता के आधार पर किन्हीं तीन मानवीय गुणों के बारे में लिखिए। **CBSE 2018**

उत्तर राष्ट्रकवि मैथिलीशरण गुप्त ने 'मनुष्यता' कविता के माध्यम से हमें मानवीय गुणों पर चलने की सलाह दी है। कवि के अनुसार, जीना मरना उसी का सार्थक है, जो दूसरों के लिए जीता-मरता है। परोपकार, दयालुता तथा उदारता; ये तीन मानवीय गुण ऐसे हैं, जो मानव जीवन को सार्थक बनाने में सक्षम हैं। केवल अपने लिए जीना पशु-प्रवृत्ति है, जबकि दूसरों के लिए जीना ही सच्चे अर्थों में मनुष्यता है।

9 मनुष्यता कविता का प्रतिपाद अपने शब्दों में लिखिए।

अथवा 'मनुष्यता' कविता का मूल भाव अपने शब्दों में समझाइए। **CBSE 2020**

उत्तर मनुष्यता कविता के माध्यम से राष्ट्रकवि मैथिलीशरण गुप्त मनुष्य मात्र के बंधुत्व को परिभाषित करते हुए, हमें मनुष्यता से आवृत्त गुणों के मार्ग पर चलने की सलाह देते हैं। उनके अनुसार जीना या मरना उसी मनुष्य का सार्थक है, जो दूसरों के लिए जीता या मरता है। परोपकार, दयालुता तथा उदारता के गुण जीवन को सार्थक बनाने में सक्षम हैं। दूसरों का हित-चिंतन भी अपने और अपनों के हित-चिंतन की तरह ही महत्त्वपूर्ण होना चाहिए। केवल अपने लिए जीना पशु प्रवृत्ति है, जबकि दूसरों के लिए जीना ही 'मनुष्यता' है।

10 मनुष्य और पशु में क्या अंतर है? मनुष्य कहलाने का सच्चा अधिकारी कौन है?

उत्तर सभी जीवधारी उस परमपिता परमेश्वर की संतान हैं, परंतु मनुष्य और पशु में यही अंतर है कि पशु, मात्र अपने स्वार्थ में जीवन-यापन करते हैं। वह बौद्धिक दृष्टि से भी मनुष्य के समान बुद्धिमान नहीं हैं। मनुष्य आत्मकेंद्रित नहीं होता। उसका जीवन केवल अपने निजी स्वार्थों की पूर्ति पर आधारित नहीं होता, अपितु वह संवेदनशील, भावुक व परमार्थ भाव से अपना जीवन जीता है। लोक कल्याण की भावना से जीवन जीना ही उसके जीवन का मुख्य आधार होता है। मनुष्य कहलाने का सच्चा अधिकारी वही व्यक्ति है, जिसके जीवन का हर पल दूसरों की भलाई के लिए समर्पित हो। जो व्यक्ति सदैव दूसरों का कल्याण करे, वही मनुष्य कहलाने का सच्चा अधिकारी है।

11 पृथ्वी से हमें क्या शिक्षा मिलती है? मानव सेवा के लिए सर्वस्व न्योछावर करने वाले तीन परोपकारी मनुष्यों के महान् कार्यों का उल्लेख कीजिए। **CBSE 2018**

उत्तर पृथ्वी से हमें सदैव परमार्थ व प्रेमवश दूसरों की सेवा करने की शिक्षा मिलती है। पृथ्वी से सहनशक्ति की भी प्रेरणा मिलती है। यह हमारे सभी अत्याचारों को सहन करती हुई भी हमारा कल्याण व हमारी रक्षा करती है। पौराणिक कथनों के अनुसार, जब वृत्रासुर के आतंक से हाहाकार मचा हुआ था, तब दधीचि ऋषि ने अपनी अस्थियों को इंद्र को दान कर दिया, जिससे वज्र बनाकर इंद्र ने असुरों को युद्ध में पराजित कर अपना खोया हुआ वैभव पुनः प्राप्त किया। संसार की भलाई के लिए अपने प्राणों का समर्पण करना सर्वश्रेष्ठ उदाहरण है। इसी प्रकार, कर्ण ने भी जन्म से ही अपने चर्म में स्थित कुंडल व कवच को दान दे दिया। उनके इस दान के फलस्वरूप ही पांडवों को युद्ध में विजय श्री प्राप्त हुई। महाराज रंतिदेव नामक दानी राजा ने भी भूख से व्याकुल होते हुए भी, भूख से पीड़ित एक अन्य व्यक्ति की तृप्ति के लिए अपना भोजन समर्पित कर दिया था।

12 'मनुष्यता' कविता में कवि किन-किन मानवीय गुणों का वर्णन करता है? आप इन गुणों को क्यों आवश्यक समझते हैं, तर्क सहित उत्तर लिखिए। **CBSE 2020**

उत्तर कवि ने मानवीय गुणों में बंधुत्व की भावना को मनुष्य की सबसे बड़ी विवेकशीलता माना है। मनुष्य का कर्तव्य है कि वह संसार के सभी मनुष्यों को अपना बंधु समझे और परस्पर सहयोग करते हुए एक-दूसरे के सहायक बने।

हमारे विचार से कवि द्वारा बताए गए उपर्युक्त सभी गुण अत्यंत आवश्यक हैं, क्योंकि इन्हीं गुणों को अपनाकर मनुष्य निःस्वार्थ व्यवहार करता है। इन गुणों के आधार पर ही नैतिकता का निर्माण होता है। संवेदनशीलता के विकास के लिए मनुष्य के इन गुणों का होना नितांत आवश्यक है। इन गुणों के अभाव में मनुष्य असंवेदनशील होकर अनैतिकता के गर्त में गिरता चला जाएगा। अतः वास्तविक अर्थ में मनुष्य बनने के लिए मानवीय गुणों का होना अत्यंत आवश्यक है।

13 कवि के अनुसार वेदों ने किस सत्य को उजागर किया है और अनर्थ क्या है?

उत्तर वेदों ने इस सत्य को उजागर किया है कि सबमें ईश्वरीय तत्त्व समान रूप से विद्यमान है। इस संसार का नियंता परमात्मा है। मनुष्य को अपने कर्मानुसार भिन्न-भिन्न जन्म व जीवन मिलते हैं। रंग-रूप, आकार-प्रकार में भले ही सब एक-दूसरे से अलग दिखाई दें, परंतु सब में उस परमशक्ति का वास है। यदि मनुष्य आपस में ही एक-दूसरे के कष्टों का निवारण नहीं करेंगे, तो इससे बड़ा अनर्थ कोई और हो ही नहीं सकता। हर व्यक्ति को एक-दूसरे के काम आना चाहिए। धिक्कार है ऐसे मनुष्य को, जो दूसरों की पीड़ा को दूर करने का प्रयास नहीं करते व सर्वसमर्थ होने पर भी एक-दूसरे की मदद नहीं करते। यही सबसे बड़ा अनर्थ है।

14 'सतर्क पंथ' और 'समर्थ भाव' से क्या अभिप्राय है? स्पष्ट कीजिए।

उत्तर 'सतर्क पंथ' शब्द का अर्थ 'सावधान यात्री' अर्थात् हमारा जीवन एक यात्रा है और मनुष्य उस जीवन-पथ पर चलने वाला यात्री है। यदि मनुष्य एक सावधान यात्री की तरह आगे बढ़ता है, तो उसे सदैव लक्ष्य व कर्तव्यों का बोध रहता है। रास्ते में विघ्न और बाधाएँ उसे पथभ्रष्ट नहीं कर पातीं, तब व्यक्ति 'सतर्क पंथ' शब्द को चरितार्थ करता है। 'समर्थ भाव' से अभिप्राय है—सब व्यक्तियों की यथासंभव सहायता और परोपकार। इसलिए अपनी लक्ष्य प्राप्ति के साथ-साथ मनुष्य की जीवन-शैली ऐसी होनी चाहिए, जिससे उसका भी भला हो और दूसरों का भी कल्याण अवश्य हो, तभी हम समर्थ भाव से अपनी जीवन-यात्रा को पूर्ण कर सकते हैं।

15 मनुष्य अपना जीवन किस प्रकार सार्थक कर सकता है? 'मनुष्यता' कविता के आधार पर बताइए।

उत्तर मनुष्य को मानव योनि में जन्म लेने का सौभाग्य अनेक योनियों में जन्म लेने के बाद ही प्राप्त होता है। इसलिए हमें अपने इस मानव जीवन को सार्थक बनाना चाहिए, जिससे अपनी मृत्यु के उपरांत भी हम अमर हो जाएँ और हमारे महान् कार्यों के कारण सब हमारा स्मरण करें। हमें सदैव लोक मंगलकारी, सर्वजन हितार्थ और परोपकारी कार्यों को करना चाहिए। मनुष्य को असहायों और बेसहारों का सहायक बनना चाहिए।

निराश्रितों को आश्रय प्रदान करना और पीड़ित की पीड़ा दूर करने के लिए निरंतर प्रयत्नशील रहना चाहिए। परोपकार ही मनुष्य को महान् बनाता है, इसलिए उदारता व परोपकार को अपना ध्येय बनाकर जीवन-पथ पर आगे बढ़ना चाहिए, तभी मानव जीवन सार्थक हो सकता है।

16 कविता के आधार पर 'मनुष्यता' की परिभाषा बताइए।
CBSE 2016, 15

उत्तर राष्ट्रकवि मैथिलीशरण गुप्त ने बंधुत्व की भावना को सबसे बड़ी विवेकशीलता माना है। 'मनुष्यता' कविता के अनुसार, इस संसार में कोई भी व्यक्ति पराया नहीं है। मनुष्य को मानवतावाद का पक्षधर होना चाहिए। सब मनुष्य भाई-भाई हैं; प्रत्येक मनुष्य के प्रति यही दृष्टिकोण उसकी विवेकशीलता का परिचायक है।

कवि ने सर्वधर्म समभाव की चेतना को उभारते हुए, सृष्टि को ईश्वर की संरचना माना है। मनुष्य को अपने-अपने कर्मानुसार विभिन्न जीवन व जन्म मिलते हैं।

बाह्य रूप से इस कर्मफल की विभिन्नता के दर्शन होते हैं, परंतु प्रत्येक प्राणी में उस परमपिता परमेश्वर का अंश विद्यमान है। इसीलिए जीना-मरना उसी का सार्थक है, जो दूसरों के लिए जीता-मरता है। परोपकार, दयालुता, उदारता आदि गुण जीवन को सार्थक बनाने में सक्षम हैं। दूसरों का हित चिंतन अपनों के हित चिंतन की तरह ही महत्त्वपूर्ण है।

केवल अपने लिए जीना पशु-प्रवृत्ति है, जबकि दूसरों के लिए जीना ही 'मनुष्यता' है। निःस्वार्थ भाव से जीवन में दूसरों के काम आना व स्वयं को ऊँचा उठाने के साथ-साथ दूसरों को भी ऊँचा उठाना ही वास्तविक 'मनुष्यता' है।

परीक्षा अभ्यास

स्वमूल्यांकन

काव्यांश पर आधारित बहुविकल्पात्मक प्रश्न

- *निम्नलिखित पद्यांश को ध्यानपूर्वक पढ़कर पूछे गए प्रश्नों के सही विकल्प चुनिए।*

1. 'मनुष्य मात्र बंधु है' यही बड़ा विवेक है,
पुराणपुरुष स्वयंभू पिता प्रसिद्ध एक है।
फलानुसार कर्म के अवश्य बाह्य भेद हैं,
परंतु अंतरैक्य में प्रमाणभूत वेद है।
अनर्थ है कि बंधु ही न बंधु की व्यथा हरे,
वही मनुष्य है कि जो मनुष्य के लिए मरे।।

(क) प्रस्तुत पद्यांश के कवि और कविता का क्या नाम है?
(i) सुमित्रानंदन पंत—पर्वत प्रदेश में पावस
(ii) मैथिलीशरण गुप्त—मनुष्यता
(iii) कैफी आज़मी—कर चले हम फ़िदा
(iv) मीरा—पद

उत्तर *(ii)* मैथिलीशरण गुप्त–मनुष्यता

(ख) पद्यांश के अनुसार प्रत्येक मनुष्य अपना बंधु कैसे है?
(i) एक राष्ट्र में जन्म लेने के कारण
(ii) एक प्रांत में जन्म लेने के कारण
(iii) एक जैसा भोजन खाने के कारण
(iv) एक परमेश्वर की संतान होने के कारण

उत्तर *(iv)* एक परमेश्वर की संतान होने के कारण

(ग) श्रेष्ठ मनुष्य वही होता है, जोकि
(i) अन्य मनुष्यों की सहायता करे
(ii) सिर्फ स्वयं का स्वार्थ साधे
(iii) जो मृत्यु से न डरे
(iv) उपरोक्त में से कोई नहीं

उत्तर *(i)* अन्य मनुष्यों की सहायता करे

(घ) मनुष्य-मनुष्य में बाहरी अंतर क्यों दिखाई देता है?
(i) विचारों से अलग होने के कारण
(ii) रंग-रूप में अंतर होने के कारण
(iii) कर्म के अनुसार फल भोगने के कारण
(iv) विभिन्न जातियों में जन्म लेने के कारण

उत्तर *(iii)* कर्म के अनुसार फल भोगने के कारण

(ङ) पद्यांश के माध्यम से कवि ने क्या संदेश दिया है?
(i) ईश्वर के प्रति कृतज्ञता भाव
(ii) आपसी भाई-चारे का भाव
(iii) पर के प्रति अनय का भाव
(iv) पर के प्रति अपनत्व का भाव

उत्तर *(iv)* पर के प्रति अपनत्व का भाव

2. उसी उदार की कथा सरस्वती बखानती,
उसी उदार से धरा कृतार्थ भाव मानती।
उसी उदार की सदा सजीव कीर्ति कूजती
तथा उसी उदार को समस्त सृष्टि पूजती।
अखंड आत्म भाव जो असीम विश्व में भरे,
वही मनुष्य है कि जो मनुष्य के लिए मरे।

1. कवि के अनुसार सरस्वती किसका गुणगान करती है?
(i) विद्वान जनों का
(ii) छात्रों का
(iii) उदार मनुष्य का
(iv) समाज सेवकों का

उत्तर *(iii)* उदार मनुष्य का

2. पद्यांश के आधार पर बताइए कि कवि ने उदार किसे माना है?
(i) जो दोनों हाथों से दान करता है
(ii) जो किसी पर क्रोध नहीं करता है
(iii) जो बिना किसी स्वार्थ के परोपकार करता है
(iv) जो सारे विश्व में अपनापन भर देता है

उत्तर *(iii)* जो बिना किसी स्वार्थ के परोपकार करता है

3. उदार व्यक्ति के प्रति पृथ्वी का क्या भाव रहता है?
(i) कृतघ्नता और निंदा का
(ii) सहनशीलता और क्षमा का
(iii) कृतज्ञता और आभार का
(iv) घृणा और निंदा का

उत्तर *(iii)* कृतज्ञता और आभार का

4. वैश्विक एकता और अखंडता को नई दिशा किसके माध्यम से मिलती है?
(i) वैषमय के भाव से
(ii) उदारता के भाव से
(iii) घृणा के भाव से
(iv) परनिंदा के भाव से

उत्तर *(ii)* उदारता के भाव से

5. मनुष्य को क्यों नहीं डरना चाहिए?
(i) देह के नश्वर होने के कारण
(ii) देह के अमर होने के कारण
(iii) सुमृत्यु प्राप्त होने के कारण
(iv) उपरोक्त सभी

उत्तर *(i)* देह के नश्वर होने के कारण

कविता पर आधारित बहुविकल्पीय प्रश्न

- *निम्नलिखित प्रश्नों के सही विकल्प चुनिए।*

1. सही अर्थ में मनुष्य वही होता है, जोकि
   (i) भयभीत नहीं होता है
   (ii) मनुष्य के लिए मरता है
   (iii) स्वार्थी होता है
   (iv) जीवन-मरण के चक्र को जानता है

   उत्तर (ii) मनुष्य के लिए मरता है

2. 'सहानुभूति चाहिए, महाविभूति है यही' पंक्ति में 'महाविभूति' का क्या अर्थ है?
   (i) महान् गुणरूपी पूँजी या धन
   (ii) महान् कार्य
   (iii) धनसंचयन
   (iv) उदारता

   उत्तर (i) महान् गुणरूपी पूँजी या धन

3. कवि ने कौन-सी महाविभूति बताई है?
   (i) सहानुभूति (ii) करुणा
   (iii) परोपकार (iv) ये सभी

   उत्तर (iv) ये सभी

विषय-वस्तु का ज्ञान, बोध अभिव्यक्ति पर आधारित प्रश्न

- *निम्नलिखित प्रश्नों के उत्तर दीजिए*

(i) कवि ने सहानुभूति को महाविभूति क्यों कहा है?

(ii) कविता के आधार पर बताइए कि किस प्रकार के लोग मदांध हो जाते हैं तथा क्यों?

(iii) 'मनुष्यता' कविता में कवि ने किसे उदार माना है?

(iv) 'मनुष्यता' कविता के आधार पर लिखिए कि कवि ने सबसे बड़ा विवेक किसे कहा है और क्यों?

(v) कविता के आधार पर बताइए कि 'पशु प्रवृत्ति' किसे कहा गया है?

(vi) उदार व्यक्तियों का गुणगान कौन करता है और क्यों?

(vii) "अनर्थ है कि बंधु ही न बंधु की व्यथा हरे"—पंक्ति का भाव स्पष्ट कीजिए।

(vii) नश्वर वस्तुओं के आकर्षण में आने से मनुष्य कैसे प्रभावित होता है?

(viii) 'मनुष्यता' कविता के माध्यम से कवि मनुष्य को किस मार्ग पर चलने के लिए प्रोत्साहित करता है? स्पष्ट कीजिए।

(ix) 'मनुष्यता' कविता के शीर्षक की सार्थकता पर तर्कपूर्ण रूप से विचार कीजिए।

(x) "अतर्क एक पंथ के सतर्क पंथ हों सभी।" पंक्ति का क्या तात्पर्य है?

(xi) रंतिदेव, दधीचि, उशीनर तथा कर्ण जैसे पात्र किसलिए प्रसिद्ध हो गए? उनके जीवन से हमें क्या प्रेरणा मिलती है? 'मनुष्यता' कविता के आधार पर बताइए।

अध्याय

05

पर्वत प्रदेश में पावस *(सुमित्रानंदन पंत)*

पाठ की रूपरेखा

प्रस्तुत कविता में पर्वतीय प्रदेश में वर्षा ऋतु का वर्णन किया गया है। पर्वतीय प्रदेश में वर्षा ऋतु आने पर प्रकृति क्षण-क्षण में अपना रूप बदलती रहती है। कवि ने ऐसी ही अपनी एक अनुभूति को कविता के रूप में अभिव्यक्त करते हुए तालाब और झरनों का सुंदर ढंग से चित्रण किया है। कवि ने पहाड़ों को मानवीकृत रूप में चित्रित करते हुए उनकी (पहाड़ों) चोटी पर खड़े विशाल वृक्षों का वर्णन करते हुए उनके मन की आकांक्षाओं को मूर्त रूप में अभिव्यक्त किया है।

कवि-परिचय

छायावाद के प्रमुख आधार स्तंभ सुमित्रानंदन पंत का जन्म 20 मई, 1900 को उत्तराखंड के अल्मोड़ा ज़िले के कौसानी गाँव में हुआ। इन्होंने बचपन से ही कविता लिखना आरंभ कर दिया था। स्कूल में सात वर्ष की आयु में काव्य पाठ के लिए इन्हें पुरस्कृत किया गया, किंतु स्थायी रूप से उन्होंने साहित्य सृजन वर्ष 1913 में आरंभ किया।

इनकी आरंभिक कविताओं में प्रकृति प्रेम तथा रहस्यवाद की अनुभूति दिखाई देती है। वे मार्क्स, महात्मा गांधी, अरविंद के दर्शन से प्रभावित हुए। जीवन के आरंभिक दिनों में वे उदयशंकर संस्कृति केंद्र से जुड़े और आकाशवाणी के परामर्शदाता के रूप में भी उन्होंने अपनी सेवाएँ दीं।

भारत सरकार ने वर्ष 1961 में इन्हें पद्मभूषण सम्मान से सम्मानित किया। 'कला और बूढ़ा चाँद' कविता संग्रह के लिए इन्हें वर्ष 1960 में 'साहित्य अकादमी पुरस्कार', 'चिदंबरा' काव्य संग्रह के लिए वर्ष 1969 में 'ज्ञानपीठ पुरस्कार' सहित अनेक पुरस्कारों से सम्मानित किया गया। इनकी अन्य प्रमुख कृतियों में वीणा, पल्लव, युगवाणी, ग्राम्या, स्वर्ण-किरण और लोकायतन शामिल हैं। 28 दिसंबर, 1977 को इनका देहांत हो गया।

काव्यांशों की व्याख्या

काव्यांश 1

पावस ऋतु थी, पर्वत प्रदेश,
पल-पल परिवर्तित प्रकृति-वेश।
मेखलाकार पर्वत अपार
अपने सहस्र दृग-सुमन फाड़,
अवलोक रहा है बार-बार
नीचे जल में निज महाकार,
जिसके चरणों में पला ताल
दर्पण-सा फैला है विशाल!

» शब्दार्थ

पावस—वर्षा ऋतु; पर्वत प्रदेश—पर्वतीय क्षेत्र; पहाड़ी क्षेत्र; पल-पल—हर क्षण; प्रकृति-वेश—प्रकृति का रूप; मेखलाकार—करधनी के आकार की पहाड़ की ढाल; अपार—विशाल, असीम; सहस्र—हज़ार; दृग-सुमन—पुष्प रूपी आँखें; फाड़—खोलकर अवलोक—देखना; निज—अपना; महाकार—विशाल आकार; ताल—तालाब; दर्पण—आईना, शीशा।

भावार्थ

सुमित्रानंदन पंत एक पर्वतीय क्षेत्र का वर्णन करते हुए कहते हैं कि उस समय वर्षा ऋतु का समय था तथा पर्वतीय क्षेत्र था। ऐसे समय में प्रकृति हर पल अपने रूप को परिवर्तित कर रही थी। ठीक सामने करधनी के समान विशाल पर्वत दूर-दूर तक फैले हुए थे। उस पर्वत पर खिले हुए हज़ारों फूल ऐसे लग रहे थे मानो वे पर्वत की आँखें हों और पर्वत अपनी उन असंख्य आँखों से नीचे तालाब के फैले हुए जल में अपने विशालकाय शरीर के प्रतिबिंब को देख रहा हो। वास्तव में, उसी पर्वत के पास एक विशाल तालाब भी था, जिसका जल इतना स्वच्छ और पारदर्शी था कि उसमें पर्वत का प्रतिबिंब आईने के समान दिखाई दे रहा था।

काव्य सौंदर्य

(*i*) इसमें चित्रात्मक शैली के माध्यम से प्राकृतिक सौंदर्य का जीवंत चित्रण किया गया है।

(*ii*) इसकी भाषा सहज, लेकिन सामासिक है, जिसमें संस्कृत शब्दावली का प्रयोग किया गया है।

(*iii*) 'पर्वत प्रदेश' तथा 'परिवर्तित प्रकृति' में अनुप्रास अलंकार विद्यमान है।

(*iv*) 'पल-पल' तथा 'बार-बार' में पुनरुक्तिप्रकाश अलंकार मौजूद है।

(*v*) 'दृग-सुमन' में रूपक अलंकार तथा 'दर्पण-सा फैला' में उपमा अलंकार है।

काव्यांश 2

गिरि का गौरव गाकर झर-झर
मद में नस-नस उत्तेजित कर
मोती की लड़ियों-से सुंदर
झरते हैं झाग भरे निर्झर!
गिरिवर के उर से उठ-उठ कर
उच्चाकांक्षाओं से तरुवर
हैं झाँक रहे नीरव नभ पर
अनिमेष, अटल, कुछ चिंतापर।

» शब्दार्थ

गिरि—पहाड़; गौरव—महिमा, बड़ाई; मद—मस्ती; नस-नस—रग-रग; उत्तेजित—जोश से भरे हुए; लड़ी—शृंखला, माला; झरते—गिरते; झाग—फेन; निर्झर—झरना; उर—हृदय; उच्चाकांक्षा—ऊँचा उठने की कामना; तरुवर—बड़े-बड़े पेड़; नीरव नभ—शांत आकाश; अनिमेष—एकटक देखना; चिंतापर—चिंतित, चिंता में मग्न।

भावार्थ

कवि कहता है कि पर्वतों पर बहने वाले झरनों की झर-झर की आवाज़ को सुनकर ऐसा लगता है, मानो वे पर्वतों का गुणगान कर रहे हों। उनकी आवाज़ को सुनकर नस-नस में जोश भर जाता है तथा मन उत्साह एवं उमंग से भर जाता है। पर्वतों पर बहने वाले झाग से भरे झरने झरते समय मोतियों की लड़ियों के समान सुंदर लग रहे हैं। पहाड़ों पर उगे हुए विशाल एवं ऊँचे पेड़ों के मन में ऊँची-ऊँची आकांक्षाएँ छिपी हैं। ये शांत आकाश को बिना पलक झपकाए, अटल और कुछ चिंता में डूबे हुए से झाँक रहे हैं। इन्हें देखकर ऐसा लगता है, जैसे वे आकाश के रहस्यों को जानना चाहते हों।

काव्य सौंदर्य

(*i*) भाषा प्रभावोत्पादक होने के साथ-साथ भावों की अभिव्यक्ति में पूर्णतः सक्षम है।

(*ii*) संस्कृत शब्दों का प्रयोग स्वच्छंदतापूर्वक किया गया है।

(*iii*) 'झर-झर', 'नस-नस' तथा 'उठ-उठ' में पुनरुक्तिप्रकाश अलंकार मौजूद है।

(*iv*) 'झरते झाग', 'नीरव नभ' तथा 'अनिमेष अटल' में अनुप्रास अलंकार विद्यमान है।

(*v*) 'मोतियों की लड़ियों-से सुंदर' तथा 'उच्चाकांक्षाओं से तरुवर' में उपमा अलंकार मौजूद है।

काव्यांश 3

उड़ गया, अचानक लो, भूधर
फड़का अपार पारद के पर!
रव-शेष रह गए हैं निर्झर!
है टूट पड़ा भू पर अंबर!
धँस गए धरा में सभय शाल!
उठ रहा धुआँ, जल गया ताल!
यों जलद-यान में विचर-विचर
था इंद्र खेलता इंद्रजाल।

» शब्दार्थ

भूधर—पहाड़; अपार—जिसका पार न हो, असीमित; पारद के पर—पारे के समान धवल एवं चमकीले पंखों वाला बादल; रव-शेष—केवल आवाज़ का रह जाना/चारों ओर शांत, निस्तब्ध वातावरण में केवल पानी के गिरने की आवाज़ का रह जाना; भू—धरती; धँस गए—नीचे दब गए; सभय—भय के साथ; शाल—एक वृक्ष का नाम जो पहाड़ो पर पाया जाता है; ताल—तालाब; जलद-यान—बादल रूपी विमान; विचर-विचर—घूम कर; इंद्रजाल—जादूगरी भरे कारनामें।

भावार्थ

कवि वर्षा ऋतु का वर्णन करते हुए कहता है कि ऐसा लग रहा है जैसे अचानक एक पूरा पर्वत पारे के समान अत्यधिक सफ़ेद और चमकीले पंखों को फड़फड़ाता हुआ ऊपर आकाश में उड़ रहा है। झरनों की तो केवल आवाज़ ही सुनाई दे रही है अर्थात् वही शेष रह गई है। इसके पश्चात् इन बादलों से इतनी तेज़ वर्षा हुई, जैसे आकाश धरती पर टूट पड़ा हो और उसने वर्षा रूपी बाणों से धरती पर आक्रमण कर दिया हो।

शाल के विशाल वृक्ष बादलों के झुंड में ऐसे प्रतीत हो रहे हैं, जैसे वे भयभीत होकर धरती में धँस गए हों। तालाब के जल से इस तरह धुआँ उठने लगा है मानो उसमें आग लग गई हो। इस प्रकार वर्षा के देवता इंद्र बादल रूपी विमान में घूम-घूमकर अपने जादुई करतब दिखा रहे हैं, जिसके कारण पर्वतों पर क्षण-क्षण में विचित्र और अद्‌भुत दृश्य दिखाई दे रहे हैं।

काव्य सौंदर्य

(*i*) प्राकृतिक सौंदर्य का सजीव चित्रण करने के लिए चित्रात्मक शैली का प्रयोग किया गया है।

(*ii*) जीवंत चित्रण के लिए दृश्य बिंब का प्रयोग हुआ है।

(*iii*) भाषा सहज, लेकिन संस्कृतनिष्ठ है।

(*iv*) 'अपार पारद के पर' में रूपक अलंकार तथा 'विचर-विचर' में पुनरुक्तिप्रकाश अलंकार निहित है।

पाठ्यपुस्तक (स्पर्श भाग-2) के प्रश्नोत्तर

(क) *निम्नलिखित प्रश्नों के उत्तर दीजिए*

1 **पावस ऋतु में प्रकृति में कौन-कौन-से परिवर्तन आते हैं? कविता के आधार पर स्पष्ट कीजिए।** **CBSE 2011, 10**

अथवा **प्रकृति का वेश किस प्रकार बदल रहा है? पंत की कविता के आधार पर लिखिए।** **CBSE 2015**

अथवा **वर्षा ऋतु (पावस ऋतु) में पर्वतीय प्राकृतिक सुषमा का वर्णन सुमित्रानंदन पंत की कविता के आधार पर कीजिए।** **CBSE 2019**

उत्तर *पावस ऋतु में प्रकृति में निम्नलिखित परिवर्तन आते हैं*

(*i*) पावस ऋतु में विभिन्न प्रकार के रंग-बिरंगे फूल खिल जाते हैं।

(*ii*) पावस ऋतु में सभी तालाब स्वच्छ और पारदर्शी पानी से भर जाते हैं और पर्वतों के पास के तालाबों में पर्वतों का प्रतिबिंब दिखाई देने लगता है।

(*iii*) पावस ऋतु में कई प्रकार के विशाल बादल दिखाई देने लगते हैं।

(*iv*) पावस ऋतु में शाल के वृक्ष बादलों के बीच धँसे हुए से प्रतीत होते हैं।

2 **'मेखलाकार' शब्द का क्या अर्थ है? कवि ने इस शब्द का प्रयोग यहाँ क्यों किया है?** *अथवा* **CBSE 2016, 10**

कवि पंत ने पर्वत को मेखलाकार क्यों कहा है? **CBSE 2014**

उत्तर 'मेखलाकार' शब्द का अर्थ है—कमरबंद अथवा करधनी के आकार वाला, गोल-गोल उभार वाला। कवि ने 'मेखलाकार' शब्द का प्रयोग पर्वतों की विशालता तथा फैलाव को दिखाने के लिए किया है।

3 **'सहस्र दृग-सुमन' से क्या तात्पर्य है? कवि ने इस पद का प्रयोग किसके लिए किया होगा?** **CBSE 2016, 10**

उत्तर 'सहस्र दृग-सुमन' से तात्पर्य है—पर्वतों पर खिले हुए हज़ारों फूल, जिन्हें देखकर ऐसा लगता है मानो ये पहाड़ की आँखें हों। इसके द्वारा कवि ने यह कल्पना की है कि पर्वत अपने विशाल आकार को तालाब रूपी दर्पण में देख रहा है। इसके लिए आँखों की आवश्यकता थी, इसलिए कवि ने 'सुमन' को पहाड़ के नेत्र कहा होगा।

4 **कवि ने तालाब की पारदर्शिता दिखाने के लिए दर्पण का प्रयोग क्यों किया है? पर्वत प्रदेश में पावस के आधार पर लिखिए।** **CBSE 2016**

अथवा **सुमित्रानंदन पंत ने 'पर्वत प्रदेश में पावस' कविता में तालाब की समानता किससे की है और क्यों?** **CBSE 2019**

अथवा **कवि ने तालाब की समानता किसके साथ दिखाई है और क्यों?** **CBSE 2011, 10**

उत्तर कवि ने तालाब की समानता दर्पण के साथ दिखाई है, क्योंकि जिस प्रकार दर्पण में किसी की भी छवि साफ़ और स्वच्छ दिखाई देती है, उसी प्रकार तालाब का पानी भी इतना स्वच्छ और पारदर्शी था कि उसमें पहाड़ का प्रतिबिंब स्पष्ट दिखाई दे रहा था।

5 **पर्वत के हृदय से उठकर ऊँचे-ऊँचे वृक्ष आकाश की ओर क्यों देख रहे थे और वे किस बात को प्रतिबिंबित करते हैं?**

उत्तर *पर्वत के हृदय से उठकर ऊँचे-ऊँचे वृक्ष आकाश को निम्नलिखित कारणों से देख रहे थे*

(*i*) वे सोच रहे थे कि वे कब आकाश की ऊँचाइयों को छू पाएँगे।

(*ii*) वे किस उपाय से इतना ऊँचा उठ सकेंगे।

(*iii*) उन्होंने अपने मन में ऊँची-ऊँची आशाएँ और आकांक्षाएँ पाली हुई थीं। वे आकाश के रहस्यों को जानना चाहते थे।

ऊँचे-ऊँचे वृक्षों के माध्यम से कवि द्वारा मनुष्य की महत्त्वाकांक्षाओं को प्रतिबिंबित किया गया है।

6 **शाल के वृक्ष भयभीत होकर धरती में क्यों धँस गए?**

अथवा **शाल धरा में क्यों धँस गए? 'पर्वत प्रदेश में पावस' के आधार पर लिखिए।** **CBSE 2015**

उत्तर अचानक ही आकाश से बादलों ने धरती पर वर्षा रूपी बाणों से आक्रमण कर दिया था, जिसकी भयानकता ने शाल के वृक्षों को भयभीत कर दिया। इसी कारण वे धरती/धरा में धँस गए।

7 **झरने किसके गौरव का गान कर रहे हैं? बहते हुए झरने की तुलना किससे की गई है?** **CBSE 2019, 10**

उत्तर पर्वतीय प्रदेश में बहते हुए झरने ऊँचे-ऊँचे पर्वतों के गौरव का गान कर रहे हैं। बहते हुए झरनों की तुलना सुंदर और आकर्षक मोतियों की लड़ियों से की गई है। पर्वतों पर झाग से भरे झरने बहते हुए मोतियों की लड़ी के समान सुंदर लग रहे हैं।

(ख) *निम्नलिखित का भाव स्पष्ट कीजिए*

1 **"है टूट पड़ा भू पर अंबर।"** **CBSE 2020, 11, 10**

उत्तर कवि वर्षा ऋतु का वर्णन करते हुए कहता है कि बादलों से इतनी तेज़ वर्षा हुई जैसे आकाश धरती पर टूट पड़ा हो और उसने वर्षा रूपी बाणों से धरती पर आक्रमण कर दिया हो।

2 **"यों जलद-यान में विचर-विचर**
था इंद्र खेलता इंद्रजाल।"

उत्तर कवि वर्षा ऋतु का वर्णन करते हुए कहता है कि वर्षा के देवता इंद्र बादल रूपी विमान में घूमकर अपने जादुई करतब दिखा रहे हैं, जिसके कारण पर्वतों पर क्षण-क्षण में विचित्र और अद्भुत दृश्य दिखाई दे रहे हैं।

3 "गिरिवर के उर से उठ-उठ कर
उच्चाकांक्षाओं से तरुवर
हैं झाँक रहे नीरव नभ पर
अनिमेष, अटल, कुछ चिंतापर।"

उत्तर कवि पहाड़ों के सौंदर्य का वर्णन करते हुए कहता है कि वहाँ उगे हुए विशाल एवं ऊँचे पेड़ों के मन में ऊँची-ऊँची आकांक्षाएँ हैं। वे शांत आकाश को बिना पलक झपकाए, अटल और कुछ चिंता में डूबे हुए से झाँक रहे हैं। उन्हें देखकर ऐसा लगता है, जैसे वे आकाश के रहस्यों को जानना चाहते हों।

कविता का सौंदर्य

1 **इस कविता में मानवीकरण अलंकार का प्रयोग किस प्रकार किया गया है? स्पष्ट कीजिए।**

उत्तर इस कविता में कवि ने प्रकृति के सब अंगों; जैसे—झरनों, पहाड़ों, बादलों, पेड़ों, तालाबों आदि को मानवीय चेतना से परिपूर्ण माना तथा उनकी तुलना मानव के विभिन्न गुणों से की है। कवि को झरने यशोगान गाने वाले गायक प्रतीत होते हैं। पहाड़ ऐसे प्रतीत हो रहे हैं, जैसे हज़ारों नेत्रों से वे अपना प्रतिबिंब नीचे स्थित तालाब के स्वच्छ जल में देख रहे हों, उनकी चोटी पर बादल पंख फड़-फड़ाकर उड़ रहे हों। पर्वतों पर अचानक तेज़ बारिश के आने से कवि को ऐसा प्रतीत होता है, जैसे आकाश ने धरती पर आक्रमण कर दिया हो। कवि को प्रकृति के क्रिया-कलाप देवराज इंद्र द्वारा रचे गए इंद्रजाल (जादू) जैसे प्रतीत होते हैं।

2 **आपकी दृष्टि में इस कविता का सौंदर्य इनमें से किस पर निर्भर करता है?**

(क) अनेक शब्दों की आवृत्ति पर
(ख) शब्दों की चित्रमयी भाषा पर
(ग) कविता की संगीतात्मकता पर

उत्तर कविता का सौंदर्य किसी भी एक कारण पर निर्भर नहीं करता है, अपितु सभी कारण मिलकर इस कविता को सौंदर्य प्रदान कर रहे हैं; *जैसे*—

(क) **अनेक शब्दों की आवृत्ति पर** कविता में अनेक शब्दों की आवृत्ति हुई है। इस प्रकार की आवृत्ति आलंकारिक भाषा में पुनरुक्तिप्रकाश अलंकार कहलाती है। यह कविता को गति, तीव्रता व उमंग प्रदान करती है।

जैसे—

गिरि का गौरव गाकर झर-झर
गिरिवर के उर से उठ-उठ कर

उपरोक्त पंक्तियों में 'झर-झर' तथा 'उठ-उठ' गतिशील पुनरुक्तियाँ हैं। ये क्रिया शब्द हैं, अतः कविता को गति प्रदान करते हैं।

(ख) **शब्दों की चित्रमयी भाषा पर** शब्दों की चित्रमयी भाषा से कवि ने कविता को सौंदर्य प्रदान किया है; *जैसे*—

मेखलाकार पर्वत अपार इस पंक्ति में पहाड़ों को करधनी अथवा कमरबंद के आकार का बताया गया है।

अपने सहस्र दृग-सुमन फाड़ इस पंक्ति में पहाड़ों पर उगे हुए फूलों व कलियों को ऐसे चित्रित किया गया है कि जैसे वे अपनी आँखें खोलकर वर्षा के दौरान प्रकृति के पल-पल बदलते रूप को आकर्षण एवं आसक्ति के साथ निहार रहे हैं।

(ग) **कविता की संगीतात्मकता पर** इस कविता में कवि ने संगीतात्मक भाषा का प्रयोग किया है। कविता में लय, तुक आदि का ध्यान रखा गया है।

3 **कवि ने चित्रात्मक शैली का प्रयोग करते हुए पावस ऋतु का सजीव चित्र अंकित किया है। ऐसे स्थलों को छाँटकर लिखिए।**

उत्तर *ऐसे स्थल, जिनमें कविता के अंतर्गत चित्रात्मक शैली का प्रयोग किया गया है, निम्न हैं*

(क) मेखलाकार पर्वत अपार
अपने सहस्र दृग-सुमन फाड़,
अवलोक रहा है बार-बार
नीचे जल में निज महाकार,
जिसके चरणों में पला ताल
दर्पण-सा फैला है विशाल!

(ख) उड़ गया, अचानक लो, भूधर
फड़का अपार पारद के पर!

योग्यता विस्तार

1 **इस कविता में वर्षा ऋतु में होने वाले प्राकृतिक परिवर्तनों की बात कही गई है। आप अपने यहाँ वर्षा ऋतु में होने वाले प्राकृतिक परिवर्तनों के विषय में जानकारी प्राप्त कीजिए।**

उत्तर छात्र अपने माता-पिता की सहायता से प्राकृतिक परिवर्तनों के विषय में जानकारी प्राप्त करें।

परियोजना कार्य

1 **वर्षा ऋतु पर लिखी गई अन्य कवियों की कविताओं का संग्रह कीजिए और कक्षा में सुनाइए।**

उत्तर छात्र स्वयं करें।

2 **बारिश, झरने, इंद्रधनुष, बादल, कोयल, पानी, पक्षी, सूरज, हरियाली, फूल, फल आदि या कोई भी प्रकृति विषयक शब्द का प्रयोग करते हुए एक कविता लिखने का प्रयास कीजिए।**

उत्तर छात्र स्वयं करें।

परीक्षा अभ्यास

काव्यांश पर आधारित बहुविकल्पात्मक प्रश्न

- *निम्नलिखित काव्यांशों को ध्यानपूर्वक पढ़कर पूछे गए प्रश्नों के सही विकल्प चुनिए।*

1 गिरि का गौरव गाकर झर-झर
मद में नस-नस उत्तेजित कर
मोती की लड़ियों-से सुंदर
झरते हैं झाग भरे निर्झर!
गिरिवर के उर से उठ-उठ कर
उच्चाकांक्षाओं से तरुवर
हैं झाँक रहे नीरव नभ पर
अनिमेष, अटल, कुछ चिंतापर।

(क) प्रस्तुत पद्यांश के कवि और कविता का क्या नाम है?
(*i*) मीरा—पद
(*ii*) सुमित्रानंदन पंत—पर्वत प्रदेश में पावस
(*iii*) मैथिलीशरण गुप्त—मनुष्यता
(*iv*) कैफ़ी आज़मी—कर चले हम फ़िदा

उत्तर (*ii*) सुमित्रानंदन पंत–पर्वत प्रदेश में पावस

(ख) पर्वत प्रदेश में बहते झरनों की आवाज़ किसका गुणगान करती प्रतीत होती है?
(*i*) समुद्र का
(*ii*) नदियों का
(*iii*) पर्वतों का
(*iv*) ईश्वर का

उत्तर (*iii*) पर्वतों का

(ग) पहाड़ों पर उगे हुए विशाल एवं ऊँचे पेड़ों के मन में क्या छिपा हुआ है?
(*i*) एकांत का भाव
(*ii*) ऊँची-ऊँची आकांक्षाएँ
(*iii*) मोतियों की लड़ियाँ
(*iv*) भय और आतंक के भाव

उत्तर (*ii*) ऊँची-ऊँची आकांक्षाएँ

(घ) वृक्षों द्वारा शांत आकाश को बिना पलक छपकाए देखने पर कवि को क्या लगता है?
(*i*) जैसे वे आकाश के रहस्यों को जानना चाहते हो
(*ii*) जैसे वे आकाश को हराना चाहते हो
(*iii*) जैसे वे आकाश से युद्ध करना चाहते हो
(*iv*) जैसे वे अपने क्रोध को प्रकट करना चाहते हो

उत्तर (*i*) जैसे वे आकाश के रहस्यों को जानना चाहते हो

(ङ) तरुवर शब्द से अभिप्राय है
(*i*) पौधों से (*ii*) बड़े-बड़े पेड़ों से
(*iii*) युवाओं से (*iv*) युवकों से

उत्तर (*ii*) बड़े-बड़े पेड़ों से

2 मेखलाकार पर्वत अपार
अपने सहस्र दृग-सुमन फाड़,
अवलोक रहा है बार-बार
नीचे जल में निज महाकार
—जिसके चरणों में पला ताल
दर्पण-सा फैला है विशाल!

(क) मेखलाकार शब्द का क्या अर्थ है?
(*i*) धरती के समान गोल
(*ii*) चाँद के समान गोल
(*iii*) करघनी के समान गोल
(*iv*) वृत के समान गोल

उत्तर (*iii*) करघनी के समान गोल

(ख) मेखलाकार शब्द का प्रयोग कवि ने क्यों किया है?
(*i*) सुन्दरता दिखाने के लिए
(*ii*) विशालता दिखाने के लिए
(*iii*) पर्वत की विशालता और प्रकृति की सुन्दरता दर्शाने के लिए
(*iv*) सुन्दरता की विशालता दिखाने के लिए

उत्तर (*iii*) पर्वत की विशालता और प्रकृति की सुन्दरता दर्शाने के लिए

(ग) सहस्र सुमन से क्या तात्पर्य है?
(*i*) हजारों फूल (*ii*) हजारों पुष्प रूपी फूल
(*iii*) अनेक आँखें (*iv*) अनेक फूल एवं आँखें

उत्तर (*ii*) हजारों पुष्प रूपी फूल

(घ) कवि ने तालाब की समानता किसके साथ दिखाई है?
(*i*) दर्पण के (*ii*) सरोवर के
(*iii*) जल के (*iv*) अमृत के

उत्तर (*i*) दर्पण के

(ङ) मेखलाकार शब्द से अभिप्राय है
(*i*) करधनी आकार की पहाड़ की ढाल से
(*ii*) सीधी चढ़ाई से
(*iii*) सपाट स्थान से
(*iv*) उपरोक्त सभी

उत्तर (*i*) करधनी आकार की पहाड़ की ढाल से

3 उड़ गया, अचानक लो, भूधर
फड़का अपार पारद के पर!
रव-शेष रह गए हैं निर्झर!
है टूट पड़ा भू पर अंबर!
धँस गए धरा में सभय शाल!
उठ रहा धुआँ, जल गया ताल!
-यों जलद-यान में विचर-विचर
था इंद्र खेलता इंद्रजाल।

(क) किसके कारण पर्वतों पर विचित्र और अद्‌भूत दृश्य दिखाई दे रहे हैं?
(i) इन्द्र के विमान रूपी बादल के कारण
(ii) सफेद हंस के कारण
(iii) गहन अंधकार के कारण
(iv) अग्नि के कारण

उत्तर *(i)* इन्द्र के विमान रूपी बादल के कारण

(ख) पर्वत, झरने, शाल के वृक्ष आदि के दिखाई न देने का क्या कारण है?
(i) मूसलाधार वर्षा का होना
(ii) घना अंधकार छा जाना
(iii) चारों ओर धुआँ ही धुआँ होना
(iv) उपरोक्त सभी

उत्तर *(iv)* उपरोक्त सभी

(ग) कवि ने तालाब के जल से उठने वाले धुएँ को किसके समान बताया है?
(i) सफेद हंस के *(ii)* अग्नि के
(iii) *(i)* और *(ii)* दोनों *(iv)* गहन अंधकार के

उत्तर *(ii)* अग्नि के

(घ) 'रव-शेष रह गए हैं निर्झर' पंक्ति से क्या आशय है?
(i) अंधकार छा जाने के कारण कुछ नहीं दिखाई देता, केवल झरनों की आवाज ही सुनाई देती है
(ii) प्रकृति की सुंदरता का चित्रण झरनों के दृश्य के माध्यम से किया गया है
(iii) झरने बहुत सुंदर दिखाई दे रहे हैं
(iv) अंधकार में झरनों का दृश्य मनोरम दिखाई देता है

उत्तर *(i)* अंधकार छा जाने के कारण कुछ नहीं दिखाई देता, केवल झरनों की आवाज ही सुनाई देती है

(ङ) जलद-यान शब्द से क्या आशय है?
(i) बादल रूपी विमान से
(ii) बादलों से
(iii) बादलों की वर्षा से
(iv) उपरोक्त में से कोई नहीं

उत्तर *(i)* बादल रूपी विमान से

कविता पर आधारित बहुविकल्पीय प्रश्न

1. पावस ऋतु किस ऋतु को कहते हैं?
(i) ग्रीष्म ऋतु *(ii)* वर्षा ऋतु
(iii) शरद ऋतु *(iv)* बसंत ऋतु

उत्तर *(ii)* वर्षा ऋतु

2. कवि ने किस क्षेत्र की वर्षा ऋतु का सजीव चित्रण किया है?
(i) पर्वतीय क्षेत्र की *(ii)* मैदानी क्षेत्र की
(iii) तटीय क्षेत्र की *(iv)* इनमें से कोई नहीं

उत्तर *(i)* पर्वतीय क्षेत्र की

3. 'अवलोक रहा है बार-बार नीचे जल में महाकार' से क्या आशय है?
(i) परमात्मा नीचे जल में बार-बार देख रहा है
(ii) कवि जल को बार-बार निहार रहा है
(iii) पर्वत नीचे फैले जल में अपने विशाल आकार को निहार रहा है
(iv) उपरोक्त सभी

उत्तर *(iii)* पर्वत नीचे फैले जल में अपने विशाल आकार को निहार रहा है

4. उच्च आकांक्षा इनमें से किसके मन में छिपी है?
(i) पहाड़ पर उगे विशाल वृक्षों के मन में
(ii) पर्वतों पर बहने वाले झरनों के मन में
(iii) पर्वतों पर खिले हज़ार फूलों के मन में
(iv) उपरोक्त सभी

उत्तर *(i)* पहाड़ पर उगे विशाल वृक्षों के मन में

5. 'मेखलाकार पर्वत अपार' इस पंक्ति का प्रयोग इनमें से किसके लिए हुआ है?
(i) हजारों नेत्रों के संदर्भ में
(ii) चरणों के लिए
(iii) पर्वत श्रृंखला के लिए
(iv) जल के लिए

उत्तर *(iii)* पर्वत श्रृंखला के लिए

6. 'सहस्र दृग-सुमन' से क्या तात्पर्य है?
(i) पहाड़ों पर खिले हजारों फूलों से
(ii) पर्वत श्रृंखला से
(iii) प्रकृति वेश से
(iv) पावस ऋतु से

उत्तर *(i)* पहाड़ों पर खिले हजारों फूलों से

7. कवि को पर्वत पर खिले हजारों फूल कैसे प्रतीत हो रहे हैं?
(i) करधनी के समान
(ii) हजारों नेत्रों के समान
(iii) दर्पण के जैसे
(iv) उपरोक्त सभी
उत्तर (ii) हजारों नेत्रों के समान

8. पर्वत अपने हजारों नेत्रों से क्या देख रहा है?
(i) अपने विशाल रूप को
(ii) पावस ऋतु के परिवर्तन को
(iii) अपनी विशाल श्रृंखला को
(iv) अपने सूक्ष्म आकार को
उत्तर (i) अपने विशाल रूप को

9. निम्नलिखित में से किस पंक्ति में जल की उपमा दर्पण से की गई है?
(i) नीचे जल में निज महाकार
(ii) अवलोक रहा है बार-बार
(iii) दर्पण-सा फैला है विशाल
(iv) पल-पल परिवर्तित प्रकृति-वेश
उत्तर (iii) दर्पण-सा फैला है विशाल

10. कवि ने तालाब की समानता दर्पण से की है, क्योंकि
(i) तालाब भी दर्पण की तरह स्वच्छ और निर्मल प्रतीत हो रहा है
(ii) तालाब का आकार दर्पण के जैसा है
(iii) तालाब में भी दर्पण के समान स्वच्छ और निर्मल प्रतिबिंब दिख रहा है
(iv) उपरोक्त में से कोई नहीं
उत्तर (iii) तालाब में भी दर्पण के समान स्वच्छ और निर्मल प्रतिबिंब दिख रहा है

11. पर्वतों से बहने वाले झरनों की आवाज़ सुनकर कवि को कैसा प्रतीत होता है?
(i) मानो वे अपनी सुंदरता का वर्णन कर रहे हों
(ii) मानो वे संसार में अधिक शक्तिशाली हों
(iii) मानो उनके समान कोई दूसरा न हो
(iv) मानो वे पर्वतों का गुणगान कर रहे हों
उत्तर (iv) मानो वे पर्वतों का गुणगान कर रहे हों

12. 'गिरि का गौरव गाकर झर-झर' पंक्ति में झरने किसका गुणगान कर रहे हैं?
(i) पर्वतों के गौरव का
(ii) तालाब की निर्मलता का
(iii) पावस ऋतु के परिवर्तन का
(iv) पर्वत के विशाल रूप का
उत्तर (i) पर्वतों के गौरव का

13. कवि को झरने के झाग किसके समान प्रतीत हो रहे हैं?
(i) मोतियों की सुंदर लड़ियों के समान
(ii) करधनी के समान
(iii) दर्पण के आकार के समान
(iv) सहस्र नेत्रों के समान
उत्तर (i) मोतियों की सुंदर लड़ियों के समान

14. 'उच्चाकांक्षाओं से तरुवर, हैं झाँक रहे नीरव नभ पर' प्रस्तुत पंक्ति का तात्पर्य है?
(i) ऊँचाइयों को छूने की चाह रखने वाले वृक्ष शांत आकाश की ओर निहार रहे हैं
(ii) वृक्ष आकाश की सुंदरता को निहार रहे हैं
(iii) वृक्ष प्रकृति परिवर्तन से प्रसन्न होकर आकाश की ओर देख रहे हैं
(iv) उपरोक्त में से कोई नहीं
उत्तर (i) ऊँचाइयों को छूने की चाह रखने वाले वृक्ष शांत आकाश की ओर निहार रहे हैं

15. वृक्ष आकाश की ओर देखते हुए चिंतामग्न प्रतीत हो रहे हैं, क्योंकि
(i) वृक्ष ऊँचाइयों को छूने की चाह रखते हैं
(ii) वृक्ष पावस ऋतु के आने से चिंतित हैं
(iii) वृक्ष आकाश को शांत देखकर चिंतित हैं
(iv) वृक्ष स्थिर होने के कारण चिंतित हैं
उत्तर (i) वृक्ष ऊँचाइयों को छूने की चाह रखते हैं

16. कवि के अनुसार बादलों के छा जाने से क्या होता है?
(i) सब सुंदर लगता है
(ii) मौसम अच्छा लगता है
(iii) पर्वत अदृश्य हो जाते हैं
(iv) सिर्फ झरने दिखाई नहीं देते हैं
उत्तर (iii) पर्वत अदृश्य हो जाते हैं

विषय-वस्तु का ज्ञान, बोध अभिव्यक्ति पर आधारित प्रश्न

1 पावस ऋतु किसे कहते हैं? प्रस्तुत कविता में किसे पावस ऋतु कहा गया है? **CBSE 2019**

उत्तर पावस शब्द वर्षा का पर्यायवाची है। प्रस्तुत कविता 'पर्वत प्रदेश में पावस' में वर्षा ऋतु को पावस ऋतु कहा गया है।

2 झरने पर्वतों का गौरवगान करते हुए कैसे लग रहे हैं?

उत्तर पर्वतों से झरते हुए झाग भरे झरने पर्वतों का गौरवगान करते हुए सुंदर और आकर्षक मोतियों की लड़ियों के समान लग रहे हैं। इनकी झर-झर की आवाज़ को सुनकर नस-नस में जोश भर जाता है, मन उत्साह एवं उमंग से भर जाता है तथा वातावरण संगीतमय हो जाता है। इस प्रकार गिरते हुए झरनों की आवाज से सम्पूर्ण पर्वत प्रदेश मुखर हो उठता है।

3 पावस के दृश्य को कवि इंद्रजाल क्यों मानता है? **CBSE 2018**

उत्तर इंद्रजाल का अर्थ है—जादूगरी। जिस प्रकार जादूगर अपनी जादूगरी से पल-पल में नए-नए करतब दिखाता है, उसी प्रकार पावस ऋतु में पल-पल नित नए-नए दृश्य आँखों को मोहित कर लेते हैं। इन मोहक दृश्यों को देखकर ऐसा प्रतीत होता है मानों वर्षा के देवता इन्द्र बादल रूपी विमान में घूमते हुए जादुई करतब दिखा रहे हों। वर्षा ऋतु के बादलों को देखकर ऐसा लगता है कि उन्होंने नीचे आकर पर्वतों को ढक लिया है, तो कभी ऐसा प्रतीत होता है मानो पर्वत पंख लगाकर आकाश में उड़ गए हों।

4 पावस ऋतु में पर्वत प्रदेश का रूप क्यों परिवर्तित हो जाता है? **CBSE 2015**

उत्तर पावस ऋतु से तात्पर्य वर्षा ऋतु से है। इस ऋतु में पर्वत प्रदेश का रूप परिवर्तित इसलिए हो जाता है, क्योंकि पर्वत प्रदेश की ऊँचाई बहुत ज्यादा होती है और अत्यधिक ऊँचाई के कारण यहाँ मौसम एवं जलवायु का परिवर्तन साधारण-सी क्रिया है। यह परिवर्तन वर्षा ऋतु में तीव्रता के साथ देखा जा सकता है। इन परिवर्तनों के अंतर्गत क्षण भर में बादलों का घिर जाना और क्षण-भर में ही कड़ी धूप निकल आना आदि सम्मिलित हैं।

5 बादलों के अचानक पर्वत पर छा जाने के बाद झरनों का कवि ने किस प्रकार वर्णन किया है?

अथवा **पर्वतों के झरनों से संपूर्ण वातावरण कैसा हो गया है?**

उत्तर बादलों के अचानक पर्वत पर छा जाने से झरनों का दिखाई देना भी बंद हो गया है, उनकी केवल आवाज़ ही सुनाई दे रही है। पर्वत पर बहते हुए झरने सुंदर मोतियों की लड़ियों के समान
लग रहे हैं तथा उनकी आवाज़ नस-नस में जोश भरने वाली महसूस हो रही है। यह एक संगीतमय वातावरण का सृजन कर रहे हैं।

6 बादलों के उठने तथा वर्षा होने का चित्रण अपने शब्दों में लिखिए।

उत्तर बादल अचानक ही इतने भयानक और विशाल आकार में गरजकर ऊपर उठे, जैसे कोई पहाड़ बादल रूपी पंखों को फड़फड़ाते हुए आकाश में उड़ गया हो। कुछ ही देर में वे इस प्रकार बरस पड़े, जैसे उन्होंने धरती पर पूरे वेग से आक्रमण कर दिया हो। यह सब देखकर शाल के पेड़ इतने भयभीत हो गए कि वे धरती में धँस गए और तालाब से धुआँ उठने लगा।

7 बादलों से पर्वत के छिप जाने पर कवि ने क्या कल्पना की है? अपने शब्दों में लिखिए। **CBSE 2010**

उत्तर कवि ने बादलों के कारण पर्वत के छिप जाने पर यह कल्पना की है कि अचानक बादल ऐसे उठे, मानो पूरा पहाड़ एक विशाल पक्षी के समान बादलों के पंख फड़-फड़ाकर आकाश में उड़ चला हो। इसका परिणाम यह हुआ कि आकाश में चारों ओर बादल ही बादल छा गए और कुछ भी दिखाई देना बंद हो गया।

8 'पर्वत प्रदेश में पावस' कविता का प्रतिपाद्य क्या है? **CBSE 2018, 10**

अथवा **'पर्वत प्रदेश में पावस' का केंद्रीय भाव लगभग बीस शब्दों में लिखिए।** **CBSE 2011**

उत्तर प्रस्तुत कविता 'पर्वत प्रदेश में पावस' में प्रकृति प्रेमी कवि सुमित्रानंदन पंत ने वर्षा ऋतु का चित्रण किया है। उन्होंने पर्वतीय प्रदेश का अत्यंत सुंदर वर्णन किया है। चित्रात्मक शैली द्वारा प्रकृति का पल-पल बदलता हुआ रूप आँखों के सामने आ जाता है। कवि ने प्रकृति का उत्कृष्ट मानवीकरण किया है। वर्षा ऋतु में प्रकृति के अनोखे सौंदर्य की अभिव्यक्ति कवि ने इस कविता में की है।

9 'पर्वत प्रदेश में पावस' के आधार पर "टूट पड़ा भू पर अंबर" पंक्ति का आशय स्पष्ट कीजिए। **CBSE 2014**

उत्तर पर्वत प्रदेश में पावस के आधार पर "टूट पड़ा भू पर अंबर"—पंक्ति का आशय यह है कि जब पर्वतीय प्रदेशों में भारी वर्षा होती है। तब ऐसा प्रतीत होता है जैसे आकाश, धरती पर टूट पड़ा हो और उसने वर्षा रूपी बाणों से धरती पर आक्रमण कर दिया हो। शाल के विशाल वृक्ष बादलों के झुंड से ऐसे प्रतीत हो रहे हैं, जैसे वे भयभीत होकर धरती में धँस गए हों।

10 'पर्वत प्रदेश में पावस' कविता में पर्वत द्वारा अपना प्रतिबिंब तालाब में देखना पर्वत के किन मनोभावों को स्पष्ट करना चाहता है? **CBSE SQP Term II 2021**

उत्तर कवि के अनुसार पर्वत के अंदर भी मानवीय भावनाएँ विद्यमान हैं। तालाब रूपी दर्पण इसका संकेतक है कि पर्वत

किस प्रकार का अनुभव कर रहा है। वह तालाब रूपी दर्पण में स्वयं को देखकर अपने भावों को समझने का प्रयास कर रहा है। वह अपने विशाल आकार को देखकर गर्वित हो रहा है। उसके ऊपर खिले असंख्य फूल उसकी आँखें हैं, जो उसकी प्रसन्नता दर्शा रही हैं।

11 'पर्वत प्रदेश में पावस' कविता की दो भाषागत विशेषताओं को लिखिए। **CBSE 2015**

उत्तर *'पर्वत प्रदेश में पावस' कविता की दो भाषागत विशेषताएँ इस प्रकार हैं*

(i) कवि ने शब्दों की चित्रमयी भाषा से कविता को सौंदर्य प्रदान किया है; *जैसे*–'मेखलाकार पर्वत अपार'।

(ii) इस कविता में कवि ने संगीतात्मक भाषा का प्रयोग किया है। कविता में लय, तुक आदि का भी ध्यान रखा गया है।

12 कविता 'पर्वत प्रदेश में पावस' की सार्थकता पर अपने विचार प्रकट कीजिए। **CBSE 2013**

उत्तर कविता 'पर्वत प्रदेश में पावस' में प्रकृति के परिवर्तन के साथ उसके दो भिन्न-भिन्न रूपों का वर्णन किया गया है। इस कविता में प्रकृति के क्षण-प्रतिक्षण परिवर्तन का मनोहारी चित्र प्रस्तुत किया गया है, तो दूसरी ओर उसके भयावह रूप को भी उद्‌घाटित किया गया है। इस कविता के माध्यम से कवि ने इसकी सार्थकता को स्पष्ट करते हुए बताया है कि प्रकृति एक ईश्वरीय उपहार है, जिसका संरक्षण मानव जाति का कर्त्तव्य है। यदि हम इसकी देख-रेख करेंगे, तो इसका सौंदर्यमयी रूप हमारे समक्ष प्रस्तुत होगा और यदि हम प्रकृति का दोहन करेंगे, तो हमारा जीवन भी संकटपूर्ण हो जाएगा।

13 'पर्वत प्रदेश में पावस' कविता के आधार पर पर्वत के रूप-स्वरूप का चित्रण कीजिए। **CBSE 2018**

उत्तर 'पर्वत प्रदेश में पावस' कविता में कवि ने पर्वत के रूप-स्वरूप का बड़ा ही मनोहारी चित्रण किया है। पर्वत का मानवीकरण करते हुए कवि कहता है कि करधनी के सामने विशाल पर्वत दूर-दूर तक फैले हुए हैं। उस पर्वत पर खिले हुए हजारों फूल ऐसे लग रहे हैं जैसे वे पर्वत की आँखें हों और पर्वत अपनी उन असंख्य आँखों से नीचे तालाब के फैले हुए जल में अपने विशालकाय शरीर के प्रतिबिंब को देख रहे हों। झरने ऊँचे-ऊँचे पर्वतों का गौरव गान कर रहे हैं। पर्वतों पर झाग से भरे झरने बहते हुए मोतियों की लड़ी के समान लग रहे हैं।

14 "पंत प्रकृति चित्रण के सर्वोत्तम कवि हैं।" स्पष्ट कीजिए।

उत्तर पंत प्रकृति के सुकुमार कवि हैं। उनके काव्य का मुख्य विषय प्रकृति चित्रण ही रहा है। उन्होंने अधिकतर प्रकृति के मधुर एवं कोमल रूप का ही चित्रण किया है। कहीं-कहीं प्रकृति के उग्र और भयानक रूप का वर्णन भी किया गया है। प्रकृति का चित्रण करते समय उन्होंने उपवन, नदी, पर्वत, बादल, समुद्र आदि प्राकृतिक उपकरणों का सहारा लेकर अपनी काव्य रचना की।

उन्होंने विविध अलंकारों की सहायता से प्रकृति के अनेक मनोहर चित्र खींचे हैं। उन्होंने प्रकृति के विभिन्न कार्यों से संदेश ग्रहण किए हैं। प्रकृति उनके लिए कविता का मूल आधार रही है। एक सच्चे कवि की भाँति उनकी कल्पनाओं का क्षेत्र बहुत विस्तृत है। उनकी कल्पनाएँ मौलिक तथा नूतन हैं।

यह उनकी कल्पना तथा भावों की अभिव्यक्ति का कौशल ही है, जो उन्होंने पर्वत को आकाश में उड़ते हुए बताया है, शाल के वृक्षों को भय के कारण ज़मीन में धँसा हुआ कहा है और शीतल जल से भरे हुए तालाब से आग उगलने का चित्रण किया है। इस प्रकार हम कह सकते हैं कि सुमित्रानंदन पंत प्रकृति चित्रण के सर्वोत्तम कवि हैं।

15 प्रस्तुत कविता में प्रकृति का मानवीकरण किया गया है। कविता में प्रस्तुत मानवीकरण अलंकार के प्रयोग को स्पष्ट कीजिए।

अथवा **'पर्वत प्रदेश में पावस' कविता में प्रकृति का मानवीकरण किया गया है। कविता में किए गए मानवीकरण अलंकार के प्रयोग को सोदाहरण समझाइए।** **CBSE 2015**

उत्तर पंत ने प्रकृति का मानवीकरण अत्यंत सुंदर तरीके से किया है। उनके लिए प्रकृति के हर अंग में मानवीय चेतना भरी हुई है। उन्हें झरनों द्वारा पर्वतों का यशोगान करना बहुत अच्छा लगता है। विशाल पर्वत अपनी सुमन रूपी आँखों से अपने विशाल आकार को तालाब में निहार रहे हैं। पेड़ उच्चाकांक्षा से प्रेरित होकर शांत आकाश को छू लेने वाले प्रतीत होते हैं।

हैं झाँक रहे नीरव नभ पर;
अनिमेष, अटल, कुछ चिंतापर।

बादलों का अचानक बरस जाना कवि को आकाश द्वारा वर्षा रूपी बाणों से पृथ्वी पर आक्रमण करना प्रतीत होता है। शाल के वृक्ष उन्हें भयभीत लगते हैं, मानो वर्षा के आक्रमण को देखकर वे डर गए हों।

धँस गए धरा में सभय शाल!
उठ रहा धुआँ, जल गया ताल!

बादलों का उमड़ना और वर्षा करना उन्हें ऐसा प्रतीत हो रहा है, जैसे देवराज इंद्र अपने बादल रूपी यान में बैठकर अपना जादू दिखा रहे हैं।

यों जलद-यान में विचर-विचर;
था इंद्र खेलता इंद्रजाल

अतः कहा जा सकता है कि पंतजी ने प्रकृति के हर अंग; *जैसे* –पर्वत, बादल, झरने, वृक्ष आदि का मानवीय रूप में अत्यंत सजीव चित्रण किया है।

16 वर्षा ऋतु में इंद्र की जादूगरी के दो उदाहरण दीजिए। **CBSE 2011**

उत्तर कवि के अनुसार, वर्षा के देवता इंद्र अपने बादल रूपी विमान में वर्षा ऋतु में घूम-घूमकर अपनी जादूगरी दिखा रहे हैं।

वर्षा ऋतु में इंद्र की जादूगरी के दो उदाहरण निम्नलिखित हैं

(*i*) आकाश में चारों ओर चमकीले तथा पारे के समान सफ़ेद बादल छा गए हैं। विशाल बादलों के कारण पर्वतों का दिखाई देना बंद हो गया है। झरने भी ओझल हो गए हैं, उनकी केवल आवाज़ ही सुनाई दे रही है। इस समय ऐसा प्रतीत हो रहा है, मानो पूरा पर्वत ही आकाश में उड़ रहा हो।

(*ii*) बादल घिरने के बाद बहुत तेज़ वर्षा हुई। घनघोर वर्षा के कारण शाल के वृक्ष भयभीत दिखाई दे रहे हैं। ऐसा लग रहा है, मानो भय के कारण वे ज़मीन में धँस गए हों। तालाब के जल से इस प्रकार धुआँ उठता हुआ प्रतीत हो रहा है, जैसे तालाब में आग लग गई हो।

17 **पर्वत प्रदेश में वर्षा ऋतु में प्राकृतिक सौंदर्य कई गुना बढ़ जाता है, परंतु पहाड़ों पर रहने वाले लोगों के दैनिक जीवन में कठिनाइयाँ उत्पन्न होती होंगी? इनके विषय में लिखिए। CBSE 2014**

उत्तर पर्वत प्रदेश में वर्षा ऋतु में प्राकृतिक सौंदर्य अत्यंत मनोहारी होता है। यही कारण है कि सबसे अधिक पर्यटन स्थल भी पर्वतीय प्रदेशों में ही पाए जाते हैं। वर्षा ऋतु के समय यहाँ का मौसम अत्यंत ठंडा हो जाता है। यहाँ की जलवायु और मौसम क्षण-क्षण में परिवर्तित होते रहते हैं। एक क्षण में यहाँ घनघोर बादलों का जमावड़ा हो जाता है, तो दूसरे ही क्षण में कड़कड़ाती धूप खिल जाती है। संध्या काल में डूबते सूर्य को देखकर ऐसा प्रतीत होता है जैसे लाल रंग की गोलाकार वस्तु हमारे बहुत समीप हो। बादल हमारे सिर के ऊपर ऐसे मंडराते हैं, जैसे वह हमारे मित्र हों, परंतु पहाड़ों पर रहने वाले लोगों के दैनिक जीवन में अनेकानेक कठिनाइयाँ हैं।

यहाँ संसाधनों का अभाव है। यदि तेज बारिश या तूफान आ जाएँ, तो गाँव-के-गाँव इसमें तबाह हो जाते हैं। वर्षा ऋतु के दौरान पर्वतीय मार्ग से नीचे उतर पाना एक जटिल कार्य है। इस कारण कुछ लोग रोजमर्रा के लिए आवश्यक सामग्री को भी जुटा नहीं पाते। सड़क मार्ग, संचार व्यवस्था, चिकित्सीय सुविधाओं से भी यहाँ के लोग वंचित हैं। इस प्रकार कहा जा सकता है कि पहाड़ों पर रहने वाले लोगों को अपने दैनिक जीवन में बहुत-सी समस्याओं का सामना करना पड़ता है।

18 **पर्वतीय प्रदेश में वर्षा के सौंदर्य का वर्णन 'पर्वत प्रदेश में पावस' के आधार पर अपने शब्दों में कीजिए। CBSE 2019**

उत्तर पर्वतीय प्रदेश में वर्षा ऋतु के आने से पहले बादलों के कारण पर्वत छिप जाते हैं। अचानक बादल ऐसे उठे, मानो एक पूरा पर्वत विशाल पक्षी के समान अत्यधिक सफ़ेद और चमकीले पंखों को फड़फड़ाता हुआ ऊपर आकाश में उड़ रहा है। इसका परिणाम यह हुआ कि चारों ओर बादल ही बादल छा गए और कुछ भी दिखाई देना बंद हो गया। झरनों की केवल आवाज़ ही सुनाई दे रही है अतः वह ओझल हो गए। इसके पश्चात् इन बादलों से इतनी तेज़ वर्षा हुई, जैसे आकाश धरती पर टूट पड़ा हो और उसने वर्षा रूपी बाणों से धरती पर आक्रमण कर दिया हो।

शाल के विशाल वृक्ष बादलों के झुंड में ऐसे प्रतीत हो रहे हैं, जैसे वे भयभीत होकर धरती में धँस गए हों। तालाब के जल से इस तरह धुँआ उठने लगा है मानों उसमें आग लग गई हो। इस प्रकार वर्षा के देवता इंद्र बादल रूपी विमान में घूम-घूमकर अपने जादुई करतब दिखा रहे हैं, जिसके कारण पर्वतों पर क्षण-क्षण में विचित्र और अद्भुत दृश्य दिखाई दे रहे हैं।

स्वमूल्यांकन

काव्यांश पर आधारित बहुविकल्पात्मक प्रश्न

- *निम्नलिखित काव्यांशों को ध्यानपूर्वक पढ़कर पूछे गए प्रश्नों के सही विकल्प चुनिए।*

1 गिरि का गौरव गाकर झर-झर
मद में नस-नस उत्तेजित कर
मोती की लड़ियों-से सुंदर
झरते हैं झाग भरे निर्झर!
गिरिवर के उर से उठ-उठ कर
उच्चाकाँक्षाओं से तरुवर
हैं झाँक रहे नीरव नभ पर
अनिमेष, अटल, कुछ चिंतापर।

(क) प्रस्तुत पद्यांश के कवि और कविता का क्या नाम है?
(*i*) मैथिलीशरण गुप्त—मनुष्यता
(*ii*) कैफ़ी आज़मी—कर चले हम फ़िदा
(*iii*) सुमित्रानंदन पंत—पर्वत प्रदेश में पावस
(*iv*) मीरा—पद

उत्तर (*iii*) सुमित्रानंदन पंत–पर्वत प्रदेश में पावस

(ख) पर्वतों से बहने वाले झरनों की आवाज सुनकर कवि को कैसा लगता है?
(*i*) मानो वे पर्वतों का गुणगान कर रहे हों
(*ii*) मानो वे अपनी सुदंरता का गुणगान कर रहे हों
(*iii*) मानो वे संसार में सबसे अधिक शक्तिशाली हों
(*iv*) मानो उनके समान कोई दूसरा न हो

उत्तर (*i*) मानो वे पर्वतों का गुणगान कर रहे हों

(ग) पद्यांश के अनुसार झरनों की आवाज का कवि पर क्या प्रभाव पड़ता है?
(*i*) वे कवि को नीरस बनाते हैं
(*ii*) वे कवि में नया जोश भरते हैं
(*iii*) वे कवि का मार्ग अवरुद्ध करते हैं
(*iv*) वे कवि को निराशा प्रदान करते हैं

उत्तर (*ii*) वे कवि में नया जोश भरते हैं

(घ) पेड़ शांत आकाश को किस प्रकार निहार रहे हैं?
(*i*) ऊँचा उठकर (*ii*) बिना पलक झपकाए
(*iii*) प्रसन्न भाव से (*iv*) निराशापूर्ण भाव से

उत्तर (*ii*) बिना पलक झपकाए

(ङ) झरनों की करतल ध्वनि का कवि पर क्या प्रभाव हो रहा है?
(*i*) कवि प्रसन्न हो रहा है
(*ii*) कवि के मन में उत्साह का संचार हो रहा है
(*iii*) कवि पर कोई प्रभाव नहीं हो रहा है
(*iv*) उपरोक्त में से कोई नहीं

उत्तर (*ii*) कवि के मन में उत्साह का संचार हो रहा है

कविता पर आधारित बहुविकल्पीय प्रश्न

निम्नलिखित प्रश्नों के सही विकल्प चुनिए।

1. अचानक से बादलों के घिर आने से चारों तरफ धुआँ-सा छा गया है। इसका झरने पर क्या प्रभाव पड़ा है?
(*i*) केवल झरना शेष रह गया है
(*ii*) झरने की आवाज़ सुनाई दे रही है
(*iii*) झरने कम दिखाई दे रहे हैं
(*iv*) उपरोक्त में से कोई नहीं

उत्तर (*ii*) झरने की आवाज सुनाई दे रही है।

2. शाल के वृक्ष धरती में क्यों धँस गए?
(*i*) धरती के भय से
(*ii*) वर्षा का भयानक रूप देखकर
(*iii*) बादल देखकर
(*iv*) विशाल पर्वतों को देखकर

उत्तर (*ii*) वर्षा का भयानक रूप देखकर

3. 'जलद-यान' का क्या अर्थ है?
(*i*) बादल एवं वर्षा (*ii*) बादल रूपी विमान
(*iv*) वर्षा से युक्त बादल (*iv*) उड़ते हुए बादल

उत्तर (*ii*) बादल रूपी विमान

विषय-वस्तु का ज्ञान, बोध अभिव्यक्ति पर आधारित प्रश्न

- *निम्नलिखित प्रश्नों के उत्तर दीजिए*

(*i*) प्रस्तुत कविता में किसका वर्णन किया गया है? स्पष्ट कीजिए।
(*ii*) "उड़ गया, अचानक लो, भूधर" —पंक्ति का आशय स्पष्ट कीजिए।
(*iii*) कवि ने उच्चाकांक्षा पर क्या व्यंग्य किया है?
(*iv*) कवि ने तालाब की समानता किसके साथ दिखाई है?
(*v*) 'पर्वत प्रदेश में पावस' कविता का मूल भाव अपने शब्दों में लिखिए।

अध्याय

06

मधुर-मधुर मेरे दीपक जल*

(महादेवी वर्मा)

पाठ की रूपरेखा

कवयित्री ने संपूर्ण सृष्टि को ही परमेश्वर का साकार रूप माना है और वह प्रभु-ज्ञान के आलोक से अज्ञानता के अंधकार को नष्ट करना चाहती हैं। कवयित्री के अनुसार, आत्मा, परमात्मा का अंश है। प्रत्येक आत्मा ईश्वर के साथ मिलकर एकाकार हो जाना चाहती है। इसलिए आत्मारूपी दीपक को ईश्वर रूपी प्रियतम से मिलने तक जलते रहना चाहिए अर्थात् आस्था का आश्रय नहीं छोड़ना चाहिए।

कवि-परिचय

महादेवी वर्मा का जन्म वर्ष 1907 में उत्तर प्रदेश राज्य के फर्रूखाबाद जिले में हुआ था। इनकी प्रारंभिक शिक्षा इंदौर में हुई। अपने देश में ही नारी शिक्षा के प्रसार के लिए इन्होंने बहुत योगदान दिया तथा स्वतंत्रता आंदोलन में भी भाग लिया। काव्य के अतिरिक्त गद्य साहित्य में भी इन्होंने कालजयी रचनाओं का सृजन किया है। आठ वर्ष की आयु में 'बारहमासा' जैसी कविता लिखने वाली महादेवी की प्रमुख काव्य-कृतियों में नीहार, रश्मि, नीरजा, सांध्यगीत, दीपशिखा आदि हैं। इनकी गद्य रचनाओं में अतीत के चलचित्र, शृंखला की कड़ियाँ, स्मृति की रेखाएँ प्रमुख हैं। इन्हें ज्ञानपीठ पुरस्कार के साथ ही प्रायः सभी प्रतिष्ठित पुरस्कारों से विभूषित किया गया। भारत सरकार की ओर से वर्ष 1956 में इन्हें पद्मभूषण अलंकरण से अलंकृत किया गया। 11 सितंबर, 1987 को महादेवी जी का देहांत हो गया।

* इस पाठ से परीक्षा में प्रश्न नहीं पूछे जाएँगें।

काव्यांशों की व्याख्या

काव्यांश 1

मधुर-मधुर मेरे दीपक जल!
प्रियतम का पथ आलोकित कर!
मृदुल मोम-सा घुल रे मृदु तन;
तेरे जीवन का अणु गल गल!
युग-युग प्रतिदिन प्रतिक्षण प्रतिपल,
सौरभ फैला विपुल धूप बन,
दे प्रकाश का सिंधु अपरिमित,
पुलक-पुलक मेरे दीपक जल!

» शब्दार्थ

पथ–रास्ता; आलोकित–प्रकाशित; मृदुल–कोमल; प्रतिक्षण–हर समय; सौरभ–खुशबू; विपुल–अत्यधिक; धूप–सुगंधित पदार्थ; अणु–कण; सिंधु–सागर; अपरिमित–अपार; पुलक–प्रसन्न, रोमांच।

भावार्थ

प्रस्तुत काव्यांश में कवयित्री की आस्था का मनोहारी चित्रण किया गया है। वह अपने मन में जल रहे प्रभु की आस्था रूपी दीपक को निरंतर जलते रहने के लिए कहती है। मेरे मन में जल रहे प्रभु-आस्था रूपी दीपक! तुम धीरे-धीरे प्रतिक्षण, प्रतिदिन जलते रहो ताकि मेरे प्रियतम को उससे प्रकाश मिलता रहे और उनका पथ यानी मार्ग प्रकाशित होता रहे। कवयित्री कहती है–ओ मेरी आस्था के दीपक! तू अपनी महिमा से अपार मोहक सुगंधित धूप बन जा। अपनी मोहक खुशबू चारों ओर फैला दे, तू अपने इस नरम-कोमल, मोम के समान शरीर को पिघला दे। इससे आशय यह है कि तू अपनी कोमल भावनाओं को लिए हुए ईश्वर के चरणों में समर्पित हो जा। तू अपने जीवन के एक-एक कण को गला दे। चारों ओर अपार समुद्र रूपी विस्तृत प्रकाश फैला दे। इसी प्रकार प्रसन्न व रोमांचित हो कर तू जलता रह जिससे मेरे प्रियतम का पथ आलोकित (प्रकाशित) होता रहे।

काव्य सौंदर्य

(i) इस काव्यांश में कवयित्री ने अपने हृदय में प्रभु के प्रति निरंतर आस्था बनाए रखने का वर्णन किया है।

(ii) तत्सम शब्दावली का अत्यधिक प्रयोग किया गया है, लेकिन भाषा भावों की अभिव्यक्ति करने में पूरी तरह सक्षम है।

(iii) 'युग-युग' में पुनरुक्तिप्रकाश अलंकार है।

(iv) 'दीपक' में छद्म रूपक अलंकार का प्रयोग हुआ है, जो ईश्वर के प्रति असीम आस्था का प्रतीक भी है।

(v) 'धूप' तथा 'मोम' में भी छद्म रूपक अलंकार उपस्थित है। तन रूपी धूप तथा मोम रूपी कोमल शरीर को कवयित्री लगातार प्रभु भक्ति में लगाना चाहती है।

(vi) काव्यांश में प्रतीकों का प्रयोग सहजता से किया गया है।

काव्यांश 2

सारे शीतल कोमल नूतन,   माँग रहे तुझसे ज्वाला-कण
विश्व-शलभ सिर धुन कहता   'मैं हाय न जल पाया तुझमें मिल'!
सिहर-सिहर मेरे दीपक जल!

≫ शब्दार्थ

शीतल—ठंडा; नूतन—नवीन; शलभ—पतंगा; सिर धुन—पछतावा करना; सिहर—थरथराना/काँपना; ज्वाला-कण—आग की लपट।

भावार्थ

प्रस्तुत काव्यांश में कवयित्री ने स्वयं का अस्तित्व मिटाकर अनंत प्रकाश पुंज में विलीन हो जाने की कामना की है। कवयित्री कहती है कि इस संपूर्ण संसार में जितने भी शीतल, कोमल और नूतन प्राणी हैं, वे कवयित्री के आस्थारूपी दीपक से चिंगारी माँग रहे हैं। इससे आशय यह है कि प्रभु के प्रति आस्था की किरण कहीं खोजने से भी नहीं मिलती। इस किरण की गर्मी के अभाव से संपूर्ण जगत ठंडा प्रतीत होता है। सभी अपने मन में आस्था की लौ जलाना चाहते हैं। कवयित्री मनुष्य को पतंगा नहीं, बल्कि ज्वाला बनने के लिए प्रेरित करती है जिससे वे समाज को ज्ञान रूपी प्रकाश दे सकें, क्योंकि संसार रूपी पतंगा सिर पकड़-पकड़ कर रोता है। वह चाहते हुए भी अपने अहंकार को नहीं मिटा सका। अत: हे मेरी आस्था के दीपक! तू विश्व में व्याप्त इस आस्थाहीन स्थिति पर काँपते हुए भी जलता रह। आस्था की यह किरण बहुत मूल्यवान एवं ऊर्जा प्रदायिनी है।

काव्य सौंदर्य

(i) उपरोक्त काव्यांश में कवयित्री ने अपनी आस्था को दुर्लभ बताते हुए उसको निरंतर विद्यमान रहने की कामना व्यक्त की है।

(ii) संस्कृतनिष्ठ, मधुर एवं सरस भाषा का प्रयोग है।

(iii) 'विश्व-शलभ' में रूपक अलंकार मौजूद है।

(iv) 'सिहर-सिहर' में पुनरुक्तिप्रकाश अलंकार है।

(v) संपूर्ण काव्यांश में प्रतीकात्मक शैली का प्रयोग किया गया है।

(vi) 'सिर धुनना' मुहावरे का प्रयोग किया गया है।

काव्यांश 3

जलते नभ में देख असंख्यक,   स्नेहहीन नित कितने दीपक;
जलमय सागर का उर जलता,   विद्युत ले घिरता है बादल!
विहँस-विहँस मेरे दीपक जल!

≫ शब्दार्थ

नभ—आकाश; असंख्यक—अनगिनत; जलमय—पानी से भरा हुआ; उर—हृदय; विहँस—खुश; स्नेहहीन—प्रेम रहित; नित—सदैव; विद्युत—बिजली/ दामिनी।

भावार्थ

कवयित्री आकाश की ओर देखती हुई कहती है कि यहाँ असंख्य तारे दिखाई देते हैं, लेकिन कोई भी तारा या प्राणी भक्ति की किरण से प्रज्वलित नहीं है। समुद्र में भी पानी-ही-पानी है, यहाँ सांसारिक समृद्धि भरपूर है, किंतु हृदय में आत्मिक आस्था न होने के कारण प्राणियों का चित्त ईर्ष्या और तृष्णा से ज्वलित रहता है। इस गर्मी या तपिश से ही उसका जल वाष्प बनकर बादल में परिवर्तित हो जाता है और कड़कती बिजली के साथ आकाश में घनघोर घटा के रूप में दिखाई पड़ता है। बादल चमकती हुई बिजली से घिरे हुए हैं। इसी तरह, मनुष्य सांसारिक ऐश्वर्य एवं वैभव से परिपूर्ण होकर भी अशांत है, उसका हृदय ईर्ष्या एवं घृणा की आग से निरंतर जलता रहता है। अत: कवयित्री स्वयं के हृदय में स्थित आस्था रूपी दीपक को संबोधित करते हुए कहती है—तू खुशी से और ज़ोर-ज़ोर से ज्वलित होकर अपनी आस्था को जीवित रख, ताकि प्रभु का पथ आलोकित हो और समस्त जगतवासी उस मार्ग को पहचान कर उसका अनुसरण कर सकें।

काव्य सौंदर्य

(i) कवयित्री अपने हृदय में विद्यमान आध्यात्मिक भाव को प्रज्वलित रखना चाहती है।

(ii) तत्सम शब्दावली का मुक्त भाव से प्रयोग किया गया है।

(iii) भावानुकूल एवं संगीतात्मक भाषा है।

(iv) 'विहँस-विहँस' में पुनरुक्तिप्रकाश अलंकार मौजूद है।

(v) संपूर्ण काव्यांश में प्रतीकात्मक शैली का प्रयोग किया गया है।

(vi) भाषा पर छायावाद एवं रहस्यवाद का प्रभाव स्पष्ट रूप से परिलक्षित होता है।

(vii) बिंबों का प्रयोग कविता में जीवंतता प्रकट करता है।

पाठ्यपुस्तक (स्पर्श भाग-2) के प्रश्नोत्तर

(क) निम्नलिखित प्रश्नों के उत्तर दीजिए

1 प्रस्तुत कविता में 'दीपक' और 'प्रियतम' किसके प्रतीक हैं? **CBSE 2013, 12, 11**

उत्तर 'मधुर-मधुर मेरे दीपक जल' कविता में कवयित्री महादेवी वर्मा ने प्रतीकों का सुंदर प्रयोग किया है। 'दीपक' उस प्रकाश-स्रोत का प्रतीक है, जिसने विश्व सभ्यता को निरंतर प्रकाशित किया है। यह प्रतिपल आलोकित होकर मनुष्यता को एक निश्चित दिशा देने की प्रक्रिया में है। उनका 'प्रियतम' कोई मनुष्य नहीं, बल्कि अज्ञात प्रिय ईश्वर अर्थात् सबका कल्याण करने वाले अर्थात् मानवता की एक उत्कृष्ट छवि है, जिसे वह अंगीकृत (प्राप्त करना) करना चाहती है। वह चाहती है कि दीपक निरंतर अपने उस प्रकाश का विस्तार करता रहे, जो अनंतकाल तक प्रियतम के पथ को आलोकित कर सके।

2 'दीपक' से किस बात का आग्रह किया जा रहा है और क्यों? **CBSE 2013, 12**

अथवा **'मधुर-मधुर मेरे दीपक जल' कविता में कवयित्री दीपक से जलने का आग्रह क्यों कर रही है?** **CBSE 2010**

उत्तर 'दीपक' कोई जलता हुआ 'दीप' या 'प्रकाश-स्रोत' नहीं है, यह कवयित्री के अंतःकरण की चेतना का प्रतीक है। कवयित्री इसी अंतःचेतना को दीपक की तरह प्रकाश फैलाकर विश्व के अंधकार को दूर करने का आग्रह करती है। वह चाहती है कि उसका अंतःप्रकाश युगों-युगों तक आलोक पुंज बना रहे, जिसके तीव्र प्रकाश से सृष्टि का मार्ग प्रकाशित होता रहे। कवयित्री प्रतीक रूप 'दीपक' से आग्रह करती है कि विश्व के प्राकृतिक प्रकाश-पिंड अपने प्रकाश से सृष्टि को आलोकित कर सकने में अक्षम हैं, इसलिए उसे ही नवीन रूप धारण कर विश्व को प्रकाशित करना होगा।

3 'विश्व-शलभ' दीपक के साथ क्यों जल जाना चाहता है? **CBSE 2011**

उत्तर 'विश्व-शलभ' उन प्रवृत्तियों का द्योतक है, जो मानवता के विकास तथा चेतना के विस्तार के लिए अपना त्याग करने से भी नहीं चूकतीं और इसके लिए अपने अहंकार को जला देती हैं, नष्ट कर देती हैं। 'विश्व-शलभ' सरीखे (समान/तुल्य) लोग दुनिया के हर क्षेत्र में मिल जाते हैं, जो विश्व के लिए प्रकाश-स्रोत बनने को हमेशा तत्पर रहते हैं। कवयित्री ने ऐसे लोगों को ही 'विश्व-शलभ' कहा है, जो दीपक के साथ जलकर प्रकाश की तीव्रता को और बढ़ाने का प्रयास करते हैं।

4 आपकी दृष्टि में 'मधुर-मधुर मेरे दीपक जल' कविता का सौंदर्य इनमें से किस पर निर्भर है?

(क) शब्दों की आवृत्ति पर

(ख) सफल बिंब अंकन पर

उत्तर कविता का सौंदर्य उपरोक्त दोनों कारणों में से किसी एक ही कारण पर नहीं, बल्कि दोनों कारणों पर निर्भर है। संपूर्ण कविता का सौंदर्य इन दोनों कारणों के साथ-साथ अन्य कारणों पर भी निर्भर है।

(क) **शब्दों की आवृत्ति पर** कवयित्री ने इस कविता में अनेक बार शब्दों की आवृत्ति की है; *जैसे–*

मधुर-मधुर मेरे दीपक जल!
युग-युग प्रतिदिन प्रतिक्षण प्रतिपल,
तेरे जीवन का अणु गल गल!
पुलक-पुलक मेरे दीपक जल!

इस प्रकार की भाषा को आलंकारिक शब्दों में पुनरुक्तिप्रकाश अलंकार कहते हैं। पुनरुक्ति के कारण इनसे प्रभु भक्ति का भाव तीव्र हुआ है।

(ख) **सफल बिंब अंकन पर** इस कविता में कवयित्री ने बिंबों का सफल अंकन किया है; *जैसे–*

मधुर-मधुर मेरे दीपक जल!
प्रियतम का पथ आलोकित कर!

5 कवयित्री किसका पथ आलोकित करना चाह रही है?

उत्तर कवयित्री अपने प्रियतम का पथ आलोकित करना चाह रही है। यह प्रियतम कोई हाड़-मांस का पुतला नहीं है। यह एक ऐसी छवि है, जो संपूर्ण सृष्टि में व्याप्त है। इस सृष्टि को 'प्रियतम' कहना रहस्यवादी प्रवृत्तियों की चेतना का निष्कर्ष है। वस्तुतः यह मानवतावाद की प्रक्रिया का प्रवाह है। कवयित्री सृष्टिरूपी अपने प्रियतम के पथ को आलोकित करने की चाह में दीपक को 'मधुर-मधुर' जलने को कहती है।

6 कवयित्री को आकाश के तारे स्नेहहीन से क्यों प्रतीत हो रहे हैं? **CBSE 2013, 12, 11**

उत्तर कवयित्री को आकाश के तारे स्नेहहीन से इसलिए प्रतीत हो रहे हैं, क्योंकि उनमें स्नेह का अभाव है अर्थात् वे स्वयं तो प्रकाशित होने में सक्षम हैं, परंतु उनका प्रकाश दूसरों के काम नहीं आ सकता। वे दूसरों के लिए प्रकाश-पथ नहीं बन सकते; *जैसे–*स्वार्थी धनी व्यक्तियों का धन उनके लिए ही होता है, उससे दूसरों का कल्याण नहीं हो सकता।

7 कवयित्री ने दीपक को हर बार अलग-अलग तरह से 'मधुर-मधुर', 'पुलक-पुलक', 'सिहर-सिहर' और 'विहँस-विहँस' जलने को क्यों कहा है? स्पष्ट कीजिए। **CBSE 2011**

अथवा **महादेवी वर्मा अपने दीपक को किस प्रकार जलने के लिए कह रही हैं और क्यों?** **CBSE 2016**

उत्तर कवयित्री 'मधुर-मधुर मेरे दीपक जल' कविता में दीपक से प्रत्येक बार अलग-अलग तरह से जलने का आग्रह करती है। कविता के प्रारंभ में कवयित्री दीपक के जलने का कारण स्पष्ट करती है। वह प्रियतम के पथ को आलौकित करने के लिए दीपक को 'मधुर-मधुर' जलने को कहती है। दीपक को एक उत्साह और उल्लास के साथ प्रकाश-सिंधु तथा विपुल धूप बन जाने का आग्रह करती हुई कवयित्री उसे 'पुलक-पुलक' जलने को कहती है। कविता के मध्य में दीपक के जलने की प्रक्रिया के महत्त्व को दर्शाया गया है। कवयित्री ऐसे में दीपक से एक अनुशासन की अपेक्षा रखती है, जिस कारण उससे अपने वास्तविक रूप में जलने का आग्रह कर रही है।

'सिहर-सिहर' में कँपकँपी है, थरथराहट है। पूरी दुनिया में मानवता के क्षेत्र में अँधेरा देख कवयित्री का मन काँप उठता है, लेकिन इस स्थिति में भी वह अपने अंतःकरण की लौ से भी सिहर-सिहर कर जलने का आग्रह करती है। कविता के अंतिम भाग में कवयित्री देख रही है कि विश्व के असंख्य प्रकाश-स्रोत स्नेहहीन हैं, जो वैश्विक अंधकार में प्रकाश की रेखा भी नहीं छोड़ पाते। ऐसे में अंतः का दीपक ही प्रकाश का महत्त्वपूर्ण स्रोत प्रमाणित हो सकता है। इस भाग में दीपक के उत्साह को प्रेरित करने के लिए कवयित्री उसे 'विहँस-विहँस' जलने को कहती है।

8 पतंगा अपने क्षोभ को किस प्रकार व्यक्त कर रहा है?

उत्तर 'पतंगा' दीपक में जलकर प्रकाश-स्रोत की तीव्रता को और बढ़ाना चाहता है। वह सृष्टि को प्रकाशित करने वाले आलोक का हिस्सा बनना चाहता है। कुछ पतंगे इस प्रक्रिया का हिस्सा बन पाते हैं, तो कुछ इसमें योगदान नहीं कर पाने के कारण दुःखी होकर अपना सिर धुनते हैं। उनका दुःख सृष्टि के प्रकाश का हिस्सा न बन पाने की विवशता के कारण है। कवयित्री ने इसे उनके शब्दों में व्यक्त किया है "मैं हाय न जल पाया तुझ में मिल!"

9 नीचे दी गई काव्य-पंक्तियों को पढ़िए और प्रश्नों के उत्तर दीजिए

जलते नभ में देख असंख्यक,
स्नेहहीन नित कितने दीपक;
जलमय सागर का उर जलता,
विद्युत ले घिरता है बादल!
विहँस-विहँस मेरे दीपक जल!

(क) 'स्नेहहीन दीपक' से क्या तात्पर्य है?
(ख) सागर को 'जलमय' कहने का क्या अभिप्राय है और उसका हृदय क्यों जलता है?
(ग) बादलों की क्या विशेषता बताई गई है?
(घ) कवयित्री दीपक को 'विहँस-विहँस' जलने के लिए क्यों कह रही है?

उत्तर **(क)** 'स्नेहहीन दीपक' से कवयित्री का तात्पर्य है–तेल (प्रेम) से रहित दीपक अर्थात् प्रभु के प्रति भक्ति एवं प्रेम से विरक्त प्राणी।

(ख) सागर को 'जलमय' कहने से कवयित्री का अभिप्राय संसार के लोगों को सुख-वैभव से परिपूर्ण बताना है। हर प्रकार की सुख-समृद्धि से परिपूर्ण होने पर भी लोग द्वेष, अहंकार, ईर्ष्या आदि से जल रहे हैं अर्थात् उनके हृदय जल रहे हैं।

(ग) बादल विद्युत से घिरे हुए हैं, इससे कवयित्री का अभिप्राय है बादल जैसे संभावनामय महान् लोग भी विद्युत की चकाचौंध से घिर गए हैं। ये लोग आध्यात्मिक उन्नति को छोड़ केवल सांसारिक उन्नति में लीन हो गए हैं।

(घ) कवयित्री दीपक को 'विहँस विहँस' जलने के लिए इसलिए कह रही है, क्योंकि प्रकाश-स्रोतों की अक्षमता के बीच कवयित्री अपने दीपक को पूरे उत्साह और प्रसन्नता के साथ जल कर विश्व को आलोकित करने का निर्देश देती हुई उससे आग्रह करती है।

10 **क्या मीराबाई और 'आधुनिक मीरा' महादेवी वर्मा इन दोनों ने अपने–अपने आराध्य देव से मिलने के लिए जो युक्तियाँ अपनाई हैं, क्या उनमें आपको कुछ समानता या अंतर प्रतीत होता है? अपने विचार प्रकट कीजिए।** **CBSE 2012**

उत्तर मीरा मध्यकालीन भक्ति काव्यधारा की प्रमुख कवयित्री हैं। उनके आराध्य देव श्रीकृष्ण हैं, जो सगुण, साकार, ब्रह्म तथा मूर्तिस्वरूप हैं। कवयित्री मीरा वृंदावन में रहकर कृष्ण लीला का गान करती हैं। उनका 'रहस्यवाद' आध्यात्मिक प्रवृत्तियों से प्रेरित है। उनकी कविताओं में 'वेदना' को महत्त्व मिला। वह अपने प्रियतम श्रीकृष्ण के मिलन की आकांक्षा के कारण ही 'वेदना' में हैं।

महादेवी वर्मा भी अपनी 'वेदना' के कारण ही 'आधुनिक मीरा' कहलाती हैं। उनके यहाँ 'रहस्यवाद' मानवतावाद की प्रवृत्तियों से युक्त है। उनका प्रियतम कोई मूर्तिरूप नहीं, बल्कि सृष्टिस्वरूप है। महादेवी की वेदना अपने को व्यापकता देने तथा सृष्टि से एकाकार होने की प्रक्रिया से उपजी है। मीराबाई तथा महादेवी वर्मा की कविताओं में आराध्य देव के स्वरूप व मिलन की प्रक्रिया में अंतर तो है, किंतु उसे व्यक्त करने की प्रक्रिया में समानता दिखाई देती है। मीराबाई तथा महादेवी वर्मा 'वेदना' के स्तर पर एक-दूसरे से जुड़ी हुई प्रतीत होती हैं।

(ख) *निम्नलिखित का भाव स्पष्ट कीजिए*

1 "दे प्रकाश का सिंधु अपरिमित, तेरे जीवन का अणु गल गल!"

उत्तर कवयित्री का 'दीपक' से अनुरोध है कि वह अपने प्रकाशरूपी तन को विपुल धूप बनाकर कोमल मोम की तरह फैला दे, जिससे संपूर्ण विश्व प्रकाशरूपी सागर में नहा जाए। कवयित्री दीपक से उत्साह के साथ जलने का अनुरोध करती है। यह दीपक प्रकाश का भौतिक माध्यम नहीं है, बल्कि कवयित्री के अंतःकरण का प्रकाश है।

2 "युग-युग प्रतिदिन प्रतिक्षण प्रतिपल,
प्रियतम का पथ आलोकित कर!"

उत्तर प्रस्तुत पंक्तियों में कवयित्री 'दीपक' से लगातार युग-युग तक जलने का अनुरोध करती है। यह 'जलना' जीवन को आलोकित करने की प्रक्रिया है। कवयित्री दीपक से जलने को कहती है, ताकि उसके प्रियतम का पथ आलोकित होता रहे। इस दीपक का प्रकाश युगों-युगों तक उस प्रियतम का पथ आलोकित करेगा, जो इस सृष्टि की निरंतरता में प्रवाहित है। कवयित्री दीपक से हर दिन, हर क्षण तथा हर पल निरंतर जलते हुए प्रकाश फैलाने का आग्रह करती है।

3 "मृदुल मोम-सा घुल रे मृदु तन!"   **CBSE 2012**

उत्तर कवयित्री का 'दीपक' से अनुरोध है कि वह अपने प्रकाशरूपी तन को कोमल मोम की तरह घुला दे, जिससे संपूर्ण विश्व प्रकाशरूपी सागर में नहा जाए। कवयित्री दीपक से उत्साह के साथ जलने का भी अनुरोध करती है।

भाषा अध्ययन

1 कविता में जब एक शब्द बार-बार आता है और वह योजक चिह्न द्वारा जुड़ा होता है, तो वहाँ पुनरुक्तिप्रकाश अलंकार होता है; *जैसे–* पुलक-पुलक। इसी प्रकार के कुछ और शब्द ढूँढिए, जिनमें यह अलंकार हो।

उत्तर मधुर-मधुर, युग-युग, पुलक-पुलक, सिहर-सिहर, विहँस-विहँस शब्दों की पुनरावृत्ति है और योजक चिह्न द्वारा जुड़े हैं। अतः यहाँ पुनरुक्तिप्रकाश अलंकार है।

योग्यता विस्तार

1 इस कविता में जो भाव आए हैं, उन्हीं भावों पर आधारित कवयित्री द्वारा रचित कुछ अन्य कविताओं का अध्ययन करें; *जैसे–*
   (क) मैं नीर भरी दुःख की बदली
   (ख) जो तुम आ जाते एकबार
        ये सभी कविताएँ 'संधिनी' में संकलित हैं।

उत्तर छात्र स्वयं करें।

2 इस कविता को कंठस्थ करें तथा कक्षा में संगीतमय प्रस्तुति करें।

उत्तर छात्र स्वयं करें।

3 महादेवी वर्मा को 'आधुनिक मीरा' कहा जाता है। इस विषय पर जानकारी प्राप्त कीजिए।

उत्तर पुस्तकालय एवं शिक्षक की सहायता से छात्र इस विषय पर जानकारी प्राप्त कर सकते हैं।

परीक्षा अभ्यास

विषय-वस्तु का ज्ञान, बोध अभिव्यक्ति पर आधारित प्रश्न

1 प्रस्तुत काव्य पंक्ति में अलंकार छाँटकर लिखिए

मधुर-मधुर मेरे दीपक जल!
युग-युग प्रतिदिन प्रतिक्षण प्रतिपल,
प्रियतम का पथ आलोकित कर!

उत्तर 'मधुर-मधुर' तथा 'युग-युग' में पुनरुक्तिप्रकाश अलंकार है। 'प्रतिदिन प्रतिक्षण प्रतिपल' में अनुप्रास अलंकार प्रयुक्त है।

2 स्नेहहीन दीपक किन्हें कहा गया है और क्यों? CBSE 2014

उत्तर कवयित्री ने आकाश की ओर देखते हुए असंख्य टिमटिमाते हुए तारों को स्नेहहीन दीपक कहा है, क्योंकि उनमें स्नेह का अभाव होता है। कोई भी तारा परहित में प्रज्वलित नहीं होता है, अर्थात् वे स्वयं प्रकाशमान होतु हुए भी, दूसरों का मार्ग प्रकाशित नहीं करते। वस्तुतः कहा जा सकता है कि वे सामर्थ्यवान तो हैं, परन्तु परोपकारिता का भाव उनमें नहीं होता है।

3 'मधुर मधुर मेरे दीपक जल' कविता के माध्यम से कवयित्री ने किस बात की प्रेरणा देने का प्रयास किया है?

उत्तर 'मधुर मधुर मेरे दीपक जल' कविता के माध्यम से कवयित्री ने हमें सदैव ईश्वर के प्रति आस्था बनाए रखने एवं ईश्वर के प्रति आस्था रूपी दीपक से सबके हृदय में ईश्वरीय प्रेम की भावना जाग्रत करने की प्रेरणा देने का प्रयास किया है।

4 'मधुर-मधुर मेरे दीपक जल' कविता में कवयित्री किसका पथ आलोकित करना चाहती है और क्यों? CBSE 2013, 12, 11

उत्तर 'मधुर-मधुर मेरे दीपक जल' कविता में कवयित्री अपने प्रियतम अर्थात् ईश्वर का पथ आलोकित करना चाहती है, ताकि प्रभु मिलन का मार्ग प्रकाशित हो सके। उसके एवं प्रभु के मिलन में किसी प्रकार का व्यवधान (रूकावट) उत्पन्न न हो।

5 कवयित्री महादेवी वर्मा अपने मन रूपी दीपक को जलाकर क्या करना चाहती हैं? CBSE 2016, 13

उत्तर कवयित्री महादेवी वर्मा अपने मन रूपी दीपक को जलाकर अपने प्रियतम को प्राप्त करना चाहती हैं। अपने मन रूपी दीपक को जलाकर वह अपने समर्पण एवं बलिदान को व्यक्त कर रही हैं। वे स्वयं को मिटाकर भी अपने प्रियतम का सान्निध्य पाने की आकांक्षा रखती हैं।

6 महादेवी वर्मा ने अपनी कविता में दीपक से जलने की प्रार्थना क्यों की हैं? CBSE 2012

उत्तर महादेवी वर्मा ने अपनी कविता में दीपक से जलने की प्रार्थना इसलिए की है, क्योंकि वह चाहती हैं कि उनके जीवन में प्रभु-भक्ति का भाव सदैव बना रहे यह दीपक 'आध्यात्मिक प्रकाश' या प्रभु-प्रेम का प्रतीक है। वह इस दीपक के माध्यम से अपने प्रियतम का मार्ग आलोकित करने की प्रार्थना भी करती हैं।

7 'मधुर मधुर मेरे दीपक जल' कविता में कवयित्री के दीपक से ज्वाला-कण कौन माँग रहे हैं और क्यों? CBSE 2016

उत्तर इस संपूर्ण संसार में जितने भी शीतल, कोमल तथा नूतन प्राणी हैं, वे सभी कवयित्री के आस्थारूपी दीपक से चिंगारी (ज्वाला-कणा) माँग रहे हैं। आशय यह है कि प्रभु के प्रति आस्था की किरण कहीं खोजने से भी नहीं मिलती। इस किरण की गर्मी के अभाव से संपूर्ण जगत ठंडा प्रतीत होता है। अतः सभी अपने मन में आस्था की लौ जलाना चाहते हैं।

8 पतंगा किसका प्रतीक है? मनुष्य को पतंगे से क्या प्रेरणा मिलती है?

उत्तर पतंगा प्रेम की पराकाष्ठा और प्रेम की रक्षा के लिए अपने प्राण उत्सर्ग करने वालों का प्रतीक है। पतंगे के अल्पजीवन से मनुष्य को यह प्रेरणा मिलती है कि प्रेम का अर्थ स्वार्थ नहीं, त्याग है।

बलिदान से ही वास्तविक प्रेम की पुष्टि होती है। पतंगा दीपक की लौ से असीम स्नेह करता है, वह उसकी लौ पर मर मिटना चाहता है। इसी प्रकार, मनुष्य भी अपने अहंकार को गलाकर, अपना सर्वस्व त्यागकर ही ईश्वर को प्राप्त कर सकता है।

9 'मधुर-मधुर मेरे दीपक जल' कविता में कवयित्री ने सागर का उर जलने की कल्पना क्यों की है? CBSE 2012

अथवा **सागर का हृदय क्यों जलता है? CBSE 2014**

उत्तर 'मधुर-मधुर मेरे दीपक जल' कविता में कवयित्री ने सागर का उर जलने की कल्पना इसलिए की है, क्योंकि सागर का जल भीषण गर्मी से तपता है, जलता है और वाष्प बनकर मेघ बन जाता है अर्थात् स्नेहहीन एवं कोरी आस्था रखने वालों को देखकर गंभीर प्रभु-प्रेमी रुष्ट होते हैं।

10 महादेवी वर्मा की रचनाएँ रहस्यवाद प्रधान हैं। स्पष्ट कीजिए।

उत्तर महादेवी वर्मा अपने अज्ञात 'चिर सुंदर' की उपासिका हैं। यही अज्ञात-भाव उनके गीतों में रहस्यवादी भावना भरता है। महादेवी जी ने अपनी अधिकांश रचनाओं में रहस्यवाद की सभी स्थितियों का चित्रण किया है। वे सतत साधनामय जीवन व्यतीत करने में विश्वास रखती हैं।

11 **महादेवी वर्मा की कविता में 'दीपक' और 'प्रियतम' किनके प्रतीक हैं?** **CBSE 2018**

उत्तर 'मधुर-मधुर मेरे दीपक जल' कविता में कवयित्री महादेवी वर्मा ने प्रतीकों का सुंदर प्रयोग किया है। 'दीपक' उस प्रकाश-स्रोत का प्रतीक है , जिसने विश्व सभ्यता को निरंतर प्रकाशित किया है। यह प्रतिपल आलौकित होकर मनुष्यता को एक निश्चित दिशा देने की प्रक्रिया में है। उनका 'प्रियतम' कोई मनुष्य नहीं, बल्कि अज्ञात प्रिय ईश्वर अर्थात् सबका कल्याण करने वाले अर्थात् मानवता की एक उत्कृष्ट छवि है, जिसे वह अंगीकृत (प्राप्त करना) करना चाहती है। वह चाहती है कि दीपक निरंतर अपने उस प्रकाश का विस्तार करता रहे, जो अनंतकाल तक प्रियतम के पथ को आलौकित कर सके।

12 **दीपक को किस तरह घुलकर जलने के लिए कहा गया है?** **CBSE 2015**

अथवा **'मधुर-मधुर मेरे दीपक जल' कविता में कवयित्री ने अपने दीपक से मोम की तरह घुलने के लिए क्यों कहा है? स्पष्ट कीजिए कि उस घुलने में कौन-सा भाव छिपा है?** **CBSE 2014**

अथवा **मोम के घुलने में मोम का कौन-सा भाव छिपा होता है?** **CBSE 2014**

उत्तर 'मधुर-मधुर मेरे दीपक जल' कविता में महादेवी वर्मा ने अपने दीपक से मोम की तरह घुलने के लिए इसलिए कहा है, क्योंकि मोम का गुणधर्म उसकी कोमलता है, जो ज़रा-सा ताप लगते ही पिघलने लगता है, उसी प्रकार से ईश्वर द्वारा निर्मित यह तन अत्यंत कोमल व क्षणभंगुर है, परंतु मनुष्य अपने दृढ़ निश्चय व लक्ष्य के प्रति आस्था की लौ को प्रज्वलित करके इस कोमल तन से भी कठोर-से-कठोर लक्ष्य को प्राप्त कर सकता है। इसलिए मोम मनुष्य को यह प्रेरणा देता है कि लक्ष्यपूर्ति हेतु यदि इस कोमल शरीर को गलाना भी पड़े, तो संघर्ष की अग्नि में उसे गलाकर अपने कर्तव्य पथ पर आगे बढ़ते रहना चाहिए तथा स्वयं एवं अन्य को प्रकाशित करते रहना चाहिए।

13 **प्रकृति के किन-किन उपादानों में जलने की क्रिया चलती रहती है?** **CBSE 2015**

उत्तर 'मधुर-मधुर मेरे दीपक जल' कविता में आधुनिक मीरा कही जाने वाली कवयित्री महादेवी वर्मा लिखती हैं कि जलते हुए आकाश में असंख्य तारे रूपी दीपक जल रहे हैं, परंतु कोई भी तारा भक्ति की किरण से प्रज्वलित नहीं है। समुद्र में जल ही जल है, सांसारिक समृद्धि है, किंतु फिर भी समुद्र का हृदय जल रहा है और इसी तपिश से उसका जल वस्तुतः वाष्प बनकर बादल में परिवर्तित हो जाता है और कड़कती बिजली के साथ आकाश में घनघोर घटा के रूप में दिखाई देता है। इन सभी प्राकृतिक उपादानों का प्रयोग प्रतीकात्मक रूप में हुआ है। जिस प्रकार बादल चमकती हुई बिजली से घिरे हुए हैं, उसी प्रकार मनुष्य सांसारिक ऐश्वर्य एवं वैभव से परिपूर्ण होकर भी अशांत है, उसका हृदय ईर्ष्या एवं घृणा की आग में निरंतर जलता रहता है।

14 **वर्तमान समय में वैज्ञानिक प्रगति और भौतिक समृद्धि ने मानव जीवन को किस प्रकार प्रभावित किया है। इस प्रगति को मानव कल्याणार्थ किस प्रकार बनाया जा सकता है?**

उत्तर वर्तमान समय में वैज्ञानिक प्रगति चरमोत्कर्ष पर है। इस प्रगति ने मनुष्य जीवन को सुविधासंपन्न और सुखभोगी बनाया है तथा ऐश्वर्य और विलासिता से परिपूर्ण जीवन-शैली भी प्रदान की है, जिसके फलस्वरूप आज मनुष्य आरामपसंद, स्वार्थी और आत्मकेंद्रित हो गया है। विकास की होड़ में आज संवेदनशीलता, सेवा, भक्ति और त्याग जैसे जीवन-मूल्य अपना अस्तित्व खो चुके हैं। इस प्रगति के दौर में आज आध्यात्मिकता की बहुत आवश्यकता है। प्रभु या ईश्वर में आस्था और सद्भावना जैसे गुण ही हमें मानवता के कार्यों के लिए प्रेरित करते रहते हैं। इसलिए आध्यात्मिक गुणों को आधार बनाकर वैज्ञानिक प्रगति को मानव कल्याणार्थ बनाया जा सकता है।

15 **मनुष्य के हृदय में आध्यात्मिक आस्था न होने का क्या दुष्प्रभाव होता है? आध्यात्मिकता का मानव जीवन में क्या महत्त्व है? स्पष्ट कीजिए।**

उत्तर अध्यात्म भारतीय संस्कृति का अभिन्न अंग है। यह प्रत्येक भारतवासी के रक्त में बसा है, परंतु आधुनिक परिवेश व पाश्चात्य संस्कृति के प्रभाव के कारण युवा वर्ग अध्यात्म से दूर होता जा रहा है, जिसका दुष्परिणाम आज नहीं तो कल भावी पीढ़ी को अवश्य भोगना पड़ेगा।

वर्तमान समय में अवसाद, भ्रष्टाचार, मानवीय गुणों का अभाव, परस्पर सद्भावना की कमी व एक-दूसरे के प्रति बैर-भाव व सांप्रदायिकता आदि भावनाएँ आध्यात्मिकता के प्रति आस्था न होने से ही पनपती हैं। इसलिए मानव में मानवीय गुणों के संरक्षण और मानव को मानवता के पथ पर अग्रसर करने हेतु आज आध्यात्मिकता की अत्यंत आवश्यकता है, तभी मनुष्य का अस्तित्व सुरक्षित रह सकता है।

स्वमूल्यांकन

विषय-वस्तु का ज्ञान, बोध
अभिव्यक्ति प आधारित प्रश्न

निम्नलिखित प्रश्नों के उत्तर दीजिए

1. कवयित्री दीपक से पुलक-पुलक कर जलने की बात क्यों कह रही हैं?

2. प्रस्तुत कविता में 'दीपक' किसका प्रतीक है? स्पष्ट कीजिए।

3. महादेवी वर्मा अपने दीपक को किस प्रकार जलने के लिए कह रही हैं और क्यों?

4. 'मधुर मधुर मेरे दीपक जल' कविता के आधार पर बताइए कि पतंगा अपना सिर क्यों धुनता है?

5. ''माँग रहे तुझसे ज्वाला कण''—पंक्ति का भाव स्पष्ट कीजिए।

6. ''विद्युत ले घिरता है बादल'' —पंक्ति का भावार्थ स्पष्ट कीजिए।

7. महादेवी वर्मा के प्रियतम के स्वरूप का वर्णन कीजिए।

8. सागर का हृदय जलने से क्या अभिप्राय है? स्पष्ट कीजिए।

9. कवयित्री महादेवी वर्मा की कविता 'मधुर मधुर मेरे दीपक जल' का प्रतिपाद्य अपने शब्दों में लिखिए।

10. 'मधुर मधुर मेरे दीपक जल' कविता में व्याप्त प्रकृति चित्रण पर प्रकाश डालिए।

11. 'मधुर मधुर मेरे दीपक जल' कविता में बिंबों तथा प्रतीकों के माध्यम से कवयित्री स्वानुभूति अभिव्यक्त करती हैं। स्पष्ट कीजिए।

12. 'मधुर मधुर मेरे दीपक जल' कविता क्या संदेश देती है?

13. ''जलते नभ में देख असंख्यक स्नेहहीन नित कितने दीपक''— पंक्ति का भावार्थ लिखिए।

अध्याय
07

तोप *(वीरेन डंगवाल)*

पाठ की रूपरेखा
प्रस्तुत कविता में एक तोप का वर्णन किया गया है, जो 1857 ई. के प्रथम स्वतंत्रता संग्राम में प्रयोग में लाई गई थी। यह तोप अंग्रेज़ों द्वारा किए गए अत्याचार की प्रतीक है। इस तोप को अब कंपनी बाग में एक विरासत की भाँति सँभालकर रखा गया है। यह तोप आने-जाने वालों को यह बताती है कि उसने बड़े-बड़े वीरों की धज्जियाँ उड़ा दी थी। आज उस तोप की स्थिति यह है कि या तो उस पर छोटे बच्चे सवार होकर खेल-खेलते हैं या चिड़ियाँ बैठी आपस में गपशप करती हैं। कई बार ऐसा होता है कि कुछ गौरैयाँ भी उस तोप में घुस जाती हैं। इससे यह बात प्रामाणित होती है कि तोप चाहे कितनी भी बड़ी क्यों न हो, एक-न-एक दिन उसे शांत होना ही पड़ता है। इसी प्रकार अत्याचार करने वाली प्रबल शक्तियों को भी एक दिन पराजय का मुँह देखना पड़ता है।

कवि-परिचय
वीरेन डंगवाल का जन्म उत्तराखंड के टिहरी गढ़वाल ज़िले के कीर्तिनगर मे 5 अगस्त, 1947 को हुआ था। इन्होंने अपनी आरंभिक शिक्षा नैनीताल में और उच्च शिक्षा इलाहाबाद से प्राप्त की। इन्होंने प्राध्यापक पद पर कार्य किया तथा पत्रकारिता से भी निरंतर जुड़े रहे।

इन्होंने अपनी कविताओं का आधार ऐसी चीज़ों और जीव-जंतुओं को बनाया है, जिन्हें मनुष्य (व्यक्ति) देखकर भी अनदेखा कर देते हैं। इनकी कविताओं की प्रमुख विशेषता समाज के साधारण जन तथा हाशिए पर रह रहे लोगों के जीवन के दृश्य हैं। 'इसी दुनिया में' और 'दुष्चक्र में स्रष्टा' इनके कविता संग्रह हैं। इसी दुनिया में संग्रह के लिए इन्हें प्रतिष्ठित श्रीकांत वर्मा पुरस्कार और दुष्चक्र में स्रष्टा के लिए साहित्य अकादमी पुरस्कार के अतिरिक्त अन्य कई पुरस्कारों से सम्मानित किया गया है। इन्होंने अन्य भाषाओं में लिखी गई महत्त्वपूर्ण कवियों की कविताओं का हिंदी में अनुवाद भी किया है।

28 सितंबर, 2015 को एक लंबी बीमारी के चलते इनका निधन हो गया।

काव्यांशों की व्याख्या

काव्यांश 1

कंपनी बाग के मुहाने पर
धर रखी गई है यह 1857 की तोप
इसकी होती है बड़ी सम्हाल, विरासत में मिले
कंपनी बाग की तरह
साल में चमकाई जाती है दो बार।
सुबह-शाम कंपनी बाग में आते हैं बहुत से सैलानी
उन्हें बताती है यह तोप
कि मैं बड़ी जबर
उड़ा दिए थे मैंने
अच्छे-अच्छे सूरमाओं के धज्जे
अपने ज़माने में।

» शब्दार्थ
कंपनी बाग–ईस्ट इंडिया कंपनी द्वारा बनाए गए बाग; मुहाने–प्रवेश द्वार पर; धर रखी–रखी गई; सम्हाल–देखभाल; विरासत–पूर्व पीढ़ियों से प्राप्त वस्तुएँ; सैलानी–दर्शनीय स्थलों पर आने वाले यात्री, पर्यटक; जबर–ज़बरदस्त, शक्तिशाली; सूरमा–वीर; धज्जे–चिथड़े-चिथड़े करना।

भावार्थ
कवि कहता है कि कंपनी बाग के मुख्य द्वार पर प्रवेश करते ही एक तोप रखी हुई दिखाई देती है। इस तोप को 1857 के स्वतंत्रता संग्राम में प्रयोग किया गया था। इस तोप तथा कंपनी बाग की बहुत देखभाल की जाती है। इसे अपने पुरखों द्वारा मिली धरोहर के रूप में सजाया-सँवारा जाता है। इस तोप को एक वर्ष में दो बार खूब चमकाया जाता है।

इस कंपनी बाग में हर रोज़ सुबह और शाम के समय बहुत से सैलानी घूमने के लिए आते हैं। तब यह तोप उन सभी को बताती है कि 1857 के स्वतंत्रता संग्राम में मैंने ज़बरदस्त कार्य किया था और अच्छे-अच्छे शूरवीरों के चिथड़े-चिथड़े उड़ा दिए थे। इस प्रकार यह तोप अपनी गौरव गाथा बाग में आने-जाने वाले सभी लोगों को बताती है।

काव्य सौंदर्य

(*i*) भाषा अत्यंत सरल एवं सहज है, लेकिन अत्यंत प्रभावोत्पादक होने के कारण भावाभिव्यक्ति में पूर्णतः सक्षम है।

(*ii*) इसमें चित्रात्मक शैली का प्रयोग किया गया है, जिससे चित्रण अत्यंत जीवंत हो गया है।

(*iii*) यह छंदमुक्त शैली में लिखी गई कविता है।

(*iv*) 'अच्छे-अच्छे' में पुनरुक्तिप्रकाश अलंकार है।

काव्यांश 2

अब तो बहरहाल
छोटे लड़कों की घुड़सवारी से अगर यह फ़ारिग हो
तो उसके ऊपर बैठकर
चिड़ियाँ ही अकसर करती हैं गपशप
कभी-कभी शैतानी में वे इसके भीतर भी घुस जाती हैं
खास कर गौरैयें
वे बताती हैं कि दरअसल कितनी भी बड़ी हो तोप
एक दिन तो होना ही है उसका मुँह बंद।

» शब्दार्थ

बहरहाल–फिलहाल, इन दिनों, अब; फ़ारिग–खाली, मुक्त, फुरसत-मिलना; अकसर– प्रायः; गपशप–बातें; शैतानी–शरारत; दरअसल–वास्तव में।

भावार्थ

कवि कहता है कि पहले यह तोप कितनी भी विनाशकारी क्यों न रही हो, किंतु आजकल तो यह खिलौने के रूप में काम कर रही है। अब बच्चे इस तोप पर बैठकर घुड़सवारी का आनंद लेते हैं। जब कभी इस पर बच्चे सवारी नहीं करते, अगर वह खाली होती है, तो उस समय चिड़ियाँ इस पर बैठकर आपस में गपशप करती हैं। कई बार तो ऐसा भी होता है कि कुछ पक्षी शरारत करते हुए इस तोप के मुँह के भीतर भी घुस जाते हैं, विशेष तौर पर गौरैयाँ तो इससे बिलकुल भयभीत नहीं होतीं। इस तोप पर चिड़ियाँ गपशप करके, गौरैयाँ तोप के मुँह में भयहीन होकर घुसकर तथा खेलने वाले बच्चे इस पर सवारी करके मानो यह बताते हैं कि चाहे तोप कितनी भी बड़ी और शक्तिशाली क्यों न हो, एक-न-एक दिन उसका मुँह बंद हो ही जाता है। कवि इस बात को स्पष्ट करना चाहता है कि किसी समस्या का समाधान विनाशकारी तोप के पास तो बिलकुल नहीं है।

काव्य सौंदर्य

(*i*) इसकी भाषा अत्यधिक सरल एवं सहज होते हुए भी प्रभावोत्पादक है, जो भावों की अभिव्यक्ति करने में पूर्णतः सक्षम है।

(*ii*) यथार्थ एवं जीवंत चित्रण करने के लिए चित्रात्मक शैली का प्रयोग किया गया है।

(*iii*) यह कविता छंदमुक्त शैली में लिखी है, जो नई कविता की एक महत्त्वपूर्ण विशेषता है।

(*iv*) 'कभी-कभी' में पुनरुक्तिप्रकाश अलंकार है।

पाठ्यपुस्तक (स्पर्श भाग-2) के प्रश्नोत्तर

(क) *निम्नलिखित प्रश्नों के उत्तर दीजिए*

1 विरासत में मिली चीज़ों की बड़ी सँभाल क्यों होती है? तोप कविता के आधार पर स्पष्ट करते हुए तोप की विशेषताएँ भी दीजिए। **CBSE 2020, 11, 10**

अथवा विरासत में मिली चीज़ों को सँभालकर क्यों रखा जाता है? 'तोप' कविता के आधार पर लिखिए। **CBSE 2014, 10**

अथवा 'तोप' कविता के आलोक में विरासत में मिली चीजों के महत्त्व पर अपना दृष्टिकोण लिखिए। **CBSE 2020**

उत्तर विरासत में मिली चीज़ें हमें अपने पूर्वजों, संस्कारों, अनुभवों और रीति-रिवाज़ों, परंपराओं आदि का स्मरण कराकर यह भी बताती हैं कि हमारे पूर्वजों से कहाँ और कब किस प्रकार की गलतियाँ हुई थीं और उनका क्या परिणाम निकला। साथ ही, इन गलतियों से बचने और इनके समाधान भी बताती हैं।

विरासत में मिली चीज़ों की सँभाल करने के पीछे निम्नलिखित उद्देश्य हो सकते हैं

(*i*) आने वाली (नई) पीढ़ी अपने पूर्वजों के विषय में जानकारी रखे।

(*ii*) आने वाली पीढ़ी अपने पूर्वजों के अनुभवों से सीख ले और उनके द्वारा की गई गलतियों को न दोहराए।

(*iii*) पूर्व में मिली विरासत की परंपराओं को जाने-समझे और उनका पालन भी करे, ताकि ये परंपराएँ अगली पीढ़ी को हस्तांतरित हो सकें।

तोप की विशेषताएँ इस प्रकार हैं

(*i*) 1857 के स्वतंत्रता संग्राम में इस तोप ने अपने बल पर वीर शूरवीरों को पराजित कर दिया था।

(*ii*) यह सैलानियों के लिए आकर्षण का केंद्र बनी हुई है।

(*iii*) यह अंग्रेजी शासकों द्वारा भारतीयों पर किए गए अत्याचारों का प्रतीक है।

2 इस कविता से आपको तोप के विषय में क्या जानकारी मिलती है? **CBSE 2011, 10**

उत्तर इस कविता से यह जानकारी मिलती है कि सन् 1857 के स्वतंत्रता संग्राम के समय ईस्ट इंडिया कंपनी के शासकों द्वारा भारतीय क्रांतिकारियों के संघर्ष को कुचलने के लिए इन तोपों का प्रयोग किया गया था। इसका परिणाम यह हुआ था कि न जाने कितने स्वाधीनता सेनानी इन तोपों द्वारा मार डाले गए थे।

इसके बाद भी भारतीय सेनानियों ने हार नहीं मानी और कुछ वर्षों बाद फिर से स्वाधीनता प्राप्त करने के लिए संघर्ष आरंभ कर दिया। इस बार उनके साथ पूरा देश था, जिसका परिणाम हुआ एक लंबा संघर्ष, जिसमें अंततः भारतीयों की विजय हुई और अंग्रेज़ों को यहाँ से वापस लौटना पड़ा।

3 कंपनी बाग में रखी तोप क्या सीख देती है? **CBSE 2011, 10**

उत्तर *कंपनी बाग में रखी तोप निम्नलिखित सीख देती है*

(i) तोप, भाले, गोली, बंदूक आदि अस्त्र-शस्त्र चाहे कितने भी विनाशकारी क्यों न हों, किंतु उनसे न्याय के लिए होने वाले संघर्ष को लंबे समय तक रोका नहीं जा सकता।

(ii) यह मनुष्य की एकता और लक्ष्य के प्रति जागरूकता ही है, जो उन्हें अंत में विजय दिलाती है और अन्यायी को पराजय।

(iii) अत्याचारी चाहे कितना भी शक्तिशाली क्यों न हो, एक दिन उसका अंत अवश्य होता है।

(iv) विदेशी और प्रलोभन देने वालों से हमेशा सावधान रहना चाहिए, क्योंकि बाहर से जो दिखाई देता है, वह भीतर से कुछ और होता है, जिसका परिणाम हमेशा छल और नुकसान के रूप में होता है।

4 कविता में तोप को दो बार चमकाने की बात की गई। ये दो अवसर कौन-से होंगे?

अथवा 'तोप' को कब-कब चमकाया जाता है? 'तोप' कविता के आधार पर लिखिए। **CBSE 2019**

उत्तर भारत में 15 अगस्त और 26 जनवरी का बहुत महत्त्व है। ये दोनों हमारे राष्ट्रीय पर्व हैं। पहला अवसर देश को गुलामी से आज़ादी दिलाने तथा दूसरा भारतीय संविधान के लागू होने का प्रतीक है। इसलिए ये दो अवसर (15 अगस्त और 26 जनवरी) हैं, जिन पर इस तोप को चमकाया जाता होगा, क्योंकि इन दो दिनों में भारत के कोने-कोने में स्वतंत्रता की खुशियों की लहर दौड़ने लगती है।

(ख) *निम्नलिखित का भाव स्पष्ट कीजिए*

1 "अब तो बहरहाल
छोटे लड़कों की घुड़सवारी से अगर यह फ़ारिग हो
तो उसके ऊपर बैठकर
चिड़ियाँ ही अकसर करती हैं गपशप।"

उत्तर पहले यह तोप कितनी भी विनाशकारी क्यों न रही हो, किंतु आजकल तो यह खिलौने के रूप में काम कर रही है। अब बच्चे इस तोप पर बैठकर घुड़सवारी का आनंद लेते हैं।

जब कभी इस पर बच्चे सवारी नहीं करते, तो उस समय चिड़ियाँ इस पर बैठकर आपस में गपशप करती हैं। अब कोई भी इससे भयभीत नहीं होता।

2 "वे बताती हैं कि दरअसल कितनी भी बड़ी हो तोप एक दिन तो होना ही है उसका मुँह बंद।"

उत्तर इस तोप पर चिड़ियाँ गपशप करके, गौरैयाँ तोप के मुँह में भयहीन घुसकर तथा बच्चे इस पर घुड़सवारी करके मानो यह बताते हैं कि चाहे तोप कितनी भी बड़ी क्यों न हो, एक-न-एक दिन उसका मुँह बंद हो ही जाता है। कवि इस बात को स्पष्ट करना चाहता है कि किसी समस्या का समाधान विनाशकारी तोप के पास तो बिलकुल नहीं है।

3 "उड़ा दिए थे मैंने अच्छे-अच्छे सूरमाओं के धज्जे।"

उत्तर कंपनी बाग में हर रोज़ सुबह और शाम के समय बहुत से सैलानी घूमने के लिए आते हैं। तब यह तोप उन सभी को बताती है कि सन् 1857 के स्वतंत्रता संग्राम में मैंने अच्छे-अच्छे शूरवीरों के चिथड़े-चिथड़े उड़ा दिए थे। इस प्रकार यह तोप अपनी गौरव गाथा आने-जाने वाले सभी लोगों को बताती है।

भाषा अध्ययन

1 कवि ने इस कविता में शब्दों का सटीक और बेहतरीन प्रयोग किया है। इसकी एक पंक्ति देखिए 'धर रखी गई है यह सन् 1857 की तोप'। 'धर' शब्द देशज है और कवि ने इसका कई अर्थों में प्रयोग किया है। 'रखना', 'धरोहर' और 'संचय' के रूप में।

उत्तर छात्र क्रियाकलाप। स्वयं करें।

2 तोप शीर्षक कविता का भाव समझते हुए इसका गद्य में रूपांतरण कीजिए।

उत्तर छात्र अपनी सृजनात्मक क्षमता के अनुसार स्वयं करें।

योग्यता विस्तार

1 कविता रचना करते समय उपयुक्त शब्दों का चयन और उनका सही स्थान पर प्रयोग अत्यंत महत्त्वपूर्ण है। कविता लिखने का प्रयास कीजिए और इसे समझिए।

उत्तर छात्र स्वयं करें।

2 तेज़ी से बढ़ती जनसंख्या और घनी आबादी वाली जगहों के आसपास पार्कों का होना क्यों ज़रूरी है? कक्षा में परिचर्चा कीजिए।

उत्तर यह एक छात्र क्रियाकलाप है। अतः छात्र स्वयं करें।

परियोजना कार्य

1 स्वतंत्रता सेनानियों की गाथा संबंधित पुस्तक को पुस्तकालय से प्राप्त कीजिए और पढ़कर कक्षा में सुनाइए।

उत्तर छात्र स्वयं करें।

परीक्षा अभ्यास

काव्यांश पर आधारित बहुविकल्पात्मक प्रश्न

निम्नलिखित काव्यांशों को ध्यानपूर्वक पढ़कर पूछे गए प्रश्नों के सही विकल्प चुनिए।

1 कम्पनी बाग के मुहाने पर
धर रखी गई है यह 1857 की तोप
इसकी होती है बड़ी सम्हाल, विरासत में मिले
कम्पनी बाग की तरह
साल में चमकाई जाती है दो बार।

(क) कविता के अनुसार तोप कहाँ रखी गई है?
- *(i)* शहर में
- *(ii)* प्रवेश द्वार पर
- *(iii)* शहर में दूर गाँवों में
- *(iv)* कम्पनी बाग के प्रवेश द्वार पर

उत्तर *(iv)* कम्पनी बाग के प्रवेश द्वार पर

(ख) तोप को साल में कितनी बार चमकाया जाता है?
- *(i)* तीन बार
- *(ii)* चार बार
- *(iii)* दो बार
- *(iv)* पाँच बार

उत्तर *(iii)* दो बार

(ग) यह तोप हमें कहाँ से मिली है?
- *(i)* युद्ध में
- *(ii)* घर में
- *(iii)* विरासत में
- *(iv)* खुदाई में

उत्तर *(iii)* विरासत में

(घ) कविता में वर्णित तोप कब की है?
- *(i)* 1850 की
- *(ii)* 1857 की
- *(iii)* 1872 की
- *(iv)* 1847 की

उत्तर *(ii)* 1857 की

(ङ) कंपनी बाग में रखी तोप किन पर हुए जुल्मों की दास्तान कहती है?
- *(i)* सैनिकों पर
- *(ii)* विदेशियों पर
- *(iii)* मजदूरों पर
- *(iv)* भारतीयों पर

उत्तर *(ii)* विदेशियों पर

2 सुबह-शाम कम्पनी बाग में आते हैं बहुत से सैलानी
उन्हें बताती है यह तोप
कि मैं बड़ी जबर
उड़ा दिए थे मैंने
अच्छे-अच्छे सूरमाओं के धज्जे
अपने जमाने में

(क) तोप अपने बारे में क्या बताती है?
- *(i)* वह बहुत बड़ी है
- *(ii)* वह अब कुछ नहीं कर सकती
- *(iii)* वह अपने समय में बहुत शक्तिशाली थी
- *(iv)* वह कमजोर नहीं है

उत्तर *(iii)* वह अपने समय में बहुत शक्तिशाली थी

(ख) 'जबर' शब्द से क्या तात्पर्य है?
- *(i)* जबरदस्ती
- *(ii)* हल्की
- *(iii)* शक्तिशाली
- *(iv)* किसी कार्य की नहीं

उत्तर *(iii)* शक्तिशाली

(ग) कम्पनी बाग में सुबह-शाम कौन आता है?
- *(i)* सिपाही
- *(ii)* चिड़िया
- *(iii)* सूरमा
- *(iv)* सैलानी

उत्तर *(iv)* सैलानी

(घ) तोप ने अपने समय में क्या-क्या कार्य किए?
- *(i)* भारतीय देशभक्तों का दमन किया
- *(ii)* बातचीत का माध्यम समाप्त कर दिया
- *(iii)* अंग्रेजी सत्ता को उखाड़ फेंका
- *(iv)* शक्तिशालियों को और अधिक शक्ति प्रदान की

उत्तर *(i)* भारतीय देशभक्तों का दमन किया

(ङ) तोप को जबर कहने का क्या कारण हो सकता है?
- *(i)* तोप का आकार बड़ा होना
- *(ii)* तोप से गोलियाँ चलाना
- *(iii)* तोप द्वारा 1857 के संग्राम में बहुत-से वीरों की धज्जियाँ उड़ा देना।
- *(iv)* उपरोक्त सभी

उत्तर *(iii)* तोप द्वारा 1857 के संग्राम में बहुत-से वीरों की धज्जियाँ उड़ा देना

कविता पर आधारित बहुविकल्पीय प्रश्न

1. कंपनी बाग में रखी तोप किसका प्रतीक है?
   - (i) निराशा और अंधकार का
   - (ii) अंग्रेजों की शक्ति का
   - (iii) अंग्रेजों द्वारा किए गए अत्याचारों का
   - (iv) जीवन की वास्तविकता का

   उत्तर (iii) अंग्रेजों द्वारा किए गए अत्याचारों का

2. किसी जमाने में शक्तिशाली रही तोप आज किस रूप में काम कर रही है?
   - (i) खिलौने के रूप में
   - (ii) विनाशकारी रूप में
   - (iii) सहज रूप में
   - (iv) युद्ध करने के रूप में

   उत्तर (i) खिलौने के रूप में

3. तोप को कंपनी बाग के मुहाने पर रखे जाने का क्या कारण हो सकता है?
   - (i) मुहाने की सुन्दरता बढ़ाना
   - (ii) देश की शान बढ़ाना
   - (iii) आने-जाने वाले लोग आसानी से देख सके
   - (iv) लोगों में डर तथा भय बना रहे

   उत्तर (ii) देश की शान बढ़ाना।

4. चिड़िया तोप पर बैठकर क्या करती है?
   - (i) इधर-उधर घूमने लगती है।
   - (ii) आपस में गपशप करने लगती है।
   - (iii) दाना चुगने लगती है।
   - (iv) चीं-चीं की आवाज कर शोर मचाती है।

   उत्तर (ii) आपस में गपशप करने लगती है।

5. सन् 1857 में प्रयोग की गई तोप अब किस काम आती है?
   - (i) शक्ति प्रदर्शन करने के
   - (ii) युद्ध लड़ने के
   - (iii) छोटे लड़कों की घुड़सवारी के
   - (iv) सबक लेने के

   उत्तर (iii) छोटे लड़कों की घुड़सवारी के

6. कंपनी बाग के मुहाने पर रखी तोप को देखकर हम क्या प्रेरणा ले सकते हैं?
   - (i) हमें ईस्ट इंडिया जैसी कंपनियों से सावधान रहना है
   - (ii) हमें अपने देश की रक्षा करनी है
   - (iii) हमें कोई में ऐसा कार्य नहीं करना चाहिए जिससे हमारी आजादी खतरे में पड़े
   - (iv) उपरोक्त सभी

   उत्तर (iv) उपरोक्त सभी

7. चिड़िया का तोप में घुसना क्या दर्शाता है?
   - (i) शक्ति के बल पर प्राप्त विजय स्थायी नहीं होती।
   - (ii) समय के साथ-साथ बड़े से बड़ा सूरमा भी तोप की तरह ठंडा हो जाता है।
   - (iii) 'क' और 'ख' दोनों
   - (iv) तोप सभी का स्वागत करती है।

   उत्तर (iii) 'क' और 'ख' दोनों

8. गौरैया तोप में घुसकर क्या बताना चाहती है?
   - (i) कोई कितना भी शक्तिशाली हो उसका अंत होता ही है
   - (ii) शक्ति के अहंकार में चूर नहीं होना चाहिए
   - (iii) एक न एक दिन अहंकार चूर होता ही है
   - (iv) उपरोक्त सभी

   उत्तर (iv) उपरोक्त सभी

9. तोप की सँभाल किस प्रकार होती है?
   - (i) विरासत में मिले खजाने की तरह
   - (ii) विरासत में मिले कंपनी बाग की तरह
   - (iii) बेशकीमती चीज की तरह
   - (iv) अमूल्यहीन साधन की तरह

   उत्तर (ii) विरासत में मिले कंपनी बाग की तरह

10. चिड़िया द्वारा तोप पर बैठकर गपशप करना क्या दर्शाता है?
    - (i) चिड़िया कहीं भी बैठ सकती है।
    - (ii) उन्हें विनाशकारी तोप का भय नहीं है।
    - (iii) उन्हें स्वतंत्रता प्राप्त होने वाली है।
    - (iv) उनकी बातें कहीं भी शुरू हो जाती है।

    उत्तर (ii) उन्हें विनाशकारी तोप का भय नहीं है।

11. समय के साथ तोप की स्थिति में परिवर्तन हो गया है इस भाव को कौन-सी पंक्ति दर्शा रही है?
    - (i) साल में चमकाई जाती है दो बार
    - (ii) उड़ा दिए ये मैंने अच्छे-अच्छे सूरमाओं के धज्जे
    - (iii) एक दिन तो होना ही है उसका मुँह बंद
    - (iv) इसकी होती है बड़ी सँभाल

    उत्तर (iii) एक दिन तो होना ही है उसका मुँह बंद

12. अंग्रेजी शासन द्वारा कंपनी बाग किसलिए बनवाए गए थे?
    - (i) अपनी शक्ति का प्रदर्शन करने के लिए
    - (ii) शिक्षा के प्रचार-प्रसार के लिए
    - (iii) प्राकृतिक सुंदरता बढ़ाने के लिए
    - (iv) अपने आराम के लिए

    उत्तर (iv) अपने आराम के लिए

परीक्षा अभ्यास

विषय-वस्तु का ज्ञान, बोध अभिव्यक्ति पर आधारित प्रश्न

1 'तोप' कहाँ सँभालकर रखी गई है तथा क्यों? **CBSE 2010**

उत्तर सन् 1857 के स्वतंत्रता संग्राम में अंग्रेज़ों द्वारा प्रयोग में लाई गई तोप कंपनी बाग के प्रवेश द्वार पर सँभालकर रखी गई है। कंपनी बाग में तोप प्रदर्शन के प्रयोग में लाई जाती है। दूर-दूर से सैलानी इस तोप को देखने के लिए आते हैं, इसलिए कंपनी बाग में तोप रखी गई है।

2 सन् 1857 की तोप का क्या आशय है और यह किसकी प्रतीक है? **CBSE 2015**

उत्तर सन् 1857 की तोप का आशय ब्रिटिश ईस्ट इंडिया कंपनी द्वारा सन् 1857 के विद्रोह में प्रयोग की गई तोप से है, जिसने आज़ादी की कामना करने वाले भारतीय सैनिकों को मौत के घाट उतार दिया था। कंपनी बाग में प्रदर्शन हेतु रखी गई यह तोप अंग्रेज़ों द्वारा किए गए अत्याचारों की प्रतीक है, जिससे अनेक शूरवीरों को निर्मम तथा क्रूर तरीके से मार दिया गया था।

3 'जबर', 'धज्जे' इत्यादि शब्दों का प्रयोग 'तोप' कविता की भाषा किस विशेषता को दर्शाता है? **CBSE 2016**

उत्तर 'जबर', 'धज्जे' इत्यादि शब्दों का प्रयोग 'तोप' कविता की भाषा को प्रभावोत्पादक बनाता है। 'जबर' और 'धज्जे' जैसे शब्दों के प्रयोग से कवि ने तोप के भयावह एवं विनाशकारी रूप को उद्‌घाटित किया है।

4 जब तोप छोटे-छोटे बच्चों की सवारी से फ़ारिग हो जाती है, तब उस पर कौन, क्या करता है? **CBSE 2019**

अथवा चिड़ियाँ तोप का क्या लाभ उठाती हैं? **CBSE 2016**

उत्तर जब तोप छोटे-छोटे बच्चों की सवारी से फ़ारिग हो जाती है, तब चिड़ियाँ तोप को आराम करने का एक साधन समझकर उस पर बैठकर गपशप करती हैं और अधिक उत्साहित होकर कभी-कभी वे इसके भीतर भी घुस जाती हैं।

5 'तोप' कविता में गौरैया द्वारा क्या बताया गया है? **CBSE 2016, 10**

उत्तर कविता में गौरैया द्वारा बताया गया है कि आग उगलने वाली तोप से वह भयभीत नहीं होती। वास्तव में, तोप या आक्रमण से किसी समस्या का समाधान नहीं हो सकता।

6 कंपनी बाग में रखी तोप अपना परिचय किस प्रकार देती है? **CBSE 2016, 10**

अथवा तोप अपना परिचय किस रूप में देती है? **CBSE 2015**

अथवा तोप अपना महत्त्व किस रूप में बताती है? 'तोप' कविता के आधार पर स्पष्ट कीजिए। **CBSE 2018**

उत्तर सुबह-शाम कंपनी बाग में बहुत सारे सैलानी घूमने आते हैं। उस समय कंपनी बाग में रखी गई तोप उन्हें अपना परिचय देते हुए बताती है कि अतीत में वह बहुत सामर्थ्यवान तथा शक्तिशाली थी। उसने बड़े-बड़े वीर सैनिकों की धज्जियाँ (चिथड़े-चिथड़े) उड़ा दी थीं। इन सबका स्मरण दिलाने के लिए ही कंपनी बाग में तोप रखी गई है।

7 तोप की वर्तमान स्थिति का वर्णन अपने शब्दों में कीजिए।

उत्तर सन् 1857 में जिस तोप ने अनेक स्वतंत्रता सेनानियों को मौत के घाट उतार दिया था, जिस तोप के साथ 'भय' और 'क्रूर' शब्द जुड़े थे, वही तोप अब कंपनी बाग के मुख्य द्वार पर मात्र प्रदर्शनी के लिए रखी हुई है। अब वह शांत है, न उसमें गोला-बारूद भरा हुआ है और न ही वह किसी मनुष्य की जान ले सकती है। अब उसके आसपास बच्चे, पक्षी आदि निर्भय होकर खेलते हैं।

8 'तोप' कविता हमें क्या संदेश देती है? **CBSE 2011,10**

उत्तर 'तोप' कविता हमें यह संदेश देती है कि अत्याचारी, क्रूर और निर्मम शासक का एक-न-एक दिन अंत अवश्य ही होता है, जैसे इस तोप का हुआ। आज यह तोप बच्चों तथा पक्षियों के मनोरंजन का साधन बनकर रह गई है। कविता यह भी संदेश देती है कि अनाचार, अत्याचार और अन्याय करने वाले चाहे कितने ही शक्तिशाली क्यों न हों, उन्हें एक दिन जनशक्ति के सामने हार माननी ही पड़ती है।

9 कंपनी बाग और तोप को विरासत मानकर सुरक्षित रखे जाने का कारण अपने शब्दों में लिखिए।

उत्तर प्रस्तुत कविता में कंपनी बाग और तोप दोनों को विदेशी शक्ति की विरासत के रूप में दिखाया गया है। पहले इन दोनों को शक्ति का प्रतीक माना जाता था, लेकिन स्वतंत्रता मिलने के पश्चात् इन्हें भारतीय जनता के मनोरंजन के साधन के रूप में सजाया-सँवारा गया। ईस्ट इंडिया कंपनी ने तोप का प्रयोग भारतीय जनता के संघर्ष को कुचलने के लिए किया। इसके द्वारा अनेक स्वतंत्रता सेनानियों को मृत्यु के घाट उतारकर भारतीयों को भयभीत करने का प्रयास किया गया। ये दोनों विरासतें (तोप और कंपनी बाग) हमें विदेशी शक्तियों के प्रति सावधान करती हैं तथा संदेश देती हैं कि हमें विदेशी आकर्षण में नहीं फँसना चाहिए।

10 कवि शरारती बच्चों और पक्षियों का वर्णन करके क्‍ चाहता है?

उत्तर *कवि शरारती बच्चों और पक्षियों का वर्णन करके निम्‍ बातें बताना चाहता है*

(i) बच्चे कंपनी बाग के मुख्य द्वार पर लगाई गई घुड़सवारी करते हैं। उस तोप से अपना मनोरंजन व यह दर्शाना चाहते हैं कि कभी शक्तिशाली रही तो उनके लिए खेलने या मनोरंजन की वस्तु बन गई है

परीक्षा अभ्यास

(ii) जब चिड़ियाँ तोप पर बैठकर आपस में गपशप करती हैं, तो इसका अर्थ यह है कि अब उन्हें इस विनाशकारी तोप से कोई भय नहीं है।

(iii) बच्चे और चिड़ियाँ तोप पर बैठकर इस बात को बताना चाहते हैं कि सामूहिक आंदोलन द्वारा बड़े-से-बड़े क्रूर, निर्मम शासक को भी पराजित किया जा सकता है।

(iv) जनसामान्य ने इस बात को भी सिद्ध कर दिया है कि उसे हथियारों के बल पर लंबे समय तक दबाया नहीं जा सकता।

(v) समय सदा एक समान नहीं रहता। यह आवश्यक नहीं कि जो आज शक्तिशाली है, वह भविष्य में भी शक्तिशाली बना रहे।

11 **"समय के साथ तोप की स्थिति में बदलाव आ गया।" इस कथन को स्पष्ट कीजिए।**

अथवा **कविता की पृष्ठभूमि में 'तोप' की अतीत में भूमिका और उसकी वर्तमान स्थिति का वर्णन कीजिए। कवि को क्यों कहना पड़ा?**

CBSE 2019

"कितनी ही कड़ी हो तोप'
एक दिन तो होना ही है उसका मुख बंद।"

उत्तर एक समय था, जब तोप अत्यंत शक्तिशाली और सामर्थ्यवान थी। यह सन् 1857 के स्वतंत्रता संग्राम की याद दिलाती है। उस समय इसने अनेक वीर योद्धाओं को मार गिराया था, परंतु भारतीयों का क्रूर दमन किए जाने पर 'तोप' जैसी शक्तियाँ भी दृढ़ संकल्पी भारतीयों को नहीं रोक पाई। उन शूरवीरों के प्रयास से 15 अगस्त, 1947 को भारत देश स्वतंत्र हो गया। स्वतंत्रता के पश्चात् वही 'ज़बरदस्त' तोप मात्र शोभा की वस्तु बनकर रह गई। अब उसे कंपनी बाग के प्रवेश द्वार पर रखा गया है। सुबह-शाम बहुत से सैलानी आते हैं और मनोरंजन करते हैं। अकसर छोटे बच्चे उस पर बैठकर उसकी सवारी करते हैं, चिड़ियाँ उसके ऊपर बैठकर आपस में गपशप करती हैं, गौरैयाँ तो शैतानी में इसके मुँह के भीतर ही घुस जाती हैं, जो यह दर्शाता है कि अब उन्हें कभी भयानक मानी जाने वाली इस तोप से डर नहीं लगता है।

एक समय बेशक यह ज़बरदस्त शक्तिशाली रही होगी, परंतु आज उसका मुँह बंद हो गया है। अतः यह स्पष्ट है कि समय के साथ तोप की स्थिति में बदलाव हो गया है और एक समय शक्ति की परिचायक तोप आज मात्र प्रदर्शनी एवं मनोरंजन की वस्तु बन गई है।

स्वमूल्यांकन

काव्यांश पर आधारित बहुविकल्पात्मक प्रश्न

निम्नलिखित काव्यांशों को ध्यानपूर्वक पढ़कर पूछे गए प्रश्नों के सही विकल्प चुनिए।

1 अब तो बहरहाल
छोटे लड़कों की घुड़सवारी से अगर यह फ़ारिग हो
तो उसके ऊपर बैठकर
चिड़िया ही अकसर करती हैं गपशप
कभी-कभी शैतानी में वे इसके भीतर भी घुस जाती हैं
खास कर गौरैयें
वे बताती हैं कि दरअसल कितनी भी बड़ी हो तोप
एक दिन तो होना ही है उसका मुँह बन्द।

(क) अब कम्पनी बाग में लड़के आकर क्या करते हैं?
(*i*) तोप चलाते हैं
(*ii*) तोप पर बैठकर घुड़सवारी करते हैं
(*iii*) तस्वीर खींचते हैं
(*iv*) घूमने आते हैं

उत्तर (*ii*) तोप पर बैठकर घुड़सवारी करते हैं

(ख) चिड़िया क्या सन्देश देती है?
(*i*) तोप पर बैठकर खूब लाभ उठाओ
(*ii*) तोप एक न एक दिन खराब हो जाएगी
(*iii*) हर शक्तिशाली का एक न एक दिन अन्त होता है
(*iv*) तोप का मुँह बन्द होना ही था

उत्तर (*iv*) तोप का मुँह बन्द होना ही था

(ग) कवि के अनुसार हम समस्याओं का हल कैसे निकाल सकते हैं?
(*i*) बातचीत से (*ii*) युद्ध से
(*iii*) तोप से (*iv*) शान्त रहकर

उत्तर (*iv*) शान्त रहकर

(घ) तोप के भीतर कौन चला जाता है?
(*i*) छोटे बच्चे (*ii*) लड़के
(*iii*) चिड़िया (*iv*) बिल्ली

उत्तर (*iii*) चिड़िया

(ङ) बच्चे तोप पर बैठकर क्या करते हैं?
(i) फोटों खिंचवाते हैं।
(ii) घुड़सवारी का आनंद लेते हैं।
(iii) रोने लगते हैं।
(iv) गपशप करने लगते हैं।

उत्तर (*ii*) घुड़सवारी का आनंद लेते हैं।

कविता पर आधारित बहुविकल्पीय प्रश्न

1. 'तोप' कविता में वर्णित तोप का प्रयोग किसने किया था?
(*i*) झाँसी की रानी ने (*ii*) मंगल पाण्डे ने
(*iii*) अंग्रेजों ने 1857 में (*iv*) देशद्रोहियों ने

उत्तर (*iii*) अंग्रेजों ने 1857 में

2. कविता के अनुसार विरासत में मिली किस चीज की सँभाल होती है?
(*i*) पुराने खजाने की (*ii*) धारदार हथियारों की
(*iii*) बड़े-बुर्जुगों की (*iv*) तोप की

उत्तर (*iv*) तोप की

3. हर रोज सुबह-शाम बहुत-से सैलानी कहाँ घूमने जाते हैं?
(*i*) संग्राहलय में (*ii*) कंपनी बाग में
(*iii*) पार्क में (*iv*) चिड़िया घर में

उत्तर (*ii*) कंपनी बाग में

विषय-वस्तु का ज्ञान, बोध अभिव्यक्ति पर आधारित प्रश्न

निम्नलिखित प्रश्नों के उत्तर दीजिए

(*i*) "इसकी होती है बड़ी सम्हाल" —पंक्ति का आशय स्पष्ट कीजिए।

(*ii*) कविता में वर्णित तोप का संबंध किससे है?

(*iii*) तोप का प्रयोग किस प्रकार चिड़िया, गौरैया और बच्चे करते हैं? अपने शब्दों में लिखिए।

(*iv*) कविता में किन बातों से पता चलता है कि तोप अब शक्तिहीन हो गई है?

उच्च चिन्तन क्षमताओं व अभिव्यक्ति पर आधारित प्रश्न

निम्नलिखित प्रश्नों के उत्तर दीजिए

(*i*) 1857 की तोप को कवि ने प्राचीन विरासत क्यों कह इसके साथ ही किसकी प्राचीनता का वर्णन किया गया है इनकी साज-सँभाल के बारे में क्या व्यंग्य किया है?

(*ii*) प्रस्तुत कविता के माध्यम से कवि क्या कहना चाहता

अध्याय

08

कर चले हम फ़िदा (कैफ़ी आज़मी)

पाठ की रूपरेखा

प्रस्तुत गीत, युद्ध की पृष्ठभूमि पर बनी फिल्म 'हकीकत' के लिए लिखा गया था। यह ऐसे ही सैनिकों के हृदय की आवाज़ बयान करता है, जिन्हें अपनी देशभक्ति पर गर्व है। इसी के साथ उन्हें अपने देशवासियों से कुछ अपेक्षाएँ भी हैं। जिनसे उन्हें अपेक्षाएँ हैं, वे देशवासी कोई और नहीं, हम और आप ही हैं। अत: हमें भी कोशिश करनी चाहिए कि हम अपने देश एवं देशवासियों के प्रति अपने कर्तव्यों का ईमानदारी एवं निष्ठा के साथ निर्वहन करें।

कवि-परिचय

अतहर हुसैन रिज़वी का जन्म 19 जनवरी, 1919 में उत्तर प्रदेश के आज़मगढ़ ज़िले के मजमां गाँव में हुआ था। आगे चलकर वे कैफ़ी आज़मी के नाम से मशहूर हुए। कैफ़ी आज़मी प्रगतिशील उर्दू कवियों की श्रेणी में सर्वोपरि हैं। कैफ़ी की कविताओं में विविधता देखने को मिलती है। एक तरफ़ वे सामाजिक और राजनैतिक जागरूकता का समावेश अपनी कविताओं में करते हैं, तो वहीं दूसरी तरफ़ हृदय की कोमलता भी उनकी कविताओं में विद्यमान है। कैफ़ी आजमी ने हिंदी फिल्मों के लिए भी सैकड़ों गीत लिखे हैं। कैफ़ी के पाँच काव्य संग्रह-झंकार, आख़िर-ए-शब, आवारा सज़दे, सरमाया और फ़िल्मी गीतों का संग्रह-मेरी आवाज़ सुनो प्रकाशित हुए। कैफ़ी को उनके रचनाकर्म के लिए साहित्य अकादमी पुरस्कार के साथ कई और अन्य पुरस्कारों से सम्मानित किया जा चुका है। 10 मई, 2002 को कैफ़ी आज़मी ने यह संसार छोड़ दिया।

काव्यांशों की व्याख्या

काव्यांश 1

कर चले हम फ़िदा जानो-तन साथियो
अब तुम्हारे हवाले वतन साथियो
साँस थमती गई, नब्ज़ जमती गई
फिर भी बढ़ते कदम को न रुकने दिया
कट गए सर हमारे तो कुछ गम नहीं
सर हिमालय का हमने न झुकने दिया
मरते-मरते रहा बाँकपन साथियो
अब तुम्हारे हवाले वतन साथियो

» शब्दार्थ

फ़िदा–न्योछावर; जानो-तन–शरीर और प्राण; हवाले–सौंपना; वतन–देश, राष्ट्र; थमती–रुकती; नब्ज़–नाड़ी, नस; बाँकपन–साहस, जवानी का उत्साह।

भावार्थ

युद्ध भूमि में सैनिक देश की रक्षा करते हुए अपने प्राणों को न्योछावर करते समय अन्य साथियो से कहते हैं कि हम तो देश की रक्षा के लिए अपना शरीर और प्राण न्योछावर करके इस दुनिया से जा रहे हैं। अब यह देश तुम्हारे हवाले है तुम ही इसकी रक्षा करना। हमारी साँसें अब रुकने लगी हैं, ठंड के कारण नाड़ी भी जमने लगी है, फिर भी हमने अपने कदमों को आगे बढ़ने से नहीं रोका है। शत्रु से लड़ते-लड़ते सिर कट जाने पर भी ज़रा दु:ख नहीं है, बल्कि हमें इस बात पर गर्व है कि हमने हिमालय पर्वत के सिर को कभी भी झुकने नहीं दिया, हिमालय अर्थात् देश के मान-सम्मान को ठेस नहीं लगने दी। मरते समय भी हमारे मन में बलिदान और संघर्ष का जोश बना रहा। अंतिम समय तक भी हमने हिम्मत और साहस से शत्रुओं का सामना किया। अब इस देश की रक्षा का भार तुम्हें सौंप रहे हैं अर्थात् देश की बागडोर तुम्हारे हाथ में है, अतः इसकी रक्षा करना।

काव्य सौंदर्य

(i) कवि ने देशहित के लिए बलिदान की भावना को महत्त्व देने का वर्णन किया है।
(ii) काव्यांश में उर्दू शब्दावली का प्रयोग कविता के सौंदर्य में वृद्धि कर रहा है।
(iii) भाषा भावानुकूल है तथा भावाभिव्यक्ति में पूरी तरह सक्षम है।
(iv) 'मरते-मरते' में पुनरुक्तिप्रकाश अलंकार है।
(v) वीर रस का प्रतिपादन किया गया है।
(vi) भाषा में गीतात्मकता व लयात्मकता का पुट है।

काव्यांश 2

ज़िंदा रहने के मौसम बहुत हैं मगर
जान देने की रुत रोज़ आती नहीं
हुस्न और इश्क दोनों को रुस्वा करे
वो जवानी जो खूँ में नहाती नहीं
आज धरती बनी है दुलहन साथियो
अब तुम्हारे हवाले वतन साथियो

» शब्दार्थ

रुत–ऋतु, मौसम; हुस्न–सौंदर्य; इश्क–प्रेम; रुस्वा–बदनाम; खूँ–रक्त, खून।

भावार्थ

युद्ध भूमि में उपस्थित सैनिक अन्य सैनिकों से कहता है कि जीवित रहने के तो हमें अनेक अवसर मिलते हैं, परंतु देश की रक्षा में मर-मिटने के अवसर बार-बार नहीं मिलते। जवानी की अवस्था ही वह अवस्था होती है, जिसमें सौंदर्य, प्रेम और जोश चरमोत्कर्ष पर होता है। यदि उस जवानी में देश की रक्षा करते हुए खून नहीं बहाया, तो वह जवानी व्यर्थ है अर्थात् युवाओं को देश रक्षा के लिए हमेशा आगे रहना ही चाहिए। आज हमारे लिए हमारी धरती ही दुलहन है और हमें उसी की रक्षा में अपना सर्वस्व न्योछावर करना है। अब यह देश तुम्हारे हवाले है। इसकी रक्षा के लिए बलिदान के मार्ग पर बढ़ चलो।

काव्य सौंदर्य

(i) कवि ने उपरोक्त काव्यांश में सफल प्रेम की संज्ञा उसी को दी है जो त्याग और बलिदान के पथ से होकर गुज़रता है।
(ii) काव्यांश में उर्दू शब्दावलियों का मुक्त भाव से प्रयोग किया गया है।
(iii) भाषा प्रभावोत्पादक तथा भावों की अभिव्यक्ति में पूर्णतः सक्षम है।
(iv) 'धरती बनी है दुलहन' में उपमा अलंकार है।
(v) भाषा में संगीतात्मकता व लयात्मकता के गुण हैं।
(vi) वीर रस का प्रयोग किया गया है।

काव्यांश 3

राह कुर्बानियों की न वीरान हो
तुम सजाते ही रहना नए काफ़िले
फ़तह का जश्न इस जश्न के बाद है
ज़िंदगी मौत से मिल रही है गले
बाँध लो अपने सर से कफ़न साथियो
अब तुम्हारे हवाले वतन साथियो

» शब्दार्थ

राह–रास्ता; कुर्बानी–बलिदान; वीरान–सुनसान; काफ़िला–यात्रियों का समूह; फ़तह–जीत; जश्न–उत्सव के लिए तैयार होना; सर पे कफ़न बाँधना –मृत्यु और बलिदान के लिए तैयार रहना।

भावार्थ

बलिदानी सैनिक अन्य सैनिक साथियो को कहता है–मेरे सैनिक साथियो! हमने देश के लिए जो बलिदान दिए हैं, उसकी राह कभी सूनी नहीं होनी चाहिए। देश के लिए मर-मिटने वाले सैनिकों के नए-नए जत्थे तैयार होते रहने चाहिए। उन्हें बलिदान के लिए सहर्ष आगे आते रहने चाहिए। एक बार हमने यह संघर्ष और बलिदान का उत्सव मना लिया तो फिर अगला उत्सव विजय का ही होगा।

आशय यह है कि बलिदान के पथ पर हमें विजय अवश्य प्राप्त होगी। देखो, आज ज़िंदगी खुद आगे बढ़कर मौत को गले लगा रही है। आशय यह है कि संघर्षशील नवयुवक उत्साहपूर्वक बलिदान देने को तैयार हैं।

मेरे साथियो! देश के लिए मर-मिटने का अवसर आया है। तुम अपने बलिदान के लिए तैयार हो जाओ। हम तो बलिदान करके दुनिया से जा रहे हैं। अब यह देश तुम्हारे सहारे छोड़कर जा रहे हैं। इसे शत्रुओं से बचाकर रखना।

काव्य सौंदर्य

(i) कवि ने देश की रक्षा हेतु बलिदान के महत्त्व को बताया है।
(ii) सरल एवं सहज भाषा के तहत उर्दू शब्दावलियों का प्रचुर प्रयोग किया गया है।
(iii) भाषा भावों की अभिव्यक्ति करने में पूर्णतः सक्षम है।
(iv) प्रस्तुत काव्यांश में दृष्टांत अलंकार का प्रयोग किया गया है।
(v) वीर रस की अभिव्यक्ति हुई है।
(vi) मुहावरों का मनोहारी चित्रण किया गया है।

काव्यांश 4

खींच दो अपने खूँ से ज़मीं पर लकीर
इस तरफ़ आने पाए न रावन कोई
तोड़ दो हाथ अगर हाथ उठने लगे
छू न पाए सीता का दामन कोई
राम भी तुम, तुम्हीं लक्ष्मण साथियो
अब तुम्हारे हवाले वतन साथियो।

» शब्दार्थ

खूँ–रक्त, खून; ज़मीं–धरती; लकीर–रेखा; रावन–रावण (शत्रु); हाथ उठना–आक्रमण होना; दामन–आँचल।

भावार्थ

देश के लिए शहीद होने वाले सैनिक मृत्यु को गले लगाने से पहले अन्य सैनिकों को संबोधित करते हुए कहते हैं कि तुम अपने खून से धरती पर एक ऐसी लक्ष्मण रेखा खींच दो कि कोई भी रावण अर्थात् दुश्मन इस लक्ष्मण रेखा को पार करने की हिम्मत न कर सके अर्थात् ऐसा भय दुश्मन के मन में भर दो कि हमारे देश की सीमा में कदम रखने की वह सोच भी न सके। यदि किसी शत्रु का हाथ भारतमाता की ओर बढ़े, तो उसे तुरंत काट डालो। भारतमाता के सम्मान को किसी भी तरह कोई भी ठेस नहीं लगनी चाहिए। जिस प्रकार सीता की रक्षा हेतु राम और लक्ष्मण ने पापी रावण का सर्वनाश कर दिया था, उसी प्रकार तुम्हें भी राम-लक्ष्मण की भाँति अपने शत्रुओं का नाश कर भारतमाता को सुरक्षित करना है।

तुम ही राम हो, तुम ही लक्ष्मण हो। स्वयं को पहचानो। तुम ही भारत के रक्षक हो, रखवाले हो। अब हम यह देश तुम्हारे हवाले करके दुनिया से जा रहे हैं। इसकी रक्षा करना।

काव्य सौंदर्य

(i) कवि ने देशवासियों को सैनिको के बलिदान से प्रेरणा लेते हुए देश की रक्षा के लिए तत्पर रहने का संदेश दिया है।
(ii) सरल एवं सहज भाषा के अंतर्गत उर्दू शब्दों का समुचित प्रयोग हुआ है।
(iii) भावाभिव्यक्ति में पूर्णतः सक्षम, भाषा अत्यंत प्रभावोत्पादक है।
(iv) प्रस्तुत काव्यांश में दृष्टांत अलंकार का प्रयोग किया गया है।
(v) इसमें वीर रस मौजूद है।
(vi) भाषा में संगीतात्मकता व लयात्मकता है।

पाठ्यपुस्तक (स्पर्श भाग–2) के प्रश्नोत्तर

(क) निम्नलिखित प्रश्नों के उत्तर दीजिए

1. क्या इस गीत की कोई ऐतिहासिक पृष्ठभूमि है? **CBSE 2012**

अथवा 'कर चले हम फ़िदा।' कविता की ऐतिहासिक पृष्ठभूमि का उल्लेख करते हुए उसका प्रतिपाद्य अपने शब्दों में लिखिए। **CBSE 2017**

अथवा 'कर चले हम फ़िदा' गीत की ऐतिहासिक पृष्ठभूमि क्या है? **CBSE 2016**

उत्तर 'कर चले हम फ़िदा' गीत उर्दू के प्रसिद्ध शायर कैफ़ी आज़मी की रचना है। यह गीत वर्ष 1962 में 'भारत-चीन युद्ध' की ऐतिहासिक पृष्ठभूमि पर बनने वाली फिल्म 'हकीकत' के लिए लिखा गया था। इस गीत के माध्यम से देशवासियों में अपनी मातृभूमि के प्रति बलिदान की भावना तथा आज़ादी की रक्षा के लिए प्राणों की परवाह न करने का भाव, सैनिकों के संबोधन के माध्यम से अभिव्यक्त किया गया है। यह गीत वर्तमान समय में भी देशभक्ति के प्रति उत्साह पैदा करने में महत्त्वपूर्ण भूमिका निभाता है।

2. 'सर हिमालय का हमने न झुकने दिया', इस पंक्ति में हिमालय किस बात का प्रतीक है? **CBSE 2012, 11, 09**

अथवा हिमालय किसका प्रतीक है? **CBSE 2011, 10**

उत्तर 'हिमालय' पर्वत भारत के उत्तर में खड़ा उसका पहरेदार है, जो देश की अस्मिता तथा ताज का प्रतीक है। भारत-चीन युद्ध के दौरान हिमालय की वादियों एवं चोटियों पर दुश्मनों के कब्जे को रोकने के लिए जवानों ने अपनी कुर्बानियाँ दीं। भारतीय सैनिकों ने अपने बलिदान के द्वारा हिमालय के गौरव को पद-दलित होने से रोका, क्योंकि हिमालय हमारे स्वाभिमान का प्रतीक है। इस पंक्ति में 'हिमालय' भारतीय वीरता की अविचल प्रवृत्तियों का भी प्रतीक बनकर सामने आया है।

3 इस गीत में धरती को दुलहन क्यों कहा गया है? **CBSE 2018**

अथवा 'कर चले हम फ़िदा' कविता में धरती को दुलहन क्यों कहा गया है? **CBSE 2015**

अथवा 'आज धरती बनी है दुलहन साथियो' इस पंक्ति से कवि धरती के बारे में क्या कहना चाहता है? **CBSE 2016, 10**

उत्तर इस गीत में देश के सैनिकों और भारत-भूमि में प्रेमी-प्रेमिका का संबंध दिखाया गया है। धरती को दुलहन इसलिए कहा गया है, क्योंकि जिस प्रकार नववधू की सुरक्षा का दायित्व नवयुवक पर होता है। वह उसकी रक्षा के लिए अपनी जान तक न्योछावर कर देता है। उसी प्रकार आज भारत भूमि-भी अनेक देशभक्तों के रक्त में स्नान कर लाल रंग के वस्त्रों में सजी दुलहन के समान है, जिसकी सुरक्षा का दायित्व देश के प्रत्येक नवयुवक पर है।

4 गीत में ऐसी क्या खास बात होती है कि वे जीवनभर याद रह जाते हैं? **CBSE 2011**

उत्तर गीत में एक ऐसा ज़ज़्बा अर्थात् जोश एवं मर्म होता है, जो हृदय की गहराइयों को स्पर्श करता है। एक सैनिक के माध्यम से देश के लिए कुर्बान होने की भावना, आज़ादी की रक्षा के लिए अपने प्राणों की परवाह न करने की चेतना का प्रवाह होना वस्तुतः जीवनभर याद रह जाने वाली घटना है। देश के लिए मरने के गर्व का अनुभव दिल को छू जाता है। अपना सिर कटा कर भी देश के मस्तक को ऊँचा रखने का भाव 'देशभक्ति' का चरमोत्कर्ष है।

इस गीत की प्रत्येक पंक्ति एक नया तेवर रखती है। मौत वही सार्थक है, जो देश की खातिर और देशवासियों की रक्षा एवं स्वतंत्रता को बनाए रखने के लिए हो। वास्तव में, 'कर चले हम फ़िदा' गीत अंतर्मन को झकझोर देने की शक्ति रखता है। हृदय में देश के लिए मर-मिटने का उत्साह पैदा करता है। इसी कारण यह विशिष्ट है और इसकी विशिष्टता जीवनभर याद रहती है।

5. कवि ने 'साथियो' संबोधन का प्रयोग किसके लिए किया है? **CBSE 2013, 11**

उत्तर कवि ने 'कर चले हम फ़िदा' गीत में सैनिकों के संबोधन को स्थान दिया है। गीत के अंतर्गत सैनिक अपनी वीरता से देश की रक्षा करने में सफल रहे हैं। उसी का वर्णन करते हुए वे भविष्य में देश-रक्षा का भार हमारी युवा शक्ति को सौंप कर विदा ले रहे हैं। सैनिक अपने संबोधन में देश की युवा शक्ति के लिए 'साथियो' शब्द का प्रयोग करते हैं।

6 कवि ने इस कविता में किस काफ़िले को आगे बढ़ाते रहने की बात कही है? **CBSE 2019, 12**

उत्तर कवि वीर सैनिकों के मनोभावों को व्यक्त करते हुए कहता है कि देश पर मर-मिटने का उत्साह कम नहीं होना चाहिए। आज़ादी पाने के लिए जिस तरह युवाओं ने अपनी जवानी न्योछावर कर दी, उसी तरह आज़ादी के बाद के कई युद्धों में भी सैनिकों ने ऐसा बलिदान किया है। विजय की यह मशाल जलती रहनी चाहिए।

हमारी युवा शक्ति को देश की रक्षा तथा आज़ादी की सुरक्षा के लिए हमेशा तत्पर रहना होगा। 'काफ़िले' शब्द सतत प्रक्रिया को सामने रखने के लिए गीत में आया है। यह देश के लिए दी जाने वाली कुर्बानियों की निरंतरता की ओर इशारा करता है।

7 इस गीत में 'सर पर कफ़न बाँधना' किस ओर संकेत करता है?

उत्तर इस गीत में कवि ने देशवासियों को देश के लिए मर-मिटने की परंपरा की याद दिलाई है। कवि मानता है कि हमें कुर्बानियों के मार्ग को वीरान नहीं होने देना है।

हमें ऐसे 'काफ़िले' सजाते रहने होंगे, जो देश के लिए बलिदान करने को सदैव तत्पर रहें, क्योंकि आज़ादी के बाद आज़ादी की सुरक्षा परम आवश्यक है। इसके लिए हर समय हमें सचेत रहते हुए, देश के अंदर तथा बाहर, दुश्मनों को समाप्त करने के लिए मौत को गले लगाने हेतु सिर पर कफ़न बाँधकर तैयार रहना होगा।

वस्तुतः इस गीत में 'सर पर कफ़न बाँधना' मुहावरे का प्रयोग देश के लिए मर-मिटने हेतु हमेशा तैयार रहने की मानसिकता का द्योतक है।

8 इस कविता का प्रतिपाद्य अपने शब्दों में लिखिए। **CBSE 2012, 11**

अथवा 'कर चले हम फिदा......' कविता का प्रतिपाद्य अपने शब्दों में स्पष्ट कीजिए। **CBSE 2019**

उत्तर प्रत्येक प्राणी को अपनी ज़िंदगी प्यारी है। असाध्य रोगी भी लंबा जीवन जीना चाहता है। वृद्ध तथा लाचार भी मरने की बात कभी नहीं सोचते। मृत्यु नज़दीक देख अहिंसक भी हिंसक बन जाते हैं।

ऐसे में देश की सीमाओं पर तैनात सैनिकों का जीवन एक आदर्श चेतना को सामने लाने का प्रयास है। 'कर चले हम फ़िदा' गीत में कवि ने सैनिकों के माध्यम से देश के लिए अपने प्राणों को न्योछावर करने वाले लोगों की भावना को आलोकित किया है। देश की रक्षा में अपने प्राणों का उत्सर्ग करने वाला सैनिक ऐसी ही अपेक्षा आने वाली युवा पीढ़ियों से भी करता है।

उसे देश के लिए 'मर-मिटना' अपने जीवन में सौंदर्य तथा प्यार की प्राप्ति से कहीं अधिक महत्त्वपूर्ण एवं अर्थपूर्ण लगता है। इसी में जीवन की सार्थकता है। देशभक्ति का उत्साह प्रवाहित करना ही 'कर चले हम फ़िदा' गीत का प्रतिपाद्य है।

(ख) *निम्नलिखित का भाव स्पष्ट कीजिए*

1 **"साँस थमती गई, नब्ज़ जमती गई**
फिर भी बढ़ते कदम को न रुकने दिया।"

उत्तर सैनिक अपने देशवासियों को संबोधित करते हुए कहता है कि देश के लिए हम स्वयं को न्योछावर कर सभी से विदा ले रहे हैं। अब यह मातृभूमि तुम्हारे हवाले है, जिसकी रक्षा अब तुम्हें ही करनी है। सैनिक कहता है कि हमने अपना कर्तव्य निभाया है। साँस रुकने तक तथा धड़कन के बंद होने तक हमने अपने कदम आगे ही बढ़ाए हैं। हमने खुद को मिटाकर भी हिमालय का मस्तक झुकने से बचाया है।

2 **"खींच दो अपने खूँ से ज़मीं पर लकीर**
इस तरफ़ आने पाए न रावन कोई।"

उत्तर सैनिक अपने देश की युवा शक्ति का आह्वान करते हुए, पौराणिक कथा के माध्यम से उन्हें देश की रक्षा हेतु बलिदान देने के लिए उत्साहित करता है। वह कहता है कि अपनी सीमाओं पर अपने खून से ऐसी लकीर खींच दो कि किसी 'रावण' को उस 'लक्ष्मण रेखा' को पार करने के लिए कई बार सोचना पड़े। कोई भी विदेशी ताकत यदि इस सीमा का अतिक्रमण करे तो उसे उचित जवाब दो, जिससे फिर कोई भारतमाता के आँचल को मलिन करने का दुस्साहस न कर सके।

3 **"छू न पाए सीता का दामन कोई**
राम भी तुम, तुम्हीं लक्ष्मण साथियो।"

उत्तर शायर (कवि) सैनिकों के माध्यम से अपने देशवासियों को संबोधित करता हुआ कहता है कि तुम्हीं राम और लक्ष्मण हो, जिनकी शक्ति के सामने दुनिया के भयानक असुरों के राजा रावण ने घुटने टेक दिए थे। अपनी मातृभूमि को अत्यंत वीर देशवासियों के हवाले करता हुआ सैनिक लगभग निश्चिंत है।

भाषा अध्ययन

1 इस गीत में कुछ विशिष्ट प्रयोग हुए हैं। गीत के संदर्भ में उनका आशय स्पष्ट करते हुए अपने वाक्यों में प्रयोग कीजिए

(*i*) कट गए सर (*ii*) नब्ज़ जमती गई
(*iii*) जान देने की रुत (*iv*) हाथ उठने लगे

उत्तर (*i*) **कट गए सर** बलिदान हो गए/मर गए
वाक्य प्रयोग देश को स्वतंत्रता दिलाने में न जाने कितने ही स्वतंत्रता सेनानियों के सर कट गए।

(*ii*) **नब्ज़ जमती गई** शरीर की नसों में खून जमने लगा
वाक्य प्रयोग भीषण ठंड के कारण हिमालय की बर्फीली चोटियों पर लड़ने वाले सैनिकों की नब्ज़ जमती गई, किंतु फिर भी वे लड़ते रहे।

(*iii*) **जान देने की रुत** जीवन देने का अवसर, बलिदान देने का अवसर
वाक्य प्रयोग अपनी मातृभूमि पर जान देने की रुत कभी-कभी ही आती है।

(*iv*) **हाथ उठने लगे** आघात या आक्रमण होना
वाक्य प्रयोग पड़ोसी धर्म निभाना पड़ोसी का कर्तव्य है, किंतु जब पड़ोसी का हाथ उठने लगे, तो उस हाथ को काट डालना चाहिए।

2 ध्यान दीजिए संबोधन में बहुवचन 'शब्द रूप' पर अनुस्वार का प्रयोग नहीं होता; जैसे—भाइयो, बहिनो, देवियो, सज्जनो आदि।

उत्तर छात्र सावधानी रखें।

योग्यता विस्तार

1 कैफ़ी आज़मी उर्दू भाषा के एक प्रसिद्ध कवि और शायर थे। ये पहले ग़ज़ल लिखते थे। बाद में फ़िल्मों में गीतकार और कहानीकार के रूप में लिखने लगे। निर्माता 'चेतन आनंद' की फ़िल्म 'हकीकत' के लिए इन्होंने यह गीत लिखा था, जिसे बहुत प्रसिद्धि मिली। यदि संभव हो सके तो यह फ़िल्म देखिए।

उत्तर विद्यार्थियों द्वारा स्वयं किया जाने वाला क्रियाकलाप।

2 'फ़िल्म का समाज पर प्रभाव' विषय पर कक्षा में परिचर्चा आयोजित कीजिए।

उत्तर अध्यापक व विद्यार्थियों द्वारा कक्षा में किया जाने वाला क्रियाकलाप।

3 कैफ़ी आज़मी की अन्य रचनाओं को पुस्तकालय से प्राप्त कर पढ़िए और कक्षा में सुनाइए। इसके साथ ही उर्दू भाषा के अन्य कवियों की रचनाओं को भी पढ़िए।

उत्तर पुस्तकालय से पुस्तक लेकर विद्यार्थी स्वयं पढ़ें।

4 एनसीईआरटी द्वारा कैफ़ी आज़मी पर बनाई गई फ़िल्म देखने का प्रयास कीजिए।

उत्तर विद्यार्थियों द्वारा स्वयं किया जाने वाला क्रियाकलाप।

परियोजना कार्य

1 सैनिक जीवन की चुनौतियों को ध्यान में रखते हुए एक निबंध लिखिए।

उत्तर **सैनिक जीवन**

सैनिक जीवन वास्तव में, बलिदान, संघर्ष, अनुशासन एवं सदैव सर्वस्व न्योछावर करने के लिए तत्पर रहने वाला जीवन होता है।

समाज के पीड़ितों, शोषितों, वंचितों आदि को सुरक्षा प्रदान करने और व्यापक स्वरूप में देश के सभी वर्गों की रक्षा करने का दायित्व सैनिक उठाते हैं। वे चुनौतियों का सामना करने के लिए हर पल तत्पर रहते हैं। सैनिक का स्वभाव निडर, कर्मठ, अनुशासित एवं त्यागमय होता है।

वे बिना किसी भय या लालच के देश की रक्षा करने के लिए हमेशा अपनी जान देने को तैयार रहते हैं। वे अपने जीवन में मौत का सामना खुशी के साथ करते हैं, क्योंकि उनकी कर्तव्य भावना उन्हें ऐसा करने के लिए प्रेरित करती है।

वे अपने कर्तव्य के पालन के लिए अपने सभी निजी आनंदों एवं उपभोगों का त्याग करते हैं। उनके अंदर देशभक्ति एवं समाजसेवा की भावना इतनी कूट-कूट कर भरी रहती है कि वे कभी भी भ्रष्ट मार्ग का चयन कर ही नहीं सकते। वास्तव में, देश के सैनिक ही देश के असली नायक हैं और उनका जीवन ही समाज के लिए वास्तविक आदर्श है।

2 आज़ाद होने के बाद सबसे मुश्किल काम है 'आज़ादी बनाए रखना'। इस विषय पर कक्षा में चर्चा कीजिए।

उत्तर विद्यार्थियों व अध्यापक द्वारा कक्षा में आयोजित किया जाने वाला क्रियाकलाप।

3 अपने स्कूल के किसी समारोह पर यह गीत या अन्य कोई देशभक्तिपूर्ण गीत गाकर सुनाइए।

उत्तर विद्यार्थियों द्वारा स्वयं किया जाने वाला क्रियाकलाप।

परीक्षा अभ्यास

काव्यांश पर आधारित बहुविकल्पात्मक प्रश्न

• निम्नलिखित काव्यांशों को ध्यानपूर्वक पढ़कर पूछे गए प्रश्नों के सही विकल्प चुनिए।

1 कर चले हम फ़िदा जानो-तन साथियों
अब तुम्हारे हवाले वतन साथियों
साँस थमती गई, नब्ज़ जमती गई
फिर भी बढ़ते कदम को न रुकने दिया
कट गए सर हमारे तो कुछ गम नहीं
सर हिमालय का हमने न झुकने दिया
मरते-मरते रहा बाँकपन साथियों
अब तुम्हारे हवाले वतन साथियों

(क) प्रस्तुत पद्यांश के कवि और कविता का क्या नाम है?
   (i) मैथिलीशरण गुप्त—मनुष्यता
   (ii) सुमित्रानंदन पंत—पर्वत प्रदेश में पावस
   (iii) कैफी आज़मी—कर चले हम फ़िदा
   (iv) कबीर—साखी

उत्तर (iii) कैफी आज़मी–कर चले हम फ़िदा

(ख) सैनिकों ने साँसें रुकने और नब्ज़ जमने पर भी क्या नहीं रोका?
   (i) गीत गाना   (ii) अपने कदम आगे बढ़ाना
   (iii) दुश्मनों को खोजना (iv) युद्ध करना

उत्तर (ii) अपने कदम आगे बढ़ाना

(ग) पद्यांश के आधार पर बताइए कि सैनिकों को किस बात पर गर्व है?
   (i) हिमालय का सिर कभी झुकने न देने का
   (ii) भारत में जन्म लेने का
   (iii) शत्रुओं को हराने का
   (iv) देश की रक्षा करने का

उत्तर (i) हिमालय का सिर कभी झुकने न देने का

(घ) मरते समय सैनिकों के मन में क्या बना रहा?
   (i) भय और आतंक का भाव
   (ii) बलिदान और संघर्ष का जोश
   (iii) राष्ट्र के गुलाम होने का विचार
   (iv) अन्य साथियों से बिछड़ने का दुःख

उत्तर (ii) बलिदान और संघर्ष का जोश

(ङ) बाँकपन से आपका क्या आशय है?
   (i) जवानी का उत्साह   (ii) बुढ़ापा
   (iii) युवावस्था   (iv) उपरोक्त सभी

उत्तर (i) जवानी का उत्साह

2 खींच दो अपने खूँ से जमीं पर लकीर
इस तरफ आने पाए न रावन कोई
तोड़ दो हाथ अगर हाथ उठने लगे
छू न पाए सीता का दामन कोई
राम भी तुम, तुम्हीं लक्ष्मण साथियों
अब तुम्हारे हवाले वतन साथियों।

(क) कविता में रावण किसका प्रतीक है?
   (i) गद्दारों का   (ii) राक्षसों का
   (iii) शत्रुओं का   (iv) बुराइयों का

उत्तर (iii) शत्रुओं का

(ख) 'खूँ से जमीं पर लकीर खींचने' का क्या आशय है?
   (i) दुश्मन पर हमला करना
   (ii) सीमाओं पर रक्तपात करना
   (iii) बलिदान देकर भी शत्रु को रोकना
   (iv) मातृभूमि की रक्षा के लिए तत्पर रहना

उत्तर (iii) बलिदान देकर भी शत्रु को रोकना

(ग) 'सीता का दामन' किसे कहा गया है?
   (i) भारतीय सांस्कृतिक परंपरा को
   (ii) देवी-देवताओं की मर्यादा को
   (iii) देश के स्वाभिमान को
   (iv) मातृभूमि के सम्मान को

उत्तर (iii) देश के स्वाभिमान को

(घ) 'राम भी तुम, तुम्हीं लक्ष्मण साथियों' कथन से कवि का संकेत किस ओर है?
   (i) तुम्हें राम भी बनना है और लक्ष्मण भी
   (ii) तुम्हें नारी के सम्मान की रक्षा भी करनी है और मर्यादा की भी
   (iii) तुम्हें युद्ध भी करना है और रक्षा भी
   (iv) तुम्हें भारतीयता को भी बचाना है और सीमाओं को भी

उत्तर (iv) तुम्हें भारतीयता को भी बचाना है और सीमाओं को भी

(ङ) 'तोड़ दो हाथ अगर हाथ उठने लगे' से क्या अभिप्राय है?
   (i) अत्याचार का विरोध करो
   (ii) पड़ोसी का हाथ तोड़ दो
   (iii) विरोध मत करो
   (iv) उपरोक्त में से कोई नहीं

उत्तर (i) अत्याचार का विरोध करो

3 राह कुर्बानियों की न वीरान हो
तुम सजाते ही रहना नए काफिले
फतह का जश्न इस जश्न के बाद है
जिंदगी मौत से मिल रही है गले
बाँध लो अपने सर से कफ़न साथियों
अब तुम्हारे हवाले वतन साथियों

(क) प्रस्तुत पद्यांश के कवि कौन हैं?
(i) मैथिलीशरण गुप्त
(ii) कैफी आज़मी
(iii) सुमित्रानंदन पंत
(iv) मीरा

उत्तर *(ii)* कैफी आज़मी

(ख) सैनिक किसे सजाने की बात कर रहा है?
(i) भारत माता के मस्तक को
(ii) जश्न मनाने वालों को
(iii) देश की कुर्बानियों को
(iv) बलिदानी सैनिकों के जत्थों को

उत्तर *(iv)* बलिदानी सैनिकों के जत्थों को

(ग) 'राह कुर्बानियों की न वीरान हो'—पंक्ति का क्या आशय है?
(i) सैनिक देश के बारे में सोचते रहें
(ii) बलिदानी सैनिकों की परंपरा बनी रहे
(iii) सैनिक सोच-समझकर आगे बढ़े
(iv) बलिदानी सैनिक आगे बढ़ने की सोच में रहे

उत्तर *(ii)* बलिदानी सैनिकों की परंपरा बनी रहे

(घ) 'सिर पर कफन बाँधने का किस ओर संकेत है?
(i) जीवित रहने की ओर
(ii) सिर बचाने की ओर
(iii) देश पर बलिदान होने की ओर
(iv) सिर पर मुकुट बाँधने की ओर

उत्तर *(iii)* देश पर बलिदान होने की ओर

(ङ) 'फतह का जश्न इस जश्न के बाद है' इस पंक्ति का भाव है
(i) हार के बाद ही जीत मिलती है
(ii) बलिदान के बाद ही आजादी मिलेगी
(iii) बलिदान के बाद ही जीत का जश्न आएगा
(iv) उपरोक्त में से कोई नहीं

उत्तर *(iii)* बलिदान के बाद ही जीत का जश्न आएगा

4 जिंदा रहने के मौसम बहुत हैं मगर
जान देने की रुत रोज आती नहीं
हुस्न और इश्क दोनों को रुस्वा करे
वो जवानी जो खूँ में नहाती नहीं
आज धरती बनी है दुलहन साथियों
अब तुम्हारे हवाले वतन साथियों

(क) 'दुल्हन' कौन बना है?
(i) धरती *(ii)* आकाश
(iii) देशभक्त *(iv)* दुश्मन सैनिक

उत्तर *(i)* धरती

(ख) पद्यांश के अनुसार, किसके लिए जान देने की रुत रोज नहीं आती?
(i) मित्र के लिए *(ii)* धर्म के लिए
(iii) देश के लिए *(iv)* प्रेम के लिए

उत्तर *(iii)* देश के लिए

(ग) पद्यांश में कैसी जवानी को व्यर्थ माना गया है?
(i) जो दूसरों को न सताए
(ii) जो जबरदस्ती किसी का धन न छीने
(iii) जो देश के लिए खून न बहाए
(iv) जो अपनी बहादुरी दूसरों को न दिखाए

उत्तर *(iii)* जो देश के लिए खून न बहाए

(घ) बलिदान न देने वाला यौवन किन्हें बदनाम करता है?
(i) आलस और मेहनत को *(ii)* दुष्टता और सज्जनता को
(iii) पुरुष और नारी को *(iv)* सुंदरता और प्रेम को

उत्तर *(iv)* सुंदरता और प्रेम को

(ङ) सैनिक देश को किसके हाथों में सौंप रहा है?
(i) अपने साथियों के हाथों में *(ii)* शत्रु के हाथों में
(iv) देशवासियों के हाथों में *(iv)* किसी को भी नहीं

उत्तर *(iv)* किसी को भी नहीं

कविता पर आधारित बहुविकल्पीय प्रश्न

1. 'कर चले हम फ़िदा' गीत के माध्यम से गीतकार देशवासियों को क्या प्रेरणा देना चाह रहा है?
(i) सैनिक बनने की
(ii) देशप्रेम का भाव जगाने की
(iii) वीरता दिखाने की
(iv) गीत बनाने की
उत्तर (ii) देशप्रेम का भाव जगाने की

2. 'साँस थमती गई, नब्ज जमती गई' से क्या भाव स्पष्ट हो रहा है?
(i) मृत्यु का नजदीक होना (ii) बर्फ के पास होना
(iii) बहुत ठंड होना (iv) हैरान हो जाना
उत्तर (i) मृत्यु का नजदीक होना

3. गीतकार के अनुसार सैनिक देश की रक्षा के लिए क्या करते रहे हैं?
(i) संघर्ष करते रहे हैं
(ii) प्राणों की आहुति देते रहे हैं
(iii) अपने सर कटाते रहे हैं
(iv) उपरोक्त सभी
उत्तर (iv) उपरोक्त सभी

4. सैनिक अपने अंतिम संदेश में साथियों से क्या कह रहा है?
(i) वह अपने प्राणों को देशहित में न्योछावर कर रहा है और अपना देश अन्य साथियों के हाथों में सौंप रहा है
(ii) वह अपने साथियों से देशभक्ति के गीत गाने को कह रहा है
(iii) वह अपने द्वारा किए गए कार्यों का वर्णन कर रहा है
(iv) उपरोक्त में से कोई नहीं
उत्तर (i) वह अपने प्राणों को देशहित में न्योछावर कर रहा है और अपना देश अन्य साथियों के हाथों में सौंप रहा है।

5. गीतकार के अनुसार साँसें थम जाने पर भी सैनिकों ने क्या नहीं किया?
(i) बढ़ते कदमों को नहीं रुकने दिया
(ii) वह वापस लौट गए
(iii) उन्होंने लड़ना बंद कर दिया
(iv) वह हार गए
उत्तर (i) बढ़ते कदमों को नहीं रुकने दिया

6. 'सर हिमालय का हमने न झुकने दिया' इस पंक्ति का आशय बताइए।
(i) हिमालय पर दुश्मनों के कदम नहीं पड़ने दिए
(ii) हिमालय से शत्रुओं को भगा दिया
(iii) हिमालय गौरव का प्रतीक है
(iv) उपरोक्त में से कोई नहीं
उत्तर (i) हिमालय पर दुश्मनों के कदम नहीं पड़ने दिए।

7. 'सैनिकों में मरने के बाद भी वीरता का भाव बना रहा' यह आशय निम्नलिखित में से किस पंक्ति का है?
(i) कर चले हम फिदा, जानो तन साथियों
(ii) फिर भी बढ़ते कदम को न रुकने दिया
(iii) मरते-मरते रहा बाँकपन साथियों
(iv) अब तुम्हारे हवाले वतन साथियों
उत्तर (iii) मरते-मरते रहा बाँकपन साथियों

8. मृत्यु के समय सैनिक की अवस्था कैसी थी?
(i) करुणामयी और दु:ख से भरी
(ii) वेदनामयी और लाचारी भरी
(iii) देशप्रेम और आत्मबलिदान से भरी
(iv) भयाक्रांत और संकट से भरी
उत्तर (iii) देशप्रेम और आत्मबलिदान से भरी

9. गीतकार के अनुसार बताइए कि जीवन में कौन-सा समय बार-बार मिलता है?
(i) बलिदान का समय (ii) जीवित रहने का समय
(iii) मृत्यु का समय (iv) बचपन का समय
उत्तर (ii) जीवित रहने का समय

10. 'जान देने की रुत' से क्या भाव स्पष्ट हो रहा है?
(i) बलिदान का समय
(ii) मरने के लिए तैयार रहना
(iii) देशभक्ति की प्रेरणा देना
(iv) देश की रक्षा हेतु जान कुर्बान करने का सुअवसर
उत्तर (iv) देश की रक्षा हेतु जान कुर्बान करने का सुअवसर।

11. 'कर चले हम फ़िदा' गीत में धरती की तुलना किससे की गई है?
(i) चाँद से (ii) माँ से
(iii) नारी से (iv) दुल्हन से
उत्तर (iv) दुल्हन से

12. बलिदान का यह सिलसिला चलते रहना चाहिए, यह किन पंक्तियों से स्पष्ट हो रहा है?
(i) तुम सजाते ही रहना नये काफिले
(ii) राह कुर्बानियों की न वीरान हो
(iii) अब तुम्हारे हवाले वतन साथियों
(iv) उपरोक्त सभी
उत्तर (ii) राह कुर्बानियों की न वीरान हो।

13. 'जिंदगी मौत से मिल रही है गले' पंक्ति से क्या तात्पर्य है?
(i) अपनी खुशी को त्यागना
(ii) अपनी हार स्वीकार कर लेना
(iii) आत्मबलिदान देना
(iv) शत्रु पर विजय मिलना
उत्तर (iii) आत्मबलिदान देना

विषय-वस्तु का ज्ञान, बोध अभिव्यक्ति पर आधारित प्रश्न

1 प्रस्तुत गीत में 'साथियो' शब्द का संबोधन किसने और किसके लिए किया है?

उत्तर प्रस्तुत गीत में 'साथियो' शब्द का संबोधन भारतीय सैनिकों ने देशवासियों के लिए किया है। भारतीय वीर सैनिक देशवासियों को सम्बोधित करते कहते हैं कि मातृभूमि के सम्मान की रक्षा हमने अपनी आँखिरी साँस तक की है अर्थात् मरते दम तक हमने अपना कर्त्तव्य निभाया है। अब यह भारत देश हम तुम्हें सौंपकर अन्तिम विदा ले रहे हैं। अब यह तुम्हारा कर्त्तव्य है कि तुम तन-मन से अपने देश की रक्षा करो।

2 सर कटने का गम किसे नहीं है और क्यों?

उत्तर सर कटने का गम भारतीय सैनिकों को नहीं है क्योंकि वह अपनी भारत माता की रक्षा एवं सेवा के लिए सदैव तत्पर रहता है। वह अपने कर्त्तव्यों का पालन ईमानदारी के साथ करता है। वह अपने धर्म और कर्त्तव्य पालन करते समय हमें अपने दुख का आभास भी नहीं होने देता है, बल्कि अपने को देश के प्रति समर्पित करके वह गौरान्वित महसूस करता है। इसलिए वह देश की रक्षा के लिए हँसते-हँसते बलिदान देने को तैयार है।

3 'मरते-मरते रहा बाँकपन साथियो'—में कौन सा अलंकार है?

उत्तर प्रस्तुत पंक्ति में 'मरते' शब्द की पुनरुक्ति हुई है, इसलिए यहाँ पुनरुक्तिप्रकाश अलंकार है।

4 प्रस्तुत गीत में किन पौराणिक पात्रों का उल्लेख किया गया है और क्यों?

उत्तर प्रस्तुत गीत में राम, लक्ष्मण, सीता तथा रावण जैसे पौराणिक पात्रों का प्रयोग प्रतीक के रूप में किया गया है, क्योंकि कवि-प्रतीकात्मक पात्रों के उल्लेख के माध्यम से देशवासियों को देश पर सर्वस्व न्योछावर करने की प्रेरणा देना चाहता है। कवि कहना चाहता है कि भारत माता रूपी सीता के पवित्र आंचल की रक्षा देश के प्रत्येक नागरिक को राम-लक्ष्मण की भाँति पूर्ण साहस, धैर्य और वीरता से करनी चाहिए, जिससे कि रावण रूपी शत्रु सीता रूपी धरती माता को हानि न पहुँचा सके।

5 साँस थमते समय तथा नब्ज़ जमते समय भी भारतीय सैनिक की क्या इच्छा रहती है?

उत्तर साँस थमना व नब्ज़ जमना व्यक्ति के जीवन के अंतिम समय का संकेत देते हैं, परंतु बहादुर सैनिक मृत्यु को सामने देखकर भी घबराता नहीं है, बल्कि अन्य सैनिकों को शत्रु से लड़ने के लिए प्रेरित करता है। उन्हें धीरज बँधाते हुए कहता है कि जीत का उत्सव मनाने का समय आने वाला है, इसलिए शत्रु का डटकर सामना करो।

6 कविता के आधार पर बताइए कि जान देने की रुत कौन-सी होती है?

उत्तर काव्यांश के आधार पर 'रुत' से तात्पर्य 'अवसर' से है। जान देने की रुत वह कहलाती है, जिसमें सैनिक देश की रक्षा करते-करते शत्रु के हाथों जान गँवा बैठते हैं। यह अवसर केवल देश प्रेमियों को ही मिलता है।

7 जवानी की सार्थकता से क्या तात्पर्य है? यह किस प्रकार संभव है?

उत्तर जवानी की सार्थकता से कवि का तात्पर्य जीवन की उस अवस्था से है, जिसमें जोश, उत्साह, शक्ति, ऊर्जा आदि भरपूर होती है। यदि इन गुणों का उचित लाभ उठाया जाए, तो जवानी को सार्थक बनाया जा सकता है। यदि युवा वर्ग अपने इस साहस, जोश तथा शक्ति का प्रयोग देशहित में करे, तो केवल युवावस्था (जवानी) ही नहीं, उसका पूरा जीवन सार्थक हो जाता है।

8 'कर चले हम फिदा' कविता और 'कारतूस' एकांकी के भावों की तुलना कीजिए। विश्लेषण करते हुए अपने मत के समर्थन में तर्क प्रस्तुत कीजिए। **CBSE SQP Term II 2021**

उत्तर 'कर चले हम फिदा' कविता और 'कारतूस' एकांकी में देशभक्ति की भावना समान रूप से विद्यमान है। कविता में जहाँ एक ओर सैनिक के कर्त्तव्य की भावना का वर्णन किया गया है, वहीं दूसरी तरफ एकांकी में वजीर अली के साहसी कारनामों का वर्णन किया गया है, जो उसने देशहित के लिए किए। कविता तथा एकांकी दोनों ही हमें देशभक्ति का संदेश देती हैं तथा देश के प्रति हमारे कर्त्तव्यों से हमें अवगत कराती हैं।

9 'फ़तह का जश्न इस जश्न के बाद है' कवि ने ऐसा क्यों कहा?

अथवा **'फ़तह का जश्न इस जश्न के बाद है' पंक्ति में किन दो अलग-अलग जश्नों का जिक्र किया गया है?** **CBSE 2016**

उत्तर 'फ़तह का जश्न इस जश्न के बाद है' कहकर कवि अन्य सैनिकों को बलिदान देने के लिए प्रेरित करना चाहता है। उसका मानना है कि यदि देश रक्षा के कार्यों को अधूरा छोड़ दिया जाएगा, तो शहीदों का बलिदान व्यर्थ हो जाएगा। अतः शहीदों के बाद अन्य सैनिकों को भी बहादुरी से शत्रुओं के साथ तब तक लड़ना होगा, जब तक देश पूरी तरह सुरक्षित न हो जाए। जीत का उत्सव हम तभी मना सकेंगे, जब बलिदान का यह सिलसिला थम जाएगा।

10 कवि ने सैनिकों से खून से लकीर खींचने की बात किस तथ्य को माध्यम बनाकर कही है?

उत्तर कवि ने सैनिकों से खून से लकीर खींचने की बात लक्ष्मण रेखा को माध्यम बनाकर कही है। जिस प्रकार, सीतामाता की

रक्षा हेतु लक्ष्मण ने कुटिया के चारों ओर ऐसी रेखा खींच दी थी, जिससे कोई भी शत्रु अंदर प्रवेश न कर सके, उसी प्रकार सैनिकों से भी अपने खून से वैसी ही लकीर खींचने को कहा गया है, जो भारतमाता को सुरक्षित कर सके। यहाँ 'लक्ष्मण रेखा' मुहावरेदार अर्थ में प्रयुक्त हुआ है, जिसका अभिप्राय दुश्मन की शक्ति को बाँधना या सीमित करना तथा मातृभूमि को दुश्मनों से मुक्त रखना है।

11 'छू न पाए सीता का दामन कोई' कथन का क्या आशय है? **CBSE 2012**

उत्तर प्रस्तुत काव्य-पंक्ति का आशय यह है कि हमारी मातृभूमि हमारी सीता माँ है, जिसे कोई रावण रूपी विदेशी आक्रमणकारी छू न पाए, उस पर कब्ज़ा या नियंत्रण न कर सके। वे भारत की भूमि पर नापाक इरादे से कदम न रख सकें। हमें अपनी सीता रूपी मातृभूमि की 'राम' एवं 'लक्ष्मण' बनकर रक्षा करनी होगी।

12 कवि ने सैनिकों को राम-लक्ष्मण जैसा बनने के लिए क्यों कहा है?

उत्तर कवि ने सैनिकों को राम-लक्ष्मण जैसा बनने के लिए इसलिए कहा है, क्योंकि वह चाहता है कि जिस प्रकार राम और लक्ष्मण ने सीता की रक्षा कर अपना क्षत्रिय धर्म निभाया था, उसी प्रकार उन्हें भी शत्रुओं से अपनी भारतमाता की रक्षा कर देशभक्त होने का कर्त्तव्य निभाना है।

13 'कर चले हम फ़िदा' कविता में कवि ने क्या संदेश दिया है? **CBSE 2016**

उत्तर कविता के माध्यम से कवि ने यह संदेश दिया है कि देश की रक्षा करना हर नागरिक का कर्त्तव्य है। उसके मान-सम्मान को बनाए रखना हर भारतवासी की ज़िम्मेदारी है। अतः अपनी सामर्थ्य के अनुसार, देशहित में कार्य करके हम अपनी देशभक्ति तथा देशप्रेम प्रकट कर सकते हैं।

14 'कर चले हम फ़िदा' गीत में सैनिकों की देशवासियों से क्या अपेक्षाएँ हैं?

उत्तर 'कर चलें हम फ़िदा' कविता में सैनिकों ने देशवासियों से ये अपेक्षाएँ की हैं कि प्रत्येक देशवासी देश की सुरक्षा को अपना परम कर्त्तव्य समझे। वह अपना सर्वस्व न्योछावर कर देश की सेवा और विकास में यथासंभव योगदान करें। यदि कोई शत्रु देश के मान-सम्मान को क्षति पहुँचाने का प्रयास करे, तो वे शत्रु का विनाश कर दें। वस्तुतः सैनिक प्रत्येक देशवासी से यह अपेक्षा करता है कि सभी देशवासियों में देश के प्रति त्याग एवं बलिदान की भावना सर्वोपरि होनी चाहिए।

15 आज़ाद होने के बाद सबसे मुश्किल काम है "आज़ादी बनाए रखना"। आप इसके लिए क्या-क्या करेंगे? **CBSE 2013**

उत्तर भारत के प्रत्येक नागरिक को अपने देश की स्वतंत्रता बनाए रखने के लिए हमेशा सजग एवं सतर्क रहना चाहिए। उसमें वीरता एवं साहस के गुण मौजूद होने चाहिए। हम अपने देश की ओर आँख उठाने वाले दुश्मनों को मुँह तोड़ जवाब देंगे और देश की रक्षा के लिए अपने प्राणों का बलिदान हँसते-हँसते कर देंगे।

16 'कर चले हम फ़िदा' कविता में सैनिक को बलिदान के समय भी दुख का अनुभव क्यों नहीं होता है? बताइए। **CBSE 2016, 15**

उत्तर किसी भी सैनिक का अपने देश या राष्ट्र के लिए बलिदान देना परम धर्म एवं कर्त्तव्य माना जाता है। इसी धर्म और कर्त्तव्य का पालन करते हुए एक सैनिक राष्ट्र हित में अपना बलिदान देते समय दु:खी नहीं होता; बल्कि गर्व का अनुभव करता है। वह अपनी भारत माता की रक्षा एवं सेवा के लिए सदैव तत्पर रहता है। वह अपने कर्त्तव्यों का पालन ईमानदारी के साथ करता है। इस प्रकार कहा जाना चाहिए कि अपने धर्म और कर्त्तव्य का पालन करते समय हमें दु:खी नहीं होना चाहिए, बल्कि गौरवान्वित महसूस करते हुए अपने कर्त्तव्य का पूर्ण रूप से पालन करना चाहिए; जैसा कि हमारे देश के प्रत्येक सैनिक किया करते हैं।

17 'कर चले हम फ़िदा' कविता में 'साथियों' संबोधन का प्रयोग किनके लिए किया गया है? **CBSE 2012, 11**

उत्तर 'कर चले हम फ़िदा' कविता में कवि ने 'साथियों' का संबोधन अपने सैनिक साथियों तथा देशवासियों के लिए किया है। यह संबोधन देश के उन सैनिकों की ओर से है, जो देश के लिए स्वयं का बलिदान दे रहे हैं। उन्हें अपने बलिदान पर गर्व है। उन्होंने मरते दम तक देशवासियों का साथ निभाया है। इसलिए वे अपने उन देशवासियों को 'साथियो' के संबोधन से संबोधित कर रहे हैं। साथ ही वे देश के अन्य लोगों को भी अपने समान देश पर मर-मिटने की प्रेरणा दे रहे हैं। वे देश के लिए बलिदान देने वालों के काफ़िले को आगे बढ़ते रहने के लिए प्रेरित कर रहे हैं।

18 'कर चले हम फ़िदा' कविता में कवि ने देशवासियों से क्या अपेक्षाएँ की हैं? क्या हम उन अपेक्षाओं को पूरा कर रहे हैं? तर्क सहित उत्तर दीजिए। **CBSE 2018**

उत्तर 'कर चले हम फ़िदा' कविता में कवि ने देशवासियों से ये अपेक्षाएँ की हैं कि देश की रक्षा करना केवल सैनिकों का ही दायित्व नहीं है, बल्कि प्रत्येक देशवासी का कर्त्तव्य है। प्रत्येक देशवासी से यह अपेक्षा की जाती है कि वह अपना तन-मन-धन लगाकर अपने देश की सेवा करे, देश के विकास में अपना यथासंभव योगदान करे और आवश्यकता पड़ने पर किसी भी तरह का त्याग एवं बलिदान करने के लिए तैयार रहे।

कवि की उपरोक्त अपेक्षाओं को अधिकांश संवेदनशील एवं जागरूक नागरिक पूरा करने की कोशिश करते हैं, लेकिन कुछ स्वार्थी एवं असामाजिक तत्त्व अपनी इन ज़िम्मेदारियों से

मुँह चुराते हैं। वे अपने हितों को छोड़कर और किसी भी प्रकार की ज़िम्मेदारी को स्वीकार नहीं करते। हमें ऐसे लोगों को समझा-बुझाकर सही मार्ग पर लाने की कोशिश करनी चाहिए, जिससे देश के सभी नागरिकों के दिलों में अपने देश के प्रति देशभक्ति की भावना विद्यमान रहे।

19 युद्ध क्षेत्र में वीर सैनिक अपने जीवन को किस तरह सार्थक मानता है? स्पष्ट कीजिए। **CBSE 2015**

उत्तर अपना जीवन सभी प्राणियों को प्रिय होता है। कोई भी इसे यूँ ही खोना नहीं चाहता। असाध्य रोगी तक लंबे जीवन की कामना करते हैं। इसलिए शांति प्रिय जीव भी अपने प्राणों पर संकट आया जान, उसकी रक्षा हेतु तत्पर हो जाते हैं। दूसरी तरफ़, वीर सैनिक का जीवन इसके ठीक विपरीत होता है। वह अपने जीवन के लिए नहीं, बल्कि देशवासियों की आज़ादी और देश पर आए संकट से मुकाबला करने के लिए अपना सीना तानकर खड़ा हो जाता है। युद्ध क्षेत्र में वीर सैनिक अपने देश की मान-मर्यादा एवं सुरक्षा के लिए अपने प्राणों को न्योछावर करके ही अपने जीवन को सार्थक मानता है। वह किसी भी कीमत पर अपने देश के सम्मान को ठेस नहीं पहुँचने देता।

20 सीमा पर भारतीय सैनिकों के द्वारा सहर्ष स्वीकारी जा रही कठिन परिस्थितियों का उल्लेख कीजिए और प्रतिपादित कीजिए कि 'कर चले हम फ़िदा' गीत सैनिकों के हृदय की आवाज़ है। **CBSE 2020**

उत्तर 'कर चले हम फिदा' गीत उर्दू के प्रसिद्ध शायर कैफ़ी आजमी की रचना हैं। इस गीत के माध्यम से कवि ने यह स्पष्ट करने का प्रयास किया है कि भारतीय सैनिकों का जीवन वास्तव में बलिदान, संघर्ष, अनुशासन एवं सर्वस्व न्योछावर करने की भावना से ओत-प्रोत होता है। वे सीमा पर मिलने वाली विविध कठिन परिस्थितियों का सहर्ष सामना करते हैं। भारतीय सैनिक अपने जीवन के अंतिम क्षणों तक संघर्ष करते रहते हैं। देश की रक्षा में तत्पर भारतीय सैनिक साँस रुकने एवं धड़कने बंद होने तक अपने कदमों को रुकने नहीं देते। स्वयं का सर्वस्व त्याग करते हुए भी वह हिमालय (देश का गौरव) का मस्तक झुकने नहीं देते। इस प्रकार वह देश की रक्षा के मार्ग में आने वाली सभी कठिन परिस्थितियों को सहर्ष स्वीकार करते हुए देश के गौरव को बनाए रखते हैं।

प्रस्तुत गीत में कवि ने सैनिकों के माध्यम से देश के लिए अपने प्राणों को न्योछावर करने वाले लोगों की भावना को आलोकित किया है। देश की रक्षा में अपने प्राणों का उत्सर्ग करने वाला सैनिक ऐसी ही अपेक्षा आने वाली युवा पीढ़ियों से भी करता है। उसे देश के लिए 'मर-मिटना' अपने जीवन में सौंदर्य तथा प्यार की प्राप्ति से कहीं अधिक महत्त्वपूर्ण एवं अर्थपूर्ण लगता है। इसी में जीवन की सार्थकता है।

स्वमूल्यांकन

काव्यांश पर आधारित बहुविकल्पात्मक प्रश्न

- *निम्नलिखित काव्यांशों को ध्यानपूर्वक पढ़कर पूछे गए प्रश्नों के सही विकल्प चुनिए।*

1 राह कुर्बानियों की न वीरान हो
तुम सजाते ही रहना नए काफिले
फतह का जश्न इस जश्न के बाद है
जिंदगी मौत से मिल रही है गले
बाँध लो अपने सर से कफन साथियों
अब तुम्हारे हवाले वतन साथियों

(क) 'साथियों' सम्बोधन किसके लिए प्रयुक्त हुआ है?
(*i*) दुश्मन सैनिक
(*ii*) देश की युवा शक्ति
(*iii*) युद्ध में मरने वाले सैनिक
(*iv*) जीत प्राप्त करने वाले योद्धा

उत्तर (*ii*) देश की युवा शक्ति

(ख) कवि किस प्रकार की राह को सुनसान होने नहीं देना चाहता है?
(*i*) आत्म रक्षा की
(*ii*) बलिदान की
(*iii*) संघर्ष की
(iv) युद्ध की

उत्तर (*ii*) बलिदान की

(ग) कवि के अनुसार, संघर्षशील नवयुवक को किसके लिए तैयार रहना चाहिए?
(*i*) उत्साहपूर्वक देश के लिए बलिदान देने के लिए
(*ii*) अपने जीवन में सफलता प्राप्त करने के लिए
(*iii*) निराशाओं से हार मानकर बैठने के लिए
(*iv*) हँसते हुए मौत को गले लगाने के लिए

उत्तर (*i*) उत्साहपूर्वक देश के लिए बलिदान देने के लिए

(घ) पद्यांश के अनुसार, देश के लिए बलिदान देकर कौन जाने की बात कर रहा है?
(*i*) भारतीय सैनिक
(*ii*) आज का नवयुवक
(*iii*) कवि स्वयं
(*iv*) दुश्मन देश का सैनिक

उत्तर (*i*) भारतीय सैनिक

(ङ) 'कर चले हम फ़िदा' गीत के माध्यम से सैनिक अपने साथियों को क्या सलाह देता है?
(*i*) सिर पर कफन बाँधने की
(*ii*) हार मान लेने की
(*iii*) शत्रु से मुकाबला न करने की
(*iv*) जश्न मनाने की

उत्तर (*i*) सिर पर कफन बाँधने की

कविता पर आधारित बहुविकल्पीय प्रश्न

- निम्नलिखित प्रश्नों के सही विकल्प चुनिए।

1. सैनिकों ने शत्रुओं को किसकी उपमा दी है?
(*i*) राम की (*ii*) लक्ष्मण की
(*iii*) रावण की (*iv*) कंस की

उत्तर (*iii*) रावण की

2. सैनिकों ने देश की रक्षा किस प्रकार की है?
(*i*) गीत गाते हुए
(*ii*) देशभक्ति के लिए प्रेरित करते हुए
(*iii*) शत्रुओं को हराकर
(*iv*) शत्रुओं से लड़ते-लड़ते शहीद होकर

उत्तर (*iv*) शत्रुओं से लड़ते-लड़ते शहीद होकर

3. सैनिक ने देश के नवयुवकों को किस प्रकार प्रेरित करने का प्रयास किया है?
(*i*) गीत गाकर
(*ii*) बलिदान देकर
(*iv*) देश के लिए मर-मिटने के लिए तैयार रहकर
(*iv*) वीरगाथाएँ सुनाकर

उत्तर (*iv*) वीरगाथाएँ सुनाकर

विषय-वस्तु का ज्ञान, बोध अभिव्यक्ति पर आधारित प्रश्न

- *निम्नलिखित प्रश्नों के उत्तर दीजिए*

(*i*) देश के लिए रावण की भूमिका कौन निभाता है? कविता के आधार पर स्पष्ट कीजिए।

(*ii*) गीतकार ने 'गीत' के माध्यम से किस प्रकार की जवानी को व्यर्थ बताया है?

(*iii*) कविता में नब्ज़ जमने का क्या कारण है?

(iv) हुस्न और इश्क दोनों को कौन रुस्वा करता है और कैसे? गीत के आधार पर स्पष्ट कीजिए।

(v) ''राह कुर्बानियों की न वीरान हो''—इस पंक्ति का आशय स्पष्ट कीजिए।

(vi) ''अब तुम्हारे हवाले वतन साथियो''—से कवि का क्या तात्पर्य है?

(vii) देश की रक्षा हेतु सैनिकों के समक्ष कौन-कौन सी समस्याएँ आती हैं जिनका सामना उन्हें करना पड़ता है? गीत के आधार पर उदाहरण सहित स्पष्ट कीजिए।

(viii) ''तोड़ दो हाथ अगर हाथ उठने लगे''—पंक्ति का आशय स्पष्ट कीजिए।

(ix) 'कर चले हम फ़िदा' गीत के आधार पर बलिदानी सैनिकों के व्यक्तित्व पर विस्तार से प्रकाश डालिए।

(x) गीत में वर्णित रामायण के पात्रों का प्रतीकात्मक रूप में मनोहारी चित्रण किया गया है। स्पष्ट कीजिए।

(xi) 'कर चले हम फ़िदा' गीत के माध्यम से हमें क्या प्रेरणा मिलती है?

(xii) प्रस्तुत गीत में वीरगति प्राप्त होते समय सैनिक क्या-क्या इच्छाएँ व्यक्त करता है?

(xiii) 'कर चले हम फ़िदा' गीत का उद्देश्य अपने शब्दों में लिखिए।

अध्याय

09

आत्मत्राण *(रवींद्रनाथ ठाकुर)*

पाठ की रूपरेखा

रवींद्रनाथ ठाकुर की प्रस्तुत कविता का बांग्ला से हिंदी में अनुवाद आचार्य हजारीप्रसाद द्विवेदी जी ने किया है। द्विवेदी जी का हिंदी साहित्य को समृद्ध करने में अपूर्व योगदान है।

प्रस्तुत कविता में कवि गुरु मानते हैं कि प्रभु में सब कुछ संभव कर देने की सामर्थ्य है, लेकिन वही सब कुछ न करें। किसी भी आपदा-विपदा में, किसी भी द्वंद्व में सफल होने के लिए मनुष्य स्वयं संघर्ष करे। प्रभु केवल उसे संघर्ष करने की शक्ति प्रदान करें।

कवि-परिचय

रवींद्रनाथ ठाकुर का जन्म 7 मई, 1861 में बंगाल के एक संपन्न परिवार में हुआ था। ये नोबेल पुरस्कार पाने वाले प्रथम भारतीय थे। बैरिस्ट्री पढ़ने के लिए विदेश भी गए, परंतु परीक्षा दिए बिना ही वापस लौट आए। रवींद्रनाथ को प्रकृति से गहरा लगाव था। रवींद्रनाथ की रचनाओं में लोक-संस्कृति का स्वर मुख्य रूप से मुखरित होता है। इन्होंने लगभग एक हज़ार कविताएँ और दो हज़ार गीत लिखे हैं। चित्रकला, संगीत और भावनृत्य के प्रति इनका विशेष अनुराग था, जिस कारण 'रवींद्र संगीत कला' नाम की एक अलग धारा का सूत्रपात हो गया। इन्होंने शांति निकेतन नाम की एक शैक्षिक और सांस्कृतिक संस्था की स्थापना की। रवींद्रनाथ ठाकुर की प्रमुख कृतियाँ हैं– नैवेद्य, पूरबी, बलाका, क्षणिका, चित्र और सांध्यगीत, काबुलीवाला और सैकड़ों अन्य कहानियाँ; उपन्यास– गोरा, घरे बाइरे, रवींद्र के निबंध हैं। इनका देहावसान 7 अगस्त, 1941 को हुआ।

काव्यांशों की व्याख्या

काव्यांश 1

विपदाओं से मुझे बचाओ, यह मेरी प्रार्थना नहीं
केवल इतना हो (करुणामय)
कभी न विपदा में पाऊँ भय।
दुःख-ताप से व्यथित चित्त को न दो सांत्वना नहीं सही
पर इतना होवे (करुणामय)
दुःख को मैं कर सकूँ सदा जय।

» शब्दार्थ

विपदाओं–मुसीबतों, संकटों; करुणामय–दूसरों पर दया करने वाला; भय–डर; दुःख-ताप–कष्ट की पीड़ा; व्यथित–दुःखी; चित्त–हृदय; सांत्वना–ढाँढस या तसल्ली देना; जय –जीत।

भावार्थ

कवि प्रभु से कहता है–हे प्रभु! मेरी आपसे यह प्रार्थना नहीं है कि मुसीबतों से आप मुझे बचाएँ या मेरी रक्षा करें। मैं तो केवल इतना चाहता हूँ कि जब कभी भी मुझ पर कोई विपत्ति आए, तो मैं बिना डरे उसका सामना कर सकूँ। हे करुणामय! मैं यह भी नहीं चाहता कि जब कभी विपत्तियों की पीड़ा से मेरा मन दुःखी हो, व्याकुल हो, तो आप मुझे सांत्वना दें। मैं अपने दुःखों को स्वयं सहन कर लूँगा, परंतु हे करुणामय प्रभु! मैं ऐसे कष्टकारी समय में भी केवल इतना चाहता हूँ कि उन दुःखों पर मैं विजय प्राप्त कर सकूँ, आप मुझे इतनी शक्ति दें।

काव्य सौंदर्य

(i) भाषा सरल, सहज एवं सुबोध है, जो भावाभिव्यक्ति में पूर्णतः सक्षम है।

(ii) भाषा में भावानुकूलता का गुण विद्यमान है।

(iii) काव्यांश में तत्सम शब्दों का बहुतायत में प्रयोग किया गया है।

(iv) 'सकूँ सदा' में 'स' वर्ण की पुनरावृत्ति होने के कारण, यहाँ अनुप्रास अलंकार है।

काव्यांश 2

कोई कहीं सहायक न मिले
तो अपना बल पौरुष न हिले;
हानि उठानी पड़े जगत् में लाभ अगर वंचना रही
तो भी मन में ना मानूँ क्षय।।
मेरा त्राण करो अनुदिन तुम यह मेरी प्रार्थना नहीं
बस इतना होवे (करुणामय)
तरने की हो शक्ति अनामय।
मेरा भार अगर लघु करके न दो सांत्वना नहीं सही।
केवल इतना रखना अनुनय—
वहन कर सकूँ इसको निर्भय।

» शब्दार्थ

बल—शक्ति; पौरुष—वीरता, हिम्मत, पराक्रम; जगत्—संसार; वंचना—धोखा; क्षय—पराजय, नाश; त्राण—भय से छुटकारा या मुक्ति; अनुदिन—प्रतिदिन; तरने—उबरने, पार उतरने; अनामय—स्वस्थ, रोग रहित; भार—बोझ; लघु—छोटा (कम); सांत्वना—तसल्ली; अनुनय विनय; वहन—सहना; निर्भय—निडर।

भावार्थ

कवि प्रभु से निवेदन करता है—हे प्रभु! यदि जब कभी मेरे जीवन में मुसीबत आए और मुसीबत के समय मेरी सहायता करने वाला कोई न हो अर्थात् कोई भी मेरा सहारा न बने। मेरी प्रार्थना है कि मेरा अपना बल, मेरी शक्ति और पराक्रम न डगमगाए, मुझमें आत्मविश्वास की कमी न आए। यदि कभी संसार में मुझे किसी भी चीज़ की हानि हो, लाभ प्राप्त न हो सके या कभी किसी प्रकार का धोखा हो, तो भी मेरे मन में नुकसान के प्रति पश्चाताप का भाव न आने पाए अर्थात् मैं मन में अपना सर्वनाश न मान बैठूँ। मैं विचलित होकर अपने पराक्रम को कम न होने दूँ।

हे प्रभु! मैं यह प्रार्थना नहीं करता हूँ कि तुम हर दिन मुझे किसी-न-किसी संकट से मुक्ति दिलाते रहो, परंतु हे करुणामय! मुझे रोग रहित रखना, ताकि स्वस्थ रहकर मैं अपनी शक्ति को बनाए रखूँ और उस ताकत के सहारे भव सागर से पार पा सकूँ। मैं यह भी नहीं चाहता कि मेरे कष्टों के भार को तुम कम करो और मुझे सांत्वना दो। मैं तो केवल इतना चाहता हूँ कि जीवन में आने वाली सभी मुसीबतों का मैं डटकर, निर्भय होकर सामना कर सकूँ अर्थात् आप मुझे निर्भयता का वरदान दो।

काव्य सौंदर्य

(i) सरल एवं सहज भाषा भावों की अभिव्यक्ति करने में पूर्णतः समर्थ है।

(ii) भाषा में भावानुकूलता का गुण मौजूद है।

(iii) इसमें तत्सम शब्दों का उन्मुक्त रूप से प्रयोग हुआ है।

(iv) 'कोई कहीं' में अनुप्रास अलंकार है।

काव्यांश 3

नत शिर होकर सुख के दिन में
तव मुख पहचानूँ छिन-छिन में।
दुःख-रात्रि में करे वंचना मेरी जिस दिन निखिल मही
उस दिन ऐसा हो करुणामय,
तुम पर करूँ नहीं कुछ संशय।।

» शब्दार्थ

नत शिर—सिर झुकाकर; तव—तुम्हारा; छिन-छिन—पल-पल; दुःख-रात्रि—दुःखों से भरी रात; निखिल—संपूर्ण; मही—धरती; संशय—संदेह।

भावार्थ

कवि करुणामय प्रभु से निवेदन करता है—हे प्रभु मेरी कामना है कि जब कभी मेरे जीवन में सुखों के दिनों का आगमन हो, तो हर दिन के एक-एक पल में मैं तुम्हारा स्मरण करता रहूँ। एक क्षण के लिए भी तुम्हें विस्मृत न करूँ।

दुःख से भरी रातों में चाहे संपूर्ण सृष्टि से मुझे धोखा मिले, तब भी मेरे मन में आपके प्रति कोई संदेह न हो। अपने दुःखों के लिए आपको दोषी न ठहराऊँ। हे प्रभु, हे करुणामय! मुझ पर ऐसी कृपा दृष्टि रखो कि मेरे मन में तुम्हारे प्रति आस्था और विश्वास सदैव बना रहे।

काव्य सौंदर्य

(i) सरल, सुबोध एवं सहज भाषा के अंतर्गत भावानुकूलता का गुण विद्यमान है।

(ii) भाषा भावों की अभिव्यक्ति करने में पूर्णतः सक्षम है।

(iii) इसमें तत्सम शब्दों का आवश्यकतानुसार प्रयोग किया गया है।

(iv) 'छिन-छिन' में पुनरुक्तिप्रकाश अलंकार उपस्थित है।

(v) प्रस्तुत काव्यांश छंदयुक्त है।

पाठ्यपुस्तक (स्पर्श भाग-2) के प्रश्नोत्तर

(क) निम्नलिखित प्रश्नों के उत्तर दीजिए

1 कवि किससे और क्या प्रार्थना कर रहा है? **CBSE 2012, 11**

उत्तर कवि ईश्वर से प्रार्थना कर रहा है कि वह उसे विपत्तियों से उबारने का काम न करें, केवल उसकी आंतरिक चेतना में ऐसी क्षमता भरने का प्रयास करें, जिसके कारण वह विपदाओं में घबराए नहीं और बड़ी-बड़ी विपदाओं पर भी विजय प्राप्त कर सके। कवि ईश्वर से किसी प्रकार की सहायता नहीं चाहता। वह चाहता है कि ईश्वर उसे पौरुष दें, जिससे वह अपनी सहायता करने में सक्षम हो सके। कवि ईश्वर से इतना ही चाहता है कि वह उसे भयरहित बनाएँ, जिससे वह उसकी सत्ता पर, उसके प्रति अपनी आस्था पर संदेह न कर सके।

2 ''विपदाओं से मुझे बचाओ, यह मेरी प्रार्थना नहीं''—कवि इस पंक्ति के द्वारा क्या कहना चाहता है? **CBSE 2012, 11**

अथवा 'आत्मत्राण' कविता में कवि विपदा में ईश्वर से क्या चाहता है और क्यों? **CBSE 2020**

उत्तर कवि ईश्वर को विपदाओं से बचाने के लिए नहीं बुलाता है। यह मानव की शक्ति पर असीम विश्वास के कारण संभव हुआ है। यही 'मानववाद' है। कवि ईश्वर की स्मृति इसलिए नहीं करना चाहता कि विपदा के क्षण से वे उसे उबार लें, बल्कि वह ईश्वर से संघर्ष की क्षमता तथा दुःखों को झेल पाने की शक्ति की कामना करता है। कवि को आत्मविश्वास है कि वह ईश्वर पर निर्भरता की बजाय उनसे प्राप्त शक्ति से किसी भी विपत्ति का सामना करके स्वयं को सार्थक साबित कर सकता है।

3 कवि सहायक के न मिलने पर क्या प्रार्थना करता है? **CBSE 2016, 11**

अथवा 'आत्मत्राण' कविता में कोई सहायक न मिलने पर कवि की क्या प्रार्थना है? **CBSE 2017**

अथवा 'आत्मत्राण' कविता में किसी सहायक पर निर्भर न रहने की बात कवि क्यों कहता है? स्पष्ट कीजिए। **CBSE 2020**

उत्तर कवि किसी सहायक के न मिलने पर ईश्वर से प्रार्थना करता है कि उसका 'पौरुष' हिलना या डगमगाना नहीं चाहिए। यदि उसका पौरुष कायम रहा, तो उसे किसी की सहायता की आवश्यकता ही नहीं रह जाएगी। कवि ईश्वर से किसी सहायता के बदले अपनी संघर्ष-क्षमता में वृद्धि की माँग करता है, जिससे वह जीवन में आने वाली कठिनाइयों का डटकर एवं निर्भयता से सामना कर सके।

4 अंत में कवि क्या अनुनय करता है? **CBSE 2012, 11**

उत्तर कवि ईश्वर से अनुनय करता है कि वह उसे भयरहित बनाए, आपदाओं को झेलने तथा उनसे उबरने की क्षमता दे। वह चाहता है कि सुख के दिनों में वह उदार बने रह कर वंचितों के अस्तित्व में स्वयं की पहचान करे। कवि ईश्वर से प्रार्थना करते हुए कहता है कि वह उसे ऐसी क्षमता दें, जिसके कारण दुःखी विश्व उसके सुख को छलना न माने अर्थात् विश्व का सुख-दुःख, उसका सुख-दुःख बन जाए। उसके चारों ओर दुःख घिरने पर संसार के सभी लोग उसका साथ छोड़ दें और उसके विरुद्ध हो जाएँ, तब भी उसकी प्रभु पर आस्था बनी रहे। ऐसा होने पर कवि ईश्वर की सत्ता पर संदेह नहीं कर पाएगा।

5 'आत्मत्राण' शीर्षक की सार्थकता कविता के संदर्भ में स्पष्ट कीजिए। **CBSE 2011**

उत्तर 'आत्मत्राण' का अर्थ है—अपने आंतरिक भय से बाहर आना अर्थात् स्वयं अपनी सुरक्षा करना। कवि विपदाओं, दुःखों तथा पीड़ा से मुक्ति के लिए ईश्वर का आह्वान नहीं करता। वह अपने आंतरिक भय से छुटकारा पाने की कोशिश करता है। कवि उसी भय के निवारण की प्रार्थना ईश्वर से करता है। कवि का यही भाव शीर्षक 'आत्मत्राण' से झलकता है। कवि ईश्वर से 'त्राण' के बदले 'तैरने' की क्षमता चाहता है। वह अपने अंदर साहस, निर्भयता तथा संघर्षशीलता की कामना करता है। कवि का मानना है कि इन गुणों के माध्यम से वह विपदाओं पर विजय प्राप्त कर सकता है।

6 अपनी इच्छाओं की पूर्ति के लिए आप प्रार्थना के अतिरिक्त और क्या-क्या प्रयास करते हैं? लिखिए।

उत्तर हम अपनी इच्छाओं की पूर्ति के लिए ईश्वर से प्रार्थना करते हैं। ईश्वर से अच्छे स्वास्थ्य, तरक्की तथा जीवन में यश की कामना करते हैं। हम संघर्षों के समय ईश्वर को स्मृति में लाते हैं, तो इसका कारण उनसे ऐसी क्षमता पाने की आशा होती है, जो हमें संघर्षों में विजय पाने की शक्ति प्रदान करे।

ईश्वर की प्रार्थना के अतिरिक्त हम परिश्रम करते हैं और जीवन में विकास के विभिन्न संसाधन जुटाने की कोशिश करते हैं। हम दूसरों की सहायता से भी अपने आत्मबल में वृद्धि करते हैं। ईश्वर की प्रार्थना के अतिरिक्त अपने समाज एवं शुभचिंतकों की प्रेरणा से हमें साहस, निडरता तथा पौरुष आदि प्राप्त होते हैं।

7 क्या कवि की यह प्रार्थना आपको अन्य प्रार्थना गीतों से अलग लगती है? यदि हाँ, तो कैसे? **CBSE 2011**

अथवा क्या 'आत्मत्राण' कविता अन्य प्रार्थना गीतों से अलग है? **CBSE 2015**

उत्तर कवि की यह प्रार्थना, अन्य प्रार्थना गीतों से प्रायः अलग लगती है। सामान्यतः प्रार्थना गीतों में ईश्वर से दुःख से मुक्ति की विनती होती है, सहायता की प्रार्थना होती है तथा संकटों से उबारने की व्याकुलता के साथ माँग होती है। ईश्वर को ही सब कुछ माना जाता है, माता-पिता, बंधु आदि सब कुछ। ऐसे प्रार्थना गीतों में आत्मविश्वास का अभाव होता है। 'आत्मत्राण' कविता में

कवि ईश्वर की प्रार्थना किसी विपत्ति से उबरने के लिए नहीं करता, बल्कि विपदाओं में भयरहित संघर्षों की चेतना की चाह से करता है। कवि ईश्वर से सहायता नहीं चाहता, बल्कि वह 'पौरुष-बल' चाहता है, जिसके माध्यम से हर संकट का सामना वह साहस एवं गंभीरतापूर्वक कर सके। कवि ईश्वर से स्वयं को तारने की माँग नहीं करता, बल्कि तैरने (संकट से बाहर निकलने) की क्षमता प्रदान करने की कामना करता है।

(ख) *निम्नलिखित अंशों का भाव स्पष्ट कीजिए*

1 ''नत शिर होकर सुख के दिन में
तव मुख पहचानूँ छिन-छिन में।''

उत्तर प्रस्तुत काव्य-पंक्ति में कवि रवींद्रनाथ ठाकुर कहना चाहते हैं कि जब कभी मेरे जीवन में सुखों के दिनों का आगमन हो, तो हर दिन के प्रत्येक क्षण में तुम्हारा अर्थात् ईश्वर का, मैं स्मरण करता रहूँ, क्योंकि दुःख के दिनों में तो ईश्वर को सभी याद करते हैं, परंतु सुख के दिनों में भूल जाते हैं। कवि रवींद्रनाथ जी यह भी प्रार्थना करते हैं कि जब दुःख के दिन हो, तो मैं आप पर कभी संदेह न करूँ और अपने दुःखों के लिए कभी भी आपको दोषी न ठहराऊँ।

2 ''हानि उठानी पड़े जगत् में लाभ अगर वंचना रही
तो भी मन में ना मानूँ क्षय।''

उत्तर कवि मानता है कि यदि उसके लाभ को वंचना (धोखा) समझ कर ईश्वर कम करना चाहे, तो इसमें कोई हानि नहीं है। कवि कहता है कि यदि मुझे हानि-ही-हानि उठानी पड़े, तो भी मैं मन में अपना सर्वनाश न मान बैठूँ, मैं निराशा से न भर जाऊँ।

3 ''तरने की हो शक्ति अनामय।
मेरा भार अगर लघु करके न दो सांत्वना नहीं सही।''

उत्तर कवि ईश्वर से अपनी अंतरात्मा को नित्य शुद्ध करने की प्रार्थना करता है, लेकिन वह यह नहीं चाहता कि ईश्वर उसकी सहायता के लिए आगे आए। वह तो यह चाहता है कि भवसागर को पार करने की अनंत व्याधिरहित शक्ति उसके अंदर संचारित करने का काम ईश्वर करें। कवि ईश्वर से किसी प्रकार की सांत्वना नहीं चाहता और न ही अपने भार को वह लघु (कम) करने की कामना रखता है। ईश्वर एक चेतना का प्रतीक है। कवि आंतरिक क्षमता को विकसित करने में ईश्वर की सहायता चाहता है, क्योंकि आंतरिक शक्ति के ही बल पर वह सारे कार्य सिद्ध कर सकने में सक्षम है।

योग्यता विस्तार

1 रवींद्रनाथ ठाकुर ने अनेक गीतों की रचना की है। उनके गीत-संग्रह में से दो गीत छाँटिए और कक्षा में कविता-पाठ कीजिए।

उत्तर अध्यापक व छात्रों द्वारा कक्षा में किया जाने वाला क्रियाकलाप।

2 अन्य कवियों ने भी प्रार्थना गीत लिखे हैं, उन्हें पढ़ने का प्रयास कीजिए; जैसे—

(क) महादेवी वर्मा—*क्या पूजा क्या अर्चन रे!*

(ख) सूर्यकांत त्रिपाठी निराला—*दलित जन पर करो करुणा।*

(ग) इतनी शक्ति हमें देना दाता
मन का विश्वास कमज़ोर हो ना
हम चलें नेक रस्ते पे हमसे
भूल कर भी कोई भूल हो ना।

इस प्रार्थना को ढूँढकर पूरा पढ़िए और समझिए कि दोनों प्रार्थनाओं में क्या समानता है? क्या आपको दोनों में कोई अंतर भी प्रतीत होता है? इस पर आपस में चर्चा कीजिए।

उत्तर छात्रों द्वारा अध्यापक की सहायता से कक्षा में किया जाने वाला क्रियाकलाप।

परियोजना कार्य

1 रवींद्रनाथ ठाकुर को नोबेल पुरस्कार पाने वाले पहले भारतीय होने का गौरव प्राप्त है। उनके विषय में और जानकारी एकत्र कर परियोजना पुस्तिका में लिखिए।

उत्तर अध्यापक की सहायता से छात्र स्वयं करें।

2 रवींद्रनाथ ठाकुर की 'गीतांजलि' को पुस्तकालय से लेकर पढ़िए।

उत्तर छात्र स्वयं करें।

3 रवींद्रनाथ ठाकुर ने कलकत्ता (कोलकाता) के निकट एक शिक्षण संस्थान की स्थापना की थी। पुस्तकालय की मदद से उसके विषय में जानकारी एकत्रित कीजिए।

उत्तर अध्यापक की सहायता से छात्र स्वयं करें।

4 रवींद्रनाथ ठाकुर ने अनेक गीत लिखे, जिन्हें आज भी गाया जाता है और उसे रवींद्र संगीत कहा जाता है। यदि संभव हो तो रवींद्र संगीत संबंधी कैसेट व सी. डी. लेकर सुनिए।

उत्तर छात्र स्वयं करें।

परीक्षा अभ्यास

काव्यांश पर आधारित बहुविकल्पात्मक प्रश्न

निम्नलिखित काव्यांशों को ध्यानपूर्वक पढ़कर पूछे गए प्रश्नों के सही विकल्प चुनिए।

1 विपदाओं से मुझे बचाओ, यह मेरी प्रार्थना नहीं
केवल इतना हो (करुणामय)
कभी न विपदा में पाऊँ भय।
दु:ख-ताप से व्यथित चित्त को न दो सांत्वना नहीं सही
पर इतना होवे (करुणामय)
दुख को मैं कर सकूँ सदा जय।

(क) कवि ईश्वर से क्या प्रार्थना कर रहा है?
(i) मुझे मुसीबतों से बचाओ
(ii) मुझ पर कोई मुसीबत न आए
(iii) सभी संकटों से लड़ने की शक्ति प्रदान करो
(iv) मुझे भव-सागर से पार ला दो

उत्तर *(iii)* सभी संकटों से लड़ने की शक्ति प्रदान करो

(ख) कवि क्या नहीं चाहता है?
(i) स्वयं पर विश्वास
(ii) विपत्तियों में उसका मन दु:खी हो
(iii) ईश्वर से कोई सहायता
(iv) जगत के प्रति आशा

उत्तर *(ii)* विपत्तियों में उसका मन दु:खी हो

(ग) कवि दु:खों पर कैसे विजय पाना चाहता है?
(i) दु:खी होकर *(ii)* प्रार्थना करके
(iii) हँसते हँसते *(iv)* स्वयं संघर्ष करके

उत्तर *(iv)* स्वयं संघर्ष करके

(घ) 'सांत्वना' से क्या तात्पर्य है?
(i) विरोध करना *(ii)* सत्य का साथ देना
(iii) तसल्ली देना *(iv)* सहयोगी होना

उत्तर *(iii)* तसल्ली देना

(ङ) 'दु:ख को मैं कर सकूँ सदा जय' पंक्ति में कौन-सा अलंकार है?
(i) श्लेष अलंकार
(ii) रूपक अलंकार
(iii) अनुप्रास अलंकार
(iv) अतिशयोक्ति अलंकार

उत्तर *(iii)* अनुप्रास अलंकार

2 कोई कहीं सहायक न मिले
तो अपना बल पौरुष न हिले;
हानि उठानी पड़े जगत् में लाभ अगर वंचना रही
तो भी मन में ना मानूँ क्षय।।
मेरा त्राण करो अनुदिन तुम यह मेरी प्रार्थना नहीं
बस इतना होवे (करुणामय)
तरने की हो शक्ति अनामय।

(क) कवि ईश्वर से क्या कामना कर रहा है?
(i) सहायक मिलने की
(ii) धन ऐश्वर्य की
(iii) मुसीबतों से बचाव की
(iv) आत्मविश्वास में कमी न आने की

उत्तर *(iv)* आत्मविश्वास में कमी न आने की

(ख) कवि किससे हार नहीं मानना चाहता है?
(i) ईश्वर से *(ii)* मित्र से
(iii) मन से *(iv)* स्वयं से

उत्तर *(iii)* मन से

(ग) कवि ने करुणामय किसे कहा है?
(i) स्वयं को *(ii)* सहायक को
(iii) ईश्वर को *(iv)* जगत को

उत्तर *(iii)* ईश्वर को

(घ) त्राण से क्या भाव है?
(i) रक्षा करना
(ii) दु:ख देना
(iii) दु:ख हरना
(iv) उपरोक्त सभी

उत्तर *(i)* रक्षा करना

(ङ) कवि संकटों का सामना किसकी सहायता से करना चाहता है?
(i) मित्रों की सहायता से
(ii) ईश्वर की कृपा से
(iii) स्वयं से
(iv) परिवार की सहायता से

उत्तर *(iii)* स्वयं से

अध्याय पर आधारित बहुविकल्पीय प्रश्न

1. 'आत्मत्राण' कविता में कवि किस पर संदेह नहीं करना चाहता है?
   (i) ईश्वर की सत्ता पर
   (ii) ईश्वर के प्रति अपनी आस्था पर
   (iii) 'क' और 'ख' दोनों
   (iv) समाज के लोगों पर

   उत्तर (iii) 'क' और 'ख' दोनों

2. कवि ईश्वर से किसकी कामना करना चाहता है?
   (i) दु:खों को झेल पाने की शक्ति की
   (ii) संघर्ष की क्षमता की
   (iii) 'क' और 'ख' दोनों
   (iv) यश प्राप्ति की

   उत्तर (iii) 'क' और 'ख' दोनों

3. 'आत्मत्राण' कविता में कवि कठिन परिस्थितियों में भी क्या नहीं करना चाहता?
   (i) जीतना (ii) हारना
   (iii) खुशी मनाना (iv) दु:ख मनाना

   उत्तर (ii) हारना

4. कविता के आधार पर बताइए कि अपनी इच्छाओं की पूर्ति के लिए प्रार्थना के अतिरिक्त हम और क्या कर सकते हैं?
   (i) मेहनत कर सकते हैं
   (ii) दूसरों से प्रेरणा ले सकते हैं
   (iii) आत्मविश्वास पर भरोसा कर सकते हैं
   (iv) उपरोक्त सभी

   उत्तर (iv) उपरोक्त सभी

5. कवि स्वयं पर आए संकट को किस प्रकार सहना चाहता है?
   (i) दु:खी एवं असंतुष्ट होकर
   (ii) अनिश्चित होकर
   (iii) निर्भय होकर
   (iv) किसी पर आश्रित होकर

   उत्तर (iii) निर्भय होकर

6. कवि दु:खों पर विजय किस स्थिति में प्राप्त कर सकता है?
   (i) जब लोग उसकी सहायता करे
   (ii) जब वह दिन-रात ईश्वर का भजन करे
   (iii) जब उसका मार्ग सरल हो
   (iv) जब वह प्रसन्नचित्त रहें

   उत्तर (iii)

7. कवि सिर झुकाकर क्या करना चाहता है?
   (i) अपनी दीनता प्रकट करना चाहता है
   (ii) ईश्वर का आभार व्यक्त करना चाहता है
   (iii) अपनी निराशा प्रकट करना चाहता है
   (iv) उपरोक्त सभी

   उत्तर (ii) ईश्वर का आभार व्यक्त करना चाहता है

8. कवि के अनुसार जीवन में हानि उठाने की स्थिति में भी क्या बना रहना चाहिए?
   (i) उसका मनोबल बना रहना चाहिए
   (ii) उसके मित्रों का साथ बना रहना चाहिए
   (iii) उसकी ईश्वर में आस्था नहीं होनी चाहिए
   (iv) उपरोक्त में से कोई नहीं

   उत्तर (i) उसका मनोबल बना रहना चाहिए

9. कवि किस पर जीत पाना चाहता है?
   (i) मन पर (ii) दूसरों के हृदय पर
   (iii) शत्रुओं पर (iv) दु:खों पर

   उत्तर (iv) दु:खों पर

10. कवि किसे वहन नहीं करना चाहता है?
    (i) सुखों को (ii) दु:खों को
    (iii) तनाव को (iv) तानों को

    उत्तर (ii) दु:खों को

11. 'आत्मत्राण' कविता मूल रूप से किस भाषा में लिखी गई थी?
    (i) फारसी (ii) उर्दू
    (iii) बांग्ला (iv) अरबी

    उत्तर (iii) बांग्ला

12. कवि दु:खों से घिर जाने और लोगों से ठगे जाने पर क्या नहीं करना चाहता है?
    (i) जीवन में आगे बढ़ना
    (ii) ईश्वर पर संदेह करना
    (iii) परिवार का साथ छोड़ना
    (iv) सुखों की चाह रखना

    उत्तर (ii) ईश्वर पर संदेह करना

परीक्षा अभ्यास

विषय-वस्तु का ज्ञान, बोध अभिव्यक्ति पर आधारित प्रश्न

1 आत्मत्राण कविता में कवि ने ईश्वर के लिए किस शब्द का प्रयोग किया है तथा वह ईश्वर से क्या प्रार्थना करता है?

उत्तर आत्मत्राण कविता में कवि ने ईश्वर के लिए 'करुणामय' शब्द का प्रयोग किया है। वह ईश्वर से प्रार्थना करते हुए कहता है कि वे उसे निड़रता से प्रत्येक विपत्ति का सामना करने की शक्ति दें, किसी भी परिस्थिति में उसकी दृढ़ता व संघर्ष करने की क्षमता विचलित न हो, वह पूर्ण आत्मविश्वास से विषम परिस्थितियों का सामना कर उन पर विजय प्राप्त कर सके और प्रत्येक क्षण उसका (ईश्वर) स्मरण करता रहे।

2 प्रस्तुत काव्य में 'पौरुष न हिले' से कवि का क्या आशय है?

उत्तर 'पौरुष न हिले' से कवि का आशय है कि मेरे जीवन में कितनी ही समस्याएँ क्यों न आ जाएँ और उस समय मेरा सहारा भले ही कोई न हो अथवा कोई भी सहायता करने के लिए आगे न आए, परंतु मेरा विश्वास और आत्मबल नहीं हिलना चाहिए, अपितु मेरा आत्मबल दोगुना हो जाए तथा मेरे आत्मविश्वास में कोई कमी न आए, जिससे में पूर्ण पराक्रम के साथ अपनी समस्याओं का समाधान कर सकूँ।

3 कवि सुखों के दिनों के लिए ईश्वर से क्या निवेदन करता है?

उत्तर कवि सुखों के दिनों के लिए ईश्वर से निवेदन करता है कि आप मुझ पर ऐसी कृपा रखिए कि जब मेरे जीवन में सुखों का आगमन हो, तो मैं आपको प्रतिक्षण याद कर सकूँ, मैं आपको कभी विस्मृत न कर पाऊँ। सुख के क्षणों में भी मेरे अन्दर अहं भाव न आने पाए तथा मैं पूर्ण विनम्रता के साथ आपको प्रतिक्षण अपने आस-पास अनुभव कर सकूँ।

4 "विपदाओं से मुझे बचाओ, यह मेरी प्रार्थना नहीं" —इस कथन से कवि का क्या आशय है? 'आत्मत्राण' कविता के आधार पर स्पष्ट कीजिए। **CBSE 2012, 11**

उत्तर प्रस्तुत काव्य-पंक्ति से कवि का आशय यह है कि ईश्वर या प्रभु मुझे विपदाओं या मुसीबतों से न बचाएँ, बल्कि वह मुझ पर इतनी कृपा अवश्य करें कि इन विपदाओं का सामना करने का साहस व शक्ति मुझे अवश्य प्रदान करें। अपनी उसी शक्ति एवं साहस के बल पर मैं उन विपदाओं का डटकर मुकाबला कर सकूँ। वस्तुतः कवि विपदाओं से मुक्ति की नहीं, बल्कि उनका सामना करने की शक्ति प्रदान करने की कामना करता है।

5 कवि ने ईश्वर से दु:ख दूर करने की प्रार्थना क्यों नहीं की?

उत्तर कवि ने ईश्वर से दु:ख दूर करने की प्रार्थना इसलिए नहीं की, क्योंकि वह ईश्वर पर पूरी तरह से आश्रित होना नहीं चाहता। कवि स्वयं संघर्ष करना चाहता है। वह अपने जीवन में आई विपत्तियों का सामना स्वयं करना चाहता है। इसलिए वह केवल यह कामना करता है कि प्रभु उसे साहस, शक्ति और निर्भयता प्रदान करें।

6 कवि अपना सहायक न मिलने पर प्रभु से क्या इच्छा व्यक्त करता है?

उत्तर कवि ने सहायक न मिलने पर यह इच्छा व्यक्त की है कि हे प्रभु! मेरा बल और पौरुष न डगमगाए। मैं अपने आत्मविश्वास को बनाए रखूँ। कवि जानता है कि आत्मविश्वासी व्यक्ति बड़ी-से-बड़ी चुनौती का सामना भी सरलता से कर सकता है।

7 'आत्मत्राण' कविता में चारों ओर से दु:खों से घिरने पर कवि परमेश्वर में विश्वास करते हुए भी अपने आप से क्या अपेक्षा करता है? **CBSE 2013**

उत्तर 'आत्मत्राण' कविता में कवि चारों तरफ़ से दु:खों से घिरने पर परमेश्वर में विश्वास करते हुए भी अपने आप से यह अपेक्षा करता है कि ऐसी परिस्थितियों में भी उसका धैर्य बना रहे और वह अपने सामने विद्यमान कठिन परिस्थितियों पर नियंत्रण एवं विजय प्राप्त कर सके।

8 कवि ने विश्वास बनाए रखने के लिए ईश्वर से प्रार्थना किन परिस्थितियों में की है?

उत्तर कवि रवींद्रनाथ ठाकुर ईश्वर को दु:ख में ही नहीं, वरन् सुख के दिनों में भी हर पल स्मरण करना चाहते हैं। उनका कहना है कि हे प्रभु! जब कभी संपूर्ण सृष्टि मेरे साथ धोखा करे या दु:ख भरी रात्रि में भी कोई मेरा साथ न दे, तब भी आप पर मेरा विश्वास बना रहे। आपके अस्तित्व के विषय में मेरे मन में कोई संदेह न हो।

9 'आत्मत्राण' कविता हमें किस प्रकार की प्रार्थना की सलाह देती है? **CBSE 2013**

उत्तर 'आत्मत्राण' कविता हमें आत्मविश्वास तथा मनोबल सुदृढ़ करने की कामना तथा कर्मठता एवं स्वावलंबन की प्रार्थना करने की सलाह देती है। कविता का केंद्रीय भाव यह है कि हमें ईश्वर से अपने दु:ख को हरने की प्रार्थना नहीं करनी चाहिए, बल्कि उन दु:खों से संघर्ष करने और उबरने की शक्ति प्रदान करने की प्रार्थना करनी चाहिए।

10 'आत्मत्राण' कविता के माध्यम से कवि क्या कहना चाहता है? **CBSE 2015, 12**

उत्तर 'आत्मत्राण' कविता के माध्यम से कवि यह कहना चाहता है कि भगवान या प्रभु की कृपा पर आश्रित न रहकर हमें अपने पौरुष-बल को सुदृढ़ एवं सशक्त बनाना चाहिए, जिससे हम स्वयं अपनी विषम परिस्थितियों का दृढ़तापूर्वक सामना कर उन पर विजय प्राप्त कर सकें।

11 'आत्मत्राण' के अतिरिक्त कविता का कोई और शीर्षक सुझाइए।

उत्तर 'आत्मत्राण' के अतिरिक्त कविता का अन्य शीर्षक 'आत्मविश्वास' हो सकता है, क्योंकि कविता में कवि ने आत्मविश्वास पर सर्वाधिक बल दिया है। उसका मानना है कि यदि मनुष्य में यह गुण विद्यमान हो, तो वह कठिन-से-कठिन मार्ग को भी पार कर लेता है। ऐसे व्यक्ति पर ईश्वर की कृपादृष्टि भी सदैव बनी रहती है।

12 कवि किन दिनों में प्रभु की याद बनाए रखना चाहता है? 'आत्मत्राण' कविता के आधार पर लिखिए।

उत्तर कवि सुख के दिनों में प्रभु की याद बनाए रखना चाहता है, क्योंकि दुःख के दिनों में तो ईश्वर को सभी याद करते हैं, परंतु सुख के दिनों में भूल जाते हैं। अतः कवि सुख के दिनों में भी प्रभु को याद करना चाहता है। सुख के दिनों में वह ईश्वर से निवेदन करता है कि आप मुझ पर ऐसी कृपा रखिए कि जब मेरे जीवन में सुखी का आगमन हो तो में प्रशिक्षण आपको याद रख सकूँ तथा आपको कभी न भूलूँ।

13 कवि रवींद्रनाथ ठाकुर ईश्वर से दुःख कम करने की प्रार्थना नहीं करते। वे उनसे क्या माँगते हैं और क्यों? **CBSE 2013**

उत्तर कवि रवींद्रनाथ ठाकुर ईश्वर से दुःख कम करने की प्रार्थना नहीं करते, बल्कि वे दुःखों से सफलतापूर्वक संघर्ष करने की शक्ति प्रदान करने की कामना करते हैं। वे विपत्तियों से जूझने की क्षमता प्रदान करने और उन परिस्थितियों में निर्भीक बनाने की प्रार्थना करते हैं। वास्तव में, कवि अपने दुःखों का भार स्वयं वहन करना चाहता है। वह ईश्वर पर पूरी तरह आश्रित रहना नहीं चाहता, बल्कि आत्मनिर्भर बनकर अपनी नियति को निर्धारित करने की शक्ति प्राप्त करना चाहता है। वह किसी भी स्थिति में ईश्वर पर संशय नहीं करना चाहता। उसका आत्मविश्वास एवं मनोबल अत्यंत उच्च स्तर पर है और वह कर्मठ तथा पौरुषवान बनना चाहता है। यही कारण है कि वह ईश्वर से अपने दुःखों को समाप्त करने का अनुनय नहीं, बल्कि स्वयं में उन दुःखों से लड़ने की क्षमता विकसित करने की प्रार्थना करता है।

14 'आत्मत्राण' कविता के आधार पर कवि की उन विशेषताओं का वर्णन कीजिए, जो जीवनोपयोगी शिक्षा देती हैं। **CBSE 2018, 15**

अथवा 'आत्मत्राण' कविता से आपको क्या प्रेरणा मिलती है? **CBSE 2012**

अथवा 'आत्मत्राण' कविता में कवि की प्रार्थना से क्या संदेश मिलता है? अपने शब्दों में लिखिए। **CBSE 2019**

उत्तर 'आत्मत्राण' कविता से हमें यह प्रेरणा मिलती है कि हम अपने काम एवं दायित्वों को पूरी निष्ठा एवं ईमानदारी के साथ पूर्ण करें। हम अपने कार्यों के लिए ईश्वर पर निर्भर न रहें, बल्कि स्वयं के अंदर ऐसी शक्ति एवं क्षमता विकसित कर लें, जिससे विषम परिस्थितियों एवं कठिनाइयों से जूझने की शक्ति हमारे अंदर मौजूद हो।

हमारा आत्मबल एवं पराक्रम डगमगाए नहीं। हम प्रभु यानी ईश्वर पर कभी भी संशय न करें। उनकी क्षमता असीमित है, लेकिन अपने प्रभु से हमें अपने दुःखों को हरने की, समाप्त करने की प्रार्थना नहीं करनी चाहिए। हमें स्वयं की क्षमता पर विश्वास रखना चाहिए और अपने जीवन की विषम परिस्थितियों का स्वयं ही डटकर सामना करना चाहिए।

वास्तव में, हमें अपने ईश्वर या प्रभु से विषम परिस्थितियों में कठिनाइयों से सामना करने की शक्ति प्रदान करने की प्रार्थना करनी चाहिए। हमें ईश्वर की क्षमता पर संशय न करके उनका आशीर्वाद प्राप्त करने तथा शक्ति एवं साहस प्रदान करने की प्रार्थना करनी चाहिए, ताकि हम अपनी मुसीबतों से स्वयं ही संघर्ष कर सकें।

स्वमूल्यांकन

काव्यांश पर आधारित बहुविकल्पात्मक प्रश्न

निम्नलिखित काव्यांशों को ध्यानपूर्वक पढ़कर पूछे गए प्रश्नों के सही विकल्प चुनिए।

1 मेरा भार अगर लघु करके न दो सांत्वना नहीं सही।
केवल इतना रखना अनुनय
वहन कर सकूँ इसको निर्भय।
नत शिर होकर सुख के दिन में
तव मुख पहचानूँ छिन-छिन में।
दुःख-रात्रि में करे वंचना मेरी जिस दिन निखिल मही
उस दिन ऐसा हो करुणामय,
तुम पर करूँ नहीं कुछ संशय।।

(क) दुःख के आगमन के समय कवि क्या करना चाहता है?
   (i) पल-पल ईश्वर का स्मरण
   (ii) दुःखी होकर रोना
   (iii) स्वयं को असहाय महसूस करना
   (iv) कर्म हीन बने रहना

   उत्तर (i) पल-पल ईश्वर का स्मरण

(ख) कवि ने परमात्मा के किस रूप की आराधना की है?
   (i) करुणामयी रूप   (ii) रौद्र रूप
   (iii) मनमोहक रूप   (iv) श्रृंगारिक रूप

   उत्तर (i) करुणामयी रूप

(ग) कवि अपने दुःखों के लिए किसे दोषी नहीं ठहराना चाहता है?
   (i) स्वयं को   (ii) ईश्वर को
   (iii) संसार को   (iv) मित्र को

   उत्तर (ii) ईश्वर को

(घ) कवि किसे वहन नहीं करना चाहता है?
   (i) सुखों को   (ii) तानों को
   (iii) रिश्तेदारों को   (iv) दुःखों को

   उत्तर (iv) दुःखों को

(ङ) कवि ईश्वर से कैसी कृपा दृष्टि रखने को कहता है?
   (i) उसके मन में ईश्वर के प्रति आस्था और विश्वास बना रहें।
   (ii) उसके दुःख को ईश्वर दूर कर दे।
   (iii) उसके जीवन में सुख-ही-सुख हो।
   (iv) उसके ऊपर कोई संकट न आए।

   उत्तर (i) उसके मन में ईश्वर के प्रति आस्था और विश्वास बना रहें।

कविता पर आधारित बहुविकल्पीय प्रश्न

1. 'नत शिर होकर सुख के दिन में' पंक्ति का क्या भाव है?
   (i) सुख के दिनों में कवि की गर्दन गर्व से उठी रहें।
   (ii) सुख के दिनों में कवि के मन में विनय का भाव बना रहें।
   (iii) सुख के दिनों में कवि केवल झुका रहें।
   (iv) सुख के दिनों में कवि के मन में अहम भाव आ जाए।

   उत्तर (ii) सुख के दिनों में कवि के मन में विनय का भाव बना रहें।

2. 'आत्मत्राण' कविता का केंद्रीय स्वर क्या है?
   (i) प्रार्थना और अनुनय
   (ii) स्वाभिमान और आत्मविश्वास
   (iii) दया और करुणा
   (iv) दीनता और याचना

   उत्तर (ii) स्वाभिमान और आत्मविश्वास

3. कवि ईश्वर से सांत्वना क्यों नहीं चाहता है?
   (i) कवि को परमात्मा पर विश्वास नहीं है।
   (ii) कवि दया की भीख नहीं माँगना चाहता।
   (iii) कवि दुःख को महसूस करना चाहता है।
   (iv) कवि के अनुसार सांत्वना से दुःख कम नहीं होते।

   उत्तर (iii) कवि दुःख को महसूस करना चाहता है।

विषय-वस्तु का ज्ञान, बोध अभिव्यक्ति पर आधारित प्रश्न

निम्नलिखित प्रश्नों के उत्तर दीजिए

(i) 'दुःख-रात्रि' पड़ने पर भी कवि क्या कामना करता है?

(ii) कवि ने ईश्वर को क्या कहकर संबोधित किया है और क्यों? 'आत्मत्राण' कविता के माध्यम से स्पष्ट कीजिए।

(iii) कवि प्रभु से कैसी शक्ति चाहता है? तर्कसहित स्पष्ट कीजिए।

(iv) 'आत्मत्राण' कविता में कवि को ईश्वर के अतिरिक्त और किस पर भरोसा है तथा क्यों?

(v) कवि सुख के दिन में परमात्मा से क्या निवेदन करता है?

(vi) 'आत्मत्राण' कविता में चारों ओर से दुःखों से घिरने पर कवि परमेश्वर में विश्वास करते हुए भी अपने से क्या अपेक्षा करता है?

(vii) 'आत्मत्राण' कविता हमें ईश्वर के प्रति कैसा भाव रखने के लिए प्रेरित करती है?

(viii) 'मेरा भाव लघु करके' का आशय स्पष्ट कीजिए।

(ix) कवि परमात्मा से सांत्वना क्यों नहीं चाहता है?

(x) 'आत्मत्राण' कविता में कवि की आंतरिक भावनाओं की अभिव्यक्ति हुई है? स्पष्ट कीजिए।

(xi) 'आत्मत्राण' कविता में कवि ईश्वर को सर्वोच्च सत्ता मानते हुए भी उससे कुछ क्यों नहीं लेना चाहता? स्पष्ट कीजिए।

(xii) 'आत्मत्राण' कविता के आधार पर कवि के उभरने वाले व्यक्तित्व पर विस्तार से प्रकाश डालिए।

(xiii) 'आत्मत्राण' कविता का प्रतिपाद्य लिखिए।

(xiv) 'आत्मत्राण' कविता में कवि की प्रार्थना से क्या संदेश मिलता है? अपने शब्दों में लिखिए।

अध्याय

01

बड़े भाई साहब (प्रेमचंद)

पाठ की रूपरेखा

प्रस्तुत पाठ में एक बड़े भाई साहब हैं और एक उनका छोटा भाई है, जो उनसे पाँच साल छोटा है। परिवार में बड़ा भाई होने के कारण उनसे बड़ी-बड़ी आदर्शात्मक अपेक्षाएँ की जाती हैं, वह स्वयं भी वही कार्य करते, जो उनके छोटे भाई के लिए आदर्श बन सके। इसलिए वह हर समय पढ़ाई करते रहते और छोटे भाई पर कड़ी निगरानी रखते हैं।
समय-समय पर अपने छोटे भाई को पढ़ाई के प्रति गंभीर रूप से सचेत भी करते रहते हैं। इस आदर्श रूप को बनाने के लिए वह अपना बचपन भी खो बैठते हैं। इस पाठ में सार्थक पढ़ाई करने तथा शिक्षा-व्यवस्था पर व्यंग्यात्मक वर्णन किया गया है।

लेखक-परिचय

प्रेमचंद का जन्म बनारस के लमही गाँव में 31 जुलाई, 1880 को हुआ। उनका वास्तविक नाम धनपत राय था। उन्होंने उर्दू में 'गुलाब राय' तथा हिंदी में 'प्रेमचंद' नाम से लेखन कार्य किया। उर्दू में प्रकाशित उनका पहला कहानी संग्रह 'सोज़ेवतन' था, जिसे अंग्रेज़ सरकार ने ज़ब्त कर लिया था। उन्होंने स्कूल मास्टर, इंस्पेक्टर, मैनेजरी की नौकरी करने के अतिरिक्त 'हंस' और 'माधुरी' जैसी प्रमुख पत्रिकाओं का संपादन कार्य भी किया। अपने जीवन का कुछ समय उन्होंने फ़िल्म नगरी 'बंबई' में भी बिताया, किंतु वह अधिक समय तक वहाँ नहीं रहे। हालाँकि उनकी कई रचनाओं पर यादगार फ़िल्में भी बनी हैं। प्रेमचंद को उनके रचना-साहित्य के कारण कथा सम्राट और उपन्यास सम्राट भी कहा जाता है। उनकी सभी कहानियाँ मानसरोवर खंड आठ में संकलित हैं। उनके प्रमुख उपन्यास–गोदान, गबन, प्रेमाश्रम, सेवासदन, निर्मला, कर्मभूमि, रंगभूमि, कायाकल्प, प्रतिज्ञा और मंगलसूत्र (अपूर्ण) हैं। 8 अक्टूबर, 1936 में उनका देहांत हो गया था।

पाठ का सार

बड़े भाई साहब का व्यक्तित्व

कहानी में लेखक ने अपने बड़े भाई साहब को चौदह वर्ष का बताया है। आयु में पाँच वर्ष का अंतर होने पर भी वे लेखक से कक्षा में केवल तीन दरजा आगे हैं, क्योंकि वह शिक्षा पाने में किसी प्रकार की जल्दबाज़ी नहीं करना चाहते। वह तालीम रूपी भवन की बुनियाद खूब मज़बूत डालना चाहते थे, जिस पर आलीशान महल बन सके। एक साल का काम दो साल में करते थे। कभी-कभी तीन साल भी लग जाते थे। उनका विश्वास था कि बुनियाद ही पुख्ता न हो, तो मकान पायेदार नहीं बन सकता।

इसके अतिरिक्त, वह लेखक की हर हरकत पर बारीक निगाह रखते थे और किसी भी गलती पर लेखक को खूब डाँटते थे। बड़े भाई साहब अधिकांश समय अपनी पुस्तकें खोले बैठे रहते थे, किंतु उनका दिमाग कहीं और होता था। कई बार लेखक ने भाई साहब की कॉपियों पर चिड़ियों, कुत्तों, बिल्लियों की तस्वीरें बनी देखी थीं। यही नहीं, वह कुछ विचित्र शब्दों को अपनी कॉपी पर लिखा करते थे, जिनका अर्थ लेखक की समझ में कभी नहीं आता था और छोटा होने के कारण लेखक उनसे उन विचित्र शब्दों का अर्थ भी नहीं पूछ पाता था।

बड़े भाई साहब के निर्देश और नसीहतें

लेखक खेलकूद में बहुत रुचि लेता था और अवसर पाते ही होस्टल से बाहर निकलकर मैदान में अपने दोस्तों के साथ खेलने या गप्पे मारने लगता था। जब वह इन गतिविधियों से निपटकर अपने कमरे में वापस आता तो भाई साहब उससे प्रश्न पूछने को तैयार मिलते थे–कहाँ थे? यह प्रश्न सुनते ही लेखक काँप जाता था। इसके बाद बड़े भाई साहब के उपदेश चालू हो जाते थे, जिसमें इस बात पर ज़ोर होता था कि अंग्रेज़ी जैसे विषय को पढ़ना और समझना आसान नहीं है, यह जानते हुए भी लेखक अपना समय खेलने-कूदने और गप्पे हाँकने में लगा देता है। वह लेखक को इस बात के लिए लताड़ते (डाँटते) थे कि यदि उसे पढ़ने में रुचि नहीं है, तो वह क्यों यहाँ रहकर दादाजी की मेहनत की कमाई को बेकार कर रहा है?

लेखक द्वारा पढ़ाई के संबंध में योजनाएँ बनाना

बड़े भाई साहब से डाँट खाकर लेखक को बहुत दु:ख होता और वह निराश हो जाता। ऐसे में वह पढ़ाई करने की योजना बनाता। सबसे पहले पढ़ाई का टाइम-टेबिल बनाया जाता और इसमें सुबह से रात तक की हर गतिविधि को (खेलकूद को छोड़कर) समय दिया जाता, लेकिन पहले ही दिन से उसका टाइम-टेबिल से ध्यान हट जाता और खेलकूद शुरू हो जाता। इसका परिणाम यह होता कि उसे भाई साहब की डाँट और नसीहतें सुननी पड़तीं।

वार्षिक परीक्षा और लेखक का परीक्षाफल

वार्षिक परीक्षाएँ हो गईं और परीक्षाफल निकला, तो लेखक को यह देखकर आश्चर्य हुआ कि वह कक्षा में प्रथम आया है, जबकि उसके बड़े भाई साहब फ़ेल हो गए। ऐसे में उसका दिल किया कि वह जाकर बड़े भाई साहब से पूछे कि तुमने इतना पढ़-लिखकर कौन-सा तीर मार लिया? लेकिन लेखक छोटा था, इसलिए वह इन सब बातों को मन में ही सोचकर चुप रहा। अगले दिन से उसने बड़े भाई साहब की डाँट की चिंता किए बिना खेलने जाना आरंभ कर दिया।

बड़े भाई साहब लेखक की इस निडरता को भाँप चुके थे, इसलिए एक दिन उन्होंने लेखक को खरी-खोटी सुनाते हुए कहा कि कक्षा में प्रथम आने से वह घमंडी हो गया है, उन्होंने रावण का उदाहरण देते हुए कहा कि घमंड करना बुरी आदत है, घमंड व्यक्ति का सर्वनाश कर देता है। उन्होंने लेखक को घमंड त्यागकर पढ़ाई पर ध्यान देने के लिए कहा तथा साथ ही लेखक को यह भी बताया कि वह इस बार प्रथम आ गया तो यह कोई बड़ी बात नहीं है। उसे यह बात ध्यान रखनी चाहिए कि जब वह उनकी कक्षा में आएगा तो दाँतों पसीना आ जाएगा, क्योंकि इंगलिस्तान का इतिहास पढ़ना पड़ेगा, जिसमें आठ तो हेनरी हुए हैं, दर्जनों जेम्स और दर्जनों ही विलियम्स और कोड़ियों चार्ल्स। इनके नाम और काम याद करते-करते चक्कर आने लगते हैं। ज्योमेट्री छात्रों का खून चूस लेती है।

शिक्षा के नाम पर छात्रों पर होने वाले अत्याचार

बड़े भाई साहब के अनुसार जो कुछ किताबों में लिखा है, उसे वैसा ही नहीं पढ़ा तो परीक्षा पास नहीं की जा सकती। वह 'समय की पाबंदी' पर चार पन्नों का निबंध लिखने का उदाहरण देकर परीक्षा लेने वालों पर व्यंग्य करते हुए कहते हैं कि यदि समय की पाबंदी पर चार पन्नों का निबंध लिखा जाएगा, तो यह समय की बर्बादी ही होगी। यह छात्रों पर अत्याचार है कि संक्षेप में लिखने को कहकर चार पन्ने लिखवाए जाते हैं। लेखक को इन सब बातों के विषय में विस्तार से बताकर बड़े भाई साहब इस बात पर ज़ोर देते हैं कि बड़ी कक्षा की पढ़ाई आसान नहीं है और भले ही वह फ़ेल हो गए हों, किंतु वह अनुभव में लेखक से बड़े हैं और सदैव बड़े ही रहेंगे।

एक बार फिर बड़े भाई साहब फ़ेल और लेखक अपने दरज़े में अव्वल

अगले वर्ष की परीक्षाएँ हुईं और लेखक फिर अपने दरजे में अव्वल आया। बड़े भाई साहब ने दिन-रात एक करके पढ़ाई की थी, लेकिन वह फिर फ़ेल हो गए। लेखक को अपने भाई के फ़ेल होने पर बहुत दु:ख हुआ और उन पर दया आई। इस बार लेखक और बड़े भाई के बीच केवल एक कक्षा का अंतर रह गया था। एक बार लेखक को यह कुटिल (बुरा) विचार आया कि यदि इस बार भी बड़े भाई साहब फ़ेल और वह पास हो गया तो दोनों एक ही दरजे में पढ़ेंगे और उस समय बड़े भाई उसकी बेइज़्ज़ती नहीं कर पाएँगे।

बड़े भाई साहब के व्यवहार में परिवर्तन

इस बार भी फ़ेल होने से बड़े भाई साहब बहुत दु:खी थे। अब उनके व्यवहार में लेखक के प्रति नरमी आ गई थी। उनको यह भी लगने लगा था कि अब उन्हें लेखक को डाँटने का अधिकार नहीं रहा। इसका फ़ायदा उठाते हुए लेखक ने खेलने में अधिक समय लगाना शुरू कर दिया। अब वह पतंगबाज़ी में दोस्तों के साथ लगा रहता। इसके बाद भी वह इस बात का ध्यान अवश्य रखता था कि कहीं उसके बड़े भाई साहब उसे यह सब करते देख न लें।

लेखक का रंगे हाथों पतंगबाज़ी में पकड़े जाना

एक दिन लेखक एक कटी हुई पतंग लूटने जा रहा था कि बड़े भाई साहब ने उसे रंगे हाथों पकड़ लिया और वहीं डाँटना शुरू कर दिया कि आठवीं कक्षा में आकर भी इन लड़कों के साथ पतंग लूटने में उसे शर्म नहीं आती। कम-से-कम उसे अपनी पोज़ीशन का तो ध्यान रखना चाहिए। किसी ज़माने में इतने पढ़े-लिखे लोग नायब तहसीलदार, डिप्टी, मजिस्ट्रेट या सुपरिंटेंडेंट हो जाते थे और आज भी कई मिडिल पास लोग अख़बारों के संपादक हैं। यह मान लिया कि तुम होशियार हो और यह भी हो सकता है कि तुम कल मेरी कक्षा में आ जाओ या मेरे से भी आगे निकल जाओ। इसका यह अर्थ नहीं है कि मैं तुमसे कुछ नहीं कह सकता और तुम अपनी मनमानी करते रहोगे।

अनुभव का महत्त्व

बड़े भाई साहब ने लेखक को अनुभव का महत्त्व बताते हुए कहा कि हमारे दादा और अम्मा अधिक पढ़े-लिखे नहीं हैं, लेकिन यह उनका हक है कि वह हमें समझाएँ। उन्होंने कई स्थितियों का उदाहरण देकर बताया कि तजुर्बेकार व्यक्ति चाहे पढ़ा-लिखा न हो, फिर भी वह पढ़े-लिखे कम अनुभवी व्यक्ति से अधिक समझदार होता है। उन्होंने अपने दादाजी, अम्माजी और अपने हेडमास्टर का उदाहरण देकर लेखक को समझाया कि पढ़ा-लिखा होना एक बात है और अनुभवी होना एक अलग बात, उन्होंने लेखक को समझाते हुए फिर कहा कि घमंड करना अच्छी बात नहीं है। मैं बड़ा और अनुभवी होने के नाते तुम्हें राह से भटकने नहीं दूँगा और यदि तुमने मेरी बात नहीं मानी तो मैं थप्पड़ भी मार सकता हूँ।

लेखक की सहमति

लेखक बड़े भाई साहब की इस बात से पूरी तरह सहमत है कि बड़ा और अधिक अनुभवी होने के नाते बड़े भाई साहब को उससे अधिक समझ है। उसने बड़े भाई साहब से कहा कि आपको मुझसे यह सब कहने का पूरा अधिकार है। ऐसा सुनते ही बड़े भाई साहब ने लेखक को गले से लगा लिया और बोले कि मैं तुम्हें पतंग उड़ाने को मना नहीं करता। मेरा भी दिल करता है कि मैं पतंग उड़ाऊँ, पर यदि मैं ही ऐसा करने लगा, तो तुम्हें किस प्रकार समझाऊँगा? उसी समय एक कटी हुई पतंग ऊपर से गुज़री और बड़े भाई साहब ने लपककर उस कटी पतंग की डोर को पकड़ लिया और हॉस्टल की ओर दौड़े। लेखक भी अपने बड़े भाई के पीछे दौड़ रहा था।

» शब्दार्थ

पृष्ठ संख्या NCERT पाठ्यपुस्तक (स्पर्श भाग-2) के अनुसार हैं।

पृष्ठ संख्या 55 दरजे–कक्षा; तालीम–शिक्षा; बुनियाद–नींव; आलीशान–शानदार, भव्य; पुख्ता–मज़बूत, ठोस; तम्बीह–डाँट-डपट; जन्मसिद्ध अधिकार–वह अधिकार जो जन्म लेते ही मिल जाता है; शालीनता–विनम्रता; हुक्म–आदेश, आज्ञा; अध्ययनशील–पढ़ाई में अधिक रुचि रखने वाला; हाशिया–पेज़ के एक ओर खाली छोड़ा गया स्थान; शेर–उर्दू कविता का एक प्रकार, जो हिंदी के छंद की भाँति होता है; सामंजस्य–ताल-मेल; मसलन–उदाहरण के तौर पर; इबारत–लेख; चेष्टा–कोशिश; पहेली–रहस्य भरी बात जिसे खेल के रूप में सुलझाया जाता है; जमात–कक्षा।

पृष्ठ संख्या 56 मौका–अवसर; कंकरियाँ–छोटे-छोटे पत्थर; रुद्र-रूप–क्रोध से भरा कठोर रूप या भाव-भंगिमा; मौन–चुप्पी या चुप रहना; अपराध–कानूनी दृष्टि से किया गया गलत काम; इलाज–उपचार; स्नेह–प्यार या प्रेम; रोष–क्रोध; सत्कार–आदर; हर्फ़–शब्द; घोंघा–मूर्ख; सबक-सीख; मिहनत–मेहनत; कसूर–दोष; गँवाकर–खोकर; गाढ़ी कमाई–मेहनत करके की गई आय; लताड़–डाँट-डपट; उपदेश–शिक्षा की बातें; निपुण–कुशल; सूक्ति-बाण–कठोर बातें।

पृष्ठ संख्या 57 विविध–तरह-तरह; अवहेलना–तिरस्कार, उपेक्षा; सुखद–सुख देने वाली; अज्ञात–जाने बिना; अनिवार्य–ज़रूरी या महत्त्वपूर्ण; जानलेवा–प्राण लेने वाला; नसीहत–राय या सलाह; फ़जीहत–अपमान; नज़र–दृष्टि; सालाना इम्तिहान–वार्षिक परीक्षा; अव्वल– प्रथम; हमदर्दी–सहानुभूति; लज्जास्पद–शर्मनाक; अभिमान–घमंड या अहंकार; रौब–दबदबा; शरीक–शामिल; हेकड़ी–ऐंठ; जाहिर–आभास; आतंक–भय; भाँप–महसूस; भोर–सुबह।

पृष्ठ संख्या 58 अभिप्राय–मतलब या अर्थ; आधिपत्य–प्रभुत्व; स्वीकार–मानना; स्वाधीन–स्वतंत्र; महीप–राजा; दास–गुलाम; कुकर्म–बुरे काम; कांड–घटना; शाहेरूम–रोम का राजा; खयाल–विचार; पनाह–आश्रय; निर्दयी–दया न होना; मुमतहिन–परीक्षक; फ़र्क–अंतर; प्रयोजन–उद्देश्य; सिफ़र–शून्य; खुराफ़ात– व्यर्थ की बातें; बटेर–एक प्रकार की चिड़िया।

पृष्ठ संख्या 59 पन्ना–पृष्ठ; हिमाकत–बेवकूफी; किफ़ायत–बचत; अनर्थ–विपत्ति; संक्षेप–छोटे या कम; गिरह–गाँठ; निःस्वाद–बेस्वाद; ज़लील–अपमानित; लुप्त–छिपना या गायब; अचरज–आश्चर्य; प्राणांतक–प्राण लेने वाला; मुद्रा–भाव-भंगिमा; कांतिहीन–चेहरे पर चमक न होना; नतीजा–परिणाम।

पृष्ठ संख्या 60 विधि–भाग्य; कुटिल–दुष्टता; उदय–जन्म या पैदा होना; हित–कल्याण या मंगल; दनादन–लगातार या निरंतर; स्वच्छंदता–बंधनमुक्त; सहिष्णुता–सहने की भावना; तकदीर–भाग्य; अदब–सम्मान या आदर; गुप्त–रहस्य; हल–सुलझाना; संदेह–शक; लिहाज–शर्म; बेतहाशा–सुध-बुध खोकर; आकाशगामी–आकाशरूपी मार्ग; मंद-धीरे; गति-चाल; विरक्त–उदास; समतल–समान; मुठभेड़–कहासुनी; उग्र–विद्रोह; मातहती–अधीन।

पृष्ठ संख्या 61 अक्ली–बुद्धि; ज़हीन–प्रतिभावान; ज़ेहन–मस्तिष्क; आत्मगौरव–आत्मसम्मान; समकक्ष–एक ही कक्षा में; हक–अधिकार; तजुरबा–अनुभव; जन्मदाता–जन्म देने वाला; ब्याह–विवाह; नक्षत्र–कुछ तारों का समूह; मुहताज़–दूसरे पर आश्रित; मरज–बीमारी या तकलीफ; नेकनामी–सम्मान; कुटुंब–भरा-पूरा परिवार; इंतजाम–व्यवस्था, प्रबंध; समीप–पास; बेराह–गलत रास्ता।

पृष्ठ संख्या 62 युक्ति–विचार या कथन; लघुता–छोटापन; सजल–जल से भरा; हरगिज़–कभी नहीं; फ़रमा–कहना।

पाठ्यपुस्तक (स्पर्श भाग-2) के प्रश्नोत्तर

मौखिक

निम्नलिखित प्रश्नों के उत्तर एक-दो पंक्तियों में दीजिए

1 कथा नायक की रुचि किन कार्यों में थी?

उत्तर कथा नायक की रुचि खेलने-कूदने, ऊधम मचाने, घूमने-फिरने, गप्पे मारने, चाहरदीवारी पर चढ़कर नीचे कूदने, फाटक पर सवार होकर उसे मोटर कार बनाने तथा पतंगबाज़ी आदि में थी।

2 बड़े भाई साहब छोटे भाई से हर समय पहला सवाल क्या पूछते थे?

उत्तर बड़े भाई साहब छोटे भाई से हर समय पहला सवाल पूछते थे–'कहाँ थे'?

3 दूसरी बार पास होने पर छोटे भाई के व्यवहार में क्या परिवर्तन आया?

उत्तर दूसरी बार पास होने पर छोटे भाई की स्वच्छंदता और मनमानी बढ़ गई। उसने पढ़ना-लिखना छोड़कर मटरगश्ती, खेलना-कूदना, घूमना-फिरना व पतंगबाज़ी करना शुरू कर दिया। उसे लगने लगा कि वह पढ़े न पढ़े अच्छे नंबरों से पास हो ही जाएगा।

4 बड़े भाई साहब छोटे भाई से उम्र में कितने बड़े थे और वे कौन-सी कक्षा में पढ़ते थे?

उत्तर बड़े भाई साहब छोटे भाई से उम्र में पाँच वर्ष बड़े थे और वे कक्षा नौ में पढ़ते थे।

5 बड़े भाई साहब दिमाग को आराम देने के लिए क्या करते थे?

उत्तर बड़े भाई साहब दिमाग को आराम देने के लिए कॉपी या किताब पर व्यर्थ की बातें बार-बार लिखते या पक्षियों, पशुओं आदि के चित्र बनाते थे।

लिखित

(क) निम्नलिखित प्रश्नों के उत्तर (25-30) शब्दों में लिखिए

1 छोटे भाई ने अपनी पढ़ाई का टाइम-टेबिल बनाते समय क्या-क्या सोचा और फिर उसका पालन क्यों नहीं कर पाया? CBSE 2010

उत्तर छोटे भाई ने अपनी पढ़ाई का टाइम-टेबिल बनाते समय सोचा था कि वह आगे से खूब जी लगाकर अपनी पढ़ाई करेगा, बड़े भाई को कभी शिकायत का मौका नहीं देगा और खेलों से दूर रहेगा, लेकिन पहले ही दिन मैदान की सुखद हरियाली, हवा के हल्के - हल्के झोंके, फुटबॉल की उछल-कूद, कबड्डी के दाँव-घात, वॉलीबॉल की तेज़ी और फुर्ती के कारण वह उसका पालन नहीं कर पाया।

2 एक दिन जब गुल्ली-डंडा खेलने के बाद छोटा भाई बड़े भाई साहब के सामने पहुँचा, तो उनकी क्या प्रतिक्रिया हुई? CBSE 2010

उत्तर एक दिन जब गुल्ली-डंडा खेलने के बाद छोटा भाई बड़े भाई साहब के सामने पहुँचा, तो वह बहुत क्रोधित हुए और उन्होंने छोटे भाई को डाँटते हुए उसे घमंडी बताया, उन्होंने उसकी सफलता को तुक्का बताते हुए आने वाली कक्षा की पढ़ाई का भय दिखाया।

3 बड़े भाई साहब को अपने मन की इच्छाएँ क्यों दबानी पड़ती थीं? CBSE 2019, 10

उत्तर बड़े भाई साहब, बड़े भाई होने के नाते अपने छोटे भाई को अच्छे मार्ग पर चलने के लिए प्रेरित करना चाहते थे। यदि वह स्वयं गलत मार्ग पर चलते तो वह छोटे भाई को सही रास्ते पर नहीं ला सकते थे। अपने नैतिक कर्त्तव्य का बोध होने के कारण उन्हें अपने मन की इच्छाएँ दबानी पड़ती थीं।

4 बड़े भाई साहब छोटे भाई को क्या सलाह देते थे और क्यों? CBSE 2016,10

उत्तर बड़े भाई साहब छोटे भाई को सलाह देते थे कि उसे दिन-रात पढ़ना चाहिए और खेलकूद से दूर रहना चाहिए, क्योंकि इससे समय व्यर्थ में नष्ट होता है। यदि मेहनत नहीं करोगे तो उसी दरजे में पड़े रहोगे। ऐसा वह अपने छोटे भाई को सही रास्ते पर लाने के लिए करते थे।

5 छोटे भाई ने बड़े भाई साहब के नरम व्यवहार का क्या फ़ायदा उठाया? CBSE 2020

उत्तर छोटे भाई ने बड़े भाई साहब के नरम व्यवहार का फ़ायदा उठाते हुए पढ़ाई-लिखाई बिलकुल छोड़ दी और अपनी मनमानी पर उतर आया। वह बड़े भाई से छिपकर दूसरे बच्चों के साथ पतंगबाज़ी में लग जाता। उसे विश्वास हो गया कि वह पढ़े न पढ़े पास हो जाएगा। हमारे विचार से छोटे भाई का यह व्यवहार अनुचित है, क्योंकि छात्र जीवन में खेलकूद के साथ-साथ पढ़ाई को विशेष महत्त्व देना नितांत आवश्यक है, जबकि छोटा भाई अनुभवहीन और अभिमानी होने के कारण पढ़ाई की अवहेलना कर रहा था।

(ख) निम्नलिखित प्रश्नों के उत्तर (50-60 शब्दों में) लिखिए

1 बड़े भाई की डाँट-फटकार अगर न मिलती, तो क्या छोटा भाई कक्षा में अव्वल आता? अपने विचार प्रकट कीजिए। CBSE 2011, 10

अथवा "बड़े भाईसाहब की डाँट-फटकार यदि न मिलती तो छोटा भाई कक्षा में प्रथम नहीं आता।" उक्त कथन के पक्ष अथवा विपक्ष में अपने विचार उपयुक्त तर्क सहित लिखिए। **CBSE 2019**

उत्तर छोटा भाई अनुभवहीन था। वह अपना भला-बुरा नहीं समझ पाता था। यदि बड़े भाई साहब उसे डाँटते-फटकारते नहीं तो वह जितना पढ़ता था उतना भी नहीं पढ़ पाता और अपना समय खेल-कूद में ही गँवा देता। उसे बड़े भाई की डाँट का डर था। इसी कारण उसे शिक्षा की अहमियत समझ में आई, विषयों की कठिनाइयों का पता लगा, अनुशासित होने के लाभ समझ में आए और वह अव्वल आया।

2 इस पाठ में लेखक ने समूची शिक्षा के किन तौर-तरीकों पर व्यंग्य किया है? क्या आप उनके विचार से सहमत हैं? CBSE 2016, 11, 10

उत्तर प्रस्तुत पाठ में लेखक ने समूची शिक्षा के जिन तौर-तरीकों पर व्यंग्य किया है, उनमें सर्वाधिक प्रमुख है—रटकर पढ़ाई करना। इसका साक्षात् प्रमाण है बड़े भाई, जो दिन-रात पुस्तक के एक-एक शब्द को रटते रहते हैं और उनका अर्थ जानने की कोशिश नहीं करते। इसके अतिरिक्त खेलकूद को व्यर्थ समझना भी सही नहीं है। मैं इस विचार से सहमत नहीं हूँ। विषय को समझने के स्थान पर केवल रटने पर ही ज़ोर देना व्यर्थ है। किताबी ज्ञान के साथ-साथ व्यावहारिक ज्ञान भी आवश्यक है।

3 बड़े भाई साहब के अनुसार जीवन की समझ कैसे आती है? CBSE 2018, 10

उत्तर बड़े भाई साहब के अनुसार जीवन की समझ केवल पुस्तकें पढ़कर नहीं, बल्कि दुनिया को देखकर आती है। वही व्यक्ति अधिक समझदार माना जाता है, जिसे दुनिया देखने और समझने का अधिक अनुभव होता है। यही कारण है कि किताबें पढ़कर परीक्षा पास कर लेना बहुत बड़ी बात नहीं है, असली बात है उस पढ़ी हुई शिक्षा को अपने जीवन में उतारना व लागू करना। जीवन का व्यावहारिक अनुभव ही व्यक्ति को अधिक महत्त्वपूर्ण बनाता है। उदाहरण के लिए—घरों में बड़े बुजुर्ग कम शिक्षा पाकर भी समस्याओं से अधिक कुशलता से निपटते हैं।

4 छोटे भाई के मन में बड़े भाई साहब के प्रति श्रद्धा क्यों उत्पन्न हुई? CBSE 2011, 10

उत्तर छोटे भाई को खेलना बहुत पसंद था। जब बहुत खेलने के बाद भी उसने अपनी कक्षा में प्रथम स्थान प्राप्त किया, तो उसे स्वयं पर अभिमान हो गया। अब उसके मन से बड़े भाई का डर भी जाता रहा। एक दिन पतंग उड़ाते समय उसे बड़े भाई ने पकड़ लिया।

उन्होंने उसे समझाया और अगली कक्षा की पढ़ाई की कठिनाइयों का अहसास भी दिलाया। उन्होंने बताया कि वह कैसे उसके भविष्य के कारण अपने बचपन का गला घोंट रहे हैं। उनकी बातें सुनकर छोटे भाई की आँखें खुल गईं। उसे समझ में आ गया कि उसके अव्वल आने के पीछे बड़े भाई की ही प्रेरणा रही है। इससे उसके मन में बड़े भाई के प्रति श्रद्धा उत्पन्न हो गई।

5 बड़े भाई की स्वभावगत विशेषताएँ बताइए। **CBSE 2010**

उत्तर बड़े भाई साहब अध्ययनशील, परिश्रमी एवं धुन के पक्के हैं। चाहे उन्हें समझ में न भी आए फिर भी परिश्रम करते रहते हैं। वह छोटों के मार्गदर्शक भी हैं, वह अपने छोटे भाई को तरह-तरह से समझाते हैं। वे उपदेश देने की कला में भी विशेषज्ञ थे। वे अपने छोटे भाई को उपदेश देते समय अनेक प्रकार के उदाहरण देते थे। वे अनुशासनप्रिय एवं सिद्धांतों में विश्वास करने वाले थे।

6 बड़े भाई साहब ने ज़िंदगी के अनुभव और किताबी ज्ञान में से किसे और क्यों महत्त्वपूर्ण कहा है?

उत्तर बड़े भाई साहब ने ज़िंदगी के अनुभव को अधिक महत्त्वपूर्ण माना है। उनके अनुसार, अनुभव से ही मनुष्य को जीवन की सही समझ आती है और वह बिगड़े हुए कामों को भी सही कर लेता है। घर के छोटे-बड़े काम से लेकर घर के बाहर के विशेषज्ञतापूर्ण कार्यों में अनुभव ही काम आता है। उन्होंने अनुभव को महत्त्वपूर्ण बताने के लिए दादाजी, अम्माजी और हेडमास्टर साहब का उदाहरण दिया है।

7 बताइए पाठ के किन अंशों से पता चलता है कि **CBSE 2011**
(क) छोटा भाई अपने भाई साहब का आदर करता है।
(ख) भाई साहब को ज़िंदगी का अच्छा अनुभव है।
(ग) भाई साहब के भीतर भी एक बच्चा है।
(घ) भाई साहब छोटे भाई का भला चाहते हैं।

उत्तर *(क)* पतंगबाज़ी के समय बड़े भाई ने समझाया कि वह बड़ा है, उसे गलत राह पर नहीं जाने देगा। वह भले ही फेल हो जाए पर छोटे भाई को फेल नहीं होने देगा। यह सुनकर छोटे भाई के मन में बड़े भाई के लिए आदर भर आया।

(ख) बड़े भाई को ज़िंदगी का बड़ा अनुभव है। वे जानते हैं कि दादा ने अपनी मेहनत की कमाई और कुशलता से परिवार का पालन किया है। वह यह भी जानते हैं कि अपनी इच्छाओं पर काबू करके ही वह छोटे भाई को ठीक रख सकते हैं।

(ग) संयोग से उसी वक्त एक कटी हुई पतंग हमारे ऊपर से गुज़री। उसकी डोर लटक रही थी। लड़कों का एक गोल पीछे-पीछे दौड़ा चला आता था। भाई साहब लंबे थे, उन्होंने ही उछलकर उसकी डोर पकड़ ली और बेतहाशा हॉस्टल की ओर दौड़े। मैं पीछे-पीछे दौड़ रहा था। ये उनके भीतर बच्चा होने का प्रमाण है।

(घ) बड़े भाई साहब छोटे भाई को ज़्यादा खेलने के लिए डाँटते, उसको भला-बुरा समझाते, गलत-सही को समझाते। वह चाहते थे कि उनका छोटा भाई ठीक रहे और अव्वल आए।

(ग) निम्नलिखित के आशय स्पष्ट कीजिए

1 "इम्तिहान पास कर लेना कोई बड़ी चीज़ नहीं, असल चीज़ है बुद्धि का विकास।" **CBSE 2010**

उत्तर बड़े भाई साहब इम्तिहान पास होने को बहुत महत्त्व नहीं देते थे। वे कहते थे कि किताबें रट के पास तो हो सकते हैं, परंतु जीवन के अनुभवों और बुद्धि के विकास से ही इंसान बुद्धिमान बनता है। इसलिए इम्तिहान पास कर लेने से अधिक महत्त्वपूर्ण बात अनुभव का होना व व्यक्ति का बुद्धिमान होना है।

2 "फिर भी जैसे—मौत और विपत्ति के बीच भी आदमी मोह और माया के बंधन में जकड़ा रहता है, मैं फटकार और घुड़कियाँ खाकर भी खेलकूद का तिरस्कार न कर सकता था।"

उत्तर लेखक हर समय अपने खेलकूद, सैर-सपाटे में मस्त रहता और बड़े भाई से डाँट खाता रहता था, परंतु फिर भी खेलकूद नहीं छोड़ता था। जैसे संकटों में फँसकर भी मनुष्य अपनी मोहमाया नहीं छोड़ता है। उसी प्रकार छोटा भाई खेलकूद को नहीं छोड़ता था।

3 "बुनियाद ही पुख्ता न हो तो मकान कैसे पायेदार बने?"

उत्तर बड़े भाई साहब का विचार था कि यदि मकान की नींव कमज़ोर हो तो उस पर मंज़िलें खड़ी नहीं हो सकती हैं। यानी अगर पढ़ाई का शुरुआती आधार ठोस नहीं हो, तो मनुष्य आगे चलकर कुछ नहीं कर पाता। पढ़ाई के साथ-साथ उसके लिए अनुभव भी बहुत ज़रूरी है।

4 "आँखें आसमान की ओर थीं और मन उस आकाशगामी पथिक की ओर, जो मंद गति से झूमता पतन की ओर चला आ रहा था, मानो कोई आत्मा स्वर्ग से निकलकर विरक्त मन से नए संस्कार ग्रहण करने जा रही हो।"

उत्तर लेखक जब पतंग लूट रहा था, तो उसकी आँखें आसमान की ओर थीं और मन पतंग रूपी राहगीर की तरह। उसे पतंग एक दिव्य आत्मा जैसी लग रही थी जो धीरे-धीरे नीचे आ रही थी, वह उसे पाने के लिए दौड़ रहा था।

भाषा अध्ययन

1 निम्नलिखित शब्दों के दो-दो पर्यायवाची शब्द लिखिए

नसीहत	-	उपदेश, सलाह
रोष	-	गुस्सा, क्रोध
आज़ादी	-	मुक्ति, स्वाधीनता
राजा	-	भूभृत्, नृपति
ताज्जुब	-	अचंभा, आश्चर्य

2 प्रेमचंद की भाषा बहुत पैनी और मुहावरेदार है। इसलिए इनकी कहानियाँ रोचक और प्रभावपूर्ण होती हैं। इस कहानी में आप देखेंगे कि हर अनुच्छेद में दो-तीन मुहावरों का प्रयोग किया गया है। उदाहरणत: इन वाक्यों को देखिए और ध्यान से पढ़िए

मेरा जी पढ़ने में बिलकुल न लगता था। एक घंटा भी किताब लेकर बैठना पहाड़ था।

भाई साहब उपदेश की कला में निपुण थे। ऐसी-ऐसी लगती बातें कहते, ऐसे-ऐसे सूक्ति बाण चलाते कि मेरे जिगर के टुकड़े-टुकड़े हो जाते और हिम्मत टूट जाती।

वह जानलेवा टाइम-टेबिल, वह आँखफोड़ पुस्तकें, किसी की याद न रहती और भाई साहब को नसीहत और फ़जीहत का अवसर मिल जाता।

निम्नलिखित मुहावरों का वाक्यों में प्रयोग कीजिए

सिर पर नंगी तलवार लटकना, आड़े हाथों लेना, अंधे के हाथ बटेर लगना, लोहे के चने चबाना, दाँतों पसीना आना, ऐरा-गैरा नत्थू खैरा।

उत्तर
- आज का गृह कार्य न करने के कारण सुरेश के सिर पर नंगी तलवार लटकी पड़ी है।
- छात्रों को बदमाशी करते हुए देखकर शिक्षक ने उन्हें आड़े हाथों लिया।
- होनहार छात्र के प्रश्नों के उत्तर देखकर रमेश परीक्षा में अव्वल आया है। यह तो अंधे के हाथ में बटेर लग जाने वाली कहावत को चरितार्थ करता है।
- आई. ए. एस. की परीक्षा पास करना लोहे के चने चबाने के समान है।
- रमेश ने राजीव से कहा, अभी तुम कक्षा 8 में हो, जब कक्षा 11 में आओगे, तब तुम्हें दाँतों पसीना आ जाएगा।
- छोटे-मोटे काम तो ऐरे-गैरे नत्थू खेरे भी कर लिया करते हैं।

3 निम्नलिखित तत्सम, तद्भव, देशी, आगत शब्दों को दिए गए उदाहरणों के आधार पर छाँटकर लिखिए।

तत्सम	तद्भव	देशज	आगत (अंग्रेजी एवं उर्दू/ अरबी-फ़ारसी)
जन्मसिद्ध	आँख	दाल-भात	पोज़ीशन फ़जीहत

तालीम, जल्दबाज़ी, पुख्ता, हाशिया, चेष्टा, जमात, हर्फ़, सूक्तिबाग, जानलेवा, आँखफोड़, घुड़कियाँ, आधिपत्य पन्ना, मेला-तमाशा, मसलन, स्पेशल, स्कीम, फटकार, प्रातः काल, विद्वान्, निपुण, भाई साहब, अवहेलना, टाइम-टेबिल।

उत्तर

तत्सम शब्द	चेष्टा, सूक्तिबाण, आधिपत्य, प्रातःकाल, विद्वान्, निपुण, अवहेलना।
तद्भव शब्द	आँखफोड़, पन्ना
देशज शब्द	घुड़कियाँ, फटकार
आगत (अंग्रेज़ी एवं उर्दू अरबी-फ़ारसी शब्द)	तालीम, जल्दबाज़ी, पुख्ता, हाशिया, जमात, हर्फ़, जानलेवा, मेला-तमाशा, मसलन, स्पेशल, स्कीम, भाई साहब, टाइम-टेबिल।

4 क्रियाएँ मुख्यतः दो प्रकार की होती हैं— सकर्मक और अकर्मक।

सकर्मक क्रिया वाक्य में जिस क्रिया के प्रयोग में कर्म की अपेक्षा रहती है, उसे सकर्मक क्रिया कहते हैं; *जैसे*—
शीला ने सेब खाया।
मोहन पानी पी रहा है।

अकर्मक क्रिया वाक्य में जिस क्रिया के प्रयोग में कर्म की अपेक्षा नहीं होती, उसे अकर्मक क्रिया कहते हैं; *जैसे*—
शीला हँसती है।
बच्चा रो रहा है।

नीचे दिए गए वाक्यों में कौन-सी क्रिया है— सकर्मक या अकर्मक? लिखिए

उत्तर
(क) उन्होंने वहीं हाथ पकड़ लिया। (सकर्मक)
(ख) फिर चोरों-सा जीवन कटने लगा। (अकर्मक)
(ग) शैतान का हाल भी पढ़ा ही होगा। (सकर्मक)
(घ) मैं यह लताड़ सुनकर आँसू बहाने लगता। (सकर्मक)
(ङ) समय की पाबंदी पर एक निबंध लिखिए। (सकर्मक)
(च) मैं पीछे-पीछे दौड़ रहा था। (अकर्मक)

5 'इक्' प्रत्यय लगाकर शब्द बनाइए

विचार, इतिहास, संसार, दिन, नीति, प्रयोग, अधिकार।

उत्तर वैचारिक, ऐतिहासिक, सांसारिक, दैनिक, नैतिक, प्रायोगिक, आधिकारिक।

योग्यता विस्तार

1 प्रेमचंद की कहानियाँ मानसरोवर के आठ भागों में संकलित हैं। इनमें से कहानियाँ पढ़िए और कक्षा में सुनाइए। कुछ कहानियों का मंचन भी कीजिए।

उत्तर छात्र स्वयं करें।

2 'शिक्षा रटंत विद्या नहीं है'—इस विषय पर कक्षा में परिचर्चा आयोजित कीजिए।

उत्तर छात्र स्वयं करें।

3 क्या पढ़ाई और खेल-कूद साथ-साथ चल सकते हैं? कक्षा में इस पर वाद-विवाद कार्यक्रम आयोजित कीजिए।

उत्तर छात्र स्वयं करें।

4 क्या परीक्षा पास कर लेना ही योग्यता का आधार है? इस विषय पर कक्षा में चर्चा कीजिए।

उत्तर छात्र स्वयं करें।

परियोजना कार्य

1 कहानी में ज़िंदगी से प्राप्त अनुभवों को किताबी ज्ञान से ज़्यादा महत्त्वपूर्ण बताया गया है। अपने माता-पिता, बड़े भाई-बहिनों या अन्य बुजुर्ग/ बड़े सदस्यों से उनके जीवन के बारे में बातचीत कीजिए और पता लगाइए कि बेहतर ढंग से ज़िंदगी जीने के लिए क्या काम आया-समझदारी, पुराने अनुभव या किताबी पढ़ाई?

उत्तर छात्र स्वयं अनुभव करके उत्तर दें।

2 आपकी छोटी बहिन/छोटा भाई छात्रावास में रहती/रहता है। उसकी पढ़ाई-लिखाई के संबंध में उसे एक पत्र लिखिए।

उत्तर छात्र क्रियाकलाप है। छात्र स्वयं करें।

परीक्षा अभ्यास

गद्यांश पर आधारित बहुविकल्पात्मक प्रश्न

• *निम्नलिखित गद्यांशों को ध्यानपूर्वक पढ़कर पूछे गए प्रश्नों के सही विकल्प चुनिए।*

1. अपने हेडमास्टर साहब ही को देखो। एम.ए. हैं कि नहीं और यहाँ के एम.ए. नहीं, ऑक्सफोर्ड के। एक हजार रुपये पाते हैं, लेकिन उनके घर का इंतजाम कौन करता है? उनकी बूढ़ी माँ। हेडमास्टर साहब की डिग्री यहाँ बेकार हो गई। पहले स्वयं घर का इंतजाम करते थे। खर्च पूरा न पड़ता था। कर्जदार रहते थे। जब से उनकी माता जी ने प्रबंध अपने हाथ में ले लिया है, जैसे घर में लक्ष्मी आ गई है। तो भाईजान, यह गरूर दिल से निकाल डालो कि तुम मेरे समीप आ गए हो और अब स्वतंत्र हो। मेरे देखते तुम बेराह न चलने पाओगे।

(क) हेड मास्टर और उनकी बूढ़ी माँ का उदाहरण किस तथ्य को समझाने के लिए दिया गया है?
  (*i*) जीवन की गंभीरता समझाने के लिए
  (*ii*) जीवन की समझ व्यावहारिक अनुभव से आती है, यह समझाने के लिए
  (*iii*) जीवन अत्यंत संघर्षपूर्ण है, यह समझाने के लिए
  (*iv*) पुस्तकीय ज्ञान को महत्त्व समझाने के लिए

उत्तर (*ii*) जीवन की समझ व्यावहारिक अनुभव से आती है, यह समझाने के लिए

(ख) गद्यांश के अनुसार, हेडमास्टर साहब की डिग्री कहाँ बेकार हो गई?
  (*i*) घर का प्रबंधन न करने पर
  (*ii*) माँ का ध्यान न रखने पर
  (*iii*) पैसे सँभालकर न रखने पर
  (*iv*) पैसों को दान करने पर

उत्तर (*i*) घर का प्रबंधन न करने पर

(ग) हेडमास्टर साहब द्वारा घर की स्वयं देख-रेख करने का क्या परिणाम हुआ?
  (*i*) खर्च पूरा-पूरा पड़ता था
  (*ii*) बचत अच्छी खासी होती थी
  (*iii*) वे कर्जदार हो गए थे
  (*iv*) उनके घर में समृद्धि थी

उत्तर (*iii*) वे कर्जदार हो गए थे

(घ) 'घर में लक्ष्मी आने से' क्या आशय है?
  (*i*) पैसों की कमी होने से
  (*ii*) पैसे समाप्त न होने से
  (*iii*) पैसों की बचत होने से
  (*iv*) घर में सुख-समृद्धि आने से

उत्तर (*iv*) घर में सुख-समृद्धि आने से

(ङ) भाई साहब अपने छोटे भाई को किस मार्ग पर नहीं चलने देना चाहते थे?
  (*i*) सद्मार्ग पर
  (*ii*) कँटीले मार्ग पर
  (*iii*) सरल मार्ग पर
  (*iv*) बुरी संगति के मार्ग पर

उत्तर (*iv*) बुरी संगति के मार्ग पर

2. मगर टाइम-टेबिल बना लेना एक बात है, उस पर अमल करना दूसरी बात। पहले ही दिन उसकी अवहेलना शुरू हो जाती। मैदान की वह सुखद हरियाली, हवा के हल्के-हल्के झोंके, फुटबॉल की वह उछल-कूद, कबड्डी के वह दाँव-घात, वॉलीबॉल की वह तेजी और फुरती, मुझे अज्ञात और अनिवार्य रूप से खींच ले जाती और वहाँ जाते ही मैं सब कुछ भूल जाता। वह जानलेवा टाइम-टेबिल, वह आँखफोड़ पुस्तकें, किसी की याद न रहती और भाई साहब को नसीहत और फजीहत का अवसर मिल जाता। मैं उनके साए से भागता, उनकी आँखों से दूर रहने की चेष्टा करता, कमरे में इस तरह दबे पाँव आता कि उन्हें खबर न हो। उनकी नजर मेरी ओर उठी और मेरे प्राण निकले। हमेशा सिर पर एक नंगी तलवार-सी लटकती मालूम होती। फिर भी जैसे मौत और विपत्ति के बीच भी आदमी मोह और माया के बंधन में जकड़ा रहता है, मैं फटकार और घुड़कियाँ खाकर भी खेल-कूद का तिरस्कार न कर सकता था।

(क) टाइम टेबिल की अवहेलना कब से प्रारम्भ हो जाती है?
  (*i*) पहले ही दिन से
  (*ii*) तीसरे दिन से
  (*iii*) पाँचवें दिन से
  (*iv*) उपरोक्त में से कोई नहीं

उत्तर (*i*) पहले ही दिन से

(ख) टाइम-टेबिल पर अमल नहीं होने का प
क्या था?
  (*i*) मस्ती और खेलों में अधिक रुचि हो
  (*ii*) बड़े भाई की डाँट का भय समाप्त ह
  (*iii*) पढ़ाई के प्रति अत्यधिक रुचि होना
  (*iv*) स्वयं को मुक्त करना

उत्तर (*i*) मस्ती और खेलों में अधिक रुचि ह

(ग) लेखक बड़े भाई साहब की आँखों से दूर रहने का प्रयास क्यों करता था?
(i) पढ़ाई करने और उपदेश सुनने से बचने के लिए
(ii) सदा खेलने और मस्ती करने के लिए
(iii) स्वच्छंद जीवन व्यतीत करने के लिए
(iv) भाई साहब के टाइम-टेबिल का पालन करने के लिए

उत्तर (i) पढ़ाई करने और उपदेश सुनने से बचने के लिए

(घ) बड़े भाई साहब को नसीहत का अवसर कब मिल जाता था?
(i) जब लेखक खेलकर आता था
(ii) जब लेखक पढ़ाई नहीं करता था
(iii) (i) और (ii) दोनों
(iv) जब लेखक भाई साहब का कहना मानता था

उत्तर (iii) (i) और (ii) दोनों

(ङ) 'मौत और विपत्ति के बीच' से क्या अभिप्राय है?
(i) भयानक स्थिति
(ii) ऐसी स्थिति जिसमें बचने का कोई आसार नज़र न आता हो
(iii) ऐसी स्थिति जिसमें व्यक्ति दृढ़ निश्चयी बना रहे
(iv) ऐसी स्थिति जिसमें आत्मग्लानि का अनुभव हो

उत्तर (ii) ऐसी स्थिति जिसमें बचने का कोई आसार नज़र न आता हो

3. मैं यह लताड़ सुनकर आँसू बहाने लगता। जवाब ही क्या था। अपराध तो मैंने किया, लताड़ कौन सहे? भाई साहब उपदेश की कला में निपुण थे। ऐसी-ऐसी लगती बातें कहते, ऐसे-ऐसे सूक्ति-बाण चलाते कि मेरे जिगर के टुकड़े-टुकड़े हो जाते और हिम्मत टूट जाती। इस तरह जान तोड़कर मेहनत करने की शक्ति मैं अपने में न पाता था और उस निराशा में ज़रा देर के लिए मैं सोचने लगता—'क्यों न घर चला जाऊँ। जो काम मेरे बूते के बाहर है, उसमें हाथ डालकर क्यों अपनी जिंदगी खराब करूँ।' मुझे अपना मूर्ख रहना मंजूर था, लेकिन उतनी मेहनत से मुझे तो चक्कर आ जाता था, लेकिन घंटे-दो-घंटे के बाद निराशा के बादल फट जाते और मैं इरादा करता कि आगे से खूब जी लगाकर पढ़ूँगा। चटपट एक टाइम-टेबिल बना डालता। बिना पहले से नक्शा बनाए कोई स्कीम तैयार किए काम कैसे शुरू करूँ। टाइम-टेबिल में खेलकूद की मद बिलकुल उड़ जाती।

(क) 'मैं यह लताड़ सुनकर आँसू बहाने लगा।' कथन किसका हैं?
(i) भाई साहब का
(ii) लेखक के साथी का
(iii) स्वयं लेखक का
(iv) उपरोक्त में से कोई नहीं

उत्तर (iii) स्वयं लेखक का

(ख) लेखक द्वारा आँसू बहाने का क्या कारण था?
(i) कक्षा में अनुत्तीर्ण होना
(ii) भाई का उपदेश देना
(iii) भाई द्वारा घर वापस भेजना
(iv) भाई की डाँट सुनना

उत्तर (iv) भाई की डाँट सुनना

(ग) भाई साहब की डाँट सुनने के बाद निराश हुआ छोटा भाई क्या सोचने लगता था?
(i) पढ़ाई मन लगाकर करूँगा
(ii) घर वापस चला जाऊँ
(iii) पुनः खेल खेलने चला जाऊँ
(iv) पढ़ाई करना छोड़ दूँ

उत्तर (ii) घर वापस चला जाऊँ

(घ) भाई साहब हर समय छोटे भाई को क्या उपदेश देते थे?
(i) पढ़ाई करने का
(ii) समय व्यर्थ न करने का
(iii) खेलकूद न करने का
(iv) उपरोक्त सभी

उत्तर (iv) उपरोक्त सभी

(ङ) निराशा के बादल हटने पर छोटा भाई क्या निश्चय करता था?
(i) अपने बूते से बाहर का काम नहीं करना
(ii) अपना मूर्ख बना रहना मंजूर कर लेना
(iii) आगे से खूब मन लगाकर पढ़ाई करना
(iv) अपने दादा के पास चले जाना

उत्तर (iii) आगे से खूब मन लगाकर पढ़ाई करना

4. भाई साहब ने इसे भाँप लिया-उनकी सहज बुद्धि तीव्र थी और एक दिन जब मैं भोर का सारा समय गुल्ली-डंडे की भेंट करके ठीक भोजन के समय लौटा, तो भाई साहब ने मानो तलवार खींच ली और मुझ पर टूट पड़े-देखता हूँ, इस साल पास हो गए और दरजे में अव्वल आ गए तो तुम्हें दिमाग हो गया है, मगर भाईजान घमंड तो बड़े-बड़े का नहीं रहा तुम्हारी क्या हस्ती है? इतिहास में रावण का हाल तो पढ़ा ही होगा। उसके चरित्र से तुमने कौन-सा उपदेश लिया? या यों ही पढ़ गए? महज इम्तिहान पास कर लेना कोई चीज नहीं, असल चीज है बुद्धि का विकास। जो कुछ पढ़ो, उसका अभिप्राय समझो। रावण भूमंडल का स्वामी था। ऐसे राजाओं को चक्रवर्ती कहते हैं। आजकल अंग्रेजों के राज्य का विस्तार बहुत बढ़ा हुआ है, पर इन्हें चक्रवर्ती नहीं कह सकते। संसार में अनेक राष्ट्र अंग्रेजों का आधिपत्य स्वीकार नहीं करते, बिलकुल स्वाधीन हैं। रावण चक्रवर्ती राजा था, संसार के सभी महीप उसे कर देते थे। बड़े-बड़े देवता उसकी गुलामी करते थे। आग और पानी के देवता भी उसके दास थे, मगर उसका अंत क्या हुआ? घमंड ने उसका नाम-निशान तक मिटा दिया, कोई उसे एक चुल्लू पानी देने वाला भी न बचा। आदमी और जो कुकर्म चाहे करे, पर अभिमान न करे, इतराए नहीं। अभिमान किया और दीन-दुनिया दोनों से गया।

(क) महज इम्तिहान पास कर लेना कोई चीज नहीं, असल चीज है बुद्धि का विकास-यह कथन किसका है?
 (i) बड़े भाई साहब का
 (ii) छोटे भाई साहब का
 (iii) पिता का
 (iv) माता जी का

उत्तर (i) बड़े भाई साहब का

(ख) बड़े भाई की सहज बुद्धि ने क्या भाँप लिया था?
 (i) छोटा भाई गुल्ली-डंडा खेलकर आया है
 (ii) छोटा भाई पढ़कर आया है
 (iii) छोटे भाई को अपने पास होने और प्रथम आने पर घमंड हो गया है
 (iv) छोटा भाई अब बड़े भाई का पहले जितना सम्मान नहीं करता है

उत्तर (iii) छोटे भाई को अपने पास होने और प्रथम आने पर घमंड हो गया है

(ग) छोटे भाई को डाँटते हुए बड़े भाई ने क्या कहा था?
 (i) तुम खेलने मत जाया करो
 (ii) घमंड तो बड़े-बड़ों का नहीं रहा, तुम्हारी क्या हस्ती है
 (iii) रावण के चरित्र से सीख लो
 (iv) अंग्रेजी आसान विषय नहीं है

उत्तर (ii) घमंड तो बड़े-बड़ों का नहीं रहा, तुम्हारी क्या हस्ती है

(घ) गद्यांश के अनुसार चक्रवर्ती रावण के विनाश का मुख्य कारण क्या था?
 (i) राज्य का विस्तार करना
 (ii) सीता का हरण करना
 (iii) देवता द्वारा गुलामी करवाना
 (iv) अभिमान करना

उत्तर (iv) अभिमान करना

(ङ) गद्यांश में बड़े भाई साहब ने किस पर अधिक महत्त्व दिया है?
 (i) बुद्धि के विकास पर
 (ii) परीक्षा पास करने पर
 (iii) केवल पढ़कर आगे बढ़ जाने पर
 (iv) उपरोक्त सभी

उत्तर (i) बुद्धि के विकास पर

परीक्षा अभ्यास

5. अब भाई साहब बहुत कुछ नरम पड़ गए थे। कई बार मुझे डाँटने का अवसर पाकर भी उन्होंने धीरज से काम लिया। शायद वह खुद समझने लगे थे कि मुझे डाँटने का अधिकार उन्हें नहीं रहा, या रहा भी, तो बहुत कम। मेरी स्वच्छंदता भी बढ़ी। मैं उनकी सहिष्णुता का अनुचित लाभ उठाने लगा। मुझे कुछ ऐसी धारणा हुई कि मैं पास ही हो जाऊँगा, पढ़ूँ या न पढ़ूँ, मेरी तकदीर बलवान है, इसलिए भाई साहब के डर से जो थोड़ा-बहुत पढ़ लिया करता था, वह भी बंद हुआ। मुझे कनकौए उड़ाने का नया शौक पैदा हो गया था और सारा समय पतंगबाजी की ही भेंट होता था, फिर भी मैं भाई साहब का अदब करता था और उनकी नज़र बचाकर कनकौए उड़ाता था। माँझा देना, कनने बाँधना, पतंग टूर्नामेंट की तैयारियाँ आदि समस्याएँ सब गुप्त रूप से हल की जाती थीं। मैं भाई साहब को यह संदेह न करने देना चाहता था कि उनका सम्मान और लिहाज मेरी नज़रों में कम हो गया है।

(क) किसका विचार था कि अब डाँटने का अधिकार मुझे नहीं रहा?
 (i) छोटे भाई साहब का
 (ii) मझले भाई साहब का
 (iii) (i) और (ii) दोनों
 (iv) उपरोक्त में से कोई नहीं

उत्तर (ii) मझले भाई साहब का

(ख) बड़े भाई साहब के व्यवहार में लेखक को नरमी कब दिखाई देने लगी?
 (i) जब वे अच्छे अंकों से उत्तीर्ण हो गए
 (ii) जब वे परीक्षा में फेल हो गए
 (iii) जब छोटे भाई ने उनसे बात करना बंद कर दिया
 (iv) जब उन्हें लगा कि वे जरूरत से ज्यादा डाँटते हैं

उत्तर (ii) जब वे परीक्षा में फेल हो गए

(ग) लेखक को किसका शौक पैदा हो गया था?
 (i) पतंग उड़ाने का
 (ii) पढ़ने का
 (iii) क्रिकेट खेलने का
 (iv) उपरोक्त में से कोई नहीं

उत्तर (i) पतंग उड़ाने का

(घ) लेखक बड़े भाई के डर से क्या किया करता था?
 (i) और अधिक खेलता था
 (ii) मित्रों से नहीं मिलता था
 (iii) थोड़ा-बहुत पढ़ता था
 (iv) नवीन योजना बनाता था

उत्तर (iii) थोड़ा-बहुत पढ़ता था

(ङ) लेखक बड़े भाई साहब को किस बात का संदेह नहीं होने देना चाहता है?
 (i) अनुभव के कारण उनकी बात को जानने का
 (ii) उनका सम्मान लेखक की नज़रों में कम हो गया है
 (iii) उनकी पढ़ाई की पुस्तकें उसने फाड़ दी हैं
 (iv) उनकी शिकायत दादा से कर दी है

उत्तर (ii) उनका सम्मान लेखक की नज़रों में कम हो गया है

अध्याय पर आधारित बहुविकल्पीय प्रश्न

1. बड़े भाई साहब कॉपी-किताबों के हाशियों पर चित्र क्यों बनाया करते थे?
   (i) पढ़ने से बचने के लिए
   (ii) दिमाग को आराम देने के लिए
   (iii) चित्रकारी को प्रमुखता देने के लिए
   (iv) खेलकूद से लगाव होने के लिए
   उत्तर (ii) दिमाग को आराम देने के लिए

2. निम्न में से किस मामले में बड़े भाई साहब जल्दबाजी से काम लेना पसंद नहीं करते थे?
   (i) खेलकूद में (ii) पढ़ाई में
   (iii) भोजन करने में (iv) आराम करने में
   उत्तर (ii) पढ़ाई में

3. लेखक को बड़े भाई साहब की बातें अच्छी क्यों नहीं लगती थीं?
   (i) क्योंकि वह अव्वल दर्जे में पास हुआ था
   (ii) क्योंकि भाई साहब फेल हो गए थे
   (iii) क्योंकि भाई साहब उपदेश देते थे
   (iv) क्योंकि भाई साहब स्वयं गलतियाँ करते थे
   उत्तर (iii) क्योंकि भाई साहब उपदेश देते थे

4. बड़े भाई साहब ने छोटे भाई पर रौब जमाने के लिए क्या किया?
   (i) अपनी पढ़ाई-लिखाई के बारे में बताया
   (ii) अपने अनुभवों व आयु का महत्त्व बताया
   (iii) अध्यापकों के संघर्ष के बारे में बताया
   (iv) अपनी जिम्मेदारियों का अहसास कराया
   उत्तर (ii) अपने अनुभवों व आयु का महत्त्व बताया

5. बड़े भाई साहब हर काम को साल में दो या तीन बार क्यों करते थे?
   (i) क्योंकि वे आलसी थे
   (ii) क्योंकि वे चीजों को गहराई से समझते थे
   (iii) क्योंकि वे बुनियाद को मजबूत बनाना पसंद करते थे
   (iv) क्योंकि ऐसा करना उन्हें अच्छा लगता था
   उत्तर (iii) क्योंकि वे बुनियाद को मजबूत बनाना पसंद करते थे

6. बड़े भाई साहब अपने छोटे भाई को क्या सलाह देते थे?
   (i) कक्षा में सदैव उपस्थित रहे
   (ii) कमरे से बाहर न जाए
   (iii) खेलकूद में समय न गँवाए
   (iv) भोजन अच्छी तरह से खाएँ
   उत्तर (iii) खेलकूद में समय न गँवाए

7. बड़े भाई वर्तमान शिक्षा प्रणाली के विरुद्ध क्यों हैं?
   (i) खेलकूद पर जोर देती है
   (ii) किताबी कीड़ा बनाती है और वास्तविकता से दूर है
   (iii) बहुत लाभदायकता नहीं है
   (iv) आदर्शवाद पर आधारित है
   उत्तर (ii) किताबी कीड़ा बनाती है और वास्तविकता से दूर है

8. बड़े भाई साहब का छोटे भाई पर प्रभाव जमाना क्यों खत्म हो गया?
   (i) छोटे भाई ने पढ़ना शुरू कर दिया
   (ii) छोटा भाई कक्षा में प्रथम आया और बड़ा भाई फेल हो गया
   (iii) छोटा भाई अपनी मनमानी करने लगा
   (iv) छोटा भाई दूसरे कक्ष में रहने लगा
   उत्तर (ii) छोटा भाई कक्षा में प्रथम आया और बड़ा भाई फेल हो गया

9. लेखक की हिम्मत कब टूट जाती थी?
   (i) जब भाई साहब खेलने को कहते
   (ii) जब भाई साहब पढ़ने को कहते
   (iii) जब भाई साहब डाँटते
   (iv) उपरोक्त सभी
   उत्तर (iii) जब भाई साहब डाँटते

10. लेखक को कौन-सा काम पहाड़ जैसा लगता था?
    (i) खेलना-कूदना
    (ii) खाना बनाना
    (iii) पढ़ाई करना
    (iv) दिन-रात भाई साहब के साथ घूमना
    उत्तर (iii) पढ़ाई करना

11. बड़े भाई साहब स्वभाव से कैसे थे?
    (i) खेलने-कूदने वाले
    (ii) आरामदायक जीवन जीने वाले
    (iii) जल्दबाजी करने वाले
    (iv) अध्ययनशील
    उत्तर (iv) अध्ययनशील

12. लेखक की स्वयं के विषय में क्या धारणा बन गई थी?
    (i) वह बिना पढ़े भी प्रथम आएगा
    (ii) वह कक्षा में फेल ही होगा
    (iii) वह अंग्रेजी कभी पढ़ नहीं पाएगा
    (iv) वह बड़े भाई साहब की बराबरी कर पाएगा
    उत्तर (i) वह बिना पढ़े भी प्रथम आएगा

13. पाठ 'बड़े भाई साहब' के आधार पर बताइए लेखक को कौन-सा नया शौक पैदा हो गया था?
    (i) कंचे खेलने का (ii) किताब पढ़ने का
    (iii) पतंग उड़ाने का (iv) ये सभी
    उत्तर (iii) पतंग उड़ाने का

14. दूसरी बार पास होने पर लेखक के व्यवहार में क्या परिवर्तन आया?
(i) लेखक की स्वच्छंदता बढ़ गई
(ii) लेखक को बड़े भाई पर दया आने लगी
(iii) लेखक दुविधाग्रस्त हो गया
(iv) लेखक का हृदय परिवर्तन हो गया
उत्तर (ii) लेखक को बड़े भाई पर दया आने लगी

15. बड़े भाई साहब के अनुसार जीवन की समझ कैसे आती है?
(i) संघर्ष करने से
(ii) अनुभव से
(iii) पढ़ने से
(iv) उपरोक्त सभी
उत्तर (ii) अनुभव से

विषय-वस्तु का ज्ञान, बोध अभिव्यक्ति पर आधारित प्रश्न

1 छोटे भाई के चुप हो जाने पर बड़े भाई साहब उसका स्वागत किस तरह के शब्दों में करते थे? CBSE 2014

उत्तर बड़े भाई साहब छोटे भाई के चुप होने का यह अर्थ लगाते थे कि उसे अपना अपराध स्वीकार है। इस पर, भाई साहब स्नेह और रोष से मिले-जुले शब्दों में उसका स्वागत करते थे।

2 लेखक को मौन देखकर बड़े भाई का व्यवहार कैसा हो जाता था? CBSE 2016

उत्तर जब लेखक बड़े भाई के सामने मौन हो जाता था, तो बड़े भाई को यह विश्वास हो जाता था कि उसने अपने अपराध को स्वीकार कर लिया है। ऐसे में वह बड़े होने का कर्त्तव्य निभाकर उसे कभी डाँटते, तो कभी स्नेह से बातें करते।

3 बड़े भाई साहब छोटे भाई से प्रश्न करके क्या उपदेश देते थे?

उत्तर बड़े भाई साहब छोटे भाई से यह प्रश्न करते हैं कि कहाँ थे? वह यह प्रश्न इतने क्रोधित होकर पूछते कि लेखक प्रतिक्रिया स्वरूप 'मौन' में होकर अपना अपराध स्वीकार कर लेता। इसके बाद वह छोटे भाई को पढ़ाई एवं भविष्य से संबंधित उपदेश देना आरंभ कर देते थे। उनका मत था कि पढ़ाई-लिखाई आसान कार्य नहीं है, क्योंकि अंग्रेजी को तो वह सर्वाधिक कठिन विषय मानते थे। वह लेखक से कहते थे कि यदि वह इसी तरह खेल-कूद में समय व्यतीत करता रहा, तो वह पूरी जिंदगी में भी कभी उत्तीर्ण नहीं हो पाएगा।

4 लेखक निराश क्यों हो जाया करता था?

उत्तर जब लेखक के बड़े भाई उसे पढ़ाई न करने और दिनभर खेलने-कूदने पर बुरी तरह से डाँटते-फटकारते थे, तो वह दुःखी एवं निराश हो जाता था। उसका दिल बुरी तरह टूट जाता था, जिससे कभी-कभी वह रोने भी लगता था।

5 निराशा के बादल फट जाने पर लेखक क्या किया करता था?

उत्तर निराशा के बादल फट जाने पर लेखक मन में यह विचार करता था कि वह आगे से खूब पढ़ाई करेगा। यह सोचते ही वह झटपट एक टाइम-टेबिल बनाता और उसी के अनुसार पढ़ाई करने की बात सोचता था। टाइम-टेबिल बनाते हुए, वह इतना व्यस्त हो जाता कि खेलकूद करना भी भूल जाता था। इस प्रकार वह प्रातः छः बजे से लेकर रात्रि के ग्यारह बजे तक का टाइम टेबिल बना लेता किन्तु दूसरे ही दिन उसकी अवहेलना कर खेलकूद में मग्न रहता था।

6 लेखक का लगाव किन चीज़ों में अधिक था?

उत्तर लेखक का खेलकूद, सैर-सपाटा, गप्पेबाज़ी आदि में अधिक लगाव था। उसे मैदान की हरियाली, हवा के सुखद झोंके, पतंगबाजी फुटबॉल, कबड्डी, वॉलीबॉल आदि खेल अपनी ओर खींचते थे। अवसर पाते ही वह हॉस्टल से बाहर आकर कंकरियाँ उछालता, कागज की तितलियाँ उड़ाता तथा अपने मित्रों के साथ बैठकर गप्पे हाँकने लगता।

7 मैदान का आकर्षण छोटे भाई को कहाँ ले जाता था और क्या-क्या करवाता था? कहानी 'बड़े भाई साहब' के आधार पर लिखिए। CBSE 2016, 10

उत्तर मैदान का आकर्षण छोटे भाई को पढ़ाई से दूर खेल की दुनिया में ले जाता तथा उससे फुटबॉल की उछल-कूद, कबड्डी के दाँव-घात, वॉलीबॉल की तेज़ी और फुर्ती अज्ञात और अनिवार्य रूप से खींच ले जाती थी, वहाँ जाकर वह सब कुछ भूल जाता। वह खेलने में इतना अधिक व्यस्त हो जाता है कि टाइम-टेबल, पाठ्य-पुस्तक की अवहेलना कर देता था, जिसके परिणामस्वरूप बड़े भाई साहब को उपदेश देने का अवसर मिल जाता।

8 जब लेखक खेलकर वापस लौटता था तो बड़े भाई को कमरे में पाने पर उसे कैसा अनुभव होता था?

उत्तर जब लेखक खेलकर वापस लौटता था तो अपने बड़े भाई को कमरे में पाने पर उसे ऐसा अनुभव होता था, जैसे उसके सिर पर नंगी तलवार लटक रही है। वह उनके साये से भी भागता था। वह उनसे हरदम भयभीत रहता था। वह बड़े भाई साहब की नजरों से बचने का प्रयत्न करता तथा खेल-कूदकर आने के बाद वह कमरे में इस तरह दबे पाँव आता कि उन्हें खबर न लग जाए।

परीक्षा अभ्यास

9 बड़े भाई साहब ने लेखक को पूरी उम्र एक ही कक्षा में पड़े रहने का भय क्यों दिखाया? **CBSE 2015**

उत्तर बड़े भाई साहब ने लेखक को पूरी उम्र एक ही कक्षा में पड़े रहने का भय इसलिए दिखाया, क्योंकि वे अज्ञान और अयोग्यता के कारण स्वयं पढ़ाई से डरे हुए थे। उन्हें लगता था कि इतना पढ़ने के बाद भी जब मैं बार-बार फ़ेल हो जाता हूँ, तो शायद छोटे भाई के लिए पढ़ाई करना तो और भी कठिन हो जाएगा। इसी कारण वह लेखक को चेतावनी देते हैं कि यदि सही तरीके से पढ़ाई नहीं की तो पूरी उम्र एक ही कक्षा में पड़े रहोगे।

10 लेखक ने घर वापस जाने की बात क्यों सोची?

उत्तर लेखक के बड़े भाई उसे पढ़ाई न करने पर बुरी तरह से डाँटते-फटकारते थे। वह हमेशा उससे कहते थे कि यदि पढ़ाई नहीं की तो पास नहीं हो पाओगे। बड़े भाई की तरह मेहनत करने की बात सोचते ही लेखक निराश हो जाता था और ऐसे में एक बार उसने घर वापस जाने की बात सोची।

11 कक्षा में प्रथम आने पर छोटे भाई के स्वभाव में क्या परिवर्तन आ गया था? **CBSE 2011**

उत्तर कक्षा में प्रथम आने पर छोटे भाई के स्वभाव में बहुत अंतर आ गया था। उसे स्वयं पर थोड़ा अभिमान हुआ और आत्मसम्मान भी बढ़ा। उसे लगने लगा था कि बड़े भाई साहब उसे उपदेश देते थे, परंतु स्वयं फ़ेल हो गए, इसलिए अब वह खेलकूद में निर्भीक होकर पहले से भी अधिक समय व्यतीत करने लगा। अब उसे उनकी डाँट का भय भी नहीं रहा था। उसको यह लगने लगा था कि वह कम मेहनत करके भी पास हो जाएगा। उस पर बड़े भाई का पुराना आतंक अब नहीं रहा।

12 कहानी में बड़े भाई द्वारा घमंड को एक बुराई के रूप में दिखाया गया है। घमंड का विरोध करने के लिए बड़े भाई द्वारा कौन-कौन से उदाहरण दिए गए हैं?

उत्तर कहानी में बड़े भाई द्वारा घमंड को एक बुराई के रूप में दिखाया गया है। इसका विरोध करने के लिए उन्होंने रावण और शैतान के उदाहरण दिए हैं। रावण अंग्रेज़ों से भी बड़ा राजा था, किंतु घमंड के कारण उसका अंत हो गया। शैतान को घमंड के कारण नरक भोगना पड़ा। शाहेरूम को भीख माँगनी पड़ी और भीख माँगते-माँगते ही वह मर गया। यदि कोई व्यक्ति अपने किसी गुण पर घमंड करेगा, तो उसका हाल भी इन तीनों जैसा ही होगा।

13 कहानी में लेखक द्वारा किस प्रकार की शालीनता प्रदर्शित की गई है? **CBSE 2016**

उत्तर प्रस्तुत पाठ में छोटे भाई के चरित्र द्वारा बताया गया है कि हमें अपने बड़ों की बातों को ध्यानपूर्वक सुनना चाहिए और उनका सम्मान करना चाहिए। छोटा भाई उम्र में अपने से पाँच साल बड़े भाई का आदर करता है। वह पढ़ाई में कमज़ोर अपने बड़े भाई का कभी मज़ाक नहीं उड़ाता। वह उनकी डाँट-फटकार पर भी उन्हें कभी जवाब नहीं देता, क्योंकि वह मानता है कि उसके बड़े भाई उसके सच्चे हितैषी हैं। वह बड़े भाई से छिपकर खेलने जाता है और कमरे में दबे पाँव वापस आता है।

14 'बड़े भाई साहब' पाठ से कैसे पता चलता है कि छोटा भाई अपने भाई साहब का आदर करता है?

अथवा **प्रस्तुत पाठ में छोटे भाई द्वारा अपने बड़े भाई का सम्मान किस प्रकार किया गया है?**

उत्तर बड़े भाई साहब की डाँट सुनकर छोटा भाई डरकर टाइम-टेबिल बनाता था, परंतु अपने स्वभाव से विवश होकर वह उसका पालन नहीं कर पाता था। जब वार्षिक परीक्षा में बड़े भाई साहब फ़ेल हो गए और वह पास हो गया, तब उसके मन में बड़े भाई साहब के प्रति रोष उत्पन्न हुआ, परंतु उसने शीघ्र ही उन विचारों को यह सोचकर अपने मन से बाहर निकाल दिया कि बड़ा और अधिक अनुभवी होने के कारण बड़े भाई को उससे अधिक समझ है। बड़े भाई साहब को उसे डाँटने और समझाने का पूरा अधिकार है।

15 कहानी के अंत में बड़े भाई उचककर पतंग पकड़ते हैं। उनका ऐसा करना क्या प्रदर्शित करता है?

उत्तर कहानी के अंत में जब बड़े भाई उचककर पतंग पकड़ लेते हैं, तो इससे यह बात प्रदर्शित होती है कि उनके भीतर भी एक ऐसा बच्चा छिपा हुआ है, जो खेलना-कूदना चाहता है, लेकिन परिस्थितियों के कारण उसने अपनी इस इच्छा को अपने भीतर समेट रखा है। यदि वह पुस्तकों से बाहर निकले और खेले-कूदे, तो उनका जीवन भी अपने छोटे भाई की तरह खुशहाल और जीवंत हो सकता है।

16 'बड़े भाई साहब' पाठ में क्या विचार व्यक्त किए गए हैं? बड़ों और छोटों पर उनका क्या प्रभाव पड़ता है? **CBSE 2011**

उत्तर प्रस्तुत पाठ में स्पष्ट किया गया है कि बड़ों के पास जीवन के अनुभव अधिक होते हैं, जो हमें सही मार्ग दिखाते हैं। उनकी शिक्षा या बुद्धि कम होने के बावजूद भी उनके अधिकांश उपदेश एवं सीख छोटों के लिए अत्यंत लाभप्रद होते हैं। प्रस्तुत पाठ बड़ों को इस रूप में प्रभावित करता है कि हमेशा तार्किक एवं व्यावहारिक बातें ही करनी चाहिए, जबकि छोटों पर यह प्रभाव पड़ता है कि योग्यता अधिक होने के बावजूद बड़ों की बातों की उपेक्षा नहीं करनी चाहिए।

17 प्रस्तुत कहानी क्या संदेश देती है? **CBSE 2016, 14**

उत्तर प्रस्तुत कहानी यह संदेश देती है कि हमें पढ़ाई को बोझ के रूप में न लेकर सहज रूप में लेना चाहिए। बोझ के रूप में लेने से परेशानी और बढ़ जाएँगी। हमें पुस्तकों से मिलने वाली शिक्षा को रटने के स्थान पर समझने की कोशिश करनी चाहिए, क्योंकि समझी हुई बातें लंबे समय तक हमारे दिमाग में रहती हैं। हमारे व्यक्तित्व के लिए पढ़ाई जितनी महत्त्वपूर्ण है, उतना ही खेल भी। हमें दोनों के मध्य संतुलन बनाने की आवश्यकता है।

18 **बड़े भाई छोटे भाई को अपनी बातों से प्रभावित करने के लिए कौन-कौन-सी युक्तियाँ अपनाते हैं?**

उत्तर *बड़े भाई छोटे भाई को अपनी बातों से प्रभावित करने के लिए निम्नलिखित युक्तियाँ अपनाते हैं*

(i) वह छोटे भाई द्वारा पढ़ाई में लापरवाही किए जाने और खेलकूद में अधिक ध्यान दिए जाने पर उपदेश देते हैं।

(ii) परीक्षा में असफल होने पर वह इस बात पर ज़ोर देते हैं कि परीक्षा बुद्धि का विकास करने वाली होनी चाहिए, न कि रटने पर ज़ोर देने वाली।

(iii) वह किताबी ज्ञान की अपेक्षा जीवन में कमाए गए अनुभव को अधिक महत्त्वपूर्ण मानते हैं और इस संबंध में उदाहरण भी देते हैं।

(iv) वह अनुशासन की महिमा का उपदेश देकर छोटे भाई को इस बात के लिए प्रेरित करते हैं कि अनुशासन जीवन के लिए अत्यंत आवश्यक है।

(v) वह इतिहास, अलजबरा और निबंध लेखन की शिक्षा को व्यर्थ बताते हैं।

19 **प्रस्तुत कहानी में बड़े भाई ने पुस्तकीय ज्ञान की अपेक्षा अनुभव को अधिक महत्त्वपूर्ण बताने के लिए कौन-कौन से उदाहरण दिए हैं?** **CBSE 2016, 15**

उत्तर बड़े भाई ने पुस्तकीय ज्ञान की अपेक्षा अनुभव को अधिक महत्त्वपूर्ण बताने के लिए तीन उदाहरण दिए हैं—दादाजी, अम्मा तथा हेडमास्टर की बूढ़ी माँ का। ये तीनों ही कम पढ़े-लिखे हैं। उदाहरण के लिए; वे बताते हैं कि यदि आज मैं बीमार हो जाऊँ, तो तुम्हारे हाथ-पाँव फूल जाएँगे और तुम्हें दादा को तार देने के अतिरिक्त और कुछ नहीं सूझेगा, लेकिन दादाजी ऐसी परिस्थिति में किसी को तार नहीं देंगे और न ही घबराएँगे। वह सबसे पहले स्वयं रोग को पहचानकर उसका उपचार करने की कोशिश करेंगे और यदि सफल न हुए, तो किसी डॉक्टर को बुलाकर उपचार कराएँगे।

जितना हम दो भाइयों पर खर्च हो रहा है, उसके आधे खर्च में दादाजी और अम्मा ने अपनी उम्र का बड़ा भाग इज़्ज़त और नेकनामी से निभाकर नौ सदस्यों के कुटुंब (परिवार) का पालन किया है। हेडमास्टर साहब यहाँ के नहीं ऑक्सफोर्ड के एम.ए. हैं और एक हज़ार रुपये पाते हैं। पहले खुद घर का इंतजाम करते थे, लेकिन खर्च पूरा नहीं पड़ता था। जब से उनकी माताजी ने प्रबंध अपने हाथ में लिया है, तब से जैसे घर में लक्ष्मी आ गई है।

20 **बड़ा भाई छोटे भाई पर शासन करने के लिए क्या-क्या उपाय करता है?** **CBSE 2016, 11**

उत्तर बड़ा भाई पुस्तक में दी गई शिक्षा की अपेक्षा जीवन के अनुभव को अधिक महत्त्वपूर्ण एवं जीवनोपयोगी मानता है। वह सदाचार को अधिक महत्त्व देते हुए छोटे भाई के व्यवहार को नियंत्रित करने का प्रयास करता है। वह छोटे भाई की खेलकूद संबंधी गतिविधियाँ तथा उसकी स्वच्छंदता को नियंत्रित करने के लिए हमेशा उससे सवाल-जवाब करता रहता है। वह कहाँ था? क्या कर रहा था? आदि सवालों के माध्यम से वह उसे भटकने से रोकने का प्रयास करता है।

जहाँ भी अवसर प्राप्त होता है, वहाँ वह लंबे-लंबे भाषण देने से नहीं चूकता। वह पढ़ाई की कठिनता, खेलकूद से दूरी बनाए रखने की उपयोगिता आदि के संबंध में दृष्टांत यानी उदाहरण देता रहता है।

लेखक की मनमानी को उसका घमंड कहकर उसे अनुशासित रहने की सलाह देता है। वह घमंडी या अभिमानी व्यक्ति के नष्ट होने के संबंध में उदाहरण भी प्रस्तुत करता है। इस प्रकार बड़ा भाई अपने छोटे भाई पर शासन करने के लिए, उसे अपने अनुसार अनुशासित बनाए रखने के लिए भिन्न-भिन्न प्रकार के क्रियाकलापों या गतिविधियों को संपन्न करता है।

21 **बड़े भाई साहब के कुछ कथनों से तत्कालीन शिक्षा-व्यवस्था के कुछ विशेष पहलुओं पर प्रकाश पड़ता है। उनका उल्लेख करते हुए लिखिए कि आज की शिक्षण-व्यवस्था में आप किस प्रकार के परिवर्तन पाते हैं?**

उत्तर 'बड़े भाई साहब' कहानी में बड़े भाई साहब के कथनों द्वारा तत्कालीन शिक्षा-व्यवस्था के विभिन्न पहलुओं को उजागर किया गया है। इसके अंतर्गत रटंत शिक्षा प्रणाली के स्वरूप को स्पष्ट किया गया है। बच्चे पाठ्य-वस्तु को समझे या न समझे, परंतु उसे विषय को रटकर कक्षा में उत्तीर्ण होने के लिए बाध्य किया जाता है, जिसके परिणामस्वरूप बालकों में विषय के प्रति रुचि समाप्त हो जाती है। इसके साथ ही तत्कालीन शिक्षा व्यवस्था में अंग्रेजी शिक्षा पठन-पाठन पर अत्यधिक बल दिया जाता था। अंग्रेजी पढ़ना-लिखना तथा बोलना आवश्यक माना जाता था। अपने देश के इतिहास के अतिरिक्त दूसरे देशों के इतिहास की जानकारी से शिक्षार्थियों को अवगत कराना आवश्यक माना जाता था। छोटे-छोटे विषयों पर लंबे-चौड़े निबंध लिखवाने की पद्धति का उल्लेख भी बड़े भाई साहब द्वारा किया गया है, जिससे बच्चों में विषय के प्रति रुचि नहीं रहती और साथ ही समय की बर्बादी भी होती है।

वर्तमान समय की शिक्षा प्रणाली तत्कालीन शिक्षा प्रणाली व्यवस्था से नितांत भिन्न है। वर्तमान समय में शिक्षा को रटंत प्रणाली से मुक्त कर उसे व्यावहारिक और मनोवैज्ञानिक बनाने पर बल दिया जाता है। अंग्रेजी शिक्षा को विशिष्ट महत्त्व न देते हुए जीवनोपयोगी सभी विषयों को समान महत्त्व दिया जाता है। इसके साथ ही देश-विदेश के इतिहास की जानकारी उपलब्ध कराने के साथ-साथ स्वदेश के इतिहास, खोज आदि पर विशेष बल दिया जाता है। विषयों का वर्गीकरण, पाठ्य-वस्तु का आधार बालकों की रुचि एवं आवश्यकता के आधार पर निर्मित किया जाता है।

22 प्रस्तुत कहानी में बड़े भाई के चरित्र द्वारा परिवार के बड़े बेटे की किस गंभीर समस्या पर प्रकाश डाला गया है?

उत्तर प्रस्तुत कहानी में बड़े भाई के चरित्र द्वारा परिवार के बड़े बेटे की जिस गंभीर समस्या पर प्रकाश डाला गया है, वह यह है कि बड़ा बेटा हमेशा परिवार के छोटे भाई-बहनों के संरक्षक एवं मार्गदर्शक का काम करता है। उसे अपने छोटे भाई-बहनों के लिए आदर्श बनना होता है ताकि उसे देखकर छोटे भाई-बहन सीख सकें और अपने जीवन को सही ढंग से जी सकें।

बड़े भाई साहब भी युवक हैं। उनका दिल भी अन्य युवकों की तरह खेलकूद, मटरगश्ती आदि करने को ललचाता है, किंतु वे चाहकर भी ऐसा नहीं कर सकते, क्योंकि उन्हें ऐसा करते देखकर परिवार के छोटे बच्चे भी ऐसा ही करने लगेंगे। घर के बड़े बच्चे को कई प्रकार के त्याग करने पड़ते हैं, जिससे उसका बचपन समाप्त ही हो जाता है।

23 प्रस्तुत पाठ को पढ़कर बड़े और छोटे किन-किन बातों पर विचार कर सकते हैं?

उत्तर प्रस्तुत पाठ में छोटों को बड़ों का आदर करने, अनुशासन का पालन करने, अनुभवी व्यक्तियों का सम्मान करने और उनके अनुभवों से लाभ उठाने की सीख दी गई है।

छोटे इन बातों का लाभ उठाकर अपने जीवन को सफल, सार्थक एवं सुखमय बना सकते हैं। इसी प्रकार बड़े लोग इस बात पर विचार कर सकते हैं कि केवल बड़ा होना ही काफ़ी नहीं है। कहीं हम अयोग्य होते हुए भी अपनी झूठी योग्यता का डंका तो नहीं पीट रहे, कहीं हम छोटों की योग्यता और सफलताओं को उनकी प्रतिभा के रूप में न स्वीकार कर केवल तुक्का तो नहीं मान रहे, कहीं हम अपनी गलतियों को छिपाने के लिए किसी बात को क्रोध में तो नहीं कह रहे ताकि छोटे हमसे डरकर रहें।

24 ''जीवन की समझ व्यावहारिक अनुभव से आती है''—बड़े भाई साहब के इस विचार से आप कहाँ तक सहमत हैं? उदाहरण सहित बताइए। CBSE 2010

उत्तर हम बड़े भाई के इस विचार से पूर्णतः सहमत हैं कि जीवन की समझ व्यावहारिक अनुभव से आती है। पुस्तकीय ज्ञान से जानकारी प्राप्त की जा सकती है, परंतु उस जानकारी का सही प्रयोग व्यावहारिक जीवन में ही सीखा जा सकता है।

अनुभवहीन व्यक्ति की समझ और ज्ञान दोनों अधूरे होते हैं। बड़े भाई साहब के भी यही विचार हैं।
उदाहरणस्वरूप हेडमास्टर की बूढ़ी माँ अनपढ़ होते हुए भी घर के प्रबंधन में हेडमास्टर साहब से अधिक कुशल हैं। लेखक की अम्मा और दादा भी कम पढ़े-लिखे हैं, परंतु फिर भी वे अपने-अपने कार्यक्षेत्र में निपुण हैं। अतः निष्कर्ष यह है कि पुस्तकीय ज्ञान की अपेक्षा व्यावहारिक ज्ञान अधिक महत्त्वपूर्ण है और जीवन की समझ पुस्तकों से नहीं वरन् अनुभव से आती है।

25 'बड़े भाई साहब' कहानी के आधार पर लगभग 100 शब्दों में लिखिए कि लेखक ने समूची शिक्षा प्रणाली के किन पहलुओं पर व्यंग्य किया है? आपके विचारों से इसका क्या समाधान हो सकता है? तर्कपूर्ण उत्तर लिखिए। CBSE 2018

अथवा **'बड़े भाई साहब' पाठ में लेखक ने समूची शिक्षा के किन तौर-तरीकों पर व्यंग्य किया गया है? क्या आप उनके विचारों से सहमत है? उदाहरण सहित स्पष्ट कीजिए। CBSE 2020**

उत्तर *'बड़े भाई साहब' कहानी में लेखक ने समूची शिक्षा प्रणाली के निम्नलिखित पहलुओं पर व्यंग्य किया है*

(*i*) रटंत शिक्षा प्रणाली पर बल दिया जाता है। बच्चा समझे या न समझे, लेकिन उसे विषय को रटना ही पड़ता है। इस प्रकार विषय के प्रति रुचि समाप्त हो जाती है।

(*ii*) अंग्रेजी पढ़ना, लिखना या बोलना आए या न आए, लेकिन उस पर अत्यधिक बल दिया जाता है।

(*iii*) अपने देश के इतिहास के अतिरिक्त दूसरे देशों के इतिहास की जानकारी व्यर्थ में करवाना।

(*iv*) छोटे-छोटे विषयों पर लंबे-चौड़े निबंध लिखवाना जो बच्चों की रुचि के विपरीत होते हैं।

अतः कहा जा सकता है कि ऐसी शिक्षा प्रणाली का कोई लाभ नहीं जो बच्चों के लिए लाभदायक न होकर बोझ की तरह बन जाए। हमारे विचार से इसका यह समाधान हो सकता है कि शिक्षा जीवन के साथ जुड़ी होनी चाहिए। इसमें व्यावहारिक ज्ञान को शामिल किया जाना चाहिए। व्यर्थ की बातों को शिक्षा से हटा देना चाहिए।

26 टाइम-टेबिल के अनुसार न पढ़ पाने की समस्या सामान्यतः किशोर अवस्था में विद्यार्थियों में होती है। लेखक ने इस संदर्भ में जो बातें बताई हैं, उनके आधार पर इस विषय में अपना मत प्रस्तुत कीजिए।

उत्तर किशोरावस्था में विद्यार्थियों द्वारा टाइम-टेबिल के अनुसार न पढ़ पाने की समस्या उनके अस्थिर मनोवृत्ति का परिचायक है। इस अवस्था में विद्यार्थियों का चित्त एकाग्र नहीं रह पाता है। वह खेलना भी चाहता है, सिनेमा आदि भी देखना चाहता है। उसको बाहरी दुनिया का आकर्षण अपनी ओर खींचता है। किशोरावस्था में विद्यार्थी को उचित-अनुचित का अंतर समझ नहीं आता। यद्यपि वह टाइम-टेबिल को सुनियोजित कर तो लेता है, परंतु बाहरी आकर्षण के कारण उस पर अमल करना बहुत कठिन हो जाता है।

कुछ इसी प्रकार की समस्याएँ लेखक के जीवन में भी रहीं थीं। वह अपने बड़े भाई साहब के पढ़ाई करने के तौर-तरीकों को अपनाना चाहता था, जिसके लिए उसने टाइम-टेबिल का निर्माण भी किया है; परंतु फुटबॉल की उछल-कूद, कबड्डी के दाँव-घात, वॉलीबाल की वह तेजी और फुर्ती लेखक को अज्ञात और अनिवार्य रूप से खींच लेती थी और नियोजित किया गया टाइम-टेबिल भुला दिया जाता था।

27 'बड़े भाई साहब' नामक कहानी से आपको क्या शिक्षा मिलती है? सोदाहरण स्पष्ट कीजिए। **CBSE 2010**

उत्तर 'बड़े भाई साहब' नामक कहानी हमें जीवन की कई सच्चाइयों से अवगत कराती है। *प्रस्तुत पाठ से हमें निम्नलिखित शिक्षा मिलती है*

(i) बड़े भाई साहब के जीवन से हमें यह शिक्षा मिलती है कि हमें पहले स्वयं के गुण-दोष देखने चाहिए और उसी के अनुसार हमें दूसरों को समझाना चाहिए, अन्यथा हमारे अच्छे उपदेश भी प्रभावहीन हो जाते हैं।

(ii) हमें विषय को गहराई से समझना चाहिए। रटा हुआ ज्ञान किसी काम नहीं आता, वास्तव में, वह ज्ञान है ही नहीं। विद्या सहज और स्वाभाविक रूप से आती है, अनावश्यक रूप से रटने पर नहीं।

(iii) व्यक्तित्व के संपूर्ण विकास के लिए पढ़ाई और खेलकूद दोनों आवश्यक हैं, क्योंकि स्वस्थ शरीर में ही स्वस्थ मन व मस्तिष्क का वास होता है।

(iv) हमें दूसरों के अनुभव से लाभ उठाना चाहिए तथा उनके द्वारा की गई गलतियों से शिक्षा लेते हुए उन्हें दोहराने से बचना चाहिए।

(v) पुस्तकीय ज्ञान के साथ-साथ अनुभव तथा व्यावहारिक ज्ञान का भी अपना विशेष महत्त्व है। हमें बड़ों का आदर करना चाहिए तथा उनके जीवन से सीख लेनी चहिए।

स्वमूल्यांकन

गद्यांश पर आधारित बहुविकल्पात्मक प्रश्न

● *निम्नलिखित गद्यांशों को ध्यानपूर्वक पढ़कर पूछे गए प्रश्नों के सही विकल्प चुनिए।*

1. स्कूल का समय निकट था नहीं, ईश्वर जाने यह उपदेश-माला कब समाप्त होती। भोजन आज मुझे निःस्वाद-सा लग रहा था। जब पास होने पर यह तिरस्कार हो रहा है, तो फेल हो जाने पर तो शायद प्राण ही ले लिए जाएँ। भाई साहब ने अपने दरजे की पढ़ाई का जो भयंकर चित्र खींचा था, उसने मुझे भयभीत कर दिया। स्कूल छोड़कर घर नहीं भागा, यही ताज्जुब है, लेकिन इतने तिरस्कार पर भी पुस्तकों में अरुचि ज्यों-की-त्यों बनी रही। खेल-कूद का कोई अवसर हाथ से न जाने देता। पढ़ता भी, मगर बहुत कम। बस, इतना कि रोज टास्क पूरा हो जाए और दरजे में जलील न होना पड़े। अपने ऊपर जो विश्वास पैदा हुआ था, वह फिर लुप्त हो गया और फिर चोरों का-सा जीवन कटने लगा।

(क) प्रस्तुत गद्यांश के पाठ और लेखक का क्या नाम है?

(i) तताँरा-वामीरो कथा—लीलाधर मंडलोई

(ii) कारतूस—हबीब तनवीर

(iii) अब कहाँ दूसरे के दुःख से दुःखी होने वाले—निदा फ़ाज़ली

(iv) बड़े भाई साहब–प्रेमचंद

उत्तर (iv) बड़े भाई साहब–प्रेमचंद

(ख) लेखक को भोजन स्वादहीन क्यों लग रहा था?

(i) क्योंकि उसका पेट भरा था

(ii) क्योंकि बड़े भाई ने सुबह-सुबह उपदेश दे दिया था

(iii) क्योंकि भोजन लेखक की पसंद का नहीं था

(iv) क्योंकि वह भोजन पकाना भूल चुका था

उत्तर (ii) क्योंकि बड़े भाई ने सुबह-सुबह उपदेश दे दिया था

(ग) बड़े भाई साहब ने छोटे भाई को किस प्रकार भयभीत कर दिया था?

(i) बड़ों का डर दिखाकर

(ii) पढ़ाई का भयंकर चित्र खींचकर

(iii) जेल जाने का भय दिखाकर

(iv) आगे से भोजन न देने का डर दिखाकर

उत्तर (ii) पढ़ाई का भयंकर चित्र खींचकर

(घ) बड़े भाई साहब द्वारा अपमानित किए जाने पर भी छोटे भाई की किसमें अरुचि बनी रही?

(i) भोजन करने में   (ii) पढ़ाई करने में

(iii) पुस्तकों में   (iv) खेल-कूद में

उत्तर (iii) पुस्तकों में

(ङ) गद्यांश के आधार पर बताइए कि जीवन चोरों समान कटने से क्या अभिप्राय है?

(i) चोरी करना

(ii) छिपकर खेलने जाना

(iii) छिपकर पढ़ाई करना

(iv) अविश्वासी हो जाना

उत्तर (iv) अविश्वासी हो जाना

अध्याय पर आधारित बहुविकल्पीय प्रश्न

1. 'कुटिल भावना' से क्या अभिप्राय है?

   (i) मन में कपट और द्वेष रखने का भाव

   (ii) दूसरे की प्रशंसा का भाव

   (iii) आदर और सम्मान की पृष्ठभूमि

   (iv) अकारण दुःखी होने का भाव

   उत्तर (i) मन में कपट और द्वेष रखने का भाव

2. बड़े भाई और लेखक के बीच कितनी कक्षाओं का अंतर रह गया था?

   (i) तीन   (ii) पाँच

   (iii) दो   (iv) एक

   उत्तर (iv) एक

3. छोटे भाई के मन में किस प्रकार की कुटिल भावना जागृत हुई?

   (i) बड़े भाई को मारने की

   (ii) बड़े भाई के एक साल और फेल हो जाने की

   (iii) बड़े भाई की इज्जत न करने की

   (iv) बड़े भाई की शिकायत करने की

   उत्तर (ii) बड़े भाई के एक साल और फेल हो जाने की

4. छोटे भाई के मन में आए विचार को बलपूर्वक निकालने का क्या कारण था?

   (i) बड़े भाई के प्रति प्रेम

   (ii) बड़े भाई के प्रति सम्मान

   (iii) बड़े भाई के प्रति आत्मीयता

   (iv) उपरोक्त सभी

   उत्तर (iv) उपरोक्त सभी

5. बड़े भाई के उपदेशों का असर छोटे भाई को किस रूप में दिखाई देता है?

   (i) लगातार पास होने के

   (ii) लगातार पढ़ने के

   (iii) लगातार खेलने के

   (iv) उपरोक्त में से कोई नहीं

   उत्तर (i) लगातार पास होने के

विषय-वस्तु का ज्ञान, बोध अभिव्यक्ति पर आधारित प्रश्न

• निम्नलिखित प्रश्नों के उत्तर दीजिए

   (i) बड़े भाई साहब ने पुस्तकीय ज्ञान की अपेक्षा किस बात को अधिक महत्त्वपूर्ण माना है?

   (ii) ''वे स्वभाव से बड़े अध्ययनशील थे'' पंक्ति में निहित व्यंग्य पर प्रकाश डालिए।

   (iii) ''आपने अपना खून जलाकर कौन-सा तीर मार लिया।'' प्रस्तुत पंक्ति किस संदर्भ में व क्यों कही गई है?

   (iv) अंग्रेज़ी भाषा के बारे में बड़े भाई के क्या विचार थे?

   (v) बड़े भाई साहब को ऐसा क्यों लगने लगा था कि अब उन्हें लेखक को डाँटने का अधिकार नहीं रहा?

   (vi) प्रस्तुत पाठ में लेखक ने बड़े भाई के चरित्र के माध्यम से शिक्षा संबंधी अपने विचारों को किस प्रकार सामने रखा है?

अध्याय

02

डायरी का एक पन्ना

(सीताराम सेकसरिया)

पाठ की रूपरेखा

पद्मश्री से सम्मानित सेकसरिया की अनेक कृतियाँ हैं, जिनमें 'एक कार्यकर्ता की डायरी' उल्लेखनीय है। प्रस्तुत पाठ इसी का अंश है।

इस पाठ के अंतर्गत 26 जनवरी, 1931 को नेताजी सुभाषचंद्र बोस, स्वयं लेखक तथा कलकत्ता के हज़ारों लोगों द्वारा देश का दूसरा स्वतंत्रता दिवस उत्साह से मनाने का वर्णन है। यह पाठ क्रांतिकारियों की कुर्बानियों की याद दिलाते हुए समाज की एकता को प्रदर्शित करता है।

लेखक-परिचय

सीताराम सेकसरिया का जन्म 1892 ई. में राजस्थान के नवलगढ़ में हुआ। उनको विद्यालयी शिक्षा पाने का अवसर नहीं मिला। इसलिए उन्होंने स्वाध्याय से ही पढ़ना-लिखना सीखा। अपने जीवन में व्यापार-व्यवसाय से जुड़े रहकर वह अनेक साहित्यिक, सांस्कृतिक और नारी शिक्षण संस्थाओं के प्रेरक, संस्थापक तथा संचालक भी रहे। स्वतंत्रता आंदोलन में उन्होंने महात्मा गाधी, गुरुदेव रवींद्रनाथ ठाकुर तथा सुभाषचंद्र बोस के साथ बढ़-चढ़कर भाग लिया, उन्होंने सत्याग्रह आंदोलन के समय जेल यात्रा भी की। कुछ साल तक आज़ाद हिंद फौज़ के मंत्री भी रहे। उनके इस महत्त्वपूर्ण योगदान के लिए भारत सरकार ने उन्हें वर्ष 1962 में पद्मश्री सम्मान से सम्मानित किया। उनकी उल्लेखनीय कृतियाँ हैं– स्मृतिकण, मन की बात, बीता युग, नई याद और एक कार्यकर्ता की डायरी (दो भागों में)। वर्ष 1982 में उनका देहांत हो गया था।

पाठ का सार

कलकत्ता में राष्ट्रीय ध्वजारोहण

26 जनवरी, 1931 को संपूर्ण भारत में स्वतंत्रता दिवस मनाया गया था और आज इसी की पुनरावृत्ति हो रही है । कलकत्ता में इसका विशेष महत्त्व था और लोगों को बता दिया गया था कि इसका संपूर्ण प्रबंध उन्हें ही करना है। इसे इतने भव्य रूप में मनाया जा रहा था कि केवल प्रचार में ही दो हज़ार रुपये खर्च किए गए थे। बड़ा बाज़ार स्थित सभी मकानों पर राष्ट्रीय ध्वज फहरा रहा था।

कई मकान तो ऐसे थे, जिन्हें देखकर लग रहा था जैसे देश को स्वतंत्रता प्राप्त हो गई है। उधर पुलिस ने भी पूरा प्रबंध किया हुआ था। शहर के प्रत्येक मोड़ पर गोरखे और सारजेंट तैनात किए गए थे। ट्रैफ़िक पुलिस को भी घुड़सवार पुलिस के साथ इसी काम पर लगा दिया गया था।

मोनुमेंट पर होने वाला संघर्ष

मुख्य सभा शाम के समय मोनुमेंट के नीचे होनी प्रस्तावित थी। इस स्थान को सुबह से ही पुलिस ने घेर लिया था। इसके बाद भी कई स्थानों पर राष्ट्रीय ध्वज फहराया गया था। श्रद्धानंद पार्क में जब बंगाल प्रांत के विद्यार्थी संघ के मंत्री अविनाश बाबू ने झंडा फहराया, तो उनको पकड़ लिया गया तथा दूसरे लोगों को मारपीट कर वहाँ से हटा दिया गया।

इसी प्रकार तारा सुंदरी पार्क स्थित बड़ा-बाज़ार कांग्रेस कमेटी के युद्ध मंत्री हरिश्चंद्र सिंह झंडा फहराने गए तो उन्हें भीतर नहीं जाने दिया गया और वहाँ काफ़ी मारपीट हुई, जिसमें दो-चार आदमियों के सिर फट गए। उधर गुजराती सेविका संघ की ओर से जुलूस निकाला गया, जिसमें शामिल होने वाली लड़कियों को पुलिस द्वारा गिरफ़्तार कर लिया गया।

जुलूस निकालने में हुआ संघर्ष

ग्यारह बजे मारवाड़ी बालिका विद्यालय की लड़कियों ने अपने विद्यालय में झंडा फहराया। उन्हें उत्सव का महत्त्व समझाया गया। इसी बीच फ़ोटो आदि भी खींचे जा रहे थे। दोपहर 2-3 बजे कई आदमियों को पकड़ लिया गया, जिसमें मुख्य रूप से पूर्णोदास और पुरुषोत्तम राय आदि उल्लेखनीय थे। पूर्णोदास पर सुभाष बाबू के जुलूस का भार था।

स्त्री-समाज जगह-जगह से अपना जुलूस निकालने की कोशिश में लगा हुआ था। एक बजे से ही मैदान में हज़ारों लोगों की भीड़ टोलियों में आने लगी। कानून भंग का काम शुरू होने के बाद से आज तक इस मैदान में ऐसी सभा नहीं हुई थी। पुलिस कमिश्नर का नोटिस निकल चुका था कि सभा नहीं की जा सकती और जो लोग ऐसा करने वाले थे, उन्हें पुलिस इंस्पेक्टरों द्वारा नोटिस दिए जा चुके थे कि यदि सभा में भाग लिया, तो दोषी माने जाएँगे। इसके बावजूद कौंसिल की ओर से निकले नोटिस में चार बजकर चौबीस मिनट पर झंडा फहराए जाने तथा स्वतंत्रता की प्रतिज्ञा पढ़ी जाने की बात कही गई थी।

सुभाष बाबू का संघर्ष

ठीक चार बजकर दस मिनट पर सुभाष बाबू जुलूस लेकर आए तो उन्हें चौरंगी पर ही रोका गया, पर भीड़ इतनी अधिक थी कि पुलिस उन्हें रोक नहीं पाई। जैसे ही जुलूस मैदान के मोड़ पर पहुँचा, पुलिस ने लाठियाँ चलानी शुरू कर दीं, जिसमें बहुत-से आदमी घायल हुए। सुभाष बाबू ज़ोर-ज़ोर से वंदे मातरम् बोल रहे थे, उन पर भी लाठियाँ पड़ीं। ज्योतिर्मय गांगुली ने सुभाष बाबू से दूसरी ओर आने को कहा, किंतु सुभाष बाबू ने आगे बढ़ने पर ज़ोर दिया। पुलिस की भयानक लाठियों से क्षितिश चटर्जी का सिर फट गया।

स्त्रियों का संघर्ष एवं सुभाष बाबू की गिरफ़्तारी

स्त्रियों ने मोनुमेंट की सीढ़ियों पर चढ़कर झंडा फहराकर घोषणा पढ़ दी। स्वयंसेवकों का उत्साह लाठियाँ खाकर भी कम नहीं हो रहा था। इसी बीच सुभाष बाबू को पकड़कर लॉकअप में भेज दिया गया। स्त्रियों का जुलूस भी निकला और पुलिस का लाठीचार्ज भी हुआ, जिसमें अनेक लोग घायल हुए। धर्मतल्ले के मोड़ पर जुलूस टूट गया और 50-60 स्त्रियाँ वहीं पर बैठ गईं, जिन्हें पुलिस ने लालबाज़ार जेल भेज दिया। इसके बाद विमल प्रतिभा के नेतृत्व में जुलूस आगे बढ़ा, तो उन्हें भी लालबाज़ार भेज दिया गया।

वृजलाल गोयनका का संघर्ष

वृजलाल गोयनका वंदे मातरम् बोलते हुए मोनुमेंट की ओर भागा, किंतु पुलिस सावधान थी और उसने उसे पकड़कर कुछ दूर ले जाकर छोड़ दिया। इसके बाद वह स्त्रियों के जुलूस में घुस गया और वहाँ से दो सौ लोगों का जुलूस लेकर लालबाज़ार गया, जहाँ उसे गिरफ़्तार कर लिया गया। यहीं पर मदालसा को भी पकड़ लिया गया और उससे मालूम हुआ कि उसे थाने में पीटा भी गया।

घायलों की स्थिति

इस संघर्ष में कुल मिलाकर 105 महिलाएँ पकड़ी गई थीं, जिन्हें रात नौ बजे छोड़ दिया गया। कलकत्ता (कोलकाता) में पहली बार इतनी बड़ी संख्या में महिलाओं की गिरफ़्तारी हुई थी। कांग्रेस के कार्यालय से फ़ोन द्वारा सूचना मिली कि वहाँ अनेक घायल पहुँचे हैं। इस पर लेखक जानकीदेवी के साथ वहाँ पहुँचा। डॉक्टर दास गुप्ता घायलों की देख-रेख करने के साथ-साथ उनके फ़ोटो भी उतरवा रहे थे। वहाँ 103 घायल पहुँचे थे। इसी प्रकार अस्पताल में भी 160 घायल पहुँचे थे। कुछ लोग अपने घर चले गए थे। पकड़े गए लोगों की संख्या का पता नहीं चल पाया। लेखक के अनुसार, यह संघर्ष अपने आप में अत्यंत महत्त्वपूर्ण है, जिसने कोलकाता के इस कलंक को धो दिया कि यहाँ स्वतंत्रता आंदोलन का काम नहीं हो पा रहा था। इससे यह आशा भी बँधी कि यहाँ भी स्वतंत्रता आंदोलन का काम हो सकता है।

» शब्दार्थ

पृष्ठ संख्या NCERT पाठ्यपुस्तक (स्पर्श भाग-2) के अनुसार हैं।

पृष्ठ संख्या 70 डायरी–दैनिक अनुभवों को एक पुस्तिका में लिखना; पुनरावृत्ति–फिर से दोहराना; नवीनता–नयापन; गश्त–पुलिस कर्मचारी का पहरे के लिए घूमना; लारियाँ–एक विशेष प्रकार की खुली गाड़ियाँ; सारजेंट–सेना में एक पद; तैनात–नियुक्त; मोनुमेंट–स्मारक; भोर–सुबह; प्रांतीय–प्रांत से संबंधित।

पृष्ठ संख्या 71 युद्ध मंत्री–संघर्ष करने में सलाह देने वाले; झंडोत्सव–झंडा फहराने का उत्सव; भार–ज़िम्मेदारी या वजन; कानून-भंग–कानून तोड़ना या कानून को न मानना; ओपन–खुला; अमुक–फलाँ; धारा–कानून; कौंसिल–परिषद्; सर्वसाधारण– सामान्य जनता; चैलेंज–चुनौती; चौरंगी–कलकत्ता शहर में एक स्थान का नाम।

पृष्ठ संख्या 70 वॉलेंटियर–स्वयंसेवक; लॉकअप–जेल; संगीन–गंभीर।

पाठ्यपुस्तक (स्पर्श भाग-2) के प्रश्नोत्तर

मौखिक

1 कलकत्तावासियों के लिए 26 जनवरी, 1931 का दिन क्यों महत्त्वपूर्ण था? **CBSE 2011, 10**

अथवा कलकत्तावासियों के लिए 26 जनवरी, 1931 का दिन क्यों महत्त्वपूर्ण था? **CBSE 2019**

अथवा 'डायरी का एक पन्ना' पाठ के आधार पर लिखिए कि 26 जनवरी, 1931 का दिन विशेष क्यों था? **CBSE 2020**

उत्तर कलकत्तावासियों के लिए 26 जनवरी, 1931 का दिन इसलिए महत्त्वपूर्ण था, क्योंकि इस दिन यहाँ स्त्री-पुरुषों ने एक साथ अंग्रेज़ी कानून का उल्लंघन करके मोनुमेंट के ऊपर राष्ट्रीय ध्वज फहरा दिया।

2 सुभाष बाबू के जुलूस का भार किस पर था?

उत्तर सुभाष बाबू के जुलूस का भार पूर्णोदास पर था।

3 विद्यार्थी संघ के मंत्री अविनाश बाबू के झंडा गाड़ने पर क्या प्रतिक्रिया हुई?

उत्तर विद्यार्थी संघ के मंत्री अविनाश बाबू के झंडा गाड़ने पर यह प्रतिक्रिया हुई कि पुलिस ने उन्हें पकड़ लिया और उनके साथियों को मारपीट कर भगा दिया।

4 लोग अपने-अपने मकानों व सार्वजनिक स्थलों पर राष्ट्रीय झंडा फहराकर किस बात का संकेत देना चाहते थे?

उत्तर लोग अपने-अपने मकानों व सार्वजनिक स्थलों पर राष्ट्रीय झंडा फहराकर इस बात का संकेत देना चाहते थे कि वे देश को अंग्रेज़ी शासन की अधीनता से मुक्त कराना चाहते हैं।

5 पुलिस ने बड़े-बड़े पार्कों तथा मैदानों को क्यों घेर लिया था? **CBSE 2019, 10**

उत्तर पुलिस ने बड़े-बड़े पार्कों तथा मैदानों को इसलिए घेर लिया था, ताकि कलकत्ता के लोग पार्कों और मैदानों में एकत्र होकर राष्ट्रीय ध्वज न फहरा सकें और भारत की स्वाधीनता की प्रतिज्ञा न पढ़ सकें।

लिखित

(क) निम्नलिखित प्रश्नों के उत्तर (25-30 शब्दों में) लिखिए

1 26 जनवरी, 1931 के दिन को अमर बनाने के लिए क्या-क्या तैयारियाँ की गईं? **CBSE 2011, 10**

उत्तर 26 जनवरी, 1931 के दिन को अमर बनाने के लिए कलकत्ता के लोगों को अपने मकानों तथा सार्वजनिक स्थानों पर झंडा फहराने को राज़ी किया गया। सायं चार बजे एक सार्वजनिक सभा का आयोजन किया गया, जिसमें लोगों को हर दिशा से जुलूस की शक्ल में पहुँचना था।

2 "आज जो बात थी वह निराली थी" किस बात से पता चल रहा था कि आज का दिन अपने आप में निराला है? स्पष्ट कीजिए। **CBSE 2018**

उत्तर 26 जनवरी, 1931 के दिन को अपने आप में निराला बताने का कारण यह है कि उस दिन कलकत्ता में हज़ारों की संख्या में स्त्री-पुरुष उत्साहपूर्वक राष्ट्रीय ध्वज को फहराने के लिए घरों से बाहर निकले थे, उन्होंने अंग्रेज़ी सरकार के कानून का उल्लंघन प्रसन्नतापूर्वक किया था। यही नहीं, भारी पुलिस बल की तैनाती के बाद भी लोग निर्भय होकर जुलूस की शक्ल में अपने-अपने घरों से निकले थे।

3 पुलिस कमिश्नर के नोटिस और कौंसिल के नोटिस में क्या अंतर था? **CBSE 2010**

उत्तर पुलिस कमिश्नर के नोटिस में चेतावनी दी गई थी कि लोग 26 जनवरी को सभा में सम्मिलित न हों, क्योंकि यह सभा कानून का उल्लंघन करके बुलाई गई है।

कौंसिल के नोटिस में यह बताया गया था कि मोनुमेंट के नीचे ठीक चार बजकर चौबीस मिनट पर झंडा फहराया जाएगा तथा स्वतंत्रता की प्रतिज्ञा पढ़ी जाएगी। सर्वसाधारण की उपस्थिति होनी चाहिए।

4 धर्मतल्ले के मोड़ पर आकर जुलूस क्यों टूट गया? **CBSE 2010**

उत्तर धर्मतल्ले के मोड़ पर आकर जुलूस इसलिए टूट गया, क्योंकि जब सुभाष बाबू को पकड़ लिया गया तो स्त्रियाँ जुलूस बनाकर चलीं, परंतु पुलिस ने लाठी चार्ज से उन्हें रोकना चाहा। जिससे कुछ लोग वहीं बैठ गए, कुछ घायल हो गए और कुछ पुलिस द्वारा गिरफ़्तार कर लिए गए, इसलिए जुलूस टूट गया।

5 डॉ. दासगुप्ता जुलूस में घायल लोगों की देख-रेख तो कर ही रहे थे, उनके फ़ोटो भी उतरवा रहे थे। उन लोगों के फ़ोटो खींचने की क्या वजह हो सकती थी? स्पष्ट कीजिए। **CBSE 2011, 10**

उत्तर *डॉ. दासगुप्ता द्वारा जुलूस में घायल लोगों की फ़ोटो उतरवाने की निम्नलिखित वजहें हो सकती हैं*

(i) वह अंग्रेज़ी शासन के अत्याचार के प्रमाण जुटा रहे थे।

(ii) दूसरों को इस संघर्ष की जानकारी देकर उन्हें भी बलिदान देने की प्रेरणा देना चाहते थे।

(iii) वह भविष्य के लिए इन चित्रों को संगृहीत करना चाहते थे।

(iv) इससे यह भी पता चल सकता था कि बंगाल में स्वतंत्रता की लड़ाई में बहुत काम हो रहा है।

(ख) निम्नलिखित प्रश्नों के उत्तर (50-60 शब्दों में) लिखिए

1 सुभाष बाबू के जुलूस में स्त्री समाज की क्या भूमिका थी?

CBSE 2011, 10

उत्तर सुभाष बाबू के जुलूस में स्त्री समाज की महत्त्वपूर्ण भूमिका रही थी। भारी पुलिस व्यवस्था के बाद भी जगह-जगह स्त्री जुलूस के लिए टोलियाँ बन गई थीं। मोनुमेंट पर भी स्त्रियों ने निडर होकर झंडा फहराया, अपनी गिरफ़्तारियाँ करवाईं तथा पुलिस ने उन पर लाठियाँ बरसाईं। इसके बाद भी स्त्रियाँ लालबाज़ार तक आगे बढ़ती गईं। इस प्रकार स्त्रियों ने न केवल पुरुष समाज को सहयोग किया, बल्कि उस कार्य को पूरा भी किया, जो संभवतः पुलिस लाठीचार्ज से अधूरा ही रह जाता।

2 जुलूस के लालबाज़ार आने पर लोगों की क्या दशा हुई?

CBSE 2011, 10

उत्तर जब जुलूस लालबाज़ार पहुँचा, तो आंदोलनकारी स्त्रियों ने वहीं पर बैठकर डेरा जमा लिया। इससे उनके चारों ओर भारी भीड़ एकत्र हो गई, इसलिए पुलिस ने भीड़ को तितर-बितर करने के लिए एक बार फिर लाठीचार्ज का सहारा लिया। पुलिस ने बहुत से आंदोलनकारियों को गिरफ़्तार किया और लॉकअप में बंद कर दिया।

इस अवसर पर वृजलाल गोयनका का उत्साह देखते ही बनता था। फिर से स्त्रियों के जुलूस में सम्मिलित हो गया और वहाँ फिर से गिरफ़्तार हो गया। उसे एक बार फिर छोड़ दिया गया। इस बार उसने 200 आंदोलनकारियों के साथ जुलूस निकाला, परिणामस्वरूप उसे गिरफ़्तार कर लिया गया।

3 "जब से कानून भंग का काम शुरू हुआ है तब से आज तक इतनी बड़ी सभा ऐसे मैदान में नहीं की गई थी और यह सभा क्या कहना चाहिए कि ओपन लड़ाई थी।" यहाँ पर कौन-से और किसके द्वारा लागू किए गए कानून को भंग करने की बात कही गई है? क्या कानून भंग करना उचित था? पाठ के संदर्भ में अपने विचार प्रकट कीजिए।

उत्तर उपरोक्त पंक्तियों में कलकत्ता के आंदोलनकारियों द्वारा मोनुमेंट पर राष्ट्रीय झंडा फहराने और ब्रिटिश सरकार द्वारा लागू किए गए कानून को भंग करने की बात कही गई है। हाँ, यह कानून भंग करना उचित था, क्योंकि यह भारतीयों के हितों के विपरीत था। इससे भारतीयों का आर्थिक, सामाजिक और राजनैतिक सर्वनाश निश्चित था।

उस समय भारतीय राष्ट्रीय कांग्रेस ने बहुत सोच-विचारकर इन अन्यायपूर्ण कानूनों का उल्लंघन करने का निश्चय किया था, ताकि स्वतंत्रता प्राप्ति तक इस लौ को जलाए रखा जा सके।

4 बहुत से लोग घायल हुए, बहुतों को लॉकअप में रखा गया, बहुत-सी स्त्रियाँ जेल गईं, फिर भी इस दिन को अपूर्व बताया गया है। आपके विचार में यह सब अपूर्व क्यों है? अपने शब्दों में लिखिए।

CBSE 2010

उत्तर 26 जनवरी, 1931 के दिन कोलकाता में भारत की आज़ादी के लिए व्यापक संघर्ष हुआ। कितने ही लोग पुलिस की लाठियों से घायल हुए, कितनों को जेलों में बंद किया गया। फिर भी आंदोलनकारी सभा और जुलूस त्यागकर भागे नहीं। वे अपने लक्ष्य के लिए डटे रहे। उनका लक्ष्य था– भारत को अंग्रेज़ों की दासता से मुक्त कराना। यह कार्य बहुत कठिन था। इसके लिए चाहिए था अपूर्व बलिदान, साहस और त्याग। इस दिन कोलकातावासियों ने यह कठिन कार्य करके दिखाया इसलिए इस दिन को अपूर्व कहा गया।

(ग) निम्नलिखित के आशय स्पष्ट कीजिए

1 "आज तो जो कुछ हुआ वह अपूर्व हुआ है। बंगाल के नाम या कलकत्ता के नाम पर कलंक था कि यहाँ काम नहीं हो रहा है। वह आज बहुत अंश में धुल गया।"

CBSE 2010

उत्तर 26 जनवरी, 1931 के दिन कलकत्तावासियों ने स्वतंत्रता पाने के लिए आंदोलन किया, जिसमें बहुत से लोग पुलिस की लाठी खाकर घायल हुए, बहुतों को पुलिस लॉकअप में रखा गया और अनेक स्त्रियाँ जेल भी गईं। उस दिन लोग लाठियाँ खाकर धरती पर गिरते रहे, किंतु अपने लक्ष्य की ओर दृढ़ता से बढ़ते भी रहे। इससे कलकत्ता के नाम पर लगा वह कलंक कुछ हद तक कम हो गया, जिसमें यह कहा जा रहा था कि कलकत्तावासी स्वतंत्रता पाने के लिए कुछ भी कार्य नहीं कर रहे हैं।

2 "खुला चैलेंज देकर ऐसी सभा पहले नहीं की गई थी।"

CBSE 2011, 10

उत्तर पुलिस कमिश्नर के नोटिस में चेतावनी दी गई थी कि लोग 26 जनवरी को सभा में सम्मिलित न हों, यह कानून का उल्लंघन करना होगा। इसके बावजूद कौंसिल के नोटिस में यह बताया गया था कि मोनुमेंट के नीचे ठीक चार बजकर चौबीस मिनट पर झंडा फहराया जाएगा तथा स्वतंत्रता की प्रतिज्ञा पढ़ी जाएगी। सर्वसाधारण की उपस्थिति होनी चाहिए। इस प्रकार का खुला चैलेंज देकर ऐसी सभा पहले कभी नहीं की गई थी।

भाषा अध्ययन

1 रचना की दृष्टि से वाक्य तीन प्रकार के होते हैं

सरल वाक्य सरल वाक्य में कर्ता, कर्म, पूरक, क्रिया और क्रिया विशेषण घटकों या इनमें से कुछ घटकों का योग होता है। स्वतंत्र रूप से प्रयुक्त होने वाला उपवाक्य ही सरल वाक्य है।

उदाहरण– *लोग टोलियाँ बनाकर मैदान में घूमने लगे।*

संयुक्त वाक्य जिस वाक्य में दो या दो से अधिक स्वतंत्र या मुख्य उपवाक्य समानाधिकरण योजक से जुड़े हों, वह संयुक्त वाक्य कहलाता है। योजक शब्द–और, परंतु, इसलिए आदि।

उदाहरण– *मोनुमेंट के नीचे झंडा फहराया जाएगा और स्वतंत्रता की प्रतिज्ञा पढ़ी जाएगी।*

मिश्र वाक्य–वह वाक्य जिसमें एक प्रधान उपवाक्य हो और एक या अधिक आश्रित उपवाक्य हों, मिश्र वाक्य कहलाता है।

उदाहरण— *जब अविनाश बाबू ने झंडा गाड़ा तब पुलिस ने उनकों पकड़ लिया।*

I निम्नलिखित वाक्यों को सरल वाक्यों में बदलिए

(क) दो सौ आदमियों का जुलूस लालबाज़ार गया और वहाँ पर गिरफ़्तार हो गया।

(ख) मैदान में हज़ारों आदमियों की भीड़ होने लगी और लोग टोलियाँ बना-बनाकर मैदान में घूमने लगे।

(ग) सुभाष बाबू को पकड़ लिया गया और गाड़ी में बैठाकर लालबाज़ार लॉकअप में भेज दिया गया।

उत्तर ***(क)*** दो सौ आदमियों का जुलूस लालबाज़ार जाकर गिरफ़्तार हो गया।

(ख) हजारों आदमियों की भीड़ में लोग टोलियाँ बना-बनाकर मैदान में घूमने लगे।

(ग) सुभाष बाबू को गाड़ी में बैठाकर लालबाज़ार लॉकअप में भेज दिया गया।

II 'बड़े भाई साहब' पाठ में से भी दो-दो सरल, संयुक्त और मिश्र वाक्य छाँटकर लिखिए।

उत्तर **सरल वाक्य**

(*i*) मेरा जी पढ़ने में बिलकुल न लगता था।

(*ii*) मैं उनकी इस नई युक्ति से नत-मस्तक हो गया।

संयुक्त वाक्य

(*i*) मेरे भाई साहब मुझसे पाँच साल बड़े, लेकिन केवल तीन दरजे आगे।

(*ii*) भाई साहब फ़ेल हो गए, मैं पास हो गया और दरजे में प्रथम आया।

मिश्र वाक्य

(*i*) भाई साहब ने अपने दरजे की पढ़ाई का जो भयंकर चित्र खींचा था, उसने मुझे भयभीत कर दिया।

(*ii*) उन्होंने भी उसी में पढ़ना शुरु किया था, जब मैंने शुरू किया।

2 निम्नलिखित वाक्य संरचनाओं को ध्यान से पढ़िए और समझिए कि जाना, रहना और चुकना क्रियाओं का प्रयोग किस प्रकार किया गया है?

(क) (*i*) कई मकान <u>सजाए गए थे।</u>

(*ii*) कलकत्ता के प्रत्येक भाग में <u>झंडे लगाए गए थे।</u>

(ख) (*i*) बड़े बाजार में प्राय: मकानों पर राष्ट्रीय झंडा <u>फहरा रहा था</u>।

(*ii*) कितनी ही लारियाँ शहर में <u>घुमाई जा रही</u> थीं।

(*iii*) पुलिस भी अपनी पूरी ताकत से शहर में गश्त देकर <u>प्रदर्शन कर रही थी।</u>

(ग) (*i*) सुभाष बाबू के जुलूस का भार पूर्णोदास पर था, वह <u>प्रबंध कर चुका</u> था।

(*ii*) पुलिस कमिश्नर का <u>नोटिस निकल चुका</u> था।

उत्तर छात्र स्वयं पढ़कर समझने का प्रयास करें।

3 नीचे दिए गए शब्दों की संरचना पर ध्यान दीजिए

विद्या + अर्थी = विद्यार्थी

'विद्या' शब्द का अंतिम स्वर 'आ' और दूसरे शब्द 'अर्थी' की प्रथम स्वर ध्वनि 'अ' जब मिलते हैं, तो वे मिलकर दीर्घ स्वर 'आ' में बदल जाते हैं। यह स्वर संधि का ही एक प्रकार है।

संधि शब्द का अर्थ है—जोड़ना। जब दो शब्द पास-पास आते हैं, तो पहले शब्द की अंतिम ध्वनि बाद में आने वाले शब्द की पहली ध्वनि से मिलकर उसे प्रभावित करती है। ध्वनि परिवर्तन की इस प्रक्रिया को संधि कहते हैं। संधि तीन प्रकार की होती है— स्वर संधि, व्यंजन संधि, विसर्ग संधि। जब संधि युक्त पदों को अलग-अलग किया जाता है, तो उसे संधि-विच्छेद कहते हैं;

जैसे—विद्यालय = विद्या + आलय

नीचे दिए गए शब्दों की संधि कीजिए

(*i*)	श्रद्धा	+	आनंद	=	....
(*ii*)	प्रति	+	एक	=	....
(*iii*)	पुरुष	+	उत्तम	=	....
(*iv*)	झंडा	+	उत्सव	=	....
(*v*)	पुन:	+	आवृत्ति	=	....
(*vi*)	ज्योति:	+	मय	=	....

उत्तर (*i*) श्रद्धानंद (*ii*) प्रत्येक

(*iii*) पुरुषोत्तम (*iv*) झंडोत्सव

(*v*) पुनरावृत्ति (*vi*) ज्योतिर्मय

योग्यता विस्तार

1 भौतिक रूप से दबे हुए होने पर भी अंग्रेजों के समय में ही हमारा मन आज़ाद हो चुका था। अत: दिसंबर, 1929 में लाहौर में कांग्रेस का एक बड़ा अधिवेशन हुआ, इसके सभापति जवाहरलाल नेहरू जी थे। इस अधिवेशन में यह प्रस्ताव पास किया गया कि अब हम 'पूर्ण स्वराज्य' से कुछ भी कम स्वीकार नहीं करेंगे। 26 जनवरी, 1930 को देशवासियों ने 'पूर्ण स्वतंत्रता' के लिए हर प्रकार के बलिदान की प्रतिज्ञा की। उसके बाद आज़ादी प्राप्त होने तक प्रतिवर्ष 26 जनवरी को स्वाधीनता दिवस के रूप में मनाया जाता रहा। आज़ादी मिलने के बाद 26 जनवरी गणतंत्र दिवस के रूप में मनाया जाने लगा।

उत्तर छात्र ज्ञान बढ़ाने हेतु अवश्य पढ़ें।

2 **डायरी**—यह गद्य की एक विधा है। इसमें दैनिक जीवन में होने वाली घटनाओं, अनुभवों को वर्णित किया जाता है। आप भी अपनी दैनिक जीवन से संबंधित घटनाओं को डायरी में लिखने का अभ्यास करें।

उत्तर छात्र स्वयं करें।

3 जमना लाल बजाज महात्मा गांधी के पाँचवें पुत्र के रूप में जाने जाते हैं, क्यों? अध्यापक से जानकारी प्राप्त करें।

उत्तर यह छात्र क्रियाकलाप है। अध्यापक की सहायता से छात्र स्वयं करें।

4 ढाई लाख का जानकी देवी पुरस्कार जमना लाल बजाज फाउंडेशन द्वारा पूरे भारत में सराहनीय कार्य करने वाली महिलाओं को दिया जाता है। यहाँ ऐसी कुछ महिलाओं के नाम दिए जा रहे हैं—
श्रीमती अनुताई लिमये 1993 महाराष्ट्र; सरस्वती गोरा 1996 आंध्र प्रदेश; मीना अग्रवाल 1998 असम; सिस्टर मैथिली 1999 केरल; कुंतला कुमारी आचार्य 2001 उड़ीसा (ओडिशा)।
इनमें से किसी एक के बारे में विस्तृत जानकारी प्राप्त कीजिए।

उत्तर यह छात्र क्रियाकलाप है। छात्र स्वयं करें।

परियोजना कार्य

1 स्वतंत्रता आंदोलन में निम्नलिखित महिलाओं ने जो योगदान दिया, उसके बारे में संक्षिप्त जानकारी प्राप्त करके लिखिए
(क) सरोजिनी नायडू
(ख) अरुणा आसफ अली
(ग) कस्तूरबा गांधी

उत्तर सभी छात्र अपने अध्यापकों से स्वतंत्रता आंदोलन में भागीदारी निभाने वाली स्त्रियों के बारे में सूचनाएँ एकत्रित कीजिए तथा पुस्तकालय की सहायता से सरोजिनी नायडू, अरुणा आसफ अली तथा कस्तूरबा गाँधी के विषय में पढ़कर उनके विषय में लिखिए।

2 इस पाठ के माध्यम से स्वतंत्रता संग्राम में कलकत्ता (कोलकाता) के योगदान का चित्र स्पष्ट होता है। आज़ादी के आंदोलन में आपके क्षेत्र का भी किसी प्रकार का योगदान रहा होगा। पुस्तकालय, अपने परिचितों या फिर किसी दूसरे स्रोत से इस संबंध में जानकारी हासिल कर लिखिए।

उत्तर छात्र स्वयं करें।

3 ''केवल प्रचार में दो हज़ार रुपया खर्च किया गया था।'' तत्कालीन समय को मद्देनज़र रखते हुए अनुमान लगाइए कि प्रचार-प्रसार के लिए किन माध्यमों का उपयोग किया गया होगा?

उत्तर कल्पना शक्ति का प्रयोग करते हुए छात्र अनुमान लगाइए।

4 आपको अपने विद्यालय में लगने वाले पल्स पोलियो केंद्र की सूचना पूरे मोहल्ले को देनी है। आप इस बात का प्रचार बिना पैसे के कैसे कर पाएँगे? उदाहरण के साथ लिखिए।

उत्तर छात्र अपने सृजनात्मक कौशल का प्रयोग करते हुए उत्तर दें।

परीक्षा अभ्यास

गद्यांश पर आधारित बहुविकल्पात्मक प्रश्न

निम्नलिखित गद्यांशों को ध्यानपूर्वक पढ़कर पूछे गए प्रश्नों के सही विकल्प चुनिए।

1 बड़े बाजार के प्राय: मकानों पर राष्ट्रीय झंडा फहरा रहा था और कई मकान तो ऐसे सजाए गए थे कि ऐसा मालूम होता था कि मानो स्वतन्त्रता मिल गई हो। कलकत्ते के प्रत्येक भाग में ही झण्डे लगाए गए थे। जिस रास्ते से मनुष्य जाते थे उसी रास्ते में उत्साह और नवीनता मालूम होती थी। लोगों का कहना था कि ऐसी सजावट पहले नहीं हुई। पुलिस भी अपनी पूरी ताकत से शहर में गश्त देकर प्रदर्शन कर रही थी। मोटर लारियों में गोरखे तथा सारजेंट प्रत्येक मोड़ पर तैनात थे। कितनी ही लारियाँ शहर में घुमाई जा रही थीं। घुड़सवारों का प्रबन्ध था। कहीं भी ट्रैफ़िक पुलिस नहीं थी, सारी पुलिस को इसी काम में लगाया गया था। बड़े-बड़े पार्कों तथा मैदानों को पुलिस ने सवेरे से ही घेर लिया था।

(क) बड़े बाजार के मकानों की सुन्दरता देखते ही क्यों बन रही थी?
(i) स्वतन्त्रता मिल गई थी।
(ii) ऐसी सजावट पहली बार हुई थी।
(iii) अंग्रेज सरकार कोई समारोह मना रही थी।
(iv) राष्ट्रीय दिवस का आयोजन था।

उत्तर (ii) ऐसी सजावट पहली बार हुई थी।

(ख) ऐसे माहौल को देखकर लोगों में क्या प्रतिक्रिया हुई?
(i) लोगों का उत्साह समाप्त हो गया।
(ii) लोग उत्साह और जोश से भर गए।
(iii) लोग अंग्रेजों के साथ मिलकर उत्सव मनाने लगे।
(iv) लोगों ने कोई प्रतिक्रिया व्यक्त नहीं की।

उत्तर (ii) लोग उत्साह और जोश से भर गए।

(ग) पुलिस अपनी पूरी ताकत से प्रदर्शन क्यों कर रही थी?
(i) ताकि आन्दोलन शान्ति से हो सके।
(ii) ताकि जनता को कोई परेशानी न हो।
(iii) ताकि प्रदर्शन को रोका जा सके।
(iv) ताकि जनता में खौफ पैदा किया जा सके।

उत्तर (iii) ताकि प्रदर्शन को रोका जा सके।

(घ) सड़कों पर ट्रैफिक पुलिस क्यों नहीं दिखाई दे रही थी?
(i) क्योंकि उस दिन राष्ट्रीय अवकाश था।
(ii) क्योंकि उस दिन हड़ताल थी।
(iii) क्योंकि उस दिन सारी पुलिस को प्रदर्शन रोकने के काम में लगा दिया गया था।
(iv) क्योंकि उस दिन जनता और सरकार की मीटिंग होनी थी।

उत्तर (iii) क्योंकि उस दिन सारी पुलिस को प्रदर्शन रोकने के काम में लगा दिया गया था।

(ङ) पुलिस द्वारा क्या प्रबन्ध किया गया था?
(i) प्रत्येक मोड़ पर सारजेंट तैनात किए गए।
(ii) घुड़सवारों का प्रबन्ध किया गया।
(iii) लारियाँ शहर में घुमाई गईं।
(iv) उपरोक्त सभी

उत्तर (iv) उपरोक्त सभी

2 मोनुमेंट के नीचे जहाँ शाम को सभा होने वाली थी उस जगह को तो भोर में छह बजे से ही पुलिस ने बड़ी संख्या में घेर लिया था पर तब भी कई जगह तो भोर में ही झंडा फराया गया। श्रद्धानन्द पार्क में बंगाल प्रान्तीय विद्यार्थी संघ के मन्त्री अविनाश बाबू ने झंडा गाड़ा तो पुलिस ने उनको पकड़ लिया तथा अन्य लोगों को मारा या हटा दिया। तारा सुन्दरी पार्क में बड़ा-बाज़ार कांग्रेस कमेटी के युद्ध मन्त्री हरिश्चन्द्र सिंह झंडा फहराने गए, पर वे भीतर न जा सके। वहाँ पर काफी मारपीट हुई और दो-चार आदमियों के सिर फट गए। गुजराती सेविका संघ की ओर से जुलूस निकला जिसमें बहुत-सी लड़कियाँ थीं उनको गिरफ्तार कर लिया।

(क) प्रस्तुत पाठ के लेखक तथा पाठ का नाम क्या है?
(i) लीलाधर मंडलोई-तताँरा-वामीरो कथा
(ii) प्रह्लाद अग्रवाल-तीसरी कसम के शिल्पकार शैलेंद्र
(iii) रवींद्र केलेकर-पतझर में टूटी पत्तियाँ
(iv) सीताराम सेकसरिया-डायरी का एक पन्ना

उत्तर (iv) सीताराम सेकसरिया-डायरी का एक पन्ना

(ख) मोनुमेंट को पुलिस ने भोर में ही क्यों घेर लिया?
(i) ताकि कार्यक्रम का आयोजन उचित ढंग से कर सके।
(ii) ताकि मोनुमेंट के नीचे सभा न हो।
(iii) ताकि मोनुमेंट को अतिरिक्त सुरक्षा प्रदान कर सके।
(iv) ताकि लोगों को शान्तिपूर्ण ढंग से वहाँ व्यवस्थित किया जा सके।

उत्तर (ii) ताकि मोनुमेंट के नीचे सभा न हो।

(ग) अविनाश बाबू कौन थे?
(i) बंगाल के सेना अध्यक्ष
(ii) बंगाल प्रान्तीय विद्यार्थी संघ के मन्त्री
(iii) बाल सेवा समिति के अध्यक्ष
(iv) बालिका महाविद्यालय के अध्यापक

उत्तर (ii) बंगाल प्रान्तीय विद्यार्थी संघ के मन्त्री

(घ) हरिश्चन्द्र सिंह झंडा फहराने भीतर क्यों नहीं जा सके?
(i) वहाँ काफी मारपीट होने के कारण
(ii) अधिक भीड़ होने के कारण
(iii) उनकी बारी न आ पाने के कारण
(iv) वहाँ अधिक पुलिस एकत्रित होने के कारण

उत्तर (i) वहाँ काफी मारपीट होने के कारण

(ङ) अविनाश बाबू के झंडा फहराने पर क्या प्रतिक्रिया हुई?
(i) सभी लोग उत्साह से भर उठे।
(ii) पुलिस ने उन्हें पकड़ लिया।
(iii) चारों ओर जय-जयकार होने लगी।
(iv) लोगों ने उन्हें गोद में उठा लिया।

उत्तर (ii) पुलिस ने उन्हें पकड़ लिया।

3 सुभाष बाबू के जुलूस का भार पूर्णोदास पर था पर यह प्रबन्ध कर चुका था। स्त्री समाज अपनी तैयारी में लगा था। जगह-जगह से स्त्रियाँ अपना जुलूस निकालने की तथा ठीक स्थान पर पहुँचने की कोशिश कर रही थीं। मोनुमेंट के पास जैसा प्रबंध भोर में था वैसा करीब एक बजे नहीं रहा। इससे लोगों को आशा होने लगी कि शायद पुलिस अपना रंग न दिखलावे पर वह कब रुकने वाली थी। तीन बजे से ही मैदान में हजारों आदमियों की भीड़ होने लगी और लोग टोलियाँ बना-बनाकर मैदान में घूमने लगें। आज जो बात थी वह निराली थी।

(क) पूर्णोदास पर कौन-सा भार था?
(i) जनता को एकजुट करने का
(ii) सुभाष बाबू के जुलूस का
(iii) स्त्री समाज को संगठित करने का
(iv) सरकार को गुमराह करने का

उत्तर (ii) सुभाष बाबू के जुलूस का

(ख) स्त्री समाज ने क्या तैयारी की थी?
(i) स्त्रियों द्वारा जुलूस निकालने की
(ii) सभा के स्थान पर पहुँचने की
(iii) पुरुषों से अलग अपना अलग मोर्चा निकालने की
(iv) (i) और (ii) दोनों

उत्तर (iv) (i) और (ii) दोनों

(ग) 'अपना रंग दिखाना' का क्या अर्थ है?
(i) वास्तविक रूप से अलग होना
(ii) अपने वास्तविक रूप में आना
(iii) चित्रकारी के लिए सुन्दर रंगों का प्रयोग करना
(iv) अपने में ही मस्त रहना

उत्तर (ii) अपने वास्तविक रूप में आना

(घ) मोनुमेंट के पास एक बजे कैसा प्रबन्ध नहीं रहा?
(i) पुलिस की तैनाती कम होना
(ii) लोगों का उत्साह कम होना
(iii) लोगों में निराशा का संचार होना
(iv) पुलिस और जनता में आपसी मतभेद होना

उत्तर (i) पुलिस की तैनाती कम होना

(ङ) मैदान में आदमियों की भीड़ क्यों होने लगी थी?
(i) पुलिस के आदेश का पालन करने हेतु
(ii) शाम के समय पार्क में घूमने हेतु
(iii) सभा में भाग लेने हेतु
(iv) मात्र दिखावे हेतु

उत्तर (iii) सभा में भाग लेने हेतु

4 जब से कानून भंग का काम शुरू हुआ है तब से आज तक इतनी बड़ी सभा ऐसे मैदान में नहीं की गई थी और यह सभा तो कहना चाहिए कि ओपन लड़ाई थी। पुलिस कमिश्नर का नोटिस निकल चुका था कि अमुक-अमुक धारा के अनुसार कोई सभा नहीं हो सकती। जो लोग काम करने वाले थे उन सबको इंस्पेक्टरों के द्वारा नोटिस और सूचना दे दी गई थी कि आप यदि सभा में भाग लेंगे तो दोषी समझे जाएँगे। इधर कौंसिल की तरफ से नोटिस निकल गया था कि मोनुमेंट के नीचे ठीक चार बजकर चौबीस मिनट पर झंडा फहराया जाएगा तथा स्वतंत्रता की प्रतिज्ञा पढ़ी जाएगी। सर्वसाधारण की उपस्थिति होनी चाहिए। खुला चैलेंज देकर ऐसी सभा पहले नहीं की गई थी।

(क) सभा को ओपन लड़ाई क्यों कहा गया है?
(i) पुलिस कमिश्नर के नोटिस के बाद भी सभा आयोजित की गई।
(ii) सभा खुले मैदान में होने वाली थी।
(iii) सभा में मारपीट और हत्या होना तय था।
(iv) पुलिस के विरोध में कोई लड़ाई नहीं की गई।

उत्तर (i) पुलिस कमिश्नर के नोटिस के बाद भी सभा आयोजित की गई।

(ख) इंस्पेक्टरों द्वारा कौन-सी सूचना दे दी गई?
(i) पार्क में सभी की उपस्थिति अनिवार्य है
(ii) सभा में भाग लेने वाले लोग दोषी समझे जाएँगे।
(iii) कानून भंग का कार्य जनता के विरुद्ध है।
(iv) शहर में शांति व्यवस्था बनाए रखें।

उत्तर (ii) सभा में भाग लेने वाले लोग दोषी समझे जाएँगे।

(ग) कौंसिल की तरफ से क्या नोटिस निकल गया था?
(i) मोनुमेंट के नीचे ठीक चार बजकर चौबीस मिनट पर झंडा फहराया जाएगा।
(ii) स्वतंत्रता की प्रतिज्ञा पढ़ी जाएगी।
(iii) सर्वसाधारण की उपस्थिति होनी चाहिए।
(iv) उपरोक्त सभी

उत्तर (iv) उपरोक्त सभी

(घ) पुलिस कमिश्नर का नोटिस क्या था?
(i) अमुक-अमुक धारा के अनुसार कोई सभा नहीं हो सकती।
(ii) खुला चैलेंज देकर सभा आयोजित की जाएगी।
(iii) सभा में भाग लेने वालों को छूट दी जाएगी।
(iv) कानून का उल्लंघन न किया जाए।
उत्तर (i) अमुक-अमुक धारा के अनुसार कोई सभा नहीं हो सकती।

(ङ) खुला चैलेंज देकर क्या किया जाना तय हुआ?
(i) युद्ध (ii) गिरफ्तारी
(iii) सभा (iv) मारपीट
उत्तर (iii) सभा

5. ठीक चार बजकर दस मिनट पर सुभाष बाबू जुलूस लेकर आए। उनको चौरंगी पर ही रोका गया, पर भीड़ की अधिकता के कारण पुलिस जुलूस को रोक नहीं सकी। मैदान के मोड़ पर पहुँचते ही पुलिस ने लाठियाँ चलानी शुरू कर दीं, बहुत आदमी घायल हुए, सुभाष बाबू पर भी लाठियाँ पड़ीं। सुभाष बाबू बहुत जोरों से वंदे मातरम् बोल रहे थे। ज्योतिर्मय गांगुली ने सुभाष बाबू से कहा, आप उधर आ जाइए पर सुभाष बाबू ने कहा, आगे बढ़ना है।

(क) पुलिस सुभाष बाबू के जुलूस को क्यों नहीं रोक सकी?
(i) उनके प्रभावशाली व्यक्तित्व के कारण
(ii) भीड़ की अधिकता के कारण
(iii) पुलिस की लापरवाही के कारण
(iv) जुलूस का अध्यक्ष होने के कारण
उत्तर (ii) भीड़ की अधिकता के कारण

(ख) मैदान के मोड़ पर पहुँचते ही क्या हुआ?
(i) लोगों का उत्साह ठंडा हो गया।
(ii) पुलिस *लोगों से डर गई।*
(iii) पुलिस ने लाठियाँ चलानी शुरू कर दीं।
(iv) लोगों ने मारपीट आरंभ कर दी।
उत्तर (iii) पुलिस ने लाठियाँ चलानी शुरू कर दीं।

(ग) पुलिस की लाठियाँ पड़ने के बाद भी सुभाष बाबू क्या कर रहे थे?
(i) लोगों से बातचीत कर रहे थे।
(ii) जोरों से वंदे मातरम् बोल रहे थे।
(iii) पुलिस से बहस कर रहे थे।
(iv) अपनी टीम को समझा रहे थे।
उत्तर (ii) जोरों से वंदे मातरम् बोल रहे थे।

(घ) ज्योतिर्मय गांगुली के कहने पर सुभाष बाबू ने क्या प्रतिक्रिया व्यक्त की?
(i) वे दूसरी तरफ जाने को तैयार हो गए।
(ii) उन्होंने कहा, आगे बढ़ना है।
(iii) उन्होंने कहा, लोगों को बचाना है।
(iv) वे उनकी बात मान गए।
उत्तर (ii) उन्होंने कहा, आगे बढ़ना है।

(ङ) सुभाष बाबू पर लाठियाँ क्यों पड़ीं?
(i) क्योंकि वे सरकार के आदेश के विरुद्ध जुलूस निकाल रहे थे।
(ii) क्योंकि वे सरकार के साथ मिलकर जनता के विरुद्ध साजिश रच रहे थे।
(iii) क्योंकि वे अत्यंत उग्र होकर विरोध नहीं कर रहे थे।
(iv) क्योंकि वे सरकार के विरोधी नहीं थे।
उत्तर (i) क्योंकि वे सरकार के आदेश के विरुद्ध जुलूस निकाल रहे थे।

अध्याय पर आधारित बहुविकल्पीय प्रश्न

1. कौसिल का नोटिस अंग्रेज सरकार के लिए क्या था?
(i) धमकी
(ii) एक निवेदन
(iii) खुली चुनौती
(iv) उपरोक्त सभी
उत्तर (iii) खुली चुनौती

2. 'डायरी का एक पन्ना' पाठ के आधार पर बताइए कि किस दृश्य को देखकर आँख मिच जाती थी?
(i) पुलिस के अत्याचार को देखकर
(ii) क्रांतिकारियों को देखकर
(iii) लाल चौक को देखकर
(iv) महिलाओं को देखकर
उत्तर (i) पुलिस के अत्याचार को देखकर

3. मुख्य सभा शाम के समय कहाँ प्रस्तावित होनी थी?
(i) पुलिस चौकी के सामने
(ii) मोनूमेंट के नीचे
(iii) सुंदरी पार्क में
(iv) विद्यालय में
उत्तर (ii) मोनूमेंट के नीचे

4. जब जुलूस लाल बाजार पहुँचा तो लोगों का क्या हाल हुआ?
(i) लोगों पर लाठियाँ बरसी
(ii) लोगों का बुरा हाल हो गया
(iii) जुलूस एक बड़ी भीड़ बन गया
(iv) उपरोक्त सभी
उत्तर (iv) उपरोक्त सभी

5. पुलिस द्वारा बड़े-बड़े पार्कों और मैदानों को घेरने का क्या कारण था?
(i) लोग आपस में बातचीत न कर सकें
(ii) लोग झंडा न फहरा सकें
(iii) लोग घूम न सकें
(iv) उपरोक्त सभी

उत्तर (ii) लोग झंडा न फहरा सकें

6. सुभाष बाबू द्वारा जुलूस के समय क्या बोला जा रहा था?
(i) जयसिंह (ii) भारत माता की जय
(iii) वंदे मातरम् (iv) इंकलाब जिंदाबाद

उत्तर (iii) वंदे मातरम्

7. स्त्रियों ने कहाँ खड़े होकर झंडा फहराया?
(i) चौराहे पर
(ii) धर्मतल्ले के मोड़ पर
(iii) पार्क के बीच में
(iv) मोनूमेंट की सीढ़ियों पर चढ़कर

उत्तर (iv) मोनूमेंट की सीढ़ियों पर चढ़कर

8. जुलूस में घायल लोगों की फोटो किस कारण ली जा रही थी?
(i) सुभाष बाबू को दिखाने के लिए
(ii) अंग्रेज सरकार को दिखाने के लिए
(iii) प्रमाण के लिए ताकि यह देखा जा सके कि किन-किन लोगों ने जुलूस में भाग लिया
(iv) अन्य लोगों को जागरूक करके के लिए

उत्तर (iii) प्रमाण के लिए ताकि यह देखा जा सके कि किन-किन लोगों ने जुलूस में भाग लिया

9. 26 जनवरी, 1931 के दिन का इतिहास में क्या महत्त्व है?
(i) इस दिन भारत का संविधान लागू हुआ था।
(ii) इस दिन भारत छोड़ों आंदोलन की शुरुआत हुई थी।
(iii) इस दिन को भारतवासियों ने दूसरे स्वतंत्रता दिवस के रूप में मनाया था।
(iv) इस दिन भारत की आजादी की घोषणा की गई थी।

उत्तर (iii) इस दिन को भारतवासियों ने दूसरे स्वतंत्रता दिवस के रूप में मनाया था।

10. कलकत्तावासियों के द्वारा स्वतंत्रता दिवस मनाने के लिए प्रचार में कितना धन खर्च किया गया था?
(i) बारह सौ रुपये (ii) दो हजार रुपये
(iii) बीस हजार रुपये (iv) एक लाख रुपये

उत्तर (ii) दो हजार रुपये

11. प्रस्तुत पाठ के अनुसार, श्रद्धानंद पार्क में किसके द्वारा झंडा फहराया गया था?
(i) नेता जी सुभाष (ii) अविनाश बाबू
(iii) बृजलाल गोयनका (iv) पूर्णोदास

उत्तर (ii) अविनाश बाबू

12. सुभाष बाबू को गिरफ्तार क्यों किया गया था?
(i) झंडा फहराने से रोकने के लिए
(ii) महिलाओं का समर्थन करने के लिए
(iii) अंग्रेजों के विरुद्ध नारेबाजी रोकने के लिए
(iv) सभा में भाग लेने के लिए

उत्तर (i) झंडा फहराने से रोकने के लिए

विषय-वस्तु का ज्ञान, बोध अभिव्यक्ति पर आधारित प्रश्न

1 26 जनवरी, 1931 के दिन बड़े बाज़ार का माहौल कैसा था? **CBSE 2016, 11**

उत्तर 26 जनवरी, 1931 के दिन बड़े बाज़ार की साज-सज्जा सबको उत्साहित कर रही थी। कई मकान तो इस प्रकार सजाए गए थे मानो स्वतंत्रता मिल गई हो। कलकत्ता में हर जगह झंडे लगाए गए थे, जिन्हें देखकर लोग उत्साहित हो रहे थे। वस्तुतः लोग जिस रास्ते से भी जाते उसी रास्ते पर नवीनता तथा उत्साह दिखाई पड़ता था।

2 कलकत्ता में घरों पर राष्ट्रीय ध्वज लगाए जाने का कारण बताइए।

उत्तर 26 जनवरी, 1931 का दिन स्वतंत्रता दिवस मनाए जाने की प्रतिज्ञा का दिवस था। यहाँ स्त्री-पुरुष, विद्यार्थी सभी उत्साह से भरे हुए थे, उन्होंने अपने-अपने मकानों को राष्ट्रीय झंडे से सजा रखा था। उन्हें देखकर ऐसा लग रहा था, जैसे भारत को स्वतंत्रता प्राप्त हो चुकी है।

3 26 जनवरी, 1931 को ट्रैफ़िक पुलिस सड़कों पर क्यों दिखाई नहीं दे रही थी? साथ ही इस दिन तारा सुंदरी पार्क में हुई घटना को स्पष्ट कीजिए।

उत्तर 26 जनवरी, 1931 को ट्रैफ़िक पुलिस सड़कों पर इसलिए दिखाई नहीं दे रही थी, क्योंकि आंदोलनकारियों को रोकने के लिए ट्रैफ़िक पुलिस वालों को पार्कों, मैदानों और गलियों-सड़कों आदि स्थानों पर तैनात कर दिया गया था। इस दिन तारा सुंदरी पार्क में बड़ा बाज़ार कांग्रेस कमेटी के युद्ध मंत्री हरिश्चंद्र सिंह झंडा फहराने गए, पर वे भीतर न जा सके। वहाँ पर काफ़ी मारपीट हुई और दो-चार आदमियों के सिर फट गए तथा गुजराती सेविका संघ की ओर से निकले जुलूस से बहुत सी लड़कियों को गिरफ्तार कर लिया।

4 सुभाष बाबू ने कब और कैसे जुलूस निकाला? यह दिन किस अमर दिन की स्मृति में था? **CBSE 2010**

उत्तर सुभाष बाबू ने 26 जनवरी, 1931 को कलकत्ता में जुलूस निकाला। यह जुलूस सरकारी कानूनों का उल्लंघन करते हुए सार्वजनिक रूप से निकाला गया। यह दिन 26 जनवरी, 1930 को संपूर्ण भारत में मनाए गए प्रथम स्वतंत्रता दिवस की अमर स्मृति में था।

5 26 जनवरी, 1931 को ही स्वतंत्रता दिवस मनाए जाने का कारण स्पष्ट कीजिए।

उत्तर कांग्रेस ने अपने लाहौर अधिवेशन में यह तय किया था कि अब पूर्ण स्वतंत्रता से कम कुछ नहीं माँगा जाएगा और इसके लिए एक लंबे एवं स्थायी आंदोलन की शुरुआत की जाएगी। यही कारण है कि 26 जनवरी, 1930 को पूरे देश में भारत को पूर्ण स्वतंत्रता दिलाने के लिए हर प्रकार के त्याग और बलिदान करने की प्रतिज्ञा की गई। उसके बाद हर वर्ष, 26 जनवरी को स्वतंत्रता दिवस के रूप में मनाया जाने लगा।

6 26 जनवरी, 1931 को कलकत्ता के बड़े बाज़ार में राह चलते लोग किस दृश्य को देखकर उत्साहित हो रहे थे?

उत्तर 26 जनवरी, 1931 को कलकत्ता में राह चलते लोग पूरे शहर में की गई साज-सज्जा को देखकर उत्साहित हो रहे थे। उस दिन बड़े बाज़ार के सभी मकानों पर राष्ट्रीय ध्वज फहराया गया था। कुछ मकानों को तो अत्यंत भव्यता से सजाया गया था। इसके साथ ही सड़कों पर बड़ी संख्या में गोरखे सैनिक, सारजेंट तथा घुड़सवार पुलिस की तैनाती लोगों को बहुत प्रभावित कर रही थी।

7 स्वाधीनता आंदोलन में विद्यार्थियों की भूमिका को स्पष्ट कीजिए।

उत्तर स्वाधीनता आंदोलन में विद्यार्थियों ने भी योगदान दिया था। लाखों विद्यार्थी अपनी शिक्षा अधूरी छोड़कर स्वतंत्रता आंदोलन में कूद पड़े थे। कलकत्ता में भी मारवाड़ी बालिका विद्यालय तथा अन्य कई विद्यालयों में राष्ट्रीय झंडा फहराया गया था तथा बालिकाओं को जानकीदेवी, मदालसा आदि आंदोलनकारियों ने संबोधित करते हुए आंदोलन के साथ जुड़ने का आह्वान किया।

8 'ओपन लड़ाई' किसे कहा गया है? यह अपूर्व क्यों थी? **CBSE 2019**

उत्तर अंग्रेज़ी सरकार द्वारा विभिन्न धाराओं के तहत सार्वजनिक सभाओं को ग़ैर-कानूनी ठहरा दिया गया था और पुलिस सरकार के आदेश पालन को तत्पर थी। इन सबके बावजूद कौंसिल द्वारा नोटिस निकाला गया कि मोनुमेंट के नीचे ठीक चार बजकर चौबीस मिनट पर राष्ट्रीय ध्वज फहराया जाएगा तथा स्वतंत्रता की प्रतिज्ञा पढ़ी जाएगी। इसे ही 'ओपन लड़ाई' कहा गया। यह अपूर्व थी, क्योंकि इससे पूर्व कभी इतना बड़ा जुलूस नहीं निकाला गया था।

9 मोनुमेंट के नीचे सभा क्यों की जा रही थी?

उत्तर 26 जनवरी, 1931 का दिन अखिल भारतीय राष्ट्रीय कांग्रेस द्वारा देश को पूर्ण स्वतंत्रता प्रदान करने की माँग की घोषणा का दिन था। कलकत्ता में भी इसी उद्‌देश्य से मोनुमेंट के नीचे सभा आयोजित की जा रही थी, जिससे भारत को अंग्रेज़ों की दासता से पूर्ण रूप से मुक्त कराने के लिए शहरवासियों में जागृति उत्पन्न की जा सके।

10 26 जनवरी, 1931 को सुभाष बाबू की भूमिका क्या थी?

उत्तर 26 जनवरी, 1931 को जुलूस निकालने में सुभाष बाबू की बहुत महत्त्वपूर्ण भूमिका थी। वह जुलूस का नेतृत्व कर रहे थे और ठीक चार बजकर दस मिनट पर जुलूस लेकर आ गए थे। पुलिस ने उनको चौरंगी पर रोकने का प्रयास किया, परंतु असफल रही। पुलिस ने उन पर लाठियाँ भी चलाईं, परंतु वह आगे बढ़ने का निश्चय कर चुके थे। वह ज़ोर-ज़ोर से वंदे मातरम् बोलकर सबका उत्साहवर्द्धन कर रहे थे।

11 पुलिस द्वारा कलकत्ता में आंदोलनकारियों पर लाठीचार्ज करने और उन्हें लॉकअप में रखने के बाद भी उनका उत्साह ठंडा क्यों नहीं पड़ रहा था?

उत्तर स्वतंत्रता आंदोलन में भाग लेने वाले कलकत्तावासी देश-प्रेम और मरने-मारने की भावना को अपने दिलों में सँजोए हुए थे। पुलिस की लाठी से चोट लगने, जेल जाने या किसी अन्य व्यक्तिगत नुकसान का उन्हें भय नहीं था। उन्हें देश को स्वतंत्र कराने की भावना ने ओत-प्रोत कर दिया था, इसलिए पुलिस द्वारा हर प्रकार का अत्याचार किए जाने के बाद भी उनका उत्साह ठंडा नहीं पड़ रहा था।

12 26 जनवरी, 1931 के दिन कलकत्ता में मार्गों की क्या स्थिति हो गई थी? बताइए। **CBSE 2015**

उत्तर 26 जनवरी, 1931 के दिन कलकत्ता के सभी मार्गों पर पुलिस पहरा दे रही थी ताकि स्वतंत्रता दिवस पर झंडा न फहराया जा सके। इतना सख्त पहरा होने के बाद भी स्वतंत्रता सेनानियों ने जगह-जगह झंडे फहराए। पुलिस ने सभी क्रांतिकारियों के साथ मारपीट की और उन्हें गिरफ़्तार किया गया, जिसमें 105 स्त्रियाँ भी थीं। प्रत्येक मार्ग में क्रांतिकारियों के जुलूस निकल रहे थे और पुलिस द्वारा उन्हें रोकने के लिए घातक प्रयास किए जा रहे थे।

13 "एक संगठित समाज कृतसंकल्प हो तो ऐसा कुछ भी नहीं जो वह न कर सके।" 'डायरी का एक पन्ना' पाठ के संबंध में कहे गए उक्त कथन की उदाहरण सहित पुष्टि कीजिए। **CBSE 2020**

उत्तर 'डायरी का एक पन्ना' पाठ क्रांतिकारियों की कुर्बानियों की याद दिलाते हुए इस तथ्य की पुष्टि करता है कि यदि एक संगठित समाज कृतसंकल्प हो तो ऐसा कुछ भी नहीं, जो वह न कर सके। 26 जनवरी, 1931 के दिन कलकत्ता में राष्ट्रीय ध्वज फहराने के लिए हजारों की संख्या में स्त्री-पुरुषों ने बढ़-चढ़कर हिस्सा लिया। अंग्रेजी प्रशासकों ने इसे उनका अपराध मानते हुए उन

पर लाठीचार्ज करना शुरू कर दिया, जिसमें अधिक संख्या में लोग घायल हुए, किंतु फिर भी अंग्रेजों के क्रूर अत्याचारों को सहन करते हुए भी कलकत्तावासियों ने संगठित होकर अपूर्व उत्साह, साहस एवं बलिदान का परिचय दिया। साथ ही अपने संकल्प को पूरा करने के लिए राष्ट्रीय ध्वज फहराया।

14 डॉक्टर दासगुप्ता का 26 जनवरी, 1931 के आंदोलन में क्या योगदान था?

उत्तर 26 जनवरी, 1931 के आंदोलन में डॉक्टर दासगुप्ता घायलों की देख-रेख का महत्त्वपूर्ण कार्य कर रहे थे। वे इन घायलों का उपचार करने के साथ-साथ उनकी फ़ोटो भी उतरवा रहे थे, ताकि भविष्य में इन चित्रों के माध्यम से लोगों को पुलिस के दमन तथा आंदोलनकारियों के त्याग के विषय में बताया जा सके।

15 कलकत्तावासियों के माथे पर क्या कलंक था और उन्होंने इसे किस प्रकार मिटाया? **CBSE 2019**

अथवा **बंगाल के नाम पर क्या कलंक था और वह कैसे धुला? 'डायरी का एक पन्ना' नामक पाठ के आधार पर लिखिए।** **CBSE 2016, 14**

उत्तर कलकत्तावासियों के माथे पर यह कलंक था कि वे पूरे उत्साह और जोश के साथ अंग्रेज़ी सरकार के खिलाफ़ संघर्ष नहीं करते, परंतु उन्होंने 26 जनवरी, 1931 के दिन सुभाष बाबू के नेतृत्व में बहुत बड़ा जुलूस निकालकर इसे मिथ्या साबित कर दिया, उन्होंने सरकारी कानून का उल्लंघन करते हुए अपने साहस का परिचय दिया। इस प्रकार उन्होंने अपने ऊपर लगे कलंक को मिटा दिया।

16 'डायरी का एक पन्ना' पाठ में क्या महत्त्वपूर्ण संदेश दिया गया है? **CBSE 2018, 13**

उत्तर यह पाठ इस तथ्य को रेखांकित करता है कि देश को स्वतंत्रता आसानी से प्राप्त नहीं हुई। इसके लिए प्रत्येक भारतवासी ने अपना अभिन्न योगदान दिया। जब अंग्रेज़ी शासकों ने भारतीयों के विरुद्ध हिंसा का सहारा लिया। लाखों आंदोलनकारियों ने अपनी जान की परवाह न करते हुए अंग्रेज़ी सरकार के कानूनों का उल्लंघन कर, उनके विरुद्ध अहिंसक आंदोलन किया। इसमें स्त्री-पुरुष का भेद भी मिट गया।

17 सुभाष बाबू ने जुलूस क्यों निकाला? इस जुलूस में क्या हुआ?

उत्तर सुभाष बाबू ने स्वतंत्रता प्राप्ति की माँग मनवाने के लिए जुलूस निकाला। पूरे भारत की तरह वह भी कलकत्ता को इस बात के लिए प्रेरित करना चाहते थे कि देश को अब अधिक समय तक गुलाम बनाकर नहीं रखा जा सकता।

सुभाष बाबू द्वारा निकाले गए जुलूस में कलकत्ता शहर के कोने-कोने से युवक-युवतियाँ, विद्यार्थी, व्यापारी आदि सभी वर्गों के लोगों ने भाग लिया। उस दिन कलकत्ता की सभी सड़कें आंदोलनकारियों से इस कदर भर गईं थीं कि पुलिस को उन्हें रोकने के लिए भयंकर लाठीचार्ज करना पड़ा, जिसमें अनेक आंदोलनकारियों को गंभीर चोटें आईं और सैकड़ों स्त्री-पुरुषों को लॉकअप में बंद होना पड़ा। इन सबके बावजूद लोगों का उत्साह मंद नहीं पड़ा।

18 जुलूस और प्रदर्शन को रोकने के लिए पुलिस का क्या प्रबंध था? 'डायरी का एक पन्ना' पाठ के आधार पर लिखिए। **CBSE 2011, 10**

उत्तर पुलिस ने जुलूस और प्रदर्शन को रोकने के लिए अनेक प्रबंध किए थे। उस दिन पुलिस को हर मुख्य स्थान पर लगा दिया गया था। पुलिस की कमी न हो, इसके लिए ट्रैफ़िक पुलिस को ट्रैफ़िक से हटाकर लोगों को राष्ट्रीय झंडा फहराने से रोकने तथा जुलूस को रोकने के लिए स्थान-स्थान पर लगाया गया था।

शहर के हर मोड़ पर गोरखे तथा सारजेंट की ड्यूटी लगाई गई थी। दिन-रात पुलिस लारी में घूम-घूमकर कानून व्यवस्था को बनाए रखने में लगी हुई थी। 26 जनवरी, 1931 को सुबह से ही सभी पार्कों और मैदानों को पुलिस ने पूरी तरह घेर लिया था ताकि आंदोलनकारी झंडारोहण न कर सकें। जो लोग इस काम में भाग लेने वाले थे, उन्हें भी नोटिस जारी कर दिया गया था।

19 भारतीय स्वतंत्रता आंदोलन के इतिहास में '26 जनवरी' की तिथि के महत्त्व को पाठ से संदर्भ ग्रहण करते हुए स्पष्ट कीजिए।

उत्तर स्वतंत्रता के लिए राष्ट्रपिता महात्मा गाँधी एवं स्वतंत्रता संग्राम के अन्य नायकों द्वारा चलाए गए संघर्ष एवं आंदोलनों की चरम परिणति 15 अगस्त, 1947 को देश की स्वतंत्रता प्राप्ति के रूप में हमें मिली, लेकिन इसकी वास्तविक एवं व्यवस्थित शुरुआत वर्ष 1929 के कांग्रेस के लाहौर अधिवेशन से ही हो गई थी। इसी क्रम में 26 जनवरी, 1930 को पहली बार देशवासियों ने 'पूर्ण स्वतंत्रता' हेतु हर प्रकार के बलिदान की प्रतिज्ञा की।

इस तिथि के ऐतिहासिक महत्त्व को उस समय एक अपूर्व गौरव एवं अमिट पहचान प्राप्त हुई, जब 26 जनवरी, 1950 को दुनिया के सबसे बड़े संविधान की छत्र-छाया में स्वतंत्र भारत ने स्वयं को पूर्णतः धर्मनिरपेक्ष गणतंत्र घोषित किया तथा नागरिक अधिकारों एवं कर्तव्यों को सर्वाधिक उदार एवं व्यापक स्वीकृति देकर वास्तविक स्वाधीनता प्राप्त की। आज हमारा देश विश्व का सबसे बड़ा लोकतांत्रिक देश है। प्रस्तुत पाठ में स्वतंत्रता प्राप्ति की प्रतिज्ञा पढ़ने, राष्ट्रीय ध्वज फहराने और ब्रिटिश शासन की दमनात्मक कार्यवाही का अहिंसक ढंग से विरोध करने का मार्मिक वर्णन हुआ है।

20 **कलकत्ता में 26 जनवरी, 1931 को हुए आंदोलन में महिलाओं का बढ़-चढ़कर हिस्सा लेना यह स्पष्ट करता है कि स्वाधीनता-संघर्ष में महिलाओं की भूमिका पुरुषों से कम नहीं थी। पाठ के संदर्भ में स्वतंत्रता आंदोलन में महिलाओं की भूमिका को रेखांकित कीजिए।**

उत्तर भारत के स्वतंत्रता आंदोलन में प्रत्येक निर्णायक मोड़ पर महिलाओं ने पुरुषों के साथ संघर्ष को गति दी। स्वतंत्रता के प्रथम संग्राम के दौरान 1857 ई. में जहाँ झाँसी की रानी लक्ष्मीबाई तथा लखनऊ की बेगम हज़रत महल ने अग्रणी भूमिका निभाई थी।

प्रस्तुत पाठ के अंतर्गत जमना लाल बजाज की पुत्री मदालसा की गिरफ़्तारी और उनकी पत्नी जानकीदेवी तथा गुजराती सेविका संघ, मारवाड़ी विद्यालय की बालिकाओं का जुलूस निकालने एवं सार्वजनिक गिरफ़्तारी देने का उल्लेख हुआ है। लेखक ने यह भी स्पष्ट तौर पर बताया है कि कलकत्ता के इस आंदोलन में 105 स्त्रियों ने अपनी गिरफ़्तारी दी, जो बड़ी संख्या थी। इन सब बातों से स्पष्ट होता है कि स्वतंत्रता संग्राम में महिलाओं की भूमिका किसी भी तरह से पुरुषों से कम नहीं थी।

स्वमूल्यांकन

गद्यांश पर आधारित बहुविकल्पात्मक प्रश्न

निम्नलिखित गद्यांशों को ध्यानपूर्वक पढ़कर पूछे गए प्रश्नों के सही विकल्प चुनिए।

1 यह सब तो अपने सुनी हुई लिख रहे हैं पर सुभाष बाबू का और अपना विशेष फ़ासला नहीं था। सुभाष बाबू बड़े जोर से वंदे मातरम् बोलते थे, यह अपनी आँख से देखा। पुलिस भयानक रूप से लाठियाँ चला रही थीं। क्षितीश चटर्जी का फटा हुआ सिर देखकर तथा उसका बहता हुआ खून देखकर आँख मिच जाती थी। इधर यह हालत हो रही थी कि उधर स्त्रियाँ मोनुमेंट की सीढ़ियों पर चढ़ झण्डा फहरा रही थीं और घोषणा पढ़ रही थीं। स्त्रियाँ बहुत बड़ी संख्या में पहुँच गई थीं। प्राय: सबके पास झंडा था। जो वालेंटियर गए थे वे अपने स्थान से लाठियाँ पड़ने पर भी हटते नहीं थे।

(क) 'यह अपनी आँख से देखा' पंक्ति में 'यह' शब्द किसके लिए प्रयुक्त हुआ है?
(*i*) सुभाष बाबू (*ii*) पुलिस
(*iii*) लेखक (*iv*) क्षितिश चटर्जी

उत्तर (*iii*) लेखक

(ख) 'आँख मिच जाना' का क्या अर्थ है?
(*i*) आँखे बंद हो जाना
(*ii*) आँखों में आँसू आ जाना
(*iii*) आँखों में धूल चले जाना
(*iv*) आँखों से दूर हो जाना

उत्तर (*i*) आँखे बंद हो जाना

(ग) क्षितिश चटर्जी की स्थिति इतनी भयानक क्यों हुई?
(*i*) पुलिस की लाठियाँ पड़ने से
(*ii*) सभा में अफरा-तफरी मचने से
(*iii*) लोगों के आपसी झगड़ों से
(*iv*) जनता के उग्र रूप धारण करने से

उत्तर (*i*) पुलिस की लाठियाँ पड़ने से

(घ) गद्यांश के अनुसार वालेंटियर की क्या विशेषता थी?
(*i*) वे सभा करने के लिए एकजुट होना चाहते थे।
(*ii*) वे लाठियाँ पड़ने पर भी हटते न थे।
(*iii*) वे पुलिस से दो-दो हाथ कर रहे थे।
(*iv*) वे बिना समय गवाएँ आगे बढ़ना चाहते थे।

उत्तर (*ii*) वे लाठियाँ पड़ने पर भी हटते न थे।

(ङ) मोनुमेंट की सीढ़ियों पर चढ़कर झंडा कौन फहरा रहा था?
(*i*) सुभाष बाबू (*ii*) क्षितिश चटर्जी
(*iii*) स्त्रियाँ (*iv*) वालेंटियर

उत्तर (*iii*) स्त्रियाँ

2 सुभाष बाबू को पकड़ लिया गया और गाड़ी में बैठाकर लाल बाजार लॉकअप में भेज दिया गया। कुछ देर बाद ही स्त्रियाँ जुलूस बनाकर वहाँ से चलीं। साथ में बहुत बड़ी भीड़ इकट्ठी हो गई। बीच में पुलिस कुछ ठण्डी पड़ी थी, उसने फिर डंडे चलाने शुरू कर दिए। अबकी बार भीड़ ज्यादा होने के कारण बहुत आदमी घायल हुए। धर्मतल्ले के मोड़ पर आकर जुलूस टूट गया और करीब 50-60 स्त्रियाँ वहीं मोड़ पर बैठ गईं। पुलिस ने उनको पकड़कर लालबाजार भेज दिया। स्त्रियों का एक भाग आगे बढ़ा जिसका नेतृत्व विमल प्रतिभा कर रही थीं। उनको बहू

बाजार के मोड़ पर रोका गया और वे वहीं मोड़ पर बैठ गईं। आस-पास बहुत बड़ी भीड़ इकट्ठी हो गई, जिस पर पुलिस बीच-बीच में लाठी चलाती थी।

(क) पुलिस द्वारा डंडे चलाए जाने का क्या परिणाम सामने आया?
(i) बहुत संख्या में लोग घायल हुए।
(ii) लोग डर कर वहाँ से भाग गए।
(iii) सरकार ने पुलिस की सराहना की।
(iv) पुलिस को जनता का सहयोग मिला।
उत्तर (i) बहुत संख्या में लोग घायल हुए।

(ख) सुभाष बाबू को लॉकअप में भेजने के बाद क्या हुआ?
(i) जुलूस ठंडा पड़ गया।
(ii) पुलिस ने अत्याचार करना बंद कर दिया।
(iii) स्त्रियाँ जुलूस बनाकर वहाँ से चली।
(iv) क्रांतिकारियों का एक नया दल निर्मित हुआ।
उत्तर (iii) स्त्रियाँ जुलूस बनाकर वहाँ से चली।

(ग) धर्मतल्ले के मोड़ पर आकर जुलूस क्यों टूट गया?
(i) भीड़ की अधिकता के कारण
(ii) पुलिस की लाठियों के कारण
(iii) वैचारिक मतभेद के कारण
(iv) सुविधाओं के अभाव के कारण
उत्तर (ii) पुलिस की लाठियों के कारण

(घ) पुलिस ने किसे लालबाजार भेज दिया?
(i) क्रांतिकारियों को
(ii) सुभाष बाबू को
(iii) विमल प्रतिभा को
(iv) स्त्रियों को
उत्तर (iv) स्त्रियों को

(ड) स्त्रियों के जुलूस का नेतृत्व कौन कर रहा था?
(i) विमल प्रतिभा
(ii) मदालसा देवी
(iii) जानकी देवी
(iv) प्रतिभा देवी
उत्तर (i) विमल प्रतिभा

अध्याय पर आधारित बहुविकल्पात्मक प्रश्न

1. जुलूस के टूटने पर स्त्रियों ने क्या किया?
(i) स्त्रियाँ डर कर भाग गई
(ii) 50-60 स्त्रियाँ मोड़ पर ही बैठ गई
(iii) स्त्रियों ने छिपकर घटना का जायजा किया
(iv) स्त्रियाँ बेकाबू हो गई
उत्तर (ii) 50-60 स्त्रियाँ मोड़ पर ही बैठ गई

2. पाठ के अनुसार, डॉ. दास गुप्ता क्या भूमिका निभा रहे थे?
(i) वे अंग्रेजों को गुप्त सूचना दे रहे थे।
(ii) वे घायलों की देखभाल कर उनके फोटो भी उतरवा रहे थे।
(iii) वे सुभाष बाबू के अंगरक्षक की भूमिका निभा रहे थे।
(iv) वे स्त्रियों के जुलूस का प्रतिनिधित्व कर रहे थे।
उत्तर (ii) वे घायलों की देखभाल कर उनके फोटो भी उतरवा रहे थे।

3. 'डायरी का एक पन्ना' पाठ हमें क्या संदेश देता है?
(i) देशभक्ति का
(ii) मिल-जुलकर कार्य करने का
(iii) आजादी के संघर्ष का
(iv) उपरोक्त सभी
उत्तर (iv) उपरोक्त सभी

विषय-वस्तु का ज्ञान, बोध अभिव्यक्ति पर आधारित प्रश्न

निम्नलिखित प्रश्नों के उत्तर दीजिए

(i) घायलों की देखरेख तथा फ़ोटो उतरवाने का कार्य कौन कर रहा था तथा क्यों?
(ii) 26 जनवरी, 1931 के दिन स्त्रियों की भूमिका स्पष्ट कीजिए।
(iii) बड़ा-बाज़ार में क्या हुआ था? स्पष्ट कीजिए।
(iv) आंदोलन में किन-किन व्यक्तियों ने महत्त्वपूर्ण भूमिका निभाई? संक्षेप में बताइए।
(v) पाठ के आधार पर बड़ा बाज़ार में घटित हुए घटनाक्रम का वर्णन कीजिए।
(vi) लेखक ने 26 जनवरी के दिन को अमर क्यों कहा है? वर्णन कीजिए।

अध्याय

03

तताँरा-वामीरो कथा

(लीलाधर मंडलोई)

पाठ की रूपरेखा

प्रस्तुत पाठ 'ततॉंरा-वामीरो कथा' अंडमान निकोबार की प्रसिद्ध लोककथा है। इस द्वीप के दो टुकड़ों की कथा को ततॉंरा-वामीरो के प्रेम- प्रसंग के माध्यम से प्रस्तुत किया गया है। इस द्वीप समूह में अनेक जनजातियों का निवास था। उनके अपने रीति-रिवाज़, पर्व तथा रूढ़-परंपराएँ थीं। वामीरो के गाँव की एक रूढ़िवादी परंपरा के अनुसार, दूसरे गाँव के साथ विवाह संबंध बनाने की अनुमति नहीं थी। इस परंपरा को तोड़ने के लिए किस तरह ततॉंरा-वामीरो ने अपने प्राण त्याग दिए। प्रस्तुत पाठ में उनके उसी आत्म बलिदान का वर्णन किया गया है।

लेखक-परिचय

लीलाधर मंडलोई का जन्म वर्ष 1954 में जन्माष्टमी को छिंदवाड़ा जिले के एक छोटे से गाँव 'गुढ़ी' में हुआ। इनकी शिक्षा-दीक्षा भोपाल और रायपुर में हुई। वर्ष 1987 में लंदन की ओर से उच्च शिक्षा के लिए आमंत्रित किए गए। इन्होंने प्रसार भारती दूरदर्शन के महानिदेशक का कार्यभार भी सँभाला। लीलाधर मंडलोई मुख्य रूप से कवि हैं। इनकी कविताओं में छत्तीसगढ़ के जनजीवन तथा वहाँ की बोली का स्पष्ट रूप देखने को मिलता है। इन्होंने अंडमान निकोबार द्वीपसमूह की जनजातियों पर गद्य रचना की है, जो अपने आप में एक समाजशास्त्रीय अध्ययन भी है। इन्होंने लोककथा, लोकगीत, डायरी, यात्रा-वृत्तांत, मीडिया, रिपोर्ताज़ और आलोचना लेखन भी किया है। *इनकी प्रमुख कृतियाँ निम्नलिखित हैं*

कविता संग्रह – घर-घर घूमा, रात-बिरात, ये बदमस्ती तो होगी, मनवा बेपरवाह, एक बहुत कोमल तान, काला पानी, देखा-अनदेखा।

लोक कथाएँ – अंडमान निकोबार की लोक कथाएँ, पहाड़ और परी का सपना।

बाल कहानी संग्रह – चाँद पर धब्बा, पेड़ बोलते हैं।

पाठ का सार

लिटिल अंडमान

अंडमान द्वीपसमूह का अंतिम द्वीपसमूह लिटिल अंडमान है। इसी तरह निकोबार द्वीपसमूह के पहले द्वीप का नाम कार-निकोबार है। यह कहा जाता है कि पहले कभी ये दोनों एक हुआ करते थे और उसके विषय में यह कथा प्रचलित है।

ततॉंरा : एक सुंदर एवं बलिष्ठ युवक

जब लिटिल अंडमान और कार-निकोबार द्वीप आपस में जुड़े हुए थे, उस समय वहाँ एक सुंदर एवं बलिष्ठ युवक रहता था–ततॉंरा। ततॉंरा 'पासा' गाँव का रहने वाला था। वह बहुत अच्छे स्वभाव का था और मुसीबत में सबके काम आता था। यही कारण है कि उसे सभी लोग आदर व सम्मान की दृष्टि से देखते थे तथा उसे अपने पारिवारिक और सामाजिक कामों में बुलाया करते थे। कहते हैं कि उसके पास लकड़ी की बनी एक तलवार थी, जिसे वह सदैव अपने साथ रखता था। उसे इस तलवार को चलाते हुए किसी ने नहीं देखा था, लेकिन लोगों का मानना था कि उसकी तलवार में अद्भुत शक्ति थी।

ततॉंरा-वामीरो की मुलाकात

एक शाम जब ततॉंरा समुद्री बालू पर बैठकर सूरज की अंतिम रंग-बिरंगी किरणों को निहार रहा था, तभी उसे पास ही एक मधुर गीत सुनाई दिया। उसे वह गीत इतना मधुर लगा कि वह मदहोश होकर गीत के स्वर की ओर बढ़ने लगा। तभी उसकी नज़र एक युवती पर पड़ी, जो एक श्रृंगार गीत गा रही थी। इसी समय एक समुद्री लहर ने उसे भिगो दिया और उसने गीत गाना बंद कर दिया। वह युवती वामीरो थी, जो 'लपाती' गाँव की रहने वाली थी।

तताँरा का वामीरो से अनुरोध

गीत रुकते ही तताँरा बेचैन हो गया और उसने वामीरो से पूछा कि उसने गीत गाना बंद क्यों कर दिया? इस पर वामीरो ने बेरुखी से उससे पूछा कि वह छिपकर उसका गाना क्यों सुन रहा है? तताँरा ने उसकी बात न सुनकर फिर से अपना वही प्रश्न दोहराया। इस प्रकार कई बार वामीरो ने उससे बेरुखी से बात की और तताँरा उससे गीत गाने का अनुरोध करता रहा।

अंत में वामीरो ने उससे पूछा कि क्या वह इस गाँव का नियम नहीं जानता, जो बार-बार गीत गाने के लिए कहे जा रहा है। यह कहकर वह वापस जाने लगी तो तताँरा उससे गिड़गिड़ाते हुए बोला कि वह उसे माफ़ कर दे, क्योंकि वह उसे देखकर विचलित हो गया था। उसने वामीरो से उसका नाम पूछा। वामीरो ने अपना नाम बताया तो तताँरा को ऐसा लगा मानो उसके कानों में किसी ने रस घोल दिया हो। उसने वामीरो से अगले दिन फिर इसी स्थान पर आने को कहा, तो वामीरो अनमने मन से 'नहीं' कहकर अपने गाँव की ओर वापस भागी। इसके बाद तताँरा ने उसे अपना नाम बताया और कहा कि कल वह इसी स्थान पर उसकी प्रतीक्षा करेगा।

वामीरो की बेचैनी

वामीरो पर तताँरा का प्रभाव जम चुका था। उसकी आँखों के सामने बार-बार तताँरा का चेहरा आ जाता। उसने तताँरा के विषय में बहुत-सी बातें सुनी थीं, किंतु वह उसे उन सब बातों से अलग लगा। उसे तताँरा ऐसा ही युवक लगा, जिसके विषय में उसने अपने जीवनसाथी के रूप में कल्पना की थी, किंतु परेशानी यह थी कि वह उसके गाँव का नहीं था और गाँव का यह नियम था कि किसी बाहरी युवक का विवाह गाँव की युवती से नहीं हो सकता था। इसी कारण वह निराश हो गई और उसे भूलने की कोशिश करने लगी।

तताँरा-वामीरो का पुनर्मिलन

तताँरा और वामीरो दोनों एक-दूसरे से मिलने को बेचैन थे, इसलिए उनका समय काटना कठिन हो गया। अगले दिन जैसे ही शाम हुई, तताँरा उसी स्थान पर पहुँच गया और वामीरो को ढूँढ़ने लगा, जहाँ वह उसे कल मिली थी। अचानक उसने नारियल के पेड़ों में वामीरो की छाया को देखा, जो छिपते-छिपाते उससे मिलने आई थी। दोनों एक-दूसरे को चुपचाप एकटक देखते रहे।

तताँरा-वामीरो की मुलाकात का भेद खुलना

अब रोज़ ही दोनों उस स्थान पर मिलने लगे। दोनों एक-दूसरे को देखते रहते, एक शब्द भी नहीं कहते। एक दिन लपाती के कुछ युवकों ने दोनों को एक साथ देख लिया और यह बात सारे गाँव में फैल गई। दोनों को उनके गाँववालों ने समझाया कि दोनों अलग- अलग गाँव के हैं। अतः दोनों का संबंध संभव नहीं है, परंतु दोनों पर गाँववालों की बातों का कुछ भी असर नहीं हुआ और वे इसी प्रकार समुद्र के किनारे रोज़ मिलते रहे।

वामीरो के अपमान पर ततांरा की प्रतिक्रिया

कुछ समय बाद पासा गाँव में पशु-पर्व का आयोजन हुआ। इस पर्व में पशुओं का प्रदर्शन और पशुओं एवं युवकों के बीच शक्ति-प्रदर्शन, उत्सव, नृत्य, भोजन आदि का आयोजन होता था, किंतु ततांरा यहाँ भी वामीरो को ही तलाशता रहा। अचानक उसे लगा कि कोई उसे नारियल के झुरमुट से देख रहा है। यह वामीरो थी।

वह ततांरा को देखकर ज़ोर से रो पड़ी और धीरे-धीरे उसके रोने का स्वर ऊँचा होता गया। उसके रोने की आवाज़ सुनकर वामीरो की माँ वहाँ आ गई और उसने ततांरा का बहुत अपमान किया। ततांरा से यह सहन नहीं हुआ। उसने क्रोध में आकर अपनी लकड़ी की तलवार निकाली और उसे पूरी शक्ति के साथ धरती में गाड़ दिया।

इसके बाद वह उसे खींचते-खींचते दूर तक चला गया। तलवार को ज़मीन में गाड़े हुए वह द्वीप के अंतिम छोर तक पहुँच गया।

धरती में दरार

जहाँ तक ततांरा की तलवार धरती में लगी थी, वहीं से धरती के दो भाग हो गए। अब ततांरा एक ओर खड़ा था और वामीरो दूसरी ओर। यह दृश्य देखकर वह चिल्ला पड़ी—ततांरा ...ततांरा ... ततांरा। अब तक धरती में दरार पड़ चुकी थी और ततांरा जिस भाग पर खड़ा था, वह भाग अब धरती में धँसने लगा था। अचानक उसे होश आया और उसने छलाँग लगाकर दूसरे सिरे को पकड़ने की कोशिश की, किंतु उसकी यह कोशिश सफल नहीं हो सकी और वह समुद्र की ओर फिसलने लगा। इस समय उसके मुँह से एक ही शब्द निकल रहा था—वामीरो। इसी तरह वामीरो भी उसका नाम पुकार रही थी। ततांरा लहूलुहान होकर अचेत हो गया। वह कटे हुए द्वीप के अंतिम भूखंड पर पड़ा हुआ था, जो अभी तक दूसरे भाग से संयोगवश जुड़ा हुआ था।

ततांरा-वामीरो का अंत

ततांरा बहता हुआ कहाँ गया और उसका क्या हुआ, यह कोई नहीं जानता। दूसरी ओर वामीरो ततांरा का वियोग सहन कर पाने में असमर्थ हो चुकी थी। वह रोज़ उसी स्थान पर जाती और ततांरा को ढूँढ़ती। उसने खाना-पीना छोड़ दिया और अपने परिवार से अलग हो गई। लोगों ने उसे ढूँढ़ने की कोशिश की, लेकिन वे असफल रहे।

ततांरा-वामीरो की कथा का प्रभाव

आज दोनों ही नहीं हैं, लेकिन उनकी यह प्रेमकथा घर-घर में सुनाई जाती है। निकोबार के लोगों का मत है कि ततांरा की तलवार से कार-निकोबार के जो टुकड़े हुए, उसका दूसरा हिस्सा लिटिल अंडमान है, जो कार-निकोबार से 96 किमी की दूरी पर है। ततांरा-वामीरो के बलिदान के पश्चात् निकोबारी दूसरे गाँवों में भी वैवाहिक संबंध करने लगे हैं। वैवाहिक संबंधों में आने वाले इस परिवर्तन को शायद ततांरा-वामीरो के बलिदान ने संभव किया है।

» शब्दार्थ

पृष्ठ संख्या NCERT की पाठ्यपुस्तक (स्पर्श भाग-2) के अनुसार हैं।

पृष्ठ संख्या 79 द्वीपसमूह—समुद्री टापुओं का समूह; शृंखला—क्रम, कड़ी; आदिम—प्रारंभिक; विभक्त—बँटा हुआ; लोककथा—जन-समाज में प्रचलित कथा; नेक—भला, अच्छा; अपितु—बल्कि; आत्मीय—अपना; पारंपरिक—परंपरा से चली आ रही; दैवीय शक्ति— ईश्वरीय शक्ति; साहसिक कारनामा—साहसपूर्ण कार्य; विलक्षण—असाधारण; अथक परिश्रम—बिना थके हुए मेहनत करना; क्षितिज—धरती और आकाश के मिलन का स्थान; बयार—हवा, मंद वायु; विचारमग्न—विचार में डूबा हुआ; गायन—गाना; प्रबल वेग—तेज़ धक्का; तंद्रा—एकाग्रता; चैतन्य—चेतना, सजग।

पृष्ठ संख्या 80 विकल—बेचैन; अंततः—आखिरकार; एकटक—लगातार; शृंगार-गीत—प्रेम भरा गीत; निःशब्द—चुपचाप, बिना आवाज़ किए हुए; संचार—उत्पन्न हुआ (भावना का); असंगत—अनुचित; सम्मोहित—मुग्ध; झुझलाना—चिढ़ना; निश्चयपूर्वक—दृढ़ता के साथ; ढीठता—निर्लज्जता; विचलित—अपने मार्ग से भटकना; चेतना—अनुभूति; आग्रह—ज़िद करना; केंद्रित—किसी पर टिकी या लगी हुई।

पृष्ठ संख्या 81 अन्यमनस्कतापूर्वक—जिसका चित्त कहीं और हो; बाट जोहना—प्रतीक्षा करना; निहारना—देखते रहना; झल्लाहट—खीझ; आँखों में तैरना—आँखों में दिखाई देना; कदाचित्—शायद; निर्निमेष—बिना पलक झपकाए; याचक—प्रार्थना करने वाला; व्यथित—दुःखी; आँचरहित—बिना किसी जोश के; अचंभित—चकित; रोमांचित—पुलकित; आशंका—भय; प्रतीक्षारत—प्रतीक्षा में लगा हुआ; झुरमुट—झुंड; ठिठक—चौंकना; सचेत—होश में; निश्चल—स्थिर; मूर्तिवत—मूर्ति की तरह; अनवरत—लगातार।

पृष्ठ संख्या 82 अफ़वाह—उड़ती ख़बर; तरल—भीगना; विह्वल—भावुक; किंकर्तव्यविमूढ़—असमंजस में पड़ना (क्या करूँ, क्या न करूँ); रुदन—रोना; उफनना—उबलना; निषेध परंपरा—वह परंपरा जिस पर रोक लगी हो; असहायता—कुछ न कर सकने की विवशता; सन्नाटा—खामोशी; शमन—शांत करना; भयाकुल—भय के कारण डरना; सिहरना—काँपना; करुण—दुःख भरा; चाकता—काटता।

पृष्ठ संख्या 83 लहूलुहान—खून से लथपथ; अचेत—बेहोश होना; विलग—अलग होना/बिछड़ जाना; त्यागमयी—बलिदान; परिवर्तन—बदलाव।

पाठ्यपुस्तक (स्पर्श भाग–2) के प्रश्नोत्तर

मौखिक

निम्नलिखित प्रश्नों के उत्तर एक-दो पंक्तियों में दीजिए

1 तताँरा-वामीरो कहाँ की कथा है?

उत्तर तताँरा-वामीरो उन द्वीपों की कथा है, जो आज लिटिल अंडमान और कार-निकोबार के नाम से जाने जाते हैं।

2 वामीरो अपना गाना क्यों भूल गई? **CBSE 2011, 10**

उत्तर वामीरो अपना गाना इसलिए भूल गई, क्योंकि अचानक समुद्र की ऊँची लहर ने उछलकर उसे भिगो दिया और वह हड़बड़ा कर गाना भूल गई थी।

3 तताँरा ने वामीरो से क्या याचना की? **CBSE 2015, 11, 10**

उत्तर तताँरा ने वामीरो से अपने मधुर गीत को पूरा करने और अगले दिन भी उसी समुद्री चट्टान पर आने की याचना की।

4 तताँरा और वामीरो के गाँव की क्या रीति थी?

उत्तर तताँरा और वामीरो के गाँव की रीति यह थी कि वहाँ के निवासी केवल अपने गाँववालों के साथ ही विवाह कर सकते थे।

5 क्रोध में ततााँरा ने क्या किया?

उत्तर क्रोध में ततााँरा ने कमर पर लटकी तलवार निकाल कर ज़मीन में गाड़ दी, जिसने धरती को दो टुकड़ों में बाँट दिया।

लिखित

(क) निम्नलिखित प्रश्नों के उत्तर (25-30 शब्दों में) लिखिए

1 ततााँरा की तलवार के बारे में लोगों का क्या मत था? **CBSE 2011, 10**

उत्तर ततााँरा की तलवार के बारे में लोगों का यह मत था कि यह तलवार लकड़ी की बनी होने के बावजूद अद्भुत एवं दैवीय शक्ति से परिपूर्ण है। ततााँरा इस तलवार को सदैव अपने साथ रखता था और दूसरों के सामने इसका उपयोग नहीं करता था।

2 वामीरो ने ततााँरा को बेरुखी से क्या जवाब दिया? **CBSE 2010**

उत्तर वामीरो ने ततााँरा को बेरुखी से यह जवाब दिया कि पहले बताओ! तुम कौन हो, इस तरह मुझे घूरने और इस असंगत प्रश्न का क्या कारण है? अपने गाँव के अलावा किसी और गाँव के युवक के प्रश्नों का उत्तर देने को मैं बाध्य नहीं।

3 ततााँरा-वामीरो की त्यागमयी मृत्यु से निकोबार में क्या परिवर्तन आया? **CBSE 2019, 11 10**

उत्तर जब ततााँरा बहता हुआ बहुत दूर पहुँच गया और सबने मान लिया कि उसकी मृत्यु हो गई है। वामीरो ने भी ततााँरा के वियोग में अपना परिवार छोड़ दिया था, बाद में उसकी भी मृत्यु हो गई। दोनों की मृत्यु से निकोबार में यह सुखद परिवर्तन आया कि दूसरे गाँवों में भी आपसी वैवाहिक संबंध होने लगे।

4 निकोबार के लोग ततांरा को क्यों पसंद करते थे? **CBSE 2011, 10**

उत्तर निकोबार के लोग ततांरा को इसलिए पसंद करते थे, क्योंकि वह सुंदर, शक्तिशाली, नेक, साहसी और परोपकारी था। वह सदैव दूसरों की सहायता के लिए तत्पर रहता था। वह अपने गाँववालों को ही नहीं, अपितु समूचे द्वीपवासियों की सेवा करना अपना परम कर्त्तव्य समझता था।

(ख) निम्नलिखित प्रश्नों के उत्तर (50-60 शब्दों में) लिखिए

1 निकोबार द्वीप समूह के विभक्त होने के बारे में निकोबारियों का क्या विश्वास है? **CBSE 2011, 10**

उत्तर निकोबार द्वीप समूह के विभक्त होने के बारे में निकोबारियों का यह विश्वास है कि बहुत समय पहले लिटिल अंडमान और कार-निकोबार द्वीप समूह आपस में मिले हुए थे। उस समय निकोबार द्वीप में यह परंपरा विद्यमान थी कि एक गाँव का युवक दूसरे गाँव की युवती से विवाह नहीं कर सकता।

ततांरा नामक एक युवक को दूसरे गाँव की युवती वामीरो से प्रेम हो गया तो गाँववालों ने इसका विरोध और ततांरा का अपमान किया, जिससे क्रोधित होकर ततांरा ने अपनी तलवार धरती में गाड़ दी और उसे खींचते-खींचते वह दूर भागता चला गया। इसने धरती के दो भाग कर दिए। एक निकोबार दूसरा अंडमान।

2 ततांरा खूब परिश्रम करने के बाद कहाँ गया? वहाँ के प्राकृतिक सौंदर्य का वर्णन अपने शब्दों में कीजिए। **CBSE 2014, 10**

उत्तर दिनभर खूब परिश्रम करने के बाद ततांरा समुद्र के किनारे टहलने के लिए निकल पड़ा। उस समय सूर्य अस्त होने वाला था। समुद्र से ठंडी बयारें आ रही थीं। समुद्री बालू भी ठंडी हो चुकी थी। पक्षियों की चहचहाहटें धीरे-धीरे कम हो रही थीं। सूर्य की अंतिम रंग-बिरंगी किरणें समुद्र के जल में पड़ती हुई बहुत सुंदर लग रही थीं। इस प्रकार समुद्र के आस-पास का वातावरण शांत और रंगीन हो गया था। ततांरा इस प्राकृतिक सौंदर्य में पूरी तरह से डूब गया।

3 वामीरो से मिलने के बाद ततांरा के जीवन में क्या परिवर्तन आया? **CBSE 2011, 10**

उत्तर वामीरो से मिलने के बाद ततांरा के जीवन में यह परिवर्तन आया कि उसके शांत जीवन में बेचैनी भर गई। उस पर वामीरो से मिलने की धुन सवार हो गई। वामीरो के बिना एक-एक पल उसे बहुत भारी लगने लगा। वह शाम होने से पहले ही लपाती गाँव की समुद्री चट्टान पर जाकर बैठ जाता था ताकि यदि वामीरो उससे मिलने आए तो वह उसे दूर से ही दिखाई दे जाए। अब वह कुछ भी नहीं बोलता था और केवल वामीरो की प्रतीक्षा करता रहता था।

4 प्राचीन काल में मनोरंजन और शक्ति-प्रदर्शन के लिए किस प्रकार के आयोजन किए जाते थे? **CBSE 2011, 10**

उत्तर प्राचीन काल में मनोरंजन और शक्ति-प्रदर्शन के लिए पशु-उत्सव के आयोजन किए जाते थे, जिसमें स्वस्थ एवं शक्तिशाली पशुओं का प्रदर्शन किया जाता था। युवकों के शक्ति-प्रदर्शन का भी एक आयोजन होता था, जिसमें उनकी शक्ति को परखने के लिए उन्हें पशुओं से लड़ना होता था। सालभर में होने वाले ऐसे आयोजनों में सभी गाँवों के लोग एकत्र हुआ करते थे, जिसमें नृत्य और भोजन आदि का भी प्रबंध किया जाता था।

5 रूढ़ियाँ जब बंधन बन बोझ बनने लगे तब उनका टूट जाना ही अच्छा है। क्यों? स्पष्ट कीजिए। **CBSE 2011, 10**

अथवा परंपराएँ या मान्यताएँ जब बंधन लगने लगे, तो उनका टूट जाना ही क्यों अच्छा है? 'ततांरा-वामीरो' ने इसके लिए क्या त्याग किया? **CBSE 2019**

उत्तर रूढ़ियाँ जब बंधन बन बोझ बनने लगे, तब उनका टूट जाना ही अच्छा है, क्योंकि रूढ़ि का अर्थ है–बंधन। इनसे लोगों का हित कम और अहित अधिक होता है। रूढ़ियों के कारण लोगों के संपूर्ण विकास, आनंद और इच्छाओं की पूर्ति होने में बाधा उत्पन्न होती है। ऐसी परंपरा या रूढ़ि जिससे लोगों के विकास के स्थान पर उनकी उन्नति में बाधा उत्पन्न हो, उसका टूट जाना ही अच्छा है, क्योंकि कोई भी रूढ़ि या परंपरा मानव के विकास और उसकी उन्नति के लिए बननी चाहिए, न कि उसे कष्ट देने के लिए।

(ग) निम्नलिखित के आशय स्पष्ट कीजिए

1 "जब कोई राह न सूझी तो क्रोध का शमन करने के लिए उसने शक्ति भर उसे धरती में घोंप दिया और ताकत से उसे खींचने लगा।"

उत्तर ततांरा-वामीरो को पता लग गया था कि उनका विवाह नहीं हो सकता था। एक बार पशु-उत्सव के समय वामीरो की माँ ने ततांरा का अपमान किया, तो क्रोध में भरकर उसने अपनी तलवार निकाल ली। विचार करने पर भी जब उसे यह समझ नहीं आया कि वह अपना क्रोध कैसे शांत करे, तब उसने अपनी पूरी ताकत लगाकर तलवार को धरती में गाड़ दिया और उसे अपनी ओर खींचने लगा। इस कारण धरती दो हिस्सों में बँट गई।

2 "बस आस की एक किरण थी जो समुद्र की देह पर डूबती किरणों की तरह कभी भी डूब सकती थी।" **CBSE 2010**

उत्तर जब ततांरा ने वामीरो को पहले दिन समुद्र के किनारे देखा, तो वह उस पर मुग्ध हो गया। उसने वामीरो से अगले दिन भी आने की याचना की। बहुत मुश्किल से उसने वह रात और अगला दिन काटा और शाम होते ही समुद्र के किनारे चला आया। बस उसके मन में वामीरो के आने की आशा की एक किरण थी, जो सूर्य की डूबती किरणों की तरह कभी भी डूब सकती थी।

भाषा अध्ययन

1 निम्नलिखित वाक्यों के सामने दिए कोष्ठक में (✓) का चिह्न लगाकर बताए कि वह वाक्य किस प्रकार का है?

(क) निकोबारी उसे बेहद प्रेम करते थे।

*(प्रश्नवाचक, **विधानवाचक**, निषेधात्मक, विस्मयादिबोधक)*

(ख) तुमने एकाएक इतना मधुर गाना अधूरा क्यों छोड़ दिया?
*(**प्रश्नवाचक**, विधानवाचक, निषेधात्मक, विस्मयादिबोधक)*

(ग) वामीरो की माँ क्रोध में उफन उठी।
*(प्रश्नवाचक, **विधानवाचक**, निषेधात्मक, विस्मयादिबोधक)*

(घ) क्या तुम्हें गाँव का नियम नहीं मालूम?
*(**प्रश्नवाचक**, विधानवाचक, निषेधात्मक, विस्मयादिबोधक)*

(ङ) वाह! कितना सुंदर नाम है।
*(प्रश्नवाचक, विधानवाचक, निषेधात्मक, **विस्मयादिबोधक**)*

(च) मैं तुम्हारा रास्ता छोड़ दूँगा।
*(प्रश्नवाचक, **विधानवाचक**, निषेधात्मक, विस्मयादिबोधक)*

2 निम्नलिखित मुहावरों का अपने वाक्यों में प्रयोग कीजिए।
(क) सुध-बुध खोना (ख) बाट जोहना
(ग) खुशी का ठिकाना न रहना (घ) आग बबूला होना
(ङ) आवाज़ उठाना

उत्तर ***(क)*** जब से सुरेश का पालतू कुत्ता मर गया है, तब से वह अपनी सुध-बुध खो चुका है।

(ख) छोटा बच्चा बहुत देर से अपनी माँ की बाट जोह रहा है।

(ग) अव्वल दरजा पाने वाले विद्यार्थी को खुशी का ठिकाना न रहा।

(घ) राजेश के अनुशासनहीन व्यवहार को देखकर उसके पिताजी आग बबूला हो गए।

(ङ) यह प्रत्येक व्यक्ति का अधिकार है कि वह अन्याय के विरुद्ध आवाज़ उठाए।

3 नीचे दिए गए शब्दों में से मूल शब्द और प्रत्यय अलग करके लिखिए।

शब्द	मूल शब्द	प्रत्यय
चर्चित	चर्चा	इत
साहसिक	साहस	इक
छटपटाहट	छटपटा	हट
शब्दहीन	शब्द	हीन

4 नीचे दिए गए शब्दों में उचित उपसर्ग लगाकर शब्द बनाइए।

अन्	+	आकर्षक	=	अनाकर्षक
अ	+	ज्ञात	=	अज्ञात
सु	+	कोमल	=	सुकोमल
मद्/बे	+	होश	=	मदहोश/बेहोश
दुर्	+	घटना	=	दुर्घटना

5 निम्नलिखित वाक्यों को निर्देशानुसार परिवर्तित कीजिए।

(क) जीवन में पहली बार मैं इस तरह विचलित हुआ हूँ। *(मिश्र वाक्य)*

(ख) फिर तेज़ कदमों से चलती हुई तताँरा के सामने आकर ठिठक गई। *(संयुक्त वाक्य)*

(ग) वामीरो कुछ सचेत हुई और घर की तरफ़ दौड़ी। *(सरल वाक्य)*

(घ) तताँरा को देखकर वह फूटकर रोने लगी। *(संयुक्त वाक्य)*

(ङ) रीति के अनुसार दोनों को एक ही गाँव का होना आवश्यक था। *(मिश्र वाक्य)*

उत्तर ***(क)*** मेरे जीवन में पहली बार ऐसा हुआ कि मैं इस तरह विचलित हुआ हूँ।

(ख) वह तेज कदमों से चलती हुई तताँरा के सामने आई और ठिठक गई।

(ग) वामीरो कुछ सचेत होकर घर की तरफ़ दौड़ी।

(घ) उसने तताँरा को देखा और फूटकर रोने लगी।

(ङ) गाँव की जो रीति थी, उसके अनुसार दोनों का एक ही गाँव का होना आवश्यक था।

6 नीचे दिए गए वाक्य पढ़िए तथा 'और' शब्द के विभिन्न प्रयोगों पर ध्यान दीजिए

(क) पास में सुंदर <u>और</u> शक्तिशाली युवक रहा करता था। *(दो पदों को जोड़ना)*

(ख) वह कुछ <u>और</u> सोचने लगी। *('अन्य' के अर्थ में)*

(ग) एक आकृति कुछ साफ़ हुई... कुछ <u>और</u> ...कुछ <u>और</u> ...। *(क्रमशः धीरे-धीरे के अर्थ में)*

(घ) अचानक वामीरो कुछ सचेत हुई <u>और</u> घर की तरफ़ दौड़ गई। *(दो उपवाक्यों को जोड़ने के अर्थ में)*

(ङ) वामीरो का दु:ख उसे <u>और</u> गहरा कर रहा था। *('अधिकता' के अर्थ में)*

(च) उसने थोड़ा <u>और</u> करीब जाकर पहचानने की चेष्टा की। *('निकटता' के अर्थ)*

उत्तर छात्र क्रियाकलाप।

7 नीचे दिए गए शब्दों के विलोम शब्द लिखिए।
भय, मधुर, सभ्य, मूक, तरल, उपस्थिति, सुखद।

उत्तर

भय	–	निर्भय	मधुर	–	कटु
सभ्य	–	असभ्य	मूक	–	वाचाल
तरल	–	ठोस	उपस्थिति	–	अनुपस्थिति
सुखद	–	दु:खद			

8 नीचे दिए गए शब्दों के दो-दो पर्यायवाची शब्द लिखिए।
समुद्र, आँख, दिन, अँधेरा, मुक्त।

उत्तर
समुद्र – रत्नाकर, सागर
आँख – नयन, नेत्र
दिन – दिवस, वार
अँधेरा – तम, अंधकार
मुक्त – स्वतंत्र, आज़ाद

9 नीचे दिए गए शब्दों का वाक्यों में प्रयोग कीजिए।
किंकर्त्तव्यविमूढ़, विह्वल, भयाकुल, याचक, आकंठ

उत्तर **किंकर्त्तव्यविमूढ़** – परीक्षा का परिणाम देखकर मैं किंकर्तव्यविमूढ़ हो गया।

विह्वल – आतंकवादी हमले में मारे गए लोगों को देखकर मैं विह्वल हो गया हूँ।

भयाकुल – पिताजी के क्रोध के कारण हम भयाकुल हो उठे थे।

याचक – धनी व्यक्ति को याचक की मदद करनी चाहिए।

आकंठ – नदी का पानी इतना गहरा था कि वह बहुत लंबा होने के बाद भी उसमें आकंठ डूब गया।

10 ''किसी तरह आँचरहित एक ठंडा और ऊबाऊ दिन गुज़रने लगा'' वाक्य में दिन के लिए किन-किन विशेषणों का प्रयोग किया गया है? आप दिन के लिए कोई तीन विशेषण और सुझाइए।

उत्तर उपरोक्त वाक्य में आँचरहित, ठंडा और ऊबाऊ विशेषणों का प्रयोग किया गया है।

''आज का दिन बहुत लंबा, नीरस, और गरम रहा है।''

इस वाक्य में दिन शब्द के लिए 'लंबा, नीरस और गरम' तीन विशेषणों का प्रयोग किया गया है।

11 इस पाठ में 'देखना' क्रिया के कई रूप आए हैं— 'देखना' के इन विभिन्न शब्द-प्रयोगों में क्या अंतर है? वाक्य-प्रयोग द्वारा स्पष्ट कीजिए।

इसी प्रकार 'बोलना' क्रिया के विभिन्न शब्द-प्रयोग बताइए

उत्तर प्रस्तुत उदाहरण को आधार बनाते हुए प्रश्न का उत्तर छात्र अपनी सृजनात्मक क्षमता के अनुसार देंगे।

12 नीचे दिए गए वाक्यों को पढ़िए।

(क) श्याम का बड़ा भाई रमेश कल आया था। *(संज्ञा पदबंध)*

(ख) सुनीता **परिश्रमी और होशियार** लड़की है। *(विशेषण पदबंध)*

(ग) अरुणिमा धीरे-धीरे चलते हुए वहाँ जा पहुँची। *(क्रिया विशेषण पदबंध)*

(घ) आयुष सुरभि का चुटकुला सुनकर हँसता रहा। *(क्रिया पदबंध)*

ऊपर दिए गए वाक्य (क) में रेखांकित अंश में कई पद हैं, जो एक पद संज्ञा का काम कर रहे हैं। वाक्य (ख) में तीन पद मिलकर विशेषण पद का काम कर रहे हैं। वाक्य (ग) और (घ) में कई पद मिलकर क्रमशः क्रिया विशेषण और क्रिया का काम कर रहे हैं।

ध्वनियों के सार्थक समूह को शब्द कहते हैं और वाक्य में प्रयुक्त शब्द 'पद' कहलाता है; जैसे— ''पेड़ों पर पक्षी चहचहा रहे थे।'' वाक्य में 'पेड़ों' शब्द पद है, क्योंकि इसमें अनेक व्याकरणिक बिंदु जुड़ जाते हैं। कई पदों के योग से बने वाक्यांश को जो एक ही पद का काम करता है, उसे पदबंध कहते हैं। पदबंध वाक्य का एक अंश होता है।

पदबंध मुख्य रूप से चार प्रकार के होते हैं

संज्ञा पदबंध	क्रिया पदबंध
विशेषण पदबंध	क्रिया विशेषण पदबंध

वाक्यों के रेखांकित पदबंधों का प्रकार बताइए

(क) उसकी कल्पना में वह एक अद्भुत साहसी युवक था।

(ख) तताँरा को मानो कुछ होश आया।

(ग) वह भागा-भागा वहाँ पहुँच जाता।

(घ) तताँरा की तलवार एक विलक्षण रहस्य थी।

(ङ) उसकी व्याकुल आँखें वामीरो को ढूँढने में व्यस्त थीं।

उत्तर ***(क)*** विशेषण पदबंध

(ख) क्रिया पदबंध

(ग) क्रिया विशेषण पदबंध

(घ) विशेषण पदबंध

(ङ) संज्ञा पदबंध

योग्यता विस्तार

1 पुस्तकालय में उपलब्ध विभिन्न प्रदेशों की लोककथाओं का अध्ययन कीजिए।

उत्तर छात्र स्वयं करें।

2 भारत के नक्शे में अंडमान निकोबार द्वीपसमूह की पहचान कीजिए और उसकी भौगोलिक स्थिति के विषय में जानकारी प्राप्त कीजिए।

उत्तर छात्र स्वयं करें।

3 अंडमान निकोबार द्वीपसमूह की प्रमुख जनजातियों की विशेषताओं का अध्ययन पुस्तकालय की सहायता से कीजिए।

उत्तर छात्र स्वयं करें।

4 दिसंबर, 2004 में आए सुनामी का इस द्वीपसमूह पर क्या प्रभाव पड़ा? जानकारी एकत्रित कीजिए।

उत्तर छात्र स्वयं करें।

परियोजना कार्य

1 अपने घर-परिवार के बुजुर्ग सदस्यों से कुछ लोककथाओं को सुनिए। उन कथाओं को अपने शब्दों में कक्षा में सुनाइए।

उत्तर छात्र स्वयं करें।

परीक्षा अभ्यास

गद्यांश पर आधारित बहुविकल्पात्मक प्रश्न

• *निम्नलिखित गद्यांशों को ध्यानपूर्वक पढ़कर पूछे गए प्रश्नों के सही विकल्प चुनिए।*

1 सदियों पूर्व, जब लिटिल अंडमान और कार-निकोबार आपस में जुड़े हुए थे तब वहाँ एक सुंदर-सा गाँव था। पास में एक सुंदर और शक्तिशाली युवक रहा करता था। उसका नाम था तताँरा। निकोबारी उसे बेहद प्रेम करते थे। तताँरा एक नेक और मददगार व्यक्ति था। सदैव दूसरों की सहायता के लिए तत्पर रहता था। अपने गाँववालों को ही नहीं, अपितु समूचे द्वीपवासियों की सेवा करना अपना परम कर्त्तव्य समझता था। उसके इस त्याग की वजह से वह चर्चित था। सभी उसका आदर करते थे। वक्त मुसीबत में उसे स्मरण करते और वह भागा-भागा वहाँ पहुँच जाता। दूसरे गाँव में भी पर्व-त्योहारों के समय उसे विशेष रूप से आमंत्रित किया जाता। उसका व्यक्तित्व तो आकर्षक था ही, साथ ही आत्मीय स्वभाव की वजह से लोग उसके करीब रहना चाहते थे। पारंपरिक पोशाक के साथ वह अपनी कमर में सदैव एक लकड़ी की तलवार बाँधे रहता था।

(क) तताँरा अपना परम कर्त्तव्य किसे समझता है?
(i) अपनी शक्ति का प्रदर्शन करना
(ii) अपने गाँववासियों की सहायता करना
(iii) समूचे द्वीपवासियों की सहायता करना
(iv) पशु-पर्व में सम्मिलित होना

उत्तर *(iii)* समूचे द्वीपवासियों की सहायता करना

(ख) निकोबार के लोग तताँरा से प्रेम क्यों करते थे?
(i) क्योंकि वह सबकी सहायता करने के लिए तैयार रहता था
(ii) क्योंकि वह उनके गाँव का नवयुवक था
(iii) क्योंकि उसके पास अद्‌भुत तलवार थी
(iv) क्योंकि वह अत्यंत सुंदर था

उत्तर *(i)* क्योंकि वह सबकी सहायता करने के लिए तैयार रहता था

(ग) गाँव के लोग तताँरा के करीब क्यों रहना चाहते थे?
(i) उसकी शक्ति के कारण
(ii) उसकी सेवा भावना को देखने के कारण
(iii) उसके आत्मीय स्वभाव के कारण
(iv) उसकी तलवार का प्रयोग करने के कारण

उत्तर *(iii)* उसके आत्मीय स्वभाव के कारण

(घ) तताँरा को दूसरे गाँव के पर्व-त्योहारों में किस कारण आमंत्रित किया जाता था?
(i) मुसीबत में पड़े लोगों की सहायता करने के कारण
(ii) उसके आकर्षक व्यक्तित्व के कारण
(iii) उसके द्वारा परंपराओं को महत्त्व देने के कारण
(iv) उसके गंभीर स्वभाव के कारण

उत्तर *(i)* मुसीबत में पड़े लोगों की सहायता करने के कारण

(ङ) गद्यांश में तताँरा के चरित्र की किस विशेषता पर प्रकाश डाला गया है?
(i) कर्त्तव्यनिष्ठता की
(ii) त्यागमय स्वभाव की
(iii) आकर्षक व्यक्तित्व की
(iv) उपरोक्त सभी

उत्तर *(iv)* उपरोक्त सभी

2 कुछ समय बाद पासा गाँव में 'पशु-पर्व' का आयोजन हुआ। पशु-पर्व में हृष्ट-पुष्ट पशुओं के प्रदर्शन के अतिरिक्त पशुओं से युवकों की शक्ति परीक्षा प्रतियोगिता भी होती है। वर्ष में एक बार सभी गाँव के लोग हिस्सा लेते हैं। बाद में नृत्य-संगीत और भोजन का भी आयोजन होता है। शाम से सभी लोग पासा में एकत्रित होने लगे। धीरे-धीरे विभिन्न कार्यक्रम शुरू हुए। तताँरा का मन इन कार्यक्रमों में तनिक न था। उसकी व्याकुल आँखें वामीरो को ढूँढ़ने में व्यस्त थीं। नारियल के झुंड के एक पेड़ के पीछे से उसे जैसे कोई झाँकता दिखा। उसने थोड़ा और करीब जाकर पहचानने की चेष्टा की। वह वामीरो थी जो भयवश सामने आने में झिझक रही थी। उसकी आँखें तरल थीं। होंठ काँप रहे थे। तताँरा को देखते ही वह फूटकर रोने लगी। तताँरा विह्वल हुआ। उससे कुछ बोलते ही नहीं बन रहा था। रोने की आवाज लगातार ऊँची होती जा रही थी। तताँरा किंकर्त्तव्यविमूढ़ था। वामीरो के रुदन स्वरों को सुनकर उसकी माँ वहाँ पहुँची और दोनों को देखकर आग बबूला हो उठी।

(क) पशु पर्व में कैसे पशुओं का प्रदर्शन किया जाता था?
(i) विकार ग्रस्त *(ii)* हृष्ट-पुष्ट
(iii) केवल जंगली *(iv)* केवल पालतू

उत्तर *(ii)* हृष्ट-पुष्ट

(ख) 'होंठ काँप रहे थे' का अर्थ है
(i) आन्तरिक विलाप
(ii) रोने को उत्सुक
(iii) भय से परिपूर्ण तथा रोने की स्थिति
(iv) उपरोक्त सभी

उत्तर *(iii)* भय से परिपूर्ण तथा रोने की स्थिति

(ग) तताँरा का मन कार्यक्रम में न लगने का क्या कारण था?
(i) कार्यक्रम में अच्छा प्रदर्शन न होना
(ii) माँ द्वारा डाँटे जाना

(iii) वामीरो को ढूँढ़ना
(iv) गाँव वालों की उपेक्षा करना

उत्तर (iii) वामीरो को ढूँढ़ना

(घ) गद्यांश के अनुसार, वामीरो झिझक क्यों रही थी?
(i) पशुओं के प्रदर्शन को देखने में
(ii) भयवश सामने आने में
(iii) कार्यक्रम में जाने से
(iv) भोजन का आनंद न ले पाने से

उत्तर (ii) भयवश सामने आने में

(ङ) वामीरो की माँ आग-बबूला किस कारण हो गई?
(i) वामीरो-तताँरा को साथ देखकर
(ii) वामीरो द्वारा जोर से रोने पर
(iii) पशु-पर्व का समापन होता देखकर
(iv) ततांरा की किंकर्त्तव्यविमूढ़ स्थिति को देखकर

उत्तर (i) वामीरो-ततांरा को साथ देखकर

3 ततांरा एक नेक और मद्दगार व्यक्ति था। सदैव दूसरों की सहायता के लिए तत्पर रहता। अपने गाँववालों को ही नहीं, अपितु समूचे द्वीपवासियों की सेवा करना अपना परम कर्त्तव्य समझता था। उसके इस त्याग की वजह से वह चर्चित था। सभी उसका आदर करते। वक्त मुसीबत में उसे स्मरण करते और वह भागा-भागा वहाँ पहुँच जाता। दूसरे गाँवो में भी पर्व-त्यौहारों के समय उसे विशेष रूप से आमंत्रित किया जाता। उसका व्यक्तित्व तो आकर्षक था ही, साथ ही आत्मीय स्वभाव की वजह से लोग उसके करीब रहना चाहते। पारंपरिक पोशाक के साथ वह अपनी कमर में सदैव एक लकड़ी की तलवार बाँधे रहता। लोगों का मत था, बावजूद लकड़ी की होने पर, उस तलवार में अद्‌भुत दैवीय शक्ति थी। ततांरा अपनी तलवार को कभी अलग न होने देता। उसका दूसरों के सामने उपयोग भी न करता। किंतु उसके चर्चित साहसिक कारनामों के कारण लोग-बाग तलवार में अद्‌भुत शक्ति का होना मानते थे। ततांरा की तलवार एक विलक्षण रहस्य थी।

(क) प्रस्तुत गद्यांश के लेखक कौन है?
(i) हबीब तनवीर (ii) निदा फाज़ली
(iii) प्रेमचंद (iv) लीलाधर मंडलोई

उत्तर (iv) लीलाधर मंडलोई

(ख) ततांरा अपना परम कर्त्तव्य क्या समझता था?
(i) दूसरों की सहायता करना
(ii) अपने गाँव वालों की सेवा करना
(iii) समूचे द्वीपवासियों की सेवा करना
(iv) अपनी तलवार की रक्षा करना

उत्तर (iii) समूचे द्वीपवासियों की सेवा करना

(ग) दूसरे गाँव के लोग ततांरा का सम्मान क्यों करते थे?
(i) क्योंकि उसके पास दैवीय शक्ति की तलवार थी
(ii) क्योंकि वह आकर्षक व्यक्तित्व से पूर्ण था
(iii) क्योंकि सब उसके आतंक से डरते थे
(iv) क्योंकि वह मुसीबत के समय उनकी सहायता करता था

उत्तर (iv) क्योंकि वह मुसीबत के समय उनकी सहायता करता था

(घ) प्रस्तुत गद्यांश के आधार पर ततांरा के चरित्र की विशेषता क्या है?
(i) परोपकारी (ii) साहसी
(iii) आत्मीय स्वभाव (iv) ये सभी

उत्तर (iv) ये सभी

(ङ) ततांरा के चर्चित व साहसिक कार्य का श्रेय गाँव वाले किसे देते थे?
(i) ततांरा की तीव्र बुद्धि को
(ii) ततांरा की माता को
(iii) ततांरा की तलवार को
(iv) ततांरा के स्वभाव को

उत्तर (iii) ततांरा की तलवार को

4 क्रोध में उसने तलवार निकाली और कुछ विचार करता रहा। क्रोध लगातार अग्नि की तरह बढ़ रहा था। लोग सहम उठे। एक सन्नाटा-सा खिंच गया। जब कोई राह न सूझी तो क्रोध का शमन करने के लिए उसमें शक्ति भर उसे धरती में घोंप दिया और ताकत से उसे खींचने लगा। वह पसीने से नहा उठा। सब घबराए हुए थे। वह तलवार को अपनी ओर खींचते-खींचते दूर तक पहुँच गया। वह हाँफ रहा था। अचानक जहाँ तक लकीर खिंच गई थी, वहाँ एक दरार होने लगी। मानो धरती दो टुकड़ों में बँटने लगी हो। एक गड़गड़ाहट-सी गूँजने लगी और लकीर की सीध में धरती फटती ही जा रही थी। द्वीप के अंतिम सिरे तक ततांरा धरती को मानो क्रोध में काटता जा रहा था। सभी भयाकुल हो उठे। लोगों ने ऐसे दृश्य की कल्पना न की थी, वे सिहर उठे।

(क) प्रस्तुत गद्यांश के लेखक और पाठ का क्या नाम है?
(i) निदा फाज़ली-अब कहाँ दूसरे के दुःख से दुःखी होने वाले
(ii) प्रेमचंद-बड़े भाई साहब
(iii) रवींद्र केलेकर-झेन की देन
(iv) लीलाधर मंडलोई-ततांरा-वामीरो कथा

उत्तर (iv) लीलाधर मंडलोई-ततांरा-वामीरो कथा

(ख) ततांरा ने क्रोध आने पर क्या किया?
(i) तलवार निकाली और कुछ विचार करता रहा
(ii) तलवार को धरती में घोंप दिया
(iii) (i) और (ii) दोनों
(iv) उपरोक्त से कोई नहीं

उत्तर (iii) (i) और (ii) दोनों

(ग) अपने क्रोध को शांत करने के लिए तताँरा ने क्या किया?
(i) वामीरो को प्रेमभरी नजरों से देखा
(ii) गाँव वालों को समझाने का प्रयास किया
(iii) तलवार को धरती में गाड़कर खींचते हुए दूर ले गया
(iv) अपनी तलवार और वीमारो में से एक को चुना

उत्तर *(iii)* तलवार को धरती में गाड़कर खींचते हुए दूर ले गया

(घ) लोग भय से किस कारण सिहर उठे?
(i) तताँरा के क्रोध को देखकर
(ii) क्रोध के कारण फटती हुई धरती को देखकर
(iii) *(i)* और *(ii)* दोनों
(iv) तताँरा की तलवार को देखकर

उत्तर *(iii)* *(i)* और (ii) दोनों

(ङ) धरती के दो टुकड़ों में बँटने का क्या कारण था?
(i) तताँरा-वामीरो का वियोग होना
(ii) तताँरा को देश निकाला मिलना
(iii) तताँरा द्वारा तलवार से धरती पर लंबी रेखा खींचना
(iv) वामीरो की माँ द्वारा गाँव का विभाजन करना

उत्तर *(iii)* तताँरा द्वारा तलवार से धरती पर लंबी रेखा खींचना

5 वामीरो के रुदन स्वरों को सुनकर उसकी माँ वहाँ पहुँची और दोनों को देखकर आग बबूला हो उठी। सारे गाँववालों की उपस्थिति में यह दृश्य उसे अपमानजनक लगा। इसी बीच गाँव के कुछ लोग भी वहाँ पहुँच गए। वामीरो की माँ क्रोध में उफन उठी। उसने तताँरा को तरह-तरह से अपमानित किया। गाँव के लोग भी तताँरा के विरोध में आवाजें उठाने लगे। यह तताँरा के लिए असहनीय था। वामीरो भी रोए जा रही थी। तताँरा भी गुस्से से भर उठा। उसे जहाँ विवाह की निषेध परंपरा पर क्षोभ था वहीं अपनी असहायता पर खीझ। वामीरो का दु:ख उसे और गहरा कर रहा था। उसे मालूम न था कि क्या कदम उठाना चाहिए। अनायास उसका हाथ तलवार की मूठ पर जा टिका। क्रोध में तलवार निकाली और कुछ विचार करता रहा। क्रोध लगातार अग्नि की तरह बढ़ रहा था। लोग सहम उठे, एक सन्नाटा सा खिंच गया। जब कोई राह न सूझी तो क्रोध का शमन करने के लिए उसने शक्ति भर उसे धरती में घोंप दिया और ताकत से उसे खींचने लगा। वह पसीने से नहा उठा। सब घबराए हुए थे। वह तलवार को अपनी तरफ खींचते-खींचते दूर तक पहुँच गया। वह हाँफ रहा था। अचानक जहाँ तक लकीर खिंच गई थी, वहाँ एक दरार होने लगी। मानो धरती दो टुकड़ों में बँटने लगी हो। **CBSE SQP Term I 2021**

(क) गाँव के लोग तताँरा के विरोध में आवाजें क्यों उठा रहे थे?
(i) वे तताँरा को अपमानित करना चाहते थे
(ii) वे गाँव की निषेध परंपरा के पक्ष में थे
(iii) गाँव की रीति के विरोध में थे
(iv) तताँरा को पशु पर्व में शामिल नहीं करना चाहते थे

उत्तर *(ii)* वे गाँव की निषेध परंपरा के पक्ष में थे

(ख) ततांरा ने अपने क्रोध का शमन करने के लिए क्या किया?
(i) वामीरो की माँ को बुरा-भला सुनाया
(ii) सब गाँववालों के विरोध में आवाज उठाई
(iii) अपनी तलवार से उपस्थित लोगों पर वार किया
(iv) अपनी तलवार को धरती में गाड़ दिया

उत्तर *(iv)* अपनी तलवार को धरती में गाड़ दिया

(ग) वामीरो की माँ के गुस्से का कारण क्या था?
(i) गाँववालों का विरोध
(ii) पशु पर्व का आयोजन
(iii) वामीरो का रोना
(iv) ततांरा का तलवार खींचना

उत्तर *(iii)* वामीरो का रोना

(घ) 'लोग सहम उठे, एक सन्नाटा-सा खिंच गया।' लोगों का सहम जाना दर्शाता है कि वे
(i) विलक्षण दैवीय तलवार को देखने लग गए थे
(ii) किसी भावी दुष्परिणाम की आशंका से ग्रसित थे
(iii) जानते थे कि द्वीप दो भागों में बँट जाएगा
(iv) ततांरा-वामीरो के विवाह के लिए सहमत हो गए थे

उत्तर *(ii)* किसी भावी दुष्परिणाम की आशंका से ग्रसित थे

(ङ) प्रस्तुत गद्यांश में किस घटना का वर्णन है?
(i) वामीरो की त्यागमयी मृत्यु का
(ii) निकोबार द्वीप के दो भागों में बँटने का
(iii) ततांरा-वामीरो की प्रथम मुलाकात का
(iv) ततांरा के आत्मीय स्वभाव का

उत्तर *(ii)* निकोबार द्वीप के दो भागों में बँटने का

6 गाँव वालों की उपस्थिति में यह दृश्य उसे अपमानजनक लगा। इस बीच गाँव के कुछ लोग भी वहाँ पहुँच गए। वामीरो की माँ क्रोध में उफन उठी। उसने ततांरा को तरह-तरह से अपमानित किया। गाँव के लोग भी ततांरा के विरोध में आवाजें उठाने लगे। यह ततांरा के लिए असहनीय था। वामीरो अब भी रोए जा रही थी। ततांरा भी गुस्से से भर उठा। उसे जहाँ विवाह की निषेध परंपरा पर क्षोभ था वहीं अपनी असहायता पर खीझ। वामीरो का दु:ख उसे और गहरा कर रहा था। उसे मालूम न था कि क्या कदम उठाना चाहिए? अनायास उसका हाथ तलवार की मूठ पर जा टिका।

(क) वामीरों की माँ क्रोध में क्यों उफन उठी?
(i) गाँव वालों को देखकर
(ii) गाँववालों के सामने वामीरो को अन्य गाँव के युवक के साथ देखकर
(iii) ततांरा से पुरानी रंजिश के कारण
(iv) वामीरो का विवाह न हो पाने के कारण

उत्तर *(ii)* गाँववालों के सामने वामीरो को अन्य गाँव के युवक के साथ देखकर

परीक्षा अभ्यास

(ख) "गाँववालों की उपस्थिति में यह दृश्य उसे अपमानजनक लगा" पंक्ति में 'उसे' शब्द किसके लिए प्रयुक्त हुआ है?
(i) ततांरा के लिए
(ii) वामीरो के लिए
(iii) ततांरा की माँ के लिए
(iv) निकोबारी के लिए

उत्तर (iii) ततांरा की माँ के लिए

(ग) गाँव के लोग ततांरा के विरोध में आवाज क्यों उठाने लगे?
(i) आपसी बहस के कारण
(ii) ततांरा की समृद्धि के कारण
(iii) वामीरो से प्रेम करने के कारण
(iv) ततांरा की बेरुखी के कारण

उत्तर (iii) वामीरो से प्रेम करने के कारण

(घ) ततांरा के क्रोधित होने का क्या कारण था?
(i) विवाह की निषेध परंपरा
(ii) स्वयं की असहायता पर खीझ
(iii) वामीरो का रोना
(iv) उपरोक्त सभी

उत्तर (iv) उपरोक्त सभी

(ङ) वामीरो को दु:खी देखकर ततांरा ने क्या कदम उठाया?
(i) गाँव छोड़कर जाने लगा
(ii) अपनी तलवार निकाल ली
(iii) ततांरा को समझाने लगा
(iv) उपरोक्त सभी

उत्तर (ii) अपनी तलवार निकाल ली

7 वामीरो घर पहुँचकर भीतर ही भीतर कुछ बेचैनी महसूस करने लगी। उसके भीतर ततांरा से मुक्त होने की एक झूठी छटपटाहट थी। एक झल्लाहट में उसने दरवाज़ा बंद किया और मन को किसी और दिशा में ले जाने का प्रयास किया। बार-बार ततांरा का याचना भरा चेहरा उसकी आँखों में तैर जाता। उसने ततांरा के बारे में कई कहानियाँ सुन-रखी थीं। उसकी कल्पना में वह एक अद्‌भुत साहसी युवक था। किंतु वही ततांरा उसके सम्मुख एक अलग रूप में आया। सुंदर, सभ्य, बलिष्ठ किंतु बेहद शांत और भोला। उसका व्यक्तित्व कदाचित वैसा ही था जैसा कि वह अपने जीवन-साथी के बारे में सोचती रही थी। किंतु एक दूसरे गाँव के युवक के साथ संबंध परंपरा के विरुद्ध था। अतएव उसने उसे भूल जाना ही श्रेयस्कर समझा। **CBSE SQP Term I 2021**

(क) वामीरो के लिए ततांरा को भूलना क्यों आवश्यक था?
(i) ततांरा से मिलकर उसका मन बेचैन हो गया था
(ii) ततांरा ने उसे गीत गाने को विवश किया था
(iii) वह उसके जीवन-साथी की कल्पना पर खरा नहीं था
(iv) दूसरे गाँव के युवक से संबंध रखना परंपरा के विरुद्ध था

उत्तर (iv) दूसरे गाँव के युवक से संबंध रखना परंपरा के विरुद्ध था

(ख) वामीरो घर पहुँचकर कैसा महसूस कर रही थी?
(i) आह्लादित (ii) संयत
(iii) संकुचित (iv) असहज

उत्तर (iv) असहज

(ग) 'ततांरा से मुक्त होने की झूठी छटपटाहट' का आशय है
(i) सहानुभूति और दिखावे के लिए मुक्त होने का दिखावा करना
(ii) वह सचमुच ही ततांरा की यादों से मुक्त होना चाहती थी
(iii) उसे ततांरा के तरीके और बातों पर गुस्सा आ रहा था
(iv) वह ततांरा के तौर-तरीके से बहुत अधिक प्रभावित थी

उत्तर (iv) वह ततांरा के तौर-तरीके से बहुत अधिक प्रभावित थी

(घ) वामीरो की कल्पना वाला ततांरा कैसा था?
(i) अद्‌भुत-साहसी (ii) सभ्य-भोला
(iii) भोला-शांत (iv) सुंदर-सभ्य

उत्तर (i) अद्‌भुत-साहसी

(ङ) गाँव की क्या परंपरा थी?
(i) अपने गाँव के युवक से संबंध-निषेध की
(ii) दूसरे गाँव के युवक से संबंध-निषेध की
(iii) ततांरा जैसे युवक के साथ संबंध-निषेध की
(iv) याचक जैसे युवक के साथ संबंध-निषेध की

उत्तर (ii) दूसरे गाँव के युवक से संबंध-निषेध की

8 "तुमने एकाएक इतना मधुर गाना अधूरा क्यों छोड़ दिया?" ततांरा ने विनम्रतापूर्वक कहा। अपने सामने एक सुंदर युवक को देखकर वह विस्मित हुई। उसके भीतर किसी कोमल भावना का संचार हुआ। किंतु अपने को संयत कर उसने बेरुखी के साथ जवाब दिया।

"पहले बताओ! तुम कौन हो, इस तरह मुझे घूरने और इस असंगत प्रश्न का कारण? अपने गाँव के अलावा किसी और गाँव के युवक के प्रश्नों का उत्तर देने को मैं बाध्य नहीं। यह तुम भी जानते हो।"

ततांरा मानो सुध-बुध खोए हुए था। जवाब देने के स्थान पर उसने पुन: अपना प्रश्न दोहराया। "तुमने गाना क्यों रोक दिया? गाओ, गीत पूरा करो। सचमुच तुमने बहुत सुरीला कंठ पाया है।"

(क) "तुमने एकाएक इतना मधुर गाना अधूरा क्यों छोड़ दिया? यह कथन किसका है?
(i) तताँरा का (ii) वामीरो का
(iii) (i) और (ii) दोनों (iv) इनमें से कोई नहीं

उत्तर (i) तताँरा का

(ख) युवती के मन में कोमल भावना का संचार किस कारण हुआ?
(i) शाम के मनमोहक वातावरण को देखकर
(ii) सुंदर और शक्तिशाली ततांरा को देखकर
(iii) समुद्र तट की लहरों को देखकर
(iv) उपरोक्त सभी

उत्तर (ii) सुंदर और शक्तिशाली ततांरा को देखकर

(ग) ततांरा अपनी सुध-बुध क्यों खोए हुआ था?
(i) गायन के प्रभाव के कारण
(ii) दिनभर की थकान के कारण
(iii) सूरज की किरणों को निहारने के कारण
(iv) लहरों की आवाज के कारण

उत्तर (i) गायन के प्रभाव के कारण

(घ) युवती किसके प्रश्नों के उत्तर देने के लिए बाध्य नहीं थी?
(i) अपने गाँव के युवक के
(ii) अपने माता-पिता के
(iii) दूसरे गाँव के युवक के
(iv) उपरोक्त में से कोई नहीं

उत्तर (iii) दूसरे गाँव के युवक के

(ङ) युवती ने ततांरा के साथ कैसा व्यवहार किया?
(i) प्रेमपूर्ण
(ii) कटु और बेरुखी भरा
(iii) सहानुभूतिपूर्ण
(iv) आदर एवं सम्मानपूर्ण

उत्तर (ii) कटु और बेरुखी भरा

अध्याय पर आधारित बहुविकल्पीय प्रश्न

1. अंडमान निकोबार द्वीप समूह का अंतिम दक्षिणी द्वीप कौन-सा है?
(i) निकोबार (ii) लिटिल निकोबार
(iii) लिटिल अंडमान (iv) पोर्ट ब्लेयर

उत्तर (iii) लिटिल अंडमान

2. ततांरा के व्यक्तित्व की क्या विशेषता थी?
(i) शक्तिशाली व आकर्षक युवक
(ii) नेक और मददगार युवक
(iii) त्याग की भावना
(iv) उपरोक्त सभी

उत्तर (iv) उपरोक्त सभी

3. लोगों का ततांरा की तलवार को लेकर क्या विचार था?
(i) उसकी तलवार किसी काम की नहीं है
(ii) उसकी तलवार में अद्‌भुत दैवीय शक्ति है
(iii) उसकी तलवार में धार नहीं है
(iv) उसकी तलवार ने अनेक लोगों की जान ली है

उत्तर (ii) उसकी तलवार में अद्‌भुत दैवीय शक्ति है

4. आस-पास के लोग ततांरा को क्यों आमंत्रित करते थे?
(i) उसके आत्मीय स्वभाव के कारण
(ii) उसके सुंदर होने के कारण
(iii) उसके शक्तिशाली होने के कारण
(iv) उसके अमीर होने के कारण

उत्तर (i) उसके आत्मीय स्वभाव के कारण

5. ततांरा अपनी सुध-बुध क्यों खो बैठा था?
(i) मधुर गीत की धुन सुनने के कारण
(ii) मौसम के अचानक खराब होने के कारण
(iii) गर्मी अत्यधिक होने के कारण
(iv) उपरोक्त सभी

उत्तर (i) मधुर गीत की धुन सुनने के कारण

6. पाठ 'ततांरा वामीरो' के आधार पर बताइए युवती कैसा गीत गा रही थी?
(i) करुण गीत (ii) शृंगार गीत
(iii) हास्य गीत (iv) देशभक्ति का गीत

उत्तर (ii) शृंगार गीत

7. ततांरा किसको निहार रहा था?
(i) बादलों के समूह को (ii) सागर की लहरों को
(iii) युवती को (iv) सूरज की किरणों को

उत्तर (iii) युवती को

8. वामीरो अपना गाना क्यों भूल गई थी?
(i) नींद आ जाने के कारण
(ii) समुद्र में ऊँची उठी लहरों के कारण
(iii) अनजान युवक को सामने खड़ा हुआ देखने के कारण
(iv) गाँव वालों के आ जाने के कारण

उत्तर (iii) अनजान युवक को सामने खड़ा हुआ देखने के कारण

9. वामीरो के गाँव की क्या प्रथा थी?
(i) अपने गाँव के अतिरिक्त दूसरे गाँव के युवक से विवाह पर प्रतिबंध
(ii) वर और वधू एक-दूसरे को जानते हों
(iii) अपने गाँव के अतिरिक्त दूसरे गाँव के युवक के प्रश्नों का उत्तर देना
(iv) विवाह के लिए युवक-युवती आर्थिक रूप से संपन्न हों

उत्तर (i) अपने गाँव के अतिरिक्त दूसरे गाँव के युवक से विवाह पर प्रतिबंध

10. वामीरो से मिलने से पूर्व तताँरा का जीवन कैसा था?
(i) शांत और गंभीर (ii) अत्यंत रोचक
(iii) सहज और सरल (iv) खुशहाल

उत्तर (i) शांत और गंभीर

11. तताँरा के पासा गाँव में किसका आयोजन हुआ?
(i) पशु पर्व का
(ii) सांस्कृतिक मेले का
(iii) तलवार बाजों का
(iv) राष्ट्रीय पर्व का

उत्तर (i) पशु पर्व का

12. तताँरा को देखकर वामीरो की हालत कैसी हो गई?
(i) वह उसे देखकर हँसने लगी
(ii) वह वहाँ से चुपचाप चली गई
(iii) वह उसे देखकर रोने लगी
(iv) वह भाग गई

उत्तर (iii) वह उसे देखकर रोने लगी

विषय-वस्तु का ज्ञान, बोध अभिव्यक्ति पर आधारित प्रश्न

1 तताँरा क्यों प्रसिद्ध था तथा वह अपना परम कर्त्तव्य किसे समझता था? **CBSE 2016, 15**

उत्तर ततँारा अपने प्रभावशाली व्यक्तित्व के कारण अत्यधिक प्रसिद्ध था। वह सरल स्वभाव का तथा सबकी सहायता करने वाला था। अपनी लकड़ी की तलवार की सहायता से वह अद्भुत शौर्य और साहस का परिचय देता था। ततँारा केवल अपने गाँव के लोगों की ही नहीं, अपितु समस्त द्वीप समूह के निवासियों की सेवा करना अपना परमकर्त्तव्य समझता था।

2 ततँारा को दूसरे गाँवों में आमंत्रित क्यों किया जाता था?

उत्तर ततँारा अच्छे स्वभाव का शक्तिशाली और सुंदर युवक था। आकर्षक व्यक्तित्व, समाज-सेवा और त्याग की भावना तथा आत्मीय स्वभाव से प्रभावित होकर लोग उसके करीब रहना पसंद करते थे। अतः पर्व त्योहार के समय उसे दूसरे गाँवों में भी विशेष रूप से आमंत्रित किया जाता था।

3 ततँारा की तलवार एक विलक्षण रहस्य क्यों थी? स्पष्ट कीजिए।

उत्तर ततँारा की तलवार लकड़ी की बनी हुई थी। ततँारा उस तलवार को कभी अपने से अलग नहीं करता था। वह अपनी पोशाक के साथ सदैव तलवार भी बाँधे रहता था। उसके साहसिक कारनामों के कारण लोगों में यह विचारधारा प्रचलित थी कि उसकी तलवार में अद्भुत दिव्य शक्ति विद्यमान है। वह कभी भी दूसरों के सामने अपनी तलवार का उपयोग नहीं करता था। यही कारण है कि ततँारा की तलवार एक विलक्षण रहस्य थी।

4 ततँारा समुद्र तट पर घूमने के लिए क्यों आया था?

उत्तर दिनभर परिश्रम करने के कारण ततँारा थक गया था। अपनी थकान मिटाने और शांति का अनुभव करने के लिए वह समुद्र तट पर घूमने के लिए आया था।

5 मधुर गीत गाने वाली युवती कौन थी? उसे किसने भिगो दिया था?

उत्तर मधुर गीत गाने वाली युवती पास ही के एक गाँव लपाती की रहने वाली वामीरो थी। वह समुद्र तट पर अकेले बैठी हुई गीत गा रही थी। अचानक एक ऊँची उठी लहर ने उसे भिगो दिया।

6 ततँारा ने गीत गाने वाली युवती से विवशता में क्या आग्रह किया और क्यों?

उत्तर ततँारा ने गीत गाने वाली युवती से आग्रह किया कि वह उसका रास्ता छोड़ देगा, लेकिन एक बार वह उसे अपना नाम बता दे, क्योंकि वामीरो का मधुर स्वर में गाया गीत ततँारा को बहुत पसंद आ गया था और बाद में जब उसने वामीरो को देखा तो, वह उसे देखते ही उस पर मोहित हो गया और अपनी सुध-बुध खो बैठा था।

7 वामीरो अन्य गाँवों के युवकों को उनकी बात का उत्तर क्यों नहीं देती थी?

उत्तर वामीरो अन्य गाँवों के युवकों को उनकी बात का उत्तर इसलिए नहीं देती थी, क्योंकि उसके समाज में किसी और से बातचीत करना उसके गाँव की परंपराओं के विपरीत था।

8 मना करने के बाद भी वामीरो ततँारा से मिलने क्यों गई? **CBSE 2012, 10**

उत्तर मना करने के बाद भी वामीरो ततँारा से मिलने गई, क्योंकि ततँारा का व्यक्तित्व बार-बार उसे आकर्षित कर रहा था। वह उससे मिलने के लिए बेचैन हो रही थी।

9 गाँव तथा परिवार वाले ततँारा और वामीरो के रिश्ते के विरुद्ध क्यों थे? **CBSE 2010**

उत्तर गाँव तथा परिवार वाले ततँारा और वामीरो के रिश्ते के विरुद्ध थे, क्योंकि उनका रिश्ता उनकी मान्यताओं और रीति-रिवाज़ के विरुद्ध था। उनके गाँव में यह परंपरा प्रचलित थी कि वैवाहिक संबंध स्थापित करने के लिए दोनों का एक ही गाँव को होना आवश्यक है जबकि ततँारा पासा गाँव का था और वामीरो लपाती गाँव की थी। अतः दोनों का रिश्ता गाँव में प्रचलित रूढ़ि के विरुद्ध था।

10 गाँव वालों और परिवार वालों के बार-बार मना करने के बाद भी वामीरो ने तताँरा से मिलना-जुलना क्यों नहीं छोड़ा?

उत्तर तताँरा के सुंदर व्यक्तित्व, सौम्य व्यवहार और साहस आदि गुणों ने वामीरो को उसकी ओर आकर्षित किया। इसी कारण परिवार और गाँव वालों के मना करने पर भी उसने तताँरा से मिलना-जुलना बंद नहीं किया।

11 वामीरो की माँ ने तताँरा के साथ कैसा व्यवहार किया?

उत्तर वामीरो की माँ ने तताँरा के साथ अपमानजनक व्यवहार किया। उन्होंनें जब तताँरा तथा वामीरो को एक साथ देखा तो वह क्रोधित हो उठीं। तताँरा को तरह-तरह से अपमानित किया। वामीरो की माँ के साथ-साथ गाँव के अन्य लोग भी उन दोनों के प्रेम का विरोध करने लगे। तताँरा को जहाँ एक ओर विवाह की निषेध परंपरा पर क्षोभ था वहीं दूसरी ओर उसे अपनी असहायता पर खीझ भी थी। अतः वामीरो की माँ की बातें सुनकर वह स्वयं को अपमानित महसूस करने लगा।

12 कार-निकोबार के दो टुकड़े हो जाने पर वहाँ कौन-सा सुखद परिवर्तन आया?

अथवा **तताँरा-वामीरो के त्याग के बाद उनके समाज में क्या सुखद परिवर्तन आया?** **CBSE 2020**

उत्तर तँतारा-वामीरों की त्यागमयी मृत्यु ने गाँव वालों की विचारधारा में अद्‌भुत सुखद परिवर्तन ला दिया था, जिसके फलस्वरूप उनकी रूढ़िवादी विचारधाराएँ तथा परंपराएँ परिवर्तित हो गई। कार-निकोबार के दो टुकड़े हो जाने के पश्चात् द्वीप पर यह सुखद परिवर्तन आया कि अब निकोबारी दूसरे गाँवों में भी वैवाहिक संबंध स्थापित करने लगे। वैवाहिक संबंधों में आने वाले इस परिवर्तन को शायद तताँरा वामीरों के बलिदान ने ही संभव किया है।

13 तताँरा गीत गाने वाली युवती के प्रश्न का उत्तर क्यों नहीं दे पाया?

उत्तर तताँरा एक दिन शाम के समय समुद्र तट पर बैठा हुआ प्रकृति का आनंद ले रहा था। अचानक उसके कानों में एक मधुर गीत की ध्वनि सुनाई दी। तताँरा उस आवाज़ को सुनने के लिए दूसरी ओर बढ़ा। गाने वाली युवती को देखकर वह अपनी सुध-बुध खो बैठा। इसी कारण तताँरा गीत गाने वाली युवती के प्रश्न का उत्तर नहीं दे पाया।

14 युवती ने तताँरा को बेरुखी के साथ क्या जवाब दिया? उससे तताँरा को कैसा लगा? **CBSE 2018**

उत्तर युवती ने तताँरा को बेरुखी के साथ जवाब दिया कि पहले बताओ! तुम कौन हो, इस तरह मुझे घूरने और इस असंगत प्रश्न का कारण? अपने गाँव के अलावा किसी और गाँव के युवक के प्रश्नों का उत्तर देने को मैं बाध्य नहीं। यह सुनकर तताँरा अपनी सुध-बुध खो बैठा। जीवन में वह पहली बार इस तरह विचलित हुआ था, युवती को देखकर तताँरा की चेतना लुप्त हो गई थी।

15 'प्रेम सबको जोड़ता है।' 'तताँरा-वामीरो कथा' पाठ के आधार पर इस कथन की पुष्टि कीजिए। **CBSE 2020**

उत्तर प्रचलित रुढ़िवादी परंपरा और नायक तताँरा के अन्य गाँव से संबंधित होने के कारण सभी गाँव वाले तताँरा-वामीरो के विवाह के विरुद्ध थे जिसके परिणामस्वरूप तताँरा-वामीरो ने अपने जीवन का अंत कर लिया। उनकी इस त्यागमयी मृत्यु से निकोबार में सुखद परिवर्तन के रूप में प्रचलित रूढ़ि परंपरा का खंडन हुआ जिससे दूसरे गाँवों में भी आपसी वैवाहिक संबंध स्थापित होने लगे।

इस प्रकार प्रस्तुत पाठ में यह स्पष्ट किया गया है कि प्रेम को किसी बंधन, सीमा अथवा रूढ़ियों में बाँधा नहीं जा सकता, अपितु प्रेम ही वह साधन है, जिसके माध्यम से लोगों को आपस में जोड़ा जा सकता है। अतः कहा जा सकता है कि प्रस्तुत पाठ 'प्रेम सबको जोड़ता है'— कथन की पुष्टि करता है।

16 तताँरा से मिलने के बाद वामीरो पर क्या प्रभाव पड़ा? **CBSE 2010**

उत्तर तताँरा से मिलने के बाद वामीरो को बार-बार तताँरा का ख़याल आ रहा था। वह मन ही मन बैचेनी का अनुभव कर रही थी। वह बार-बार तताँरा के विचार से मुक्त होने का प्रयास करती, परंतु हर बार असफल हो जाती। वह उसे भूलने का प्रयास कर रही थी, लेकिन तताँरा के आकर्षक व्यक्तित्व के कारण वह उसे भूल पाने में असमर्थ थी।

17 वामीरो की मनोदशा के बारे में लिखिए। **CBSE 2011**

उत्तर वामीरो की मनोदशा थोड़ी जटिल है, क्योंकि एक ओर वह दूसरे गाँव के युवक तताँरा से प्रेम करती है, तो दूसरी ओर अपने गाँव की मर्यादा रूपी तलवार उसके हृदय पर खिंची हुई है। यही कारण है कि वह अत्यंत असमंजस की स्थिति में रहती है और किसी अन्य काम में उसका मन नहीं लगता है। वह ऊपर से कठोरता एवं शुष्कता दिखाती है, किंतु भावनात्मक स्तर पर तताँरा के प्रेम में वह पूरी तरह भीग चुकी है।

18 तताँरा ने अपनी तलवार से धरती के दो टुकड़े क्यों किए?

उत्तर पशु-पर्व में जब तताँरा को लगा कि उसके अपमान सहने की सीमा समाप्त हो रही है, तो उसे क्रोध आने लगा। उसने अपनी कमर में बँधी तलवार निकाली और उसे धरती में पूरी शक्ति से गाड़ (घोंप) दिया। इसके बाद वह उस तलवार को खींचता हुआ दूर तक चला गया। वह जहाँ तक इस तलवार को लेकर गया था, वहाँ तक धरती में दरार आ गई और धरती के दो टुकड़े हो गए।

19 तताँरा और वामीरो की मृत्यु कैसे हुई? पठित पाठ के आधार पर लिखिए। **CBSE 2019**

उत्तर विवाह की निषेध परंपरा पर क्षोभ व अपनी असमर्थता से खीझकर तताँरा ने क्रोध में अपनी तलवार धरती में घोंप दी और अपनी पूरी ताकत से उसे खींचने लगा। द्वीप दो टुकड़ों में विभक्त हो गया, एक ओर तताँरा था और दूसरी ओर

वामीरो। ततaँरा समुद्र में धँसने लगा। उसने दूसरा सिरा थामना चाहा, परंतु असफल रहा और वह समुद्र में बह गया। वामीरो-ततaँरा को बहते देख पागल हो गई और अपने परिवार से वह विलग (अलग) हो गई। इस तरह ततaँरा और वामीरो की एक-दूसरे के वियोग में मृत्यु हो गई।

20 'ततaँरा-वामीरो कथा' के माध्यम से क्या संदेश दिया गया है? **CBSE 2016**

उत्तर 'ततaँरा-वामीरो कथा' एक प्रसिद्ध लोक-गाथा है, जिसमें यह संदेश दिया गया है कि प्रेम को किसी बंधन, सीमा अथवा रीति-रिवाज़ में नहीं बाँधा जा सकता। यदि कोई जाति, धर्म, क्षेत्र, प्रदेश आदि प्रेम की पवित्र भावना पर पहरे लगाएगा और उसे पनपने का अवसर नहीं देगा, तो इसका परिणाम सुखद नहीं होगा। समाज में जातीय, धार्मिक और सामाजिक भेद में और अधिक वृद्धि होगी, जिससे अंततः मानवता को ही नुकसान पहुँचेगा। अतः हमें सभी प्रकार के भेदभावों को मिटाकर सभी को अपनाना चाहिए।

21 वामीरो की प्रतीक्षा में बैठे ततaँरा की प्रेम की व्याकुलता को स्पष्ट कीजिए। **CBSE 2019**

उत्तर वामीरो की प्रतीक्षा में बैठे ततaँरा के लिए यह पूरे जीवन की अकेली प्रतीक्षा थी। उसके गंभीर एवं शांत जीवन में ऐसा पहली बार हुआ था। वह अचंभित था, साथ ही रोमांचित भी। वामीरो की प्रतीक्षा में उसे एक-एक पल पहाड़ की तरह भारी लग रहा था। उसके भीतर एक आशंका भी व्याप्त थी कि अगर वामीरो न आई तो? वह कुछ निर्णय नहीं कर पा रहा था, बस प्रतीक्षारत था। मात्र आशा की एक किरण थी, जो समुद्र की देह पर डूबती किरणों की तरह कभी भी डूब सकती थी। वह बार-बार लपाती के रास्ते पर नज़रें दौड़ाता। सहसा नारियल के झुरमुटों में उसे एक आकृति कुछ साफ़ दिखी। कुछ और आकृति के करीब आने पर ततaँरा की खुशी का ठिकाना न रहा। वह सचमुच वामीरो थी। वह स्वयं को छुपाते हुए बढ़ रही थी और बीच-बीच में इधर-उधर नज़रें दौड़ाना नहीं भूलती। दोनों आमने-सामने हो गए। दोनों शब्दहीन थे। एकटक निहारते हुए वे काफ़ी देर तक खड़े रहे। अचानक वामीरो कुछ सचेत हुई और घर की तरफ़ दौड़ पड़ी। ततaँरा अब भी प्रेमवश वहीं खड़ा था, निश्चल, शब्दहीन।

22 कहानी के आधार पर ततaँरा का चरित्र-चित्रण कीजिए।

उत्तर ततaँरा में नायक होने के सभी गुण विद्यमान हैं। वह सुंदर, स्वस्थ, साहसी और परोपकारी है। उसकी शारीरिक विशिष्टताओं और आंतरिक गुणों से हर मिलने-जुलने वाला प्रभावित हो जाता है। जब वामीरो ने उसे पहली बार देखा तो उसे लगा कि उसने अपने जीवनसाथी के रूप में ऐसे ही युवक की कल्पना की थी। ततaँरा की कमर में लकड़ी की एक तलवार लटकी रहती थी, जिसके बारे में लोगों का मत था कि उस तलवार में अद्भुत दैवीय शक्ति है। वह सरल हृदय का था। वह केवल अपने गाँव में ही नहीं, अपितु गाँव के बाहर के लोगों की भी उनकी विपत्ति के समय मदद करने पहुँच जाता था। वह स्वभाव से शांत और खुशमिजाज़ था। वह प्रकृति, गीत, संगीत जैसे गुणों को पसंद करता था। इसी कारण जब उसने वामीरो का मधुर गीत सुना, तो वह तुरंत ही उसकी ओर आकर्षित हो गया। वह वामीरो से प्रेम करने लगा और प्रेम की ख़ातिर उसने अपना बलिदान तक दे दिया।

23 'ततaँरा-वामीरो कथा' के आधार पर वामीरो का चरित्र-चित्रण कीजिए। **CBSE 2016, 12**

उत्तर लपाती गाँव की रहने वाली युवती वामीरो बहुत सुंदर एवं भोली-भाली थी। वह देखने में जितनी मोहक थी, उतना ही मोहक उसका स्वर भी था। जब वह गाती थी तो लगता था मानो उसका गीत समुद्र में किल्लोल (हलचल) उत्पन्न कर देगा। उसके गाने से वातावरण में मधुरता व्याप्त हो जाती थी। उसका मधुर संगीत सुनकर ही युवक ततaँरा अपनी सुध-बुध खो बैठा था और उससे प्रेम करने लगा था।

वामीरो अपने गाँव की परंपराओं का बहुत सम्मान करती थी, किंतु ततaँरा से प्रेम हो जाने के बाद परंपराएँ उसके लिए बहुत महत्त्व नहीं रखती थीं। वह अपने गाँव की परंपरा को भूलकर ततaँरा से मिलती रहती थी। प्रेम के सच्चे अर्थ को समझने वाली वामीरो ने अपने प्रेमी ततaँरा से बिछुड़ने के बाद खाना-पीना छोड़ दिया और अपने परिवार से अलग हो गई। इस प्रकार एकनिष्ठ प्रेम में समर्पित वामीरो ने प्रेम की खातिर अपने समाज एवं परिवार से अलग होकर अपने प्रेम की खोज में ही अपने अस्तित्व को मिटा डाला।

स्वमूल्यांकन

गद्यांश पर आधारित बहुविकल्पात्मक प्रश्न

- *निम्नलिखित गद्यांश को पढ़कर प्रश्नों के सर्वाधिक उपयुक्त विकल्पों का चयन कीजिए।*

1 ततााँरा मानो सम्मोहित था। उसके कानों में युवती की आवाज ठीक से पहुँच न सकी। उसने पुन: विनय की, "तुमने गाना क्यों रोक दिया? गाओ न?"

युवती झुँझला उठी। वह कुछ और सोचने लगी। अंतत: उसने निश्चयपूर्वक एक बार पुन: लगभग विरोध करते हुए कड़े स्वर में कहा– "ढीठता की हद है। मैं जब से परिचय पूछ रही हूँ और तुम बस एक ही राग अलाप रहे हो। गीत गाओ-गीत गाओ, आखिर क्यों? क्या तुम्हें गाँव का नियम नहीं मालूम?" इतना बोलकर वह जाने के लिए तेजी से मुड़ी। ततााँरा को मानो कुछ होश आया। उसे अपनी गलती का अहसास हुआ। वह उसके सामने रास्ता रोककर, मानो गिड़गिड़ाने लगा।

(क) वामीरो के कथनानुसार गाँव का क्या नियम था?
(i) किसी अन्य गाँव के युवक से बात न करना
(ii) किसी का अनादर न करना
(iii) अन्य गाँव के युवक से स्वयं को बचाना
(iv) किसी के समक्ष गीत न गाना

उत्तर *(i)* किसी अन्य गाँव के युवक से बात न करना

(ख) ततााँरा के सम्मोहन का क्या कारण था?
(i) शांत वातावरण
(ii) अपनी धुन में खोना
(iii) वामीरो का मधुर गीत
(iv) गाँव की याद आना

उत्तर *(iii)* वामीरो का मधुर गीत

(ग) वामीरो ने ततााँरा पर क्रोध क्यों किया?
(i) ततााँरा द्वारा उसके प्रश्नों का उत्तर नहीं देने के कारण
(ii) ततााँरा का दूसरे गाँव का होने के कारण
(iii) ततााँरा का शक्ति प्रदर्शन करने के कारण
(iv) गाँव वालों के भय के कारण

उत्तर *(i)* ततााँरा द्वारा उसके प्रश्नों का उत्तर नहीं देने के कारण

(घ) गद्यांश के अनुसार ततााँरा कौन-सा राग अलाप रहा था?
(i) अपनी तलवार की दैव्य शक्ति का
(ii) वामीरो से गाना गाने का
(iii) अन्य गाँववासियों से मिलने का
(iv) वामीरो से प्रेम करने का

उत्तर *(ii)* वामीरो से गाना गाने का

(ङ) ततााँरा को अपनी गलती का अहसास होने पर उसने क्या किया?
(i) वामीरो से क्षमा माँगी
(ii) वामीरो का रास्ता रोककर, गिड़गिड़ाने लगा
(iii) वामीरो को अपने विषय में बताने लगा
(iv) वामीरो की माँ से मिलने का निवेदन करने लगा

उत्तर *(ii)* वामीरो का रास्ता रोककर, गिड़गिड़ाने लगा

2 किसी तरह रात बीती। दोनों के हृदय व्यथित थे। किसी तरह आँचरहित एक ठंडा और उबाऊ दिन गुजरने लगा। शाम की प्रतीक्षा थी। ततााँरा के लिए मानो पूरे जीवन की अकेली प्रतीक्षा थी। उसके गंभीर और शांत जीवन में ऐसा पहली बार हुआ था। वह अचंभित था, साथ ही रोमांचित भी। दिन ढलने के काफी पहले वह लपाती की उस समुद्री चट्टान पर पहुँच गया। वामीरो की प्रतीक्षा में एक-एक पल पहाड़ की तरह भारी था। उसके भीतर एक आशंका भी दौड़ रही थी। अगर वामीरो न आई तो ? वह कुछ निर्णय नहीं कर पा रहा था। सिर्फ प्रतीक्षारत था। बस आस की एक किरण थी जो समुद्र की देह पर डूबती किरणों की तरह कभी भी डूब सकती थी। वह बार-बार लपाती के रास्ते पर नज़रे दौड़ाता। सहसा नारियल के झुरमुटों में उसे एक आकृति कुछ साफ हुई। कुछ और ...कुछ और। उसकी खुशी का ठिकाना न रहा।

(क) ततााँरा के जीवन के संदर्भ में किस उपमान का प्रयोग किया गया है?
(i) गंभीर और शांत *(ii)* सरल और प्रवाहमय
(iii) उदास और दु:खी *(iv)* कुणग्रस्त और नीरस

उत्तर *(i)* गंभीर और शांत

(ख) ततााँरा लपाती की समुद्री चट्टान पर क्यों गया था?
(i) पशु-पर्व में सम्मिलित होने के लिए
(ii) वामीरो से मिलने के लिए
(iii) अपने मन को शांत करने के लिए
(iv) गाँववासियों की सहायता करने के लिए

उत्तर *(ii)* वामीरो से मिलने के लिए

(ग) तताँरा और वामीरो दोनों के हृदय व्यथित होने का क्या कारण था?
- *(i)* गाँव वालों का डर
- *(ii)* सामाजिक परंपरा का डर
- *(iii)* एक-दूसरे से मिलने की उत्कंठा
- *(iv)* वामीरो की माँ का क्रोध

उत्तर *(iii)* एक-दूसरे से मिलने की उत्कंठा से

(घ) "उसके भीतर एक आकांक्षा भी दौड़ रही थी"— पंक्ति में 'उसके' शब्द किसके लिए प्रयुक्त हुआ है?
- *(i)* वामीरो के लिए
- *(ii)* ततााँरा के लिए
- *(iii)* वामीरो की माँ के लिए
- *(iv)* निकोबारी के लिए

उत्तर *(ii)* ततााँरा के लिए

(ङ) ततााँरा की खुशी का ठिकाना किसलिए नहीं रहा?
- *(i)* वामीरो को देखकर
- *(ii)* पशु-पर्व को देखकर
- *(iii)* समुद्र की लहरों को देखकर
- *(iv)* नारियल की आकृति को देखकर

उत्तर *(i)* वामीरो को देखकर

अध्याय पर आधारित बहुविकल्पात्मक प्रश्न

1. ततााँरा-वामीरो की कथा कहाँ सुनाई जाती है?
   - *(i)* अंडमान-निकोबार के हर घर में
   - *(ii)* विश्व के एक भाग में
   - *(iii)* केवल अंडमान में
   - *(iv)* केवल निकोबार में

   उत्तर *(i)* अंडमान-निकोबार के हर घर में

2. ततााँरा ने क्रोध में आकर तलवार से क्या किया?
   - *(i)* वामीरो की हत्या
   - *(ii)* आत्महत्या
   - *(iii)* कार-निकोबार को दो टुकड़ों में विभक्त
   - *(iv)* समस्त द्वीपवासियों पर प्रहार

   उत्तर *(iii)* कार-निकोबार को दो टुकड़ों में विभक्त

3. वामीरो की त्यागमयी मृत्यु से क्या परिवर्तन हुआ?
   - *(i)* निकोबार के लोगों में भय समाप्त हो गया
   - *(ii)* निकोबार के लोग स्वतंत्र जीवन जीने लगे
   - *(iii)* ततााँरा की प्रसिद्धि विश्वभर में हो गई
   - *(iv)* निकोबार के लोग दूसरे गाँव में भी वैवाहिक संबंध बनाने लगे

   उत्तर *(iv)* निकोबार के लोग दूसरे गाँव में भी वैवाहिक संबंध बनाने लगे

विषय-वस्तु का ज्ञान, बोध अभिव्यक्ति पर आधारित प्रश्न

• *निम्नलिखित प्रश्नों के उत्तर दीजिए*

(i) वामीरो ने ततााँरा को भूलना ही उचित क्यों समझा? तर्कपूर्ण उत्तर दीजिए।

(ii) धरती में दरार किसने डाली और क्यों?

(iii) ततााँरा-वामीरो की प्रेम कहानी किस प्रकार आरंभ हुई थी?

(iv) ततााँरा-वामीरो की मुलाकात का भेद कब खुला?

(v) ततााँरा के साथ समुद्र तट पर क्या घटना घटित हुई? स्पष्ट कीजिए।

(vi) ततााँरा-वामीरो की प्रेम कहानी का अंत किस प्रकार हुआ? इससे क्या सकारात्मक परिवर्तन आया?

स्वमूल्यांकन

अध्याय

04

तीसरी कसम के शिल्पकार शैलेंद्र (प्रह्लाद अग्रवाल)

पाठ की रूपरेखा

कवि शैलेंद्र फिल्म जगत में गीतकार के रूप में कई दशकों तक छाए रहे। उन्होंने 'फणीश्वरनाथ रेणु' की सर्वोच्च कृति 'तीसरी कसम' उर्फ़ मारे गए गुलफाम को सिनेमा परदे पर उसकी बारीकियों के साथ प्रस्तुत किया, जो हिंदी जगत में अद्वितीय बन गई। इस फ़िल्म में राज कपूर, वहीदा रहमान व संगीतकार के रूप में शंकर-जयकिशन शामिल थे। राज कपूर ने अपने अभिनय द्वारा समीक्षकों को हैरान कर दिया। हीरामन के चरित्र को उन्होंने अत्यंत मार्मिकता व मासूमियत के साथ प्रस्तुत किया जिस पर राज कपूर हावी नहीं होता। 'तीसरी कसम' अपने समय की वह फ़िल्म है, जिसने अनेक फ़िल्म पुरस्कार प्राप्त किए। शैलेंद्र ने 'तीसरी कसम' में अपनी भावप्रवणता का सर्वश्रेष्ठ तथ्य प्रदान किया, जो दर्शकों को त्रासद स्थिति में भी जीवन जीने की प्रेरणा देता है।

लेखक-परिचय

प्रह्लाद अग्रवाल का जन्म वर्ष 1947 में मध्य प्रदेश के जबलपुर शहर में हुआ। इन्होंने हिंदी से एम.ए. तक शिक्षा प्राप्त की। इन्हें किशोरावस्था से ही हिंदी फ़िल्मों के इतिहास और फ़िल्मकारों के जीवन और उनके अभिनय के बारे में विस्तार से जानने का तथा उस पर चर्चा करने का शौक रहा। इन्होंने फ़िल्म क्षेत्र से जुड़े लोगों और फ़िल्मों पर बहुत कुछ लिखा है और आगे भी इसी क्षेत्र में लिखने के लिए कार्यरत हैं। इन दिनों वे सतना के 'शासकीय स्वशासी स्नातकोत्तर महाविद्यालय' में प्राध्यापन कर रहे हैं। इनकी प्रमुख कृतियाँ हैं–सातवाँ दशक, तानाशाह, मैं खुशबू, सुपर स्टार, राज कपूर : आधी हकीकत आधा फ़साना, कवि शैलेंद्र : ज़िंदगी की जीत में यकीन, प्यासा : चिर अतृप्त गुरुदत्त, उत्ताल उमंग : सुभाष घई की फ़िल्मकला, ओ रे माँझी : बिमल राय का सिनेमा और महाबाज़ार के महानायक : इक्कीसवीं सदी का सिनेमा।

पाठ का सार

राज कपूर की सफलता एवं आत्मविश्वास

जब राज कपूर की फ़िल्म 'संगम' को सफलता मिली, तो वह इससे बहुत उत्साहित थे। इस अवसर पर उन्होंने एक साथ चार फ़िल्मों के निर्माण की घोषणा की–'मेरा नाम जोकर', 'अजंता', 'मैं और मेरा दोस्त' तथा 'सत्यम् शिवम् सुंदरम्'। उस समय राज कपूर ने यह सोचा भी नहीं होगा कि उन्हें 'मेरा नाम जोकर' के एक भाग को बनाने में ही छः वर्ष लग जाएँगे। इन छः वर्षों के अंतराल में राज कपूर द्वारा अभिनीत कई फ़िल्में प्रदर्शित हुईं, जिनमें वर्ष 1966 में प्रदर्शित 'तीसरी कसम' भी शामिल है। इस फ़िल्म का निर्माण प्रसिद्ध कवि शैलेंद्र ने किया था। राज कपूर ने इस फ़िल्म में अपने जीवन का सर्वश्रेष्ठ अभिनय किया था।

'तीसरी कसम' फ़िल्म

यह फ़िल्म मात्र एक फ़िल्म न होकर सैल्यूलाइड पर लिखी एक कविता थी, जो शैलेंद्र के जीवन की पहली और अंतिम फ़िल्म थी। इसे 'राष्ट्रपति स्वर्ण' पदक प्राप्त हुआ। इसके पश्चात् इसे बंगाल फ़िल्म जर्नलिस्ट एसोसिएशन का सर्वश्रेष्ठ फ़िल्म का पुरस्कार मिला। यही नहीं, इसे मास्को फ़िल्म फेस्टिवल में भी पुरस्कार मिला। इस फ़िल्म की कहानी गहरी संवेदनशीलता को पूरी शिद्दत के साथ प्रस्तुत करने में सक्षम थी। शैलेंद्र ने अपने प्रिय मित्र राज कपूर की भावनाओं को शब्द दिए थे और राज कपूर ने इस फ़िल्म में उत्कृष्ट अभिनय किया था।

'तीसरी कसम' की शुरुआत

कहा जाता है कि जब शैलेंद्र राज कपूर के पास इस फ़िल्म की कहानी लेकर गए थे, तो राज कपूर ने इस प्रस्ताव पर उत्साह दिखाते हुए कहा कि वह इस फ़िल्म में काम करेंगे, लेकिन शैलेंद्र यह सुनकर हैरान रह गए कि राज कपूर ने इस फ़िल्म में अभिनय करने के लिए अपना पूरा पारिश्रमिक अग्रिम (पहले, एडवांस में) ही माँग लिया। अपने मित्र की बात सुनकर शैलेंद्र का चेहरा उतर गया तो राज कपूर ने कहा कि वह पारिश्रमिक तो लेंगे, लेकिन उन्होंने अपना पारिश्रमिक मात्र 'एक रुपया' बताया। इस प्रकार राज कपूर ने इस फ़िल्म में केवल नाममात्र का पारिश्रमिक लिया और खुशी-खुशी काम करने को तैयार हो गए।

आदर्शवादी और भावुकता से भरे कवि

शैलेंद्र इस बात को जानते थे कि वह फ़िल्म निर्माता बनने योग्य नहीं हैं। राज कपूर ने उन्हें इस विषय में बता भी दिया था कि फ़िल्म निर्माण में अनेक प्रकार के खतरे हैं। शैलेंद्र पर इन बातों का कोई प्रभाव नहीं पड़ा। उन्हें न धन संपत्ति की अभिलाषा थी और न सम्मान चाहिए था। वह तो केवल इस फ़िल्म को बनाकर आत्मसंतुष्टि प्राप्त करना चाहते थे। 'तीसरी कसम' के विषय में यह बता देना उल्लेखनीय होगा कि राज कपूर, वहीदा रहमान, शंकर-जयकिशन आदि प्रसिद्ध कलाकारों के होने के बाद भी इस फ़िल्म को खरीदने के लिए कोई वितरक तक नहीं मिला था, क्योंकि लाभ कमाने वाले वितरक इस फ़िल्म की संवेदना को समझ नहीं सके थे। यही कारण है कि न तो इस फ़िल्म का सही तरीके से प्रचार ही हुआ और न ही सही प्रकार से प्रदर्शन ही हो सका।

शैलेंद्र और फ़िल्मों में साहित्य

शैलेंद्र को एक ऐसे व्यक्ति के रूप में जाना जाता है, जो बीस साल से फ़िल्म इंडस्ट्री में होने और वहाँ के काम के तौर-तरीके जानने के बाद भी अपनी इंसानियत को बचाकर रख सके थे। उनके द्वारा लिखे गए एक गीत की एक पंक्ति में मौजूद–'दसों दिशाओं' शब्द पर संगीतकार-जयकिशन ने आपत्ति प्रकट की कि लोग 'चार दिशाएँ' समझ सकते हैं, 'दस दिशाएँ' नहीं। शैलेंद्र ने जयकिशन की बात नहीं मानी। उनका कहना था कि कलाकार का कर्त्तव्य यह है कि वह दर्शकों की रुचि में सुधार करे।

शैलेंद्र ने अपनी लेखनी में कभी भी झूठे अभिजात्य को नहीं अपनाया। उनके गीत भावनामय होने के साथ-साथ सरल होते थे, जो आसानी से लोगों की जुबान पर चढ़ जाते थे। यही कारण है कि वह 'मेरा जूता है जापानी' जैसा लोकप्रिय और सुरीला गीत लिख पाए, जो वर्षों तक लोगों की जुबान पर चढ़ा रहा।

'तीसरी कसम' और साहित्य का समन्वय

'तीसरी कसम' फ़िल्म उन फ़िल्मों में से एक है, जिन्होंने साहित्य के साथ पूरा न्याय किया। शैलेंद्र ने इस फ़िल्म में गाड़ीवान हीरामन पर राज कपूर को हावी नहीं होने दिया, अपितु राज कपूर ही हीरामन बन गए। यही नहीं, उन्होंने प्रसिद्ध अभिनेत्री वहीदा रहमान को सस्ती छींट की साड़ी में लिपटी हुई हीराबाई बनाकर प्रस्तुत किया, जिसने हीरामन का मनमोह लिया था।

भारतीय फ़िल्मों में 'तीसरी कसम' का महत्त्व

भारतीय फ़िल्मों की सबसे बड़ी कमज़ोरी होती है–उनमें लोक-तत्त्व का अभाव। यह कहा जाता है कि भारतीय फ़िल्में ज़िंदगी से दूर होती हैं और यदि किसी फ़िल्म में जीवन के दुःखद पक्ष का चित्रण किया भी जाता है, तो उन्हें ग्लोरिफ़ाई किया जाता है अर्थात् उसे बढ़ा-चढ़ाकर प्रस्तुत किया जाता है ताकि दर्शकों का भावनात्मक शोषण किया जा सके। 'तीसरी कसम' की सबसे बड़ी और महत्त्वपूर्ण खूबी यह थी कि इसमें दिखाया गया दुःख स्वाभाविक-सा लगता है, नाटकीय नहीं।

कवि रूप में शैलेंद्र

शैलेंद्र गीतकार नहीं, अपितु कवि थे और उन्होंने जीवन को एक कवि के रूप में ही जिया। यही कारण है कि सिनेमा की चकाचौंध भरी ज़िंदगी में भी वह यश, धन-लिप्सा आदि से कोसों दूर रहे। जो बात उनके जीवन में थी, वही उनके गीतों में भी। उनके गीतों में विद्यमान व्यथा व्यक्ति को पराजित नहीं करती, अपितु आगे बढ़ने का संदेश देती है। उन्होंने 'तीसरी कसम' में अपने एक गीत को *इस प्रकार प्रस्तुत किया है*

"सजनवा बैरी हो गए हमार चिठिया हो तो हर कोई बाँचै भाग न बाँचै कोय...।"

अभिनय और 'तीसरी कसम' के राज कपूर

अभिनय के दृष्टिकोण से 'तीसरी कसम' राज कपूर के जीवन की सबसे बेहतरीन फ़िल्म है। इस फ़िल्म में 'हीरामन' की भूमिका में उन्होंने मासूमियत के चरमोत्कर्ष को छू लिया था। यह भी कहा जाता है कि इस फ़िल्म में उनकी भूमिका 'जागते रहो' से भी अच्छी है। ऐसा लगता है जैसे राज कपूर 'तीसरी कसम' के 'हीरामन' के साथ एकाकार हो गए हैं, जो एक खालिस देहाती गाड़ीवान है और केवल दिल की ज़ुबान समझता है, दिमाग की नहीं। उसके लिए मोहब्बत के सिवा किसी दूसरी चीज़ का कोई अर्थ नहीं है।

उस समय तक राज कपूर एशिया के सबसे बड़े शोमैन के रूप में स्थापित हो चुके थे और उनका अपना व्यक्तित्व एक कहावत बन चुका था, लेकिन 'तीसरी कसम' में वह महिमामय व्यक्तित्व पूरी तरह 'हीरामन' की आत्मा में उतर गया है। वह 'हीराबाई' की फेनू-गिलासी बोली पर रीझता हुआ उसकी भोली सूरत पर न्योछावर हो जाता है। 'तीसरी कसम' की पटकथा मूल कहानी के लेखक फणीश्वरनाथ 'रेणु' ने स्वयं तैयार की थी। यही कारण है कि कहानी का रेशा-रेशा, उसकी छोटी-से-छोटी बारीकी भी फ़िल्म में पूरी तरह से उतर आई है।

» शब्दार्थ

पृष्ठ संख्या NCERT पाठ्यपुस्तक (स्पर्श भाग-2) के अनुसार हैं।

पृष्ठ संख्या 91 शिल्पकार—रचनाकार, डिज़ाइन बनाने वाला व्यक्ति; गहन—गहरा; संभवतः—शायद; अंतराल—के बाद; अभिनीत—अभिनय किया गया; सर्वोत्कृष्ट—सबसे अच्छा; मार्मिक—मन को छू लेने वाली; सैल्यूलाइड—कैमरे की रील में उतारकर चित्र पर प्रस्तुत करना; सार्थकता—उपयुक्तता या अर्थपूर्ण उपलब्धि; कलात्मकता—कला से परिपूर्ण; संवेदनशीलता—भावुकता; शिद्दत—मन की पूरी तीव्रता से; कविहृदय—वह व्यक्ति जिसका हृदय कवियों की भाँति कोमल और कल्पना से भरा हुआ हो; अनन्य—परम; तन्मयता—तल्लीनता; पारिश्रमिक—मेहनताना; अपेक्षा—आशा; याराना मस्ती—दोस्ताना अंदाज़; व्यावसायिक सूझबूझ—व्यवसाय या काम-धाम की समझ।

पृष्ठ संख्या 92 कामना—इच्छा; आत्म-संतुष्टि—अपनी तसल्ली; बमुश्किल—कठिनाई से; वितरक—प्रसारित करने वाले लोग; नामज़द—विख्यात; संवेदना—अनुभूति; दो से चार बनाने का गणित—धन को बहुत जल्दी से बढ़ाने की कला; नावाकिफ़—अनजान; इकरार—सहमति; मंतव्य—इच्छा; उथलापन—सतही; उपभोक्ता—फ़िल्म के दर्शक, किसी वस्तु को उपभोग करने वाला; परिष्कार—सुधार; अभिजात्य—परिष्कृत; भाव-प्रवण—भावनाओं से भरा हुआ; दुरूह—कठिन; शत-प्रतिशत —पूरी तरह से; उकड़ू—घुटने मोड़कर पैर के तलवों के सहारे बैठ जाना।

पृष्ठ संख्या 93 अभिव्यक्ति—प्रकट करना; सूक्ष्मता—बारीकी; स्पंदित—भावना से भरी हुई; लालायित—इच्छुक; टप्पर-गाड़ी—अर्द्धगोलाकार छप्पर युक्त बैलगाड़ी; हुजूम—भीड़; डोलिया—डोली; नौटंकी—नाटक; बाई—काम करने वाली; सरल-हृदय—जिसका दिल बहुत सीधा, सरल और भोला हो; सपनीले—सपनों में देखे गए; कहकहे—ठहाके; लोक-तत्त्व—लोक-भावना; त्रासद स्थितियाँ—भयानक घटनाएँ; चित्रांकन—चित्र खींचना; ग्लोरिफ़ाई करना—महिमामंडित करना, प्रशंसा करना; जीवन-सापेक्ष—जीवन से संबंध रखने वाली; धन-लिप्सा—धन की चाह; भावप्रवणता—संवेदनशीलता; तथ्य—सच्चाई; अद्वितीय—अनोखा; बाँचै—पढ़ना; दृष्टिकोण—विचार या नज़रिया; समीक्षक—गुण-दोष पर विचार करने वाला; खालिस—पूरी, शुद्ध; भुच्च—निरा, बिलकुल; मुकाम—मंज़िल; शोमैन—बहुत बड़ा स्थापित कलाकार; किंवदंती—कहावत।

पाठ्यपुस्तक (स्पर्श भाग-2) के प्रश्नोत्तर

मौखिक

निम्नलिखित प्रश्नों के उत्तर एक-दो पंक्तियों में दीजिए

1 'तीसरी कसम' फ़िल्म को कौन-कौन से पुरस्कारों से सम्मानित किया गया है? **CBSE 2010**

उत्तर *'तीसरी कसम' नामक फ़िल्म को निम्नलिखित पुरस्कारों से सम्मानित किया गया*

(i) राष्ट्रपति स्वर्णपदक।

(ii) बंगाल जर्नलिस्ट एसोसिएशन का सर्वश्रेष्ठ फ़िल्म पुरस्कार।

(iii) मास्को फ़िल्म फेस्टिवल पुरस्कार।

2 शैलेंद्र ने कितनी फ़िल्में बनाईं?

उत्तर शैलेंद्र ने अपने जीवन में केवल एक ही फ़िल्म का निर्माण किया, जिसका नाम था–'तीसरी कसम'। यह उनकी पहली और अंतिम फ़िल्म थी।

3 राज कपूर द्वारा निर्देशित कुछ फ़िल्मों के नाम बताइए। **CBSE 2015**

उत्तर राज कपूर द्वारा निर्देशित कुछ फ़िल्मों के नाम हैं–मेरा नाम जोकर, बॉबी, सत्यम् शिवम् सुंदरम् आदि।

4 'तीसरी कसम' फ़िल्म के नायक व नायिकाओं के नाम बताइए और फ़िल्म में इन्होंने किन पात्रों का अभिनय किया है?

उत्तर 'तीसरी कसम' फ़िल्म के नायक हिंदी सिनेमा के शोमैन राज कपूर तथा नायिका वहीदा रहमान थी। इस फ़िल्म में राज कपूर ने हीरामन नामक गाड़ीवान का अभिनय किया और वहीदा रहमान ने हीराबाई नामक नौटंकी कलाकार का अभिनय किया है।

5 फ़िल्म 'तीसरी कसम' का निर्माण किसने किया था? **CBSE 2016, 10**

उत्तर फ़िल्म 'तीसरी कसम' का निर्माण प्रसिद्ध गीतकार एवं कवि शैलेंद्र ने किया था।

6 राज कपूर ने 'मेरा नाम जोकर' के निर्माण के समय किस बात की कल्पना भी नहीं की थी?

उत्तर राज कपूर ने 'मेरा नाम जोकर' के निर्माण के समय इस बात की कल्पना भी नहीं की थी कि इस फ़िल्म के पहले अंश के निर्माण में ही उन्हें छः साल का समय लग जाएगा।

7 राज कपूर की किस बात पर शैलेंद्र का चेहरा मुरझा गया? **CBSE 2010**

उत्तर जब राज कपूर ने शैलेंद्र से मज़ाक में यह कहा कि वह तो इस फ़िल्म का पारिश्रमिक एडवांस में लेंगे, तो यह सुनकर शैलेंद्र का चेहरा मुरझा गया।

8 फ़िल्म समीक्षक राज कपूर को किस तरह का कलाकार मानते थे? **CBSE 2016, 11**

उत्तर फ़िल्म समीक्षक राज कपूर को एक ऐसा कुशल कलाकार मानते थे, जो आँखों से बातें किया करता था।

लिखित

(क) निम्नलिखित प्रश्नों के उत्तर (25-30 शब्दों में) लिखिए

1 'तीसरी कसम' फ़िल्म को ''सैल्यूलाइड पर लिखी कविता'' क्यों कहा गया है? **CBSE 2011, 10**

उत्तर 'तीसरी कसम' फ़िल्म को ''सैल्यूलाइड पर लिखी कविता'' इसलिए कहा गया है, क्योंकि यह एक भावपूर्ण फ़िल्म थी। यह मात्र एक कहानी न होकर फ़िल्मी रील पर लिखी हुई एक कविता थी, जो अत्यंत संवेदनशील और मानवीय गुणों से ओतप्रोत थी।

2 'तीसरी कसम' फ़िल्म को खरीदार क्यों नहीं मिल रहे थे? **CBSE 2010**

उत्तर 'तीसरी कसम' फ़िल्म को खरीदार इसलिए नहीं मिल रहे थे, क्योंकि इस फ़िल्म में ऐसा कुछ नहीं था, जो अन्य सामान्य फ़िल्मों में होता है। यह शुद्ध रूप से एक साहित्यिक रचना पर आधारित फ़िल्म थी, जिसमें करुणा को स्थान दिया गया था। फिल्म के वितरक उसके साहित्यिक महत्त्व और गौरव को समझ नहीं सकते थे।

3 शैलेंद्र के अनुसार कलाकार का कर्त्तव्य क्या है? **CBSE 2011, 10**

उत्तर शैलेंद्र के अनुसार कलाकार का कर्तव्य यह है कि वह दर्शकों की रुचि के नाम पर फ़िल्म में भोंडापन और निम्न-स्तरीय सामग्री पेश न करे। यह कलाकार का कर्तव्य है कि वह दर्शकों की रुचि का स्तर ऊँचा करे और उसी के अनुसार फ़िल्म का निर्माण करे।

4 फ़िल्मों में त्रासद स्थितियों का चित्रांकन ग्लोरिफ़ाई क्यों कर दिया जाता है? **CBSE 2010**

उत्तर हिंदी फ़िल्मों में त्रासद स्थितियों का चित्रांकन ग्लोरिफ़ाई इसलिए कर दिया जाता है, ताकि ग्लोरिफ़ाई करने से उपजी नाटकीयता के कारण दर्शक उस फ़िल्म को देखने के लिए सिनेमा हॉल तक आएँ और फ़िल्म के टिकटों की बिक्री बढ़े, जिससे उन्हें फ़ायदा पहुँचे।

5 ''शैलेंद्र ने राज कपूर की भावनाओं को शब्द दिए हैं''—इस कथन से आप क्या समझते हैं? स्पष्ट कीजिए। **CBSE 2011, 10**

उत्तर राज कपूर एक संवेदनशील कलाकार एवं फ़िल्म निर्माता थे। वह स्वयं भी एक संवेदनशील और गंभीर विषय पर फ़िल्म बनाना चाहते थे। ऐसे में जब गीतकार शैलेंद्र ने 'तीसरी कसम' फ़िल्म का निर्माण किया तो ऐसा लगा, जैसे उन्होंने राज कपूर की भावनाओं को शब्द दिए हैं।

6 लेखक ने राज कपूर को एशिया का सबसे बड़ा शोमैन कहा है। शोमैन से आप क्या समझते हैं? **CBSE 2010**

उत्तर शोमैन का अर्थ है–एक ऐसा व्यक्ति जो कला, गुण, व्यक्तित्व व आकर्षण में सबसे अलग दिखाई देता हो और अपने इन गुणों के कारण लोकप्रिय भी हो। राज कपूर में ये सब गुण विद्यमान थे, इसी कारण लेखक ने उन्हें एशिया का सबसे बड़ा शोमैन कहा है।

7 फ़िल्म 'श्री 420' के गीत 'रातें दसों दिशाओं से कहेंगी अपनी कहानियाँ' पर संगीतकार जयकिशन ने आपत्ति क्यों की? **CBSE 2016, 10**

उत्तर फ़िल्म 'श्री 420' के गीत 'रातें दसों दिशाओं से कहेंगी अपनी कहानियाँ' पर संगीतकार जयकिशन ने आपत्ति इसलिए की, क्योंकि उन्हें लगता था कि 'दसों दिशाओं' के स्थान पर यदि 'चारों दिशाओं' शब्द प्रयुक्त किए गए तो इसे आम जनता जल्दी समझेगी तथा गीत अधिक लोकप्रिय होगा।

(ख) निम्नलिखित प्रश्नों के उत्तर (50-60 शब्दों में) लिखिए

1 राज कपूर द्वारा फ़िल्म की असफलता के खतरों से आगाह करने पर भी शैलेंद्र ने यह फ़िल्म क्यों बनाई? **CBSE 2015, 10**

उत्तर राज कपूर हिंदी सिनेमा के एक लोकप्रिय व सफल अभिनेता एवं निर्माता-निर्देशक थे। वह जानते थे कि शैलेंद्र को वितरक नहीं मिल पाएँगे और उन्हें आर्थिक नुकसान होगा। इसलिए उन्होंने शैलेंद्र को इसके खतरों से आगाह करते हुए फ़िल्म बनाने से मना किया, परंतु शैलेंद्र इस फ़िल्म को हानि-लाभ से ऊपर उठकर देख रहे थे। वह आदर्शवाद से प्रेरित थे और अपने मन को संतुष्ट करने के लिए इस फ़िल्म को बनाना चाहते थे। इसी कारण उन्होंने यह फ़िल्म बनाई।

2 'तीसरी कसम' में राज कपूर का महिमामय व्यक्तित्व किस तरह हीरामन की आत्मा में उतर गया है? स्पष्ट कीजिए। **CBSE 2011**

उत्तर 'तीसरी कसम' फ़िल्म का नायक 'हीरामन' खालिस देहाती गाड़ीवान है, जो मोहब्बत से भरी ज़ुबान को अच्छी तरह से समझता है। वह नौटंकी में काम करने वाली अदाकारा हीराबाई पर रीझ जाता है। राज कपूर ने इस चरित्र को इतनी अच्छी तरह से निभाया कि कहीं पर यह लगा ही नहीं कि यह गाड़ीवान हीरामन नहीं, बल्कि राज कपूर हैं। राज कपूर ने स्वयं को इस चरित्र में इस तरह मिला दिया कि ऐसा लगा जैसे उनका महिमामय व्यक्तित्व हीरामन की आत्मा में उतर गया है।

3 लेखक ने ऐसा क्यों लिखा है कि 'तीसरी कसम' ने साहित्य-रचना के साथ शत-प्रतिशत न्याय किया है? **CBSE 2011, 10**

उत्तर लेखक 'तीसरी कसम' फ़िल्म से बहुत प्रभावित है। वास्तव में साहित्यिक रचनाओं पर बनने वाली फ़िल्में फ़िल्मी चाल-चलन के अनुरूप बनाई जाती हैं। शैलेंद्र द्वारा निर्मित फ़िल्म 'तीसरी कसम' भी साहित्यिक रचना पर आधारित फ़िल्म थी। शैलेंद्र ने इस बात का ध्यान रखा कि उसके साहित्यिक स्वरूप के साथ छेड़छाड़ न हो। उन्होंने साहित्य की मूल भावना और संवेदना से छेड़छाड़ नहीं की। इसी कारण लेखक ने लिखा है कि 'तीसरी कसम' ने साहित्य-रचना के साथ शत-प्रतिशत न्याय किया है।

4 शैलेंद्र के गीतों की क्या विशेषताएँ हैं? अपने शब्दों में लिखिए। **CBSE 2010**

उत्तर *शैलेंद्र के गीतों की निम्नलिखित विशेषताएँ हैं*

(i) शैलेंद्र के अधिकांश गीतों में भावना को प्रधानता दी गई है।

(ii) संवेदनशील और भावनात्मक होते हुए भी इन गीतों के बोल कठिन नहीं होते। अच्छे विचार, मनोरंजक और आम बोलचाल के होने के कारण लोगों के दिल और ज़ुबान पर अच्छी तरह चढ़ जाते हैं।

(iii) शैलेंद्र के गीतों को समाज का हर वर्ग अपने दिल के करीब पाता है।

(iv) शैलेंद्र के गीतों में शब्दों से खेल इस प्रकार होता है कि नया होने के बाद भी वह श्रोताओं और दर्शकों को पसंद आता है। 'चार दिशाओं' के स्थान पर 'दसों दिशाओं' वाला उदाहरण इस बात का प्रत्यक्ष प्रमाण है।

(v) उनके गीत करुण रस प्रधान होते हुए भी श्रोता को परिस्थिति से पराजय मानने को विवश नहीं करते, अपितु उनका डटकर सामना करने को प्रेरित करते हैं।

5 फ़िल्म निर्माता के रूप में शैलेंद्र की विशेषताओं पर प्रकाश डालिए। **CBSE 2010**

उत्तर फ़िल्म निर्माता के रूप में शैलेंद्र का महत्त्व विशिष्ट है। वे निर्माता होते हुए भी साहित्यिक बने रहे। वे फ़िल्मी चकाचौंध में रहते हुए भी यश और धन लिप्सा से दूर बने रहे। उन्होंने फ़िल्मों को गहरा साहित्यिक बनाने का प्रयत्न किया। उन्होंने फ़िल्म में सस्तापन लाने के अतिरिक्त दर्शकों को संस्कारित करने का प्रयास किया। उनकी फ़िल्में कविता जैसी सघन, गहन और प्रभावी थीं, तभी उनकी कला-फ़िल्म को अनेक पुरस्कार मिले।

6 शैलेंद्र के निजी जीवन की छाप उनकी फ़िल्म में झलकती है—कैसे? स्पष्ट कीजिए। **CBSE 2018, 10**

उत्तर शैलेंद्र गंभीर, संवेदनशील, उदार स्वभाव, शांत जीवन जीने वाले तथा नाम और दाम से दूर रहने वाले कवि-हृदय व्यक्ति थे। उन्होंने निजी जीवन के विचारों को अपने फ़िल्मी करियर में भी लागू किया। उन्हें साहित्य की गहरी समझ थी। वे उच्च मानवीय मूल्यों का दिल से सम्मान करते थे।

यदि वह कोई मसालेदार फ़िल्म बनाते तो बहुत पैसा कमा सकते थे, लेकिन 'तीसरी कसम' फ़िल्म बनाते समय उन्होंने अपने कवि-हृदय और साहित्यिक संस्कारों का ध्यान रखा।

7 लेखक के इस कथन से कि 'तीसरी कसम' फ़िल्म कोई सच्चा कवि-हृदय ही बना सकता था, आप कहाँ तक सहमत हैं? स्पष्ट कीजिए। **CBSE 2011, 10**

उत्तर मैं लेखक के इस कथन से पूरी तरह सहमत हूँ। शैलेंद्र मूल रूप से एक कवि थे, जिनका हृदय कोमल भावों और संवेदनाओं से भरा हुआ था। 'तीसरी कसम' फ़िल्म के निर्माण के समय भी शैलेंद्र ने लाभ-हानि के विचार को त्यागकर अपने कवि-हृदय को ही आगे रखा था। उन्होंने अपनी पहली और अंतिम फ़िल्म की कहानी के लिए फणीश्वरनाथ 'रेणु' जैसे संवेदनशील लेखक की रचना को चुना। उन्होंने रचना के मूलभाव से कोई छेड़छाड़ नहीं की, जिसके कारण वितरक फ़िल्म को खरीदने के लिए तैयार नहीं हुए, क्योंकि वे मसालेदार फ़िल्मों से लाभ कमाना चाहते थे।

(ग) निम्नलिखित के आशय स्पष्ट कीजिए

1 "......... वह तो एक आदर्शवादी भावुक कवि था, जिसे अपार संपत्ति और यश तक की इतनी कामना नहीं थी कि जितनी आत्मसंतुष्टि के सुख की अभिलाषा थी।" **CBSE 2016, 10**

उत्तर शैलेंद्र की यह विशेषता थी कि वे आदर्शवादी भावुक कवि थे। उन्होंने कोई भी कार्य करते समय आत्म-संतुष्टि को विशेष महत्त्व दिया। उन्हें अपने कार्य के बदले अपार संपत्ति और यश मिले, इसकी इच्छा उन्होंने कभी नहीं की।

2 "उनका यह दृढ़ मंतव्य था कि दर्शकों की रुचि की आड़ में हमें उथलेपन को उन पर नहीं थोपना चाहिए। कलाकार का यह कर्त्तव्य भी है कि वह उपभोक्ता की रुचियों का परिष्कार करने का प्रयत्न करे।"

उत्तर शैलेंद्र अपनी कला के माध्यम से समाज को अच्छे संस्कार देने में विश्वास करते थे। इसी कारण फ़िल्म का निर्माण करते समय संगीतकार जयकिशन द्वारा गीत की पंक्ति बदल देने की बात को उन्होंने नहीं माना। उनका विचार था कि एक कलाकार का यह भी कर्त्तव्य है कि वह दर्शकों की रुचियों में सुधार करने की कोशिश भी करे।

3 **"व्यथा आदमी को पराजित नहीं करती, उसे आगे बढ़ने का संदेश देती है।" आशय स्पष्ट कीजिए।**

उत्तर शैलेंद्र द्वारा लिखे गीतों दुःख और करुणा व्यक्ति को जीवन से निराश होने का संदेश नहीं देती, अपितु वह उसे कठिनाइयों से घबराए बिना आगे बढ़ने का संदेश देती है।

4 **"दरअसल इस फ़िल्म की संवेदना किसी दो से चार बनाने वाले की समझ से परे है।"** **CBSE 2019, 10**

उत्तर शैलेंद्र ने 'तीसरी कसम' फ़िल्म का निर्माण करते समय लाभ-हानि के विचार को त्यागकर उसमें संवेदनाओं को प्रमुखता दी, जिसके कारण उनकी फ़िल्म में मसाले की कमी रही। इसी कारण केवल लाभ कमाने वाले वितरक इस फ़िल्म की संवेदना को नहीं समझ सके।

5 "उनके गीत भाव-प्रवण थे—दुरूह नहीं।"

उत्तर शैलेंद्र द्वारा लिखे गीत भावनाओं से भरे हुए थे, लेकिन वे समझने में कठिन नहीं थे। आम जनता उन्हें आसानी से समझ लेती थी और वे उनके होंठों पर चढ़कर गूँजते थे।

भाषा-अध्ययन

1 पाठ में आए 'से' विभिन्न प्रयोगों से वाक्य की संरचना को समझिए

(क) राजकपूर ने एक अच्छे और सच्चे मित्र की हैसियत से शैलेंद्र को फ़िल्म की असफलता के खतरों से आगाह भी किया।

(ख) रातें दसों दिशाओं से कहेंगी अपनी कहानियाँ।

(ग) फ़िल्म इंडस्ट्री में रहते हुए भी वहाँ के तौर-तरीकों से नावाकिफ़ थे।

(घ) दरअसल इस फ़िल्म की संवेदना किसी <u>दो से चार</u> बनाने के गणित जानने वाले की <u>समझ से</u> परे थी।

(ङ) शैलेंद्र, राज कपूर की इस याराना <u>दोस्ती से</u> परिचित तो थे।

उत्तर छात्रों के ज्ञानवर्द्धन हेतु।

2 इस पाठ में आए निम्नलिखित वाक्यों की संरचना पर ध्यान दीजिए

(क) 'तीसरी कसम' फ़िल्म नहीं, सैल्यूलाइड पर लिखी कविता थी।

(ख) उन्होंने ऐसी फ़िल्म बनाई थी, जिसे सच्चा कवि-हृदय ही बना सकता था।

(ग) फ़िल्म कब आई, कब चली गई, मालूम ही नहीं पड़ा।

(घ) खालिस देहाती भुच्च गाड़ीवान जो सिर्फ़ दिल की जुबान समझता है, दिमाग की नहीं।

उत्तर छात्रों के ज्ञानवर्द्धन हेतु।

3 पाठ में आए निम्नलिखित मुहावरों से वाक्य बनाइए
चेहरा मुरझाना, चक्कर खा जाना, दो से चार बनाना, आँखों से बोलना।

उत्तर *(क)* **चेहरा मुरझाना** मनपसंद खाना न मिलने के कारण राजेश का *चेहरा मुरझा* गया।

(ख) **चक्कर खा जाना** शहर की ऊँची-ऊँची इमारतें देखकर गाँव का युवक *चक्कर खा गया*।

(ग) **दो से चार बनाना** रमेश ने जब से नौकरी पाई है, तब से वह *दो से चार बनाने* का महारथी हो गया है।

(घ) **आँखों से बोलना** प्रत्येक शास्त्रीय नृत्यांगना में *आँखों से बोलने* की कला होती है। **CBSE 2020**

4 निम्नलिखित शब्दों के हिंदी पर्याय दीजिए

(क) शिद्दत	कठिनाई	(ख) याराना	दोस्ती
(ग) बमुश्किल	अत्यधिक जटिल	(घ) खालिस	शुद्ध
(ङ) नावाकिफ़	अपरिचित	(च) यकीन	विश्वास
(छ) हावी	प्रभाव	(ज) रेशा	कण

5 निम्नलिखित का संधि-विच्छेद कीजिए

	शब्द		संधि		विच्छेद
(क)	चित्रांकन	–	चित्र	+	अंकन
(ख)	सर्वोत्कृष्ट	–	सर्व	+	उत्कृष्ट
(ग)	चरमोत्कर्ष	–	चर्म	+	उत्कर्ष
(घ)	रूपांतरण	–	रूप	+	अंतरण
(ङ)	घनानंद	–	घन	+	आनंद

6 निम्नलिखित का समास विग्रह कीजिए और समास का नाम भी लिखिए

उत्तर

(क)	कला-मर्मज्ञ	कला का मर्मज्ञ	*(संबंध तत्पुरुष)*
(ख)	लोकप्रिय	लोक में प्रिय	*(अधिकरण तत्पुरुष)*
(ग)	राष्ट्रपति	राष्ट्र का पति	*(संबंध तत्पुरुष)*

योग्यता विस्तार

1 फणीश्वरनाथ रेणु की किस कहानी पर 'तीसरी कसम' फ़िल्म आधारित है, जानकारी प्राप्त कीजिए और मूल रचना पढ़िए।

उत्तर छात्र स्वयं करें

2 समाचार पत्रों में फ़िल्मों की समीक्षा दी जाती है। किन्हीं तीन फ़िल्मों की समीक्षा पढ़िए और 'तीसरी कसम' फ़िल्म को देखकर इस फ़िल्म की समीक्षा स्वयं लिखने का प्रयास कीजिए।

उत्तर छात्र स्वयं करें

परियोजना कार्य

1 फ़िल्मों के संदर्भ में आपने अकसर यह सुना होगा— "जो बात पहले की फ़िल्मों में थी, वह अब कहाँ" वर्तमान दौर की फ़िल्मों में क्या समानता और अंतर है? कक्षा में चर्चा कीजिए।

उत्तर छात्र स्वयं करें।

2 'तीसरी कसम' जैसी और भी फ़िल्में हैं, जो किसी भाषा की साहित्यिक रचना पर बनी हैं। ऐसी फ़िल्मों की सूची निम्नांकित प्रपत्र के आधार पर तैयार करें।

क्र.सं.	फ़िल्म का नाम	साहित्यिक रचना	भाषा	रचनाकार
1.	देवदास	देवदास	बांग्ला	शरत्चंद्र
2.	....	....	....	....
3.	....	....	....	....
4.	....	....	....	....

उत्तर छात्र स्वयं करें।

3 लोकगीत हमें अपनी संस्कृति से जोड़ते हैं। 'तीसरी कसम' फ़िल्म में लोकगीतों का प्रयोग किया गया है। आप भी अपने क्षेत्र के प्रचलित दो-तीन लोकगीतों को एकत्र कर परियोजना कॉपी पर लिखिए।

उत्तर छात्र स्वयं करें।

परीक्षा अभ्यास

गद्यांश पर आधारित बहुविकल्पात्मक प्रश्न

निम्नलिखित गद्यांशों को ध्यानपूर्वक पढ़कर पूछे गए प्रश्नों के सही विकल्प चुनिए।

1 राज कपूर ने एक अच्छे और सच्चे मित्र की हैसियत से शैलेंद्र को फिल्म की असफलता के खतरों से आगाह भी किया पर वह तो एक आदर्शवादी भावुक कवि था, जिसे अपार संपत्ति और यश की इतनी कामना नहीं थी जितनी आत्मसंतुष्टि के सुख की अभिलाषा थी। 'तीसरी कसम' कितनी ही महान फिल्म क्यों न रही हो, लेकिन यह एक दुखद सत्य है कि इसे प्रदर्शित करने के लिए बमुश्किल वितरक मिले। बावजूद इसके कि 'तीसरी कसम' में राज कपूर और वहीदा रहमान जैसे नामजद सितारे थे, शंकर-जयकिशन का संगीत था, जिनकी लोकप्रियता उन दिनों सातवें आसमान पर थी और इसके गीत भी फ़िल्म के प्रदर्शन के पूर्व ही बेहद लोकप्रिय हो चुके थे, लेकिन इस फ़िल्म को खरीदने वाला कोई नहीं था। दरअसल इस फ़िल्म की संवेदना किसी दो से चार बनाने का गणित जानने वाले की समझ से परे थी। उसमें रची-बसी करुणा तराजू पर तौली जा सकने वाली चीज़ नहीं थी। इसीलिए बमुश्किल जब 'तीसरी कसम' रिलीज हुई तो इसका कोई प्रचार नहीं हुआ। फिल्म कब आई, कब चली गई, मालूम ही नहीं पड़ा।

(क) आर्थिक खतरों से आगाह किए जाने के बाद भी शैलेंद्र ने 'तीसरी कसम' बनाने का निर्णय क्यों लिया?
  (*i*) आत्मसंतुष्टि के लिए
  (*ii*) मित्र के लिए
  (*iii*) जिज्ञासा शांत करने के लिए
  (*iv*) यश प्राप्ति के लिए

उत्तर (*i*) आत्मसंतुष्टि के लिए

(ख) 'तीसरी कसम' के लिए दु:खद सत्य किसे कहा गया है?
  (*i*) फ़िल्म में गीतों का अभाव
  (*ii*) प्रदर्शित करने के लिए वितरक न मिलना
  (*iii*) लोकप्रियता की कमी
  (*iv*) जाने-माने फ़िल्मी सितारों का न होना

उत्तर (*ii*) प्रदर्शित करने के लिए वितरक न मिलना

(ग) 'दो से चार बनाने' का क्या अर्थ है?
  (*i*) अत्यधिक बनावटी होना
  (*ii*) अधिक-से-अधिक लाभ प्राप्त करना
  (*iii*) सामान्य से बहुत अधिक चाहना
  (*iv*) बिना कारण बहस करना

उत्तर (*ii*) अधिक-से-अधिक लाभ प्राप्त करना

(घ) किनकी लोकप्रियता सातवें आसमान पर थी?
  (*i*) राज कपूर (*ii*) वहीदा रहमान
  (*iii*) शंकर-जयकिशन (*iv*) शैलेंद्र

उत्तर (*iii*) शंकर-जयकिशन

(ङ) 'तीसरी कसम' फ़िल्म में तराजू पर तौली जा सकने वाली चीज़ क्या नहीं थी?
  (*i*) उसका संगीत
  (*ii*) उसमें रची-बसी करुणा
  (*iii*) उसके नायक-नायिका
  (*iv*) उसके संवाद एवं भाषा-शैली

उत्तर (*ii*) उसमें रची-बसी करुणा

2 ऐसा नहीं है कि शैलेंद्र बीस सालों तक फ़िल्म इंडस्ट्री में रहते हुए भी वहाँ के तौर-तरीकों से नावाकिफ़ थे, परंतु उनमें उलझकर वे अपनी आदमियत नहीं खो सके थे। 'श्री 420' का एक लोकप्रिय गीत है-'प्यार हुआ, इकरार हुआ है, प्यार से फिर क्यूँ डरता है दिल।' इसके अंतरे की एक पंक्ति-रातें दसों दिशाओं से कहेंगी अपनी कहानियाँ' पर संगीतकार जयकिशन ने आपत्ति की। उनका ख्याल था कि दर्शक 'चार दिशाएँ' तो समझ सकते हैं-'दस दिशाएँ' नहीं। लेकिन शैलेंद्र परिवर्तन के लिए तैयार नहीं हुए। उनका दृढ़ मंतव्य था कि दर्शकों की रुचि की आड़ में हमें उथलेपन को उन पर नहीं थोपना चाहिए। कलाकार का यह कर्त्तव्य भी है कि वह उपभोक्ता की रुचियों का परिष्कार करने का प्रयत्न करें।

(क) वर्षों तक फ़िल्म इंडस्ट्री से जुड़े रहने पर भी शैलेंद्र ने क्या नहीं खोया?
  (*i*) आत्मसम्मान (*ii*) आदमियत
  (*iii*) परिवार एवं मित्र (*iv*) दर्शक

उत्तर (*ii*) आदमियत

(ख) संगीतकार जयकिशन ने शैलेंद्र की किस बात पर आपत्ति की?
  (*i*) गीत के अंतरे की पंक्ति पर
  (*ii*) फ़िल्म बनाने पर
  (*iii*) उचित नायक-नायिका के चुनाव न करने पर
  (*iv*) दर्शकों की रुचि के विरोध पर

उत्तर (*i*) गीत के अंतरे की पंक्ति पर

(ग) शैलेंद्र किस परिवर्तन के लिए तैयार नहीं हुए?
  (*i*) गीत में दस दिशाएँ के स्थान पर चार दिशाएँ शब्द करने पर
  (*ii*) जयकिशन को फिल्म का गीतकार बनाने पर
  (*iii*) अपने सिद्धांतों को बदलने पर
  (*iv*) समाज या दर्शक के अनुसार चलने पर

उत्तर (*i*) गीत में दस दिशाएँ के स्थान पर चार दिशाएँ शब्द करने पर

(घ) शैलेंद्र के अनुसार कलाकार का क्या कर्त्तव्य है?
(i) उपभोक्ता पर अपना उथलापन थोपना
(ii) उपभोक्ता की रुचियों का परिष्कार करना
(iii) उपभोक्ता को स्वतंत्र छोड़ देना
(iv) उपभोक्ता से दूरी बनाकर रखना

उत्तर *(ii)* उपभोक्ता की रुचियों का परिष्कार करना

(ङ) संगीतकार जयकिशन ने अपनी बात स्पष्ट करने के लिए क्या कहा?
(i) दर्शक को रुचि के अनुसार समझाना चाहिए।
(ii) दर्शक की सोच सीमित होती है।
(iii) दर्शक चार दिशाएँ तो समझ सकते हैं-दस दिशाएँ नहीं।
(iv) दर्शक केवल मनोरंजन के लिए संगीत सुनता है।

उत्तर *(iii)* दर्शक चार दिशाएँ तो समझ सकते हैं-दस दिशाएँ नहीं।

3 'तीसरी कसम' यदि एकमात्र नहीं तो चंद उन फिल्मों में से है जिन्होंने साहित्य-रचना के साथ शत-प्रतिशत न्याय किया हो। शैलेंद्र ने राज कपूर जैसे स्टार को 'हीरामन' बना दिया था। हीरामन पर राज कपूर हावी नहीं हो सका और छींट की सस्ती साड़ी में लिपटी 'हीराबाई' ने वहीदा रहमान की प्रसिद्ध ऊँचाइयों को बहुत पीछे छोड़ दिया था। कजरी नदी के किनारे उकडू बैठा हीरामन जब गीत गाते हुए हीराबाई से पूछता है 'मन समझती हैं न आप?' तब हीराबाई जुबान से नहीं, आँखों से बोलती है। दुनिया-भर के शब्द उस भाषा को अभिव्यक्ति नहीं दे सकते। ऐसी ही सूक्ष्मताओं से स्पंदित थी-'तीसरी कसम'। अपनी मस्ती में डूबकर झूमते गाते गाड़ीवान-'चलत मुसाफ़िर मोह लियो रे पिंजड़े वाली मुनिया।' टप्पर-गाड़ी में हीराबाई को जाते हुए देखकर उनके पीछे दौड़ते-गाते बच्चों का हुजूम-'लाली-लाली डोलिया में लाली रे दुलहनिया', एक नौटंकी की बाई में अपनापन खोज लेने वाला सरल हृदय गाड़ीवान! अभावों की जिंदगी जीते लोगों के सपनीले कहकहे।

(क) राज कपूर जैसे स्टार को हीरामन बना देने का क्या परिणाम हुआ?
(i) हीरामन पर राज कपूर हावी हो गया।
(ii) हीरामन पर राज कपूर हावी नहीं हो सका।
(iii) राज कपूर, हीरामन के चरित्र के साथ न्याय नहीं कर पाए।
(iv) राज कपूर और हीरामन दोनों का व्यक्तित्व अलग रहा।

उत्तर *(ii)* हीरामन पर राज कपूर हावी नहीं हो सका।

(ख) हीरामन की बात का उत्तर हीराबाई कैसे देती हैं?
(i) क्रोध से *(ii)* आँखों से
(iii) मुख से *(iv)* दुःख से

उत्तर *(ii)* आँखों से

(ग) वहीदा रहमान की प्रसिद्ध ऊँचाइयों को किसने पीछे छोड़ दिया?
(i) हीराबाई के चरित्र ने *(ii)* हीरामन ने
(iii) शैलेंद्र ने *(iv)* राज कपूर ने

उत्तर *(i)* हीराबाई के चरित्र ने

(घ) 'तीसरी कसम' फिल्म में किसका वर्णन हुआ है?
(i) सरल हृदय वाले गाड़ीवान का
(ii) अभावों में जीवन जीते लोगों का
(iii) नौटंकी की बाई हीराबाई का
(iv) उपरोक्त सभी

उत्तर *(iv)* उपरोक्त सभी

(ङ) 'मन समझती हैं न आप?' पंक्ति में आप शब्द किसके लिए प्रयुक्त हुआ है?
(i) दुल्हन के लिए *(ii)* हीराबाई के लिए
(iii) गाँव की स्त्री के लिए *(iv)* सेविका के लिए

उत्तर *(ii)* हीराबाई के लिए

4 हमारी फ़िल्मों की सबसे बड़ी कमजोरी होती है, लोक-तत्त्व का अभाव। वे जिंदगी से दूर होती हैं। यदि त्रासद स्थितियों का चित्रांकन होता है तो उन्हें ग्लोरीफाई किया जाता है। दुःख का ऐसा वीभत्स रूप प्रस्तुत होता है जो दर्शकों का भावनात्मक शोषण कर सके। और 'तीसरी कसम' की यह खास बात थी कि वह दुःख को भी सहज स्थिति में, जीवन-सापेक्ष प्रस्तुत करती है।

मैंने शैलेंद्र को गीतकार नहीं, कवि कहा है। वे सिनेमा की चकाचौंध के बीच रहते हुए यश और धन-लिप्सा से कोसों दूर थे। जो बात उनकी जिंदगी में थी वही उनके गीतों में भी। उनके गीतों में सिर्फ करुणा नहीं, जूझने का संकेत भी था और वह प्रक्रिया भी मौजूद थी जिसके तहत अपनी मंजिल तक पहुँचा जाता है। व्यथा आदमी को पराजित नहीं करती, उसे आगे बढ़ने का संदेश देती है।

(क) भारतीय फ़िल्म की सबसे बड़ी कमजोरी किसे माना गया है?
(i) लोक-तत्त्व का अभाव
(ii) सुख की अतिशयता
(iii) भावनाओं का अभाव
(iv) धन का अधिक व्यय

उत्तर *(i)* लोक-तत्त्व का अभाव

(ख) हमारी फ़िल्मों में त्रासद स्थितियों का चित्रांकन ग्लोरीफ़ाई क्यों किया जाता है?
(i) दर्शक की रुचि को ध्यान में रखने के लिए
(ii) दर्शकों का भावनात्मक शोषण करने के लिए
(iii) अधिक सजीव प्रस्तुति करने के लिए
(iv) जीवन के आदर्श रूप का वर्णन करने के लिए

उत्तर *(ii)* दर्शकों का भावनात्मक शोषण करने के लिए

(ग) 'तीसरी कसम' फिल्म की खास बात क्या थी?
(i) सुख को सहज स्थिति में प्रस्तुत करना
(ii) दु:ख को सहज स्थिति में प्रस्तुत करना
(iii) सुख-दुख दोनों को सहज स्थिति में प्रस्तुत करना
(iv) दर्शक के अनुसार वर्णन करना

उत्तर (ii) दु:ख को सहज स्थिति में प्रस्तुत करना

(घ) शैलेंद्र के गीतों की क्या विशेषता बताई गई है?
(i) करुणा के साथ जूझने का संकेत
(ii) केवल दु:खद स्थितियों का चित्रण
(iii) संगीतात्मक का अभाव
(iv) कलिष्ट भाषा शैली

उत्तर (i) करुणा के साथ जूझने का संकेत

(ङ) शैलेंद्र के अनुसार व्यक्ति को आगे बढ़ने का संकेत कौन देता है?
(i) सुखद परिस्थिति (ii) मन:स्थिति
(iii) व्यथा (iv) प्रेरणा

उत्तर (iii) व्यथा

5 अभिनय के दृष्टिकोण से 'तीसरी कसम' राजकपूर की जिंदगी की सबसे हसीन फ़िल्म है। राज कपूर जिन्हें समीक्षक और कला-मर्मज्ञ आँखों से बात करने वाला कलाकार मानते हैं, 'तीसरी कसम' में मासूमियत के चरमोत्कर्ष को छूते हैं। अभिनेता राज कपूर जितनी ताकत के साथ 'तीसरी कसम' में मौजूद हैं, उतना 'जागते रहो' में भी नहीं। 'जागते रहो' में राजकपूर के अभिनय को बहुत सराहा गया था, लेकिन 'तीसरी कसम' वह फिल्म है जिसमें राज कपूर अभिनय नहीं करता। वह हीरामन के साथ एकाकार हो गया हे। खालिस देहाती भुच्च गाड़ीवान जो सिर्फ दिल की जुबान समझता है, दिमाग की नहीं। जिसके लिए मोहब्बत के सिवा किसी दूसरी चीज़ का कोई अर्थ नहीं। बहुत बड़ी बात यह है कि 'तीसरी कसम' राज कपूर के अभिनय-जीवन का वह मुकाम है, जब वह एशिया के सबसे बड़े शोमैन के रूप में स्थापित हो चुके थे। उनका अपना व्यक्तित्व एक किंवदंती बन चुका था। लेकिन 'तीसरी कसम' में वह महिमामय व्यक्तित्व पूरी तरह हीरामन की आत्मा में उतर गया है।

(क) 'तीसरी कसम' राज कपूर की जिंदगी की सबसे हसीन फिल्म किस दृष्टि से है?
(i) पात्र एवं चरित्र की दृष्टि से
(ii) संवाद की दृष्टि से
(iii) संगीत की दृष्टि से
(iv) अभिनय की दृष्टि से

उत्तर (iv) अभिनय की दृष्टि से

(ख) 'तीसरी कसम' में मासूमियत के चरमोत्कर्ष को कौन छूता है?
(i) लेखक (ii) राज कपूर
(iii) नायिका (iv) जयकिशन

उत्तर (ii) राज कपूर

(ग) किस फ़िल्म में राज कपूर के अभिनय को बहुत सराहा गया?
(i) तीसरी कसम (ii) संगम
(iii) जागते रहो (iv) मेरा नाम जोकर

उत्तर (iii) जागते रहो

(घ) हीरामन गाड़ीवान की किस विशेषता की ओर संकेत किया गया है?
(i) वह दिल की जुबान समझता है।
(ii) मोहब्बत के सिवा किसी दूसरी चीज का अर्थ नहीं समझता।
(iii) केवल गाड़ी चलाना जानता है।
(iv) (i) और (ii) दोनों

उत्तर (iv) (i) और (ii) दोनों

(ङ) 'तीसरी कसम' फिल्म में काम करने से पहले राज कपूर किस रूप में स्थापित हो चुके थे?
(i) किंवदंती के रूप में
(ii) एशिया के सबसे बड़े शोमैन के रूप में
(iii) एशिया के सबसे बड़े अमीर व्यक्ति के रूप में
(iv) फिल्म इंडस्ट्री के सितारे के रूप में

उत्तर (ii) एशिया के सबसे बड़े शोमैन के रूप में

अध्याय पर आधारित बहुविकल्पीय प्रश्न

परीक्षा अभ्यास

1. किस फिल्म की सफलता पर राजकपूर उत्साहित थे?
(i) अजंता (ii) संगम
(iii) सत्यम् शिवम् सुंदरम् (iv) मेरा नाम जोकर

उत्तर (ii) संगम

2. 'मेरा नाम जोकर' फिल्म के एक भाग को बनाने में ही राजकपूर को कितना समय लग गया?
(i) छ: वर्ष का समय
(ii) दो वर्ष का समय
(iii) चार वर्ष का समय
(iv) पाँच वर्ष का समय

उत्तर (i) छ: वर्ष का समय

3. 'तीसरी कसम' फिल्म किस वर्ष प्रदर्शित हुई थी?
(i) वर्ष 1969 (ii) वर्ष 1968
(iii) वर्ष 1967 (iv) वर्ष 1966

उत्तर (iv) वर्ष 1966

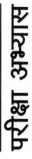

4. 'तीसरी कसम' फिल्म में किसने अपने जीवन का सर्वश्रेष्ठ अभिनय किया था?
(i) शैलेंद्र ने (ii) राजकपूर ने
(iii) फिल्म इंडस्ट्री ने (iv) गाँव की स्त्री ने
उत्तर (ii) राजकपूर ने

5. 'तीसरी कसम' फिल्म के बारे में कौन-सा कथन सही नहीं है?
(i) यह फिल्म शैलेंद्र के जीवन की पहली और अंतिम फिल्म थी।
(ii) इस फिल्म को राष्ट्रपति स्वर्ण पदक प्राप्त हुआ।
(iii) इस फिल्म को बंगाल फिल्म जर्नलिस्ट एसोसिएशन का सर्वश्रेष्ठ फिल्म पुरस्कार मिला।
(iv) इस फिल्म को मास्को फिल्म फेस्टिवल में कोई पुरस्कार नहीं मिला।
उत्तर (iv) इस फिल्म को मास्को फिल्म फेस्टिवल में कोई पुरस्कार नहीं मिला।

6. शैलेंद्र 'तीसरी कसम' फिल्म क्यों बनाना चाहते थे?
(i) धन संपत्ति की अभिलाषा हेतु
(ii) सम्मान की प्राप्ति हेतु
(iii) आत्मसंतुष्टि प्राप्त करने हेतु
(iv) उपरोक्त सभी
उत्तर (iii) आत्मसंतुष्टि प्राप्त करने हेतु

7. 'तीसरी कसम' फिल्म को खरीदने के लिए कोई वितरक न मिलने का क्या कारण था?
(i) फिल्म नीरस और ऊबऊ थी।
(ii) फिल्म में कोई बड़ा कलाकार काम नहीं कर रहा था।
(iii) वितरक इस फिल्म की संवेदना को नहीं समझ पाए थे।
(iv) इस फिल्म में कोई गीत नहीं था।
उत्तर (iii) वितरक इस फिल्म की संवेदना को नहीं समझ पाए थे।

8. शैलेंद्र के अनुसार, कलाकार का क्या कर्त्तव्य है?
(i) वह दर्शकों के अनुरूप फिल्म का निर्माण करे
(ii) वह दर्शकों की रुचि में सुधार करे
(iii) वह दर्शकों को नजरअंदाज करे
(iv) वह दर्शकों का सम्मान करे
उत्तर (ii) वह दर्शकों की रुचि में सुधार करें

9. 'तीसरी कसम' की सबसे बड़ी और महत्त्वपूर्ण खूबी क्या थी?
(i) इसमें दिखाया गया दु:ख स्वाभाविक-सा लगता है।
(ii) इसमें जिंदगी की वास्तविकता का अभाव है।
(iii) इसमें दर्शकों का भावनात्मक शोषण किया गया है।
(iv) इसमें दर्शकों को नाटकीय धरातल प्रदान नहीं किया गया है।
उत्तर (i) इसमें दिखाया गया दु:ख स्वाभाविक-सा लगता है।

10. शैलेंद्र के गीतों में विद्यमान व्यथा व्यक्ति को क्या संदेश देती है?
(i) जीवन में आगे बढ़ने का
(ii) परजीवी जीवन जीने का
(iii) निराशा से मग्न रहने का
(iv) परहित का कार्य करने का
उत्तर (i) जीवन में आगे बढ़ने का

11. 'तीसरी कसम' में मुख्य अभिनेता का चरित्र किसने निभाया था?
(i) शम्मी कपूर ने
(ii) राजेश खन्ना ने
(iii) निदा फाजली ने
(iv) राजकपूर ने
उत्तर (iv) राजकपूर ने

विषय-वस्तु का ज्ञान, बोध अभिव्यक्ति पर आधारित प्रश्न

1 राज कपूर ने फ़िल्म की कहानी सुनकर क्या प्रतिक्रिया व्यक्त की? **CBSE 2010**

उत्तर राज कपूर शैलेंद्र के सच्चे मित्र थे। शैलेंद्र ने राज कपूर से अपनी फ़िल्म में अभिनय करने का प्रस्ताव रखा था, जिसके लिए वे तैयार भी हो गए थे, परंतु एक सच्चे मित्र के कर्त्तव्य का निर्वाह करते हुए उन्होंने शैलेंद्र को पहले ही इस फ़िल्म की असफलता के प्रति सचेत कर दिया था।

2 'तीसरी कसम' फ़िल्म बनाने का निश्चय करते समय शैलेंद्र का मुरझाया चेहरा राज कपूर की किस बात को सुनकर खिल उठा?

उत्तर 'तीसरी कसम' फ़िल्म बनाने का निश्चय करते समय शैलेंद्र का मुरझाया चेहरा राज कपूर की इस बात को सुनकर खिल उठा कि उन्हें फ़िल्म के अग्रिम पारिश्रमिक के रूप में केवल एक ही रुपया चाहिए।

3 "......... वह तो एक आदर्शवादी भावुक कवि था, जिसे अपार संपत्ति और यश तक की कामना नहीं थी, जितनी आत्मसंतुष्टि के सुख की अभिलाषा थी।" लेखक ने यह बात किसके लिए एवं क्यों कही है? **CBSE 2010**

उत्तर प्रस्तुत पंक्ति लेखक ने 'तीसरी कसम' फ़िल्म के शिल्पकार शैलेंद्र के लिए कही है, क्योंकि वह जानते थे कि यह

फ़िल्म बाज़ार की दृष्टि से असफल हो सकती है, परंतु फिर भी उन्होंने इस फ़िल्म को बनाने का खतरा मोल लिया। उन्हें न तो धन संपत्ति की अभिलाषा थी और न ही सम्मान की चाह थी, उनके लिए इस फिल्म निर्माण का एकमात्र उद्‌देश्य आत्मसंतुष्टि प्राप्त करना था।

4 शैलेंद्र द्वारा उनकी फ़िल्म 'तीसरी कसम' में व्यक्त करुणा को स्पष्ट कीजिए। **CBSE 2016**

उत्तर शैलेंद्र की फ़िल्म 'तीसरी कसम' में व्यक्त करुणा में निराशा नहीं, अपितु परिस्थितियों से जूझने और कभी हार न मानने की प्रेरणा थी, जिसने फ़िल्म को बहुत प्रशंसा दिलाई। इस फिल्म में ऐसे लोगों की जिन्दगी को अभिव्यक्त किया गया है, जो बहुत ही गरीब हैं, किन्तु फिर भी वे सुनहरें सपनों में मौज-मस्ती से जीते हैं तथा प्रत्येक परिस्थिति में मुस्कुराते है। 'अभावों की जिन्दगी जीते लोगों के सपनीले कहकहे' तीसरी कसम' की अत्यन्त कारूणिक पंक्ति है।

5 राज कपूर ने एक साथ चार फ़िल्मों के निर्माण की घोषणा की, इससे क्या पता चलता है? **CBSE 2015**

उत्तर राज कपूर ने एक साथ चार फ़िल्मों के निर्माण की घोषणा की इससे पता चलता है कि 'संगम' फिल्म की अद्‌भुत सफलता ने राज कपूर में गहन आत्मविश्वास भर दिया और उनमें चार फिल्मों का एक साथ निर्माण करने का उत्साह व प्रेरणा का प्रतिपादन कर दिया।

6 'तीसरी कसम' फ़िल्म को लेखक ने कैसी कविता कहा है और क्यों?

उत्तर 'तीसरी कसम' फ़िल्म को लेखक ने सैल्यूलाइड पर लिखी कविता कहा है, क्योंकि यह भावनाप्रधान फ़िल्म थी, जिसमें साहित्यिक और कलात्मक पक्ष का पूरा-पूरा ध्यान रखा गया था। इस फ़िल्म के भाव किसी कविता की तरह गहरे और सूक्ष्म थे। इसलिए लेखक ने इस फ़िल्म को फ़िल्मी रील पर लिखी गई एक कविता कहा।

7 जब शैलेंद्र ने 'तीसरी कसम' फ़िल्म बनाने का निश्चय करते समय अभिनेता के रूप में राज कपूर को लेने की बात कही, तो उन्होंने क्या उत्तर दिया? **CBSE 2016, 15**

उत्तर जब शैलेंद्र ने 'तीसरी कसम' फ़िल्म बनाने का निश्चय करते समय अभिनेता के रूप में राज कपूर को लेने की बात कही, तो उन्होंने काम करने की हामी भर दी, परंतु उन्होंने एक शर्त भी रख दी कि उन्हें इस फ़िल्म में काम करने का पारिश्रमिक अग्रिम चाहिए और एक साथ ही।

8 'तीसरी कसम' फ़िल्म के साथ दुःखद सत्य क्या था?

उत्तर 'तीसरी कसम' फ़िल्म को बनाने में शैलेंद्र ने बहुत मेहनत की। अभिनेता राज कपूर और अभिनेत्री वहीदा रहमान ने अपने-अपने चरित्रों में पूरी जान डाल दी। इसके बाद भी जब इस फ़िल्म के वितरण की बात उठी तो किसी भी वितरक ने इस फ़िल्म को खरीदने में रुचि नहीं दिखाई।

9 ''एक कलाकार पूरी तरह उपभोक्ता की रुचियों को प्रभावित कर सकता है।'' 'तीसरी कसम के शिल्पकार शैलेंद्र' पाठ के आधार पर बताइए। **CBSE 2015, 10**

उत्तर सच्चा कलाकार अपनी कला को चरित्र के अनुसार ढालता है। यदि एक कलाकार ऐसा कर सकने में सफल होता है, तो वह दर्शकों को अपनी ओर खींच सकता है।

उदाहरण के लिए 'तीसरी कसम' फ़िल्म में राज कपूर ने अपनी शोमैन वाली छवि को छोड़कर 'हीरामन गाड़ीवान' के चरित्र में स्वयं को ढाल लिया, जिससे वह इस फ़िल्म में अपने फ़िल्मी करियर का सबसे उत्कृष्ट अभिनय कर सके।

10 लेखक का अभिनय के विषय में क्या मत है?

उत्तर अभिनय के विषय में लेखक का मत है कि सच्चे अभिनेता को अपने निजी व्यक्तित्व को उस समय छोड़ देना चाहिए, जिस समय वह अभिनय करता है। ऐसे में उसे केवल उस पात्र में ढल जाना चाहिए जिसका वह अभिनय कर रहा है ताकि वह उस चरित्र के साथ पूरा न्याय कर सके।

11 फ़िल्म-निर्माता दर्शकों का किस प्रकार भावनात्मक शोषण करते हैं?

उत्तर फ़िल्म-निर्माता मसालेदार फ़िल्मों का निर्माण करते हैं, जिनमें कहानी का कोई सिर-पैर नहीं होता। ऐसी फ़िल्में पूरी तरह मनोरंजन पर आधारित होती हैं। वे अपनी फ़िल्मों में ऐसे-ऐसे लुभावने दृश्य दिखाते हैं कि दर्शक आँखें फाड़े देखते रह जाते हैं। ऐसे में दर्शक कहानी पर ध्यान ही नहीं दे पाते।

12 शैलेंद्र का निजी जीवन कैसा था? स्पष्ट कीजिए। **CBSE 2010**

उत्तर शैलेंद्र जी शांत तथा गंभीर स्वभाव के व्यक्ति थे। वे एक कवि थे और उन्होंने अपना जीवन एक कवि के रूप में ही जिया। उन्हें अपार संपत्ति और यश की कामना नहीं थी। उनके लिए उनकी आत्मसंतुष्टि से बढ़कर कुछ भी नहीं था।

यही कारण है कि सिनेमा जगत में रहते हुए भी वे अपनी इंसानियत नहीं खो सके। उनके गीतों में उनके जीवन का यथार्थ झलकता है।

13 'तीसरी कसम' ने राज कपूर को किस तरह ऊँचाई प्रदान की? **CBSE 2014**

उत्तर अभिनय की दृष्टि से 'तीसरी कसम' को राज कपूर के जीवन की सबसे श्रेष्ठ फ़िल्म माना जाता है। इस फ़िल्म ने राज कपूर को एक अभिनेता के रूप में पूरी तरह से स्थापित कर दिया था। वह हीरामन के व्यक्तित्व में ढलकर उसके साथ एकाकार हो गए इस फ़िल्म में वे मासूमियत के शिखर पर पहुँचे हुए प्रतीत होते हैं।

14 'तीसरी कसम' फ़िल्म विशेष किस प्रकार बन गई?

उत्तर 'तीसरी कसम' फ़िल्म हिंदी साहित्य के प्रसिद्ध कहानीकार फणीश्वरनाथ 'रेणु' की प्रसिद्ध रचना पर बनी थी। फ़िल्म की मूल कथा भी रेणु ने ही लिखी थी। इस फ़िल्म की विशेष बात यह थी कि इसमें दुःख को महिमामंडित न करके उसे सहज रूप में ही प्रस्तुत किया गया। यही कारण है कि यह फ़िल्म विशेष बन गई।

15 हमारी फिल्मों में त्रासद स्थितियों का चित्रांकन 'ग्लोरीफ़ाई' क्यों कर दिया जाता है? 'तीसरी कसम' के शिल्पकार शैलेंद्र के आधार पर उत्तर दीजिए। **CBSE 2018**

उत्तर हिंदी फ़िल्मों में त्रासद स्थितियों का चित्रांकन ग्लोरिफाई इसलिए कर दिया जाता है, ताकि ग्लोरिफ़ाई करने से उपजी नाटकीयता के कारण दर्शक उस फ़िल्म को देखने के लिए सिनेमा हॉल तक आएँ और फिल्म के टिकटों की बिक्री बढ़े, जिससे उन्हें फायदा पहुँचे।

16 एक लंबे समय तक फ़िल्म उद्योग में रहने के बाद भी शैलेंद्र फ़िल्मी तौर-तरीकों को अपने जीवन में क्यों नहीं अपना सके?

उत्तर शैलेंद्र मूलरूप से एक कवि और उससे भी पहले एक अच्छे इंसान थे। इसलिए एक लंबे समय तक फ़िल्म उद्योग में रहने के बाद भी वह फ़िल्मी तौर-तरीकों को अपने जीवन में नहीं अपना सके थे। उनके अपने आदर्श, जीवन-मूल्य और परंपराएँ थीं, जिनका वह पूरी तरह पालन करते थे।

वह कहानी, गीत, संगीत आदि के क्षेत्र में भी इंसानियत और मानवीय-संवेदनाओं को बहुत महत्त्व देते थे। उन्होंने अपने जीवन-मूल्यों से कभी भी समझौता नहीं किया। यहाँ तक कि जब वह अपनी पहली फ़िल्म का निर्माण कर रहे थे, तब भी उन्होंने मानवीय गुणों, मानवीय-संवेदनाओं को नहीं छोड़ा और उन्हें अपनी फ़िल्म में स्थान दिया। कलाकार के लिए उसकी कला ही सबसे अधिक महत्त्वपूर्ण होती है, इस बात को वे अच्छी तरह समझते थे।

17 राज कपूर शैलेंद्र को फ़िल्म-निर्माता के रूप में कैसा मानते थे? उन्होंने एक सच्चा मित्र होने का दायित्व निभाने के लिए क्या किया?

उत्तर राज कपूर एक प्रतिभाशाली अभिनेता और निर्माता-निर्देशक थे। वे जानते थे कि शैलेंद्र एक कवि का हृदय रखते हैं। वे फ़िल्म-निर्माता के रूप में मसालेदार फ़िल्में नहीं बना सकते, जो बाज़ार में बिकती हैं। सच्चा मित्र होने के कारण उन्होंने न केवल शैलेंद्र की पहली फ़िल्म में काम करने को हामी भर दी, अपितु पारिश्रमिक के रूप में केवल एक रुपया लेकर शैलेंद्र के आर्थिक बोझ को काफ़ी हद तक हल्का करने की भी कोशिश की, क्योंकि वे जानते थे कि इस फ़िल्म को बनाकर शैलेंद्र को कोई आर्थिक लाभ नहीं होने वाला है। एक निर्माता-निर्देशक होने के बाद भी उन्होंने पहली बार फ़िल्म निर्देशन में उतर रहे शैलेंद्र के अनुसार हीरामन के चरित्र को उसी रूप में निभाया, जैसा शैलेंद्र चाहते थे। वे जानते थे कि फ़िल्म-निर्माता के रूप में शैलेंद्र एक ईमानदार कोशिश कर रहे हैं, जिसे सफल बनाया जाना आवश्यक है।

18 शैलेंद्र की फ़िल्म 'तीसरी कसम' को क्या मिला, आर्थिक लाभ या यश और सम्मान?

उत्तर शैलेंद्र ने फ़िल्म बनाते समय प्रसिद्ध साहित्यकार फणीश्वरनाथ 'रेणु' की कहानी 'तीसरी कसम' को चुना। उन्होंने फ़िल्म में राज कपूर, वहीदा रहमान और संगीतकार शंकर-जयकिशन को लिया, लेकिन यह फ़िल्म आर्थिक रूप से शैलेंद्र के लिए सफल नहीं रही। इसकी जगह उन्हें इस फ़िल्म के निर्माण के लिए अनेक पुरस्कार मिले और समीक्षकों की अपार प्रशंसा भी प्राप्त हुई। उनकी इस फ़िल्म को केवल भारत में ही नहीं, अपितु भारत से बाहर भी समीक्षकों ने बहुत पसंद किया और इसके कलापक्ष की बहुत प्रशंसा की। इस प्रकार कह सकते हैं कि शैलेंद्र की फ़िल्म तीसरी कसम को यश और सम्मान मिला।

19 प्रस्तुत पाठ के आधार पर राज कपूर के चरित्र की विशेषताएँ लिखिए। **CBSE 2015, 13**

उत्तर राज कपूर को सर्वकालीन महान् अभिनेताओं, निर्माता-निर्देशकों में गिना जाता है। राज कपूर के नाम अनेक लोकप्रिय तथा चर्चित हिट फ़िल्में हैं। संगम, मेरा नाम जोकर, सत्यम् शिवम् सुंदरम्, बरसात जैसी फ़िल्मों ने उन्हें देश ही नहीं, विदेशों में भी लोकप्रिय बना दिया। उन्हें भारत का ही नहीं, पूरे एशिया का शोमैन कहा जाता है। लेखक ने उनके विषय में लिखा है कि वह आँखों से बात करने वाले कलाकार थे। उन्हें कला की सही परख थी। इसलिए यह जानते हुए भी कि फ़िल्म को अधिक आर्थिक लाभ नहीं होगा, उन्होंने फ़िल्म में अभिनय करना स्वीकार कर लिया और फ़िल्म के कला पक्ष को महत्त्वपूर्ण माना।

इस प्रकार कह सकते हैं कि वे सच्ची कला के समर्थक थे। एक अभिनेता और निर्माता-निर्देशक होने के साथ-साथ वह एक अच्छे इंसान भी थे। इसका परिचय उन्होंने तब दिया, जब शैलेंद्र द्वारा निर्मित पहली फ़िल्म 'तीसरी कसम' के लिए उन्होंने न केवल उसमें अभिनय करने की हामी भरी, बल्कि पारिश्रमिक के रूप में केवल एक रुपया लेना स्वीकार किया।

20 आज का हिंदी सिनेमा राज कपूर के दौर वाले हिंदी सिनेमा से किन अर्थों में भिन्न है?

उत्तर आज का हिंदी सिनेमा बहुत-सी बातों में राज कपूर के सिनेमा वाले दौर से बदल गया है। नई तकनीकों के विकास ने फ़िल्मों का प्रदर्शन-कौशल एवं व्यवसाय तो बढ़ाया है, लेकिन राज कपूर के ज़माने में बनने वाली फ़िल्मों के प्रमुख गुण, उद्देश्य एवं संदेश को आज की फ़िल्मों में कम जगह मिल रही है।

आज फ़िल्मों के कथ्य में मार्मिकता घटी है, सामान्य जीवन से उनका जुड़ाव कम हो गया है, फ़िल्मों में चमक-दमक बढ़ी है और अनुभूति का स्तर कम हो गया है। यही कारण है कि जहाँ राज कपूर के दौर की फ़िल्में अपने प्रदर्शन के पश्चात् दर्शकों के दिलो-दिमाग पर एक स्थायी प्रभाव छोड़ने में सक्षम थीं, वहीं आज के दौर की फ़िल्में कुछ ही दिनों में दर्शकों की स्मृति से गायब हो जाती हैं। आज के ज़माने में अभिनेता-अभिनेत्री फ़िल्म को सिर्फ़ पैसा कमाने का व्यवसाय मानने लगे हैं, जबकि राज कपूर के समय में यह माध्यम एक कला-साधना के रूप में विकसित हुआ।

21 'तीसरी कसम' पाठ का प्रतिपाद्य लिखिए। **CBSE 2019, 16**

उत्तर इस पाठ का उद्देश्य प्रसिद्ध गीतकार एवं फ़िल्म निर्माता शैलेंद्र द्वारा बनाई गई 'तीसरी कसम' फ़िल्म की विशेषता बताना है। लेखक ने इसके द्वारा स्पष्ट किया है कि जिन फ़िल्मों का कलापक्ष अधिक मज़बूत होता है, उन्हें समीक्षकों की प्रशंसा और पुरस्कार तो बहुत मिल जाते हैं, किंतु ऐसी फ़िल्में बाज़ार में अधिक सफल नहीं हो पातीं। इसका कारण यह है कि साहित्यिक अभिरुचि से बनाई गई इन फ़िल्मों में सस्ता मनोरंजन अधिक नहीं होता, जिसके कारण वितरक इन्हें खरीदने में रुचि नहीं दिखाते। इसके बाद भी लेखक का मत यह है कि फ़िल्मों में गहरी कलात्मकता और संवेदनशीलता होनी चाहिए। उनके द्वारा समाज को कोई-न-कोई सकारात्मक संदेश अवश्य जाना चाहिए तथा वे समाज को कुछ संस्कार भी प्रदान करती हों।

स्वमूल्यांकन

गद्यांश पर आधारित बहुविकल्पात्मक प्रश्न

1 'तीसरी कसम' कितनी ही महान फ़िल्म क्यों न रही हो, लेकिन यह एक दुखद सत्य है कि इसे प्रदर्शित करने के लिए बमुश्किल वितरक मिले। बावजूद इसके कि 'तीसरी कसम' में राज कपूर और वहीदा रहमान जैसे नामजद सितारे थे, शंकर-जयकिशन का संगीत था, जिनकी लोकप्रियता उन दिनों सातवें आसमान पर थी और इसके गीत भी फिल्म के प्रदर्शन के पूर्व ही बेहद लोकप्रिय हो चुके थे, लेकिन इस फिल्म को खरीदने वाला कोई नहीं था। दरअसल इस फिल्म की संवेदना किसी दो से चार बनाने का गणित जानने वाले की समझ से परे थी। उसमें रची-बसी करुणा तराजू पर तौली जा सकने वाली चीज नहीं थी इसीलिए बमुश्किल जब 'तीसरी कसम' रिलीज हुई तो इसका कोई प्रचार नहीं हुआ। फिल्म कब आई, कब चली गई, मालूम ही नहीं पड़ा।

(क) गद्यांश में किस फिल्म की चर्चा की जा रही है?
(i) अजन्ता
(ii) सत्यम शिवम् सुंदरम्
(iii) मेरा नाम जोकर
(iv) तीसरी कसम

उत्तर (iv) तीसरी कसम

(ख) इस फिल्म का कोई प्रचार क्यों नहीं हुआ?
(i) इसको वितरक नहीं मिलने के कारण
(ii) इसकी कहानी उबाऊ होने के कारण
(iii) इसकी दुरुह भाषा शैली के कारण
(iv) इसकी नायक-नायिका चर्चित न होने के कारण

उत्तर (i) इसको वितरक नहीं मिलने के कारण

(ग) फ़िल्म इंडस्ट्री के किन तौर-तरीकों की बात की गई है?
(i) धन कमाने को एकमात्र लक्ष्य मानना
(ii) छल-प्रपंच और चकाचौंध की जिंदगी जीना
(iii) धन लिप्सा के कारण आदमियत को खोना
(iv) उपरोक्त सभी

उत्तर (iv) उपरोक्त सभी

(घ) शैलेंद्र कितने वर्षों से फिल्म इंडस्ट्री में रह रहे थे?
(i) दस वर्षों से (ii) बीस वर्षों से
(iii) तीस वर्षों से (iv) पैंतीस वर्षों से

उत्तर (ii) बीस वर्षों से

(ङ) प्रस्तुत गद्यांश के अनुसार फ़िल्म की संवेदना किससे परे थी?
(i) लाभ कमाने वालों से
(ii) फिल्म निर्देशक से
(iii) दर्शक वर्ग से
(iv) लाभ की न सोचने वालों से

उत्तर (i) लाभ कमाने वालों से

2 शैलेंद्र ने राज कपूर की भावनाओं को शब्द दिए हैं। राज कपूर ने अपने अनन्य सहयोगी की फ़िल्म में उतनी ही तन्मयता के साथ काम किया, किसी पारिश्रमिक की अपेक्षा किए बगैर। शैलेंद्र ने लिखा था कि वे राजकपूर के पास 'तीसरी कसम' की कहानी सुनाने पहुँचे तो कहानी सुनकर उन्होंने बड़े उत्साहपूर्वक काम करना स्वीकार कर लिया। पर तुरंत गंभीरतापूर्वक बोले-"मेरा पारिश्रमिक एडवांस देना होगा।" शैलेंद्र को ऐसी उम्मीद नहीं थी कि राज कपूर जिंदगी-भर की दोस्ती का ये बदला देंगे। शैलेंद्र का मुरझाया हुआ चेहरा देखकर राज कपूर ने मुस्कराते हुए कहा, "निकालो एक रुपया, मेरा पारिश्रमिक। पूरा एडवांस।" शैलेंद्र राज कपूर की

इस याराना मस्ती से परिचित तो थे, लेकिन एक निर्माता के रूप में बड़े व्यावसायिक सूझबूझ वाले भी चक्कर खा जाते हैं, फिर शैलेंद्र तो फिल्म-निर्माता बनने के लिए सर्वथा अयोग्य थे।

(क) राज कपूर का अनन्य सहयोगी किसे कहा गया है?
(i) शैलेंद्र *(ii)* हीरामन
(iii) गाड़ीवान *(iv)* फिल्म इंडस्ट्री

उत्तर *(i)* शैलेंद्र

(ख) राज कपूर ने 'तीसरी कसम' की कहानी सुनकर क्या प्रतिक्रिया व्यक्त की?
(i) उत्साहपूर्वक काम करना स्वीकार कर लिया।
(ii) अधिक वेतन की माँग की।
(iii) सभी सुविधाओं का त्याग कर दिया।
(iv) निरुत्साहित होकर कोई प्रतिक्रिया नहीं दी।

उत्तर *(i)* उत्साहपूर्वक काम करना स्वीकार कर लिया।

(ग) शैलेंद्र को किस बात की उम्मीद नहीं थी?
(i) राज कपूर फिल्म करने से मना कर देंगे।
(ii) राज कपूर पूरा पारिश्रमिक एडवांस माँगेंगे।
(iii) राज कपूर निरुत्साहित बने रहेंगे।
(iv) राज कपूर किसी अन्य से इस फिल्म में काम करने को कहेंगे।

उत्तर *(ii)* राज कपूर पूरा पारिश्रमिक एडवांस माँगेंगे।

(घ) 'चक्कर खा जाना' से क्या तात्पर्य है?
(i) धोखे में आ जाना
(ii) सिर में दर्द होना
(iii) गलत जगह फँस जाना
(iv) गोलाकार घूमने लगना

उत्तर *(i)* धोखे में आ जाना

(ङ) शैलेंद्र फिल्म-निर्माता बनने के लिए सर्वथा अयोग्य क्यों थे?
(i) उनमें धन लिप्सा नहीं थी।
(ii) उनमें कला का अभाव था।
(iii) उनमें फिल्म निर्माण के गुण नहीं थे।
(iv) उनकी फिल्मों में रुचि नहीं थी।

उत्तर *(i)* उनमें धन लिप्सा नहीं थी।

अध्याय पर आधारित बहुविकल्पात्मक प्रश्न

1. 'तीसरी कसम' फिल्म को क्या कहकर पुकारा गया?
(i) सैल्यू लाइड पर लिखी चिट्ठी
(ii) सैल्यू लाइड पर लिखी कहानी
(iii) सैल्यू लाइड पर लिखी कविता
(iv) सैल्यू लाइड पर लिखा नाटक

उत्तर *(iii)* सैल्यू लाइड पर लिखी कविता

2. राजकपूर ने अन्य लोगों की फिल्मों में किस प्रकार काम किया?
(i) पैसे लेकर *(ii)* लापरवाही से
(iii) होशियारी से से *(iv)* बड़ी मेहनत

उत्तर *(iv)* बड़ी मेहनत से

3. फिल्म समीक्षक राजकपूर को किस तरह का कलाकार मानते हैं?
(i) बेहतरीन
(ii) आँखों से बात करने वाला
(iii) निकृष्ट कोटि का
(iv) मूक

उत्तर *(ii)* आँखों से बात करने वाला

4. 'तीसरी कसम' फिल्म में दु:ख को किस रूप में प्रकट किया गया है?
(i) सहज रूप में
(ii) विकट रूप में
(iii) असामान्य रूप में
(iv) असहज रूप में

उत्तर *(i)* सहज रूप में

विषय-वस्तु का ज्ञान, बोध अभिव्यक्ति पर आधारित प्रश्न

निम्नलिखित प्रश्नों के उत्तर दीजिए

(i) 'शैलेन्द्र के गीत भाव-प्रवण थे, दुरूह नहीं' कथन की समीक्षा कीजिए।

(ii) वर्तमान समय में फिल्म निर्माता दर्शकों को लुभाने के लिए किस प्रकार की फिल्मों का निर्माण करते हैं?

(iii) शैलेंद्र गीत, संगीत, कहानी के अतिरिक्त किसे महत्त्व देते थे? प्रस्तुत पाठ के आधार पर स्पष्ट कीजिए।

(iv) 'तीसरी कसम' फ़िल्म की असफलता का कारण बताइए।

(v) आज की फ़िल्मों की क्या विशेषता है? 'तीसरी कसम' फ़िल्म उनसे किस प्रकार भिन्न है?

(vi) असफलता का खतरा जानते हुए भी शैलेंद्र यह फ़िल्म क्यों बनाना चाहते थे?

स्वमूल्यांकन

अध्याय

05

गिरगिट* *(अंतोन चेखव)*

पाठ की रूपरेखा

अंतोन चेखव द्वारा रचित प्रस्तुत कहानी 'गिरगिट' में एक घटना के माध्यम से यह स्पष्ट किया गया है कि शोषक को उसकी जाति, पद व रुतबे के अनुसार नहीं, बल्कि उसके अपराध के आधार पर दंड मिलना चाहिए तथा शोषित व्यक्ति को न्याय भी उसी आधार पर मिलना चाहिए। ऐसा करके ही हम स्वस्थ समाज व सुखद राष्ट्र का निर्माण कर सकते हैं।

सुशासन की व्यवस्था समानता के सिद्धांत पर चलती है। सुशासन के प्रति लोगों के मन में आदर का भाव उत्पन्न होता है, क्योंकि वे निडर होकर अपना जीवन व्यतीत कर सकते हैं। ऐसी शासन व्यवस्था का सपना हम तभी पूरा कर सकते हैं, जब शासन की बागडोर सँभालने वाले लोग पक्षपात किए बिना अपने अधिकारों और कर्तव्यों का पालन करें।

लेखक-परिचय

अंतोन चेखव का जन्म 1860 ई. में दक्षिणी रूस के तगनोर नगर में हुआ था। चेखव ने अपने शिक्षण काल से ही कहानी लेखन शुरू कर दिया था। चेखव ने अपनी कहानियों के माध्यम से उन अवसरवादी लोगों को बेनकाब किया, जिनके लिए धन व पद से बड़ा और कुछ नहीं था। चेखव विश्वविख्यात लेखक माने जाते हैं। सत्य के प्रति निष्ठा और आस्था चेखव की धरोहर है। चेखव की प्रमुख कहानियाँ हैं—क्लर्क की मौत, गिरगिट, वान्का, तितली, एक कलाकार की कहानी, घोंघा, इओनिज, रोमांस, दुलहन आदि। कहानियों के अतिरिक्त इन्होंने प्रसिद्ध नाटकों की भी रचना की। इनके प्रसिद्ध नाटक हैं—चेरी का बगीचा, सीगल, तीन बहनें, वाल्या मामा इत्यादि। वर्ष 1904 में इनका देहावसान हो गया।

पाठ का सार

बाज़ार का एक दृश्य

पुलिस इंस्पेक्टर ओचुमेलॉव नया ओवरकोट पहने हुए, हाथ में बंडल पकड़े हुए, बाज़ार के चौराहे से गुज़र रहा था। उसके पीछे-पीछे एक लाल बालों वाला सिपाही चल रहा था, जिसने हाथ में ज़ब्त की हुई झरबेरियों (बेर की एक किस्म) की टोकरी उठा रखी थी। बाज़ार में पूरी तरह खामोशी थी। तभी अचानक एक आवाज़ सुनाई दी, ''तो तू काटेगा? तू? शैतान कहीं का! ओ छोकरों! इसे मत जाने दो। पकड़ लो इस कुत्ते को।''

इंस्पेक्टर ओचुमेलॉव की प्रतिक्रिया

तभी एक कुत्ते की दुःखी आवाज़ सुनाई दी। इंस्पेक्टर ओचुमेलॉव ने देखा कि व्यापारी पिचूगिन के काठगोदाम से एक कुत्ता लंगड़ाता हुआ चला आ रहा है। एक व्यक्ति कुत्ते के पीछे दौड़ रहा था। उसने गिरते-पड़ते कुत्ते को पिछली टाँग से पकड़ लिया। देखते-ही-देखते दोनों की आवाज़ सुनकर भीड़ एकत्रित हो गई। सिपाही के बोलने पर इंस्पेक्टर ओचुमेलॉव ने उस आदमी की ओर देखा। वह भीड़ को अपनी उंगली ऐसे दिखा रहा था मानो उसने जीत का झंडा फहरा दिया हो। इंस्पेक्टर ओचुमेलॉव उस व्यक्ति को पहचान गया। वह ख्यूक्रिन सुनार था। सफ़ेद बारजोई पिल्ला बुरी तरह काँप रहा था। यह देखकर भीड़ को चीरते हुए इंस्पेक्टर ओचुमेलॉव ने सवाल किया–''तुम लोग इधर क्या कर रहे हो? तुमने अपनी उंगली ऊपर क्यों उठा रखी है?''

इंस्पेक्टर ओचुमेलॉव का ख्यूक्रिन से सवाल-जवाब

इंस्पेक्टर ओचुमेलॉव को जवाब देते हुए ख्यूक्रिन ने बताया कि वह तो चुपचाप चला जा रहा था। उसे मित्री मित्रिच से लकड़ी लेकर कुछ काम निपटाना था कि अचानक इस कुत्ते ने उसकी उंगली काट ली। अब वह एक हफ़्ते तक काम नहीं कर सकेगा। वह तो एक कारीगर है। उसका काम बहुत कठिन है। अब उसका क्या होगा? उसे इसके मालिक से हरज़ाना दिलवाया जाए। इंस्पेक्टर ओचुमेलॉव ने पूछा कि यह कुत्ता किसका है? वह इस मामले को छोड़ने वाला नहीं है। उसने अपने साथ चल रहे सिपाही येल्दीरीन से कहा कि पता लगाओ, यह पिल्ला किसका है? तभी भीड़ में से एक व्यक्ति बोला कि यह कुत्ता शायद जनरल झिगालॉव का है।

* इस पाठ से परीक्षा में प्रश्न नहीं पूछे जायेंगे।

इंस्पेक्टर ओचुमेलॉव के व्यवहार में परिवर्तन

जनरल झिगालॉव का नाम सुनकर इंस्पेक्टर ओचुमेलॉव को अचानक गर्मी लगने लगी। वह सिपाही से कोट उतरवाने में मदद लेता है। साथ ही ख्यूक्रिन को भी धमकाने लगता है। वह उसे शैतान बताकर यह आरोप लगाता है कि ''तुम झूठ बोलकर हरज़ाने के बहाने पैसे हड़पना चाहते हो, इसीलिए ऐसा कह रहे हो।'' सिपाही भी इंस्पेक्टर ओचुमेलॉव की हाँ में हाँ मिलाता है। यह सुनकर ख्यूक्रिन क्रोधित हो कह उठता है कि उसका भाई भी पुलिस में है।

सिपाही गंभीरतापूर्वक टिप्पणी करता है कि जनरल साहब के पास ऐसा कोई कुत्ता नहीं है। उनके तो सभी कुत्ते पोंटर हैं। यह सुनकर इंस्पेक्टर ओचुमेलॉव भी अपनी सहमति जताते हुए बोलता है कि जनरल साहब एक सभ्य आदमी हैं। इतना भद्दा कुत्ता वे नहीं पाल सकते। यदि इस तरह का कुत्ता मॉस्को या पीटर्सबर्ग में दिख जाता, तो कानून की परवाह किए बिना इसकी छुट्टी कर दी जाती। इसे हर हालत में मज़ा चखाया जाना ज़रूरी है।

इंस्पेक्टर ओचुमेलॉव का बात को बदलना

सिपाही फिर अपना कथन बदलते हुए कहता है–''शायद यह जनरल साहब का ही कुत्ता है। कल ही मैंने इसी तरह का कुत्ता उनके आँगन में देखा था।'' भीड़ में से एक व्यक्ति ने भी सिपाही की बात को उचित ठहराया। यह सुनकर इंस्पेक्टर ओचुमेलॉव ने फिर गिरगिट की तरह रंग बदला और ठंड लगने का बहाना बनाते हुए कोट पहना तथा सिपाही से कहा कि इस कुत्ते को जनरल साहब के पास ले जाओ और पता लगाओ कि यह उन्हीं का है या नहीं। उनसे विनती करना कि इसे गली में आने से रोकें। ख्यूक्रिन को भी डाँटता है कि अपनी भद्दी उंगली दिखाना बंद करो। यह सब तुम्हारी गलती है।

जनरल साहब के बावर्ची प्रोखोर का आगमन

तभी जनरल साहब का बावर्ची प्रोखोर आ जाता है। पूछने पर वह बताता है कि इस तरह का पिल्ला उसने काफी लंबे समय से नहीं देखा है। यह सुनते ही इंस्पेक्टर ओचुमेलॉव साहब तुरंत बोले–''अब अधिक जाँचने की ज़रूरत नहीं है। यह आवारा कुत्ता है, इसे मार डालो।'' तभी प्रोखोर बोल उठा– ''यह हमारा नहीं, जनरल साहब के भाई का कुत्ता है। जो थोड़ी देर पहले इधर आए हैं। अपने जनरल साहब को 'बारजोयस' नस्ल के कुत्तों में कोई दिलचस्पी नहीं है, पर उनके भाई को यही नस्ल पसंद है।''

इंस्पेक्टर ओचुमेलॉव का चापलूस व्यक्तित्व

जनरल साहब के भाई के पधारने का समाचार सुनकर इंस्पेक्टर ओचुमेलॉव खुशी से भर जाता है। वह उनसे मिलने की आतुरता (व्याकुलता) दर्शाता है और हैरानी प्रकट करते हुए कहता है कि उसे इतना भी पता नहीं चला कि जनरल साहब के भाई इतने सुंदर डॉगी के साथ पधारे हैं। प्रोखोर कुत्ते को सँभालकर काठगोदाम से बाहर चला गया। भीड़, ख्यूक्रिन पर हँसने लगी। इंस्पेक्टर ओचुमेलॉव ने उसी को धमकाते हुए कहा–''मैं तुझे अभी ठीक करता हूँ।'' यह कहकर वह बाज़ार के चौराहे को काटकर अपने रास्ते पर चला गया।

» शब्दार्थ

पृष्ठ संख्या NCERT पाठ्यपुस्तक (स्पर्श भाग-2) के अनुसार हैं।

पृष्ठ संख्या 101 ज़ब्त–कब्ज़ा करना; झरबेरी–बेर की एक किस्म; जबड़ा–मुँह में नीचे-ऊपर की हड्डी, जिसमें दाँत जमें होते हैं। किकियाना–कष्ट में होने पर कुत्ते के द्वारा की जाने वाली आवाज़; काठगोदाम–लकड़ी का गोदाम; कलफ़–मांड लगाया गया कपड़ा; ऊँघना–झपकी आना; जनशांति–लोगों का शांत जीवन; लहूलुहान–खून से लथपथ; बारज़ोयस–कुत्ते की एक प्रजाति; संकट–आतंक/भय।

पृष्ठ संख्या 102 कमबख्त–अभागा; कामकाजी–काम-धंधे में लगा व्यक्ति; पेचीदा–कठिन; किस्म प्रकार/तरह; लायक–योग्य।

पृष्ठ संख्या 103 गुज़ारिश–प्रार्थना; हरज़ाना–क्षतिपूर्ति/नुकसान के बदले में दी जाने वाली रकम; आदमखोर–आदमी को खाने वाला; बरदाश्त–सहना; खँखारता–खाँसते हुए; त्योरियाँ–भौंहें चढ़ाना; निबटना–सबक सिखाना; इल्म ज्ञान; ख़याल–विचार/सोच; रत्ती भर–ज़रा-सा/बहुत छोटा; तत्काल–उसी क्षण/समय; मत्थे मढ़ना–ज़बरदस्ती आरोप लगाना; बखूबी–अच्छी तरह; कानून सम्मत–कानून के अनुसार व्यवहार; गंभीरतापूर्वक–सोच-समझ कर; टिप्पणी–अपना मत रखना; पोंटर–कुत्ते की प्रजाति।

पृष्ठ संख्या 104 नस्ल–जाति/वंश; भद्दा–अनाकर्षक/कुरूप; मरियल–कमज़ोर; हश्र होना–परिणाम होना; परवाह करना–ख़याल रखना/देखभाल करना; छुट्टी करना–मार डालना; गाँठ बाँध लेना–दृढ़ निश्चय कर लेना; मज़ा चखाना–दंड देना/परिणाम भुगतना; बावर्ची–खाना बनाने वाला; आह्लाद–खुशी/प्रसन्नता; हैरानी–अचंभा; अद्भुत–अनोखा; प्रदर्शन–दिखावा; चोगा–एक प्रकार का गर्म वस्त्र।

पाठ्यपुस्तक (स्पर्श भाग-2) के प्रश्नोत्तर

मौखिक

निम्नलिखित प्रश्नों के उत्तर एक-दो पंक्तियों में दीजिए

1 काठगोदाम के पास भीड़ क्यों इकट्ठी हो गई थी?

उत्तर काठगोदाम के पास ख्यूक्रिन नामक एक सुनार की उंगली में कुत्ते ने काट लिया था। पीड़ित सुनार ने उस कुत्ते को पकड़कर खूब मारा था। वह बुरी तरह से चिल्ला रहा था, इसलिए काठगोदाम के पास भीड़ इकट्ठी हो गई थी।

2 उंगली ठीक न होने की स्थिति में ख्यूक्रिन का नुकसान क्यों होता?

उत्तर ख्यूक्रिन एक सुनार था। उसका काम थोड़ा कठिन किस्म का था, जिसमें उंगलियों का उपयोग अधिक होता है। पिल्ले द्वारा उंगली काट खाने से उसे काम करने में असुविधा होती, उसकी कमाई न हो पाती, इस कारण उसका नुकसान होता।

3 कुत्ता क्यों किकिया रहा था?

उत्तर ख्यूक्रिन ने कुत्ते की एक टाँग पकड़ रखी थी तथा वह उसको बेदर्दी से घसीट रहा था, इसलिए कुत्ता किकिया रहा था।

4 बाज़ार के चौराहे पर खामोशी क्यों थी?   **CBSE 2016, 09**

उत्तर बाज़ार में लोग बहुत कम थे। सर्दी के मौसम में लोग अपने घरों में दुबके हुए थे। चौराहे पर आदमी का निशान भी नहीं था, वैसे दुकानों के दरवाज़े खुले थे, किंतु भिखारी तक उन दुकानों के आसपास नहीं दिख रहे थे। इसलिए बाज़ार के चौराहे पर खामोशी थी।

5 जनरल साहब के बावर्ची ने कुत्ते के बारे में क्या बताया?   **CBSE 2015**

उत्तर जनरल साहब के बावर्ची ने कुत्ते के असली मालिक के बारे में भीड़ को जानकारी दी। उसने बताया कि जनरल झिगालॉव के भाई वाल्दीमीर इवानिच कुत्ते के मालिक हैं। जो अभी-अभी शहर में पधारे हैं।

लिखित

(क) निम्नलिखित प्रश्नों के उत्तर (25-30 शब्दों में) लिखिए

1 ख्यूक्रिन ने मुआवज़ा पाने की क्या दलील दी?   **CBSE 2011**

अथवा मुआवज़ा पाने के लिए ख्यूक्रिन ने क्या-क्या कारण दिए? 'गिरगिट' पाठ के आधार पर लिखिए।   **CBSE 2016, 11**

उत्तर ख्यूक्रिन ने स्वयं को एक कामकाजी व्यक्ति बताया। उसने कहा कि उंगली ठीक नहीं होने तक वह काम नहीं कर सकेगा, जिससे उसे नुकसान हो सकता है। अपने नुकसान की दलील के साथ ख्यूक्रिन ने 'हरज़ाने' की माँग की।

2 ख्यूक्रिन ने ओचुमेलॉव को उंगली ऊपर उठाने का क्या कारण बताया?   **CBSE 2012**

उत्तर ख्यूक्रिन ने ओचुमेलॉव को बताया कि उसे मित्री मित्रिच से लकड़ी लेकर कुछ काम निपटाना था, तभी अचानक इस कमबख्त कुत्ते ने अकारण उसकी उंगली काट खाई। इसी कारण उसने अपनी उंगली ऊपर उठा रखी है।

3 सिपाही येल्दीरीन ने ख्यूक्रिन को दोषी ठहराते हुए क्या कहा?   **CBSE 2009**

उत्तर सिपाही येल्दीरीन ने ख्यूक्रिन को दोषी ठहराते हुए कहा ''कि तुमने अपनी जलती सिगरेट से कुत्ते की नाक जला डाली होगी, वरना यह कुत्ता कोई बेवकूफ़ है, जो तुम्हें काट खाता!''

4 ओचुमेलॉव ने जनरल साहब के पास यह संदेश क्यों भिजवाया होगा कि ''उनसे कहना कि यह मुझे मिला और मैंने इसे वापस उनके पास भेजा है''?   **CBSE 2011**

उत्तर ओचुमेलॉव ने जनरल साहब के पास यह संदेश इसलिए भिजवाया होगा, क्योंकि जनरल साहब को खुश रखना चाहता था। साथ ही वह प्रभावशाली व्यक्ति थे और वह उनके खिलाफ कोई कार्रवाई नहीं कर सकता था। वह संदेश भिजवाकर जताना चाहता था कि वह जनरल साहब का प्रशंसक है।

5 भीड़ ख्यूक्रिन पर क्यों हँसने लगती है?

उत्तर ख्यूक्रिन को कुत्ते ने काटा था। ओचुमेलॉव भी कुत्ते के मालिक को सबक सिखाने की बात कर रहा था, किंतु कुत्ते के मालिक जनरल झिगालॉव के भाई वाल्दीमीर इवानिच के बारे में पता चलते ही ओचुमेलॉव ख्यूक्रिन को दोषी बताने लगा। ख्यूक्रिन की इस दयनीय दशा पर भीड़ हँसने लगी।

(ख) निम्नलिखित प्रश्नों के उत्तर (50-60 शब्दों में) लिखिए

1 ''किसी कील-वील से उंगली छिल गई होगी''—ऐसा ओचुमेलॉव ने क्यों कहा?   **CBSE 2011**

उत्तर ओचुमेलॉव को भीड़ से जब यह पता चला कि कुत्ता जनरल झिगालॉव के भाई का है, तो उसने एक लंबी साँस ली। प्रभावशाली व्यक्ति को दोषी ठहराना उसके लिए संभव नहीं था। उसने ख्यूक्रिन से कहा कि यह छोटा-सा जानवर तुम्हारी उंगली तक कैसे पहुँच सकता है? अवश्य तुम्हारी उंगली किसी कील वगैरह से छिल गई होगी और तुमने हरज़ाने के लिए तत्काल इसका दोष कुत्ते के मत्थे मढ़ दिया। यह जनरल झिगालॉव के पक्ष में उस इंस्पेक्टर का रुख था।

2 ओचुमेलॉव के चरित्र की विशेषताओं को अपने शब्दों में लिखिए।

अथवा 'गिरगिट' पाठ के आधार पर ओचुमेलॉव की चारित्रिक विशेषताओं का उल्लेख कीजिए।   **CBSE 2008**

अथवा ओचुमेलॉव की दो चारित्रिक विशेषताओं का अपने शब्दों में उल्लेख कीजिए।   **CBSE 2016**

उत्तर इंस्पेक्टर ओचुमेलॉव 'गिरगिट' कहानी का मुख्य पात्र है।
उसकी चारित्रिक विशेषताएँ निम्नलिखित हैं

(*i*) **अवसरवादी** इंस्पेक्टर ओचुमेलॉव अवसर के अनुसार रंग बदलने में माहिर है। ख्यूक्रिन की हालत देखकर उसे उसके साथ सहानुभूति हो जाती है, लेकिन अधिकारी के भाई का कुत्ता होने का पता चलते ही वह अधिकारी के भाई एवं उनके कुत्ते का गुणगान करने लगता है।

(*ii*) **दोहरा व्यक्तित्व** ओचुमेलॉव दोहरे चरित्र का व्यक्ति है। दिखाने के लिए वह लोगों पर रोब चलाता है, पर वास्तव में, वह ढुलमुल (टालमटोल) किस्म का व्यक्ति है। जनरल झिगालॉव का नाम सुनते ही वह स्वयं भीगी बिल्ली बन जाता है और ख्यूक्रिन को दोषी ठहराने लगता है।

(*iii*) **अस्थिर प्रकृति** ओचुमेलॉव एक बात पर स्थिर नहीं रहता। भद्दा, मरियल, आवारा लगने वाला कुत्ता उसे अचानक ही सुंदर 'डॉगी' लगने लगता है। मारने के लिए तैयार उसके हाथ कुत्ते को अपने कोट में लपेटने में भी गुरेज (परहेज) नहीं करते। इस प्रकार 'गिरगिट' कहानी का यह पात्र अपने चरित्र के आधार पर कहानी का मुख्य पात्र कहलाने योग्य है।

3 यह जानने के बाद कि कुत्ता जनरल साहब के भाई का है— ओचुमेलॉव के विचारों में क्या परिवर्तन आया और क्यों? **CBSE 2012**

अथवा **ओचुमेलॉव कौन था? कुत्ते के बारे में ओचुमेलॉव के विचारों में परिवर्तन क्यों आ गया? 'गिरगिट' पाठ के आधार पर उल्लेख कीजिए।** **CBSE 2012**

अथवा **'गिरगिट' कहानी के आधार पर लिखिए कि जनरल साहब के भाई का कुत्ता जानकर ओचुमेलॉव ने क्या कहा और क्यों?** **CBSE 2011**

उत्तर ओचुमेलॉव कुत्ते को लेकर इस निष्कर्ष पर पहुँचा था कि यह आवारा कुत्ता है। उसने महसूस किया कि अब अधिक जाँचने की ज़रूरत नहीं है। उसने ख्यूक्रिन से कहा कि यह आवारा कुत्ता है। इसे मार डालो और सारा किस्सा खत्म करो। इतने में जनरल झिगालॉव के बावर्ची ने बताया कि यह कुत्ता जनरल साहब के भाई वाल्दीमीर इवानिच का है। ओचुमेलॉव ने जब कुत्ते के वास्तविक मालिक के बारे में जाना, तो उसका रुख परिवर्तित हो गया। उसने कुत्ते को अति सुंदर 'डॉगी' कहते हुए उसे 'नन्हा-सा शैतान' की उपाधि दी और कुत्ते द्वारा काटे हुए व्यक्ति ख्यूक्रिन को 'ठीक करने' की धमकी देता हुआ, आगे निकल गया, क्योंकि ओचुमेलॉव किसी भी तरह जनरल साहब को नाराज़ नहीं करना चाहता था।

4 ख्यूक्रिन का यह कथन कि "मेरा एक भाई भी पुलिस में है ......।" समाज की किस वास्तविकता की ओर संकेत करता है? **CBSE 2016, 11**

उत्तर ख्यूक्रिन को एक कुत्ते ने काटकर घायल कर दिया। पुलिस इंस्पेक्टर ओचुमेलॉव तथा सिपाही येल्दीरीन उस समय चौराहे से गुज़र रहे थे। ख्यूक्रिन के चिल्लाने पर चौराहे पर भीड़ जमा हो गई थी। ख्यूक्रिन कुत्ते के मालिक से 'हरज़ाना' चाहता था, लेकिन जब इंस्पेक्टर ओचुमेलॉव को यह पता चला कि कुत्ता जनरल झिगालॉव का है, तो उसने ख्यूक्रिन पर ही दोष लगाना शुरू कर दिया।

इस स्थिति में ख्यूक्रिन ने उसे बताया कि उसका भी एक भाई पुलिस में है। वस्तुतः समाज में प्रभावशाली तथा संपन्न लोगों के प्रति अधिकारियों की चापलूसी को देखते हुए ही ख्यूक्रिन ने ऐसा कहा। इस पंक्ति में पुलिस तथा प्रशासन की कटु वास्तविकता की ओर संकेत किया गया है।

5 इस कहानी का शीर्षक 'गिरगिट' क्यों रखा गया है? क्या आप इस कहानी के लिए कोई अन्य शीर्षक सुझा सकते हैं? अपने शीर्षक का आधार भी स्पष्ट कीजिए। **CBSE 2011**

अथवा **'गिरगिट' कहानी के शीर्षक की सार्थकता उदाहरण सहित स्पष्ट कीजिए।** **CBSE 2011**

उत्तर 'गिरगिट' रंग बदलने वाला प्राणी है। वह अपनी सुरक्षा हेतु अपने परिवेश के अनुरूप स्वयं को ढालने के लिए उसी रंग में ढल जाता है। अंतोन चेखव की इस कहानी का शीर्षक 'गिरगिट' अत्यंत उपयुक्त है। यह पुलिस अधिकारी के बार-बार बदलते वक्तव्य तथा व्यवहार के द्वारा पूरी व्यवस्था की विसंगति (बुरी संगति) को सामने रखने का सफल प्रयास है।

प्रतीकों के माध्यम से व्यवस्था की असलियत को दर्शा देने में लेखक अंतोन चेखव अद्वितीय हैं। इस कहानी का अन्य शीर्षक 'अराजकता का साम्राज्य' हो सकता है। इस कहानी में वस्तुतः जारशाही के दौरान व्याप्त अराजकता के साम्राज्य को ही उभारा गया है।

6 'गिरगिट' कहानी के माध्यम से समाज की किन विसंगतियों पर व्यंग्य किया गया है? क्या आप ऐसी विसंगतियाँ अपने समाज में भी देखते हैं? स्पष्ट कीजिए। **CBSE 2012, 11**

उत्तर 'गिरगिट' कहानी में एक पुलिस अधिकारी के वक्तव्य तथा व्यवहार के माध्यम से समाज की व्यवस्था की विसंगतियों को गहराई से उभारा गया है। इस कहानी के माध्यम से अन्याय, निरंकुशता, चापलूसी, भाई-भतीजावाद तथा भ्रष्टाचार की प्रवृत्तियों को उभारा गया है।

अकर्मण्य पुलिस अधिकारी पहले तो शेखी बघारता (डींग मारना) है, किंतु प्रभावशाली तथा संपन्न व्यक्ति की आहट से ही उसके पाँव हिलने लगते हैं। वह व्यवहार तथा वक्तव्य में चापलूसी की हद तक पहुँच जाता है। आम आदमी निरीह तथा बेचारगी की अवस्था में कुछ कर ही नहीं पाता।

इस स्थिति के कारण अराजकता, हिंसा और सामाजिक अलगाव की प्रवृत्ति सामने आती है। 'गिरगिट' कहानी में अंतोन चेखव ने समाज की ऐसी ही विसंगतियों पर व्यंग्य किया है। 1884 ई. में लिखी गई इस कहानी की पृष्ठभूमि में मौजूद जारशाही भले ही दुनिया से मिट गई और लोकतंत्र स्थापित हो गया, किंतु आज भी चापलूसी, भाई-भतीजावाद तथा अकर्मण्यता की प्रवृत्तियाँ बहुतायत में दिख जाती हैं। भारत में भी ऐसी प्रवृत्तियाँ सामान्य हैं। 'गिरगिट' कहानी हर देश तथा हर समाज के सच को प्रदर्शित करती है।

(ग) निम्नलिखित का आशय स्पष्ट कीजिए

1 **"उसकी आँसुओं से सनी आँखों में संकट और आतंक की गहरी छाप थी।"**

उत्तर भीड़ ने पिल्ले को चारों ओर से घेर रखा था और ख्यूक्रिन ने उसे बहुत बेदर्दी से खींचा था। पीड़ा के कारण उसकी आँखें आँसुओं से गीली हो गई थीं और आतंक के कारण वह भयभीत होकर काँप रहा था। वह स्वयं को चारों ओर से घिरा पाकर महसूस कर रहा था कि अब सभी लोग मेरे साथ कैसा व्यवहार करेंगे। भय से त्रस्त वह पिल्ला किकियाने लगा, परंतु लोगों ने उसकी एक न सुनी। उस पिल्ले की आँखों में भय की गहरी झलक ख्यूक्रिन को नहीं दिखी, वह बस अपना बदला लेना चाहता है।

2 **"कानून सम्मत तो यही है ...... कि सब लोग अब बराबर हैं।"**

उत्तर इस पंक्ति द्वारा लेखक अंतोन चेखव ने मनुष्य की समता तथा कानून के सामने सबकी समानता के भाव को व्यक्त करने की चेष्टा की है। ख्यूक्रिन नामक व्यक्ति एक कुत्ते के काटने से घायल हुआ था, जिसने उसकी उंगली में काट लिया था। इंस्पेक्टर ओचुमेलॉव को जब कुत्ते के मालिक का पता चला, तो उसने घायल ख्यूक्रिन को ही कुत्ते को परेशान करने का दोषी ठहराया। उसकी जानकारी में यह कुत्ता एक प्रभावशाली तथा संपन्न व्यक्ति जनरल झिगालॉव का था। इंस्पेक्टर के भाव में हो रहे परिवर्तन को देखते हुए ख्यूक्रिन ने कानून के सामने सभी व्यक्तियों की समानता की दलील दी कि बड़े आदमी के कुत्ते ने भी यदि गलती की है, तो दंड उसे भी बराबर मिलना चाहिए।

3 **"हुज़ूर! यह तो जनशांति भंग हो जाने जैसा कुछ दीख रहा है।"** **CBSE 2016, 10**

उत्तर काठगोदाम के बाहर एकत्रित हुई भीड़ और शोर के कारण, सिपाही येल्दीरीन अपने अधिकारी ओचुमेलॉव से कहता है कि साहब, इस मामले को शांति भंग का नाम देकर कुछ न कुछ बनाया जा सकता है।

भाषा अध्ययन

1 **नीचे दिए गए वाक्यों में उचित विराम-चिह्न लगाइए**

(क) माँ ने पूछा बच्चों कहाँ जा रहे हो

(ख) घर के बाहर सारा सामान बिखरा पड़ा था

(ग) हाय राम यह क्या हो गया

(घ) रीना सुहेल कविता और शेखर खेल रहे थे

(ङ) सिपाही ने कहा ठहर तुझे अभी मज़ा चखाता हूँ

उत्तर ***(क)*** माँ ने पूछा–"बच्चों! कहाँ जा रहे हो?"

(ख) घर के बाहर सारा सामान बिखरा पड़ा था।

(ग) हाय राम! यह क्या हो गया!

(घ) रीना, सुहेल, कविता और शेखर खेल रहे थे।

(ङ) सिपाही ने कहा–"ठहर! तुझे अभी मज़ा चखाता हूँ।"

2 **नीचे दिए गए वाक्यों में रेखांकित अंश पर ध्यान दीजिए**

मेरा भी एक भाई पुलिस में है।

यह तो अति सुंदर 'डॉगी' है।

कल ही मैंने बिलकुल इसी की तरह का एक कुत्ता उनके आँगन में देखा था।

वाक्य के रेखांकित अंश 'निपात' कहलाते हैं, जो वाक्य के मुख्य अर्थ पर बल देते हैं। वाक्य में इनसे पता चलता है कि किस बात पर बल दिया जा रहा है और वाक्य क्या अर्थ दे रहा है। वाक्य में जो अव्यय किसी शब्द या पद के बाद लगकर उसके अर्थ में विशेष प्रकार का बल या भाव उत्पन्न करने में सहायता करते हैं, उन्हें निपात कहते हैं; *जैसे*–ही, भी, तो, तक आदि।

ही, भी, तो, तक आदि निपातों का प्रयोग करते हुए चार वाक्य बनाइए।

उत्तर **ही** कल कविता और दिव्या विद्यालय नहीं आईं थी, बस निशा ही आई थी।

भी पाठ को याद करने के साथ लिखकर भी देखना चाहिए।

तो कल तो मैं आया था।

तक इस बारे में उसने मुझसे कहा तक नहीं।

3 **पाठ में आए मुहावरों में से पाँच मुहावरे छाँटकर उनका वाक्य में प्रयोग कीजिए।**

उत्तर
1. **गाँठ बाँध लेना** दृढ़ निश्चय करना
   वाक्य प्रयोग यह बात गाँठ बाँध लो कि बिना तैयारी के परीक्षा में अच्छे अंक नहीं आएँगे।
2. **छुट्टी करना** डरा देना
   वाक्य प्रयोग सचिन तेंदुलकर ने बांग्लादेश के सभी गेंदबाजों की छुट्टी कर दी।
3. **मत्थे मढ़ना** ज़बरदस्ती आरोप लगाना
   वाक्य प्रयोग पुलिस ने दोष निरीह पीड़ित के ही मत्थे मढ़ दिया।
4. **मज़ा चखाना** सबक सिखाना
   वाक्य प्रयोग पुलिस की पकड़ में आने पर उन्होंने चोर को अच्छा मज़ा चखाया।
5. **त्योरियाँ चढ़ाना** गुस्सा आना
   वाक्य प्रयोग किसी नेता को उसकी असलियत बताओगे, तो उसकी त्योरियाँ तो चढ़ेंगी ही।

4 **नीचे दिए गए शब्दों में उचित उपसर्ग लगाकर शब्द बनाइए**

(क)	+	भाव	=	....
(ख)	+	पसंद	=	....
(ग)	+	धारण	=	....
(घ)	+	उपस्थित	=	....
(ङ)	+	लायक	=	....
(च)	+	विश्वास	=	....
(छ)	+	कारण	=	....
(ज)	+	परवाह	=	....

उत्तर

(क) दुर्	+	भाव	=	दुर्भाव
(ख) ना	+	पसंद	=	नापसंद
(ग) निर्	+	धारण	=	निर्धारण
(घ) अन्	+	उपस्थित	=	अनुपस्थित
(ङ) ना	+	लायक	=	नालायक
(च) अ	+	विश्वास	=	अविश्वास
(छ) अ	+	कारण	=	अकारण
(ज) ला	+	परवाह	=	लापरवाह

5 नीचे दिए गए शब्दों में उचित प्रत्यय लगाकर शब्द बनाइए

(क) मदद + ... = ...
(ख) गंभीर + ... = ...
(ग) ठंड + ... = ...
(घ) बुद्धि + ... = ...
(ङ) सभ्य + ... = ...
(च) प्रदर्शन + ... = ...

उत्तर (क) मदद + गार = मददगार
(ख) गंभीर + ता = गंभीरता
(ग) ठंड + आई = ठंडाई
(घ) बुद्धि + हीन = बुद्धिहीन
(ङ) सभ्य + ता = सभ्यता
(च) प्रदर्शन + ई = प्रदर्शनी

6 नीचे दिए गए वाक्यों के रेखांकित पदबंध का प्रकार बताइए

(क) दुकानों में ऊँघते हुए चेहरे बाहर झाँके।
(ख) लाल बालों वाला एक सिपाही चला आ रहा था।
(ग) यह ख्यूक्रिन हमेशा कोई-न-कोई शरारत करता रहता है।
(घ) एक कुत्ता तीन टाँगों के बल रेंगता चला आ रहा है।

उत्तर (क) ऊँघते हुए चेहरे *(संज्ञा पदबंध)*
(ख) लाल बालों वाला *(विशेषण पदबंध)*
(ग) शरारत करता रहता है *(क्रिया पदबंध)*
(घ) तीन टाँगों के बल *(क्रियाविशेषण पदबंध)*

7 आपके मोहल्ले में लावारिस/आवारा कुत्तों की संख्या बहुत ज़्यादा हो गई है, जिससे आने-जाने वाले लोगों को असुविधा होती है। अत: लोगों की सुरक्षा को ध्यान में रखते हुए नगर निगम अधिकारी को एक पत्र लिखिए।

उत्तर सेवा में,
नगर निगम अधिकारी,
हकीकत नगर।

दिनांक 12 मार्च, 20XX

विषय आवारा कुत्तों की समस्या के संबंध में।

महोदय,

निवेदन यह है कि मैं आपके क्षेत्र में सिविल लाइंस का निवासी हूँ। आजकल हमारी गली और मोहल्ले में आवारा कुत्तों की संख्या बहुत अधिक हो गई है। वे आते-जाते लोगों पर भौंकते हैं और कुछ कुत्तों ने तो लोगों को काटा भी है। हमारे घर आने वाले नए मेहमानों के लिए गली में घुसना कठिन हो जाता है। वे नए आदमी को शीघ्र ही काट लेते हैं। पिछले दिनों कई स्कूटर और मोटरसाइकिल सवार उनसे घबरा कर गिर चुके हैं। मेरा आपसे निवेदन है कि इस समस्या पर नियंत्रण करने का कोई उपाय करें।

धन्यवाद!

प्रार्थी
संजय सुमन
म. नं. 222, सिविल लाइंस,
हकीकत नगर।

योग्यता विस्तार

1 जिस प्रकार गिरगिट शत्रु से स्वयं को बचाने के लिए अपने आस-पास के परिवेश के अनुसार रंग बदल लेता है, उसी प्रकार कई व्यक्ति अपने स्वार्थ के लिए परिस्थितियों के अनुसार अपनी बात, व्यवहार, दृष्टिकोण, विचार को बदल लेते हैं। यही कारण है कि ऐसे व्यक्तियों को 'गिरगिट' कहा जाता है।

उत्तर समाज में प्रत्येक व्यक्ति अपनी स्वार्थ सिद्धि के लिए प्रतिदिन अपने व्यवहार को परिवर्तित करता रहता है। यही व्यक्ति हैं, जिनकी तुलना समाज में गिरगिटों से की जाती है।

2 अवसर के अनुसार व्यावहारिकता का सहारा लेना आप कहाँ तक उचित समझते हैं? इस विषय पर कक्षा में चर्चा कीजिए।

उत्तर छात्रों द्वारा कक्षा में आयोजित किया जाने वाला क्रियाकलाप।

3 यहाँ आपने रूसी लेखक चेखव की कहानी पढ़ी है। अवसर मिले तो टाल्सटॉय की कहानियाँ भी पढ़िए।

उत्तर छात्र स्वयं करें।

परियोजना कार्य

1 'गिरगिट' कहानी में आवारा पशुओं से जुड़े किस नियम की चर्चा हुई है? क्या आप इस नियम को उचित मानते हैं? तर्क सहित उत्तर दीजिए।

उत्तर इस कहानी में इस बात की चर्चा हुई है कि यदि आवारा पशु किसी व्यक्ति को काटता है, तो उसके मालिक पर जुर्माना होना चाहिए। यह नियम बिलकुल सही है।

2 'गिरगिट' कहानी का कक्षा या विद्यालय में मंचन कीजिए। मंचन के लिए आपको किस प्रकार की तैयारी और सामग्री की ज़रूरत होगी? उनकी एक सूची भी बनाइए।

उत्तर अध्यापक की सहायता से छात्रों द्वारा स्वयं किया जाने वाला क्रियाकलाप।

परीक्षा अभ्यास

विषय-वस्तु का ज्ञान, बोध अभिव्यक्ति पर आधारित प्रश्न

1 कुत्ते ने ख्यूक्रिन को क्या क्षति पहुँचाई थी?

उत्तर कुत्ते ने ख्यूक्रिन की उँगली में काट लिया था। वह पेशे से सुनार था। उसका काम थोड़ा कठिन था। अतः उँगली कटने के कारण वह एक हफ़्ते तक काम नहीं कर सकता था। इस कारण ख्यूक्रिन शारीरिक और आर्थिक रूप से क्षतिग्रस्त हुआ।

2 ओचुमेलॉव ने कुत्ते को आवारा छोड़ देने के संदर्भ में क्या कहा?

उत्तर ओचुमेलॉव ने कुत्ते को आवारा छोड़ देने के संदर्भ में कहा कि जो कुत्ते को आवारा छोड़ देते हैं, मैं उन मालिकों को मज़ा चखाकर रहूँगा। कानून का पालन न करने वालों पर सख्त कार्यवाही की जाएगी तथा जिसने इस कुत्ते को आवारा पशु की तरह स्वतंत्र रूप से छोड़ दिया है, उसे पर कठोर जुर्माना लगाया जाएगा।

3 ओचुमेलॉव ने सिपाही को क्या आदेश दिया था?

उत्तर ओचुमेलॉव ने सिपाही को आदेश दिया कि वह इस कुत्ते के मालिक का पता लगाए उसके बारे में सारी जानकारी एकत्र करे और इसकी एक रिपोर्ट तैयार करे और इसके साथ ही उस और आवारा कुत्ते को खत्म कर देने का आदेश दिया।

4 सिपाही ने ऐसा क्यों कहा कि "यह कुत्ता जनरल साहब का नहीं है?" **CBSE 2016**

उत्तर सिपाही ने ऐसा इसलिए कहा, क्योंकि वह कुत्ता बड़ा मरियल-सा दिखाई दे रहा था, जबकि जनरल साहब के सभी कुत्ते महँगे व अच्छी नस्ल के थे। उन्होंने तो 'पोंटर' नस्ल के कुत्ते पाल रखे हैं। इस पर ओचुमेलॉव सहमति प्रकट करता हुए कहता है कि जनरल साहब इतना भद्दा सा दिखने वाला कुत्ता नहीं पाल सकते।

5 'गिरगिट' पाठ के आधार पर लिखिए कि इंस्पेक्टर ओचुमेलॉव ख्यूक्रिन पर क्यों झुंझला रहा था?

उत्तर जब इंस्पेक्टर को मालूम पड़ा कि कुत्ता जनरल साहब के भाई का है तो अचानक वह अपना रंग बदलते हुए ख्यूक्रिन पर झुंझला गया, क्योंकि वह किसी प्रभावशाली व्यक्ति के खिलाफ़ कार्रवाई करने में समर्थ नहीं था, इसलिए वह ख्यूकिन पर आरोप लगाते हुए कहता है कि तुम हर्जाने के पैसे वसूलने के लिए जानबूझकर झूठ बोल रहे हो तथा उसके समर्थन में सिपाही कहता है कि इसने स्वयं ही जलती हुई सिगरेट कुत्ते की नाक पर लगा दी होगी, जिसके कारण कुत्ते ने इसे काटा लिया होगा।

6 'गिरगिट' पाठ में वर्णित बाज़ार के दृश्य का चित्रण कीजिए।

उत्तर बाज़ार में चारों ओर खामोशी थी। चौराहे पर किसी व्यक्ति का निशान तक नहीं था। दुकानों के दरवाज़े भूखे जबड़ों की तरह मुँह खोले हुए भगवान की बनाई हुई इस सृष्टि को उदास निगाहों से देख रहे थे। यहाँ तक कि कोई भिखारी तक उनके आस-पास नज़र नहीं आ रहा था।

7 'गिरगिट' कहानी में कुत्ते के पीछे दौड़ने वाला व्यक्ति कौन था और वह क्यों दौड़ रहा था?

उत्तर कुत्ते के पीछे दौड़ने वाला व्यक्ति ख्यूक्रिन था, जो छींट की कलफ़ लगी कमीज़ और बिना बटन की वास्केट पहने हुए दौड़ रहा था, क्योंकि उसे कुत्ते ने काट लिया था और वह इसके लिए कुत्ते के मालिक से हरज़ाना लेना चाहता था।

8 'गिरगिट' कहानी में ख्यूक्रिन के कुत्ते द्वारा काटने के बदले मुआवज़ा पाने की दी गई दलीलों से क्या आप सहमत हैं? तर्क सहित उत्तर दीजिए। **CBSE 2016, 13**

उत्तर 'गिरगिट' कहानी में ख्यूक्रिन ने कुत्ते के काटने के बदले मुआवज़ा पाने की दलीलें देते हुए कहा कि कुत्ते के काटने से उसका काम रुक गया है, जिससे उसका नुकसान हो रहा है। वस्तुतः कुत्ते के मालिक ने उसे खुला छोड़ रखा था, जिससे वह किसी को भी काट सकता है। ख्यूक्रिन की दलीलों से सहमत होना स्वाभाविक है, क्योंकि वह एक काम करने वाला व्यक्ति है और कटी हुई उंगली से काम करना मुश्किल है। अतः इसके बदले उसके द्वारा मुआवज़ा माँगना सर्वथा उचित है।

9 सिपाही ने कुत्ते को किसका बताया? **CBSE 2015**

उत्तर सिपाही येल्दीरीन कुत्ते को भली-प्रकार देखकर कहता है कि यह कुत्ता जनरल साहब का नहीं है। यह सुनकर ओचुमेलॉव फिर बदल जाता है। तब वह कुत्ते को भद्दा और मरियल बताता है। वह ऐसे बेकार और आवारा कुत्तों को मरवाने की बात भी कह देता है। थोड़ी देर में सिपाही पुनः कहता है कि शायद यह कुत्ता जनरल साहब का ही है। मैंने बिलकुल इसी तरह का कुत्ता उनके आँगन में देखा था।

10 ओचुमेलॉव ने कौन-से तर्क देकर यह सिद्ध करना चाहा कि कुत्ता जनरल साहब का नहीं हो सकता?

उत्तर सिपाही ने कहा कि जनरल साहब के पास ऐसा कोई कुत्ता नहीं है। उनके तो सभी कुत्ते पोंटर हैं। यह सुनकर ओचुमेलॉव ने तुरंत उसका समर्थन किया और कहने लगा कि तुम सही कह रहे हो, जनरल साहब के सभी कुत्ते महँगे और अच्छी नस्ल के हैं और ज़रा इस पिल्ले को देखो, कितना भद्दा और मरियल-सा है।

11 **"उनसे कहना कि यह मुझे मिला और मैंने इसे वापस उनके पास भेजा है"—ओचुमेलॉव ने जनरल साहब के पास यह संदेश क्यों भिजवाया?** **CBSE 2014**

उत्तर ओचुमेलॉव ने जनरल साहब के पास यह संदेश इसलिए भिजवाया, क्योंकि ओचुमेलॉव इस कुत्ते को उनके पास भिजवाकर उनके प्रति अपनी स्वामिभक्ति एवं हमदर्दी को दर्शाना चाहता था। वह यह दिखाना चाहता था कि वह उनकी चीज़ों का बड़ा ख़्याल रखता है। वह दिखाना चाहता था कि वह उनका बड़ा हितैषी है।

12 **'गिरगिट' कहानी में प्रशासक या पुलिस अधिकारी के किस रूप को उजागर किया गया है? क्या वह रूप आपको भी अपने परिवेश में दिखाई देता है?**

उत्तर 'गिरगिट' कहानी में प्रशासक या पुलिस अधिकारी के स्वार्थी एवं शोषक प्रशासक के रूप को उजागर किया गया है। ये वर्ग जन सामान्य का शोषण विभिन्न प्रकार से करते हैं और स्वयं गिरगिट की तरह रंग बदलते हैं। यह रूप हमें भी अपने परिवेश में दिखाई देता है। हमारे समाज में भी इस तरह के प्रशासकीय अधिकारी मौजूद हैं।

13 **येल्दीरीन की चारित्रिक विशेषताओं का वर्णन संक्षेप में कीजिए।**

उत्तर येल्दीरीन भी ओचुमेलॉव की तरह चापलूस प्रवृत्ति का व्यक्ति है। गरीबों को परेशान कर वह अपना स्वार्थ पूर्ण करता है। वह लालची प्रवृत्ति का एवं भड़काऊ व्यक्ति है। वह इंस्पेक्टर को आम-जन के खिलाफ़ भड़काता है। बहुत अधिक बोलने के कारण वाचाल प्रवृत्ति भी उसके चरित्र की एक विशेषता है।

14 **'गिरगिट' पाठ में चौराहे पर खड़ा व्यक्ति जोर-जोर से क्यों चिल्ला रहा था? क्या उसका हरजाना माँगना उचित था? सही तर्क दीजिए।**

उत्तर चौराहे पर खड़ा व्यक्ति जोर-जोर से इसलिए चिल्ला रहा था, क्योंकि उसे एक कुत्ते ने काट लिया था। वह कुत्ते के मालिक से हरजाना चाहता था। हमारे अनुसार उस व्यक्ति का हरजाना माँगना उचित था, क्योंकि वह एक कामकाजी व्यक्ति था। उसकी उँगली ठीक नहीं होने तक वह काम नहीं कर पाता जिससे उसे नुकसान हो सकता था। अतः काम न कर पाने की स्थिति में हरजाने की माँग करना उचित था।

15 **ओचुमेलॉव ने ख्यूक्रिन पर कब और क्या आरोप लगाए? उसके समर्थन में सिपाही ने क्या कहा?**

उत्तर ओचुमेलॉव को जब यह पता चला कि यह कुत्ता जनरल झिगालॉव का है, तो उसने ख्यूक्रिन को ही आरोपी बना दिया और कहने लगा कि यह बात मेरी समझ में नहीं आई। आखिर इसने तुम्हें कैसे काट खाया? यह रत्ती भर का जानवर और तू इतना लंबा-तगड़ा आदमी। ज़रूर तेरी उंगली पर कील गड़ गई होगी और तुरंत तूने सोच लिया होगा कि कुत्ते द्वारा काटने का बहाना बनाकर इसके मालिक से हरज़ाना ऐंठ कर फ़ायदा उठा लिया जाए।

मैं तुझ जैसे शैतान को अच्छी तरह समझता हूँ। उसका समर्थन करते हुए सिपाही येल्दीरीन भी कहने लगा कि यह ख्यूक्रिन हमेशा कोई-न-कोई शरारत करता रहता है। इसने अपनी जलती सिगरेट से इस कुत्ते की नाक यूँ ही जला डाली होगी, वरना यह कुत्ता बेवकूफ है, जो इसे काट खाता।

16 **"मेरा एक भाई भी पुलिस में है"—इस कथन में ख्यूक्रिन क्या संकेत देना चाहता है? यह समाज की किस वास्तविकता की ओर संकेत करता है?** **CBSE 2013**

उत्तर 'गिरगिट' पाठ में एक सामान्य आदमी ख्यूक्रिन द्वारा यह कहना कि 'मेरा एक भाई भी पुलिस में है', संकेत करता है कि ख्यूक्रिन अपनी हैसियत तथा जान-पहचान को व्यक्त करना चाहता है। वह बताना चाहता है कि पुलिस में उसका भी एक व्यक्ति से नज़दीकी रिश्ता है।

यह कथन समाज की उस वास्तविकता की ओर संकेत करता है कि रक्षक कहलाने वाला पुलिस विभाग भी भाई-भतीजावाद की पक्षपातपूर्ण धारणा से पूर्णतः ग्रस्त है। जब किसी का कोई संबंधी पुलिस में होता है, तो वह लोगों पर अपना रोब डालकर अपना स्वार्थ सिद्ध कर लेता है। उसकी मनमानी चलती है। यह दिखाता है कि ऐसा समाज 'जिसकी लाठी उसकी भैंस' वाली कहावत को चरितार्थ करता है। ऐसी व्यवस्था समाज के लिए अभिशाप है।

17 **ओचुमेलॉव सिपाही से अपना कोट कभी उतरवाने में और कभी पहनने में मदद ले रहा था। ऐसा करना उसकी किस प्रवृत्ति की ओर संकेत करता है?**

उत्तर ओचुमेलॉव का कभी कोट उतारना और कभी पहनना इस प्रवृत्ति की ओर संकेत करता है कि वह अस्थिर स्वभाव का व्यक्ति है। जीवन में सफलता प्राप्ति के लिए वह केवल उच्च पद पर कार्यरत् लोगों के तलवे चाटना जानता है। वह स्वयं उचित-अनुचित का फैसला नहीं कर पाता। परिस्थिति के अनुसार अपने निर्णय बदलता रहता है। अपने स्वार्थ के लिए वह हर क्षण गिरगिट की तरह रंग बदलता है।

कोई भी कार्य करने से पहले यह सोच-विचार कर लेता है कि उसमें उसका कितना लाभ और हानि है। दुविधा में फँसे ऐसे लोग कभी निश्चित निर्णय पर नहीं पहुँच पाते। ऐसे ही लोगों का यह दोगला व्यवहार समाज में भ्रष्टाचार एवं अनुशासनहीनता को बढ़ावा देता है।

18 **'गिरगिट' कहानी में शासक और पुलिस अधिकारी के किस रूप को उजागर किया गया है? क्या वह रूप आपको भी अपने परिवेश में दिखाई देता है?** **CBSE 2018**

अथवा **'गिरगिट' कहानी के माध्यम से शासन व्यवस्था की जिन खामियों को उजागर किया गया है, उनको स्पष्ट कीजिए।**

उत्तर 'गिरगिट' कहानी के माध्यम से लेखक ने शासन व्यवस्था पर व्यंग्य किया है। यह एक कटु सत्य है कि प्रशासन से जुड़े लोग स्वयं को समाज का ठेकेदार समझ लेते हैं। आम आदमी की समस्या से अनजान, वे पद पर प्रतिष्ठित होकर केवल स्वार्थ पूर्ति में लगे रहते हैं, जिससे शोषक वर्ग व अत्याचारियों को बढ़ावा मिलता है। अन्याय के विरुद्ध आवाज़ उठाने वाला व्यक्ति ख्यूक्रिन की तरह ही समाज में हँसी का पात्र बनता है। पैसे की ताकत से धनवान लोग कानून एवं शासन व्यवस्था से जुड़े लोगों को लालच देकर खरीद लेते हैं और शोषित व्यक्ति को ही पिसना पड़ता है।

ऐसे में कुछ ईमानदार अधिकारी यदि अपने कर्तव्य का निर्वाह करते भी हैं, तो उसका कोई व्यापक प्रभाव नहीं पड़ता। आज आवश्यकता गिरगिट की तरह रंग बदलने की नहीं वरन् मानसिकता बदलने की है, ताकि एक अच्छे राष्ट्र का निर्माण किया जा सके।

19 'गिरगिट' कहानी के माध्यम से लेखक ने क्या संदेश दिया है?

उत्तर 'गिरगिट' कहानी के माध्यम से लेखक चेखव यही संदेश देना चाहते हैं कि अच्छी शासन व्यवस्था वही होती है, जो समानता की भावना पर आधारित हो। सबको समान दृष्टि से देखती हो, जो अन्यायी और उसके अन्याय को न्याय के तराजू पर तौलती हो। ऐसी शासन व्यवस्था लोगों को निडर बनाती है। शोषित व्यक्ति निर्भय होकर शोषक के विरुद्ध आवाज़ उठा सकता है। सत्य की राह पर चलने का साहस कर सकता है। कड़ी शासन व्यवस्था में सजा के डर से शोषण करने वाला व्यक्ति भी हिचकता है। अतः विशेष तौर पर कानून तथा शासन व्यवस्था से जुड़े लोगों को स्वार्थ पूर्ति से दूर होकर आम आदमी की समस्याओं का समाधान करना चाहिए।

20 अवसर के अनुसार व्यावहारिकता का सहारा लेना कहाँ तक उचित है? स्पष्ट कीजिए।

उत्तर अवसर के अनुसार व्यावहारिकता का सहारा लेना अनुचित नहीं है, क्योंकि किसी भी बात के लिए अड़ना कभी-कभी अति दुःखदायी हो जाता है, परंतु बदलाव से पहले यह जान लेना आवश्यक है कि ऐसा करने से किसी अन्य को कोई नुकसान तो नहीं पहुँच रहा।

व्यावहारिक बनते समय न तो अपने आदर्शों को भूलना चाहिए और न ही देश हित को, क्योंकि जाने-अनजाने, प्रत्यक्ष-अप्रत्यक्ष रूप से हम अपने देश से जुड़े होते हैं। यह हमारा कर्तव्य है कि हमारे किसी भी कृत्य से देश व देशवासियों को कोई हानि न हो, इसका ध्यान रखें।

21 'पालतू जानवरों व सड़कों पर घूमने वाले जानवरों के प्रति हमारे व्यवहार में अंतर होता है, ऐसा कहना कहाँ तक उचित है? CBSE 2016

उत्तर यह कथन पूर्णतः सत्य है कि हम पालतू जानवरों का घर के सदस्यों की तरह ध्यान रखते हैं, परंतु आवारा जानवरों को घर की देहलीज़ पर भी खड़ा होने नहीं देते, जोकि अनुचित है।

जानवर भी प्रेम का भूखा होता है। यदि हम प्रेमपूर्वक उसे अपनी सामर्थ्य अनुसार कुछ भी खाने को दे दें, तो वह खाकर चुपचाप वहाँ से चला जाता है। आवारा जानवर तभी आक्रामक बनते हैं, जब उनके साथ बुरा व्यवहार किया जाता है। किसी भी प्राणी मात्र के प्रति दया एवं सहानुभूति का भाव रखना मनुष्यता है और हम मनुष्यों को इसका ध्यान रखना चाहिए। हमें विवेक के साथ-साथ भावनाओं को भी उचित महत्त्व देना चाहिए और मूक प्राणियों के प्रति दया भावना रखनी चाहिए।

22 'गिरगिट' कहानी में समाज की किन विसंगतियों को उभारा गया है? इन विसंगतियों से समाज को क्या हानि पहुँच रही है? CBSE 2019

अथवा **'गिरगिट' कहानी में समाज की किन विसंगतियों की ओर ध्यान दिलाया गया है? अपने शब्दों में लिखिए। CBSE 2010**

उत्तर 'गिरगिट' कहानी में ऐसी शासन व्यवस्था पर व्यंग्य किया गया है, जहाँ चापलूसी एवं पक्षपात से काम होते हैं। आम जनता का शोषण किया जाता है। उच्च वर्ग की गलतियों को नज़रअंदाज़ किया जाता है। पुलिस अधिकारी अपना हित साधने में लगे रहते हैं। वे अपने से उच्च अधिकारी को प्रसन्न रखना चाहते हैं।

हमारे समाज में भी यत्र-तत्र (यहाँ-वहाँ) यही स्थिति देखने को मिलती है। उच्च अधिकारियों एवं नेताओं का बचाव किया जाता है, जबकि सामान्य व्यक्ति हमेशा कठोर दंड का भागीदार बनता है। जन सामान्य को कानून के अनुसार न्याय नहीं मिल पाता। उसका सभी स्तर पर शोषण होता है।

आज के हमारे समाज में भी चारों ओर इस प्रकार की विसंगतियाँ दिखाई देती हैं। इससे समाज की प्रगति एवं विकास बाधित होता है। लोगों का क्षमतानुसार समाज हेतु योगदान संभव नहीं हो पाता।

स्वमूल्यांकन

विषय-वस्तु का ज्ञान, बोध अभिव्यक्ति पर आधारित प्रश्न

निम्नलिखित प्रश्नों के उत्तर दीजिए

(*i*) ख्यूक्रिन किस आधार पर हरज़ाने की दलील पेश कर रहा था?

(*ii*) ख्यूक्रिन ने अपने आप को निर्दोष साबित करने के लिए क्या प्रमाण दिया?

(*iii*) ओचुमेलॉव ने ख्यूक्रिन को क्यों धमकाया था?

(*iv*) ख्यूक्रिन की कहानी सुनकर ओचुमेलॉव ने किसे दोषी माना और उसे क्या सजा सुनाई?

(*v*) पाठ के आधार पर स्पष्ट कीजिए कि कैसे लोगों को समाज में गिरगिट की संज्ञा दी जाती है?

(*vi*) 'गिरगिट' शीर्षक की सार्थकता पर प्रकाश डालिए।

(*vii*) यह जानने के बाद कि कुत्ता जनरल झिगालॉव का है, ओचुमेलॉव की क्या प्रतिक्रिया हुई?

(*viii*) कहानी के अंत में ख्यूक्रिन की दशा कैसी थी?

(*ix*) 'गिरगिट' कहानी के उद्देश्य को स्पष्ट कीजिए।

(*x*) 'गिरगिट' कहानी के आधार पर उस समय की रूसी कानून व्यवस्था पर टिप्पणी कीजिए।

(*xi*) अन्याय के विरुद्ध आवाज़ उठाने वाले व्यक्ति को कहानी के किस पात्र के समान बताया जा सकता है और क्यों? तर्कसहित पुष्टि कीजिए।

(*xii*) "इंस्पेक्टर ओचुमेलॉव उस गिरगिट की तरह है, जो अपने बचाव व हित के लिए रंग बदलता रहता है।" स्पष्ट कीजिए।

(*xiii*) गिरगिट कहानी में "ज़ारशाही शासन चापलूसों, भाई-भतीजावाद के पोषक अधिकारियों के भरोसे चलने वाला है।" क्या आप इस कथन से सहमत हैं? यदि हाँ तो पाठ के आधार पर तर्कसहित वर्णन कीजिए।

अध्याय

06

अब कहाँ दूसरे के दुःख से दुःखी होने वाले *(निदा फ़ाज़ली)*

पाठ की रूपरेखा

प्रस्तुत पाठ में लेखक ने मानव के संवेदनहीन होने का संकेत दिया है। पाठ में विभिन्न प्रसंगों के आधार पर निदा फ़ाज़ली ने यह स्पष्ट किया है कि सभी को इस धरती पर रहने का पूरा अधिकार है। स्वार्थी प्रवृत्ति ने मानव को इतना अधिक लालची बना दिया है कि उसने अन्य जीवधारियों को इस धरती से बेदखल ही कर दिया है। अब वह मानव जाति की भी परवाह नहीं करता। दूसरों के दुःख-सुख से उसे कोई सरोकार नहीं।

लेखक-परिचय

निदा फ़ाज़ली का जन्म 12 अक्टूबर, 1938 को दिल्ली में हुआ था। इनका बचपन ग्वालियर में बीता। साठोत्तरी पीढ़ी के उर्दू कवियों में इनका स्थान महत्त्वपूर्ण है। इन्होंने बोलचाल की भाषा का प्रयोग करते हुए अपनी कविता को सहजता प्रदान की है। इन्होंने अपनी गद्य रचनाओं में शेर-ओ-शायरी का प्रयोग करके गागर में सागर भरने का कार्य किया है।

निदा फ़ाज़ली की पहली कविता की पुस्तक 'लफ़्ज़ों का पुल' नाम से प्रकाशित हुई। शायरी की पुस्तक 'खोया हुआ सा कुछ' के लिए वर्ष 1999 में इन्हें साहित्य अकादमी पुरस्कार से अलंकृत किया गया। इनकी आत्मकथा के दो भाग–'दीवारों के बीच' और 'दीवारों के पार' शीर्षक से प्रकाशित हो चुके हैं। मानवतावादी विचारों से ओतप्रोत तथा मानसिक संकीर्णता से दूर रहने वाले इस लेखक का 8 फरवरी, 2016 को निधन हो गया।

पाठ का सार

बाइबिल के सोलोमन

ईसा से 1025 वर्ष पूर्व एक बादशाह थे बाइबिल के सोलोमन, जिन्हें कुरान में सुलेमान कहा गया है। वे इंसानों के साथ-साथ पशु-पक्षियों की भाषा भी जानते थे। एक बार सुलेमान अपने दल-बल के साथ एक रास्ते से गुज़र रहे थे, तभी कुछ चींटियों ने घोड़ों की टापों की आवाज़ सुनी, तो डर कर एक-दूसरे से बोलीं– ''आप जल्दी से अपने बिल में चलो, फौज़ आ रही है।'' सुलेमान ने उनकी बातें सुनीं और कहा–''घबराओ नहीं, मैं किसी के लिए मुसीबत नहीं हूँ'' सबके लिए मुहब्बत हूँ।'' यह कहकर वह मंज़िल की ओर बढ़ गए।

महाकवि शेख अयाज़

सिंधी भाषा के महाकवि शेख अयाज़ ने अपनी आत्मकथा में लिखा है–''एक दिन उनके पिता कुएँ से नहाकर लौटे और खाना खाने बैठे। तभी उन्हें अपनी बाजू पर एक च्योंटा रेंगता हुआ दिखाई पड़ा। वह भोजन छोड़कर उठ गए।'' जब माँ ने बिना भोजन किए उठने का कारण पूछा, तो वे बोले–''मैंने एक घर वाले को बेघर कर दिया है, उसे उसके घर छोड़ने जा रहा हूँ।''

नूह नामक पैगंबर

बाइबिल और दूसरे पावन ग्रंथों में नूह नामक एक पैगंबर का ज़िक्र मिलता है। ऐसा कहा जाता है कि एक बार नूह के सामने एक घायल कुत्ता आ गया। नूह ने उसे दुत्कार दिया। दुत्कार सुनकर कुत्ते ने जवाब दिया–''न मैं अपनी मर्ज़ी से कुत्ता हूँ, न ही तुम अपनी पसंद से इंसान हो। सबको बनाने वाला ईश्वर ही है।'' नूह ने जब उसकी बात

सुनी तो बहुत दिनों तक रोते रहे। 'महाभारत' में अंत तक युधिष्ठिर का साथ देने वाला भी एक कुत्ता ही था। दुनिया के अस्तित्व में आने का वर्णन विज्ञान और धार्मिक ग्रंथों में अपने-अपने तरीके से मिलता है, परंतु यह सब जानते हैं कि पशु, पक्षी, मानव, नदी, पर्वत, पहाड़, समंदर आदि सभी का इस धरती पर समान अधिकार है।

पहले पूरा संसार एक परिवार के समान था, परंतु अब मानव ने अपनी बुद्धि से बड़ी-बड़ी दीवारें खड़ी कर दी हैं। बढ़ती जनसंख्या ने समंदर को समेट दिया है, पेड़ों को रास्ते से हटा दिया है। फैलते प्रदूषण ने पंछियों को बस्तियों से भगा दिया है तथा वातावरण को सताना शुरू कर दिया है। प्रकृति के धैर्य की भी एक सीमा है। इसी कारण कभी-कभी प्रकृति भी आपदाओं के रूप में अपना बदला लेती रहती है।

लेखक की माँ द्वारा दी गई सीख व ग्वालियर की घटना

लेखक की माँ सदैव कहती थी कि सूरज ढलने के बाद पेड़ों से पत्ते मत तोड़ो, दीया-बाती के वक्त फूलों को मत तोड़ो। दरिया पर जाओ तो उसे सलाम करो। कबूतरों को मत सताया करो, वे हज़रत मोहम्मद के अज़ीज़ हैं। मुर्गे को परेशान मत करो, वह अज़ान देकर सबको जगाता है। ग्वालियर में लेखक का मकान था, जिसके एक रोशनदान में कबूतर के एक जोड़े ने अपना घोंसला बना रखा था। एक बार बिल्ली ने उसमें रखे अंडों में से एक अंडा तोड़ दिया। यह देखकर माँ दूसरे अंडे को बचाने का प्रयास करने लगी, तभी माँ के हाथ से वह अंडा भी गिरकर टूट गया। इस घटना से माँ बहुत दु:खी हुई और इस गुनाह को खुदा से माफ़ कराने के लिए पूरा दिन रोज़ा रखा।

बदलता माहौल

आज सब कुछ बदल गया है। पहले जहाँ समंदर था, दूर-दूर तक घने जंगल थे, वहाँ अब बस्तियाँ बन गई हैं। इन बस्तियों ने अनगिनत परिंदों के घर छीन लिए हैं। घरों में प्रवेश करने के सभी रास्ते बंद कर दिए हैं। अब न कोई सोलोमन है, न नूह और न ही मेरी माँ, जो इन जीवों के दु:ख-दर्द को समझकर उसे अपना दर्द बना सके।

» शब्दार्थ

पृष्ठ संख्या NCERT पाठ्यपुस्तक (स्पर्श भाग-2) के अनुसार हैं।

पृष्ठ संख्या 111 कुरान–मुस्लिमों का पवित्र (पावन) ग्रंथ; हाकिम–राजा; दफा–बार; लशकर–सेना/जत्था/विशाल जनसमूह; रखवाला–रक्षक; दुआ–प्रार्थना; मंज़िल–लक्ष्य।

पृष्ठ संख्या 112 ज़िक्र–वर्णन; आत्मकथा–अपने बारे में लिखी गई कथा; कौर–टुकड़ा; च्योंटा–एक प्रकार का कीड़ा; पैगंबर–भगवान का दूत; लकब–एक प्रकार की पदवी; दुत्कार–गाली-गलौच/झिड़की; मुद्दत–लंबा समय; प्रतीकात्मक रूप–प्रतीक के रूप में; एकांत–अकेला जीवन; वजूद–अस्तित्व; बिंदु–स्थान; रचना–निर्माण/बनाना; दीवार खड़ी करना–भेदभाव पैदा करना; दालानों-आँगनों–घर के बड़े-खुले स्थान; बस्ती–नगरी; विनाशलीला–नष्ट करने की कार्रवाई; जलजला–भूकंप; सैलाब–बाढ़; नित–रोज़/हमेशा/प्रतिदिन; नेचर–प्रकृति; नमूना–उदाहरण।

पृष्ठ संख्या 113 खुदा–ईश्वर; बिल्डर–भवन-निर्माण; हथियाना–कब्ज़ा करना; उकड़ूँ बैठना–दोनों टाँगें सिकोड़कर उनके बल बैठना; औंधे मुँह–उलटे मुँह; कोशिश–प्रयत्न/प्रयास; काबिल–योग्य; दीया-बत्ती–साँझ को रोशनी दिखाना; बद्दुआ देना–भला-बुरा कहना; दरिया–नदी; सलाम–प्रणाम; अज़ीज़–प्रिय; मज़ार–कब्र; गुंबद–मस्जिद के ऊपर बना गोलनुमा निर्माण; इज़ाज़त–अनुमति; अज़ान देना–मुल्ला द्वारा उच्च स्वर में नमाज़ के समय की सूचना देना; गुनाह–अपराध; मुआफ–माफ़/क्षमा; रोज़ा–व्रत/उपवास; परिंदा–पक्षी; चरिंदों–जानवर/चरने वाले; डेरा डालना–निवास बनाना; मचान–घास-फूस से बना छप्पर।

पृष्ठ संख्या 114 ज़िम्मेदारी–ज़िम्मेदार (दायित्व लेने वाला व्यक्ति) होने की अवस्था; आशियाना–निवास; ज़ुबान–भाषा; कुतरे–चोंच मारकर खाना।

पाठ्यपुस्तक (स्पर्श भाग-2) के प्रश्नोत्तर

मौखिक

निम्नलिखित प्रश्नों के उत्तर एक-दो पंक्तियों में दीजिए

1 बड़े-बड़े बिल्डर समुद्र को पीछे क्यों धकेल रहे थे? **CBSE 2019**

उत्तर समुद्रतटीय क्षेत्रों में खासकर बंबई (मुंबई) जैसे महानगर में इमारतों के निर्माण के लिए बड़े-बड़े बिल्डर समुद्र को पीछे धकेल रहे थे।

2 लेखक का घर किस शहर में था?

उत्तर लेखक का घर पहले ग्वालियर में था और वर्तमान में बंबई (मुंबई) के वर्सोवा में है।

3 जीवन कैसे घरों में सिमटने लगा है?

उत्तर पहले का जीवन सार्वजनिक था। पूरा समाज एक परिवार के समान था। अब लोग एक-दूसरे से दूर जाने लगे हैं। पहले बड़े-बड़े दालानों-आँगनों में सब मिल-जुलकर रहते थे, अब जीवन बंद डिब्बों जैसे घरों में सिमटने लगा है।

4 कबूतर परेशानी में इधर-उधर क्यों फड़फड़ा रहे थे?

उत्तर लेखक की माँ ने बिल्ली से बचाने के लिए कबूतर के एक अंडे को सुरक्षित स्थान पर रखने के लिए उठाया, किंतु वह हाथ से फिसलकर टूट गया।

एक को बिल्ली ने खा लिया और दूसरा माँ के हाथों गिरकर टूट गया। कबूतर के दोनों अंडे नष्ट हो गए। इस भय से परेशान कबूतर इधर-उधर फड़फड़ाने लगे।

लिखित

(क) निम्नलिखित प्रश्नों के उत्तर (25-30 शब्दों में) लिखिए

1 अरब में लशकर को नूह के नाम से क्यों याद करते हैं? **CBSE 2016, 11**

उत्तर बाइबिल तथा दूसरे पावन ग्रंथों में 'नूह' नाम के एक पैगंबर का जिक्र मिलता है। उनका असली नाम लशकर था, लेकिन अरब में उनको नूह के पदसूचक नाम से याद किया जाता है। लशकर को 'नूह' के रूप में इसलिए याद किया जाता है कि वह सारी उम्र रोते रहे। रोने का कारण संसार का दु:ख था।

2 लेखक की माँ किस समय पेड़ों के पत्ते तोड़ने के लिए मना करती थी और क्यों? **CBSE 2011**

अथवा 'अब कहाँ दूसरे के दु:ख से दु:खी होने वाले' पाठ के आधार पर बताइए कि लेखक की माँ के अनुसार पेड़ों से पत्ते कब नहीं तोड़ने चाहिए और क्यों? **CBSE 2015**

उत्तर 'अब कहाँ दूसरे के दु:ख से दु:खी होने वाले' पाठ के अनुसार लेखक की माँ सूर्यास्त के बाद आँगन के पेड़ों के पत्ते तोड़ने के लिए मना करती थी। वह कहती थी कि इस समय पत्ते तोड़ने से पेड़ रोते हैं और दिया-बत्ती के समय फूल तोड़ने से फूल बद्दुआ देते हैं।

3 प्रकृति में आए असंतुलन का क्या परिणाम हुआ? **CBSE 2012, 11**

उत्तर प्रकृति में आए असंतुलन का परिणाम विनाशलीला के रूप में सामने आया है। प्रकृति की सहनशक्ति की एक सीमा है। फैलते प्रदूषण ने जब प्रकृति को सताना शुरू किया तब अतिवृष्टि, आँधी, भूकंप, बाढ़, तूफ़ान तथा नित्य नवीन बीमारियों के प्रसार ने प्रकृति में असंतुलन पैदा किया।

4 लेखक की माँ ने पूरे दिन का रोज़ा क्यों रखा? **CBSE 2011**

अथवा 'अब कहाँ दूसरे के दु:ख से दु:खी होने वाले' पाठ के आधार पर बताइए कि लेखक की माँ कैसी महिला थी और अपने गुनाह की माफ़ी के लिए उसने क्या किया? **CBSE 2014**

उत्तर 'अब कहाँ दूसरे के दु:ख से दु:खी होने वाले' पाठ के अनुसार लेखक की माँ एक दयालु महिला थीं। लेखक के मकान के रोशनदान में कबूतर के एक जोड़े ने घोंसला बना लिया था। उस घोंसले में दो अंडे थे।

एक बार बिल्ली ने उचककर एक अंडा तोड़ दिया। लेखक की माँ ने स्टूल पर चढ़कर दूसरे अंडे को बचाने की कोशिश की, लेकिन इस कोशिश में दूसरा अंडा उनके हाथ से गिरकर टूट गया। इस गुनाह को खुदा से माफ़ कराने के लिए उन्होंने पूरे दिन का रोज़ा रखा।

5 लेखक ने ग्वालियर से बंबई (मुंबई) तक किन बदलावों को महसूस किया? पाठ के आधार पर स्पष्ट कीजिए। **CBSE 2020**

अथवा "ग्वालियर से मुंबई की दूरी ने संसार को काफ़ी कुछ बदल दिया है।"— कथन में लेखक किस बदलाव का संकेत कर रहा है? **CBSE 2012**

अथवा लेखक ने ग्वालियर से मुंबई तक प्रकृति और मनुष्य के संबंधों में किन बदलावों को महसूस किया? 'अब कहाँ दूसरे के दु:ख से दु:खी होने वाले' पाठ के आधार पर स्पष्ट कीजिए। **CBSE 2020**

उत्तर ग्वालियर से बंबई (मुंबई) तक शहरों में अत्यधिक बदलाव आए हैं। जहाँ पहले दूर-दूर तक जंगल थे, पेड़, पशु-पक्षियों का वास था, वहाँ बस्तियाँ बसने लगी हैं। इन बस्तियों ने प्राणियों से उनके घर छीन लिए हैं। समूचे वातावरण में परिवर्तन हुआ है। बढ़ती आबादी ने लोगों की जीवन-शैली को पूरी तरह परिवर्तित किया है। लेखक ग्वालियर से बंबई तक के जीवन के बदलाव को स्पष्ट रूप से सामने लाया है।

6 'डेरा डालने' से आप क्या समझते हैं? स्पष्ट कीजिए। **CBSE 2011**

उत्तर 'डेरा डालने' का अर्थ—'अस्थायी घरों का निर्माण' है। शहरों के विस्तार ने पशु-पक्षियों के वास्तविक घर को समाप्त कर दिया है। पेड़-पौधों को काटकर बस्तियों का निर्माण हुआ है। पहले जहाँ दूर तक जंगल थे, परिंदे चहचहाते थे, वातावरण में आकर्षण था, वहीं अब परिंदे बेघर हो गए हैं। परिंदों के

स्वाभाविक घरों को समाप्त किए जाने के बाद उन्होंने जहाँ-तहाँ अस्थायी पड़ाव डाला है, जिसे लेखक ने चिड़ियों का 'डेरा डालना' माना है।

7 **शेख अयाज़ के पिता अपनी बाजू पर काला च्योंटा रेंगता देख भोजन छोड़कर क्यों उठ खड़े हुए?**

अथवा **शेख अयाज़ के पिता भोजन छोड़कर क्यों उठ खड़े हुए? 'अब कहाँ दूसरे के दुःख से दुःखी होने वाले' पाठ के आधार पर लिखिए।** **CBSE 2017**

उत्तर शेख अयाज़ के पिता जब कुएँ से नहाकर लौटे, तब उनकी माँ ने भोजन परोस दिया। तभी उन्होंने अपनी बाजू पर काला च्योंटा रेंगते देखा, तो वह भोजन छोड़कर उठ खड़े हुए और उसे वापस उसके घर छोड़ने कुएँ की तरफ़ चल दिए।

(ख) निम्नलिखित प्रश्नों के उत्तर (50-60 शब्दों में) लिखिए

1 **बढ़ती हुई आबादी का पर्यावरण पर क्या प्रभाव पड़ा?**

अथवा **प्रकृति में आ रहे असंतुलन में बढ़ती आबादी का क्या योगदान है? इसका क्या परिणाम हुआ है? 'अब कहाँ दूसरों के दुःख से दुःखी होने वाले' पाठ के आधार पर उत्तर दीजिए।** **CBSE 2011**

अथवा **बढ़ती हुई आबादी का पर्यावरण पर क्या प्रभाव पड़ा है? 'अब कहाँ दूसरों के दुःख से दुःखी होने वाले' पाठ के आधार पर लिखिए।** **CBSE 2019**

अथवा **बढ़ती हुई आबादी ने पर्यावरण को कैसे प्रभावित किया है? 'अब कहाँ दूसरे के दुःख से दुःखी होने वाले' पाठ के आधार पर लिखिए।** **CBSE 2008**

उत्तर बढ़ती आबादी ने पर्यावरण को अत्यधिक प्रभावित किया है। पहले ज़मीन के बड़े भाग में जंगल थे। पेड़-पौधों, पशु-पक्षियों से धरती हरी-भरी थी। चारों ओर हरियाली तथा परिंदों की चहचहाट थी। जनसंख्या के बढ़ने पर लोगों के लिए स्थान विस्तारित करने हेतु जंगलों को काटा गया।

इससे पेड़-पौधों तथा पशु-पक्षियों का पलायन हुआ। प्रकृति का संतुलन बिगड़ने लगा। इसने पर्यावरण को प्रभावित किया। प्रकृति के असंतुलन ने कई विसंगतियों को जन्म दिया है। अनावृष्टि, अतिवृष्टि, बाढ़, तूफ़ान, सुनामी जैसी प्राकृतिक आपदाओं को इस असंतुलन ने ही आमंत्रित किया है।

2 **लेखक की पत्नी को खिड़की में जाली क्यों लगवानी पड़ी?** **CBSE 2012, 11**

उत्तर लेखक का घर बंबई (मुंबई) के वर्सोवा इलाके में था। उसके मकान के एक मचान के ऊपर कबूतरों ने घोंसला बना लिया। कबूतरों के बच्चे छोटे-छोटे थे। कबूतर अपने बच्चों को दाना चुगाने के लिए खिड़की के रास्ते से बार-बार घर में आते-जाते रहते थे। कबूतरों की आवाजाही से लेखक के घर के सामान टूटते रहते थे। कबूतर लेखक की लाइब्रेरी में घुसकर किताबों को भी गंदा कर दिया करते थे। लेखक की पत्नी ने खिड़की में जाली लगवाकर कबूतरों की आवाजाही को बंद कर दिया।

3 **समुद्र के गुस्से की क्या वजह थी? उसने अपना गुस्सा कैसे निकाला?** **CBSE 2011, 09**

अथवा **'अब कहाँ दूसरे के दुःख से दुःखी होने वाले' पाठ में समुद्र के क्रोध का क्या कारण बताया गया है? उसने अपना क्रोध कैसे शांत/व्यक्त किया? अपने शब्दों में लिखिए।** **CBSE 2016, 15, 14, 12**

उत्तर 'अब कहाँ दूसरे के दुःख से दुःखी होने वाले' पाठ के अनुसार समुद्र के क्रोध का मुख्य कारण था–उसकी सहनशक्ति का जवाब दे देना। कई वर्षों से बड़े-बड़े बिल्डर स्वार्थवश समुद्र को पीछे धकेल कर उसकी ज़मीन को हथिया रहे थे। समुद्र पहले तो सिमटता रहा, सहन करता रहा पर जब उससे सहन न हुआ तो उसमें तूफ़ान आया। समुद्र की लहरों ने बड़े-बड़े जहाज़ों को उठाकर पटक दिया और समुद्र तट पर भयानक दृश्य उपस्थित हो गया। लोग सागर की विकरालता और प्रचंडता देखकर भयभीत हो गए।

4 **"मट्टी से मट्टी मिले, खो के सभी निशान।
किसमें कितना कौन है, कैसे हो पहचान।।"**

इन पंक्तियों के माध्यम से लेखक क्या कहना चाहता है? स्पष्ट कीजिए। **CBSE 2012**

उत्तर लेखक इन पंक्तियों से संसार की एकात्मकता को प्रकाशित करना चाहता है। वह मानता है कि दुनिया के सभी जीवधारी एक ही ईश्वर की संतान हैं, जो इस धरती पर जन्म लेकर अंततः इसी में मिल जाते हैं। धरती पर 'विषमता' के साथ रहने वाले सभी बड़े-छोटे जीव मिट्टी में ही मिल जाते हैं और मिट्टी में मिलने के बाद किसी के हिस्से या किसी के पृथक् अस्तित्व को पहचान पाना कठिन है।

लेखक ने दूसरों के दुःख से दुःखी होने वाले लोगों को ही 'मनुष्य' माना है। उसका मानना है कि सभी प्राणियों को अपना रूप मानना चाहिए तथा उन्हें एक ही ईश्वर की संतान के रूप में देखना चाहिए।

(ग) निम्नलिखित के आशय स्पष्ट कीजिए

1 **"प्रकृति (नेचर) की सहनशक्ति की एक सीमा होती है। प्रकृति (नेचर) के गुस्से का एक नमूना कुछ साल पहले बंबई में देखने को मिला था।"** **CBSE 2011**

उत्तर प्रकृति भी मनुष्य का अत्याचार एक सीमा तक ही सहती है। जब ये अत्याचार सहनशक्ति का अतिक्रमण कर देते हैं, तब वह मनुष्य से बदला लेने पर उतारू हो जाती है, जिसका उदाहरण कुछ साल पहले बंबई में देखने को मिला था। जब समुद्र की लहरों ने जहाज़ों को गेंद की तरह हवा में उछालकर ध्वस्त कर दिया था।

2 **"जो जितना बड़ा होता है, उसे उतना ही कम गुस्सा आता है।"**

अथवा **"जो जितना बड़ा होता है उसे उतना ही कम गुस्सा आता है।" 'अब कहाँ दूसरे के दुःख से दुःखी होने वाले' पाठ के आधार पर सोदाहरण आशय स्पष्ट कीजिए।** **CBSE 2012**

उत्तर लेखक का मानना है कि जो जितना बड़ा होता है, उसका हृदय भी उतना ही विशाल होता है। उसकी विशालता में सहनशीलता तथा सामंजस्य का गुण होता है। उसे क्रोध या गुस्सा कम ही

आता है, किंतु जब उसे गुस्सा आता है, तो उसे रोक पाना कठिन हो जाता है। लेखक ने समुद्र की सहनशीलता के बारे में लिखा है कि उसे पाटकर बिल्डरों ने इमारतों का निर्माण किया। समुद्र ने अपने गुस्से का इज़हार करते हुए ऐसी हलचल पैदा की, जिससे कई जहाज़ों तथा तटीय लोगों को भयंकर कठिनाइयों का सामना करना पड़ा।

3 "इस बस्ती ने न जाने कितने परिंदों-चरिंदों से उनका घर छीन लिया है। इनमें से कुछ शहर छोड़कर चले गए हैं, जो नहीं जा सके हैं उन्होंने यहाँ-वहाँ डेरा डाल लिया है।"

उत्तर कंक्रीट की बस्तियों के विस्तार से पेड़ों का कटाव होता गया और पक्षियों के घर छिनते गए। कुछ पक्षियों का तो अस्तित्व ही नष्ट हो गया, तो कुछ इमारतों में रहने के अभ्यस्त हो गए।

कहने का आशय है कि अब न वन, वृक्ष, जंगल रहे जहाँ पक्षियों का बसेरा था। अब मनुष्य ने अपनी सुख-सुविधा के लिए पेड़ों का कटाव किया है, जिस कारण पक्षियों का डेरा अस्थायी हो गया है। अब पक्षी कभी कहीं, तो कभी कहीं अपने घर के लिए भटकते रहते हैं।

4. शेख अयाज़ के पिता बोले—"नहीं, यह बात नहीं है। मैंने एक घर वाले को बेघर कर दिया है। उस बेघर को कुएँ पर उसके घर छोड़ने जा रहा हूँ।" इन पंक्तियों में छिपी हुई उनकी भावना को स्पष्ट कीजिए।

उत्तर शेख अयाज़ के पिता समदर्शी थे, उनके लिए मनुष्यों और जीव-जंतुओं में कोई अंतर न था। उनकी भावनाएँ दोनों के प्रति समान रूप से करुणामय एवं दयालु थीं।

शेख अयाज़ के पिता जब कुएँ से नहाकर लौटे, तब उनकी माँ ने भोजन परोस दिया।

तभी उन्होंने अपनी बाजू पर काला च्योंटा रेंगते देखा, तब वह भोजन छोड़कर उस च्योंटे को घर छोड़ने कुएँ की तरफ़ चल दिए।

भाषा अध्ययन

1 उदाहरण के अनुसार निम्नलिखित वाक्यों में कारक चिह्नों को पहचानकर रेखांकित कीजिए और उनके नाम रिक्त स्थानों में लिखिए; जैसे—

(क) माँ ने भोजन परोसा। कर्ता
(ख) मैं किसी के लिए मुसीबत नहीं हूँ। ....
(ग) मैंने एक घर वाले को बेघर कर दिया। ....
(घ) कबूतर परेशानी में इधर-उधर फड़फड़ा रहे थे। ....
(ङ) दरिया पर जाओ तो उसे सलाम किया करो। ....

उत्तर *(क)* माँ ने भोजन परोसा। कर्ता
(ख) मैं किसी के लिए मुसीबत नहीं हूँ। संप्रदान
(ग) मैंने एक घर वाले को बेघर कर दिया। संबंध
(घ) कबूतर परेशानी में इधर-उधर फड़फड़ा रहे थे। अधिकरण
(ङ) दरिया पर जाओ तो उसे सलाम किया करो। अधिकरण

2 नीचे दिए गए शब्दों के बहुवचन रूप लिखिए
चींटी, घोड़ा, आवाज़, बिल, फौज़, रोटी, बिंदु, दीवार, टुकड़ा।

उत्तर

एकवचन	बहुवचन	एकवचन	बहुवचन
चींटी	चींटियाँ	घोड़ा	घोड़ें
आवाज़	आवाज़ें	बिल	बिलों
फौज़	फौज़ें	रोटी	रोटियाँ
बिंदु	बिंदुओं	दीवार	दीवारें
टुकड़ा	टुकड़ें		

3 ध्यान दीजिए नुक्ता लगाने से शब्द के अर्थ में परिवर्तन हो जाता है। पाठ में 'दफा' शब्द का प्रयोग हुआ है, जिसका अर्थ होता है—बार (गणना संबंधी), कानून संबंधी। यदि इस शब्द में नुक्ता लगा दिया जाए तो शब्द बनेगा 'दफ़ा', जिसका अर्थ होता है—दूर करना, हटाना। यहाँ नीचे कुछ नुक्तायुक्त शब्द दिए जा रहे हैं उन्हें ध्यान से देखिए और अर्थगत अंतर को समझिए।

सजा — सज़ा   नाज — नाज़
जरा — ज़रा   तेज — तेज़

निम्नलिखित वाक्यों में उचित शब्द भरकर वाक्य पूरे कीजिए
(क) आजकल .... बहुत खराब है। (जमाना/ज़माना)
(ख) पूरे कमरे को .... दो। (सजा/सज़ा)
(ग) .... चीनी तो देना। (जरा/ज़रा)
(घ) माँ दही .... भूल गई। (जमाना/ज़माना)
(ङ) दोषी को .... दी गई। (सजा/सज़ा)
(च) महात्मा के चेहरे पर .... था। (तेज/तेज़)

उत्तर *(क)* आजकल **ज़माना** बहुत खराब है।
(ख) पूरे कमरे को **सजा** दो।
(ग) **ज़रा** चीनी तो देना।
(घ) माँ दही **जमाना** भूल गई।
(ङ) दोषी को **सज़ा** दी गई।
(च) महात्मा के चेहरे पर **तेज** था।

योग्यता विस्तार

1 पशु-पक्षी एवं वन्य संरक्षण केंद्रों में जाकर पशु-पक्षियों की सेवा-सुश्रूषा के संबंध में जानकारी प्राप्त कीजिए।

उत्तर छात्र स्वयं करें।

परियोजना कार्य

1 अपने आसपास प्रतिवर्ष एक पौधा लगाइए और उसकी समुचित देखभाल कर पर्यावरण में आए असंतुलन को रोकने में अपना योगदान दीजिए।

उत्तर छात्रों द्वारा स्वयं किया जाने वाला क्रियाकलाप।

2 किसी ऐसी घटना का वर्णन कीजिए जब अपने मनोरंजन के लिए मानव द्वारा पशु-पक्षियों का उपयोग किया गया हो।

उत्तर छात्र स्वयं करें।

परीक्षा अभ्यास

गद्यांश पर आधारित बहुविकल्पात्मक प्रश्न

निम्नलिखित गद्यांशों को ध्यानपूर्वक पढ़कर पूछे गए प्रश्नों के सही विकल्प चुनिए।

1 कई सालों से बड़े-बड़े बिल्डर समंदर को पीछे धकेल कर उसकी ज़मीन को हथिया रहे थे। बेचारा समंदर लगातार सिमटता जा रहा था पहले उसने अपनी फैली हुई टाँगें समेटीं, थोड़ा सिमटकर बैठ गया। फिर जगह कम पड़ी तो उकड़ूँ बैठ गया। फिर खड़ा हो गया...जब खड़े रहने की जगह कम पड़ी तो गुस्सा आ गया। जो जितना बड़ा होता है। उसे उतना ही कम गुस्सा आता है। परंतु आता है तो रोकना मुश्किल हो जाता है और यही हुआ, उसने एक रात अपनी लहरों पर दौड़ते हुए तीन जहाज़ों को उठाकर बच्चों की गेंद की तरह तीन दिशाओं में फेंक दिया। एक वर्ली के समंदर के किनारे पर आकर गिरा, दूसरा बांद्रा में कार्टर रोड के सामने औंधे मुँह और तीसरा गेट-वे-ऑफ़ इंडिया पर टूट-फूटकर सैलानियों का नज़ारा बना बावजूद कोशिश, वे फिर से चलने-फिरने के काबिल नहीं हो सके।

(क) प्रस्तुत गद्यांश के पाठ और लेखक का क्या नाम है?
- (i) तताँरा-वामीरो कथा—लीलाधर मंडलोई
- (ii) बड़े भाई साहब—प्रेमचंद
- (iii) कारतूस—हबीब तनवीर
- (iv) अब कहाँ दूसरे के दु:ख से दु:खी होने वाले—निदा फाज़ली

उत्तर (iv) अब कहाँ दूसरे के दु:ख से दु:खी होने वाले–निदा फाज़ली

(ख) धरती की हिस्सेदारी में किसने दीवारें खड़ी कर दी हैं?
- (i) पशु-पक्षियों ने (ii) मानव ने
- (iii) विद्वान् जनों ने (iv) ये सभी

उत्तर (ii) मानव ने

(ग) लेखक ने धरती को किस-किसकी बताया है?
- (i) नदियों-समुद्रों की (ii) मनुष्यों की
- (iii) पशु-पक्षियों की (iv) ये सभी

उत्तर (iv) ये सभी

(घ) पहले की अपेक्षा आज की जीवन-शैली में क्या अंतर दिखाई पड़ता है?
- (i) अब जीवन छोटे-छोटे डिब्बे जैसे घरों में सिमटने लगा है
- (ii) अब जीवन बड़े-बड़े ढालानों-आँगनों में सिमटने लगा है
- (iii) अब जीवन की अच्छी रूपरेखा सामने आई है
- (iv) अब जीवन विस्तृत होने लगा है

उत्तर (i) अब जीवन छोटे-छोटे डिब्बे जैसे घरों में सिमटने लगा है

(ङ) संसार के टुकड़ों में बँटकर एक-दूसरे से दूर होने का क्या कारण है?
- (i) बढ़ती स्वार्थ भावना
- (ii) आपसी प्रेमभाव का अभाव होना
- (iii) पारिवारिक सौहार्द की कमी होना
- (iv) उपरोक्त सभी

उत्तर (iv) उपरोक्त सभी

2 दुनिया कैसे वजूद में आई? पहले क्या थी? किस बिंदु से इसकी यात्रा शुरू हुई? इन प्रश्नों के उत्तर विज्ञान अपनी तरह से देता है, धार्मिक ग्रंथ अपनी-अपनी तरह से। संसार की रचना भले ही कैसे हुई हो, लेकिन धरती किसी एक की नहीं है। पंछी, मानव, पशु, नदी, पर्वत, समंदर आदि की इसमें बराबर की हिस्सेदारी है। यह और बात है कि इस हिस्सेदारी में मानव जाति ने अपनी बुद्धि से बड़ी-बड़ी दीवारें खड़ी कर दी हैं। पहले पूरा संसार एक परिवार के समान था अब टुकड़ों में बँटकर एक-दूसरे से दूर हो चुका है। पहले बड़े-बड़े दालानों-आँगनों में सब मिल-जुलकर रहते थे, अब छोटे-छोटे डिब्बे जैसे घरों में जीवन सिमटने लगा है। मानव के धरती पर अधिकार जमाने के कारण संसार छोटे-छोटे टुकड़ों में बँट गया है। बढ़ती हुई आबादी ने समदंर को पीछे सरकाना शुरू कर दिया है।

(क) गद्यांश के अनुसार, पृथ्वी किसी एक की नहीं है परन्तु एक-दूसरे की में बँट गयी है इसका कारण है
- (i) मनुष्य बुद्धि का
- (ii) पशु बुद्धि का
- (iii) देवताओं का
- (iv) उपरोक्त सभी

उत्तर (i) मनुष्य बुद्धि का

(ख) 'धरती किसी एक की नहीं है', लेखक ने ऐसा क्यों कहा है?
- (i) क्योंकि इस पर केवल मनुष्य का अधिकार है
- (ii) क्योंकि सभी जीव एक समान नहीं हैं
- (iii) क्योंकि धर्म ग्रंथ में इस बात का वर्णन किया गया है
- (iv) क्योंकि इस पर प्रत्येक जीव का समान अधिकार है

उत्तर (iv) क्योंकि इस पर प्रत्येक जीव का समान अधिकार है

(ग) धरती की हिस्सेदारी में किसने दीवारें खड़ी कर दी हैं?
(i) मनुष्य ने अपनी बुद्धि से
(ii) ईश्वर ने मानव हेतु
(iii) संपूर्ण सृष्टि के संचालन के लिए देवताओं ने
(iv) पशु-पक्षियों के विकास के लिए मनुष्य ने

उत्तर (i) मनुष्य ने अपनी बुद्धि से

(घ) संसार के स्वरूप में अब क्या परिवर्तन आ गया है?
(i) संसार परिवार के समान हो गया है
(ii) संसार टुकड़ों में बँट गया है
(iii) संसार का विकास यथोचित ढंग से हो रहा है
(iv) संसार से भेद-भाव समाप्त हो गया है

उत्तर (ii) संसार टुकड़ों में बँट गया है

(ङ) लेखक का 'आबदियों के समंदर को पीछे सरकाने' से क्या अभिप्राय है?
(i) समंदर को सुखाकर उसकी धरती का उपयोग करना
(ii) समंदर के पानी का स्तर कम करना
(iii) मनुष्य द्वारा समंदर में घर बनाया जाना
(iv) उपरोक्त में से कोई नहीं

उत्तर (i) समंदर को सुखाकर उसकी धरती का उपयोग करना

3 बढ़ती हुई आबादियों ने समंदर को पीछे सरकाना शुरू कर दिया है, पेड़ों को रास्तों से हटाना शुरू कर दिया है, फैलते हुए प्रदूषण ने पंछियों को बस्तियों से भगाना शुरू कर दिया है तथा बारूदों की विनाशलीलाओं ने वातावरण को सताना शुरू कर दिया। अब गरमी में ज्यादा गरमी, बेवक्त की बरसातें, जलजले, सैलाब, तूफ़ान और नित नए रोग, मानव और प्रकृति के इसी असंतुलन के परिणाम हैं। नेचर की सहनशक्ति की एक सीमा होती है। नेचर के गुस्से का एक नमूना कुछ साल पहले बंबई (मुंबई) में देखने को मिला था और यह नमूना इतना डरावना था कि बंबई निवासी डरकर अपने-अपने पूजा-स्थल में अपने खुदाओं से प्रार्थना करने लगे थे।

(क) गद्यांश के अनुसार नेचार के गुस्से का एक नमूना कहाँ देखने को मिला था
(i) बंबई (मुम्बई)
(ii) दिल्ली
(iii) राजस्थान
(iv) लखनऊ

उत्तर (i) बंबई (मुम्बई)

(ख) बढ़ती हुई आबादी का प्रकृति पर क्या प्रभाव पड़ा है?
(i) पेड़ों को काटा जाना
(ii) प्रदूषण के कारण पंछियों की प्रजातियों का नष्ट होना
(iii) समुद्र के किनारे बड़ी-बड़ी इमारतें बनाकर उसके स्वरूप को सीमित करना
(iv) उपरोक्त सभी

उत्तर (iv) उपरोक्त सभी

(ग) मानव और प्रकृति के बीच असंतुलन का क्या परिणाम सामने आया है?
(i) बिना मौसम बरसात का होना
(ii) नए रोगों का आगमन होना
(iii) प्राकृतिक आपदाओं का आना
(iv) उपरोक्त सभी

उत्तर (iv) उपरोक्त सभी

(घ) गद्यांश के अनुसार प्रकृति के बढ़ते असंतुलन का मुख्य कारण किसे माना गया है?
(i) बढ़ती हुई प्रजातियाँ को
(ii) बढ़ती जनसंख्या को
(iii) मौसम चक्र के असंतुलन को
(iv) पशु-पक्षियों के पलायन को

उत्तर (ii) बढ़ती जनसंख्या को

(ङ) नेचर की सहनशक्ति समाप्त होने पर वह किस रूप में सामने आती है?
(i) कोमल रूप में (ii) तटस्थ रूप में
(iii) रौद्र रूप में (iv) शांत रूप में

उत्तर (iii) रौद्र रूप में

4 ग्वालियर में हमारा एक मकान था। उस मकान के दालान में दो रोशनदान थे। उसमें कबूतर के एक जोड़े ने घोंसला बना लिया था। एक बार बिल्ली ने उचककर दो में से एक अंडा तोड़ दिया। मेरी माँ ने देखा तो उसे दु:ख हुआ। उसने स्टूल पर चढ़कर दूसरे अंडे को बचाने की कोशिश की। लेकिन इस कोशिश में दूसरा अंडा उसी के हाथ से गिरकर टूट गया। कबूतर परेशानी में इधर-उधर फड़फड़ा रहे थे। उनकी आँखों में दु:ख देखकर मेरी माँ की आँखों में आँसू आ गए। इस गुनाह को खुदा सके मुआफ कराने के लिए उसने पूरे दिन रोजा रखा। दिनभर कुछ खाया-पिया नहीं, सिर्फ रोती रही और बार-बार नमाज पढ़-पढ़कर खुदा से इस गलती को मुआफ करने की दुआ माँगती रही।

CBSE SQP Term I 2021

(क) लेखक की माँ किस बात से दु:खी थी?
(i) घर में कबूतरों ने घोंसला बना लिया था
(ii) कबूतर के दोनों अंडे टूट गए थे
(iii) कबूतर अंडों को छोड़कर चले गए थे
(iv) बिल्ली अंडों को खा गई थी

उत्तर (ii) कबूतर के दोनों अंडे टूट गए थे

(ख) लेखक की माँ खुदा से किस गुनाह को माफ कराना चाहती थीं?
(i) पहला अंडा तोड़ने का गुनाह
(ii) बिल्ली को मारने का गुनाह
(iii) दूसरा अंडा टूट जाने का गुनाह
(iv) कबूतर का घोंसला तोड़ने का गुनाह

उत्तर (iii) दूसरा अंडा टूट जाने का गुनाह

(ग) प्रस्तुत गद्यांश से पता चलता है कि लेखक की माँ अत्यधिक

(i) संवेदनशील थीं (ii) स्वार्थी थीं
(iii) कमजोर थीं (iv) डरपोक थीं

उत्तर (i) संवेदनशील थीं

(घ) गद्यांश में प्रयुक्त निम्नलिखित शब्दों में से कौन-सा शब्द प्रत्यय के मेल से नहीं बना है?

(i) गुनाह (ii) परेशानी
(iii) रोशनदान (iv) दिनभर

उत्तर (i) गुनाह

(ङ) माँ की आँखों में आँसू आ गए थे, क्योंकि

(i) कबूतर का अंडा बिल्ली ने तोड़ दिया था
(ii) कबूतर का अंडा लेखक की माँ से टूट गया था
(iii) लेखक की पत्नी ने कबूतर का अंडा तोड़ दिया था
(iv) कबूतर की आँखों में दु:ख देखकर व्यथित हो गई थीं

उत्तर (iv) कबूतर की आँखों में दु:ख देखकर व्यथित हो गई थीं

5 कई वर्षों से बड़े-बड़े बिल्डर समंदर को पीछे धकेल कर उसकी जमीन को हथिया रहे थे। बेचारा समंदर लगातार सिमटता जा रहा था। पहले उसने अपनी फैली हुई टाँगें समेटीं, थोड़ा सिमटकर बैठ गया। फिर जगह कम पड़ी तो उकड़ूँ बैठ गया। फिर खड़ा हो गया...जब खड़े रहने की जगह कम पड़ी तो उसे गुस्सा आ गया। जो जितना बड़ा होता है उसे उतना ही कम गुस्सा आता है। परंतु आता है तो रोकना मुश्किल हो जाता है और यही हुआ, उसने एक रात अपनी लहरों पर दौड़ते हुए तीन जहाजों को उठाकर बच्चों की नींद की तरह तीन दिशाओं में फेंक दिया। एक वर्ली के समंदर के किनारे पर आकर गिरा, दूसरा बांद्रा में कार्टर रोड के सामने औंधे मुँह और तीसरा गेट-वे-ऑफ इंडिया पर टूट-फूटकर सैलानियों का नज़ारा बना बावजूद कोशिश, वे फिर से चलने-फिरने के काबिल नहीं हो सके।

(क) बड़े-बड़े बिल्डरों ने किसे पीछे धकेल दिया?

(i) मनुष्य को (ii) समुद्र को
(iii) जमीन को (iv) प्रकृति को

उत्तर (ii) समुद्र को

(ख) समुद्र के सिमटते जाने का क्या कारण है?

(i) पानी की कमी होना
(ii) समुद्र के किनारे बिल्डरों द्वारा नई इमारतों का निर्माण करना
(iii) समुद्र के किनारों को पानी न मिल पाना
(iv) जमीन का अतिक्रमण करना

उत्तर (ii) समुद्र के किनारे बिल्डरों द्वारा नई इमारतों का निर्माण करना

(ग) 'पहले उसने अपनी फैली हुई टाँगें समेटी' पंक्ति में 'उसने' शब्द किसके लिए प्रयुक्त हुआ है?

(i) लेखक के लिए (ii) समुद्र के लिए
(ii) बच्चे के लिए (iv) सैलानी के लिए

उत्तर (ii) समुद्र के लिए

(घ) जो जितना बड़ा होता है उसे उतना ही कम गुस्सा आता है—यह पंक्ति किस संदर्भ में कही गई है?

(i) सहनशीलता के (ii) प्रेम के
(iii) अपनत्व के (iv) अभिमान के

उत्तर (i) सहनशीलता के

(ङ) समुद्र ने अपने गुस्से को किस प्रकार प्रकट किया?

(i) सुनामी के माध्यम से
(ii) बड़े-बड़े जहाजों को उठाकर पटकने के माध्यम से
(iii) बाढ़ के माध्यम से
(iv) उपरोक्त सभी

उत्तर (ii) बड़े-बड़े जहाजों को उठाकर पटकने के माध्यम से

6 वे दिन में कई-कई बार आते-जाते हैं और क्यों न आएँ-जाएँ आखिर उनका भी घर है। लेकिन उनके आने-जाने से हमें परेशानी भी होती है। वे कभी किसी चीज को गिराकर तोड़ देते हैं। कभी मेरी लाइब्रेरी में घुसकर कबीर या मिर्जा गालिब को सताने लगते हैं। इस रोज-रोज की परेशानी से तंग आकर मेरी पत्नी ने उस जगह जहाँ उनका आशियाना था, एक जाली लगा दी है, उनके बच्चों को दूसरी जगह कर दिया है। उनके आने की खिड़की को भी बंद किया जाने लगा है। खिड़की के बाहर अब दोनों कबूतर रात-भर खामोश और उदास बैठे रहते हैं।

(क) कबूतरों से परेशान होकर लेखक की पत्नी क्या किया

(i) उनके आने का रास्ता बन्द कर दिया
(ii) खिड़की में जाली लगा दी
(iii) उनके बच्चों को दूसरी जगह रख दिया
(iv) उपरोक्त सभी

उत्तर (iv) उपरोक्त सभी

(ख) कबूतर लेखक के घर में दिन में कई बार क्यों आते-जाते रहते थे?

(i) लेखक से घनिष्ठ प्रेम के कारण
(ii) अपने अंडों के कारण
(iii) लेखक की माता के स्नेह के कारण
(iv) अपने अधिकार के कारण

उत्तर (ii) अपने अंडों के कारण

(ग) लेखक व उनकी पत्नी को कबूतरों का आना-जाना अच्छा क्यों नहीं लगता था?

(i) कबूतर उनका नुकसान करते थे
(ii) कबूतर के प्रति उनमें घृणा भाव था
(iii) वे कबूतर से डरते थे
(iv) उपरोक्त में से कोई नहीं

उत्तर (i) कबूतर उनका नुकसान करते थे

(घ) कबूतरों के आने से लेखक को क्या नुकसान झेलना पड़ा?
 (i) पुस्तकालय की किताबें गंदी हो गईं
 (ii) चीजें गिरकर टूट गईं
 (iii) (i) और (ii) दोनों
 (iv) भोजन खा जाते थे

उत्तर (iii) (i) और (ii) दोनों

(ङ) परेशानी से बचने के लिए लेखक की पत्नी ने क्या उपाय किया?
 (i) कबूतर के बच्चों को दूसरी जगह कर दिया
 (ii) खिड़की पर जाली लगवा दी
 (iii) (i) और (ii) दोनों
 (iv) कबूतरों के बच्चों को दूसरे स्थान पर रख दिया

उत्तर (iii) (i) और (ii) दोनों

7 वामीरो के रुदन स्वरों को सुनकर उसकी माँ वहाँ पहुँची और दोनों को देखकर आग बबूला हो उठी। सारे गाँववालों की उपस्थिति में यह दृश्य उसे अपमानजनक लगा। इसी बीच गाँव के कुछ लोग भी वहाँ पहुँच गए। वामीरो की माँ क्रोध में उफन उठी। उसने तताँरा को तरह-तरह से अपमानित किया। गाँव के लोग भी तताँरा के विरोध में आवाजें उठाने लगे। यह तताँरा के लिए असहनीय था। वामीरो भी रोए जा रही थी। तताँरा भी गुस्से से भर उठा। उसे जहाँ विवाह की निषेध परंपरा पर क्षोभ था वहीं अपनी असहायता पर खीझ। वामीरो का दु:ख उसे और गहरा कर रहा था। उसे मालूम न था कि क्या कदम उठाना चाहिए। अनायास उसका हाथ तलवार की मूठ पर जा टिका। क्रोध में तलवार निकाली और कुछ विचार करता रहा। क्रोध लगातार अग्नि की तरह बढ़ रहा था। लोग सहम उठे, एक सन्नाटा सा खिंच गया। जब कोई राह न सूझी तो क्रोध का शमन करने के लिए उसने शक्ति भर उसे धरती में घोंप दिया और ताकत से उसे खींचने लगा। वह पसीने से नहा उठा। सब घबराए हुए थे। वह तलवार को अपनी तरफ खींचते-खींचते दूर तक पहुँच गया। वह हाँफ रहा था। अचानक जहाँ तक लकीर खिंच गई थी, वहाँ एक दरार होने लगी। मानो धरती दो टुकड़ों में बँटने लगी हो। **CBSE SQP Term I 2021**

(क) गाँव के लोग तताँरा के विरोध में आवाजें क्यों उठा रहे थे?
 (i) वे तताँरा को अपमानित करना चाहते थे
 (ii) वे गाँव की निषेध परंपरा के पक्ष में थे
 (iii) गाँव की रीति के विरोध में थे
 (iv) तताँरा को पशु पर्व में शामिल नहीं करना चाहते थे

उत्तर (ii) वे गाँव की निषेध परंपरा के पक्ष में थे

(ख) तताँरा ने अपने क्रोध का शमन करने के लिए क्या किया?
 (i) वामीरो की माँ को बुरा-भला सुनाया
 (ii) सब गाँववालों के विरोध में आवाज उठाई
 (iii) अपनी तलवार से उपस्थित लोगों पर वार किया
 (iv) अपनी तलवार को धरती में गाड़ दिया

उत्तर (iv) अपनी तलवार को धरती में गाड़ दिया

(ग) वामीरो की माँ के गुस्से का कारण क्या था?
 (i) गाँववालों का विरोध
 (ii) पशु पर्व का आयोजन
 (iii) वामीरो का रोना
 (iv) तताँरा का तलवार खींचना

उत्तर (iii) वामीरो का रोना

(घ) 'लोग सहम उठे, एक सन्नाटा-सा खिंच गया।' लोगों का सहम जाना दर्शाता है कि वे
 (i) विलक्षण दैवीय तलवार को देखने लग गए थे
 (ii) किसी भावी दुष्परिणाम की आशंका से ग्रसित थे
 (iii) जानते थे कि द्वीप दो भागों में बँट जाएगा
 (iv) तताँरा-वामीरो के विवाह के लिए सहमत हो गए थे

उत्तर (ii) किसी भावी दुष्परिणाम की आशंका से ग्रसित थे

(ङ) प्रस्तुत गद्यांश में किस घटना का वर्णन है?
 (i) वामीरो की त्यागमयी मृत्यु का
 (ii) निकोबार द्वीप के दो भागों में बँटने का
 (iii) तताँरा-वामीरो की प्रथम मुलाकात का
 (iv) तताँरा के आत्मीय स्वभाव का

उत्तर (ii) निकोबार द्वीप के दो भागों में बँटने का

8 ग्वालियर में हमारा एक मकान था, उस मकान के दालान में दो रोशनदान थे। उसमें कबूतर के एक जोड़े ने घोंसला बना लिया था। एक बार बिल्ली ने उचककर दो में से एक अंडा तोड़ दिया। मेरी माँ ने देखा तो उसे दु:ख हुआ। उसने स्टूल पर चढ़कर दूसरे अंडे को बचाने की कोशिश की। लेकिन इस कोशिश में दूसरा अंडा उसी के हाथ से गिरकर टूट गया। कबूतर परेशानी में इधर-उधर फड़फड़ा रहे थे। उनकी आँखों में दु:ख देखकर मेरी माँ की आँखों में आँसू आ गए। इस गुनाह को खुदा से मुआफ़ कराने के लिए उसने पूरे दिन रोजा रखा। दिन-भर कुछ खाया-पिया नहीं। सिर्फ रोती रही और बार-बार नमाज पढ़-पढ़कर खुदा से इस गलती को मुआफ़ करने की दुआ माँगती रही।

(क) प्रस्तुत गद्यांश के पाठ और लेखक का क्या नाम है?
 (i) कारतूस-हबीब तनवीर
 (ii) झेन की देन-रवींद्र केलेकर
 (iii) तताँरा-वामीरो कथा-लीलाधर मंडलोई
 (iv) अब कहाँ दूसरे के दु:ख से दु:खी होने वाले-निदा फाज़ली

उत्तर (iv) अब कहाँ दूसरे के दु:ख से दु:खी होने वाले-निदा फाज़ली

(ख) लेखक की माँ ने रोजा क्यों रखा?
(i) कबूतर का अंडा तोड़ने के गुनाह की माफ़ी के लिए
(ii) रमजान के पवित्र महीने के लिए
(iii) अपने बेटे की सलामती के लिए
(iv) मन की शांति के लिए
उत्तर (i) कबूतर का अंडा तोड़ने के गुनाह की माफ़ी के लिए

(ग) रोजे के दौरान लेखक की माँ क्या करती रही?
(i) खाती-पीती रही
(ii) सिर्फ रोती रही
(iii) दान करती रही
(iv) घर का काम करती रही
उत्तर (ii) सिर्फ रोती रही

(घ) लेखक की माँ से कबूतर का अंडा टूट जाने पर उनकी मन:स्थिति कैसी थी?
(i) वह मन-ही-मन अत्यंत दु:खी थी
(ii) वह सहज एवं गंभीर थी
(iii) वह धार्मिक मान्यताओं के प्रति उदासीन थी
(iv) वह अत्यंत खुश थी
उत्तर (i) वह मन-ही-मन अत्यंत दु:खी थी

(ङ) प्रस्तुत गद्यांश के माध्यम से हमें क्या संदेश मिलता है?
(i) हमें प्रकृति के प्रति संवेदनशील होना चाहिए
(ii) हमें पशु-पक्षियों के प्रति सहानुभूतिपूर्ण व्यवहार करना चाहिए
(iii) (i) और (ii) दोनों
(iv) हमें रोजा रखना चाहिए
उत्तर (iii) (i) और (ii) दोनों

अध्याय पर आधारित बहुविकल्पीय प्रश्न

1. सुलेमान की क्या विशेषता बताई गई है?
(i) वह मनुष्यों के दिल की बात समझ लेता था
(ii) वह एक बादशाह था
(iii) वह अनेक भाषाओं का विद्वान था
(iv) वह जीव-जंतुओं की भाषा समझता था
उत्तर (iv) वह जीव-जंतुओं की भाषा समझता था

2. चींटियों को सुलेमान ने क्या कहकर धीरज बँधाया?
(i) मैं तुम्हें कुछ नहीं कहूँगा
(ii) मैं तुम्हारी रक्षा करूँगा
(iii) मैं मुसीबत नहीं मुहब्बत हूँ, रखवाला हूँ
(iv) मैं तुम्हें कुछ खाने को दूँगा
उत्तर (iii) मैं मुसीबत नहीं मुहब्बत हूँ, रखवाला हूँ

3. शेख अयाज किस भाषा में कविता की रचना करते थे?
(i) सिंधी में (ii) हिंदी में
(iii) उर्दू में (iv) अंग्रेजी में
उत्तर (i) सिंधी में

4. शेख अयाज के पिता ने खाना खाते समय अपने बाजू पर क्या देखा?
(i) छोटा-सा जख्म (ii) एक च्योंटे को रेंगते हुए
(iii) तिलक का निशान (iv) रक्त बहता हुआ
उत्तर (ii) एक च्योंटे को रेंगते हुए

5. लशकर को नूह के लकब से क्यों याद किया जाता है?
(i) वे बहुत परोपकारी थे
(ii) वे किसी की सहायता नहीं करते थे
(iii) वे जीवन भर रोते रहे
(iv) वे बहुत धनवान थे
उत्तर (iii) वे जीवन भर रोते रहे

6. लेखक के अनुसार इस धरती पर किसकी अधिक हिस्सेदारी है?
(i) मानव मात्र की
(ii) पशु जगत की
(iii) पक्षी की
(iv) धरती पर रहने वाले सभी प्राणियों की
उत्तर (iv) धरती पर रहने वाले सभी प्राणियों की

7. मानव जाति ने अपनी बुद्धि से क्या किया है?
(i) प्रकृति का पोषण
(ii) प्रकृति और मानव के बीच बड़ी-बड़ी दीवारें खड़ी कर दीं
(iii) जीव-जंतुओं को बढ़ावा दिया
(iv) दुनिया के वजूद को सामने लाया
उत्तर (ii) प्रकृति और मानव के बीच बड़ी-बड़ी दीवारें खड़ी कर दीं

8. अब जीवन कैसे घरों में सिमटने लगा है?
(i) हवादार घरों में
(ii) डिब्बानुमा घरों में
(iii) विशाल आकार के घरों में
(iv) वातानुकूलित घरों में
उत्तर (ii) डिब्बानुमा घरों में

9. बड़े-बड़े बिल्डर समंदर को पीछे क्यों धकेल रहे हैं?
(i) ताकि वे उसकी जमीन हथिया सकें
(ii) ताकि वे वहाँ से कचरा हटा सकें
(iii) ताकि वे प्रकृति के साथ एकाकार कर सकें
(iv) ताकि वे चिंता मुक्त जीवन जी सकें
उत्तर (i) ताकि वे उसकी जमीन हथिया सकें

10. प्रकृति मनुष्य को कब दंडित करती है?
(i) जब वह समुद्र को छेड़ता है
(ii) जब वह नई इमारत बनाता है
(iii) जब वह कोई कार्य नहीं करता है
(iv) जब वह प्रकृति से अधिक छेड़छाड़ करता है
उत्तर (iv) जब वह प्रकृति से अधिक छेड़छाड़ करता है

11. लेखक की माँ ने रोजा क्यों रखा?
(i) रमजान के कारण
(ii) झूठ की माफी के कारण
(iii) कबूतर का अंडा टूट जाने के कारण
(iv) बिल्ली द्वारा रास्ता काट जाने के कारण
उत्तर (iii) कबूतर का अंडा टूट जाने के कारण

12. कबूतर परेशानी में इधर-उधर क्यों फड़फड़ा रहे थे?
(i) अत्यधिक भूख लगने के कारण
(ii) बहुत अधिक ठंड के कारण
(iii) दोनों अंडे टूट जाने के कारण
(iv) घोंसला न बनने के कारण
उत्तर (iii) दोनों अंडे टूट जाने के कारण

विषय-वस्तु का ज्ञान, बोध अभिव्यक्ति पर आधारित प्रश्न

1 शेख अयाज़ के पिता के प्रसंग द्वारा लेखक की क्या धारणा है?

उत्तर शेख अयाज़ के पिता के प्रसंग द्वारा लेखक स्पष्टतः कहना चाहता है कि हमें किसी भी पशु-पक्षी को बेघर नहीं करना चाहिए। उनके साथ भी प्रेम भाव से रहना चाहिए। हमें मनुष्यों और जीव जन्तुओं में कोई अन्तर नहीं करना चाहिए तथा दोनों के प्रति समान रूप से करुणा एवं प्रेम का भाव रखना चाहिए।

2 धरती से संबंधित प्रश्नों के उत्तर कौन देता है?

उत्तर धरती से संबंधित प्रश्नों के उत्तर विज्ञान और धार्मिक ग्रंथ देते हैं, लेकिन इनके उत्तर देने की प्रकृति भिन्न-भिन्न प्रकार की है। विज्ञान जहाँ और तर्क के आधार पर धरती से संबंधित प्रश्नों के उत्तर देता है वहीं धार्मिक ग्रंथ के प्रश्नों के उत्तर का आधार धर्म विशेष रहता है।

3 समुद्र कैसे सिमटते जा रहे थे?

उत्तर बढ़ती हुई आबादी के कारण कई वर्षों से बड़े-बड़े बिल्डर समुद्र को पीछे धकेल कर उसकी ज़मीन को हथिया रहे थे। उन पर बड़ी-बड़ी इमारतें खड़ी की जा रही थीं। इस प्रकार समुद्र सिमटते जा रहे थे।

4 "न मैं अपनी मर्ज़ी से कुत्ता हूँ, न तुम अपनी मर्ज़ी से इंसान हो" कथन का आशय स्पष्ट कीजिए। CBSE 2012

उत्तर प्रस्तुत कथन का आशय यह है कि हर जीव में ईश्वर का निवास है। प्रत्येक जीव को ईश्वर ने ही बनाया है। किसी को उसने कुत्ता बना दिया और किसी को इंसान। कर्मों एवं आचरण से ही जीवों की असली पहचान बनती है।

5 कैसे कह सकते हैं कि 'अब कहाँ ....' पाठ के लेखक की माँ के मन में पशु-पक्षियों के प्रति प्रेम भरा है? CBSE 2013

उत्तर 'अब कहाँ दूसरे के दुःख से दुःखी होने वाले' पाठ के लेखक की माँ के मन में पशु-पक्षियों के प्रति प्रेम भरा था, इसलिए वह कबूतरों को सताने से सभी को मना करती थी। मुर्गे को परेशान करने से रोकती थी। कबूतर का अंडा असावधानी से टूट जाने के कारण अपने गुनाह को माफ़ कराने के लिए पूरा दिन रोज़ा रखती थी। यहाँ तक कि शाम के समय पेड़ों को सताने तथा फूल तोड़ने से भी सभी को मना करती थी।

6 लेखक के घर में खिड़की के बाहर दोनों कबूतर उदास क्यों बैठे रहते थे? CBSE 2013

उत्तर लेखक के घर में कबूतरों ने एक घोंसला बना रखा था, जिससे परिवार वालों को काफ़ी परेशानी हो रही थी। इसलिए लेखक की पत्नी ने खिड़की पर जाली लगवा दी, जिससे कबूतर अंदर नहीं आ पा रहे थे। इसी कारण दोनों कबूतर खिड़की के बाहर उदास बैठे हुए थे।

7 बादशाह सुलेमान के व्यक्तित्व की विशेषताओं का वर्णन संक्षेप में कीजिए।

उत्तर *बादशाह सुलेमान के व्यक्तित्व की विशेषताएँ निम्नलिखित हैं*
(i) बादशाह सुलेमान मानव जाति के साथ-साथ पशु-पक्षियों के भी राजा थे।
(ii) वह सबकी भाषाओं के ज्ञाता थे।
(iii) वे सभी जीवों से प्रेम करते थे और सभी जीवों की रक्षा के लिए प्रयत्नशील रहते थे।
(iv) वह मानवीय गुणों में अत्यधिक विश्वास करते थे।

8 आप कैसे कह सकते हैं कि सुलेमान सहृदय बादशाह थे?

उत्तर ईसा से 1025 वर्ष पूर्व एक बादशाह थे। बाइबिल के सोलोमन, जिन्हें कुरान में सुलेमान के नाम से जाना जाता है। वे केवल मानव जाति के ही राजा नहीं थे वरन् पशु-पक्षियों के प्रति भी दयालु थे। यह तथ्य इस घटना से स्पष्ट होता है कि एक बार बादशाह सुलेमान अपनी सेना के साथ एक रास्ते से गुज़र रहे थे। रास्ते में कुछ चींटियों ने घोड़ों की टापों की आवाज़ सुनी और डरकर एक-दूसरे से बोलीं– ''जल्दी से अपने-अपने बिल में चली जाओ, फौज़ आ रही है।'' बादशाह चींटियों की भाषा जानते थे। अतः थोड़ी दूरी पर रुककर बोले–''घबराओ नहीं, सुलेमान को

खुदा ने सबका रखवाला बनाया है। मैं किसी के लिए मुसीबत नहीं हूँ, सबके लिए मुहब्बत हूँ।'' इस घटना के आधार पर हम कह सकते हैं कि सुलेमान सहृदय बादशाह थे।

9 'सुलेमान', 'शेख अयाज़ के पिता' तथा 'नूह' के स्वभाव की उन विशेषताओं का उल्लेख कीजिए, जो उन्हें आज के मनुष्यों से अलग करती हैं। **CBSE 2015, 13**

उत्तर सुलेमान केवल मानव जाति के ही राजा नहीं थे, बल्कि सारे छोटे-बड़े पशु-पक्षियों के भी राजा थे। वे चींटियों को भी हीन न मानकर उनकी रक्षा की बात सोचते हैं। शेख अयाज़ के पिता एक च्योंटे को वापस उसके घर पहुँचाने के लिए भोजन तक नहीं करते हैं। उनके लिए अपने सुख से अधिक ज़रूरी इस छोटे से जीव को उसके घर पहुँचाना था।

वहीं नूह ने जब एक कुत्ते को दुत्कारा था, तो उसने पलटकर जवाब देते हुए कहा कि ''न मैं अपनी मर्ज़ी से कुत्ता हूँ और न तुम अपनी मर्ज़ी से इनसान हो।'' इस पर नूह दु:खी होकर काफ़ी देर तक रोते रहे। उन्होंने उस कुत्ते की पीड़ा को समझा। ये सभी छोटे-छोटे जीव-जंतुओं से भी प्यार करने वाले लोग थे। आज के समय में प्राणी मात्र से प्रेम करने वाले व्यक्ति अत्यंत सीमित हो गए हैं। सभी की सोच अत्यंत संकीर्ण एवं स्वार्थ भावना से परिपूर्ण हो गई है।

10 प्रकृति में आए असंतुलन के कारण और उसके परिणामों की चर्चा, 'अब कहाँ दूसरे के दु:ख से दु:खी होने वाले' पाठ के आधार पर कीजिए। **CBSE 2014**

अथवा **प्रकृति के साथ मानव के दुर्व्यवहार और उनके परिणामों को 'अब कहाँ दूसरों के दु:ख से दु:खी होने वाले' पाठ के आधार पर स्पष्ट कीजिए।** **CBSE 2020**

उत्तर 'अब कहाँ दूसरे के दु:ख से दु:खी होने वाले' पाठ के अनुसार मानव ही प्रकृति में आए असंतुलन के लिए पूरी तरह ज़िम्मेदार है। ईश्वर ने धरती के साथ-साथ अनगिनत ऐसी वस्तुएँ बनाई हैं, जो मानव हित में हैं, लेकिन स्वयं को बुद्धिमान समझने वाला मानव इन सबसे लाभ उठाकर स्वार्थी हो गया। स्वार्थ के वशीभूत होकर उसने नई-नई खोज करनी शुरू कर दीं। नई-नई खोजों की लालसा में उसने प्रकृति का अत्यधिक दोहन करना शुरू कर दिया। दोहन इतना अधिक कि सहनशील प्रकृति भी व्याकुल हो उठी। समय-समय पर उसने अपनी व्याकुलता छोटी-छोटी प्राकृतिक आपदाओं; *जैसे*—तूफ़ानों का आना, असमय वर्षा का होना, बाढ़ आना, अत्यधिक गर्मी व सर्दी का होना आदि माध्यमों से प्रकट भी की, परंतु लालच के वशीभूत मानव, प्रकृति की इन चेतावनियों को अनदेखा करता रहा।

इसका दुष्परिणाम यह हुआ कि आज मनुष्य ऐसी भयंकर प्राकृतिक आपदाओं को झेल रहा है, जिनका समाधान वह बुद्धि के बल पर नहीं कर पा रहा है। वह निरीह और असहाय-सा सब कुछ नष्ट होते हुए देखने को विवश है।

11 लेखक को अपनी माँ द्वारा दी गई कौन-सी सीख सदैव याद आती थी और क्यों?

उत्तर लेखक की माँ कहती थी कि ''सूरज ढलने पर पेड़ से पत्ते मत तोड़ो, दीया-बाती के वक्त फूलों को मत तोड़ो, दरिया पर जाओ तो उसे सलाम करो, कबूतरों व मुर्गों को मत सताओ।''

आज लेखक की माँ उसके साथ नहीं है, परंतु जब कभी भी वह बच्चों को पेड़ों व फूलों के साथ खिलवाड़ करते देखता है, पशु-पक्षियों को सताते हुए देखता है, नदियों और तालाबों में गंदगी बहाते हुए देखता है, तो माँ द्वारा दी गई सीख को याद करता है और सोचता है कि वे लोग कहाँ गए, जिनमें मनुष्य के प्रति ही नहीं, बल्कि पशु-पक्षियों तथा प्रकृति के प्रति भी प्रेम भाव कूट-कूट कर भरा हुआ था जिन्होंने हरी-भरी, खुशहाल धरती पर प्रेम की गंगा बहा रखी थी।

12 ''बुज़ुर्गों द्वारा दी गई सीख बच्चों के भविष्य निर्माण में सहायक होती है।'' स्पष्ट कीजिए।

उत्तर प्राचीन कहावत है—''नींव जितनी मज़बूत होगी, इमारत भी उतनी ही मज़बूत होगी'' अर्थात् इमारत की मज़बूती नींव की ईंट पर टिकी होती है। यही कहावत हमारे इस कथन को स्पष्ट करती है कि जिस परिवार में बुज़ुर्गों की उपस्थिति होती है, उनको प्रमुखता दी जाती है, उनका मान-सम्मान किया जाता है, उस घर के लोगों का भविष्य सदैव उज्ज्वल होता है। बुज़ुर्ग व्यक्ति अपनी उपस्थिति केवल शारीरिक रूप से ही नहीं दर्शाते वरन् अपने वर्षों के अनुभवों को सीख के रूप में प्रसादस्वरूप सभी को बाँटते हैं। समय-समय पर चुनौतियों का सामना करने के लिए प्रेरित करते हैं, क्षमता अनुसार हर संभव सहायता करते हैं। वे आधुनिक समय में व्यस्त माता-पिता की स्नेह की कमी को अपने प्यार-दुलार व आशीर्वाद से पूरा करते हैं। आज संवेदनहीन समाज में यदि नैतिक मूल्यों को जीवंत रखना है, तो बच्चों पर बुज़ुर्गों की छत्रछाया अनिवार्य है।

13 ''मनुष्य बुद्धि के बल पर केवल उन्नति की राह ही नहीं वरन् मृत्यु की राह पर भी चल पड़ा है।'' पाठ के आधार पर सिद्ध कीजिए।

उत्तर यह सत्य है कि मनुष्य ने बुद्धि के बल पर आशातीत उन्नति की है। ऐसे-ऐसे रहस्यों पर से पर्दा उठाया है, जो अचंभित करने वाले हैं, परंतु यह भी असत्य नहीं है कि उन्नति की सीढ़ी चढ़ते-चढ़ते वह यह भूल गया है कि अति हर चीज़ की बुरी होती है। नई-नई खोजों की लालसा में उसने प्रकृति में अत्यधिक हस्तक्षेप करना शुरू कर दिया, जिसके कारण गर्मी में ज़्यादा गर्मी, बेवक्त की बरसातें, जलजले, सैलाब, तूफ़ान आदि आने लगे। मनुष्य नए-नए और लाइलाज़ रोगों से ग्रसित होने लगा। इसका सबसे भयंकर परिणाम यह हुआ कि सहनशील प्रकृति भी

अपना धैर्य खोने लगी, जिसके भयावह परिणाम हम रोज देख रहे हैं। अत: आज आवश्यकता इस बात की है कि प्रकृति के संतुलन को बनाए रखने में सहयोग देकर मनुष्य यह सिद्ध करे कि वास्तव में, वह बुद्धिजीवी प्राणी है।

14 पाठ के आधार पर प्रतिपादित कीजिए कि दूसरों के दुःख से दुःखी होने वाले लोग अब कम मिलते हैं?

CBSE 2016

अथवा 'अब कहाँ दूसरे के दुःख से दुःखी होने वाले' पाठ की सार्थकता सिद्ध कीजिए।

उत्तर ईश्वर ने यह धरती सभी के लिए बनाई है, इस पर सभी का समान अधिकार है। पशु-पक्षी, मानव, नदी, पर्वत, समंदर सभी की बराबर की हिस्सेदारी है, परंतु मनुष्य ने बुद्धि के बल पर बड़ी-बड़ी दीवारें खड़ी कर दी हैं। परिवार के समान दिखाई देने वाले संसार को टुकड़ों में बाँट दिया है और विश्व को टुकड़ों में बाँट कर वह स्वयं को विजयी समझ रहा है, जबकि यही उसकी सबसे बड़ी हार है, क्योंकि जुड़े होने पर सभी एक-दूसरे की परवाह करते हैं, परंतु अलग होने पर सभी अपने-अपने लिए सोचते हैं। यह सोच सबसे अधिक दुःखदायी होती है।

ऐसे में कोई किसी के दुःख-दर्द को न तो समझता है, न बाँटना चाहता है। संवेदनहीनता सीमा का अतिक्रमण कर चुकी है। प्रस्तुत पाठ इस तथ्य को स्पष्ट करने में पूर्णरूपेण सक्षम सिद्ध हुआ है। अत: कहा जा सकता है कि आज के युग में ऐसे लोग बहुत कम हैं, जो दूसरों के दुःख से दुःखी होते हैं।

15 'अब कहाँ दूसरों के दुःख से दुःखी होने वाले' पाठ के आधार पर स्पष्ट कीजिए कि बढ़ती हुई आबादी का पशु-पक्षियों और मनुष्यों के जीवन पर क्या प्रभाव पड़ रहा है? इसका समाधान क्या हो सकता है? उत्तर लगभग 100 शब्दों में दीजिए।

CBSE 2018

उत्तर बढ़ती हुई आबादी का पशु-पक्षियों और मनुष्यों के जीवन पर अत्यधिक प्रभाव पड़ रहा है। पहले जमीन के बड़े भाग में जंगल थे। पेड़-पौधों पशु-पक्षियों से धरती हरी-भरी थी। चारों ओर हरियाली तथा परिंदों की चहचहाहट थी। जनसंख्या के बढ़ने पर लोगों के लिए स्थान विस्तारित करने हेतु जंगलों को काटा गया। इससे पेड़-पौधों तथा पशु-पक्षियों का पलायन हुआ। प्रकृति का संतुलन बिगड़ने लगा। इसने पर्यावरण को प्रभावित किया। प्रकृति में आए असंतुलन का परिणाम विनाशलीला के रूप में सामने आया है। प्रकृति की सहनशक्ति की एक सीमा है। फैलते प्रदूषण ने प्रकृति को सताना शुरू किया तब प्रकृति के असंतुलन ने कई विसंगतियों को जन्म दिया। अनावृष्टि, अतिवृष्टि, बाढ़, तूफान, सुनामी जैसी प्राकृतिक आपदाओं को इस असंतुलन ने ही आमंत्रित किया है। इस प्रकार कह सकते हैं कि बढ़ती हुई आबादी ने प्राकृतिक असंतुलन को बढ़ावा दिया है।

इसका समाधान यह हो सकता है कि हमें बढ़ती हुई आबादी पर रोक लगानी चाहिए, साथ ही प्राकृतिक संतुलन बनाए रखने के लिए हमें वृक्षों को कटने से रोकना चाहिए तथा समय-समय पर नए वृक्ष लगाने चाहिए। प्रकृति के साथ खिलवाड़ नहीं करना चाहिए। आस-पास के वातावरण को साफ व स्वच्छ बनाए रखना चाहिए।

परीक्षा अभ्यास

स्वमूल्यांकन

गद्यांश पर आधारित बहुविकल्पात्मक प्रश्न

निम्नलिखित गद्यांश को पढ़कर प्रश्नों के सर्वाधिक उपयुक्त विकल्पों का चयन कीजिए।

1 ग्वालियर से बंबई की दूरी ने संसार का काफी कुछ बदल दिया है। वर्सोवा में जहाँ आज मेरा घर है, पहले यहाँ दूर तक जंगल था। पेड़ थे, परिंदे थे और दूसरे जानवर थे। अब यहाँ समंदर के किनारे लंबी-चौड़ी बस्ती बन गई है। इस बस्ती ने न जाने कितने परिंदों-चरिंदों से उनका घर छीन लिया है। इनमें से कुछ शहर छोड़कर चले गए हैं। जो नहीं जा सके हैं उन्होंने यहाँ-वहाँ डेरा डाल लिया है। इनमें से दो कबूतरों ने मेरे फ्लैट के एक मचान में घोंसला बना लिया है।

(क) प्रस्तुत गद्यांश के पाठ और लेखक का क्या नाम है?
(i) झेन की देन—रवींद्र केलेकर
(ii) बड़े भाई साहब—प्रेमचंद
(iii) कारतूस—हबीब तनवीर
(iv) अब कहाँ दूसरे के दुःख से दुःखी होने वाले—निदा फाज़ली

उत्तर (iv) अब कहाँ दूसरे के दुःख से दुःखी होने वाले–निदा फाज़ली

(ख) ग्वालियर से बंबई की दूरी ने संसार को कैसे बदल दिया है?
(i) बस्तियाँ बसाकर
(ii) पशु-पक्षियों को रहने की जगह देकर
(iii) प्रकृति से संतुलन बनाकर
(iv) जीवन-शैली को सार्थक बनाकर

उत्तर (i) बस्तियाँ बसाकर

(ग) लेखक का घर किस क्षेत्र में था?
(i) ग्वालियर (ii) दिल्ली
(iii) जंगल (iv) बंबई

उत्तर (iv) बंबई

(घ) गद्यांश के अनुसार 'डेरा डालने' से क्या अभिप्राय है?
(i) अस्थायी घरों का निर्माण
(ii) एक जगह से दूसरी जगह जाना
(iii) प्रकृति की दया पर पलना
(iv) अस्थिर रहना

उत्तर (i) अस्थायी घरों का निर्माण

(ङ) लेखक के घर पर किसने डेरा डाल लिया था?
(i) बिल्डरों ने
(ii) कबूतरों ने
(iii) चिड़ियों ने
(iv) सरकारी अधिकारी ने

उत्तर (ii) कबूतरों ने

2 संसार की रचना भले ही कैसे हुई हो लेकिन धरती किसी एक की नहीं है। पंछी, मानव, पशु, नदी, पर्वत, समंदर आदि की इसमें बराबर की हिस्सेदारी है। यह और बात है कि इस हिस्सेदारी में मानव जाति ने अपनी बुद्धि से बड़ी-बड़ी दीवारें खड़ी कर दी हैं। पहले पूरा संसार एक परिवार के समान था अब टुकड़ों में बँटकर एक-दूसरे से दूर हो चुका है। पहले बड़े-बड़े दालानों-आँगनों में सब मिल-जुलकर रहते थे, अब छोटे-छोटे डिब्बे जैसे घरों में जीवन सिमटने लगा है। बढ़ती हुई आबादियों ने समंदर को पीछे सरकाना शुरू कर दिया है, पेड़ों को रास्तों से हटाना शुरू कर दिया है, फैलते हुए प्रदूषण ने पंछियों को बस्तियों से भगाना शुरू कर दिया है तथा बारूदों की विनाशलीलाओं ने वातावरण को सताना शुरू कर दिया। अब गरमी में ज्यादा गरमी, बेवक्त की बरसातें, जलजले, सैलाब, तूफान और नित नए रोग, मानव और प्रकृति के इसी असंतुलन के परिणाम हैं।

(क) समुद्र को पीछे सरकाना किसने शुरू कर दिया है?
(i) स्वार्थी मनुष्य ने
(ii) बढ़ती हुई आबादी ने
(iii) स्वयं प्रकृति ने
(iv) स्वयं समुद्र ने

उत्तर (ii) बढ़ती हुई आबादी ने

(ख) 'लेकिन धरती किसी एक की नहीं है' —पंक्ति का क्या आशय है?
(i) धरती पर केवल मानव का अधिकार है
(ii) धरती पर केवल पशु-पक्षियों का अधिकार है
(iii) धरती पर केवल नदी-पर्वतों का अधिकार है
(iv) धरती पर सब का समान अधिकार है

उत्तर (iv) धरती पर सब का समान अधिकार है

(ग) प्रारंभ में पूरा विश्व किसके समान हुआ करता था?
(i) परिवार के समान *(ii)* पर्वतों के समान
(iii) टुकड़ों के समान *(iv)* आकाश के समान

उत्तर *(i)* परिवार के समान

(घ) धरती की हिस्सेदारी में दीवारें किसने खड़ी कर दी हैं?
(i) स्वयं ईश्वर ने *(ii)* वन्य प्राणियों ने
(iii) प्रकृति ने *(iv)* मानव जाति ने

उत्तर *(iv)* मानव जाति ने

(ङ) नए रोगों का जन्म क्यों होने लगा है?
(i) मानव और प्रकृति में असंतुलन के कारण
(ii) वैज्ञानिक प्रगति के कारण
(iii) संसार के सिमटने के कारण
(iv) मौसम में बदलाव के कारण

उत्तर *(i)* मानव और प्रकृति में असंतुलन के कारण

अध्याय पर आधारित बहुविकल्पात्मक प्रश्न

1. कबीर या मिर्जा को सताने से लेखक का क्या आशय है?
(i) कबीर और मिर्जा पर व्यंग्य करना
(ii) कबीर या मिर्जा द्वारा लिखी पुस्तकों पर बैठकर उन्हें गंदा करना
(iii) कबीर या मिर्जा से बेतुके प्रश्न करना
(iv) कबीर या मिर्जा को तंग करना

उत्तर *(ii)* कबीर या मिर्जा द्वारा लिखी पुस्तकों पर बैठकर उन्हें गंदा करना

2. रोज-रोज की परेशानी से तंग आकर लेखक की पत्नी ने क्या किया?
(i) कबूतरों के आने-जाने के रास्ते को जाली से बंद कर दिया
(ii) कबूतरों के लिए नए पिंजरे का प्रबंध किया
(iii) कबूतरों के लिए दाने-पानी की उचित व्यवस्था की
(iv) कबूतरों को जान से मार दिया

उत्तर *(i)* कबूतरों के आने-जाने के रास्ते को जाली से बंद कर दिया

3. पक्षी बस्तियों से क्यों चले गए?
(i) अपना आश्रय छिन जाने के कारण
(ii) प्रदूषण के कारण
(iii) पेड़ कटने के कारण
(iv) उपरोक्त सभी

उत्तर *(iv)* उपरोक्त सभी

विषय-वस्तु का ज्ञान, बोध अभिव्यक्ति पर आधारित प्रश्न

निम्नलिखित प्रश्नों के उत्तर दीजिए

(i) शेख अयाज़ ने अपनी आत्मकथा में किस घटना का ज़िक्र किया?

(ii) "प्रकृति के धैर्य की भी एक सीमा है"—पंक्ति से लेखक का क्या आशय है? स्पष्ट कीजिए।

(iii) कबूतर के दोनों अंडों के साथ क्या हुआ तथा उसके बाद कबूतर की क्या स्थिति हुई?

(iv) ग्वालियर और बंबई की जीवन-शैली में क्या अंतर था?

(v) 'धरती किसी एक की नहीं है' पंक्ति में निहित भाव स्पष्ट कीजिए।

(vi) नूह द्वारा कुत्ते को गंदा प्राणी क्यों माना गया तथा कुत्ते ने नूह से क्या कहा?

(vii) लेखक की माँ किसके दु:ख से विचलित होकर रोने लगी?

(viii) शेख अयाज़ के पिता ने ऐसा क्यों कहा कि, "मैंने एक घर वाले को बेघर कर दिया है। उस बेघर को कुएँ पर उसके घर छोड़ने जा रहा हूँ।"

(ix) प्रकृति अपनी सहनशक्ति समाप्त होने पर किस तरह प्रतिक्रिया करती है? पाठ के आधार पर विस्तारपूर्वक स्पष्ट कीजिए।

(x) कहानी के वर्ण्य विषय को अपने शब्दों में स्पष्ट कीजिए।

स्वमूल्यांकन

अध्याय

07

पतझर में टूटी पत्तियाँ

(रवींद्र केलेकर)

पाठ की रूपरेखा

'गागर में सागर' मुहावरे को जीवंत करते इस पाठ में प्रस्तुत प्रसंग महज़ पढ़ने-सुनने के ही नहीं, बल्कि जागरूक और सक्रिय नागरिक बनने की भी प्रेरणा देते हैं।

पहला प्रसंग, 'गिन्नी का सोना' जीवन में अपने लिए सुख-साधन जुटाने वालों से नहीं, बल्कि उन लोगों से परिचित कराता है, जो इस जगत को जीने और रहने योग्य बनाए हुए हैं।

दूसरा प्रसंग, 'झेन की देन' बौद्ध दर्शन में वर्णित ध्यान की उस पद्धति की याद दिलाता है, जिसके कारण जापान के लोग आज भी अपनी व्यस्ततम दिनचर्या के बीच कुछ चैन भरे पल पा जाते हैं।

लेखक-परिचय

रवींद्र केलेकर का जन्म 7 मार्च, 1925 को कोंकण क्षेत्र में हुआ था। वे छात्र जीवन से ही 'गोवा मुक्ति आंदोलन' में शामिल हो गए थे। रवींद्र केलेकर गांधीवादी विचारधारा से प्रभावित थे। उन्होंने अपने लेखन में सामाजिक जीवन के विविध पक्षों, मान्यताओं और वैयक्तिक विचारों को देश के समक्ष प्रस्तुत किया है। रवींद्र केलेकर कोंकणी और मराठी के शीर्षस्थ लेखकों व पत्रकारों में से एक हैं। गोवा कला अकादमी के साहित्य पुरस्कार के साथ ही अन्य पुरस्कारों से अलंकृत केलेकर की प्रमुख कृतियाँ निम्न हैं

कोंकणी में—सांगली, समिधा, उजवाढाचे सूर, ओथांबे

हिंदी में—पतझर में टूटी पत्तियाँ

मराठी में—कोंकणीचें राजकरण, जापान जसा दिसला।

पाठ का सार

गिन्नी का सोना

शुद्ध आदर्शों का स्वरूप

शुद्ध सोने में ताँबा मिलाने पर गिन्नी का सोना बनता है। यह अधिक चमकीला और मज़बूत होता है। औरतें इसी सोने के गहने बनवाती हैं। शुद्ध आदर्श भी शुद्ध सोने के समान होते हैं। कुछ लोग उसमें व्यावहारिकता का ताँबा मिला देते हैं और उसे चलाकर दिखाते हैं। तब हम लोग उन्हें 'प्रैक्टिकल आइडियलिस्ट' कहकर उनका वर्णन करते हैं, पर यहाँ ध्यान देना आवश्यक है कि वर्णन आदर्शों का नहीं, व्यावहारिकता का होता है। ऐसे में 'प्रैक्टिकल आइडियलिस्टों' के जीवन से आदर्श धीरे-धीरे पीछे हटने लगते हैं और उनकी व्यावहारिक सूझबूझ ही आगे आने लगती है।

गांधीजी के विलक्षण आदर्श

कुछ लोगों का मानना है कि गांधीजी व्यावहारिकता को पहचानते थे, इसलिए वे विलक्षण आदर्श चला सके। गांधीजी कभी आदर्शों को व्यावहारिकता के स्तर पर नहीं उतरने देते थे, बल्कि वे व्यावहारिकता को आदर्शों के स्तर पर चढ़ाते थे। वे सोने में ताँबा नहीं, ताँबे में सोना मिलाकर उसकी कीमत बढ़ाते थे।

व्यवहारवादी व आदर्शवादी लोग

व्यवहारवादी लोग हमेशा जागरूक होते हैं। वे लाभ-हानि का हिसाब लगाकर ही कदम उठाते हैं। वे अपने जीवन में सफल भी होते हैं, परंतु महत्त्व इस बात का अधिक है कि खुद ऊपर चढ़ें और दूसरों को भी लेकर ऊपर चढ़ें। दूसरों को साथ लेकर ऊपर चढ़ने का काम आदर्शवादी लोगों ने ही किया है। ऐसे लोगों ने ही समाज को शाश्वत मूल्य दिए हैं। व्यावहारिक लोगों ने तो समाज को गिराया ही है।

झेन की देन

जापानियों के मानसिक रोग का कारण

लेखक ने अपने मित्र से पूछा कि यहाँ (जापान) के लोगों को कौन-सी बीमारियाँ अधिक होती हैं। उसके मित्र ने जवाब दिया कि जापान के अस्सी फीसदी लोग तनाव के कारण मन से अस्वस्थ है। इसका कारण उनके जीवन की बढ़ती रफ़्तार है। यहाँ कोई चलता नहीं, बल्कि दौड़ता है। अमेरिका से प्रतिस्पर्द्धा के कारण एक महीने में पूरा होने वाला काम एक दिन में ही पूरा करने की कोशिश की जाने लगी। दिमाग की रफ़्तार वैसे ही हमेशा तेज़ रहती है, उसकी रफ़्तार और तेज़ करने से दिमाग का तनाव बहुत अधिक बढ़ जाता है। इसी कारण जापान में मानसिक रोग बढ़ गए हैं।

लेखक का जापानियों की टी–सेरेमनी में जाना

शाम को लेखक के मित्र उसे 'टी-सेरेमनी' में ले गए। चाय पीने की यह एक विधि है। जापानी में इसे 'चा-नो-यू' कहते हैं। वह एक छः मंज़िला इमारत थी, जिसकी छत पर दफ़्ती की दीवारों वाली और चटाई की ज़मीन वाली एक सुंदर पर्णकुटी थी। बाहर बेढब-सा (भद्दा-सा) एक मिट्टी का बर्तन पानी से भरा था। हाथ-पाँव धोकर व तौलिए से पोंछकर सभी लोग अंदर गए। अंदर बैठे चाजीन ने कमर झुकाकर उन्हें प्रणाम किया और बैठने की जगह दी। अँगीठी सुलगाई, उस पर चायदानी रखी। बगल के कमरे से जाकर कुछ बर्तन लाकर तौलिए से साफ़ किए। चाय तैयार हुई, तो चाजीन ने चाय भरे प्याले उन लोगों के सामने रखे। वहाँ लेखक सहित तीन मित्र थे। इस विधि में शांति मुख्य बात होती है, इसलिए तीन से अधिक व्यक्तियों को एक साथ प्रवेश नहीं दिया जाता था।

टी–सेरेमनी में चाय पीने की प्रक्रिया

टी-सेरेमनी में उपस्थित सभी लोगों के प्याले में दो घूँट से ज़्यादा चाय मौजूद नहीं थी। वे लोग होंठों से प्याला लगाकर एक-एक बूँद चाय पीते रहे। करीब डेढ़ घंटे तक यह सिलसिला चलता रहा। दिमाग की रफ़्तार धीरे-धीरे धीमी पड़ने लगी। लेखक को लगा मानो वर्तमान क्षण अनंतकाल जितना विस्तृत है और वह अनंतकाल में जी रहा है, यहाँ तक कि उसे सन्नाटा भी स्पष्ट सुनाई देने लगा।

झेन परंपरा की देन

अकसर हम लोग या तो गुज़रे हुए दिनों की खट्टी-मीठी यादों में उलझे रहते हैं या भविष्य के रंगीन सपने देखते रहते हैं। यथार्थ में दोनों काल मिथ्या हैं। हमारे सामने जो वर्तमान क्षण है, वही सत्य है, उसी में जीना चाहिए। जीना किसे कहते हैं, उस दिन मालूम हुआ। जापानियों को झेन परंपरा की यह एक बड़ी देन मिली है।

» शब्दार्थ

पृष्ठ संख्या NCERT पाठ्यपुस्तक (स्पर्श भाग-2) के अनुसार हैं।

पृष्ठ संख्या 119 गिन्नी का सोना–22 कैरेट (सोने में ताँबा मिला हुआ) का सोना, जिससे गहने बनाए जाते हैं; शुद्ध सोना–24 कैरेट का (बिना मिलावट का) सोना; आदर्श-सिद्धांत; व्यावहारिकता–समय और अवसर देखकर कार्य करने की सूझ; प्रैक्टिकल आइडियलिस्ट–व्यावहारिक आदर्श; बखान–वर्णन करना/बयान करना; सूझ–बूझ-काम करने की समझ; विलक्षण–अद्‌भुत/अनोखा; हवा में उड़ना–थोथी बातें करना; स्तर–श्रेणी।

पृष्ठ संख्या 120 सजग–सचेत; शाश्वत–जो सदैव एक-सा रहे/जो बदला न जा सके; मूल्य–विचार/आदर्श; मानसिक–मस्तिष्क संबंधी/दिमागी; मनोरुग्ण–तनाव के कारण मन से अस्वस्थ; प्रतिस्पर्द्धा–होड़; स्पीड–गति; क्षण–अवसर; टी–सेरेमनी-जापान में चाय पीने का विशेष आयोजन; चा-नो-यू–जापानी में टी-सेरेमनी का नाम; दफ़्ती–लकड़ी की खोखली सरकने वाली दीवार जिस पर चित्रकारी होती है; पर्णकुटी–पत्तों से बनी कुटिया; बेढब-सा–बेडौल-सा; चाजीन–जापानी विधि से चाय पिलाने वाला; गरिमापूर्ण–सलीके से/शान से; भंगिमा–मुद्रा; जयजयवंती–एक राग का नाम; खदबदाना–उबलना।

पृष्ठ संख्या 121 उलझन–असमंजस की स्थिति; अनंतकाल–वह काल जिसका अंत न हो; सन्नाटा–खामोशी/चुप्पी/मौन; मिथ्या–भ्रम; विस्तृत–फैलाव।

पाठ्यपुस्तक (स्पर्श भाग-2) के प्रश्नोत्तर

मौखिक

निम्नलिखित प्रश्नों के उत्तर एक-दो पंक्तियों में दीजिए

1 शुद्ध सोना और गिन्नी का सोना अलग क्यों होता है? **CBSE 2011**

उत्तर शुद्ध सोना वैसे तो शुद्ध होता है, किंतु सामान्य तौर पर व्यावहारिक रूप में प्रयुक्त नहीं होता है। गिन्नी के सोने में थोड़ा-सा ताँबा मिलाया जाता है। यह चमकदार तथा शुद्ध सोने की तुलना में मज़बूत होता है।

2 'प्रैक्टिकल आइडियलिस्ट' किसे कहते हैं? **CBSE 2011**

उत्तर 'प्रैक्टिकल आइडियलिस्ट' अर्थात् 'व्यावहारिक आदर्शवादी' लोग आदर्श तथा व्यावहारिकता को एक-दूसरे से मिलाकर सामंजस्य के साथ आगे बढ़ते हैं। वे व्यावहारिकता की कीमत पहचानते हैं तथा आदर्श को स्थापित करने में उसके योगदान से परिचित रहते हैं।

3 पाठ के संदर्भ में शुद्ध आदर्श क्या है?

उत्तर शुद्ध आदर्श का अर्थ है–'अपने मूल्य या सिद्धांत पर अडिग रहना।' उससे किसी भी प्रकार का कोई समझौता नहीं करना।

4 लेखक ने जापानियों के दिमाग में 'स्पीड' का इंजन लगने की बात क्यों कही है? **CBSE 2009**

अथवा 'झेन की देन' के आधार पर लिखिए कि लेखक ने जापानियों के दिमाग में स्पीड का इंजन लगे होने की बात क्यों कही है? **CBSE 2016, 12**

उत्तर लेखक ने जापानियों के दिमाग में स्पीड का इंजन लगने की बात इसलिए कही है, क्योंकि अमेरिका से होड़ रखने के कारण जापानी निरंतर कार्यशील रहते हैं और उनका दिमाग दौड़ता रहता है।

5 जापान में चाय पीने की विधि को क्या कहते हैं?

उत्तर जापान में शाम के समय काम से फुरसत मिलने के बाद 'टी-सेरेमनी' में लोग शामिल होते हैं। यह चाय पीने की एक विशेष विधि है। जापानी लोग इसे 'चा-नो-यू' कहते हैं। यह झेन परंपरा की देन है।

6 जापान में जहाँ चाय पिलाई जाती है, उस स्थान की क्या विशेषता है?

उत्तर जापान में जहाँ चाय पिलाई जाती है, वहाँ आने वालों का परंपरागत शैली में स्वागत किया जाता है। वहाँ का वातावरण अत्यंत शांत और गरिमापूर्ण होता है। यह पर्णकुटी जैसा सुसज्जित होता है। प्राकृतिक ढंग से सजे इस स्थान में अधिकतम तीन लोग ही एक साथ चाय पी सकते हैं।

लिखित

(क) निम्नलिखित प्रश्नों के उत्तर (25-30 शब्दों में) लिखिए

1 शुद्ध आदर्श की तुलना सोने से और व्यावहारिकता की तुलना ताँबे से क्यों की गई है? **CBSE 2017, 11**

अथवा 'गिन्नी का सोना' पाठ में शुद्ध आदर्श की तुलना शुद्ध सोने से क्यों की गई है? स्पष्ट कीजिए। **CBSE 2019**

उत्तर शुद्ध सोने का उपयोग आभूषण आदि बनाने में नहीं किया जाता है। गहनों के निर्माण के लिए सोने में थोड़ा ताँबा मिलाना पड़ता है। उसी प्रकार, शुद्ध आदर्श किसी काम का नहीं होता। आदर्श को क्रियान्वित करने के लिए व्यावहारिकता की ज़रूरत होती है। आदर्श के साथ थोड़ी व्यावहारिकता से ही 'आदर्श' की स्थापना संभव है।

2 चाजीन ने कौन-सी क्रियाएँ गरिमापूर्ण ढंग से पूरी कीं? **CBSE 2011**

उत्तर चाजीन ने अतिथियों का स्वागत, अँगीठी सुलगाना, उस पर चायदानी रखना, चाय के बर्तन लाना, उन्हें तौलिए से साफ़ करना आदि क्रियाएँ बहुत ही गरिमापूर्ण ढंग से पूरी कीं।

3 'टी-सेरेमनी' में एक साथ कितने आदमियों को प्रवेश दिया जाता था और क्यों? **CBSE 2012**

उत्तर टी-सेरेमनी में एक साथ तीन से अधिक आदमियों को प्रवेश नहीं दिया जाता था। वहाँ शांति व परंपरा ही प्रमुख होती है। इसलिए शांति बनाए रखने के लिए यह नियम बनाया गया है।

4 चाय पीने के बाद लेखक ने स्वयं में क्या परिवर्तन महसूस किया?

उत्तर 'टी-सेरेमनी' में चाय पीने की प्रक्रिया ने लेखक को बहुत प्रभावित किया। इस प्रक्रिया में मुख्य बात शांति थी। वहाँ तीन से अधिक आदमी नहीं हो सकते थे। प्याले में दो घूँट से अधिक चाय नहीं थी, किंतु चाय पीने की प्रक्रिया ने दिमाग की रफ़्तार धीमी कर दी तथा कुछ देर बाद जैसे दिमाग बिलकुल बंद हो गया। लेखक को लगा कि वह अनंतकाल में जी रहा है।

(ख) निम्नलिखित प्रश्नों के उत्तर (50-60 शब्दों में) लिखिए

1 गांधीजी में नेतृत्व की अद्भुत क्षमता थी। उदाहरण सहित इस बात की पुष्टि कीजिए। **CBSE 2011**

उत्तर गांधीजी में नेतृत्व की अद्भुत क्षमता थी। सत्य और अहिंसा के विचार पर पूरे देश को आंदोलित करने के लिए उन्होंने जिस प्रकार अपनी चेतना का प्रयोग किया, वह विलक्षण था। गांधीजी एक 'प्रैक्टिकल आइडियलिस्ट' थे। उन्होंने जीवन में आदर्श के साथ व्यावहारिकता की थोड़ी मात्रा को जायज़ माना। उन्होंने आदर्श को गिरने नहीं दिया, बल्कि व्यावहारिकता को ही आदर्शों के स्तर तक चढ़ाने के लिए अपने विचारों तथा कार्यक्रमों को दिशा दी। गांधीजी ने व्यावहारिकता को आदर्श के स्तर तक पहुँचा कर अपनी नेतृत्व क्षमता को सिद्ध किया।

2 **आपके विचार से कौन-से ऐसे मूल्य हैं, जो शाश्वत हैं? वर्तमान समय में इन मूल्यों की प्रासंगिकता स्पष्ट कीजिए। CBSE 2012, 11**

अथवा **वर्तमान समय में शाश्वत मूल्यों की क्या उपयोगिता है? 'गिन्नी का सोना' पाठ के आधार पर लिखिए। CBSE 2019**

अथवा **शाश्वत मूल्य से आप क्या समझते हैं? 'गिन्नी का सोना' पाठ के आधार पर बताइए कि वर्तमान समय में इन मूल्यों की क्या प्रासंगिकता है? CBSE 2020**

उत्तर जीवन में ऐसे अनेक मूल्य हैं, जो शाश्वत हैं। सत्य, अहिंसा, प्रेम, त्याग, परोपकार, बंधुत्व इत्यादि समाज के शाश्वत मूल्य हैं। इन मूल्यों ने आदर्श समाज की स्थापना की है।

विभिन्न समयों में अनेक महापुरुषों ने इन मूल्यों के साथ समाज के सामने आदर्श स्थितियों को रखा है। वर्तमान समय में भी ऐसे मूल्यों की प्रासंगिकता बनी हुई है। इन मूल्यों में गिरावट के कारण समाज का नैतिक पतन हुआ है। वर्तमान समाज में इन शाश्वत मूल्यों की आवश्यकता और भी अधिक बढ़ गई है। आदर्श की स्थापना के लिए इन मूल्यों का उत्थान तथा पुनर्स्थापना आवश्यक है।

3 **अपने जीवन की किसी ऐसी घटना का उल्लेख कीजिए, जब**
(क) शुद्ध आदर्श से आपको हानि-लाभ हुआ हो।
(ख) शुद्ध आदर्श में व्यावहारिकता का पुट देने से लाभ हुआ हो।

उत्तर छात्र स्वयं करें।

4 **'शुद्ध सोने में ताँबे की मिलावट या ताँबे में सोना', गांधीजी के आदर्श और व्यवहार के संदर्भ में यह बात किस तरह झलकती है? स्पष्ट कीजिए।**

अथवा **'गिन्नी का सोना' पाठ के आधार पर गांधीजी के आदर्श और व्यवहार के संबंध में ताँबे और सोने का रूपक स्पष्ट कीजिए। CBSE 2011**

उत्तर गांधीजी 'प्रैक्टिकल आइडियलिस्ट' थे यानी व्यावहारिक आदर्शवादी। वे आदर्शों को व्यावहारिकता के स्तर तक उतरने नहीं देते थे। वे शुद्ध सोने में ताँबा नहीं, बल्कि ताँबे में सोना मिलाकर उसकी कीमत बढ़ाते थे, जिससे सोना ही हमेशा आगे रहता। गांधीजी राजनीति में आदर्श तथा व्यावहारिकता के इस प्रयोग को दोहराते रहते थे। आदर्शवादी मूल्यों की सुरक्षा के लिए ही वे व्यावहारिकता को आदर्श की ऊँचाई तक ले जाते थे, किंतु आदर्शों को नीचे नहीं आने देते थे।

5 **'गिरगिट' कहानी में आपने समाज में व्याप्त अवसरानुसार अपने व्यवहार को पल-पल में बदल डालने की एक बानगी देखी। इस पाठ के अंश 'गिन्नी का सोना' के संदर्भ में स्पष्ट कीजिए कि 'आदर्शवादिता' और 'व्यावहारिकता' में से जीवन में किसका महत्त्व अधिक है? CBSE 2011, 10**

उत्तर आदर्शवादिता शुद्ध सोना है। इसे उपयोगी बनाने के लिए व्यावहारिकता के रूप में थोड़ा-सा ताँबा मिलाना ज़रूरी है। केवल आदर्शवादिता के कारण हम मूल्यों एवं सिद्धांतों को समाज में सही ढंग से क्रियान्वित नहीं कर सकते, जिससे समाज को लाभ नहीं मिल पाता है। आदर्श में व्यावहारिकता का हल्का मिश्रण विलक्षण आदर्श पैदा करता है। व्यावहारिकता को आदर्श के स्तर तक चढ़ाने की ज़रूरत होती है, इससे आदर्शवादिता की कीमत ही बढ़ती है। इस प्रकार आदर्श के साथ अल्प मात्रा में व्यावहारिकता को रखना महत्त्वपूर्ण है।

6 **लेखक के मित्र ने मानसिक रोग के क्या-क्या कारण बताए? आप इन कारणों से कहाँ तक सहमत हैं? CBSE 2012**

उत्तर लेखक के मित्र ने मानसिक रोग के अनेक कारण बताए हैं। जापानी लोग अमेरिका से प्रतिस्पर्द्धा करने के कारण दिन-रात काम में जुटे रहते हैं। भौतिक उन्नति की दौड़ ने उनके जीवन की भाग-दौड़ बढ़ा दी है। वह हर समय काम में व्यस्त रहते हैं व हर समय उनके दिमाग की रफ़्तार तेज़ रहती है। अकेले रहने पर भी वे स्वयं से उलझे रहते हैं। मैं इन कारणों से सहमत हूँ, क्योंकि जीवन में निरंतर एकाकीपन और हर समय काम की उधेड़बुन मनुष्य को मानसिक रूप से रुग्ण बना देती है।

7 **लेखक के अनुसार सत्य केवल वर्तमान है, उसी में जीना चाहिए। लेखक ने ऐसा क्यों कहा होगा? स्पष्ट कीजिए। CBSE 2013, 12, 11**

अथवा **"हमें सत्य में जीना चाहिए, सत्य केवल वर्तमान है।" 'पतझर में टूटी पत्तियाँ' के इस कथन को स्पष्ट करते हुए लिखिए कि लेखक ने ऐसा क्यों कहा है? CBSE 2015, 14**

उत्तर अकसर हम भविष्य की रंगीन काल्पनिक दुनिया में जीने लगते हैं या फिर बीते दिनों की खट्टी-मीठी स्मृतियों में उलझ जाते हैं। हम या तो भूतकाल में जीते हैं या फिर भविष्य में, दोनों ही मिथ्या हैं। एक बीत चुका है और दूसरा अभी आया ही नहीं है। लेखक मानता है कि हमारे सामने जो वर्तमान है, वही सत्य है। हमें उसी में जीना चाहिए। वर्तमान काल अत्यधिक विस्तृत होता है। वर्तमान में जीने वाले का जीवन सरल तथा आदर्शपूर्ण हो सकता है, क्योंकि भविष्य उसे चिंतित नहीं करता और भूतकाल उसे परेशान नहीं कर सकता। इस तरह जीवन की सारी गुत्थियाँ स्वयं ही सुलझ जाती हैं।

(ग) निम्नलिखित के आशय स्पष्ट कीजिए

1 **"समाज के पास अगर शाश्वत मूल्यों जैसा कुछ है, तो वह आदर्शवादी लोगों का ही दिया हुआ है।"**

उत्तर व्यवहारवादी या प्रैक्टिकल लोग हमेशा सजग रहते हैं। वे हर काम में हिसाब लगाकर आगे बढ़ते हैं। लाभ-हानि के आधार पर ही कदम उठाते हैं। ऐसे लोग जीवन में सफल होते हैं और उनकी भौतिक उपलब्धियों का स्तर अन्य लोगों से ऊपर उठ जाता है, लेकिन जीवन में ऐसे लोगों को स्थायी महत्त्व नहीं मिलता। महत्त्व उन लोगों को मिलता है, जो अपने साथ दूसरों को भी ऊपर ले जाते हैं। ऐसा काम हमेशा आदर्शवादी लोगों ने ही किया है। वस्तुतः समाज के सभी शाश्वत मूल्य, जिन पर हम गर्व कर सकते हैं, आदर्शवादियों की ही देन है।

2 **"जब व्यावहारिकता का बखान होने लगता है, तब 'प्रैक्टिकल आइडियलिस्टों' के जीवन से आदर्श धीरे-धीरे पीछे हटने लगते हैं और उनकी व्यावहारिक सूझ-बूझ ही आगे आने लगती है।"**

उत्तर जब 'प्रैक्टिकल आइडियलिस्ट' मौके का फ़ायदा नहीं उठा पाते, तो इनके द्वारा आदर्शों का पालन नहीं होता। वे मर्यादा की सीमा को लाँघ जाते हैं तथा सूझ-बूझ और व्यावहारिकता की आड़ लेकर अपने निजी स्वार्थ की पूर्ति के लिए सही-गलत सब काम करते हैं।

3 **"हमारे जीवन की रफ़्तार बढ़ गई है। यहाँ कोई चलता नहीं, बल्कि दौड़ता है। कोई बोलता नहीं, बकता है। हम जब अकेले पड़ते हैं, तब अपने आपसे लगातार बड़बड़ाते रहते हैं।"**

उत्तर आज तकनीकों के बढ़ने से प्रतिस्पर्द्धा भी बढ़ती जा रही है। लोग एक महीने का काम एक दिन में ही कर लेना चाहते हैं। दिमाग की रफ़्तार तो वैसे भी तेज़ होती है। तेज़ रफ़्तार से काम करने के लिए 'स्पीड' का इंजन लगा देने से यह और अधिक तेज़ भागने लगता है। ऐसे में जीवन की रफ़्तार बढ़ जाती है। व्यक्ति चलने की बजाय दौड़ने लगता है। वह एक प्राणी की बजाय मशीन बन जाता है। उसके शारीरिक अंग कल-पुर्जों की तरह काम करने लगते हैं। इन सबका प्रभाव 'तनाव' के रूप में सामने आता है और मनुष्य एक 'मनोरोगी' बन जाता है।

4 **"सभी क्रियाएँ इतनी गरिमापूर्ण ढंग से कीं कि उसकी हर भंगिमा से लगता था मानो जयजयवंती के सुर गूँज रहे हों।"**

उत्तर लेखक अपने दो मित्रों के साथ जापान की एक 'टी-सेरेमनी' में शामिल हुआ। यह चाय पीने की एक विधि है, जिसे जापानी 'चा-नो-यू' कहते हैं। 'टी-सेरेमनी' छः मंज़िली इमारत की छत पर एक सुंदर पर्णकुटी में आयोजित होती है। यहाँ चाय पिलाने वाला व्यक्ति 'चाजीन' बैठा रहता है। उसने अभिवादन के साथ लेखक तथा उनके मित्रों को बुलाया। बैठने को जगह दी, अँगीठी सुलगाई तथा उस पर चायदानी रखी। बर्तनों को तौलिए से साफ़ किया। उसकी सभी क्रियाओं में एक गरिमापूर्ण प्रवृत्ति नज़र आती थी।

भाषा अध्ययन

1 नीचे दिए गए शब्दों का वाक्य में प्रयोग कीजिए
व्यावहारिकता, आदर्श, सूझ-बूझ, विलक्षण, शाश्वत

उत्तर
(*i*) **व्यावहारिकता** कोई भी नियम तभी सफल हो सकता है, जब उसमें व्यावहारिकता हो।
(*ii*) **आदर्श** गांधीजी बहुत से व्यक्तियों के आदर्श हैं।
(*iii*) **सूझ-बूझ** संकट के समय हमें सूझ-बूझ से काम लेना चाहिए।
(*iv*) **विलक्षण** प्रसिद्ध वैज्ञानिक सी. वी. रामन् विलक्षण प्रतिभा के धनी थे।
(*v*) **शाश्वत** ईश्वर एक शाश्वत सत्य है।

2 'लाभ-हानि' का विग्रह इस प्रकार होगा—लाभ और हानि
यहाँ द्वंद्व समास है, जिसमें दोनों पद प्रधान होते हैं। दोनों पदों के बीच योजक शब्द का लोप करने के लिए योजक चिह्न लगाया जाता है। नीचे दिए गए द्वंद्व समास का विग्रह कीजिए

(क) माता-पिता	=	माता और पिता
(ख) पाप-पुण्य	=	पाप और पुण्य
(ग) सुख-दुःख	=	सुख और दुःख
(घ) रात-दिन	=	रात और दिन
(ङ) अन्न-जल	=	अन्न और जल
(च) घर-बाहर	=	घर और बाहर
(छ) देश-विदेश	=	देश और विदेश

3 नीचे दिए गए विशेषण शब्दों से भाववाचक संज्ञा बनाइए

(क) सफल	=	सफलता
(ख) विलक्षण	=	विलक्षणता
(ग) व्यावहारिक	=	व्यावहारिकता
(घ) सजग	=	सजगता
(ङ) आदर्शवादी	=	आदर्शवादिता
(च) शुद्ध	=	शुद्धता

4 नीचे दिए गए वाक्यों में रेखांकित अंश पर ध्यान दीजिए और शब्द के अर्थ को समझिए
(क) शुद्ध <u>सोना</u> अलग है।
(ख) बहुत रात हो गई अब हमें <u>सोना</u> चाहिए।
ऊपर दिए गए वाक्यों में 'सोना' का क्या अर्थ है? पहले वाक्य में 'सोना' का अर्थ है—धातु 'स्वर्ण'। दूसरे वाक्य में 'सोना' का अर्थ है—'सोना' नामक क्रिया। अलग-अलग संदर्भों में ये शब्द अलग अर्थ देते हैं अथवा एक शब्द के कई अर्थ होते हैं। ऐसे शब्द **अनेकार्थी शब्द** कहलाते हैं। नीचे दिए गए शब्दों के भिन्न-भिन्न अर्थ स्पष्ट करने के लिए उनका वाक्यों में प्रयोग कीजिए
उत्तर, कर, अंक, नग।

उत्तर

उत्तर
(*i*) इस प्रश्न का <u>उत्तर</u> मुझे नहीं आता था। *(जवाब)*
(*ii*) राजनेता <u>उत्तर</u>-दक्षिण का भेदभाव खड़ा करके राजनीति कर रहे हैं। *(दिशा)*

कर
(*i*) महात्मा जी ने अपने <u>कर</u>-कमलों से इस भवन की आधारशिला रखी। *(हाथ)*
(*ii*) सिगरेट पर <u>कर</u> बढ़ा दिया गया है। *(टैक्स)*

अंक
(*i*) माँ ने शिशु को अपने <u>अंक</u> में सुला लिया। *(गोद)*
(*ii*) सिमरन ने 80% <u>अंक</u> प्राप्त किए। *(नंबर)*

नग
(*i*) सामने खड़े <u>नग</u> कितने सुंदर हैं? *(पहाड़)*
(*ii*) इस अँगूठी का <u>नग</u> बहुत सुंदर है। *(चमकीला पत्थर)*

5 नीचे दिए गए वाक्यों को संयुक्त वाक्य में बदलकर लिखिए

(क) अँगीठी सुलगाई।
उस पर चायदानी रखी।

(ख) चाय तैयार हुई।
उसने वह प्यालों में भरी।

(ग) बगल के कमरे में से जाकर कुछ बर्तन ले आया।
तौलिए से बरतन साफ़ किए।

उत्तर (क) अँगीठी सुलगाई और उस पर चायदानी रखी।

(ख) चाय तैयार हुई और उसने उसे प्यालों में भरी।

(ग) वह बगल के कमरे में से कुछ बर्तन लाया और फिर उसने तौलिए से बरतन साफ़ किए।

6 नीचे दिए गए वाक्यों से मिश्र वाक्य बनाइए

(क) चाय पीने की यह एक विधि है।
जापानी में उसे 'चा-नो-यू' कहते हैं।

(ख) बाहर बेढब-सा एक मिट्टी का बर्तन था।
उसमें पानी भरा हुआ था।

(ग) चाय तैयार हुई। उसने वह प्यालों में भरी।
फिर वे प्याले हमारे सामने रख दिए।

उत्तर (क) जो विधि जापान में चाय पीने की है, 'उसे चा-नो-यू' कहते हैं।

(ख) बाहर जो बेढब-सा एक मिट्टी का बर्तन था, उसमें पानी भरा हुआ था।

(ग) जब चाय तैयार हुई, तब उसने प्यालों में भरकर उन्हें हमारे सामने रख दिए।

योग्यता विस्तार

1 गांधीजी के आदर्शों पर आधारित पुस्तकें पढ़िए; *जैसे— महात्मा गांधी द्वारा रचित 'सत्य के प्रयोग' और गिरिराज किशोर द्वारा रचित उपन्यास 'गिरमिटिया'।*

उत्तर छात्र स्वयं करें।

2 पाठ में वर्णित 'टी-सेरेमनी' शब्द चित्र प्रस्तुत कीजिए।

उत्तर अध्यापक की सहायता से छात्र स्वयं करें।

परियोजना कार्य

1 भारत के नक्शे पर वे स्थान अंकित कीजिए जहाँ चाय की पैदावार होती है। इन स्थानों से संबंधित भौगोलिक स्थितियों और अलग-अलग जगह की चाय की क्या विशेषताएँ हैं, इनका पता लगाइए और परियोजना पुस्तिका में लिखिए।

उत्तर अध्यापक की सहायता से छात्र स्वयं करें।

परीक्षा अभ्यास

गद्यांश पर आधारित बहुविकल्पात्मक प्रश्न

निम्नलिखित गद्यांशों को ध्यानपूर्वक पढ़कर पूछे गए प्रश्नों के सही विकल्प चुनिए।

1 अकसर हम या तो गुजरे हुए दिनों की खट्टी-मीठी यादों में उलझे रहते हैं या भविष्य के रंगीन सपने देखते रहते हैं। हम या तो भूतकाल में रहते हैं या भविष्यकाल में। असल में दोनों काल मिथ्या हैं। एक चला गया है, दूसरा आया नहीं है। हमारे सामने जो वर्तमान क्षण है, वही सत्य है। उसी में जीना चाहिए। चाय पीते-पीते उस दिन मेरे दिमाग से भूत और भविष्य दोनों काल उड़ गए थे। केवल वर्तमान क्षण सामने था और वह अंनतकाल जितना विस्तृत था। जीना किसे कहते हैं, उस दिन मालूम हुआ।

(क) प्रस्तुत गद्यांश के पाठ और लेखक का क्या नाम है?
(i) झेन की देन—रवींद्र केलेकर
(ii) बड़े भाई साहब—प्रेमचंद
(iii) कारतूस—हबीब तनवीर
(iv) अब कहाँ दूसरे के दुःख से दुःखी होने वाले—निदा फाज़ली

उत्तर *(i)* झेन की देन–रवींद्र केलेकर

(ख) लेखक के अनुसार, प्रायः हम किन बातों में उलझे रहते हैं?
(i) अतीत की सुखद स्मृतियों में
(ii) अतीत की दुःखद स्मृतियों में
(iii) भविष्य के रंगीन सपने बुनने में
(iv) उपरोक्त सभी

उत्तर *(iv)* उपरोक्त सभी

(ग) गद्यांश के आधार पर बताइए कि लेखक किस काल में जीने को कहता है?
(i) भूतकाल में *(ii)* भविष्यकाल में
(iii) वर्तमानकाल में *(iv)* ये सभी

उत्तर *(iii)* वर्तमानकाल में

(घ) लेखक के अनुसार, हमारे समस्त प्रयास वर्तमान के लिए क्यों होने चाहिए?
(i) क्योंकि वर्तमानकाल ही सत्य है
(ii) क्योंकि भूतकाल से हमें शिक्षा प्राप्त नहीं होती
(iii) क्योंकि भविष्यकाल आधारहीन होता है
(iv) क्योंकि वर्तमानकाल को व्यर्थ गँवाना उचित है

उत्तर *(i)* क्योंकि वर्तमानकाल ही सत्य है

(ङ) चाय पीने के बाद लेखक ने कैसा अनुभव किया?
(i) भूत और भविष्यकाल अदृश्य हो गए
(ii) उसे जीने की कला आ गई
(iii) वह वर्तमानकाल में जीने लगा
(iv) उपरोक्त सभी

उत्तर *(iv)* उपरोक्त सभी

2 चंद लोग कहते हैं, गाँधीजी 'प्रैक्टिकल आइडियलिस्ट' थे, व्यावहारिकता को पहचानते थे, उसकी कीमत जानते थे इसीलिए वे अपने विलक्षण आदर्श चला सकें। वरना हवा में ही उड़ते रहते। देश उनके पीछे न जाता।

हाँ, पर गाँधीजी कभी आदर्शों को व्यावहारिकता के स्तर पर उतरने नहीं देते थे बल्कि व्यावहारिकता को आदर्शों के स्तर पर चढ़ाते थे। वे सोने में ताँबा नहीं बल्कि ताँबे में सोना मिलाकर उसकी कीमत बढ़ाते थे इसलिए सोना ही हमेशा आगे आता रहता था।

(क) 'हवा में उड़ना' से क्या तात्पर्य है?
(i) बहुत ऊँचे जाना *(ii)* इतराना
(iii) नीचे न आना *(iv)* सबसे भिन्न होना

उत्तर *(ii)* इतराना

(ख) 'उसकी कीमत जानते थे' वाक्य में 'उसकी' शब्द किसके लिए प्रयुक्त हुआ है?
(i) लोगों के लिए
(ii) गाँधीजी के लिए
(iii) व्यावहारिकता के लिए
(iv) आदर्शों के लिए

उत्तर *(iii)* व्यावहारिकता के लिए

(ग) गाँधीजी अपने विलक्षण आदर्श क्यों चला सके?
(i) व्यावहारिकता को पहचानने के कारण
(ii) जनता के विचारों के कारण
(iii) देश की जरूरत के कारण
(iv) आदर्शवादिता के कारण

उत्तर *(i)* व्यावहारिकता को पहचानने के कारण

(घ) गाँधीजी के पीछे देश क्यों गया?
(i) उनकी नीतियों और सिद्धान्तों में देश को अपना हित दिखाई दिया।
(ii) उनकी आदर्शवादिता देश को पसन्द आई।
(iii) उनका व्यवहार देश के लिए उपयुक्त था।
(iv) उनकी सोच अन्य लोगों से भिन्न थी।

उत्तर *(i)* उनकी नीतियों और सिद्धान्तों में देश को अपना हित दिखाई दिया।

(ङ) ताँबे में सोना मिलाने से अभिप्राय है

(*i*) व्यावहारिकता को आदर्श के स्तर तक पहुँचाना
(*ii*) आदर्शों को नीचे आने देना
(*iii*) व्यावहारिकता को महत्त्व न देकर आदर्श को महत्त्व देना
(*iv*) आदर्शों को व्यावहारिकता तक ले जाना

उत्तर (*i*) व्यावहारिकता को आदर्श के स्तर तक पहुँचाना

3 चाय तैयार हुई। उसने वह प्यालों में भरी। फिर वे प्याले हमारे सामने रख दिए गए। वहाँ हम तीन मित्र ही थे। इस विधि में शांति मुख्य बात होती है। इसलिए वहाँ तीन से अधिक आदमियों को प्रवेश नहीं दिया जाता। प्याले में दो घूँट से अधिक चाय नहीं थी। हम ओठों से प्याला लगाकर एक-एक बूँद चाय पीते रहे। करीब डेढ़ घंटे तक चुसकियों का यह सिलसिला चलता रहा।

पहले दस-पंद्रह मिनट तो मैं उलझन में पड़ा। फिर देखा, दिमाग की रफ़्तार धीरे-धीरे धीमी पड़ती जा रही है। थोड़ी देर में बिल्कुल बंद भी हो गई। मुझे लगा, मानो अनंतकाल में मैं जी रहा हूँ। यहाँ तक कि सन्नाटा भी मुझे सुनाई देने लगा।

(क) प्रस्तुत गद्यांश के पाठ और लेखक का क्या नाम है?

(*i*) बड़े भाई साहब—प्रेमचंद
(*ii*) तताँरा वामीरो कथा—लीलाधर मंडलोई
(*iii*) झेन की देन—रवींद्र केलेकर
(*iv*) कारतूस—हबीब तनवीर

उत्तर (*iii*) झेन की देन–रवींद्र केलेकर

(ख) चाय पीने की विधि में लेखक को मुख्य बात क्या लगी?

(*i*) कम लोगों का प्रवेश
(*ii*) साफ-सफाई का विशेष ध्यान
(*iii*) शांति की व्यवस्था
(*iv*) चाय परोसने का ढंग

उत्तर (*iii*) शांति की व्यवस्था

(ग) चाय पीने का सिलसिला कितनी देर तक चलता रहा?

(*i*) दो घंटे तक (*ii*) अनंतकाल तक
(*iii*) डेढ़ घंटे तक (*iv*) केवल दो मिनट तक

उत्तर (*iii*) डेढ़ घंटे तक

(घ) दो घूँट चाय को लंबे समय तक पीने का उद्देश्य क्या था?

(*i*) समय व्यतीत करना
(*ii*) मानसिक शांति प्राप्त करना
(*iii*) मित्रों के साथ अच्छा समय बिताना
(*iv*) चाय के स्वाद का आनंद लेना

उत्तर (*ii*) मानसिक शांति प्राप्त करना

(ङ) लेखक को चाय पीते समय कैसा अनुभव हुआ?

(*i*) जैसे वह उलझन में पड़ गया हो
(*ii*) जैसे वह अनंतकाल में जी रहा हो
(*iii*) जैसे वह भूतकाल में चला गया हो
(*iv*) जैसे उसे भविष्यकाल दिखाई दे रहा हो

उत्तर (*ii*) जैसे वह अनंतकाल में जी रहा हो

4 बाहर बेढब-सा एक मिट्टी का बरतन था। उसमें पानी भरा हुआ था। हमने अपने हाथ-पाँव इस पानी से धोए। तौलिए से पोंछे और अंदर गए। अंदर 'चाजीन' बैठा था। हमें देखकर वह खड़ा हुआ। कमर झुकाकर उसने हमें प्रणाम किया। दो...झो...(आइए, तशरीफ लाइए) कहकर स्वागत किया। बैठने की जगह हमें दिखाई। अँगीठी सुलगाई। उस पर चायदानी रखी। बगल के कमरे में जाकर कुछ बरतन ले आया। तौलिए से बरतन साफ किए। सभी क्रियाएँ इतनी गरिमापूर्ण ढंग से की कि उसकी हर भंगिमा से लगता था मानो जयजयवंती के सुर गूँज रहे हों। वहाँ का वातावरण इतना शांत था कि चायदानी के पानी का खदबदाना भी सुनाई दे रहा था।

(क) चाजीन ने कौन-सी क्रिया गरिमापूर्ण ढंग से की?

(*i*) अतिथियों का स्वागत
(*ii*) अँगीठी सुलगाना
(*iii*) चाय के बर्तन लाना
(*iv*) उपरोक्त सभी

उत्तर (*iv*) उपरोक्त सभी

(ख) पर्णकुटी के बाहर मिट्टी का बरतन रखने का क्या उद्देश्य था?

(*i*) चाय के बर्तन धोए जाने के लिए
(*ii*) प्रत्येक व्यक्ति पानी से हाथ-मुँह धोकर कुटिया के अंदर प्रवेश करे
(*iii*) किसी को भी पानी की कमी न हो
(*iv*) पानी का महत्त्व बताने के लिए

उत्तर (*ii*) प्रत्येक व्यक्ति पानी से हाथ-मुँह धोकर कुटिया के अंदर प्रवेश करे

(ग) चाजीन ने लेखक का स्वागत किस प्रकार किया?

(*i*) खड़े होकर
(*ii*) झुककर प्रणाम करके
(*iii*) 'दो-झो' कहकर
(*iv*) उपरोक्त सभी

उत्तर (*iv*) उपरोक्त सभी

(घ) "उसकी हर भंगिमा से लगता था मानो जयजयवंती के सुर गूँज रहे हों" पंक्ति में 'उसकी' शब्द किसके लिए प्रयुक्त हुआ है?

(*i*) लेखक के मित्र
(*ii*) स्वयं लेखक
(*iii*) चाजीन
(*iv*) वहाँ उपस्थित अन्य व्यक्ति

उत्तर (*iii*) चाजीन

(ङ) लेखक को पर्णकुटी का वातावरण कैसा लगा?

(*i*) शांत (*ii*) गरिमापूर्ण
(*iii*) (*i*) और (*ii*) दोनों (*iv*) गंभीर

उत्तर (*iii*) (*i*) और (*ii*) दोनों

5 "हमारे जीवन की रफ़्तार बढ़ गई है। यहाँ कोई चलता नहीं, बल्कि दौड़ता है। कोई बोलता नहीं, बकता है। हम जब अकेले पड़ते हैं, तब अपने आपसे लगातार बड़बड़ाते रहते हैं। ...अमेरिका से हम प्रतिस्पर्द्धा करने लगे। एक महीने में पूरा होने वाला काम एक दिन में ही पूरा करने की कोशिश करने लगे। वैसे भी दिमाग की रफ़्तार हमेशा तेज़ ही रहती है। उसमें 'स्पीड' का इंजन लगाने पर वह हज़ार गुना अधिक रफ़्तार से दौड़ने लगता है। फिर एक क्षण ऐसा आता है जब दिमाग का तनाव बढ़ जाता है और पूरा इंजन टूट जाता है। ...यही कारण है जिससे मानसिक रोग यहाँ बढ़ गए हैं।..."

(क) गद्यांश के अनुसार, मानसिक रोगों के बढ़ने का क्या कारण है?
(*i*) धैर्य न होना
(*ii*) तीव्र इच्छाएँ होना
(*iii*) समय की गति को रोकना
(*iv*) उपरोक्त सभी

उत्तर (*iv*) उपरोक्त सभी

(ख) जीवन की रफ़्तार बढ़ने से लेखक का क्या आशय है?
(*i*) कम समय में कम काम करना
(*ii*) भागदौड़ भरी व्यस्त जीवन-शैली
(*iii*) प्रतिस्पर्द्धा की समाप्ति
(*iv*) आवश्यक साधन उपलब्ध न होना

उत्तर (*ii*) भागदौड़ भरी व्यस्त जीवन-शैली

(ग) दिमाग में स्पीड का इंजन लगाने की बात क्यों कही गई है?
(*i*) क्योंकि वह प्रत्येक कार्य को जल्दी-जल्दी करना चाहते हैं
(*ii*) क्योंकि उनका दिमाग अन्य लोगों से भिन्न होता है
(*iii*) क्योंकि उनके पास ज्ञान का भंडार होता है
(*iv*) क्योंकि वे समय के महत्त्व को समझते हैं

उत्तर (*i*) क्योंकि वह प्रत्येक कार्य को जल्दी-जल्दी करना चाहते हैं

(घ) मानसिक रोग क्यों बढ़ने लगे हैं?
(*i*) जीवन की रफ़्तार बढ़ने के कारण
(*ii*) प्रतिस्पर्द्धा के कारण
(*iii*) पूरे महीने का काम एक दिन में करने की कोशिश करने के कारण
(*iv*) उपरोक्त सभी

उत्तर (*iv*) उपरोक्त सभी

(ङ) जब मनुष्य अकेला होता है, तब वह क्या करता है?
(*i*) अपने महत्त्वपूर्ण कार्य करना
(*ii*) अपनी थकान दूर करना
(*iii*) अपने आपसे लगातार बड़बड़ाना
(*iv*) अपने भविष्य के बारे में सोचना

उत्तर (*iii*) अपने आपसे लगातार बड़बड़ाना

अध्याय पर आधारित बहुविकल्पीय प्रश्न

1. जापान में मानसिक रोग बढ़ने का क्या कारण बताया गया?
(*i*) वहाँ के लोगों के जीवन की रफ्तार बढ़ना
(*ii*) दिमाग में बहुत अधिक तनाव बढ़ना
(*iii*) अन्य देशों से प्रतिस्पर्द्धा करना
(*iv*) उपरोक्त सभी

उत्तर (*iv*) उपरोक्त सभी

2. जापान में एक महीने में पूरा होने वाला काम एक दिन में ही करने की कोशिश क्यों की जाने लगी?
(*i*) अमेरिका से प्रतिस्पर्द्धा के कारण
(*ii*) अधिक कार्यक्षमता होने के कारण
(*iii*) विकास करने के कारण
(*iv*) उपरोक्त सभी

उत्तर (*i*) अमेरिका से प्रतिस्पर्द्धा के कारण

3. जापानियों के दिमाग में 'स्पीड का इंजन' होने से क्या भाव है?
(*i*) वे बहुत तेज़ गति से चलते हैं
(*ii*) उनका दिमाग बहुत तेज़ गति से चलता है
(*iii*) वे कार्य को शीघ्र खत्म करना चाहते हैं
(*iv*) वे जीवन में हार नहीं मानते

उत्तर (*ii*) उनका दिमाग बहुत तेज़ गति से चलता है

4. दिमाग का इंजन कब टूट जाता है?
(*i*) जब कुछ कार्य करना चाहते हैं
(*ii*) जब पढ़ने-लिखने का बोझ बढ़ जाता है
(*iii*) जब दिमाग में तनाव बढ़ जाता है
(*iv*) जब इंजन स्टार्ट किया जाता है

उत्तर (*iii*) जब दिमाग में तनाव बढ़ जाता है

5. पर्णकुटी के बाहर मिट्टी का बर्तन क्यों रखा था?
(*i*) पक्षियों के पानी पीने हेतु
(*ii*) चाय के बर्तन धोने हेतु
(*iii*) कुटिया में प्रवेश से पहले हाथ-मुँह धोने हेतु
(*iv*) चीनी परंपरा का पालन करने हेतु

उत्तर (*iii*) कुटिया में प्रवेश से पहले हाथ-मुँह धोने हेतु

6. लेखक को चाय के पानी उबलने की आवाज़ स्पष्ट क्यों सुनाई देती है?
   (i) शांत वातावरण होने के कारण
   (ii) चाजीन द्वारा ऐसा करने के कारण
   (iii) तनाव कम होने के कारण
   (iv) पहाड़ी क्षेत्र होने के कारण
   उत्तर (i) शांत वातावरण होने के कारण

7. चाय पीने की विधि में लेखक को कौन-सी बात मुख्य लगी?
   (i) चाय परोसने का अनोखा तरीका होना
   (ii) साफ-सफाई का विशेष ध्यान रखना
   (iii) कम लोगों का ही प्रवेश होना
   (iv) शांति की व्यवस्था होना
   उत्तर (iv) शांति की व्यवस्था होना

8. टी-सेरेमनी में कितने लोगों को प्रवेश दिया जाता है?
   (i) दो   (ii) तीन
   (iii) चार   (iv) सात
   उत्तर (ii) तीन

9. टी-सेरेमनी में केवल तीन लोगों को ही प्रवेश क्यों दिया जाता है?
   (i) क्योंकि यह एक परंपरा है
   (ii) ताकि शांति भंग न हो
   (iii) ताकि लोग आपस में बात कर सकें
   (iv) क्योंकि स्थान की कमी होती है
   उत्तर (ii) ताकि शांति भंग न हो

10. चाय पीने का कार्यक्रम कितने समय तक चलता रहा?
    (i) दो घंटों तक   (ii) डेढ़ घंटे तक
    (iii) अनंतकाल तक   (iv) दो मिनट तक
    उत्तर (ii) डेढ़ घंटे तक

11. 'उसकी हर भंगिमा से लगता था मानो, जयजयवंती के सुर गूँज रहे हों।' इस पंक्ति में 'उसकी' शब्द किसके लिए प्रयुक्त हुआ है?
    (i) लेखक के मित्र के लिए
    (ii) लेखक के लिए
    (iii) उस तीसरे व्यक्ति के लिए, जो लेखक और उसके मित्र के साथ कमरे में था
    (iv) चाजीन के लिए
    उत्तर (iv) चाजीन के लिए

12. लेखक तथा उसके मित्र द्वारा दो घूँट चाय को लंबे समय तक पीने का क्या उद्देश्य हो सकता है?
    (i) मित्रों के साथ अधिक समय तक बातचीत का अवसर प्राप्त होना
    (ii) चाय के स्वाद का वास्तविक आनंद लेना
    (iii) खाली समय का सदुपयोग करना
    (iv) मानसिक शांति प्राप्त करना
    उत्तर (iv) मानसिक शांति प्राप्त करना

13. लेखक के अनुसार कौन-सा काल सत्य है?
    (i) भूतकाल
    (ii) भविष्यकाल
    (iii) वर्तमान काल
    (iv) उपरोक्त में से कोई नहीं
    उत्तर (iii) वर्तमान काल

14. 'झेन की देन' पाठ के माध्यम से लेखक ने क्या संदेश दिया है?
    (i) अधिक तनाव मनुष्य को पागल बना देता है
    (ii) कर्म ही पूजा है
    (iii) मनुष्य के लिए प्रगति बहुत आवश्यक है
    (iv) चाय तनाव को मुक्त करती है
    उत्तर (i) अधिक तनाव मनुष्य को पागल बना देता है

विषय-वस्तु का ज्ञान, बोध अभिव्यक्ति पर आधारित प्रश्न

परीक्षा अभ्यास

1. जापान के लोग अकेले में क्या करने लगते हैं और क्यों?
उत्तर जापान के लोग अकेले में बड़बड़ाने लगते हैं, क्योंकि अत्यधिक काम करने के कारण वे मानसिक रूप से बीमार हो जाते हैं। उनमें तनाव इतना अधिक बढ़ जाता है कि वे अकेले में कुछ-न-कुछ बोलते रहते हैं। इसी बढ़ते हुए मानसिक तनाव के कारण वे मानसिक रोगों का भी शिकार हो जाते हैं।

2. 'झेन की देन' पाठ के आधार पर बताइए कि जापान के लोगों में किस प्रकार के रोग बढ़ रहे हैं और क्यों?
                       CBSE 2020

उत्तर 'पतझर में टूटी पत्तियाँ' पाठ के दूसरे प्रसंग 'झेन की देन' के अनुसार, जापान में अस्सी प्रतिशत लोग मानसिक रोगों के शिकार हैं। इसका सबसे बड़ा कारण तनाव है। अमेरिका से प्रतिस्पर्द्धा के कारण वे एक महीने का काम एक दिन में करने का प्रयास करते हैं। परिणामस्वरूप मानसिक तनाव बढ़ने लगता है और वे मानसिक रोगों के शिकार हो जाते हैं। मानसिक रोगों में वृद्धि करने वाले ये कारण पूर्णतः सही हैं।

3. लेखक ने जापानियों के दिमाग में 'स्पीड' का इंजन लगने की बात क्यों कही है?   **NCERT**

अथवा **'झेन की देन' के आधार पर लिखिए कि लेखक ने जापानियों के दिमाग में स्पीड का इंजन लगे होने की बात क्यों कही है?** **CBSE 2016, 12**

उत्तर लेखक ने जापानियों के दिमाग में स्पीड का इंजन लगने की बात इसलिए कही है, क्योंकि अमेरिका से प्रतिस्पर्द्धा रखने के कारण जापानी निरंतर कार्यशील रहते हैं और उनका दिमाग दौड़ता रहता है।

4. 'झेन की देन' पाठ के आधार पर बताइए कि मनुष्य एक मनोरोगी कैसे बन जाता है?

उत्तर मनुष्य के मनोरोगी बनने का सबसे बड़ा कारण, उसका तेज रफ़्तार से कार्य करना है। मनुष्य तेज़ रफ़्तार से कार्य करने के लिए अपने दिमाग में 'स्पीड का इंजन' लगा देते हैं, ताकि उनका दिमाग तेज़ गति से भागने लगे। ऐसे में जीवन की रफ़्तार बढ़ जाती है। वह एक मनुष्य नहीं, अपितु मशीन की भाँति कार्य करने लगता है। उसके शारीरिक अंग कल-पुर्जों की तरह कार्य करने लगते हैं। इसका प्रभाव 'तनाव' के रूप में सामने आता है तथा मनुष्य 'मनोरोगी' बन जाता है।

5. जापान में चाय पीना एक 'सेरेमनी' क्यों है? **CBSE 2019**

उत्तर जापान में चाय पीना एक 'सेरेमनी' इसलिए है, क्योंकि जापानी लोग दिन-रात काम करते हैं तथा वे अपने दिमाग को शांत करने के लिए टी-सेरेमनी का सहारा लेते हैं। इसमें दो घूँट चाय पीने में लगभग डेढ़ घण्टे का समय लग जाता है। जहाँ चाय पिलाई जाती है वहाँ का वातावरण बहुत शांत होता है। इस शांति में वे लोग चाय पीने की प्रक्रिया का आनंद लेते हैं।

6. 'झेन की देन' पाठ के आधार पर स्पष्ट कीजिए कि टी-सेरेमनी कहाँ तथा कैसे आयोजित की जाती है?

उत्तर टी-सेरेमनी छः मंजिली इमारत की छत पर एक सुंदर पर्णकुटी में आयोजित होती है। यहाँ चाय पिलाने वाला व्यक्ति 'चाजीन' बैठा रहता है। उसने अभिवादन के साथ लेखक तथा उनके मित्रों को बुलाया। बैठने को जगह दी, अँगीठी सुलगाई तथा उस पर चायदानी रखी। बर्तनों को तौलिए से साफ़ किया। उसकी सभी क्रियाओं में एक गरिमापूर्ण प्रवृत्ति नजर आती थी।

7. 'झेन की देन' प्रसंग के आधार पर बताइए कि हमारा दिमाग हर वक्त कहाँ उलझा रहता है और क्यों? **CBSE 2013**

उत्तर 'झेन की देन' के अनुसार, हमारा दिमाग हर वक्त भूत या भविष्यकाल की बातों में ही उलझा रहता है, क्योंकि हम अकसर गुज़रे दिनों की खट्टी- मीठी यादों में उलझे रहते हैं या भविष्य के रंगीन सपनों में खोए रहते हैं। यह स्पष्ट करता है कि हमारे व्यक्तित्व में स्थिरता का अभाव है।

8. जापान में अस्सी प्रतिशत लोगों में मनोरुग्णता के कारणों को समझाते हुए लिखिए कि इस संदर्भ में चा-नो-यू की परंपरा को 'एक बड़ी देन' क्यों कहा गया है? **CBSE 2020**

उत्तर 'झेन की देन' पाठ के अनुसार, जापान में अस्सी प्रतिशत लोग मानसिक रोगों (मनोरुग्णता) के शिकार हैं। इसका सबसे बड़ा कारण तनाव है। अमेरिका से प्रतिस्पर्द्धा के कारण वे एक महीने का काम एक दिन में करने का प्रयास करते हैं। परिणामस्वरूप मानसिक तनाव बढ़ने लगता है और वे मानसिक रोगों के शिकार हो जाते हैं। मानसिक रोगों में वृद्धि करने वाले ये कारण पूर्णतः सही हैं। तनाव से मुक्ति दिलाने में चा-नो-यू की परंपरा को 'एक बड़ी देन' इसलिए कहा गया है, क्योंकि चाय पीने की इस प्रक्रिया में मुख्य बात शांति है। चाय पीने के लिए बैठने का जो स्थान है वहाँ का वातावरण अत्यंत शांत और गरिमापूर्ण होता है। वहाँ तीन से अधिक आदमी नहीं होते। प्याले में दो घूँट से अधिक चाय नहीं होती, वे लोग होठों से प्याला लगाकर एक-एक बूँद चाय पीते हैं। करीब डेढ़ घंटे तक यह सिलसिला चलता रहता है। दिमाग की रफ्तार धीरे-धीरे धीमी पड़ने लगती है। लोगों को लगता है मानो वह वर्तमान क्षण अनंतकाल जितना विस्तृत है और वे लोग अनंतकाल में जी रहे हैं। यहाँ तक कि उन्हें सन्नाटा भी स्पष्ट रूप से सुनाई देता है। इस अवस्था में पहुँचने पर वे व्यक्ति तनाव से मुक्ति प्राप्त कर लेते हैं।

9. लेखक के मित्र ने मानसिक रोग के क्या-क्या कारण बताए हैं? आप इन कारणों से कहाँ तक सहमत हैं?

उत्तर लेखक के मित्र ने मानसिक रोग के निम्नलिखित कारण बताए हैं

(i) जापान के लोग अमेरिका से प्रतिस्पर्द्धा करने के कारण दिन-रात काम में लगे रहते हैं।

(ii) भौतिक उन्नति की दौड़ ने उनके जीवन की भाग-दौड़ बढ़ा दी है।

(iii) वह हर समय काम में व्यस्त रहते हैं।

(iv) हर समय उनके दिमाग की रफ़्तार तेज़ रहती है।

(v) अकेले रहने पर भी वे स्वयं से उलझे रहते हैं।

उपर्युक्त दिए गए सभी कारणों से मैं सहमत हूँ, क्योंकि जीवन में निरंतर एकाकीपन और हर समय काम की उधेड़बुन मनुष्य को मानसिक रूप से रुग्ण बना देती है।

10. 'टी-सेरेमनी' क्या है? 'झेन की देन' पाठ के आधार पर विस्तार से लिखिए। **CBSE 2019**

उत्तर 'टी-सेरेमनी' जापान में चाय पीने की एक विधि है। जापानी में इसे चा-नो-यू कहते हैं। इस विधि में शांति को प्रमुखता दी जाती है, इसलिए चाय पीने के स्थान पर एकसाथ तीन लोगों से अधिक को प्रवेश नहीं दिया जाता है। एक बहुमंजिला इमारत की छत पर दफ़्ती की दीवारों तथा चटाई की ज़मीन वाली एक सुंदर पर्णकुटी होती है। बाहर

मिट्टी के बर्तन में पानी भरा होता है। हाथ-पैर धोकर और तौलिए से पोंछकर अंदर प्रवेश किया जाता है।

चाजीन अँगीठी सुलगाकर चाय तैयार करता है। बर्तन तौलिए से साफ़ करके चाय को प्यालों में डालकर अतिथि के सामने लाता है। प्याले में दो घूँट से ज़्यादा चाय नहीं होती। वहाँ होंठों से प्याला लगाकर बूँद-बूँद करके चाय पी जाती है। करीब डेढ़ घंटे तक यह सिलसिला जारी रहता है।

11. **लेखक के अनुसार सत्य केवल वर्तमान है, उसी में जीना चाहिए। आशय स्पष्ट करते हुए बताइए कि लेखक ने ऐसा क्यों कहा होगा? 'झेन की देन' पाठ के आधार पर लिखिए।** **CBSE 2019**

उत्तर अकसर हम भविष्य की रंगीन काल्पनिक दुनिया में जीने लगते हैं या फिर बीते दिनों की खट्टी-मीठी स्मृतियों में उलझ जाते हैं। हम या तो भूतकाल में जीते हैं या फिर भविष्य में, दोनों ही मिथ्या हैं। एक बीत चुका है और दूसरा अभी आया ही नहीं है। लेखक मानता है कि हमारे सामने जो वर्तमान है, वही सत्य है। हमें उसी में जीना चाहिए।

वर्तमान काल अत्यधिक विस्तृत होता है। वर्तमान में जीने वाले का जीवन सरल तथा आदर्शपूर्ण हो सकता है, क्योंकि भविष्य उसे चिंतित नहीं करता और भूतकाल उसे परेशान नहीं कर सकता। इस तरह जीवन की सारी गुत्थियाँ स्वयं ही सुलझ जाती हैं।

वस्तुतः इस सत्य का पता लेखक को उस दिन चला, जब टी-सेरेमनी में लेखक ने चाय पीने की प्रक्रिया देखी। टी-सेरेमनी में उपस्थित लोगों ने प्याले में उपस्थित दो घूँट चाय को पीने में डेढ़ घंटे से ज्यादा समय लगा दिया। लेखक को उस समय वर्तमान बहुत ही विस्तृत लगा। उसे लगा कि वह अनंतकाल में जी रहा है। अतः लेखक को उस समय अनुभव हुआ कि हमें वर्तमान में जीना चाहिए, वही सत्य है।

12. **'झेन की देन' में किस बात को प्रतिपादित किया गया है? उस पर अपने विचार लिखिए।** **CBSE 2020**

उत्तर 'झेन की देन' में वर्तमान के महत्त्व को प्रतिपादित किया गया है। मनुष्य के जीवन में मानसिक शांति महत्त्वपूर्ण है। इस शांति को बनाए रखने के लिए आवश्यक है कि मनुष्य अतीत की स्मृतियों तथा भविष्य की सुखद कल्पनाओं में न उलझे। साथ ही अपने सामर्थ्य के अनुसार काम करें और प्रतिस्पर्द्धा के कारण अत्यधिक तनाव न ले। यह तनाव ही मानसिक बीमारियों का कारण बनता है।

प्रतिस्पर्द्धा जहाँ एक ओर मनुष्य को प्रगति करने का अवसर प्रदान करती है, वहीं दूसरी ओर इसका नकारात्मक परिणाम व्यक्ति को मानसिक रोगी बना देता है। इसलिए यह आवश्यक है कि मनुष्य भौतिक उन्नति की दौड़ में इतना अधिक संलग्न न हो कि उसके जीवन की शांति ही भंग हो जाए। यहाँ वर्तमान काल में जीने की प्रेरणा दी गई है, क्योंकि वर्तमान में जीने वाले का जीवन सरल और आदर्शपूर्ण होता है। ऐसा मनुष्य भूत और भविष्य की चिंता से मुक्त रहकर जीवन की सारी परेशानियाँ सुलझा सकता है।

स्वमूल्यांकन

परीक्षा अभ्यास

गद्यांश पर आधारित बहुविकल्पात्मक प्रश्न

निम्नलिखित गद्यांशों को ध्यानपूर्वक पढ़कर पूछे गए प्रश्नों के सही विकल्प चुनिए।

1 अकसर हम या तो गुजरे हुए दिनों की खट्टी-मीठी यादों में उलझे रहते हैं या भविष्य के रंगीन सपने देखते रहते हैं। हम या तो भूतकाल में रहे हैं या भविष्यकाल में। असल में दोनों काल मिथ्या हैं। एक चला गया है, दूसरा आया नहीं है। हमारे सामने जो वर्तमान क्षण है, वही सत्य है। उसी में जीना चाहिए। चाय पीते-पीते उस दिन मेरे दिमाग से भूत और भविष्य दोनों काल उड़ गए थे। केवल वर्तमान क्षण सामने था और वह अनंतकाल जितना विस्तृत था। जीना किसे कहते हैं, उस दिन मालूम हुआ।

(क) खट्टी-मीठी यादें किस समय की होती हैं?

(i) भूतकाल की (ii) भविष्यकाल की
(iii) (i) और (ii) दोनों (iv) वर्तमानकाल की

उत्तर (i) भूतकाल की

(ख) लेखक ने भूत और भविष्यकाल को मिथ्या क्यों कहा है?

(i) जीवन की कठोरता के कारण
(ii) भूत और भविष्य का पता न होने के कारण
(iii) एक चला गया और दूसरा आया नहीं, इसी कारण
(iv) भूत और भविष्य द्वारा व्यक्ति का मार्गदर्शन करने के कारण

उत्तर (iii) एक चला गया और दूसरा आया नहीं, इसी कारण

(ग) गद्यांश में लेखक ने सत्य किसे कहा है?
(*i*) व्यक्ति की भावनाओं को
(*ii*) अतीत के क्षणों को
(*iii*) वर्तमान क्षणों को
(*iv*) व्यक्ति की महत्त्वाकांक्षाओं को

उत्तर (*iii*) वर्तमान क्षणों को

(घ) हमारे समस्त प्रयास वर्तमान के लिए ही क्यों होने चाहिए?
(*i*) क्योंकि वर्तमानकाल ही सत्य है
(*ii*) क्योंकि भूतकाल की घटनाएँ बुरी होती है
(*iii*) क्योंकि भविष्यकाल रंगीन सपने दिखाता है
(*iv*) क्योंकि जीवन संघर्षमय है

उत्तर (*i*) क्योंकि वर्तमानकाल ही सत्य है

(ङ) चाय पीने के बाद लेखक को कैसा अनुभव हुआ?
(*i*) इस चाय से उसे जीवन जीने की कला आ गई
(*ii*) वर्तमान और भविष्यकाल का भेद समाप्त हो गया
(*iii*) लेखक को मानसिक शांति का अनुभव हुआ
(*iv*) उपरोक्त सभी

उत्तर (*iv*) उपरोक्त सभी

अध्याय पर आधारित बहुविकल्पात्मक प्रश्न

1 व्यवहारवादी लोग किस प्रकार सजग रहते हैं?
(*i*) केवल आगे बढ़ने की न सोचकर
(*ii*) हर बात को लाभ-हानि के पैमाने पर तौल कर
(*iii*) सबको साथ लेकर चलने में
(*iv*) दूसरों को दबाकर स्वयं आगे बढ़ने से

उत्तर (*ii*) हर बात को लाभ-हानि के पैमाने पर तौल कर

2 आदर्शवादी लोगों ने समाज के लिए क्या कार्य किया है?
(*i*) स्वयं को आगे बढ़ाना
(*ii*) अपने साथ दूसरों की भी उन्नति करना
(*iii*) केवल दूसरों की उन्नति करना
(*iv*) स्वयं को समाज से अलग कर लेना

उत्तर (*ii*) अपने साथ दूसरों की भी उन्नति करना

3 व्यवहारवादी लोगों की क्या विशेषता है?
(*i*) वे मात्र निजी स्वार्थ के लिए जीते हैं।
(*ii*) वे समाज के सभी लोगों के लिए जीते हैं।
(*iii*) वे हानि के विषय में नहीं सोचते।
(*iv*) वे लाभ के विषय में नहीं सोचते।

उत्तर (*i*) वे मात्र निजी स्वार्थ के लिए जीते हैं।

4 समाज को पतन की ओर ले जाने वाले कौन लोग हैं?
(*i*) आदर्शवादी (*ii*) व्यवहारवादी
(*iii*) समाजवादी (*iv*) असमाजवादी

उत्तर (*ii*) व्यवहारवादी

5 समाज को आदर्शवादियों की देन क्या है?
(*i*) नैतिकता
(*ii*) कर्त्तव्यनिष्ठा
(*iii*) शाश्वत मूल्य
(*iv*) सामाजिक हित

उत्तर (*iii*) शाश्वत मूल्य

विषय-वस्तु का ज्ञान, बोध अभिव्यक्ति पर आधारित प्रश्न

निम्नलिखित प्रश्नों के उत्तर दीजिए

(*i*) 'गिन्नी का सोना' निबंध का उद्देश्य संक्षेप में लिखिए।

(*ii*) लेखक ने व्यावहारिकता को समाज के लिए अच्छा नहीं माना है, क्यों?

(*iii*) 'झेन की देन' निबंध से क्या प्रेरणा मिलती है?

(*iv*) 'झेन की देन' निबंध के आधार पर बताइए कि "पूरा इंजन टूट जाता है।" पंक्ति का क्या आशय है।

(*v*) 'झेन की देन' निबंध के आधार पर स्पष्ट कीजिए कि जापानियों को झेन परंपरा की सबसे बड़ी देन क्या मिली है?

(*vi*) आदर्शवादी लोग समाज में अपनी भागीदारी किस प्रकार निभाते हैं?

(*vii*) जापानी लोग अकेले होने पर क्या करने लगते हैं और क्यों? 'झेन की देन' निबंध के आधार पर स्पष्ट कीजिए।

(*viii*) 'गिन्नी का सोना' पाठ की विषय-वस्तु का वर्णन करते हुए उसकी प्रासंगिकता पर प्रकाश डालिए।

(*ix*) आपके दृष्टिकोण से समाज में किसकी महत्ता अधिक होनी चाहिए आदर्शवाद की या व्यवहारवाद की? तर्कसहित विस्तार से वर्णन कीजिए।

(*x*) गांधीजी आदर्शवादी थे अथवा व्यवहारवादी तर्कसहित पुष्टि करते हुए बताइए कि गांधीजी ने शुद्ध आदर्शों को क्यों नहीं अपनाया था?

(*xi*) जापान की दौड़ती-भागती जीवन-शैली वर्तमान भारतीय महानगरीय जीवन-शैली पर पूर्णरूप से प्रभाव डालती है। 'झेन की देन' निबंध के आधार पर स्पष्ट कीजिए।

(*xii*) 'झेन की देन' निबंध में भूतकाल तथा भविष्यकाल का वर्णन क्यों किया गया है? विस्तार से वर्णन कीजिए।

अध्याय

08

कारतूस *(हबीब तनवीर)*

पाठ की रूपरेखा

प्रस्तुत एकांकी में एक ऐसे जाँबाज़ 'वज़ीर अली' के कारनामों का वर्णन है, जिसका एकमात्र लक्ष्य अंग्रेज़ों को इस देश से बाहर निकालना था। यह दिलेर इतना निडर था कि शेर की माँद में पहुँचकर उससे दो-दो हाथ करने की भाँति कंपनी की बटालियन के खेमे में आ पहुँचा और उनके कर्नल पर ऐसा रोब जमाया कि उसके मुँह से भी वज़ीर अली के लिए प्रशंसा के ऐसे शब्द निकले, जो किसी शत्रु या अपराधी के लिए नहीं बोले जा सकते थे।

लेखक-परिचय

हबीब तनवीर का जन्म 1923 ई. में छत्तीसगढ़ के रायपुर जिले में हुआ था। वर्ष 1944 में उन्होंने नागपुर से स्नातक की उपाधि प्राप्त की। इसके बाद उन्होंने ब्रिटेन की नाटक अकादमी से नाट्य-लेखन का अध्ययन किया और फिर दिल्ली लौटकर पेशेवर नाट्यमंच की स्थापना की। हबीब तनवीर ने नाटककार, पत्रकार, कवि, नाट्य निर्देशक, अभिनेता आदि कई रूपों में प्रसिद्धि हासिल की। इसके अतिरिक्त इन्होंने लोकनाट्य के क्षेत्र में भी महत्त्वपूर्ण कार्य किए। हबीब तनवीर कई पुरस्कारों, फेलोशिप और पद्मश्री से सम्मानित किए गए। इनके प्रमुख नाटक आगरा बाज़ार, चरनदास चोर, हिरमा की अमर कहानी, देख रहे हैं नैन आदि हैं। इन्होंने नाटकों का आधुनिक रूपांतरण भी किया, जिनमें से प्रमुख मुद्राराक्षस, बसंत ऋतु का सपना, मिट्टी की गाड़ी और शाजापुर की शांति बाई हैं।

पाठ का सार

वज़ीर अली और सआदत अली

अंग्रेज़ी शासन की ओर से कर्नल कालिंज अपने एक लेफ़्टिनेंट को लेकर वज़ीर अली को गिरफ़्तार करने के लिए हफ़्तों से डेरा डाले हुए है, लेकिन वह हाथ नहीं आ रहा है और वज़ीर अली के दिल में अंग्रेज़ों के प्रति नफ़रत है। लेफ़्टिनेंट कर्नल से पूछता है कि सआदत अली कौन है? तब कर्नल उसे बताते हैं कि सआदत अली आसिफ़उद्दौला का भाई है। वह वज़ीर अली का दुश्मन भी है। नवाब आसिफ़उद्दौला के यहाँ कोई लड़का नहीं था। वज़ीर अली के जन्म को सआदत अली ने अपनी मौत माना। अंग्रेज़ों ने सआदत अली को अवध के तख्त पर बैठा दिया था। वह अंग्रेज़ों का दोस्त और ऐश पसंद आदमी था। उसने अंग्रेज़ों को अपनी आधी जायदाद तथा दस लाख रुपये दे दिए और वह मज़े करने लगा।

अफ़गानिस्तान के बादशाह को हमले का आमंत्रण

लेफ़्टिनेंट, कर्नल को बताता है कि वज़ीर अली ने अफ़गानिस्तान के बादशाह शाहे-जमा को हिंदुस्तान पर हमले के लिए आमंत्रण दे दिया है। कर्नल उसे बताता है कि हमले की दावत सबसे पहले टीपू सुल्तान ने दी और फिर वज़ीर अली ने ही उसे दिल्ली बुलाया और शम्सुद्दौला ने भी। तभी लेफ़्टिनेंट, कर्नल से शम्सुद्दौला के विषय में पूछता है। कर्नल उसे बताता है कि शम्सुद्दौला बंगाल के नवाब का रिश्ते का भाई था। तत्कालीन समय में कंपनी के खिलाफ़ सारे बंगाल में एक लहर दौड़ गई थी। यदि यह कामयाब हो जाती, तो लॉर्ड क्लाइव ने बक्सर और प्लासी में जो कुछ पाया था, वह लॉर्ड वेलेजली के हाथों से चला जाता।

वज़ीर अली द्वारा वकील का कत्ल

कर्नल बताता है कि उसकी एक पूरी फौज़ वज़ीर अली का पीछा कर रही है, जो बरसों से उनकी आँखों में धूल झोंक रहा है। कर्नल, लेफ़्टिनेंट को वज़ीर अली के विषय में और भी बातें बताता है। वह कहता है कि कंपनी ने वज़ीर अली को उसके पद से हटाने के बाद तीन लाख रुपये सालाना वजीफ़ा देकर बनारस भेज दिया था कुछ महीने बाद गवर्नर जनरल ने उसे कलकत्ता बुलाया। इस पर वज़ीर अली बनारस में रह रहे कंपनी के वकील के पास जाता है और पूछता है कि गवर्नर-जनरल ने उसे कलकत्ता क्यों बुलाया है, परंतु वकील, वज़ीर अली की बात नहीं सुनता और उसे बुरा-भला सुना देता है। वज़ीर अली अंग्रेज़ों से नफ़रत करता था, उसने उसी समय खंजर निकाला और वकील की हत्या कर दी। उसके पश्चात् वह वहाँ से भाग गया। फिर वह आज़मगढ़ की तरफ़ भाग गया। वहाँ के शासक ने उसे अपनी हिफ़ाजत में घागरा तक पहुँचा दिया। अब वह अपने लोगों के साथ वहाँ के जंगलों में भटक रहा था।

कर्नल द्वारा वज़ीर अली की योजना लेफ़्टिनेंट को बताना

लेफ़्टिनेंट के पूछने पर कर्नल वज़ीर अली की योजना के विषय में बताता है कि वह किसी भी तरह नेपाल पहुँचना चाहता है। वह अफ़गानी हमले का इंतज़ार कर अपनी ताकत बढ़ाना चाहता है तथा अवध पर कब्ज़ा करना चाहता है। वह अंग्रेज़ों को भी हिंदुस्तान से निकालना चाहता है। लेफ़्टिनेंट कहता है कि नेपाल पहुँचना उसके लिए कोई मुश्किल कार्य नहीं है और हो सकता है वह पहुँच भी गया हो। इस पर कर्नल कहता है कि हमारी फौज़ें और नवाब सआदत अली के सिपाही उसका पीछा कर रहे हैं और हम यह भी जानते हैं कि वह इन्हीं जंगलों में छिपा है।

एक घुड़सवार का कर्नल के पास आना

एक सिपाही आकर कर्नल को बताता है कि दूर से धूल उड़ती दिखाई दे रही है। कर्नल और लेफ़्टिनेंट दूर देखते हैं कि एक घुड़सवार उनकी ओर बढ़ा चला आ रहा है। लगता है वज़ीर अली का ही कोई आदमी उसे गिरफ़्तार करवाना चाह रहा होगा। वह घुड़सवार आता है और एकांत में मिलने की माँग करता है।

कर्नल व घुड़सवार में बातचीत

एकांत होने पर वह कर्नल से पूछता है कि आपने यहाँ इतनी युद्ध सामग्री के साथ डेरा क्यों डाला हुआ है? इस पर कर्नल बताता है यह वज़ीर अली को गिरफ़्तार करने के लिए है। घुड़सवार कहता है कि वज़ीर अली की गिरफ़्तारी बहुत मुश्किल है, वह एक जाँबाज़ सिपाही है। कर्नल यह सुनने के बाद कहता है कि तुम्हें क्या चाहिए? घुड़सवार कारतूस माँगता है और वह इसका कारण वज़ीर अली को गिरफ़्तार करवाना बताता है। कर्नल उसे दस कारतूस दे देता है। कर्नल कारतूस देने के बाद घुड़सवार से उसका नाम पूछता है। वह अपना नाम वज़ीर अली बताता है और घोड़े पर बैठकर यह कहकर चला जाता है कि आपने मुझे कारतूस दिए इसलिए आपकी जान बख़्श देता हूँ। कर्नल उसे हक्का-बक्का होकर देखता रह जाता है। तभी लेफ़्टिनेंट, कर्नल के पास आता है और पूछता है कि वह घुड़सवार कौन था, इस पर कर्नल उत्तर देता है कि वह एक जाँबाज़ सिपाही था।

» शब्दार्थ

पृष्ठ संख्या NCERT पाठ्यपुस्तक (स्पर्श भाग-2) के अनुसार हैं।

पृष्ठ संख्या 129 कारतूस–पीतल और दफ़्ती आदि की एक नली जिसमें गोली तथा बारूद भरी रहती है; कर्नल–सेना का एक उच्च पद; लेफ़्टिनेंट–कर्नल की अधीनता में काम करने वाला अधिकारी; खेमा–डेरा/अस्थायी पड़ाव; अफ़साने (अफसाना)–कहानियाँ; रोबिनहुड–अपने कारनामों से चकित कराने वाला एक चरित्र; कारनामे (कारनामा)–ऐसा काम जो याद रहे; खिलाफ़–विरुद्ध; हुकूमत–शासन; पाक–पवित्र; पैदाइश–जन्म; तख्त–सिंहासन; मसलेहत–रहस्य; ऐश-पसंद–भोग-विलास पसंद करने वाला।

पृष्ठ संख्या 130 लहर–तरंग/भावना; धरे रहना–बेकार होना; आँखों में धूल झोंकना–धोखा देना; हाथ न आना–पकड़ा न जाना; जाँबाज़–जान की बाज़ी लगाने वाला; दमखम–शक्ति और दृढ़ता; जाती तौर से–व्यक्तिगत रूप से; वजीफ़ा–परवरिश के लिए दी जाने वाली राशि; मुकर्रर–तय करना; तलब करना–याद करना; काम तमाम करना–जान से मार डालना; जानिसार–प्राण देने वाला साथी; हुकमरां–शासक; हिफ़ाजत–सुरक्षा; कारवाँ–झुंड/समूह/दल।

पृष्ठ संख्या 131 स्कीम–योजना; कब्ज़ा करना–हथियाना; गर्द–धूल; मसरूफ़–संलग्न/व्यस्त/लगा हुआ; सरपट–तीव्रता (तेज़ी) से; शुब्हा–संदेह; गुंजाइश–संभावना; तन्हाई–एकांत; राज़ेदिल–राज की बात; दीवार हमगोश दारद–दीवारों के भी कान होते हैं; वक्फ़ा–ठहराव/पड़ाव।

पृष्ठ संख्या 132 मुकाम–पड़ाव; कंपनी–ईस्ट इंडिया कंपनी; हुक्म–आदेश; लावलश्कर–सेना का बड़ा समूह और युद्ध-सामग्री; मायने–मतलब।

पृष्ठ संख्या 133 जान बख़्श देना–जान छोड़ देना; सन्नाटा–भय से उत्पन्न होने वाली चुप्पी; हक्का-बक्का–हैरान/आश्चर्यचकित होना।

पाठ्यपुस्तक (स्पर्श भाग-2) के प्रश्नोत्तर

मौखिक

निम्नलिखित प्रश्नों के उत्तर एक-दो पंक्तियों में दीजिए

1 कर्नल कालिंज का खेमा जंगल में क्यों लगा हुआ था? **CBSE 2020**

उत्तर अवध के अपदस्थ नवाब वज़ीर अली ने विद्रोह कर दिया था तथा गोरखपुर के निकट जंगलों में वह सक्रिय था।
ब्रिटिश कंपनी उसे गिरफ़्तार करना चाहती थी, इसलिए कर्नल कालिंज के नेतृत्व में सैनिकों की एक बटालियन जंगल में खेमा डाले पड़ी थी।

2 वज़ीर अली से सिपाही क्यों तंग आ चुके थे?

उत्तर वज़ीर अली से सिपाही इसलिए तंग आ गए थे, क्योंकि वे कई हफ़्तों से जंगल में डेरा डाले पड़े थे, परंतु वज़ीर अली फिर भी नहीं पकड़ा गया। अब सभी सिपाही जंगल की कष्ट भरी ज़िंदगी से तंग आ चुके थे।

3 कर्नल ने सवार पर नज़र रखने के लिए क्यों कहा?

उत्तर कर्नल तथा लेफ़्टिनेंट जब अपने खेमे में रात्रि को बातें कर रहे थे, तो एक सवार तेज़ी से खेमे की ओर आता हुआ दिखाई दिया। उन्हें लगा कि वह वज़ीर अली का कोई दूत या साथी हो सकता है। रात्रि के समय एक सवार के इस तरह तेज़ी से बढ़े आने के कारण कर्नल ने अपने सिपाहियों को सवार पर नज़र रखने को कहा।

4 सवार ने क्यों कहा कि वज़ीर अली की गिरफ़्तारी बहुत मुश्किल है?

उत्तर सवार स्वयं वज़ीर अली था। उसने कर्नल के सामने आकर अपने साहस का परिचय दिया। उसे अपनी बहादुरी तथा शक्ति पर पूरा भरोसा था। उसे यह भी पता चल गया था कि उसकी गिरफ़्तारी के लिए आए सेना के अधिकारी तथा सिपाही उसे नहीं पहचानते हैं। इस कारण सवार ने वज़ीर अली की गिरफ़्तारी को मुश्किल बताया।

लिखित

(क) निम्नलिखित प्रश्नों के उत्तर (25-30 शब्दों में) लिखिए

1 वज़ीर अली के अफ़साने सुनकर कर्नल को रॉबिनहुड की याद क्यों आ जाती थी? **CBSE 2019**

अथवा **कर्नल को वज़ीर अली के अफ़साने सुनकर रॉबिनहुड के कारनामे क्यों याद आ गए?** **CBSE 2020**

उत्तर कर्नल ने वज़ीर अली के साहस की गाथाएँ सुन रखी थीं। उसकी बहादुरी और जाँबाज़ी के किस्से मशहूर थे। वह रॉबिनहुड की तरह मज़बूरों का हमदर्द था। अंग्रेज़ी सत्ता को समाप्त कर वह स्वतंत्र अवध रियासत की पुनर्स्थापना करना चाहता था। उसकी दिलेरी तथा दृढ़ता से अंग्रेज़ी फ़ौज़ का कर्नल भी प्रभावित था। उसने कंपनी के वकील को उसके घर जाकर मार डाला था। उसे वज़ीर अली के अफ़साने रॉबिनहुड की तरह लगते थे।

2 सआदत अली कौन था? उसने वज़ीर अली की पैदाइश को अपनी मौत क्यों समझा? **CBSE 2015, 11**

अथवा **"सआदत अली ने वज़ीर अली की पैदाइश को अपनी मौत के रूप में देखा।" स्पष्ट कीजिए।**

उत्तर सआदत अली अवध के नवाब आसिफ़उद्दौला का भाई था। आसिफ़उद्दौला की कोई संतान नहीं थी। अतः सआदत अली मन-ही-मन सोचने लगा था कि बड़े भाई के बाद वही अवध का नवाब बनेगा, परंतु जब उसे वज़ीर अली की पैदाइश का पता चला तो उसके सारे अरमानों पर पानी फिर गया। उसे अपनी नवाबी खतरे में दिखाई देने लगी। यही कारण था कि उसने वज़ीर अली की पैदाइश को अपनी मौत समझा।

3 सआदत अली को अवध के तख़्त पर बिठाने के पीछे कर्नल का क्या मकसद था?

अथवा **सआदत अली कौन था? कर्नल उसे अवध के तख़्त पर क्यों बैठाना चाहता था?** **CBSE 2018**

अथवा **कर्नल सआदत अली को अवध के तख़्त पर क्यों बैठाना चाहता था?** **CBSE 2011**

अथवा **सआदत अली को कर्नल अवध के तख़्त पर क्यों बैठाना चाहता था? 'कारतूस पाठ' के आधार पर लिखिए।** **CBSE 2018**

उत्तर सआदत अली अवध के नवाब आसिफ़उद्दौला का छोटा भाई था। सआदत अली को अवध के तख़्त पर बिठाने के पीछे कर्नल का उद्देश्य अवध की धन संपत्ति पर अधिकार करना था। सआदत अली अंग्रेज़ों का मित्र था। उसने अंग्रेज़ों को अवध की आधी संपत्ति दे दी। दस लाख रुपये नकद दे दिए तथा रंगरेलियाँ मनाने के सारे सामान उपलब्ध करा दिए।

4 कंपनी के वकील का कत्ल करने के बाद वज़ीर अली ने अपनी हिफ़ाजत कैसे की?

उत्तर कंपनी ने वज़ीर अली को अपदस्थ कर सआदत अली को अवध का नवाब बना दिया था। वज़ीर अली को पेंशन दी जाने लगी तथा उसे कलकत्ता (कोलकाता) भेज दिया गया था। वज़ीर अली ने कंपनी के वकील से इस बारे में जानकारी चाही, किंतु उसका अपमान किया गया। गुस्से में वज़ीर अली ने वकील की हत्या कर दी तथा आज़मगढ़ पहुँच गया। आज़मगढ़ के शासक ने अपने लोगों की हिफ़ाजत में वज़ीर अली को घागरा के जंगलों में भेज दिया।

5 सवार के जाने के बाद कर्नल क्यों हक्का-बक्का रह गया? **CBSE 2012**

उत्तर कर्नल अपने सिपाहियों के साथ वज़ीर अली को गिरफ़्तार करने के लिए जंगल में पड़ाव डाले हुए था। उस पड़ाव में रात्रि को एक

सवार आया। उसने कर्नल से एकांत में वार्ता करने की बात की। सवार ने कर्नल को बताया कि उसे वज़ीर अली को गिरफ़्तार करने के लिए कुछ कारतूस चाहिए। कर्नल ने उस सवार को दस कारतूस प्रदान किए। जब कर्नल ने सवार से उसका नाम पूछा, तो सवार ने अपना नाम 'वज़ीर अली' बताया। वज़ीर अली की हिम्मत एवं अपने सामने खड़ी मौत देखकर कर्नल हक्का-बक्का रह गया।

(ख) निम्नलिखित प्रश्नों के उत्तर (50-60 शब्दों में) लिखिए

1 लेफ़्टिनेंट को ऐसा क्यों लगा कि कंपनी के खिलाफ़ सारे हिंदुस्तान में एक लहर दौड़ गई है? **CBSE 2011**

उत्तर कर्नल तथा लेफ़्टिनेंट हिंदुस्तान में अंग्रेज़ों की स्थिति पर बातें कर रहे थे। दक्षिण भारत में टीपू सुल्तान अंग्रेज़ों को भारत से भगाना चाहता था। बंगाल में शम्सुद्दौला तथा अवध में वज़ीर अली कंपनी की सत्ता के लिए खतरा बन गए थे। कंपनी की पूरी फौज़ इन विद्रोहियों से निपटने में कामयाब नहीं हो पा रही थी। लेफ़्टिनेंट को लग रहा था कि सारे हिंदुस्तान में कंपनी के खिलाफ़ एक लहर दौड़ रही है।

2 वज़ीर अली ने कंपनी के वकील का कत्ल क्यों किया? **CBSE 2011**

उत्तर वज़ीर अली कंपनी के वकील के पास गया, जो बनारस में रहता था। उसने वकील से शिकायत की कि गवर्नर-जनरल उसे बार-बार कलकत्ता में क्यों तलब करता है? वकील ने वज़ीर अली की शिकायत पर गौर नहीं किया, बल्कि उसे ही भला-बुरा सुना दिया। इससे वज़ीर अली के स्वाभिमान को आघात पहुँचा। साथ ही, वज़ीर अली अंग्रेज़ों एवं उनके किसी भी मददगार या सहायक से घृणा करता था। इस कारण उसने वकील का कत्ल कर दिया।

3 सवार ने कर्नल से कारतूस कैसे हासिल किए?

उत्तर सवार अंग्रेज़ों के खेमे में आया और कर्नल से कहा कि उसे वज़ीर अली को गिरफ़्तार करने के लिए कुछ कारतूस चाहिए। यह सुनकर कर्नल ने उसे कारतूस दे दिए और उसका नाम पूछा, तब वज़ीर ने बताया कि वही वज़ीर अली है।

4 वज़ीर अली एक जाँबाज़ सिपाही था, कैसे? स्पष्ट कीजिए। **CBSE 2012, 09, 08**

अथवा 'कारतूस' पाठ के आधार पर सोदाहरण सिद्ध कीजिए कि वज़ीर अली एक जाँबाज सिपाही था। **CBSE 2013**

उत्तर वज़ीर अली अवध का नवाब था। उसे अपदस्थ कर अंग्रेज़ों ने अपने समर्थक सआदत अली को अवध का नवाब बना दिया था। वज़ीर अली ने कंपनी के वकील की हत्या के बाद विद्रोह प्रारंभ कर दिया। उसने अपनी शक्ति को बढ़ाने तथा अंग्रेज़ों को भारत से खदेड़ने का कार्यक्रम बनाया। वज़ीर अली साहसी तथा दृढ़ प्रतिज्ञ व्यक्ति था। उसने अंग्रेजी खेमे में प्रवेश कर कर्नल पर अपना रोब डालकर उसे अपनी बहादुरी से स्वयं परिचित करा दिया। इससे स्पष्ट होता है कि वज़ीर अली वाकई एक जाँबाज़ सिपाही था।

(ग) निम्नलिखित के आशय स्पष्ट कीजिए

1 "मुट्ठीभर आदमी और ये दमखम।"

उत्तर वज़ीर अली अवध को अंग्रेज़ी प्रभुत्व से मुक्त करना चाहता था। अंग्रेज़ों ने वज़ीर अली को अपदस्थ कर सआदत अली को नवाब बना दिया था। इस पर वज़ीर अली ने विद्रोह कर दिया। बनारस में कंपनी के वकील की हत्या करने के बाद वह गोरखपुर के जंगलों में जा छिपा। वहाँ उसके दो-चार विश्वसनीय आदमी भी साथ थे।

इन मुट्ठीभर लोगों की सहायता से वज़ीर अली ने पूरी ब्रिटिश फौज़ को परेशान कर दिया था। उसे पकड़ना इतना मुश्किल था कि कंपनी की फौज़ के सिपाही भी तंग आ गए थे। फौज़ का कर्नल वज़ीर अली के साहस तथा दृढ़ता से अत्यधिक प्रभावित था। उसने वज़ीर अली की बहादुरी को निकट से देखा था। ऐसी स्थिति में वह उसके दमखम की प्रशंसा किए बिना नहीं रह सका। एकांकी 'कारतूस' में प्रस्तुत पंक्ति कर्नल के संवाद का ही हिस्सा है।

2 "गर्द तो ऐसे उड़ रही है जैसे कि पूरा एक काफ़िला चला आ रहा हो मगर मुझे तो एक ही सवार नज़र आता है।"

उत्तर वज़ीर अली एक तूफ़ान की भाँति बहुत ही साहसी एवं शक्तिशाली सिपाही था। जब वह घोड़े पर सवार होकर अकेला चला आ रहा था, तो उसके घोड़े के टापों से उठने वाली धूल इतनी अधिक थी कि ऐसा लग रहा था मानो सैनिकों का एक काफ़िला चला आ रहा हो।

भाषा अध्ययन

1 निम्नलिखित शब्दों का एक-एक पर्यायवाची लिखिए

खिलाफ़, पाक, उम्मीद, हासिल, कामयाब, वजीफ़ा, नफ़रत, हमला, इंतजार, मुमकिन

उत्तर

खिलाफ़ –	विरुद्ध	**पाक** –	पवित्र
उम्मीद –	आशा	**हासिल** –	प्राप्त
कामयाब –	सफल		
वजीफ़ा –	वेतन, वृत्ति, परवरिश के लिए दी जाने वाली राशि		
नफ़रत –	घृणा	**हमला** –	आक्रमण
इंतजार –	प्रतीक्षा	**मुमकिन** –	संभव

2 निम्नलिखित मुहावरों का अपने वाक्यों में प्रयोग कीजिए

आँखों में धूल झोंकना, कूट-कूट कर भरना, काम तमाम कर देना, जान बख्श देना, हक्का-बक्का रह जाना।

उत्तर (*i*) **आँखों में धूल झोंकना** *(धोखा देना)*

वाक्य प्रयोग चंद्रशेखर आज़ाद वेश बदलकर अंग्रेज़ों की आँखों में धूल झोंका करते थे।

(*ii*) **कूट-कूट कर भरना** *(अधिक मात्रा में होना)*

वाक्य प्रयोग गाँधीजी में देश-सेवा की भावना कूट-कूट कर भरी थी।

(*iii*) **काम तमाम कर देना** *(मार डालना)*
वाक्य प्रयोग मुठभेड़ में पुलिस ने डाकुओं का काम तमाम कर दिया।

(*iv*) **जान बख्श देना** *(माफ़ कर देना)*
वाक्य प्रयोग आतंकवादियों द्वारा समर्पण करने के कारण सेना ने उनकी जान बख्श दी।

(*v*) **हक्का-बक्का रह जाना** *(आश्चर्यचकित होना)*
वाक्य प्रयोग दोषी व्यक्ति के बाइज़्ज़त बरी होने पर सभी लोग हक्के-बक्के रह गए।

3 कारक वाक्य में संज्ञा या सर्वनाम का क्रिया के साथ संबंध बताता है। निम्नलिखित वाक्यों में कारकों को रेखांकित कर उनके नाम लिखिए
(क) जंगल की ज़िंदगी बड़ी खतरनाक होती है।
(ख) कंपनी के खिलाफ़ सारे हिंदुस्तान में एक लहर दौड़ गई।
(ग) वज़ीर को उसके पद से हटा दिया गया।
(घ) फौज़ के लिए कारतूस की आवश्यकता थी।
(ङ) सिपाही घोड़े पर सवार था।

उत्तर ***(क)*** जंगल की ज़िंदगी *(संबंध कारक)*
(ख) कंपनी के खिलाफ़ *(संबंध कारक)*
सारे हिंदुस्तान में *(अधिकरण कारक)*
(ग) वज़ीर को उसके *(कर्म कारक)*
पद से हटा *(अपादान कारक)*
(घ) फौज़ के लिए *(संप्रदान कारक)*
कारतूस की *(कर्म कारक)*
(ङ) घोड़े पर *(अधिकरण कारक)*

4 क्रिया का लिंग और वचन सामान्यत: कर्ता और कर्म के लिंग और वचन के अनुसार निर्धारित होते हैं। वाक्य में कर्ता और कर्म के लिंग, वचन और पुरुष के अनुसार जब क्रिया के लिंग, वचन आदि में परिवर्तन होता है तो उसे 'अन्विति' कहते हैं।

क्रिया के लिंग, वचन में परिवर्तन तभी होता है जब कर्ता या कर्म परसर्ग रहित हों; जैसे—
सवार कारतूस माँग रहा था। *(कर्ता के कारण)*
सवार ने कारतूस माँगे। *(कर्म के कारण)*
कर्नल ने वज़ीर अली को नहीं पहचाना।
(यहाँ क्रिया, कर्ता और कर्म किसी के भी कारण प्रभावित नहीं हैं)
अत: कर्ता और कर्म के परसर्ग सहित होने पर क्रिया कर्ता और कर्म में से किसी के भी लिंग और वचन से प्रभावित नहीं होती और वह एकवचन पुल्लिंग में ही प्रयुक्त होती है। नीचे दिए गए वाक्यों में 'ने' लगाकर उन्हें दोबारा लिखिए।
(क) घोड़ा पानी पी रहा था।
(ख) बच्चे दशहरे का मेला देखने गए।
(ग) रॉबिनहुड गरीबों की मदद करता था।
(घ) देशभर के लोग उसकी प्रशंसा कर रहे थे।

उत्तर ***(क)*** घोड़े ने पानी पीना जारी रखा।
(ख) बच्चों ने दशहरे का मेला देखने के लिए प्रस्थान किया।
(ग) रॉबिनहुड ने गरीबों की मदद की।
(घ) देशभर के लोगों ने उसकी प्रशंसा की।

5 निम्नलिखित वाक्यों में उचित विराम-चिह्न लगाइए
(क) कर्नल ने कहा सिपाहियों इस पर नज़र रखो ये किस तरफ़ जा रहा है
(ख) सवार ने पूछा आपने इस मकाम पर क्यों खेमा डाला है इतने लावलश्कर की क्या ज़रूरत है
(ग) खेमे के अंदर दो व्यक्ति बैठे बातें कर रहे थे चाँदनी छिटकी हुई थी और बाहर सिपाही पहरा दे रहे थे एक व्यक्ति कह रहा था दुश्मन कभी भी हमला कर सकता है

उत्तर ***(क)*** कर्नल ने कहा, ''सिपाहियों! इस पर नज़र रखो, ये किस तरफ़ जा रहा है?''
(ख) सवार ने पूछा, ''आपने इस मकाम पर क्यों खेमा डाला है? इतने लावलश्कर की क्या ज़रूरत है?''
(ग) खेमे के अंदर दो व्यक्ति बैठे बातें कर रहे थे। चाँदनी छिटकी हुई थी और बाहर सिपाही पहरा दे रहे थे। एक व्यक्ति कह रहा था, ''दुश्मन कभी भी हमला कर सकता है।''

योग्यता विस्तार

1 पुस्तकालय से रॉबिनहुड के साहसिक कारनामों के बारे में जानकारी हासिल कीजिए।

उत्तर छात्र स्वयं करें।

2 वृंदावनलाल वर्मा की कहानी 'इब्राहिम गार्दी' पढ़िए और कक्षा में सुनाइए।

उत्तर छात्रों द्वारा कक्षा में किया जाने वाला क्रियाकलाप।

परियोजना कार्य

1 'कारतूस' एकांकी का मंचन अपने विद्यालय में कीजिए।

उत्तर छात्र स्वयं करें।

2 'एकांकी' और 'नाटक' में क्या अंतर है? कुछ नाटकों और एकांकियों की सूची तैयार कीजिए।

उत्तर **नाटक** एक बड़ी कृति होती है, इसमें जीवन के एक बड़े भाग की झाँकी होती है। एक नाटक में कम-से-कम पाँच अंक होते हैं।

एकांकी भी एक प्रकार का नाटक होता है, परंतु यह छोटा नाटक होता है। इसमें केवल एक ही अंक होता है। एकांकी में किसी छोटी घटना या समस्या का चित्रण होता है।

नाटकों की सूची	एकांकियों की सूची
भारतदुर्दशा	एक घूँट
नीलदेवी	महाभारत की एक साँझ
आजातशत्रु	दीपदान
चंद्रगुप्त	सूखी डाली
आधे-अधूरे	अंडे के छिलके

परीक्षा अभ्यास

गद्यांश पर आधारित बहुविकल्पात्मक प्रश्न

निम्नलिखित गद्यांशों को ध्यानपूर्वक पढ़कर पूछे गए प्रश्नों के सही विकल्प चुनिए।

1 किस्सा क्या हुआ था उसको उसके पद से हटाने के बाद हमने वज़ीर अली को बनारस पहुँचा दिया और तीन लाख रुपया सालाना वजीफा मुकर्रर कर दिया। कुछ महीने बाद गवर्नर जनरल ने उसे कलकत्ता (कोलकाता) तलब किया। वज़ीर अली कंपनी के वकील के पास गया जो बनारस में रहता था और उससे शिकायत की कि गवर्नर जनरल उसे कलकत्ता में क्यूँ तलब करता है। वकील ने शिकायत की परवाह नहीं की उल्टा उसे बुरा-भला सुना दिया। वज़ीर अली के तो दिल में यूँ भी अंग्रेजों के खिलाफ नफरत कूट-कूटकर भरी है, उसने खंजर से वकील का काम तमाम कर दिया।

(क) प्रस्तुत गद्यांश के पाठ और लेखक का क्या नाम है?
(i) कारतूस—हबीब तनवीर
(ii) तताँरा-वामीरो कथा—लीलाधर मंडलोई
(iii) अब कहाँ दूसरे के दुःख से दुःखी होने वाले—निदा फाज़ली
(iv) बड़े भाई साहब—प्रेमचंद

उत्तर *(i)* कारतूस–हबीब तनवीर

(ख) गद्यांश के आधार पर बताइए कि वज़ीर अली को किसने बनारस पहुँचाने में मुख्य भूमिका निभाई?
(i) अंग्रेजों ने *(ii)* सआदत अली ने
(iii) आसिफउद्दौला ने *(iv)* वकील ने

उत्तर *(ii)* सआदत अली ने

(ग) वज़ीर अली ने कंपनी के वकील से क्या शिकायत की थी?
(i) गवर्नर जनरल ने उसे कलकत्ता क्यों बुलवाया है
(ii) गवर्नर जनरल ने उसे बनारस क्यों भेजा
(iii) वह कंपनी बाग में क्यों नहीं रह सकता
(iv) वह अंग्रेजों के खिलाफ आवाज़ क्यों नहीं उठा सकता

उत्तर *(i)* गवर्नर जनरल ने उसे कलकत्ता क्यों बुलवाया है

(घ) किस घटना ने वज़ीर अली के क्रोध को और अधिक भड़का दिया?
(i) वकील ने उसकी शिकायत पर ध्यान न देकर उसे भला-बुरा सुनाया
(ii) वकील द्वारा उसका साथ न देने पर
(iii) कंपनी के वकील को बनारस भेजे जाने पर
(iv) वज़ीर अली को पद से हटाए जाने पर

उत्तर *(i)* वकील ने उसकी शिकायत पर ध्यान न देकर उसे भला-बुरा सुनाया

(ङ) अंग्रेजों द्वारा किसको पद से हटाया गया?
(i) सआदत अली को *(ii)* कंपनी के वकील को
(iii) वज़ीर अली को *(iv)* गवर्नर जनरल को

उत्तर *(iii)* वज़ीर अली को

2 वज़ीर अली की आजादी बहुत खतरनाक है। हमें किसी-न-किसी तरह इस शख्स को गिरफ्तार कर ही लेना चाहिए। पूरी एक फौज लिए उसका पीछा कर रहा हूँ और बरसों से वो हमारी आँखों में धूल झोंक रहा है और इन्हीं जंगलों में फिर रहा है और हाथ नहीं आता। उसके साथ चंद जाँबाज हैं। मुट्ठी भर आदमी मगर ये दमखम है। सुना है वजीर अली जाती तौर से भी बहुत बहादुर आदमी है। बहादुर न होता तो यूँ कम्पनी के वकील को कत्ल कर देता? ये कत्ल का क्या किस्सा हुआ था कर्नल?

(क) "हमें किसी-न-किसी तरह इस शख्स को गिरफ्तार कर लेना चाहिए" वाक्य में 'हमें' शब्द किसके लिए प्रयोग हुआ है?
(i) वज़ीर अली *(ii)* वकील
(iii) कर्नल *(iv)* सिपाही

उत्तर *(iii)* कर्नल

(ख) जंगलों में कौन फिर रहा है?
(i) लेफ्टिनेण्ट *(ii)* सआदत अली
(iii) गवर्नर जनरल *(iv)* वज़ीर अली

उत्तर *(iv)* वज़ीर अली

(ग) गद्यांश में वज़ीर अली की किस विशेषता पर प्रकाश डाला गया?
(i) डरपोक *(ii)* बहादुर
(iii) कामचोर *(iv)* हत्यारा

उत्तर *(ii)* बहादुर

(घ) कम्पनी के वकील की हत्या क्यों की गई?
(i) क्योंकि वह अंग्रेजों का सहायक या मददगार था।
(ii) क्योंकि वह अपने पद का दुरुपयोग कर रहा था
(iii) क्योंकि वह देशद्रोही था।
(iv) क्योंकि वह वज़ीर अली का सहयोगी था।

उत्तर *(i)* क्योंकि वह अंग्रेजों का सहायक या मददगार था।

(ङ) वज़ीर अली को पकड़ने के लिए कर्नल क्या कर रहा था?
(i) शहर में पोस्टर लगवा रहा था।
(ii) एक फौज लिए उसका पीछा कर रहा था।
(iii) उसके सम्बन्ध में जानकारी एकत्रित कर रहा था।
(iv) उसके लिए गुप्त योजना बना रहा था।

उत्तर *(ii)* एक फौज लिए उसका पीछा कर रहा था।

3 उसके अफसाने सुन के रॉबिनहुड के कारनामे याद आ जाते हैं। अंग्रेजों के खिलाफ उसके दिल में किस कदर नफरत है। कोई पाँच महीने हुकूमत की होगी। मगर इस पाँच महीने में वो अवध के दरबार को अंग्रेजी असर से बिलकुल पाक कर देने में तकरीबन कामयाब हो गया था।

(क) 'पाक कर देना' से क्या अभिप्राय है
(i) दूर कर देना
(ii) पवित्र कर देना
(iii) अच्छी तरह पका देना
(iv) प्रतिष्ठित कर देना

उत्तर (ii) पवित्र कर देना

(ख) प्रस्तुत कथन का वक्ता कौन है?
(i) कर्नल
(ii) लेफ्टीनेंट
(iii) वज़ीर अली
(iv) सआदत अली

उत्तर (i) कर्नल

(ग) "उसके कारनामे सुन के रॉबिनहुड के कारनामे याद आ जाते हैं" पंक्ति में 'उसके' शब्द किसके लिए प्रयुक्त हुआ है?
(i) अंग्रेजी सिपाही के लिए
(ii) आसिफद्दौला के लिए
(iii) वज़ीर अली के लिए
(iv) कर्नल के लिए

उत्तर (iii) वज़ीर अली के लिए

(घ) अंग्रेजी शासन की ओर से हफ्तों से डेरा किस कारण डाला गया था?
(i) अंग्रेजों के प्रति डर पैदा करने के लिए
(ii) वज़ीर अली को गिरफ्तार करने के लिए
(iii) अपनी शक्ति का प्रदर्शन करने के लिए
(iv) मेरठ में युद्ध करने के लिए

उत्तर (ii) वज़ीर अली को गिरफ्तार करने के लिए

(ङ) कर्नल कालिंज ने अपना खेमा कहाँ लगाया था?
(i) अवध में (ii) नेपाल में
(iii) मेरठ में (iv) जंगल में

उत्तर (i) अवध में

अध्याय पर आधारित बहुविकल्पीय प्रश्न

1. वज़ीर अली को पकड़ने के लिए कर्नल क्या कर रहा था?
(i) अपने क्षेत्र में पोस्टर लगवा रहा था
(ii) एक फौज लिए उसका पीछा कर रहा था
(iii) उसके संबंध में जानकारी एकत्रित कर रहा था
(iv) उसके लिए गुप्त योजना बना रहा था

उत्तर (ii) एक फौज लिए उसका पीछा कर रहा था

2. वज़ीर अली से सिपाही क्यों तंग आ चुके थे?
(i) क्योंकि वह दंगा भड़का रहा था
(ii) क्योंकि वह उन्हें चिढ़ा रहा था
(iii) क्योंकि वह उनकी पकड़ में नहीं आ रहा था
(iv) क्योंकि वह बहुत धनी वर्ग से संबंधित था

उत्तर (iii) क्योंकि वह उनकी पकड़ में नहीं आ रहा था

3. पाठ के अनुसार किसके अफसाने सुनकर रॉबिनहुड के किए हुए कारनामे याद आते हैं?
(i) सआदत अली के
(ii) गुलाम अली के
(iii) वज़ीर अली के
(iv) आसिफउद्दौला के

उत्तर (iii) वज़ीर अली के

4. वज़ीर अली का अंग्रेजों के विषय में क्या विचार था?
(i) उसके मन में उनके प्रति प्यार था
(ii) वह अवध को बर्बाद करना चाहता था
(iii) उसके मन में उनके प्रति नफरत भरी हुई थी
(iv) वह अंग्रेजों का सहयोगी था

उत्तर (iii) उसके मन में उनके प्रति नफरत भरी हुई थी

5. वज़ीर अली का उद्देश्य क्या था?
(i) वह नेपाल का राजा बनना चाहता था
(ii) वह अवध को बर्बाद करना चाहता था
(iii) वह अवध को अंग्रेजों से मुक्त कराना चाहता था
(iv) वह विदेशियों के साथ मिलकर आरामदायक जीवन जीना चाहता था

उत्तर (iii) वह अवध को अंग्रेजों से मुक्त कराना चाहता था

6. सआदत अली को तख्त पर क्यों बैठाया गया?
(i) जनता की भलाई के कार्य करने हेतु
(ii) ऐशो-आराम का जीवन जीने हेतु
(iii) अंग्रेजी हुकूमत के डर के कारण
(iv) अंग्रेजी हुकूमत को पैसे देने हेतु

उत्तर (iv) अंग्रेजी हुकूमत को पैसे देने हेतु

7. सआदत अली किस प्रकार का आदमी था?
(i) मेहनती
(ii) क्रांतिकारी
(iii) ऐशो-आराम पसंद करने वाला
(iv) अंग्रेजों से शत्रुता लेने वाला

उत्तर (iii) ऐशो-आराम पसंद करने वाला

8. एक पूरी फौज किसका पीछा कर रही है?
(i) सआदत अली का (ii) नवाब अली का
(iii) कर्नल कालिंज का (iv) वज़ीर अली का

उत्तर (iv) वज़ीर अली का

9. 'मुट्ठीभर आदमी मगर ये दमखम' ये शब्द किसके लिए कहे गए?
(i) नवाब अली (ii) वज़ीर अली
(iii) कर्नल कालिंज (iv) गुलाम अली

उत्तर (ii) वज़ीर अली

10. वज़ीर अली को उसके पद से हटाकर कहाँ पहुँचा दिया गया?
(i) बनारस (ii) रायपुर
(iii) छत्तीसगढ़ (iv) लखनऊ

उत्तर (i) बनारस

11. किसके बुलाए जाने पर वज़ीर अली कलकत्ता नहीं जाना चाहता था?
(i) सआदत अली
(ii) लेफ़्टिनेंट
(iii) नवाब साहब
(iv) गवर्नर-जनरल

उत्तर (iii) नवाब साहब

12. वज़ीर अली ने कंपनी के वकील को क्यों मारा?
(i) क्योंकि वह सरकार का विरोधी था
(ii) क्योंकि उसने वज़ीर अली को भला-बुरा कहा और उसकी ओर ध्यान नहीं दिया
(iii) क्योंकि उसने वज़ीर अली को टिकट नहीं दी
(iv) क्योंकि वह वज़ीर अली को पकड़ना चाहता था

उत्तर (ii) क्योंकि उसने वज़ीर अली को भला-बुरा कहा और उसकी ओर ध्यान नहीं दिया

विषय-वस्तु का ज्ञान, बोध अभिव्यक्ति पर आधारित प्रश्न

1. कर्नल कालिंज का खेमा जंगल में क्यों लगा हुआ था? **CBSE 2020**

उत्तर कर्नल कालिंज का खेमा जंग में इसलिए लगा हुआ था, क्योंकि अवध के अपदस्थ नवाब वज़ीर अली ने विद्रोह कर दिया था तथा गोरखपुर के निकट जंगलों में वह सक्रिय था। ब्रिटिश कंपनी उसे गिरफ्तार करना चाहती थी। उन्हें जानकारी मिली थी कि वज़ीर अली जंगल में छिपा है।

2. कर्नल को वज़ीर अली के अफ़साने सुनकर रॉबिनहुड के कारनामे क्यों याद आ गए? **CBSE 2020, 2019**

उत्तर कर्नल ने वज़ीर अली के साहस की गाथाएँ सुन रखी थीं। उसकी बहादुरी और जाँबाजी के किस्से मशहूर थे। वह रॉबिनहुड की तरह मज़बूरों का हमदर्द था। अंग्रेजी सत्ता को समाप्त कर वह स्वतंत्र अवध रियासत की पुनर्स्थापना करना चाहता था।

उसकी दिलेरी तथा दृढ़ता से अंग्रेजी फौज का कर्नल भी प्रभावित था। वज़ीर अली ने कंपनी के वकील को उसके घर जाकर मार डाला था। अतः कर्नल को वज़ीर अली के अफ़साने सुनकर रॉबिनहुड के कारनामे याद आ गए थे।

3. कर्नल ने वज़ीर अली के बारे में क्या-क्या सुन रखा था? 'कारतूस' पाठ के आधार पर लिखिए। **CBSE 2020**

उत्तर कर्नल ने वज़ीर अली के बारे में सुन रखा था कि अंग्रेजों के खिलाफ उसके दिल में नफरत कूट-कूट कर भरी है। वह एक जाँबाज सिपाही है। कंपनी के वकील की हत्या करके वह आजमगढ़ भाग गया और वहाँ से घागरा पहुँचकर वहीं जंगलों में भटक रहा है। वह नेपाल जाकर अफगानी हमले की प्रतीक्षा कर रहा है, जिससे अवध पर कब्जा कर सके।

4. वज़ीर अली किस पद पर था? उसे कंपनी ने उस पद से क्यों हटाया?

उत्तर वज़ीर अली को अवध के नवाब का पद मिला था। उसे कंपनी ने जबरन पद से हटा दिया, क्योंकि कंपनी उसे अपने लिए खतरा मानती थी तथा अपना शत्रु समझती थी। वह अपने किसी चाटुकार व्यक्ति को उस पद पर बैठाना चाहती थी, जिससे कंपनी को लाभ हो सके।

5. वजीर अली के जीवन का लक्ष्य अंग्रेजों को इस देश से बाहर करना था। 'कारतूस' पाठ के आधार पर कथन की सत्यता सिद्ध कीजिए।

उत्तर 'कारतूस' पाठ का उद्देश्य जाँबाज़ वज़ीर अली की वीरता एवं साहस को सबके सामने लाना है। वज़ीर अली की वीरता का उद्देश्य है—अंग्रेज़ों से भारत की भूमि को मुक्त कराना। वस्तुतः जाँबाज़ वज़ीर अली समय के साथ-साथ इस तथ्य से परिचित हो गया कि ब्रिटिश शासन किसी भी दृष्टि से भारत एवं भारतवासियों के लिए श्रेयस्कर नहीं है, लाभप्रद नहीं है। यह धारणा स्पष्ट होते ही उसने अंग्रेज़ों को भारत की भूमि से बाहर खदेड़ने की ठान ली। उसके जीवन का लक्ष्य ही अंग्रेज़ों को देश से बाहर करने का बन गया।

6. ''सआदत अली जैसे लोग अपने ऐश-ओ-आराम को बनाए रखने के लिए कुछ भी कर सकते हैं।'' 'कारतूस' एकांकी के आधार पर स्पष्ट कीजिए।

उत्तर 'कारतूस' एकांकी के आधार पर सआदत अली अंग्रेज़ों का मित्र और एक बेहद ऐश-ओ-आराम पसंद आदमी है। सआदत अली जैसे लोग अपने ऐश-ओ-आराम को बनाए रखने के लिए कुछ भी कर सकते हैं, जैसा सआदत अली ने किया। अपनी जायदाद का आधा भाग और दस लाख रुपये अंग्रेज़ों को दे दिए, जबकि वे देश के विरुद्ध षड्यंत्र रच रहे थे। ऐसे लोगों के कारण देश की संपदा का उपयोग देश के विरुद्ध होता है। इसी प्रकार सआदत अली जैसे लोग हमेशा देश का अहित ही करते हैं।

7. **अफ़गानिस्तान के बादशाह को हिंदुस्तान पर हमला करने के लिए वज़ीर अली ने क्यों बुलाया?**

उत्तर अफ़गानिस्तान के बादशाह को हिंदुस्तान पर हमला करने के लिए वज़ीर अली ने इसलिए बुलाया, क्योंकि वज़ीर अली की इच्छा थी कि वह शाहे-ज़मा की मदद से पहले अवध के शासन पर कब्ज़ा करे, उसके पश्चात् अंग्रेज़ों को हिंदुस्तान से बाहर भगाने की कोशिश करे।

8. **कर्नल ने खतरनाक आदमी किसे और क्यों कहा?**

उत्तर कर्नल ने शम्सुद्दौला को खतरनाक आदमी कहा, क्योंकि वह अंग्रेज़ों का दुश्मन था और उन्हें हिंदुस्तान से बाहर फेंकना चाहता था। उसने अंग्रेजों को हिंदुस्तान से बाहर निकालने के लिए अफ़गानिस्तान के बादशाह शाहे-ज़मा को हिंदुस्तान पर हमला करने का आमंत्रण दिया, ताकि वे दोनों मिलकर हिंदुस्तान को अंग्रेजों के शासन से मुक्त करा सकें।

9. **'कारतूस' नाटिका में कर्नल ने वज़ीर अली की प्रशंसा में क्या कहा और क्यों?** **CBSE 2020**

उत्तर 'कारतूस' नाटिका में कर्नल ने वज़ीर अली की प्रंशसा में कहा कि वह एक जाँबाज सिपाही है। कर्नल वज़ीर अली को जाँबाज या बहादुर सिपाही इसलिए मानता था, क्योंकि वह लंबे समय से उनके हाथ नहीं आ रहा था। एक अकेले व्यक्ति ने ब्रिटिश शासन की एक पूरी फौज को परेशान कर रखा था।

10. **वज़ीर अली किस बात पर गवर्नर से चिढ़ गया और उसका गुस्सा किस पर किस तरह फूटा? 'कारतूस' नाटिका के आधार पर लिखिए।** **CBSE 2020**

उत्तर वज़ीर अली को उसके पद से हटाने के बाद बनारस भेज दिया गया। कुछ महीने बाद ही गवर्नर-जनरल ने उसे कलकत्ता बुलाया। गवर्नर की इसी बात पर वज़ीर अली चिढ़ गया। उसने बनारस में रह रहे वकील के पास जाकर उससे पूछा कि गवर्नर-जनरल ने उसे कलकत्ता क्यों बुलाया है? परंतु वकील उसकी बात को अनसुना कर देता है और उसे भला-बुरा कहता है। वज़ीर अली अंग्रेजों और उनके मददगारों से नफरत करता है। उसने गवर्नर का गुस्सा वकील पर निकाला और खंजर (चाकू) से वकील की हत्या कर दी।

11. **'कारतूस' एकांकी से हमें क्या शिक्षा मिलती है?**

उत्तर 'कारतूस' एकांकी से हमें अन्याय के विरुद्ध आवाज़ उठाने की शिक्षा मिलती है। वज़ीर अली का चरित्र हिम्मत और बहादुरी से लड़ने की प्रेरणा देता है। जिस प्रकार, वज़ीर अली अपने दुश्मन सआदत अली तथा अंग्रेज़ों से बदला लेने की अकेले ही हिम्मत जुटा रहा था, उसी प्रकार हमें भी साहसपूर्वक अत्याचारी का सामना करना चाहिए।

12. **वज़ीर अली कौन था? उसकी चारित्रिक विशेषताओं का उल्लेख कर बताइए कि उसने कर्नल से कारतूस कैसे प्राप्त कर लिए?** **CBSE 2020**

उत्तर वज़ीर अली अवध के नवाब आसिफ़उद्दौला का पुत्र था। उसकी चारित्रिक विशेषताएँ निम्नलिखित हैं

जाँबाज सिपाही वज़ीर अली एक जाँबाज सिपाही था इसका अनुमान उसके अद्भुत कार्यों से लग जाता है। उसने कर्नल और लेफ़्टिनेंट के फौजी खेमे में पहुँचकर अपनी जाँबाजी का परिचय दिया।

आत्मविश्वासी वज़ीर अली आत्मविश्वासी था। उसका आत्मविश्वास ही उसे कर्नल के खेमे में अकेले जाने की हिम्मत देता है और कारतूस लेकर अपना नाम बताकर लौटने में सहायक सिद्ध होता है।

वीर योद्धा वज़ीर अली एक वीर योद्धा है। उसकी वीरता को प्रदर्शित करना ही कहानी का उद्देश्य भी है। उसने अपनी वीरता से अंग्रेजों के मन में भय पैदा कर दिया था।

निर्भीक तथा साहसी वज़ीर अली में निर्भीकता, निडरता तथा साहस के गुण भी विद्यमान हैं। उसकी निर्भीकता का परिचायक वह क्षण है, जब वह बिना डरे कर्नल के खेमे में पहुँचकर कारतूस ले लेता है।

सच्चा देशभक्त वज़ीर अली एक सच्चा देशभक्त है। अंग्रेजी सत्ता को समाप्त कर वह स्वतंत्र अवध रियासत की पुनर्स्थापना करना चाहता था। वह इस तथ्य से परिचित हो गया था कि अंग्रेजी (ब्रिटिश) सरकार किसी भी दृष्टि से भारत तथा भारतवासियों के लिए श्रेयस्कर या लाभप्रद नहीं है। अतः उसने अपने जीवन का लक्ष्य अंग्रेजों को देश से बाहर करने का बना लिया तथा अवध को ब्रिटिश प्रभाव से मुक्त कर लिया।

13. **"वज़ीर अली की आजादी बहुत खतरनाक है" लेफ्टिनेंट ने ये किन कारणों से कहा? किन लोगों के लिए वज़ीर अली की आजादी सुकून देने वाली थी और क्यों?** **CBSE 2020**

उत्तर "वज़ीर अली की आजादी बहुत खतरनाक है" लेफ़्टिनेंट ने यह निम्नलिखित कारणों से कहा

वज़ीर अली अंग्रेजों से अत्यधिक नफ़रत करता था।

उसने अंग्रेजों को बाहर निकालने के लिए अनेक प्रकार की योजनाएँ बनाईं; जैसे–अफगानिस्तान के बादशाह शाहे-जमा को हिंदुस्तान पर हमला करने की दावत देना।

वज़ीर अली के प्रयासों से अंग्रेजी शासन की समाप्ति का भय होना। बहुत प्रयासों के बाद भी उसे न पकड़ पाना।

वज़ीर अली की आजादी ऐसे सभी देशभक्तों के लिए सुकून देने वाली थी, जो देश को अंग्रेजी-शासन से मुक्त कराना चाहते थे, क्योंकि उन्हें वज़ीर अली में उम्मीद दिखाई देती थी कि वह उन्हें अंग्रेजी शासन से अवश्य मुक्त कराएगा।

14. **"वज़ीर अली एक जाँबाज सिपाही था।" इस कथन की उदाहरण सहित पुष्टि कीजिए और लिखिए कि कोई भी उसके व्यक्तित्व से क्यों प्रभावित हो जाता था? CBSE 2020**

अथवा **'कारतूस' पाठ के आधार पर सोदाहरण सिद्ध कीजिए कि वज़ीर अली एक जाँबाज सिपाही था। CBSE 2019**

उत्तर वज़ीर अली अवध का नवाब था। उसे अपदस्थ कर अंग्रेजों ने अपने समर्थक सआदत अली को अवध का नवाब बना दिया था। वज़ीर अली ने कंपनी के वकील की हत्या करने के बाद विद्रोह प्रारंभ कर दिया। उसने अपनी शक्ति को बढ़ाने तथा अंग्रेजों को भारत से खदेड़ने का कार्यक्रम बनाया।

वज़ीर अली साहसी तथा दृढ़ प्रतिज्ञ व्यक्ति था। अपनी जान की बाजी लगाते हुए वह अकेले ही निडरता के साथ अंग्रेजों के खेमे में घुस गया। साथ ही वज़ीर अली की गिरफ्तारी के नाम पर कर्नल से दस कारतूस ले लिए। उसने कर्नल पर अपना रौब जमाकर उसे अपनी बहादुरी से स्वयं परिचित करा दिया।

इससे स्पष्ट होता है कि वज़ीर अली वास्तव में एक जाँबाज सिपाही था। कोई भी व्यक्ति वज़ीर अली के व्यक्तित्व से प्रभावित इसलिए हो जाता था, क्योंकि वज़ीर अली में जाँबाजी, देशभक्ति तथा कुशल नेतृत्व के गुण थे। उसका व्यक्तित्व इतना प्रभावशाली था कि कोई भी उससे प्रभावित हुए बिना नहीं रह पाता था।

15. **'कारतूस' पाठ के आधार पर स्पष्ट कीजिए कि जाँबाज़ वज़ीर अली के जीवन का लक्ष्य अंग्रेज़ों को इस देश से बाहर करना था।**

उत्तर 'कारतूस' पाठ का उद्देश्य जाँबाज़ वज़ीर अली की वीरता एवं साहस को सबके सामने लाना है। वज़ीर अली की वीरता का उद्देश्य अंग्रेज़ों से भारत की भूमि को मुक्त कराना था। वस्तुतः जाँबाज़ वज़ीर अली समय के साथ-साथ इस तथ्य से परिचित हो गया कि ब्रिटिश शासन किसी भी दृष्टि से भारत एवं भारतवासियों के लिए श्रेयस्कर या लाभप्रद नहीं है। यह धारणा स्पष्ट होते ही उसने अंग्रेज़ों को भारत की भूमि से बाहर खदेड़ने की ठान ली।

उसके जीवन का लक्ष्य ही अंग्रेज़ों को देश से बाहर करने का बन गया। उसने अपनी पाँच महीने की हुकूमत में ही अवध के दरबार को ब्रिटिश प्रभाव से लगभग मुक्त कर लिया था। वह अफ़गानिस्तान के बादशाह को हिंदुस्तान के ब्रिटिश शासकों पर आक्रमण करने का निमंत्रण देता है। वह अंग्रेज़ी हुकूमत के खिलाफ़ लगातार संघर्ष करता है। उसने कंपनी के वकील का भी कत्ल कर दिया। उसकी योजना यही थी कि वह अपनी शक्ति बढ़ाकर अंग्रेज़ों को भारत से निकाल बाहर करे। इसके लिए वह अलग-अलग राजाओं से मिलकर प्रयास कर रहा था। उसने अपनी वीरता या जाँबाज़ी से अंग्रेज़ों के मन में एक खौफ़ पैदा कर दिया था।

16. **"आत्मविश्वास सफलता प्राप्ति का मूल मंत्र है।" 'कारतूस' पाठ के आधार पर बताइए।**

उत्तर आत्मविश्वास वह गुण है, जो बड़ी-से-बड़ी चुनौती का भी सामना करने में हमारी सबसे अधिक मदद करता है। आत्मविश्वास के बल पर ही हम सामने वाले के मनोबल को कम कर सकते हैं। यह गुण हमें कभी भी निराशा के भँवर में नहीं फँसने देता। कभी-कभी यह बड़े-बड़े चक्रव्यूह से निकलने में भी सहायता करता है। वज़ीर अली अपने आत्मविश्वास के बल पर ही अंग्रेजों की आँखों में धूल झोंक देता था। वह अपने आत्मविश्वास के बल पर ही कर्नल के खेमे में अकेले जाने की हिम्मत करता है और कारतूस लेकर अपना नाम बताकर लौट भी आता है। अपने इस आत्मविश्वास के कारण ही वज़ीर अली कर्नल द्वारा सम्मान पाने का पात्र बनता है। जब लेफ़्टिनेंट कर्नल के पास आकर उससे पूछता है कि वह घुड़सवार कौन था, तो कर्नल वज़ीर अली को एक जाँबाज़ सिपाही बताता है। अतः जीवन में सफलता प्राप्ति के लिए आत्मविश्वास को बनाए रखना अत्यधिक आवश्यक है।

17. **'कारतूस' शीर्षक की सार्थकता स्पष्ट करते हुए कोई नया शीर्षक सुझाइए तथा उस शीर्षक का आधार स्पष्ट कीजिए।**

उत्तर 'कारतूस' एकांकी का शीर्षक इसकी मुख्य घटना या फिर एकांकी के मर्म पर आधारित है। एकांकी को लिखने का उद्देश्य ही जाँबाज़ सिपाही वज़ीर अली की वीरता को प्रदर्शित करना है।

उसकी वीरता का सर्वश्रेष्ठ प्रदर्शन तभी हो सकता था, जब या तो युद्ध की पृष्ठभूमि तैयार की जाती और उसमें वज़ीर अली की वीरता का प्रदर्शन होता या फिर वज़ीर अली को कायरों की तरह नहीं, बल्कि वीर सिपाही की तरह ब्रिटिश सेना का प्रत्युत्तर देने की तैयारी करता हुआ दिखाया जाता।

यहाँ पर दूसरी स्थिति को ही शामिल किया गया है। इसमें उसकी निडरता या निर्भीकता तथा साहस दिखाते हुए अंग्रेज़ों से लोहा लेने की तैयारी में संलग्न वज़ीर अली कर्नल के सामने आता है और चला जाता है। वज़ीर अली के सामने आने का बहाना है—कारतूस। अतः यह शीर्षक बिलकुल सार्थक है, जिससे वज़ीर अली की चारित्रिक विशेषताएँ स्पष्ट होती हैं। एकांकी के लिए एक अन्य शीर्षक 'जाँबाज़ सिपाही—वज़ीर अली' भी उपयुक्त हो सकता था, क्योंकि एकांकी का उद्देश्य ही वज़ीर अली की जाँबाज़ी एवं साहस को उजागर करना है।

स्वमूल्यांकन

गद्यांश पर आधारित बहुविकल्पात्मक प्रश्न

निम्नलिखित गद्यांशों को ध्यानपूर्वक पढ़कर पूछे गए प्रश्नों के सही विकल्प चुनिए।

1 किस्सा क्या हुआ था उसको उसके पद से हटाने के बाद हमने वज़ीर अली को बनारस पहुँचा दिया और तीन लाख रुपया सालाना वजीफ़ा मुकर्रर कर दिया। कुछ महीने बाद गवर्नर जनरल ने उसे कलकत्ता (कोलकाता) तलब किया। वज़ीर अली कंपनी के वकील के पास गया जो बनारस में रहता था और उससे शिकायत की कि गवर्नर जनरल उसे कलकत्ता में क्यूँ तलब करता है। वकील ने शिकायत की परवाह नहीं की उलटा उसे बुरा-भला सुना दिया। वज़ीर अली के तो दिल में यूँ भी अंग्रेजों के खिलाफ नफरत कूट-कूटकर भरी है उसने खंजर से वकील का काम तमाम कर दिया।

(क) प्रस्तुत गद्यांश के पाठ और लेखक का क्या नाम है?
 (i) ततौँरा-वामीरो कथा—लीलाधर मंडलोई
 (ii) बड़े भाई साहब—प्रेमचंद
 (iii) कारतूस—हबीब तनवीर
 (iv) झेन की देन—रवींद्र केलेकर

उत्तर (iii) कारतूस—हबीब तनवीर

(ख) वज़ीर अली द्वारा वकील की हत्या किए जाने का क्या कारण था?
 (i) सआदत अली से नफरत करना
 (ii) अंग्रेजों का कट्टर विरोधी होना
 (iii) वकील द्वारा भला-बुरा सुनाया जाना
 (iv) अपनी शक्ति का प्रदर्शन करना

उत्तर (iii) वकील द्वारा भला-बुरा सुनाया जाना

(ग) गद्यांश के अनुसार किसे बनारस पहुँचा दिया गया?
 (i) वज़ीर अली को (ii) आसिफ उद्दौला को
 (iii) वकील को (iv) गवर्नर को

उत्तर (i) वज़ीर अली को

(घ) पद से हटाए जाने के बदले में वज़ीर अली को क्या दिया गया?
 (i) एक महल और दो रानियाँ
 (ii) तीन लाख रुपये सालाना
 (iii) सरकारी पद पर नौकरी
 (iv) उपरोक्त सभी

उत्तर (ii) तीन लाख रुपये सालाना

(ङ) "उसे उसके पद से हटाने के बाद हमने वज़ीर अली को बनारस पहुँचा दिया"—इस पंक्ति में 'हमने' शब्द का प्रयोग किसके लिए हुआ है?
 (i) अंग्रेजों के लिए (ii) वकील के लिए
 (iii) वज़ीर अली के लिए (iv) सआदत अली के लिए

उत्तर (iv) सआदत अली के लिए

गद्यांश पर आधारित बहुविकल्पीय प्रश्न

1. वज़ीर अली अपने सहयोगियों के साथ कहाँ भाग गया?
 (i) गोरखपुर की ओर (ii) आजमगढ़ की ओर
 (iii) आरा की ओर (iv) बंगाल की ओर

उत्तर (ii) आजमगढ़ की ओर

2. वज़ीर अली की योजना कहाँ पहुँचने की थी?
 (i) नेपाल (ii) भूटान (iii) बर्मा (iv) मॉरिशस

उत्तर (i) नेपाल

3. कर्नल कालिंज के हक्का-बक्का हो जाने का क्या कारण था?
 (i) वज़ीर अली की निडरता को देखना
 (ii) कंपनी के सिपाहियों को देखना
 (iii) वकील की हत्या की खबर सुनना
 (iv) सआदत अली के कारनामे सुनना

उत्तर (i) वज़ीर अली की निडरता को देखना

विषय-वस्तु का ज्ञान, बोध अभिव्यक्ति पर आधारित प्रश्न

निम्नलिखित प्रश्नों के उत्तर दीजिए (प्रत्येक 2 अंक)

(i) सआदत अली तथा वज़ीर अली के संबंधों की चर्चा कीजिए।

(ii) सआदत अली की चारित्रिक विशेषताएँ संक्षेप में लिखिए।

(iii) वज़ीर अली किस बात पर गवर्नर-जनरल से नाराज़ हो गया था? **CBSE 2012**

(iv) वज़ीर अली ने वकील से क्या तथा किसकी शिकायत की?

(v) 'कारतूस' एकांकी के आधार पर स्पष्ट कीजिए कि अंग्रेज़ों का भारत में आगमन का मुख्य उद्देश्य व्यवसाय नहीं, बल्कि 'फूट डालो शासन करो' की नीति था।

(vi) अफ़गानिस्तान के बादशाह को हिंदुस्तान पर आक्रमण करने का आमंत्रण किस-किस ने दिया और क्यों? विस्तार से चर्चा कीजिए।

अध्याय

01

हरिहर काका (मिथिलेश्वर)

पाठ की रूपरेखा

ग्रामीण जीवन को आधार बनाकर लिखी गई इस कहानी में पारिवारिक संबंधों में व्याप्त मनुष्य की स्वार्थी प्रवृत्ति को उजागर किया गया है। मानवीय संवेदनाओं पर चोट करती हुई इस कहानी में इस तथ्य को रेखांकित किया गया है कि ज़मीन-जायदाद के कारण कई बार व्यक्ति अपनों के बीच भी पराया हो जाता है। साथ ही यह कहानी बदलते पारिवारिक मूल्यों को भी अभिव्यक्त करती है। कथाकार ने हरिहर काका के द्वारा वृद्ध व्यक्ति की स्थिति को व्यक्त किया है कि किस प्रकार एक वृद्ध व्यक्ति परिवार का प्यार और अपनापन पाने की चाह रखता है, जो उसे नहीं मिल पाता, क्योंकि परिवार के सभी सदस्य स्वार्थ के वशीभूत हो गए हैं। कोई भी बिना स्वार्थ के उसकी (वृद्ध) सेवा नहीं करना चाहता। वहीं दूसरी ओर धर्म के नाम पर ठगने वाले धर्माचारियों की स्वार्थलिप्सा को अभिव्यक्त करते हुए, धर्म की आड़ में पल रही हिंसावृत्ति को भी उजागर किया गया है। यह कहानी आज के ग्रामीण जीवन के ही नहीं, बल्कि शहरी जीवन के यथार्थ को भी बखूबी अभिव्यक्त करती है।

लेखक-परिचय

प्रसिद्ध कथाकार मिथिलेश्वर का जन्म बिहार के भोजपुर ज़िले के बैसाडीह गाँव में 31 दिसंबर, 1950 को हुआ। इन्होंने हिंदी में एम.ए. की और पी. एच. डी. तक शिक्षा प्राप्त की। ये व्यावसायिक तौर पर अध्यापन कार्य से जुड़े रहे। इन दिनों ये आरा के विश्वविद्यालय में रीडर पद पर कार्य कर रहे हैं। इन्होंने अपनी रचनाओं में ग्रामीण जन-जीवन के चित्रण को प्रस्तुत किया है। इनकी कहानियों में आज़ादी के बाद ग्रामीण जीवन में हुए परिवर्तनों के माध्यम से व्यक्त किया गया है कि बदलाव के नाम पर कुछ नया नहीं हुआ, केवल शोषण करने के तरीकों में बदलाव हुआ है। इनकी प्रमुख कृतियाँ इस प्रकार हैं

कहानियाँ बाबूजी, मेघना का निर्णय, हरिहर काका।

कहानी संग्रह चल खुसरो घर आपने।

उपन्यास झुनिया, युद्धस्थल, प्रेम न बाड़ी उपजे, और अंत नहीं।

'बंद रास्तों के बीच' (1979) में इन्हें 'सोवियत लैंड नेहरू पुरस्कार' के साथ अन्य कई पुरस्कारों से सम्मानित किया गया है।

पाठ का सार

हरिहर काका का परिचय

हरिहर काका उसी गाँव में रहते हैं, जिसमें लेखक रहता है। हरिहर काका के चार भाई हैं। उन्हें छोड़कर सभी का परिवार है। हरिहर काका के दो विवाह हुए, किंतु उनकी दोनों पत्नियाँ लंबे समय तक उनका साथ नहीं दे सकीं और उनकी मृत्यु हो गई। हरिहर काका निःसंतान रह गए। वे अब अपने भाइयों के साथ रहते हैं। उनके परिवार में साठ बीघे खेती योग्य ज़मीन है। यदि इसे विभाजित किया जाए, तो हरिहर काका के हिस्से में पंद्रह बीघे ज़मीन आती है। उनकी कोई संतान न होने के कारण उनके भाइयों की दृष्टि उनकी ज़मीन पर है।

लेखक और हरिहर काका के बीच संबंध

हरिहर काका और लेखक पड़ोसी थे। लेखक का हरिहर काका से बहुत घनिष्ठ संबंध था। हरिहर काका ने उसे बहुत आत्मीयता के साथ प्यार दिया, विशेष रूप से तब, जब लेखक बहुत छोटा था। इसका एक कारण यह भी है कि हरिहर काका की अपनी कोई संतान नहीं थी और वह अपना सारा प्यार लेखक पर न्योछावर कर देते थे। यही नहीं, वह अपने मन की अधिकांश बातें लेखक के साथ बाँटा करते थे।

हरिहर काका के स्वभाव में परिवर्तन

कुछ समय से हरिहर काका ने अपनी परेशानियाँ एवं अपनी निजी बातें लेखक को भी बताना कम कर दिया था। इससे लेखक की चिंता बढ़ गई। वह कोई ऐसा कार्य करना चाहता था, जिससे हरिहर काका पहले की तरह ही उससे अपनी सभी निजी बातों को साझा करें। लेखक को यह बात पता चली कि हरिहर काका के परिवार तथा धार्मिक समुदाय ने उन्हें बहुत दुःख दिए थे, जिससे वे परेशान रहने लगे थे और इस परेशानी का अंत उनके मौन के रूप में हुआ। अब वह किसी से कोई बात नहीं करते, चुपचाप बैठे रहते थे।

ठाकुरबारी का गाँव में महत्त्व

गाँव में ठाकुरबारी लोगों के बीच बहुत लोकप्रिय है। यह एक पूजा-स्थल है। इसकी स्थापना के विषय में ठीक-ठीक जानकारी किसी को नहीं है। हाँ, इतना अवश्य पता है कि एक संत आकर यहाँ रहने लगे थे। लोगों ने मिलकर चंदा आदि एकत्र किया और यहाँ एक मंदिर का निर्माण करवाया, जो बाद में बढ़ता चला गया। ठाकुरबारी का गाँव वालों के लिए इतना महत्त्व है कि जब भी कोई ग्रामीण नया कार्य आरंभ करने की बात सोचता तो वह ठाकुरबारी में आकर मनौती मनाता, क्योंकि ठाकुरबारी पर सबको बहुत विश्वास था।

ठाकुरबारी का संचालन एक धार्मिक समिति द्वारा किया जाता है। इसके पास बहुत ज़मीन-जायदाद है। यहाँ अधिकांश समय ईश्वर का भजन-कीर्तन चलता रहता है। जब कभी गाँव में कोई बड़ी आपदा आती है, तो ठाकुरबारी के द्वार सभी के लिए खोल दिए जाते हैं।

लेखक और ठाकुरबारी

लेखक की राय ठाकुरबारी के विषय में बहुत अच्छी नहीं है। उसके विचार में यहाँ रहने वाले साधु-संत कुछ करते-धरते नहीं हैं। हाँ, ठाकुर जी को भोग लगाने के नाम पर अच्छा-अच्छा भोजन करते हैं। इसके अतिरिक्त, वे लोगों को अपनी बातों से मूर्ख बनाते हैं, जिनमें लोग फँस ही जाते हैं।

मुसीबतों का आरंभ

शुरू-शुरू में तो हरिहर काका का जीवन शांतिपूर्वक चलता रहा। कुछ सालों के पश्चात्, उनके परिवार के सदस्य उनसे दूरी बनाने लगे। उनके मान-सम्मान में भी कमी आने लगी। घर में बचा हुआ भोजन उन्हें खाने को दिया जाता था। यदि वे बीमार हो जाते, तो उनकी सेवा करने के लिए कोई नहीं आता। यहाँ तक कि उस समय उन्हें पानी पीने के भी लाले पड़ जाते थे। बीमारी में वह स्वयं ही उठकर अपनी ज़रूरतों को पूरा किया करते थे। ऐसे में उन्हें अपनी दोनों पत्नियों की बहुत याद आती थी।

परिवार से मोहभंग का कारण

अचानक उनके जीवन में एक ऐसी घटना घटी, जिसने उनके परिवार के प्रति मोह को समाप्त कर दिया। एक बार उनके भतीजे का एक मित्र शहर से गाँव में आया। उसकी खूब खातिर की गई। उसके लिए स्वादिष्ट भोजन बनाया गया, किंतु हरिहर काका को सूखा भोजन ही दिया गया। हरिहर काका इस घटना से इतने दुःखी हुए कि उन्होंने भोजन की थाली को पटक दिया और घर छोड़कर निकल गए। अब उन्हें परिवार से कोई मोह नहीं था।

हरिहर काका और ठाकुरबारी का संबंध

अन्य ग्रामीणों की तरह हरिहर काका भी समय मिलने पर ठाकुरबारी जाया करते थे। ठाकुरबारी के महंत इस बात को जानते थे कि हरिहर काका की अपनी कोई संतान नहीं है। जब महंत को हरिहर काका के गुस्से के विषय में पता चला, तो वे हरिहर काका को ठाकुरबारी में ले आए। महंत ने उन्हें समझाया कि उन्हें मोह-माया के फेर में न पड़कर अपने हिस्से की ज़मीन ठाकुरबारी के नाम लिख देनी चाहिए। इससे उन्हें परलोक की प्राप्ति होगी और यह भौतिक जगत भी सही रहेगा। इस बीच हरिहर काका की खूब खातिरदारी की जाती रही। उन्हें तरह-तरह के स्वादिष्ट व्यंजन परोसे गए। उनका पूरा मान-सम्मान किया गया। महंत ने उन्हें समझाया कि यदि वे अपनी जायदाद को ठाकुरबारी के नाम करेंगे, तो इससे लोगों के बीच उनका मान-सम्मान बढ़ जाएगा।

हरिहर काका की घर वापसी

हरिहर काका जब घर छोड़कर गए थे, तो उनके भाइयों को इस बात का पता नहीं चला था। जब वे लोग खलिहान से लौटे, तो उन्हें सारी बातें पता चलीं। उन्हें यह भी पता चला कि ठाकुरबारी में हरिहर काका को प्रलोभन दिए गए हैं। उन्हें लगा कि यदि हरिहर काका ठाकुरबारी के महंतों की बातों में आ गए, तो उनके हाथ से अपने भाई की जायदाद चली जाएगी। भाइयों ने अपनी-अपनी पत्नियों को इस बात के लिए बहुत बुरा-भला कहा कि उनके कारण उनके बड़े भाई घर छोड़कर चले गए हैं। इसके बाद वे लोग ठाकुरबारी गए और अपने भाई से वापस चलने की विनती की। बड़ी मुश्किल से हरिहर काका घर जाने को राज़ी हुए। घर पहुँचते ही घर के सभी सदस्यों ने अपने व्यवहार के लिए उनसे क्षमा माँगी और उनकी खूब सेवा की, जिससे हरिहर काका घर न छोड़ें। इतनी खातिरदारी देखकर हरिहर काका को भी लगा कि अपने तो आखिर अपने ही होते हैं। उनका दिल घर के सदस्यों के लिए पसीज़ गया।

गाँव में तरह-तरह की चर्चाओं को बल

हरिहर काका द्वारा घर छोड़कर एक रात के लिए ठाकुरबारी में रहने और उनके भाइयों द्वारा अनुनय-विनय करने पर वापस घर जाने वाली बातें गाँव में फैल चुकी थीं। इस बीच लोगों ने तरह-तरह की बातें भी शुरू कर दी थीं; जैसे–हरिहर काका को अपनी सारी जायदाद ठाकुरबारी के नाम लिख देनी चाहिए। इससे उनका नाम अमर हो जाएगा। कुछ लोगों की राय इससे भिन्न थी। वे सोचते थे कि हरिहर काका को अपने हिस्से की जायदाद अपने भाइयों के ही नाम कर देनी चाहिए।

मन की उलझन और हरिहर काका की लेखक से मंत्रणा

एक दिन हरिहर काका ने अपने मन की उलझन लेखक को बताई। लेखक को लगा कि हरिहर काका उलझन के कारण सही निर्णय नहीं कर पा रहे हैं। बहुत सोच-विचार के बाद फ़ैसला हुआ कि हरिहर काका को अपने जीवित रहते हुए किसी को भी अपनी जायदाद का स्वामी नहीं बनाना चाहिए, क्योंकि पूर्व में जिन्होंने भी ऐसा किया था, उनका जीवन नर्क समान हो गया था।

हरिहर काका का अपहरण

इसी बीच एक दिन ठाकुरबारी के महंत ने हरिहर काका का अपहरण कर लिया, जिससे उनके हिस्से की जायदाद को ठाकुरबारी के नाम लिखवाया जा सके। महंत और उनके आदमियों ने काका के अँगूठे के निशान ले लिए ताकि उनकी सारी जायदाद ठाकुरबारी की हो जाए। हरिहर काका अब तक महंत का बहुत सम्मान करते थे, किंतु उसकी इस हरकत को देखकर हरिहर काका को महंत से घृणा हो गई।

इस बीच हरिहर काका के भाइयों ने पुलिस का प्रबंध किया और महंत की कैद से अपने भाई को छुड़वा लिया। अब हरिहर काका के सोचने का दृष्टिकोण पूरी तरह से बदल चुका था। उन्हें लगने लगा कि न तो ठाकुरबारी के महंत और न ही उनके सगे भाई, कोई भी उनका सम्मान नहीं करता है, वे तो केवल उनसे उनकी जायदाद हड़पना चाहते हैं। अब उन्होंने दृढ़ निश्चय कर लिया कि वे अपनी ज़मीन किसी के भी नाम नहीं करेंगे।

ज़मीन–जायदाद और अपनों का व्यवहार

हरिहर काका के भाइयों को भी हरिहर काका के बदले हुए व्यवहार का अनुमान हो गया था। वे समझ चुके थे कि अब हरिहर काका अपनी जायदाद उनके नाम नहीं लिखेंगे। एक दिन उनके भाइयों ने भी वही तरीका अपनाया, जो ठाकुरबारी के महंत ने उनकी जायदाद अपने नाम करने के लिए अपनाया था। भाइयों ने हरिहर काका के साथ मारपीट की और ज़मीन को अपने नाम लिखवाने की कोशिश की।

काका ज़ोर से चीखे, तो लोगों ने उनकी चीख सुनकर उन्हें आज़ाद कराया। अब हरिहर काका का अपने भाइयों से पूरी तरह मोहभंग हो चुका था। उन्हें पुलिस सुरक्षा दे दी गई और वे अपने परिवार से अलग होकर रहने लगे। अब पूरे गाँव में हरिहर काका की ही चर्चा थी। कोई उनकी ज़मीन को उनके भाइयों को देने संबंधी विचार प्रकट करता, तो कोई उस ज़मीन को ठाकुरबारी को दान में दे देने पर ज़ोर देता। इस प्रकार पूरे गाँव में केवल यही चर्चा चलती रहती थी।

विभिन्न घटनाओं का हरिहर काका पर प्रभाव

अब तक हरिहर काका सब कुछ समझ चुके थे। इन घटनाओं का उन पर इतना गहरा नकारात्मक प्रभाव पड़ा था कि वे मौन रहने लगे। वे किसी से कुछ भी नहीं कहते थे, केवल खुली आँखों से आकाश को निहारते रहते थे। अब उन्होंने एक नौकर रख लिया था, जो उनका ख़याल रखता था। पुलिस के जवान भी हरिहर काका के खर्च पर मौज उड़ा रहे थे।

≫ शब्दार्थ

पृष्ठ संख्या NCERT पाठ्यपुस्तक (संचयन–भाग-2) के अनुसार हैं।

पृष्ठ संख्या 1 यंत्रणाओं–यातनाओं, कष्टों; आसक्ति–लगाव; सयाना–समझदार; मझधार–बीचों-बीच में; विलीन–लुप्त होना; विकल्प–दूसरा उपाय।

पृष्ठ संख्या 2 ठाकुरबारी–देवस्थान; संचालन–चलाना; नियुक्ति–लगाया गया।

पृष्ठ संख्या 3 दवनी–गेहूँ/धान निकालने की प्रक्रिया; अगम–प्रयोग में लाने से पहले देवता के लिए निकाला गया अंश; घनिष्ठ–गहरा; प्रवचन–भाषण, उपदेश।

पृष्ठ संख्या 4 मशगूल–व्यस्त; धमाचौकड़ी–उछल-कूद करना; दालान– बैठक।

पृष्ठ संख्या 5 हुमाध–हवन में प्रयुक्त होने वाली सामग्री; तत्क्षण–उसी पल; अकारथ–बेकार।

पृष्ठ संख्या 6 हड़पना–किसी दूसरे की वस्तु अनुचित रूप से लेना; परिवर्तित–बदला हुआ; चिंतामग्न–चिंता में डूबा हुआ।

पृष्ठ संख्या 7 आवभगत–आदर-सत्कार; वाकिफ़–जानकार, ज्ञाता; मुस्तैद–तैयार, कमर कसकर तैयार रहना।

पृष्ठ संख्या 8 निष्कर्ष–परिणाम; टोह–खोज; विलंब–देर; बय–वसीयत।

पृष्ठ संख्या 9 अप्रत्याशित–आकस्मिक; चंपत–गायब; हरजाना–क्षति-पूर्ति।

पृष्ठ संख्या 11 वय–उम्र; महरिया–टाल जाना, नज़रअंदाज़ कर देना; कुंजी–चाबी।

पृष्ठ संख्या 13 कल–युक्ति, बुद्धि।

पृष्ठ संख्या 14 गिद्ध दृष्टि–बुरी नज़र; सिहरना–काँपना।

पृष्ठ संख्या 16 प्रतिकार–विरोध; चेत–होश; तत्परता–जल्दबाज़ी।

पृष्ठ संख्या 17 नेपथ्य–पर्दे के पीछे।

पृष्ठ संख्या 18 आच्छादित–ढका हुआ।

पृष्ठ संख्या 19 उपास–उपवास, व्रत।

पाठ्यपुस्तक (संचयन भाग-2) के प्रश्नोत्तर

1 कथावाचक और हरिहर काका के बीच क्या संबंध है और इसके क्या कारण हैं?

उत्तर कथावाचक और हरिहर काका के बीच मित्रता का संबंध है। हरिहर काका अपने मन की सभी बातें कथावाचक को बता दिया करते थे। *इसके निम्नलिखित कारण हैं*

(*i*) हरिहर काका नि:संतान होने के कारण कथावाचक को बचपन से ही बहुत प्यार करते थे। यही प्यार बड़ा होते-होते दोनों के बीच मित्रता एवं आत्मीयता में परिवर्तित हो गया था।

(*ii*) कथावाचक का घर हरिहर काका के पड़ोस में था और एक अच्छे पड़ोसी होने के नाते उन्हें कथावाचक पर बहुत विश्वास था।

(*iii*) कथावाचक हरिहर काका के सुख-दु:ख में उनके साथ रहता था। इससे दोनों के मन में परस्पर एक-दूसरे के लिए विश्वास पनप गया था।

2 हरिहर काका को महंत और अपने भाई एक ही श्रेणी के क्यों लगने लगे? **CBSE 2012, 10**

उत्तर हरिहर काका को महंत और अपने भाई एक ही श्रेणी के इसलिए लगने लगे थे, क्योंकि उनके भाई और ठाकुरबारी के महंत दोनों ही उनसे नहीं, बल्कि उनकी ज़मीन-ज़ायदाद से प्यार करते थे। ठाकुरबारी के महंत उनकी ज़मीन को हड़पना चाहते थे और उनके भाई भी उनका आदर-सम्मान इसलिए करते थे ताकि उन्हें अपने भाई की ज़मीन-ज़ायदाद मिल सके। जब ठाकुरबारी के महंत ने हरिहर काका का अपहरण कर लिया तब से हरिहर काका का ठाकुरबारी से विश्वास हट गया, उनका नज़रिया उनके प्रति बदल गया। हरिहर काका महंत का अब तक बहुत सम्मान करते थे, परंतु उनके द्वारा किए गए इस प्रकार के कार्य से उन्हें उनसे घृणा हो गई। हरिहर काका के भाइयों द्वारा भी एक दिन वही तरीका अपनाया गया जो ठाकुरबारी के महंत ने अपनाया। इस प्रकार दोनों के द्वारा किए गए इस प्रकार के कार्यों से हरिहर काका को घृणा हो गई और उन्होंने दोनों को एक ही श्रेणी में रखा।

3 ठाकुरबारी के प्रति गाँव वालों के मन में अपार श्रद्धा के जो भाव हैं, उससे उनकी किस मनोवृत्ति का पता चलता है? **CBSE 2016, 10**

उत्तर ठाकुरबारी के प्रति गाँव वालों के मन में अपार श्रद्धा के भाव हैं। वे अपने धर्म के प्रति अधिक निष्ठावान हैं। वे ठाकुरजी का आशीर्वाद लेकर ही हर शुभ कार्य को आरंभ करना चाहते हैं। किसी भी नए कार्य को आरंभ करने से पूर्व वे ठाकुरजी की मनौती मनाते हैं और कार्य पूरा होने पर ठाकुरबारी को दान देते हैं। इस प्रकार ठाकुरबारी के प्रति उनकी अटूट श्रद्धा होने का कारण उनकी धार्मिक एवं अंधविश्वासी मनोवृत्ति है। हरिहर काका को भी ठाकुरबारी पर अपार श्रद्धा थी, परंतु उनकी ज़मीन-जायदाद के लिए जब ठाकुरबारी के महंत द्वारा उनका अपहरण किया गया तब हरिहर काका का ठाकुरबारी के प्रति श्रद्धा भाव व भक्ति भाव समाप्त हो गया।

4 अनपढ़ होते हुए भी हरिहर काका दुनिया की बेहतर समझ रखते हैं। कहानी के आधार पर स्पष्ट कीजिए। **CBSE 2010**

अथवा **हरिहर काका अनपढ़ थे लेकिन अपने अनुभव और विवेक से दुनिया को बेहतर समझते थे, उदाहरण सहित स्पष्ट कीजिए।** **CBSE 2020**

उत्तर अनपढ़ होते हुए भी हरिहर काका दुनिया की बेहतर समझ रखते हैं। उनको इस बात का ज्ञान है कि जब तक उनके पास ज़मीन-जायदाद है, सभी उनका मान-सम्मान करेंगे। ठाकुरबारी के महंत उन्हें अपने हिस्से की ज़मीन ठाकुरबारी के नाम कर देने का आग्रह कर उन्हें यह समझाते हैं कि ऐसा करने पर उनका गाँव में मान-सम्मान बढ़ जाएगा और उनका परलोक भी सुधर जाएगा। उनके सगे भाई भी उनसे उनकी ज़मीन-जायदाद को अपने नाम करने को कहते हैं और इसके बदले में उनका आदर-सत्कार करते हैं।

हरिहर काका दोनों (महंत और अपने भाइयों) की बातों को ध्यानपूर्वक सुनते हैं और किसी की भी बात को नहीं मानते, क्योंकि इसी गाँव में कई लोगों की ज़मीन-जायदाद अपने नाम करवाने के पश्चात् घरवालों ने उनके जीवन का सत्यानाश कर दिया था। हरिहर काका धोखे में नहीं पड़ना चाहते। इसीलिए वे जीते-जी अपनी ज़मीन-जायदाद किसी के भी नाम नहीं करना चाहते।

5 हरिहर काका को जबरन उठा ले जाने वाले कौन थे? उन्होंने उनके साथ कैसा बर्ताव किया? **CBSE 2011, 10**

उत्तर हरिहर काका को जबरन उठा ले जाने वाले ठाकुरबारी के साधु-संत और महंत थे। वे हरिहर काका को ठाकुरबारी ले गए और उनके साथ बहुत बुरा व्यवहार किया। वे उनकी ज़मीन-जायदाद ठाकुरबारी के नाम करवाना चाहते थे। उन्होंने हरिहर काका से ज़बरदस्ती ज़मीन के कागज़ों पर उनके अँगूठे के निशान लगवा लिए। बाद में जब हरिहर काका के भाई पुलिस को लेकर ठाकुरबारी गए तो महंत और उसके साथियों ने काका के हाथ-पाँव बाँधकर उनके मुँह में कपड़ा ठूँस दिया और वहाँ से भाग गए। वे हरिहर काका का मान-सम्मान केवल उनकी ज़मीन-जायदाद हड़पने के लिए करते थे। उन्हें हरिहर काका से नहीं, बल्कि उनकी ज़मीन-जायदाद से लगाव था। इसलिए उन्होंने हरिहर काका का अपहरण करके उनके साथ बुरा व्यवहार किया।

6 **हरिहर काका के मामले में गाँव वालों की क्या राय थी और उसके क्या कारण थे?** **CBSE 2011, 10**

उत्तर हरिहर काका के मामले में गाँव वालों की एक राय नहीं थी। गाँव में कुछ लोग ऐसे थे, जो ठाकुरबारी में जाकर सुबह-शाम प्रसाद के बहाने भोजन किया करते थे। वे लोग किसी भी तरह साधु-संतों और महंतों आदि को प्रसन्न रखना चाहते थे। ऐसे लोगों की यह राय थी कि हरिहर काका को अपने हिस्से की ज़मीन-जायदाद ठाकुरबारी के नाम कर देनी चाहिए।

इसी गाँव में कुछ लोग पढ़े-लिखे और प्रगतिशील विचारधारा के थे। वे खेती का काम करते थे और एक किसान के लिए उसकी ज़मीन के महत्त्व को भली-भाँति जानते थे। ऐसे लोग यह सोचते थे कि हरिहर काका को अपने हिस्से की ज़मीन-जायदाद अपने भाइयों के नाम लिख देनी चाहिए।

7 **कहानी के आधार पर स्पष्ट कीजिए कि लेखक ने यह क्यों कहा, "अज्ञान की स्थिति में ही मनुष्य मृत्यु से डरते हैं। ज्ञान होने के बाद तो आदमी आवश्यकता पड़ने पर मृत्यु को वरण करने के लिए तैयार हो जाता है।"** **CBSE 2011, 10**

उत्तर लेखक द्वारा ऐसा कहने का यह कारण है कि हरिहर काका जैसी स्थिति में जब कोई व्यक्ति फँस जाता है, तो उसे लगता है कि बार-बार की मौत के स्थान पर तो एक बार की मौत ही अच्छी है। हरिहर काका इस बात को भली-भाँति समझ चुके थे कि यदि उन्होंने अपनी ज़मीन अपने भाइयों के नाम लिख दी, तो उनका जीवन नर्क से भी बदतर हो जाएगा। क्योंकि अभी जब ज़मीन-ज़ायदाद उनके नाम पर है, तब भी उनके साथ बुरा व्यवहार किया जाता है। उन्हें अच्छा खाना खाने को नहीं दिया जाता, उनके बीमार पड़ने पर सेवा नहीं की जाती। उन्हें संपूर्ण स्थिति को देखकर ज्ञान हो गया था। यही कारण है कि उन्होंने अपने भाइयों से अपने हिस्से की ज़मीन को उनके नाम लिखने से साफ़ मना कर दिया।

8 **समाज में रिश्तों की क्या अहमियत है? इस विषय पर अपने विचार प्रकट कीजिए।** **CBSE 2010**

उत्तर समाज में रिश्ते व्यक्तियों को एक-दूसरे से जोड़ने का कार्य करते हैं। समाज को सुचारु रूप से चलाने के लिए रिश्तों का होना बहुत ज़रूरी है। रिश्तों के कारण ही व्यक्ति का समाज में मान-सम्मान होता है, उसकी समाज में एक भूमिका होती है। मनुष्य अपने-पराए का ज्ञान भी रिश्तों से ही पाता है। सुख और दुःख में इन रिश्तों की अहमियत और अच्छी तरह से पता चलती है। कई बार आपस में मनमुटाव हो जाने पर भी रिश्ते पूरी तरह से टूटते नहीं और समय आते ही फिर पुरानी डोर में बँध जाते हैं।

9 **यदि आपके आसपास हरिहर काका जैसी हालत में कोई हो, तो आप उसकी किस प्रकार मदद करेंगे?** **CBSE 2010**

उत्तर *यदि हमारे आसपास हरिहर काका जैसी हालत में कोई हो, तो हम निम्नलिखित प्रकार से उसकी मदद करेंगे*

(*i*) हम समय निकालकर उसके पास बैठेंगे और उसकी सुख-दुःख की बातें सुनकर तथा उसके साथ हँसी-मज़ाक करके उसके दुःख को दूर करने की कोशिश करेंगे। इससे उसे अकेलेपन से मुक्ति मिलेगी।

(*ii*) हम उसकी बातों को केवल सुनेंगे और अपनी राय तब तक नहीं देंगे, जब तक उस व्यक्ति का हम पर पूरी तरह विश्वास जम नहीं जाता। हम कोशिश करेंगे कि उसे सकारात्मक मदद दी जाए।

(*iii*) जब भी हम उसके पास जाएँ, अपने साथ खाने-पीने की कुछ ऐसी वस्तुएँ लेकर जाएँ, जो ऐसे व्यक्ति को सामान्यतः उपलब्ध नहीं होतीं; *जैसे*—फल, मिठाइयाँ, सूखे मेवे आदि।

(*iv*) यदि कोई व्यक्ति पुस्तक प्रेमी है, तो हम उसकी पसंद की पुस्तकें भेंट कर सकते हैं।

(*v*) हम किसी त्योहार पर उसके साथ त्योहार मनाने में उसकी मदद कर सकते हैं।

10 **हरिहर काका के गाँव में यदि मीडिया की पहुँच होती, तो उनकी क्या स्थिति होती? अपने शब्दों में लिखिए।** **CBSE 2010**

उत्तर मीडिया का समाज में एक विशेष स्थान है। आज मीडिया समाज की हर घटना को लोगों के सामने लाने का काम कर रही है। मीडिया ने कई असहाय, अपंग, वृद्ध, मानसिक रूप से कमज़ोर व्यक्तियों के जीवन पर रिपोर्टिंग करके उनके जीवन की समस्याओं के प्रति समाज का ध्यान आकृष्ट करने का कार्य किया है।

यदि हरिहर काका के गाँव में मीडिया की पहुँच होती, तो उन्हें वे सब परेशानियाँ और दुःख नहीं झेलने पड़ते, जो उन्होंने झेले।

उनकी इस स्थिति का पता चलने पर मीडिया उनकी कहानी को समाज के सामने रखती, जिससे उनकी समस्या का समाधान आसानी से निकल पाता। यदि मीडिया उस गाँव में होती तो न तो ठाकुरबारी के साधु-संत एवं महंत और न ही हरिहर काका के भाई उनका अपमान कर पाते।

परीक्षा अभ्यास

पाठ पर आधारित प्रश्नोत्तर

1 हरिहर काका की अपने परिवार के सदस्यों से मोहभंग की शुरुआत किस प्रकार हुई? क्या यह मोहभंग उचित था?

उत्तर हरिहर काका की अपने परिवार के सदस्यों से मोहभंग की शुरुआत तब हुई, जब उनके भाइयों की पत्नियों, बहुओं और बच्चों ने उन्हें पूछना तक बंद कर दिया।

एक बार जब वे बीमार हुए, तो कोई उन्हें पानी देने तक के लिए भी नहीं आया। भाइयों के बच्चे घर में धमाचौकड़ी मचाते रहते थे। औरतें उन पर ध्यान नहीं देती थीं। उनके भाई तो खेतों में चले जाते थे, अतः उन्हें अपनी ज़रूरतें पूरी करने के लिए स्वयं ही उठना पड़ता था। ऐसे में उन्हें अपनी दोनों पत्नियों की बहुत याद आती थी।

हरिहर काका के मोहभंग को किसी भी तरह से अनुचित नहीं कहा जा सकता, क्योंकि यदि उनके भाइयों के परिवार के सदस्य उनकी बीमारी में भी देखभाल नहीं कर सकते थे, तो फिर ऐसे परिवार का क्या लाभ! हरिहर काका के परिवार के सदस्यों को केवल उनकी सम्पत्ति अर्थात् ज़मीन जायदाद से ही लगाव था। उनके प्रति कोई लगाव नहीं था। ऐसे में उनका परिवार से मोहभंग हो जाना उचित है।

2 पुजारी द्वारा हरिहर काका के घर की बातें सुनकर ठाकुरबारी के महंत के कान खड़े हो जाने को आप उसकी किस प्रवृत्ति का द्योतक मानते हैं? ऐसी स्थिति में आपकी समझ में उनका क्या कर्तव्य होना चाहिए था? **CBSE 2016, 14**

उत्तर पुजारी द्वारा हरिहर काका के घर की बातें सुनकर ठाकुरबारी के महंत के कान खड़े हो जाते हैं। जब हरिहर काका अपने घरवालों से नाराज़ होकर घर छोड़ देते हैं, तो महंत ठाकुरबारी में उनका खूब स्वागत करता है और अपनी चिकनी-चुपड़ी बातों से उन्हें अपनी ज़मीन ठाकुरबारी के नाम करने के लिए प्रेरित करता है।

बाद में वह काका के अपहरण का षड्यंत्र भी रचता है। इस पूरे घटनाक्रम से पता चलता है कि महंत एक धन-लोलुप और स्वार्थी व्यक्ति है। वह दूसरों को आध्यात्मिकता का संदेश देता है, परंतु स्वयं सभी दुर्गुणों से युक्त है। दुनिया की नज़र में वह साधु-संत है, परंतु वास्तविकता ठीक इसके विपरीत है।

हमारी समझ से इस स्थिति में महंत का यह कर्तव्य होना चाहिए था कि वह हरिहर काका के परिवार को काका के प्रति उनके कर्तव्यों का बोध कराता और काका तथा उनके परिवार के बीच मध्यस्थ की भूमिका निभाता। उसका काम समाज के सभी सदस्यों के दुःख-सुख में उनकी मदद करना है, न कि उनके दुःखों को बढ़ाना।

3 महंत जी ने हरिहर काका को परिवार के प्रति किस प्रकार भड़काया?

उत्तर महंत जी ने हरिहर काका को एकांत कमरे में बैठाकर खूब प्रेम से समझाते हुए कहा कि यहाँ कोई किसी का नहीं है। सब माया का बंधन है। तुम धार्मिक प्रवृत्ति के व्यक्ति हो इस बंधन में किस प्रकार फँस गए। ईश्वर की भक्ति में मन लगाओ, क्योंकि उसके सिवाय तुम्हारा कोई और नहीं है। पत्नी, बेटा, भाई-बंधु सबके-सब स्वार्थ के साथी हैं।

जिस दिन उन्हें यह लगेगा कि तुमसे उनका स्वार्थ सधने वाला नहीं है, उस दिन वे तुम्हें पूछेंगे तक नहीं। इसीलिए ज्ञानी संत, महात्मा, ईश्वर के सिवाय किसी और से प्रेम नहीं करते। तुम्हारे हिस्से में पंद्रह बीघे ज़मीन है। इसी कारण तुम्हारे भाई के परिवार के लोग तुम्हें पूछते हैं। यदि तुम एक दिन उनसे कह दोगे कि तुमने अपनी ज़ायदाद किसी दूसरे को दे दी है, तो वह तुमसे बोलना बंद कर देंगे। तुम्हारे बीच जो खून का रिश्ता है वह भी खत्म हो जाएगा। तुम्हारे भले के लिए मैं यह बात तुमसे पहले ही कहना चाहता था, परंतु संकोचवश कह नहीं पाया।

4 महंत द्वारा हरिहर काका को समझाए जाने पर उनकी मनःस्थिति कैसी हो गई?

उत्तर जब ठाकुरबारी में महंत ने हरिहर काका को समझाया कि यदि वह अपनी ज़मीन को ठाकुरबारी के नाम लिख देंगे, तो उनका नाम अमर हो जाएगा और समाज में उनका सम्मान बढ़ जाएगा, तब उन्हें लगा कि उन्हें इस पुण्य अवसर को ठुकराना नहीं चाहिए। दूसरे ही क्षण उन्होंने यह सोचा कि उसके भाइयों का परिवार भी तो अपना ही परिवार है। यदि वह अपने भाइयों को अपनी ज़मीन-ज़ायदाद का हिस्सा नहीं देते, तो यह अपने परिवार से विश्वासघात करने जैसा होगा। चाहे कुछ भी हो जाए परिवार के सदस्य ही तो अंतिम समय तक काम आते हैं। यही सब सोचकर हरिहर काका असमंजस की स्थिति में आ गए। उनसे महंत को न कुछ कहते बना और न ही कुछ सोचते बना।

5 हरिहर काका ने ठाकुरबारी जैसी संस्था में ही रहना प्रारंभ कर दिया था, जबकि उनका प्रिय स्थान तो उनका अपना घर था; तो क्यों? उनके परिवार के लोगों के व्यवहार के प्रति अपने विचार व्यक्त करके बताइए कि आप उनमें से एक होते तो क्या करते? **CBSE 2016, 15**

उत्तर हरिहर काका की स्वयं की कोई संतान नहीं थी और उनकी पत्नी की भी मृत्यु हो गई थी। ऐसी परिस्थिति में उन्होंने अपने भाइयों के परिवार को ही अपना परिवार समझ लिया था और उनके साथ रहने लगे थे।

शुरू-शुरू में तो हरिहर काका का जीवन शांतिपूर्वक चलता रहा, किंतु कुछ सालों के पश्चात् उनके परिवार के सदस्य उनसे दूरी बनाने लगे। उनके मान-सम्मान में कमी आने लगी। घर का बचा हुआ भोजन ही उन्हें दिया जाता था।

एक बार घर में स्वादिष्ट पकवान बनें, किंतु हरिहर काका को सूखा भोजन दिया गया। इस घटना से वे इतने दु:खी हुए कि उन्होंने भोजन की थाली पटक दी और घर छोड़कर चले गए। उनका परिवार से मोहभंग हो गया, इसलिए उन्हें अपने प्रिय स्थान (घर) को छोड़कर ठाकुरबारी जैसी संस्था में रहना पड़ा। उनके परिवार के लोगों का व्यवहार स्वार्थ से भरा था। वे केवल उनकी पंद्रह बीघे ज़मीन को प्राप्त करना चाहते थे। यदि मैं उनमें से एक होता तो समय निकालकर उनके पास बैठता, उनके सुख-दु:ख की बातें सुनता ताकि उन्हें अकेलेपन से मुक्ति मिल पाए।

6 महंत द्वारा हरिहर काका का अपहरण महंत के चरित्र की किस सच्चाई को सामने लाता है? ठाकुरबाड़ी जैसी संस्थाओं से कैसे बचा जा सकता है?

उत्तर महंत द्वारा हरिहर काका का अपहरण महंत के चरित्र की इस सच्चाई को सामने लाता है कि महंत स्वार्थी एवं धन लोलुप व्यक्ति है।

महंत ने हरिहर काका की जमीन-जायदाद हडपने के लिए पहले उन्हें फुसलाया और जब इससे काम न बना, तो उन्होंने उनका अपहरण कर लिया। उनके इस व्यवहार से यह सच्चाई उजागर होती है कि धर्म के क्षेत्र में दुर्जनों एवं दुराचारी लोगों का प्रवेश हो चुका है और ऐसे ही लोगों के कारण धर्म के क्षेत्र में अनाचार की प्रवृत्तियाँ बढ़ती जा रही हैं। धर्म की मूल संवेदना से कोसों दूर ऐसे दुराचारियों ने धर्म को अपनी विलासिता का आवरण बना रखा है। ये धर्म की आड़ में दुनिया के सारे कुकर्मों को अंजाम देते हैं।

ठाकुरबाड़ी जैसी संस्थाओं से व्यक्ति का मनोवैज्ञानिक दृष्टिकोण ही उसे बचा सकता है, क्योंकि व्यक्ति का विवेक ही उसे सही निर्णय लेने में सहायता करता है और उसे धर्म के ठेकेदारों के स्वार्थों से बचा सकती है।

7 पारिवारिक संबंधों में आई खटास ने हरिहर काका को अपने ही घर में पराया बना दिया। इससे उनके जीवन में आए सकारात्मक एवं नकारात्मक परिवर्तनों को रेखांकित कीजिए।

उत्तर *सकारात्मक एवं नकारात्मक परिवर्तन निम्न प्रकार हैं*

(i) पारिवारिक संबंधों में आई खटास के कारण हरिहर काका अपने ही घर में अपमानित एवं उपेक्षित हो गए थे, उन्हें ऐसा लगने लगा था जैसे सामर्थ्यवान होते हुए भी उनका अकारण तिरस्कार किया जा रहा है। निश्चित रूप से निजी संबंधों के प्रति घृणा का भाव काका के जीवन में भाइयों के प्रति प्रेम को कम करता है। यह स्थिति सकारात्मक इस अर्थ में कही जा सकती है, क्योंकि इसके कारण ही काका को संबंधों की सच्चाई का ज्ञान हो जाता है।

(ii) कहानी में वर्णित दूसरा प्रसंग हरिहर काका के जीवन को पूरी तरह बदल डालता है, जब उनके भाई उन्हें वापस घर लाकर संपत्ति अपने नाम करवाने के लिए उन पर दबाव डालते हैं तथा उनकी हत्या करने का प्रयास करते हैं। इससे हरिहर काका अकेलेपन के शिकार हो जाते हैं, लेकिन परिवार और समाज का सत्य एकदम नग्न रूप में उनकी आँखों के सामने आ जाता है।

8 "सबके मन में यह बात है कि हरिहर काका कोई अमृत पीकर तो आए हैं नहीं। एक न एक दिन उन्हें मरना ही है।" इससे गाँव वालों की किस मनोवृत्ति का पता चलता है?

उत्तर जब हरिहर काका को महंत जी और उनके भाइयों की असलियत खुल जाने के बाद पुलिस का संरक्षण मिल गया, तो भी गाँव वालों के बीच तरह-तरह की अफवाहें फैल रही थीं। गाँव वाले इस बात से आशंकित थे कि हरिहर काका के कारण आने वाले समय में न जाने और कौन-सी मुसीबत इस गाँव में आएगी? गाँव वालों की इस सोच से उनकी इस मनोवृत्ति का पता चलता है कि उन्हें हरिहर काका से कोई लगाव नहीं था, बल्कि वे स्वयं को सुरक्षित रखने के विषय में चिंतित थे। इससे यह भी पता चलता है कि आज के युग में कोई किसी के लिए नहीं सोचता, हर व्यक्ति अपने स्वार्थ के लिए परेशान रहता है। आज समाज में इस प्रकार की मनोवृत्ति ने घर कर लिया है, जिससे अपनापन, लगाव, एक-दूसरे के दु:ख-सुख की चिंता आदि समाप्त होती जा रही है।

9 कल भी उनके यहाँ गया था, लेकिन न तो वह कल ही कुछ कह सके और न आज ही। दोनों दिन उनके पास मैं देर तक बैठा रहा, लेकिन उन्होंने कोई बातचीत नहीं की। जब उनकी तबीयत के बारे में पूछा तब उन्होंने सिर उठाकर एक बार मुझे देखा फिर सिर झुकाया तो दुबारा मेरी ओर नहीं देखा। हालाँकि उनकी एक ही नजर बहुत कुछ कह गई। जिन यंत्रणाओं के बीच वह घिरे थे और जिस मन:स्थिति में जी रहे थे, उसमें आँखें ही बहुत कुछ कह देती हैं, मुँह खोलने की जरूरत नहीं पड़ती।

CBSE SQP Term II 2021

उत्तर हरिहर काका की जमीन उनके लिए जी का जंजाल बन गई थी, क्योंकि उनके साथ उनके भाइयों तथा ठाकुरबारी के महंत ने बुरा व्यवहार किया। एक दिन ठाकुरबारी के महंत ने हरिहर काका का अपहरण कर लिया, जिससे उनके हिस्से की जायदाद को ठाकुरबारी के नाम लिखवाया जा सके। महंत और उनके आदमियों ने काका के अँगूठे के निशान ले लिए, ताकि उनकी सारी जायदाद ठाकुरबारी की हो जाए। हरिहर काका अब तक महंत का बहुत सम्मान करते थे, किंतु उसकी इस हरकत को देखकर हरिहर काका को महंत से घृणा हो गई। हरिहर काका के भाइयों को भी हरिहर काका के बदले हुए व्यवहार का

अनुमान हो गया था। वे समझ चुके थे कि अब हरिहर काका अपनी जायदाद उनके नाम नहीं लिखेंगे। एक दिन उनके भाइयों ने भी वह तरीका अपनाया, जो ठाकुरबारी के महंत ने उनकी जायदाद अपने नाम करने के लिए अपनाया था। भाइयों ने हरिहर काका के साथ मारपीट की और जमीन को अपने नाम लिखवाने की कोशिश की। काका जोर से चीखे, तो लोगों ने उनकी चीख सुनकर उन्हें आजाद कराया। अब हरिहर काका का अपने भाइयों से पूरी तरह मोहभंग हो चुका था। इस प्रकार कह सकते हैं कि हरिहर काका के भाइयों तथा ठाकुरबारी के महंत दोनों ने ही उनके साथ क्रूर व्यवहार किया, क्योंकि वे दोनों ही हरिहर काका से नहीं, बल्कि उनकी जमीन-जायदाद से प्यार करते थे। हम उनके इस व्यवहार को बिलकुल भी उचित नहीं मानते, क्योंकि परिवार के भाइयों तथा महंत को हरिहर काका का शोषण न करके उनकी सहायता करनी चाहिए थी, उन्हें प्रेम एवं सम्मान देना चाहिए।

10 आम आदमी की धर्म के प्रति अंधश्रद्धा को धर्म के ठेकेदार किस रूप में भुनाते हैं? 'हरिहर काका' कहानी में काका किस प्रकार इसका शिकार हुए? व्यक्ति का वैज्ञानिक दृष्टिकोण उसे किस प्रकार बचा सकता है? CBSE 2015

उत्तर *व्यक्ति का वैज्ञानिक दृष्टिकोण उसे निम्न प्रकार से बचा सकता है*

(i) आम आदमी की धर्म के प्रति अंधश्रद्धा पर, धर्म के ठेकेदार कहे जाने वाले महंत, पुजारी आदि अपने स्वार्थ को पूरा करते हैं। वे व्यक्ति को धर्म के नाम पर डरा-डराकर अपनी ज़ेब भरते रहते हैं। जब भी वे किसी व्यक्ति को दुःखी, निराश या परेशान देखते हैं, तो तुरंत ही मोह-माया की बातें कर उन्हें अपने जाल में फँसा लेते हैं।

(ii) कहानी में हरिहर काका भी इनका शिकार होते हैं। ठाकुरबारी का महंत जानता है कि हरिहर काका की अपनी कोई संतान नहीं है। इसी बात का फ़ायदा उठाकर वह उन्हें अपनी बातों के जाल में फँसाते हुए उनसे कहता है कि उन्हें मोह-माया के फेर में नहीं पड़ना चाहिए और अपने हिस्से की ज़मीन ठाकुरबारी के नाम कर देनी चाहिए। ऐसा करने से उन्हें परलोक की प्राप्ति होगी और गाँव में मान-सम्मान भी बढ़ेगा।

(iii) जब हरिहर काका ने अपनी ज़मीन ठाकुरबारी के नाम करने से मना कर दिया तो महंत ने ज़ोर-ज़बरदस्ती कर उनका अँगूठा कागज़ पर लगवा लिया। ऐसी स्थिति में व्यक्ति का मनोवैज्ञानिक दृष्टिकोण ही उसे बचा सकता है, क्योंकि व्यक्ति की सोच-समझ ही उसे सही निर्णय लेने में मदद करती है और उसे धर्म के ठेकेदारों के स्वार्थों से बचा सकती है।

11 एक स्थान पर हरिहर काका ने कहा—"मैं मर जाऊँगा, लेकिन जीते-जी एक धुर ज़मीन भी तुम्हें नहीं लिखूँगा। तुम सब ठाकुरबारी के महंत-पुजारी से तनिक भी कम नहीं।" हरिहर काका के ऐसा कहने के पीछे कौन-सा दर्द था? क्या आप हरिहर काका की इस बात से सहमत हैं?

उत्तर हरिहर काका को महंत और उसके साथियों द्वारा किए गए अत्याचारों से बहुत दुःख हुआ। इसके बाद जब वे अपने घर आ गए और घर पर उनके परिवार के सदस्यों ने भी उनसे महंत और उसके साथियों जैसा व्यवहार करना शुरू कर दिया, तो उन्हें बहुत दुःख हुआ। उन्होंने सोचा कि महंत तो पराया था, लेकिन ये तो मेरे अपने हैं। ये मुझ पर इतना अत्याचार क्यों कर रहे हैं? यही कारण है कि जब परिवार के सदस्यों ने ज़ोर-ज़बरदस्ती द्वारा उनसे ज़मीन अपने नाम लिखने को कहा, तो उन्होंने कह दिया कि चाहे वे मर क्यों न जाएँ, किंतु अपनी ज़मीन उनके नाम नहीं लिखेंगे। हम हरिहर काका की इस बात से पूरी तरह से सहमत हैं, क्योंकि यदि परिवार के सदस्य भी बाहर के लोगों की तरह व्यवहार करने लगें और ज़ोर-ज़बरदस्ती पर उतर आएँ, तो उनमें और बाहरी व्यक्तियों में क्या अंतर है।

12 हरिहर काका ने लेखक से किस विषय पर चर्चा की? इस चर्चा का क्या परिणाम निकला? CBSE 2016

उत्तर हरिहर काका ने लेखक से एकांत में इस बात पर चर्चा की कि उन्हें अपने हिस्से की ज़मीन का क्या करना चाहिए, क्योंकि ठाकुरबारी के महंत और उनके भाई उनसे उनकी ज़मीन को अपने नाम कराने के लिए पीछे पड़े हुए हैं। उन्होंने बताया कि ज़मीन के लालच में एक ओर उनके भाई उनकी ज़ान के पीछे पड़े हुए हैं। वहीं दूसरी ओर ठाकुरबारी के महंत ने परलोक का भय दिखाकर अपनी ज़मीन ठाकुरबारी के नाम करने को कहा। महंत की बात न मानने पर उनका अपहरण कर लिया गया और उनके साथ मारपीट भी की गई।

लेखक और हरिहर काका के बीच हुई चर्चा के उपरांत यह निर्णय हुआ कि जीते-जी अपनी जायदाद का स्वामी किसी और को बनाना बिलकुल भी ठीक नहीं होगा। चाहे वह अपना भाई या मंदिर का महंत ही क्यों न हो? इससे पूर्व जिन्होंने भी ऐसा किया है, उनका जीवन नर्क समान हो गया।

13 हरिहर काका एकदम मौन क्यों हो गए हैं? इस कहानी से आपको क्या सीख मिली?

उत्तर हरिहर काका के लिए उनके भाइयों का परिवार ही सब कुछ था, क्योंकि वे निःसंतान थे और उनकी पत्नी भी जीवित नहीं थी। वे अपने भाइयों के सहारे ही जीवन व्यतीत कर रहे थे। भाइयों के प्रति प्रेम एवं लगाव का जल्दी ही भ्रम टूटने लगा और उनका मोहभंग होना शुरू हो गया। ज़मीन के लालच में उनके भाइयों ने उनसे मारपीट

तक की। इससे पहले मठ के महंत ने भी उनसे बुरा व्यवहार किया था।

इन घटनाओं के कारण हरिहर काका को बहुत सदमा पहुँचा। उन्होंने अपने भाइयों एवं निकट संबंधियों से इसकी उम्मीद नहीं की थी। सदमे के कारण ही हरिहर काका बिलकुल मौन हो गए।

इस कहानी से हमें यही शिक्षा मिलती है कि यह भौतिक दुनिया स्वार्थों से भरी हुई है। यहाँ सभी व्यक्ति स्वार्थी एवं लोलुप प्रवृत्ति के हैं। पारिवारिक संबंध उनके लिए अधिक मायने नहीं रखते हैं। स्वार्थ एवं (लालच) से परिपूर्ण इस संसार में व्यक्ति की कद्र नहीं होती है। हरिहर काका इसके ज्वलंत उदाहरण हैं। हमें ऐसी कुप्रवृत्ति से बचना चाहिए और मानवीय मूल्यों को बढ़ावा देना चाहिए।

14 आप कैसे कह सकते हैं कि हरिहर काका संयुक्त परिवार के मूल्यों के प्रति एक समर्पित व प्रेरक मानव थे? पठित पाठ के आधार पर समझाइए। **CBSE 2015**

उत्तर (*i*) पाठ के आरंभ में ही स्पष्ट किया गया है कि हरिहर काका के चार भाई हैं। उन्हें छोड़कर अन्य तीनों भाइयों का भरा-पूरा परिवार है। हरिहर काका के पास भी पंद्रह बीघे ज़मीन थी। यदि वे चाहते तो पत्नी की मृत्यु के बाद अलग घर में रह सकते थे, किंतु उन्होंने ऐसा नहीं किया। वे अपने भाइयों के साथ ही रहने लगे, उनके परिवार को अपना परिवार समझने लगे।

(*ii*) संयुक्त परिवार के महत्त्व को हरिहर काका जानते थे। इसलिए वे अपने भाइयों के संयुक्त परिवार में सबके साथ मिलकर रहना चाहते थे ताकि परिवार का प्यार और अपनापन पा सकें। भाइयों के परिवार के प्रति हरिहर काका में अपनापन का भाव इतना अधिक था कि जब परिवार के सदस्यों ने उनसे अनुचित व्यवहार किया तो वे इससे दु:खी हो गए और घर छोड़कर चले गए। भाइयों द्वारा मना लेने पर, वह वापस घर आ गए।

इस प्रकार ये सब घटनाएँ स्पष्ट करती हैं कि हरिहर काका संयुक्त परिवार के मूल्यों के प्रति एक समर्पित व प्रेरक मानव थे, जो समाज के लिए प्रेरणा देने का कार्य करते हैं।

15 'हरिहर काका' कहानी लिखने का क्या उद्देश्य है? यह समाज के किस कटु सत्य की ओर संकेत करती है?

उत्तर (*i*) 'हरिहर काका' नामक कहानी लिखने का उद्देश्य है–सगे (अपने) और पराए लोगों के प्रति सावधान करना। लेखक ने इस कहानी के माध्यम से इस बात पर बल दिया है कि सभी प्रकार के संबंध, रिश्ते केवल स्वार्थ पर आधारित होते हैं। यही नहीं, सगे-संबंधी तो दूर की बात है, साधु-महात्मा आदि भी इस बुराई से अछूते नहीं हैं और वे भी स्वार्थ की पूर्ति के लिए कुछ भी करने को तैयार रहते हैं। ऐसे में व्यक्ति को स्वयं समझदारी दिखानी चाहिए और किसी भी रिश्ते की बजाय स्वयं पर भरोसा करना चाहिए।

(*ii*) 'हरिहर काका' नामक कहानी में इस बात को स्पष्ट किया गया है कि लोग अपने स्वार्थ को पूरा करने के लिए कुछ भी करने को तैयार हैं। उनके आपसी रिश्ते भी स्वार्थ पर ही आधारित हैं। यहाँ तक कि वे धार्मिक और सामाजिक संस्थाएँ भी, जो लोगों के कल्याण की बातें करती हैं, इस स्वार्थ से अछूती नहीं रही हैं। धन प्राप्त करने की चाहत लोगों के रिश्ते-नातों में कभी न भर पाने वाली दरार डाल देती है।

16 वर्तमान समाज में हरिहर काका जैसे वृद्ध व्यक्तियों के लिए युवा पीढ़ी का क्या कर्तव्य है?

उत्तर वर्तमान समाज में हरिहर काका जैसे वृद्ध व्यक्तियों के प्रति युवा पीढ़ी का कर्तव्य है कि वह मन लगाकर यथासंभव ऐसे व्यक्तियों की सेवा एवं सहायता करे। वृद्ध हमारे वर्तमान समाज में मौजूद हैं, जिन्हें उचित देखभाल एवं प्रेम भरे अपनेपन युक्त व्यवहार की आवश्यकता है। इन वृद्धों को उचित मान-सम्मान देना तथा यथोचित सेवा करना युवा पीढ़ी का प्राथमिक कर्तव्य है। अपने स्वार्थ से ऊपर उठकर हमें यह सुनिश्चित करना चाहिए कि वृद्ध लोगों को किसी प्रकार का कष्ट न होने पाए।

वृद्ध, समाज के अत्यंत सम्मानित एवं आवश्यक अंग हैं। उन्हें कभी अकेलापन महसूस नहीं होने देना चाहिए। उम्र के अनुसार, उनकी सभी ज़रूरतों को पूरा करना हमारा कर्तव्य है। उन्हें उचित सेवा-सुश्रुषा एवं चिकित्सा संबंधी सुविधाएँ उपलब्ध कराना हमारी ज़िम्मेदारी है। वास्तव में, वे उस समाज की नींव या आधार रखने वाले ऐसे व्यक्ति हैं, जिस समाज में हम आवश्यक सुविधाओं का लाभ उठा रहे हैं। हमारे समाज को बेहतर बनाने में उन लोगों ने अपना पर्याप्त योगदान दिया है। अत: उन्हें वह मान-सम्मान, प्रेम, अपनापन, अधिकार आदि सब प्राप्त होना चाहिए, यह उनका अधिकार है।

17 "हरिहर काका एक नए शोषित वर्ग के प्रतिनिधि के रूप में दिखाई देते हैं," इस कथन पर अपने तर्क प्रस्तुत करते हुए विचार कीजिए।

उत्तर हमारी सामाजिक व्यवस्था का यह एक कटु यथार्थ है कि बुढ़ापे का सहारा कही जाने वाली संतानों या परिवार के अन्य लोगों की बेमेल विचारधारा से वृद्ध व्यक्ति त्रस्त होते हैं। सामान्यत: उनके पास कोई संपत्ति या अधिकार नहीं होता, लेकिन हरिहर काका की स्थिति इससे भिन्न दिखाई देती है। हरिहर काका के पास ज़मीन-जायदाद है, उनका अधिकार भी वास्तविक तौर पर सीमित नहीं है, परंतु वे इस रूप में भी एक नए शोषित वर्ग के प्रतिनिधि के रूप में दिखाई देते हैं कि उनके सगे भाइयों के परिवार और सामाजिक व्यवस्था ने अपना स्वार्थ साधने के लिए उन्हें शोषण का शिकार एवं खिन्न मनोवृत्ति वाला बना दिया है।

भाई उनकी संपत्ति के लिए जान लेने पर उतर आए हैं, तो पुलिस-प्रशासन सुरक्षा देने के नाम पर उनका शोषण कर रहा है। सामाजिक व्यवस्था में सर्वाधिक पवित्र मानी जाने वाली धार्मिक संस्थाओं का चरित्र भी ठाकुरबारी और महंत की गतिविधियों से स्पष्ट हो जाता है। शोषण करने में वे भी कोई कसर नहीं छोड़ना चाहते हैं। इस तरह संपत्ति एवं अधिकार संपन्न तथा स्वतंत्र होते हुए भी हरिहर काका परिवार, धर्म एवं समाज द्वारा शोषित एक नए वर्ग के प्रतिनिधि के रूप में दिखाई देते हैं।

18 अपने जीते जी ही अपनी धन-संपत्ति को हड़पने के लिए रचे जा रहे षड्यंत्र और दाँव-पेच देखकर हरिहर काका पर क्या बीती होगी, कल्पना के आधार पर लिखिए।

उत्तर मेरी कल्पना के आधार पर अपने जीते-जी अपनी धन-संपत्ति को हड़पने के लिए रचे जा रहे षड्यंत्र और दाँव-पेंच देखकर हरिहर काका को गहरा आघात हुआ होगा। उनके हृदय में संगे-संबंधियों, रिश्तेदारों और यहाँ तक कि धर्म के ठेकेदार कहे जाने वाले साधु-महंतों के प्रति आक्रोश एवं अविश्वास की भावना उत्पन्न हो गई होगी। वे सामाजिक रिश्तों की अवहेलना करने लगे होंगे, जिसके परिणामस्वरूप उनकी हृदयगत पीड़ा की अभिव्यक्ति मौन रूप में हुई। पारिवारिक संबंधों एवं धार्मिक माने जाने वाले लोगों की स्वार्थी प्रवृत्ति के कारण उनकी संवेदनाओं पर गहरी चोट लगी होगी, जिससे उन्हें नितांत में रहकर जीवन व्यतीत करना अच्छा लगने लगा। समाज के रिश्तों की क्रूर एवं अमानवीय सच्चाई से सामना होने पर हरिकर काका के मन में तिरस्कार एवं घृणा की भावना उत्पन्न हो गई होगी। यही कारण रहा होगा कि उन्हें पारिवारिक संबंधों से मोहभंग हो गया था।

19 हरिहर काका के साथ उनके भाइयों तथा ठाकुरबाड़ी के महंत ने कैसा व्यवहार किया? क्या आप उसे उचित मानते हैं? कारण सहित स्पष्ट कीजिए। **CBSE 2019**

उत्तर हरिहर काका के साथ उनके भाइयों तथा ठाकुरबाड़ी के महंत ने बुरा व्यवहार किया। एक दिन ठाकुरबाड़ी के महंत ने हरिहर काका का अपहरण कर लिया, जिससे उनके हिस्से की जायदाद को ठाकुरबाड़ी के नाम लिखवाया जा सके। महंत और उनके आदमियों ने काका के अँगूठे के निशान ले लिए, ताकि उनकी सारी जायदाद ठाकुरबाड़ी की हो जाए। हरिहर काका अब तक महंत का बहुत सम्मान करते थे, किंतु उसकी इस हरकत को देखकर हरिहर काका को महंत से घृणा हो गई।

हरिहर काका के भाइयों को भी हरिहर काका के बदले हुए व्यवहार का अनुमान हो गया था। वे समझ चुके थे कि अब हरिहर काका अपनी जायदाद उनके नाम नहीं लिखेंगे। एक दिन उनके भाइयों ने भी वह तरीका अपनाया, जो ठाकुरबाड़ी के महंत ने उनकी जायदाद अपने नाम करने के लिए अपनाया था। भाइयों ने हरिहर काका के साथ मारपीट की और जमीन को अपने नाम लिखवाने की कोशिश की। काका जोर से चीखे, तो लोगों ने उनकी चीख सुनकर उन्हें आजाद कराया। अब हरिहर काका का अपने भाइयों से पूरी तरह मोहभंग हो चुका था।

इस प्रकार कह सकते हैं कि हरिहर काका के भाइयों तथा ठाकुरबाड़ी के महंत दोनों ने ही उनके साथ क्रूर व्यवहार किया, क्योंकि वे दोनों ही हरिहर काका से नहीं, बल्कि उनकी जमीन-जायदाद से प्यार करते थे। हम उनके इस व्यवहार को बिलकुल भी उचित नहीं मानते, क्योंकि परिवार के भाइयों तथा महंत को हरिहर काका का शोषण न करके उनकी सहायता करनी चाहिए थी, उन्हें प्रेम एवं सम्मान देना चाहिए।

20 'हरिहर काका' कहानी के आधार पर बताइए कि एक महंत से समाज की क्या अपेक्षा होती है? उक्त कहानी में महंतों की भूमिका पर टिप्पणी कीजिए। उत्तर लगभग 150 शब्दों में दीजिए। **CBSE 2018**

उत्तर एक महंत से समाज को बहुत अपेक्षाएँ होती हैं। महंत का काम समाज के सभी व्यक्तियों के दु:ख-सुख में उनकी मदद करना होता है न कि उनके दु:खों को बढ़ाना। 'हरिहर काका' कहानी में महंत का यह कर्तव्य होना चाहिए था कि वह हरिहर काका के परिवार को काका के प्रति उनके कर्तव्यों का बोध कराता और काका तथा उनके परिवार के बीच मध्यस्थ की भूमिका निभाता।

कहानी में महंत की भूमिका

'हरिहर काका' कहानी में महंत जी दबंग प्रवृत्ति के व्यक्ति हैं। आध्यात्मिक ज्ञान से भरपूर, किंतु व्यवहार में महास्वार्थी हैं। धर्म के नाम पर लोगों को छलना, ठगना और उल्लू सीधा करना उन्हें अच्छी तरह आता है। जब भी वे किसी व्यक्ति को निराश, दु:खी या परेशान देखते, तुरंत मोह-माया की बातें कर थोड़ी ही देर में उसे अपने जाल में फाँस लेते हैं। यदि कोई व्यक्ति सीधी तरह उनके चंगुल में नहीं आता, तो उन्हें अँगुली टेढ़ी करना भी आता है और ऐसे में वह जोर-जबरदस्ती का सहारा लेने से भी नहीं हिचकते हैं।

महंत एक अपहरणकर्ता के रूप में भी सामने आता है जब जान जाता है कि हरिहर काका अपने परिवार की मोह-माया में फँसकर रह गए हैं, तब वह उनका अपहरण करने की अपनी योजना को कार्य रूप में परिणत करने के लिए जी-जान से जुट जाता है। इस प्रकार, कह सकते हैं कि महंत धर्म के नाम पर लोगों को ठगने वाला महास्वार्थी व्यक्ति है, जो अपने स्वार्थ की पूर्ति के लिए नीच-से-नीच कार्य करने में भी नहीं हिचकता है।

21 कल्पना कीजिए कि एक पत्रकार के रूप में आप हरिहर काका के बारे में अपने समाचार-पत्र को क्या-क्या बताना चाहेंगे और समाज को उसके उत्तरदायित्व का बोध कैसे कराएँगे? **CBSE 2019**

उत्तर एक पत्रकार के रूप में हरिहर काका के बारे में अपने समाचार-पत्र को निम्नलिखित बातें बताना चाहूँगा

- हरिहर काका गाँव के एक वृद्ध व्यक्ति हैं, जो अपने भाइयों के साथ रहते हैं।
- वृद्ध हरिहर काका परिवार का प्यार और अपनापन पाने की चाह में रहते हैं, किंतु वह उन्हें नहीं मिल पाता, क्योंकि परिवार के सदस्य स्वार्थ के वशीभूत हैं।
- दूसरी ओर धर्म के नाम पर ठगने वाले धर्माचारियों की दृष्टि भी हरिहर काका की जमीन-जायदाद पर है। धर्माचारी व्यक्ति अपने स्वार्थ के कारण हरिहर काका का अपहरण कर उनके साथ हिंसा करते हैं।
- हरिहर काका के भाई भी संपत्ति के लालच में उनके साथ मारपीट करते हैं।

इस प्रकार हरिहर काका समाज के उस वृद्ध व्यक्ति का प्रतिनिधित्व करते हैं, जिसे संपत्ति के लालच में परिवार के सदस्य तथा धर्माचारी व्यक्ति अपनी स्वार्थ वृत्ति को पूरा करने के लिए किसी भी हद तक चले जाते हैं।

वृद्ध व्यक्ति हमारे समाज के अत्यंत सम्मानित एवं आवश्यक अंग है। इसलिए समाज का यह उत्तरदायित्व है कि वह वृद्धों को उचित मान-सम्मान दें तथा उनसे प्रेम भरा अपनापन युक्त व्यवहार करें। उम्र के अनुसार उनकी सभी जरूरतों को पूरा करना समाज का कर्त्तव्य है। वास्तव में वे उस समाज की नींव या आधार रखने वाले ऐसे व्यक्ति हैं, जिस समाज में हम आवश्यक सुविधाओं का लाभ उठा रहे हैं। हमारे समाज को बेहतर बनाने में उन लोगों ने अपना पर्याप्त योगदान दिया है। अतः उन्हें उचित सेवा, मान-सम्मान, प्रेम, अपनापन, अधिकार सब प्राप्त होना चाहिए, यह उनका अधिकार है।

स्वमूल्यांकन

निम्नलिखित प्रश्नों के उत्तर दीजिए

1 'हरिहर काका' पाठ के माध्यम से लेखक ने संबंधों के किस पक्ष पर चोट की है?

2 'हरिहर काका' नामक कहानी से हमें क्या सीख मिलती है?

3 आप हरिहर काका की दयनीय हालत का ज़िम्मेदार किसे मानते हैं तथा क्यों?

4 हरिहर काका द्वारा घर छोड़े जाने के उपरांत ठाकुरबारी में रहने वाले लोगों में तरह-तरह की बातें शुरू हो जाना, लोगों की किस मानसिकता की ओर संकेत करता है? संक्षेप में समझाइए।

5 ''सभी संबंध स्वार्थ की नींव पर खड़े होते हैं।'' प्रस्तुत पाठ के आधार पर इस कथन को स्पष्ट कीजिए।

6 'हरिहर काका' कहानी बदलते हुए पारिवारिक मूल्यों को किस प्रकार इंगित करती है? विस्तारपूर्वक समझाइए।

7 हरिहर काका के निर्णय न लेने की स्थिति में लेखक ने उन्हें क्या सलाह दी?

8 आपके अनुसार, ठाकुरबारी या किसी धार्मिक संस्था का समाज के प्रति क्या दायित्व होना चाहिए?

9 कहानी में वर्णित ठाकुरबारी तथा वर्तमान समय के धार्मिक स्थलों में क्या साम्यता है? उदाहरण सहित स्पष्ट कीजिए।

10 'हरिहर काका' कहानी में लेखक ने किन-किन मुद्दों को उठाने का प्रयास किया है?

अध्याय

02

सपनों के-से दिन (गुरदयाल सिंह)

पाठ की रूपरेखा

यह पाठ पंजाबी लेखक गुरदयाल सिंह की आत्मकथा का एक अंश है। इसमें लेखक ने अपने बचपन के उन आनंदमयी दिनों का चित्रण किया है, जब खेलते-खेलते चोट लगती थी, हाथ-पैर छिल जाते थे, तब चोट लगने के बावजूद घर जाकर माता-पिता तथा बहनों की डाँट खानी पड़ती थी। कुछ क्षण बाद फिर से वही खेल मन को गुदगुदाने लगता था। लेखक ने अपने स्कूली जीवन के अनुभवों को वर्णित करते हुए कहा है कि उन दिनों स्कूल का वातावरण बहुत नीरस एवं भय उत्पन्न करने वाला हुआ करता था।

लेखक-परिचय

प्रसिद्ध कथाकार गुरदयाल सिंह का जन्म पंजाब के जैतो कस्बे में 10 जनवरी, 1933 को एक साधारण दस्तकार परिवार में हुआ। अपने पैतृक कार्य को करते हुए, इन्होंने अपनी शिक्षा ग्रहण की। गुरदयाल सिंह वर्ष 1954 से 1970 तक स्कूल में अध्यापक रहे और इसी दौरान इनकी पहली कहानी 'पंच' वर्ष 1957 में दरिया नामक पत्रिका में प्रकाशित हुई। इसके उपरांत वे कॉलेज में प्राध्यापक नियुक्त हुए और अंततः यूनिवर्सिटी से प्रोफ़ेसर के पद से सेवानिवृत्त हुए।

गुरदयाल सिंह का रचना संसार ठेठ ग्रामीण और भावबोध का है। पंजाबी भाषा में सराहनीय योगदान के लिए इन्हें 'ज्ञानपीठ पुरस्कार' से सम्मानित किया गया है। इसके अतिरिक्त वे 'साहित्य अकादमी', 'सोवियत लैंड नेहरू पुरस्कार', 'पंजाब की साहित्य अकादमी' सहित कई अन्य पुरस्कारों से सम्मानित हुए हैं। गुरदयाल सिंह ने उपन्यास, कहानी, नाटक, एकांकी इत्यादि साहित्यिक विधाओं में साहित्य सृजन किया। मढ़ी का दीवा, अथ-चाँदनी रात, पाँचवाँ पहर, सब देश पराया, साँझ-सवेरे और (आत्मकथा) क्या जानूँ मैं कौन? इनकी प्रमुख कृतियाँ हैं।

पाठ का सार

बच्चों का खेल-प्रेम

लेखक ने अपनी आत्मकथा के इस अंश में स्पष्ट किया है कि बचपन में सभी बच्चों का एक जैसा हाल होता है। मध्यमवर्गीय परिवार के बच्चे बेतरतीब व मैले से कपड़े पहने छोटी-छोटी गलियों में खेलते-कूदते फिरते थे। भागते-दौड़ते समय हाथ-पैर छिलने या चोट लगने पर कोई परवाह नहीं करता, बल्कि परिवार वालों से डाँट ही पड़ती थी, परंतु खेल के प्रति लगाव कम नहीं होता था। लेखक बच्चों के इस खेल-प्रेम को तब समझ पाया, जब उसने बाल-मनोविज्ञान पढ़ा। सभी बच्चों की आदतें मिलती-जुलती हैं। उन दिनों बच्चे स्कूल जाने में रुचि नहीं लेते थे और माता-पिता भी पढ़ाई के लिए ज़बरदस्ती नहीं करते थे।

लेखक का बाल्यकाल

लेखक के अधिकांश मित्र राजस्थान या हरियाणा के मूल निवासी थे, जो व्यापार के उद्देश्य से आए अपने परिवार के साथ यहाँ रहते थे। उनकी बोली कम समझ में आती थी, पर खेलने की बात सभी भली प्रकार समझ लेते थे। बचपन में हरी-भरी घास और रंग-बिरंगे फूलों की सुगंध बहुत अच्छी लगती थी। उन दिनों स्कूल में साल के शुरू में एक-डेढ़ महीने पढ़ाई हुआ करती, फिर छुट्टियाँ शुरू हो जाती थीं।

ग्रीष्मावकाश के दिन

छुट्टियाँ प्रारंभ होते ही लेखक गुरदयाल सिंह जी माँ के साथ ननिहाल चले जाते थे। वहाँ नानी खूब दूध-दही, मक्खन खिलातीं, बहुत प्यार करतीं। जिस साल ननिहाल नहीं जा पाते, तब अपने घर से थोड़ी दूरी पर बने तालाब पर जाया करते थे। कभी पानी में कूदते, कभी रेत के टीले पर चढ़ते, कभी-कभी तालाब में कूदकर अच्छे तैराक की तरह हाथ-पैर हिलाते। इन शरारतों में कब सुबह से शाम हो जाती, पता ही नहीं चलता।

अवकाश समाप्ति से पहले

जैसे-जैसे छुट्टियाँ बीतने लगतीं तो मास्टर जी द्वारा दिया गया गृहकार्य सारी मस्ती में बाधा डाल देता। गृहकार्य पूरा करने के लिए हिसाब-किताब लगाना शुरू कर देते, परंतु कुछ मित्र ऐसे

भी थे, जो छुट्टियों का काम करने की बजाय मास्टर जी की पिटाई को अधिक 'सस्ता सौदा' समझते। कभी-कभी कुछ समय के लिए लेखक भी ऐसे बच्चों को अपना नेता मान बैठता।

विद्यालय का वातावरण

लेखक का स्कूल बहुत छोटा था उसमें केवल नौ कमरे थे। दाईं ओर पहला कमरा हेडमास्टर श्री मदनमोहन शर्मा जी का था। स्कूल की प्रार्थना के समय वह बाहर आते और अनुशासन में खड़े छात्रों को देखकर बहुत खुश होते थे। मास्टर प्रीतमचंद, जो खेल अध्यापक थे, स्वभाव से बहुत कठोर थे। सरल तथा विनम्र स्वभाव के हेडमास्टर पाँचवीं और आठवीं कक्षा को अंग्रेज़ी स्वयं पढ़ाते थे। क्रोध आने पर कभी-कभी गाल पर हल्की-सी चपत लगा देते। फिर भी स्कूल जाने से बच्चे जी चुराते थे। कभी-कभी ऐसी सभी स्थितियों के रहते हुए भी स्कूल उस समय अच्छा लगने लगता, जब खेल अध्यापक स्काउटिंग का अभ्यास कराते। नीली-पीली झंडियाँ हाथों में पकड़वा कर ऊपर-नीचे, दाएँ-बाएँ करवाते और गलती न करने पर जब वह शाबाश कहते, तो ऐसा लगता कि लेखक या उसके मित्रों ने किसी फौज़ के सभी तमगे (मैडल) जीत लिए हों।

लेखक का मध्यमवर्गीय परिवार

हेडमास्टर साहब लेखक को हर वर्ष किसी धनी लड़के की पुस्तकें दिलवा देते थे। यद्यपि उन दिनों नई किताबें भी बहुत कम कीमत में आ जाती थीं, परंतु मध्यमवर्गीय परिवार के लिए एक रुपये की भी बहुत कीमत थी। अपने परिवार में लेखक ही पहला लड़का था, जो स्कूल जाने लगा था। लेखक को नई श्रेणी में पहुँचने पर कभी कोई विशेष प्रसन्नता नहीं होती थी। वह सदैव पढ़ाई का बोझ बढ़ने और अध्यापकों द्वारा भयभीत रहता था।

दूसरे विश्वयुद्ध के समय

वह समय दूसरे विश्वयुद्ध का था। नाभा रियासत के राजा को अंग्रेज़ों ने वर्ष 1923 में गिरफ़्तार कर लिया था, जिनका कोडाईकनाल (तमिलनाडु) में देहांत हो गया था। उनका बेटा विलायत में पढ़ रहा था। उन दिनों अंग्रेज़ फौज़ में भर्ती करने के लिए नौटंकी वालों को साथ लेकर गाँवों में आया करते थे। वे नौटंकी में फौज़ियों का सुखी जीवन दिखाकर लोगों को फौज़ में भर्ती होने के लिए आकर्षित करते थे। स्काउटिंग की वर्दी पहनकर परेड करते समय लेखक भी फौज़ी होने का अनुभव करता था।

मास्टर प्रीतमचंद का व्यक्तित्व

मास्टर प्रीतमचंद का ठिगना कद, गठीला शरीर, दागों भरा चेहरा, बाज़-सी आँखें, चमड़े के चौड़े पंजे वाले बूट सभी लोगों का ध्यान खींचते थे। उनका सज़ा देने का तरीका बर्बर था। वह लेखक को चौथी कक्षा में फ़ारसी पढ़ाने लगे थे। एक बार उन्होंने कार्य न करने पर लड़कों को मुर्गा बना दिया, जब यह दृश्य हेडमास्टर साहब ने देखा तो वे बहुत क्रोधित हुए। उन्होंने शिक्षा विभाग के डायरेक्टर को शिकायत लिख भेजी और प्रीतमचंद को मुअत्तल कर दिया। एक बार लेखक ने देखा कि प्रीतमचंद भिगोए हुए बादामों का छिलका उतारकर पिंजरे में बंद तोतों को खिला रहे थे और उनसे बातें कर रहे थे। उनका यह व्यवहार स्कूल के कठोरतापूर्ण व्यवहार से सर्वथा भिन्न था। यह सब कुछ आश्चर्यजनक ही लग रहा था।

» शब्दार्थ

पृष्ठ संख्या NCERT पाठ्यपुस्तक (संचयन भाग-2) के अनुसार हैं।

तार-तार होना–बुरी तरह कट-फट जाना; लथपथ–पूरी तरह सना हुआ; तरस खाना–दया करना; गुस्सैल–क्रोधी; ट्रेनिंग–प्रशिक्षण; परचूनिये–परचून की दुकान करने वाला; आढ़तिये–आढ़त का व्यापारी (दलाल); लंडे–हिसाब-किताब लिखने की प्राचीन पंजाबी लिपि; बहियाँ–खाता।

पृष्ठ संख्या 22 लोकोक्ति–लोक में कही गई बात; एक खेडण–खेलने के; कैद–सज़ा; अनुकूल–अनुसार; आँख बचाकर–छिपकर सुगंध–खुशबू; चरना–खा जाना; सयाना–समझदार; बास–दुर्गंध; ननिहाल–नाना का घर; टीला–मिट्टी या रेत का ऊँचा ढेर।

पृष्ठ संख्या 23 ढाँढस बँधाना–सांत्वना देना; दुम–पूँछ; गंदला–गंदा; हाय-हाय करना–रोना आरंभ करना; सहपाठी–साथ पढ़ने वाले साथी; सस्ता-सौदा–आसान उपाय; बालिश्त (बित्ता) – हथेली से की जाने वाली माप।

पृष्ठ संख्या 24 हेड मास्टर–प्रधानाचार्य; कतार–पंक्ति; घुड़की–धमकी भरी डाँट; ठुड्डे–पैर की नोंक से की गई चोट; सख्त–कठोर; पिड़ली–घुटने के पीछे का निचला माँसल भाग; खाल-खींचना–बुरी तरह पिटाई करना; प्रत्यक्ष–स्पष्ट दिखाई देने वाला।

पृष्ठ संख्या 25 चमड़ी उधेड़ना–बुरी तरह पिटाई करना; चपत–धीमे से थप्पड़ मारना।

पृष्ठ संख्या 26 फड़फड़ाना–फड़-फड़ की ध्वनि; दोरंगा–दो रंगों का; गुडविल–सम्मान; सतिगुर–सत गुरु; फटकारना–क्रोधपूर्वक कड़ी बातें कहना; धनाढ्य–धनवान; दिलचस्पी–रुचि; होल्डर–लकड़ी आदि से बनी अंग्रेज़ी किस्म की कलम; रकम–धनराशि; सेर-सोलह छटाँक की एक तौल; चाव–उत्साह; ज़िक्र–चर्चा।

पृष्ठ संख्या 27 अपेक्षा–आशा; हरफनमौला–हर फन (विद्या) में माहिर; परेड–सैनिकों द्वारा कदम-ताल में चलना; विह्सल–सीटी; अबाउट टर्न–पूरा घूम जाना; बूट–मोटे तले का अंग्रेज़ी जूता; विलायत–विदेश; रियासत–राज्य; जबरन–ज़बरदस्ती; शामियाना–कपड़े का पंडाल; नौटंकी–नाटक करने वाले; मसखरा–मज़ाक करने वाले/हँसौड़; रंगरूट–सैनिक; अठे–यहाँ; लीतर–टूटे पुराने खस्ताहाल जूते; उठै–वहाँ।

पृष्ठ संख्या 28 नौजवान–युवा; महसूस–अनुभूति; भयभीत–डरा हुआ; खुरियाँ–जूते के नीचे लगने वाली लोहे की एड़ी; नफ़रत–घृणा; गुर्राना–कर्कश ध्वनि में बोलना।

पृष्ठ संख्या 29 बर्बरता–असहनीय पीड़ा देना; उत्तेजित होना–क्रोधित होना; पनिश–सजा; फौरन–अतिशीघ्र; मुअत्तल–निलंबित; मंज़ूरी–स्वीकृति; महकमाए–तालीम-शिक्षा विभाग।

पृष्ठ संख्या 30 बहाल–पुनः नियुक्त करना; धक्-धक् करना–भयभीत होना; मुरझाना–उदास होना; चौबारा–ऊपरी मंज़िल पर बना हुआ कमरा; रत्ती भर–ज़रा भी; दहकती–तपती हुई; अलौकिक–जो इस लोक का न हो (दिव्य)।

पाठ्यपुस्तक (संचयन भाग-2) के प्रश्नोत्तर

1 ''कोई भी भाषा आपसी व्यवहार में बाधा नहीं बनती''—पाठ के किस अंश से यह सिद्ध होता है?

अथवा **'सपनों के-से दिन' पाठ के आधार पर उदाहरण देकर लिखिए कि कोई भी भाषा आपसी व्यवहार में बाधा नहीं बनती है।**

CBSE 2014, 12, 11

उत्तर यह एक वास्तविकता है कि जहाँ दो अलग-अलग संस्कृतियों के व्यक्तियों के दिल आपस में जुड़ते हैं और उनमें आत्मीयता बढ़ती है, तो वहाँ भाषा जैसी बाधा अपना कोई प्रभाव नहीं छोड़ पाती अर्थात् भाषा बाधक नहीं बन पाती। 'सपनों के-से दिन' पाठ में एक जगह लेखक ने लिखा है कि हमारे आधे से अधिक साथियों के घरवाले राजस्थान या हरियाणा से मंडी में व्यापार या दुकानदारी करने आए थे। आर्थिक लाभ की खातिर अन्य जगहों से आए हुए लेखक के अनेक मित्रों के परिवार वाले समय के साथ-साथ वहीं पर बस गए। इन सबकी संस्कृति, भाषा, रहन-सहन, पहनावा, रीति- रिवाज़ आदि सब वहाँ के स्थानीय लोगों की तुलना में अलग थे।

इन परिवारों के बच्चे जिस भाषा का प्रयोग करते, वह लेखक या अन्य स्थानीय लोगों को समझ में नहीं आती थी। उनके कुछ शब्द सुनकर तो लेखक को हँसी भी आती थी। इसके बावजूद लेखक की इनमें से अनेक लड़कों के साथ अच्छी मित्रता हो गई थी। ये साथ-साथ खूब खेलते, खूब मस्ती करते। खेलते समय सभी अलग-अलग भाषा-भाषी लड़के भी एक-दूसरे की बातों को खूब अच्छी तरह समझ लेते थे। उनके बीच भाषा कभी भी दीवार बनकर खड़ी नहीं हुई। वस्तुतः जहाँ सहृदयता होती है, वहाँ बाहरी दीवार टिक नहीं पाती। भाषा या जाति-धर्म की दीवार भी इसी तरह की दीवार होती है। यह कभी मनुष्य के सद्व्यवहार में बाधा नहीं बन सकती है।

2 पीटी साहब की 'शाबाश' फौज़ के तमगों-सी क्यों लगती थी? स्पष्ट कीजिए। **CBSE 2012, 11**

उत्तर स्कूल में स्काउटिंग का अभ्यास करते समय सभी बच्चे नीली-पीली झंडियाँ हाथ में लेकर ऊपर-नीचे, दाएँ-बाएँ लहराते तथा खाकी वर्दी और दोरंगे रूमाल पहनते। स्काउटिंग का अभ्यास करते समय पीटी साहब किसी भी बच्चे की ज़रा-सी चूक भी बर्दाश्त नहीं करते थे। स्कूल के मैदान में पंक्तिबद्ध खड़े लड़कों में से कोई थोड़ा भी टेढ़ा या पंक्ति से हटकर खड़ा नज़र आता, तो वे तुरंत टोकते और सज़ा भी देते थे।

अनुशासनबद्ध पंक्ति में पोशाक सहित खड़े बच्चे जब कोई गलती नहीं करते, तो पीटी साहब खुश हो जाते और बच्चों को शाबाशी देते। अत्यधिक कठोर अनुशासनप्रिय पीटी साहब द्वारा किसी बच्चे को शाबाशी देना बच्चों में अत्यधिक उत्साह का संचार कर देता था। उन्हें लगने लगता था कि उन्होंने कोई बहुत बड़ा काम किया है, अन्यथा पीटी साहब की शाबाशी उन्हें प्राप्त नहीं होती।

कठोर अनुशासन का पालन करने वाले तथा बच्चों की अत्यंत कम प्रशंसा करने वाले पीटी साहब की शाबाशी बच्चों को पदक यानी तमगा (मैडल) जीतने जैसी खुशी देती थी। यह प्रसंग दर्शाता है कि बच्चों में शाबाशी पाने की कितनी व्यग्रता होती है और किसी की शाबाशी उन्हें एक नई उमंग एवं ऊर्जा से पूरी तरह भर देती है।

3 नई श्रेणी में जाने और नई कॉपियों और पुरानी किताबों से आती विशेष गंध से लेखक का बालमन क्यों उदास हो उठता था?

CBSE 2012

उत्तर नई श्रेणी में जाने का उत्साह रोचक होता है। बच्चे अगली कक्षा में प्रवेश का इंतज़ार करते रहते हैं, इसका कारण नई किताब-कॉपियों की प्राप्ति भी है। बच्चे नई किताब-कॉपियों से खुश हो जाते हैं। नई किताबों में उन्हें नवीन ताज़गी का अहसास होता है। लेखक के परिवार की आर्थिक स्थिति अच्छी नहीं थी, जिस कारण नई पुस्तकों को खरीदना संभव नहीं था। लेखक को नई श्रेणी में जाने पर नई कॉपियों के साथ पुरानी किताबें ही मिलती थीं, जिस कारण लेखक का बालमन पुरानी किताबों की विशेष गंध से उदास हो जाता।

4 स्काउट परेड करते समय लेखक अपने को महत्त्वपूर्ण 'आदमी' फ़ौजी जवान क्यों समझने लगता था? **CBSE 2011**

अथवा **'सपनों के-से दिन' पाठ में लेखक को कब लगता कि वह भी एक फ़ौजी है? कारण सहित लिखिए।**

उत्तर स्काउट परेड में भाग लेने के लिए लेखक बचपन में अपने दोस्तों के साथ शान से जाता। उनके कपड़े धोबी द्वारा धुले होते। साफ़ वर्दी, पॉलिश किए बूट तथा जुराबों को पहनकर बच्चे स्वयं को फौज़ी जवान ही समझते थे। उनके साथ-साथ लेखक को भी लगता कि वह भी एक फौज़ी है। विद्यालय में पीटी शिक्षक प्रीतमचंद द्वारा परेड कराते हुए लेफ्ट-राइट की आवाज़ तथा सीटी की ध्वनि पर बूटों की एड़ियों को दाएँ-बाएँ मोड़कर ठक-ठक करते अकड़कर चलते समय विद्यार्थी अपने को बिलकुल फ़ौजी जवान के रूप में बहुत महत्त्वपूर्ण व्यक्ति समझते। वर्दी तथा परेड के उत्साह ने उसमें यह भाव जगाया था। यही कारण था कि स्काउट परेड करते समय लेखक स्वयं को फ़ौजी जवान समझने लगता था।

5 हेडमास्टर शर्मा जी ने पीटी साहब को क्यों मुअत्तल कर दिया?

CBSE 2012, 11

उत्तर पीटी शिक्षक प्रीतमचंद अत्यधिक कठोर थे। बच्चों पर नियंत्रण रखने के लिए वे निरंकुशतापूर्ण व्यवहार का सहारा लेते थे। शिक्षक प्रीतमचंद चौथी कक्षा में फ़ारसी भी पढ़ाते थे। एक दिन उन्होंने बच्चों को कोई कठिन शब्द-रूप याद करके लाने के लिए कहा। किसी भी बच्चे को वह शब्द-रूप याद नहीं हुआ। इतनी सी बात पर उन्होंने सारे लड़कों को मुर्गा बनने की सज़ा दी। कई बच्चे गिर गए। हेडमास्टर साहब एक संवेदनशील एवं कोमल

हृदय के शिक्षक थे। उन्हें बच्चों को इस तरह दंडित किया जाना अनुचित लगा। इसी कारण हेडमास्टर शर्मा जी ने शिक्षा विभाग के निदेशक (डायरेक्टर) को शिकायत लिख भेजी और प्रीतमचंद को मुअत्तल (नौकरी से निकाल देना) कर दिया गया।

6 लेखक के अनुसार स्कूल खुशी से भागे जाने की जगह न लगने पर भी कब और क्यों उसे स्कूल जाना अच्छा लगने लगा? CBSE 2012, 11

अथवा **'सपनों के-से दिन' पाठ में लेखक को स्कूल जाने का उत्साह नहीं होता था, क्यों? फिर भी ऐसी कौन-सी बात थी जिस कारण उसे स्कूल जाना अच्छा लगने लगा? कारण सहित स्पष्ट कीजिए। CBSE 2014**

अथवा **लेखक को स्कूल जाने के नाम से उदासी क्यों आती थी? 'सपनों के से दिन' पाठ के आधार पर स्पष्ट कीजिए। आपको स्कूल जाना कैसा लगता है और क्यों? CBSE 2020**

उत्तर लेखक को बचपन में स्कूल कभी भी खुशी से भागे जाने की जगह नहीं लगी। चौथी कक्षा तक लेखक अपने कुछ सहपाठियों की तरह रोते-चीखते ही स्कूल पहुँचता था। उसके मन में स्कूल के प्रति एक प्रकार का भय समाया हुआ था। कई बच्चे तो तालाब में किताब-कॉपियों को फेंक पढ़ाई को ही तिलांजलि दे चुके थे। स्कूल में जीवन नीरस तथा कैदी-सा प्रतीत होता था। स्कूल के प्रति लेखक के मन में निराशा के भाव होते हुए भी धीरे-धीरे स्कूल उसे भाने लगा। यह तब संभव हुआ, जब स्काउटिंग के अभ्यास का मौका लेखक को मिला। नीली-पीली झंडियों को हिलाते हुए परेड करना उसे अच्छा लगता था। धोबी से धुली वर्दी, पॉलिश किए जूते तथा जुराबों को पहनकर फ़ौजी जवान की तरह महत्त्वपूर्ण आदमी बनने की लालसा ने स्कूल के प्रति उसके भाव को बदल दिया। लेखक को परेड में भाग लेना अच्छा लगने लगा और इस कारण स्कूल के प्रति उसका आकर्षण भी बढ़ गया।

7 लेखक अपने छात्र जीवन में स्कूल से छुट्टियों में मिले काम को पूरा करने के लिए क्या-क्या योजनाएँ बनाया करता था तथा उसे पूरा न कर पाने की स्थिति में किसकी भाँति 'बहादुर' बनने की कल्पना किया करता था? CBSE 2019, 11

उत्तर लेखक अपने छात्र जीवन में स्कूल की छुट्टियों का मजा यूँ ही जाने देना नहीं चाहता था, लेकिन छुट्टियों में मिले काम को पूरा करना भी ज़रूरी होता था। यदि छुट्टियों का काम पूरा किए बगैर स्कूल जाता, तो शिक्षकों द्वारा पिटाई होने का भय था। इस कारण उन कामों को पूरा करने की योजना बनाना ज़रूरी हो जाता। लेखक हिसाब लगाता कि गणित के शिक्षक ने दो सौ से कम सवाल हल करने को नहीं दिए होंगे। दस सवाल रोज़ निकालने पर ही बीस दिनों में यह कार्य पूरा हो सकेगा।

ऐसा वह तब सोचना शुरू करता, जब छुट्टियों के समाप्त होने में एक महीना शेष बचता था। अगले दस दिन खेलकूद में बीत जाते, तब पिटाई का भय और बढ़ जाता। पिटाई के भय को दूर करने के लिए दस की बजाय पंद्रह सवाल रोज़ निकालने की योजना बनाता। ऐसी योजना बनाने के बाद छुट्टियाँ कम लगने लगतीं और समय तेज़ी से व्यतीत हो जाता। लेखक के बचपन के कई साथी ऐसे थे, जो सवाल करने के बदले शिक्षक की पिटाई को 'सस्ता सौदा' समझते थे। छुट्टियों के पूरा हो जाने पर काम नहीं हो पाने की स्थिति में लेखक अपने सहपाठी 'ओमा' की तरह बहादुर बनने की कल्पना करता था।

8 पाठ में वर्णित घटनाओं के आधार पर पीटी सर की चारित्रिक विशेषताओं पर प्रकाश डालिए। CBSE 2014, 11

उत्तर *पीटी सर की चारित्रिक विशेषताएँ निम्न हैं*

शारीरिक विशेषता पीटी सर का नाम प्रीतमचंद था। उनका कद ठिगना और शरीर गठीला था। चेहरे पर दाग थे, पर आँखें बाज की तरह चमकीली थीं। वे स्काउटिंग के शिक्षक थे, इस कारण वे लड़कों के सामने अधिकतर खाकी ड्रेस में होते थे। उनके पैरों में मोटे बूट होते थे, जिनकी ठक-ठक की आवाज़ बच्चों के कोमल हृदय में स्वाभाविक रूप से भय पैदा कर देती थी।

कठोर व्यवहार पीटी सर का बच्चों के प्रति कठोर व्यवहार होता था। वे बच्चों को नियंत्रण में रखने के लिए सख़्त सजाएँ देने से भी नहीं हिचकते थे। वे 'चमड़ी उधेड़ने' तथा 'खाल खींचने' जैसे जुमलों का अक्सर प्रयोग करते थे। सज़ा देते वक्त वे क्रूरता की हद तक पहुँच जाते थे। प्रीतमचंद की कठोरता ही उनके निलंबन का कारण बनी।

अनुशासनप्रिय तथा भावुक व्यक्ति प्रीतमचंद एक अनुशासनप्रिय शिक्षक थे। परेड में गलती नहीं करने वाले विद्यार्थी को 'शाबाशी' देना वे कभी नहीं भूलते थे। वे ऊपर से कठोर, किंतु अंदर से भावुक थे। पिंजरे में बंद तोते के प्रति उनका प्यार देखते ही बनता था।

9 विद्यार्थियों को अनुशासन में रखने के लिए पाठ में अपनाई गई युक्तियों और वर्तमान में स्वीकृत मान्यताओं के संबंध में अपने विचार प्रकट कीजिए। CBSE 2012, 11

अथवा **आज की शिक्षा-व्यवस्था में विद्यार्थियों को अनुशासित बनाए रखने के लिए क्या तरीके निर्धारित हैं? 'सपनों के-से दिन' पाठ में अपनाई गई विधियाँ आज के संदर्भ में कहाँ तक उचित लगती हैं? जीवन मूल्यों के आलोक में अपने विचार प्रस्तुत कीजिए। CBSE 2018, 14**

उत्तर 'सपनों के-से दिन' पाठ में लेखक ने अपने बचपन के दिनों के विद्यालय में अनुशासन के लिए अपनाए जाने वाले तरीकों का ब्यौरा दिया है। स्कूल में विद्यार्थियों को अनुशासन में रखने के लिए उन्हें भयभीत किया जाता था। अनुशासन के नाम पर शिक्षक निरंकुशता तथा निर्दयता की हद तक उतर जाते। 'चमड़ी उधेड़ने' तथा 'खाल खींचने' की धमकी से भी बच्चों को डराया जाता था।

पढ़ाई के नाम पर काम का बोझ विद्यार्थियों पर डाला जाता था। पाठ याद कर नहीं आने वाले विद्यार्थियों को कठोर शारीरिक दंड दिया जाता था।

वर्तमान समय में विद्यार्थियों को शारीरिक सज़ा देने पर पाबंदी लगा दी गई है। इसे अमानवीय माना गया है। विद्यार्थियों को अनुशासन में रखने के लिए आर्थिक दंड तथा कुछ दिनों के लिए विद्यालय से निलंबन की कार्रवाई भी की जाती है।

पढ़ाई को व्यवस्थित करने का प्रयास हुआ है। विद्यार्थियों में काम के बोझ के बदले 'परियोजना कार्यों' तथा 'प्रायोगिक कक्षा' के माध्यम से पढ़ाई के प्रति रुचि विकसित की जाती है। वस्तुतः विद्यार्थियों को अनुशासन में रखने की पुरानी पद्धति, जो पाठ में शिक्षकों द्वारा अपनाई गई थी, उनके मानसिक तथा व्यक्तित्व के विकास में सहायक नहीं हो सकती। वर्तमान शिक्षा प्रणालियाँ अधिक तार्किक एवं प्रासंगिक हैं।

10 बचपन की यादें मन को गुदगुदाने वाली होती हैं विशेषकर स्कूली दिनों की। अपने अब तक के स्कूली जीवन की खट्टी-मीठी यादों को लिखिए।

उत्तर छात्र स्वयं लिखें।

11 प्रायः अभिभावक बच्चों को खेलकूद में ज़्यादा रुचि लेने पर रोकते हैं और समय बर्बाद न करने की नसीहत देते हैं। बताइए
(क) खेल आपके लिए क्यों ज़रूरी हैं?
(ख) आप कौन-से ऐसे नियम-कायदों को अपनाएँगे, जिससे अभिभावकों को आपके खेल पर आपत्ति न हो?

अथवा 'सपनों के-से दिन' पाठ के आधार पर बताइए कि बच्चों का खेलकूद में अधिक रुचि लेना अभिभावकों को अप्रिय क्यों लगता था?

अथवा पढ़ाई के साथ खेलों का छात्र जीवन में क्या महत्त्व है और इससे किन जीवन-मूल्यों की प्रेरणा मिली है? स्पष्ट कीजिए।
CBSE 2014

उत्तर (क) अभिभावक प्रायः बच्चों को खेलकूद में ज़्यादा रुचि लेने से रोकते हैं। वे अपने बच्चों की सफलता के लिए पढ़ाई को ही महत्त्वपूर्ण मानते हैं।

अध्ययनशील बच्चों के बेहतर भविष्य तथा जीवन में अधिक आगे जाने की इच्छा रखने के कारण अभिभावकों में ऐसी भावना पाई जाती है, किंतु जीवन में खेलकूद को नज़रअंदाज़ करना उचित नहीं है।

खेलकूद बच्चों के सर्वांगीण विकास के लिए आवश्यक है। इससे व्यक्तित्व का निर्माण होता है, सहयोग की भावना को नया आयाम मिलता है और हमारे अंदर बेहतर गुणों का समावेश होता है। इससे परस्पर सहयोग, सहनशीलता तथा नेतृत्व के गुणों का विकास संभव होता है। खेलों से विद्यार्थियों में अनुशासन भी विकसित होता है। इन बातों को समझने वाले अभिभावक, बच्चों को समय के अनुसार खेलने को भी अवश्य प्रोत्साहित करते हैं।

(ख) आपके द्वारा खेलते समय इस बात का ध्यान रखा जाना चाहिए कि पढ़ाई व खेल में दिए जाने वाले समय में संतुलन बना रहे। छात्रों को अपनी दिनचर्या को इस प्रकार व्यवस्थित करना चाहिए कि खेल के कारण पढ़ाई में बाधा न पड़े।

12 'सपनों के से दिन' कहानी के आधार पर पी टी साहब के व्यक्तित्व की दो विशेषताएँ बताते हुए लिखिए कि स्काउट परेड करते समय लेखक स्वयं को महत्त्वपूर्ण आदमी, एक फौजी जवान क्यों समझता था?
CBSE 2019

उत्तर इस प्रश्न के उत्तर के लिए प्रश्न संख्या 4 व 8 देखें।

परीक्षा अभ्यास

पाठ पर आधारित प्रश्नोत्तर

1 शिक्षक की ट्रेनिंग के दौरान बाल-मनोविज्ञान विषय पढ़ने पर लेखक ने कैसा महसूस किया?

उत्तर लेखक बाल्यकाल में अपने मित्रों के साथ खेलों का आनंद लिया करता था। मैले, फटे-पुराने बेतरतीब कपड़े पहनकर सभी बच्चे गली में खेलते रहते थे। भागते-दौड़ते हुए जब कभी गिरकर चोट लग जाती, हाथ-पैर छिल जाते, तो घर वालों से सहानुभूति की जगह डाँट खानी पड़ती, तो भी बच्चे खेलना बंद नहीं करते।

जब लेखक ने बड़े होकर शिक्षक की ट्रेनिंग के दौरान बाल-मनोविज्ञान पढ़ा, तब उसे अहसास हुआ कि सभी बच्चों की स्थिति एक जैसी होती है। वे किसी भी कीमत पर खेलने के आनंद से वंचित नहीं होना चाहते। खेल में रुचि लेने के अतिरिक्त अन्य आदतों में भी बच्चे समान स्वभाव के होते हैं। जिस कार्य में बंधन होता है या करने की स्वतंत्रता नहीं होती तथा अभिभावक जिस कार्य को करने में रोक-टोक करते रहते हैं, वह कार्य करना किसी भी बच्चे को पसंद होता है। अभिभावक विशेष तौर पर जिस चीज़ से सावधान रहने के लिए कहते हैं, बच्चे उस चीज़ को एक बार देखने का प्रयास अवश्य करते हैं।

2 प्राचीन और आधुनिक शिक्षा प्रणाली को पाठ के आधार पर स्पष्ट कीजिए। **CBSE 2016**

उत्तर प्रस्तुत पाठ में प्राचीन समय में खेले जाने वाले खेलों तथा उनके तरीकों के साथ-साथ शिक्षा प्रणाली का भी स्पष्ट वर्णन किया गया है।

प्राचीन शिक्षा प्रणाली प्राचीन समय में अभिभावक बच्चों को शिक्षित करना अनिवार्य नहीं समझते थे। यदि कभी कोई उनसे सवाल भी करता कि बच्चों को विद्यालय क्यों नहीं भेजते, तो तुरंत जवाब मिलता कि इसे क्या पढ़-लिखकर तहसीलदार बनना है। कुछ अभिभावक अपने बच्चों को विद्यालय भेजते भी थे, तो उन्हें पूरी तरह से शिक्षक पर छोड़ दिया जाता था। वह उसके साथ कठोरता का व्यवहार कर सकते थे। गलती करने पर सख्ती से दंड दिया जाता था। कक्षा में सभी बच्चों के सामने उसको दंडित किया जाता था। शारीरिक दंड देने पर भी कोई पाबंदी नहीं थी।

आधुनिक शिक्षा प्रणाली आधुनिक काल में शिक्षा सभी के लिए अनिवार्य है, परंतु अब शिक्षा प्रणाली पूरी तरह बदल चुकी है। अब सभी अभिभावक भी बच्चों पर उतना ही ध्यान देते हैं, जितना शिक्षक। विद्यालय में लिखित कार्य के साथ प्रायोगिक कार्यों पर भी ज़ोर दिया जाता है। दंड के स्थान पर धैर्यपूर्वक प्रोत्साहित करने पर ज़ोर दिया जाता है। शारीरिक दंड देना अपराध माना जाता है। ऐसी कोई भी टिप्पणी करने पर पाबंदी है, जो छात्रों में हीनता की भावना को जन्म दे।

3 ''लेखक और उसके साथियों के सभी खेल प्रकृति से जुड़े थे'' पाठ के आधार पर बताइए।

उत्तर बचपन में लेखक अपने मित्रों के साथ सदैव घर के बाहर खेलते थे। वह घर के बाहर गली में या मैदानों में खेलते समय ताज़ी हवा का आनंद लेते थे। घर के बाहर थोड़ी-सी दूरी पर स्थित तालाब में कभी कूदते, कभी नहाते, कभी तैरते। साथ ही कभी रेत के टीले पर चढ़ते, कभी उस पर लेटते। ये सब क्रियाएँ भी प्रकृति की समीपता का अहसास करातीं। लेखक और उसके मित्र जब पैदल चलकर विद्यालय पहुँचते, तो रास्ते में वृक्षों का साथ मिलता। वे स्कूल की छोटी क्यारियों के रंग-बिरंगे फूलों—गुलाब, गेंदा, मोतियों की दूध-सी सफेद कलियों के साथ खेलने का मज़ा लेते थे। इस प्रकार लेखक व उसके साथियों के सभी खेल प्रकृति से संबद्ध थे।

4 बचपन में लेखक और उसके साथी ग्रीष्मावकाश किस प्रकार व्यतीत करते थे?

उत्तर लेखक बताता है कि पुराने समय में साल के शुरू में केवल एक-डेढ़ महीना पढ़ाई हुआ करती थी, फिर लगभग डेढ़-दो महीने की छुट्टियाँ शुरू होती थीं। छुट्टियाँ होते ही बच्चों में जो खुशी की लहर दौड़ जाती, उसका अनुमान लगाना मुश्किल था। अवकाश शुरू होते ही लेखक अपनी माँ के साथ ननिहाल चला जाता। वहाँ नानी खूब दूध-दही व मक्खन खिलातीं। आवश्यकता से अधिक लाड़-प्यार मिलता। कभी जब ननिहाल नहीं जा पाता, तो अपने घर के पास ही तालाब में घंटों धमा-चौकड़ी मचाता, ऊँचे टीले से तालाब में कूदता, कभी रेत के टीलों पर चढ़ता, फिर तालाब के पानी से शरीर पर लगी रेत को साफ़ करता, यह कार्यक्रम घंटों चलता। लेखक के कुछ मित्र तो तैरना भी अच्छी तरह जानते थे, लेखक भी उनकी तरह हाथ-पैर मारकर तैरने का प्रयास करता। इस प्रयास में कई बार कोई मित्र डूबने की कगार पर पहुँच जाता, तब तैराक मित्रों की सहायता से उसे बाहर निकाला जाता। फिर भी ऐसी शरारतें बाल्यकाल में समाप्त नहीं हो सकीं।

5 बचपन में लेखक और उसके साथी किसे अपना नेता मानते थे और क्यों? पाठ में उसके बारे में क्या बताया गया है?

उत्तर बचपन में लेखक और उसके साथी 'ओमा' को अपना नेता मानते थे, क्योंकि जब छुट्टियाँ बिताने के बाद मास्टर जी द्वारा दिया गया कार्य याद आता, तो सभी चिंतित हो जाते। अनेक प्रकार से जल्दी-से-जल्दी कार्य पूरा करने की योजना बनाते, तब ओमा की बातें याद आतीं। वह हमेशा कार्य पूरा करने की बजाय पिटाई को 'सस्ता सौदा' समझता था।

उसे देखकर लेखक और उसके साथियों में भी बहादुरी दिखाने की लहर दौड़ जाती। पाठ में उसके बारे में बताया गया है कि उसकी बातें, गालियाँ, मार-पिटाई का ढंग आदि तो अलग था ही, उसकी शक्ल-सूरत भी अलग थी। हाँडी जितना बड़ा सिर, उसके ठिगने शरीर पर ऐसा लगता था, जैसे बिल्ली के बच्चे के माथे पर तरबूज रखा हो। इतने बड़े सिर में नारियल की-सी आँखों वाला बंदरिया के बच्चे जैसा चेहरा और भी अजीब लगता। वह हाथ-पाँव से नहीं, हमेशा सिर से इतनी ज़ोर से वार करता कि शक्तिशाली बालक भी पीड़ा से चिल्ला उठता। उसके सिर की टक्कर को सभी 'रेल-बंबा' कहते थे।

6 'सपनों के-से दिन' पाठ में हेडमास्टर शर्मा जी की, बच्चों को मारने-पीटने वाले अध्यापकों के प्रति, क्या धारणा थी? जीवन-मूल्यों के संदर्भ में उसके औचित्य पर अपने विचार लिखिए। **CBSE 2015, 14**

उत्तर विद्यालय के हेडमास्टर मदनमोहन शर्मा जी का स्वभाव अत्यंत कोमल व स्नेह से भरा हुआ था। वे विद्यार्थियों को गलतियाँ होने पर भी कठोर दंड देने के बिलकुल भी पक्षधर नहीं थे। अपने इन्हीं सिद्धांतों की वजह से उन्होंने पीटी के अध्यापक प्रीतमचंद द्वारा चौथी कक्षा के विद्यार्थियों को सज़ा दिए जाने पर उन्हें डाँटते हुए विद्यालय से निलंबित कर दिया था। उनके अनुसार विद्यार्थियों के साथ सज़ा के माध्यम से किया जाने वाला बर्बरतापूर्ण व्यवहार पूर्णतः अनुचित है। हेडमास्टर शर्मा जी का विद्यार्थियों को सज़ा न देने का सिद्धांत शिक्षक-शिक्षार्थी के संबंधों को दृढ़ता प्रदान करने के लिए अति आवश्यक है। साथ ही विद्यार्थी विद्यालय में विद्यार्जन के लिए जाता है, यदि उन्हें वहाँ अध्यापकों द्वारा दंडित किया जाएगा, तो वह शिक्षण अधिगम प्रक्रिया में भी बाधक बनकर सामने आएगा।

जिसके परिणामस्वरूप मास्टर प्रीतमचंद के प्रति विद्यार्थियों के व्यवहार को लिया जा सकता है, जो सदैव उनसे भयभीत रहा करते थे और उनके निलंबित होने के उपरांत भी फ़ारसी की घंटी बजते ही उनके चेहरे डर से मुरझा जाया करते। अतः विद्यार्थियों को पढ़ाने के नाम पर पीटने वाले अध्यापकों के प्रति हेडमास्टर शर्मा जी का व्यवहार पूर्णरूप से उचित एवं सराहनीय है।

7 बचपन की यादें मन को गुदगुदाने वाली होती हैं। आप भी अब तक के अपने स्कूली जीवन की घटनाओं में से ऐसी घटना का उल्लेख कीजिए, जो आपके जीवन को नैतिक मूल्यों के प्रति मोड़ने में प्रेरक सिद्ध हुई है। **CBSE 2013**

उत्तर वास्तव में, बचपन की अनेक यादें मन को गुदगुदाने वाली होती हैं। इनमें से कई घटनाएँ तो इतनी महत्त्वपूर्ण एवं निर्णायक होती हैं, जो हमारे जीवन को ही एक नई दिशा प्रदान कर देती हैं। मेरे जीवन में घटी एक घटना ने जीवन के प्रति मेरी सोच को ही परिवर्तित कर दिया। जब मैं काफी छोटा था, तो अपनी कक्षा में पढ़ने वाले गरीब बच्चों की बहुत हँसी उड़ाया करता था। उनकी पुरानी पुस्तकों एवं पुस्तिकाओं को लेकर उन्हें खूब चिढ़ाया करता था और इस दौरान मैंने कभी इस गलती को महसूस नहीं किया। इसी बीच एक बार मेरे पिता जी किसी वजह से अपने कार्यालय से निलंबित कर दिए गए। घर की आर्थिक स्थिति डगमगा गई।

पैसे की अत्यधिक कमी होने के कारण अगले वर्ष की कक्षा में जाने पर मुझे भी पुरानी पुस्तकें ही खरीदनी पड़ीं। तब मुझे अहसास हुआ कि किसी की आर्थिक मज़बूरी का मजाक उड़ाना कितना गलत है और मैं यह भारी गलती लगातार कुछ वर्षों तक करता रहा था। मैंने अपनी कक्षा के ऐसे सभी पुराने साथियों से अपनी इस गलती के लिए दिल से क्षमा माँगी। उस दिन से मेरे जीवन में एक बड़ा भारी नैतिक परिवर्तन हुआ और मेरा हृदय गरीब व्यक्तियों के प्रति हमेशा के लिए सहानुभूति से भर गया।

8 लेखक को किसके सहारे अपनी पढ़ाई जारी रखनी पड़ी? आप गरीब बच्चों की पढ़ाई जारी रखने के लिए विद्यालयों को क्या सुझाव देना चाहेंगे? **CBSE 2015**

उत्तर लेखक गुरुदयाल सिंह के माता-पिता की आर्थिक स्थिति अच्छी नहीं थी, इसलिए वे शिक्षा पर अधिक धन खर्च नहीं कर सकते थे। लेखक को हर वर्ष हेडमास्टर साहब शर्मा जी किसी समृद्ध परिवार के बच्चे की किताबें लाकर दे दिया करते थे। कॉपियों, पेंसिलों, होल्डर या स्याही-दवात पर मुश्किल से एक रुपया, वर्ष भर का खर्च आता था। तब एक रुपये का भी बहुत महत्त्व था। लेखक को हेडमास्टर शर्मा जी का सहारा न मिलता, तो वे भी अपनी पढ़ाई जारी नहीं रख पाते।

गरीब बच्चों की पढ़ाई जारी रखने में विद्यालय अपनी महत्त्वपूर्ण भूमिका निभा सकते हैं। विद्यालय ऐसे बच्चों के लिए पुस्तकों, कॉपियों एवं पुरानी या सस्ती वेशभूषा आदि की व्यवस्था कर सकते हैं (वैसे वर्तमान समय में सरकारी स्कूलों में बालकों के लिए ये सभी व्यवस्थाएँ की जाती हैं, क्योंकि हमारे देश में 6 से 14 वर्ष के बच्चों के लिए अनिवार्य एवं मुफ़्त शिक्षा देने का प्रावधान है)। विद्यालयों की ओर से बच्चों के माता-पिता को जागरूक बनाने के प्रयास भी किए जाने चाहिए, जिससे वे शिक्षा को बोझ न समझकर उसके महत्त्व को पहचानें। गरीब बालकों के लिए विद्यालय की ओर से छात्रवृत्ति आदि की व्यवस्था भी की जानी

चाहिए, जिससे बालकों की शिक्षा में कोई बाधा न आए। यदि विद्यालय की ओर से इस प्रकार के सार्थक प्रयास किए जाएँ, तो गरीब बच्चे अवश्य पढ़ सकेंगे।

9 प्राय: देखा जाता है कि अभिभावक बच्चों को खेल–कूद में ज्यादा रुचि लेने से रोकते हैं और खेल–कूद को समय बरबादी का कारण बताते हैं। क्या आप इस तर्क को संगत मानते हैं या नहीं? स्पष्ट कीजिए।

उत्तर हमारे समाज में हमेशा से एक धारणा बनी हुई है कि ''खेलोगे कूदोगे बनोगे खराब, पढ़ोगे लिखोगे बनोगे नवाब।'' हमारे अभिभावकों को अपने बच्चों की इतनी चिंता होती है कि वे खेल कूद को समय बरबादी का कारण मान लेते हैं और बच्चों को दिन-रात किताबों के तले दबे रहने को प्रोत्साहन देते हैं। परंतु मैं इस तर्क से पूर्ण रूप से असहमति प्रकट करता हूँ। खेल-कूद भी शिक्षा प्राप्ति का एक अप्रत्यक्ष रूप है। खेल-कूद से विद्यार्थी का सर्वांगीण विकास होता है। खेल-कूद विद्यार्थी को कठिन परिस्थितियों से बाहर निकलने की तरकीबें सिखाता है। खेलकूद से बच्चों में अनुशासन की वृद्धि होती है।

खेल-कूद के माध्यम से विद्यार्थी मानसिक एवं शारीरिक तौर पर स्वयं को स्वस्थ महसूस करता है। कहा भी जाता है कि स्वस्थ शरीर में ही स्वस्थ मस्तिष्क का निवास संभव है और शरीर को स्वस्थ एवं मजबूती प्रदान करने का एकमात्र साधन है—खेलकूद। इस प्रकार कहा जा सकता है कि प्रत्येक अभिभावक का अपने बच्चों के प्रति यह कर्त्तव्य होना चाहिए कि वे उन्हें पढ़ाई-लिखाई के साथ-साथ खेलने-कूदने के अवसर से वंचित न करें।

10 प्रस्तुत पाठ के आधार पर बताइए कि विद्यार्थियों में जीवन मूल्यों के विकास हेतु शिक्षा व्यवस्था में किस प्रकार के सुधार की आवश्यकता है?

उत्तर विद्यार्थियों में जीवन मूल्यों के विकास हेतु शिक्षा व्यवस्था को पूर्ण रूप से प्रयोगवादी बनाना चाहिए। इसमें शिक्षा बाल केंद्रित होती है और अनुशासन लचीला होता है। यह प्रयोग विद्यार्थी का 'करके सीखने' (लर्निंग टू डू) के सिद्धांत का प्रतिपादन करता है। इस पद्धति में अनुशासन, बनाए रखने के लिए शारीरिक दंड का प्रयोग नहीं किया जाता; बल्कि विद्यार्थी को ऐसे कार्य दिए जाते हैं जिसे वह रुचिपूर्वक तथा लगन के साथ पूरा करता है। यही कारण है कि वह अनुशासनहीनता उत्पन्न नहीं कर पाता। इस पद्धति में विद्यार्थियों को महान् व्यक्तित्व वाले इंसान से रू-ब-रू कराया जाता है जिससे प्रेरित होकर वह स्वयं के व्यक्तित्व को विकसित करने का प्रयास करता है। इस प्रणाली में बालक या विद्यार्थी शिक्षा का केंद्र बिंदु है। इस प्रणाली में बालक या विद्यार्थी शिक्षा का केन्द्र बिन्दु होता है और शिक्षक उसके मार्गदर्शक के रूप में कार्य करता है। यहाँ विद्यार्थी और शिक्षक के मध्य मित्र जैसा संबंध स्थापित हो जाता है और इसी कारण विद्यार्थी बेझिझक अपनी समस्याओं को शिक्षक के मध्य रखता है और शिक्षक उन समस्याओं का समाधान निकालता है। अत: कहा जाना चाहिए कि परंपरावादी शिक्षा प्रणाली के दोषों से मुक्ति प्रयोगवादी शिक्षा प्रणाली द्वारा संभव है। इस व्यवस्था द्वारा शिक्षा व्यवस्था में सुधार संभव है।

11 लेखक गुरदयाल सिंह अपने छात्र जीवन में छुट्टियों के काम को पूरा करने के लिए योजनाएँ तैयार करते थे। क्या आपकी योजनाएँ लेखक की योजनाओं से मेल खाती हैं? उदाहरण देकर स्पष्ट कीजिए।

CBSE SQP Term II 2021

उत्तर लेखक अपने छात्र जीवन में स्कूल की छुट्टियों का मजा यूँ ही जाने देना नहीं चाहता था, लेकिन छुट्टियों में मिले काम को पूरा करना भी ज़रूरी होता था। यदि छुट्टियों का काम पूरा किए बगैर स्कूल जाता, तो शिक्षकों द्वारा पिटाई होने का भय था। इस कारण उन कामों को पूरा करने की योजना बनाना ज़रूरी था। लेखक हिसाब लगाता कि गणित के शिक्षक ने दो सौ से कम सवाल हल करने को नहीं दिए होंगे। दस सवाल रोज़ निकालने पर ही बीस दिनों में यह कार्य पूरा हो सकेगा।

ऐसा वह तब सोचना शुरू करता, जब छुट्टियों के समाप्त होने में एक महीना शेष बचता था। अगले दस दिन खेलकूद में बीत जाते, तब पिटाई का भय और बढ़ जाता। पिटाई के भय को दूर करने के लिए दस की बजाय पंद्रह सवाल रोज़ निकालने की योजना बनाता। ऐसी योजना बनाने के बाद छुट्टियाँ कम लगने लगतीं और समय तेज़ी से व्यतीत हो जाता। लेखक के बचपन के कई साथी ऐसे थे, जो सवाल करने के बदले शिक्षक की पिटाई को 'सस्ता सौदा' समझते थे।

छुट्टियों के पूरा हो जाने पर काम नहीं हो पाने की स्थिति में लेखक अपने सहपाठी 'ओमा' की तरह बहादुर बनने की कल्पना करता था। गृहकार्य के प्रति योजनाओं में हमारी और लेखक की योजनाएँ मेल नहीं खातीं। हम अपने गृहकार्य के प्रति सजग रहते हैं और छुट्टियों के प्रत्येक दिन हम गृहकार्य को पूरा करते हैं, जिससे गृहकार्य छुट्टियाँ खत्म होते-होते पूर्ण हो जाता है और उसका अनावश्यक भार भी नहीं पड़ता।

12 'सपनों के–से दिन' पाठ के आधार पर लिखिए कि अभिभावकों को बच्चों की पढ़ाई में रुचि क्यों नहीं थी? पढ़ाई को व्यर्थ समझने के पीछे क्या कारण हो सकते हैं? अपने अनुमान के आधार पर उत्तर दीजिए।

उत्तर प्रस्तुत पाठ में अभिभावकों को बच्चों की पढ़ाई में रुचि न रखने का कारण सामाजिक वातावरण माना जा सकता है। लेखक के अधिकतर पड़ोसी व्यवसाय करते थे। कोई परचून की दुकान चलाता था तो कोई अपना छोटा-मोटा काम-धंधा करता था। वे अपने बच्चे को स्कूल भेजने की अपेक्षा व्यवसाय में लगाने पर अधिक बल देते थे। वे अपनों बच्चों को अफ्सर, डॉक्टर,

वकील न बनाकर बही-खाता ज़ाँचने और मुनीमी आदि का काम सिखाना चाहते थे। मेरे अनुमान के आधार पर पारिवारिक पृष्ठभूमि का कम पढ़ा-लिखा होना तथा गरीबी आदि कारण ही ऐसे हो सकते हैं, जिससे अभिभावक पढ़ाई को व्यर्थ समझते थे।

13 'सपनों के-से दिन' पाठ से पाठक को क्या संदेश मिलता है? अपने विचार प्रस्तुत कीजिए।

उत्तर प्रस्तुत पाठ स्वयं में गागर में सागर की भूमिका निभाता है। इस पाठ के माध्यम से शिक्षा के मूल्यों, जीवन में खेल-कूद का स्थान, अनुशासन तथा बालमन के उत्साह संबंधित चित्र को हमारे सम्मुख रखता है। इस पाठ के माध्यम से रूढ़िगत शिक्षा प्रणाली के दोषों को प्रस्तुत करते हुए वर्तमान शिक्षा प्रणाली को सुधारने का संदेश दिया गया है। इसी के साथ समाज में उपस्थित उन अभिभावकों को, जो स्वयं कम पढ़े-लिखे या अनपढ़ हैं, उनको शिक्षा के महत्त्व को बताने का प्रयास किया गया है।

स्वमूल्यांकन

निम्नलिखित प्रश्नों के उत्तर दीजिए

1 'सपनों के-से दिन' पाठ में विद्यार्थियों व अभिभावकों का शिक्षा के प्रति उपेक्षा भाव रखना, वर्तमान संदर्भ में कितना उचित है?

2 पाठ में अध्यापकों के दो भिन्न स्वभावों का वर्णन किया गया है। आपके अनुसार किस अध्यापक का स्वभाव छात्रों के अनुकूल है और क्यों?

3 बच्चों का एक-दूसरे की भाषा न समझ पाने के पश्चात् भी सहजतापूर्वक आपस में खेलना, वर्तमान परिप्रेक्ष्य में मनुष्य को क्या संदेश देता है?

4 हेडमास्टर मदनमोहन शर्मा ने मास्टर प्रीतमचंद को विद्यालय से मुअत्तल (निलंबित) क्यों किया? उनके द्वारा लिया गया यह निर्णय आपके दृष्टिकोण से कितना उचित है? 'सपनों के-से दिन' पाठ के आधार पर स्पष्ट कीजिए।

5 अध्यापकों द्वारा विद्यार्थियों को सज़ा देना शिक्षण-अधिगम प्रक्रिया को किस प्रकार प्रभावित करता है? 'सपनों के-से दिन' पाठ के आधार पर स्पष्ट कीजिए।

6 "मास्टर प्रीतमचंद से हमारा डरना तो स्वाभाविक था, परंतु हम उनसे नफ़रत भी करते थे।" एक अध्यापक के प्रति विद्यार्थियों का यह व्यवहार निर्मित होना शिक्षा-व्यवस्था के लिए उचित है या अनुचित?

7 अध्यापक द्वारा विद्यार्थियों को प्रोत्साहित करना क्यों आवश्यक होता है? 'सपनों के-से दिन' पाठ के आधार पर स्पष्ट कीजिए।

8 अध्यापक प्रीतमचंद विद्यार्थियों को उनके बेहतर भविष्य के लिए दंड दिया करते थे, ऐसी स्थिति में हेडमास्टर शर्मा जी द्वारा उन्हें विद्यालय से निलंबित करना अनुचित व्यवहार था। इस कथन के पक्ष या विपक्ष में पाठ 'सपनों के-से दिन' के आधार पर उत्तर दीजिए।

9 "विद्यालय बच्चों का सर्वांगीण विकास करने वाला एक संस्थान है।" 'सपनों के-से दिन' पाठ के आधार पर विद्यार्थियों के जीवन में विद्यालय के महत्त्व को रेखांकित कीजिए।

10 लेखक ओमा की तरह क्यों बनना चाहता था? आपके दृष्टिकोण में लेखक का ओमा की तरह बनना उचित है या अनुचित, पाठ के आधार पर स्पष्ट कीजिए।

अध्याय

03

टोपी शुक्ला *(राही मासूम रज़ा)*

पाठ की रूपरेखा

राही मासूम रज़ा का प्रसिद्ध उपन्यास है– 'टोपी शुक्ला'। इस उपन्यास के एक अंश के माध्यम से यह स्पष्ट किया गया है कि किस प्रकार भरे-पूरे परिवार में भी एक व्यक्ति अकेलापन महसूस करता है और अपनेपन की खोज में भटकता है। कथानायक टोपी को अपनों के रूप में अज़ीज़ दोस्त इफ़्फ़न, उसकी दादी तथा नौकरानी सीता मिली। टोपी के पिता एक प्रसिद्ध डॉक्टर हैं। घर में किसी चीज़ का अभाव नहीं है, फिर भी वह अपना अकेलापन दूर करने इफ़्फ़न के घर जाता है, क्योंकि उसके अकेलेपन को समझने वाला उसके अपने घर में कोई नहीं है। इसी के साथ लेखक ने इस औपन्यासिक अंश के माध्यम से सांप्रदायिक, जातिगत, धार्मिक आदि भेदभावों को समाप्त करते हुए मानवीयता के महत्त्व को उजागर किया है।

लेखक-परिचय

राही मासूम रज़ा का जन्म 1 सितंबर, 1927 को पूर्वी उत्तर प्रदेश के गाजीपुर ज़िले के गंगौली नामक गाँव में हुआ था। उन्होंने प्रारंभिक शिक्षा गाँव में ही अर्जित की। अलीगढ़ विश्वविद्यालय से उर्दू साहित्य में पीएच.डी. करने के पश्चात् उन्होंने उसी विश्वविद्यालय में कुछ वर्षों तक अध्यापन कार्य किया। इसके बाद वे मुंबई चले गए, जहाँ उन्होंने फ़िल्मों में पटकथा, संवाद तथा गीत लिखे। उन्हें पटकथा और संवाद लेखन में ख्याति दिलाने का श्रेय प्रसिद्ध धारावाहिक 'महाभारत' को था। राही मासूम रज़ा की प्रमुख कृतियाँ इस प्रकार हैं

आधा गाँव, टोपी शुक्ला, हिम्मत जौनपुरी, कटरा बी आर्ज़ू, असंतोष के दिन, नीम का पेड़ आदि हिंदी उपन्यास हैं।

नया साल, मौजे गुल: मौजे सबा, रक्से-मय, अजनबी शहर: अजनबी रास्ते इनका उर्दू कविता संग्रह है।

'छोटे आदमी की बड़ी कहानी' इनकी प्रमुख जीवनी है।

राही मासूम रज़ा का देहावसान 15 मार्च, 1992 को हुआ।

पाठ का सार

इफ़्फ़न और टोपी की मित्रता

इफ़्फ़न और टोपी में घनिष्ठ मित्रता थी। इनकी पहली मुलाकात तब हुई थी जब टोपी चौथी कक्षा का छात्र था। टोपी के जीवन की यह पहली मित्रता था। टोपी आए-दिन इफ़्फ़न के घर जाता था। टोपी को इफ़्फ़न की दादी से गहरा लगाव हो गया था। वह उनके पास बैठकर उनसे कहानियाँ सुना करता था।

इफ़्फ़न और उसका परिवार

इफ़्फ़न के पिता सैयद मुरतुज़ा हुसैन भी हिंदुओं का छुआ नहीं खाते थे, परंतु वे मरे तो उन्होंने यह वसीयत नहीं की कि उनकी लाश को करबला ले जाया जाए। इफ़्फ़न की परदादी भी हिंदुओं का छुआ नहीं खाती थीं। वे बड़ी नमाज़ी बीबी थीं, परंतु जब उनके इकलौते बेटे को चेचक निकली तो वे चारपाई के पास एक पैर पर खड़े होकर बोलीं–'माता मोरे बच्चे को माफ करद्यो।' वे 9-10 वर्ष की आयु में ब्याह कर पूरब से लखनऊ आई थीं। जब तक ज़िंदा रहीं, पूरबी बोलती रहीं। वह मौलवी की नहीं, एक ज़मींदार की बेटी थीं। दूध-घी और दही खाने की शौकीन थीं, परंतु लखनऊ में इन चीज़ों का अभाव था। जब वे मरीं, तो उन्हें बनारस के फातमैन में दफ़न किया गया।

टोपी का इफ़्फ़न की दादी से लगाव

इफ़्फ़न को अपनी दादी से बहुत प्यार था, जब वह पूरबी बोली में कहानियाँ सुनातीं, तो इफ़्फ़न और टोपी खुश हो जाते। टोपी को इफ़्फ़न की दादी अपनी माँ की तरह ही दिखाई देती थीं, जबकि टोपी अपनी दादी से प्यार नहीं करता था।

पूरबी बोली पर हंगामा

भृगु नारायण शुक्ला के घर भी आधुनिकता का वातावरण दिखाई देता था। एक बार की बात है, परिवार के सभी लोग मेज़-कुर्सी पर बैठकर भोजन कर रहे थे कि अचानक टोपी बोला– ''अम्मी! ज़रा बैंगन का भुरता।'' 'अम्मी' शब्द सुनकर सभी खाते-खाते रुक गए। तभी टोपी की दादी सुभद्रा देवी बोलीं– ''अम्मी शब्द कहाँ से सीखा,'' टोपी ने जवाब दिया– ''ई हम इफ़्फ़न से सीखा है।''

तभी टोपी की माँ रामदुलारी बोल पड़ीं, 'तैं कउनो मियाँ के लड़का से दोस्ती कर लिहले बाय का रे?'' यह सुनते ही सुभद्रा देवी आगबबूला होकर कहने लगीं– ''बहू, तुमसे कितनी बार कहूँ कि मेरे सामने यह गँवारों की जुबान न बोला करो।'' टोपी की दादी तो चिढ़कर अंदर चली गईं, परंतु माँ ने टोपी की बहुत पिटाई की। फिर भी टोपी इस बात के लिए तैयार नहीं हुआ कि वह इफ़्फ़न के घर नहीं जाएगा। मुन्नी बाबू और भैरव, टोपी के भाई, यह नज़ारा देखते रहे, परंतु कुछ नहीं बोले। उस दिन टोपी को बहुत अकेलापन लगा।

इफ़्फ़न की दादी का निधन

इफ़्फ़न की दादी टोपी को बहुत प्यारी थीं। टोपी, इफ़्फ़न को बात-बात पर कहता रहता था कि हम दोनों अपनी दादी बदल लेते हैं। टोपी को अपनी दादी से तनिक-सा भी लगाव नहीं था, जब इफ़्फ़न की दादी का निधन हुआ तो उस दिन वे दोनों दोस्त बहुत रोए थे। खासतौर से टोपी को अपना जीवन इफ़्फ़न की दादी के बिना अकेला लगने लगा और वह बेचैन रहने लगा।

टोपी के जीवन में सन्नाटा

इफ़्फ़न की दादी की मौत की ख़बर से वह बहुत उदास हो गया। शाम को इफ़्फ़न के घर गया तो पहले से ज़्यादा लोग एकत्रित थे, परंतु सन्नाटा उससे भी कहीं अधिक। एक दादी के न होने से टोपी के लिए घर बिलकुल खाली था। टोपी ने एक बार फिर इफ़्फ़न से कहा कि कितना अच्छा होता, तेरी दादी की जगह मेरी दादी मर गई होती। टोपी को ऐसा लगता था कि उसे उसके घर वाले प्यार नहीं करते। जिस अधूरेपन को भरने के लिए वह इफ़्फ़न की दादी का सहारा लेता था, उनके देहांत के बाद उसका जीवन सन्नाटे से भर गया।

टोपी के जीवन में 10 अक्टूबर 1945 के दिन का महत्त्व

टोपी के जीवन में अधूरापन तब और बढ़ गया, जब इफ़्फ़न का परिवार मुरादाबाद चला गया। 10 अक्टूबर, 1945 का दिन टोपी के जीवन में अत्यंत महत्त्वपूर्ण था, क्योंकि उसी दिन उसने प्रण लिया था कि वह अब ऐसे किसी लड़के से दोस्ती नहीं करेगा, जिसके पिता की तबादले वाली नौकरी हो। इफ़्फ़न के पिता जी के तबादले के बाद टोपी ने ऐसी प्रतिज्ञा ली।

टोपी को कुत्ते से कटवाना

इफ़्फ़न के पिताजी के तबादले के पश्चात् नए कलेक्टर साहब आए और उसी कोठी में रहने लगे। उनके तीन बेटे थे–डब्बू, नीलू और गुड्डू। उनमें से तीनों से ही टोपी की दोस्ती नहीं हो पाई। कोठी के माली और चपरासी टोपी को अच्छी तरह पहचानते थे, इसीलिए टोपी ने एक बार हिम्मत करके कोठी में प्रवेश किया, परंतु किसी बात पर टोपी की उनसे कहा-सुनी हो गई। उन्होंने टोपी के पीछे कुत्ता छोड़ दिया। कुत्ते के काटने पर टोपी को अपने पेट में सात सुइयाँ लगवानी पड़ीं, तब से उसने कोठी की तरफ़ रुख नहीं किया।

टोपी का नौकरानी से लगाव

टोपी के इस अकेलेपन को परिवार के लोग नहीं समझते थे, परंतु घर की नौकरानी सीता बखूबी महसूस करती थी। टोपी अब घर हो या बाहर हमेशा उदास रहने लगा था। वह सभी से दूरी बढ़ाने लगा, परंतु उसे नौकरानी भली लगती थी। वह टोपी का दु:ख समझती थी। टोपी उस बूढ़ी नौकरानी के आँचल की छाँव में अपने सभी दु:ख-दर्द भूलने का प्रयास करता था।

टोपी की पिटाई

सर्दी के दिनों की बात है। मुन्नी बाबू और भैरव के लिए कोट का नया कपड़ा आया और टोपी को मुन्नी बाबू का कोट मिला। देखने में स्थिति अच्छी थी, परंतु था तो पुराना। टोपी ने वह कोट उसी समय नौकरानी केतकी के बेटे को दे दिया। यह देखकर दादी को गुस्सा आया और उन्होंने कहा कि अब तू जाड़ा खा। इस बात पर टोपी अपनी दादी से उलझ गया। दादी ने आसमान सिर पर उठा लिया, जिसका दंड भी टोपी को मिला। माँ ने दादी से बहस करने पर उसकी खूब पिटाई की।

विद्यार्थी व अध्यापकों का व्यवहार और परीक्षा परिणाम

टोपी दो साल लगातार फेल हो गया। पिछली कक्षा वाले बच्चों के साथ बैठना आसान काम नहीं था, उस पर अध्यापकों की बेरुखी। कक्षा में भी कोई अध्यापक उसे नोटिस नहीं करता था। अगर कभी ध्यान देते भी तो तब, जब किसी टिप्पणी के माध्यम से उसे शर्मसार करना होता था। दो साल लगातार पढ़ते-पढ़ते टोपी किताबों से भी ऊबने लगा था। एक बार अब्दुल वहीद ने ऐसी तीखी बात बोल दी कि टोपी ने इस वर्ष पास होने की कसम खा ली और हुआ भी यही। पिता के चुनाव में खड़े होने के कारण टोपी को पढ़ने के लिए पर्याप्त समय तो नहीं मिला, परंतु वह पास हो गया।

» शब्दार्थ

पृष्ठ संख्या NCERT पाठ्यपुस्तक (संचयन भाग-2) के अनुसार हैं।

पृष्ठ संख्या 32 बेमानी–बिना मतलब/बिना किसी अर्थ के; परंपरा–प्रथा/प्रणाली जो बहुत दिनों से चली आ रही हो।

पृष्ठ संख्या 33 काफ़िर–ईश्वर का अस्तित्व न मानने वाला; वसीयत–लंबी यात्रा पर जाने से पूर्व या अपनी मृत्यु के बाद अपनी संपत्ति के प्रबंध के विषय में लिखित इच्छा जो दर्ज कर दी गई हो; करबला–इस्लाम का एक पवित्र स्थान।

पृष्ठ संख्या 34 कस्टोडियन–जिस संपत्ति पर किसी का मालिकाना हक न हो उसका संरक्षण करने वाला विभाग; बीजू पेड़– आम की गुठली से उगाया गया आम का पेड़; बेशुमार–बहुत सारी; पोस्टिंग–नौकरी का वर्तमान स्थान।

पृष्ठ संख्या 35 अलबत्ता–बल्कि; अमावट–पके आम के रस को सुखाकर बनाई गई मोटी परत; तिलवा–तिल के लडडू/तिल के बने व्यंजन।

पृष्ठ संख्या 37 गनगनाना–थरथराना/काँपना; दुर्गति–बुरी हालत; कबाबची–कबाब बनाने वाला।

पृष्ठ संख्या 38 जुगराफ़िया–भूगोल शास्त्र/ज्योग्राफ़ी; जिमनेज़ियम–व्यायामशाला।

पृष्ठ संख्या 39 पुरसा–सांत्वना देना; तबादला–बदली/स्थानांतरण।

पाठ्यपुस्तक (संचयन भाग-2) के प्रश्नोत्तर

1 इफ़्फ़न टोपी शुक्ला कहानी का महत्त्वपूर्ण हिस्सा किस तरह से है? CBSE 2012, 11

उत्तर इफ़्फ़न और टोपी सहपाठी होने के साथ-साथ अज़ीज़ दोस्त भी हैं। दोनों का व्यक्तित्व प्रायः पृथक् रूप से विकसित हुआ है। दोनों को अलग-अलग पारिवारिक परंपराएँ मिली हैं। इफ़्फ़न और टोपी के जीवन का विकास भी अलग-अलग हुआ है, पर टोपी की कहानी में इफ़्फ़न एक प्रमुख पात्र है। उसके बिना टोपी की कहानी अधूरी प्रतीत होगी, इसलिए वह इस कहानी का महत्त्वपूर्ण हिस्सा है।

2 इफ़्फ़न की दादी अपने पीहर क्यों जाना चाहती थीं? CBSE 2011

उत्तर इफ़्फ़न की दादी एक ज़मींदार की बेटी थीं। उनका विवाह लखनऊ शहर के एक मौलवी के साथ हुआ था। यहाँ आकर वह अपनी शानोशौकत से महरूम (अलग) हो गई थीं। गाँव का जीवन उन्हें अधिक अच्छा लगता था। घी पिलाई हुई काली हँडियों में असामियों के घर से आई दही उन्हें पीहर (माँ का घर) की ओर खींचती थी। घर के आँगन में दशहरी आम का पेड़ दादी ने रोपा था, जिसके मीठे फल उन्हें आकर्षित करते थे। दादी को उनका पीहर स्वाभाविकता के आकर्षण के कारण अपनी ओर खींचता हुआ महसूस होता था।

3 इफ़्फ़न की दादी अपने बेटे की शादी में गाने-बजाने की इच्छा पूरी क्यों नहीं कर पाईं? CBSE 2016, 11

उत्तर इफ़्फ़न की दादी अपने बेटे की शादी में गाना-बजाना चाहती थीं। उन्होंने अपने गाँव में हिंदू परिवारों में शादी-विवाह के अवसर पर गाने-बजाने की परंपरा को देखा था। यह गाना-बजाना धार्मिक महत्त्व से अधिक आंतरिक उल्लास का प्रतीक था। दादी ने भी अपने बेटे की शादी में इस परंपरा को अपनाना चाहा, किंतु पति ने मना कर दिया। मौलवी के घर भला गाना-बजाना कैसे संभव था? दादी की इच्छा पूरी नहीं हुई और वह अपना दिल दुखा कर रह गईं।

4 'अम्मी' शब्द पर टोपी के घरवालों की क्या प्रतिक्रिया हुई? CBSE 2012, 11, 10

उत्तर एक दिन टोपी अपने परिवार के साथ खाने की मेज़ पर भोजन कर रहा था। टोपी को बैंगन का भुरता कुछ ज़्यादा अच्छा लगा। उस समय उसकी माँ रामदुलारी देवी भोजन परोस रही थीं। टोपी ने कहा–''अम्मी, ज़रा बैंगन का भुरता।'' इतना सुनते ही टोपी के परिवार में कोहराम मच गया। उसकी माँ तथा दादी ने माना कि किसी मुसलमान लड़के से टोपी ने दोस्ती कर ली है। इसे परंपराओं की दीवार तोड़ने वाला कदम माना गया और टोपी की खूब पिटाई की गई।

5 दस अक्टूबर, सन् पैंतालीस का दिन टोपी के जीवन में क्या महत्त्व रखता है? CBSE 2011

उत्तर दस अक्टूबर, सन् पैंतालीस का दिन टोपी के जीवन में अत्यंत महत्त्वपूर्ण है, क्योंकि उस दिन उसने प्रतिज्ञा की थी कि अब वह ऐसे किसी लड़के से दोस्ती नहीं करेगा, जिसके पिता की तबादले वाली नौकरी हो। वास्तव में, टोपी को ऐसा लगता था कि उसे उसके घरवाले प्यार नहीं करते। इसलिए अपने जीवन के इस अधूरेपन को उसने इफ़्फ़न और उसकी दादी से पूरा किया, लेकिन अब तबादला होने के कारण इफ़्फ़न का परिवार मुरादाबाद चला गया।

6 टोपी ने इफ़्फ़न से दादी बदलने की बात क्यों की? CBSE 2011, 10

अथवा **टोपी ने इफ्फन की दादी से अपनी दादी बदलने की बात क्यों कही होगी? इससे बाल मन की किस विशेषता का पता चलता है? CBSE 2020**

उत्तर टोपी को इफ़्फ़न की दादी से अत्यधिक प्यार मिला था। टोपी को उनके पास रहना अच्छा लगता था। दादी की भाषा, उनका भोलापन उसे अच्छा लगता। टोपी को अपनी दादी से नफ़रत थी। उसकी दादी अपने आप को अच्छे रूप में पेश करने के लिए टोपी की भाषा को गँवारों की बोली कहतीं तथा तमाम अवसरों पर टोपी की उपेक्षा करती रहतीं। टोपी ने दादी का असली रूप इफ़्फ़न की दादी में देखा था। इसलिए उसने इफ़्फ़न के सामने दादी बदलने की बात की। यह बच्चों के भोलेपन का सुंदर नमूना है तथा प्रेम की चाहत का स्वाभाविक चित्रण भी।

इससे बालमन की इस विशेषता का पता चलता है कि बच्चों का मन अत्यंत भोला एवं निश्छल होता है। बालमन को केवल हृदय की सच्ची भावनाओं और प्यार के बंधनों से ही बाँधा जा सकता है। वह भाषा, जाति, धर्म एवं आयु के बंधन से परे होता है।

7 पूरे घर में इफ़्फ़न को अपनी दादी से ही विशेष स्नेह क्यों था? CBSE 2012

उत्तर इफ़्फ़न को अपनी दादी से बड़ा प्यार था। उसे अपने पिता, बहन, माता तथा छोटी बहन नुजहत से भी लगाव था, किंतु दादी में तो जैसे उसके प्राण बसते थे। घर के अन्य सदस्य उसे कभी-कभार डाँटते-डपटते या फिर पिटाई भी कर डालते। छोटी बहन भी उसकी कॉपियों के पन्नों से हवाई जहाज बनाने लगती। बस एक दादी थीं, जिन्होंने कभी इफ़्फ़न का दिल नहीं दुःखाया। वह रात को उसे ढेर सारी कहानियाँ सुनाया करती थीं। उसे दादी की ग्रामीण बोली बड़ी अच्छी लगती थी। इफ़्फ़न भी अपनी दादी की तरह बोलना चाहता था, पर उसके अब्बू उसे नहीं बोलने देते थे। इफ़्फ़न अपनी दादी के प्रेम तथा उनकी सादगी से अत्यधिक प्रभावित था। दादी के प्रति उसका स्नेह पारिवारिक परिस्थितियों तथा उसकी भावुकता के कारण विकसित हुआ था।

8 **इफ़्फ़न की दादी के देहांत के बाद टोपी को उसका घर खाली-सा क्यों लगा?** **CBSE 2011**

उत्तर टोपी इफ़्फ़न की दादी में स्वाभाविक रूप से एक आदर्श दादी की छवि देखता था। अपनेपन की खोज में वह यहाँ तक आया था। उसकी खोज का एक हिस्सा इफ़्फ़न की दादी के रूप में पूरा हुआ। टोपी को इफ़्फ़न की दादी के पास बैठना अच्छा लगता था। टोपी को उनका हर शब्द शक्कर का खिलौना बन, अमावट तथा तिलवा (तिल का व्यंजन) की मिठास के रूप में मिलता था। उनकी भाषा टोपी के दिल में उतर जाती थी।

इफ़्फ़न के पूरे घर में टोपी केवल दादी से घुला-मिला था। वह परिवार के अन्य सदस्यों से बात भी न करता, न उनके पास बैठता। दादी भी उसे अत्यधिक स्नेह देती थीं। वह टोपी का हाल-चाल पूछतीं। टोपी को इफ़्फ़न की दादी अपनी माँ की तरह ही दिख पड़ती थीं। इफ़्फ़न की दादी की मृत्यु के बाद से ही टोपी को इफ़्फ़न का घर बेगाना-सा लगने लगा। अन्य पारिवारिक सदस्यों से अधिक स्नेह नहीं होने के कारण उसे घर खाली-सा लगने लगा।

9 **टोपी और इफ़्फ़न की दादी अलग-अलग मज़हब और जाति के थे पर एक अनजान अटूट रिश्ते से बँधे थे। इस कथन के आलोक में अपने विचार लिखिए।** **CBSE 2013, 12, 11**

उत्तर टोपी और इफ़्फ़न की दादी भिन्न-भिन्न धर्मों के होते हुए भी जिस तरह स्नेह की डोर से एक-दूसरे से बँधे थे, वह मानवीय मूल्यों की दृष्टि से प्रत्येक समाज के लिए अनुकरणीय आदर्श बन सकते हैं। टोपी कट्टर हिंदू परिवार से था, जबकि इफ़्फ़न की दादी मुसलमान परिवार से जुड़ी थीं। दोनों के बीच धर्मों की भिन्नता होने के बावजूद टोपी को इफ़्फ़न की दादी से अत्यधिक अपनापन मिला। इस अकेलेपन को दोनों ने आपसी प्रेम एवं सम्मान की भावना को एक-दूसरे के लिए बाँट कर, साझा कर समाप्त किया। दोनों के बीच न तो धर्म की समानता थी, न संस्कृति की और न ही उम्र की। इसके बावजूद दोनों के दिलों में एक-दूसरे के प्रति अपार प्रेम एवं स्नेह की भावना थी। दोनों एक-दूसरे के बिना स्वयं को अकेला महसूस करते थे।

टोपी ने इफ़्फ़न के घर जाने के लिए अपने घर पर मार भी खाई, लेकिन इफ़्फ़न की दादी से मिलना उसने नहीं छोड़ा। आज के समाज में जो लोग धर्म एवं जाति को बहुत महत्त्व देते हैं, वे अनिवार्यतः मानवता के मूल्यों को नहीं समझते, उनके महत्त्व को आँक नहीं पाते। समाज में मानवीयता टोपी एवं इफ़्फ़न की दादी जैसे लोगों की वजह से ही कायम है और इन्हीं से मानव समाज अपना अस्तित्व बनाए हुए है।

10 **टोपी नौवीं कक्षा में दो बार फेल हो गया। बताइए**

(क) ज़हीन होने के बावजूद भी कक्षा में दो बार फेल होने के क्या कारण थे?

(ख) एक ही कक्षा में दो-दो बार बैठने से टोपी को किन भावनात्मक चुनौतियों का सामना करना पड़ा? **CBSE 2016, 11**

(ग) टोपी की भावनात्मक परेशानियों को मद्देनज़र रखते हुए शिक्षा व्यवस्था में आवश्यक बदलाव सुझाइए।

उत्तर **(क)** टोपी काफ़ी तीव्र बुद्धि का बालक था, परंतु उसे कोई पढ़ने ही नहीं देता था। जैसे ही टोपी पढ़ने बैठता, वैसे ही उसका बड़ा भाई मुन्नी बाबू उसे किसी-न-किसी काम से उठा देता। उसकी माँ भी नौकरों से सामान न मँगवाकर उसे सामान लेने बाज़ार भेज देती थीं। भैरव उसकी कॉपियों के पन्ने फाड़-फाड़कर हवाई जहाज बनाकर उड़ा डालता। दूसरे वर्ष टोपी को टायफाइड हो गया। इस प्रकार टोपी दो बार फेल हो गया।

(ख) टोपी को अनेक भावनात्मक चुनौतियों का सामना करना पड़ा था। जब वह पहली बार नौवीं कक्षा में फेल हुआ, तब उसके सभी दोस्त दसवीं कक्षा में चले गए। अब उसके साथ उससे छोटी कक्षा आठवीं के विद्यार्थी बैठते थे। उन छोटे बच्चों के साथ उसकी मित्रता न हो सकी। जब उसके साथी उसका मजाक उड़ाते थे, तो वह चुपचाप सहन कर लेता था। अगले वर्ष जब वह दोबारा फेल हो गया, तो अब सातवीं कक्षा के विद्यार्थी उसके सहपाठी थे। अध्यापक भी उसकी उपेक्षा करते थे। जब वह मेहनत करके उत्तर लिखता, तब भी उससे पूछा नहीं जाता था। अंग्रेज़ी के अध्यापक ने भी, जब उसने प्रश्न का उत्तर देने का प्रयास किया, तो अगले वर्ष उत्तर देने को कहा। यह सुनकर टोपी लज्जित हो गया। बच्चों की मजाक उड़ाती हँसी से वह स्वयं को दीन-हीन एवं मरा हुआ महसूस करने लगा।

(ग) परिवार से प्रताड़ित और उपेक्षित टोपी जब एक कक्षा में दो बार फेल हो गया, तब वह स्वयं को भावनात्मक रूप से असुरक्षित महसूस करने लगा। इस दृष्टिकोण से आज की शिक्षा व्यवस्था में विशेष बदलाव की आवश्यकताएँ हैं। सर्वप्रथम छात्रों के संवेगात्मक लगाव के विकास की ओर ध्यान देना चाहिए। शिक्षण पद्धति का उद्देश्य सिर्फ़ परीक्षा पास करना ही नहीं होना चाहिए। प्रत्येक विद्यालय में मनोवैज्ञानिकों की नियुक्ति होनी चाहिए, जिससे वे छोटी उम्र के बच्चों की समस्याओं का निदान कर सकें। लिखित परीक्षा के आधार पर ही नहीं, बल्कि संपूर्ण व्यक्तित्व के आधार पर विद्यार्थी का आकलन किया जाए। माध्यमिक स्तर तक अनुत्तीर्ण होने की पद्धति नहीं होनी चाहिए। अध्यापकों को सभी विद्यार्थियों के साथ समान व्यवहार करना चाहिए। पढ़ाई में कमज़ोर छात्रों का मजाक उड़ाने की अपेक्षा उनका मनोबल बढ़ाना चाहिए।

11 **इफ़्फ़न की दादी के मायके का घर कस्टोडियन में क्यों चला गया?**

उत्तर कस्टोडियन एक ऐसा विभाग है जो ऐसी संपत्ति को संरक्षण देता है, जिस संपत्ति पर किसी का कोई मालिकाना हक नहीं होता। इफ़्फ़न की दादी पूरब में किसी जगह की रहने वाली थी। वह विवाह के पश्चात् लखनऊ आ गई थी। विभाजन के समय उनके मायके के लोग अपना घर छोड़कर पाकिस्तान चले गए। उनके जाने के बाद पीछे बचा वह घर लावारिस हो गया। जब इफ़्फ़न की दादी की मृत्यु निकट थी तो उनकी स्मरण शक्ति भी समाप्त-सी हो गई। उन्हें यह भी याद न रहा कि अब उनका घर कहाँ है? उनके सभी घर वाले कराची में रह रहे थे। इसलिए जब उनके घर का कोई वारिस नहीं रहा, तो उनके मायके का घर कस्टोडियन में चला गया।

परीक्षा अभ्यास

पाठ पर आधारित प्रश्नोत्तर

1 टोपी ने मुन्नी बाबू के बारे में कौन-सा रहस्य छिपाकर रखा था और क्यों? विस्तार से समझाइए।

उत्तर मुन्नी बाबू टोपी का बड़ा भाई था। वह कबाब खाता था तथा सिगरेट पीता था। एक दिन जब टोपी की माँ उसकी पिटाई कर रही थीं तो मुन्नी बाबू ने टोपी की झूठी शिकायत की कि वह कबाब खाता है, जबकि टोपी ने कभी कबाब नहीं खाए थे। वास्तविकता यह थी कि टोपी ने मुन्नी बाबू को कबाब खाते देख लिया था और मुन्नी बाबू ने उसे एक इकन्नी रिश्वत दी थी। टोपी ने यह रहस्य छुपाकर रखा था। इफ़्फ़न के सिवा उसने घर में भी किसी को नहीं बताया था, क्योंकि वह चुगलखोर नहीं था। टोपी चाहता तो घर में माँ को और घर के अन्य सदस्यों को मुन्नी बाबू की कबाब खाने वाली बात बता सकता था, पर उसने ऐसा नहीं किया।

2 टोपी सरल स्वभाव का था, फिर भी उसकी दोस्ती नए कलेक्टर के लड़कों से नहीं हो सकी। क्यों? स्पष्ट कीजिए। CBSE 2016

अथवा **टोपी ने दोबारा कलेक्टर साहब के बँगले की ओर रुख़ क्यों नहीं किया? 'टोपी शुक्ला' पाठ के आधार पर लिखिए। CBSE 2011**

उत्तर टोपी सरल स्वभाव और संकोची प्रवृत्ति का था। वह तुरंत किसी से दोस्ती नहीं कर पाता था। इफ़्फ़न के जाने के बाद वह बहुत अधिक अकेलापन महसूस कर रहा था। घर-परिवार में सब कुछ था, परंतु प्यार की कमी सदैव बनी रहती थी। फेल हो जाने के कारण कक्षा में भी कोई विद्यार्थी उससे सहानुभूति नहीं रखता था।

दूसरी ओर नए कलेक्टर के बच्चे अपने पिता के उच्च पद की अकड़ रखते थे। कोई टोपी को मुँह नहीं लगाता था। फिर भी हिम्मत करके उसने एक दिन कलेक्टर साहब के बंगले में प्रवेश किया। माली और चपरासी टोपी को अच्छी तरह पहचानते थे, इसलिए अंदर जाने से भी नहीं रोका। जब टोपी अंदर पहुँचा, तो तीनों लड़के क्रिकेट खेल रहे थे। उन्होंने जैसे ही टोपी को देखा, तो अंग्रेज़ी भाषा में प्रश्नों की झड़ी लगा दी।

इन सवालों-जवाबों में उनकी कहा-सुनी हो गई। बात इतनी बढ़ गई कि उन लड़कों ने टोपी के पीछे कुत्ता छोड़ दिया। कुत्ते के काटने के कारण टोपी को सात सुइयाँ पेट में लगवानी पड़ीं। इस घटना के बाद कभी उसने पलटकर भी बंगले की ओर नहीं देखा। वास्तव में, सच्ची दोस्ती तभी संभव है, जब दोनों ओर से हाथ बढ़ाया जाए। अतः सरल स्वभाव होने पर भी टोपी नए कलेक्टर के अकड़ू बच्चों से दोस्ती नहीं कर सका।

3 टोपी की पढ़ाई में उसके घर के सदस्य भी कहीं न कहीं किसी न किसी रूप से बाधक थे। आप टोपी को क्या सुझाव देना चाहेंगे, जिससे वह घरेलू परेशानियों से मुक्ति पाकर अपनी पढ़ाई पर ध्यान केंद्रित कर सके?

उत्तर ऐसा माना जाता है कि प्रसन्न मन और स्वस्थ दिमाग, सफलता प्राप्ति में सहायक होते हैं, परंतु टोपी के पास ये दोनों ही साधन नहीं थे, इसलिए घर में सभी का व्यवहार उसे अकेलेपन का अहसास कराता था।

जब टोपी पहली बार फेल हुआ, तब मुन्नी बाबू इंटरमीडिएट में प्रथम आए। सब उनकी प्रशंसा करते और टोपी पर व्यंग्य कसते। फेल होने का कारण कोई नहीं समझता, जबकि प्रमुख कारण घर वाले ही थे। जब भी टोपी पढ़ने बैठता, तभी मुन्नी बाबू कोई-न-कोई काम बता देते या माँ कोई ऐसा सामान मँगाने के लिए कह देतीं, जिसे नौकरानी से नहीं मँगाया जा सकता था। टोपी जब सामान लेकर लौटता तो देखता कि भैरव ने कॉपी के पन्नों के हवाई जहाज बना डाले। ये सभी गतिविधियाँ टोपी की पढ़ाई में बाधा उत्पन्न करने का मूल-भूत कारण कही जानी चाहिए। पढ़ाई के लिए घर का माहौल सदैव शांतिप्रिय होना चाहिए, जो टोपी को कभी नहीं मिल सका था। टोपी के घर का वातावरण जिस प्रकार का था, उस वातावरण में पढ़ाई-लिखाई कर पाना अत्यंत जटिल कार्य था। टोपी के माता-पिता भी इस बात से अंजान रह गए थे कि किसी न किसी रूप में टोपी का एक ही कक्षा में दो बार फेल हो जाना घरेलू कारणों का ही परिणाम है।

मैं टोपी को यही सुझाव देना चाहता हूँ कि वह स्कूल छूटने के बाद शाम के समय आस-पड़ौस के किसी पुस्तकालय में जाकर घंटे-दो-घंटे के लिए स्वाध्ययन करे। इससे वह घरेलू परेशानियों से भी दूर हो जाएगा और घर में इधर-उधर के बेकार के कामों में समय देने की बजाय पढ़ाई पर अधिक ध्यान दे सकेगा।

4 टोपी द्वारा 'अम्मी' शब्द के प्रयोग से घर वालों की प्रतिक्रिया उनकी किस मानसिकता का द्योतक है? क्या आप घरवालों की इस प्रतिक्रिया को उचित मानते हैं अथवा अनुचित? तर्क सहित उत्तर दीजिए।

उत्तर टोपी शुक्ला का मित्र इफ़्फ़न था। इन दोनों के मध्य काफ़ी घनिष्ठ संबंध स्थापित हो चुके थे। अक्सर टोपी इफ़्फ़न के घर आया-जाया करता रहता था। टोपी को इफ़्फ़न की दादी से बहुत ज्यादा लगाव हो गया था। इतने घनिष्ट संबंध होने के कारण दोनों मित्र एक-दूसरे से इतने प्रभावित हो गए थे कि भिन्न-भिन्न मजहब होने के बावजूद भी आत्मीय संबंध सर्वोपरि हो गया था। एक दिन टोपी अपने घर में सभी घर वालों से साथ बैठकर खाना खा रहा था। अचानक टोपी के मुँह से 'अम्मी' शब्द सुनाई दिया। अम्मी शब्द सुनकर टोपी की दादी और उसकी माँ के चेहरे की हवाइयाँ उड़ चुकी थीं। दोनों ने ही टोपी को खूब खरी-खोटी सुनाई और उसकी माँ ने उसकी जमकर पिटाई भी की। यह 'अम्मी' शब्द फारसी भाषा का है, जो प्रायः मुस्लिम घर-परिवार में प्रयोग किया जाता है। टोपी के घर वाले ऊपरी तौर पर आधुनिक तो थे, परंतु कट्टर हिंदू होने के कारण वे

संकुचित मानसिकता का प्रतिनिधित्व करने वाले व्यक्ति भी थे। वे अम्मी शब्द का प्रयोग अपने धर्म, संस्कृति एवं परंपराओं के विरुद्ध मानते थे।

घरवालों की यह प्रतिक्रिया उनकी संकीर्ण सोच (मानसिकता) का द्योतक है। मैं घरवालों की इस प्रतिक्रिया को अनुचित मानता हूँ, क्योंकि किसी भाषा को किसी धर्म के साथ जोड़कर रखना सदैव गलत धारणा का प्रतिपादन करती है। अतः हमें धर्म, जात, वर्ण आदि से ऊपर उठकर मानवीय रिश्तों को अहमियत देने की आवश्यकता है।

5 कक्षा में अध्यापक कैसी टिप्पणी करके टोपी का अपमान करते थे? क्या यह न्यायसंगत है?

उत्तर टोपी कक्षा में लगातार दो वर्ष फेल हो गया। फेल होने में उसका कोई दोष नहीं था। अपने से छोटे बच्चों के साथ कक्षा में बैठना बहुत कठिन काम था, उस पर अध्यापक द्वारा यह कहकर व्यंग्य कसना कि क्या बलभद्र की तरह इसी दर्जे में टिके रहना चाहते हो, तीन बरस से यही किताब पढ़ रहे हो, तुम्हें तो सारे जवाब याद हो गए होंगे, इन लड़कों की अगले साल हाई स्कूल की परीक्षा है, तुमसे उसके बाद पूछ लूँगा आदि टिप्पणियाँ टोपी के लिए बहुत पीड़ादायक थीं और उसके मनोबल को तोड़ने का कार्य करती थीं। शिक्षकों द्वारा बालकों के साथ इस प्रकार का व्यवहार नहीं किया जाना चाहिए, क्योंकि इस प्रकार के व्यवहार से वे कुंठाग्रस्त एवं अवसाद के शिकार हो सकते हैं।

6 'टोपी शुक्ला' पाठ के माध्यम से लेखक ने मानवीय संबंधों की कौन-सी सच्चाई उजागर की है? **CBSE 2019**

अथवा **घर वालों के मना करने पर भी टोपी का लगाव इफ़्फ़न के घर और उसकी दादी से क्यों था? दोनों के अनजान, अटूट रिश्ते के बारे में मानवीय मूल्यों की दृष्टि से अपने विचार लिखिए।** **CBSE 2020, 16**

उत्तर 'टोपी शुक्ला' पाठ के माध्यम से लेखक ने मानवीय संबंधों के संदर्भ में यह स्पष्ट करने की कोशिश की है कि मानवीय संबंध भाषा, जाति, धर्म एवं उम्र से परे होते हैं। उन्हें केवल हृदय की सच्ची भावनाओं और प्यार के बंधनों से ही बाँधा जा सकता है। मुस्लिम परिवार के इफ़्फ़न एवं उसकी दादी तथा हिंदू परिवार के टोपी के बीच जो रिश्ता है, वह धर्म की दीवारों को तोड़कर मानवीयता के धरातल पर निर्मित रिश्ता है, जहाँ किसी भी प्रकार के बंधन को आड़े आने की इजाज़त नहीं है।

घर पर खूब मार खाने के बावजूद टोपी इफ़्फ़न के घर जाना नहीं छोड़ता तथा इफ़्फ़न के साथ मित्रता एवं इफ़्फ़न की दादी के प्रति सम्मान एवं स्नेह की उसकी भावना में कोई परिवर्तन नहीं होता। वह इफ़्फ़न की दादी से मिले बिना नहीं रह सकता, क्योंकि उसे महसूस होता है कि इफ़्फ़न की दादी से अधिक प्यार उसे कोई अन्य नहीं करता है।

इफ़्फ़न की दादी भी टोपी के बिना अकेलापन महसूस करतीं और हमेशा उसके आने की प्रतीक्षा करती रहतीं। दोनों के बीच माँ-बेटे के संबंध से भी बढ़कर एक ऐसा मानवीय संबंध कायम हो गया था, जिसके अभाव में दोनों अतृप्त महसूस करते। मानवीय संबंधों की इसी सच्चाई को 'टोपी शुक्ला' पाठ में उजागर करने की कोशिश की गई है। इस संबंध में न कोई स्वार्थ है और न कोई व्यापार, बल्कि सिर्फ अपनापन है, आत्मीयता है।

7 सच्चा मित्र जीवन की अनुपम निधि होता है। टोपी शुक्ला और इफ़्फ़न का उदाहरण देते हुए अपने विचार प्रस्तुत कीजिए। **CBSE 2018**

उत्तर वास्तव में, सच्चा मित्र जीवन की अनुपम निधि होता है। वह जीवन के हर अच्छे-बुरे समय में साथ देता है, विशेषकर विपत्ति के समय तो वह हमारा सहयोग एवं समर्थन सच्चे दिल से करता है। टोपी शुक्ला तथा इफ़्फ़न भी सच्चे मित्र हैं। वे दोनों एक-दूसरे को धर्म, जाति, संप्रदाय आदि से ऊपर उठकर प्रेम करते हैं। दोनों के बीच मित्रता इतनी गहरी है कि इफ़्फ़न के चले जाने पर टोपी स्वयं को अत्यंत अकेला महसूस करता है। वह इफ़्फ़न तथा उस की दादी को हृदय से चाहता था, इसीलिए इफ़्फ़न के पिता के तबादले के कारण उसके चले जाने पर वह बहुत अधिक मायूस हो जाता है और कसम खाता है कि अब वह ऐसे किसी लड़के से दोस्ती नहीं करेगा, जिसके पिता जी की तबादले वाली नौकरी होगी। यह भावना गहरी वेदना से ही उपज सकती है। टोपी का हृदय वेदना से पीड़ित है। वह हृदय से दुःखी है। ऐसे संबंध को ही सच्ची मित्रता कहा जा सकता है। इन दोनों की दोस्ती से सच्ची मित्रता की प्रेरणा ली जा सकती है।

8 टोपी ने यह कसम खाते हुए ऐसा क्यों कहा होगा कि वह ऐसे लड़कों से दोस्ती नहीं करेगा, जिनके पिता का तबादला होता रहता है?

उत्तर टोपी और इफ़्फ़न घनिष्ठ मित्र थे। दोनों एक-दूसरे के बिना बिलकुल अधूरे थे, क्योंकि दोनों एक-दूसरे की भावनाओं को बिना कहे समझ लेते थे। यह दोस्ती बचपन में विकसित हुई थी। टोपी तो अपने अजीज़ दोस्त इफ़्फ़न के साथ-साथ उसके परिवार वालों का भी आत्मीय था, विशेष रूप से उसकी दादी का जब वह पूरबी बोली बोलतीं, तो उसे अपनी माँ की भाँति ही दिखाई देतीं। जब टोपी को अकेलापन दूर करने वाले अपने अजीज दोस्त इफ़्फ़न के जाने का पता चला, तो वह उदास हो गया। इफ़्फ़न के जाने का कारण उसके पिता का मुरादाबाद तबादला होना था। इफ़्फ़न की दादी की मृत्यु का घाव अभी भरा भी नहीं था कि टोपी को इफ़्फ़न से अलग होने का ज़ख्म भी मिल गया। इसी कारण टोपी ने कसम खाई थी कि अब वह ऐसे लड़के से दोस्ती नहीं करेगा, जिसके पिता का तबादला होता रहता हो।

9 असफलताएँ हमें जीवन में बहुत कुछ सीखने का अवसर देती हैं। अपने जीवन की किसी घटना का उल्लेख करते हुए 'टोपी शुक्ला' पाठ के आधार पर इस कथन की पुष्टि कीजिए। **CBSE 2013**

उत्तर यह पूरी तरह सच है कि असफलताएँ हमें जीवन में बहुत कुछ सीखने का अवसर प्रदान करती हैं। असफल होने के बाद व्यक्ति के अंदर कुछ परिवर्तन आता है। यही कारण है कि असफल होने के बाद व्यक्ति सफलता प्राप्त करने के लिए दोगुना प्रयास करता है। असफलता की पीड़ा उसे सफलता पाने के प्रयास करते रहने को प्रेरित करती है।

मुझे भी याद है, जब मैं सातवीं कक्षा में था, तो अपनी कक्षा में मैं अनुत्तीर्ण हो गया था, जिसके कारण मेरे सभी दोस्तों एवं पड़ोसियों ने मेरा काफ़ी मज़ाक उड़ाया। स्थिति इतनी बदतर लगने लगी थी कि मैंने घर से निकलना भी काफ़ी कम कर दिया। अपने दोस्तों के साथ मैं खेलने भी नहीं जाता था।

इसका परिणाम यह हुआ कि मैं अंतर्मुखी बनने लगा। मुझे लोगों के बीच जाना अच्छा नहीं लगता था। एक दिन मेरी माँ ने मुझे बहुत समझाया और जीवन में आगे बढ़ने की प्रेरणा दी। मैंने इतनी मेहनत से पढ़ाई की कि अगले वर्ष की परीक्षा में मैं अपनी कक्षा में प्रथम आया। मैंने अपने परिश्रम से मज़ाक उड़ाने वालों का मुँह बंद कर दिया।

इसका सर्वाधिक लाभप्रद परिणाम यह निकला कि अब कोई भी परीक्षा हो, मेरी तैयारी इतनी ज़बरदस्त रहती है कि हमेशा प्रथम तीन लोगों में मेरा नाम रहता है। वह सिलसिला अभी तक चल रहा है। 'टोपी शुक्ला' कहानी में भी टोपी शुक्ला किसी-न-किसी कारण से बार-बार फेल हो जाता है, लेकिन अंततः वह प्रतिकूल माहौल रहने के बावजूद परिश्रम करके सफल हो जाता है। हम सबको अपनी असफलता से प्रेरणा लेकर सफलता प्राप्त करनी चाहिए और कभी भी जीवन में निराश नहीं होना चाहिए।

10 पढ़ाई में तेज़ होने पर भी कक्षा में दो बार फेल हो जाने पर टोपी के साथ घर पर या विद्यालय में जो व्यवहार हुआ उस पर मानवीय मूल्यों की दृष्टि से टिप्पणी कीजिए। **CBSE 2019**

उत्तर टोपी पढ़ाई में काफ़ी तेज़ था, परंतु उसे पढ़ने के लिए अनुकूल वातावरण नहीं मिल पा रहा था। अनुकूल वातावरण के अभाव में वह एक ही कक्षा में दो-दो बार फेल हो गया था। फ़ेल हो जाने के कारण घर एवं विद्यालय में उसके साथ कोई भी अच्छा व्यवहार नहीं कर रहा था। अध्यापकों की टिप्पणियाँ टोपी के लिए अत्यंत पीड़ादायक थी और उसके मनोबल को तोड़ने का कार्य करती थीं। घर पर भी टोपी के साथ व्यवहार अच्छा नहीं था। इन सभी के आधार पर कहा जाना चाहिए कि विद्यालय और घर में टोपी के प्रति होने वाला दोहरा व्यवहार हमारे सामाजिक ढाँचे को हिलाकर रख देता है। जब कोई व्यक्ति अपने जीवन में असफल होता है, तो हमें उसे आगे बढ़ने के लिए प्रोत्साहित किया जाना चाहिए, परंतु टोपी के साथ ठीक विपरीत व्यवहार हो रहा था, जो मानवीय मूल्यों के विघटन को दर्शाता है।

11 इफ़्फ़न और टोपी शुक्ला की मित्रता भारतीय समाज के लिए किस प्रकार प्रेरक है? जीवन-मूल्यों की दृष्टि से लगभग 150 शब्दों में उत्तर दीजिए। **CBSE 2018**

उत्तर टोपी और इफ़्फ़न बहुत गहरे मित्र थे। टोपी एक हिंदू परिवार से था, जबकि इफ़्फ़न एक मुस्लिम परिवार से था। इसके बावजूद उनकी दोस्ती धर्म और जाति की दीवारों से परे थी। वे एक अटूट बंधन की डोर से बँधे थे। दोनों अपने सुख-दुःख एक-दूसरे से बाँटते थे। टोपी इफ़्फ़न के घर भी जाता था तथा उसकी दादी से उसे बहुत लगाव था। एक बार घर में माँ को 'अम्मी' बोलने व भाई के शिकायत लगाने पर कि टोपी कबाब खाने लगा है, टोपी की जमकर पिटाई होती है। परंतु फिर भी टोपी यह स्वीकार नहीं करता कि वह इफ़्फ़न के घर जाना व उससे मिलना छोड़ देगा।

यहाँ लेखक ने यह बताने का प्रयास किया है कि बच्चों में आपसी प्रेम का आधार मजहब नहीं था। इफ़्फ़न और टोपी शुक्ला की मित्रता भारतीय समाज के लिए प्रेरक है। वर्तमान समय में टोपी और इफ़्फ़न जैसी मित्रता सांप्रदायिक भावना, तनाव, झगड़ों को समाप्त करने में उपयोगी सिद्ध हो सकती है। समाज व देश में निर्मित मजहब की दीवारों को तोड़ सकती है तथा आपसी प्रेम और भाईचारे को बढ़ावा दे सकती है।

12 टोपी और इफ्फन अलग-अलग धर्म और जाति से संबंध रखते थे पर दोनों एक अटूट रिश्ते से बंधे थे। इस कथन के आलोक में 'टोपी शुक्ला' कहानी पर विचार कीजिए। **CBSE 2018**

उत्तर टोपी और इफ्फन भिन्न-भिन्न धर्मों के होते हुए भी, जिस तरह स्नेह की डोर से एक-दूसरे से बँधे थे, वह मानवीय मूल्यों की दृष्टि से प्रत्येक समाज के लिए अनुकरणीय आदर्श बन सकते हैं। टोपी कट्टर हिंदू परिवार से था, जबकि इफ्फन मुसलमान परिवार से जुड़ा था। दोनों के बीच धर्मों की भिन्नता होने के बावजूद टोपी को इफ्फन से अत्यधिक अपनापन मिला। इस अकेलेपन को दोनों ने आपसी प्रेम एवं सम्मान की भावना को एक-दूसरे के लिए बाँट कर, साझा कर समाप्त किया। दोनों के बीच न तो धर्म की समानता थी, न संस्कृति की। इसके बावजूद दोनों के दिलों में एक-दूसरे के प्रति अपार प्रेम एवं स्नेह की भावना थी। दोनों एक-दूसरे के बिना स्वयं को अकेला महसूस करते थे।

टोपी ने इफ्फन के घर जाने के लिए अपने घर पर मार भी खाई, लेकिन इफ्फन से मिलना उसने नहीं छोड़ा। आज के समाज में जो लोग धर्म एवं जाति को बहुत महत्त्व देते हैं, वे अनिवार्यतः मानवता के मूल्यों को नहीं समझते, उनके महत्त्व को आँक नहीं पाते। समाज में मानवीयता टोपी एवं इफ्फन जैसे लोगों की वजह से ही कायम है और इन्हीं से मानव समाज अपना अस्तित्व बनाए हुए है।

13 वह तो जब डॉक्टर साहब की ज़मानत ज़ब्त हो गई तब घर में जरा सन्नाटा हुआ और टोपी ने देखा कि इम्तहान सिर पर खड़ा है। वह पढ़ाई में जुट गया। परंतु ऐसे वातावरण में क्या कोई पढ़ सकता था? इसलिए उसका पास ही हो जाना बहुत था।

"वाह!" दादी बोलीं, "भगवान नजरे-बद से बचाए। रफ्तार अच्छी है। तीसरे बरस तीसरे दर्जे में पास तो हो गए।..."

टोपी जहीन होने के बावजूद कक्षा में दो बार फेल हो गया। जीवन में प्रतिकूल परिस्थितियों से हार मान लेना कहाँ तक उचित है? टोपी जैसे बच्चों के विषय में आपकी क्या राय है?

CBSE SQP Term II 2021

उत्तर टोपी पढ़ाई में काफ़ी तेज़ था, परंतु उसे पढ़ने के लिए अनुकूल वातावरण नहीं मिल पा रहा था। अनुकूल वातावरण के अभाव में वह एक ही कक्षा में दो बार फेल हो गया था। फ़ेल हो जाने के कारण विद्यालय में उसके साथ कोई भी अच्छा व्यवहार नहीं कर रहा था। अध्यापकों की टिप्पणियाँ टोपी के लिए अत्यंत पीड़ादायक थीं और उसके मनोबल को तोड़ने का कार्य करती थीं। घर पर भी टोपी के साथ व्यवहार अच्छा नहीं था। इन सभी के आधार पर कहा जाना चाहिए कि विद्यालय और घर में टोपी के प्रति होने वाला दोहरा व्यवहार हमारे सामाजिक ढाँचे को हिलाकर रख देता है। जब कोई व्यक्ति अपने जीवन में असफल होता है, तो हमें उसे आगे बढ़ने के लिए प्रोत्साहित किया जाना चाहिए, परंतु टोपी के साथ ठीक विपरीत व्यवहार हो रहा था, जो मानवीय मूल्यों के विघटन को दर्शाता है। टोपी शुक्ला ने प्रतिकूल परिस्थितियाँ होने के बावजूद भी हार नहीं मानी और तीसरी बार कक्षा में उत्तीर्ण हो गया। हमें जीवन में आई प्रतिकूल परिस्थितियों से कभी हार नहीं माननी चाहिए और लक्ष्य के प्रति सतत प्रयास करते रहना चाहिए।

स्वमूल्यांकन

निम्नलिखित प्रश्नों के उत्तर दीजिए

1 टोपी शुक्ला सरल हृदय, आज्ञाकारी, भावुक तथा सहनशील पात्र के रूप में हमारे समक्ष उभरकर आता है। 'टोपी शुक्ला' पाठ के आधार पर स्पष्ट कीजिए।

2 'टोपी शुक्ला' पाठ के अंतर्गत दो धर्मों के बीच बनी दीवार को तोड़ा गया है। स्पष्ट कीजिए।

3 नवीं कक्षा में दो बार फ़ेल हो जाने वाले टोपी की भावनात्मक समस्याओं को देखते हुए शिक्षा व्यवस्था में किए जाने वाले आवश्यक परिवर्तनों हेतु सुझाव दीजिए।

4 "असफलता के परिणामस्वरूप मनुष्य में परिवर्तन आता है।" अपने जीवन की किसी घटना का उल्लेख करते हुए प्रस्तुत कथन को 'टोपी शुक्ला' पाठ के आधार पर सिद्ध कीजिए।

5 'टोपी शुक्ला' पाठ के आधार पर स्पष्ट कीजिए कि टोपी के माध्यम से लेखक ने जाति-पाँति के बंधन को स्वीकार न करके किस प्रकार की भावनाओं को प्रतिपादित करने का प्रयास किया है?

6 'टोपी शुक्ला' पाठ के आधार पर बताइए कि टोपी को किन-किन से अपनापन मिला? क्या आज के समय में भी ऐसे अपनेपन की प्राप्ति संभव है?

7 'टोपी शुक्ला' पाठ के आधार पर बताइए कि इफ़्फ़न की दादी मिली-जुली संस्कृति में विश्वास क्यों रखती थी। उदाहरण सहित स्पष्ट कीजिए।

8 सांप्रदायिक भेदभाव को दूर करने में टोपी और इफ़्फ़न जैसी मित्रता वर्तमान समय की माँग है। पाठ के आधार पर तर्कपूर्ण उत्तर दीजिए।

9 वर्तमान युग में पद और हैसियत मानवीय संबंधों में कटुता का भाव उजागर कर रहे हैं। 'टोपी शुक्ला' पाठ के आधार पर इस कथन का स्पष्टीकरण कीजिए।

10 आपसी प्रेम-भावना को न तो किसी भाषा के और न ही किसी धर्म के बंधन में बाँधा जा सकता है। पाठ के आधार पर स्पष्ट कीजिए।

हिंदी 'ब'

लेखन

अध्याय

01

अनुच्छेद लेखन

प्रश्न की प्रकृति

इस प्रश्न में समसामयिक एवं व्यावहारिक जीवन से जुड़े विषयों पर दिए गए संकेत बिंदुओं के आधार पर तीन में से किसी एक विषय पर लगभग 100 शब्दों में अनुच्छेद लिखने के लिए दिया जाता है। अनुच्छेद लेखन के आधार पर विभिन्न प्रासंगिक विषयों पर विद्यार्थियों की तर्कसंगत विचार प्रकट करने की क्षमता को परखा जाता है।

अनुच्छेद लेखन को लघु निबंध भी कहा जा सकता है। इसमें सीमित शब्दों का प्रयोग सुगठित एवं समग्र दृष्टिकोण से किया जाता है। शब्द संख्या सीमित होने के कारण लिखते समय थोड़ी सावधानी बरतनी चाहिए।

निबंध और अनुच्छेद लेखन में मुख्य अंतर यह है कि जहाँ निबंध में प्रत्येक बिंदु को अलग-अलग अनुच्छेद में लिखा जाता है, वहीं अनुच्छेद लेखन में एक ही परिच्छेद (पैराग्राफ) में प्रस्तुत विषय को सीमित शब्दों में प्रस्तुत किया जाता है। इसके अतिरिक्त, निबंध की तरह भूमिका, मध्य भाग एवं उपसंहार जैसा विभाजन अनुच्छेद में करने की आवश्यकता नहीं होती।

अनुच्छेद लेखन में ध्यान रखने योग्य बातें

- यदि परीक्षा में अनुच्छेद लेखन के लिए **संकेत बिंदु** दिए गए हैं, तो सबसे पहले उन बिंदुओं को समझ लेना चाहिए और उन्हीं बिंदुओं के आधार पर विषय को स्पष्ट करना चाहिए।
- अनुच्छेद लेखन में उदाहरण अथवा दृष्टांत के लिए कोई स्थान नहीं है। आवश्यकता होने पर उनकी ओर संकेत कर देना पर्याप्त होता है।
- अनुच्छेद लेखन के विषय को इस प्रकार लिखना चाहिए कि **संपूर्ण विषय** 10-15 वाक्यों या लगभग 100 शब्दों में पूर्ण रूप से समाप्त हो जाए।
- विषय के विभिन्न पक्षों पर विचार करने के उपरांत **महत्त्वपूर्ण पक्षों** का चुनाव करके उनकी चर्चा करनी चाहिए।
- जहाँ तक संभव हो, वाक्यों को **छोटा** तथा **सरल** रखना चाहिए।
- विषय की प्रस्तुति **प्रभावपूर्ण, कलात्मक** तथा **संक्षिप्त** होनी चाहिए।
- विषय के सभी प्रमुख **बिंदुओं का समावेश** अवश्य होना चाहिए।
- अनुच्छेद के अंत तक **विषय का निष्कर्ष** पूरी तरह स्पष्ट हो जाना चाहिए तथा विषय से संबंधित प्राप्त होने वाले संदेश आदि का भी उल्लेख किया जाना चाहिए।
- **मुहावरों** तथा **लोकोक्तियों** का प्रयोग अनुच्छेद को शक्ति प्रदान करता है तथा भावाभिव्यक्ति को प्रभावशाली बना देता है।

अनुच्छेद लेखन का प्रारूप

1 दिए गए संकेत बिंदुओं के आधार पर अनुच्छेद लिखिए।

जीवन संघर्ष है, स्वप्न नहीं

संकेत बिंदु

- जीवन संघर्ष का ही दूसरा नाम है
- जीवन गतिशील एवं बाधाओं से पूर्ण है
- स्वप्न असत्य, जबकि जीवन सत्य

1. शीर्षक

जीवन संघर्ष है, स्वप्न नहीं

2. परिचय

मनुष्य का जीवन वास्तव में सुख-दुःख, आशा-निराशा, खुशी-दर्द आदि का मिश्रण है। यह न तो केवल फूलों की सेज है और न ही काँटों का ताज। वस्तुतः जीवन एक अनवरत् संघर्ष का नाम है।

3. विषय-वस्तु

जीवन की तुलना एक प्रवाहमान नदी से की जा सकती है। जिस प्रकार एक सरिता अविरल बहती रहती है, समुद्र में लहरें सदा गतिशील रहती हैं, वायु एक क्षण के लिए भी नहीं रुकती, सूर्य, चंद्रमा, तारे सभी अपने-अपने नियत समय पर उदित एवं अस्त होते हैं, ठीक उसी प्रकार जीवन की गति भी अविरल है। समय के साथ-साथ आगे बढ़ते रहने की प्रबल मानवीय लालसा ही जीवन है।

इस अविरल गति से प्रवाहमान जीवन में अनेक ऊँचे-नीचे रास्ते आते हैं, अनेक बाधाएँ आती हैं। इन्हीं बाधाओं से संघर्ष करते हुए जीवन आगे बढ़ता रहता है। यही कर्म है, यही सत्य है। जीवन में आने वाली बाधाओं से घबराकर रुक जाने वाला या पीछे हट जाने वाला व्यक्ति कभी भी सफलता प्राप्त नहीं कर सकता। जीवन सत्य है, जबकि स्वप्न असत्य। स्वप्न काल्पनिक है, अयथार्थ है। स्वप्न का महत्त्व केवल वहीं तक है, जहाँ तक वह मनुष्य के जीवन को आगे बढ़ाने में प्रेरक है। मनुष्य स्वप्न के माध्यम से ही ऐसी कल्पनाएँ करता है, जो अयथार्थ होती हैं, लेकिन उस काल्पनिक लोक को वह अपने परिश्रम, उमंग एवं दृढ़ इच्छाशक्ति से यथार्थ में, वास्तविकता में परिवर्तित कर देता है। वास्तविक जीवन एक कर्तव्य पथ है, जिसके मार्ग में अनेक शूल बिखरे पड़े हैं, लेकिन मनुष्य की इच्छाशक्ति या दृढ़ संकल्प उन बाधाओं और काँटों की परवाह नहीं करता और उन्हें रौंदकर आगे निकल जाता है।

4. निष्कर्ष

जीवन संघर्ष की लंबी साधना है। यह संघर्ष तब तक बना रहता है, जब तक मनुष्य के शरीर में साँस चलती रहती है, संघर्ष से बचा नहीं जा सकता।

नोट

1. **शीर्षक** प्रश्न के अनुसार छोटा व उचित शीर्षक लिखें।
2. **परिचय** इसके अंतर्गत पाठक की रोचकता व रुचि को बनाए रखने के लिए प्रभाव व आकर्षक पंक्तियाँ लिखी जानी चाहिए। यह टिप्पणी, विश्लेषण, प्रश्न, विवरण आदि से संबंधित हो सकती हैं।
3. **विषय-वस्तु** इसके अंतर्गत अनुच्छेद का मुख्य भाग आता है। इसमें मुख्य पक्ष; जैसे–कारण, प्रभाव, भेद, गुण-दोष आदि का उल्लेख किया जाना चाहिए। यहाँ 'जीवन संघर्ष है, स्वप्न नहीं' अनुच्छेद में जीवन के प्रवाह, उसमें आने वाली बाधाएँ तथा उसकी यथार्थता आदि के प्रभाव को बताया गया है।
4. **निष्कर्ष** यहाँ लेखक अपना दृष्टिकोण, सुझाव, आलोचना आदि प्रस्तुत करता है। यहाँ 'जीवन एक संघर्ष है' का दृष्टिकोण व सुझाव दिया गया है।

कुछ महत्त्वपूर्ण अनुच्छेद

1. सत्यमेव जयते

CBSE 2020

संकेत बिंदु

- भाव
- झूठ के पाँव नहीं होते
- सत्य ही परम धर्म

'सत्यमेव जयते' का अर्थ है सत्य की हमेशा जीत होती है। यह भारतवर्ष का राष्ट्रीय आदर्श वाक्य है। यह वाक्य भारत के राष्ट्रीय प्रतीक माने जाने वाले अशोक स्तंभ के नीचे देवनागरी लिपि में लिखा गया है। इसका मुख्य उद्देश्य लोगों को सत्य की राह पर चलने के लिए प्रोत्साहित करना है। इस छोटे से वाक्य में संपूर्ण मानवता का ज्ञान और मानव का कल्याण का आधार निहित है। वस्तुतः इस वाक्य का मूलभाव यह है कि सत्य की ही जय होती है, असत्य की नहीं। सत्य ही वह मार्ग है, जिस पर चलकर मनुष्य चरम लक्ष्य को प्राप्त कर आत्मसंतुष्टि प्राप्त करता है।

झूठ बोलने वाला व्यक्ति एक बात पर स्थायी नहीं हो सकता। वह भिन्न-भिन्न परिस्थितियों के अनुरूप एवं भिन्न लोगों के सामने अपने कथनों को बदलता रहता है, क्योंकि उसकी बातों में सच्चाई नहीं होती। ऐसे लोग पर 'झूठ के पाँव नहीं' सूक्ति चरितार्थ होती है। झूठ बोलने वाले व्यक्ति को क्षणिक सफलता तो मिल सकती है, किंतु उनका अंत बहुत बुरा होता है तथा अंततः पराजय का सामना करना ही पड़ता है।

सत्य ही सबसे बड़ा धर्म है। सत्य से बढ़कर कोई अन्य धर्म नहीं है और न ही झूठ से बड़ा कोई पाप है। इसीलिए मनुष्य को सदा सत्य का ही आश्रय लेना चाहिए। सत्यवादी मनुष्य ही समाज में मान-प्रतिष्ठा प्राप्त कर पाता है। संसार की प्रत्येक सफलता को सत्य के बल पर ही प्राप्त किया जा सकता है। अतः प्रत्येक व्यक्ति को अपने जीवन में सत्य के मार्ग पर चलना चाहिए क्योंकि सत्य को अपनाकर ही जीवन में शांति और संतोष प्राप्त किया जा सकता है।

2. लड़का-लड़की एकसमान

CBSE 2020

संकेत बिंदु

- ईश्वर की देन
- भेदभाव के कारण
- दृष्टिकोण कैसे बदलें

लड़का व लड़की एक ही सिक्के के दो पहलू हैं। नर-नारी का जीवन एक-दूसरे के बिना अधूरा है। लड़का-लड़की दोनों ही ईश्वर की देन है। अतः दोनों में किसी प्रकार का भेदभाव नहीं करना चाहिए। सृष्टि के अस्तित्व के लिए दोनों की महत्ता अनिवार्य है। आज नारी पुरुषों के साथ कंधे-से-कंधा मिलाकर प्रत्येक कार्यक्षेत्र में अपना योगदान दे रहीं है, परंतु फिर भी नारियों को समानता का अधिकार न देंकर उन पर अत्याचार किया जाता है।

प्राचीनकाल से आधुनिक काल तक भारतीय समाज में कई रुढ़ियाँ व्याप्त हैं, जैसे-यह मान लेना कि पुत्र ही वंश को चलाता है, दहेज प्रथा, धार्मिक कर्म-कांडों में पुत्र की भूमिका को महत्त्व देना, लड़कियों को सामाजिक प्रतिष्ठा का प्रश्न बनाना आदि। इन्हीं रुढ़िवादी सोच के कारण लड़का-लड़की में भेद करते हुए, लड़कियों को पर्याप्त स्वतंत्रता न देकर उन्हें घर की चाहरदीवारी में कैद रखा जाता है।

रुढ़िवादी परंपराएँ एवं सोच के कारण लड़कियों की प्रगति में विभिन्न प्रकार की समस्याएँ उत्पन्न हो जाती हैं। यह समस्याएँ लड़की के आकाशरूपी जीवन में धूमकेतु बनकर छा जाती हैं। लड़का व लड़की में भेदभाव शिक्षा के द्वारा ही दूर किया जा सकता है। बेटी को बचाने एवं उसे पढ़ा-लिखाकर योग्य बनाने के लिए जब तक हम संवेदनशील नहीं होंगे, तब तक हम अपने भविष्य को ही नहीं, बल्कि आने वाली पीढ़ियों के भविष्य को भी उज्ज्वल नहीं बना सकते। हमें लड़का-लड़की के भेदभाव को समाप्त करना होगा तभी हमारा देश अधिक प्रगति कर पाएगा। जब तक देश में लिंग-परीक्षण जैसी कुरीति रहेगी, तब तक हमारे जीवन में लड़का-लड़की एक समान की बात कहना स्वप्न की भाँति ही रहेगा।

3. ग्लोबल वार्मिंग

CBSE 2016

संकेत बिंदु

- ग्लोबल वार्मिंग क्या है तथा कैसे होती है?
- दुष्परिणाम
- बचाव तथा उपसंहार

वैश्विक तापमान यानी ग्लोबल वार्मिंग आज विश्व की सबसे बड़ी समस्या बन चुकी है। इससे न केवल मनुष्य, बल्कि पृथ्वी पर रहने वाला प्रत्येक प्राणी त्रस्त है। 'ग्लोबल वार्मिंग' शब्द का अर्थ है 'संपूर्ण पृथ्वी के तापमान में वृद्धि होना।' हमारी पृथ्वी पर वायुमंडल की एक परत है, जो विभिन्न गैसों से मिलकर बनी है, जिसे ओज़ोन परत कहते हैं। ये ओज़ोन परत सूर्य से आने वाली पराबैंगनी तथा अन्य हानिकारक किरणों को पृथ्वी पर आने से रोकती है। मानवीय क्रियाओं द्वारा ओज़ोन परत में छिद्र हो जाने के कारण सूर्य की हानिकारक किरणें पृथ्वी के वातावरण में प्रवेश कर रही हैं।

परिणामस्वरूप पृथ्वी के तापमान में लगातार वृद्धि हो रही है। ग्लोबल वार्मिंग के कारण कई समुद्री तथा पृथ्वी पर रहने वाले जीव-जंतुओं की प्रजातियों के अस्तित्व पर खतरा छाया हुआ है, साथ ही मनुष्यों को भी स्वास्थ्य संबंधी समस्याओं का सामना करना पड़ रहा है। यदि समय रहते ग्लोबल वार्मिंग को रोकने के उपाय नहीं किए, तो हमारी पृथ्वी जीवन के योग्य नहीं रह जाएगी। इसे रोकने के लिए हमें प्रदूषण को कम करना होगा। साथ ही कार्बन डाइ-ऑक्साइड सहित अन्य गैसों के उत्सर्जन में कमी तथा वृक्षारोपण को बढ़ावा देना होगा, जिससे प्रकृति में पर्यावरण संबंधी संतुलन बना रहे।

4. विज्ञापन की बढ़ती हुई लोकप्रियता

CBSE 2016, 11

संकेत बिंदु

- विज्ञापन की आवश्यकता
- विज्ञापनों से होने वाले लाभ
- विज्ञापनों से होने वाली हानियाँ

आज के युग को विज्ञापनों का युग कहा जा सकता है। आज सभी जगह विज्ञापन-ही-विज्ञापन नज़र आते हैं। बड़ी-बड़ी कंपनियाँ एवं उत्पादक अपने उत्पाद एवं सेवा से संबंधित लुभावने विज्ञापन देकर उसे लोकप्रिय बनाने का हर संभव प्रयास करते हैं। किसी नए उत्पाद के विषय में जानकारी देने, उसकी विशेषता एवं प्राप्ति स्थान आदि बताने के लिए विज्ञापन की आवश्यकता पड़ती है। विज्ञापनों के द्वारा किसी भी सूचना तथा उत्पाद की जानकारी, पूर्व में प्रचलित किसी उत्पाद में आने वाले बदलाव आदि की जानकारी सामान्य जनता को दी जा सकती है।

विज्ञापन का उद्देश्य जनता को किसी भी उत्पाद एवं सेवा की सही सूचना देना है, लेकिन आज विज्ञापनों में अपने उत्पाद को सर्वोत्तम तथा दूसरों के उत्पादों को निकृष्ट कोटि का बताया जाता है। आजकल के विज्ञापन भ्रामक होते हैं तथा मनुष्य को अनावश्यक खरीदारी करने के लिए प्रेरित करते हैं। अतः विज्ञापनों का यह दायित्व बनता है कि वे ग्राहकों को लुभावने दृश्य दिखाकर गुमराह नहीं करें, बल्कि अपने उत्पाद के सही गुणों से परिचित कराएँ। तभी उचित सामान ग्राहकों तक पहुँचेगा और विज्ञापन अपने लक्ष्य में सफल होगा।

5. शिक्षक–शिक्षार्थी संबंध

CBSE 2020

संकेत बिंदु

- संबंधों की परंपरा
- हमारा कर्तव्य
- वर्तमान समय में आया अंतर

भारत में शिक्षक-शिक्षार्थी परंपरा बहुत प्राचीन है। गुरुकुल में रहकर शिक्षक-शिक्षार्थी अध्यापन-अध्ययन का कार्य करते थे। शिक्षक शिक्षार्थियों को एक उचित दिशा प्रदान करता है। शिक्षक एक ऐसा महत्त्वपूर्ण वर्ग है, जो भविष्य का स्वरूप निर्धारित करता है। शिक्षक और शिक्षार्थी (छात्र) के संबंध के विषय में कहा गया है।

> ''गुरु कुम्हार सिष कुंभ है, गढ़ि गढ़ि काढ़ै खोट।
> अंतर हाथ सहार दे, बाहर बाढ़ै चोट।।''

शिक्षक शिक्षार्थियों को सामाजिक रीतियों एवं मानवीय मूल्यों से परिचित करवाता है। वह समाज की नींव तैयार करता है। वर्तमान समय में शिक्षक-शिक्षार्थी परंपरा में परिवर्तन हो गया है। आज शिक्षक-शिक्षार्थी संबंध व्यावसायिक होता जा रहा है। वर्तमान में शिक्षक का उद्देश्य मात्र पाठ्य-सामग्री का अध्ययन कराना और उसके बदले अपना पारिश्रमिक प्राप्त करना है। दूसरी ओर, शिक्षार्थी वर्ग भी पैसे देकर पर्याप्त ज्ञान प्राप्त करना चाहता है। इस निकृष्ट भावना के कारण शिक्षक-शिक्षार्थी परंपरा समाप्त होकर व्यापार का रूप लेती जा रही है। समाज कं सभी सदस्यों का यह कर्तव्य है कि वे शिक्षकों के प्रति आदर भाव रखें। शिक्षक का छात्रों के साथ प्रत्यक्ष संबंध होता है। कुछ छात्र तो अपने गुरु के प्रति आदर भाव रखते हैं, परंतु कुछ छात्र अपनी नासमझी के कारण शिक्षकों का अपमान करते हैं। छात्र और शिक्षकों के बीच मधुर संबंधों का होना अत्यंत आवश्यक है, क्योंकि असंतुष्ट शिक्षक कभी भी अपनी सर्वोत्तम क्षमता का प्रदर्शन नहीं कर सकता। शिक्षक ही छात्रों का उचित मागदर्शन करके उनके भविष्य को उज्ज्वल बनाने में सहायता करते हैं।

6. हमारी मेट्रो

CBSE 2020

संकेत बिंदु

- भारत की प्रगति का नमूना
- लोकप्रियता के कारण
- मेट्रो का विस्तार

परिवहन एवं यातायात के साधनों में मेट्रों अत्याधुनिक एवं नवीनतम साधन है। यह भारत की प्रगति का अनुपम नमूना है।

भारत में मेट्रो रेल की शुरुआत वर्ष 1984 में, कलकत्ता (कोलकाता) में हुई। इसके बाद मेट्रो के कदम 24 दिसंबर, 2002 को दिल्ली में पड़े। दिल्ली की पहली मेट्रो रेल लाइन का उद्घाटन तत्कालीन प्रधानमंत्री श्री अटल बिहारी वाजपेयी ने किया था, जो रिठाला तथा शाहदरा को आपस में जोड़ती थी। आज दिल्ली में मेट्रो नेटवर्क का बहुत विस्तार हो चुका है।
प्रदूषण एवं यातायात की समस्या से निजात पाने के लिए अधिकांश लोगों द्वारा मेट्रो का चयन किया जाता है ताकि आवागमन को सुविधाजनक बनाया जा सके। मेट्रो से प्राप्त होने वाली सुविधाएँ एवं लाभ इसकी लोकप्रियता के प्रमुख कारण हैं।

मेट्रो रेल के आने से यातायात सुगम हो गया। यह आधुनिक सुविधाओं से युक्त तथा स्वचालित है। इसमें यात्रियों की सुविधा के लिए भूमिगत स्टेशनों पर एयरकंडीशन, यात्रियों को रेल संबंधित सूचना देने के लिए सार्वजनिक उद्घोषणा प्रणाली तथा सीसीटीवी की व्यवस्था, टिकट व्यवस्था के लिए नवीनतम प्रणाली पर आधारित स्मार्ट कार्ड की व्यवस्था की गई है। यह लंबी दूरियों को तय करने में कम-से-कम समय लेती है तथा यात्रियों को बसों की तरह घंटों मेट्रो की प्रतीक्षा नहीं करनी पड़ती।

मेट्रो से मिलने वाले लाभ तथा उसकी बढ़ती लोकप्रियता के कारण दिल्ली मेट्रो का विस्तार अन्य नजदीकी शहरों जैसे - गाजियाबाद, फरीदाबाद, गुरुग्राम और नोएडा तक किया गया। मेट्रो रेल की परिवहन व्यवस्था की सफलता से प्रभावित होकर देश के अन्य शहरों; जैसे–उत्तर प्रदेश, राजस्थान, कर्नाटक, आन्ध्र प्रदेश एवं महाराष्ट्र में भी मेट्रो रेल यातायात प्रारंभ करने की योजनाएँ बनाई जा रही हैं।

7. आधुनिक जीवन में मोबाइल

CBSE 2011, 10

संकेत बिंदु

- वर्तमान समय में मोबाइल की महत्ता
- मोबाइल फोन द्वारा प्राप्त होने वाली सुविधाएँ
- मोबाइल फोन से होने वाले नुकसान

मोबाइल आज विश्व में क्रांति का वाहक बन गया है। बिना तारों वाला मोबाइल फ़ोन जगह-जगह लगे ऊँचे टॉवरों से तरंगों को ग्रहण करते हुए मनुष्य को दुनिया के प्रत्येक कोने से जोड़े रहता है। मोबाइल फ़ोन सेवा प्रदान करने के लिए विभिन्न टेलीफ़ोन कंपनियाँ अपनी-अपनी सेवाएँ देती हैं। मोबाइल फ़ोन बात करने, एसएमएस की सुविधा प्रदान करने के साथ-साथ विभिन्न प्रकार के खेल, कैलकुलेटर, फ़ोनबुक की सुविधा, समाचार, चुटकुले, इंटरनेट सेवा आदि भी उपलब्ध कराता है। अनेक मोबाइल फोनों में इंटरनेट की सुविधा भी होती है, जिससे ई-मेल भी किया जा सकता है। मोबाइल फोन सुविधाजनक होने के साथ ही नुकसानदायक भी है।

मोबाइल फ़ोन का सबसे बड़ा दोष यह है कि यह समय-असमय बजता ही रहता है। लोग सुरक्षा और शिष्टाचार भूल जाते हैं। अकसर लोग गाड़ी चलाते समय भी फ़ोन पर बात करते हैं, जो असुरक्षित ही नहीं, बल्कि कानूनन अपराध भी है। अपराधी एवं असामाजिक तत्त्व मोबाइल का गलत प्रयोग अनेक प्रकार के अवांछित कार्यों में करते हैं। इसके अधिक प्रयोग से कानों व हृदय पर बुरा प्रभाव पड़ता है। अतः इन खतरों से सावधान होना आवश्यक है।

8. भारत में बाल मज़दूरी की समस्या

CBSE 2013

संकेत बिंदु

- बाल मज़दूरी का अर्थ
- बाल मज़दूरी के कारण
- बाल मज़दूरी को दूर करने के उपाय

'बाल मज़दूरी' से तात्पर्य ऐसी मज़दूरी से है, जिसके अंतर्गत 5 वर्ष से 14 वर्ष तक के बच्चे किसी संस्थान में कार्य करते हैं। जिस आयु में उन बच्चों को शिक्षा मिलनी चाहिए, उस आयु में वे किसी दुकान, रेस्टोरेंट पटाखे की फैक्टरी, हीरे तराशने की फैक्टरी, शीशे का सामान बनाने वाली फैक्टरी आदि में काम करते हैं।

भारत जैसे विकासशील देश में बाल मज़दूरी के अनेक कारण हैं। अशिक्षित व्यक्ति शिक्षा का महत्त्व न समझ पाने के कारण अपने बच्चों को मज़दूरी करने के लिए भेज देते हैं। जनसंख्या वृद्धि बाल मज़दूरी का दूसरा सबसे बड़ा कारण है। निर्धन परिवार के सदस्य पेट भरने के लिए छोटे-छोटे बच्चों को काम पर भेज देते हैं।

भारत में बाल मज़दूरी को गंभीरता से नहीं लिए जाने के कारण इसे प्रोत्साहन मिलता है। देश में कार्य कर रही सरकारी, गैर-सरकारी और निजी संस्थाओं की इस समस्या के प्रति गंभीरता दिखाई नहीं देती।

बाल मज़दूरी की समस्या का समाधान करने के लिए सरकार कड़े कानून बना सकती है। समाज के निर्धन वर्ग को शिक्षा प्रदान करके बाल मज़दूरी को प्रतिबंधित किया जा सकता है। जनसंख्या वृद्धि पर नियंत्रण कर भी बाल मज़दूरी को नियंत्रित किया जा सकता है। ऐसी संस्थाओं को प्रोत्साहन दिया जाना चाहिए, जो बाल मज़दूरी का विरोध करती हैं या बाल मज़दूरी करने वाले बच्चों के लिए शिक्षा से जुड़े कार्यक्रम चलाती हैं।

9. ई-कचरा

संकेत बिंदु

- ई-कचरा से तात्पर्य
- चिंता का कारण
- निपटान के उपाय

ई-कचरा आधुनिक समय की एक गंभीर समस्या है। वर्तमान समय में विज्ञान और प्रौद्योगिकी के क्षेत्र में काफ़ी काम हो रहा है। इसके फलस्वरूप, आज नित नए-नए उन्नत तकनीक वाले इलेक्ट्रॉनिक यंत्रों का उत्पादन हो रहा है। जैसे ही बाज़ार में उन्नत तकनीक वाला उत्पाद आता है, वैसे ही पुराने यंत्र बेकार पड़ जाते हैं। इसी का नतीजा है कि आज कंप्यूटर, लैपटॉप, मोबाइल फोन, टीवी, रेडियो, प्रिंटर, आई-पोड्स आदि के रूप में ई-कचरा बढ़ता जा रहा है। एक अनुमान के अनुसार एक वर्ष में पूरे विश्व में लगभग 50 मिलियन टन ई-कचरा उत्पन्न होता है। यह अत्यंत चिंता का विषय है कि ई-कचरे का निपटान उस दर से नहीं हो पा रहा है, जितनी तेज़ी से यह पैदा हो रहा है। ई-कचरे को डालने या खुले में जलाने से पर्यावरण के लिए गंभीर समस्याएँ उत्पन्न हो गई हैं, क्योंकि इलेक्ट्रॉनिक यंत्रों में आर्सेनिक, कोबाल्ट, मरकरी, बेरियम, लिथियम, कॉपर, क्रोम, लेड आदि हानिकारक अवयव होते हैं। इनसे कैंसर जैसी गंभीर बीमारियों का खतरा कई गुना बढ़ गया है।

अब समय आ गया है कि ई-कचरे के उचित निपटान और पुनः चक्रण पर ध्यान दिया जाए अन्यथा पूरी दुनिया शीघ्र ही ई-कचरे का ढेर बन जाएगी। इसके लिए विकसित देशों को आगे आना होगा और विकासशील देशों के साथ अपनी तकनीकों को साझा करना होगा, क्योंकि विकसित देशों में ही ई-कचरे का उत्पादन अधिक होता है और वे जब-तब चोरी-छिपे विकासशील देशों में उसे भेजते रहते हैं। इस समस्या से निपटने के लिए पूरी दुनिया को एक होना होगा।

10. साँच को आँच नहीं

CBSE 2016, 11

संकेत बिंदु

- सत्य बोलने का महत्त्व
- सत्य बोलने वालों के उदाहरण
- सत्य न बोलने का परिणाम

जो व्यक्ति सत्य बोलता है, उस पर कोई आँच नहीं आती अर्थात् उसे कोई भी नुकसान नहीं पहुँचा सकता। सत्य बोलने वाले व्यक्ति

की समाज में जीते-जी बहुत प्रतिष्ठा होती है तथा मृत्यु के पश्चात् उसके यश में और वृद्धि हो जाती है। महात्मा गांधी ने जीवनभर 'सत्य ही ईश्वर है' के सिद्धांत को अपनाया। संसार के कई व्यक्तियों का यह मानना है कि संसार की हर सफलता को सत्य के बल पर प्राप्त किया जा सकता है।

सत्य बोलने वाले को कदम-कदम पर संघर्ष करना पड़ता है, किंतु अंत में विजय उसे ही प्राप्त होती है। यह एक कटु सत्य है कि असत्य बोलने वालों को क्षणिक सफलता तो मिल जाती है, किंतु उनका अंत बहुत बुरा होता है तथा अंततः पराजय का सामना उन्हें करना ही पड़ता है। इस विषय में सत्यवादी हरिश्चंद्र का जीवन साक्षात् प्रमाण है, जिन्होंने सत्य की रक्षा के लिए अनेक कष्ट सहे, किंतु सत्य को एक पल के लिए भी नहीं छोड़ा। अतः प्रत्येक व्यक्ति को अपने जीवन में सत्य के मार्ग पर चलना चाहिए, क्योंकि सत्य को अपनाकर ही हम अपने जीवन में शांति और संतोष प्राप्त कर सकते हैं। सत्य बोलकर हम इस समाज का कल्याण करने में अपनी सहायक भूमिका निभा सकते हैं।

11. अनुशासन क्यों ?   CBSE 2020

संकेत बिंदु

* अर्थ
* आवश्यकता
* प्रभाव

अनुशासन शब्द का अर्थ है – 'शासन के पीछे चलना' अर्थात् सामाजिक, राजनीतिक तथा धार्मिक सभी प्रकार के आदेशों और नियमों का पालन करना। 'शासन' शब्द में दंड की भावना छिपी हुई है, क्योंकि नियमों का निर्माण लोककल्याण के लिए होता है। चाहे वे किसी भी प्रकार के नियम हों, उनका शासन करना उन सभी व्यक्तियों के लिए अनिवार्य होता है, जिनके लिए वह नियम बनाए गए हैं।

व्यावहारिक जीवन में अनुशासन का होना नितांत आवश्यक है। अनुशासन के बिना व्यावहारिक जीवन ठीक प्रकार से नहीं चल सकता है। यदि हम घर के नियमों का उल्लंघन करेंगे, बाजार में बाजार के नियमों का उल्लंघन करेंगे, विद्यालय में विद्यालय के नियमों का उल्लंघन करेंगे, तो सभी हमारे व्यवहार से असंतुष्ट हो जाएँगे। हमें अशिष्ट और असभ्य समझ लिया जाएगा। पग-पग पर हमें अपमान सहना पड़ेगा। अतः हमारे व्यवहार से अनुशासन का गहरा संबंध है।

सामाजिक जीवन में अनुशासन का अत्यधिक महत्त्व है। किसी भी समाज की व्यवस्था ठीक तब ही रह सकती है, जब उस समाज के सभी सदस्य अनुशासित तथा नियमित हों। यदि समाज में अनुशासनहीनता आ जाए, तो सारा समाज दूषित हो जाता है। उसके सदस्य स्वेच्छाचारी हो जाते हैं। समाज छिन्न-भिन्न हो सकता है।

'अनुशासन' जीवन के विकास तथा सफलता का कारक है। इसका प्रभाव सकारात्मक होता है। इससे सुखमय भविष्य की ओर बढ़ा जा सकता है। अनुशासित रहते हुए योग्य, चरित्रवान तथा आदर्श नागरिक के रूप में प्रत्येक व्यक्ति देश के विकास में अपनी भूमिका निभा सकता है।

12. सत्संगति   CBSE 2020

संकेत बिंदु

* सत्संगति का अर्थ
* सत्संगति का महत्त्व
* कुसंगति से हानि

सत्संगति का अर्थ सत्संगति शब्द 'सत्' और 'संगति' के योग से बना है। 'सत्' का अर्थ है – उत्तम तथा 'संगति' का अर्थ है – संपर्क। इस प्रकार सत्संगति का अर्थ है – उत्तम संपर्क अथवा अच्छी संगति। अतः सत्संगति का तात्पर्य ऐसे सद्पुरुषों के साथ परस्पर सामंजस्य एवं संपर्क से है, जिनके विचार सद्मार्ग की ओर ले जाएँ। यदि मनुष्य सद्पुरुषों की संगति में रहता है, तो वह कल्याण के मार्ग पर चलता है।

सत्संगति का महत्त्व सत्संगति के विषय में प्रसिद्ध लोकोक्ति है–'सठ सुधरहिं सत्संगति पाई' अर्थात् अधम-से-अधम व्यक्ति भी अच्छी संगति में सुधर जाता है। सत्संगति ऐसा पारस है, जिसके संपर्क में आने वाला व्यक्ति महान् या श्रेष्ठ हो जाता है। संगति के प्रभाव को कोई भी मनुष्य नकार नहीं सकता। हम जैसी संगति में रहते हैं, वैसा ही प्रभाव हम पर दिखाई देने लगता है। संगति हमारे व्यवहार, मन और कर्म पर अपना प्रभाव छोड़ती है, इसलिए अच्छी संगति का अच्छा और बुरी संगति का बुरा परिणाम देखने को मिलता है। सत्संगति व्यक्ति को कुमार्ग से हटाकर सद्मार्ग की ओर प्रवृत्त करती है, वह मनुष्य को अवनति से उन्नति की ओर अग्रसर करती है। वह व्यक्ति को परोपकारी बनाकर यश प्रदान करती है।

कुसंगति से हानि कुसंगति व्यक्ति को नष्ट कर देती है। कुसंगति में पड़ा व्यक्ति कुपथ के रास्ते अवनति की ओर चला जाता है। बुरी संगति काजल की उस कोठरी के समान होती है, जिसमें जाने वाले सयाने-से-सयाने भी कालिख से नहीं बच पाते। वास्तव में, कुसंगति कलंक है, इससे मनुष्य को सदैव बचना चाहिए और सत्संगति द्वारा अपने जीवन को उन्नत और सफल बनाना चाहिए।

13. मेरे जीवन का लक्ष्य   CBSE 2015

संकेत बिंदु

* जीवन में लक्ष्य की आवश्यकता
* आपका लक्ष्य क्या है?
* लक्ष्य क्यों हैं?
* बनकर क्या करेंगे?

जीवन में निश्चित सफलता के लिए एक निश्चित लक्ष्य का होना भी अत्यंत आवश्यक है। जिस तरह निश्चित गंतव्य तय किए बिना, चलते रहने का कोई अर्थ नहीं रह जाता, उसी तरह लक्ष्य विहीन जीवन भी निरर्थक होता है।

एक व्यक्ति को अपनी योग्यता एवं रुचि के अनुरूप अपने लक्ष्य का चयन करना चाहिए। जहाँ तक मेरे जीवन के लक्ष्य की बात है, तो मुझे बचपन से ही पढ़ने-लिखने का शौक रहा है, इसलिए मैं एक शिक्षक बनना चाहता हूँ। शिक्षा मनुष्य के

व्यक्तित्व का विकास करती है और इस प्रक्रिया में शिक्षक की भूमिका सर्वाधिक महत्त्वपूर्ण होती है।

मैं शिक्षक बनकर समाज हित में ग्रामीण क्षेत्र में नियुक्ति प्राप्त करना चाहूँगा, क्योंकि ग्रामीण क्षेत्रों में अच्छे एवं समर्पित शिक्षकों का अभाव है। एक आदर्श शिक्षक के रूप में मैं धार्मिक कट्टरता, प्राइवेट ट्यूशन, नशाखोरी आदि से बचाने हेतु सभी छात्रों का उचित मार्गदर्शन करूँगा। मैं सही समय पर विद्यालय जाऊँगा और अपना कार्य पूर्ण ईमानदारी से करूँगा। शिक्षण को प्रभावी बनाने के लिए सहायक सामग्रियों का भरपूर प्रयोग करूँगा, साथ ही छात्रों को हमेशा अच्छे कार्य करने के लिए प्रेरित करूँगा। छात्रों पर नियंत्रण रखने के लिए शैक्षणिक मनोविज्ञान का अच्छा ज्ञान प्राप्त करूँगा। मुझे आज के समाज की आवश्यकताओं का ज्ञान है, इसलिए मैं इस उद्देश्य की पूर्ति हेतु छात्रों को उनके नैतिक कर्तव्यों का ज्ञान कराऊँगा। अतः मेरे जीवन का लक्ष्य होगा आदर्श शिक्षक बनकर समाज की सेवा करना तथा देश के विकास में योगदान देना।

14. शारीरिक शिक्षा और योग CBSE 2013

संकेत बिंदु

- शारीरिक शिक्षा का अर्थ एवं महत्त्व
- शारीरिक शिक्षा और योग
- प्रभाव और अच्छे परिणाम

शारीरिक शिक्षा का तात्पर्य ऐसी शिक्षा से है, जिसमें शारीरिक गतिविधियों के द्वारा शरीर को स्वस्थ रखने की कला सिखाई जाती है। शारीरिक विकास के साथ-साथ इससे व्यक्ति का मानसिक, सामाजिक एवं भावनात्मक विकास भी होता है। शारीरिक शिक्षा में योग का स्थान बहुत महत्त्वपूर्ण है। इसका उद्देश्य शरीर, मन एवं आत्मा के बीच संतुलन स्थापित करना होता है। यह मन शांत एवं स्थिर रखता है, तनाव को दूर कर सोचने की क्षमता, आत्मविश्वास एवं एकाग्रता को बढ़ाता है। नियमित रूप से योग करने से शरीर स्वस्थ तो रहता ही है, साथ ही यदि कोई रोग है तो इसके द्वारा उसका उपचार भी किया जा सकता है।

कुछ रोगों में तो दवा से अधिक लाभ योग करने से होता है। तमाम शोधों से यह प्रमाणित हो चुका है कि योग संपूर्ण जीवन की चिकित्सा पद्धति है। पश्चिमी देशों में भी योग के प्रति लोगों का आकर्षण बढ़ रहा है और लोग तेज़ी से इसे अपना रहे हैं। योग की बढ़ती लोकप्रियता एवं महत्त्व का ही प्रमाण है कि संयुक्त राष्ट्र संघ ने भी योग का समर्थन करते हुए 21 जून को योग दिवस घोषित कर दिया है।

वर्तमान परिवेश में योग न सिर्फ़ हमारे लिए लाभकारी है, बल्कि विश्व के बढ़ते प्रदूषण एवं मानवीय व्यस्तताओं से उपजी समस्याओं के निवारण में इसकी सार्थकता और भी बढ़ गई है। यही कारण है कि धीरे-धीरे ही सही, आज पूरी दुनिया योग की शरण ले रही है।

15. पुस्तकें पढ़ने की आदत

CBSE 2017

संकेत बिंदु

- पढ़ने की घटती प्रवृत्ति
- कारण और हानि
- पढ़ने की आदत से लाभ

पुस्तकें हमारे जीवन का एक महत्त्वपूर्ण अंश है। पुस्तकों के अध्ययन से हम भिन्न-भिन्न प्रकार के ज्ञान अर्जित करने में सक्षम होते हैं। पुस्तकें विद्यालयी विद्यार्थियों से लेकर बुजुर्गों तक सभी के लिए एक उपयोगी साधन है। विद्यार्थियों का ज्ञानार्जन पुस्तकों द्वारा संभव होता है, वहीं बुजुर्गों के लिए समय व्यतीत एवं मनोरंजन के साधन रूप में पुस्तकें कार्य करती हैं। वर्तमान दौर में तकनीकों का प्रसार इस हद तक हो चुका है कि आज पुस्तकों का स्थान मोबाइल फोन, लैपटॉप, आईपैड, टैबलेट आदि ने ले लिया है। इनका आकर्षण इतना अधिक हो गया है कि लोगों ने पुस्तकों को पढ़ना बहुत कम कर दिया है। आज पुस्तकें न पढ़ने का कारण विविध प्रकार के इलेक्ट्रॉनिक उपकरण हैं। इन उपकरणों के कारण लोग भले ही कुछ ज्ञान अर्जित कर लेते हैं, परंतु समय का जो दुरुपयोग आज का युवा वर्ग कर रहा है उसको भर पाना असंभव प्रतीत होने लगा है। पुस्तक पढ़ने की आदत से हम नित दिन अध्ययनशील रहते हैं। इससे पढ़ने में नियमितता बनी रहती है तथा हम मानसिक रूप से भी स्वस्थ बने रहते हैं। अतः हमें सदैव पुस्तक पढ़ने की आदत बनानी चाहिए।

16. कंप्यूटर हमारा मित्र CBSE 2017

संकेत बिंदु

- क्या है
- विद्यार्थियों के लिए उपयोग
- सुझाव

ऑक्सफॉर्ड डिक्शनरी के अनुसार, ''कंप्यूटर एक स्वचालित इलेक्ट्रॉनिक मशीन है, जो अनेक प्रकार की तर्कपूर्ण गणनाओं के लिए प्रयोग किया जाता है।'' कंप्यूटर बिजली से चलने वाली मशीन है, जिसकी प्रक्रिया तीन चरणों में पूरी होती है– इनपुट, प्रोसेस, आउटपुट अर्थात् जब हम कंप्यूटर में कोई डाटा इनपुट करते हैं, तो कंप्यूटर उस डाटा को प्रोसेस करके प्रयोगकर्ता को आउटपुट प्रदान करता है।

आज का युग कंप्यूटर का युग है। कंप्यूटर ने मानव जीवन को सरल बना दिया है। कंप्यूटर बड़े से बड़े काम को कुछ मिनटों में पूरा कर देता है। कंप्यूटर प्रत्येक वर्ग के जीवन का एक अनिवार्य अंग है। बच्चे हों या युवा, प्रौढ़ हों या बुजुर्ग कंप्यूटर ने सभी वर्गों में अपनी अनिवार्यता सिद्ध कर दी है। विद्यार्थियों के लिए कंप्यूटर वर्तमान समय में बहु उपयोगी साधन प्रतीत होता है। गणित, अंग्रेजी, विज्ञान, सामान्य ज्ञान आदि विषयों का अध्ययन विद्यार्थियों द्वारा कंप्यूटर के माध्यम से किया जा सकता है। पढ़ाई-लिखाई से लेकर मनोरंजन आदि तक के लिए कंप्यूटर अपनी महत्ता को दर्शाता है। इन सभी के अतिरिक्त विद्यार्थियों द्वारा इसका गलत ढंग से प्रयोग किया जाता है, जिसके कारण वे अपने लक्ष्य से भटक जाते हैं और जीवन को बर्बाद कर लेते हैं। अतः प्रत्येक विद्यार्थी को कंप्यूटर का प्रयोग अपने मित्र की भाँति

करना चाहिए, जिससे वे अधिकाधिक लाभ अर्जित कर सकें। कंप्यूटर का गलत ढंग से उपयोग करने से विद्यार्थियों को बहुत-सी समस्याओं का सामना करना पड़ सकता है। अतः प्रत्येक विद्यार्थी को कंप्यूटर का प्रयोग अच्छी चीजों को ढूँढने, अध्ययन आदि करने हेतु करना चाहिए।

17. वन एवं वन्य संपदा CBSE 2016

संकेत बिंदु

- वन एवं वन्य संपदा क्या है?
- इनका महत्त्व
- वन एवं वन संपदा पर खतरा

सामान्यतः एक ऐसा विस्तृत भू-भाग जो पेड़-पौधों से आच्छादित हो, 'वन' कहलाता है। वन मनुष्य के लिए प्रकृति का सबसे बड़ा वरदान है। वनों से हमें अनेक लाभ होते हैं। इन से हमें प्राणवायु ऑक्सीजन मिलती है, जो हमारे जीवन का आधार है। इसके अतिरिक्त, वनों से हमें फ़र्नीचर के लिए लकड़ी, फल-फूल, जड़ी-बूटियाँ, औषधियाँ आदि वस्तुएँ प्राप्त होती हैं। वन मृदा अपरदन रोकने व वर्षा करवाने में भी सहायक होते हैं।

वनों का एक लाभ और भी है। इनके कारण ही वन्य-जीवन फलता-फूलता है। वन्य का अर्थ है—वन में उत्पन्न होने वाला। इस प्रकार वन्य-जीवन का तात्पर्य उन जीवों से है जो वन में पैदा होते हैं और वन ही उनका आवास-स्थल बनता है। एक अनुमान के अनुसार, भारत में लगभग 75000 प्रकार की जीव-प्रजातियाँ पाई जाती हैं, जिनमें से अधिकांश वनों में पाई जाती हैं। इनमें सिंह, चीता, लोमड़ी, गीदड़, लकड़बग्घा, हिरण, जिराफ, नीलगाय, साँप, मगरमच्छ आदि प्रमुख हैं। यदि वन न हों तो इन सभी जीवों का अस्तित्व ही मिट जाएगा, जबकि मनुष्य के साथ इन जीवों का सह-अस्तित्व आवश्यक है क्योंकि इससे प्रकृति में संतुलन बना रहता है। हालाँकि पिछले कुछ समय से वन एवं वन्य संपदा पर खतरा मँडरा रहा है। वनों से ढके हुए क्षेत्रों में कमी हो रही है, जिससे वन्य-जीवन भी विलुप्त होता जा रहा है। राष्ट्रीय वन नीति के अनुसार, देश के 33% भू-भाग पर वन होने चाहिए, परंतु इस नीति पर ठीक से अमल नहीं किया जा रहा है। प्रशासन तंत्र को शीघ्र ही इस विषय का संज्ञान लेना चाहिए और वन एवं वन्य संपदा के संरक्षण हेतु उचित कदम उठाने चाहिए।

18. मेरे सपनों का भारत CBSE 2015

संकेत बिंदु

- भारत के बारे में मेरे विचार
- सांप्रदायिकता आदि से मुक्त उन्नत भारत की चाह
- सुखी समृद्ध भारत

भारत देश मुझे अपने प्राणों से भी अधिक प्रिय है। मुझे अपने भारतीय होने पर गर्व का अनुभव होता है। मेरा देश संसार के सभी देशों से निराला है और संसार के सब देशों से प्यारा है। मैं भारत को विश्व के शक्तिशाली देश के रूप में देखना चाहता हूँ। मैं ऐसे भारत का सपना देखता हूँ, जो भ्रष्टाचार, शोषण और हिंसा से मुक्त हो। मेरे सपनों का भारत 'सुशिक्षित भारत' है। उसमें अनपढ़ता, निरक्षरता और बेरोज़गारी का कोई स्थान नहीं है। मैं चाहता हूँ कि हमारे देश के नियोजक ऐसी शिक्षा लागू करें, जिसके बाद व्यवसाय या नौकरियाँ सुरक्षित हों। कोई भी व्यक्ति अशिक्षित न हो और कोई भी शिक्षित बेरोज़गार न हो। मैं चाहता हूँ कि भारत सांप्रदायिक दंगों-झगड़ों से दूर रहे। सब में आपसी भाईचारा और प्रेम का संबंध हो। राष्ट्रीय एकता का संचार हो। जो सम्मान भारत का प्राचीन काल में था वही सम्मान मैं पुनः उसे प्राप्त कराना चाहता हूँ।

मैं फिर से रामराज्य की कल्पना करता हूँ, जिसमें सभी लोगों को जीने के समान अवसर प्राप्त हो सकें। भारत एक बार फिर 'सोने की चिड़िया' बन जाए। मेरे सपनों का भारत वह होगा, जो राजनीतिक आध्यात्मिक, सांस्कृतिक, आर्थिक और वैज्ञानिक आदि विभिन्न दृष्टियों से उन्नति के पथ पर अग्रसर होगा। भावी भारत के सपनों की पूर्णता के लिए आवश्यक है कि हमारे देश का प्रत्येक नागरिक देश की प्रत्येक कुरीति को समूल नष्ट करने का दृढ़ संकल्प करें।

19. परहित सरिस धर्म नहिं भाई अथवा परोपकार CBSE 2014, 12

संकेत बिंदु

- [illegible] अंतर
- [illegible] का महत्त्व

गोस्वामी तुलसीदास ने कहा है कि

परहित सरिस धर्म नहिं भाई।
परपीड़ा सम नहिं अधमाई।।

अर्थात् परहित (परोपकार) के समान दूसरा कोई धर्म नहीं है और दूसरों को पीड़ा (कष्ट) देने के समान कोई अन्य नीचता या नीच कर्म नहीं है। पुराणों में भी कहा गया है, 'परोपकारः पुण्याय पापाय परपीड़नम्' अर्थात् दूसरों का उपकार करना सबसे बड़ा पुण्य तथा दूसरों को कष्ट पहुँचाना सबसे बड़ा पाप है।

परोपकार की भावना से शून्य मनुष्य पशु तुल्य होता है, जो केवल अपने स्वार्थों की पूर्ति तक ही स्वयं को सीमित रखता है। मनुष्य जीवन बेहतर है, क्योंकि मनुष्य के पास विवेक है। उसमें दूसरों की भावनाओं एवं आवश्यकताओं को समझने तथा उसकी पूर्ति करने की समझ है। इसी कारण मनुष्य सर्वश्रेष्ठ प्राणी है।

इस दुनिया में महात्मा बुद्ध, ईसा मसीह, दधीचि ऋषि, अब्राहम लिंकन, मदर टेरेसा, बाबा आम्टे जैसे अनगिनत महापुरुषों के जीवन का उद्देश्य परोपकार ही था। भारतीय संस्कृति में भी इस तथ्य को रेखांकित किया गया है कि मनुष्य को उस प्रकृति से प्रेरणा लेनी चाहिए, जिसके कण-कण में परोपकार की भावना व्याप्त है। भारतीय संस्कृति में इसी भावना के कारण पूरी पृथ्वी को एक कुटुंब माना गया है तथा विश्व को परोपकार संबंधी संदेश दिया गया है। इसमें सभी जीवों के सुख की कामना की गई है।

20. गया समय फिर हाथ नहीं आता

CBSE 2016, 14, 12

संकेत बिंदु

- समय ही जीवन है
- समय का सदुपयोग
- समय के दुरुपयोग से हानि

महापुरुषों ने कहा है, ''समय बहुत मूल्यवान है। एक बार निकल जाने पर यह कभी वापस नहीं आता।'' वास्तव में, समय ही जीवन है। इसकी गति को रोकना असंभव है। संसार में अनेक उदाहरण हैं, जो समय की महत्ता को प्रमाणित करते हैं। जिसने समय के मूल्य को नहीं पहचाना, वह हमेशा पछताया है। इसके महत्त्व को पहचानकर इसका सदुपयोग करने वाले व्यक्तियों ने अपने जीवन में लगातार सफलता प्राप्त की। जो व्यक्ति समय मिलने पर भी अपने जीवन में कुछ नहीं कर पाते, वे जीवन में असफल रहते हैं।

जो विद्यार्थी पूरे वर्ष पढ़ाई नहीं करते, वे फेल होने पर पछताते हैं। तब यह उक्ति कि 'अब पछताए होत क्या जब चिड़िया चुग गई खेत' चरितार्थ होती है। विद्यार्थी को समय का मूल्य पहचानते हुए हर पल का सदुपयोग करना चाहिए, क्योंकि जो समय को नष्ट करता है, एक दिन समय उसे नष्ट कर देता है। महान् पुरुषों ने समय का सदुपयोग किया और अपने जीवन में सफल हुए। स्वामी दयानंद, महात्मा गांधी, जवाहरलाल नेहरू, मदर टेरेसा आदि इसके ज्वलंत प्रमाण हैं। अतः हमें समय की महत्ता को समझते हुए इसका सदुपयोग करना चाहिए।

21. आज की बचत कल का सुख

CBSE 2015

संकेत बिंदु

- बचत का अर्थ एवं स्वरूप
- दु:खदायक स्थितियों में बचत का महत्त्व
- वर्तमान और भविष्य को सुरक्षित करना

वर्तमान आय का वह हिस्सा, जो तत्काल व्यय (खर्च) नहीं किया गया और भविष्य के लिए सुरक्षित कर लिया गया 'बचत' कहलाता है। पैसा सब कुछ नहीं रहा, परंतु इसकी ज़रूरत हमेशा सबको रहती है। आज हर तरफ़ पैसों का बोलबाला है, क्योंकि पैसों के बिना कुछ भी नहीं। आज ज़िंदगी और परिवार चलाने के लिए पैसे की ही अहम भूमिका होती है। आज के समय में पैसा कमाना जितना मुश्किल है, उससे कहीं अधिक कठिन है पैसे को अपने भविष्य के लिए सुरक्षित बचाकर रखना, क्योंकि अनाप-शनाप खर्च और बढ़ती महँगाई के अनुपात में कमाई के स्रोतों में कमी होती जा रही है, इसलिए हमारी आज की बचत ही कल हमारे भविष्य को सुखी और समृद्ध बना सकने में अहम भूमिका निभाएगी।

जीवन में अनेक बार ऐसे अवसर आ जाते हैं, जैसे आकस्मिक दुर्घटनाएँ हो जाती हैं, रोग या अन्य शारीरिक पीड़ाएँ घेर लेती हैं, तब हमें पैसों की बहुत आवश्यकता होती है। यदि पहले से बचत न की गई तो विपत्ति के समय हमें दूसरों के आगे हाथ फैलाने पड़ सकते हैं। हमारी आज की छोटी-छोटी बचत या धन निवेश ही हमें भविष्य में आने वाले तमाम खर्चों का मुफ़्त समाधान कर देती हैं। आज की थोड़ी-सी समझदारी आने वाले भविष्य को सुखद बना सकती है। बचत करना एक अच्छी आदत है, जो हमारे वर्तमान के साथ-साथ भविष्य के लिए भी लाभदायक सिद्ध होती है। किसी ज़रूरत या आकस्मिक समस्या के आ जाने पर बचाया गया पैसा ही हमारे काम आता है। संक्षेप में कह सकते हैं कि बचत करके हम अपने भविष्य को सँवार सकते हैं।

22. स्वास्थ्य की रक्षा

CBSE 2017

संकेत बिंदु

- आवश्यकता
- पोषक भोजन
- लाभकारी सुझाव

वर्तमान समय में प्रत्येक मनुष्य की जीवन-शैली इतनी भागदौड़ से भर गई है कि वे अपने स्वास्थ्य की रक्षा कर पाने में असमर्थ हो चुके हैं। जहाँ पहले के समय में व्यक्ति की औसत आयु 75 वर्ष थी, वह आज घटकर 60 वर्ष हो गई है। स्वास्थ्य की रक्षा बहुत ही आवश्यक है। खराब स्वास्थ्य के साथ व्यक्ति कोई भी कार्य उचित तौर-तरीके से नहीं कर पाता है। प्रत्येक व्यक्ति को आधारभूत वस्तुओं का संचय करने के लिए स्वस्थ रहने की आवश्यकता है। कहा जाता है स्वस्थ शरीर में ही स्वस्थ मन का वास होता है, इसलिए स्वास्थ्य की रक्षा हमारे लिए आवश्यक है। स्वास्थ्य की रक्षा के लिए पोषक भोजन लेना अति आवश्यक है।

हरी सब्जियाँ, दूध, दही, फल आदि का सेवन हमारे शरीर की प्रतिरोधक क्षमता को बढ़ाते हुए हमारे स्वास्थ्य की रक्षा करता है। आजकल जंकफूड और फास्ट फूड का प्रचलन अपने चरम पर है। इसकी चपेट में लाखों लोग आ चुके हैं और इसी कारण वे अपना स्वास्थ्य खराब कर चुके हैं। आजकल के बच्चों को मोटापा, सुस्ती व भिन्न-भिन्न प्रकार की बीमारियों ने जकड़ लिया है। हमें जंक फूड एवं फास्ट-फूड से दूरी बनाते हुए पौष्टिक आहार लेने चाहिए, जिससे हम अपने स्वास्थ्य की रक्षा करते हुए, अपने और दूसरों के जीवन को खुशियाँ प्रदान कर सकें।

23. भारतीय किसान के कष्ट

CBSE 2018

संकेत बिंदु

- कठोरदाजिनकीयर्कठिनाइयाँ
- सुधार के उपाय

भारत को कृषि प्रधान देश कहा जाता है। इस देश के किसानों की स्थिति अत्यंत दयनीय है। भारतीय कृषि मानसून पर निर्भर है और मानसून की अनिश्चितता के कारण प्रायः अन्नदाता को कई प्रकार की कठिनाइयों का सामना करना पड़ता है। समय पर सिंचाई नहीं होने के कारण भी उन्हें आशानुरूप फसल की प्राप्ति नहीं हो पाती। आवश्यक व उपयोगी वस्तुओं की कीमतों में वृद्धि के कारण कृषकों की स्थिति और भी दयनीय हो गई है तथा उनके सामने दो वक्त

की रोटी की समस्या खड़ी हो गई है। किसान एक कठोर दिनचर्या का पालन करता है। वह प्रातः उठता है और अपने हल व बैल लेकर खेतों की ओर चला जाता है। वह घंटों खेत जोतता है उसके पश्चात् भोजन करता है। खाने के बाद पुनः वह अपने काम में व्यस्त हो जाता है। दिन-रात कठिन परिश्रम करने के बाद भी उसे उचित आहार तथा तन ढकने के लिए समुचित वस्त्र नसीब नहीं होता। सर्दी हो या गर्मी, धूप हो या बरसात उसे दिन-रात खेतों में कठोर परिश्रम करना पड़ता है। किसानों की स्थिति सुधारने के लिए सरकार ने कुछ उपाय किए हैं।

'राष्ट्रीय कृषक आयोग' का गठन किसानों की स्थिति सुधारने हेतु किया गया। राष्ट्रीय कृषक आयोग की संस्तुति पर भारत सरकार ने राष्ट्रीय कृषक नीति 2007 की घोषणा की। इसमें कृषकों के कल्याण एवं कृषि के विकास के लिए कई बातों पर ज़ोर दिया है, साथ ही रोजगार गारंटी योजना, किसान क्रेडिट कार्ड आदि भी महत्त्वपूर्ण कदम साबित हुए हैं। अतः कह सकते हैं कि विभिन्न प्रकार के सरकारी प्रयासों एवं योजनाओं के कारण, आने वाले वर्षों में कृषक समृद्ध होकर भारतीय अर्थव्यवस्था को सही अर्थों में प्रगति की राह पर अग्रसर कर सकेंगे।

24. स्वच्छता आंदोलन CBSE 2018

संकेत बिंदु

- क्यों
- बदलाव
- हमारा उत्तरदायित्व

स्वच्छता सिर्फ़ सौंदर्य या सुरुचि का विषय नहीं, बल्कि हमारे जीवन-मरण से गहराई से जुड़ा गंभीर मुद्‌दा है। भारत सरकार द्वारा 2 अक्टूबर, 2014 को प्रारंभ किया गया 'स्वच्छ भारत अभियान' वस्तुतः संक्रामक महामारियों के नियंत्रण, पेयजल सुरक्षा, शहरी आबादी एवं उद्योगों के कामकाज से उत्पन्न कचरे के निपटान जैसी विकट चुनौतियों का सामना करने का आह्वान है। स्वास्थ्य के दृष्टिकोण से स्वच्छता आंदोलन आवश्यक है, क्योंकि एक अस्वस्थ व्यक्ति क्षमता रहने के बावजूद चाहकर भी न तो स्वयं और न ही समाज के विकास में उल्लेखनीय योगदान दे सकता है। लोगों को इस अभियान में शामिल होने का आह्वान करके स्वच्छता अभियान एक राष्ट्रीय आंदोलन का रूप ले चुका है। स्वच्छता आंदोलन से देश की सोच तथा व्यवहार बदला है। यह आचरण में बदलाव का मिशन बन चुका है। समाज के प्रत्येक वर्ग के लोगों और संस्थाओं ने स्वच्छता अभियान में अपनी भागीदारी दिखाई है। लोग स्वच्छता 'एप' का इस्तेमाल कर रहे हैं और शिकायतें दर्ज कराकर भारत को स्वच्छ बनाने के मिशन में योगदान दे रहे हैं। इस प्रकार इस देशव्यापी अभियान के बहाने से ही हमें अच्छी आदतें अपनाने की कोशिश करना चाहिए, क्योंकि जब तक सफाई हमारी आदत का हिस्सा नहीं बन जाती, तब तक गंदगी पुनः लौटती रहेगी। इसलिए हमारा उत्तरदायित्व बनता है कि देश को स्वच्छ बनाने में हम अपना महत्त्वपूर्ण योगदान करें, अपने घर व आस-पड़ोस को साफ रखें, न गंदगी फैलाएँ न ही किसी अन्य को फैलाने दें। अतः स्वच्छता को अपने जीवन का अभिन्न अंग बनाना अनिवार्य है।

25. मन के हारे हार है मन के जीत जीत

CBSE 2018

संकेत बिंदु

- निराशा अभिशाप
- दृष्टिकोण परिवर्तन
- सकारात्मक सोच

''मन के हारे हार है मन के जीते जीत'' सूक्ति का अभिप्राय है कि जिसका मन हार जाता है वह बहुत अधिक शक्तिशाली होने पर भी पराजित हो जाता है तथा जिसका मन जीत जाता है वह शक्ति न होते हुए भी जीत जाता है। व्यक्ति के जीवन में निराशा अभिशाप के समान है। असफलताएँ जीवन प्रक्रिया का स्वाभाविक अंग होती हैं। यदि व्यक्ति असफलताओं से निराश होकर प्रयत्न करना छोड़ दें तो उसे असफलता ही मिलती है। इसलिए व्यक्ति को निराश नहीं होना चाहिए और प्रयत्न करते रहना चाहिए। मन अनंत शक्ति का स्रोत है, उसे हीन भावना से बचाए रखना अत्यंत आवश्यक है। मन की अपरिमित शक्ति को भूले बिना अपनी क्षमताओं में विश्वास रखना ही सफलता की मूल कुंजी है। ऐसा करने से हमारे दृष्टिकोण में परिवर्तन होता है तथा मनुष्य कार्य करने के लिए प्रेरित होता है। प्रत्येक व्यक्ति के जीवन में आशा-निराशा, उतार-चढ़ाव और सुख-दुःख चक्र की भाँति ऊपर-नीचे होते रहते हैं। व्यक्ति की हार-जीत उसकी मानसिक शक्ति पर निर्भर करती है, जो व्यक्ति परिस्थिति का सामना हँसी-खुशी करता है वह सफलता अवश्य प्राप्त करता है। इसमें सकारात्मक सोच महत्त्वपूर्ण भूमिका निभाती है। सकारात्मक सोच से व्यक्ति का मनोबल बढ़ता है और वह दोगुने उत्साह से अपने लक्ष्य को प्राप्त करने का प्रयास करता है। निष्कर्ष रूप से हम कह सकते हैं कि जिस कार्य को पूरे दृढ़ संकल्प के साथ करेंगे, वह कार्य जरूर पूरा होता है। इसलिए मनुष्य को अपने मन को सुदृढ़ बनाकर जीवन में आगे बढ़ना चाहिए।

26. वृक्षारोपण का महत्त्व CBSE 2019

संकेत बिंदु

- वृक्षारोपण का अर्थ
- वृक्षारोपण क्यों
- हमारा दायित्व

वृक्षारोपण का सामान्य अर्थ है वृक्ष लगाकर उन्हें उगाना, जिससे प्रकृति का संतुलन बना रहे। वृक्षों का मानव जीवन में बहुत महत्त्व है। वृक्षारोपण इसलिए आवश्यक है, ताकि वृक्ष सुरक्षित रहें। यदि वृक्ष नहीं रहेंगे तो हमारा जीवन शून्य होने लगेगा, एक समय ऐसा आएगा कि हम जीवित भी नहीं रह पाएँगे। इससे प्रकृति संतुलन बिगड़ जाएगा। इस प्रकार वृक्षारोपण पर्यावरण को संतुलित कर मानव के अस्तित्व की रक्षा करने के लिए आवश्यक है। पर्यावरण सुरक्षा के लिए

वैश्विक संगठनों द्वारा किए गए हर प्रयास में वृक्षारोपण पर विशेष ज़ोर दिया जाता है।

भारत सरकार भी विभिन्न राज्यों में वृक्षारोपण के लिए विभिन्न प्रकार की योजनाओं पर कार्य कर रही है। इसके अतिरिक्त, विभिन्न प्रकार के गैर-सरकारी संगठन भी वृक्षारोपण का कार्य करते हैं। वृक्षारोपण के कार्यक्रमों को प्रोत्साहन देने के लिए लोगों को वृक्षों से होने वाले लाभों से अवगत कराकर पेड़ लगाने के लिए प्रेरित करना होगा। कुछ संस्थाएँ तो वृक्षों को गोद लेने की परंपरा भी कायम कर रही हैं। शिक्षा के पाठ्यक्रम में वृक्षारोपण को भी पर्याप्त स्थान देना होगा। पेड़ लगाने वाले लोगों को प्रोत्साहित करना होगा। यदि हम चाहते हैं कि प्रदूषण कम हो एवं हम पर्यावरण की सुरक्षा के साथ सामंजस्य रखते हुए संतुलित विकास की ओर अग्रसर हों, तो इसके लिए हमें अनिवार्य रूप से वृक्षारोपण का सहारा लेना होगा।

27. इंटरनेट की दुनिया **CBSE 2019**

संकेत बिंदु

- इंटरनेट का तात्पर्य
- सूचना का मुख्य साधन
- लाभ तथा हानि

इंटरनेट का तात्पर्य है इंटरनेशनल नेटवर्क। यह विश्व का सबसे बड़ा नेटवर्क है, जो दुनिया के कंप्यूटरों को (वेब सर्वर और राउटर के माध्यम से) आपस में जोड़कर रखता है। इंटरनेट सूचना का मुख्य साधन है। सूचना स्रोत के रूप में तथा उपयोग किए जाने वाले साधनों में यह सबसे अधिक उपयोग तथा पसंद किया जाने वाला साधन है। इस बात में कोई संदेह नहीं कि सूचना क्रांति की देन इंटरनेट न केवल मानव के लिए अति-उपयोगी साबित हुआ है, बल्कि संचार में गति व विविधता के माध्यम से इसने दुनिया को बदलकर रख दिया है। यह सचमुच ही बहुत बड़ी उपलब्धि है।

इंटरनेट के आविष्कार से ही सूचनाओं का अतिशीघ्र आदान-प्रदान संभव हो पाया है। आज इंटरनेट के द्वारा यातायात के लिए टिकट, होटल की बुकिंग, किताब का ऑर्डर, मित्रों से ऑनलाइन चैटिंग आदि संभव हो गया है। इसके साथ ही इंटरनेट ने आज शिक्षा को भी नए अवसर प्रदान किए हैं। इंटरनेट के लाभ के साथ-साथ इसकी कई हानियाँ भी हैं। इसके प्रयोग से युवा सोशल नेटवर्किंग साइटों की ओर काफी आकर्षित हो जाते हैं। इसके साथ ही इंटरनेट का दुरुपयोग अश्लील साइटों को देखने में भी करते हैं। कई बार यह भी देखने में आता है कि लोगों की निजी बातें इंटरनेट पर डाल दी जाती हैं। इस प्रकार, देखा जाए तो जहाँ एक ओर इंटरनेट ज्ञान का सागर है, वहीं दूसरी ओर इसमें 'कूड़े-कचरे' की भी कमी नहीं है। यह स्वयं हम पर निर्भर करता है कि हम इसका उपयोग करते हैं या दुरुपयोग।

28. आधुनिक जीवन **CBSE 2019**

संकेत बिंदु

- आवश्यकताओं में वृद्धि
- अशांति
- क्या करें

आधुनिक जीवन में मनुष्य की आवश्यकताओं में बहुत वृद्धि हो गई है। स्वयं को आधुनिक दिखाने के लिए हमने ऊँचे-ऊँचे भवनों का निर्माण, नए-नए उपकरणों का प्रयोग, आधुनिक फैशन प्रणाली आदि को अपना लिया है। समय के साथ ही मनुष्य की आवश्यकताओं में और भी अधिक वृद्धि होती जा रही है। पहले जहाँ एक ही घर में संयुक्त परिवार आनंद के साथ रहा करते थे, अब उससे भी बड़े घर में चार व्यक्तियों का परिवार (एकल परिवार) अशांति के साथ रह रहा है। आधुनिक होने के साथ-साथ मनुष्य के जीवन में असुविधाओं में भी वृद्धि हुई है।

इसका परिणाम यह हुआ है कि आज व्यक्ति के जीवन में अशांति व्याप्त हो गई है। बहुत अधिक कमाने के बाद भी व्यक्ति की आवश्यकताओं की पूर्ति नहीं हो पाती, जिसके कारण वह चिंतित रहता है। इस तरह उसके जीवन में अशांति बढ़ रही है। काम के बोझ के कारण व्यक्ति में खोज उत्पन्न हो गई है। उसके पास सुविधाएँ तो बहुत हैं, किंतु समय कम है। बहुत अधिक निपुण होने के बाद भी वह समस्याओं में उलझा रहता है। आधुनिक मनुष्य ने रहने का तरीका तो सीख लिया है, किंतु उसे जीना नहीं आया है। आधुनिक जीवन-शैली इतनी बुरी तरह बिगड़ और बिखर गई है इस बात का शायद हमें अंदाजा भी नहीं कि कितनी भारी कीमत चुकानी पड़ रही है। मनुष्य जीवन प्रकृति की एक अमूल्य धरोहर तथा उपहार है, इसलिए हमें इसे सुसभ्य ढंग से जीने की कला सीखनी चाहिए तथा उसे अपनाना चाहिए।

29. पहला सुख – निरोगी काया **CBSE 2019**

संकेत बिंदु

- आशय
- व्यायाम और स्वास्थ्य
- समाज को लाभ

'पहला सुख-निरोगी काया' का आशय यह है कि शरीर का स्वस्थ रहना ही सबसे बड़ा सुख है, क्योंकि सारे सुख शरीर द्वारा ही भोगे जाते हैं। यदि व्यक्ति स्वस्थ नहीं रहेगा, तो उसके लिए दुनिया की हर खुशी निरर्थक होगी, इसलिए शरीर को स्वस्थ रखने के लिए व्यायाम अति आवश्यक है। अतः हमें अपने शरीर को स्वस्थ रखने के लिए प्रतिदिन व्यायाम करना चाहिए। व्यायाम करने से शरीर स्वस्थ तथा मन प्रसन्न रहता है। साथ ही रोगों से लड़ने की शक्ति मिलती है।

व्यायाम और स्वास्थ्य का एक-दूसरे से घनिष्ठ संबंध है। व्यक्ति का शरीर एक यंत्र की तरह है, जिस प्रकार यंत्र को सुचारु रूप से

चलाने के लिए उसमें तेल, ग्रीस आदि का प्रयोग किया जाता है, उसी प्रकार मनुष्य को अपने शरीर को क्रियाशील एवं अन्य विकारों से दूर रखने के लिए शारीरिक व्यायाम करना चाहिए। स्वस्थ व्यक्ति एक स्वस्थ समाज की स्थापना कर सकता है। आदर्श समाज का निर्माण करने के लिए व्यक्ति का स्वस्थ होना बहुत आवश्यक है, क्योंकि जब व्यक्ति शारीरिक रूप से स्वस्थ होगा तो वह समाज के विकास की दिशा में अपना महत्त्वपूर्ण योगदान दे पाएगा, इससे समाज को अत्यंत लाभ होगा।

30. मोबाइल फोन **CBSE 2019**

संकेत बिंदु

- लोकप्रियता
- सूचना क्रांति
- लाभ-हानि

वर्तमान युग में मोबाइल फोन घरों में तेजी से लोकप्रिय हो रहे हैं। इसकी लोकप्रियता की एक वजह इंटरनेट और सोशल मीडिया का तेजी से बढ़ रहा चलन है। मोबाइल आज विश्व में सूचना क्रांति का वाहक बन गया है। बिना तारों वाला मोबाइल फोन जगह-जगह लगे ऊँचे टावरों से तरंगों को ग्रहण करते हुए मनुष्य को दुनिया के प्रत्येक कोने से जोड़े रहता है। मोबाइल फोन सेवा प्रदान करने के लिए विभिन्न टेलीफोन कंपनियाँ अपनी-अपनी सेवाएँ देती हैं। मोबाइल फोन बात करने, एसएमएस की सुविधा प्रदान करने के साथ-साथ विभिन्न प्रकार के खेल, कैलकुलेटर, फोनबुक की सुविधा, समाचार, चुटकुले, इंटरनेट सेवा आदि भी उपलब्ध कराता है। अनेक मोबाइल फोनों में इंटरनेट की सुविधा भी होती है, जिससे ई-मेल भी किया जा सकता है। मोबाइल फोन सुविधाजनक होने के साथ ही नुकसानदायक भी है।

मोबाइल फोन की सबसे बड़ी हानि यह है यह समय-असमय बजता ही रहता है। लोग सुरक्षा और शिष्टाचार भूल जाते हैं। अकसर लोग गाड़ी चलाते समय भी फोन पर बात करते हैं, जो असुरक्षित ही नहीं, बल्कि कानूनन अपराध भी है। अपराधी एवं असामाजिक तत्त्व मोबाइल का गलत प्रयोग अनेक प्रकार के अवांछित कार्यों में करते हैं। इसके अधिक प्रयोग से कानों व हृदय पर बुरा प्रभाव पड़ता है। अतः इन खतरों से सावधान होना आवश्यक है। आज आवश्यकता इस बात की है कि इसका प्रयोग हम तार्किक व बौद्धिक सीमा में रहकर करें तभी यह एक उपयोगी साधन बनकर हमारे जीवन को विकास के पथ पर ले जा सकता है।

31. एक ठंडी सुबह **CBSE 2019**

संकेत बिंदु

- कब, कहाँ
- क्यों है याद
- क्या मिली सीख

प्रकृति का सर्वाधिक सुंदर रूप सुबह के समय ही होता है। हर सुबह का अपना एक अलग ही सौंदर्य होता है। ऐसी ही एक ठंडी सुबह मुझे याद है, जब मैं कश्मीर की यात्रा पर गया था तब मुझे एक अपूर्ण अनुभव हुआ, जिस होटल में मैं ठहरा हुआ था उसके बाहर का दृश्य अत्यंत सुंदर दिखता था। एक दिन मैं प्रात:काल के समय शीघ्र ही उठ गया था। होटल के कमरे से बाहर आकर मैंने देखा कि सूर्य की पहली किरण के साथ एक ताजगी भरा एहसास मानो मेरे पूरे शरीर को रोमांचित कर गया। कश्मीर की वह ठंडी-ठंडी सुबह वहाँ की सुंदर घाटियाँ, वृक्ष तथा उस प्राकृतिक हवा का आनंद मुझे आज भी याद है, क्योंकि ऐसी सुंदर तथा मनमोहित सुबह का आनंद मैंने पहले कभी नहीं लिया था।

प्रकृति इतनी सुंदर भी हो सकती है। इसका अनुभव मुझे वहाँ पर हुआ था। सुबह का शुद्ध और शांत वातावरण हमारे मन को बहुत शांति प्रदान करता है। इससे मुझे यह सीख मिली कि जीवन में यदि हम प्रकृति के अनुसार चले तो उसमें छुपी हुई सुंदरता को देख सकते हैं तथा उसका आनंद ले सकते हैं। अतः हमें प्रकृति के संसर्ग में रहना चाहिए।

परीक्षा अभ्यास

निम्नलिखित विषयों पर दिए गए संकेत बिंदुओं के आधार पर अनुच्छेद लिखिए

1 युवाशक्ति और राजनीति

संकेत बिंदु युवाशक्ति का महत्त्व
आज की युवा राजनीति
राजनीति के क्षेत्र में युवाशक्ति की आवश्यकता

2 सूचना प्रौद्योगिकी : वर्तमान और भविष्य

संकेत बिंदु प्राचीन काल में सूचना प्रौद्योगिकी
औद्योगिक विकास में सहायक
सामाजिक विकास में सहायक

3 भ्रष्टाचार **CBSE 2011**

संकेत बिंदु भ्रष्टाचार और सुदृढ़ न्याय व्यवस्था
तुरंत निरीक्षण एवं तत्क्षण निर्णय पर अमल की नीति
आय की लगातार जाँच व दोषी को सार्वजनिक दंड

4 अंतरिक्ष में जीवन की कल्पना

संकेत बिंदु मनुष्य का जीवन पहेली की तरह
मनुष्य की खोजी प्रवृत्ति
अंतरिक्ष में जीवन की संभावना की तलाश

5 उपभोक्ता के अधिकार एवं कर्तव्य

संकेत बिंदु अधिकारों के साथ-साथ कर्त्तव्य
जागरूक उपभोक्ता
जागरूक उपभोक्ता के कर्त्तव्य

6 वर्तमान समय में नारी की स्थिति

संकेत बिंदु नारी शक्ति का महत्त्व
वर्तमान समय में नारियों की समस्याएँ
कारण एवं समाधान

7 वर्तमान शिक्षा पद्धति की कमियाँ

संकेत बिंदु सही शिक्षा और उचित मार्गदर्शन का महत्त्व
उचित शिक्षा पद्धति की आवश्यकता
वर्तमान शिक्षा पद्धति के दोष

8 यातायात का सरल एवं सुगम साधन :मेट्रो **CBSE 2016**

संकेत बिंदु मेट्रो रेल क्या है / मेट्रो का आरंभ
मेट्रो के लाभ / मेट्रो के दिशा-निर्देश

9 महँगाई की समस्या/बढ़ती महँगाई

संकेत बिंदु महँगाई से आशय
महँगाई का दुष्प्रभाव
महँगाई को नियंत्रित करने के उपाय

10 'जहाँ चाह वहाँ राह' **CBSE 2016, 15**

संकेत बिंदु इच्छाशक्ति का महत्त्व
इच्छाएँ और जीवन मूल्य (स्वाभिमान, संतोष, सत्य आदि)
चाह से राह का निर्माण

11 देश में समाचार-पत्रों की भूमिका

संकेत बिंदु समाचार-पत्रों का महत्त्व
समाचार-पत्रों की पहुँच
लोकतंत्र में समाचार-पत्रों की भूमिका

12 शहरों में यातायात के विभिन्न साधन

संकेत बिंदु यातायात के विभिन्न साधन
मेट्रो रेल, बस सेवा एवं अन्य
नागरिकों को होने वाली असुविधाएँ
पर्यावरण को होने वाले नुकसान

13 सारे जहाँ से अच्छा हिंदोस्ताँ हमारा

संकेत बिंदु भारत : सर्वश्रेष्ठ देश
संस्कृति, सभ्यता और नैतिक मूल्य अत्यंत प्रभावशाली
भौगोलिक तथा लोकतंत्र की दृष्टि से श्रेष्ठता

14 जनसंख्या वृद्धि की समस्या/बढ़ती जनसंख्या **CBSE 2011**

संकेत बिंदु जनसंख्या वृद्धि के कारण : निरक्षरता तथा निर्धनता
धार्मिक और सामाजिक रीति-रिवाज़ों की भूमिका
सरकार तथा युवावर्ग द्वारा इससे निपटने पर ज़ोर

15 राष्ट्रभाषा हिंदी **CBSE 2012**

संकेत बिंदु संविधान में स्थान
हिंदी जानने के लाभ
संपर्क भाषा बनाने हेतु सुझाव

16 'राष्ट्र के प्रति विद्यार्थियों का कर्त्तव्य' **CBSE 2015**

संकेत बिंदु विद्यार्थी का स्वरूप
सुरक्षित राष्ट्र की कामना
विद्यार्थी का कर्त्तव्य
राष्ट्रप्रेमी विद्यार्थी

17 'समय नियोजन' **CBSE 2015**

संकेत बिंदु समय नियोजन का अर्थ
समय नियोजन की जीवन में महत्ता
समय नियोजन के लाभ

अध्याय

02

पत्र लेखन

प्रश्न की प्रकृति

इस प्रश्न में किसी एक औपचारिक विषय पर पत्र लिखने के लिए कहा जाएगा। यह प्रश्न अभिव्यक्ति की क्षमता पर केंद्रित होगा।

पत्र लेखन एक आवश्यक कौशल है। अपने विचारों एवं भावों की अभिव्यक्ति के लिए पत्र-लेखन का प्रयोग किया जाता है। अपने सगे-संबंधियों, पदाधिकारियों, मित्रों, संपादकों आदि से जोड़ने की कला पत्र लेखन कहलाती है। पत्र लेखन हमारे जीवन का महत्त्वपूर्ण अंग है, जो लोगों को समाज से जोड़कर रखता है।

पत्र के प्रकार

पत्र के सामान्यतः दो प्रकार होते हैं

1. औपचारिक पत्र (Formal Letters)
2. अनौपचारिक पत्र (Informal Letters)

पत्र के अंग

पत्र को जिस क्रम में लिखा जाता है, वे पत्र के अंग कहलाते हैं। सामान्यतः किसी भी पत्र में निम्नलिखित अंग होते हैं

शीर्षक या प्रारंभ

पत्र में सर्वप्रथम शीर्षक के रूप में पत्र लिखने वाले का नाम व पता लिखा जाता है। तत्पश्चात् पत्र लिखने की तिथि का उल्लेख किया जाता है। परीक्षा में पूछे गए औपचारिक एवं अनौपचारिक पत्र में नाम का उल्लेख न होने पर परीक्षा भवन लिखा जाता है। यह सब पत्र के बाईं ओर सबसे ऊपर लिखा जाता है। औपचारिक पत्रों के अंतर्गत विषय का उल्लेख सीमित शब्दों में स्पष्ट रूप से किया जाता है। अनौपचारिक पत्रों में इसका उल्लेख नहीं होता।

संबोधन का उल्लेख

पत्र में संबोधन का महत्त्वपूर्ण स्थान होता है। औपचारिक पत्र के अंतर्गत 'मान्यवर', 'महोदय' आदि सूचक शब्दों का प्रयोग किया जाता है तथा अनौपचारिक पत्र के अंतर्गत 'पूजनीय', 'स्नेहमयी' 'प्रिय' आदि सूचक शब्दों का प्रयोग किया जाता है।

अभिवादन अथवा शिष्टाचार संबंधी शब्दों का उल्लेख

पत्र में संबोधन के अनुरूप ही अभिवादन या शिष्टाचार संबंधी शब्दों का प्रयोग किया जाता है। इसका प्रयोग अनौपचारिक पत्रों में बड़ों के लिए प्रणाम, नमस्कार, सादर चरण-स्पर्श तथा छोटों के लिए आशीर्वाद, शुभाशीष, चिरंजीव रहो आदि शब्द-सूचक का प्रयोग किया जाता है। औपचारिक पत्रों में इसका प्रयोग नहीं किया जाता।

विषय-वस्तु

विषय-वस्तु पत्र लेखन का महत्त्वपूर्ण अंग है। इसे पत्र का मुख्य भाग भी कहते हैं। इस भाग में अपने भावों एवं विचारों को प्रकट किया जाता है।

समाप्ति अथवा अंत

पत्र के अंत में अपने विषय में लिखते हुए पत्र को समाप्त किया जाता है। औपचारिक पत्र में धन्यवाद लिखते हुए 'भवदीय', 'प्रार्थी', 'आज्ञाकारी' आदि शब्द-सूचक का प्रयोग किया जाता है तथा अनौपचारिक पत्र में 'प्यारा', 'स्नेहाकांक्षी', 'हितैषी', 'शुभाकांक्षी' इत्यादि शब्दों का प्रयोग किया जाता है। औपचारिक व अनौपचारिक दोनों पत्रों के अंत में यदि परीक्षा में, पूछे गए पत्र में नाम व पते का उल्लेख न किया गया हो, तब वहाँ क. ख. ग. का प्रयोग किया जाता है।

पत्र लिखने के लिए ध्यान देने योग्य बातें

- पत्र लिखते समय लिखने वाले तथा पत्र प्राप्त करने वाले का नाम व पता, दिनांक के साथ लिखा जाना चाहिए।
- पत्र का विषय स्पष्ट होना चाहिए। अनावश्यक बातों को पत्र में नहीं लिखना चाहिए।
- पत्र लिखते समय क्रमबद्धता का विशेष ध्यान दिया जाना चाहिए।
- पत्र का आकार संक्षिप्त होना चाहिए तथा विषय के अनुकूल होना चाहिए। कम शब्दों में अधिक बात कहने की कोशिश करनी चाहिए।
- पत्र की भाषा सरल, सामान्य, मधुर एवं आदर सूचक एवं शुद्ध होनी चाहिए।
- पत्र अधूरा नहीं होना चाहिए। पत्र को इस प्रकार समाप्त किया जाना चाहिए कि पत्र का संदेश स्पष्ट हो सके।

नोट नवीनतम पाठ्यक्रम में केवल औपचारिक पत्रों को शामिल किया गया है। इसलिए यहाँ केवल औपचारिक पत्र दिए गए हैं।

औपचारिक पत्र

प्रधानाचार्य, पदाधिकारियों, व्यापारियों, ग्राहकों, पुस्तक विक्रेता, संपादक आदि को लिखे गए पत्र 'औपचारिक पत्र' कहलाते हैं। औपचारिक पत्र उन लोगों को लिखे जाते हैं, जिनसे हमारा निजी या पारिवारिक संबंध नहीं होता है।

औपचारिक पत्रों को निम्नलिखित वर्ग में विभाजित किया जा सकता है

1. आवेदन पत्र/प्रार्थना-पत्र   2. कार्यालयी पत्र   3. संपादकीय पत्र   4. शिकायती पत्र   5. व्यावसायिक पत्र

औपचारिक पत्र के संबोधन, अभिवादन तथा अभिनिवेदन

पत्र के प्रकार	पत्र पाने वाले	संबोधन	अभिवादन	अभिनिवेदन
आवेदन-पत्र/प्रार्थना-पत्र	प्रधानाचार्य, संबंधित अधिकारी	महोदय, महोदया, मान्यवर	–	आपका, कृपाकांक्षी, भवदीय
कार्यालयी पत्र	संबंधित अधिकारी	मान्यवर, महोदय	–	भवदीय, विनीत
संपादकीय पत्र	संपादक	महोदय, महोदया	–	भवदीय/भवदीया, प्रार्थी
शिकायती पत्र	संबंधित अधिकारी	महोदय, महोदया	–	भवदीय, भवदीया, प्रार्थी
व्यावसायिक पत्र	पुस्तक विक्रेता, बैंक प्रबंधक, व्यावसायिक संस्था	श्रीमान, महोदय	–	भवदीय, आपका

6 **'मैं क्यों लिखता हूँ', पाठ के आधार पर बताइए कि विज्ञान के दुरुपयोग से किन मानवीय मूल्यों की क्षति होती है? इसके लिए हम क्या कर सकते हैं?** CBSE 2018

उत्तर आजकल विज्ञान का दुरुपयोग अनेक जानलेवा कामों के लिए किया जा रहा है। आज इसके द्वारा आतंकवादी संसार भर में बम-विस्फोट कर रहे हैं। उदाहरणस्वरूप अमेरिका की एक बहुमंज़िली इमारत को तहस-नहस करना, मुंबई में हुए बम-विस्फोट, आए दिन गाड़ियों में आग लगाना इत्यादि घटनाओं को लिया जा सकता है। आंतरिक रूप से एक राष्ट्र दूसरे राष्ट्र को आतंकित व भयभीत करने की कोशिश कर रहा है। विज्ञान के ही कारण दिन-प्रतिदिन प्रदूषण बढ़ रहा है।

विज्ञान के दुरुपयोग से कन्या-भ्रूण हत्याएँ हो रही हैं, जिससे जनसंख्या का संतुलन बिगड़ रहा है। किसान कीटनाशक और ज़हरीले रसायन के माध्यम से फसलों का उत्पादन कर रहे हैं, जिससे लोगों का स्वास्थ्य खराब हो रहा है।

विज्ञान के उपकरणों के कारण वातावरण में गर्मी बढ़ रही है, बर्फ़ पिघलने का खतरा बढ़ रहा है। भयंकर दुर्घटनाएँ रोज़मर्रा का हिस्सा बन गई हैं। साइबर क्राइम भी विज्ञान से जन्मी समस्या है।

विज्ञान के दुरुपयोग को रोकने के लिए हम निम्नलिखित कार्य कर सकते हैं

- विज्ञान द्वारा प्रदत्त उपलब्धियों का प्रयोग मानव जाति के उत्थान के लिए करें।
- विद्युत शक्ति का प्रयोग उचित तरीके से करने पर बल दें।
- मुद्रण-यंत्रों का उपयोग अच्छे व समाज हितैषी समाचार-पत्रों व पुस्तकों को छापने के लिए करें।
- चिकित्सा क्षेत्र में हुई विज्ञान की नई खोजों के माध्यम से इलाज सबको मिले, इसे सुनिश्चित किया जाए।
- कृषि सुधार व उद्योग-धंधों की उन्नति में सहायक पद्धति एवं उपकरणों से नागरिकों को अवगत कराएँ।
- समाज को विकृत करने वाली फ़िल्मों व टीवी कार्यक्रमों का विरोध करें।
- भ्रूण हत्या आदि को अंजाम देने वाले डॉक्टरों के खिलाफ़ प्रमाण जुटाकर उनके बुरे कार्यों पर रोक लगाएँ।

औपचारिक पत्रों के उदाहरण

(i) प्रार्थना-पत्र/आवेदन-पत्र

प्रार्थना-पत्र/आवेदन-पत्र विद्यालय के प्रधानाचार्य, संस्थाओं के प्रधान (प्रमुख) इत्यादि को लिखा जाता है। इसमें शालीन भाषा तथा शिष्ट शैली का प्रयोग किया जाता है। इन पत्रों में अभिवादन का अभाव होता है।

1 आप विद्यालय की छात्र-परिषद् के सचिव हैं। स्कूल के बाद विद्यार्थियों को नाटक का अभ्यास करवाने के लिए अनुमति माँगते हुए प्रधानाचार्य को लगभग 80-100 शब्दों में पत्र लिखिए। **CBSE 2020**

परीक्षा भवन,
दिल्ली।

दिनांक 14 अप्रैल, 20XX
सेवा में,
प्रधानाचार्य महोदय,
राजकीय बाल विद्यालय,
अशोक विहार,
नई दिल्ली।

विषय : विद्यार्थियों को नाटक का अभ्यास करवाने के लिए अनुमति हेतु।

महोदय,

सविनय निवेदन यह है कि मैं आपके विद्यालय के छात्र-परिषद् का सचिव हूँ। सचिव होने के नाते मैं आपका ध्यान आगामी महीने में महिला दिवस के मौके पर होने वाली नाट्य-प्रतियोगिता की ओर आकर्षित कराना चाहता हूँ। इस प्रतियोगिता में हमारे विद्यालय के कुछ छात्र-छात्राओं ने भी हिस्सा लिया है।

विविध विद्यालयों के साथ होने वाली इस नाट्य-प्रतियोगिता में शानदार प्रदर्शन हेतु हमें पूर्ण अभ्यास की आवश्यकता है। जिसके लिए विद्यालय में रहकर सीमित समय अवधि के भीतर विद्यार्थियों को मंचन हेतु अभ्यास कराया जा रहा है, किंतु उत्कृष्ट प्रदर्शन हेतु इतना समय पर्याप्त नहीं है। अतः आपसे निवेदन है कि विद्यालय के बाद भी विद्यार्थियों को नाटक का अभ्यास करवाने के लिए अनुमति दी जाए ताकि विद्यार्थी अधिक-से-अधिक अभ्यास कर नाट्य-प्रतियोगिता में अच्छा प्रदर्शन करके पुरस्कार प्राप्त करें और विद्यालय का गौरव बढ़ा सकें।

धन्यवाद
भवदीय
क. ख. ग

2. प्रधानाचार्य महोदय को पत्र लिखकर विद्यालय के बाहर खड़े खोमचे वालों की शिकायत कीजिए ताकि उन्हें हटवाया जा सके। **CBSE 2015**

परीक्षा भवन,
दिल्ली।

दिनांक 21 जुलाई, 20XX

सेवा में,
प्रधानाचार्य महोदय,
प्रतिभा विकास विद्यालय,
कश्मीरी गेट, दिल्ली।

विषय विद्यालय के बाहर खड़े खोमचे वालों को हटवाने हेतु।

महोदय,

सविनय निवेदन यह है कि हमारे विद्यालय के मुख्य द्वार पर शिक्षण काल के दौरान ही अनेक खोमचे वाले बैठकर खाने-पीने का सामान बेचते हैं। इनके द्वारा बेची जाने वाली खाद्य वस्तुएँ अत्यंत निम्न स्तर की होती हैं। इन्हें बनाने के लिए घटिया तेलों व निम्न गुणवत्ता वाली चीज़ों का इस्तेमाल किया जाता है।

स्वास्थ्य की दृष्टि से ये सारी वस्तुएँ हानिकारक हैं। इनको खाने से प्रायः छात्र बीमार भी हो जाते हैं। विद्यालय के पास इन खाने-पीने की चीज़ों की बिक्री हमारे विद्यालय के छात्रों के स्वास्थ्य के साथ खिलवाड़ के समान है।

अतः आपसे विनम्र निवेदन है कि इन खोमचे वालों को विद्यालय के मुख्य द्वार से हटवाने की कृपा करें।

धन्यवाद।
भवदीया
क.ख.ग.
कक्षा-दसवीं 'ब'

3. विद्यालय के गेट पर मध्यावकाश के समय ठेले और रेहड़ी वालों द्वारा जंक फूड बेचे जाने की शिकायत करते हुए प्रधानाचार्य को पत्र लिखकर उन्हें रोकने का अनुरोध कीजिए। **CBSE 2017**

परीक्षा भवन,
दिल्ली।

दिनांक 1 दिसंबर, 20XX

सेवा में,
प्रधानाचार्य महोदय,
दयाराम साहनी पब्लिक स्कूल,
दरियागंज, दिल्ली -110002।

विषय विद्यालय के बाहर जंक फूड बेचे जाने से अवगत कराने हेतु।

महोदय,

सविनय निवेदन यह है कि मैं आपके विद्यालय के दसवीं कक्षा का छात्र हूँ। हमारे विद्यालय के गेट पर मध्यावकाश के समय ठेले और रेहड़ी पर जंक फूड बेचा जाता है। बहुत-से विद्यार्थी प्रतिदिन इस जंक फूड का सेवन करने के कारण बीमार पड़ गए हैं। इस खुले

हुए जंक फूड पर मक्खियों और धूल-मिट्टी का आक्रमण रहता है। कल हमारे कुछ मित्रों ने यहाँ से बर्गर खरीद कर खाया था, जिसके कुछ ही देर बाद वे बीमार हो गए। इस बीमारी के कारण आज वे विद्यालय में उपस्थित नहीं हो पाए हैं, जिससे उनकी पढ़ाई अवरुद्ध हो रही है। महोदय मेरा आपसे अनुरोध है कि इस प्रकार की घटिया गुणवत्ता वाले जंक फूड के बेचे जाने पर रोक लगानी चाहिए।

धन्यवाद

भवदीय

क.ख.ग

कक्षा-दसवीं 'ब'

परीक्षा अभ्यास

1 अपनी कक्षा को आदर्श रूप देने के लिए अपने सुझाव देते हुए प्रधानाचार्य को एक प्रार्थना-पत्र लिखिए।

2 आपकी कक्षा में अंग्रेजी विषय की पढ़ाई समय पर पूरी न होने के कारण अतिरिक्त कक्षा लगवाने हेतु प्रधानाचार्य को प्रार्थना-पत्र लिखिए।

3 आपके क्षेत्र में पीने के पानी को लेकर असुविधा उत्पन्न हो रही है। इसके लिए दिल्ली जल बोर्ड को पेयजल आपूर्ति के लिए एक प्रार्थना-पत्र लिखिए।

4 अपनी आर्थिक स्थिति से अवगत कराते हुए फीस माफी हेतु प्रधानाचार्य को एक प्रार्थना पत्र लिखिए।

5 पुस्तकालय में हिंदी भाषा की पुस्तकें मँगाने के लिए पुस्तकालय अधिकारी को प्रार्थना-पत्र लिखिए।

(ii) शिकायती पत्र

किसी विशेष कार्य, समस्या अथवा घटना की शिकायत करते हुए, संबंधित अधिकारी को लिखा गया पत्र 'शिकायती पत्र' कहलाता है। इसका स्वरूप आवेदन पत्र की तरह ही होता है। इसकी भाषा शालीन होनी चाहिए।

1 आपकी बस्ती के पार्क में कई अनधिकृत खोमचे वालों ने डेरा डाल दिया है, उन्हें हटाने के लिए नगर-निगम अधिकारी को लगभग 80-100 शब्दों में पत्र लिखिए। **CBSE 2020**

परीक्षा भवन,

दिल्ली।

दिनांक 13 मार्च, 20XX

सेवा में,

नगर निगम अधिकारी,

सिविल लाइन्स,

दिल्ली।

विषय अनाधिकृत खोमचे वालों को हटाने हेतु।

महोदय,

इस पत्र के माध्यम से मैं आपका ध्यान अपने क्षेत्र में अनाधिकृत खोमचे वालों के डेरा जमाए जाने की ओर आकर्षित करना चाहता हूँ। हमारी बस्ती एक घनी आबादी वाली बस्ती है जहाँ के पार्क में अनाधिकृत खोमचे वालों ने डेरा डाल दिया है। खोमचे वालों के कारण पार्क में गंदगी व भीड़ बहुत बढ़ गई है, जिससे सैर करने वाले लोगों को असुविधा का सामना करना पड़ता है। ये खोमचे वाले जिस खाद्य पदार्थ को बेचते हैं, वह सामान खुला रहता है, उस पर मक्खियाँ भिनभिनाती हैं, जिन्हें खाने से बस्ती में रहने वाले लोगों का स्वास्थ्य बिगड़ सकता है।

अतः आपसे विनम्र अनुरोध है कि आप हमारे क्षेत्र की बस्ती के पार्क से अनाधिकृत खोमचे वालों को हटाने का कष्ट करें, जिससे बस्ती में रहने वाले लोगों को असुविधा न हो व उनका स्वास्थ्य ठीक रहे सके।

सधन्यवाद।

भवदीय

क.ख.ग.

2 दूरदर्शन निदेशालय को लगभग 80-100 शब्दों में पत्र लिखकर अनुरोध कीजिए कि किशोरों के लिए देशभक्ति की प्रेरणा देने वाले अधिकाधिक कार्यक्रमों को प्रसारित करने की ओर ध्यान दिया जाए। **CBSE 2020**

परीक्षा भवन

दिल्ली।

दिनाँक 25 मार्च, 20XX

सेवा में

मुख्य प्रबंध,

दूरदर्शन निदेशालय,

विधान सभा

दिल्ली।

विषय देशभक्ति की प्रेरणा देने वाले अधिकाधिक कार्यक्रमों को प्रसारित कराने हेतु।

महोदय,

निवेदन है कि मैं दूरदर्शन के कार्यक्रमों का नियमित दर्शक हूँ। किंतु पिछले कुछ महीनों से दूरदर्शन में देशभक्ति के कार्यक्रमों का अभाव देखा जा रहा है। वर्तमान समय में युवाओं में देशभक्ति की भावना कम होती जा रही है। वह अपने स्वार्थों की पूर्ति में लगे रहते हैं तथा देश के प्रति कर्त्तव्यों को समझ नहीं पाते हैं। यदि आप देशभक्ति की प्रेरणा देने वाले अधिकाधिक कार्यक्रमों को प्रसारित करेंगे, तो यह बहुत हितकर सिद्ध हो सकता है।

आपके द्वारा दूरदर्शन पर दिखाए गए कार्यक्रमों से युवा प्रेरित होंगे व देश के प्रति अपने कर्तव्यों को समझेंगे। देशभक्ति की भावना से युक्त कार्यक्रम किसी भी व्यक्ति को सीधे प्रभावित करते हैं। ऐसे कार्यक्रम युवाओं में देशभक्ति की भावना का प्रसार करने तथा देश के विषय में सोचने हेतु सहायक होंगे।

अतः आपसे अनुरोध है कि देशभक्ति की प्रेरणा देने वाले अधिकाधिक कार्यक्रमों को दिखाकर वर्तमान समय के युवाओं को प्रेरित करें।

धन्यवाद सहित।

भवदीय

क.ख.ग.

3 अपने क्षेत्र में पेड़-पौधों के अनियंत्रित कटाव को रोकने के लिए ज़िलाधिकारी को एक पत्र लिखिए।   **CBSE 2014**

परीक्षा भवन,
दिल्ली।

दिनांक 20 जून, 20XX

सेवा में,
जिलाधिकारी, महोदय,
वन एवं पर्यावरण विभाग,
नई दिल्ली।

विषय पेड़-पौधों के अनियंत्रित कटाव को रोकने हेतु।

महोदय,

मैं आज़ादपुर क्षेत्र का निवासी हूँ। अपने क्षेत्र का एक ज़िम्मेदार नागरिक होने के नाते मैं आपका ध्यान अपने क्षेत्र में हो रहे पेड़-पौधों के अनियंत्रित कटाव की ओर दिलाना चाहता हूँ। दो-तीन वर्षों पूर्व हमारा क्षेत्र बहुत हरा-भरा था, लेकिन आज परिस्थिति बदल चुकी है। हाल ही में यहाँ कई विकास परियोजनाओं का आरंभ हुआ है, जिसके कारण पेड़-पौधों को अंधाधुंध काटा जा रहा है। इससे इस क्षेत्र में प्रदूषण का स्तर लगातार बढ़ता जा रहा है। पेड़-पौधे हमारे लिए कितने महत्त्वपूर्ण हैं, यह जानते हुए भी हरे-भरे पेड़ों को काटा जा रहा है। इसे किसी भी स्थिति में तर्कसंगत नहीं ठहराया जा सकता।

मैं समस्त क्षेत्रवासियों की ओर से आपसे निवेदन करता हूँ कि हमारे क्षेत्र में वृक्षों के अनियंत्रित कटाव को रोकने के लिए शीघ्र ही उचित कदम उठाइए ताकि क्षेत्रवासियों को राहत मिल सके।

उचित कदम की प्रतीक्षा में।

भवदीय
क.ख.ग.
आज़ादपुर

4 अपने क्षेत्र में एक नया डाकघर स्थापित करने की माँग करते हुए मुख्य डाक-अधिकारी को एक पत्र लिखिए।   **CBSE 2016**

परीक्षा भवन,
दिल्ली।

दिनांक 22 मई, 20XX

सेवा में,
मुख्य डाक अधिकारी,
डाकघर–सेक्टर 8,
नोएडा।

विषय क्षेत्र में नया डाकघर खोलने के संबंध में।

महोदय,

निवेदन है कि मैं नोएडा के सेक्टर 35 में रहता हूँ। सेक्टर 20 से सेक्टर 65 तक बहुत आबादी बस चुकी है। यहाँ की जनसंख्या पिछले पाँच वर्षों की तुलना में तीन गुनी हो चुकी है, किंतु इस क्षेत्र के लिए समुचित डाकघर की व्यवस्था नहीं है। डाकघर से संबंधित किसी भी कार्य के लिए लोगों को यहाँ से बहुत दूर सेक्टर 14 में जाना पड़ता है, जिसमें बहुत परेशानी होती है। विशेषकर बूढ़ों और महिलाओं को बहुत कष्ट उठाना पड़ता है।

मेरा डाक विभाग से विनम्र अनुरोध है कि क्षेत्र की आवश्यकता और परेशानी को देखते हुए इस क्षेत्र में शीघ्र ही एक डाकघर खुलवाने की कृपा करें, जिससे यहाँ के नागरिकों को होने वाली परेशानियों से छुटकारा मिल सके।

धन्यवाद।
भवदीय
क.ख.ग.

परीक्षा अभ्यास

1 दिल्ली परिवहन निगम के महाप्रबंधक के नाम एक पत्र लिखिए, जिसमें बस कंडक्टर के अभद्र व्यवहार की शिकायत की गई हो।

2 जल आपूर्ति बाधित होने की समस्या पर जल आपूर्ति अधिकारी को एक पत्र लिखिए, जिसमें जल आपूर्ति को सुचारु करने का अनुरोध किया गया हो।

3 नगर की सघन आबादी में कल-कारखानों और यातायात के कारण होने वाले ध्वनि-प्रदूषण के विरुद्ध नगर-योजना अधिकारी को पत्र लिखिए।

4 अपने क्षेत्र के ब्लॉक-प्रमुख द्वारा की जा रही खाद की कालाबाज़ारी की शिकायत करते हुए जिलाधिकारी को पत्र लिखिए।

5 आपके क्षेत्र में डेंगू बुखार फैला हुआ है। अपने क्षेत्र में फैली गंदगी की समुचित सफाई न होने पर स्थानीय स्वास्थ्य अधिकारी को एक शिकायती पत्र लिखिए।

(iii) संपादकीय पत्र

संपादक के नाम पत्र को 'संपादकीय पत्र' कहा जाता है। ऐसे पत्र एक विशिष्ट शैली में लिखे जाते हैं। इस पत्र में कुछ भाग संपादक को संबोधित होता है, जबकि मुख्य विषय-वस्तु 'जन सामान्य' से संबंधित लिखी जाती है।

1 किसी प्रतिष्ठित दैनिक समाचार-पत्र के संपादक को सड़क दुर्घटनाओं को रोकने के लिए सुझाव देते हुए पत्र लिखिए।
                                          CBSE 2016, 15

परीक्षा भवन,
दिल्ली।

दिनांक 20 अगस्त, 20XX

सेवा में,
संपादक महोदय,
दैनिक जागरण,
दिल्ली।

विषय सड़क दुर्घटनाओं को रोकने के संदर्भ में।

महोदय,

मैं आपके लोकप्रिय समाचार-पत्र के माध्यम से सरकार और समाज का ध्यान बढ़ती हुई सड़क दुर्घटनाओं की ओर आकर्षित करना चाहता हूँ। आशा है कि आप इसे जनहित में अवश्य प्रकाशित करेंगे।

इन दिनों दिल्ली में सड़क दुर्घटनाएँ काफ़ी बढ़ गई हैं। वाहन चालक यातायात के नियमों का खुला उल्लंघन करते हैं। उन्हें रोकने-टोकने वाला कोई नहीं है।

दुर्घटनाओं को रोकने के संबंध में मैं निम्नलिखित सुझाव देना चाहता हूँ

(i) प्रातः 8 से 12 बजे तक तथा सायं 5 से 8 बजे तक सभी व्यस्त चौराहों पर यातायात पुलिस के सिपाही उपस्थित रहें और वे नियम का उल्लंघन करने वालों का चालान करें।

(ii) वाहन चलाते हुए मोबाइल से बात करने वालों का तुरंत चालान कर देना चाहिए।

(iii) दो बार से अधिक कोई भी नियम भंग करने वाले चालक का ड्राइविंग लाइसेंस ज़ब्त कर लिया जाना चाहिए।

(iv) ऐसे वाहन चालकों को पुरस्कृत किया जाना चाहिए, जो अपने वाहन को निर्धारित गति सीमा में चलाते हों तथा किसी प्रकार के नियम भंग न करते हों।

(v) जनता से ऐसे वाहन चालकों के वाहन नंबर नोट करके यातायात पुलिस को देने की अपील करनी चाहिए, जो सड़क पर वाहन चलाते समय नियमों का उल्लंघन करते हों।

धन्यवाद।
भवदीय
क.ख.ग.

2 किसी समाचार-पत्र के संपादक को पत्र लिखिए जिसमें दिल्ली में बढ़ती हुई अपराधवृत्ति की ओर अधिकारियों का ध्यान आकृष्ट कराया गया हो।

परीक्षा भवन,
दिल्ली।

दिनांक 23 फरवरी, 20XX

सेवा में,
श्रीमान संपादक महोदय,
दैनिक हिंदुस्तान,
नई दिल्ली।

विषय दिल्ली में बढ़ती हुई अपराधवृत्ति से संबंधित।

महोदय,

मैं आपके प्रतिष्ठित समाचार-पत्र के माध्यम से दिल्ली सरकार के अधिकारियों का ध्यान दिल्ली में बढ़ती हुई अपराधवृत्ति की ओर आकृष्ट करना चाहता हूँ। आशा है कि आप मेरे पत्र को अपने लोकप्रिय समाचार-पत्र में प्रकाशित करेंगे।

अत्यंत खेद के साथ मुझे लिखना पड़ रहा है कि दिल्ली में आजकल गुंडागर्दी, बलात्कार, हत्याएँ, लूटपाट, अपहरण जैसी आपराधिक घटनाएँ लगातार बढ़ रही हैं। देश की राजधानी दिल्ली 'अमन चैन की राजधानी' न रहकर असामाजिक तत्त्वों व अपराधियों द्वारा निर्मित 'भय व आतंक के वातावरण की राजधानी' बनकर रह गई है। दिन-दहाड़े दुकानदारों से लूट, घरों में चोरी, छोटे बच्चों का अपहरण, लड़कियों से छेड़छाड़ व बलात्कार तो जैसे आम बात हो गई है। सुबह-सुबह समाचार-पत्र देखने पर ऐसा लगता है जैसे दिल्ली में पुलिस का नहीं, बल्कि अपराधियों का नियंत्रण है।

अतः केंद्र सरकार तथा पुलिस के अधिकारियों से मेरा अनुरोध है कि वे इस संबंध में कठोरतम कार्यवाही करें, जिससे अपराधियों के मन में कानून के प्रति भय उत्पन्न हो और वे अपराध करने से पहले दस बार सोचें। अपराधियों पर नियंत्रण रखा जाना अत्यंत आवश्यक है।

सधन्यवाद।
भवदीय
क.ख.ग.

3 किसी प्रतिष्ठित समाचार-पत्र के संपादक को पत्र लिखकर स्वास्थ्य विभाग के लापरवाह रवैये के कारण खाद्य पदार्थों में मिलावट की समस्या गंभीर होने की ओर उनका ध्यान आकर्षित करें।

परीक्षा भवन,
उत्तर प्रदेश।

दिनांक 29 मार्च, 20XX

सेवा में,
श्रीमान संपादक महोदय,
दैनिक जागरण,
सहारनपुर,
उत्तर प्रदेश।

विषय स्वास्थ्य विभाग के लापरवाह रवैये हेतु।

महोदय,

मैं इस पत्र द्वारा आपका ध्यान स्वास्थ्य विभाग के लापरवाह रवैये की ओर दिलाना चाहता हूँ। हमारे क्षेत्र में तैनात स्वास्थ्य कर्मचारी अपने कर्तव्य से विमुख हो गए हैं। वे कई-कई दिनों तक इधर नहीं आते। यदि थोड़ी देर के लिए आ भी जाते हैं, तो अपना कार्य नहीं करते, बल्कि इसके स्थान पर किसी हलवाई या चाट-पकौड़ी वाले की दुकान पर बैठकर नाश्ता आदि करके वापस चले जाते हैं।

इसका परिणाम यह हो रहा है कि दूध की डेयरी, मिष्टान्न भंडारों, किराने की दुकानों आदि में दुकानदार जी भरकर मिलावटी चीज़ों की बिक्री कर रहे हैं और जनता को विवशतापूर्वक इन्हीं चीज़ों को खरीदना पड़ रहा है। इन मिलावटी तथा कम गुणवत्ता वाले खाद्य पदार्थों को खाकर सभी बीमार हो रहे हैं।

हमने स्वास्थ्य विभाग के अधिकारियों को कई बार अपनी समस्याओं से अवगत भी कराया है, किंतु उन पर कोई प्रभाव नहीं पड़ता। इनकी लापरवाही किसी की जान भी ले सकती है।

महोदय, आपसे विनम्र निवेदन है कि आप स्वयं अपने स्तर से इस विषय की जाँच कराने की कृपा करें ताकि हमारी समस्याओं का निवारण किया जा सके।

धन्यवाद।
प्रार्थी
क.ख.ग.

4 नगरों में कल-कारखानों से प्रदूषण में हो रही वृद्धि को रोकने हेतु किसी दैनिक पत्र के संपादक को पत्र लिखिए। **CBSE 2011**

परीक्षा भवन,
मेरठ।

दिनांक 17 जुलाई, 20XX

सेवा में,
संपादक महोदय,
दैनिक जागरण,
दिल्ली रोड,
मेरठ।

विषय शहर में बढ़ते प्रदूषण के सदर्भ में।

मान्यवर,
मैं आपके प्रतिष्ठित समाचार-पत्र के माध्यम से जनता, अधिकारियों तथा सरकार का ध्यान शहरों में कल-कारखानों के कारण होने वाले प्रदूषण की ओर आकर्षित करना चाहता हूँ। आशा है कि आप मेरे पत्र को अपने प्रतिष्ठित समाचार-पत्र में प्रकाशित करेंगे।

आज के आधुनिक युग में उद्योग-धंधों का तेज़ी से प्रसार हो रहा है। इनकी चिमनियों से निकलने वाले धुएँ से वायुमंडल में प्रदूषण की मात्रा बहुत बढ़ गई है। इसके अतिरिक्त औद्योगिक केंद्रों में मशीनों से निकलने वाले कचरे से भी वायुमंडल में प्रदूषण बढ़ रहा है। प्रदूषण चाहे कैसा भी हो, स्वास्थ्य के लिए अत्यंत हानिकारक होता है। वायुमंडल में शुद्ध वायु की कमी विभिन्न रोगों को जन्म देती है। अपने शहरों के चारों ओर स्थित अनेक उद्योग-धंधों की चिमनियों से निकलने वाला धुआँ तथा कोयले की राख आस-पास के निवासियों के स्वास्थ्य पर विपरीत प्रभाव डाल रही है।

मेरा मुख्यमंत्री, ज़िलाधीशों तथा प्रदूषण विभाग के अधिकारियों से विनम्र अनुरोध है कि वे इस ओर ध्यान दें तथा इस संबंध में आवश्यक एवं कठोर कदम उठाएँ, जिससे समस्या का उचित समाधान हो सके।

सधन्यवाद।

भवदीय
क.ख.ग.

परीक्षा अभ्यास

1 समाज में नशीले पदार्थों के सेवन की बढ़ती प्रवृत्ति पर चिंता व्यक्त करते हुए किसी प्रतिष्ठित समाचार पत्र के संपादक को पत्र लिखिए।

2 आपके क्षेत्र में बुजुर्गों के साथ होने वाली अनदेखी का उल्लेख करते हुए किसी प्रतिष्ठित समाचार पत्र के संपादक को पत्र लिखिए।

3 किसी प्रतिष्ठित दैनिक समाचार-पत्र के संपादक को सड़क दुर्घटनाओं को रोकने के लिए सुझाव देते हुए पत्र लिखिए।

4 आपके क्षेत्र में बढ़ रही अवैध निर्माण की समस्या की ओर प्रशासन का ध्यान आकर्षित करते हुए किसी लोकप्रिय समाचार-पत्र के संपादक को पत्र लिखिए।

5 नारियों के प्रति अत्याचार की बढ़ती घटनाओं का विश्लेषण करते हुए किसी प्रतिष्ठित समाचार-पत्र के संपादक को पत्र लिखिए और समाधान का एक उपाय भी सुझाइएँ।

(iv) व्यावसायिक पत्र

व्यावसायिक संबंधों को सुनिश्चित करने के लिए जो पत्र लिखे जाते हैं, उन्हें 'व्यावसायिक पत्र' कहा जाता है। ऐसे पत्रों की भाषा स्पष्ट तथा आकर्षक होनी चाहिए, जिससे बातें पूर्णतः स्पष्टता के साथ संप्रेषित हो सकें। व्यावसायिक पत्रों में सामान मँगवाने, उसकी जानकारी, शिकायतें तथा शिकायतों के निवारण जैसे विषय होते हैं।

1 किसी प्रकाशक से पुस्तकें मँगवाने के लिए एक व्यावसायिक पत्र लिखिए। **CBSE 2015**

परीक्षा भवन,
दिल्ली।

दिनांक 20 अगस्त, 20XX

सेवा में,
प्रकाशक महोदय,
अग्रदूत प्रकाशन हाउस,
रेलवे रोड,
नई दिल्ली।

विषय पुस्तकें मँगवाने हेतु।

महोदय,
मैं सर्वोदय विद्यालय, दिल्ली का कक्षा दसवीं का विद्यार्थी हूँ। मुझे निम्नलिखित पुस्तकों की आवश्यकता है। अतः अपसे विनम्र अनुरोध है कि ये पुस्तकें शीघ्र ही वी.पी.पी. द्वारा भेजने का कष्ट करें। कृपया पुस्तकों का उचित शुल्क लगाकर ही बिल संलग्न करें।

पुस्तकों की सूची इस प्रकार है

1. गोदान	2 प्रति
2. पाठ्य पुस्तक स्पर्श भाग-1	2 प्रति
3. पूरक पुस्तक संचयन भाग-1	3 प्रति

ध्यान रहे कि कोई भी पुस्तक कटी-फटी न हो तथा ज़िल्द अच्छे से चढ़ी हो। मैं आश्वासन देता हूँ कि वी. पी. पी. प्राप्त होते ही तुरंत उचित भुगतान कर दूँगा।

सधन्यवाद।

भवदीय

क.ख.ग.

2 आपने नया कंप्यूटर खरीदा किंतु खरीदने के एक महीने बाद ही उसमें खराबी आ गई आपकी शिकायत पर दुकानदार ने कोई ध्यान नहीं दिया। कंपनी के मुख्य प्रबंधक को पत्र लिखकर घटना की जानकारी देते हुए उनसे अनुरोध कीजिए कि वे आपके साथ न्याय करें।

परीक्षा भवन,
दिल्ली।

दिनांक 17 मई, 20XX

सेवा में,
मुख्य प्रबंधक अधिकारी,
एल. जी. कंप्यूटर कंपनी,
लक्ष्मी नगर,
दिल्ली।

विषय कंप्यूटर खराब होने की जानकारी हेतु।

महोदय,

मैं आनंद विहार (दिल्ली) का निवासी हूँ। मैंने पिछले महीने की 21 सितंबर को आपके शोरूम से एक कंप्यूटर सैट खरीदा था। वह केवल एक महीने ही ठीक से चला, फिर खराब हो गया। अब यह चालू ही नहीं होता। आपकी तरफ़ से एक वर्ष की गारंटी मिलने पर मैंने कंप्यूटर शोरूम के मालिक के पास कई बार इसकी सूचना भेजी, परंतु अभी तक उन्होंने कोई ध्यान नहीं दिया। कंप्यूटर के बिना हमारे कई काम अधूरे पड़े हुए हैं। विवश होकर मैंने आज आपको पत्र लिखा है।

आशा है कि आप हमारी परेशानी को समझेंगे और जल्द ही अपने कर्मचारियों को भेजकर इसे ठीक करवाएँगे। कंप्यूटर के नकद भुगतान की रसीद एवं गारंटी कार्ड की छायाप्रतियाँ भी पत्र के साथ भेज दी गई हैं।

धन्यवाद।
भवदीय,
क.ख.ग.

3 आप निजी कंप्यूटर प्रशिक्षण संस्था खोलना चाहते हैं। इस कार्य को आरंभ करने में अत्यधिक धनराशि की आवश्यकता होगी। इस संदर्भ में अपने जनपद के केनरा बैंक के प्रबंधक महोदय को ऋण प्रदान करने हेतु एक आवेदन-पत्र लिखिए।

परीक्षा भवन,
मोदीनगर, गाजियाबाद (उत्तर प्रदेश)

दिनांक 20 अक्टूबर, 20XX

सेवा में,
श्रीमान प्रबंधक महोदय,
केनरा बैंक
मोदीनगर, उत्तर प्रदेश।

विषय कंप्यूटर प्रशिक्षण संस्था खोलने के लिए ऋण प्राप्ति हेतु।

मान्यवर,

मैं आपको विनम्र रूप से सूचित करना चाहता हूँ कि मैं पिछले कुछ वर्षों से एक विद्यालय में कंप्यूटर शिक्षक के रूप में कार्यरत हूँ। मैंने उत्तर प्रदेश तकनीकी विश्वविद्यालय से एम.सी.ए. किया हुआ है। कंप्यूटर प्रशिक्षण के क्षेत्र में अत्यधिक रुचि होने के कारण मैंने इस क्षेत्र को अपने व्यवसाय के रूप में चुना है।

मैं अपने मोहल्ले में एक कंप्यूटर प्रशिक्षण संस्था खोलना चाहता हूँ, जिससे अधिक-से-अधिक लोग कंप्यूटर का ज्ञान अर्जित कर सकें। मुझे इस व्यवसाय को प्रारंभ करने के लिए बहुत से डिवाइस की आवश्यकता पड़ेगी, जिसके लिए मेरे पास धन का अभाव है।

आज ही अखबार में मैंने आपके बैंक द्वारा प्रकाशित किया गया विज्ञापन देखा है, जिसमें कम-से-कम दर पर ऋण देने की बात कही गई है।

अतः इस आवेदन के साथ मैं अपने संपूर्ण संबद्ध दस्तावेजों की प्रतिलिपियाँ भेज रहा हूँ। मेरा आपसे विनम्र निवेदन है कि मुझे विज्ञापन के अनुसार आसान किस्तों पर ऋण प्रदान करने का कष्ट करें।

आपकी अति कृपा होगी।

सधन्यवाद।
भवदीय
क.ख.ग.

परीक्षा अभ्यास

1 आपने हिंदी बुक सेंटर, नई दिल्ली से कुछ पुस्तकें मँगवाई थीं, जो फटी हुई पाई गई हैं। इसकी शिकायत करते हुए पुस्तकें वापस करने की सूचना दें।

2 आपने अरुण पब्लिकेशन को हिंदी पुस्तक की चार प्रतियाँ भिजवाई थीं। इस ऑर्डर की प्राप्ति के पश्चात् भुगतान संबंधित पत्र लिखिए।

3 आपके विद्यालय में बच्चों के लिए कुछ खेल सामग्री की आवश्यकता है। इस आवश्यकता की प्राप्ति के लिए शर्मा स्पोर्ट्स को एक पत्र लिखिए।

4 आपने कुछ समय पूर्व कुछ सामान का ऑर्डर दिया था, परंतु उसका भुगतान करने में अतिरिक्त समय की माँग हेतु एक पत्र लिखिए।

5 आपने कुमार एंड सन्स को कुछ टेबलों का ऑर्डर 25 दिन पूर्व दिया था। अधिक समय लेने के कारण मेजों (टेबलों) के ऑर्डर का निरस्तीकरण संबंधी पत्र लिखिए।

(v) कार्यालयी पत्र

विभिन्न सरकारी कार्यालयों में पत्र के माध्यम से कार्य संपादित होते हैं। ऐसे पत्रों को 'कार्यालयी पत्र' कहा जाता है। इन पत्रों में शालीनता तथा शिष्ट भाषा का प्रयोग किया जाता है।

1 अपने राज्य के परिवहन सचिव को एक पत्र लिखिए, जिसमें आपकी बस्ती तक नया बस मार्ग आरंभ कराने का अनुरोध हो।

परीक्षा भवन,
दिल्ली।

दिनांक 15 सितंबर 20XX

सेवा में,
परिवहन सचिव महोदय,
दिल्ली सरकार,
दिल्ली।

विषय अपनी कॉलोनी तक नए बस मार्ग हेतु।

मान्यवर,

मैं उत्तर-पश्चिम दिल्ली के विकासपुरी, डी-ब्लॉक का निवासी हूँ। हमारे क्षेत्र में बड़ी जनसंख्या निवास करती है, जिसमें अधिकांश लोग दिल्ली के विभिन्न भागों में कार्यरत हैं। हमारी कॉलोनी से कोई बस नहीं चलती। इसके कारण लोगों को प्रत्येक दिन अत्यधिक कठिनाई का सामना करना पड़ता है तथा लगभग 2 किमी पैदल चलकर ए-ब्लॉक बस स्टैंड तक आना पड़ता है। इसमें समय की बर्बादी के साथ शारीरिक-मानसिक परेशानी भी होती है।

अतः आपसे अनुरोध है कि विकासपुरी डी-ब्लॉक तक एक नया बस मार्ग (बस रूट) आरंभ करने की कृपा करें। इसके लिए हम सब आपके आभारी रहेंगे। मुझे विश्वास है कि आप इसे गंभीरता से लेते हुए संबंधित अधिकारी को इसके लिए उचित निर्देश देंगे।

धन्यवाद।

भवदीय
क.ख.ग.

2 अपने मोहल्ले में वर्षा के कारण उत्पन्न जल-भराव की समस्या की ओर ध्यान आकृष्ट करने के लिए नगर निगम के अधिकारी को पत्र लिखिए। **CBSE 2011**

परीक्षा भवन,
इलाहाबाद।

दिनांक 19 नवंबर 20XX

सेवा में,
कार्यकारी अधिकारी,
इलाहाबाद नगर निगम,
इलाहाबाद।

विषय जल-भराव की समस्या संबंधी।

मान्यवर,

मैं इलाहाबाद नगर निगम के अधीन आने वाले क्षेत्र टैगोर टाउन का निवासी हूँ। हमारे क्षेत्र में जल-भराव की अत्यंत गंभीर समस्या है और यह समस्या बरसात के दिनों में विकराल रूप धारण कर लेती है। जगह-जगह पर अत्यधिक पानी जमा हो जाता है।

अभी पिछले कुछ दिनों से लगातार होने वाली वर्षा के कारण सड़कों एवं गलियों में पानी का इतना अधिक भराव हो गया है कि मोहल्ले के निवासियों को आवागमन में बहुत अधिक परेशानी हो रही है। पानी के निकास की उचित व्यवस्था न होने के कारण वह सड़ने लगा है, जिससे गंभीर बीमारियों के फैलने की आशंका उत्पन्न हो गई।

अतः आपसे अनुरोध है कि इस समस्या के समाधान के लिए शीघ्र उचित कार्यवाही की जाए, जिससे क्षेत्र के निवासियों को जलभराव की समस्या से राहत दिलाने के साथ-साथ संभावित गंभीर बीमारियों से भी बचाया जा सके। आशा है, आप इस दिशा में शीघ्र ही उचित कदम उठाएँगे।

सधन्यवाद।
भवदीय
क.ख.ग.

3 आपके मोहल्ले में बिजली प्रायः रात्रि के समय कई-कई घंटों के लिए चली जाती है। बिजली संकट से उत्पन्न कठिनाइयों से अवगत कराते हुए बिजली विभाग के संबंधित अधिकारी को पत्र लिखिए।

परीक्षा भवन,
गाजियाबाद।

दिनांक 6 फरवरी, 20XX

सेवा में,
विद्युत अधिकारी
गाजियाबाद।

विषय विद्युत कटौती के संदर्भ में।

महोदय,

इस पत्र के माध्यम से मैं आपका ध्यान बिजली संकट की ओर दिलाना चाहता हूँ। पिछले चार-पाँच महीनों से इस क्षेत्र की विद्युत आपूर्ति बहुत खराब स्थिति में है। कोई समय निश्चित नहीं है कि बिजली की कटौती कब-से-कब तक की जाएगी और वह कब आएगी? बिजली जाती है, तो घंटों तक नहीं आती है।

श्रीमान, मैं एक विद्यार्थी हूँ। बोर्ड की परीक्षाएँ निकट हैं। मेरे जैसे अन्य विद्यार्थी भी इस समस्या से तनाव की स्थिति में रहते हैं। इन्वर्टर भी चार्ज नहीं हो पाता है, गर्मी और मच्छरों का आतंक अलग से है। यदि ऐसा ही चलता रहा, तो हमारे अध्ययन एवं करियर पर इसका अत्यंत नकारात्मक असर पड़ेगा। कृपया हमारी समस्या पर ध्यान देते हुए मोहल्ले में नियमित बिजली आपूर्ति के लिए शीघ्रातिशीघ्र ठोस कदम उठाएँ।

धन्यवाद।

भवदीय

क.ख.ग.

परीक्षा अभ्यास

1 अपने क्षेत्र में बढ़ते हुए अपराधों की रोकथाम हेतु थानाध्यक्ष को पत्र लिखिए।

2 आप अपनी बहन के विवाह के लिए राजस्थान परिवहन निगम की बस किराये पर लेना चाहते हैं। इसके लिए निगम के निदेशक को पत्र लिखिए।

3 पेट्रोल के मूल्यों में हो रही वृद्धि के बावजूद कारों की संख्या बढ़ती ही जा रही है। इस स्थिति का कारण स्पष्ट करते हुए राज्य के परिवहन मंत्री को एक पत्र लिखिए।

4 अपने क्षेत्र के पुलिस अधिकारी को पत्र लिखकर अनुरोध कीजिए कि अपराधों की बढ़ती प्रवृत्ति को देखते हुए क्षेत्र की पुलिस गश्त बढ़ा दी जाए।

5 आपके मोहल्ले के प्रार्थना-पूजा स्थलों में लाउडस्पीकरों के मनमाने प्रयोग से होने वाली परेशानियों का उल्लेख करते हुए निकट के थानाध्यक्ष को पत्र लिखिए।

(vi) विविध

1 अस्पताल कर्मचारियों के सद्व्यवहार की प्रशंसा करते हुए मुख्य चिकित्सा अधिकारी को लगभग 80-100 शब्दों में पत्र लिखिए। **CBSE 2020**

परीक्षा भवन
दिल्ली।

दिनांक 23 फरवरी, 20XX

सेवा में,
मुख्य चिकित्सा अधिकारी,
जिला चिकित्सालय
दिल्ली - 110008

विषय अस्पताल कर्मचारियों के सद्व्यवहार की प्रशंसा के संबंध में।

महोदय,

सविनय निवेदन यह है कि मैं त्रिलोकपुरी का निवासी, संजीव कुमार हूँ। मैं पिछले सप्ताह बुधवार को अपनी माताजी को लेकर आपके अस्पताल पहुँचा। अस्पताल में अत्यधिक भीड़ होने के कारण मेरी माताजी को बैठने का स्थान भी प्राप्त नहीं हो पा रहा था। पैर में तकलीफ होने के कारण वह अधिक देर तक खड़े रहने में असमर्थ थी। जब मैंने अस्पताल कर्मचारियों से व्हील चेयर की माँग की तो उन्होंने दुर्व्यवहार करते हुए चेयर लाने से मना कर दिया तभी वहाँ अन्य सफाई कर्मचारी राजीव शुक्ला आए और मेरी माताजी को बैठने का स्थान उपलब्ध कराया और चलने-फिरने की समस्या से बचाने के लिए व्हील चेयर भी लेकर आए। उन्होंने माँ के साथ प्रेमपूर्वक व्यवहार किया और साथ ही सभी महत्त्वपूर्ण निर्देशों की भी सूचना दी, ताकि हमें किसी प्रकार की समस्या का सामना न करना पड़े। उनके इस व्यवहार से हमें अत्यंत संतुष्टि हुई। उनके माधुर्यपूर्ण एवं सहयोगी व्यवहार से प्रसन्न होकर मैं आपसे निवेदन करता हूँ कि इस सद्व्यवहार के लिए उन्हें पुरस्कृत किया जाए ताकि अन्य कर्मचारी को भी सद्व्यवहार करने हेतु प्रोत्साहित किया जा सके।

धन्यवाद।

भवदीय

क. ख. ग

2 अपने बैंक के प्रबंधक को पत्र लिखकर अपने आधार कार्ड को बैंक खाते से जोड़ने का अनुरोध कीजिए।   **CBSE 2018**

परीक्षा भवन
दिल्ली।

दिनांक 16 मार्च, 20XX

सेवा में,
बैंक प्रबंधक,
भारतीय स्टेट बैंक,
दरियागंज, दिल्ली।

विषय आधार कार्ड को बैंक खाते से जोड़ने हेतु।

महोदय,

सविनय निवेदन यह है कि मैं आपके बैंक में खाता धारक हूँ। मेरा बचत खाता संख्या 464241XX है। मैं अपना खाता आधार कार्ड से जोड़ना चाहता हूँ। मेरा आधार कार्ड नंबर 54127431XXX है। अतः आपसे निवेदन है कि आप मेरे आधार कार्ड को बैंक खाते से जोड़ने का कष्ट करें। आपकी अति कृपा होगी।

धन्यवाद।

भवदीय

क.ख.ग.

3 अपने क्षेत्र में सार्वजनिक पुस्तकालय खुलवाने की आवश्यकता समझाते हुए दिल्ली के शिक्षा-मंत्री के नाम एक पत्र लिखिए। **CBSE 2019**

परीक्षा भवन,

दिल्ली।

दिनांक 4 अप्रैल, 20XX

सेवा में,

माननीय शिक्षा मंत्री,
दिल्ली।

विषय क्षेत्र में नया सार्वजनिक पुस्तकालय खुलवाने हेतु।

महोदय,

निवेदन है कि मैं दिल्ली के रोहिणी सेक्टर-35 में रहता हूँ। सेक्टर-12 से सेक्टर-35 तक बहुत आबादी बस चुकी है। यहाँ की जनसंख्या पिछले पाँच सालों की तुलना में तीन गुना हो चुकी है, किंतु इस क्षेत्र में सार्वजनिक पुस्तकालय की व्यवस्था नहीं है। पुस्तकालय से संबंधित किसी भी काम के लिए लोगों को यहाँ से बहुत दूर सेक्टर-14 में जाना पड़ता है, जिसमें बहुत परेशानी होती है। विशेषकर बूढ़ों और महिलाओं को बहुत कष्ट उठाना पड़ता है। केंवल विद्यार्थी ही इसका लाभ ले पाते हैं।

मेरा शिक्षा मंत्री महोदय से विनम्र अनुरोध है कि इस क्षेत्र की आवश्यकता और परेशानी को देखते हुए इस क्षेत्र में शीघ्र ही एक सार्वजनिक पुस्तकालय खुलवाने की व्यवस्था करें, जिससे यहाँ के नागरिकों को होने वाली पठन-पाठन की परेशानियों से छुटकारा मिल सके।

उचित कदम की आशा में।

धन्यवाद।

भवदीय

क. ख. ग.

4 कक्षा में अनजाने में हो गए अभद्र व्यवहार के लिए कक्षा-अध्यापक से क्षमा-याचना करते हुए पत्र लिखिए। **CBSE 2019**

परीक्षा भवन,
दिल्ली।
दिनांक 4 अप्रैल, 20XX
सेवा में,
कक्षा अध्यापक,
सर्वोदय विद्यालय, दिल्ली।

विषय कक्षा में अनजाने में हो गए अभद्र व्यवहार के लिए क्षमा याचना पत्र।

महोदय,

सविनय निवेदन यह है कि मैं आपकी दसवीं 'ब' कक्षा का छात्र हूँ। पिछले शुक्रवार को मैं विद्यालय देरी से पहुँचा था। जब आपने मुझे कक्षा में प्रवेश करने से रोका, तो मैं आपके सामने अकड़ कर बोला और मेरे मुख से कुछ अपमानजनक शब्द निकल गए। घर आने के पश्चात् जब मेरा क्रोध शांत हुआ, तब अपने दुस्साहसपूर्ण कार्य पर मुझे आत्मग्लानि होने लगी। शर्म के कारण में दो-तीन दिन तक विद्यालय न आ सका। अपने द्वारा किए गए इस अभद्र व्यवहार के लिए मैं क्षमा प्रार्थी हूँ।

आशा है कि आप मुझे अपना मानकर अवश्य ही क्षमा कर देंगे। मैं विश्वास दिलाता हूँ कि भविष्य में ऐसी मर्यादाहीन बात कभी नहीं करूँगा तथा विनम्र बना रहूँगा।

धन्यवाद।
भवदीय
क. ख. ग.

5 आपको विद्यालय में खेलने का अवसर नहीं मिलता। कह दिया जाता है कि छात्र संख्या अधिक होने से सबके लिए व्यवस्था नहीं हो सकती। प्रधानाचार्य को पत्र लिखकर इस समस्या पर चर्चा कीजिए और एक उपाय भी सुझाइए। **CBSE 2019**

परीक्षा भवन,

दिल्ली।

दिनांक 5 अप्रैल, 20XX

सेवा में,

प्रधानाचार्य महोदय,

राजकीय प्रतिभा विकास विद्यालय,

सिविल लाइन्स,

दिल्ली।

विषय खेलने का अवसर न मिलने हेतु पत्र।

महोदय,

सविनय निवेदन यह है कि मैं 'अनुपम शर्मा' आपके विद्यालय, का दसवीं 'ब' का छात्र हूँ। हमारी कक्षा के छात्र हर सप्ताह दो बार खेल के मैदान में जाते हैं, लेकिन हमें खेलने का अवसर नहीं मिल पाता। हर बार यह कह दिया जाता है कि छात्रों की संख्या अधिक होने के कारण सबके लिए व्यवस्था नहीं हो सकती। इससे छात्रों को निराश होकर वापस आना पड़ता है। आपको तो पता ही है कि खेलना हमारे लिए कितना महत्त्वपूर्ण है।

अतः आपसे निवेदन है कि सभी छात्रों के खेलने के लिए मैदान तथा सामग्री की उचित व्यवस्था करें, ताकि हमें खेलने का पर्याप्त अवसर मिल सके। हमें आशा है कि आप हमारी इस समस्या पर अवश्य ध्यान देंगे। उचित कदम की प्रतीक्षा में।

धन्यवाद।

भवदीय

अनुपम शर्मा

कक्षा-दसवीं 'ब'

6 मेट्रो में यात्रा करते हुए अपना कीमती सामान वाला बैग आप भूल गए। तुरंत शिकायत करने के बाद अगले दिन आपको अपना बैग वापस मिल गया। प्रबंधन की प्रशंसा करते हुए किसी पत्र के संपादक को पत्र लिखिए। **CBSE 2019**

परीक्षा भवन
दिल्ली।
दिनांक 5 अप्रैल, 20XX
सेवा में,
संपादक महोदय,
अमर उजाला,
दिल्ली।

विषय मेट्रो प्रबंधन की प्रशंसा हेतु पत्र।

महोदय,

मैं आपके लोकप्रिय समाचार-पत्र के माध्यम से मेट्रो प्रबंधन की प्रशंसा करना चाहता हूँ। पिछले सप्ताह मैं मेट्रो में यात्रा कर रहा था। यात्रा करते हुए मैं अपना कीमती सामान वाला बैग मेट्रो में ही भूल गया था। इस कारण मैं बहुत चिंतित हो गया कि न जाने अब मुझे बैग वापस मिलेगा या नहीं। मैंने इसके संबंध में मेट्रो विभाग में शिकायत कर दी थी।

शिकायत पर कार्यवाही करते हुए मेट्रो प्रबंधन ने मुझे बैग वापस कर दिया। उनके द्वारा इतनी शीघ्र गति से कार्यवाही की गई, जिससे मैं बहुत प्रभावित हुआ। अतः इस पत्र के द्वारा मैं मेट्रो प्रबंधन को हृदय से धन्यवाद देना चाहता हूँ। साथ ही उनके द्वारा किए गए कार्य की प्रशंसा करता हूँ। आशा करता हूँ कि आगे भी यह प्रबंधन अपनी जिम्मेदारियों को निभाता रहेगा।

धन्यवाद।
भवदीय
क.ख.ग

7 चौराहों पर भीख माँगते बच्चों को देखकर आपको कैसा लगता है? इस समस्या के समाधान के लिए अपने विचार एक पत्र द्वारा किसी समाचार-पत्र के संपादक को लिखिए। **CBSE 2019**

परीक्षा भवन,
दिल्ली।
दिनांक 5 अप्रैल, 20XX
सेवा में,
संपादक महोदय,
दैनिक जागरण,
दिल्ली।

विषय भीख माँगने की समस्या के समाधान हेतु पत्र।

महोदय,

मैं आपके दैनिक लोकप्रिय समाचार-पत्र के माध्यम से समाज तथा सरकार का ध्यान भीख माँगने की समस्या की ओर ले जाना चाहता हूँ।

कल जब मैं सुबह के समय अपने विद्यालय जा रहा था तो मैंने देखा की एक छः-सात वर्ष का बच्चा सड़क के चौराहे पर भीख माँग रहा था। उसे देखकर मुझे बहुत दया आई, साथ ही दुःख भी हुआ कि जिस आयु में उसे विद्यालय जाना चाहिए उस आयु में वह भीख माँग रहा है। हर रोज न जाने कितने ऐसे बच्चे चौराहों पर भीख माँगते होंगे।

'बचपन बचाओ' आंदोलन चलने के बावजूद भी बच्चों को स्कूल नहीं भेजा जा रहा तथा उनका बचपन छीना जा रहा है। भीख माँगना भारत में एक गम्भीर समस्या है, जिसका समाधान प्राथमिक आधार पर किए जाने की आवश्यकता है।

भिक्षावृत्ति के विरुद्ध कठोर कानून बनाने चाहिए। इसके संबंध में राज्य के अधिकारियों तथा एनजीओ की भागीदारी इस सामाजिक बुराई को जड़ से उखाड़ने में पूरी सहायक होगी।

मैं आशा करता हूँ कि आप अपने प्रतिष्ठित समाचार-पत्र में मेरे इस पत्र को अवश्य स्थान देंगे।

धन्यवाद।
भवदीय
क.ख.ग.

8 अपनी पढ़ाई तथा अन्य गतिविधियों के बारे में बताते हुए अपने पिताजी को पत्र लिखिए। **CBSE 2019**

परीक्षा भवन,
दिल्ली।
दिनांक 5 अप्रैल, 20XX
पूज्य पिताजी,
सादर चरण स्पर्श।

मैं यहाँ कुशल-मंगल हूँ, आशा करती हूँ कि आप भी अच्छे होंगे। मैं आपको यह बताना चाहती हूँ कि मेरी पढ़ाई सुचारु रूप से चल रही है। मैंने पढ़ाई के संबंध में एक समय-सूची भी बना ली है, जिसमें प्रत्येक विषय के लिए पढ़ने का समय सुनिश्चित किया हुआ है। इससे मुझे काफी मदद मिली है तथा सभी विषयों का समान रूप से अध्ययन कर पा रही हूँ।

मैंने पढ़ाई के साथ खेलों के लिए भी समय निश्चित किया हुआ है। पिताजी मैं विद्यालय में होने वाली अन्य गतिविधियों में भी सक्रिय हूँ। अभी हाल ही में मैंने विद्यालय की भाषण प्रतियोगिता में हिस्सा लिया तथा प्रथम स्थान प्राप्त किया था।

इस प्रकार पढ़ाई तथा अन्य गतिविधियों दोनों में मेरा प्रदर्शन अच्छा ही है। उम्मीद है कि इस बार में प्रथम श्रेणी से उत्तीर्ण होकर आपका नाम रोशन करूँगी। शेष फिर। माताजी को मेरा प्रणाम कहना।

आपकी पुत्री
क.ख.ग.

अध्याय

03

सूचना लेखन

प्रश्न की प्रकृति

इस प्रश्न के अंतर्गत किसी भी विषय से संबंधित सूचना प्रेषित करने के लिए कहा जा सकता है। इस प्रश्न का मुख्य उद्देश्य विद्यार्थियों की लिखित अभिव्यक्ति संबंधी कौशल की जाँच करना है।

प्रायः सूचना मौखिक या लिखित रूप में दी जाती है। आधुनिक युग में मौखिक सूचना आकाशवाणी, रेडियो, टेलीविज़न आदि के माध्यम से दी जाती है। जब सूचना लिखित रूप में देने के लिए तैयार की जाती है, तो उसे 'सूचना लेखन' कहते हैं।

सूचना लेखन संक्षिप्त लेखन की एक विधा है, जिसके माध्यम से विद्यार्थियों के व्याकरणिक दृष्टि से शुद्ध हिंदी लेखन कौशल के साथ-साथ संक्षिप्त रूप में उनके विचारों की स्पष्ट अभिव्यक्ति संबंधी क्षमता का भी आकलन किया जाता है।

सूचना लेखन से अभिप्राय

सूचना लेखन का अपना एक विशेष महत्त्व है। जब एक ही जानकारी को बहुत सारे व्यक्तियों को व्यक्तिगत स्तर पर अलग-अलग देना संभव नहीं होता, तब इसके लिए सूचना लेखन का सहारा लिया जाता है। इसके माध्यम से किसी व्यक्ति अथवा संगठन की ओर से किसी जानकारी, चेतावनी आदि की सार्वजनिक रूप से घोषणा की जाती है। साधारणतः लिखित सूचना समाचार-पत्रों या पत्रिकाओं में प्रकाशित की जाती है या विद्यालय, कॉलेज, कार्यालय आदि संस्थाओं द्वारा सूचना बोर्ड पर प्रदर्शित की जाती है। यह अत्यंत संक्षिप्त और औपचारिक होती है।

सूचना लेखन के उद्देश्य

सूचना लेखन के मुख्य उद्देश्य निम्नलिखित हैं

1. सार्वजनिक रूप से सभी लोगों को एक साथ सूचना यानी जानकारी देना।
2. किसी महत्त्वपूर्ण घटना या कार्यक्रम के बारे में पूर्व जानकारी उपलब्ध कराना।
3. सूचना का उद्देश्य किसी विषय के बारे में अखबारों, पत्र-पत्रिकाओं आदि के माध्यम से सभी लोगों को सूचित करना होता है।
4. सूचना लेखन का उद्देश्य संक्षित में पूरी सूचना अथवा जानकारी लोगों को प्रदान करना होता है।

सूचना लेखन के प्रकार

1. बैठक की जानकारी देने से संबंधित सूचना लेखन।
2. किसी कार्यक्रम (प्रतियोगिता, यात्रा, भ्रमण, वार्षिक कार्यक्रम, समारोह आदि) के आयोजन से संबंधित सूचना लेखन।
3. सामान गुम हो जाने या पाए जाने की जानकारी देने से संबंधित सूचना लेखन।
4. नाम, पता, आवास, कंपनी, बैंक खाता आदि बदलने की सूचना देने से संबंधित सूचना लेखन।
5. अपील करने या चेतावनी देने से संबंधित सूचना लेखन।

सूचना लेखन के लिए ध्यान देने योग्य बातें

- सूचना लेखन के **आरंभ** में सूचना जारी करने वाली संस्था अथवा संगठन के नाम का उल्लेख अवश्य होना चाहिए।
- इसके बाद अगली पंक्ति में **सूचना** शब्द लिखना चाहिए।
- 'सूचना' शब्द लिखने के बाद अगली पंक्ति में बाईं तरफ **दिनांक** लिखनी चाहिए।
- इसके पश्चात् **सूचना का विषय** लिखना चाहिए, जो संक्षिप्त तथा स्पष्ट हो।
- सूचना लेखन में सभी **आवश्यक जानकारी** सम्मिलित की जानी चाहिए, जिससे इसका उद्देश्यपूर्ण हो।
- सूचना लेखन में अनावश्यक बातों का समावेश नहीं करना चाहिए, इससे सूचना लेखन की महत्ता कम हो जाती है।
- सूचना लेखन से **क्या, क्यों, कब, कहाँ, कौन** आदि प्रश्नों के उत्तर प्राप्त होने चाहिए। इसका अर्थ यह है कि सूचना लेखन में विषय से संबंधित पूर्ण जानकारी का समावेश होना अनिवार्य है।
- सूचना लेखन के अंत में नीचे बाईं तरफ़ **सूचना देने वाले व्यक्ति के नाम** तथा **पद** का उल्लेख अवश्य करना चाहिए। आवश्यकता पड़ने पर हस्ताक्षर भी करने चाहिए।
- सूचना लेखन की **भाषा** सरल, स्पष्ट, प्रभावी तथा औपचारिक होनी चाहिए।

सूचना लेखन का प्रारूप

आप सर्वोदय कन्या विद्यालय, दिल्ली की प्रधानाचार्य डॉ. अंकिता शर्मा हैं। विद्यालय में वन महोत्सव का आयोजन करने से संबंधित सूचना विद्यालय के सभी शिक्षकों और छात्राओं दीजिए।

सर्वोदय कन्या विद्यालय, दिल्ली — सूचना जारी करने वाला संगठन

सूचना

दिनांक 20 जून, 20XX — दिनांक

विद्यालय में वन महोत्सव का आयोजन — विषय

सभी शिक्षकों और छात्राओं को सूचित किया जाता है कि 27 जुलाई, 20XX को दोपहर 12:30 बजे विद्यालय के परिसर में 'वन महोत्सव' कार्यक्रम का आयोजन किया जाएगा। आप सभी इस कार्यक्रम में अपना सहयोग देकर इसे सफल बनाएँ। सभी छात्रों और शिक्षकों की उपस्थिति अनिवार्य है। — विषय विस्तार

डॉ. अंकिता शर्मा — सूचना देने वाले व्यक्ति का नाम

प्रधानाचार्य — व्यक्ति का पद

विशेष

- यदि प्रश्न में संगठन का नाम, व्यक्ति का नाम, पद आदि नहीं दिया गया है, तो छद्म संगठन का नाम, व्यक्ति का नाम, पद आदि लिखना चाहिए। परीक्षा में संगठन के नाम के स्थान पर परीक्षा भवन तथा व्यक्ति के नाम के स्थान पर क. ख. ग. भी लिख सकते हैं।

साधित उदाहरण

1 आप अपनी कॉलोनी की कल्याण परिषद् के अध्यक्ष हैं। अपने क्षेत्र में पार्कों की साफ-सफाई के प्रति जागरूकता लाने हेतु कॉलोनी वासियों के लिए सूचना तैयार कीजिए। **CBSE 2020**

आदर्श कॉलोनी, रमेश नगर, दिल्ली
सूचना

दिनांक 10 मार्च, 20XX

सभी पार्कों की साफ-सफाई के प्रति जागरूकता सम्बन्धी सूचना

कॉलोनी के सभी निवासियों को सूचित किया जाता है कि हमारी कॉलोनी में पार्कों की साफ-सफाई के प्रति जागरूकता लाने हेतु विशिष्ट अभियान का आरंभ किया जा रहा है। यह अभियान 12 मार्च ये प्रारंभ होकर 16 मार्च तक दोपहर 2:30 से शाम 6:00 बजे तक चलेगा। इस अभियान के अंतर्गत साफ-सफाई के महत्त्व को प्रतिपादित करते हुए प्रतिदिन 4-5 पौधों को आरोपित किया जाएगा। अत: आप सभी निवासियों से निवेदन है कि इस अभियान में बढ़-चढ़कर भाग लें।

अध्यक्ष

क. ख. ग.

कल्याण परिषद्

---

2 विद्यालय के सचिव की ओर से 'समय-प्रबंधन' विषय पर आयोजित होने वाली कार्यशाला के लिए एक सूचना तैयार कीजिए। **CBSE 2020**

बाल विकास पब्लिक स्कूल, दिल्ली
सूचना

दिनांक 22 फरवरी, 20XX

'समय-प्रबंधन' विषय पर आयोजित होने वाली कार्यशाला हेतु

सभी विद्यार्थियों को सूचित किया जाता है कि बाल विकास पब्लिक स्कूल की ओर से 'समय-प्रबंधन' विषय पर 13 मार्च से 15 मार्च तक कार्यशाला आयोजित की जा रही है। यह कार्यशाला प्रात: 9 बजे से 10 बजे तक चलेगी। इच्छुक विद्यार्थी को 12 मार्च तक पंजीकरण कराना आवश्यक है। पंजीकरण शुल्क 10/- निर्धारित किया गया है।

सचिव

क. ख. ग.

---

3 विद्यालय की समाज सेवा परिषद् के सचिव आशील सिंहल हैं। आप प्रौढ़ों की साक्षरता के लिए एक सप्ताह का शिविर लगाना चाहते हैं। इसके लिए विद्यार्थी रोज शाम को एक गाँव में जाकर चौपाल में प्रौढ़ों को अक्षर ज्ञान कराया करेंगे। इच्छुक विद्यार्थियों का पंजीकरण 10 अगस्त तक होना है। उनके आने जाने की व्यवस्था परिषद् की ओर से की जाएगी। इस हेतु एक सूचना तैयार कीजिए। **CBSE 2015**

प्रतिभा विकास विद्यालय, मेरठ
सूचना

दिनांक 26 जुलाई, 20XX

प्रौढ़ साक्षरता शिविर का आयोजन

सभी विद्यार्थियों को सूचित किया जाता है कि विद्यालय की 'समाज सेवा परिषद्' समिति की ओर से 'साप्ताहिक प्रौढ़ साक्षरता शिविर' का आयोजन किया जा रहा है। इसमें विद्यार्थियों द्वारा 28 सितंबर, 20XX से 8 अक्टूबर, 20XX तक शाम 5-7 बजे तक गाँव में जाकर चौपाल में प्रौढ़ों को अक्षर ज्ञान कराया जाएगा। विद्यार्थियों के आने जाने की व्यवस्था परिषद् की ओर से की जाएगी। इच्छुक विद्यार्थी शीघ्र अपना पंजीकरण कराएँ जिसकी अंतिम तिथि 10 अगस्त, 20XX है।

आशील सिंहल

सचिव, समाज सेवा परिषद्

---

4 **सामान गुम हो जाने या पाए जाने की सूचना देने के लिए सूचना लेखन**

आप शांति विद्या निकेतन, प्रशांत विहार, दिल्ली की छात्रा खुशी मेहरा हैं। विद्यालय में आपका परीक्षा प्रवेश-पत्र गुम हो गया है। इस विषय पर सूचना लिखिए।   **CBSE 2016**

शांति विद्या निकेतन, प्रशांत विहार, दिल्ली
सूचना

दिनांक 28 सितंबर, 20XX

परीक्षा प्रवेश-पत्र गुम होना

सभी को यह सूचित किया जाता है कि 27 सितंबर, 20XX को विद्यालय के खेल परिसर में मेरा परीक्षा प्रवेश-पत्र गुम हो गया है। उस पर मेरी फ़ोटो के साथ, मेरा अनुक्रमांक नं. 2321087 भी अंकित है। यदि किसी को भी वह मिले तो मुझे लौटाने की कृपा करें।

खुशी मेहरा
कक्षा-दसवीं 'B'

सामान गुम हो जाने या पाए जाने की सूचनाओं में निम्न बिंदुओं का होना आवश्यक है

गुम होने वाली वस्तु का नाम   गुम होने की दिनांक एवं स्थान
वस्तु की मुख्य पहचान   वस्तु का संक्षिप्त विवरण
संपर्क साधने के लिए व्यक्ति का नाम, पता आदि

5 **नाम, पता, आवास, कंपनी, बैंक खाता आदि बदलने की सूचना देने के लिए सूचना लेखन**

आपने अपना नाम अभिलाषा से बदलकर प्रांजल कर लिया है। अपने विद्यालय के सभी विद्यार्थियों को इसकी सूचना दीजिए।   **CBSE 2016, 14**

केंद्रीय विद्यालय, द्वारका, नई दिल्ली
सूचना

दिनांक 17 सितंबर, 20XX

नाम बदलने की सूचना

सभी विद्यार्थियों को सूचित किया जाता है कि मैंने अर्थात् कक्षा दसवीं की छात्रा कु. अभिलाषा सुपुत्री श्रीमती एवं श्रीमान विनय कपूर, निवासी-B ब्लॉक, सेक्टर-10, द्वारका, नई दिल्ली ने प्रशासनिक कारणों से अपना नाम अभिलाषा से बदलकर 'प्रांजल' रख लिया है। भविष्य में 'प्रांजल' नाम का प्रयोग ही मान्य होगा।

प्रांजल
कक्षा-दसवीं 'अ'

नाम, पता, आवास, कंपनी, बैंक खाता आदि बदलने संबंधी सूचनाओं में निम्न बिंदुओं का होना आवश्यक है

पुराना नाम, पता, कंपनी आदि   बदलने का कारण
बदला हुआ नाम, पता, कंपनी आदि   माता-पिता का नाम
संबोधित किए जाने वाले व्यक्ति/संस्था का उल्लेख

6 सूचना देने, अपील करने या चेतावनी देने के लिए सूचना लेखन

(i) अपनी बस्ती को स्वच्छ रखने हेतु कल्याण समिति के सचिव होने के नाते इससे संबंधित सूचना लिखिए। **CBSE 2020**

कल्याण समिति, मयूर विहार, दिल्ली

सूचना

दिनांक 13 मार्च, 20XX

अपनी बस्ती को स्वच्छ रखने संबंधी सूचना

समिति के सभी सदस्यों एवं बस्ती के लोगों को सूचित किया जाता है कि 20 मार्च को सुबह 11 : 00 बजे हमारी बस्ती के प्रांगण में बस्ती को स्वच्छ रखने के संबंध में एक कार्यक्रम का आयोजन किया जाएगा। इस कार्यक्रम में स्वच्छता संबंधी नियमों व बस्ती की साफ-सफाई के लिए उचित प्रबंधन करने हेतु चर्चा की जाएगी। इस कार्यक्रम में भाग लेकर बस्ती को स्वच्छ बनाए रखने मे अपना सहयोग दें।

क.ख.ग

(सचिव) कल्याण समिति

सूचना देने, अपील करने या चेतावनी देने संबंधी सूचना लेखन में निम्न बिंदुओं का होना आवश्यक है

- संस्था या संगठन का नाम
- महत्त्वपूर्ण दिनांक एवं समय
- अन्य विशिष्ट जानकारी
- सूचना का वितरण
- संपर्क साधने के लिए व्यक्ति का नाम, पता आदि

(ii) दिल्ली मेट्रो के कुछ स्टेशनों पर असुविधा हेतु सूचना-लेखन कीजिए।

दिल्ली मेट्रो रेल कॉरपोरेशन

सूचना

दिनांक 10 अगस्त, 20XX

मेट्रो रेल सेवा बाधित होना

मेट्रो रेल सेवा बाधित होने के विषय में सर्वसाधारण को यह सूचित किया जाता है कि सुरक्षा संबंधी कारणों को देखते हुए 14 और 15 अगस्त, 20XX को विधानसभा, सिविल लाइंस, तीस हज़ारी, कश्मीरी गेट, चाँदनी चौक, चावड़ी बाज़ार और केंद्रीय सचिवालय मेट्रो स्टेशन दोपहर 12 :00 बजे से लेकर शाम 6.00 बजे तक बंद रहेंगे। यात्रियों की असुविधा के लिए खेद है।

कुणाल श्रीवास्तव

मुख्य प्रबंधन अधिकारी,

डी. एम. आर. सी.

(iii) आप प्रतिभा विकास विद्यालय, द्वारका, नई दिल्ली की छात्रा अपूर्वा चौधरी हैं। 'पर्यावरण बचाओ' संगठन की अध्यक्ष होने के नाते विद्यार्थियों से इस समूह की सदस्यता ग्रहण करने की अपील करते हुए 20-30 शब्दों में सूचना लिखिए। **CBSE 2015**

प्रतिभा विकास विद्यालय, द्वारका, नई दिल्ली

सूचना

दिनांक 25 सितंबर, 20XX

'पर्यावरण बचाओ' समूह की सदस्यता ग्रहण अभियान

सभी विद्यार्थियों को सूचित किया जाता है कि हमारे विद्यालय में 'पर्यावरण बचाओ' समूह का गठन किया गया है। आप सभी से आग्रह है कि अधिक-से-अधिक संख्या में इस समूह की सदस्यता ग्रहण करके, पर्यावरण के प्रति अपनी ज़िम्मेदारियों को निभाएँ। सदस्यता ग्रहण करने की अंतिम तिथि 05 अक्टूबर, 20XX है। इस विषय में अधिक जानकारी प्राप्त करने के लिए आप तनवी तोमर (उप-अध्यक्ष) से संपर्क कर सकते हैं।

अपूर्वा चौधरी

अध्यक्ष

'पर्यावरण बचाओ' समूह

(iv) आप अपने विद्यालय की छात्र संस्था के सचिव हैं तथा विद्यालय में 'चित्रकला प्रतियोगिता' आयोजित करवाना चाहते हैं। इससे संबंधित सूचना 40-50 शब्दों में लिखिए।   CBSE 2020

बाल विकास विद्यालय, दिल्ली
सूचना

दिनांक 14 नवंबर, 20XX

चित्रकला प्रतियोगिता के आयोजन हेतु

सभी विद्यार्थियों को सूचित किया जाता है हमारे विद्यालय की ओर से बाल दिवस के अवसर पर चित्रकला प्रतियोगिता आयोजित की जाएगी। यह दिनाँक 12 नवंबर, 20XX को प्रातःकाल 10:00 बजे से 1:00 बजे तक विद्यालय के प्रांगण में आयोजित होने वाली है। प्रतियोगिता के इच्छुक सभी विद्यार्थी अपना नाम, कक्षा व रोल नं. का ब्योरा चित्रकला अध्यापक के पास लिखवा दें।

क.ख.ग.

(सचिव) छात्र संस्था

(v) विद्यालय में छुट्टी के दिनों में भी प्रातःकाल में योग की अभ्यास कक्षाएँ चलने की सूचना देते हुए इच्छुक विद्यार्थियों द्वारा अपना नाम देने हेतु सूचना-पट्ट के लिए एक सूचना लगभग 30 शब्दों में लिखिए।   CBSE 2017

बाल भारती पब्लिक स्कूल, दिल्ली
सूचना

दिनांक 20 दिसंबर, 20XX

योग कक्षाओं के आयोजन हेतु

सभी विद्यार्थियों को सूचित किया जाता है कि 'बाल भारती पब्लिक स्कूल' की ओर से बड़े दिन की छुट्टियों में दिनांक 25 दिसंबर, 2017 से 31 दिसंबर 2017 तक प्रतिदिन प्रातःकाल 8 बजे से 9 बजे तक विद्यालय के प्रांगण में योग की कक्षाओं का आयोजन किया जा रहा है। सभी इच्छुक विद्यार्थी अपने नाम, कक्षा व रोल नं. का ब्योरा योगा कॉर्डिनेटर को लिखवा दें।

अवनी शर्मा

योग कॉर्डिनेटर

(vi) आप हिंदी छात्र परिषद् के सचिव प्रगण्य हैं। आगामी सांस्कृतिक संध्या के बारे में अनुभागीय दीवार पट्टिका के लिए 25-30 शब्दों में सूचना तैयार कीजिए।   CBSE 2018

प्रतिभा विकास विद्यालय, दिल्ली
सूचना

दिनांक 16 मार्च, 20XX

आगामी सांस्कृतिक संध्या

सभी विद्यार्थियों को सूचित किया जाता है कि 25 मार्च, 20XX को हमारे विद्यालय में सांस्कृतिक संध्या का आयोजन किया जाएगा। इसमें सांस्कृतिक गीत-संगीत तथा नृत्य आदि कार्यक्रम होंगे। अतः इसमें भाग लेने के इच्छुक विद्यार्थी 18 मार्च, 20XX तक संगीत शिक्षिका श्रीमती मंजू शर्मा को संपर्क कर सकते हैं।

प्रगण्य

सचिव, हिंदी छात्र परिषद्

(vii) विद्यालय की सांस्कृतिक संस्था 'रंगमंच' की सचिव लतिका की ओर से 'स्वरपरीक्षा' के लिए इच्छुक विद्यार्थियों को यथासमय उपस्थित रहने की सूचना लगभग 25-30 शब्दों में लिखिए। समय और स्थान का उल्लेख भी कीजिए।   **CBSE 2018**

सर्वोदय कन्या विद्यालय, दिल्ली
सूचना

दिनांक 16 मार्च, 20XX

रंगमंच हेतु स्वर परीक्षा

सभी विद्यार्थियों को सूचित किया जाता है कि हमारे विद्यालय की सांस्कृतिक संस्था 'रंगमंच की ओर से नाटक का आयोजन होना है, जिसके लिए विद्यार्थियों की स्वर परीक्षा ली जाएगी। अतः इच्छुक विद्यार्थी 28 मार्च, 20XX को प्रातः 10:00 बजे विद्यालय के नाट्यशाला में उपस्थित रहें।'

लतिका
सचिव (रंगमंच)

(viii) आप अपने विद्यालय में सांस्कृतिक सचिव हैं। विद्यालय में होने वाली 'कविता-प्रतियोगिता' में भाग लेने के लिए आमंत्रण हेतु 25-30 शब्दों में एक सूचना तैयार कीजिए।   **CBSE 2019**

प्रतिभा विकास विद्यालय, पश्चिम विहार, दिल्ली
सूचना

दिनांक 4 अप्रैल, 20XX

कविता प्रतियोगिता में भाग लेने हेतु सूचना

सभी विद्यार्थियों को सूचित किया जाता है कि हमारे विद्यालय में 20 अप्रैल, 20XX को कविता प्रतियोगिता का आयोजन होने जा रहा है। सभी इच्छुक विद्यार्थी अपने नाम, कक्षा व रोल नंबर का ब्यौरा संगीत की अध्यापिका के पास लिखवा दें। प्रतियोगिता में भाग लेने के लिए नाम लिखवाने की अंतिम तिथि 12 अप्रैल है।

अभिषेक तिवारी
(सांस्कृतिक सचिव)

(ix) विद्यालय में आयोजित होने वाली वाद-विवाद प्रतियोगिता के लिए हिंदी विभाग के संयोजक की ओर से 25-30 शब्दों में एक सूचना तैयार कीजिए।   **CBSE 2019**

बाल भारतीय पब्लिक स्कूल, दिल्ली
सूचना

दिनांक 4 अप्रैल, 20XX

वाद-विवाद प्रतियोगिता का आयोजन

सभी विद्यार्थियों को सूचित किया जाता है कि 'बाल भारती पब्लिक स्कूल दिल्ली' में वाद-विवाद प्रतियोगिता का आयोजन दिनांक 25 अप्रैल, 20XX को प्रातः 10 से बजे से 12 बजे तक होने जा रहा है। प्रतियोगिता में भाग लेने के इच्छुक छात्र अपना तथा अपने विद्यालय का नाम हिंदी विभाग, बाल भारती स्कूल की संयोजक के पास लिखवा दें।

प्रतियोगिता में भाग लेने के लिए नाम लिखवाने की अंतिम तिथि 18 अप्रैल, 20XX है।

अनुपमा द्विवेदी
(संयोजक, हिंदी विभाग)

(x) एक सूचना तैयार कीजिए जिसमें सभी विद्यार्थियों से निर्धन बच्चों के लिए 'पुस्तक-कोष' में अपनी पुरानी पाठ्य-पुस्तकों का उदारतापूर्वक योगदान देने हेतु अनुरोध किया गया हो। **CBSE 2019**

केन्द्रीय विद्यालय, द्वारका, दिल्ली

सूचना

दिनांक 5 अप्रैल, 20XX

सभी विद्यार्थियों को सूचित किया जाता है कि हमारे विद्यालय में निर्धन बच्चों के लिए एक 'पुस्तक कोष' बनाया गया है, जिसमें आप सभी अपनी इच्छा से अपनी पुरानी पुस्तकों को कोष में 10 अप्रैल, 20XX तक प्रातः 9:00 बजे से 10:00 बजे तक जमा करा सकते हैं। इन पुस्तकों से हम निर्धन बच्चों की जरूरतों को पूरा करने का प्रयास करेंगे।

मंजु श्रीवास्तव

(प्रधानाचार्य)

(xi) आपको विद्यालय में एक बटुआ मिला है, जिसमें कुछ रुपयों के साथ कुछ जरूरी कार्ड भी हैं। छात्रों से इसके मालिक की पूछताछ और वापस पाने की प्रक्रिया बताते हुए 25-30 शब्दों में एक सूचना तैयार कीजिए। **CBSE 2019**

राजकीय माध्यमिक विद्यालय, आदर्श नगर, दिल्ली।

सूचना

दिनांक 5 अप्रैल, 20XX

सभी विद्यार्थियों को सूचित किया जाता है कि विद्यालय के खेल के मैदान में एक बटुआ मिला है, जिसमें कुछ रुपयों के साथ जरूरी कार्ड भी हैं, जिसका भी यह हो वह अपना नाम, कक्षा तथा बटुए की पहचान, रुपए तथा कार्ड की संख्या बता कर प्रधानाचार्य के कक्ष से इसे वापस ले सकता है।

अभय चौधरी

(खेल अध्यापक)

परीक्षा अभ्यास

निम्नलिखित विषयों पर विद्यार्थी स्वयं सूचना लेखन का अभ्यास करें।

1 आप अपने विद्यालय की परीक्षा समिति के अध्यक्ष अंशुल चहल हैं। विद्यार्थियों को परीक्षा संबंधी पूर्व निर्धारित कार्यक्रम में बदलाव की सूचना दीजिए।

2 'दिशा बोध' स्वयंसेवी संगठन की ओर से आपके विद्यालय में रक्तदान शिविर का आयोजन किया जाएगा। विद्यालय का कैप्टन होने के नाते सभी को सूचना दीजिए।

3 आपके विद्यालय में 'नैनो तकनीक' विषय पर एक सेमीनार का आयोजन किया जाएगा। भौतिक विज्ञान के शिक्षक होने के नाते ग्यारहवीं एवं बारहवीं कक्षा के विद्यार्थियों को इसकी सूचना दीजिए।

4 आप दसवीं कक्षा की छात्रा स्नेहा शुक्ला हैं। आपकी गणित विषय की पुस्तक तथा नोटबुक विद्यालय के बहुउद्देशीय भवन में खो गई है। इसकी सूचना दीजिए।

5 आपके विद्यालय में गांधी जयंती के अवसर पर 'वृक्षारोपण कार्यक्रम' तथा 'अहिंसा' विषय पर एक वाद-विवाद प्रतियोगिता का आयोजन किया जाएगा। विद्यालय की कैप्टन मंजुल मेहता की ओर से सभी विद्यार्थियों को सूचना देते हुए उपर्युक्त गतिविधियों में भाग लेने के लिए कहें।

6 आपके विद्यालय में छः दिन के लिए विद्यार्थियों के व्यक्तित्व के विकास हेतु एक कार्यशाला (Workshop) का आयोजन किया जाएगा। स्कूल कैप्टन की ओर से सभी को इसकी सूचना दीजिए।

7 विद्यालय के प्रधानाचार्य की ओर से विद्यार्थियों को अनुशासन भंग न करने की चेतावनी देते हुए एक सूचना लिखिए।

8 आप पंचशील संस्थान में मैनेजर के पद पर कार्यरत् अमित शाह हैं। व्यक्तिगत कारणों से आपने अपना आवास बदल लिया है। अपने नए आवास का पता देते हुए सूचना लिखिए।

9 आप शिक्षा निदेशालय में सहायक सूचना अधिकारी के पद पर कार्यरत् हैं। एक समारोह के दौरान आपको एक मोबाइल फ़ोन सभागार में मिला है। इससे संबंधित सूचना तैयार करें।

10 आप अभिभावक समिति के अध्यक्ष दिनेश भार्गव हैं और नर्सरी दाखिले के संदर्भ में सोसाइटी के सभी अभिभावकों के साथ एक बैठक करना चाहते हैं। इसकी सूचना दीजिए।

11 आप मासिक पत्रिका 'साथी' के संपादक हैं। आपकी पत्रिका का नाम बदलकर 'जीवन-साथी' कर दिया गया है। इस विषय की जानकारी पाठकों को देते हुए सूचना तैयार कीजिए।

12 विद्यालय के सूचना-पट के लिए एक सूचना तैयार कीजिए कि शरद्कालीन अवकाश के बाद 20 अक्टूबर को विद्यालय में हिंदी निबंध लेखन प्रतियोगिता होगी। प्रतियोगिता की तैयारी के लिए हिंदी विभागाध्यक्ष डॉ. नीलम से संपर्क कीजिए।

13 'महिला समिति' की अध्यक्ष अर्चना त्रिवेदी की ओर से महिलाओं की सुरक्षा के संदर्भ में सोसायटी की सभी महिलाओं के साथ एक बैठक की जानी है। इसकी सूचना तैयार कीजिए।

14 आप एवरग्रीन पब्लिक स्कूल, वसुंधरा एनक्लेव, दिल्ली के कैप्टन अमित मिश्रा हैं। आपके विद्यालय में सांस्कृतिक कार्यक्रम का आयोजन किया जा रहा है। सभी विद्यार्थियों को सूचित करते हुए सूचना तैयार कीजिए।

15 आप मूर्ति देवी विद्यालय, गाजियाबाद, दिल्ली की छात्रा दृष्टि चौहान हैं। विद्यालय की कैंटीन में आपको एक घड़ी मिली है। इसकी सूचना तैयार कीजिए।

अध्याय

04

विज्ञापन लेखन

प्रश्न की प्रकृति

इस प्रश्न के अंतर्गत किसी भी वस्तु, उत्पाद अथवा सेवा के प्रचार के लिए एक विज्ञापन लिखने को कहा जाएगा। विद्यार्थियों को भाषा के व्यावसायिक रूप से परिचित कराना इस प्रश्न का प्रमुख उद्देश्य है। परीक्षा में विज्ञापन की शब्द सीमा 25-50 शब्द होती है।

अर्थ और परिभाषा

सामान्य रूप से विज्ञापन शब्द का अर्थ है 'ज्ञापन कराना' या 'सूचना देना'। विज्ञापन अंग्रेज़ी शब्द 'एडवरटाइज़िंग' का हिंदी पर्याय है, इसे 'सार्वजनिक सूचना की घोषणा' भी कह सकते हैं, क्योंकि यह ऐसी सूचना होती है, जो जन-साधारण के हितों से जुड़ी होती है। विज्ञापन उन समस्त गतिविधियों का नाम है, जिनका उद्‌देश्य किसी विचार, वस्तु या सेवा के विषय में जानकारी प्रसारित करना है और इससे विज्ञापनकर्ता का उद्‌देश्य ग्राहक को अपनी इच्छा के अनुकूल बनाना है।

विज्ञापन की आवश्यकता

औद्योगिकीकरण के दौर में विज्ञापन का जन्म हुआ। आज विज्ञापन, व्यवसाय जगत् का एक अनिवार्य अंग बन चुका है। किसी नए उत्पाद के विषय में जानकारी देने, इसकी विशेषताएँ व प्राप्ति स्थान आदि बताने के लिए विज्ञापन की आवश्यकता पड़ती है। एक ही उत्पाद के क्षेत्र में असंख्य प्रतियोगी आ गए हैं। यदि विज्ञापन का सहारा न लिया जाए, तो सामान्य जनता तक अपने उत्पाद की जानकारी दी ही नहीं जा सकेगी। आज विज्ञापनों के माध्यम से किसी उत्पाद के बाज़ार में आने से पहले ही उसके विषय में उपभोक्ताओं के अंदर जिज्ञासा उत्पन्न कर दी जाती है। इस प्रकार विज्ञापन, आधुनिक युग का विशेषकर औद्योगिक संस्कृति का अभिन्न तत्व हो गया है। विज्ञापन विक्रय- व्यवस्था में वस्तु का परिचय कराने, उसकी विशेषताएँ तथा लाभ बताने का काम करके ग्राहक को आकृष्ट करने में उपयोगी भूमिका निभाता है।

विज्ञापन का उद्‌देश्य

विज्ञापन का कोई एक उद्‌देश्य नहीं होता है, बल्कि इसके अनेक उद्‌देश्य होते हैं, *जिनमें निम्न तीन सर्वाधिक महत्त्वपूर्ण हैं*

1. **तात्कालिक बिक्री** तात्कालिक रूप से अपने उत्पादों की बिक्री करना भी कंपनियों का महत्त्वपूर्ण कार्य होता है।
2. **बिक्री के लिए प्रेरित करना** कंपनियों का कार्य केवल उत्पाद का उत्पादन करना ही नहीं होता, बल्कि उस उत्पाद की बिक्री करना और बिक्री बढ़ाना भी होता है।
3. **उत्पाद से लोगों को परिचित कराना** अपने उत्पाद से परिचित कराने, उसके प्रति उत्सुकता जागृत करने, खरीदने की इच्छा जगाने आदि संबंधी कार्य भी महत्त्वपूर्ण हैं।

विज्ञापन के प्रकार

विज्ञापन प्रायः तीन प्रकार से दिए जाते हैं

(i) **मौखिक विज्ञापन** व्यक्तिगत प्रचार, रेडियो, आकाशवाणी आदि के माध्यम से किए जाते हैं। इसके अंतर्गत उत्पाद के बारे में जानकारी केवल बोलकर ही दी जाती है।

(ii) **लिखित विज्ञापन** प्रायः पत्र-पत्रिकाओं, समाचार-पत्रों में प्रकाशित होते हैं। लिखित विज्ञापन में उत्पाद के बारे में जानकारी लिखकर दी जाती है। लिखित विज्ञापन को डिज़ाइनों, रंगों, स्लोगनों आदि के प्रयोग से प्रभावी तथा आकर्षक बनाया जाता है।

(iii) **दृश्य-श्रव्य विज्ञापन** के अंतर्गत प्रायः दूरदर्शन द्वारा दिए गए विज्ञापन आते हैं। इन विज्ञापनों में उत्पाद के बारे में जानकारी चलचित्रों के द्वारा अत्यंत आकर्षक ढंग से उपभोक्ताओं तक पहुँचाई जाती है। इस माध्यम की पहुँच सबसे अधिक व्यापक है।

नोट *आपके निर्धारित पाठ्यक्रम में लिखित विज्ञापनों को स्थान दिया गया है।*

सैंपल उदाहरण

एक वाटर प्यूरीफायर कंपनी का विज्ञापन लिखिए।

1. उत्पाद का नाम 2. उत्पाद की विशेषताएँ 3. प्राप्ति स्थान या संपर्क हेतु पता और फोन नंबर

उत्पाद का नाम — **राजवंशी वाटर प्यूरीफायर**

पानी को बनाए 100% शुद्ध

विशेषताएँ:

उत्पाद की विशेषताएँ —
RO बैक्टीरिया व वायरस को पूरी तरह नष्ट करे।
UV प्राकृतिक मिनरल्स बरकरार रखे।
UF घुली हुई अशुद्धियाँ निकाले।

प्राप्ति स्थान या संपर्क हेतु पता और फोन नं. —
संपर्क करें
G-610 आज़ादपुर दिल्ली। फोन नं. 011-27424XX

साधित उदाहरण

1 कैंसर से पीड़ित एक व्यक्ति को ओ धनात्मक (O+) रुधिर की आवश्यकता है, उसके लिए विज्ञापन बनाइए। CBSE 2018, 15

उत्तर

रक्तदान महादान

कैंसर पीड़ित व्यक्ति के लिए 'ओ' धनात्मक (O+) रुधिर की आवश्यकता है

- आयु सीमा 20-40 वर्ष
- वजन कम से कम 50 किलो
- शारीरिक रूप से पूर्णतः स्वस्थ व्यक्ति ही रक्तदान करें।

संपर्क करें : 4/41– न्यू अशोक नगर, दिल्ली।
फोन. नं. 99117100XX

रक्तदान करने वाले व्यक्ति को जूस तथा फल भी दिए जाएँगे।

2 आपका अंग्रेज़ी और हिंदी दोनों भाषाओं का ज्ञान उच्चकोटि का है। आप अपने भाषा ज्ञान का लाभ उठाकर गर्मियों की छुट्टियों में अर्थोपार्जन करना चाहते हैं। एक विज्ञापन लिखिए। **CBSE 2016, 15**

उत्तर

इन गर्मी की छुट्टियों में अपने भाषा ज्ञान को बढ़ाइए

अर्जुन शॉर्ट टर्म लैंग्वेज क्लासिस

- हिंदी और अंग्रेजी भाषा का उच्च कोटि का ज्ञान
- ग्रुप डिस्कशन
- सबसे कम .फीस में उपलब्ध
- मौखिक और लिखित कक्षाएँ
- व्यवस्थित एवं शांतिपूर्ण वातावरण

आइए और अपनी भाषा संबंधी समस्याओं को दूर कीजिए
प्रवेश प्रारंभ

संपर्क करें : B-441 आदर्श नगर दिल्ली। फोन. नं. 011-40011XX

3. कोई कंपनी 'लेखनी' नाम का नया पेन बाजार में लाना चाहती है। उसके लिए एक विज्ञापन तैयार कीजिए। **CBSE 2020**

उत्तर

लिखते जाओ, लिखते जाओ
बिना किसी रुकावट के

10 पेन के साथ 2 पेन बिल्कुल मुफ्त

- सरल, सहज एवं आकर्षक लिखावट के लिए
- बिना अतिरिक्त जोर लगाए तेजी से चले
- आकर्षक रंग व जानदार ग्रिप में उपलब्ध
- अधिकतम छात्रों की विशिष्ट पसन्द

मूल्य मात्र : ₹10

लेखनी पेन

संपर्क करें– 0B-12, राजौरी टाउन, लखनऊ, फोन न. 0511-4621XXXX

4 किसी गारमेंट्स के मालिक की ओर से कपड़ों की सेल का विज्ञापन तैयार कीजिए

उत्तर

सेल   सेल   सेल

अदिति गारमेंट्स
कपड़ों की शानदार सेल

- सभी वस्त्रों पर 50% डिस्काउंट
- सुंदर व आकर्षक डिज़ाइन
- सभी वर्गों के लोगों के लिए उपलब्ध

पहलें आएँ पहले पाएँ

सेल सीमित समय के लिए

संपर्क करें :–
अदिति गारमेंट्स, 94 अरुणा नगर, दिल्ली फोन. नं. 98432363XX

5 अपने विद्यालय में होने वाले नि:शुल्क स्वास्थ्य शिविर के आयोजन से संबंधित विज्ञापन तैयार कीजिए। CBSE 2020

उत्तर

6 एक प्रसिद्ध मोबाइल फ़ोन कंपनी की ओर से विज्ञापन लेखन कीजिए। CBSE 2018

उत्तर

7 आप अपना कंप्यूटर बेचना चाहते हैं। इससे संबंधित विज्ञापन लगभग तैयार कीजिए। CBSE 2020

उत्तर

8 योग दिवस पर विज्ञापन लेखन कीजिए।   CBSE 2016, 14

उत्तर

9 'विश्व जल दिवस' पर विज्ञापन लेखन कीजिए।

उत्तर

10 विद्यालय की कार्यानुभव-प्रयोगशाला में बनी मोमबत्तियाँ तथा अन्य उपयोगी वस्तुओं की बिक्री हेतु एक विज्ञापन लिखिए।   CBSE 2017

उत्तर

जीवन को सदा प्रज्वलित करें   जी करे, बस जलाते जाओ

एवरग्रीन मोमबत्तियाँ और दीए

मूल्य सिर्फ ₹15

खूबियाँ
- उच्च कोटि की मोम का प्रयोग
- उच्च कोटि की बत्तियों का प्रयोग
- अधिक समय तक जलने की क्षमता
- आकर्षित करने वाली बनावट

एवर ग्रीन मोमबत्तियाँ एवं दीए खरीदने के लिए संपर्क करें

राजीव कुमार (कॉर्डिनेटर), विवेक पब्लिक स्कूल, नई दिल्ली

11 विद्यालय के 'रंगायन' द्वारा प्रस्तुत नाटक के बारे में नाम, पात्र, दिन, समय, टिकट-दर आदि की सूचना देते हुए एक विज्ञापन का आलेख लिखिए।   CBSE 2017

उत्तर

रंगायन की प्रस्तुति 'आधे अधूरे'

आप सभी सादर आमंत्रित हैं

बिना टिकट एंट्री की सुविधा नहीं है।

दिनांक– 28 दिसम्बर, 20XX, सांय 6 बजे

पात्र– रमेश, सन्नी, रूपाली एवं दिव्या

टिकर दर– ₹ 250, 300, 500/

अधिक जानकारी के लिए संपर्क करें 981080XXXX

दीपक शर्मा ('रंगायन' कॉर्डिनेटर)

12 सड़क पर टहलते हुए आपको एक बैग मिला, जिसमें कुछ रूपये, मोबाइल फ़ोन तथा अन्य कोई महत्त्वपूर्ण कागज़ात थे। एक विज्ञापन तैयार कीजिए कि अधिकारी व्यक्ति आपसे संपर्क कर अपना बैग ले जाएँ।   CBSE 2017

उत्तर

सर्वजन को सूचित किया जाता है कि दिनांक 8 अक्टूबर, 2017 को मुझे एक बैग रास्ते में मिला था, जिसमें कुछ सामान और महत्त्वपूर्ण कागज़ात थे जिसका ब्यौरा इस प्रकार है– ₹ 2000, एक मोबाइल फोन, पैन कार्ड (राजेश कुमार)। यह बैग जिसका भी हो, वह निम्न पते पर संपर्क कर सकता है–

बी. 212/56, यमुना विहार, दिल्ली।

मोबाइल नं. 986869XXXX

(दिनेश शर्मा)

13 अपने विद्यालय की संस्था 'पहरेदार' की ओर से जल का दुरुपयोग रोकने का आग्रह करते हुए एक विज्ञापन का आलेख तैयार कीजिए।   CBSE 2019

केंद्रीय विद्यालय की संस्था 'पहरेदार'

जल का दुरुपयोग न होने दें, क्योंकि

"जल है जीवन का अनमोल रतन,
इसे बचाने का तुम करो जतन"

जल का दुरुपयोग रोकने के उपाय

- ब्रश करते समय जल बंद कर दें
- गाड़ी धोते समय बाल्टी का प्रयोग करें
- जहाँ नल लीक हो उसे तुरंत ठीक करवाएँ
- घर में पानी का मीटर लगवाएँ

संपर्क करें– फोन नं.–01140XXXX

14 विद्यालय की कलाविधि में कुछ चित्र (पेंटिंग्स) बिक्री के लिए उपलब्ध हैं, इसके लिए एक विज्ञापन लिखिए।   CBSE 2019

बिक्री हेतु चित्र

जैन भारती पब्लिक स्कूल, दिल्ली की ओर से विद्यालय के कलाविधि से कुछ चित्र ब्रिकी के लिए उपलब्ध हैं।

मुख्य आकर्षण

- सुंदर और आकर्षण चित्र
- शिक्षाप्रद विषयों पर आधारित

5% की छूट

दिनांक 15 मार्च, 20XX
स्थान विद्यालय का चित्रकला कक्ष
समय प्रातः 10 बजे से 1 बजे तक

संपर्क करें– 01140XXXX

15   आप एक अच्छे चित्रकार हैं। अपने चित्रों की प्रदर्शनी के लिए एक विज्ञापन तैयार कीजिए।   CBSE 2019

चित्रों की प्रदर्शनी

मेरे द्वारा बनाए गए चित्रों की एक प्रदर्शनी आयोजित की
जा रही है, जिसमें कुछ चित्र बिक्री हेतु उपलब्ध हैं

दिनांक   25 अप्रैल, 20XX से 28 अप्रैल, 20XX तक

स्थान   प्रगति मैदान हॉल न. 10

समय   प्रात: 10:00 बजे से शाम 5:00 बजे तक

मुख्य आकर्षण

- सुंदर और आकर्षण चित्र
- विभिन्न विषयों पर आधारित
- उच्च क्वालिटी
- उचित मूल्य पर उपलब्ध

सभी चित्रों
पर 5% की
छूट

संपर्क करें– 01147XXXX

16   ए.टी.एम. केंद्रों पर सावधानी बरतने संबंधी निर्देश देते हुए पंजाब नेशनल बैंक की ओर से एक विज्ञापन तैयार कीजिए।   CBSE 2020

पंजाब नैशनल बैंक
punjab national bank

भरोसे का प्रतीक !

ATM सम्बन्धी उपयोगी निर्देश

- ATM कार्ड गोपनीय और सुरक्षित रखें।
- ATM पिन किसी के साथ साझा न करें।
- ATM प्रयोग करते समय अनजान व्यक्ति को
  अपने समीप खड़ा न होने दें।
- अपना कार्ड किसी अपरिचित व्यक्ति को न दें।

सतर्क रहिए, सुरक्षित रहिए!

17 सूती वस्त्र तैयार करने वाली कंपनी 'क-ख-ग पैरहन' की ओर से दी जा रही छूट का उल्लेख करते हुए एक विज्ञापन का आलेख तैयार कीजिए। CBSE 2019

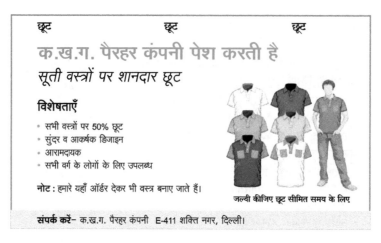

छूट छूट छूट

क.ख.ग. पैरहर कंपनी पेश करती है

सूती वस्त्रों पर शानदार छूट

विशेषताएँ

- सभी वस्त्रों पर 50% छूट
- सुंदर व आकर्षक डिजाइन
- आरामदायक
- सभी वर्ग के लोगों के लिए उपलब्ध

नोट : हमारे यहाँ ऑर्डर देकर भी वस्त्र बनाए जाते हैं।

जल्दी कीजिए छूट सीमित समय के लिए

संपर्क करें– क.ख.ग. पैरहर कंपनी E-411 शक्ति नगर, दिल्ली।

18 दिल्ली पुस्तक मेले में भाग ले रहे 'क-ख-ग प्रकाशन' की ओर से एक विज्ञापन का आलेख तैयार कीजिए। CBSE 2019

क.ख.ग. प्रकाशन

दिल्ली पुस्तक मेला

क. ख. ग. प्रकाशन इस वर्ष दिल्ली पुस्तक मेले में अपना स्टॉल लगा रहा है

सभी पुस्तकों पर 15% की छूट

मुख्य आकर्षक

- CBSE बोर्ड की सभी कक्षाओं की पुस्तकें
- बच्चों के लिए शिक्षाप्रद व मनोरंजन पुस्तकें
- उच्च क्वालिटी
- स्टेशनरी का सामान भी उपलब्ध है
- आकर्षक विषयों पर आधारित पुस्तकें

दिनांक 5 अप्रैल, 20XX से 28 अप्रैल, 20XX तक
स्थान प्रगति मैदान हॉल न. 8
समय प्रात: 10:00 बजे से शाम 6:00 बजे तक

संपर्क करें– दुकान नं. 7, दिल्ली पुस्तक मेला। PH–0114772XXXX

परीक्षा अभ्यास

निम्नलिखित विषयों से संबंधित विज्ञापन लेखन कीजिए।

1 एक प्रसिद्ध लैपटॉप बनाने वाली कंपनी की ओर से अपने नए उत्पाद के लिए विज्ञापन लेखन कीजिए।

2 एक जूते बनाने वाली अंतर्राष्ट्रीय कंपनी के लिए विज्ञापन तैयार कीजिए।

3 आपके क्षेत्र में एक नया अस्पताल खुला है। उसके लिए एक आकर्षक विज्ञापन तैयार कीजिए।

4 कश्मीर की पश्मीना शॉलों की बिक्री हेतु एक विज्ञापन तैयार कीजिए।

5 किसी टूर एंड ट्रैवल्स कंपनी की ओर से (कम खर्च में लोगों को) अमरनाथ यात्रा के लिए ले जाया जा रहा है। इस विषय पर विज्ञापन तैयार कीजिए।

6 किसी वेबसाइट (बनाने वाली कंपनी) की ओर से विज्ञापन लेखन कीजिए।

7 एक कोचिंग संस्थान की ओर से विज्ञापन तैयार कीजिए।

8 एक मासिक पत्रिका के लिए विज्ञापन तैयार कीजिए।

9 पर्यावरण में बढ़ते प्रदूषण पर चिंता व्यक्त करते हुए 'पर्यावरण सुरक्षा' के विषय पर विज्ञापन तैयार कीजिए।

10 बिजली के उपकरण तैयार करने वाली कंपनी के लिए विज्ञापन लेखन कीजिए।

11 आपकी माताजी बच्चों के बहुत सुंदर खिलौने बनाती हैं। उन्हें बेचने के लिए एक आकर्षक विज्ञापन तैयार कीजिए।

12 डिब्बा बंद जूस बेचने वाली एक कंपनी की ओर से विज्ञापन तैयार कीजिए।

13 एक होटल में उपलब्ध सुविधाओं का वर्णन करते हुए इसके प्रबंधन विभाग की ओर से विज्ञापन तैयार कीजिए।

14 'बेटी बचाओ, बेटी पढ़ाओ' विषय पर विज्ञापन तैयार कीजिए।

अध्याय

05

लघु कथा लेखन

लघु कथा लेखन करते समय विद्यार्थी को कथा के तत्त्वों का ध्यान रखना आवश्यक है।

- मुहावरे अथवा लोकोक्ति का अर्थ अच्छी तरह समझ लेना चाहिए।
- पूरी कहानी मुहावरे अथवा लोकोक्ति पर आधारित होनी चाहिए।
- कथा मौलिक होनी चाहिए।
- कथा दिए गए विषय से संबंधित होनी चाहिए।
- कथा में रोचकता होनी चाहिए।
- कथा में कठिन शब्दों का अनावश्यक प्रयोग नहीं करना चाहिए।
- कथा की भाषा सरल होनी चाहिए।
- कथा के अंत में दिया गया शीर्षक सार्थक होना चाहिए।
- कथा के अंत में उससे मिलने वाली शिक्षा का उल्लेख होना चाहिए।

लघु कथा के उदाहरण

1 अरे मित्र! ''तुमने तो सिद्ध कर दिया कि तुम ही मेरे सच्चे मित्र हो।'' इस पंक्ति से आरंभ करते हुए कोई लघु कथा लिखिए।

उत्तर **भूमिका** अरे मित्र! ''तुमने तो सिद्ध कर दिया कि तुम ही मेरे सच्चे मित्र हो।'' यही कथन था उस दिन मनोज का जब सुरेंद्र ने उसे कुछ अज्ञात हमलावरों से बचाया था।

कथा मनोज और सुरेंद्र दोनों बहुत अच्छे मित्र थे। दोनों की आयु में भी कोई ज्यादा अंतर न था। दोनों बचपन से एक साथ रहे थे, एक साथ खेलते थे, स्कूल जाते थे तथा एक साथ ही दोनों ने कॉलेज में प्रवेश लिया। उनकी मित्रता के चर्चे पूरे गली-मुहल्ले में हुआ करते थे। किसी एक को ढूँढना हो, तो दूसरा अपने आप मिल जाता था।

घटना उस रात की थी जब मनोज के कॉलेज में पार्टी थी और उसे घर आने में देरी हो गई। बस स्टैंड से घर की दूरी ज्यादा तो नहीं थी, लेकिन रास्ते में रोशनी न होने के कारण पूरे रास्ते में अँधेरा और सन्नाटा पसरा रहता।

मनोज जब घर की ओर लौट रहा था, तो दोनों ओर खड़ी ऊँची-ऊँची झाड़ियों से उसे किसी के गुज़रने की आवाज आई। वह डर तो रहा था, लेकिन फिर भी वहाँ उस आवाज के बारे में जानने के लिए रुक गया। उसने झाड़ियों की ओर कान लगाकर सुनने की कोशिश की, पर उसे कुछ सुनाई नहीं दिया और वह उस आवाज को भ्रम मानकर आगे बढ़ गया।

वह थोड़ी दूर ही आगे बढ़ा था कि उसे वह आवाज फिर से सुनाई दी, लेकिन इस बार वह जैसे ही पीछे मुड़ा कुछ लोगों ने उस पर हमला कर दिया और उससे उसका मोबाइल व पैसे छीनने लगे। मनोज उनसे लड़ता रहा और ज़ोर-ज़ोर से मदद के लिए पुकारने लगा। वहाँ से सुरेंद्र के घर की दूरी ज्यादा न होने के कारण सुरेंद्र बाहर से आने वाले शोर को सुनकर घर से बाहर निकला और टॉर्च लेकर उसी रास्ते की ओर चल दिया, जहाँ से आवाज आ रही थी। थोड़ी दूर ही चलने पर उसने मनोज को पहचान लिया और ज़ोर-ज़ोर से आवाज लगाते हुए गली के अन्य लोगों को बुलाकर मनोज की मदद के लिए पहुँच गया। जैसे ही मनोज पर हमला करने वाले बदमाशों ने लोगों को आते देखा वे मनोज को छोड़कर भाग गए।

सुरेंद्र ने जख्मी हालत में रास्ते पर पड़े मनोज को उठाया और उसे घर लेकर आ गया। ऐसी मुसीबत की घड़ी में अपनी मदद के लिए पहुँचे सुरेंद्र का धन्यवाद करते हुए ही उस दिन मनोज ने कहा था अरे मित्र! ''तुमने तो सिद्ध कर दिया कि तुम ही मेरे सच्चे मित्र हो।''

सीख इस कथा से हमें यह सीख मिलती है कि एक सच्चा मित्र ही मुसीबत में पड़े मित्र के काम आता है तथा उसकी सहायता करता है। वास्तव में, सच्चा मित्र वही है, जो संकट में पड़े मित्र की सहायता करे।

2 **नीचे लिखी उक्ति को आधार बनाकर एक कथा लिखिए।**

''मजहब नहीं सिखाता, आपस में बैर रखना।''

उत्तर **उक्ति का अर्थ** ''मजहब नहीं सिखाता आपस में बैर रखना'' इस उक्ति का अर्थ यह है कि कोई भी धर्म आपस में भेदभाव करने का पाठ नहीं पढ़ाता। मानव की उस असीम शक्ति में गहरी आस्था रही है और यह शाश्वत सत्य है कि सभी मानव एक ही ईश्वर की संतानें हैं। विभिन्न धर्मों से संबंधित होने के कारण सबकी धर्म संबंधी मान्यताएँ अलग-अलग हैं, परंतु सबका ध्येय एक ही है, उस परमपिता की प्राप्ति और साथ ही श्रेष्ठ कार्यों द्वारा अमन-चैन की प्राप्ति।

इसी उक्ति से संबंधित एक कथा प्रस्तुत है

कथा तीन मित्र थे–राम, असलम और गुरमीत। वे सब एक-दूसरे के घर सभी त्योहारों, उत्सव और विवाह समारोह में सपरिवार सम्मिलित होते थे। उनकी इस एकता से कुछ राजनेता खिन्न थे। वे अपने स्वार्थवश इनमें द्वेष भावना पैदा करने का प्रयास करते और तीनों को उनके धर्म और दंगों से संबंधित बातें बताकर भड़काने की कोशिश करते। वे तीनों थोड़ा विचलित होने लगे। उनका मिलना-जुलना लगभग खत्म हो गया, पर वे द्वेष भावना का शिकार नहीं हुए।

वे एक-दूसरे के धर्म का सम्मान करते थे, क्योंकि वे अच्छी तरह जानते थे कि धर्म कभी बाँटता नहीं, बल्कि जोड़ता है। धर्म तो मानवीय पथ पर चलने की प्रेरणा देता है। तभी ईद के दिन, राम और गुरमीत सपरिवार असलम के घर पहुँचते हैं और सबको ईद की मुबारकबाद देते हैं। कुछ दिन पश्चात् दीपावली के अवसर पर असलम भी सपरिवार गुरमीत और राम के घर मुबारकबाद देने आता है। तीनों परिवार खुशी-खुशी समय व्यतीत करते हैं तथा मिठाई व पकवानों का आनंद लेते हैं। उपरोक्त घटना ने इस उक्ति को साक्षात् कर दिया

''मजहब नहीं सिखाता, आपस में बैर रखना।''

सीख प्रस्तुत कथा से हमें यह सीख मिलती है कि धर्म के आधार पर भेदभाव करना अनुचित है। अतः हमें सभी धर्मों का आदर करना चाहिए और मिलजुलकर रहना चाहिए।

कुछ महत्वपूर्ण लघु कथा लेखन

1 एक ऐसी मौलिक कथा लिखिए, जिसके अंत में यह वाक्य लिखा गया हो–''अंततः मैं अपनी योजना में सफल हो सका/हो सकी।''

उत्तर कथा मैं बचपन में अकसर अपने दादा जी से एक बात सुना करता था कि तुम्हारा जीवन तभी सफल है, जब तुम दूसरों के काम आ सको। तब ये बातें मेरे समझ नहीं आती थीं। लेकिन पिछले दिनों मेरे साथ एक ऐसी घटना घटी जिसने मुझे अंदर तक झकझोर दिया और दादा जी की बातें बार-बार स्मरण होकर अपनी सत्यता को सिद्ध करने लगी।

उस दिन मैं रात को ऐसे ही टहलने के लिए घर से बाहर निकला था। मन में पहले से ही बहुत-सी बातों को लेकर उधेड़-बुन चल रही थी, तभी अचानक मेरी नजर सड़क की दूसरी ओर बने कूड़ेदान पर पड़ी। मैंने देखा वहाँ सात से आठ साल के कुछ बच्चे कूड़ा उठा रहे थे, पर एकदम से मेरी नजर एक बच्चे पर आकर रुक गई। मैं सड़क पार करके उनके पास गया तो देखा वह बच्चा कूड़ेदान में फेंकी गई खाने से भरी हुई पॉलिथीन ढूँढ रहा था और उनमें से खाना निकालकर खा रहा था। मेरा शरीर उस दृश्य को देखकर निःस्तब्ध रह गया।

पूरे रास्ते मेरे मन में वही दृश्य चलता रहा। मैंने घर पहुँचकर निर्णय किया कि भूख से तड़पते इन बच्चों के लिए अपने स्तर पर कुछ-न-कुछ कार्य अवश्य करूँगा। मैंने अपने कुछ साथियों को इस घटना के विषय में बताया और मिलकर उनकी सहायता करने के लिए कहा। मैंने उन्हें सुझाव दिया कि हम लोग शाम के समय मोहल्ले के ढाबों और रेस्टोरेंट से उनका बचा हुआ खाना सस्ते दामों पर खरीदकर इन बच्चों में बाँट देंगे। सभी ने मेरे निर्णय की प्रशंसा करते हुए अपने स्तर पर सहयोग करने की बात कही। अगले दिन शाम को हमने अपनी योजना अनुसार कार्य किया और कुछ बच्चों को भोजन कराया। अंततः अपने दोस्तों की सहायता से मैं अपनी योजना में सफल हो सका।

2 एक मौलिक कथा लिखिए जिसका आधार निम्नलिखित उक्ति हो–''मन के हारे हार है, मन के जीते जीत।''

उत्तर उक्ति का अर्थ ''मन के हारे हार है, मन के जीते जीत'' प्रस्तुत उक्ति का अर्थ है–यदि हमारे मन में किसी कार्य के प्रति दृढ़ संकल्प है, तो कोई भी कार्य असंभव नहीं है। यदि हमारे मन ने हार मान ली तो हार निश्चित हो जाएगी और यदि हमारे मन में आत्मविश्वास है, जीतने की इच्छा है तो जीत निश्चित होती है। यह उक्ति निम्नलिखित कथा द्वारा स्पष्ट रूप से समझी जा सकती है।

कथा एक बार की बात है, दो राजाओं के बीच भयंकर युद्ध हुआ। जैसा कि होता है कि युद्ध में एक की ही विजय होती है और एक की हार निश्चित होती है।

इस युद्ध में भी ऐसा ही हुआ। एक राजा इस युद्ध में हार गया। उसे जन-धन की बहुत हानि हुई। उसके सैनिक पराजित राजा को ढूँढ रहे थे। पराजित राजा अपना जीवन बचाने के लिए भागा-भागा फिर रहा था। उसने छिपते-छिपाते एक खोह में शरण ली। वह मन से पूरी तरह पराजित हो चुका था। खोह में छिपा हुआ भी वह मानो अपनी मृत्यु की प्रतीक्षा कर रहा था। उसे इस बात का पूरा विश्वास था कि शत्रु की तलवार कभी भी उसका काम तमाम कर

देगी। वह इन्हीं विचारों में खोया हुआ था कि उसकी नज़र एक मकड़ी पर पड़ी, जो खोह के दरवाजे पर जाला बनाने में व्यस्त थी, उसकी कोशिशें बार-बार नाकाम साबित हो रही थीं, लेकिन उसने प्रयास करना नहीं छोड़ा। राजा ने सोचा कि वह बेकार ही प्रयत्न कर रही है। भला आधार के बिना जाला कैसे बन सकता है, लेकिन थोड़ी देर बाद राजा ने देखा कि मकड़ी जाला बनाने में सफल हो गई। थोड़ी ही देर में पूरी खोह के मुँह पर जाला बनाया जा चुका था। तभी शत्रु सैनिक वहाँ आ पहुँचे, लेकिन खोह के मुँह पर मकड़ी का जाला बना देख लौट गए। करीब आई हुई मृत्यु तो टल गई, पर राजा एक गहरे विचार में पड़ गया। उसने सोचा कि मैं स्वयं तन-मन से पराजित था। अतः मैंने मकड़ी को भी हारा हुआ मान लिया था, लेकिन वह छोटी-सी मकड़ी हारी हुई नहीं थी। वह बार-बार गिरकर भी निराश और परास्त नहीं हुई। क्या मैं मनुष्य होकर भी इस मकड़ी से दुर्बल हूँ? उसने अपने मन को मजबूत किया और संकल्प लिया कि वह अपने शत्रुओं को अवश्य पराजित करेगा। वह तुरंत उस खोह से बाहर आया। अब वह एक हताश-निराश, पराजित राजा नहीं था, वरन् मजबूत इरादे वाला व्यक्ति था, जिसे हर हाल में विजय पानी थी। उसने अपने साथियों को एकत्र किया और अंत में अपने शत्रु को हरा कर अपना राज्य पुनः प्राप्त किया। अतः यह सच ही है कि

''मन के हारे हार है, मन के जीते जीत''

सीख प्रस्तुत कथा से हमें यह शिक्षा मिलती है कि हमें अपने मन को मजबूत और दृढ़-संकल्प करके कार्य करना चाहिए, तभी हमें सफलता प्राप्त हो सकती है।

3 ''संगठन में शक्ति होती है'' कहावत को आधार बनाकर मौलिक कथा लिखिए।

उत्तर उक्ति का अर्थ ''संगठन में शक्ति होती है'' अर्थात् साथ मिलकर बड़े से बड़ा कार्य भी आसानी से संभव हो जाता है, इसलिए कहा गया है ''शक्ति ही जीवन है।'' हमें आशावादी, दृढ़ व अनुकूल विचारों को अपनाकर एक साथ संगठन में रहकर कर्म करना चाहिए। संगठन में शक्ति होती है, अकेला व्यक्ति उचित प्रकार कार्य नहीं कर सकता। इसे निम्न कथा द्वारा भली प्रकार समझा जा सकता है

कथा एक बार अँगुलियों का आपस में झगड़ा हो गया। पाँचों खुद को दूसरे से बड़ा सिद्ध करने में लगी थीं। अँगूठा बोला मैं सबसे बड़ा हूँ, उसके पास वाली अँगुली बोली मैं सबसे बड़ी हूँ। इसी प्रकार खुद को एक-दूसरे से बड़ा सिद्ध करने में जब निर्णय नहीं हो पाया, तो वह सब अदालत में गए। न्यायाधीश ने सारी बात सुनी और सबसे कहा कि आप लोग सिद्ध करो कि आप कैसे बड़े हैं। अँगूठे ने कहा, मैं सबसे ज्यादा पढ़ा-लिखा हूँ, क्योंकि लोग मुझे हस्ताक्षर के लिए प्रयोग करते हैं। पास वाली अँगुली बोली मुझे लोग किसी इंसान की पहचान के तौर पर इस्तेमाल करते हैं।

उसके पास वाली ने कहा कि आप लोगों ने मुझे नापा नहीं अन्यथा मैं ही सबसे बड़ी हूँ। उसके पास वाली अँगुली बोली मैं सबसे ज्यादा अमीर हूँ, क्योंकि लोग हीरे और जवाहरात की अँगूठी मुझमें ही पहनाते हैं। तभी न्यायाधीश ने एक रसगुल्ला मँगवाया

और अँगूठे को उठाने के लिए कहा। अँगूठे ने भरपूर जोर लगाया, लेकिन रसगुल्ला नहीं उठा सका तब सारी अँगुलियों ने एक-एक करके कोशिश की, लेकिन सब विफल रहीं।

अंत में न्यायाधीश ने सबको मिलकर रसगुल्ला उठाने को कहा, तो झट से सबने मिलकर रसगुल्ला उठा दिया, तब न्यायाधीश ने कहा कि तुम सब एक-दूसरे के बिना अधूरे हो, अकेले रहकर तुम्हारी शक्ति का कोई अस्तित्व नहीं है, जबकि संगठित रहकर तुम कठिन-से-कठिन काम आसानी से कर सकते हो। इसी प्रकार यदि एक लकड़ी को तोड़ा जाए, तो वह आसानी से टूट सकती है, परंतु यदि लकड़ियों को एकत्रित कर उसे मजबूती से बाँध दें, तो उन लकड़ियों के गट्ठे को तोड़ पाना असंभव है।

सीख एक साथ मिलकर संगठन में रहकर किसी भी कार्य को उचित प्रकार से किया जा सकता है। कहा जाता है–''संगठन में शक्ति होती है'' अकेला चना कभी भाड़ नहीं फोड़ सकता।

4 ''लालच बुरी बला है'' उक्ति को आधार बनाकर मौलिक कथा लिखिए।

उत्तर **उक्ति का अर्थ** ''लालच बुरी बला है'' अर्थात् मनुष्य लालच के वशीभूत होकर पथ-भ्रष्ट हो जाता है। इस उक्ति को पढ़कर एक कथा स्मरण हो आती है, जो निम्न प्रकार है

कथा एक गाँव में एक सेठ रहता था। उसके बंगले के पास एक गरीब मोची की छोटी-सी दुकान थी। उस मोची की आदत थी कि वह, जब भी जूते सिलता भगवान का भजन करता था, लेकिन सेठ का भजन की तरफ कोई ध्यान नहीं था। एक दिन सेठ व्यापार के सिलसिले में विदेश गया। घर लौटते वक्त उसकी तबीयत बहुत खराब हो गई, लेकिन पैसे की कमी न होने से देश-विदेश से डॉक्टरों को बुलाया गया, पर कोई भी सेठ की बीमारी का इलाज नहीं कर सका। अब सेठ की तबीयत इतनी अधिक खराब हो गई कि वह चल भी नहीं पाता था। एक दिन बिस्तर पर लेटे हुए उसे मोची के भजन गाने की आवाज सुनाई दी, उसे आज मोची के भजन अच्छे लग रहे थे।

सेठ भजन सुनकर ऐसा मंत्र मुग्ध हो गया कि उसे लगा जैसे उसे साक्षात् परमात्मा के दर्शन हो गए। मोची का भजन सेठ को उसकी बीमारी से दूर ले जा रहा था। भगवान के भजन में लीन होकर वह अपनी बीमारी भूल गया और उसे आनंद की प्राप्ति हुई तथा उसके स्वास्थ्य में भी सुधार आने लगा। एक दिन सेठ ने मोची को बुलाकर ₹ 1000 का इनाम देते हुए कहा कि मेरी बीमारी का इलाज बड़े-से-बड़े डॉक्टर नहीं कर पाए, पर तुम्हारे भजन ने यह काम कर दिया मैं तुम्हें रहने के लिए एक घर भी दूँगा। मोची इनाम पाकर बहुत खुश हुआ, वह रात दिन पैसों के और घर के बारे में सोचता रहा। अगले दिन वह काम पर भी नहीं गया। लालच के कारण धीरे-धीरे उसकी दुकानदारी चौपट होने लगी, उधर सेठ की बीमारी फिर से बढ़ती जा रही थी। मोची को जब लालच का एहसास हुआ, तो वह सेठ को पैसे वापस करने के लिए सेठ के बंगले में आया। उसने सेठ से निवेदन किया कि आप यह पैसे वापस रख लीजिए, मुझे आपका घर भी नहीं चाहिए, क्योंकि इसके कारण मेरा धंधा चौपट हो गया है, मैं भजन भूल गया हूँ। इस धन ने मेरा परमात्मा से नाता तुड़वा दिया। मोची पैसे वापस करके पुनः अपने काम में जुट गया।

वस्तुत: पैसों और घर के लालच ने मोची को पथ-भ्रष्ट कर दिया था। वह अपने काम को यहाँ तक कि परमात्मा को भी भूलकर पैसों और घर के लालच में ही डूब गया था। अंत में मोची जान गया था कि ''लालच बुरी बला है।''

सीख इस कथा से हमें यह सीख मिलती है कि हमें लालच नहीं करना चाहिए, क्योंकि लालच बुरी बला है।

5 ''सावधानी हटी और दुर्घटना घटी'' कहावत के आधार पर मौलिक कथा लिखिए।

उत्तर **उक्ति का अर्थ** ''सावधानी हटी और दुर्घटना घटी'' उक्ति का अर्थ है कि जब सावधानी नहीं बरती जाती, तब दुर्घटनाएँ घट जाती हैं। मनुष्य आज अपने जीवन में इतना अधिक व्यस्त हो गया है कि वह जल्द-से-जल्द अपने कार्य पूर्ण कर लेना चाहता है। देश में वाहनों की संख्या में प्रतिदिन वृद्धि होती जा रही है। सड़कों पर ट्रैफिक (परिवहन) इतना अधिक हो गया है कि कभी-कभी 15 मिनट की दूरी के लिए 45 मिनट या उससे भी अधिक समय लग जाता है। घंटों जाम में फँसकर व्यक्ति तीव्र गति से वाहनों को चलाते हैं, जिससे दुर्घटनाओं की संभावना बढ़ जाती है, क्योंकि मनुष्य कम-से-कम समय में ज्यादा-से-ज्यादा कार्य कर लेना चाहता है।

अत्यधिक ट्रैफिक होने के साथ-साथ लोग लापरवाह होते जा रहे हैं। सड़क पर तीव्र गति से वाहनों को चलाते समय लोग ट्रैफिक के नियमों का पालन नहीं करते। दो पहिए वाले वाहनों को चलाते समय हैलमेट आदि का प्रयोग नहीं करते, तो दूसरी ओर कार, बस, स्कूटर आदि चलाने वाले व्यक्ति शराब पीकर वाहन चलाते हैं, यही सब खामियाँ दुर्घटना को अंजाम देती हैं।

कथा एक दिन ऐसी ही दुर्घटना सड़क के चौराहे पर हुई, जिसमें तेज रफ़्तार से चली आ रही कार की साइकिल से टक्कर हो गई। टक्कर होने से साइकिल सवार व्यक्ति सड़क के दूसरी ओर जा गिरा। साइकिल पूरी तरह क्षतिग्रस्त हो गई। कार चालक को भी बुरी तरह चोट आई। यह दुर्घटना तीव्र गति से वाहन चलाने व ट्रैफिक नियम का पालन न करने से हुई। घटनास्थल पर उपस्थित लोगों ने दोनों व्यक्तियों को पास के ही अस्पताल में पहुँचाया। घटनास्थल पर पुलिस कुछ देर पश्चात् आई। पुलिस ने उन व्यक्तियों का पूरा ब्यौरा लिखा साथ ही कुछ चश्मदीद गवाहों से पूछताछ कर रिपोर्ट तैयार की। अस्पताल में पीड़ित व्यक्तियों का इलाज करवाया गया। इस दुर्घटना ने सभी को एक सीख दी, जैसे ही सावधानी हटती है वैसे ही दुर्घटना घटित हो जाती है।

सीख हमें निजी वाहनों का प्रयोग कम-से-कम करना चाहिए। सड़क पर चलते समय मोबाइल आदि का प्रयोग नहीं करना चाहिए। सबसे महत्त्वपूर्ण बात यह है कि दुर्घटना होने पर हमें घायल व्यक्ति की सहायता करनी चाहिए, उसे जल्द-से-जल्द अस्पताल ले जाना चाहिए, ताकि उसकी जान बचाई जा सके। यह प्रत्येक नागरिक का कर्तव्य और दायित्व होना चाहिए। अतः सड़क पर वाहनों को चलाते समय हमें हमेशा निम्न उक्ति का स्मरण रखना चाहिए–

''दुर्घटना से देर भली।''

6 ''करत-करत अभ्यास के जड़मति होत सुजान'' प्रस्तुत कथन को आधार बनाकर एक कथा लिखिए।

उत्तर **उक्ति का अर्थ** ''करत-करत अभ्यास के जड़मति होत सुजान'' उक्ति का अर्थ है कि निरंतर अभ्यास करने से मूर्ख-से-मूर्ख व्यक्ति भी सफलता पाता है। कालिदास निरंतर अभ्यास के द्वारा ही उच्चस्तरीय विद्वान् बन पाए, वहीं अर्जुन महान् धनुर्धर बने, तो केवल अपने परिश्रम और अभ्यास के बल पर। प्राचीनकाल से ही ऋषि-मुनियों द्वारा हम परिश्रम व अभ्यास के महत्त्व को देख व समझ सकते हैं। आज के आधुनिक युग में भी परिश्रम और अभ्यास की महत्ता उतनी ही अधिक है।

कथा एक बालक था। वह पढ़-लिख नहीं सकता था। उसके सहपाठी उसका मजाक उड़ाते थे। वह बहुत दु:खी था। परेशान होकर वह किसी ज्योतिषि के पास गया। ज्योतिषि ने कहा–''तुम पढ़ नहीं पाओगे। तुम्हारे हाथ में विद्या की रेखा नहीं है।'' एक दिन रास्ते में जाते हुए उसने कुएँ की जगह पर रस्सी के निशान को देखा। उसने सोचा यदि कठोर पत्थर पर निरंतर रस्सी की रगड़ के निशान पड़ सकते हैं, तो मैं भी निरंतर अभ्यास करके पढ़कर विद्वान् बन सकता हूँ फिर उसने पढ़ाई का अभ्यास किया और एक बड़ा विद्वान् बन गया।

निरंतर अभ्यास व्यक्ति की कार्यकुशलता को निखारता है। अभ्यास के दौरान कभी-कभी नकारात्मक भाव भी उत्पन्न होते हैं, परंतु उसे स्वयं पर हावी नहीं होने देना चाहिए, क्योंकि वह विकास के पथ में बाधा उत्पन्न करते हैं। अभ्यास के द्वारा व्यक्ति अपनी बाधाओं का डटकर मुकाबला करता है तथा विषम परिस्थितियों पर नियंत्रण पा लेता है। अभ्यास ही व्यक्ति को कर्त्तव्य के पथ पर ले जाता है एवं सफलता प्राप्त करने में सहायता करता है। कोई भी व्यक्ति सर्वगुण संपन्न नहीं होता, न ही ज्ञान का भंडार लेकर पैदा होता है।

सीख हमें निरंतर अभ्यास के द्वारा अपने ज्ञान को बढ़ाने का प्रयास करना चाहिए। अपनी योग्यता पर विश्वास तो होना चाहिए, किंतु अतिविश्वासी नहीं होना चाहिए, इसलिए कहा गया है

''करत-करत अभ्यास के जड़मति होत सुजान
रसरी आवत जात ते सिल पर परत निसान।''

7 **''अभिमान विनाश का कारण है'' इस उक्ति को आधार बनाकर कथा लिखिए।**

उत्तर **उक्ति का अर्थ** ''अभिमान विनाश का कारण है'' इस उक्ति का अर्थ है कि घमंड और अहंकार व्यक्ति को विनाश की ओर ले जाता है। अभिमान विनाश का कारण होता है, यह बिलकुल सटीक कथन है। महाभारत, रामायण आदि धार्मिक ग्रंथों में इस तथ्य को उजागर किया गया है। रावण ज्ञानी, बलशाली और शक्तिशाली होते हुए भी अपने अभिमान, अहंकार के कारण अजेय रहा। रावण का अहं, उसके पतन का कारण बना। ऐसी ही एक कथा अभिमानी व्यक्ति के घमंड को चूर करती है।

कथा एक नगर में दो अत्यंत धनवान व्यक्ति रहते थे। एक व्यक्ति का स्वभाव विनम्र था, वहीं दूसरा व्यक्ति धनी होने के कारण अभिमानी था। अभिमानी व्यक्ति किसी की सहायता नहीं करता था, उसे अपने बड़प्पन पर घमंड था, वहीं दूसरी ओर विनम्र धनी व्यक्ति विनम्रतापूर्वक सबकी सहायता करने के लिए हमेशा तत्पर रहता था। एक दिन अचानक रात को अभिमानी व्यक्ति की साँप के काटने से तबीयत बिगड़ने लगी। उस समय उसके पास घर का कोई सदस्य नहीं था। वह दर्द से कराह रहा था, साँप का ज़हर उसके शरीर में फैलता जा रहा था, तभी एक गरीब किसान ने वहाँ से गुजरते हुए घर से आ रही आवाज़ सुनी, पास जाकर देखा तो उस अभिमानी व्यक्ति की बिगड़ती हालत को देखा। उसने तुरंत साँप का विष निकाला और विनम्र धनी व्यक्ति को सूचित किया और वह उसी समय उस व्यक्ति को अस्पताल ले गया तथा उसकी जान बचा ली तभी अभिमानी व्यक्ति को अपने अभिमान पर पश्चाताप हुआ उसने सबसे माफी माँगी और सबको धन्यवाद दिया।

सीख वस्तुत: यह कथा हमें संदेश देती है कि जो लोग घमंड और अहंकार में रहते हैं, उनका सर्वथा सर्वनाश होता है और जो व्यक्ति शक्तिशाली, बलशाली होने पर घमंड न करके सबकी सहायता करते हैं वे सर्वथा विजयी होते हैं।

8 **एक मौलिक कथा लिखिए, जिसका आधार निम्नलिखित उक्ति हो**

''जाको राखे साइयाँ, मार सके न कोय।
बाल न बाँका कर सके, जो जग बैरी होय।।''

उत्तर **उक्ति का अर्थ** ''जान बची तो लाखों पाए'' उक्ति का अर्थ है कि किसी झंझट से मुक्ति पाना। इस उक्ति को निम्न कथा के माध्यम से अच्छी तरह समझा जा सकता है

कथा पिछले वर्ष मैं सपरिवार केदारनाथ की यात्रा पर गया था। हम बस में सवार थे। बस में लगभग 25 यात्री थे। मेरे सामने वाली सीट पर एक दंपति अपने 6 माह के बेटे के साथ बैठे थे। मेरे पीछे सीट पर दो अस्त-व्यस्त वेशभूषा वाले युवक बैठे थे। उनके क्रियाकलापों से मुझे उन पर कुछ शक हुआ। बस दुर्गम पहाड़ियों से गुजर रही थी। कभी-कभी भय से शरीर में कंपन-सा होता था।

अचानक रात 4 बजे के आस-पास मुझे कुछ हिलने का आभास हुआ। मैंने देखा, पीछे वाली सीट पर बैठा एक युवक महिला के गहने चुरा रहा था। मेरे शोर मचाने पर उन युवकों की पिटाई की गई और बस से उतार दिया गया।

बस अपने गंतव्य स्थल की ओर चल पड़ी। तभी 6 बजे बस अचानक चलते-चलते रुक गई, क्योंकि सड़क पर पत्थर पड़ा था। हम कुछ समझ पाते इससे पहले ही 4-5 युवकों ने बस पर धावा बोल दिया, उनमें वे 2 युवक भी शामिल थे। इस हाथापाई में ड्राइवर ने बस चला दी ताकि 2 किमी दूर स्थित पुलिस चौकी तक पहुँच सके पर युवकों ने ड्राइवर को मारा और लूटपाट करने लगे। इसी घटनाक्रम में बस का नियंत्रण बिगड़ गया और बस खाई में फँस गई।

उनमें वे 2 युवक और दंपति का बालक बस से नीचे गिर गए। दोनों युवक गहराई में गिरने पर प्राण गँवा बैठे, परंतु बालक एक झाड़ी में फँस गया और उसकी जान बचा ली गई।

तभी किसी के द्वारा सूचना देने के कारण, वहाँ पुलिस पहुँच गई और बाकी लुटेरों को गिरफ़्तार करके ले गई। मुझे और ड्राइवर को थोड़े उपचार के बाद अस्पताल से जाने दिया गया। ड्राइवर और हम सभी यात्री पुन: केदारनाथ की ओर रवाना हो गए। सब यात्री उस बच्चे में साक्षात् परमात्मा का अनुभव कर रोमांचित थे। दंपति के चेहरे पर भय प्रतीत हो रहा था, परंतु दंपति की सच्ची भक्ति भावना ने उनके बच्चे की जिंदगी बचा ली और उन दुष्कर्मी युवकों को अपने कर्मों की सजा भोगनी पड़ी। उस बालक को सुरक्षित देखकर मुझे पूर्ण विश्वास हो गया कि

''जाको राखे साइयाँ, मार सके न कोय।
बाल न बाँका कर सके, जो जग बैरी होय।।''

इस घटना के उपरांत परमपिता के प्रति मेरी श्रद्धा और विश्वास में और वृद्धि हो गई।

9 एक मौलिक कथा लिखिए, जिसका आधार निम्नलिखित उक्ति हो
''परिश्रम ही सफलता का सोपान है।''

उत्तर **उक्ति का अर्थ** ''परिश्रम ही सफलता का सोपान है'' इस उक्ति का अर्थ है कि मेहनत करने से ही सफलता मिलती है। वर्तमान युग कर्म प्रधान है। प्रत्येक इंसान अपने कर्म और मेहनत के बल पर ही अपना भविष्य निर्मित करता है। कुछ लोग जन्मजात प्रतिभाशाली होते हैं, परंतु वे निरंतर कठिन मेहनत के बल पर ही कामयाबी पाते हैं, जो परिश्रम से जी चुराते हैं, वे अपने जीवन को बरबाद कर लेते हैं।

इस विषय को और बेहतर समझने के लिए एक कथा प्रस्तुत है

कथा मेरे मित्र के बड़े भाई ने वर्ष 1993 में एलएलबी की परीक्षा पास की, परंतु घर की आर्थिक स्थिति ठीक न होने के कारण उन्होंने आगे की पढ़ाई छोड़कर नौकरी करनी आरंभ कर दी और साथ-साथ प्रतियोगी परीक्षाओं की तैयारी भी करने लगे।

वर्ष 2005 तक नियमित अध्ययन और मेहनत के बावजूद उन्हें कामयाबी नहीं मिली, परंतु उन्होंने हार नहीं मानी। एक वकील के अधीन कार्य करते हुए, उन्होंने एलएलएम की परीक्षा दी और प्रथम श्रेणी से उत्तीर्ण हुए। उसके बाद पुनः एक अध्यापक के परामर्श से परीक्षाओं की तैयारी आरंभ की। उन्हें सफलता मिली और उन्होंने क्लर्क की नौकरी प्राप्त की। अब थोड़ा आर्थिक स्थिति में सुधार हो गया था, परंतु मन में अभी भी 'जज' बनने की इच्छाशक्ति कम नहीं हुई थी। उन्होंने पुनः स्वयं को अध्ययन करने के लिए तैयार किया। दिन में कार्यालय से आने के बाद वे रात 10 से 2 बजे तक प्रतिदिन मेहनत और लगन से परीक्षा की तैयारी करते थे। अपने शुरू के प्रयासों में उन्हें असफलता मिली, वह मायूस तो हुए, परंतु स्वयं पर उन्हें पूरा विश्वास था। अपने अंतिम प्रयास को लक्षित करते हुए उन्होंने 3 महीने के लिए कार्यालय से अवकाश लेकर दिन-रात अथक परिश्रम किया और परीक्षा दी।

2 महीने पश्चात् रिजल्ट आया और इस बार उनकी मेहनत और विश्वास का फल उन्हें मिला। उन्होंने प्रथम रैंक के साथ जज की परीक्षा पास की और परमात्मा की कृपा से उनको हमारे शहर में ही पद सँभालने का अवसर मिला। नियमित अभ्यास, कठोर परिश्रम और आत्मविश्वास से उन्हें लक्ष्य की प्राप्ति हुई।

सीख इस कथा से हमें यह सीख मिलती है कि परिश्रम कभी निष्फल नहीं होता। मेहनत करने से ही सफलता पाई जा सकती है। ठीक ही कहा गया है, ''परिश्रम ही सफलता का सोपान है।''

10 एक कथा लिखिए, जिसका आधार निम्नलिखित उक्ति हो
''वही मनुष्य है जो मनुष्य के लिए मरे।''

उत्तर **उक्ति का अर्थ** 'वही मनुष्य है कि जो मनुष्य के लिए मरे' अर्थात् जो मनुष्य दूसरे मनुष्य के संकट को देखकर अपने प्राणों की परवाह किए बिना उसकी हर प्रकार से मदद करे, वही सच्चे अर्थों में मनुष्य कहलाने के योग्य है। वह मनुष्य देवता के समान है और

वही श्रेष्ठ मानव है। ऐसी ही एक घटना कुछ दिन पहले घटी, जिसने मेरे मन-मस्तिष्क को बहुत ज्यादा प्रभावित किया है।

कथा पिछले महीने मैं अपने परिवार के साथ मनाली घूमने गया था। बस में हमारे साथ तीस छात्रों का एक समूह भी था, जो अपने दो अध्यापकों के साथ पिकनिक मनाने आया था। हमने दो दिन एक साथ गुजारे और विभिन्न दर्शनीय स्थलों के दर्शन किए। तीसरे दिन हम सब एक साथ व्यास नदी के समीप भ्रमण के लिए गए।

मेरे पिताजी ने नदी के बीच जाने से मना कर दिया, परंतु उस समूह के 15 छात्र नदी के बीच जाकर फोटोग्राफी करने लगे। कुछ समय उपरांत अचानक तीव्र गति से नदी का जल स्तर बढ़ गया। सभी छात्र चिल्लाने लगे। चारों ओर हाहाकार मच गया। छात्र खुद को बचाने के लिए विशाल पत्थर को पकड़े थे। कोई भी छात्रों को बाहर निकालने की हिम्मत न दिखा सका। तभी अचानक दो युवा फरिश्ते बनकर आए और नदी में कूद गए, उन्होंने कठिन संघर्ष करके उन छात्रों को रस्सी द्वारा बाहर निकाला। अब अंतिम छात्र को निकालना शेष था। बचाव करने वाला एक युवा बेहद थक चुका था, किंतु उसने हिम्मत नहीं हारी और उस छात्र को किनारे तक पहुँचा दिया, लेकिन काल के चक्र से वह स्वयं को न बचा सका। अंतिम लहर की तेज गति से वह लहरों में समा गया। अगले दिन उसका शव गोताखोरों को प्राप्त हुआ। वह युवा अपने प्राणों की परवाह किए बिना 15 छात्रों की जान बचा गया।

इस पूरे दृश्य ने सबकी आँखों को नम कर दिया और यह न भूलने वाली घटना हमारे मन-मस्तिष्क में कैद हो गई। उस युवा के त्याग ने हमें नमन करने को मजबूर कर दिया और उसके इस साहसिक कार्य पर यह कहावत चरितार्थ होती है कि

''वही मनुष्य है जो मनुष्य के लिए मरे।''

सीख इस कथा से हमें यह शिक्षा मिलती है कि हमें जीवन में परोपकार को अपनाना चाहिए तथा दूसरों की सहायता करनी चाहिए, क्योंकि वास्तव में वही मनुष्य है, जो दूसरों की संकट में सहायता करे।

11 एक मौलिक कथा लिखिए, जिसका आधार निम्नलिखित उक्ति हो
''दूर के ढोल सुहावने''

उत्तर **उक्ति का अर्थ** ''दूर के ढोल सुहावने'' इस उक्ति का अर्थ है कि दूर से सब आकर्षक और लुभावना लगता है, लेकिन पास जाने पर ही वास्तविकता का पता चलता है। यह एक कटु सत्य है कि मानव का वास्तविक परिचय उसके व्यवहार व आचरण से ही पता चलता है, अन्यथा दूर से तो सब आकर्षक ही प्रतीत होते हैं। उपरोक्त उक्ति इसी का पर्याय है, जिसकी पुष्टि हेतु कथा प्रस्तुत है

कथा मेरी माताजी के दूर के रिश्ते के भाई थे। माताजी उनका खूब सम्मान एवं प्रशंसा करती थीं। दस वर्षों के अंतराल के बावजूद वह उनसे पुराने स्नेह की उम्मीद रखती थीं। वह उनके बारे में सदैव यही कहती थीं कि वे अत्यंत नेक व मिलनसार हैं। माताजी जब भी उनसे फोन पर बात करतीं, तब वे उनके घर दिल्ली आने का मौखिक निमंत्रण देते रहते थे। इसी स्नेह को हकीकत मानकर माताजी उनका गुणगान करती रहती थीं। एक दिन उन्होंने उनसे मिलने का निश्चय कर लिया, इसकी सूचना उनको दे दी गई।

मैं माताजी सहित बस द्वारा दिल्ली की ओर रवाना हुआ। माताजी बेहद खुश और भावुक थीं। उन्होंने अत्यंत स्नेह से अपने हाथों से बने कुछ पकवान और एक स्वेटर साथ रख लिया। दिल्ली पहुँचने पर उन्हें सूचना दे दी गई थी, परंतु उन्होंने व्यस्तता दिखाते हुए थोड़ा इंतज़ार करने को कहा। इस घटना से माताजी थोड़ी विचलित हुईं, परंतु मेरे समझाने पर शांत हो गईं। एक घंटे पश्चात् उनका ड्राइवर अकेले आया, जबकि वे घर पर मौजूद थे।

हम उनके घर पहुँचे, ड्राइवर ने हमें बैठक में बैठाया। कुछ समय पश्चात् उनके आने पर माताजी अत्यंत भावुक हो गईं और हालचाल पूछा, परंतु उनके व्यवहार से ऐसा प्रतीत हुआ कि वे हमसे मिलकर ज्यादा प्रसन्न नहीं हुए, तब माताजी ने उन्हें सस्नेह पकवान तथा स्वेटर भेंट किए, परंतु उन्होंने कोई बहाना बनाते हुए वह भेंट ड्राइवर को दे दी।

इस घटनाक्रम से माताजी का हृदय व्यथित हो चुका था। मैंने तब माँ को सँभाला और यथार्थ को समझाने की कोशिश की। अब वहाँ ठहरना माताजी को कष्टप्रद हो रहा था। हमने किसी तरह रात गुजारी और अगले दिन प्रातःकाल ही अपने घर के लिए प्रस्थान कर गए। घर पहुँचने पर मैंने माताजी को सांत्वना दी, तब माता जी शांत हुईं। मुझे उस वक्त माताजी पर स्नेह और हँसी आ रही थी। मैंने उन्हें स्पष्टतः समझाया कि देखा आज यह उक्ति चरितार्थ हो गई है कि

''दूर के ढोल सुहावने होते हैं।''

सीख इस कथा से हमें यह सीख मिलती है कि दूर से अच्छी और लुभावनी लगने वाली प्रत्येक वस्तु और व्यक्ति अच्छा नहीं होता। अतः जो हमारे पास है, उसका महत्त्व समझना चाहिए।

12 **एक मौलिक कथा लिखिए, जिसका आधार निम्नलिखित उक्ति हो**

''खोदा पहाड़, निकली चुहिया।''

उत्तर **उक्ति का अर्थ** ''खोदा पहाड़, निकली चुहिया'' उक्ति का अर्थ है–अत्यंत मेहनत के बावजूद परिणाम शून्य अथवा उम्मीद से कम प्राप्त होता है।

कथा इसी से संबंधित एक कथा मुझे याद आ रही है। पिछले वर्ष मेरे मित्र राहुल की क्रिकेट अकादमी में यह घोषणा की गई कि अगले माह उनकी टीम दूसरे शहर में प्रतियोगिता खेलने हेतु जाएगी और उसके लिए टीम का चयन दस दिन बाद किया जाएगा। शुल्क भी लिया जाएगा। राहुल ने दिन-रात परिश्रम किया।

प्रातः 4 से 8 बजे अभ्यास के उपरांत विद्यालय जाना और सायंकाल में पुनः कठिन अभ्यास करना। इन दिनों क्रिकेट पर ही उसका पूरा ध्यान रहा। दस दिन बाद टीम चयनित की गई, जिसमें राहुल का चयन भी हो गया। सब खिलाड़ी रोमांचित थे। सबने नई पोशाक, नया सामान खरीद लिया और प्रतियोगिता शुल्क भी अदा कर दिया। अब उनकी टीम बस द्वारा रवाना हुई और शहर से लगभग 300 किमी की दूरी पर राजस्थान के एक छोटे से गाँव के विद्यालय में ले जाई गई।

सब खिलाड़ी वहाँ के वातावरण से चौंक गए। विद्यालय जर्जर अवस्था में था और मैदान भी अस्त-व्यस्त था। अगले दिन प्रातः जब मैच आरंभ हुआ, तो विपक्षी टीम के खिलाड़ियों को देखकर सब हैरान रह गए। वे अप्रशिक्षित थे और अस्त-व्यस्त पोशाक में गाँव के ही निवासी थे, जिन्हें बल्ला पकड़ने तक का ज्ञान न था। यह ग्रामीण स्तर का मैच था। सब खिलाड़ी अपमानित व अजीब महसूस कर रहे थे, क्योंकि टीम जो सोचकर प्रतियोगिता खेलने आई थी, यहाँ ऐसा कोई माहौल नहीं था। वे सब संपूर्ण प्रशिक्षण के साथ, प्रशिक्षित टीम से खेलने आए थे। व्यथित हृदय के साथ उन्होंने मैच खेला और वापस दिल्ली आ गए।

सीख इस प्रकार उस वक्त उनकी अवस्था देखकर यह उक्ति सार्थक प्रतीत हो रही थी, ''खोदा पहाड़, निकली चुहिया।'' सभी अभिभावक इस घटनाक्रम को जानकर अत्यंत नाराज हुए। राहुल ने तो उस अकादमी से नाता ही तोड़ लिया।

13 **एक मौलिक कथा लिखिए, जिसका आधार निम्नलिखित उक्ति हो**

''आगे कुआँ पीछे खाई।''

उत्तर **उक्ति का अर्थ** ''आगे कुआँ पीछे खाई'' अर्थात् दोनों ओर विपत्ति का होना। उपरोक्त उक्ति को बेहतर समझने के लिए एक कथा प्रस्तुत है

कथा मेरे गाँव का एक निवासी गगनदीप किसी कार्यवश रेलगाड़ी द्वारा भोपाल जा रहा था। वह अत्यंत बहादुर था और अनेक बार अपनी वीरता के लिए प्रशस्ति-पत्र प्राप्त कर चुका था।

उनकी गाड़ी दिल्ली से रवाना हुई। रात के लगभग 10 बजे जब गाड़ी चंबल के भयावह क्षेत्र से गुजर रही थी, अचानक विशाल नदी के ऊपर जाकर रुक गई। यात्री इस सुनसान माहौल में थोड़ा भयभीत थे। अचानक ही 4-5 डाकुओं ने हमला कर दिया और लूटपाट करने लगे।

गगन द्वारा विरोध करने पर डाकुओं ने उसे बंदूक से घायल कर दिया। तब भी गगन ने हौंसला दिखाते हुए, जान बचाने के उद्देश्य से अपने साथ एक यात्री को चुपचाप गाड़ी से नीचे उतार लिया। वे दोनों गाड़ी के नीचे पटरी पर थे, परंतु परेशानी यही थी कि दोनों तैरना नहीं जानते थे। तब दोनों ने पटरी-पटरी निकलने की योजना बनाई।

सहसा ही रेलगाड़ी धीमी गति से चल पड़ी। अब उन दोनों को साक्षात् मृत्यु का आभास होने लगा था। दोनों पटरी से लटक गए। अब वे न तो नदी में कूद सकते थे और न ही गाड़ी में चढ़ सकते थे। उनकी अवस्था देखकर यह कहावत साक्षात् प्रतीत हो रही थी कि ''आगे कुआँ पीछे खाई।''

तभी शायद किसी के सूचना देने पर क्षेत्रीय पुलिस ने आकर डाकुओं को मार भगाया और उन दोनों को भी सकुशल बचा लिया। तत्पश्चात् सभी यात्री गंतव्य स्थल की ओर रवाना हो गए।

14 **''आ बैल मुझे मार'' इस उक्ति के आधार पर एक मौलिक कथा लिखिए।**

उत्तर **उक्ति का अर्थ** ''आ बैल मुझे मार'' का अर्थ है–जानबूझकर मुसीबत में पड़ना या मुसीबत को अपने पास बुलाना। कभी-कभी व्यक्ति भावनाओं में बहकर खुद को संकट में भी डाल लेते हैं। ऐसी अवस्था में उपरोक्त उक्ति सत्य प्रतीत होती है कि ''आ बैल मुझे मार।'' इसी संदर्भ में एक कथा प्रस्तुत है

कथा हमारे गाँव में अशोक नाम का एक युवक था, जो अत्यंत साहसी और बहादुर था, परंतु साथ ही चंचल व अधीर था, इसी कारण खुद को संकटग्रस्त कर लेता था। एक बार की घटना है, हमारे गाँव पर डाकुओं ने हमला कर दिया। उन्होंने पूरे गाँव में

लूट-पाट की, कई घरों से गहने लूट लिए। सब गाँव वाले भय के कारण अपने-अपने घरों में छिपे हुए थे। अशोक ने तब हौसला दिखाया और इस घटना की सूचना पुलिस को दे दी।

पुलिस बिना समय गँवाए, गाँव में पहुँच गई और डाकुओं को चारों ओर से घेर लिया। पुलिस ने यह घोषणा भी कर दी कि सभी गाँव वाले अपने-अपने घरों में छिपे रहें और डाकुओं को चेतावनी दी कि वे आत्मसमर्पण कर दें। डाकुओं का हौसला पस्त हो चुका था और वे समर्पण की योजना बना रहे थे। सहसा अशोक अपना संयम खो बैठा और उसने डाकुओं पर हमला कर दिया।

तभी सब डाकुओं ने अशोक को अपने नियंत्रण में कर लिया और उसे मारने की धमकी देते हुए भागने का प्रयास करने लगे। डाकू अशोक को साथ ले गए और दूर सुनसान जगह पर जख्मी हालत में फेंककर फरार हो गए। पुलिस ने अशोक का इलाज करवाया।

कुछ स्वस्थ होने पर पुलिस ने व्यंग्यात्मक लहजे से अशोक को कहा कि अपनी अधीरता के कारण आपने अपने प्राण संकट में डाल लिए और डाकू भी भागने में कामयाब हो गए। यदि अशोक खुद को संयमित रखता तो पुलिस अपने अभियान में सफल होती और अशोक के प्राणों को भी खतरा नहीं होता। अब यह उक्ति इस घटना और अशोक पर सत्य प्रतीत हो रही थी कि ''आ बैल मुझे मार।''

सीख इस कथा से हमें यह शिक्षा मिलती है कि बिना सोचे-विचारे कार्य करके मुसीबत में नहीं पड़ना चाहिए।

15 एक मौलिक कथा लिखिए, जिसका आधार निम्नलिखित उक्ति हो

''जैसी करनी वैसी भरनी।''

उत्तर **उक्ति का अर्थ** 'जैसी करनी वैसी भरनी' उक्ति का अर्थ है कि मनुष्य जैसा कर्म करता है, वैसा ही फल उसे भोगना पड़ता है।

यह सर्वविदित है कि मानव अपने कर्मों के आधार पर ही फल भोगता है। सत्कर्मी तथा परिश्रमी मानव सदैव श्रेष्ठ लक्ष्यों को प्राप्त करता है तथा बुरे कर्म करने वाला मानव सदैव कर्मानुरूप व्यर्थ भटकता रहता है। इसी विषय से संबंधित एक कथा प्रस्तुत है।

कथा दो भाई थे। दोनों कुशाग्र बुद्धि, परंतु दोनों के आचरण, व्यवहार और जीवन-शैली में बहुत अंतर था। उसमें राम धैर्यवान व परिश्रमी था, परंतु राज अधीर, चंचल एवं आलसी था। उनके पिताजी ने उन्हें वार्षिक परीक्षा में श्रेष्ठ अंकों से उत्तीर्ण होने का लक्ष्य दिया, ताकि दोनों का देश के प्रतिष्ठित कॉलेज में दाखिला हो सके।

राम ने पूरी मेहनत और योजना के साथ पूरे समय परीक्षा की तैयारी की और परीक्षा में प्रथम स्थान के साथ पास हुआ। तदुपरांत उसने श्रेष्ठ कॉलेज में भी दाखिला पाया और परिश्रम से प्रशासनिक सेवा (आईएएस) में शानदार भविष्य बनाया। इसके विपरीत राज ने अपना समय व्यर्थ के कार्यों व मित्र मंडली में व्यतीत किया, जिससे वह विद्यालय की परीक्षा तक उत्तीर्ण न कर सका।

इस प्रकार राज ने खुद के भविष्य पर प्रश्नचिह्न लगा दिया और राम कामयाबी की बुलंदियों को प्राप्त कर गया। दोनों ने अपने कर्मों के अनुसार ही फल पाया, इसलिए इस घटना से यह कहावत सही सिद्ध हो गई कि

''जैसी करनी वैसी भरनी।''

सीख इस कथा से यह शिक्षा मिलती है कि मनुष्य जैसा कर्म करता है, उसे वैसा ही फल भोगना पड़ता है।

परीक्षा अभ्यास

1. अपने जीवन के किसी मार्मिक अंश को आधार बनाते हुए, उसे कथा के रूप में लिखिए।

2. ''पुस्तक मेरी सच्ची मित्र है'' विषय पर एक स्वरचित कथा लिखिए।

3. अपनी कल्पनाशक्ति के आधार पर 'ग्रामीण जीवन' विषय पर एक कथा लिखिए।

4. 'हमारे जीवन में विद्यालय का महत्त्व' पंक्ति को आधार बनाते हुए कथा लेखन कीजिए।

5. 'बस्ते का बोझ, जीवन का बोझ' विषय पर कथा लेखन कीजिए।

6. 'श्रेष्ठतम धर्म परोपकार' विषय आधारित कथा लेखन कीजिए।

7. ''दूध का जला छाछ भी फूँक-फूँककर पीता है'' प्रस्तुत पंक्ति से आरंभ करते हुए एक कथा लिखिए।

8. ''सत्य को कभी-भी छिपाया नहीं जा सकता'' कथन को आधार बनाकर कथा लिखिए।

9. ''पराधीन सपनेहुँ सुख नाहीं'' पंक्ति को आधार बनाकर एक मौलिक कथा लिखिए।

10. एक मौलिक कथा लिखिए जिसका आधार ''जब आवै संतोष धन सब धन धूरि समान'' हो।

11. ''साँच को आँच नहीं'' पंक्ति को आधार बनाकर एक मौलिक कथा लिखिए।

12. ''चार दिन की चाँदनी फिर अँधेरी रात'' उक्ति को आधार बनाकर एक मौलिक कथा लिखिए।

13. ''उल्टा चोर कोतवाल को डाँटे'' पंक्ति को आधार बनाकर एक मौलिक कथा लिखिए।

14. ''एक गंदी मछली सारे तालाब को गंदा कर देती है'' पंक्ति को आधार बनाकर एक मौलिक कथा लिखिए।

15. ''अब पछताये होत क्या, जब चिड़ियाँ चुग गई खेत'' पंक्ति को आधार बनाकर एक मौलिक कथा लिखिए।

अध्याय

06

ई-मेल (ई-पत्र) लेखन

प्रश्न की प्रकृति

इस प्रश्न के अंतर्गत समसामयिक एवं व्यावहारिक जीवन से जुड़े औपचारिक विषयों पर ई-मेल लिखने के लिए दिया जाता है।

ई-मेल लेखन के आधार पर विद्यार्थी की तर्कसंगत विचार प्रकट करने की क्षमता को परखा जाता है।

आज कम्प्यूटर के दौर में ई-मेल के द्वारा ऑनलाइन-पत्र भेजे जाते हैं। ऑनलाइन भेजे जाने वाले पत्र पलक झपकते ही अपने गंतव्य तक पहुँच जाते हैं। इस प्रकार पत्र को इंटरनेट की सहायता से ई-मेल के द्वारा 'प्रेषिती' (प्राप्तकर्ता) तक पहुँचाना 'ऑनलाइन पत्र' या 'ई-पत्र' कहलाता है। ई-मेल दो शब्दों के मेल से बना है 'ई + मेल', 'ई' से अभिप्राय है–इलेक्ट्रॉनिक जबकि मेल का हिन्दी पर्याय है–डाक। इस प्रकार कहा जा सकता है कि विद्युत के वेग समान भेजी जाने वाली डाक, इलेक्ट्रॉनिक मेल अथवा ई-मेल कहलाती है।

ऑनलाइन-पत्र भेजने के लिए प्रेषक व प्रेषिती दोनों के पास अपनी वैध 'ई-मेल' आइडी होनी अनिवार्य है। ई-मेल के माध्यम से न केवल संदेशों का बल्कि डिजिटल दस्तावेजों, वीडियो आदि को अटैच (संलग्न) करके किसी दूसरे ई-मेल पते पर भेजा एवं प्राप्त किया जाता है। वर्तमान समय में सैकड़ों वेबसाइट हैं जो ई-मेल आइडी बनाने की सुविधा उपलब्ध कराती हैं; जैसे–जी-मेल, याहू, रेडिफ मेल, हॉट मेल आदि।

ई-मेल पते के घटक

ई-मेल पते के तीन घटक होते हैं–यूजर नेम (उपयोगकर्ता का नाम), प्रतीक (@) एवं डोमेन नेम (जी-मेल, याहू, हॉट मेल आदि)। उदाहरण के तौर पर snehagupta@gmail.com में snehagupta यूजर नेम है, @ अपने आप में प्रतीक है, जबकि gmail.com डोमेन नेम है।

ई-मेल की आवश्यकता

- आज जीवन में प्रतिदिन के कार्यों में व एक-दूसरे से संपर्क स्थापित करने हेतु ई-मेल की आवश्यकता होती है।
- कम्पनी के उत्पादनकर्ता का ग्राहकों अथवा उपभोक्ताओं के साथ संबंध स्थापित करने के लिए ई-मेल की आवश्यकता होती है। उपभोक्ता शीघ्र ही कम्पनी को उत्पाद से संबंधित समस्याओं से अवगत करा सकता है तथा अपने सुझाव भी दे सकता है।
- जानकारी अथवा संदेश को किसी भी व्यक्ति तक अति शीघ्र पहुँचाने के लिए ई-मेल की आवश्यकता होती है।

- माउस के एक क्लिक से अपनी शिकायतों, समस्याओं, निमंत्रण, शुभकामनाओं को संबंधित व्यक्ति तक पहुँचाने के लिए ई-मेल को प्रयोग में लाया जाता है।
- ई-मेल एक सुविधाजनक संचार पद्धति है। इसके माध्यम से बिना किसी असुविधा के दुनिया के किसी भी कोने में बैठे व्यक्ति, सगे-संबंधियों से संपर्क स्थापित करने के लिए ई-मेल की आवश्यकता होती है।
- ई-मेल के द्वारा कम खर्च एवं कम समय में संदेश पहुँचाया व प्राप्त किया जा सकता है।
- ई-मेल एक सरल व त्वरित संचार का माध्यम होने के कारण आज इसकी उपयोगिता बहुत बढ़ गई है। अंतर्राष्ट्रीय स्तर पर भी ई-मेल एक प्रभावी साधन है।

ई-मेल के मुख्य भाग

ई-मेल को क्रम के अनुसार प्रस्तुत किया जाता है अथवा लिखा जाता है, वे ई-मेल के भाग कहलाते हैं। सामान्यतः ई-मेल के भाग निम्नलिखित होते हैं–

1. **आरंभ** ई-मेल के प्रारंभ में संदेश प्राप्तकर्ता अथवा प्रेषिती का पता लिखा जाता है। 'To' के अंतर्गत जिस व्यक्ति को ई-मेल भेजा जा रहा है उसका ई-मेल पता लिखा जाता है; जैसे–To : nehasharma@gmail.com

कभी-कभी ई-मेल भेजते समय दो या दो से अधिक व्यक्तियों को ई-मेल भेजना होता है ऐसे में तीन स्थितियाँ उत्पन्न होती हैं जो निम्न हैं–

(i) To, इसके अंतर्गत उन व्यक्तियों की ई-मेल आईडी को Type किया जाता है जिनको Direct Mail किया जाता है अर्थात् उनको Mail में किया गया सभी Text और Attachement पूर्ण रूप से प्राप्त होता है।

(ii) CC का अर्थ है कार्बन कॉपी (Carbon Copy)। इसके अंतर्गत यदि एक व्यक्ति को ई-मेल भेजना है और यदि आप चाहते हैं कि अन्य दो लोगों को यह पता रहे कि क्या भेजा है तब अन्य दो लोगों का ई-मेल पता CC में डाल सकते हैं जिससे सबका ई-मेल भी एक-दूसरे को दिख जाएगा।

(iii) BCC का अर्थ है ब्लाइंड कार्बन कॉपी (Blind Carbon Copy)। BCC करने से ई-मेल जिस-जिस को किया गया है वह किसी को भी ज्ञात नहीं होता है, गुप्त रहता है।

2. **विषय** ई-मेल के दूसरे भाग विषय अथवा सब्जेक्ट के अंतर्गत जिस संदेश को लिखा जा रहा है उसे संक्षेप में इसके अंतर्गत बताया जाता है; जैसे–होली की शुभकामनाएँ।
3. **संदेश** इसके अंतर्गत मूल विषय का विस्तारपूर्वक वर्णन किया जाता है। मूल विषय ध्यानपूर्वक इसके अंतर्गत लिखा जाता है तथा अनुच्छेदों (पैराग्राफ) के मध्य थोड़ी जगह भी छोड़ी जाती है।
4. **अटैचमेंट** संदेश प्रेषित करते समय यदि किसी दस्तावेज को संदेश अथवा पत्र आदि के साथ संलगित करना होता है तो अटैचमेंट के द्वारा उसे संदेश अथवा पत्र के साथ भेजा जाता है। ध्यान रहे अटैचमेंट का प्रयोग तभी किया जा सकता है जब वह दस्तावेज कम्प्यूटर में सुरक्षित (सेव) हो।
5. **अंत** ई-मेल में अंत में जब संदेश लिखा जा चुका हो तथा आवश्यकता पड़ने पर अटैचमेंट लगाई जा चुकी हो तत्पश्चात् संबंधित व्यक्ति को संदेश प्रेषित करने के लिए सेंड (Send) के विकल्प का प्रयोग किया जाता है। सेंड के एक क्लिक करने से प्रस्तुत ई-मेल संबंधित व्यक्ति/व्यक्तियों तक पहुँच जाएगी जिसका ई-मेल लिखा गया है।

ई-मेल के प्रकार

ई-मेल का प्रयोग वैयक्तिक अथवा निजी प्रयोग हेतु किया जाता है तथा व्यापार एवं कार्यालय के प्रयोग हेतु अपनी शिकायत, समस्या, उत्पाद खरीदने आदि के लिए भी किया जाता है। इस प्रकार ई-मेल के दो प्रकार होते हैं–

1. औपचारिक ई-मेल (Formal E-mail)
2. अनौपचारिक ई-मेल (Informal E-mail)

1. औपचारिक ई-मेल

औपचारिक ई-मेल उन लोगों को भेजे जाते हैं जिनसे हमारा कोई निजी या पारिवारिक संबंध नहीं होता। किसी संस्था, अधिकारी, व्यापारियों आदि से संपर्क स्थापित करने के लिए भेजे जाने वाले ऑनलाइन संदेश एवं पत्रों को औपचारिक ई-मेल कहा जाता है।

औपचारिक ई-मेल करते समय ध्यान रखने योग्य बातें

- ई-मेल भेजने के प्रारंभ में जिसे संदेश प्रेषित करना होता है, उसका सही व वैध ई-मेल पता लिखा जाना चाहिए।
- औपचारिक ई-मेल भेजते समय ई-मेल प्राप्तकर्ता के लिए श्रीमान, मान्यवर, महोदय आदि आदर सूचक शब्दों का प्रयोग किया जाता है।
- औपचारिक ई-मेल करते समय विषय-वस्तु को कम शब्दों में लिखने का प्रयास करना चाहिए।
- अनुच्छेद के बीच में उचित स्थान दिया जाना चाहिए।
- ई-पत्र लिखते समय आवश्यकता पड़ने पर महत्त्वपूर्ण बातों के लिए बुलेट्स आदि का प्रयोग किया जा सकता है।
- ई-मेल द्वारा भेजे गए औपचारिक पत्र में आदर सहित आदि लिखकर पत्र का अंत या समापन करना चाहिए।
- ई-मेल भेजने से पूर्व अंत में ध्यानपूर्वक पुनः ई-मेल को पढ़ लेना चाहिए।

ई-पत्र का प्रारूप (औपचारिक)

● नौकरी के लिए आवेदन संबंधी ई-पत्र लिखिए।

ई-मेल का जवाब (प्रत्युत्तर) देने हेतु प्रयोग किए जाने वाले वाक्यांश

सगे- संबंधियों, मित्रों, पारिवारिक सदस्यों, अधिकारियों, व्यापारियों आदि के द्वारा जब ई-मेल द्वारा संदेश अथवा पत्र भेजा जाता है एवं प्राप्त किया जाता है, तब संबंधित व्यक्ति द्वारा प्राप्त हुए ई-मेल के प्रत्युत्तर में कुछ-न-कुछ वाक्य कहे जाते हैं जिससे ई-मेल भेजने वाले को यह सुनिश्चित हो जाता है कि उसके द्वारा भेजा गया ई-मेल उस व्यक्ति को प्राप्त हो गया है। ई-मेल का उत्तर देने हेतु प्रयुक्त किए जाने वाले कुछ वाक्यांश के उदाहरण निम्नलिखित हैं–

• आपके ई-मेल के लिए धन्यवाद।

• मुझे आपका ई-मेल प्राप्त हो गया है, धन्यवाद।

• मुझे खेद है कि मैं कल वापस तुमसे नहीं मिला।

• हाँ, मैं मंगलवार प्रातः 10 बजे बैठक में उपस्थित रहूँगा।

• मैं तुमसे अवश्य मिलने आऊँगा।

• स्पष्टीकरण के लिए आपका धन्यवाद।

• आपके ई-मेल में उल्लेख किए बिंदुओं का मैं पालन करूँगा।

साधित उदाहरण

1. ध्वनि प्रदूषण की समस्या से अवगत कराते हुए ई-पत्र लिखिए।

उत्तर

To: Ramesh290@gmail.com

Subject: ध्वनि प्रदूषण पर रोक लगाने हेतु।

Insert: Attachments Office docs Photos From Bing Emoticons

Tahoma 10

सेवा में,
नगर योजना अधिकारी,
संत नगर,
दिल्ली।

महोदय,
आजकल हमारे नगर में उद्योगों के बढ़ने के कारण जनसंख्या लगातार बढ़ रही है। कल-कारखानों एवं यातायात का दबाव भी यहाँ अधिक है। सारा दिन कारखानों की आवाजों, ट्रक के भोंपुओं (हॉर्न) की आवाजों आदि के कारण अत्यन्त असुविधा होती है जिसके कारण ध्वनि प्रदूषण होता है साथ ही लोगों का यहाँ रहना दूभर हो गया है।
आपसे प्रार्थना है कि कृपया हमारे क्षेत्र में बढ़ रहे ध्वनि प्रदूषण पर नियंत्रण करने की व्यवस्था करें।
धन्यवाद।
प्रार्थी

Send Discard

2. ए. टी. एम. कार्ड न मिलने की शिकायत संबंधी ई-पत्र लिखिए।

उत्तर

To: debitcard@bobcards.com

Subject: एटीएम कार्ड न मिलने की शिकायत

Insert: Attachments Office docs Photos From Bing Emoticons

Tahoma 10

सेवा में,
श्रीमान महाप्रबंधक,
बैंक ऑफ बड़ौदा,
शहीद भगत सिंह मार्ग,
कोलाबा, मुंबई-400001

महोदय,
मेरा खाता नं. ....है। मैंने एक माह पहले ए.टी.एम. कार्ड के लिए आवेदन किया था, किंतु यह मुझे अभी तक नहीं मिल सका है। कृपया बताएँ इस देरी की क्या वजह है।
आपसे निवेदन है कि आप मेरा ए.टी.एम. कार्ड शीघ्र से शीघ्र मेरे पते पर भेजने का कष्ट करें।
धन्यवाद।
भवदीय,
पीयूष कुमार

Send Discard

3. अपनी कंपनी के निदेशक को ई-पत्र लिखिए, जिसमें ज़रूरी काम निकल आने पर अवकाश लेने हेतु प्रार्थना की गई हो।

उत्तर

To: ShriRam@gmail.com

Subject: आवश्यक कार्य हेतु अवकाश लेने के संबंध में।

Insert: Attachments Office docs Photos From Bing Emoticons

Tahoma 10 B I U

सेवा में,
निदेशक महोदय,
श्रीराम फर्टीलाइजर्स,
काला आम, आगरा रोड,
बुलंदशहर।
महोदय,
सादर निवेदन इस प्रकार है कि आज शाम को कुछ मेहमान हमारे घर आ रहे हैं। मेहमानों ने मेरे साथ कल दिल्ली घूमने की इच्छा जताई है। चूँकि वे लोग पहली बार घर आ रहे हैं, इसलिए मैं उन्हें इनकार नहीं कर सकता। अत: आपसे निवेदन है कि आप मुझे कल अर्थात् 11 अप्रैल, 20XX का अवकाश प्रदान करने की कृपा करें।
धन्यवाद।
भवदीय,
राजेन्द्र शर्मा

Send Discard

4. आयकर अधिकारी को ई-पत्र लिखिए, जिसमें आयकर से माफ़ी एवं पूर्ण मुक्ति के लिए प्रार्थना की गई हो।

उत्तर

To: IncomYhoo.com

Subject: आयकर से पूर्ण मुक्ति हेतु।

Insert: Attachments Office docs Photos From Bing Emoticons

Tahoma 10 B I U

सेवा में,
आयकर अधिकारी,
लखनऊ।
महोदय,
मुझे दिनांक 29 मार्च, 20XX को आपकी ओर से एक पत्र प्राप्त हुआ, जिसमें वर्ष 20XX-XX के लिए ₹5,005 आयकर अदा करने को कहा गया है।
उक्त अवधि में मेरी आय आयकर सीमा से निम्न है, लगता है किसी त्रुटिवश मेरी आय पर आयकर का निर्धारण कर दिया गया है।
आपसे प्रार्थना है कि मेरे खातों की जाँच कर मुझे आयकर से पूर्ण मुक्ति हेतु निर्देश
जारी करें।
धन्यवाद।
भवदीय,
हस्ताक्षर....
जितेन्द्र गोयल

Send Discard

5. शिपिंग कंपनी से सामान के संबंध में पूछताछ करते हुए ई-पत्र लिखिए।

उत्तर

To: M.IndiaShiping@gmail.com

Subject: शिपिंग कंपनी से सामान के संबंध में पूछताछ हेतु।

Insert: Attachments Office docs Photos From Bing Emoticons

Tahoma 10 B I U

सेवा में,
मै. इण्डिया शिपिंग कंपनी,
मरीन ड्राइव,
मुम्बई।

महोदय,

हमें तुर्की स्थित अपने ग्राहक को पीतल के गुलदस्ते भेजने हैं। कृपया आप तुर्की के लिए माल को लेकर जाने वाले अपने अगले जहाज़ का नाम और कार्गो प्राप्त करने की अन्तिम तारीख की सूचना भेजें।

गुलदस्ते गत्ते के 16 डिब्बों (कार्टन) में पैक किए जाएँगे, जिनका माप $3 \times 2 \times 1$ फीट 1/2 होगा और प्रत्येक डिब्बे का वज़न लगभग 12.50 किग्रा होगा।

अपने भाड़े का भी उल्लेख करते हुए पत्र का उत्तर शीघ्र दें।

धन्यवाद।

भवदीय,
हस्ताक्षर....
(राजकुमार)

Send Discard

6. भारत संचार निगम लिमिटेड को अपने खराब टेलीफोन की मरम्मत के लिए एक ई-पत्र लिखिए।

उत्तर

To: BharatSanchar@gmail.com

Subject: खराब टेलीफोन की मरम्मत हेतु।

Insert: Attachments Office docs Photos From Bing Emoticons

Tahoma 10 B I U

सेवा में,
श्रीमान प्रबंधक,
भारत संचार निगम लिमिटेड,
तेजगढ़ी,
मेरठ।

महोदय,

मेरा टेलीफोन नं. 12125467 पिछले एक सप्ताह से खराब पड़ा है। एक सप्ताह में चार बार इसकी शिकायत दर्ज करवाई गई है, किंतु भारत संचार निगम लि. (बी. एस. एन. एल.) का कोई कर्मचारी अभी तक इसे ठीक करने के लिए नहीं आया है। फोन खराब होने की वजह से मुझे कठिनाइयों का सामना करना पड़ रहा है।

अत: आपसे निवेदन है कि मेरे उक्त नम्बर के टेलीफोन को शीघ्रातिशीघ्र ठीक करने हेतु अपने कर्मचारियों को त्वरित आदेश दें।

धन्यवाद।

भवदीय,
हस्ताक्षर....
रवि कुमार

Send Discard

परीक्षा अभ्यास

1. विद्युत विभाग को एक ई-मेल लिखिए जिसमें आपके विद्युत के बिल में अत्यधिक चार्ज लगाने की शिकायत की गई है।
2. आप एक अध्यापक हैं। अपनी कक्षा के सभी विद्यार्थियों के परिजनों को आगामी 15 जनवरी को आयोजित एक कार्यक्रम में आमंत्रित करने हेतु एक ई-मेल लिखिए।
3. जिलाधिकारी को एक ई-मेल द्वारा अपने क्षेत्र की खाद्य वितरण सामग्री के वितरक के विरुद्ध शिकायत कीजिए।
4. बेसिक शिक्षा अधिकारी (बी.एस.ए) को एक ई-मेल लिखिए जिसमें आपकी 10th की मार्कशीट में आपके नाम का मिस्प्रिंट की शिकायत की गई हो।
5. शिपिंग कंपनी से सामान के संबंध में पूछताछ करते हुए ई-पत्र लिखिए।
6. भारत संचार निगम लिमिटेड को अपने खराब टेलीफोन की मरम्मत के लिए एक ई-पत्र लिखिए।
7. आयकर अधिकारी को ई-पत्र लिखिए, जिसमें आयकर से माफ़ी एवं पूर्ण मुक्ति के लिए प्रार्थना की गई हो।
8. अपनी कंपनी के एच.आर. (मानव संसांधन मैनेजर) को ई-पत्र लिखिए, जिसमें ज़रूरी काम निकल आने पर अवकाश लेने हेतु प्रार्थना की गई हो।
9. अपने क्षेत्र के जिलाधिकारी को ध्वनि प्रदूषण की समस्या से अवगत कराते हुए ई-पत्र लिखिए।
10. एस.बी.आई. मुख्य कार्यालय में ए. टी. एम. कार्ड न मिलने की शिकायत संबंधी ई-पत्र लिखिए।

पीरियोडिक टेस्ट

प्री-मिड टर्म टेस्ट

अपठित, व्याकरण, पाठ्यपुस्तक (पद्य भाग तथा गद्य भाग) एवं लेखन खंड के प्रश्नों सहित

{टेस्ट 1}

1 *निम्नलिखित गद्यांश को पढ़कर उन पर आधारित बहुविकल्पीय प्रश्नों के उत्तर दीजिए।* (½ × 4 = 2)

कई लोग असाधारण अवसर की बाट जोहा करते हैं। साधारण अवसर उनकी दृष्टि में उपयोगी नहीं रहते, परंतु वास्तव में कोई अवसर छोटा-बड़ा नहीं है। छोटे-से-छोटे अवसर का उपयोग करने से, अपनी बुद्धि को उसी में भिड़ा देने से, वही छोटा अवसर बड़ा हो जाता है। सर्वोत्तम मनुष्य वे नहीं हैं, जो अवसरों की बाट देखते रहते हैं, बल्कि वे हैं, जो अवसर को अपना दास बना लेते हैं। हमारे सामने हमेशा ही अवसर उपस्थित होते रहते हैं। यदि हममें इच्छाशक्ति है, काम करने की ताकत है, तब हम स्वयं ही उनसे लाभ उठा सकते हैं। अवसर न मिलने की शिकायत कमज़ोर मनुष्य ही करते हैं।

जीवन अवसरों की एक धारा है। स्कूल, कॉलेज का प्रत्येक पाठ, परीक्षा का समय, कठिनाई का प्रत्येक पल, सदुपदेश का प्रत्येक क्षण एक अवसर है। इन अवसरों से हम नम्र हो सकते हैं, ईमानदार हो सकते हैं, मित्र बना सकते हैं, उत्तरदायित्वों का मूल्य समझ सकते हैं और इस प्रकार उच्च मनुष्यता प्राप्त कर सकते हैं। ऐसे अनेक लोग हैं, जो अवसर को पकड़कर करोड़पति हो गए, परंतु अवसरों का क्षेत्र यहाँ समाप्त नहीं हो जाता। अवसर का उपयोग करके हम इंजीनियर, डॉक्टर, कला-विशारद (कला में निपुण), कवि और विद्वान् भी बन सकते हैं। यद्यपि अवसरों के उपयोग से धन कमाना अच्छा काम है, परंतु धन से भी कहीं अधिक श्रेष्ठ कार्य समाज में महान् एवं आदर्श व्यक्ति बनना है। धन ही जीवन के प्रयत्नों का अंत नहीं है, जीवन-लक्ष्य की चरम सीमा नहीं है। अवसरों के सदुपयोग से हम सर्वदृष्टि से महत्त्वपूर्ण एवं सफल इंसान बन सकते हैं।

प्रश्न

I. छोटा अवसर भी कब बड़ा और असाधारण हो जाता है?
- (क) जब हममें उससे लाभ उठाने की क्षमता हो
- (ख) जब हम बड़े अवसर की प्रतीक्षा में उसकी उपेक्षा नहीं करते
- (ग) जब आलस्य के कारण उसके उपयोग से वंचित नहीं होते
- (घ) जब हम पूरी लगन से उसका भरपूर उपयोग करते हैं

II. अवसर का लाभ कैसे उठाया जा सकता है?
- (क) अवसर की राह देखने से
- (ख) अनेक अवसरों में उपयोगी अवसर की पहचान से
- (ग) कार्य करने की उत्कट लालसा एवं शक्ति के भरपूर उपयोग से
- (घ) कठिनाइयों को सहन करने से

III. जीवन को 'अवसरों की एक धारा' क्यों कहा गया है?
- (क) धारा जीवन को विनाश की ओर बहा सकती है
- (ख) जीवन की ज़िम्मेदारियों का बोध करा सकती है
- (ग) जीवन में प्रत्येक क्षण अवसर प्राप्त होते रहते हैं
- (घ) धारा जीवन में अच्छे मित्र दे सकती है

IV. प्रस्तुत गद्यांश का शीर्षक क्या हो सकता है?
- (क) अवसर और मनुष्य
- (ख) जीवन–अवसरों की एक धारा
- (ग) जीवन में अवसरों का महत्त्व
- (घ) अवसर और इच्छाशक्ति

2 *निम्नलिखित वाक्यों के संज्ञा पदबंध रेखांकित कीजिए।* (½ × 4 = 2)
- (क) ईमानदार लोग सच्चे भी होते हैं।
- (ख) दिल्ली में स्थित लालकिला अत्यंत सुंदर इमारत है।
- (ग) नंद नंदन कृष्ण ने पूतना को मारा।
- (घ) कुछ लोग घर में एकत्र हो रहे हैं।

3 *निम्नलिखित लघुउत्तरीय प्रश्नों के उत्तर दीजिए।*

'डायरी का एक पन्ना' पाठ में क्या महत्त्वपूर्ण संदेश दिया गया है? (1)

अथवा

'बड़े भाई साहब पाठ' में क्या विचार व्यक्त किए गए हैं? बड़ों और छोटों पर उनका क्या प्रभाव पड़ता है? (1)

4 *निम्नलिखित विषय पर संकेत बिंदुओं के आधार पर अनुच्छेद लिखिए।* (2)

युवाशक्ति और देश का भविष्य

संकेत बिंदु

युवाशक्ति : वास्तविक शक्ति
आज की युवा राजनीति
युवाशक्ति को उचित दिशा देने के उपाय

अथवा

मोबाइल फोन

संकेत बिंदु

मोबाइल फोन : दुनिया से जुड़े रहने का साधन
मोबाइल फोन से मिलने वाली सुविधाएँ
असुविधाजनक कैसे?

5 नगर में कल-कारखानों और वाहनों से होने वाले वायु-प्रदूषण के संबंध में पर्यावरण विभाग को पत्र लिखिए। (1)

अथवा

आप सुरेश, आनंद पर्वत, दिल्ली के निवासी हैं। आप अपने विद्यालय में राष्ट्रीय नाट्य विद्यालय की ओर से एक कार्यशाला आयोजित करना चाहते हैं। इसके लिए राष्ट्रीय नाट्य विद्यालय के निदेशक को पत्र लिखिए। (1)

6 *निम्नलिखित विषय पर सूचना लेखन कीजिए।*

विद्यालय के प्रधानाचार्य की ओर से विद्यालय के समय में की जाने वाली परिवर्तन संबंधी सूचना दीजिए। (1)

अथवा

आपके विद्यालय के प्रांगण में एक नाट्य मंडली नाटक प्रस्तुत करने जा रही है। आप अंकिता द्विवेदी, सांस्कृतिक कार्यक्रमों की प्रभारी होने के नाते एक सूचना लिखिए। (1)

7 *निम्नलिखित विषय पर कथा लेखन कीजिए।*

एक मौलिक कथा लिखिए, जिसका आधार निम्नलिखित उक्ति हो

"दूर के ढोल सुहावने" (1)

अथवा

एक मौलिक कथा लिखिए, जिसका आधार निम्नलिखित उक्ति हो

"खोदा पहाड़, निकली चुहिया।" (1)

{टेस्ट 2}

1 *निम्नलिखित गद्यांश को पढ़कर उन पर आधारित अतिलघु उत्तरीय प्रश्नों के उत्तर दीजिए।* (½ × 4 = 2)

'तेते पाँव पसारिए जेती लाँबी सौर' वाली कहावत बड़ी सार्थक है। भविष्य को सुखमय बनाने के लिए यह आवश्यक है कि आय का एक अंश नियमित रूप से बचाया जाए, जिससे आगे आने वाली आवश्यकताओं की पूर्ति सरलता से हो सके। इस तरह सीमित खर्च करने वाला व्यक्ति मितव्ययी कहलाता है। अनावश्यक व्यय करके जो व्यक्ति धन का दुरुपयोग करता है वह फिजूलखर्च माना जाता है। वास्तव में मितव्ययिता ही बचत और संचय की कुंजी है। मनुष्य के जीवन में जो आदतें बचपन में पड़ जाती हैं वे किसी न किसी रूप में जीवन भर बनी रहती हैं। इसलिए बचपन में ही मितव्ययिता और बचत की आदतों का विकास आवश्यक है। कुछ बालक जेब खर्च के लिए मिले धन से भी बचत करते हैं। पैसा बचाकर अपनी-अपनी गुल्लक जल्दी-जल्दी भरने की उनमें होड़ लगी रहती है। कहा भी गया है कि एक-एक बूंद से सागर भरता है और एक-एक पैसा एकत्र करने से धन संचय होता है।

देश के आर्थिक, सामाजिक और औद्योगिक विकास के लिए शासन को धन चाहिए। धन प्राप्त करने के साधनों में जनता पर लगाए गए कर, सरकारी उद्योगों का उत्पादन, निर्यात आदि मुख्य हैं। एक अन्य महत्त्वपूर्ण साधन बैंकों तथा डाकघरों में संचित वह धनराशि है, जिसे नागरिक राष्ट्रीय बचत योजनाओं के अंतर्गत जमा करते हैं। राष्ट्रीय विकास के कार्यक्रमों में शासन इस संचित धनराशि का उपयोग सरलता से करता है। शासन की ओर से नगरों और गाँवों में बैंकों और डाकघरों की शाखाएँ खोली गई हैं। इनमें बालक-बालिकाओं और बड़ी उम्र के लोगों को बचत का धन जमा करने की सुविधा दी जाती है। इस दिशा में डाकघरों की सेवाएँ विशेष रूप से उल्लेखनीय हैं।

प्रश्न

I. गद्यांश के अनुसार मितव्ययी कौन कहलाता है?

II. शासन की ओर से डाकघर सेवाएँ कहाँ उपलब्ध कराई गई है?

III. 'औद्योगिक' शब्द का वर्ण-विच्छेद कीजिए।

IV. गद्यांश का उचित शीर्षक बताइए।

2 *निम्नलिखित वाक्यों को मिश्र वाक्यों में बदलिए।* (½ × 4 = 2)

(क) शरीर से कमज़ोर व्यक्ति के लिए यह प्रतियोगिता नहीं है।
(ख) चाय तैयार हुई और उसने प्यालों में भर दी।
(ग) श्रम से सफलता मिलती है।
(घ) वे लोग आज सुबह की ट्रेन से आए और शाम को चले गए।

3 निम्नलिखित लघुउत्तरीय प्रश्नों के उत्तर दीजिए।

शैलेंद्र की फिल्म 'तीसरी कसम' को क्या मिला, आर्थिक लाभ या यश और सम्मान? (1)

अथवा

'गिन्नी का सोना' निबंध का उद्देश्य संक्षेप में लिखिए। (1)

4 निम्नलिखित निबंधात्मक प्रश्नों के उत्तर दीजिए।

मीरा की भक्ति किस प्रकार की है? मीरा के पदों के आधार पर लिखिए। (1)

अथवा

कबीर की साखियों से हमें क्या शिक्षा मिलती है? (1)

5 निम्नलिखित विषय पर संकेत बिंदुओं के आधार पर अनुच्छेद लिखिए। (1)

ई-कचरा

संकेत बिंदु　ई-कचरा से तात्पर्य
　　　　　　चिंता का कारण
　　　　　　निपटान के उपाय

अथवा

बेरोज़गारी और आज का युवा वर्ग

संकेत बिंदु　समस्या का स्वरूप
　　　　　　बेरोज़गारी के कारण
　　　　　　बेरोज़गारी दूर करने के उपाय

6 वृक्षों को काटकर बनाए जा रहे शॉपिंग मॉल्स का विरोध करते हुए अपने शहर के प्रतिष्ठित समाचार-पत्र के संपादक को पत्र लिखिए। (1)

अथवा

अपने क्षेत्र में बढ़ते अपराधों की रोकथाम हेतु थानाध्यक्ष को पत्र लिखिए। (1)

7 निम्नलिखित विषय पर सूचना लेखन कीजिए।

आप अपने विद्यालय के कैप्टन सतीश वर्मन हैं। किसी सांस्कृतिक कार्यक्रम के आयोजन संबंधी सूचना सभी विद्यार्थियों को दीजिए। (1)

अथवा

आप राम वर्मा जनकल्याण सामाजिक संस्था के सचिव हैं। भूकंप पीड़ित लोगों के लिए दान एकत्रित करने हेतु एक सूचना लिखिए। (1)

8 निम्नलिखित विषय से संबंधित विज्ञापन तैयार कीजिए।

आपके कार्यालय में कंप्यूटर ऑपरेटर की आवश्यकता है, इसके लिए विज्ञापन तैयार कीजिए। (1)

अथवा

स्वास्थ्य सेवा प्रदान करने वाली कंपनी की ओर से एक विज्ञापन तैयार कीजिए। (1)

{टेस्ट 3}

1 निम्नलिखित गद्यांश को ध्यानपूर्वक पढ़कर उन पर आधारित प्रश्नों के उत्तर दीजिए। (½ × 4 = 2)

संपूर्ण विश्व आज जिस बड़ी समस्या से जूझ रहा है, वह है— जलवायु परिवर्तन।

जलवायु परिवर्तन आज एक ऐसी विश्वस्तरीय समस्या का रूप ले चुका है, जिसके समाधान के लिए आज संपूर्ण विश्व-समाज को संयुक्त रूप से अंतर्राष्ट्रीय स्तर पर सतत प्रयास करने की आवश्यकता है। दरअसल सामान्य मौसमी अभिवृत्तियों में किसी खास स्थान पर होने वाले विशिष्ट परिवर्तन को ही जलवायु परिवर्तन कहते हैं।

तापमान में वृद्धि, हिमनदों का पिघलना तथा समुद्र जल स्तर में लगातार वृद्धि ऐसे सूचक हैं, जिनसे जलवायु परिवर्तन की परिघटना का पता चलता है। पृथ्वी पर आने वाली सौर ऊर्जा की बड़ी मात्रा अवरक्त किरणों के रूप में पृथ्वी के वातावरण से बाहर चली जाती है। इस ऊर्जा की कुछ मात्रा ग्रीनहाउस गैसों में मीथेन, कार्बन डाइ-ऑक्साइड, नाइट्रस ऑक्साइड इत्यादि शामिल हैं।

वातावरण में ग्रीनहाउस गैसों का होना अच्छा है, किंतु जब इनकी मात्रा बढ़ जाती है, तो तापमान में वृद्धि होने लगती है। इससे जो समस्या सामने आई है, उसे 'ग्लोबल वार्मिंग' अर्थात् वैश्विक तापवृद्धि की संज्ञा दी गई है।

प्रश्न

I. संपूर्ण विश्व-समाज को संयुक्त रूप से अंतर्राष्ट्रीय स्तर पर सतत प्रयास करने की आवश्यकता क्यों है?

II. जलवायु परिवर्तन से क्या है?

III. 'परिघटना' प्रयुक्त उपसर्ग है।

IV. गद्यांश का उचित शीर्षक बताइए।

2 I. निम्नलिखित समस्तपदों का विग्रह कीजिए। (1)

(क) आरामकुर्सी
(ख) जाति-भ्रष्ट
(ग) हस्तलिखित
(घ) दशानन

II. *निम्नलिखित समास विग्रहों से सामासिक पद बनाइए।* (1)

(क) समुंद्रपर्यंत
(ख) कुल के निकट
(ग) कपियों में है ईश जो
(घ) मृगों का इंद्र

3 *निम्नलिखित लघुउत्तरीय प्रश्नों के उत्तर दीजिए।*

क्या 'आत्मत्राण' कविता अन्य प्रार्थना गीतों से अलग है। (1)

अथवा

मीरा का मन श्रीकृष्ण पर मोहित क्यों है? (1)

4 *निम्नलिखित निबंधात्मक प्रश्नों के उत्तर दीजिए।*

जुलूस और प्रदर्शन को रोकने के लिए पुलिस का क्या प्रबंध था? 'डायरी का एक पन्ना' पाठ के आधार पर लिखिए। (1)

अथवा

'ततॉंरा-वामीरो कथा' के आधार पर वामीरो का चरित्र- चित्रण कीजिए। (1)

5 *निम्नलिखित विषय पर संकेत बिंदुओं के आधार पर अनुच्छेद लिखिए।* (1)

प्राकृतिक आपदाएँ

संकेत बिंदु

प्राकृतिक आपदा से तात्पर्य
प्राकृतिक आपदाओं के कारण एवं उनसे होने वाली हानि
बचाव के उपाय

अथवा

किश्तों पर उत्पाद (सामान) लेने की होड़

संकेत बिंदु

आधुनिक जीवन
परस्पर होड़
किश्तों का आकर्षण
दुष्प्रभाव

6 अपने विद्यालय के प्रधानाचार्य को एक प्रार्थना-पत्र लिखिए, जिसमें विद्यालय के पुस्तकालय में हिंदी की पत्रिकाएँ उपलब्ध कराने की माँग की गई हो। (1)

अथवा

बैंक की चेक-बुक खो जाने की सूचना देते हुए बैंक अधिकारी को पत्र लिखिए। (1)

7 *निम्नलिखित विषय पर सूचना/कथा लेखन कीजिए।*

परीक्षा में नकल करते हुए पकड़े जाने पर जिन छात्रों पर जुर्माना लगा है, उनके नाम देते हुए सूचना पट के लिए एक सूचना लिखिए। (1)

अथवा

एक मौलिक कथा लिखिए, जिसका आधार निम्नलिखित उक्ति हो

''आगे कुआँ पीछे खाई।'' (1)

8 *निम्नलिखित विषय से संबंधित विज्ञापन तैयार कीजिए।*

नेत्रदान के महत्त्व को रेखांकित करते हुए, उसके लिए विज्ञापन तैयार कीजिए। (1)

अथवा

नगर में होने वाले दशहरे मेले के अवसर पर स्वयंसेवी युवकों की आवश्यकता संबंधी एक विज्ञापन तैयार कीजिए। (1)

मिड टर्म टेस्ट

अपठित, व्याकरण, पाठ्यपुस्तक (पद्य भाग तथा गद्य भाग) एवं लेखन खंड के प्रश्नों सहित

{टेस्ट 1}

1 *निम्नलिखित गद्यांश को पढ़कर इस पर आधारित प्रश्नों के उत्तर दीजिए।* (½ × 4 = 2)

विश्वासपात्र मित्र जीवन की एक औषधि है। हमें अपने मित्रों से यह आशा रखनी चाहिए कि वे उत्तम संकल्पों से हमें दृढ़ करेंगे, दोषों और त्रुटियों से हमें बचाएँगे, हमारे सत्य, पवित्रता और मर्यादा के प्रेम को पुष्ट करेंगे, जब हम कुमार्ग पर पैर रखेंगे, तब वे हमें सचेत करेंगे, जब हम हतोत्साहित होंगे, तब हमें उत्साहित करेंगे। सच्ची मित्रता से उत्तम वैद्य की-सी निपुणता और परख होती है। अच्छी-से-अच्छी माता का-सा धैर्य और कोमलता होती है। ऐसी ही मित्रता करने का प्रयत्न प्रत्येक व्यक्ति को करना चाहिए।

मित्र भाई के समान होना चाहिए, जिसे हम अपना प्रीति पात्र बना सकें। हमारे और हमारे मित्र के बीच सच्ची सहानुभूति होनी चाहिए। ऐसी सहानुभूति जिससे एक के हानि-लाभ को दूसरा अपना हानि-लाभ समझे। मित्रता के लिए यह आवश्यक नहीं कि दो मित्र एक ही प्रकार का कार्य करते हों या एक ही रुचि के हों। प्रकृति और आचरण की समानता भी आवश्यक या वांछनीय नहीं है। दो भिन्न प्रकृति के मनुष्यों में बराबर प्रीति और मित्रता रही है। राम धीर और शांत प्रकृति के थे, लक्ष्मण उग्र और कठोर स्वभाव के थे, पर दोनों भाइयों में अत्यंत प्रगाढ़ स्नेह था। उन दोनों की मित्रता खूब निभी। यह कोई बात नहीं है कि एक ही स्वभाव और रुचि के लोगों में ही मित्रता हो सकती है। समाज में विभिन्नता देखकर लोग एक-दूसरे की ओर आकर्षित होते हैं। जो गुण हम में नहीं हैं, हम चाहते हैं कि कोई ऐसा मित्र मिले जिसमें वे गुण हों। चिंताशील मनुष्य प्रफुल्लित चित्त का साथ ढूँढता है, निर्बल बली का, धीर उत्साही का। उच्च आकांक्षा वाला चंद्रगुप्त युक्ति और उपाय के लिए चाणक्य का मुँह ताकता था। नीति-विशारद अकबर मन बहलाने के लिए बीरबल की ओर देखता था।

प्रश्न

I. गद्यांश के अनुसार मित्र कैसा होना चाहिए?

II. गद्यांश से क्या शिक्षा मिलती है?

III. धीर उत्साही का विलोम शब्द लिखिए।

IV. गद्यांश के लिए उचित शीर्षक बताइए।

2 *निम्नलिखित वाक्यों को शुद्ध कीजिए।* (½ × 4 = 2)

(क) एक गरम कप चाय पीलो।

(ख) उससे हमारा बात हो गया है।

(ग) यहाँ केवल मात्र दो पुस्तकें रखी हैं।

(घ) वह तुमसे भली-भाँति सुपरिचित है।

3 *निम्नलिखित बहुविकल्पीय प्रश्नों के सही विकल्प चुनिए।*

(क) 'नत सिर होकर ·············· छिन्-छिन्' इन पंक्तियों में कवि क्या चाहता है? (1)

(i) वह ईश्वर को कभी न भूले

(ii) उसके पास धन-संपदा बनी रहे

(iii) समाज में उसका मान-सम्मान बढ़े

(iv) उसके जीवन में कोई कमी न रहे।

(ख) 'मनुष्यता' कविता के अनुसार मनुष्यता क्या है? (1)

(i) मनुष्य होना

(ii) दूसरों के लिए जीना

(iii) स्वयं के लिए जीना

(iv) किसी की चिंता न करना

4 *निम्नलिखित लघुउत्तरीय प्रश्नों के उत्तर दीजिए।*

'मनुष्यता' कविता में 'अभीष्ट मार्ग' किसे कहा गया है और क्यों? (1)

अथवा

'पर्वत प्रदेश में पावस' कविता का प्रतिपाद्य क्या है? (1)

5 *निम्नलिखित विषय पर संकेत बिंदुओं के आधार पर अनुच्छेद लिखिए।* (1)

आलस्य : मनुष्य का सबसे बड़ा शत्रु

संकेत बिंदु आलस्य : सबसे बड़ा शत्रु
आलस्य के दुष्परिणाम
आलस्य का त्याग : सफलता

अथवा

संगति का महत्त्व

संकेत बिंदु सत्संगति का अर्थ

मानव की सफलता में सहायक

सत्संगति से ही मानव का कल्याण

6 अपने प्रधानाचार्य को आवेदन-पत्र लिखिए, जिसमें उच्चतर माध्यमिक स्तर पर हिंदी विषय पढ़ाने के लिए निवेदन किया गया हो। (1)

अथवा

अपने क्षेत्र में डाक वितरण की व्यवस्था ठीक न होने की स्थिति में डाकपाल महोदय को एक शिकायती पत्र लिखकर उनका ध्यान इस समस्या की ओर आकृष्ट कराइए। (1)

7 *निम्नलिखित विषय पर सूचना लेखन कीजिए।*

आप जिंदल पब्लिक स्कूल, भगवानपुरा, वाराणसी के प्रधानाचार्य डॉ. अमित श्रीवास्तव हैं। स्कूल की वित्तीय

स्थिति की समीक्षा हेतु बैठक आयोजित करने से संबंधित सूचना स्कूल के सभी शिक्षकों एवं छात्र-प्रभारी को दीजिए। (1)

अथवा

विद्यालय में वृक्षारोपण समारोह के आयोजन के लिए आपको संयोजक बनाया गया है। पूरे विद्यालय की सहभागिता के लिए एक सूचना तैयार कीजिए। (1)

8 *निम्नलिखित विषय पर लघु कथा लेखन कीजिए।*

"आ बैल मुझे मार" इस उक्ति के आधार पर एक मौलिक कथा लिखिए। (1)

अथवा

एक मौलिक कथा लिखिए, जिसका आधार निम्नलिखित उक्ति हो

"जैसी करनी वैसी भरनी।" (1)

{टेस्ट 2}

1 *निम्नलिखित गद्यांश को पढ़कर इस पर आधारित बहुविकल्पीय प्रश्नों के उत्तर दीजिए।* (½ × 4 = 2)

समाज दहेज की कुप्रथा से पीड़ित है और इससे छुटकारा पाना चाहता है। कानून भी बनते हैं, सामाजिक दबाव भी है, फिर भी यह प्रथा फलती-फूलती जा रही है, समाप्त नहीं हो पा रही है—क्यों? आखिर क्या उपाय है इस अभिशाप से मुक्त होने का? कोई इसका उपाय अंतर्जातीय विवाह को बढ़ावा देने को बताता है, तो कोई प्रेम विवाह की चर्चा करता है और कोई दंडात्मक कठोर कानून बनाने को। ये सभी बातें एक सीमा तक ही ठीक हैं।

क्या गारंटी है कि अंतर्जातीय तथा प्रेम-विवाह के लिए तैयार होने वालों के दहेज लोभी माँ-बाप उस स्थिति में भी दहेज संबंधी सौदेबाजी नहीं करेंगें? या फिर समाज भी उन्हें स्वीकार कर ही लेगा? कानून उन्हीं का साथ देगा, न कि धन-बल से कानून की धज्जियाँ उड़ाने में समर्थ लोगों का? हमारे विचार में पुरानी पीढ़ी के दकियानूसी लोग किसी भी बात से डरने या पसीजने वाले नहीं और फिर ऐसे विवाह के लिए सामाजिक वातावरण भी सुलभ होना संभव नहीं।

युवक-युवतियाँ दोनों ऐसे परिवारों में विवाह करने से स्पष्ट और आंतरिक दृढ़ता से इनकार कर दें, जहाँ किसी भी रूप में दहेज दिया-लिया जाता हो। युवतियों से भी बढ़कर देश के जागरूक नवयुवकों पर अधिक दायित्व जाता है। जिस दिन युवक अपने माता-पिता से स्पष्ट कह देंगे कि वह दहेज लेकर कतई विवाह

नहीं करेंगे, उसी दिन से समस्त दहेजलोभियों की अक्ल ठिकाने लग जाएगी और फिर इस कुप्रथा का अंत हो जाएगा।

प्रश्न

I. समाज किससे छुटकारा पाना चाहता है?

(क) अंतर्जातीय विवाह से (ख) कठोर कानून से

(ग) दहेज जैसी कुप्रथा से (घ) इनमें से कोई नहीं

II. दहेज प्रथा के विकराल रूप का क्या कारण है?

(क) अन्तर्जातीय विवाह का होना

(ख) प्रेम विवाह का कम होना

(ग) लोगों का दृष्टिकोण नहीं बदलन

(घ) उपरोक्त में से कोई नहीं

III. दहेज प्रथा का अंत किस प्रकार संभव है?

(क) युवाओं द्वारा दहेज के खिलाफ विद्रोह करना

(ख) अंतर्जातीय विवाह को प्रोत्साहित करना

(ग) युवाओं द्वारा दहेज लिया जाना

(घ) उपरोक्त में से कोई नहीं

IV. उपरोक्त गद्यांश के लिए उपयुक्त शीर्षक क्या हो सकता है?

(क) युवकों का विद्रोह

(ख) दहेजप्रथा—एक अभिशाप

(ग) प्रेम विवाह

(घ) दहेज प्रथा के लिए कानून की आवश्यकता

2 निम्नलिखित वाक्यों के रिक्त स्थानों की पूर्ति उचित मुहावरों द्वारा कीजिए। (½ × 4 = 2)

(क) सफलता पाने के लिए ·········· पड़ते हैं।

(ख) वज़ीर अली कर्नल की ·········· भाग गया।

(ग) माँ अपने बच्चे को मुसीबत में देखकर ·········· देती है।

(घ) वह मेरा धन नहीं दे रहा है, लगता है ·········· ।

3 निम्नलिखित प्रश्नों के उत्तर दीजिए।

'हरिहर काका' पाठ के माध्यम से लेखक ने संबंधों के किस पक्ष पर चोट की है? (1)

अथवा

'सपनों के-से दिन' पाठ में विद्यार्थियों व अभिभावकों का शिक्षा के प्रति उपेक्षा भाव रखना वर्तमान संदर्भ में कितना उचित है? (1)

4 निम्नलिखित विषयों पर संकेत बिंदुओं के आधार पर अनुच्छेद लिखिए। (2)

करत-करत अभ्यास ते जड़मति होत सुजान

संकेत बिंदु सूक्ति का अर्थ
निरंतर अभ्यास की महिमा
जीवन में अभ्यास की उपयोगिता एवं महत्ता

अथवा

भारतीय संस्कृति

संकेत बिंदु

संस्कृति क्या है?

इसकी विशेषताएँ

इसका महत्त्व

5 आप विकास, बिजनौर के निवासी हैं। आप सैमसंग कंपनी के उत्पादों के बारे में जानकारी प्राप्त करना चाहते हैं, इसलिए कंपनी के शाखा प्रबंधक को पत्र लिखिए। (1)

अथवा

अपने क्षेत्र में विद्यमान पेयजल की समस्या के समाधान के लिए संबंधित स्वास्थ्य अधिकारी को पत्र लिखिए। (1)

6 निम्नलिखित विषय पर सूचना/लघु कथा लेखन कीजिए।

आप केंद्रीय विद्यालय, मुनिरका, नई दिल्ली के छात्र विवेक उपाध्याय हैं। आपको खेल के मैदान में एक कलाई-घड़ी गिरी हुई मिली थी। इस संबंध में एक सूचना लिखिए। (1)

अथवा

अपने जीवन के किसी मार्मिक अंश को आधार बनाते हुए, उसे कथा के रूप में लिखिए। (1)

7 निम्नलिखित विषय से संबंधित विज्ञापन तैयार कीजिए।

आपके कार्यालय में कंप्यूटर ऑपरेटर की आवश्यकता है, इसके लिए विज्ञापन तैयार कीजिए। (1)

अथवा

स्वास्थ्य सेवा प्रदान करने वाली कंपनी की ओर से एक विज्ञापन तैयार कीजिए। (1

{टेस्ट 3}

1 निम्नलिखित गद्यांश को ध्यानपूर्वक पढ़कर इस पर आधारित प्रश्नों के उत्तर दीजिए। (½ × 4 = 2)

किसी भी कार्य की सफलता के लिए ध्येय के प्रति उत्कट लगन, कार्य में अटूट श्रद्धा एवं अपनी शक्तियों में पर्याप्त विश्वास आवश्यक है। विश्वास, एकाग्रता, लगन, संतुलन, श्रद्धा आदि सब साहस के ऊपर निर्भर हैं, क्योंकि मनुष्य का सबसे प्रथम गुण साहस है। साहस अन्य सब गुणों का प्रतिनिधित्व करता है। यदि तन सशक्त हो, मन सशक्त हो, वाणी सशक्त हो तो उनके द्वारा प्राप्त कार्य-शक्ति के आगे भाग्य स्वयं नत-मस्तक हो जाता है।

साहसी की प्रतिभा के सामने शोक, भय भाग जाते हैं। साहसी को संसार भी रास्ता देता है। मनुष्य में सब गुण हों, वह विद्वान् हो, धनवान हो, शक्तिशाली हो, पर यदि उसमें साहस न हो तो वह अपने सद्गुणों का, अपनी योग्यताओं व अपनी शक्तियों का उपयोग नहीं कर सकता। साहस मनुष्य के व्यक्तित्व का नायक है। साहस व्यक्ति को निर्भय बनाता है और जहाँ निर्भयता होती है वहाँ सफलता निश्चित है।

निर्भयता से ही आत्मविश्वास जाग्रत होता है। आत्मविश्वास के अभाव में हम उस प्रत्येक कार्य को करते हुए डरेंगे जो हमने पहले नहीं किया और जो बिलकुल नया है। जिनके संकल्प अधूरे होते हैं, जो संशय-ग्रस्त होते हैं, वे कोई बड़ा काम नहीं कर पाते और कुछ करते भी हैं तो उसमें असफल हो जाते हैं।

प्रश्न

I. मनुष्य का सबसे प्रथम गुण क्या है?
II. साहसी व्यक्तियों के समक्ष नतमस्तक हो जाता है?
III. 'धनवान' शब्द में कौन-सा प्रत्यय है?
IV. उपरोक्त गद्यांश का उपयुक्त शीर्षक इनमें से क्या है?

2 *निम्नलिखित प्रश्नों के उत्तर दीजिए।* (½ × 4 = 2)

(क) अर्थ के आधार पर शब्दों के कितने भेद होते हैं?
(ख) स्रोत या उत्पत्ति के आधार पर शब्द के कितने प्रकार होते हैं? उनका नामोल्लेख कीजिए।
(ग) योगरूढ़ शब्द को समझाएँ।
(घ) व्याकरणिक प्रकार्य के आधार पर शब्द के कितने भेद हैं? उन्हें स्पष्ट कीजिए।

3 *निम्नलिखित लघुउत्तरीय प्रश्नों के उत्तर दीजिए।*

कबीर के अनुसार, विरही जीवित क्यों नहीं रहता? (1)

अथवा

कृष्ण की चाकरी करने से मीरा को कौन-कौन से तीन लाभ मिलेंगे? (1)

4 *निम्नलिखित लघुउत्तरीय प्रश्नों के उत्तर दीजिए।*

'आत्मकथ्य' कविता में कवि जयशंकर प्रसाद ने अपनी कथा न कहने के क्या कारण बताए? (1)

अथवा

मनुष्यता कविता के माध्यम से कवि क्या संदेश देना चाहता है? (1)

5 *निम्नलिखित विषयों पर संकेत बिंदुओं के आधार पर अनुच्छेद लिखिए।* (1)

स्टिंग ऑपरेशन

संकेत बिंदु स्टिंग ऑपरेशन का अर्थ
इसका उद्देश्य
स्टिंग ऑपरेशन : उचित अथवा अनुचित

अथवा

दूरदर्शन और विज्ञापन

संकेत बिंदु विज्ञापन की आवश्यकता
विज्ञापन से लाभ
विज्ञापन से हानियाँ

6 आप सीताराम बाज़ार, दिल्ली-6 के 'युवा उत्थान मंडल' के सचिव हैं। आजकल दूरदर्शन के कुछ चैनलों पर अंधविश्वास बढ़ाने वाले कार्यक्रम प्रसारित हो रहे हैं, इस संबंध में सूचना एवं प्रसारण मंत्रालय को पत्र लिखिए। (1)

अथवा

पानीपत के शिक्षा निकेतन की आप दसवीं कक्षा की विभा हैं। आप देख रही हैं कि आजकल चर्चित हस्तियों के पहनावे और खान-पान संबंधी आदतों की नकल युवा पीढ़ी द्वारा हो रही है। इस पर चिंता व्यक्त करते हुए किसी लोकप्रिय दैनिक समाचार-पत्र के संपादक को पत्र लिखिए। (1)

7 आप पी. चंद्रशेखरन हैं। आप ने अपने नाम को परिवर्तित कराकर पी. चंद्रशेखर किया है, इस संबंध में सूचित करने के लिए सूचना लिखिए। (1)

अथवा

आप अपने विद्यालय के छात्र प्रमुख हैं। आपके विद्यालय में विद्यालय के वार्षिकोत्सव पर रंगारंग कार्यक्रम का आयोजन किया जाना है। छात्रों को इसकी सूचना देने के लिए सूचना लिखिए। (1)

8 "पुस्तक मेरी सच्ची मित्र है" विषय पर एक स्वरचित कथा लिखिए। (1)

अथवा

अपने क्षेत्र में बढ़ते डेगूँ के बढ़ते प्रकोप से जिला के जिलाधिकारी को ई-मेल के माध्यम से अवगत कराइए (1)

पोस्ट-मिड टर्म टेस्ट

अपठित, व्याकरण, पाठ्यपुस्तक (पद्य भाग तथा गद्य भाग)
एवं लेखन खंड के प्रश्नों सहित

{टेस्ट 1}

1 *निम्नलिखित गद्यांश को ध्यानपूर्वक पढ़कर उन पर आधारित पूछे गए प्रश्नों के उत्तर दीजिए।* (½ × 4 = 2)

उन दिनों मैं अपने छात्रों को आनुवंशिकी पढ़ाया करता था उस समय मैं माँसपेशियों की कमज़ोरियों पर भी कुछ प्रयोग कर रहा था। इन प्रयोगों से ही 'एपिजेनेटिक्स' की विधा निकल कर आई थी। मैं मूल कोशिकाओं के प्रतिरूप तैयार करता था। ये मूल कोशिका की एकदम ठीक नकल होते थे।

इन प्रतिरूपी कोशिकाओं को मैं एक-एक कर के अलग करता और इन्हें अलग-अलग वातावरण में रखता, अलग-अलग बर्तनों में। इस संस्कार में रखी कोशिकाएँ हर 10-12 घंटे में विभाजित होती हैं, एक से दो हो जाती हैं। फिर अगले 10-12 घंटे में दो से चार, और फिर चार से आठ। इसी तरह दो हफ़्ते में हज़ारों कोशिकाएँ तैयार होतीं। फिर मैंने तीन भिन्न वातावरण से कोशिकाओं की भिन्न बस्तियाँ तैयार कीं।

इन 'बस्तियों' का रासायनिक वातावरण एकदम अलग-अलग था। ठीक कुछ वैसे ही जैसे हर व्यक्ति के शरीर का वातावरण अलग होता है और एक ही शरीर के भीतर भी कई तरह के वातावरण होते हैं। अलग-अलग वातावरण में भी रखी गई इन कोशिकाओं का 'डी.एन.ए' तो एकदम समान था। उनका पर्यावरण, उनका वातावरण भिन्न था। जल्दी ही इस प्रयोग के नतीजे सामने आने लगे।

एक बर्तन में उन्हीं कोशिकाओं ने हड्डी का रूप ले लिया था, एक में माँसपेशी का और तीसरे बर्तन में कोशिकाओं ने वसा या चर्बी का रूप ले लिया। यह प्रयोग इस सवाल का जवाब ढूँढने के लिए था कि कोशिकाओं की किस्मत कैसे तय होती है। सारी कोशिकाएँ एक ही मूल से निकली थीं। तो नए सिरे से यह सिद्ध हुआ कि कोशिकाओं की आनुवंशिकी नियति तय नहीं करती है। जवाब था, परिवेश/ पर्यावरण/वातावरण।

प्रश्न

I. लेखक ने आनुवंशिकी के प्रयोग के लिए सर्वप्रथम क्या किया?

II. संस्कार में रखी कोशिकाएँ हर 10-12 घंटे में विभाजित होकर कितनी हो जाती हैं?

III. लेखक ने किस प्रश्न का उत्तर समझने के लिए यह प्रयोग किया था?

IV. प्रयोग से क्या नतीजा निकला?

2 *निम्नलिखित प्रश्नों के उत्तर दीजिए।* (½ × 4 = 2)

(क) कर्मधारय समास का उदाहरण दीजिए।

(ख) 'नीली है जो गाय' में समास का कौन-सा भेद है?

(ग) 'शक्तिविहीन' में कौन-सा समास है?

(घ) 'जन्मांध' में निहित समास का भेद बताइए।

3 *निम्नलिखित लघुउत्तरीय प्रश्नों के उत्तर दीजिए।*

शेख अयाज़ ने अपनी आत्मकथा में किस घटना का ज़िक्र किया? (1)

अथवा

सआदत अली तथा वज़ीर अली के संबंधों की चर्चा कीजिए। (1)

4 *निम्नलिखित विषय पर संकेत बिंदुओं के आधार पर अनुच्छेद लिखिए।* (2)

परिवार के बदलते समीकरण

संकेत बिंदु   संयुक्त परिवारों की उपयोगिता
एकल परिवार का प्रचलन
तुलनात्मक विश्लेषण

अथवा

जहाँ सुमति तहँ संपति नाना

संकेत बिंदु   कथन का तात्पर्य
कुमति से हानियाँ
सुमति से विकास और लाभ

5 आप मेरठ में विद्यालय के प्रधानाचार्य हैं, विद्यालय के पुस्तकालय के लिए नवीनतम पुस्तकें मँगवानी हैं। पुस्तकों की सूची भेजते हुए प्रभात प्रकाशन से उनके मूल्य संबंधी जानकारी प्राप्त करने के लिए पत्र लिखिए। (1)

अथवा

एटीएम गुम हो जाने की शिकायत करते हुए पंजाब नेशनल बैंक, सहारनपुर के प्रबंधक को एक पत्र लिखिए। (1)

6 आपका नाम अमरनाथ गर्ग है। जल-संरक्षण संबंधी एक गैर-सरकारी संगठन के सक्रिय सदस्य होने के नाते अधिक-से-अधिक लोगों से इस मुहिम में जुड़ने की अपील करते हुए एक सूचना लिखिए। (1)

अथवा

आपके विद्यालय में 'बिजली बचाओ' विषय पर एक गोष्ठी का आयोजन किया जाएगा। भौतिक विज्ञान के प्रभारी-शिक्षक होने के नाते 9वीं से 12वीं कक्षा तक के विद्यार्थियों को इसकी सूचना दीजिए। (1)

7 'हमारे जीवन में विद्यालय का महत्त्व' पंक्ति को आधार बनाते हुए कथा लेखन कीजिए। (1)

अथवा

अपने क्षेत्र के राजस्व विभाग के अधिकारी को ई-मेल के माध्यम से जिले का व्ययवार लेखा का सार मानने का अनुरोध कीजिए। (1)

{टेस्ट 2}

1 *निम्नलिखित गद्यांश को पढ़कर इस पर आधारित प्रश्नों के उत्तर दीजिए।* (½ × 4 = 2)

आज का विद्यार्थी भविष्य की सोच में कुछ अधिक लग गया है। भविष्य कैसा होगा, वह भविष्य में क्या बनेगा? इस प्रश्न को सुलझाने में या स्वप्न लेने में वह बहुत समय नष्ट कर देता है। भविष्य के बारे में सोचिए ज़रूर, लेकिन भविष्य को वर्तमान पर हावी मत होने दीजिए, क्योंकि वर्तमान ही भविष्य की नींव बन सकता है। अत: नींव को मज़बूत बनाने के लिए आवश्यक है कि भान (ज्ञान) तो भविष्य का भी हो, लेकिन ध्यान वर्तमान पर रहे। अत: आपकी सफलता का मूलमंत्र यही हो सकता है कि आप एक स्वप्न लें, सोचें कि आपको क्या बनना है और क्या करना है और स्वप्न के अनुसार कार्य करना प्रारंभ कर दें।

वर्तमान रूपी नींव को मज़बूत करें और यदि वर्तमान रूपी नींव बन गई, तो भविष्य रूपी इमारत भी अवश्य बन जाएगी। जितनी मेहनत हो सके, उतनी मेहनत करें और निराशा को जीवन में स्थान न दें। यह सोचते हुए समय खराब न करें कि हे भगवान! मेरा क्या होगा, मैं सफल भी हो पाऊँगा या नहीं? ऐसा करने में आपका समय नष्ट होगा और जो समय नष्ट करता है, समय उसे नष्ट कर देता है। वर्तमान में, समय का सदुपयोग भविष्य के निर्माण में सदा सहायक होता है।

भविष्य के बारे में अधिक सोच या अधिक चर्चा करने से चिंताएँ घेर लेती हैं। ये चिंताएँ वर्तमान के कर्म में बाधा उत्पन्न करती हैं। मन में लगन कम होती है और लक्ष्य दूर होता चला जाता है। नि:संदेह भविष्य के लिए योजनाएँ बनानी चाहिए, किंतु वर्तमान को विस्मृत नहीं करना चाहिए। भविष्य की नींव बनाने में वर्तमान का परिश्रम भविष्य की योजनाओं से अधिक महत्त्वपूर्ण है।

प्रश्न

I. वर्तमान में विद्यार्थी की अधिक सोच का क्या कारण है?

(क) भविष्य कैसा होगा
(ख) वर्तमान ऐसा क्यों है
(ग) भूतकाल में क्या किया
(घ) उपरोक्त सभी

II. भविष्य रूपी इमारत किस प्रकार मजबूत होगी?

(क) वर्तमान की नींव से (ख) भूतकाल की यादों से
(ग) अनुभवों के प्रयोग से (घ) इनमें से कोई नहीं

III. वर्तमान के कर्म में बाधाएँ उत्पन्न कौन करता है?

(क) भविष्य की चिंता (ख) भूतकाल की यादें
(ग) क और ख दोनों (घ) वर्तमान के कार्य

IV. सफलात का मूल मन्त्र है

(क) मेहनत के साथ-साथ उत्साही होना
(ख) मेहनत के साथ-साथ निराश होना
(ग) मेहनत के बाद फल के लिए खाली बैठना
(घ) सब कुछ किस्मत पर छोड़ना

2 I. 'अंधे के हाथ बटेर लगना' का अर्थ है (½ × 4 = 2)

(क) अच्छा भाग्य
(ख) अच्छी वस्तु प्राप्त होना
(ग) भाग्यवश अच्छी वस्तु प्राप्त होना
(घ) अंधे व्यक्ति को नोट प्राप्त होना

II. 'आटे-दाल का भाव मालूम होना' मुहावरे का अर्थ है (½ × 4 = 2)

(क) किसी को सबक सीखाना
(ख) कठिनाइयों का ज्ञान होना
(ग) चीजों के भाव पता चलना
(घ) खरीदारों के गुणों का ज्ञान होना

3 *निम्नलिखित लघुउत्तरीय प्रश्नों के उत्तर दीजिए।*

'आत्मत्राण' कविता में कवि को ईश्वर के अतिरिक्त और किस पर भरोसा है तथा क्यों? (1)

अथवा

'अब तुम्हारे हवाले वतन साथियो' से कवि का क्या तात्पर्य है? (1)

4 *निम्नलिखित निबंधात्मक प्रश्नों के उत्तर दीजिए।*
'मनुष्यता' कविता में कवि किसे उदार माना है? (1)

अथवा

'कर चले हम फ़िदा' गीत के माध्यम से हमें क्या प्रेरणा मिलती है? (1)

5 *निम्नलिखित विषय पर संकेत बिंदुओं के आधार पर अनुच्छेद लिखिए।* (1)

पृथ्वी का रक्षा कवच : ओज़ोन

संकेत बिंदु   ओज़ोन से तात्पर्य
ओज़ोन को नष्ट करने वाले तत्त्व
ओज़ोन को बचाने के प्रयास

अथवा

विद्यार्थी और अनुशासन

संकेत बिंदु   अनुशासन का अर्थ
अनुशासन की ज़रूरत
विद्यार्थी और अनुशासन
जीवन में अनुशासन की भूमिका

6 आपको विद्यालय जाने के लिए जाने-आने की सीधी बस-सेवा उपलब्ध नहीं है। अपने क्षेत्र के परिवहन अधिकारी को एक नई बस-सेवा चालू करने के लिए प्रार्थना-पत्र लिखिए। (1)

अथवा

अधिशासी अभियंता, मेरठ विकास प्राधिकरण, मेरठ को पत्र लिखकर शिकायत कीजिए कि आपके मकानों के सामने स्थित पार्क की स्थिति बहुत दयनीय है। उनसे पार्क का जीर्णोद्धार करने के लिए अनुरोध कीजिए। (1)

7 *निम्नलिखित विषय पर सूचना/कथा लेखन कीजिए।*
विद्यालय परिसर के बाहर अनधिकृत व्यक्तियों के द्वारा स्वास्थ्य की दृष्टि से हानिकारक वस्तुएँ बेची जाती हैं और विद्यार्थी उस ओर आकृष्ट होकर उन वस्तुओं को खरीदते हैं। विद्यालय के छात्र प्रमुख के रूप में इन चीज़ों से दूर रहने की सलाह देते हुए सूचना लिखिए। (1)

अथवा

'श्रेष्ठतम धर्म परोपकार' विषय आधारित कथा लेखन कीजिए। (1)

8 *निम्नलिखित विषय से संबंधित विज्ञापन तैयार कीजिए।*
अपने पुराने मकान को बेचने संबंधी विज्ञापन का आलेख तैयार कीजिए। (1)

अथवा

मोबाइल फ़ोन कंपनी के उत्पाद का विज्ञापन तैयार कीजिए। (1)

{टेस्ट 3}

1 *निम्नलिखित गद्यांश को पढ़कर इस पर आधारित प्रश्नों के उत्तर दीजिए।* (½ × 4 = 2)

किसी भी कार्य की सफलता के लिए ध्येय के प्रति उत्कट लगन, कार्य में अटूट श्रद्धा एवं अपनी शक्तियों में पर्याप्त विश्वास आवश्यक है। विश्वास, एकाग्रता, लगन, संतुलन, श्रद्धा आदि सब साहस के ऊपर निर्भर हैं, क्योंकि मनुष्य का सबसे प्रथम गुण साहस है। साहस अन्य सब गुणों का प्रतिनिधित्व करता है। यदि तन सशक्त हो, मन सशक्त हो, वाणी सशक्त हो तो उनके द्वारा प्राप्त कार्य-शक्ति के आगे भाग्य स्वयं नत-मस्तक हो जाता है।

साहसी की प्रतिभा के सामने शोक, भय भाग जाते हैं। साहसी को संसार भी रास्ता देता है। मनुष्य में सब गुण हों, वह विद्वान् हो, धनवान हो, शक्तिशाली हो, पर यदि उसमें साहस न हो तो वह अपने सद्गुणों का, अपनी योग्यताओं व अपनी शक्तियों का उपयोग नहीं कर सकता। साहस मनुष्य के व्यक्तित्व का नायक है। साहस व्यक्ति को निर्भय बनाता है और जहाँ निर्भयता होती है वहाँ सफलता निश्चित है।

निर्भयता से ही आत्मविश्वास जाग्रत होता है। आत्मविश्वास के अभाव में हम उस प्रत्येक कार्य को करते हुए डरेंगे जो हमने पहले नहीं किया और जो बिलकुल नया है। जिनके संकल्प अधूरे होते हैं, जो संशय-ग्रस्त होते हैं, वे कोई बड़ा काम नहीं कर पाते और कुछ करते भी हैं तो उसमें असफल हो जाते हैं।

प्रश्न

I. मनुष्य का सबसे प्रथम गुण क्या है?
II. साहसी व्यक्तियों के समक्ष नतमस्तक हो जाता है?
III. 'धनवान' शब्द में कौन-सा प्रत्यय है?
IV. उपरोक्त गद्यांश का उपयुक्त शीर्षक इनमें से क्या है?

2 *निम्नलिखित वाक्यों को संयुक्त वाक्यों में बदलिए।* (½ × 4 = 2)

(क) मैंने एक बहुत बीमार व्यक्ति को देखा।
(ख) गरजते बादलों में बिजली कौंध रही है।
(ग) मधुमक्खियाँ दूर-दूर घूमकर मधु संचित करती हैं।
(घ) यह वही दुकान है। मैं यहीं से सब्ज़ी खरीदता हूँ।

3 *निम्नलिखित प्रश्नों के उत्तर दीजिए।*

'सपनों के-से दिन' पाठ में विद्यार्थियों व अभिभावकों का शिक्षा के प्रति उपेक्षा भाव रखना वर्तमान संदर्भ में कितना उचित है? (1)

अथवा

'टोपी शुक्ला' पाठ के आधार पर बताइए कि टोपी को किन-किन से अपनापन मिला? (1)

4 *निम्नलिखित विषय पर दिए गए संकेत बिंदुओं के आधार पर अनुच्छेद लिखिए।* (2)

शिक्षक-शिक्षार्थी संबंध

संकेत बिंदु

प्राचीन भारत में गुरु-शिष्य संबंध

वर्तमान युग में आया अंतर

हमारा कर्तव्य

अथवा

महँगाई के बढ़ते कदम

संकेत बिंदु

कारण

प्रभाव

दूर करने के उपाय

5 आपने क.ख.ग. कंपनी का फ्रिज़ खरीदा था, फ्रिज़ में खराबी आने पर कंपनी से किसी नज़दीकी सर्विस सेंटर का पता पूछने के लिए पत्र लिखिए। (1)

अथवा

कार्यालय में महिला कर्मचारियों के साथ किए जा रहे भेदभावपूर्ण व्यवहार के बारे में किसी प्रतिष्ठित दैनिक समाचार-पत्र के संपादक को रागिनी की ओर से पत्र लिखिए। (1)

6 आप किसी संस्थान में प्रबंधक के पद पर कार्यरत अतुल वर्मा हैं। आपने अपना आवास परिवर्तित कर लिया है। नए आवास का पता देते हुए सभी को सूचना दीजिए। (1)

अथवा

आप अपने विद्यालय के कैप्टन सतीश वर्मन हैं। किसी सांस्कृतिक कार्यक्रम के आयोजन संबंधी सूचना सभी विद्यार्थियों को दीजिए। (1)

7 "दूध का जला छाछ भी फूँक-फूँककर पीता है" प्रस्तुत पंक्ति से आरंभ करते हुए एक कथा लिखिए। (1)

अथवा

जल विभाग के मुख्य अभियन्ता को ई-मेल के माध्यम से जल-आपूर्ति की समस्या से अवगत कराइए। (1)

प्रतिदर्श प्रश्न-पत्र
(1-5)

प्रतिदर्श प्रश्न-पत्र 1

CBSE कक्षा 10 की बोर्ड परीक्षा के लिए नमूना प्रश्न-पत्र

हिंदी 'ब'

निर्देश
1. इस प्रश्न-पत्र में दो खंड हैं—'अ' और 'ब'।
2. खंड 'अ' में कुल 45 वस्तुपरक प्रश्न पूछे जाएँगे, जिनमें से केवल 40 प्रश्नों के ही उत्तर देने होंगे।
3. खंड 'ब' में कुल 8 वर्णनात्मक प्रश्न पूछे गए हैं। प्रश्नों में आंतरिक विकल्प दिए गए हैं।

समय : 3 घंटे *पूर्णांक : 80*

खंड {अ} *वस्तुपरक प्रश्न (40 अंक)*
अपठित गद्यांश

नीचे एक गद्यांश दिया गया है। गद्यांश को ध्यानपूर्वक पढ़िए और उस पर आधारित प्रश्नों के उत्तर दीजिए। (1 × 5 = 5)

शिक्षा ही मानव को मानव के प्रति मानवीय भावनाओं से पोषित करती है। शिक्षा से मनुष्य अपने परिवेश के प्रति जाग्रत होकर कर्त्तव्याभिमुख हो जाता है। 'स्व' से 'पर' की ओर अग्रसर होने लगता है। निर्बल की सहायता करना, दु:खियों के दु:ख दूर करने का प्रयास करना, दूसरों के दु:ख से दु:खी हो जाना और दूसरों के सुख से स्वयं सुख का अनुभव करना जैसी बातें एक शिक्षित मानव में सरलता से देखने को मिल जाती हैं।

इतिहास, साहित्य, राजनीतिशास्त्र, समाजशास्त्र, दर्शनशास्त्र इत्यादि पढ़कर विद्यार्थी विद्वान् ही नहीं बनता, वरन् उसमें एक विशिष्ट जीवन-दृष्टि, रचनात्मकता और परिपक्वता का सृजन भी होता है। शिक्षित सामाजिक परिवेश में व्यक्ति अशिक्षित सामाजिक परिवेश की तुलना में सदैव ही उच्च स्तर पर जीवनयापन करता है। आज आधुनिक युग में शिक्षा का अर्थ बदल रहा है। शिक्षा भौतिक आकांक्षा की पूर्ति का साधन बनती जा रही है।

व्यावसायिक शिक्षा के अंधानुकरण में छात्र सैद्धांतिक शिक्षा से दूर होते जा रहे हैं, जिसके कारण रूस की क्रांति, फ्रांस की क्रांति, अमेरिका की क्रांति, समाजवाद, पूँजीवाद, राजनीतिक व्यवस्था, सांस्कृतिक मूल्यों आदि की सामान्य जानकारी भी व्यावसायिक शिक्षा ग्रहण करने वाले छात्रों को नहीं है। यह शिक्षा का विशुद्ध रोज़गारोन्मुखी रूप है। शिक्षा के प्रति इस प्रकार का संकुचित दृष्टिकोण अपनाकर विवेकशील नागरिकों का निर्माण नहीं किया जा सकता।

(क) निम्नलिखित में से प्रस्तुत गद्यांश का सर्वाधिक उपयुक्त शीर्षक क्या होगा? (1)
- (i) शिक्षा का दुरुपयोग
- (ii) शिक्षा का महत्त्व
- (iii) शिक्षित व्यक्ति और शिक्षा
- (iv) आधुनिक शिक्षा व्यवस्था

(ख) विद्यार्थी में नवीन जीवन-दृष्टि का निर्माण किसके द्वारा होता है? (1)
- (i) विभिन्न प्रकार की यात्राओं से
- (ii) विभिन्न प्रकार की पुस्तकों के अध्ययन से
- (iii) दूसरों की सहायता करने से
- (iv) अपने परिवेश के प्रति जागरूक होने से

(ग) शिक्षा के प्रति संकुचित दृष्टिकोण किसे माना जाता है? (1)
- (i) सैद्धांतिक शिक्षा को
- (ii) मौलिक शिक्षा को
- (iii) व्यावसायिक शिक्षा को
- (iv) नैतिक शिक्षा को

(घ) व्यावसायिक शिक्षा का दुष्परिणाम किस रूप में सामने आता है? (1)
(i) व्यावसायिक शिक्षा ग्रहण करने वाले छात्रों को सामान्य विषयों की जानकारी न होना
(ii) व्यावसायिक शिक्षा ग्रहण कर आत्मनिर्भर न बनना
(iii) व्यावसायिक शिक्षा द्वारा रोजगोरोन्मुखी न बनना
(iv) उपरोक्त में से कोई नहीं

(ङ) 'शिक्षा भौतिक आकांक्षा की पूर्ति का साधन बनती जा रही है' पंक्ति का क्या आशय है? (1)
(i) शिक्षा व्यक्ति को आत्मनिर्भर बना रही है
(ii) शिक्षा मात्र धन कमाने का साधन बनती जा रही है
(iii) शिक्षा से जीवन में साधन प्राप्त किए जा रहे हैं
(iv) शिक्षा से मानवीय मूल्यों का विकास हो रहा है

उत्तर

(क) *(ii)* **शिक्षा का महत्त्व** प्रस्तुत गद्यांश का सर्वाधिक उपयुक्त शीर्षक 'शिक्षा का महत्त्व' होगा, क्योंकि इसमें शिक्षा की उपयोगिता एवं उसके महत्त्व पर प्रकाश डाला गया है।

(ख) *(ii)* **विभिन्न प्रकार की पुस्तकों के अध्ययन से** गद्यांश में स्पष्ट किया गया है कि इतिहास, साहित्य, राजनीतिशास्त्र, समाजशास्त्र, दर्शनशास्त्र आदि की विभिन्न प्रकार की पुस्तकों को पढ़कर विद्यार्थी विद्वान ही नहीं बनता, बल्कि उसमें एक विशिष्ट जीवन-दृष्टि का निर्माण भी होता है।

(ग) *(iii)* **व्यावसायिक शिक्षा को** गद्यांश के आधार पर कह सकते हैं कि व्यावसायिक शिक्षा को शिक्षा के प्रति संकुचित दृष्टिकोण माना जाता है, क्योंकि व्यावसायिक शिक्षा प्राप्त करने वाले विद्यार्थी सैद्धांतिक शिक्षा से दूर होते जा रहे हैं।

(घ) *(i)* **व्यावसायिक शिक्षा ग्रहण करने वाले छात्रों को सामान्य विषयों की जानकारी न होना** गद्यांश के अनुसार, व्यावसायिक शिक्षा का दुष्परिणाम इस रूप में सामने आता है कि व्यावसायिक शिक्षा ग्रहण करने वाले छात्रों को सामान्य विषयों की जानकारी भी नहीं होती है। वे केवल रोजगार प्रदान करने वाली शिक्षा पर ही ध्यान देते हैं।

(ङ) *(ii)* **शिक्षा मात्र धन कमाने का साधन बनती जा रही है** 'शिक्षा भौतिक आकांक्षा की पूर्ति का साधन बनती जा रही है' पंक्ति का आशय यह है कि शिक्षा मात्र धन कमाने का साधन बनती जा रही है।

व्याख्या सहित

नीचे एक गद्यांश दिया गया है। गद्यांश को ध्यानपूर्वक पढ़िए और उस पर आधारित प्रश्नों के उत्तर दीजिए। $(1 \times 5 = 5)$

समाज-कल्याण क्या है, इसकी पूर्ण तथा सांगोपांग परिभाषा देते समय मतभेद हो सकता है, किंतु जहाँ तक इसके सार-तत्त्व को समझने की बात है, लोगों में एक प्रकार से सामान्य सहमति मालूम पड़ती है। इसका तात्पर्य एक व्यक्तिगत सेवा से है, जो विशेष प्रकार की न होकर सामान्य प्रकार की होती है। इसका उद्देश्य किसी ऐसे व्यक्ति की सहायता करना है, जो असमर्थता की भावना से दु:खी होने पर भी अपने जीवन का सर्वोत्तम सदुपयोग करना चाहता है अथवा उन कठिनाइयों पर विजयी होना चाहता है, जो उसे पराजित कर चुकी है अथवा पराजय की आशंकाएँ उत्पन्न करती हैं।

समाज-कल्याण की भावना दुर्बल की सहायता करती है तथा अपरिवर्तनीय स्थितियों के साथ संबंध सुधारने या सामंजस्य स्थापित करने का प्रयत्न करती है। इसके सर्वोच्च आदर्शों का सही-सही निरूपण स्वास्थ्य-मंत्रालय के एक परिपत्र द्वारा निर्दिष्ट वाक्य में किया गया है, जिसका संबंध विकलांगों के कल्याण से है। इसके अनुसार, कल्याणकारी सेवाओं का उद्देश्य यह सुनिश्चित करना है कि "सभी विकलांग व्यक्तियों को चाहे उनकी अक्षमता कुछ भी हो, सामुदायिक जीवन में हाथ बँटाने तथा उसके विकास में योगदान देने के लिए अधिक-से-अधिक अवसर दिए जाएँगे, ताकि उनकी क्षमताओं का पूर्ण क्रियान्वयन हो सके, उनका आत्मविश्वास जाग सके तथा उनके सामाजिक संपर्क मजबूत बन सकें।"

(क) प्रस्तुत गद्यांश के आधार पर बताइए कि समाज-कल्याण का उद्देश्य क्या है? (1)
(i) ऐसे व्यक्ति की सहायता करना जो असमर्थता के बाद भी अपने जीवन का सर्वोत्तम सदुपयोग करना चाहता है
(ii) ऐसे व्यक्ति की सहायता करना जो उन कठिनाइयों पर विजय प्राप्त करना चाहता है, जो उसे पराजित कर चुकी हैं
(iii) *(i)* और *(ii)* दोनों
(iv) ऐसे व्यक्ति की सहायता करना जो पूर्णत: समर्थ है

(ख) गद्यांश के आधार पर बताइए कि समाज-कल्याण की भावना किसकी सहायता करती है? (1)
(i) दुर्बल व्यक्ति की
(ii) सक्षम व्यक्ति की
(iii) आदर्श व्यक्ति की
(iv) इनमें से कोई नहीं

(ग) "उनका आत्मविश्वास जाग सके तथा उनके सामाजिक संपर्क मजबूत बन सकें", वाक्य में 'उनका' शब्द किसके लिए प्रयुक्त हुआ है? (1)

(i) केवल दृष्टिहीन व्यक्ति के लिए *(ii)* केवल दुर्बल व्यक्ति के लिए
(iii) सभी विकलांग व्यक्तियों के लिए *(iv)* ये सभी

(घ) स्वास्थ्य मंत्रालय ने अपने परिपत्र में समाज-कल्याण के लिए जो लक्ष्य निर्धारित किए हैं, वे हैं (1)

(i) विकलांग व्यक्तियों को अधिक–से–अधिक अवसर देना *(ii)* उनकी क्षमतओं का पूर्ण क्रियान्वयन करना
(iii) उनमें आत्मविश्वास जगाना *(iv)* ये सभी

(ङ) गद्यांश के आधार पर समाज-कल्याण का तात्पर्य है (1)

(i) व्यक्तिगत सेवा से *(ii)* अव्यक्तिगत सेवा से
(iii) निरव्यक्तिगत सेवा से *(iv)* ये सभी

उत्तर

(क) *(iii)* ***(i)* और *(ii)* दोनों** समाज-कल्याण का उद्देश्य ऐसे व्यक्ति की सहायता करना है, जो असमर्थता की भावना से दुःखी होने पर भी अपने जीवन का सर्वोत्तम सदुपयोग करना चाहता है अथवा उन कठिनाइयों पर विजयी होना चाहता है, जो उसे पराजित कर चुकी हैं।

(ख) *(i)* **दुर्बल व्यक्ति की** गद्यांश में स्पष्ट रूप से बताया गया है कि समाज-कल्याण की भावना समाज के सबसे दुर्बल व्यक्ति की सहायता करती है।

(ग) *(iii)* **सभी विकलांग व्यक्तियों के लिए** 'उनका आत्मविश्वास जाग सके तथा उनके सामाजिक संपर्क मजबूत बन सकें' वाक्य में 'उनका' शब्द सभी विकलांग व्यक्तियों के लिए प्रयुक्त हुआ है।

(घ) *(iv)* **ये सभी** स्वास्थ्य मंत्रालय ने अपने परिपत्र में समाज-कल्याण के लिए अपना लक्ष्य निर्धारित किया है कि सभी विकलांग व्यक्तियों को, चाहे उनकी अक्षमता कुछ भी हो, सामुदायिक जीवन में हाथ बँटाने तथा उसके विकास में योगदान देने के लिए अधिक-से-अधिक अवसर दिए जाएँगे, ताकि उनकी क्षमताओं का पूर्ण क्रियान्वयन हो सके, उनका आत्मविश्वास जाग सके तथा उनके सामाजिक संपर्क मजबूत बन सकें।

(ङ) *(i)* **व्यक्तिगत सेवा से** गद्यांश में स्पष्ट रूप से बताया गया है कि समाज-कल्याण का तात्पर्य व्यक्तिगत सेवा से है और व्यक्तिगत सेवा भी ऐसी जो विशेष प्रकार की न होकर सामान्य प्रकार की होती है।

व्यावहारिक व्याकरण

निम्नलिखित पाँच प्रश्नों में से किन्हीं चार प्रश्नों के उत्तर दीजिए। (1×4 = 4)

(क) लाल रंग की पुस्तक मेज पर रखी है। रेखांकित में पद है (1)

(i) सर्वनाम पद *(ii)* क्रिया पद *(iii)* विशेषण पद *(iv)* संज्ञा पद

(ख) नीम की घनी छाँव में व्यक्ति आनंद का अनुभव करता है। वाक्य में विशेषण पद है (1)

(i) नीम की घनी छाँव में *(ii)* व्यक्ति
(iii) आनंद का *(iv)* अनुभव करता है

(ग) महँगी खरीदी हुई शॉल फट गई है। रेखांकित में पदबंध है (1)

(i) क्रिया पदबंध *(ii)* क्रिया विशेषण पदबंध
(iii) विशेषण पदबंध *(iv)* संज्ञा पदबंध

(घ) विरोध करने वाले व्यक्तियों में कोई नहीं बोला। रेखांकित में से कौन-सा पदबंध है? (1)

(i) सर्वनाम पदबंध *(ii)* क्रिया पदबंध
(iii) संज्ञा पदबंध *(iv)* विशेषण पदबंध

(ङ) मंजू मैदान में खेल रही है। रेखांकित में पदबंध है (1)

(i) क्रिया विशेषण पदबंध *(ii)* संज्ञा पदबंध
(iii) विशेषण पदबंध *(iv)* क्रिया पदबंध

उत्तर

(क) *(iv)* संज्ञा पद ***(ख)*** *(i)* नीम की घनी छाँव ***(ग)*** *(iii)* विशेषण पदबंध
(घ) *(i)* सर्वनाम पदबंध ***(ङ)*** *(iv)* क्रिया पदबंध

निम्नलिखित पाँच प्रश्नों में से किन्हीं चार प्रश्नों के उत्तर दीजिए। (1×4 = 4)

(क) 'सायंकाल हुआ और पक्षी अपने-अपने घोंसलों में लौट गए'। वाक्य रचना की दृष्टि से है (1)

(i) मिश्र वाक्य (ii) सरल वाक्य
(iii) संयुक्त वाक्य (iv) सामान्य वाक्य

(ख) स्वावलंबी व्यक्ति सदा सुखी रहते हैं, का मिश्र वाक्य बनेगा (1)

(i) जो स्वावलंबी होते हैं, वे सदा सुखी रहते हैं (ii) सदा सुखी रहने वाला व्यक्ति स्वावलंबी होता है
(iii) यदि सदा सुखी रहना है, तो स्वावलंबी बनना चाहिए (iv) जो सदा सुखी रहना चाहते हैं, वो स्वावलंबी बने

(ग) निम्नलिखित में मिश्र वाक्य है (1)

(i) विपत्ति आती है तो अपने भी साथ छोड़ देते हैं (ii) जैसे ही विपत्ति आई वैसे ही अपनों ने साथ छोड़ दिया
(iii) विपत्ति आई और अपने चले गए (iv) विपत्ति और अपने आते-जाते रहते हैं

(घ) निम्नलिखित में सरल वाक्य है (1)

(i) वामीरो कुछ सचेत होने पर घर की ओर दौड़ी (ii) जैसे ही वामीरो सचेत हुई वैसे ही वह घर की ओर दौड़ी
(iii) जब वामीरो सचेत होगी तब वह घर की ओर दौड़ेगी (iv) वामीरो सचेत हुई, क्योंकि उसे घर की ओर दौड़ना था

(ङ) निम्नलिखित में से मिश्र वाक्य है (1)

(i) वह बाजार गई और साड़ी खरीदी
(ii) वह साड़ी खरीदेगी, इसलिए बाज़ार गई
(iii) उसे साड़ी खरीदनी थी, इसलिए वह बाज़ार गई
(iv) जैसे ही वह बाज़ार गई वैसे ही उसने साड़ी खरीद ली

उत्तर

(क) *(iii)* संयुक्त वाक्य
(ख) *(i)* जो स्वावलंबी होते हैं, वे सदा सुखी रहते हैं
(ग) *(ii)* जैसे ही विपत्ति आई वैसे ही अपनों ने साथ छोड़ दिया
(घ) *(i)* वामीरो कुछ सचेत होने पर घर की ओर दौड़ी
(ङ) *(iii)* उसे साड़ी खरीदनी थी, इसलिए वह बाज़ार गई

निम्नलिखित पाँच प्रश्नों में से किन्हीं चार प्रश्नों के उत्तर दीजिए। (1×4 = 4)

(क) 'नीलकमल' शब्द में कौन-सा समास है? (1)

(i) अव्ययीभाव समास (ii) तत्पुरुष समास
(iii) द्विगु समास (iv) कर्मधारय समास

(ख) 'तीन आँखें हैं जिसकी अर्थात् शिव' का समस्त पद है (1)

(i) तीनलोचन (ii) लोचन (iii) त्रिलोचन (iv) त्रयलोचन

(ग) 'शरणागत' शब्द के सही समास विग्रह का चयन कीजिए। (1)

(i) शरण में आया हुआ—तत्पुरुष समास (ii) शरण में लिया हुआ—तत्पुरुष समास
(iii) आया है जो शरण में—तत्पुरुष समास (iv) गया है जो शरण में—तत्पुरुष समास

(घ) 'हाथ से लिखित' का समस्त पद क्या होगा? (1)

(i) हाथलिखित (ii) हाथलिखा (iii) हस्तलिखित (iv) हस्तालिखित

(ङ) 'देवमूर्ति' शब्द में समास है (1)

(i) कर्मधारय समास (ii) तत्पुरुष समास
(iii) द्वंद्व समास (iv) अव्ययीभाव समास

उत्तर

(क) *(iv)* कर्मधारय समास
(ख) *(iii)* त्रिलोचन
(ग) *(i)* शरण में आया हुआ–तत्पुरुष समास
(घ) *(iii)* हस्तलिखित
(ङ) *(ii)* तत्पुरुष समास

निम्नलिखित छः प्रश्नों में से किन्हीं चार प्रश्नों के उत्तर दीजिए। (1×4 = 4)

(क) राकेश अपने माँ-बाप के लिए .... के समान है। मुहावरे से रिक्त स्थान की पूर्ति कीजिए। (1)
    (i) एक पंथ दो काज   (ii) अंधे की लाठी
    (iii) अक्ल के अंधे   (iv) अरण्य रोदन

(ख) सारा दिन काम करते-करते आज .... लग रहा है उपयुक्त मुहावरे से रिक्त स्थान की पूर्ति कीजिए। (1)
    (i) अंग-अंग ढीला होना   (ii) कपड़ा ढीला होना
    (iii) पतलून ढीला होना   (iv) रस्सी ढीला होना

(ग) बिना धन के कोई व्यापार करना .... है। रिक्त स्थान की पूर्ति सटीक मुहावरे से कीजिए। (1)
    (i) घर में उड़ना   (ii) आकाश में उड़ना
    (iii) खुले मैदान में उड़ना   (iv) पैरों से उड़ना

(घ) शिक्षक की अनुपस्थिति में छात्रों ने .... रिक्त स्थान की पूर्ति सटीक मुहावरे से कीजिए। (1)
    (i) एक घाट का पानी पीना   (ii) औने-पौने करना
    (iii) आसमान सिर पर उठाना   (iv) आपे से बाहर होना

(ङ) व्यापारी एवं बनिये .... के लिए कार्य करते हैं। मुहावरे से रिक्त स्थान की पूर्ति कीजिए। (1)
    (i) पौ बारह होने   (ii) उड़न छू होने
    (iii) उन्नीस बीस होने   (iv) काफूर होने

(च) जब रामलाल के करतूतों की पोल खुली तो वह .... उपयुक्त मुहावरे से रिक्त स्थान की पूर्ति कीजिए। (1)
    (i) फरिश्ता हो गया   (ii) पानी-पानी हो गया
    (iii) मीठी छुरी हो गया   (iv) राई का पहाड़ हो गया

उत्तर

(**क**) (ii) अंधे की लाठी   (**ख**) (i) अंग-अंग ढीला होना
(**ग**) (ii) आकाश में उड़ना   (**घ**) (iii) आसमान सिर पर उठाना
(**ङ**) (i) पौ बारह होने   (**च**) (ii) पानी-पानी हो गया।

पाठ्य-पुस्तक

निम्नलिखित पद्यांश को पढ़कर प्रश्नों के सर्वाधिक उपयुक्त विकल्पों का चयन कीजिए। (1×5 = 5)

विचार लो कि मर्त्य हो न मृत्यु से डरो कभी,
मरो, परंतु यों मरो कि याद जो करें सभी।
हुई न यों सुमृत्यु तो वृथा मरे, वृथा जिए,
मरा नहीं वही कि जो जिया न आपके लिए।
वही पशु-प्रवृत्ति है कि आप आप ही चरे,
वही मनुष्य है कि जो मनुष्य के लिए मरे॥

(क) कवि के अनुसार, मृत्यु की सार्थकता किसमें है? (1)
    (i) देशहित में   (ii) यश-कीर्ति में
    (iii) सबके याद करने में   (iv) बलिवेदी पर चढ़ने में

(ख) किस प्रकार के मनुष्य का जीवन पशु के समान होता है? (1)
    (i) जो अपने जीवन में परोपकार करते हैं   (ii) जो मृत्यु का वरण करते हैं
    (iii) जो अपने जीवन को लोक मंगलकारी कार्य में नहीं लगाते हैं (iv) जो मृत्यु आने तक दु:खी रहते हैं

(ग) कवि के अनुसार, वास्तव में मनुष्य कहलाने का अधिकारी कौन होता है? (1)
    (i) जो स्वयं के जीवन को सुखमयी बनाता है   (ii) जो दूसरों की हितपूर्ति के लिए अपना जीवन जीता है
    (iii) जो मृत्यु से भयभीत नहीं रहता है   (iv) जो हमारी याद में आँसू बहाता है

(घ) काव्यांश में सुमृत्यु किसे कहा गया है? (1)

(i) अपने कर्त्तव्यों का पालन करते हुए मिली मृत्यु को (ii) परोपकार के लिए जीने वाले की मृत्यु को
(iii) स्वार्थ पूर्ति के लिए जीने वाले की मृत्यु को (iv) स्वर्ग की चाह करने वाले की मृत्यु को

(ङ) 'मरा वही कि जो जिया न आपके लिए' पंक्ति का आशय स्पष्ट कीजिए। (1)

(i) जो अपने लिए जीता है, वह कभी नहीं मरता
(ii) जो पशुओं के लिए जीता है, वह कभी नहीं मरता
(iii) जिसकी इच्छाएँ पूरी नहीं होती, वह कभी नहीं मरता
(iv) जो अपना जीवन परोपकार में लगा देता है वह कभी नहीं मरता

उत्तर

(क) *(iii)* **सबके याद करने में** कवि के अनुसार, मृत्यु की सार्थकता सबके द्वारा याद करने में है। जब मृत्यु के बाद व्यक्ति को याद किया जाता है तब उसकी मृत्यु सार्थकता पाती है।

(ख) *(iii)* **जो अपने जीवन को लोक मंगलकारी कार्य में नहीं लगाते हैं** पद्यांश के आधार पर कह सकते हैं कि जो मनुष्य अपने जीवन को लोक मंगलकारी कार्य में नहीं लगाते, उन मनुष्यों का जीवन पशु के समान होता है, क्योंकि मात्र पशु ही अपने व्यक्तिगत स्वार्थ की पूर्ति के लिए जीवन जीता है।

(ग) *(ii)* **जो दूसरों की हितपूर्ति के लिए अपना जीवन जीता है** कवि के अनुसार, वास्तव में वही व्यक्ति मनुष्य कहलाने का अधिकारी है, जो दूसरों की हितपूर्ति के लिए अपना जीवन जीता है, जिसमें स्वार्थभाव के स्थान पर परमार्थ भाव होता है।

(घ) *(ii)* **परोपकार के लिए जीने वाले की मृत्यु को** पद्यांश में सुमृत्यु परोपकार के लिए जीने वाले की मृत्यु को कहा गया है, क्योंकि जो मनुष्य परोपकार का कार्य करते हैं, उन्हें मृत्यु के बाद भी याद किया जाता है।

(ङ) *(iv)* **जो अपना जीवन परोपकार में लगा देता है वह कभी नहीं मरता** पद्यांश के अनुसार दी गई पंक्ति का आशय है कि वह व्यक्ति कभी नहीं मरता जो परोपकार के कार्यों में अपना जीवन समर्पित करता है उसका शरीर मिट जाता है परन्तु कार्य हमेश लोगों को प्रकाश मार्ग दिखाते हैं। अतः दी गई पंक्ति का आशय है कि वह व्यक्ति कभी नहीं मरता जो अपना जीवन परोपकार के कार्यों में लगाता है।

निम्नलिखित प्रश्नों के सही विकल्प चुनकर लिखिए। (1×2 = 2)

(क) 'सीता का दामन' किसे कहा गया है। (1)

(i) भारतीय सांस्कृतिक परंपरा को
(ii) देवी-देवताओं की मर्यादा को
(iii) देश के स्वाभिमान को
(iv) मातृभूमि के सम्मान को

(ख) मीरा ने कृष्ण से स्वयं के दुःख हरने का आग्रह क्यों किया है? (1)

(i) क्योंकि वह कृष्ण की अन्यन्य भक्त है
(ii) क्योंकि वह कृष्ण पर सब कुछ न्योछावर करने को तत्पर है।
(iii) क्योंकि कृष्ण अपने भक्तों का कल्याण करते हैं
(iv) उपरोक्त सभी

उत्तर

(क) *(iii)* **देश के स्वाभिमान को** सीता का दामन देश के स्वाभिमान को कहा गया है। जिस प्रकार सीता की रक्षा के लिए लक्ष्मण ने पापी राक्षस का सर्वनाश कर दिया उसी प्रकार प्रत्येक भारतवासी को भी राम-लक्ष्मण की भाँति अपने शत्रुओं का सर्वनाश करके भारत के स्वाभिमान की रक्षा करनी चाहिए।

(ख) *(iv)* **उपरोक्त सभी** मीरा ने श्रीकृष्ण से स्वयं के दुःख हरने का आग्रह इसलिए किया है, क्योंकि वह कृष्ण की अन्यन्य भक्त है और कृष्ण अपने भक्तों का कल्याण करते हैं। साथ ही, वह श्री कृष्ण पर सब कुछ न्योछावर करने को तत्पर है।

निम्नलिखित गद्यांश को पढ़कर प्रश्नों के सर्वाधिक उपयुक्त विकल्पों का चयन कीजिए। (1×5 = 5)

कुछ समय बाद पासा गाँव में 'पशु-पर्व' का आयोजन हुआ। पशु-पर्व में हृष्ट-पुष्ट पशुओं के प्रदर्शन के अतिरिक्त पशुओं से युवकों की शक्ति परीक्षा प्रतियोगिता भी होती है। वर्ष में एक बार सभी गाँव के लोग हिस्सा लेते हैं। बाद में नृत्य-संगीत और भोजन का भी आयोजन होता है। शाम से सभी लोग पासा में एकत्रित होने लगे। धीरे-धीरे विभिन्न कार्यक्रम शुरू हुए। तताँरा का मन इन कार्यक्रमों में तनिक न था। उसकी व्याकुल आँखें वामीरो को ढूँढ़ने में व्यस्त थीं। नारियल के झुंड के एक पेड़ के पीछे से उसे जैसे कोई झाँकता दिखा। उसने थोड़ा और करीब जाकर पहचानने की

चेष्टा की। वह वामीरो थी जो भयवश सामने आने में झिझक रही थी। उसकी आँखें तरल थीं। होंठ काँप रहे थे। तताँरा को देखते ही वह फूटकर रोने लगी। तताँरा विह्वल हुआ। उससे कुछ बोलते ही नहीं बन रहा था। रोने की आवाज लगातार ऊँची होती जा रही थी। तताँरा किंकर्त्तव्यविमूढ़ था। वामीरो के रुदन स्वरों को सुनकर उसकी माँ वहाँ पहुँची और दोनों को देखकर आग बबूला हो उठी।

(क) पशु पर्व में कैसे पशुओं का प्रदर्शन किया जाता था? (1)

    (i) विकार ग्रस्त   (ii) हष्ट-पुष्ट   (iii) केवल जंगली   (iv) केवल पालतू

(ख) 'होंठ काँप रहे थे' का अर्थ है (1)

    (i) आन्तरिक विलाप   (ii) रोने को उत्सुक
    (iii) भय से परिपूर्ण तथा रोने की स्थिति   (iv) ये सभी

(ग) तताँरा का मन कार्यक्रम में न लगने का क्या कारण था? (1)

    (i) कार्यक्रम में अच्छा प्रदर्शन न होना   (ii) माँ द्वारा डाँटे जाना
    (iii) वामीरो को ढूँढना   (iv) गाँव वालों की उपेक्षा करना

(घ) गद्यांश के अनुसार, वामीरो झिझक क्यों रही थी? (1)

    (i) पशुओं के प्रदर्शन को देखने में   (ii) भयवश सामने आने में
    (iii) कार्यक्रम में जाने से   (iv) भोजन का आनंद न ले पाने से

(ङ) वामीरो की माँ आग-बबूला किस कारण हो गई? (1)

    (i) वामीरो-तताँरा को साथ देखकर   (ii) वामीरो द्वारा जोर से रोने पर
    (iii) पशु-पर्व का समापन होता देखकर   (iv) तताँरा की किंकर्त्तव्यविमूढ़ स्थिति को देखकर

उत्तर

(क) (ii) **हष्ट-पुष्ट** गद्यांश में स्पष्ट किया गया है कि पशु पर्व में हष्ट-पुष्ट पशुओं का प्रदर्शन किया जाता था।

(ख) (iii) **भय से परिपूर्ण तथा रोने की स्थिति** वामीरो तताँरा को देखकर बहुत व्याकुल हो गई और जोर-जोर से रोने लगी तथा धीरे-धीरे उसके रोने की आवाज बढ़ती गई, क्योंकि उसके मन में दुःख/भय व्याप्त था।

(ग) (iii) **वामीरो को ढूँढने के कारण** तताँरा वामीरो से प्रेम करने लगा था, इसलिए उसकी आखें वामीरो को कार्यक्रम में ढूँढ रही थीं। इसी कारण से उसका मन भी कार्यक्रम में नहीं लग रहा था।

(घ) (ii) **भयवश सामने आने में** तताँरा वामीरो के साथ देखे जाने के कारण भयवश वामीरो के सामने आने में झिझक रही थी।

(ङ) (i) **वामीरो-तताँरा को साथ देखकर** तताँरा दूसरे गाँव का युवक था, इस कारण से वामीरो की माँ वामीरो-तताँरा को साथ देखकर आग बबूला हो गई।

निम्नलिखित प्रश्नों के सही विकल्प चुनकर लिखिए। $(1 \times 2 = 2)$

(क) भाई साहब हर समय छोटे भाई को क्या उपदेश देते थे? (1)

    (i) पढ़ाई करने का
    (ii) समय व्यर्थ न करने का
    (iii) खेलकूद न करने का
    (iv) उपरोक्त सभी

(ख) लेखक ने समुद्र के सिमटने का कारण क्या बताया है? (1)

    (i) पानी की कमी
    (ii) समुद्र के किनारे बिल्डरों द्वारा नई इमारतें बनाना
    (iii) समुद्र के किनारों को पानी न मिलना
    (iv) जमीन का अतिक्रमण करना

उत्तर

(क) (iv) **उपरोक्त सभी** भाई साहब छोटे भाई को पढ़ाई में मन लगने, समय व्यर्थ न करने तथा खेल-कूद में अधिक ध्यान न लगाने का उपदेश देते थे।

(ख) (ii) **समुद्र के किनारे बिल्डरों द्वारा नई इमारतें बनाना** लेखक के अनुसार, समुद्र के सिमटने का सबसे बड़ा कारण समुद्र तटों पर बिल्डरों द्वारा नई इमारतों का निर्माण करना है, जिसके कारण समुद्र लगातार पीछे की ओर सिमटता जा रहा है।

खंड {ब} वर्णनात्मक प्रश्न (40 अंक)

पाठ्य-पुस्तक एवं पूरक-पुस्तक

निम्नलिखित प्रश्नों में से किन्हीं दो प्रश्नों के उत्तर लगभग 60 शब्दों में लिखिए। (3 × 2 = 6)

(क) बड़े भाई छोटे भाई को अपनी बातों से प्रभावित करने के लिए कौन-कौन-सी युक्तियाँ अपनाते हैं? (3)

(ख) वामीरो की प्रतीक्षा में बैठे तताँरा की प्रेम की व्याकुलता को स्पष्ट कीजिए। (3)

(ग) 'तीसरी कसम' पाठ का प्रतिपाद्य अपने शब्दों में लिखिए। (3)

उत्तर

(क) बड़े भाई छोटे भाई को अपनी बातों से प्रभावित करने के लिए निम्नलिखित युक्तियाँ अपनाते हैं

(i) वह छोटे भाई द्वारा पढ़ाई में लापरवाही किए जाने और खेलकूद में अधिक ध्यान दिए जाने पर उपदेश देते हैं।

(ii) परीक्षा में असफल होने पर वह इस बात पर ज़ोर देते हैं कि परीक्षा बुद्धि का विकास करने वाली होनी चाहिए, न कि रटने पर ज़ोर देने वाली।

(iii) वह किताबी ज्ञान की अपेक्षा जीवन में कमाए गए अनुभव को अधिक महत्त्वपूर्ण मानते हैं और इस संबंध में उदाहरण भी देते हैं।

(iv) वह अनुशासन की महिमा का उपदेश देकर छोटे भाई को इस बात के लिए प्रेरित करते हैं कि अनुशासन जीवन के लिए अत्यंत आवश्यक है।

(v) वह इतिहास, अलजबरा और निबंध लेखन की शिक्षा को व्यर्थ बताते हैं।

(ख) वामीरो की प्रतीक्षा में बैठे तताँरा के लिए यह पूरे जीवन की अकेली प्रतीक्षा थी। उसके गंभीर एवं शांत जीवन में ऐसा पहली बार हुआ था। वह अचंभित था, साथ ही रोमांचित भी। वामीरो की प्रतीक्षा में उसे एक-एक पल पहाड़ की तरह भारी लग रहा था। उसके भीतर एक आशंका भी व्याप्त थी कि अगर वामीरो न आई तो? वह कुछ निर्णय नहीं कर पा रहा था, बस प्रतीक्षारत था। मात्र आशा की एक किरण थी, जो समुद्र की देह पर डूबती किरणों की तरह कभी भी डूब सकती थी। वह बार-बार लपाती के रास्ते पर नज़रें दौड़ाता। सहसा नारियल के झुरमुटों में उसे एक आकृति कुछ साफ़ दिखी। कुछ और आकृति के करीब आने पर तताँरा की खुशी का ठिकाना न रहा। वह सचमुच वामीरो थी। वह स्वयं को छुपाते हुए बढ़ रही थी और बीच-बीच में इधर-उधर नज़रें दौड़ाना नहीं भूलती। दोनों आमने-सामने हो गए। दोनों शब्दहीन थे। एकटक निहारते हुए वे काफ़ी देर तक खड़े रहे। अचानक वामीरो कुछ सचेत हुई और घर की तरफ़ दौड़ पड़ी। तताँरा अब भी प्रेमवश वहीं खड़ा था, निश्चल, शब्दहीन।

(ग) इस पाठ का उद्देश्य प्रसिद्ध गीतकार एवं फ़िल्म निर्माता शैलेंद्र द्वारा बनाई गई 'तीसरी कसम' फ़िल्म की विशेषता बताना है। लेखक ने इसके द्वारा स्पष्ट किया है कि जिन फ़िल्मों का कलापक्ष अधिक मज़बूत होता है, उन्हें समीक्षकों की प्रशंसा और पुरस्कार तो बहुत मिल जाते हैं, किंतु ऐसी फ़िल्में बाज़ार में अधिक सफल नहीं हो पातीं।

इसका कारण यह है कि साहित्यिक अभिरुचि से बनाई गई इन फ़िल्मों में सस्ता मनोरंजन अधिक नहीं होता, जिसके कारण वितरक इन्हें खरीदने में रुचि नहीं दिखाते। इसके बाद भी लेखक का मत यह है कि फ़िल्मों में गहरी कलात्मकता और संवेदनशीलता होनी चाहिए। उनके द्वारा समाज को कोई-न-कोई सकारात्मक संदेश अवश्य जाना चाहिए तथा वे समाज को कुछ संस्कार भी प्रदान करती हों।

निम्नलिखित में से किन्हीं दो प्रश्नों के उत्तर 60 शब्दों में लिखिए। (3 × 2 = 6)

(क) 'मीरा के पद' के आधार पर मीरा के काव्य की भाषा-शैली पर प्रकाश डालिए। (3)

(ख) पर्वतीय प्रदेश में वर्षा के सौंदर्य का वर्णन 'पर्वत प्रदेश में पावस' के आधार पर अपने शब्दों में कीजिए? (3)

(ग) अपने अंदर का दीपक दिखाई देने पर कौन-सा अंधियारा कैसे मिट जाता है? कबीर की साखी के संदर्भ में स्पष्ट कीजिए। (3)

उत्तर

(क) मीरा के काव्य की भाषा मुख्य रूप से साहित्यिक ब्रजभाषा है, किंतु संत कवयित्री के रूप में घुमक्कड़ी प्रवृत्ति के कारण उनकी रचनाओं में राजस्थानी, पंजाबी, गुजराती आदि भाषाओं से संबंधित शब्दों का भी खुलकर प्रयोग हुआ है। मुहावरों के प्रयोग से भाषा प्रवाहमयी एवं सजीव हो उठी है। उन्होंने बिना किसी आडंबर के अपनी बात सरल एवं सहज रूप में सामने रखी है। भक्ति, करुणा एवं शांत रसों के सुंदर प्रयोग से उनकी रचनाओं के सौंदर्य में वृद्धि हुई है।

मीरा ने पर्यायवाची शब्दों (हरि, गिरधर, मोहन, श्याम, गोविंद, मुरलीवाला आदि) तथा अनुप्रास एवं रूपक अलंकार आदि का सार्थक प्रयोग किया है। मीरा ने गेय शैली को अपनाया, जिसके कारण उनकी रचनाएँ लोक गायकों से लेकर शास्त्रीय संगीत के गायकों तक में अत्यधिक लोकप्रिय हैं।

(ख) पर्वतीय प्रदेश में वर्षा ऋतु के आने से पहले बादलों के कारण पर्वत छिप जाते हैं। अचानक बादल ऐसे उठे, मानो एक पूरा पर्वत विशाल पक्षी के समान अत्यधिक सफ़ेद और चमकीले पंखों को फड़फड़ाता हुआ ऊपर आकाश में उड़ रहा है। इसका परिणाम यह हुआ कि चारों ओर बादल ही बादल छा गए और कुछ भी दिखाई देना बंद हो गया। झरनों की केवल आवाज़ ही सुनाई दे रही है अतः वह ओझल हो गए। इसके पश्चात् इन बादलों से इतनी तेज़ वर्षा हुई, जैसे आकाश धरती पर टूट पड़ा हो और उसने वर्षा रूपी बाणों से धरती पर आक्रमण कर दिया हो।

शाल के विशाल वृक्ष बादलों के झुंड में ऐसे प्रतीत हो रहे हैं, जैसे वे भयभीत होकर धरती में धँस गए हों। तालाब के जल से इस तरह धुँआ उठने लगा है मानों उसमें आग लग गई हो। इस प्रकार वर्षा के देवता इंद्र बादल रूपी विमान में घूम-घूमकर अपने जादुई करतब दिखा रहे हैं, जिसके कारण पर्वतों पर क्षण-क्षण में विचित्र और अद्‌भुत दृश्य दिखाई दे रहे हैं।

(ग) 'दीपक' प्रकाश फैलाने का माध्यम है। इससे अंधकार का नाश होता है। कबीर ने अपनी साखी में 'दीपक' को ज्ञान के प्रतीक के रूप में रखा है। ज्ञान आंतरिक दुष्प्रवृत्तियों को नष्ट करता है।

मनुष्य की दुष्प्रवृत्तियाँ अंधकार के समान ही हैं। ज्ञान की ज्योति से अंधकार का मिटना मनुष्य को एक नई पहचान देता है। ईश्वरीय ज्ञान मनुष्य को आंतरिक अंधकार के कारण नहीं हो पाता। इस अंधकार के समाप्त होते ही मनुष्य का ईश्वर से एकाकार हो जाता है।

अपने अंदर का दीपक दिखाई देने पर अपने-पराए का भेद मिट जाता है। जिस प्रकार दीपक के प्रकाश से अंधकार समाप्त हो जाता है, उसी प्रकार जब मनुष्य का ईश्वर के प्रेम रूपी प्रकाश से साक्षात्कार होता है तो उसके मन के सारे प्रश्न, भ्रम, संदेह समाप्त हो जाते हैं, और अज्ञान रूपी अंधकार मिट जाता है।

निम्नलिखित में से किन्हीं दो प्रश्नों के उत्तर लगभग 60 शब्दों में लिखिए। ($3 \times 2 = 6$)

(क) 'सपनों के-से दिन' पाठ में लेखक ने अपने बचपन के दिनों के विद्यालय में अनुशासन के लिए अपनाए जाने वाले किन तरीकों का वर्णन किया है तथा वर्तमान समय में अपनाए जाने वाले तरीके किस प्रकार भिन्न हैं? पाठ के आधार पर स्पष्ट कीजिए। (3)

(ख) हमारी सामाजिक व्यवस्था का कटु यथार्थ क्या है तथा 'हरिहर काका' की स्थिति इससे किस प्रकार भिन्न है? स्पष्ट कीजिए। (3)

(ग) "टोपी और इफ़्फ़न दोनों एक-दूसरे को धर्म, जाति, संप्रदाय आदि से ऊपर उठकर प्रेम करते हैं।" 'टोपी शुक्ला' पाठ के आधार पर इस कथन को स्पष्ट कीजिए। (3)

उत्तर

(क) 'सपनों के-से दिन' पाठ में विद्यार्थियों को अनुशासन में रखने के लिए उन्हें भयभीत किया जाता था। पाठ याद न करके आने वाले बच्चों को कठोर शारीरिक यातनाएँ दी जाती थीं। वर्तमान में विद्यार्थियों को अनुशासन में रखने के लिए आर्थिक दंड तथा कुछ दिनों के लिए विद्यालय से निलंबन की कार्यवाई भी की जाती है। विद्यार्थियों पर काम के बोझ के बदले परियोजना कार्यों तथा प्रायोगिक कक्षा के माध्यम से पढ़ाई के प्रति रुचि विकसित की जाती है।

(ख) हमारी सामाजिक व्यवस्था का यह एक कटु यथार्थ है कि बुढ़ापे का सहारा कही जाने वाली संतानों या परिवार के अन्य लोगों की बेमेल विचारधारा से वृद्ध व्यक्ति त्रस्त होते हैं। सामान्यतः उनके पास कोई संपत्ति या अधिकार नहीं होता, लेकिन हरिहर काका की स्थिति इससे भिन्न दिखाई देती है। हरिहर काका के पास ज़मीन-जायदाद है, परंतु वे इस रूप में भी एक नए शोषित वर्ग के प्रतिनिधि के रूप में दिखाई देते हैं।

(ग) टोपी शुक्ला तथा इफ़्फ़न सच्चे मित्र हैं। वे दोनों एक-दूसरे को धर्म, जाति, संप्रदाय आदि से ऊपर उठकर प्रेम करते हैं। दोनों के बीच मित्रता इतनी गहरी है कि इफ़्फ़न के चले जाने पर टोपी स्वयं को अत्यंत अकेला महसूस करता है। वह इफ़्फ़न तथा उसकी दादी को हृदय से चाहता था, इसलिए इफ़्फ़न के पिता के तबादले के कारण उसके चले जाने पर वह बहुत अधिक मायूस हो जाता है और कसम खाता है कि अब वह ऐसे किसी लड़के से दोस्ती नहीं करेगा, जिसके पिता जी की तबादले वाली नौकरी होगी। यह भावना गहरी वेदना से ही उपज सकती है। टोपी का हृदय वेदना से पीड़ित है। वह हृदय से दुःखी है। ऐसे संबंध को ही सच्ची मित्रता कहा जा सकता है। इन दोनों की दोस्ती से सच्ची मित्रता की प्रेरणा ली जा सकती है।

लेखन

निम्नलिखित में से किसी एक विषय पर दिए गए संकेत बिंदुओं के आधार पर लगभग 100 शब्दों में अनुच्छेद लिखिए। (5)

1. इंटरनेट : विज्ञान का चमत्कार

संकेत बिंदु विज्ञान की अद्‌भुत उपलब्धि इंटरनेट के लाभ

इंटरनेट से हानि उपसंहार

उत्तर

आधुनिक युग वैज्ञानिक आविष्कारों का युग है। विज्ञान के महत्त्वपूर्ण आविष्कारों में से एक है–इंटरनेट। इस बात में कोई संदेह नहीं कि सूचना क्रांति की देन इंटरनेट न केवल मानव के लिए अति-उपयोगी सिद्ध हुआ है, बल्कि संचार में गति व विविधता के माध्यम से इसने दुनिया को बदलकर रख दिया है। यह सचमुच ही बहुत बड़ी उपलब्धि है। इंटरनेट के आविष्कार से ही सूचनाओं का अतिशीघ्र आदान-प्रदान संभव हो पाया है। आज इंटरनेट के द्वारा यातायात के लिए टिकट, होटल की बुकिंग, पुस्तकों का ऑर्डर, मित्रों से ऑनलाइन चैटिंग आदि संभव हो गया है। इसके साथ ही इंटरनेट ने आज शिक्षा को भी नए अवसर प्रदान किए हैं। इंटरनेट के लाभ के साथ-साथ इसकी विभिन्न हानियाँ भी हैं। इसके प्रयोग से युवा सोशल नेटवर्किंग साइटों की ओर काफी आकर्षित हो जाते हैं। इसके साथ ही युवा इंटरनेट का दुरुपयोग अश्लील साइटों को देखने में भी करते हैं। कई बार यह भी देखने में आता है कि लोगों की निजी बातें इंटरनेट पर डाल दी जाती हैं।

इस प्रकार, देखा जाए तो जहाँ एक ओर इंटरनेट ज्ञान का सागर है, वहीं दूसरी ओर इसमें 'दोषों' की भी कमी नहीं है। यह स्वयं हम पर निर्भर करता है कि हम इसका उपयोग करते हैं या दुरुपयोग।

2. वन संपदा

संकेत बिंदु वनों की आवश्यकता वनों के प्रत्यक्ष लाभ
वनों के अप्रत्यक्ष लाभ वन संरक्षणः हमारा कर्त्तव्य

उत्तर

मनुष्य का वनों से बहुत पुराना संबंध है। मनुष्य का प्रारंभिक आवास वन ही थे। वन हमारी अनेक आवश्यकताओं की पूर्ति करते हैं। वन किसी भी राष्ट्र की उन्नति में सहायक होते हैं। भूतपूर्व प्रधानमंत्री स्वर्गीय पंडित जवाहरलाल नेहरू ने कहा था, ''एक उगता हुआ वृक्ष राष्ट्र की प्रगति का जीवित प्रतीक है।'' वनों से हमें बहुत-से प्रत्यक्ष लाभ होते हैं। वनों से हमें लकड़ी प्राप्त होती है, जो मुख्यतः ईंधन के रूप में जलाने एवं फर्नीचर बनाने के काम आती है। वनों पर आधारित मुख्य कुटीर उद्योग टोकरियाँ व बेंत बनाना, रस्सी बनाना, बीड़ी बाँधना, गोंद एकत्र करना आदि हैं तथा वनों से दुर्लभ जड़ी-बूटियाँ भी मिलती हैं, जो अनेक रोगों के उपचार में सहायक होती हैं। वनों से हमें अनेक अप्रत्यक्ष लाभ भी मिलते हैं।' सर्वप्रथम वन पर्यावरण के संतुलन को बनाए रखने में सबसे अधिक महत्त्वपूर्ण भूमिका निभाते हैं। वे पर्यावरण से कार्बन डाइ-ऑक्साइड ग्रहण करते हैं और जीवों के लिए जीवनवर्द्धक प्राणवायु (ऑक्सीजन) छोड़ते हैं। वनों के प्रत्यक्ष व अप्रत्यक्ष लाभों को देखते हुए उनका संरक्षण करना हमारा कर्त्तव्य है। अतः हमें अति आवश्यक कार्यों के लिए ही वनों का उपभोग करना चाहिए।

**3. ''जो तोको काँटा बुवै ताहि बोई तू फूल।
तोहे फूल तो फूल है, बाको है तिरसूल।।''**

संकेत बिंदु दोहे का अर्थ इस मत का विरोध
विरोध का आधार हिंसा से क्षमा अधिक प्रभावकारी

उत्तर

''जो तोको काँटा बुवै ताहि बोई तू फूल। तोहे फूल तो फूल है, बाको है तिरसूल।।'' इस दोहे के द्वारा यह बताया गया है कि बुरे कर्म का विरोध बुरे कर्म से नहीं किया जाना चाहिए, बल्कि बुरे का प्रतिकार भी अच्छाई से ही करना चाहिए। कुछ लोग इस मत का विरोध करते हुए कहते हैं कि यदि कोई हमारी एक आँख फोड़े तो हमें उसकी दोनों आँखें फोड़ देनी चाहिए, जिससे भविष्य में वह इस प्रकार का बुरा कार्य दुबारा न कर सके। कुछ असहिष्णु व्यक्ति सुभाषचंद्र बोस, बालगंगाधर तिलक और भगत सिंह जैसे अनेक क्रांतिकारियों का उदाहरण देकर यह बताने का प्रयास करते हैं कि ''भगवान रामचंद्र ने भी जब तक समुद्र को धनुष की प्रत्यंचा पर बाण चढ़ाकर नहीं डराया था, तब तक समुद्र भी रास्ता देने के लिए तैयार नहीं हुआ था।'' यदि हिंसा का उत्तर प्रतिहिंसा ही है, तो प्रेम का तो अस्तित्व ही समाप्त हो जाएगा और संसार में केवल प्रतिशोध रह जाएगा। 'हिंसा' से 'क्षमा' अधिक प्रभावकारी होती है। हिंसा का उत्तर हिंसा से ही देने वाले यह भूल जाते हैं कि अहिंसा और प्रेम के आधार पर ही एक कमज़ोर शरीर के गांधी ने ब्रिटिश सरकार को पराजित कर, उन्हें भारत छोड़ने के लिए विवश कर दिया था। महात्मा बुद्ध, गुरुनानक आदि अनेक संत इसके प्रमाण हैं कि भलाई और क्षमा में बड़े-से-बड़े शत्रु को भी झुकाने की शक्ति है। इस प्रकार, कह सकते हैं कि बुरे कर्म का विरोध बुरे कर्म से न करके अच्छाई से करना चाहिए।

अधिशासी अभियंता, गाज़ियाबाद विकास प्राधिकरण, गाज़ियाबाद को लगभग 100 शब्दों में एक पत्र लिखकर शिकायत कीजिए कि आपके एवं अन्य लोगों के मकानों के सामने स्थित पार्क की स्थिति बहुत दयनीय है। (5)

अथवा

आप नालंदा शहर की यात्रा करना चाहते हैं। उस स्थान की जानकारी प्राप्त करने के लिए पर्यटन विभाग के अधिकारी को लगभग 100 शब्दों में पत्र लिखकर पूछताछ कीजिए।

व्याख्या सहित

उत्तर

परीक्षा भवन,
गाज़ियाबाद।
दिनांक 23 मार्च, 20XX
सेवा में
अधिशासी अभियंता,
गाज़ियाबाद विकास प्राधिकरण, गाज़ियाबाद।
विषय न्यू कवि नगर के पार्क संख्या 2 (सेक्टर 3) की सफाई के संबंध में।

महोदय,

निवेदन यह है कि न्यू कवि नगर के पार्क संख्या 2 (सेक्टर 3) की साफ़-सफ़ाई को लेकर स्थिति बहुत दयनीय बनी हुई है। यहाँ घास एवं झाड़ियाँ बहुत ऊँची हो चुकी हैं। इसके अतिरिक्त, आस-पास की कॉलोनियों के निवासी रात में आकर इस पार्क में कूड़ा डाल देते हैं। यही कारण है कि यहाँ कीट-पतंगों तथा जंगली जानवरों के रहने का खतरा बना हुआ है। पार्क के आस-पास बने घरों में रहने वाले छोटे-छोटे बच्चों के खेलने के लिए जगह के रूप में यही एकमात्र पार्क है। यदि ये बच्चे इस पार्क में खेलने जाएँ, तो साँप-कीड़ों आदि द्वारा उन्हें काटने का भय रहता है।

आपसे विनम्र निवेदन है कि पार्क के उचित रख-रखाव का कार्य शीघ्र आरंभ करवाने की कृपा करें, ताकि यहाँ बढ़ने वाली गंदगी से छुटकारा पाया जा सके। इसके लिए हम सभी आपके आभारी रहेंगे।

धन्यवाद।
भवदीय
क.ख.ग.
सचिव, रेज़ीडेंट वेलफेयर सोसायटी
न्यू कवि नगर, गाज़ियाबाद

अथवा

परीक्षा भवन,
गाज़ियाबाद।
दिनांक 09, जुलाई, 20XX

सेवा में,
पर्यटन अधिकारी,
पर्यटन विभाग, नालंदा,
बिहार।

विषय नालंदा के प्रमुख स्थलों की जानकारी हेतु पत्र।

आदरणीय महोदय,

मैं और मेरा मित्र सपरिवार नालंदा शहर आने के इच्छुक हैं। हम सब वहाँ के ऐतिहासिक व प्रमुख स्थलों के साथ-साथ विश्व प्रसिद्ध विश्वविद्यालय के भ्रमण के लिए अत्यंत उत्सुक हैं। हम अगले माह की 10 अगस्त को नालंदा पहुँच जाएँगे तथा 15 अगस्त की रात को रेल द्वारा वापसी का कार्यक्रम निश्चित है।

अतः आपसे विनम्र निवेदन है कि हमें नालंदा के सभी प्रमुख स्थलों की जानकारी प्रदान करें तथा साथ ही उपर्युक्त कार्यक्रम के अनुसार ठहरने के लिए उचित स्थान व आवागमन के लिए वाहन आदि की व्यवस्था के विषय में भी अवगत कराएँ। मैं इस सहयोग व स्नेह के लिए आपका हार्दिक आभारी रहूँगा।

सधन्यवाद।
भवदीय
क.ख.ग.
10, दरियागंज, दिल्ली।

विद्यालय के प्रधानाचार्य की ओर से विद्यार्थियों को अनुशासन भंग न करने की चेतावनी देते हुए 80 शब्दों में सूचना लिखिए।

(4)

अथवा

विद्यालय के प्रधानाचार्य की ओर से विद्यार्थियों को फुटबॉल टीम में सम्मिलित होने के लिए 80 शब्दों में सूचना लिखिए।

(उत्तर)

डी. ए. वी पब्लिक स्कूल, मथुरा रोड, नई दिल्ली

सूचना

दिनांक 08 अप्रैल, 20XX

विद्यालय में अनुशासन भंग न करने की चेतावनी

विद्यालय के सभी विद्यार्थियों को अनुशासन भंग करने संबंधी मामलों में हो रही वृद्धि को देखते हुए चेतावनी दी जाती है कि वे अपने व्यवहार को अनुशासित एवं संयमित रखें, विद्यालय की अध्यापिका ने भी आप लोगों के खिलाफ शिकायत दर्ज की है। उनके अनुसार पढ़ाते समय कक्षा में सभी बच्चे जोर-जोर से बातें करते हैं। बिना अनुमति के कक्षा से निकल जाते हैं। विद्यालय के गार्डन में बच्चे बिना खेल के पीरियड में खेलते रहते हैं। फूल तोड़ देते हैं अब से किसी भी प्रकार की अनुशासनहीनता में संलग्न पाए जाने पर विद्यार्थी सख्त कार्यवाही के पात्र होंगे।

साधना द्विवेदी

(प्रधानाध्यापिका)

अथवा

डी. के. पब्लिक स्कूल, माल रोड, नई दिल्ली

सूचना

दिनांक 08 अप्रैल, 20XX

फुटबॉल टीम में सम्मिलित होने के लिए

विद्यालय के सभी विद्यार्थियों को सूचित किया जाता है कि दिनांक 20 नवम्बर, 20XX को विद्यालय की फुटबॉल टीम में सम्मिलित होने वाले खिलाड़ियों का चयन किया जाएगा। जिन्हें फुटबॉल खेलना पसंद है वे सभी खिलाड़ी अपने खेल के शिक्षक से मिले विद्यालय के खेल के मैदान में एक फुटबॉल प्रतियोगिता का आयोजन किया जाएगा। उनमें से चयनित खिलाड़ियों को अंतर विद्यालयी फुटबॉल प्रतियोगिता के लिए भेजा जाएगा। इच्छुक खिलाड़ी आगामी बुधवार तक प्रधानाचार्य कार्यालय में संपर्क करें।

अशोक त्रिपाठी

(प्रधानाध्यापक)

योग दिवस पर लगभग 60 शब्दों में विज्ञापन लिखिए। (3)

अथवा

किसी फुटवियर्स कंपनी का 60 शब्दों में विज्ञापन लिखिए।

(उत्तर)

योग

अंतर्राष्ट्रीय योग दिवस 21 जून

दुनिया को खुशहाल बनाएँ, चलो सभी योग अपनाएँ

आओ मिलकर योग करें

योग विश्व का नारा है, भविष्य अब हमारा है

योग के लाभ

- ✓ एकाग्रता व ध्यान में सुधार
- ✓ शारीरिक व मानसिक रूप से स्वस्थ
- ✓ जीवन को खुशहाल और स्वस्थ बनाए
- ✓ बीमारियों को दूर भगाए
- ✓ आलस्य को दूर भगाए, स्फूर्ति बढ़ाने में सहायक
- ✓ मोटापा व वजन कम करने में सहायक

स्वास्थ्य मंत्रालय द्वारा जनहित में जारी

अथवा

राघव फुटवियर्स

विशेष छूट

पेश करते हैं हर उम्र के अनुसार फुटवियर्स

₹ 3000 से अधिक खरीद पर 5% की छूट

विशेष आकर्षण

✓ बड़े, बच्चे, बूढ़े सभी के लिए आरामदायक फुटवियर्स
✓ सभी कंपनिया के फुटवियर्स उपलब्ध
✓ आरामदायक और सस्ते फुटवियर्स
✓ आकर्षक रंगों व विभिन्न डिजाइनों में उपलब्ध
✓ शादी व पार्टी वियर फुटवियर भी उपलब्ध
✓ डॉक्टर सोल के चप्पल व सैंडिल उपलब्ध
✓ हस्तनिर्मित जूतियाँ उपलब्ध

जल्दी करें ऑफर सीमित है।

पता– दुकान नं. 15, पहला तल, मकबरा चौक, दिल्ली। फोन नं. 011–9833486XXX

'अभिमान विनाश का कारण है' इस उक्ति को आधार बनाकर लगभग 100-120 शब्दों में एक लघु कथा लिखिए। (5)

अथवा

रेल में यात्रा करते समय आपका सामान चोरी हो गया था। खोए हुए सामान की जानकारी देते हुए सुरक्षा आयुक्त, मंडल कार्यालय नई दिल्ली को ई-मेल लिखिए।

उत्तर

उक्ति का अर्थ 'अभिमान विनाश का कारण है' इस उक्ति का अर्थ है कि घमंड अथवा अहंकार व्यक्ति को विनाश की ओर ले जाता है। अभिमान विनाश का कारण होता है, यह बिलकुल सटीक कथन है। महाभारत, रामायण आदि धार्मिक ग्रंथों में इस तथ्य को उजागर किया गया है। रावण ज्ञानी और शक्तिशाली होते हुए भी अपने अभिमान, अहंकार के कारण अजेय रहा। रावण का अहं उसके पतन का कारण बना। ऐसी ही एक कथा यहाँ प्रस्तुत है।

कथा एक नगर में दो अत्यंत धनवान व्यक्ति रहते थे। दोनों में अच्छी मित्रता थी। पहले व्यक्ति का स्वभाव विनम्र था, वह विनम्रतापूर्वक सबकी सहायता करने के लिए हमेशा तत्पर रहता था। वहीं दूसरा व्यक्ति धनी होने के कारण अभिमानी था। अभिमानी व्यक्ति किसी की सहायता नहीं करता था, उसे अपने धन का घमंड था। एक बार दोनों कहीं से आ रहे थे कि अचानक अभिमानी व्यक्ति की साँप के काटने से तबीयत बिगड़ने लगी। वह दर्द से कराह रहा था। साँप का ज़हर उसके शरीर में फैलता जा रहा था, तभी वहाँ से गुजरते हुए एक गरीब किसान ने उसकी आवाज़ सुनी पास जाकर उस अभिमानी व्यक्ति की बिगड़ती हालत को देखा। किसान विनम्र व्यक्ति से बोला कि वे इसी समय उसके साथ पास ही बनी उसकी झोंपड़ी में चलें, उसके पिताजी शरीर से साँप का विष निकालना जानते हैं। परंतु अभिमानी व्यक्ति ने गरीब किसान के घर जाने से इंकार कर दिया। उसने किसान से उसके पिता को वहीं लाने के लिए कहा। किसान तथा विनम्र व्यक्ति ने उसे बहुत समझाया कि गरीब किसान के पिता के यहाँ आने तक बहुत समय नष्ट हो जाएगा, परंतु वह नहीं माना तथा अंत में अपने प्राणों से हाथ धो बैठा।

सीख वस्तुतः यह कथा हमें संदेश देती है कि जो लोग घमंड और अहंकार में रहते हैं, उनका सर्वथा सर्वनाश होता है।

अथवा

To:	suraksha aayukt @gmail.com

Subject: **विषय–खोए हुए सामान के संबंध मे।**

Insert: Attachments   Office docs   Photos •   From Bing •   Emoticons

Tahoma   •   10   •   **B** *I* U

सेवा मे

सुरक्षा आयुक्त

मंडल कार्यालय

नई दिल्ली।

महोदय

निवेदन यह है कि कल आगरा से नई दिल्ली आते समय ताज एक्सप्रेस में मेरा सूटकेस चोरी हो गया है। मथुरा स्टेशन के बाद चोरी की यह घटना घटी। उस समय मैं अगले कोच में मित्र से मिलने चला गया था। काले रंग के इस वी.आई. पी. सूटकेस में मेरा पहचान–पत्र, डायरी, पाँच हजार रुपए नकद तथा कुछ अन्य आवश्यक कागज़ात थे। आपसे प्रार्थना है कि इस खोए सूटकेस की सूचना दर्ज कर इसे वापस दिलाने में मेरी मदद करें और सूटकेस मिलते ही नीचे दिए गए पते पर सूचित करने का कष्ट करें।

धन्यवाद

भवदीय

कमल शर्मा

ए. 7/312

सेक्टर 9. इंदिरापुरम

दिल्ली।

05 मई, 20XX

Send   Discard

प्रतिदर्श प्रश्न-पत्र 2

CBSE कक्षा 10 की बोर्ड परीक्षा के लिए नमूना प्रश्न-पत्र

हिंदी 'ब'

निर्देश
1. इस प्रश्न-पत्र में दो खंड हैं–'अ' और 'ब'।
2. खंड 'अ' में कुल 45 वस्तुपरक प्रश्न पूछे जाएँगे, जिनमें से केवल 40 प्रश्नों के ही उत्तर देने होंगे।
3. खंड 'ब' में कुल 8 वर्णनात्मक प्रश्न पूछे गए हैं। प्रश्नों में आंतरिक विकल्प दिए गए हैं।

समय : 3 घंटे   *पूर्णांक : 80*

खंड 'अ' *वस्तुपरक प्रश्न (40 अंक)*

1. नीचे एक गद्यांश दिया गया है। गद्यांश को ध्यानपूर्वक पढ़िए और उस पर आधारित प्रश्नों के उत्तर दीजिए।   (5 × 1 = 5)

राष्ट्रीयता का भाषा और साहित्य के साथ बहुत ही घनिष्ठ संबंध है। ऐसा होना स्वाभाविक है, क्योंकि राष्ट्रीयता और जातीयता के अंगों में सबसे अधिक आवश्यक अंग एकता है और वह एकता किसी विषय विशेष में नहीं है। एकता जितनी व्यापक होगी, उतनी ही राष्ट्रीयता स्थिर होगी और वह शक्तिशाली होगी। भावों की एकता सब प्रकार की एकताओं का मूल है। भावों की एकता तभी हो सकती है, जब वे विभिन्न व्यक्ति, जिनके द्वारा राष्ट्रीयता का निर्माण होता है, अपने भावों को किसी दूसरे पर व्यक्त कर सकें। इस महान् कार्य के लिए एक भाषा की अत्यंत आवश्यकता है।

साहित्य मानव जाति के उच्च-से-उच्च तथा सुंदर-से-सुंदर विचारों और भावों का वह गुच्छा है, जिसकी बाहरी सुंदरता तथा भीतरी सुगंध दोनों ही मन को मोह लेते हैं। कोई जाति तब तक बड़ी नहीं हो सकती, जब तक कि उसके भाव तथा विचार उन्नत न हों। जाति और राष्ट्र के उत्थान के साथ-साथ उस जाति या राष्ट्र के साहित्य की उन्नति भी होती है। इस प्रकार साहित्य की अवनति उस जाति के पतन का अटल और अटूट प्रमाण है। भारत के इतिहास को लीजिए। महाभारत, रामायण तथा उपनिषद् अवश्य ही ऐसे समय में लिखे गए थे, जब यह देश बहुत उन्नत था। यह कल्पना असंभव नहीं तो दुष्कर अवश्य है कि ऐसे ग्रंथ किसी असभ्य, बर्बर जाति के आचार्यों द्वारा लिखे गए हों। जब बौद्धों का राज्य भारत के एक छोर से दूसरे छोर तक फैल गया और उनका प्रभुत्व तथा गौरव भारतवर्ष के बाहर भी फैल गया, तो पालि-साहित्य की उन्नति भी उस साम्राज्य की उन्नति के साथ-साथ होती गई।

(क) निम्नलिखित में से प्रस्तुत गद्यांश का सर्वाधिक उपयुक्त शीर्षक क्या होगा?   (1)
   (i) साहित्य का इतिहास   *(ii)* साहित्य और मानव
   (iii) साहित्य एवं राष्ट्रीयता   *(iv)* साहित्य का महत्त्व

(ख) राष्ट्रीयता में स्थिरता तथा शक्ति का समावेश कब होता है?   (1)
   (i) एकता की व्यापकता से   *(ii)* साहित्य की उदारता से
   (iii) विचारों की भिन्नता से   *(iv)* मौलिक स्वतंत्रता से

(ग) गद्यांश के आधार पर बताइए कि किसी जाति द्वारा विशाल रूप ग्रहण करने के लिए क्या आवश्यक है? (1)
- (i) जाति विशेषज्ञ के लोगों से संपर्क बनाना
- (ii) राष्ट्र निर्माण में सहयोगी होना
- (iii) भावों और विचारों का श्रेष्ठ होना
- (iv) भावों की एकता होना

(घ) गद्यांश के अनुसार जाति अथवा राष्ट्र की उन्नति किस प्रकार संभव है? (1)
- (i) साहित्यिक उन्नति द्वारा
- (ii) एकांकी विकास द्वारा
- (iii) सर्वाधिक प्रचार-प्रसार द्वारा
- (iv) उच्च विचारों द्वारा

(ङ) राष्ट्रीयता और जातीयता के अवयवों में सबसे महत्त्वपूर्ण अवयव किसे माना जाता है? (1)
- (i) विचारों को
- (ii) एकता को
- (iii) साहित्य को
- (iv) भाषा को

2. *नीचे एक गद्यांश दिया गया है। गद्यांश को ध्यानपूर्वक पढ़िए और उस पर आधारित प्रश्नों के उत्तर दीजिए।* (1×5 = 5)

आज की दुनिया ऐसे दो पागल हाथियों-सी हो रही है, जो लड़ते हुए दलदल में उत्तरोत्तर धँसते जा रहे हैं। आखिर इसका प्रतिफल क्या होगा? बच्चे जब आपस में लड़ते हैं, पटाखे चलाते हैं, तब सयाने लोग उपदेश देते हैं, 'देखो बच्चों, यह ठीक नहीं।' पर जब ये प्रौढ़ दुधमुँहे बमों के पटाखे छोड़ने पर आमादा हो जाते हैं, तब इन्हें कौन समझाए? सभ्यता के विकास के साथ दंद-फंद और कूट चातुरी का जितना विकास हुआ है, उतना विकास मनुष्य और मनुष्यता का नहीं हुआ है, बल्कि ये कम हुए हैं। आज तो आदमी दुनिया बदलने की बात करता है, पर उसे मरघट में बदल देता है। यहाँ सप्राण युगांतर कहीं नहीं दिखता। मरघटों के पुजारी पूज्य बने हुए हैं। जो जितना मारक व विध्वंसक है, वह उतना ही महान् है, पूज्य है। ऐसे महानुभाव भी अपने को जनवादी, जनतंत्रवादी और सत्यवादी कहते हैं, पर दीपक तले अंधेरा है। विडंबना यह है कि ये कोई जन-कल्याण नहीं चाहते हैं। ये सत्ता और सिंहासन के भूखे हैं। जनता भाड़ में जाए। उसे सब्ज़बाग दिखाते रहो, यही राजनीति का राज है। पर यह सब विषभरा कनक-घट जैसा है। जब तक अपविज्ञान के बदले सद्विज्ञान का विकास नहीं होता तब तक भद्र बर्बरता से मनुष्यता की मुक्ति संभव नहीं है।

(क) निम्नलिखित में से प्रस्तुत गद्यांश का सर्वाधिक उपयुक्त शीर्षक क्या होगा? (1)
- (i) सभ्यता की राजनीति
- (ii) विज्ञान के विनाशक कदम
- (iii) मनुष्य जीवन की विडंबना
- (iv) राजनीति के कदम

(ख) ''आज की दुनिया दो पागल हाथियों-सी हो गई है'' पंक्ति का क्या आशय है? (1)
- (i) लोग दिखावटी लड़ाई लड़ते हैं
- (ii) लोग अपनी ताकत का प्रदर्शन करने में लगे हैं
- (iii) लोग परिणाम की चिंता में डूबे हैं
- (iv) अकारण ही दूसरे को नीचा दिखाते हैं

(ग) सभ्यता का विकास अपने साथ कौन-सा दुष्परिणाम लेकर आया है? (1)
- (i) जनतंत्र की समाप्ति
- (ii) वर्ग संघर्ष को बढ़ावा
- (iii) मानवता का ह्रास
- (iv) विध्वंसक शस्त्र का निर्माण

(घ) आज की राजनीति के विषय में गद्यांश में किस सत्य को उजागर किया गया है? (1)
- (i) व्यक्ति का विकास करती है
- (ii) अवसरवादिता पर टिकी है
- (iii) जनता से झूठे वादे कर बहलाती है
- (iv) व्यक्ति-व्यक्ति में फूट डालने का कार्य करती है

(ङ) वर्तमान समय में किसी को बड़ा मानने का क्या पैमाना माना जाता है? (1)
- (i) दूसरों को आगे बढ़ने की प्रेरणा देना
- (ii) दूसरों को नष्ट कर सकने की क्षमता रखना
- (iii) किसी को कटु बात कहने की शक्ति होना
- (iv) किसी का भी अपमान कर सकने की हिम्मत होना

व्यावहारिक व्याकरण

3. *निम्नलिखित पाँच प्रश्नों में से किन्हीं चार प्रश्नों के उत्तर दीजिए।* (1×4 = 4)

(क) उस घर के कोने में बैठा हुआ आदमी जासूस है— वाक्य में रेखांकित पदबंध है (1)
- (i) विशेषण पदबंध
- (ii) संज्ञा पदबंध
- (iii) सर्वनाम पदबंध
- (iv) क्रिया पदबंध

(ख) मैंने रंजना की आधी रात तक प्रतीक्षा की—रेखांकित वाक्य में पद है (1)

(i) संज्ञा पद *(ii)* क्रिया विशेषण पद
(iii) विशेषण पद *(iv)* सर्वनाम पद

(ग) अब दरवाजा खोला जा सकता है— वाक्य में रेखांकित पदबंध है (1)

(i) क्रिया पदबंध *(ii)* विशेषण पदबंध
(iii) संज्ञा पदबंध *(iv)* सर्वनाम पदबंध

(घ) बच्चे बगीचे में खेल रहे हैं-वाक्य में रेखांकित पदबंध है (1)

(i) संज्ञा पदबंध *(ii)* सर्वनाम पदबंध
(iii) क्रिया पदबंध *(iv)* विशेषण पदबंध

(ङ) हरे रंग की चूड़ी मेज पर रखी है -वाक्य में रेखांकित पदबंध है (1)

(i) क्रिया पद *(ii)* विशेषण पद
(iii) संज्ञा पद *(iv)* सर्वनाम पद

4. *निम्नलिखित पाँच प्रश्नों में से किन्हीं चार प्रश्नों के उत्तर दीजिए।* (1×4 = 4)

(क) लीला गिटार लाकर बजाने लगी, का संयुक्त वाक्य बनेगा (1)

(i) लीला जैसे ही गिटार लाई वैसे ही उसे बजाने लगी *(ii)* लीला गिटार लाई और उसे बजाने लगी
(iii) लीला जो गिटार लाई, उसे बजाने लगी *(iv)* लीला गिटार इसलिए लाई, ताकि उसे बजा सके

(ख) निम्नलिखित में मिश्र वाक्य है (1)

(i) यह लड़का इसलिए गाँव गया ताकि बीमार हो जाए *(ii)* यह लड़का गाँव गया और बीमार हो गया
(iii) लड़के का बीमार होने का कारण गाँव जाना था *(iv)* जब यह लड़का गाँव गया तब बीमार हो गया

(ग) निम्नलिखित में सरल वाक्य है (1)

(i) चार दिन मेरा पेट खराब रहा, क्योंकि बाहर खाया
(ii) मैंने चार दिन घर से बाहर खाकर अपना पेट खराब कर लिया
(iii) मेरा पेट खराब हो गया घर से बाहर का खाकर
(iv) घर से बाहर चार दिन खाकर मेरा पेट खराब हो गया

(घ) हवा तेज चलने के कारण पत्ते उड़ गए—वाक्य रचना की दृष्टि से है (1)

(i) मिश्र वाक्य *(ii)* संयुक्त वाक्य
(iii) सरल वाक्य *(iv)* विधानवाचक वाक्य

(ङ) निम्नलिखित में संयुक्त वाक्य है? (1)

(i) माताजी मार्किट नहीं गई, क्योंकि उनकी तबीयत खराब है
(ii) अंकित ने पेंसिल माँगी और वह उसे मिल गई
(iii) मेहनत न करने के कारण वह रह गया
(iv) वामीरो सचेत होकर घर की ओर दौड़ गई

5. *निम्नलिखित पाँच प्रश्नों में से किन्हीं चार प्रश्नों के उत्तर दीजिए।* (1×4 = 4)

(क) 'मरणासन्न' शब्द में कौन-सा समास है? (1)

(i) कर्मधारय समास *(ii)* बहुव्रीहि समास
(iii) तत्पुरुष समास *(iv)* अव्ययीभाव समास

(ख) 'चौराहा' शब्द का सही समास विग्रह क्या होगा? (1)

(i) चार राहों वाला-तत्पुरुष समास *(ii)* चार राहों का समाहार-द्विगु समास
(iii) चार हैं जो राहें-कर्मधारय समास *(iv)* राहों में चार है जो-द्वंद्व समास

(ग) 'स्वर्गनरक' समस्त पद का विग्रह होगा (1)

(i) नरक अथवा स्वर्ग
(ii) स्वर्ग और नरक
(iii) स्वर्गरूपी नरक
(iv) स्वर्ग है जो नरक

(घ) 'दिन की चर्या' का समस्त पद क्या होगा (1)

(i) दिनचरा
(ii) दीनचर्या
(iii) दिनचारा
(iv) दिनचर्या

(ङ) 'शोकमग्न' शब्द में कौन-सा समास है? (1)

(i) तत्पुरुष समास
(ii) अव्ययीभाव समास
(iii) कर्मधारय समास
(iv) द्विगु समास

6. *निम्नलिखित छः प्रश्नों में से किन्हीं चार प्रश्नों के उत्तर दीजिए।* (1×4 = 4)

(क) गाँधीजी में देश-सेवा की भावना ········ थी। रिक्त स्थान की पूर्ति सटीक मुहावरे से कीजिए। (1)

(i) जान से प्यारी
(ii) कूट-कूट कर भरी
(iii) ईंट से ईंट बजाना
(iv) गीदड़ भभकी

(ख) मुठभेड़ में सेना के जवानों ने आतंकवादियों का ··········· दिया। रिक्त स्थान की पूर्ति सटीक मुहावरे से कीजिए। (1)

(i) आड़े हाथों लेना
(ii) तिल का पहाड़ बनाना
(iii) तीन-पाँच करना
(iv) काम तमाम करना

(ग) दोषी व्यक्ति के बाइज़्ज़त बरी होने पर सब ··········· गए। उपयुक्त मुहावरे से रिक्त सथान की पूर्ति कीजिए। (1)

(i) नाको चने चबाना
(ii) पीठ में छुरा घोंपना
(iii) हक्का बक्का रहना
(iv) दुम दबाकर भागना

(घ) धन के अभाव में व्यक्ति की इच्छाएँ ··········· जाती हैं। रिक्त स्थान की पूर्ति सटीक मुहावरे से कीजिए। (1)

(i) मन-ही-मन में रह जाना
(ii) रातों की नींद हराम होना
(iii) वश में रहना
(iv) हाथ-पाँव फूलना

(ङ) रोहित पर अमीर बनने का ··········· था। रिक्त स्थान की पूर्ति सटीक मुहावरे से कीजिए। (1)

(i) भूत सवार होना
(ii) शान में बट्टा लगना
(iii) सिक्का जमाना
(iv) पगड़ी रखना

(च) मेरे लिए अपने माता-पिता का आदेश ··········· है। रिक्त स्थान की पूर्ति सटीक मुहावरे से कीजिए। (1)

(i) मुँह की खाना
(ii) मीन मेख निकालना
(iii) सिर आँखों पर रखना
(iv) जली-कटी सुनाना

पाठ्य-पुस्तक

7. *निम्नलिखित पद्यांश को पढ़कर प्रश्नों के सर्वाधिक उपयुक्त विकल्पों का चयन कीजिए।* (1×5 = 5)

रहो न भूल के कभी मदांध तुच्छ वित्त में,
सनाथ जान आपको करो न गर्व चित्त में।
अनाथ कौन है यहाँ? त्रिलोकनाथ साथ हैं,
दयालु दीनबंधु के बड़े विशाल हाथ हैं।
अतीव भाग्यहीन है अधीर भाव जो करें,
वही मनुष्य है कि जो मनुष्य के लिए मरे।।

(क) प्रस्तुत पद्यांश में कवि ने क्या प्रेरणा दी है? (1)

(i) ईश्वर का स्मरण करने की
(ii) धन के उन्माद में अहंकारी न होने की
(iii) संघर्षों से न घबराने की
(iv) अन्याय के विरुद्ध आवाज उठाने की

(ख) पद्यांश के अनुसार हमें किस बात पर गर्व नहीं करना चाहिए? (1)

(i) हम धनी हैं
(ii) हम सनाथ हैं
(iii) हम अपने आप में पूर्ण हैं
(iv) हम उन्नति के लिए समक्ष हैं

(ग) कवि ने अति भाग्यहीन किसे कहा है? (1)

(i) जो डरता रहता है
(ii) जो मदांध है
(iii) जो धैर्य नहीं रखता
(iv) जो उच्चता का भाव रखता है

(घ) पद्यांश के आधार पर बताइए कि यहाँ कोई अनाथ क्यों नहीं है? (1)

(i) क्योंकि समाज सबका ध्यान रखता है
(ii) क्योंकि सबको परिवार का सहारा है
(iii) क्योंकि ईश्वर सबके साथ है
(iv) क्योंकि हमें अपने परिश्रम पर विश्वास है

(ङ) 'दयालु दीनबन्धु के बड़े विशाल हाथ हैं' पंक्ति में कौन-सा अलंकार है (1)

(i) रूपक अलंकार
(ii) अनुप्रास अलंकार
(iii) श्लेष अलंकार
(iv) उत्प्रेक्षा अलंकार

8. *निम्नलिखित प्रश्नों के सही विकल्प चुनकर लिखिए* (1×2 = 2)

(क) 'नत सिर होकर ·············· छिन्-छिन्' इन पंक्तियों में कवि क्या चाहता है? (1)

(i) वह ईश्वर को कभी न भूले
(ii) उसके पास धन–संपदा बनी रहे
(iii) समाज में उसका मान–सम्मान बढ़े
(iv) उसके जीवन में कोई कमी न रहे।

(ख) 'मनुष्यता' कविता के अनुसार मनुष्यता क्या है? (1)

(i) मनुष्य होना
(ii) दूसरों के लिए जीना
(iii) स्वयं के लिए जीना
(iv) किसी की चिंता न करना

9. *निम्नलिखित गद्यांश को पढ़कर प्रश्नों के सर्वाधिक उपयुक्त विकल्पों का चयन कीजिए।* (1×5 = 5)

उसके अफसाने सुन के रॉबिनहुड के कारनामे याद आ जाते हैं। अंग्रेजों के खिलाफ उसके दिल में किस कदर नफरत है। कोई पाँच महीने हुकूमत की होगी। मगर इस पाँच महीने में वो अवध के दरबार को अंग्रेजी असर से बिलकुल पाक कर देने में तकरीबन कामयाब हो गया था।

(क) 'पाक कर देना' से क्या अभिप्राय है (1)

(i) दूर कर देना
(ii) पवित्र कर देना
(iii) अच्छी तरह पका देना
(iv) प्रतिष्ठित कर देना

(ख) प्रस्तुत कथन का वक्ता कौन है? (1)

(i) कर्नल
(ii) लेफ्टीनेंट
(iii) वजीर अली
(iv) सआदत अली

(ग) "उसके कारनामें सुन के रॉबिनहुड के कारनामे याद आ जाते हैं" पंक्ति में 'उसके' शब्द किसके लिए प्रयुक्त हुआ है? (1)

(i) अंग्रेजी सिपाही के लिए
(ii) आसिफद्दौला के लिए
(iii) वजीर अली के लिए
(iv) कर्नल के लिए

(घ) अंग्रेजी शासन की ओर से हफ्तों से डेरा किस कारण डाला गया था? (1)

(i) अंग्रेजों के प्रति डर पैदा करने के लिए
(ii) वजीर अली को गिरफ्तार करने के लिए
(iii) अपनी शक्ति का प्रदर्शन करने के लिए
(iv) मेरठ में युद्ध करने के लिए

(ङ) कर्नल कालिंज ने अपना खेमा कहाँ लगाया था? (1)

(i) अवध में
(ii) नेपाल में
(iii) मेरठ में
(iv) जंगल में

10. *निम्नलिखित प्रश्नों के सही विकल्प चुनकर लिखिए* $(1 \times 2 = 2)$

(क) लेखक बड़े भाई साहब की आँखों से दूर रहने का प्रयास क्यों करता है?   (1)

   (i) स्वछंद जीवन व्यतीत करने के लिए
   (ii) सदा खेलने और मस्ती करने के लिए
   (iii) पढ़ाई करने और उपदेश सुनने से बचने के लिए
   (iv) भाई साहब के टाइम टेबिल का पालन करने के लिए

(ख) मोनूमेंट को पुलिस ने भोर में ही क्यों घेर लिया?   (1)

   (i) ताकि मोनूमेंट को अतिरिक्त सुरक्षा प्रदान कर सके।
   (ii) ताकि कार्यक्रम का आयोजन उचित ढंग से कर सके।
   (iii) ताकि लोगों को शान्तिपूर्ण ढंग से वहाँ व्यवस्थित किया जा सके।
   (iv) ताकि मोनूमेंट के नीचे सभा न हो

खंड {ब} *वर्णनात्मक प्रश्न (40 अंक)*

पाठ्य-पुस्तक एवं पूरक-पुस्तक

11. *निम्नलिखित प्रश्नों में से किन्हीं दो प्रश्नों के उत्तर लगभग 60 शब्दों में लिखिए।* $(3 \times 2 = 6)$

(क) बुजुर्गों द्वारा दी गई सीख भविष्य निर्माण में किस प्रकार सहायक होती है? 'अब कहाँ दूसरों के दुःख से दुःखी होने वाले' पाठ के आधार स्पष्ट कीजिए।

(ख) निकोबार के लोग तताँरा को क्यों पसंद करते थे? 'तताँरा वामीरो कथा' के आधार पर स्पष्ट कीजिए।

(ग) चाय पीने की प्रक्रिया ने लेखक के दिमाग की गति धीमी कैसे कर दी? 'पतझर में टूटी पत्तियाँ' पाठ के आधार पर बताइए।

12. *निम्नलिखित में से किन्हीं दो प्रश्नों के उत्तर लगभग 60 शब्दों में लिखिए।* $(3 \times 2 = 6)$

(क) मनुष्य अपना जीवन किस प्रकार सार्थक कर सकता है? 'मनुष्यता' कविता के आधार पर बताइए।

(ख) ''समय के साथ तोप की स्थिति में बदलाव आ गया'' इस कथन को 'तोप' कविता के आधार पर स्पष्ट कीजिए।

(ग) 'कर चले हम फिदा' कविता में सैनिक को बलिदान के समय भी दुःख का अनुभव क्यों नहीं होता है? कारण सहित स्पष्ट कीजिए।   (3)

13. *निम्नलिखित प्रश्नों में से किन्हीं दो प्रश्नों के उत्तर लगभग 60 शब्दों में लिखिए।* $(3 \times 2 = 6)$

(क) 'टोपी शुक्ला' पाठ के आधार पर टोपी और इफ़्फ़न की दादी के आत्मीय संबंधों को स्पष्ट कीजिए एवं यह भी बताइए कि इससे आपको क्या प्रेरणा मिलती है?

(ख) स्कूल जाने के प्रति लेखक के मन में निराशा के भाव थे, परंतु धीरे-धीरे स्कूल के प्रति उसका आकर्षण बढ़ने लगा, ऐसा कब संभव हुआ? 'सपनों के-से दिन' पाठ के आधार पर उत्तर दीजिए।

(ग) आम आदमी की धर्म के प्रति अंधश्रद्धा को धर्म के ठेकेदार किस रूप में भुनाते हैं? 'हरिहर काका' कहानी में काका किस प्रकार शिकार हुए? स्पष्ट कीजिए।

लेखन

14. *निम्नलिखित में से किसी एक विषय पर दिए गए संकेत बिंदुओं के आधार पर लगभग 100 शब्दों में अनुच्छेद लिखिए।*   (5)

1. मेरे जीवन का लक्ष्य

संकेत बिंदु   जीवन में लक्ष्य की आवश्यकता
              आपका लक्ष्य क्या है?
              लक्ष्य प्राप्ति के लिए प्रयास
              सफल होकर समाज के लिए क्या करोगे?

2. प्राकृतिक आपदा : भूकंप

संकेत बिंदु   भूकंप के कारण
भूकंप के प्रकोप
भूकंप के प्रभाव
भूकंप से बचने के उपाय

3. समाचार-पत्र और भारत

संकेत बिंदु   समाचार-पत्रों का महत्त्व
समाचार-पत्रों की पहुँच
समाचार-पत्रों की संयमित भूमिका
उपसंहार

15. बिजली अधिकारियों का ध्यान बिजली वितरण की अव्यवस्था की ओर आकर्षित करने के लिए प्रमुख दैनिक समाचार-पत्र के संपादक को लगभग 100 शब्दों में एक पत्र लिखिए। (5)

अथवा

मनीऑर्डर खो जाने की शिकायत करते हुए तिलक नगर क्षेत्र, दिल्ली के डाकपाल को लगभग 100 शब्दों में एक पत्र लिखिए।

16. आपकी एक महत्त्वपूर्ण पुस्तक विद्यालय में कहीं खो गई है। उसे लौटाने की अपील करते हुए 80 शब्दों में एक सूचना लिखिए। (4)

अथवा

आप बाल भवन के निदेशक अतुल अग्निहोत्री हैं। ग्रीष्मावकाश में बाल भवन द्वारा आयोजित बाल चित्रकला कार्यशाला के लिए 80 शब्दों में एक सूचना लिखिए।

17. 'साधना स्वयंसेवी संस्था' (NGO) की ओर से एक विज्ञापन 60 शब्दों में लिखिए। (3)

अथवा

'नेत्रदान महादान' विषय को आधार बनाकर 60 शब्दों में विज्ञापन लिखिए।

18. ''चार दिन की चाँदनी फिर अँधेरी रात'' उक्ति को आधार बनाकर लगभग 100 शब्दों में एक लघु कथा लिखिए। (5)

अथवा

लाइब्रेरियन के पद की नौकरी के लिए कार्यालय प्रमुख को ई-मेल लिखिए।

उत्तर

1. *(क) (iii)* साहित्य एवं राष्ट्रीयता *(ख) (i)* एकता की व्यापकता से
(ग) (iii) भावों और विचारों का श्रेष्ठ होना *(घ) (i)* साहित्यिक उन्नति द्वारा
(ङ) (ii) एकता को

2. *(क) (iii)* मनुष्य जीवन की विडंबना *(ख) (ii)* लोग अपनी ताकत का प्रदर्शन करने में लगे हैं
(ग) (iv) विध्वंसक शस्त्र का निर्माण *(घ) (iii)* जनता से झूठे वादे कर बहलाती है
(ङ) (ii) दूसरों को नष्ट कर सकने की क्षमता रखना

3. *(क) (i)* विशेषण पदबंध *(ख) (iv)* सर्वनाम पद
(ग) (i) क्रिया पदबंध *(घ) (i)* संज्ञा पदपंध
(ङ) (i) क्रिया पद

4. *(क) (ii)* लीला गिटार लाई और उसे बजाने लगी *(ख) (i)* यह लड़का इसलिए गाँव गया ताकि बीमार हो जाए
(ग) (iv) घर से बाहर चार दिन खाकर मेरा पेट खराब हो गया *(घ) (iii)* सरल वाक्य
(ङ) (ii) अंकित ने पेंसिल माँगी और वह उसे मिल गई।

5. *(क) (iii)* तत्पुरुष समास *(ख) (ii)* चार राहों का समाहार-द्विगु समास
(ग) (ii) स्वर्ग और नरक *(घ) (iv)* दिनचर्या
(ङ) (i) तत्पुरुष समास

6. *(क) (ii)* कूट-कूट कर भरी *(ख) (iv)* काम तमाम करना
(ग) (iii) हक्का-बक्का रहना *(घ) (i)* मन-ही-मन में रह जाना
(ङ) (i) भूत सवार होना
(च) (iii) सिर आँखों पर रखना।

7. *(क) (ii)* धन के उन्माद में अहंकारी न होने की *(ख) (ii)* हम सनाथ हैं
(ग) (iii) जो धैर्य नहीं रखता *(घ) (iii)* क्योंकि ईश्वर सबके साथ है

8. *(क) (iv)* उसे अत्याधिक स्वेद, कंपन एवं अश्रुपात हो रहा है *(ख) (ii)* दूसरों के लिए जीना।

9. *(क) (ii)* पवित्र कर देना *(ख) (i)* कर्नल
(ग) (iii) वजीर अली के लिए *(घ) (ii)* वजीर अली को गिरफ्तार करने के लिए
(ङ) (i) अवध में

10. *(क) (iii)* पढ़ाई करने और उपदेश सुनने से बचने के लिए *(ख) (iv)* ताकि मोनूमेंट के नीचे सभा न हो

प्रतिदर्श प्रश्न-पत्र 3

CBSE कक्षा 10 की बोर्ड परीक्षा के लिए नमूना प्रश्न-पत्र

हिंदी 'ब'

निर्देश
1. इस प्रश्न-पत्र में दो खंड हैं–'अ' और 'ब'।
2. खंड 'अ' में कुल 45 वस्तुपरक प्रश्न पूछे जाएँगे, जिनमें से केवल 40 प्रश्नों के ही उत्तर देने होंगे।
3. खंड 'ब' में कुल 8 वर्णनात्मक प्रश्न पूछे गए हैं। प्रश्नों में आंतरिक विकल्प दिए गए हैं।

समय : 3 घंटे   *पूर्णांक : 80*

खंड {अ} वस्तुपरक प्रश्न (40 अंक)

अपठित गद्यांश

1. नीचे एक गद्यांश दिया गया है। गद्यांश को ध्यानपूर्वक पढ़िए और उस पर आधारित प्रश्नों के उत्तर दीजिए।   (1×5 = 5)

स्वयं की तुलना किसी और से तथा किसी और की तुलना अन्य किसी से करना मानव व्यवहार का सामान्य लक्षण है। इसे लेकर दो प्रकार के पक्ष हैं। पहला पक्ष तुलना करने को ठीक मानता है, जबकि दूसरा पक्ष किसी भी प्रकार की तुलना को उचित नहीं मानता है। दोनों के अपने-अपने तर्क हैं। वैसे तो तुलना करना खराब आदत नहीं है। यह जीवन में प्रतिस्पर्द्धा बढ़ाती है जो प्रगति के लिए आवश्यक है। तुलना प्रेरणा का स्रोत भी है। अपने से बेहतर चीजों को देखकर लोग स्वयं में सुधार करने का प्रयत्न करते हैं। पढ़ाई और खेल में तुलना प्रतिस्पर्द्धा की भावना को बढ़ाती है। नौकरी और व्यवसाय में भी आस-पास के लोगों को देखकर इंसान प्रगति की ओर उन्मुख होता है। कभी-कभी अपने स्वास्थ्य को लेकर की गई तुलना इरादों को मजबूत ही बनाती है और बेहतर स्वास्थ्य वाले लोगों को देखकर इंसान स्वयं को ठीक करने में लग जाता है। किसी बीमारी से उबरने के लिए भी ऐसे लोगों के उदाहरण उपयोगी होते हैं, जिन्होंने किसी बीमारी से लड़ने में सफलता प्राप्त की हो। किसी खराब आदत को छोड़ने के लिए भी हम ऐसे लोगों से प्रेरित हो जाते हैं, जिन्होंने मिसाल कायम की होती है। फर्क इस बात से पड़ता है कि तुलना का उद्देश्य क्या है? यदि उद्देश्य सुधार है तो तुलना में कोई हर्ज नहीं है। तुलना से हानि का संबंध मनुष्य के हौसले को लेकर है। कमजोर हौसला रखने वाले तुलना से हतोत्साहित भी हो सकते हैं। अपने से बेहतर स्थितियाँ किसी को ऊर्जा प्रदान करती हैं तो किसी को हीनता। आवश्यक नहीं कि हर इंसान प्रतियोगिता के माहौल में सहज ही महसूस करे। कोई व्यक्ति अपने से बेहतर लोगों के बीच रहकर उनसे कुछ सीखता है, तो कोई अपने से निम्नतर के बीच रहकर खुश रहता है, इसलिए तुलना का असर व्यक्ति पर निर्भर करता है।

तुलना केवल उन्हीं के लिए ठीक है, जो उससे प्रेरित होते हैं। जिनके जीवन की शांति इससे भंग होती है, उन्हें इधर-उधर की तुलना से बचना ही चाहिए।

(क) तुलना को खराब आदत न मानने का क्या कारण है?   (1)
　　(i) जीवन में प्रतिस्पर्द्धा बढ़ाना, जो प्रगति के लिए आवश्यक है
　　(ii) तुलना से व्यक्ति में सामान्य भावनाओं का प्रसार होता है

(iii) तुलना जीवन को नीरस बना देती है, व्यक्ति को निराश करती है
(iv) तुलना करने से व्यक्ति सदैव सकारात्मक रहता है

(ख) तुलना के विषय में लोगों के कितने प्रकार के मत हैं? (1)
(i) दो (ii) चार (iii) तीन (iv) केवल एक

(ग) पढ़ाई और खेल के क्षेत्र में तुलना किस प्रकार की भावना को बढ़ाती है? (1)
(i) इंसानियत की भावना को (ii) प्रतिस्पर्द्धा की भावना को
(iii) घृणा की भावना को (iv) असंतुष्टि की भावना को

(घ) किस प्रकार की तुलना में कोई हर्ज नहीं होता है? (1)
(i) जिसका उद्देश्य दूसरों को नीचा दिखाना है (ii) जिसका उद्देश्य केवल स्वयं का विकास करना है
(iii) जिसका उद्देश्य सुधार करना है (iv) जिसका उद्देश्य हीनता का प्रसार करना है

(ङ) निम्नलिखित में से प्रस्तुत गद्यांश का सर्वाधिक उपयुक्त शीर्षक क्या होगा? (1)
(i) तुलना के सकारात्मक एवं नकारात्मक पक्ष (ii) तुलना व्यक्तित्व विकास में सहायक
(iii) तुलना का प्रभाव (iv) मानव जीवन में तुलना का महत्त्व

2. *नीचे एक गद्यांश दिया गया है। गद्यांश को ध्यानपूर्वक पढ़िए और उस पर आधारित प्रश्नों के उत्तर दीजिए।* (1×5 = 5)

व्याख्या रहित

इलेक्ट्रॉनिक क्रांति ने हमारे जीवन को सुख-सुविधाओं से परिपूर्ण कर दिया है। विभिन्न इलेक्ट्रॉनिक आविष्कारों के माध्यम से संचार-तंत्र को विस्तार एवं व्यावसायिक गतिविधियों को प्रोत्साहन मिलने के साथ-साथ रोजगार के अवसर भी बढ़े हैं। कंप्यूटर, रेफ्रिजरेटर, एयर कंडीशन, सेलुलर फोन, वॉशिंग मशीन, कैमरा आदि इलेक्ट्रॉनिक उपकरणों के निर्माण ने मानव सभ्यता को नया आयाम दिया है, पर आज बड़ी संख्या में खराब होने वाली इन्हीं इलेक्ट्रॉनिक वस्तुओं के अंबार ने ई-कचरे के रूप में एक नई पर्यावरणीय समस्या को जन्म दिया है। ई-कचरे से तात्पर्य उन बेकार पड़े इलेक्ट्रॉनिक उपकरणों से है, जो अपने मूल उपयोग के उद्देश्य के लिए उपयुक्त नहीं रह जाते। ई-कचरे को ई-अपशिष्ट भी कहा जाता है। काफी मात्रा में भारी धातुएँ एवं अन्य प्रदूषित पदार्थों के विद्यमान रहने के कारण ई-अपशिष्ट के रूप में बेकार पड़े इलेक्ट्रॉनिक उपकरण अन्य व्यर्थ घरेलू उपकरणों की अपेक्षा मानव स्वास्थ्य एवं पर्यावरण के लिए कहीं अधिक नुकसानदेह होते हैं। इलेक्ट्रॉनिक वस्तुओं में उपयोग आने वाले अधिकतर अवयवों में बायोडिग्रेडेबल होने की विशेषता नहीं पाई जाती है और न तो इसमें मिट्टी में घुल-मिल जाने का ही गुण होता है। भारत सहित अन्य एशियाई देशों में पश्चिमी देशों की तुलना में ई-कचरे के निस्तारण में काफी कम खर्च आता है। भारत में ई-कचरे का निपटान प्राय: अनौपचारिक पुनर्चक्रण केंद्रों में होता है, जहाँ पुन: उपयोग हेतु इन्हें अलग-अलग किया जाता है, फिर मूल्यवान धातुओं को चुनकर साफ करने के पश्चात् इन्हें अकुशल व विषाक्त उत्पाद व्यवस्था में नष्ट करने की प्रक्रिया से गुजारते हैं। ई-कचरे की समस्या को कम करने एवं इसके दुष्प्रभाव से बचने हेतु ग्रीन पीसी की अवधारणा पर बल दिया जाना चाहिए। ऐसे उत्पादित कम्प्यूटरों में बिजली खपत कम होगी, साथ ही ये पर्यावरण को उतना नुकसान भी नहीं करते। देश में ई-कचरे को कम करने के लिए कानून बनाने की आवश्यकता है। यदि सरकार और जनता दोनों जागरूक हो जाएँ, तो भविष्य में ई-कचरे की समस्या से छुटकारा पाया जा सकता है।

(क) निम्नलिखित में से प्रस्तुत गद्यांश का सर्वाधिक उपयुक्त शीर्षक क्या होगा? (1)
(i) इलेक्ट्रॉनिक उपकरणों का विकास (ii) आधुनिक मानव जीवन
(iii) 'ई-कचरे' की समस्या और निवारण (iv) विकास की दिशा में भारत

(ख) गद्यांश के अनुसार, इलेक्ट्रॉनिक वस्तुओं में कौन-सा गुण नहीं होता है? (1)
(i) मनोरंजन का (ii) मिट्टी में घुल जाने का
(iii) सुख-सुविधाएँ प्रदान करने का (iv) इनमें से कोई नहीं

(ग) गद्यांश के आधार पर बताइए कि 'ई-कचरे' को कम करने के लिए क्या आवश्यक है? (1)
(i) इलेक्ट्रॉनिक उपकरणों की कम खपत
(ii) कानून निर्माण
(iii) जैविकीकरण
(iv) पुनर्चक्रण केंद्रों की संख्या बढ़ाना

(घ) हमारे देश में ई-कचरे का निपटान कहाँ किया जाता है? (1)

(i) पुनरावर्तन उद्योगों में (ii) औपचारिक पुनर्चक्रण केंद्रों में
(iii) अनौपचारिक पुनर्चक्रण केंद्रों में (iv) पुनरावर्तन क्षेत्रों में

(ङ) 'ई-कचरे' के दुष्प्रभाव से बचाव हेतु किसकी अवधारणा पर बल दिया जाना चाहिए? (1)

(i) हरित कृषि की (ii) सतत विकास की
(iii) ग्रीन पीसी की (iv) ये सभी

व्यावहारिक व्याकरण

3. *निम्नलिखित पाँच प्रश्नों में से किन्हीं चार प्रश्नों के उत्तर दीजिए।* (1×4 = 4)

(क) जो लड़की पढ़ रही है, वह बुद्धिमान है- रेखांकित में पद है (1)

(i) संज्ञा पद (ii) विशेषण पद (iii) सर्वनाम पद (iv) क्रिया पद

(ख) सरिता सप्ताह के अंत तक आ जाएगी- वाक्य में क्रिया-पदबंध है (1)

(i) सरिता (ii) सप्ताह के (iii) अंत तक (iv) आ जाएगी

(ग) कमरे में इधर से उधर तक सामान बिखरा पड़ा है- वाक्य में रेखांकित पदबंध है (1)

(i) विशेषण पदबंध (ii) क्रिया पदबंध (iii) क्रिया विशेषण पदबंध (iv) सर्वनाम पदबंध

(घ) 'जो लड़की चित्र बना रही है, वह अनुज की दीदी है' रेखांकित में कौन-सा पदबंध है? (1)

(i) संज्ञा पदबंध (ii) विशेषण पदबंध (iii) क्रिया पदबंध (iv) सर्वनाम पदबंध

(ङ) 'बालक ने पुस्तक पढ़ी होगी।' वाक्य में क्रिया पदबंध है (1)

(i) बालक (ii) पुस्तक (iii) ने (iv) पढ़ी होगी

4. *निम्नलिखित पाँच प्रश्नों में से किन्हीं चार प्रश्नों के उत्तर दीजिए।* (1×4 = 4)

(क) निम्नलिखित में मिश्र वाक्य है (1)

(i) जो चीजें इस संसार में दिखाई देती हैं, वे सभी नाशवान हैं
(ii) इस संसार में सभी चीजें नाशवान हैं, क्योंकि वे दिखाई देती हैं
(iii) जो दिखाई देने वाली चीजें इस संसार में हैं, नाशवान हैं
(iv) इस संसार में सभी चीजें दिखाई देती हैं, इसलिए नाशवान हैं

(ख) मुझ अकेले को चार गुंडों ने बहुत पीटा का संयुक्त वाक्य होगा (1)

(i) मुझे अकेला पाकर चार गुंडों ने पीटा
(ii) मैं अकेला था, इसलिए चार गुंडों ने मुझे बहुत पीटा
(iii) चार गुंडों ने मुझे बहुत पीटा, क्योंकि मैं अकेला था
(iv) मैं अकेला था और चार गुंडों ने मुझे बहुत पीटा

(ग) निम्नलिखित में सरल वाक्य है (1)

(i) शालिनी जैसे ही आई, वैसे ही मुझसे बात करके सो गई
(ii) शालिनी आते ही मुझसे बात करके सो गई
(iii) शालिनी आई इसलिए मुझसे बात करके सो गई
(iv) मुझसे बात करने के कारण शालिनी आकर सो गई

(घ) बरसात के कारण सड़क पर पानी भर गया का मिश्र वाक्य होगा (1)

(i) बरसात हुई और सड़क पर पानी भर गया
(ii) जो पानी सड़क पर भरा है वह बरसात का है
(iii) जैसे ही बरसात हुई वैसे ही सड़क पर पानी भर गया
(iv) यद्यपि सड़क पर पानी भर गया तथापि बरसात हुई

(ङ) निम्नलिखित में से संयुक्त वाक्य है (1)

(i) मामाजी ने मुझे पढ़ाया ताकि मैं सेना में भर्ती हो सकूँ
(ii) मामाजी ने ज्यों ही मुझे पढ़ाया त्यों ही सेना में भर्ती हो गई
(iii) मामाजी ने मुझे पढ़ाया और सेना में भर्ती कराया
(iv) सेना में भर्ती कराने हेतु मामाजी ने मुझे पढ़ाया।

5. *निम्नलिखित पाँच प्रश्नों में से किन्हीं चार प्रश्नों के उत्तर दीजिए।* (1×4 = 4)

(क) 'मृगलोचन' शब्द में कौन-सा समास है? (1)

(*i*) कर्मधारय समास (*ii*) अव्ययीभाव समास (*iii*) तत्पुरुष समास (*iv*) बहुव्रीहि समास

(ख) 'प्राणप्रिय' में कौन-सा समास है? (1)

(*i*) द्विगु समास (*ii*) द्वंद्व समास (*iii*) बहुव्रीहि समास (*iv*) तत्पुरुष समास

(ग) 'जन्मांध' शब्द के सही समास-विग्रह का चयन कीजिए। (1)

(*i*) जन्म से अंधा-तत्पुरुष समास (*ii*) अंधा है जो जन्म से-कर्मधारय समास
(*iii*) जन्म और अंधा-द्वंद्व समास (*iv*) जन्म के लिए अंधा-तत्पुरुष समास

(घ) 'सप्ताह' समस्त पद का विग्रह है (1)

(*i*) सात सप्ताह (*ii*) सात दिनों का समाहार (*iii*) सप्त है जो दिन (*iv*) दिनों में सात

(ङ) 'जन का आंदोलन' का समस्त पद है (1)

(*i*) जनांदोलन (*ii*) जनदोलन (*iii*) जनंदोलन (*iv*) आंदोलनजन

6. *निम्नलिखित छः प्रश्नों में से किन्हीं चार प्रश्नों के उत्तर दीजिए।* (1×4 = 4)

(क) छात्रों को बदमाशी करते देख अध्यापक ने उन्हें ·········· उपयुक्त मुहावरे से रिक्त स्थान की पूर्ति कीजिए। (1)

(*i*) हाथें-हाथ रखना (*ii*) आड़े हाथ लिया
(*iii*) अंधा बना दिया (*iv*) हृदय से लगा लिया

(ख) आई.ए.एस. की परीक्षा पास करना ·········· के समान है- रिक्त स्थान की पूर्ति सटीक मुहावरे से कीजिए। (1)

(*i*) बाएँ हाथ का खेल (*ii*) आठ-आठ आँसू रोना (*iii*) लोहे के चने चबाना (*iv*) आधी जान सूखना

(ग) छोटे-मोटे काम तो ·········· भी कर लिया करते हैं। रिक्त स्थान की पूर्ति सटीक मुहावरे से कीजिए। (1)

(*i*) ऐरे-गैरे नत्थू खेरे (*ii*) अक्ल के अंधे (*iii*) आस्तीन का साँप (*iv*) कूप मण्डूक

(घ) इस समस्या को हल करने में थोड़ी अक्ल ·········· रिक्त स्थान की पूर्ति उपयुक्त मुहावरे से कीजिए। (1)

(*i*) चरने जाना पड़ेगा (*ii*) खर्च करनी पड़ेगी
(*iii*) के पीछे लट्ठ लिए फिरना पड़ेगा (*iv*) का दुश्मन बनना पड़ेगा

(ङ) राजेंद्र सदा ही ·········· की तरह काम करता रहता है। मुहावरे से रिक्त स्थान की पूर्ति कीजिए। (1)

(*i*) ड़ेढ़ चावल की खिचड़ी (*ii*) तेली के बैल
(*iii*) टेढ़ी खीर (*iv*) तीन-पाँच करना

(च) साहूकार ने किसानों का ·········· लिया है। रिक्त स्थान की पूर्ति उचित मुहावरे द्वारा कीजिए। (1)

(*i*) गुस्सा पी (*ii*) पानी पी
(*iii*) खून पी (*iv*) डंका बजा

7. *निम्नलिखित पद्यांश को पढ़कर प्रश्नों के सर्वाधिक उपयुक्त विकल्पों का चयन कीजिए।* (1×5 = 5)

अनंत अंतरिक्ष में अनंत देव हैं खड़े,
समक्ष ही स्वबाहु जो बढ़ा रहे बड़े-बड़े।
परस्परावलंब से उठो तथा बढ़ो सभी,
अभी अमर्त्य-अंक में अपंक हो चढ़ो सभी।
रहो न यों कि एक से न काम और का सरे,
वही मनुष्य है कि जो मनुष्य के लिए मरे।।

(क) 'परस्परावलंब' से क्या अभिप्राय है? (1)

(*i*) एक-दूसरे का सहयोग लेना (*ii*) एक-दूसरे से शत्रुता करना
(*iii*) एक-दूसरे से छल-कपट करना (*iv*) दूसरे से स्वार्थ सिद्ध करना

(ख) अंतरिक्ष में खड़े देव अपनी बाहु को क्यों बढ़ा रहे हैं? (1)

(i) समृद्धि के लिए (ii) स्वस्थता के लिए (iii) मार्गदर्शन के लिए (iv) मदद के लिए

(ग) कवि मनुष्य को किस प्रकार रहने की सलाह देता है? (1)

(i) हिंसा की भावना से (ii) प्रतिशोध की भावना से
(iii) सहयोग की भावना से (iv) पराधीनता की भावना से

(घ) प्रस्तुत पद्यांश के माध्यम से कवि ने क्या संदेश देना चाहा है? (1)

(i) जीवन की सार्थकता स्वार्थ सिद्धि में है (ii) जीवन की सार्थकता देवों के व्यवहार में है
(iii) जीवन की सार्थकता कुटिल व्यवहार में है (iv) जीवन की सार्थकता परोपकार में है

(ङ) किन गुणों के आधार पर हम जीवन में उत्कृष्टता को प्राप्त कर सकते हैं? (1)

(i) एक-दूसरे के कल्याणार्थ कर्मरत रहने का गुण
(ii) स्वार्थपरकता का गुण
(iii) स्वयं की प्रगति का गुण
(iv) ह्रदयहीनता का गुण

8. *निम्नलिखित प्रश्नों के सही विकल्प का चयन कीजिए।* (1×2 = 2)

(क) कबीर की साखियों के आधार पर बताइए कि निंदक को समीप रखने से क्या लाभ होता है? (1)

(i) हमारा स्वभाव निर्मल हो जाता है
(ii) हम निंदा करना सीख जाते है
(iii) हम निंदक से घृणा करने लगते हैं
(iv) हम बिना कारण ही चिंतित रहने लगते हैं।

(ख) 'आत्मत्राण' कविता में कवि ईश्वर से क्या प्रार्थना कर रहा है? (1)

(i) मुझे मुसीबतों से बचाओं
(ii) मुझ पर कोई मुसीबत न आए
(iii) सभी संकटों से लड़ने की शक्ति प्रदान करो
(iv) मुझे भव-सागर से पा ला दो

9. *निम्नलिखित गद्यांश को पढ़कर प्रश्नों के सर्वाधिक उपयुक्त विकल्पों का चयन कीजिए।* (1×5 = 5)

गाँववालों की उपस्थिति में यह दृश्य उसे अपमानजनक लगा। इस बीच गाँव के कुछ लोग भी वहाँ पहुँच गए। वामीरो की माँ क्रोध में उफन उठी। उसने तताँरा को तरह-तरह से अपमानित किया। गाँव के लोग भी तताँरा के विरोध में आवाजें उठाने लगे। यह तताँरा के लिए असहनीय था। वामीरो अब भी रोए जा रही थी। तताँरा भी गुस्से से भर उठा। उसे जहाँ विवाह की निषेध परंपरा पर क्षोभ था वहीं अपनी असहायता पर खीझ। वामीरो का दु:ख उसे और गहरा कर रहा था। उसे मालूम न था कि क्या कदम उठाना चाहिए? अनायास उसका हाथ तलवार की मूठ पर जा टिका।

(क) वामीरों की माँ क्रोध में क्यों उफन उठी? (1)

(i) गाँव वालों को देखकर
(ii) गाँववालों के सामने वामीरो को अन्य गाँव के युवक के साथ देखकर
(iii) तताँरा से पुरानी रंजिश के कारण
(iv) वामीरो का विवाह न हो पाने के कारण

(ख) "गाँववालों की उपस्थिति में यह दृश्य उसे अपमानजनक लगा" पंक्ति में 'उसे' शब्द किसके लिए प्रयुक्त हुआ है? (1)

(i) तताँरा के लिए (ii) वामीरो के लिए (iii) तताँरा की माँ के लिए (iv) निकोबारी के लिए

(ग) गाँव के लोग तताँरा के विरोध में आवाज क्यों उठाने लगे? (1)

(i) आपसी बेहस के कारण
(ii) तताँरा की समृद्धि के कारण
(iii) वामीरो से प्रेम करने के कारण
(iv) तताँरा की बेरुखी के कारण

(घ) ततााँरा के क्रोधित होने का क्या कारण था? (1)

(i) विवाह की निषेध परंपरा (ii) स्वयं की असहायता पर खीझ
(iii) वामीरो का रोना (iv) ये सभी

(ङ) वामीरो को दुःखी देखकर ततााँरा ने क्या कदम उठाया? (1)

(i) गाँव छोड़कर जाने लगा (ii) अपनी तलवार निकाल ली
(iii) ततााँरा को समझाने लगा (iv) ये सभी

10. *निम्नलिखित प्रश्नों के सही विकल्प का चयन कीजिए।* (1×2 = 2)

(क) छोटे भाई को बड़े भाई द्वारा घर लौटने का परामर्श क्यों दिया जा रहा था? (1)

(i) क्योंकि वह मेहनत नहीं करता है
(ii) क्योंकि उसे खेलना पसंद नहीं है
(iii) क्योंकि वह बड़े भाई जितना समझदार नहीं है
(iv) क्योंकि वह पढ़ने की अपेक्षा खेलकूद में समय बर्बाद करता है।

(ख) 'तीसरी कसम' के लिए दुःखद सत्य किसे कहा गया है? (1)

(i) फिल्म में गीतों का अभाव
(ii) लोकप्रियता की कमी
(iii) जाने-माने फिल्मी सितारों का न होना
(iv) प्रदर्शित करने के लिए वितरक न मिलना

व्याख्या रहित

खंड {ब} *वर्णनात्मक प्रश्न (40 अंक)*

पाठय-पुस्तक एवं पूरक-पुस्तक

11. *निम्नलिखित प्रश्नों में से किन्हीं दो प्रश्नों के उत्तर लगभग 60 शब्दों में लिखिए।* (3×2 = 6)

(क) किन घटनाओं के माध्यम से कवि ने प्रकृति के प्रति पाठकों के मन में प्रेम-भाव उत्पन्न करने का प्रयास किया है? 'अब कहाँ दूसरे के दुःख से दुःखी होने वाले' पाठ के आधार पर स्पष्ट कीजिए। (3)

(ख) जुलूस और प्रदर्शन को रोकने के लिए पुलिस ने क्या-क्या प्रबंध किए थे? 'डायरी का एक पन्ना' पाठ के आधार पर स्पष्ट कीजिए। (3)

(ग) ततााँरा-वामीरो कथा के आधार पर ततााँरा के चरित्र की विशेषताओं पर प्रकाश डालिए। (3)

12. *निम्नलिखित में से किन्हीं दो प्रश्नों के उत्तर लगभग 60 शब्दों में लिखिए।* (3 × 2 = 6)

(क) पर्वतीय प्रदेश में वर्षा के सौंदर्य का वर्णन 'पर्वत प्रदेश में पावस' के आधार पर अपने शब्दों में स्पष्ट कीजिए। (3)

(ख) 'कर चले हम फ़िदा' कविता में कवि ने देशवासियों से क्या अपेक्षाएँ की हैं? क्या हम उन अपेक्षाओं को पूरा कर रहे हैं? तर्क सहित उत्तर दीजिए। (3)

(ग) कंपनी बाग और तोप को विरासत मानकर सुरक्षित रखे जाने का कारण अपने शब्दों में लिखिए। (3)

13. *निम्नलिखित प्रश्नों में से किन्हीं दो प्रश्नों के उत्तर लगभग 60 शब्दों में लिखिए।* (3 × 2 = 6)

(क) "अगली कक्षा में जाने के विचार से बच्चे उत्साहित भी होते थे और उदास भी।" इसमें निहित अर्थ को 'सपनों के-से दिन' पाठ के आधार पर स्पष्ट कीजिए। (3)

(ख) 'हरिहर काका' कहानी समाज के किस कटु सत्य को उजागर करती है तथा इससे पाठकों को क्या शिक्षा मिलती है? अपने विचार व्यक्त कीजिए। (3)

(ग) "टोपी और इफ़्फ़न की दादी अलग-अलग महजब और जाति के थे, पर एक अनजान अटूट रिश्ते से बँधे थे।" इस कथन के आलोक में अपने विचार लिखिए। (3)

लेखन

14. निम्नलिखित में से किसी एक विषय पर दिए गए संकेत बिंदुओं के आधार पर लगभग 100 शब्दों में अनुच्छेद लिखिए। (5)

1. गया समय फिर हाथ नहीं आता

संकेत बिंदु   समय ही जीवन है
                 दुरुपयोग से हानि
                 समय का सदुपयोग
                 उपसंहार

2. मेरे सपनों का भारत

संकेत बिंदु   भारत की प्राचीनतम संस्कृति
                 गौरवशाली अतीत
                 धार्मिक, सामाजिक व सांस्कृतिक एकता का भाव
                 उपसंहार

3. शहरों में यातायात समस्या

संकेत बिंदु   यातायात के विभिन्न साधन
                 थ्री-व्हीलर द्वारा होने वाली असुविधाएँ
                 बस सेवा और नागरिकों को होने वाली असुविधाएँ
                 यातायात समस्या के निदान हेतु समाधान

15. डेंगू और मलेरिया के बढ़ते प्रकोप को देखते हुए चिकित्सालयों में अपर्याप्त चिकित्सा सुविधाओं की ओर ध्यान आकर्षित करने हेतु राज्य के स्वास्थ्य मंत्री को लगभग 100 शब्दों में पत्र लिखिए। (5)

अथवा

दैनिक समाचार-पत्र के संपादक के नाम मिलावटी दूध की बिक्री के संबंध में लगभग 100 शब्दों में पत्र लिखिए।

16. विद्यालय की वित्तीय योजनाओं को अंतिम रूप देने के लिए विद्यालय की वित्त समिति की एक बैठक आयोजित होनी है। इस संबंध में प्रधानाध्यापक की ओर से 80 शब्दों में एक सूचना लिखिए। (4)

अथवा

आज मेट्रो विशेष रूट पर नहीं चलेगी, इस विषय पर यात्रियों को सूचित करते हुए 80 शब्दों में सूचना लिखिए।

17. एक कोचिंग संस्थान की ओर से 60 शब्दों में विज्ञापन लिखिए। (3)

अथवा

पहाड़ी क्षेत्र में बनाए अपने होटल के लिए 60 शब्दों में विज्ञापन लिखिए।

18. 'आज की बचत कल का सुख' पंक्ति को आधार बनाकर लगभग 100 शब्दों में एक लघु कथा लिखिए। (5)

अथवा

दसवीं कक्षा में दाखिला लेने के लिए डी.ए. वी. पब्लिक स्कूल के प्रधानाचार्य को लगभग 100 शब्दों में ई-मेल लिखिए।

उत्तर

1. *(क) (i)* जीवन में प्रतिस्पर्द्धा बढ़ाना, जो प्रगति के लिए आवश्यक है
(ख) (i) दो
(ग) (ii) प्रतिस्पर्द्धा की भावना को
(घ) (iii) जिसका उद्देश्य सुधार करना है
(ङ) (iv) मानव जीवन में तुलना का महत्त्व

2. *(क) (i)* इलेक्ट्रॉनिक उपकरणों का विकास
(ख) (ii) मिट्टी में घुल जाने का
(ग) (iv) पुनर्चक्रण केंद्रों की संख्या बढ़ाना
(घ) (iii) अनौपचारिक पुनर्चक्रण केंद्रों में
(ङ) (iii) ग्रीन पीसी की

3. *(क) (i)* विशेषण पद
(ख) (iv) आ जाएगी
(ग) (iii) क्रिया विशेषण पदबंध
(घ) (iv) सर्वनाम पदबंध
(ङ) (iv) पढ़ी होगी

4. *(क) (i)* जो चीजें इस संसार में दिखाई देती हैं, वे सभी नाशवान हैं
(ख) (iii) चार गुंडों ने मुझे बहुत पीटा, क्योंकि मैं अकेला था
(ग) (ii) शालिनी आते ही मुझसे बात करके सो गई
(घ) (iii) जैसे ही बरसात हुई वैसे ही सड़क पर पानी भर गया
(ङ) (iii) मामाजी ने मुझे पढ़ाया और सेना में भर्ती कराया

5. *(क) (i)* कर्मधारय समास
(ख) (iv) तत्पुरुष समास
(ग) (i) जन्म से अंधा-तत्पुरुष समास
(घ) (ii) सात दिनों का समाहार
(ङ) (i) जनांदोलन

6. *(क) (ii)* आड़े हाथ लिया
(ख) (iii) लोहे के चने चबाना
(ग) (i) ऐरे-गैरे नत्थू खेरे
(घ) (ii) खर्च करनी पड़ेगी
(ङ) (ii) तेली के बैल
(च) (iii) खून पी

7. *(क) (ii)* एक-दूसरे से छल-कपट करना
(ख) (iii) मार्गदर्शन के लिए
(ग) (iii) सहयोग की भावना से
(घ) (iv) जीवन की सार्थकता परोपकार में है
(ङ) (i) एक-दूसरे के कल्याणार्थ कर्मरत रहने का गुण

8. *(क) (i)* हमारा स्वभाव निर्मल हो जाता है।
(ख) (iii) सभी संकटों से लड़ने की शक्ति प्रदान करो

9. *(क) (ii)* गाँव वालों के सामने वामीरो को अन्य गाँव के युवक के साथ देखकर
(ख) (iii) तताँरा की माँ के लिए
(ग) (iii) वामीरो से प्रेम करने के कारण
(घ) (iv) ये सभी
(ङ) (ii) अपनी तलवार निकाली

10. *(क) (iv)* क्योंकि वह पढ़ने की अपेक्षा खेलकूद में समय बर्बाद करता है।
(ख) (iv) प्रदर्शित करने के लिए वितरक न मिलना

प्रतिदर्श प्रश्न-पत्र 4

CBSE कक्षा 10 की बोर्ड परीक्षा के लिए नमूना प्रश्न-पत्र

हिंदी 'ब'

निर्देश

1. इस प्रश्न-पत्र में दो खंड हैं–'अ' और 'ब'।
2. खंड 'अ' में कुल 45 वस्तुपरक प्रश्न पूछे जाएँगे, जिनमें से केवल 40 प्रश्नों के ही उत्तर देने होंगे।
3. खंड 'ब' में कुल 8 वर्णनात्मक प्रश्न पूछे गए हैं। प्रश्नों में आंतरिक विकल्प दिए गए हैं।

समय : 3 घंटे   *पूर्णांक : 80*

खंड {अ} *वस्तुपरक प्रश्न (40 अंक)*

अपठित गद्यांश

1. नीचे एक गद्यांश दिया गया है। गद्यांश को ध्यानपूर्वक पढ़िए और उस पर आधारित प्रश्नों के उत्तर दीजिए।   (1 × 5 = 5)

संसार में दो अचूक शक्तियाँ हैं—वाणी और कर्म। कुछ लोग वचन से संसार को राह दिखाते हैं और कुछ लोग कर्म से। शब्द और आचार दोनों ही महान् शक्तियाँ हैं। शब्द की महिमा अपार है। विश्व में साहित्य, कला, विज्ञान, शास्त्र सब शब्द-शक्ति के प्रतीक प्रमाण हैं। पर कोरे शब्द व्यर्थ होते हैं, जिनका आचरण न हो। कर्म के बिना वचन, व्यवहार के बिना सिद्धांत की कोई सार्थकता नहीं है। निस्संदेह शब्द-शक्ति महान् है, पर चिरस्थायी और सनातनी शक्ति तो व्यवहार है। महात्मा गाँधी ने इन दोनों की कठिन और अद्भुत साधना की थी। महात्मा जी का संपूर्ण जीवन उन्हीं दोनों से युक्त था। वे वाणी और व्यवहार में एक थे। जो कहते थे वही करते थे। यही उनकी महानता का रहस्य है। कस्तूरबा ने शब्द की अपेक्षा कृति की उपासना की थी, क्योंकि कृति का उत्तम व चिरस्थायी प्रभाव होता है। 'बा' ने कोरी शाब्दिक, शास्त्रीय, सैद्धांतिक शब्दावली नहीं सीखी थी। वे तो कर्म की उपासिका थीं। उनका विश्वास शब्दों की अपेक्षा कर्मों में था। वे जो कहा करती थीं उसे पूरा करती थीं। वे रचनात्मक कर्मों को प्रधानता देती थीं। इसी के बल पर उन्होंने अपने जीवन में सार्थकता और सफलता प्राप्त की थी।

(क) गद्यांश के अनुसार सज्जन व्यक्ति प्रायः संसार को कैसे राह दिखाते हैं?   (1)

     (i) अपनी कार्यकुशलता से   (ii) अपनी सेवा भावना से

     (iii) अपने कर्म एवं वाणी से   (iv) प्रत्येक व्यक्ति की मदद करने की भावना से

(ख) गद्यांश के आधार पर बताइए कि विश्व में साहित्य, कला और विज्ञान तथा शास्त्र तथा किसके प्रतीक हैं?   (1)

     (i) मानव की भावनाओं के   (ii) शब्द शक्ति के

     (iii) व्यवहार के   (iv) अंतर्मन के

(ग) गाँधी जी की महानता का रहस्य क्या था?   (1)

     (i) वे सदैव गरीबों की मदद करते थे   (ii) वे सदैव हिंसा से दूर रहते थे

     (iii) वे जो कहते थे, वही करते थे   (iv) वे सदैव सत्य बोलते थे

(घ) गद्यांश के अनुसार शब्दों की अपेक्षा कर्मों में किनका विश्वास था? (1)

(i) महात्मा गाँधी का (ii) कस्तूरबा गाँधी का
(iii) लेखक का (iv) इनमें से कोई नहीं

(ङ) निम्नलिखित में से प्रस्तुत गद्यांश का सर्वाधिक उपयुक्त शीर्षक क्या होगा? (1)

(i) निष्ठावान मूर्ति कस्तूरबा गाँधी (ii) महात्मा गाँधी के विचार
(iii) वाणी और कर्म का महत्त्व (iv) शब्द शक्ति की महिमा

2. *नीचे एक गद्यांश दिया गया है। गद्यांश को ध्यानपूर्वक पढ़िए और उस पर आधारित प्रश्नों के उत्तर दीजिए।* (1×5 = 5)

आज हम एक स्वतंत्र राष्ट्र की स्थिति पा चुके हैं, राष्ट्र की अनिवार्य विशेषताओं में दो हमारे पास हैं, भौगोलिक अखंडता और सांस्कृतिक एकता। परंतु अब तक हम उस वाणी को प्राप्त नहीं कर सके हैं, जिसमें एक स्वतंत्र राष्ट्र दूसरे राष्ट्रों को अपना परिचय देता है। बहुभाषा-भाषी देश तो और भी अनेक हैं, परंतु उनकी अविच्छिन्न स्वतंत्रता की तुलना में भारत विषम पराधीनता को झेलता रहा है। हमारी परतंत्रता भी आँधी-तूफान के समान नहीं आई। वह तो रोग के कीटाणु लाने वाले मंद समीर के समान साँस में समाकर शरीर में व्याप्त हो गई है। हमें यह ऐतिहासिक सत्य भी विस्मृत हो गया कि कोई विजेता विजित देश पर राजनीतिक प्रभुत्व पाकर ही संतुष्ट नहीं होता, क्योंकि सांस्कृतिक प्रभुत्व के बिना राजनीतिक विजय न पूर्ण है, न स्थायी। घटनाएँ संस्कारों में चिर जीवन पाती हैं और संस्कार के अक्षय वाहक शिक्षा, साहित्य, कला आदि हैं। दीर्घकाल से विदेशी भाषा हमारे विचार-विनिमय और शिक्षा का माध्यम ही नहीं रही। वह हमारे विद्वान और सुसंस्कृत होने का प्रमाण भी मानी जाती रही है। ऐसी स्थिति में यदि हममें से अनेक उसके अभाव में जीवित रहने की कल्पना से सिहर उठते हैं, तो आश्चर्य की बात नहीं। पर रोग की स्थिति को स्थायी मानकर तो चिकित्सा संभव नहीं होती। राष्ट्र-जीवन की पूर्णता के लिए उनके मनोजगत् को मुक्त करना होगा और यह कार्य विशेष प्रयत्नसाध्य है, क्योंकि शरीर को बाँधने वाली शृंखला से आत्मा को जकड़ने वाली शृंखला अधिक दृढ़ होती है।

(क) निम्नलिखित में से प्रस्तुत गद्यांश का सर्वाधिक उपयुक्त शीर्षक क्या होगा? (1)

(i) राष्ट्रभाषा हिंदी का विकास (ii) बहुभाषी देश और हिंदी
(iii) स्वतंत्र राष्ट्र की राष्ट्रभाषा (iv) स्वतंत्र भारत और राष्ट्रभाषा

(ख) स्वतंत्र राष्ट्र की अनिवार्य विशेषता किसे माना गया है? (1)

(i) सांस्कृतिक एकता (ii) भौगोलिक अखंडता
(iv) (i) और (ii) दोनों (iii) संस्कृति का सरलीकरण

(ग) कोई राष्ट्र राजनीतिक प्रभुत्व पाकर भी संतुष्ट क्यों नहीं होता है? (1)

(i) क्योंकि समाज में वह अधिक पाना चाहता है
(ii) क्योंकि सांस्कृतिक प्रभुत्व के बिना राजनीतिक विजय पूर्ण और स्थायी नहीं होती
(iii) क्योंकि दीर्घकाल से गुलामी झेलकर राजनीति में पूर्ण विजय प्राप्त नहीं होती
(iv) क्योंकि केवल राजनीतिक सफलता से आर्थिक स्वतंत्रता नहीं मिलती

(घ) हमारे राष्ट्र में राष्ट्रभाषा के प्रतिष्ठित न हो सकने का मुख्य कारण क्या था? (1)

(i) दीर्घकालीन पराधीनता (ii) अन्य भाषाओं को महत्त्व देना
(iii) भौगोलिक अखंडता को अधिक महत्त्व देना (iv) विषय की गंभीरता को न समझना

(ङ) राष्ट्र जीवन की पूर्णता के लिए क्या आवश्यक है? (1)

(i) विदेशी भाषा की मानसिकता से मुक्ति (ii) मानसिक और आध्यात्मिकता शृंखला से मुक्ति
(iii) सांस्कृतिक चेतना का पुनर्जीवन (iv) विशिष्ट कार्यों में लोगों की नियुक्ति

व्यावहारिक व्याकरण

3. *निम्नलिखित पाँच प्रश्नों में से किन्हीं चार प्रश्नों के उत्तर दीजिए।* (1×4 = 4)

(क) पक्षी आकाश में उड़ रहे हैं-वाक्य में संज्ञा पदबंध है (1)

(i) पक्षी (ii) आकाश
(iii) उड़ (iv) रहे हैं

व्याख्या रहित

(ख) दिल्ली के कुछ डॉक्टर बहुत अच्छे है–रेखांकित में पद है (1)

(i) क्रिया विशेषण पद (ii) संज्ञा पद
(iii) विशेषण पद (iv) सर्वनाम पद

(ग) हाथ में लगी चोट दर्द कर रही है–रेखांकित में कौन-सा पदबंध है? (1)

(i) संज्ञा पदबंध (ii) सर्वनाम पदबंध
(iii) क्रिया पदबंध (iv) विशेषण पदबंध

(घ) 'नदी बहती चली जा रही है' रेखाकिंत में पद है (1)

(i) विशेषण पद (ii) संज्ञा पद
(iii) क्रिया पद (iv) सर्वनाम पद

(ङ) 'शेर की तरह दहाड़ने वाले तुम काँप क्यों रहे हो' वाक्य में क्रिया पदबंध है (1)

(i) शेर की तरह (ii) दहाड़ने वाले
(iii) तुम काँप क्यों (iv) रहे हो

4. *निम्नलिखित पाँच प्रश्नों में से किन्हीं चार प्रश्नों के उत्तर दीजिए।* (1 × 4 = 4)

(क) दीपू की गाड़ी खराब हो गई, दीपू को वहीं रुक जाना पड़ा, का संयुक्त वाक्य होगा (1)

(i) दीपू की गाड़ी खराब होने के कारण उसे वहीं रुकना पड़ा (ii) दीपू की गाड़ी खराब हो गई और उसे वहीं रुकना पड़ा
(iii) ज्यों ही दीपू की गाड़ी खराब हुई त्यों ही उसे रुकना पड़ा (iv) दीपू को वहीं रुकना पड़ा, क्योंकि उसकी गाड़ी खराब हो गई

(ख) निम्नलिखित में मिश्र वाक्य है (1)

(i) जब वह धनी हुआ तब भी वह सुखी नहीं है (ii) वह सुखी नहीं है, क्योंकि धनी नहीं है
(iii) यद्यपि वह धनी है, तथापि वह सुखी नहीं है (iv) वह धनी है, इसलिए सुखी नहीं है

(ग) शिक्षक के कक्षा में आते ही विद्यार्थी शांत हो गए, का संयुक्त वाक्य होगा (1)

(i) शिक्षक कक्षा में आए और विद्यार्थी शांत हो गए (ii) ज्यों शिक्षक कक्षा में आए त्यों विद्यार्थी शांत हो गए
(iii) विद्यार्थी के शांत होने का कारण शिक्षक का कक्षा में आना था (iv) शिक्षक कक्षा में आए, इसलिए विद्यार्थी शांत हो गए

(घ) माताजी ने कहा कि आज खीर बनेगी-वाक्य रचना की दृष्टि से है (1)

(i) सरल वाक्य (ii) संयुक्त वाक्य (iii) मिश्र वाक्य (iv) आज्ञार्थक वाक्य

(ङ) निम्नलिखित में से सरल वाक्य है (1)

(i) स्कूल फीस माफ कराने के लिए एक प्रार्थना–पत्र लिखो
(ii) एक पत्र लिखो और स्कूल फीस माफ कराओं
(iii) स्कूल फीस माफ करानी थी, इसलिए पत्र लिखा गया
(iv) ज्यों ही प्रार्थना पत्र लिखा, त्यों ही स्कूल फीस माफ हो गई

5. *निम्नलिखित पाँच प्रश्नों में से किन्हीं चार प्रश्नों के उत्तर दीजिए।* (1 × 4 = 4)

(क) 'नेत्रहीन' शब्द में कौन-सा समास है? (1)

(i) बहुव्रीहि समास (ii) तत्पुरुष समास
(iii) द्वंद्व समास (iv) द्विगु समास

(ख) 'लौहे के समान पुरुष' का समस्त पद है (1)

(i) लौहापुरुष (ii) लौहपुरुष (iii) लोहपुरुष (iv) लहूपुरुष

(ग) 'पूजास्थल' शब्द से सही समास-विग्रह का चयन कीजिए- (1)

(i) पूजा के लिए स्थल–तत्पुरुष समास (ii) पूजा का स्थल–बहुव्रीहि समास
(iii) स्थल पर पूजा–द्विगु समास (iv) पूजा और स्थल–द्वंद्व समास

(घ) 'तिरंगा' समस्त पद का विग्रह होगा (1)

(i) तीन रंगों का समाहार (ii) तीन हैं जो रंग
(iii) रंगों का समूह (iv) रंगों में तीन

(ङ) 'लालबाजार' समस्त पद में कौन-सा समास है? (1)

(i) कर्मधारय समास (ii) द्वंद्व समास
(iii) बहुव्रीहि समास (iv) तत्पुरुष समास

6. *निम्नलिखित छः प्रश्नों में से किहीं चार प्रश्नों के उत्तर दीजिए।* (1×4 = 4)

(क) वर्तमान व्यवस्था के विरोध में मीडिया में ………… उपयुक्त मुहावरे से रिक्त स्थान की पूर्ति कीजिए। (1)

(i) आसमान सिर पर उठाने लगा है (ii) आवाज़ उठने लगी है
(iii) उल्टी गंगा बहने लगी है (iv) उन्नीस बीस होने लगा है

(ख) क्रांतिकारियों ने भारत को आज़ाद कराने के लिए ………… लिया था। रिक्त स्थान की पूर्ति सटीक मुहावरे से कीजिए। (1)

(i) अन्न-जल उठाना (ii) गड़े मुर्दे उखाड़ना
(iii) बीड़ा उठाना (iv) आसमान सिर पर उठाना

(ग) रिश्वत लेते पकड़े जाने पर अधिकारी की शान में ………… गया। रिक्त स्थान की पूर्ति सटीक मुहावरे से कीजिए। (1)

(i) बट्टा लगना (ii) पगड़ी रखना
(iii) दम भरना (iv) दंग रह जाना

(घ) अपनी बात मनवाने के लिए लोग ………… रिक्त स्थान की पूर्ति सटीक मुहावरे से कीजिए। (1)

(i) मंच पर आते हैं (ii) मिठी छुरी चलाते हैं
(iii) मुँह बनाते हैं (iv) मुट्ठी गर्म करते हैं

(ङ) स्वतंत्रता के लिए भारतीयों ने ………… किया। रिक्त स्थान की पूर्ति सटीक मुहावरे से कीजिए। (1)

(i) फिकरा कसना (ii) पीठ दिखाना
(iii) बाँछें खिलना (iv) भागीरथ प्रयत्न

(च) पुलिस की आहट सुनते ही चोर ………… बन जाते है। सटीक मुहावरे से रिक्त स्थान की पूर्ति कीजिए। (1)

(i) भेडिया धसान (ii) भीगी बिल्ली
(iii) दल-बदलू (iv) गोबर गणेश

पाठ्य-पुस्तक

7. *निम्नलिखित पद्यांश को पढ़कर प्रश्नों के सर्वाधिक उपयुक्त विकल्पों का चयन कीजिए।* (1×5 = 5)

गिरि का गौरव गाकर झर-झर
मद में नस-नस उत्तेजित कर
मोती की लड़ियों-से सुंदर
झरते हैं झाग भरे निर्झर!
गिरिवर के उर से उठ-उठ कर
उच्चाकाँक्षाओं से तरुवर
हैं झाँक रहे नीरव नभ पर
अनिमेष, अटल, कुछ चिंतापर।

(क) प्रस्तुत पद्यांश के कवि और कविता का क्या नाम है? (1)

(i) मैथिलीशरण गुप्त—मनुष्यता (ii) कैफ़ी आज़मी—कर चले हम फ़िदा
(iii) सुमित्रानंदन पंत—पर्वत प्रदेश में पावस (iv) मीरा—पद

(ख) पर्वतों से बहने वाले झरनों की आवाज सुनकर कवि को कैसा लगता है? (1)

(i) मानो वे पर्वतों का गुणगान कर रहे हों
(ii) मानो वे अपनी सुदंरता का गुणगान कर रहे हों
(iii) मानो वे संसार में सबसे अधिक शक्तिशाली हों
(iv) मानो उनके समान कोई दूसरा न हो

(ग) पद्यांश के अनुसार झरनों की आवाज का कवि पर क्या प्रभाव पड़ता है? (1)

(i) वे कवि को नीरस बनाते हैं
(ii) वे कवि में नया जोश भरते हैं
(iii) वे कवि का मार्ग अवरुद्ध करते हैं
(iv) वे कवि को निराशा प्रदान करते हैं

(घ) पेड़ शांत आकाश को किस प्रकार निहार रहे हैं? (1)

(i) ऊँचा उठकर
(ii) बिना पलक झपकाए
(iii) प्रसन्न भाव से
(iv) निराशापूर्ण भाव से

(ङ) उच्चाकांक्षाओं से कौन नभ को देख रहा है? (1)

(i) कवि
(ii) पक्षी
(iii) पेड़
(iv) मनुष्य

8. *निम्नलिखित प्रश्नों के सही विकल्प का चयन कीजिए।* (1×2 = 2)

(क) 'मनुष्यता' कविता में कवि ने क्या संदेश दिया है? (1)

(i) ईश्वर के प्रति कृतज्ञता भाव
(ii) पर के प्रति अन्य का भाव
(iii) आपसी भाई चारे का भाव
(iv) पर के प्रति अपनत्व का भाव

(ख) कवयित्री मीराबाई श्रीकृष्ण की सेवा कैसे करना चाहती है? (1)

(i) सखी बनकर
(ii) भक्तिन बनकर
(iii) चाकर बनकर
(iv) पड़ोसन बनकर

9. *निम्नलिखित गद्यांश को पढ़कर प्रश्नों के सर्वाधिक उपयुक्त विकल्पों का चयन कीजिए।* (1×5 = 5)

चाय तैयार हुई। उसने वह प्यालों में भरी। फिर वे प्याले हमारे सामने रख दिए गए। वहाँ हम तीन मित्र ही थे। इस विधि में शांति मुख्य बात होती है। इसलिए वहाँ तीन से अधिक आदमियों को प्रवेश नहीं दिया जाता। प्याले में दो घूँट से अधिक चाय नहीं थी। हम ओठों से प्याला लगाकर एक-एक बूँद चाय पीते रहे। करीब डेढ़ घंटे तक चुसकियों का यह सिलसिला चलता रहा।

पहले दस-पंद्रह मिनट तो मैं उलझन में पड़ा। फिर देखा, दिमाग की रफ़्तार धीरे-धीरे धीमी पड़ती जा रही है। थोड़ी देर में बिल्कुल बंद भी हो गई। मुझे लगा, मानो अनंतकाल में मैं जी रहा हूँ। यहाँ तक कि सन्नाटा भी मुझे सुनाई देने लगा।

(क) प्रस्तुत गद्यांश के पाठ और लेखक का क्या नाम है? (1)

(i) बड़े भाई साहब—प्रेमचंद
(ii) तताँरा वामीरो कथा—लीलाधर मंडलोई
(iii) झेन की देन—रवींद्र केलेकर
(iv) कारतूस—हबीब तनवीर

(ख) चाय पीने की विधि में लेखक को मुख्य बात क्या लगी? (1)

(i) कम लोगों का प्रवेश
(ii) साफ-सफाई का विशेष ध्यान
(iii) शांति की व्यवस्था
(iv) चाय परोसने का ढंग

(ग) चाय पीने का सिलसिला कितनी देर तक चलता रहा? (1)

(i) दो घंटे तक
(ii) अनंतकाल तक
(iii) डेढ़ घंटे तक
(iv) केवल दो मिनट तक

(घ) दो घूँट चाय को लंबे समय तक पीने का उद्देश्य क्या था? (1)

(i) समय व्यतीत करना
(ii) मानसिक शांति प्राप्त करना
(iii) मित्रों के साथ अच्छा समय बिताना
(iv) चाय के स्वाद का आनंद लेना

(ङ) लेखक को चाय पीते समय कैसा अनुभव हुआ? (1)

(i) जैसे वह उलझन में पड़ गया हो
(ii) जैसे वह अनंतकाल में जी रहा हो
(iii) जैसे वह भूतकाल में चला गया हो
(iv) जैसे उसे भविष्यकाल दिखाई दे रहा हो

10. *निम्नलिखित में से सही विकल्प का चयन कीजिए।* (1×2 = 2)

(क) 'ततोँरा-वामीरो कथा' में वामीरो के कथनानुसार गाँव का क्या नियम था? (1)

(i) किसी अन्य गाँव के युवक से बात न करना
(ii) किसी का अनादर न करना
(iii) किसी अन्य गाँव में मेला देखने न जाना
(iv) किसी के समक्ष गीत न गाना।

(ख) कारतूस पाठ के अनुसार अंग्रेजी शासन की ओर से हफ्तों से डेरा किस कारण डाला गया था? (1)

(i) अंग्रेजों के प्रति डर पैदा करने के लिए
(ii) अपनी शक्ति का प्रदर्शन करने के लिए
(iii) वजीर अली को गिरफ्तार करने के लिए
(iv) मेरठ में युद्ध करने के लिए

खंड {ब} *वर्णनात्मक प्रश्न (40 अंक)*

पाठ्य-पुस्तक एवं पूरक-पुस्तक

11. *निम्नलिखित प्रश्नों में से किन्हीं दो के उत्तर लगभग 60 शब्दों में लिखिए।* (3×2 = 6)

(क) "बड़े भाई साहब नामक कहानी हमें जीवन की अनेक सच्चाइयों से अवगत कराती है।" इस कथन के आधार पर स्पष्ट कीजिए कि प्रस्तुत कहानी से आपको क्या शिक्षा मिलती है? (3)

(ख) 'कारतूस' पाठ में सिपाही किससे तंग आ गए थे और क्यों? स्पष्ट कीजिए। (3)

(ग) 'अब कहाँ दूसरे के दु:ख से दु:खी होने वाले' पाठ का सारांश लिखिए। (3)

12. *निम्नलिखित प्रश्नों में से किन्हीं दो के उत्तर लगभग 60 शब्दों में लिखिए।*

(क) मीरा किन तीन लाभों को प्राप्त करना चाहती है? 'मीरा के पद' पाठ के आधार पर उत्तर दीजिए। (3)

(ख) कवि ने लक्ष्मण रेखा को माध्यम बनाकर कौन-सी बात कही थी? 'कर चले हम फ़िदा' कविता के आधार पर स्पष्ट कीजिए। (3)

(ग) "कबीर एक संत, महात्मा, साधक और श्रेष्ठ कवि होने के साथ-साथ सच्चे समाज-सुधारक भी थे।" 'साखी' के आधार पर स्पष्ट कीजिए। (3)

13. *निम्नलिखित में से किन्हीं दो प्रश्नों के उत्तर लगभग 60 शब्दों में लिखिए।* (3×2 = 6)

(क) असफलता के परिणामस्वरूप 'मनुष्य' में परिवर्तन आता है। अपने जीवन की किसी घटना का उल्लेख 'टोपी शुक्ला' पाठ के आधार पर कीजिए। (3)

(ख) 'सपनों के-से दिन' पाठ में लेखक ने किन विचारों को अभिव्यक्त किया है तथा इससे पाठक को क्या संदेश मिलता है? अपने विचार प्रस्तुत कीजिए। (3)

(ग) "हरिहर काका एक नए शोषित वर्ग के प्रतिनिधि के रूप में दिखाई देते हैं," इस कथन पर अपने तर्क प्रस्तुत करते हुए विचार व्यक्त कीजिए। (3)

लेखन

14. *निम्नलिखित में से किसी एक विषय पर दिए गए संकेत बिंदुओं के आधार पर लगभग 100 शब्दों में अनुच्छेद लिखिए।* (5)

1. डॉ. ए. पी. जे. अब्दुल कलाम

संकेत बिंदु पारिवारिक स्थिति, भूमिका, उपलब्धियाँ, उपसंहार

2. परिश्रम का महत्त्व

संकेत बिंदु परिश्रम से ही सब कुछ संभव, अथक प्रयास, परिश्रम ही भाग्य, उपसंहार

3. भ्रष्टाचार : एक समस्या

संकेत बिंदु भारत में भ्रष्टाचार की स्थिति, भ्रष्टाचार और नैतिक पतन, भ्रष्टाचार के कारण, भ्रष्टाचार निवारण संबंधी उपाय

15. भारतीय स्टेट बैंक के शाखा प्रबंधक को निजी उच्च शिक्षण संस्थान में इंजीनियरिंग के अध्ययन हेतु शिक्षा ऋण प्राप्ति के लिए एक आवेदन-पत्र लगभग 100 शब्दों में लिखिए। (5)

अथवा

आपने बंगलुरु में रहने वाले अपने मित्र को जन्मदिन का उपहार स्पीड पोस्ट से भेजा, जो उसे नहीं मिला। इस संबंध में अधीक्षक को लगभग 100 शब्दों में पत्र लिखिए।

16. आप वित्त मंत्रालय, भारत सरकार में कार्यरत हैं। एक विभागीय समारोह के पश्चात् आपको वहाँ एक मोबाइल फ़ोन गिरा हुआ मिला। इससे संबंधित सूचना 80 शब्दों में लिखिए। (4)

अथवा

रेजीडेंट्स वेलफेयर एसोसिएशन द्वारा आयोजित योग-शिविर के बारे में एक सार्वजनिक सूचना 80 शब्दों में लिखिए।

17. शूज़ कंपनी के मालिक की ओर से शूज़ की सेल का विज्ञापन 60 शब्दों में लिखिए। (3)

अथवा

बाढ़ पीडितों की मदद हेतु एक निजी संस्था की ओर 60 शब्दों में विज्ञापन लिखिए।

18. एक लघु कथा लगभग 100 शब्दों में लिखिए, जिसका अंतिम वाक्य हो 'मैं अपने जीवन में कई बार विफल रहा हूँ और यही कारण है कि मैं सफल हुआ। (5)

अथवा

किसी बैंक के मैनेजर को शिक्षा प्राप्ति हेतु लोन लेने के लिए लगभग 100 शब्दों में एक ई-मेल लिखिए।

उत्तर

1. ***(क)*** *(iii)* अपने कर्म एवं वाणी से
(ख) *(ii)* शब्द शक्ति के
(ग) *(iii)* वे जो कहते थे, वही करते थे
(घ) *(ii)* कस्तूरबा गाँधी का
(ङ) *(iii)* वाणी और कर्म का महत्त्व

2. ***(क)*** *(ii)* बहुभाषी देश और हिंदी
(ख) *(iii)* *(i)* और *(ii)* दोनों
(ग) *(ii)* क्योंकि सांस्कृतिक प्रभुत्व के बिना राजनीतिक विजय पूर्ण और स्थायी नहीं होती
(घ) *(i)* दीर्घकालीन पराधीनता
(ङ) *(i)* विदेशी भाषा की मानसिकता से मुक्ति

3. ***(क)*** *(i)* पक्षी
(ख) *(i)* क्रिया विशेषण पद
(ग) *(iv)* विशेषण पदबंध
(घ) *(ii)* संज्ञा पद
(ङ) *(iv)* रहे हो

4. ***(क)*** *(ii)* दीपू की गाड़ी खराब हो गई और उसे वहीं रुकना पड़ा
(ख) *(iii)* यद्यपि वह धनी है, तथापि वह सुखी नहीं है
(ग) *(i)* शिक्षक कक्षा में आए और विद्यार्थी शांत हो गए
(घ) *(iii)* मिश्र वाक्य
(ङ) *(i)* स्कूल फीस माफ कराने के लिए एक प्रार्थना-पत्र लिखो।

5. ***(क)*** *(ii)* तत्पुरुष समास
(ख) *(ii)* लौहपुरूष
(ग) *(i)* पूजा के लिए स्थल-तत्पुरुष समास
(घ) *(i)* तीन रंगों का समाहार
(ङ) *(i)* कर्मधारय समास

6. ***(क)*** *(ii)* आवाज़ उठने लगी है
(ख) *(iii)* बीड़ा उठाना
(ग) *(i)* बट्टा लगना
(घ) *(ii)* मीठी छुरी चलाते हैं
(ङ) *(iv)* भागीरथ प्रयत्न
(च) *(ii)* भीगी बिल्ली

7. ***(क)*** *(iii)* सुमित्रानंदन पंत–पर्वत प्रदेश में पावस
(ख) *(i)* मानो वे पर्वतों का गुणगान कर रहे हों
(ग) *(ii)* वे कवि में नया जोश भरते हैं
(घ) *(ii)* बिना पलक झपकाए
(ङ) *(iii)* पेड़

8. ***(क)*** *(iv)* पर के प्रति अपनत्व का भाव
(ख) *(iii)* चाकर बनकर

9. ***(क)*** *(iii)* झेन की देन–रवींद्र केलेकर
(ख) *(iii)* शांति की व्यवस्था
(ग) *(iii)* डेढ़ घंटे तक
(घ) *(ii)* मानसिक शांति प्राप्त करना
(ङ) *(ii)* जैसे वह अनंतकाल में जी रहा हो

10. (क) *(i)* किसी अन्य गाँव के युवक से बात न करना
(ख) *(iii)* वजीर अली को गिरफ्तार करने के लिए

प्रतिदर्श प्रश्न-पत्र 5

CBSE कक्षा 10 की बोर्ड परीक्षा के लिए नमूना प्रश्न-पत्र

हिंदी 'ब'

निर्देश

1. इस प्रश्न-पत्र में दो खंड हैं–'अ' और 'ब'।
2. खंड 'अ' में कुल 45 वस्तुपरक प्रश्न पूछे जाएँगे, जिनमें से केवल 40 प्रश्नों के ही उत्तर देने होंगे।
3. खंड 'ब' में कुल 8 वर्णनात्मक प्रश्न पूछे गए हैं। प्रश्नों में आंतरिक विकल्प दिए गए हैं।

समय : 3 घंटे ***पूर्णांक : 80***

खंड {अ} *वस्तुपरक प्रश्न (40 अंक)*

अपठित गद्यांश

1. *नीचे एक गद्यांश दिया गया है। गद्यांश को ध्यानपूर्वक पढ़िए और उस पर आधारित प्रश्नों के उत्तर दीजिए।* (1×5 = 5)

छात्र-छात्राओं को राष्ट्र-निर्माण के आरंभिक चरण में अध्ययन के अतिरिक्त समाज-सेवा के साधारण कार्यों में भी रुचि लेनी चाहिए। छात्र-जीवन में मात्र पुस्तकीय अध्ययन-मनन उनके व्यक्तित्व को सही ढंग से विकसित नहीं कर सकता। उन्हें अपने सामाजिक परिवेश को जानना-समझना पड़ेगा। राष्ट्रीय चेतना तथा राष्ट्रीय दायित्व-बोध के लिए उन्हें सामाजिक परिवेश से जुड़ते हुए राष्ट्रीय एवं अंतर्राष्ट्रीय परिवेश के साथ भी स्वयं को जोड़ना पड़ेगा। भारत विभिन्न संस्कृतियों, धर्मों, भाषाओं, रहन-सहन और रीति-रिवाजों का देश है। अत: छात्र-समाज को पारिवारिक और क्षेत्रीय दायरों को समझने के साथ-साथ भारत के वृहत् समाज को भी समझना पड़ेगा एवं उसके साथ आत्मीयता स्थापित करनी पड़ेगी। समाज-सेवा राष्ट्रीय आत्मा के निकट पहुँचने का अनिवार्य साधन है। प्रत्येक छात्र एवं छात्रा के लिए यह आवश्यक है कि वह अपने पड़ोसियों, मुहल्लेवासियों, ग्राम एवं नगरवासियों के सुख-दुख में सम्मिलित होकर उनकी सहायता करे। रोगियों की सेवा, असहायों की सहायता, मुहल्ले की सफाई, साक्षरता प्रसार, दुर्घटनाग्रस्त व्यक्ति की सहायता आदि समाज-सेवा के ऐसे कार्य हैं, जिनमें वह भाग ले सकता है। इन कार्यों से उनके व्यक्तित्व में अनुशासन, सहकारिता, आत्मत्याग, देश-प्रेम जैसे सद्‌गुणों का सहज ही विकास होगा।

(क) निम्नलिखित में से प्रस्तुत गद्यांश का सर्वाधिक उपयुक्त शीर्षक क्या होगा? (1)

(i) राष्ट्रीय निर्माण में विद्यार्थियों का योगदान *(ii)* राष्ट्र और विद्यार्थी
(iii) समाज सेवा और छात्र *(iv)* विद्यार्थियों का महत्त्व

(ख) गद्यांश के अनुसार राष्ट्र-निर्माण के लिए छात्र-छात्राओं को किस कार्य में रुचि लेनी चाहिए? (1)

(i) खेलकूद में *(ii)* राजनीति में
(iii) समाज सेवा के कार्यों में *(iv)* सरकारी कार्यों में

(ग) राष्ट्रीय आत्मा के समीप पहुँचने का अनिवार्य साधन किसे माना गया है? (1)

(i) रीति-रिवाज को *(ii)* धर्म को
(iii) राष्ट्रभाषा को *(iv)* समाज सेवा को

(घ) समाज सेवा के कार्यों से छात्र-छात्राओं में किस गुण का विकास होगा? (1)

(i) आत्मत्याग का   (ii) अनुशासन का
(iii) देशप्रेम का   (iv) ये सभी

(ङ) सामाजिक परिवेश से जुड़ने की आवश्यकता क्यों बताई गई है? (1)
  (i) संस्कृति को जानने के लिए   (ii) चुनाव जीतने के लिए
  (iii) समाज के बंधनों को मानने के लिए   (iv) राष्ट्रीय चेतना और दायित्व समझने के लिए

2. नीचे दो गद्यांश दिए गए हैं। किसी गद्यांश को ध्यानपूर्वक पढ़िए और उस पर आधारित प्रश्नों के उत्तर दीजिए। (1×5 = 5)

हमारी सर्वोच्च प्राथमिकता जनसंख्या वृद्धि रोकना है। इस क्षेत्र में हमारे सभी प्रयत्न निष्फल रहे हैं। ऐसा क्यों है? यह इसलिए भी हो सकता है कि समस्या को देखने का हर एक का एक अलग नजरिया है। जनसंख्या-शास्त्रियों के लिए यह आँकड़ों का अंबार है। अफसरशाही के लिए यह टार्गेट तय करने की कवायद है। राजनीतिज्ञ इसे वोट बैंक की दृष्टि से देखता है। ये सब अपने-अपने ढंग से समस्या को सुलझाने में लगे हैं। अतः अलग-अलग किसी के हाथ सफलता नहीं लगी। पर यह स्पष्ट है कि परिवार के आकार पर आर्थिक विकास और शिक्षा का बहुत प्रभाव पड़ता है। यहाँ आर्थिक विकास का अर्थ पाश्चात्य मतानुसार भौतिकवाद नहीं, जहाँ बच्चों को बोझ माना जाता है। हमारे लिए तो यह सम्मानपूर्वक जीने के स्तर से संबंधित है। यह मौजूदा संपत्ति के समतामूलक विवरण पर ही निर्भर नहीं है वरन् ऐसी शैली अपनाने से संबंधित है, जिसमें अस्सी करोड़ लोगों की ऊर्जा का बेहतर इस्तेमाल हो सके। इसी प्रकार स्त्री-शिक्षा भी है। यह समाज में एक नए प्रकार का चिंतन पैदा करेगी, जिससे सामाजिक और आर्थिक विकास के नए आयाम खुलेंगे और साथ ही बच्चों के विकास का नया रास्ता भी खुलेगा। अतः जनसंख्या की समस्या सामाजिक है। यह अकेले सरकार नहीं सुलझा सकती। केंद्रीयकरण से हटकर इसे ग्राम-ग्राम, व्यक्ति-व्यक्ति तक पहुँचाना होगा। जब तक यह जन आंदोलन नहीं बन जाता, तब तक सफलता मिलना संदिग्ध है।

(क) परिवार के आकार पर सबसे अधिक प्रभाव किसका पड़ता है? (1)
  (i) दृढ़ संकल्प का   (ii) शैक्षिक व आर्थिक स्तर का
  (iii) प्रचार-प्रसार का   (iv) सरकार के प्रोत्साहन का

(ख) भारतीय विचार के अनुसार आर्थिक विकास का क्या अभिप्राय है? (1)
  (i) बच्चों को बोझ मानना   (ii) जीवन स्तर में अप्रत्याशित सुधार
  (iii) सम्मानपूर्वक जीने का स्तर   (iv) सामाजिक सोच में परिवर्तन

(ग) सामाजिक-आर्थिक विकास के नए आयाम और बच्चों के विकास का नया रास्ता किसके माध्यम से खुल सकेगा? (1)
  (i) जनसंख्या नियंत्रण द्वारा   (ii) स्त्री शिक्षा द्वारा
  (iii) तर्कशास्त्र द्वारा   (iv) ग्रामीण विकास द्वारा

(घ) भारत में आर्थिक विकास के लिए किस बात को प्रमुखता दी जानी चाहिए? (1)
  (i) नई शिक्षा नीति को   (ii) नई तकनीकों को
  (iii) अधिकतम लोगों की अधिकतम ताकत का प्रयोग करने को   (iv) सबके लिए शिक्षा की व्यवस्था को

(ङ) जनसंख्या वृद्धि को रोकने के प्रयासों में मुख्य बाधा क्या रही है? (1)
  (i) लोगों की आर्थिक स्थिति कमजोर होना   (ii) लोगों के जीवन स्तर में भिन्नता होना
  (iii) लोगों का शिक्षित न होना   (iv) लोगों की सोच में भिन्नता होना

व्यावहारिक व्याकरण

3. निम्नलिखित पाँच प्रश्नों में से किन्हीं चार प्रश्नों के उत्तर दीजिए। (1×4 = 4)

(क) मैं खेलना चाहता हूँ। वाक्य में रेखांकित पदबंध है (1)
  (i) विशेषण पदबंध   (ii) संज्ञा पदबंध
  (iii) क्रिया पदबंध   (iv) सर्वनाम पदबंध

(ख) सभी रिश्तेदार बोलते हैं कि रवि होशियार है। रेखांकित में कौन-सा पदबंध है? (1)

(i) क्रिया पदबंध (ii) विशेषण पदबंध
(iii) सर्वनाम पदबंध (iv) संज्ञा पदबंध

(ग) शायद राम आज रात को <u>आ जाएगा</u>। रेखांकित में कौन-सा पदबंध है? (1)
(i) क्रिया विशेषण पदबंध (ii) विशेषण पदबंध
(iii) संज्ञा पदबंध (iv) क्रिया पदबंध

(घ) <u>सावित्री देवी का पुत्र</u> दौड़ प्रतियोगिता में प्रथम आया। (1)
(i) संज्ञा पदबंध (ii) क्रिया पदबंध
(ii) सर्वनाम पदबंध (iv) विशेषण पदबंध

(ङ) सौरभ <u>धीरे-धीरे चलते</u> हुए बस स्टॉप पर पहुँचा। (1)
(i) संज्ञा पदबंध (ii) सर्वनाम पदबंध
(iii) क्रिया विशेषण पदबंध (iv) विशेषण पदबंध

4. *निम्नलिखित पाँच प्रश्नों में से किन्हीं चार प्रश्नों के उत्तर दीजिए।* (1 × 3 = 3)

(क) लोकप्रिय लेखक का सम्मान सभी करते हैं, का मिश्र वाक्य बनेगा (1)
(i) जो लेखक लोकप्रिय होता है, उसका सम्मान सभी करते हैं (ii) वह लोकप्रिय लेखक है, क्योंकि उसका सम्मान सभी करते हैं
(iii) लोकप्रिय लेखक होने के कारण उसका सम्मान सभी करते हैं (iv) उसका सम्मान सभी करते हैं, तभी वह लोकप्रिय लेखक है

(ख) रात हुई। आसमान में चाँद निकल आया, का संयुक्त वाक्य बनेगा (1)
(i) रात होते ही आसमान में चाँद निकल आया (ii) आसमान में चाँद निकलने का कारण रात होना है
(iii) रात हुई और आसमान में चाँद निकल आया (iv) जब रात हुई तब आसमान में चाँद निकल आया

(ग) मेरे मित्र का नाम कुशल है और वह बहुत प्रखर है। वाक्य रचना की दृष्टि से है (1)
(i) संयुक्त वाक्य (ii) सरल वाक्य
(iii) मिश्र वाक्य (iv) निषेधात्मक वाक्य

(घ) निम्नलिखित में मिश्र वाक्य है (1)
(i) वह क्रांतिकारी है इसलिए साहसी है (ii) यद्यपि वह क्रांतिकारी है तथापि वह साहसी है
(iii) क्रांतिकारी होने के कारण वह साहसी है (iv) साहसी होना क्रांतिकारी होने की निशानी है

(ङ) विद्यालय की शोभा वही बढ़ा सकता है, जो सभी नियमों का पालन करे। वाक्य रचना की दृष्टि से है (1)
(i) संयुक्त वाक्य (ii) सरल वाक्य
(iii) मिश्र वाक्य (iv) विस्मयादिबोधक वाक्य

5. *निम्नलिखित पाँच भागों में से किन्हीं चार भागों के उत्तर दीजिए।* (1 × 4 = 4)

(क) 'पंचामृत' शब्द में कौन-सा समास है? (1)
(i) द्वंद्व समास (ii) कर्मधारय समास
(iii) द्विगु समास (iv) तत्पुरुष समास

(ख) 'स्नेह में मग्न' का समस्त पद होगा (1)
(i) सनेहमग्न (ii) स्नेहमग्न
(iii) सनेहाग्मन (iv) स्नेहमगन

(ग) 'महाविद्यालय' शब्द के सही समास-विग्रह का चयन कीजिए। (1)
(i) महान् है जो विद्यालय-कर्मधारय समास (ii) महान् और विद्यालय-द्वंद्व समास
(iii) विद्यालय में महान्-तत्पुरुष समास (iv) बड़ा है जो विद्यालय-कर्मधारय समास

(घ) 'एकदंत' समस्त पद का विग्रह होगा (1)
(i) एक है दाँत जिसका अर्थात् गणेश-बहुव्रीहि समास (ii) दाँतों में एक है जो-कर्मधारय समास
(iii) एक दाँत का समाहार-द्विगु समास (iv) एक दाँत ही है जो-कर्मधारय समास

(ङ) 'पत्र का उत्तर' का समस्त पद होगा (1)

(i) पत्रउत्तर   (ii) पत्रात्तर
(iii) पत्रोत्तर   (iv) उत्तर पत्र

6. *निम्नलिखित छः प्रश्नों में से किन्हीं चार प्रश्नों के उत्तर दीजिए।* $(1 \times 4 = 4)$

(क) परीक्षा में अनुतीर्ण होने पर पिताजी उस पर ········ उपयुक्त मुहावरे से रिक्त स्थान की पूर्ति कीजिए   (1)

(i) बरस पड़े   (ii) जान के लाले पड़े
(iii) रो पड़े   (iv) टूट पड़े

(ख) निर्बल व्यक्ति शक्तिशाली आदमी की हर कड़वी बात को .... जाता है। रिक्त स्थान की पूर्ति सटीक मुहावरे से कीजिए। (1)

(i) तेली के बैल की तरह हो   (ii) जहर के घूँट की तरह पी
(iii) चूना लगाने की तरह   (iv) मधुर रस की तरह पी

(ग) आजकल पाकिस्तान ········ की कोशिश कर रहा है, लेकिन भारत बड़े सब्र से काम ले रहा है। रिक्त स्थान की पूर्ति सटीक मुहावरे से कीजिए   (1)

(i) चिराग तले अंधेरा   (ii) चूड़ियाँ पहनना
(iii) नाक में नकेल डालने   (iv) गड़े मुर्दे उखाड़ने

(घ) आलोचक का कार्य किसी भी रचना में ········ रह गया है। उपयुक्त मुहावरे से रिक्त स्थान की पूर्ति कीजिए।   (1)

(i) मीन मेख निकालना   (ii) मुँह की खाना
(iii) विष उगलना   (iv) शिकंजा कसना

(ङ) बड़े भाई का रौद्र रूप देखकर ················ जाते हैं। उपयुक्त मुहावरे से रिक्त स्थान की पूर्ति कीजिए।   (1)

(i) लाल-पीला होना   (ii) प्राण सूख जाना
(iii) धूल झोंकना   (iv) आसमान सिर पर उठाना

(च) कक्षा में प्रथम आकर नैना ···················· । उपयुक्त मुहावरे से रिक्त स्थान पूर्ण करें।   (1)

(i) फूला न समाना   (ii) हवा से बातें करना
(iii) आड़े हाथों लेना   (iv) पसीना बहाना

पाठ्य-पुस्तक

7. *निम्नलिखित पद्यांश को पढ़कर प्रश्नों के सर्वाधिक उपयुक्त विकल्पों का चयन कीजिए।* $(1 \times 5 = 5)$

स्याम म्हाँने चाकर राखो जी,
गिरधारी लाला म्हाँने चाकर राखो जी।
चाकर रहस्यूँ बाग लगास्यूँ नित उठ दरसण पास्यूँ।
बिंदरावन री कुंज गली में, गोविंद लीला गास्यूँ।
चाकरी में दरसण पास्यूँ, सुमरण पास्यूँ खरची।
भाव भगती जागीरी पास्यूँ, तीनूं बातां सरसी।

(क) मीरा श्रीकृष्ण की सेवा क्यों करना चाहती है?   (1)

(i) धन लाभ के लिए   (ii) दर्शन करने के लिए
(iii) यशस्वी बनने के लिए   (iv) अपना वर्चस्व स्थापित करने के लिए

(ख) प्रस्तुत पद्यांश में कवयित्री श्रीकृष्ण से क्या प्रार्थना कर रही है?   (1)

(i) मेरे कष्ट हर लो   (ii) मुझे अपनी दासी बना लो
(iii) मेरे जीवन को सुखों से भर दो   (iv) मेरा संसार में नाम कर दो

(ग) श्रीकृष्ण के नाम स्मरण से कवयित्री को कौन-सा लाभ प्राप्त होगा?   (1)

(i) यश प्राप्त करने का   (ii) श्रीकृष्ण के दर्शन करने का
(iii) (i) और (ii) दोनों   (iv) इनमें से कोई नहीं

(घ) पद्यांश के अनुसार कवयित्री श्रीकृष्ण की सेवा कैसे करना चाहती है?   (1)

(i) चाकर बनकर (ii) भक्तिन बनकर
(iii) सखी बनकर (iv) इनमें से कोई नहीं

(ङ) मीराबाई कैसी ज़ागीर पाना चाहती है? (1)
(i) धन-संपति रूपी (ii) भाव-भक्ति रूपी
(iii) यश-वैभव रूपी (iv) रूप-श्रृंगार रूपी

8. *निम्नलिखित प्रश्नों के सही विकल्प का चयन कीजिए।* (1×2 = 2)

(क) कवि ईश्वर से किस प्रकार की कामना कर रहा है। (1)
(i) सहायक मिलने की (ii) धन ऐश्वर्य की
(iii) मुसीबतों से बचाव की (iv) आत्मविश्वास में कमी न आने की

(ख) बलिदान न देने वाला यौवन किन्हें बदनाम करता है? (1)
(i) आलस और मेहनत को (ii) दुष्टता और सज्जनता को
(iii) पुरुष और नारी को (iv) सुंदरता और प्रेम को

9. *निम्नलिखित गद्यांश को पढ़कर प्रश्नों के सर्वाधिक उपयुक्त विकल्पों का चयन कीजिए।* (1×5 = 5)

मेरे और भाई साहब के बीच में अब केवल एक दरजे का अंतर और रह गया। मेरे मन में एक कुटिल भावना उदय हुई कि कहीं भाई साहब एक साल और फेल और जाएँ, तो मैं उनके बराबर हो जाऊँ, फिर वह किस आधार पर मेरी फजीहत कर सकेंगे, लेकिन मैंने इस विचार को दिल से बलपूर्वक निकाल डाला। आखिर वह मुझे मेरे हित के विचार से ही तो डाँटते हैं। मुझे इस वक्त अप्रिय लगता है अवश्य, मगर यह शायद उनके उपदेशों का सही असर है कि मैं दनादन पास हो जाता हूँ और इतने अच्छे नबंरों से।

(क) 'कुटिल भावना' से क्या अभिप्राय है? (1)
(i) मन में कपट और द्वेष रखने का भाव (ii) दूसरे की प्रशंसा का भाव
(iii) आदर और सम्मान की पृष्ठभूमि (iv) अकारण दु:खी होने का भाव

(ख) बड़े भाई और लेखक के बीच कितनी कक्षाओं का अंतर रह गया था? (1)
(i)तीन (ii) पाँच (iii) दो (iv) एक

(ग) छोटे भाई के मन में किस प्रकार की कुटिल भावना जागृत हुई? (1)
(i) बड़े भाई को मारने की (ii) बड़े भाई के एक साल और फेल हो जाने की
(iii) बड़े भाई की इज्जत न करने की (iv) बड़े भाई की शिकायत करने की

(घ) छोटे भाई के मन में आए विचार को बलपूर्वक निकालने का क्या कारण था? (1)
(i) बड़े भाई के प्रति प्रेम (ii) बड़े भाई के प्रति सम्मान
(iii) बड़े भाई के प्रति आत्मीयता (iv) ये सभी

(ङ) बड़े भाई के उपदेशों का असर छोटे भाई को किस रूप में दिखाई देता है? (1)
(i) लगातार पास होने के (ii) लगातार पढ़ने के
(iii) लगातार खेलने के (iv) इनमें से कोई नहीं

10. *निम्नलिखित प्रश्नों के सही विकल्प का चयन कीजिए।* (1×2 = 2)

(क) टाइम टेबिल पर अमल नहीं होने का क्या परिणाम था? (1)
(i) मस्ती और खेलों में अधिक रूचि होना (ii) बड़े भाई की डाँट का भय समाप्त होना
(iii) पढ़ाई के प्रति अत्यधिक रूचि होना (iv) स्वयं को मुक्त करना

(ख) पुलिस सुभाष बाबू के जुलूस को क्यों नहीं रोक सकी? (1)
(i) उनके प्रभावशाली व्यक्तित्व के कारण (ii) भीड़ की अधिकता के कारण
(iii) पुलिस की लापरवाही के कारण (iv) जुलूस का अध्यक्ष होने के कारण

खंड {ब} *वर्णनात्मक प्रश्न (40 अंक)*

पाठ्य-पुस्तक एवं पूरक-पुस्तक

11. *निम्नलिखित प्रश्नों में से किन्हीं दो के उत्तर लगभग 60 शब्दों में लिखिए।* (3 × 2 = 6)

(क) कक्षा में प्रथम आने पर छोटे भाई के स्वभाव में क्या-क्या परिवर्तन आया? 'बड़े भाई साहब' पाठ के आधार पर बताइए। (3)

(ख) पूरे संसार को एक परिवार के समान बताया गया है क्यों? 'अब कहाँ दूसरे के दुःख से दुःखी होने वाले' पाठ के आधार पर बताइए। (3)

(ग) वामीरो को ऐसा क्यों लगा कि तताँरा को भूल जाना ही उचित है? 'ततांँरा-वामीरो कथा' के आधार पर उत्तर दीजिए। (3)

12. *निम्नलिखित प्रश्नों में से किन्हीं दो के उत्तर लगभग 60 शब्दों में लिखिए।* (3 × 2 = 6)

(क) "मीरा की रचनाओं में पूर्ण समर्पित भक्ति-भावना निहित है"–अपने शब्दों में इस कथन की पुष्टि कीजिए। (3)

(ख) कबीर की साखियों से हमें क्या शिक्षा मिलती है तथा उन्हें हम जीवन में किस प्रकार अपना सकते हैं? 'साखी' पद के आधार पर स्पष्ट कीजिए। (3)

(ग) जो व्यक्ति शुभ कर्म करते हैं, उन्हें महान कार्यों का प्रतिदान किस प्रकार मिलता है? मनुष्यता कविता के आधार पर स्पष्ट कीजिए। (3)

13. *निम्नलिखित प्रश्नों में से किन्हीं दो के उत्तर लगभग 60 शब्दों में लिखिए।* (3 × 2 = 6)

(क) हरिहर काका को उनके घर के सदस्यों के चंगुल से किस प्रकार बचाया गया और क्या यह सार्थक हुआ? 'हरिहर काका' पाठ के आधार पर उत्तर दीजिए। (3)

(ख) 'सपनों के-से दिन' पाठ के आधार पर स्पष्ट कीजिए कि बच्चों की पढ़ाई को व्यर्थ समझने के पीछे अभिभावकों के क्या तर्क थे? (3)

(ग) टोपी ने दोबारा क्लेक्टर साहब के बँगले की ओर रुख क्यों नहीं किया? 'टोपी शुक्ला' पाठ के आधार पर उत्तर दीजिए। (3)

लेखन

14. *निम्नलिखित में से किसी एक विषय पर दिए गए संकेत बिंदुओं के आधार पर लगभग 100 शब्दों में अनुच्छेद लिखिए।* (5)

1. स्वास्थ्य का महत्त्व

संकेत बिंदु स्वास्थ्य का अर्थ
स्वस्थ रहने की आवश्यकता
अच्छे स्वास्थ्य के लिए क्या आवश्यक है?
मिलावटी खाद्य सामग्री का स्वास्थ्य पर प्रभाव

2. एकता की शक्ति

संकेत बिंदु एकता का अर्थ
एकता की शक्ति का महत्त्व
एकता की शक्ति के उदाहरण
एकता के अभाव के दुष्परिणाम

3. भारत में गणतंत्र दिवस

संकेत बिंदु राष्ट्रीय पर्व : 26 जनवरी
गणतंत्र दिवस का महत्त्व
समारोह का आयोजन
उपसंहार

15. सांप्रदायिकता की समस्या पर अपने विचार प्रकट करते हुए 'हिंदुस्तान' समाचार-पत्र के संपादक को लगभग 100 शब्दों में एक पत्र लिखिए। (5)

अथवा

अपने घर में चोरी हो जाने की सूचना देते हुए पुलिस थाना अधिकारी को लगभग 100 शब्दों में एक पत्र लिखिए।

16. आपके विद्यालय में गाँधी जयंती के अवसर पर वृक्षारोपण कार्यक्रम का आयोजन किया जाना है। इस संबंध में स्कूल कैप्टन की ओर से विद्यार्थियों को 80 शब्दों में सूचना लिखिए। (4)

अथवा

आपको पार्क में एक बैग मिला है, जिसमें कुछ रुपये तथा जरूरी कागजात हैं। इस संबंध में 80 शब्दों में एक सूचना लिखिए।

17. 'बेटी बचाओ, बेटी पढ़ाओ' विषय पर 60 शब्दों में विज्ञापन लिखिए। (3)

अथवा

क्रिकेट खेल प्रतियोगिता हेतु 60 शब्दों में एक विज्ञापन लिखिए।

18. "मजहब नहीं सिखाता आपस में बैर रखना" उक्ति को आधार बनाकर लगभग 100 शब्दों में एक लघु कथा लिखिए। (5)

अथवा

सरस्वती विद्या मंदिर में योग-शिक्षक के पद हेतु आवेदन करने के लिए लगभग 100 शब्दों में एक ई-मेल लिखिए।

उत्तर

1. *(क)* *(i)* राष्ट्रीय निर्माण में विद्यार्थियों का योगदान
(ख) *(iii)* समाज सेवा के कार्यों में
(ग) *(iv)* समाज सेवा को
(घ) *(iv)* ये सभी
(ङ) *(iv)* राष्ट्रीय चेतना और दायित्व समझने के लिए

2. *(क)* *(ii)* शैक्षिक व आर्थिक स्तर का
(ख) *(iii)* सम्मानपूर्वक जीने का स्तर
(ग) *(ii)* स्त्री शिक्षा द्वारा
(घ) *(iii)* अधिकतम लोगों की अधिकतम ताकत का प्रयोग करने को
(ङ) *(iii)* लोगों का शिक्षित न होना

3. *(क)* *(iii)* क्रिया पदबंध
(ख) *(iv)* संज्ञा पदबंध
(ग) *(iv)* क्रिया पदबंध
(घ) *(i)* संज्ञा पदबंध
(ङ) *(iii)* क्रिया-विशेषण पदबंध

4. *(क)* *(i)* जो लेखक लोकप्रिय होता है, उसका सम्मान सभी करते हैं
(ख) *(iii)* रात हुई और आसमान में चाँद निकल आया
(ग) *(i)* संयुक्त वाक्य
(घ) *(ii)* यद्यपि वह क्रांतिकारी है तथापि वह साहसी है
(ङ) *(iii)* मिश्र वाक्य

5. *(क)* *(iii)* द्विगु समास
(ख) *(ii)* स्नेहमग्न
(ग) *(i)* महान् है जो विद्यालय-कर्मधारय समास
(घ) *(i)* एक है दाँत जिसका अर्थात् गणेश-बहुव्रीहि समास
(ङ) *(iii)* पत्रोत्तर

6. *(क)* *(i)* बरस पड़े
(ख) *(ii)* जहर के घूँट की तरह पी
(ग) *(iv)* गड़े मुर्दे उखाड़ना
(घ) *(i)* मीन मेख निकालना
(ङ) *(ii)* प्राण सूख जाना
(च) *(i)* फूला न समाना

7. *(क)* *(ii)* दर्शन करने के लिए
(ख) *(ii)* मुझे अपनी दासी बना लो
(ग) *(iii)* *(i)* और *(ii)* दोनों
(घ) *(i)* चाकर बनकर
(ङ) *(ii)* भाव-भक्ति रूपी

8. *(क)* *(iv)* आत्म विश्वास में कमी न आने की
(ख) *(iv)* सुंदरता और प्रेम को

9. *(क)* *(i)* मन में कपट और द्वेष रखने का भाव
(ख) *(iv)* एक
(ग) *(ii)* बड़े भाई के एक साल और फेल हो जाने की
(घ) *(iv)* ये सभी
(ङ) *(i)* लगातार पास होने के

10. *(क)* *(i)* मस्ती और खेलों में अधिक रूचि होना
(ख) *(ii)* भीड़ की अधिकता के कारण

व्याख्या सहित